제5판

민사소송법 강의

전원열

박영사

제5판 머리말

2026년 중반 무렵에 제5판을 낼 계획이었으나, 추심채권자의 소송상 지위를 변경하는 대법원 전원합의체 판결이 2025.10.23.에 선고됨에 따라 개정을 앞당기게 되었다. 이는 민사소송절차의 주요 설명사항 중의 하나로서, 이 판결 때문에 무려 9곳의 수정이 있었다. 이와 함께, 제4판 출간 후 선고된 판례들을 추가하고, 외국의 주요 동향 몇 가지를 반영하는 등 전반적인 검토 및 수정을 하였다. 최신 판례는 2025.12.15.자 판례공보에 수록된 것까지 반영하였다. 개정을 위한 여러 확인작업 중에 변론기일을 영상재판으로 진행하는 실무례의 대폭적인 증가가 눈에 띄었으며, 또한 교과서에 상세히 기재할 내용은 아니겠지만, 인공지능이 변혁시킨 변호사실무의 모습도 눈에 띄었고 이는 향후 가장 주목되어야 하는 현상이다.

제5판의 출간에도 애써주신 박영사의 조성호 이사님, 김선민 이사님께 감사드린다.

2026년 1월

전원열

머리말

배움은 얕고 재능은 변변치 않음을 항상 느낀다. 그럼에도 불구하고 용기를 내어, 강의안을 묶어서 책으로 펴내는 것은 학생들의 요청 때문이다. 수업시간에 말로 하는 강의의 시간적 한계 및 전달상의 부정확을 보충하려고 강의안을 상세히 만들어서 배포해 가면서 민사소송법 강의를 해 왔고, 감사하게도 학생들의 호응이 있었다. 여러 오탈자도 학생들이 하나하나 지적해 주었다.

이 책을 읽는 분들께서, 민사소송법이 절차에 관한 단순한 지식의 나열이 아니라 공정과 효율의 긴장관계 하에서 상당한 논리체계를 갖추고 있음을 느낀다면 필자로서는 감사하겠다. 또한 실체법과 절차법 간에 서로 어떤 관련을 맺고 어떻게 영향을 주고받는지를 독자가 느끼실 수 있다면 더욱 좋겠다. 이 책에서 판례들을 인용하고 설명할 때에도, 단순한 판례요지가 아니라, 어떤 맥락 하에서 등장한 것임을 전달하려 노력했고, 때때로 그 판례논리에 문제점이 있음을 지적하였다.

출간에 즈음하여, 먼저 한국의 민사소송법학을 지금까지 일구어 오신 先學들께 깊이 감사드린다. 교과서로서의 한계 때문에 저작을 일일이 인용하지는 않았지만, 이 책의 대부분의 내용은 그분들의 연구업적을 정리한 것에 불과하다. 그러나 교과서로서의 이 책을 정리하면서, 아직 연구가 부족한 부분, 실무에서 가려워하는데도 제대로 긁어주지 못하는 부분이 많다는 점도 실감하였다. 이 책의 출간을 계기로 더욱 공부에 정진하리라 마음잡아 본다. 필자는 많은 분들로부터 참으로 큰 은혜를 입으면서 지금까지의 인생길을 걸어왔다. 그분들 모두에게 진심으로 감사의 말씀을 드린다.

2020년 1월

전원열

일러두기

1. 서술의 원칙

이 책의 서술에서 가장 유의한 점은, 필자가 쓰고 싶은 내용이 아니라 독자가 읽고 알아야 할 내용이 무엇인가였다. 그리고 교과서라면 한정된 면수 내에서 설명을 전개해야 한다는 점, 지나치게 자세한 논의는 교과서로서 부적절하다는 점, 한정된 면수를 다른 교과서 인용면수 표시로 소모하지는 않아야겠다는 점을 의식하였다.

그래서 학설대립에 상당한 의미가 있는 경우에만 대립견해들의 인용면수를 기재하였다. 특히 통설에서는, 각 저서의 면수를 거의 표시하지 않았다. 각주의 대부분은 —인용면수나 판례번호의 나열이 아니라— 본문에 대한 보충설명에 사용하였다. 같은 취지의 판례가 여럿 있는 경우에도 그 일부만을 인용하였다.

2. 공부의 순서와 방법

민사소송법을 처음 공부하는 분이라면 —처음부터 끝까지 통독할 것이 아니라— 맨 먼저 "1-5-1 판결절차의 개요" 부분을 거듭하여 (거기서 등장한 여러 용어들에 익숙해져서 스스로 구사할 수 있을 때까지 반복하여!) 읽을 일이다. 그 후에 1-6-2와 1-6-3을 읽은 다음에, 제2장~제4장을 읽기 바란다(처음에는, 그 중에서 난해한 부분, 가령 중복제소금지, 특허관련 토지관할, 당사자적격 등은 적절히 넘어가는 편이 낫다). 이상의 공부가 어느 정도 되었다고 생각하면, 비로소 처음부터 전체를 통독할 수 있겠다.

읽는 도중에 잘 알지 못하는 용어가 나오면, 책 말미의 '사항색인'을 이용하여, 해당 용어의 설명부분을 한 번 훑어본 다음에 다시 돌아와서 읽기를 바란다. 소송법의 각 제도는 서로 연계되어 있어서, 가령 A,B를 모르면 C를 이해하기 어려운 동시에, C를 알지 못하면 A와 B를 이해하기 어렵다. 그리고 실제 수업시간에는 민사소송법 조문 또는 관련된 민법 조문을 학생들에게 종종 읽히는데, 이 책을 읽는 독자분들도 인용된 조문들을 직접 법전에서 찾아가면서 읽어나가기를 바란다.

3. 법조문 및 판결례의 인용방법

○ §424①iii ← 제424조 제1항 제3호

○ §164−2 ← 제164조의2

○ 민사소송법은 법률명을 따로 적지 않았다. 그리고 '규칙' 또는 '규'라고만 하면 민사

소송규칙이다. 다른 법령명의 약어는 아래와 같다.

가소－가사소송법 / 개보－개인정보보호법 / 개단규－개인정보단체소송규칙 / 근기－근로기준법 / 민－민법 / 민인－민사소송등 인지법 / 민집－민사집행법 / 민집규－민사집행규칙 / 법조－법원조직법 / 변호－변호사법 / 비송－비송사건절차법 / 상－상법 / 상고심법－상고심절차에 관한 특례법 / 소기－소비자기본법 / 소단규－소비자단체소송규칙 / 소심－소액사건심판법 / 소촉－소송촉진 등에 관한 특례법 / 수표－수표법 / 어음－어음법 / 중재－중재법 / 증집－증권관련집단소송법 / 집합건물법 ← 집합건물의 소유 및 관리에 관한 법률 / 채회－채무자 회생 및 파산에 관한 법률 / 행소－행정소송법 / 행규 ← 행정소송규칙

○ 대판 10.12.9, 2007다42907 ← 대법원 2010.12.9. 선고 2007다42907 판결
○ 대결－전 95.1.20, 94마1961 ← 대법원 1995.1.20.자, 94마1961 전원합의체 결정
○ 병합, 반소제기 등이 있어서 사건번호가 나열된 경우에는 본소사건번호만 적었다.
(예) 대판 06.1.26, 2005다60017 ← 대법원 2006.1.26. 선고 2005다60017, 60024 판결
○ 독일과 일본의 판례인용도 몇 개 있는데, 그 나라의 일반적 인용방법에 따랐다.

4. 저서 인용방법

○ 저자가 여럿인 경우에는 대표자명만 기재하였다. 가령 정동윤 · 유병현 · 김경욱의 저서는 '정동윤'으로만 표기하였다. 즉 '정동윤 345'는 '정동윤 · 유병현 · 김경욱, 민사소송법, 법문사, 2023, 345면'을 가리킨다. 독일서와 일본서의 인용방법은 그 나라에서의 통례를 따랐다.

○ **한국 참고문헌**

- 강현중 ← 강현중, 민사소송법 제8판, 박영사, 2023.
- 김홍엽 ← 김홍엽, 민사소송법 제12판, 박영사, 2024.
- 박재완 ← 박재완, 민사소송법강의 제5판, 박영사, 2024.
- 송상현 ← 송상현/박익환, 민사소송법 신정7판, 박영사, 2014.
- 이시윤 ← 이시윤/조관행, 민사소송법 제18판, 박영사, 2025.
- 전병서 ← 전병서, 강의민사소송법 제5판, 박영사, 2025.
- 정동윤 ← 정동윤/유병현/김경욱, 민사소송법 제11판, 법문사, 2025.
- 정영환 ← 정영환, 신민사소송법 제3판, 법문사, 2023.
- 한충수 ← 한충수, 민사소송법 제4판, 박영사, 2025.
- 호문혁 ← 호문혁, 민사소송법 제15판, 법문사, 2024.
- 주석민소 ← 주석 민사소송법 제8판(편집대표 민일영), 한국사법행정학회, 2018.

○ **독일 참고문헌**

- Jauernig ← Jauernig/Hess, Zivilprozessrecht(30.Aufl), München, 2011.
- Rosenberg ← Rosenberg/Schwab/Gottwald, Zivilprozessrecht(18.Aufl), München, 2018.
- Stein ← Stein/Jonas, Kommentar zur Zivilprozessordnung(23.Aufl), Tübingen, 2018.

○ **일본 참고문헌**

- 伊藤眞 ← 伊藤眞, 民事訴訟法 第7版, 有斐閣, 2020.
- 新堂幸司 ← 新堂幸司, 新民事訴訟法 第6版, 弘文堂, 2019
- 三木浩一 ← 三木浩一/笠井正俊/垣内秀介/菱田雄郷, 民事訴訟法 第4版, 有斐閣, 2023.

차 례

제 1 장 민사소송 총론

제 2 장 소의 제기

제 3 장 법원

제 4 장 당사자

제 5 장 소송요건

제 6 장 심리의 여러 원칙

제 7 장 법원의 소송진행

제 8 장 변론과 그 준비

제 9 장 증거법 총론

제10장 증거조사

제11장 판결

제12장 판결 외의 소송종료사유

제13장 여러 청구의 결합

제14장 당사자가 여럿인 경우

제15장 불복절차

제16장 간이절차

제 1 장

민사소송 총론

1-1 민사소송 제도의 목적

인간은 사회를 이루어 살아갈 수밖에 없고, 인간이 구성한 사회에서는 필연적으로 분쟁이 발생한다. 이러한 분쟁, 그 중에서도 민사상의 분쟁을 해결하기 위하여 사회가 설계하여 둔 공적 절차가 민사소송제도이다. 민사상 분쟁에 있어서 누구에게 어떤 권리가 있고, 누구에게 어떤 의무가 있는지를 정해 주는 재판절차는 논리적으로 실체법상의 권리의무의 존재를 전제로 하므로, 실체법이 선행하고 절차법이 후행하는 것이라고 생각하기 쉬우나, 인류의 역사를 보면 그렇지 않았다. 재판제도와 실체법상의 권리의무는 서로 얽혀서 함께 발전해 왔고, 근대법으로 넘어오면서 차츰 그 분화가 더 정밀해졌으나, 여전히 위 둘은 따로 떼어놓고 생각할 수 있는 것이 아니다.

모든 사회에 권리의 구제·실현 제도가 필요하다는 점은 굳이 말할 것도 없지만, 그 필요를 해결하는 방법의 역사를 보면, 원시시대의 권리실행 방법은 자력구제(自力救濟; Selbsthilfe)이었다. 그러나 권리자의 물리적 힘이 의무자보다 약한 경우에는 이는 실현되지 않는 것이고, 쌍방이 서로 자신에게 권리가 있다고 주장하는 경우에는 물리력이 맞부딪히게 되어 폭력이 난무하는 약육강식의 사회가 되고 만다. 그래서 국가가 성립하고 중앙정부가 모습을 갖춘 후부터는, 전 세계의 모든 지역에서 자력구제는 금지되고 그 대신에 국가구제(國家救濟; Staatshilfe)의 제도가 만들어졌으며, 그것이 바로 민사소송제도이다(다만 급박한 경우에는 예외적으로 일정한 자력구제가 허용되며, 그것이 민법 §209이다).

1-2 민사분쟁해결에 관한 다른 제도

민사상의 분쟁이 항상 민사소송으로써 해결되는 것은 아니다. 또한 분쟁의 종류 및 내용에 따라, 혹은 당사자의 의향에 따라서는 민사소송 아닌 다른 절차가 분쟁해결에 더 적합한 경우도 많다. 민사분쟁 해결을 위한 여러 수단과 절차 중에서 민사소송 외의 것을 총칭하여 '재판외 분쟁해결'(ADR; Alternative Dispute Resolution)이라고 부른다. 재판외 분쟁해결의 절차를 크게 둘로 나누면 재단형(裁斷型)과 합의형(合意型)으로 나눌 수 있다. 전자의 대표가 중재이고, 후자에는 화해와 조정이 있다. 한편 '권리실현의 포기'는 ADR 중의 하나가 아니지만, 현실적으로 소액의 민사분쟁에서는 많은 숫자가 권리실현의 포기로 종결된다.

2000년대 이후에는 ADR의 많은 영역이 인터넷상으로 처리되면서 ODR (On-line Dispute Resolution)이라는 개념이 등장하였고, ODR의 모습은 AI 등 기술발전과 함께 변모·진화 중에 있다.

1-2-1 화해

1-2-1-1 재판외화해

분쟁의 자주적 해결방식인 화해(和解; Vergleich; settlement)는 재판외의 화해와 재판상의 화해를 포함한다. 재판외에서 당사자가 상호 양보하여 분쟁을 끝내기로 약정하는 것에는, 법원이나 공공기관의 개입이 없고, 계약자유의 원칙상 그 화해의 내용과 형식에 아무런 제한이 없다. 그리 크지 않은 손해의 배상이 문제되는 경우, 가령 자동차 접촉사고로 물적 피해가 발생한 경우 등에서는 '합의'라는 이름으로 재판외화해(裁判外和解)가 성행하고 있다. 이러한 합의에는 "당사자 간 민·형사상 일체의 청구를 포기한다"는 문구가 흔히 들어가며, 만약에 이러한 약정이 선량한 풍속에 위반하거나 불공정한 행위에 해당하는 경우에는 그 화해계약이 무효가 된다(민§103,§104).

1-2-1-2 재판상화해

재판상화해(裁判上和解)는 법원의 관여 하에 성립하는 화해이며, 여기에는 제소전화해(提訴前和解; 12-3-5)와 소송상화해(訴訟上和解; 12-3-2)가 있다. 재판상화해는 재판외화해와 달리, 확정판결과 같은 효력을 가진다(§220). 민사소송법은, 화해의 촉진을 위해 서면화해(§148③)와 화해권고결정(§225이하)을 정해두고 있는데, 이들의 효력은 재판상화해와 같다.

제소전화해(§385이하)는 분쟁당사자의 한쪽이 소제기 전에 지방법원에 화해신청을 하여 단독판사의 주재 하에 행하는 것이다. 반면에 소송상화해는 소송계속(2-5-2-1) 중에 소송물(訴訟物; 5-2-1)인 권리관계에 관하여 당사자 양쪽이 양보하여 합의한 결과를 법원에 진술하는 것이며, 그 화해내용을 조서에 적으면 판결과 같은 효력을 갖게 된다. 이로써 소송절차는 종료한다. 2024년 통계에 의하면, 1심에서 처리된 전체 본안사건 중 합의형 ADR 즉 화해, 조정, 이행권고결정(16-1-3)으로써 종료된 비율은 16.1%이다.[1)]

1-2-2 조정

1-2-2-1 의의 및 종류

조정(調停; Schlichtung; mediation)은, 당사자 간에 분쟁을 자주적으로 해결하기 위하여, 제3자가 중개 또는 권유하는 방식으로 이루어지는 합의형 분쟁해결수단이다. 그런데 분쟁이 법원에 들어온 후에 이루어지는 소송상화해는 대부분의 경우, 화해결과를 조서(調書)로 적는 데에만 판사가 관여하는 것이 아니라, 양쪽의 이견을 누그러뜨리고 쌍방의 권리의무로 주장되는 내용을 합치시키는 과정에도 판사·조정위원이 적극적으로 관여하는 경우가 대부분이므로, 적어도 수소법원(受訴法院; 소를 제기받은 법원)이 행하는 조정에 있어서는 화해와 조정이 명

1) 전체 민사사건 종결사유 중 17.5%를 소취하가 차지하는데, 실무상으로 당사자들이 소송 중에 재판외의 화해를 한 후에 원고가 소취하를 하는 경우가 종종 있으므로, 합의형 ADR이 소송종료사유 중 차지하는 실질적 비율은 위 16.1%보다 더 높다.

확하게 구별되기 어렵다. 오히려, 조정은 그 과정에 중점을 둔 표현이고, 화해는 그 결과에 중점을 둔 표현일 뿐이다. 따라서 법원은 종종 조정기일과 화해기일을 구분하지 않고 '조정및화해기일'이라는 이름의 기일을 열어서 절차를 진행하는 경우가 많다.

조정을 합의형 분쟁해결수단이라고 부르는 것은, 당사자 간에 최종적 화해도 자주적으로 이루어질 뿐만 아니라, 조정절차로 들어갈지 여부를 정함에서도 자주적이기 때문이다. 민사소송법뿐만 아니라 전체 법질서를 개관하면, 여러 조정제도가 마련되어 있는데, 이들을 분류하면 사법형(司法型)·행정형(行政型)·민간형(民間型)으로 나눌 수 있다.

1-2-2-2 사법형 조정

사법형(司法型) 조정은, 법원이 직접 관여한다는 점 및 성립된 조정에는 확정판결과 같은 효력이 있다는 점에 특징이 있다. 사법형 조정에 관한 일반법은 '민사조정법'이다. 민사조정법은 소송목적의 값(=소로써 다투는 이익의 크기; 3-5-1)을 불문하고 모든 민사분쟁을 적용대상으로 한다. 조정절차는 당사자의 조정신청에 의해서도 개시되지만(§5), 수소법원은 필요하다고 인정하는 경우에는 항소심판결 선고 전까지 사건을 직권으로 조정에 회부할 수 있다(§6). 조정사건은 조정담당판사가 처리할 수도 있고, 그가 상임조정위원 또는 조정위원회에 넘겨서 처리하게 할 수도 있으며, 또한 수소법원이 직권으로 조정에 회부한 사건은 수소법원 스스로도 처리할 수 있다(§7,§8). 결국 민사조정법상의 조정절차의 주재자는 조정담당판사, 상임조정위원, 조정위원회, 수소법원의 4곳이다. 조정은, 합의된 사항을 조서에 기재함으로써 성립하며, 조정조서는 재판상화해와 같은 효력을 갖는다(§28,§29).

민사조정법 §30는 '조정을 갈음하는 결정'(이른바 '강제조정' 또는 '조정갈음결정')에 관하여 정하고 있다. 이는, 합의가 성립되지 않은 사건 등에 관하여 조정담당판사가 직권으로 모든 사정을 고려하여 사건의 공평한 해결을 위하여 내리는 결정을 가리킨다. 조정이 성립하지 않거나, 조정갈음결정에 대하여 2주 내에 이의신청을 한 때에는, 애초의 조정신청시에 소제기를 한 것으로 보며, 조정갈음결정에 대하여 이의신청이 없거나 이의신청이 취하·각하되어 그 조정갈음결정이 확정되는 경우에 여기에도 "재판상의 화해와 동일한 효력이 있다."(§34④).

일반 민사사건을 대상으로 하는 이러한 민사조정 외에도 가사소송법 §49에 의한 가사사건의 조정이 사법형 조정에 속하고(§59②), 소송촉진 등에 관한 특례법 §36가 정하는 '민사상 다툼에 관한 형사소송 절차에서의 화해'도 사법형 조정의 하나이다. 즉 형사사건의 피고인과 피해자 사이에 민사상 다툼에 관하여 합의한 경우에, 피고인과 피해자는 그 사건이 계속 중인 사실심 법원(형사재판부)에 합의사실을 공판조서에 기재하여 줄 것을 공동으로 신청할 수 있고, 그 합의가 기재된 공판조서는 재판상화해와 같은 효력을 가진다(동법§36⑤; 민소§220).

1-2-2-3 행정형 조정

여러 행정법령에, 행정부 산하 각종 행정위원회에 의한 조정이 규정되어 있다. 소비자분쟁조정위원회, 의료분쟁조정중재원, 건설분쟁조정위원회, 환경분쟁조정위원회, 저작권위원회, 금융분쟁조정위원회, 개인정보분쟁조정위원회, 언론중재위원회, 사학분쟁조정위원회 등에 의한 조정이 그것이다. 이들은 모두 법원의 관여가 없는 절차이어서, 여기에는 재판상화해와 같은 효력을 부여할 수 없고, 재판외 화해계약(민§731)으로서의 의미를 가지는 것이 원칙이다. 그러나 이런 행정형 조정을 규정한 몇몇 법률은, 그 절차에 기한 조정을 기재한 문서에 "재판상 화해와 동일한 효력이 있다"라고 정한 예들이 있고(가령 소비자기본법§67), 이런 경우에는 확정판결과 같은 효력을 가지게 된다.

행정형 조정을 지나치게 확대하면, 많은 사례에서 권리자에게 양보를 요구함으로써 권리의 온전한 실현이 방해될 수도 있고, 그 절차를 거치도록 사실상 강제함으로써 신속한 재판을 받을 권리를 침해할 수도 있다. 한 사회가 공정한 절차진행이라는 점에서 법원에게 부여하는 존중은 보호되어야 하고, 사법형 조정과 행정형 조정 간에 차이를 두어야 함은 당연하므로, 행정형 조정에 함부로 확정판결과 같은 효력이 인정되지 않도록 입법시 유의하여야 한다. 신청인의 동의가 있으면 국가배상심의회의 배상결정을 재판상화해로 간주하는 국가배상법 §16에 대해서는 위헌결정이 있었다(헌재 1995.5.25., 91헌가7). 그럼에도 불구하고 조정에 재판상화해와 동일한 효력을 부여한다는 법률조항이 최근에 증가하고 있음은 우려스러운 일이다.

한편, 형사사건 수사를 담당하는 검사에 의한 형사조정, 즉 검찰청 산하의 형사조정위원회의 주재 하에 경미한 사건의 고소인과 피고소인 간에 화해를 한 후 고소취하를 하도록 하는 방식의 조정이 있다. 이런 조정이 성립되고 나면, 검찰은 불기소처분을 하거나 벌금액수를 낮추어 구(求)약식명령 처분을 한다. 검찰의 사건처리부담을 경감하는 효과는 일부 있을 테지만, 법령상의 근거 없이 검찰지침으로 시행한다는 문제가 있고, 게다가 민사사건의 형사화를 심화할 우려도 있다.

1-2-2-4 민간형 조정

여러 민간단체가 자율적으로 분쟁당사자 간을 중개함으로써 민법상의 화해계약을 성립시키는 것이다. 서울지방변호사회, 대한법무사협회 등이 시행하는 조정절차가 있다. 신용회복위원회가 금융회사와 채무자 간에 금융채무의 감액조정을 성립시키는 이른바 워크아웃도 민간조정의 일부이다.

1-2-3 중재

1-2-3-1 의의 및 관련법률

중재(仲裁; Schiedsgerichtsbarkeit; arbitration)는, 당사자가 분쟁해결을 제3자인 중재인에게 맡기기로 합의하여, 법원의 판단이 아닌 중재인의 판단에 따라 분쟁을 종결시키는 분쟁해결수단이다. 간단히 표현하면 중재는 '사설(私設) 재판'이다. 중재는, 당사자 쌍방이 중재합의를 해야만 그 절차로 나아갈 수 있다. 이 점에서 원고가 소를 제기하면 피고의 동의가 없어도 개시되는 민사소송과 다르다. 그러나 유효한 중재합의를 체결하여 중재를 행하면, 중재인의 판단에 따르지 않으면 안 되고, 그 판단으로써 권리의무가 정해져 버리는 것이므로 "재단형(裁斷型)" ADR이다. 중재에 관한 절차는 '중재법'이 정하고 있다.

1-2-3-2 중재판정의 효력

민사소송의 판결에 대응하는 것이 중재절차에서는 중재판정이다. 중재법은 중재판정이 확정판결과 동일한 효력을 가진다고 정하였다(중재§35). 따라서 중재판정은 원칙적으로 확정판결(11-4-1)처럼 기속력, 형식적 확정력, 기판력 등을 가진다. 하지만 정밀하게 들여다보면, 통상의 확정판결의 효력과는 약간 차이가 있다. 우선 중재판정이 집행권원이 되기 위하여는 집행결정(중재§37)이 필요하다. 또한 확정판결은 제451조가 정한 11개의 재심사유가 있지 않는 한 그 효력이 제거될 수 없지만, 중재판정에 대해서는 중재법 §36가 민사소송법상 재심사유보다 조금 더 넓게 취소사유를 인정한다.[2] 중재판정의 승인과 집행에 관해서는 중재법 §37~§39가 정하고 있다(외국재판의 승인 및 집행에 관한 11-5-5-4도 참조).

1-2-3-3 중재의 장단점 및 중재기관 등

중재제도는 원칙적으로 상소가 허용되지 않는 단심제(單審制)이므로, 법원의 재판에 비하여 신속하다는 이점이 있다. 비용이 저렴하다고 종종 설명되고, 국내의 소규모 사건에서는 이 말이 타당할 수 있으나, 국제상거래 사건의 중재비용은 결코 일반 재판보다 적게 들지 않는다. 다른 장점을 보자면, 해당 분야의 전문가를 중재인으로 선정함으로써 거래실정에 맞는 분쟁해결을 할 수 있고, 특히 국제상거래 분쟁에 있어서는 국제중재기구를 통하게 되므로 일방 당사자 소속국가 법원의 편파성을 피할 수 있다. 따라서 국제무역거래나 국제투자에서는 계약서에 "분쟁을 중재로 해결한다"는 이른바 중재조항을 넣는 경우가 많으며, 중재의 경제계에서의 중요성은 날로 커지고 있다. 국제적으로는 국제상업회의소 중재법원(The International Court of Arbitration of the International Chamber of Commerce), 런던국제중재법원(London Court of International Arbitration), 미국중재협회(American Arbitration Association) 등의 상설중재기관이 설립되어 있고, UN 산하의 국제무역법위원회(United Nations Commission on International Trade Law: UNCITRAL)가 국제중재의 통일화에 노력하고 있다. 한국에는 중재법에 기하여 대한상사중재원(KCAB)이 설치되어 있다(중재§41).

국제상거래에서 중재가 활발히 이용되는 이유는, 1958년의 '외국중재판정의 승인 및 집행에 관한 협약'(이른바 뉴욕협약; 한국은 1973년에 가입)에 의하여, 체약국의 법원이 다른 체약국에서 행해진 중재판단에 대하여 원칙적으로 승인

2) 가령 중재판정취소사유 중에서 "선량한 풍속 위반"(중재§36②ii나)은 일반조항으로서 넓게 해석될 수 있다.

및 집행을 허용하도록 의무지워져 있기 때문이다. 따라서 외국의 자산에 대하여 집행이 비교적 용이하다. 현재 협약 가입국이 170개국을 넘어서 대부분의 주요 국가는 포함되어 있다(다만, 북한, 대만 등 일부 미가입). 또 중재는 소송에 비하여 절차가 유연하다는 점도, 국제상거래에서 중재의 이용이 많은 이유 중 하나이다. 예컨대 중재에서는, 당사자가 중재지 및 중재기관을 자유롭게 선택할 수 있고, 절차에 사용되는 언어도 자유롭게 합의할 수 있다. 또한 절차가 공개되는 소송과 달리, 중재는 비밀로 행해진다는 점이, 지식재산권 사건이나 기업비밀 사건에서 장점이 된다.

1-3 다른 소송과 민사소송의 관계

1-3-1 개요

사회생활 중에 발생하는 일에 뒤따르는 소송절차는 민사소송뿐만이 아니다. 가령 자동차로 사람을 친 운전자에 대하여 피해자가 민사소송을 제기할 수 있지만, 이와 별도로 운전자는 그 범죄로 기소되어 형사소송의 피고인이 될 수 있고, 또한 그 사고로 운전면허가 취소되는 경우 그 운전자는 면허취소에 대한 행정소송을 제기할 수도 있다. 아래에서 다른 소송절차와 민사소송과의 관계를 간략히 본다.

1-3-2 형사소송

사람에 대하여 범죄 유무를 확정하고 이에 따라 국가 형벌권을 발동하려는 절차가 형사소송이다. 민사소송이 원·피고 간의 이해관계의 조정을 대상으로 함에 대하여, 형사소송은 사회질서를 파괴한 데 대한 응징을 하려는 것이므로, 근대 이후 두 절차는 별개로 취급된다(그러나 미국법상의 징벌적 손해배상은 민사배상에 형사적 성격이 섞여 있는 것이다). 가령 피해변상에 대한 합의가 이루어져서 더 이상 민사소송을 제기할 수 없게 된다 하여도, 가해자를 피고인으로 삼는 국가의 형벌권은 소멸하지 않는다.

주요 차이점을 보면 아래와 같다. ① 민사소송의 심리원칙은 변론주의이므로, 비록 승소가능한 사안이더라도 당사자가 주장책임·증명책임을 게을리하면 패소하게 된다. 반면에 형사소송에서는 직권(職權)에 의한 증거조사가 인정되는 등 직권주의적 요소가 많이 섞여 있다. ② 그리고 민사소송에서는 요건사실을 피고가 자백하면 곧바로 원고가 승소하게 되지만, 형사소송에서는 자백만으로 부족하고 보강증거가 있어야만 한다. ③ 그리고 형사소송에서는 기소독점주의 원칙에 따라 검사만 공소를 제기할 수 있지만, 민사소송에서는 권리가 있다고 주장하는 자 누구든지 소를 제기할 수 있다.

1-3-3 행정소송

1-3-3-1 총설

행정청의 처분(處分) 그 밖의 공법상(公法上)의 권리관계에 관한 쟁송을 대상으로 하는 절차가 행정소송이다. 따라서 행정소송은, 사법상(私法上) 권리관계를 대상으로 하는 민사소송과 다르다. 유럽에는 행정재판을 일반법원이 아니라 사법부와 분리되어 있는 행정법원이 관장하도록 정하고 있는 나라들이 있지만(특히 프랑스), 한국은 사법권 전체가 법관으로 구성된 일반법원에 속하므로(헌법§101①), 행정재판권도 사법권에 포함된다. 다만 행정소송법을 두어서, 통상의 민사소송 절차와 다른 점을 규율하고 있다. 그러나 행정소송법에 규정된 특례를 제외하고 나면 그 밖에는 법원조직법 · 민사소송법 · 민사집행법을 준용하고 있으므로(행소§8), 행정소송은 민사소송과의 관계에서 특별민사소송절차라고 보아야 한다.

1-3-3-2 민사소송사항인지 행정소송사항인지 여부

(1) 소제기 법원

행정소송이 민사소송의 특별절차일 뿐이라고 하여도, 행정소송은 일반법원의 하나로서 별도로 설치된 행정법원 또는 일반법원 내의 행정재판부에서 심판한다. 즉 어떤 분쟁사항이 민사소송사항인지 행정소송사항인지를 소제기시부터 구별해서, 소장을 제출할 법원 내지 재판부를 선택해야 한다. 서울에는 1998년부터 서울행정법원이 설치되어 운영 중이고, 다른 지역에는 아직 별도의 행정법원이 설치되지 않았으므로 행정사건을 해당 지방법원 본원(강릉지원은 본원이 아니지만 여기에 포함)의 —민사부가 아닌— 행정부가 관할한다.[3)]

3) 대판-전 09.9.17, 2007다2428은, 당사자소송 등 행정소송은 행정법원의 전속관할이라고

(2) 행정소송의 종류와 행정소송사항

법원조직법 §40-4는 행정소송법상의 행정사건이 행정법원의 심판권에 속한다고 정하고 있고, 행정소송법 §3는 항고소송, 당사자소송, 민중소송, 기관소송의 4가지를 행정소송으로 들고 있으며, §4는 항고소송을 다시 구분하여 취소소송, 무효등확인소송, 부작위위법확인소송을 정하고 있다. 어떤 사건이 항고소송사항인지 일반 민사소송사항인지를 판단하기 어려울 때도 있지만, 위 당사자소송의 당사자·청구취지·청구원인 기재방법은 일반 민사소송에서와 같으므로 당사자소송과 민사소송의 구별은 훨씬 더 어렵다. 거칠게 말하면, '공법상의 권리관계'(행소§1)에 해당하면 행정소송사항이고 아니면 민사소송사항일 테지만, 공법과 사법의 구별 자체가 구체적으로는 불명확한 때가 많고 더구나 재판제도의 연혁 등이 얽혀서, 대상사건이 과연 공법상의 권리관계에 관한 것인지를 판별하기는 종종 아주 어렵다.

이에 2023.8.31. 제정·시행된 행정소송규칙은 §19를 두어 —지금까지의 판례를 정리하여— 당사자소송의 대상을 열거하고 있다. 하지만 당사자소송 사건을 일반 민사소송으로 잘못 제기했는데 수소법원이 그 당사자소송에 대한 관할도 동시에 가지고 있다면, 관할위반의 문제가 없으므로 법원은 관할위반을 이유로 한 이송을 해서는 안 된다는 것이 판례이다(대결 14.10.14, 2014마1072). 또한 판례는, 지방자치단체를 피고로 삼은 도시개발법상 청산금채무 부존재확인 청구를 초과지급금 부당이득반환청구로, 즉 당사자소송을 일반 민사소송으로 청구변경(13-3-1)할 수 있다고 한다(대판 23.6.29, 2022두44262). 이하에서는 민사소송대상인지 행정소송대상인지에 관한 판례의 입장을 요약하여 설명한다.

(3) 손해배상청구, 계약상 청구, 납부세액 환급청구

판례를 보면, 우선 국가배상법에 기한 손해배상청구는 민사소송이라고 하며(대판 98.9.22, 98다2631 등 다수), 그리고 국유재산법상의 대부계약에 관한 분쟁 역시 모두 민사소송사항이므로 그 대부계약의 취소를 행정소송으로 소구(訴求)하면 잘못이라고 한다(대판 67.5.2, 67누37). 국가·공공단체에 대한 급여청구, 가령 국회의원이 세비를 청구하는 법률관계가 민사소송사항이라고 한 오래 전 판결례도 있다(대판 66.9.20, 65다2506). 대법원은, 국세환급금결정 또는 환급거부결정은 항고소

한다. 그러나 명확한 근거조문 없이 이렇게 보는 것이 맞는지 의문이다.

송의 대상이 되는 '처분'이 아니라고 하여(대판 89.6.15, 88누6436 전합) 오랫동안 국세환급금의 지급을 구하는 청구는 이를 부당이득반환을 구하는 민사소송으로 처리하여 왔다. 다만 대판-전 13.3.21, 2011다95564은, 국세환급금 중 '부가가치세 환급세액'의 지급청구에 관하여는 —이는 통상의 부당이득 반환의무가 아니라 부가가치세 법령에 의하여 존부 및 범위가 구체적으로 확정되고 조세 정책적 관점에서 특별히 인정되는 공법상 의무이므로— 민사소송이 아니라 행정소송법상의 당사자소송의 절차에 따라야 한다고 판단했고, 이로써 이 항목은 이제 행정소송 중의 하나로 다루어지게 되었다.[4]

(4) 고용관계

1989년 판결은, 서울시지하철공사 직원에 대한 징계처분이 행정소송사항이 아니어서 그 취소를 행정소송으로 구할 수는 없고 그 불복은 민사소송절차에 의해야 한다고 하였고(대판 89.9.12, 89누2103), 그 전의 사립학교 교직원에 대한 판결도, 그에 대한 해임 등 징계처분에 관해서는 그 징계처분을 행정청의 처분으로 볼 수 없으므로 학교법인을 상대로 민사소송으로 그 유무효를 다투어야 한다고 했다(대판 62.5.3, 4294민상970). 그러나 1993년의 대법원 판결은, 사립학교 교직원이 먼저 교원징계재심위원회에 재심청구를 하여 이를 거친 경우에는 그 재심위원회 결정은 행정처분에 해당하여 이에 대한 행정소송을 제기할 수 있다고 함으로써(대판 93.2.12, 92누13707), 결국 당사자는 민사소송과 행정소송 중에서 구제방법을 선택할 수 있게 되었다.

일반 사기업의 근로자도 마찬가지이다. 즉 사용자를 상대로 곧바로 민사상 해고무효확인의 소를 제기할 수도 있지만, 노동위원회에 부당해고 구제신청[5]을 하고 그 노동위원회 결정을 행정법상의 '처분'으로 삼아서 이에 대한 불복으로서 취소소송을 제기할 수 있으므로, 결국 양쪽의 구제방법이 있는 셈이다.

---

4) 대법원은 국방부장관이 결정하는 퇴직수당의 지급을 청구하는 소송은 행정법상 당사자소송이라고 한다. 원고가 이를 고의·중과실 없이 민사소송으로 잘못 제기하고 단독판사가 제1심판결을 선고한 경우에는, 그 항소사건은 —단독판사 1심판결의 항소를 담당하는 지방법원 합의부가 아니라— 고등법원의 전속관할이다(대판 22.1.27, 2021다219161).

5) 근로기준법상의 해고기준을 준수하지 않았음을 이유로 부당해고 구제신청을 하는 것이므로, 근로기준법을 적용받는 근로자에 한한다.

(5) 손실보상금 청구

손실보상금에 관한 소송은 —구체적 소송형식은 항고소송이 되든 당사자소송이 되든— 공법상의 권리에 관한 것이라고 보아 행정소송사항이라고 보는 것이 타당할 터이다. 대법원은 '토지수용'에 따르는 손실보상금에 관해서는 일관되게 행정소송사항이라고 보고 있고(대판 92.9.8, 92누5331 등 다수), 공유수면매립사업으로 인한 어업권자의 손실보상금 청구(대판 01.6.29, 99다56468)에 있어서도 관할 토지수용위원회의 재결·재정에 대한 취소를 구하는 항고소송을 해야 한다고, 즉 행정소송사항이라고 한다.

'하천구역 편입토지'에 관한 손실보상금에 관해서는 대법원의 입장이 일관되지 않고 있다가, 현재는 이를 행정소송사항이라고, 즉 그 청구를 당사자소송으로 해야 한다고 정리한 상황이다(대판-전 06.5.18, 2004다6207; 행규§19i.다. 참조).

(6) 소결

"손실보상금 청구는 행정소송, 손해배상금 청구는 민사소송이다"는 식으로 거친 구분선을 그을 수는 있겠지만, 세밀하게 들어가면 민사소송과 행정소송의 경계는 여전히 불확실하다. 특히 행정소송 중 당사자소송(행소§3)과 일반 민사소송 간의 구별이 어렵다. 대법원의 최근의 경향은, 종전에 민사사건으로 취급되던 사건들을 당사자소송의 대상이 되는 행정사건이라고 판단하는 것으로 보인다(대판 21.2.4, 2019다277133 등 참조). 일단 실무상의 구별은 행정소송규칙 §19에 따라야 할 터이다. 그러나 보다 근본적으로는, 우리나라 사법제도가 행정소송을 일반사법권에 귀속시키고 있는 이상, 행정소송에 몇 가지의 특칙을 적용하는 것 외에, 민사소송과 행정소송을 근본적으로 서로 구별되는 절차라고 볼 필요가 있는지, 굳이 특별법원을 둘 필요가 있는지, 그리고 특히 당사자소송에 대하여 전속관할이라고 할 필요가 있는지 의문이다.

1-3-3-3 행정처분이 민사소송의 선결문제인 경우

행정처분이 민사소송에서 선결문제(先決問題)가 되는 경우를 나누어 보면, ① 민사소송의 당사자가 행정처분이 당연무효이거나 부존재이므로 현재의 민사분쟁의 결론이 어떠해야 한다고 주장하는 경우와, ② 민사소송의 당사자가 어떤 행정처분이 위법하여 취소되어야 하므로 그에 따라 현재의 민사분쟁의 결론이

어떠해야 한다고 주장하는 경우로 나눌 수 있다.

① 행정처분의 존부(存否) 또는 유·무효가 민사소송의 선결문제가 되는 경우에는, 그 존부나 유·무효를 민사법원이 심사할 수 있다는 것이 판례·통설이다. 가령 조세부과처분이 당연무효인 경우에는, 그 무효확인을 구하는 행정소송을 먼저 제기하여 판결을 받아야 하는 것이 아니고, 곧바로 그 처분의 무효를 전제로 하는 부당이득반환청구를 민사소송으로 제기할 수 있다. 이러한 민사소송에 대해서는 행정소송법 §11가 특칙을 두고 있어서, 행정소송법상의 몇몇 조항, 즉 행정청의 소송참가(§17), 행정청에 대한 기록제출명령(§25), 직권심리(§26), 소송비용재판의 국가·공공단체에 대한 효력(§33)에 관한 규정이 준용된다.

② 반면에 민사소송의 수소법원이 그 선결문제가 되는 행정처분의 (무효사유 아닌) 위법사유 존부를 판단할 수 있는지에 관해서는 견해가 대립하며, 판례[6]·다수설은 이를 부정한다. 즉 단순취소사유에 불과한 위법사유가 있는 경우에는, 행정쟁송절차로 그 처분이 취소되기 전에는 민사법원이 그 효력을 부인할 수 없다는 것이다. 예컨대 판례에 의하면, 과세처분에 무효사유가 아니라 취소의 위법사유가 있음을 이유로, 그 과세처분의 취소를 전제로 한 민사청구를 할 수는 없다.

그렇다면 문제는, 어느 행정처분의 위법사유가 어떤 경우에 무효사유이고, 또 어떤 경우에 취소사유인가라는 구별의 기준이 될 터이다. 이에 관하여 통설·판례는 행정행위의 하자가 '내용상 중대하고 외관상 명백한' 경우에 무효사유가 되고, 이 두 요건 중에 하나라도 충족하지 않는 경우에는 취소사유라고 보고 있다("중대명백설"). 자세한 내용은 행정법을 참고.

1-3-4 가사소송

1-3-4-1 가사소송사항의 범위, 종류

현행 가사소송법은 가사사건을 크게 가사소송사건과 가사비송사건으로 나누어, 전자는 민사소송법에 따라 처리하고(§12), 후자에서는 비송사건처리절차법을 준용한다(§34). 즉 좁은 의미의 가사소송은 특별민사소송절차이다.

가사소송법 §2①은 사건의 종류를 나열하면서 그 각 사항이 가정법원의 전속

6) 대판 91.10.22, 91다26690; 99.8.20, 99다20179 등 다수.

관할이라고 선언하고 있으므로, 민사법적 법률관계 중에서 그 제1호에서 열거된 사항만이 가사소송 사건이고, 여기서 열거되지 않은 것들은 일반 민사소송사항이라고 보는 해석(즉 "예시주의"가 아니라 "열거주의"라는 해석)이 보통이다. 다만 판례는, 가족관계 사건인 양친자관계존부 확인소송에 대하여, 여기에 열거되지 않았지만 가사소송법에 따라 제소할 수 있고 그 절차에 관해서는 인지청구의 소와 친생자관계존부확인의 소가 유추적용된다고 하였다(대판 93.7.16, 92므372).

가사소송법 §2① 제1호는 가사소송사건을 가류사건 · 나류사건 · 다류사건으로 나눈다. 각각의 대표적인 몇 가지 예를 들면, 가류사건에는 혼인 · 이혼의 무효, 인지(認知) · 입양 · 파양의 무효, 친생자관계 존부 확인이 있고, 나류사건에는 혼인 · 이혼의 취소, 인지 · 입양 · 파양의 취소, 재판상 이혼 · 파양, 사실상 혼인관계 존부 확인, 인지청구, 아버지의 결정이 있으며, 다류사건에는 약혼해제 · 사실혼관계 부당파기로 인한 손해배상청구 및 원상회복의 청구, 혼인 · 이혼의 무효 · 취소 또는 이혼을 원인으로 하는 손해배상청구 및 원상회복의 청구, 입양 · 파양의 무효 · 취소를 원인으로 하는 손해배상청구 및 원상회복의 청구가 있다. 위 열거에서 알 수 있듯이, 다류사건은 통상적인 민사소송사건에 속하는 것이지만, 가류 · 나류의 관련청구이기 때문에 가정법원의 관할(전속관할)로 정해 둔 것이다.

1-3-4-2 가사소송에서의 특례

가사소송사건에 한정하여 볼 때, 민사소송에 대비되는 가사소송법의 특례라고 할 수 있는 점은 다음과 같다. 가정법원 전속관할(§2①), 조정전치주의(調停前置主義; §50), 본인출석주의(§7), 가류 · 나류에서의 직권조사(§17), 항소기각의 사정판결(§19③),[7] 가류 · 나류 확정판결의 대세효(對世效; §21), 소송사건과 비송사건의 병합허용(§14), 원고 사망시 다른 제소권자의 소송절차승계(§16), 혈액형 등 DNA의 수검명령(§29), 판결상 의무의 불이행시 과태료 · 감치의 제재(§67,§68).

---

7) §19③ "항소법원은 항소가 이유 있는 경우에도 제1심 판결을 취소하거나 변경하는 것이 사회정의와 형평의 이념에 맞지 아니하거나 가정의 평화와 미풍양속을 유지하기에 적합하지 아니하다고 인정하는 경우에는 항소를 기각할 수 있다." 즉 이러한 경우에 법리에 따르지 않는 결론이 허용되는 판결을 '사정판결(事情判決)'이라고 하며, 가사사건의 항소기각판결이나 행정사건의 처분취소청구 기각판결(행소§28) 등에서 예외적으로 정해져 있다. 실무상으로도 드물다.

1-4 민사소송법의 법원(法源)과 연혁

1-4-1 민사소송법의 법원

실질적 의미의 민사소송법은 민사소송절차를 규율하는 법규의 총체를 가리키는데, 그 가장 중요한 법원(法源)은 형식적으로 '민사소송법'이라고 불리는 법전(法典)이다.

헌법 §27의 재판을 받을 권리 및 제5장 §101~§109의 각 규정도 민사소송법의 법원(法源)이라고 할 수 있으며, 그 법원이 되는 민사소송법전 외의 다른 법률로는, 소액사건심판법, 민사집행법, 채무자 회생 및 파산에 관한 법률, 법원조직법, 집행관법, 변호사법, 가사소송법, 행정소송법, 소송촉진 등에 관한 특례법, 민사소송 등 인지법, 상고심절차에 관한 특례법, 민사소송비용법, 국가를 당사자로 하는 소송에 관한 법률, 민사조정법, 중재법, 원격영상재판에 관한 특례법, 민사소송 등에서의 전자문서 이용 등에 관한 법률, 국제사법, 국제민사사법공조법, 소비자기본법, 증권관련집단소송법, 개인정보보호법 등이 있다.

실무상으로는 위 법률 못지않게 중요한 기능을 하는 대법원규칙이 있는데, 민사소송규칙, 소액사건심판규칙, 민사집행규칙, 사법보좌관규칙, 가사소송규칙, 행정소송규칙, 소송촉진 등에 관한 특례법 시행규칙, 변호사보수의 소송비용산입에 관한 규칙, 민사 및 가사소송의 사물관할에 관한 규칙, 민사소송 등 인지규칙, 민사조정규칙, 대법원에서의 변론에 관한 규칙, 소비자단체소송규칙, 증권관련집단소송규칙 등이 그것이다. 그리고 위 각 규칙의 하위규정으로서 대법원의 여러 '예규'가 정해져 있다.

1-4-2 민사소송법의 연혁

한국의 민사소송법은 근대화 이전의 한국 전통법과 무관하다. 주로 독일을 중심으로 한 서양의 법체계를 일본을 통하여 계수(繼受)한 것이다.

서양의 소송법의 연원은 고대 로마에로 소급할 수 있으며, 당시의 소송은 형식이 강조되었고 실체적 권리와 절차적 권리가 혼합되어 다루어졌다. 18세기에 이르면, 실체법과 소송법의 분화와 함께 보다 자세한 소송절차규정들이 각국에 등장하는데, 프랑스 혁명 후의 나폴레옹 입법에 따라 등장한 프랑스의 민사소송법이 —여러 면에서 평가할 때— 최초의 근대적 민사소송법이다. 18세기 후반 프로이센의 민사소송법은 법관이 스스로 진실을 발견하도록 정한 직권주의를 채택하였으나, 독일의 통일 이후, 프랑스를 참조하여 구술주의·공개주의·변론주의·자유심증주의를 채택한 민사소송법(CPO; Civilprozeßordnung)이 1877년 제정되어 1879년부터 시행되었다(독일 민법(BGB)의 제정·시행보다 빠르다). 그 후 독일 민법 제정과 함께, 민사소송법이 빼놓고 있던 부동산경매절차를 별개의 법률(ZVG; Gesetz über die Zwangsversteigerung und die Zwangsverwaltung)로 입법하고 민사소송법도 이름을 바꾸어, 이들을 민법과 함께 1900.1.1.부터 시행하여, 현재에 이르고 있다. 이 독일 민사소송법의 명칭은 Zivilprozessordnung(ZPO)이다.

일본의 민사소송법은 19세기 후반의 근대법전 제정기에, 일본정부 법률고문으로 와 있던 (원래 프로이센의 참사관) 테효(Techow)가 독일 민사소송법전을 토대로 기초하였고, 1891.1.1.부터 시행되었다. 위 구 민사소송법은 독일 민사소송법의 번역적 계수라고 할 정도로 독일의 것에 가까웠다. 그 후 1911년부터 개정작업이 개시되어 1926년에 개정 민사소송법이 결실을 맺었고, 조문번호도 전체적으로 새로 매겨졌다. 2차 대전 종결 후 일본에서는, 민사소송법에 영미법 요소들을 도입하는 개정이 수차례 이루어졌으며, 1979년에는 민사집행법이, 1989년에는 민사보전법이 각각 제정되어 민사소송법으로부터 분리되었다. 1990년대에 이르러 민사소송법 대개정 작업이 새로 진행된 끝에 1996.6.26.에 현행 민사소송법이 새로 탄생하였다.

한국 민사소송법은 1948년 정부수립 후에 법전편찬위원회가 구성되어 이를 기초(起草)하였고, 1960.4.4.에 성립·공포되었다. 당시의 법전기초는, 해방 전에 조선민사령에 따라 의용(依用)되고 있던 일본의 1926년 민사소송법을 참고로 한 것이었고(이 의용 민사소송법을 흔히 '구민사소송법'이라고도 부른다), 형식은 법전의 '제정'이었지만 실질은 구민사소송법의 개정에 불과하였다.

위 민사소송법 제정 이후 몇 차례 개정이 있었고, 몇 가지의 소송절차에 관한 특별법이 만들어졌다. 첫 대규모 개정은, 1980년대 후반에 가동된 민사소송법 개정특별위원회가 마련한 개정안을 수정·통과시킨 것으로서 1990.9.1.부터 시행되었다. 이 개정시에는, 민사소송법 개정 외에도, 경매법의 폐지, 민사조정법의 제정이 이루어져서 큰 변화가 있었다. 1994년에는 '상고심절차에 관한 특례법'이 제정되어 심리불속행 제도가 시행되었다.

그 다음의 대규모 개정은 2002년에 이루어졌고, 2002.7.1.부터 시행되었다. 이때 민사소송법의 한 편(編)이던 강제집행편을 분리하여 민사집행법을 제정하였고, 변론준비의 강화, 무변론판결 제도의 신설, 공격방어방법 제출시기의 제한, 화해의 활성화, 예비적 공동소송 도입, 편면적 독립당사자참가의 인정 등이 이루어졌다. 2005.3.31.에는 과거의 파산법, 화의법, 회사정리법을 통합하여 '채무자 회생 및 파산에 관한 법률'(약칭 채무자회생법)이 제정되었고, 2006.4.1.부터 시행되었다. 2010.3.24.에는 '민사소송 등에서의 전자문서 이용 등에 관한 법률'이 제정·시행되었고, 이에 따라 현재는 전자소송이 활발히 이용되고 있다.[8)]

1-4-3 민사소송법규의 종류

민사소송법규는 훈시규정, 강행규정, 임의규정의 3가지로 나눌 수 있다.

(1) 훈시규정

훈시규정은 이를 위반하더라도 소송법상 위반의 효력이 발생하지 않는 규정으로서, 법원은 주로, 민사소송법상 법원의 의무로 규정된 조항들에 대하여 훈시규정이라고 판단하고 있다. 가령 §199("판결은 소가 제기된 날부터 5월 이내에 선고한다."), §207("판결은 변론이 종결된 날부터 2주 이내에 선고하여야") 등은 훈시규정이다(대판 08.2.1, 2007다9009).

(2) 강행규정

강행규정은 이를 위반하는 소송행위(8-1-1)가 있을 당시에 당사자가 이의했는지 여부를 불문하고, 그 위반행위는 무효이거나 취소가능한 것이 되는 규정이다. 재판의 공정을 위한 공익성에 기하여 이와 같이 보는 것이며, 대부분의 민사소송법 규정이 이에 해당한다. 법원의 구성, 법관의 제척, 전속관할, 당사자능력, 재판의 공개, 상소제기 기간 등이 강행규정이다. 당사자가 행하는 강행규정 위반의 소송행위는 무효로 취급하지만, 법원이 행하는 강행규정 위반 소송행위는 대체로 상소·재심으로써 취소하도록 하고 있다. 다만 예외적으로 하자가 중대할 때에는 법원이 내린 판결이라도 무효로 볼 때가 있는데, 가령 재판권이 없는 사건에 대

8) 전자소송에 관해서는 위 법률 및 대법원의 해당 사이트(https://ecfs.scourt.go.kr)를 참조.

한 판결(3-1-3-1), 당사자의 제소전 사망을 간과하여 당사자 부존재 상태로 선고한 판결(4-3-4-1), 소송계속이 없는 사건에 대하여 선고한 판결 등이 그것이다.

(3) 임의규정

소송법은 소송절차를 획일적·안정적으로 확보하려는 것이므로, 소송법상의 임의규정은 민법상의 임의규정과는 의미가 다르다. 실체법에서는 당사자가 합의하면 임의규정의 적용을 완전히 배제하지만, 소송법에서 그런 임의배제를 허용할 수는 없다. 소송법상 임의규정이라고 함은, 이를 위반하는 소송행위에 대하여 당사자의 이의가 있을 경우에만 그 위반의 효과를 인정해 주는 규정이며, 이의가 없이 넘어가면 그 위반의 하자가 치유되어 소송행위를 유효로 보는 규정을 가리킨다. 민사소송법 규정 중 당사자의 편의와 이익을 보호할 목적으로 정해진 규정들이 이에 해당한다. 예컨대, 임의관할, 청구변경에서 청구기초의 동일성 필요, 보조참가의 참가이유 등의 규정이 이에 해당한다(7-3 소송절차에 관한 이의권 참조).

1-5 판결절차의 기본구조

1-5-1 판결절차의 개요

1-5-1-1 소 제기 과정

광의(廣義)의 소송절차에는 결정절차·집행절차 등 여러 가지가 들어가지만, 협의(狹義)의 소송절차는 판결절차만을 가리킨다. 판결절차는, 원고와 피고 사이에 대등한 관계에서 다투어지는 사법상의 권리관계를 법원이 확정함에 의하여, 분쟁해결을 위한 기준을 만드는 절차이다. 법원에 의하여 만들어지는 이 분쟁해결 기준이 바로 '판결'이다. 판결절차의 대상이 되는 (즉 소송의 객체가 되는) 당사자 간의 권리관계를 소송물(訴訟物)이라고 한다(자세한 내용은 5-2-1 참조). 판결절차는 원고(原告; Kläger)가 소를 제기함으로써 시작된다. 법원은, 그 사회에서 권리침해가 발생하였음을 알게 되더라도, 소제기가 없는 한 결코 그 사건을 조사하여 재판하지 않는다. "소 없으면 재판 없다."

원고가 어떤 분쟁을 대상으로 하여 그 해결기준을 법원에서 획득하고자 하더라도, 이를 민사소송으로 해야 할지 아니면 행정소송 또는 형사고소로써 해야 할지를 먼저 결정해야 하고, 또한 민사소송을 제기하기로 하더라도 어떤 내용의 청구를 할지, 어떤 구체적 사실을 주장하고 증거로서는 무엇을 제시할지를 정해야 하는데, 이는 쉬운 일이 아니다. 여기서 법률전문가의 역할이 시작된다.

소를 제기함에 있어서, 반드시 하나의 청구만 할 필요는 없다. 같은 원고가 같은 피고(被告; Beklagte)를 상대로 여러 개의 청구를 한꺼번에 할 수 있다. 청구의 내용이 관련되어 있으면 여러 피고를 상대로도 한번에 소를 제기할 수 있다. 같은 피고 전부를 상대로 여러 소송물의 청구를 하는 경우를 '청구의 병합(객관적 병합; 13-2-1)'이라고 하고, 여러 원고가 청구를 하는 경우 또는 여러 피고를 상대로 청구를 하는 경우를 '공동소송(주관적 병합; 14-2-1)'이라고 한다.

1-5-1-2 소장의 작성과 제출

원고가 소를 제기하려면, 소장(訴狀)을 작성하여 제출해야 한다(책 말미의 [부록1] 소장의 예 참조). 소장에는 당사자와 청구취지, 청구원인을 반드시 기재해야 한다. 청구취지(請求趣旨)란, 원고의 청구내용의 결론을 간단히 표시한 것이고, 원고의 청구가 만약 전부 받아들여지면 법원의 판결서 중 '주문(主文)'에는 그 청구취지와 동일한 내용이 기재된다. 청구원인(請求原因)은 청구취지를 이유있게 하는, 그 근거를 제시하는 부분이다. 즉 이는, 청구취지에서 주장하는 법률효과를 획득하기 위한 법률요건을 구성하는 사실들을 제시하고, 그 법률요건사실과 법률효과의 관계를 설명하는 부분이다.[9]

소장은 관할권 있는 법원에 제출되어야 하며, 우선 토지관할이 있는 법원에, 그리고 사물관할 및 직무관할에 맞는 재판부 앞으로 이를 제출하여야 한다. 원고가 소장을 제출하고 나면, 법원은 사건을 '배당'한다. 사건을 배당받은 재판부에서는 우선 재판장이 소장의 적식(適式) 여부를 심사한다. 즉 소장에 요구되는 기재사항이 적혀 있는지, 인지가 첩부되어 있는지 등을 본다. 만약 소장이 부적식이면 재판장은 원고에게 보정명령을 보내고, 그래도 기한 내에 보정을 하지 않으면 명령의 형식으로 "소장을 각하"(却下)한다.

---

9) 우리의 사회생활관계에 법을 적용한다는 것은, ⓐ 법률을 대전제로 하고 ⓑ 구체적 사실을 소전제로 하여, ⓒ 구체적인 법률효과를 결론으로 도출하는 삼단논법의 과정이다. 소장에서 피고에게 어떤 청구를 하는 원고는 그 중에서, ⓐ,ⓑ를 청구원인에서 주장하고 ⓒ를 청구취지로서 주장하게 된다.

1-5-1-3 소제기 후의 진행과 소송요건

소장이 형식을 갖추고 있으면 법원은 이를 피고에게 송달한다. 피고는 이에 대하여 답변서(答辯書)를 제출하여야 한다(책 말미의 [부록2] 답변서의 예 참조). 피고가 답변서를 제출하지 않거나, —거의 일어나지 않는 일이지만— 원고의 주장사실을 모두 자백하는 내용의 답변서를 제출하면, 법원은 변론 없이 원고승소의 판결을 내릴 수 있다(이른바 무변론판결). 소장이 피고에게 송달되는 시점에 이른바 '소송계속'(訴訟係屬)이 생긴다. 이는 어느 소송사건을 법원이 심리하게 된 상태를 가리키는 용어이다. 소제기로써 원고가 실체법상의 권리를 행사하였음이 확정되므로, 소장이 제출되면 원고가 주장하는 청구권의 소멸시효가 중단되고 제척기간이 준수된 것이 된다.

소장이 적식이라고 해서, 소송요건을 갖추었다는 말은 아니다. 소송요건이 갖추어져야만 소가 적법하게 되는 것이고, 만약 소송요건이 갖추어지지 않았으면 그 소는 부적법한 것이어서 법원이 이에 대하여 본안재판(本案裁判)을 할 수 없게 된다.[10] 소송요건으로는 관할권, 당사자능력, 소송능력, 당사자적격, 권리보호의 이익 등이 있다. 이 중에 법원은 가장 먼저 관할권을 조사하여야 하며, 만약 그 소가 관할을 위반한 제소임이 확인되면 수소법원(受訴法院; Prozessgericht)은 관할권 있는 법원으로 사건을 이송한다. 그 밖의 소송요건이 불비된 경우에는, 당사자에게 이를 보정할 것을 명한 후에, 제대로 보정되지 않으면 더 이상 본안재판을 진행할 수 없으므로, 법원은 그 소가 부적법하다는 이유로 "소를 각하(却下)"하게 된다. 소송요건이 구비되었으면 법원이 본안의 심리를 하여, 원고의 청구를 인용(認容)하거나 기각(棄却)하는 판결을 선고하게 된다.[11] 그런데, 위 소송

---

10) 본안(本案)이란, 소송요건 유무의 문제와 대비하여, 원고 청구의 당부(當否)의 문제를 가리키는 말이다(§§30,43,118,260,266,412,418 등). 소송요건 유무를 판단하는 판결이 '소송판결'이고 원고청구의 당부를 판단하는 판결이 '본안판결'이다(11-2-1-3 참조). 예외적으로 부수적 절차와 대비하여 '본안'이라는 말을 사용할 때가 있으나(§105,§382 등), 대부분 본안이라는 말은 청구의 당부 문제라는 의미로 사용한다.

11) 판결을 선고함에 있어서, 본안에서 이유 없으면 '청구를 기각'하고, 소송요건이 흠결되어 있으면 '소를 각하'한다는 용어법이 정착되어 있다. 이론적으로는 이 구별이 결정·명령에서도 가능할 터이지만, 실무상으로는 판결 외의 재판에서는 기각과 각하를 섞어쓰는 경우가 많다. 법률상으로도 결정·명령절차에서는 양자를 합한 의미로 '기각'을 쓰는 경우가 종종 있다(§§39,163,243,439). 양쪽 모두를 독일법에서는 abweisen, 영미법에서는 dismiss한다고 하며, 다른 단어와의 연결로써만 본안판결인지 소송판결인지를 구별한다.

요건 중 당사자적격 또는 권리보호의 이익이라는 요건에 관해서는, 원고의 주장만으로 판단할 수 없고 입증을 기다려야 하는 것도 있을뿐더러, 본안의 청구내용과 얽혀 있는 것도 있어서 본안에 대한 심리가 상당히 진행된 후에야 비로소 그 소송요건의 존부(存否)를 판단할 수 있는 경우도 있다.

1-5-1-4 변론과 심리

소장과 답변서가 제출되고 나면 (재판부가 정하기에 따라서는 원·피고 각 1~2회의 준비서면 제출이 더 있고 나서) 재판장은 변론기일을 정한다. 정식의 변론기일을 열기 전에 변론준비기일을 열기도 한다. 그 과정에서 추가 준비서면이 제출되기도 하며, 법원은 당사자에게 증거신청을 하게 한다.

변론과정에서 당사자들은 공격과 방어를 하며, 법원은 당사자의 변론을 청취하고 서면을 읽고 신청된 증거의 채부를 결정하는 등 소송절차를 지휘한다. 원고는 주로 공격을, 피고는 주로 방어를 하지만, 피고가 적극적으로 항변을 제출하는 경우에는 피고가 공격을 하게 되는 때도 있다. 한쪽 당사자가 주장한 사실에 대하여, 상대방은 이를 부인(否認)할 수도 있고, 모르겠다고 답변할 수도 있고(不知), 답변 없이 다투지 아니할 수도 있고, 시인할 수도 있다. 시인하는 경우가 민사소송법상의 자백(自白)이며, 답변 없이 다투지 아니하고 침묵하는 경우도 민사소송법에서는 자백으로 간주된다(§150).

변론에서 항상 엄밀하게 서로 구분되어야 하는 것이 주장과 증명이다. 한쪽 당사자의 주장사실은 그것이 자백되거나 또는 공지(公知)의 사실이라서 증명할 필요가 없는 예외적인 경우를 제외하면, 증명의 과정을 거쳐서 법원이 그 주장사실을 인정해 주어야만, 그 주장 당사자가 원하는 법률효과를 낳을 수 있다. 즉 법원이 아무리 한쪽 당사자의 주장이 맞다고 생각하더라도 증거가 없으면 —그 주장사실이 증명 불필요 사실이 아닌 한— 법원은 그 주장대로의 법률효과를 부여할 수 없다. 또한 거꾸로, 증거의 내용 중에 당사자가 주장해야 할 요건사실이 설명되어 있더라도, 그것이 증거로서가 아니라 원·피고의 '주장'으로서 제출된 바가 없다면, 법원은 그 법률효과를 부여하는 결론을 선고할 수 없다.

법원은 증거조사의 결과 및 증명불필요 사실, 그리고 변론 전체의 취지를 바탕으로 사실관계를 확정하고, 이에 따른 법률효과를 가지고서 원고의 청구를 인용(認容)하거나 기각(棄却)하는 판결을 선고한다. 법원이 이와 같이 당사자의 변론을 청취하고 증거조사를 하는 것을 '심리(審理)'한다고 하며, 법원의 심리와 판결을 합하여 심판(審判)이라고 한다.

1-5-1-5 판결의 선고와 상소

심리가 충분히 이루어지고 나면, 결론을 내야 하는 단계에 이른다. 주장 및 증명이 충분히 이루어졌다고 생각될 때 또는 법원의 촉구에도 불구하고 당사자들이 더 이상 주장·입증을 하지 않을 때, 법원은 변론을 종결한다. "변론종결시"(辯論終結時)라는 시간적 기준은 소송절차상 아주 중요한 개념이다. 변론종결 후, 법원은 제출된 자료를 통해 사실관계를 확정하고, 확정된 사실관계에 실체법을 적용하여 원고의 청구를 받아들일 것인지, 피고의 항변을 받아들일 것인지 등을 결정하여 판결의 내용을 정하고 판결서를 작성하게 된다. 심리 중에 법관의 심증이 형성되어서 판결서 작성은 오로지 그 내심의 결론을 논리적으로 확인하는 작업에 불과한 경우도 있지만, 때로는 변론종결 후 판결서 작성을 하는 중에 비로소 법원의 결론이 내려지는 경우도 많다. 판결서 작성 후에 법원은 '판결'을 선고한다(책 말미의 [부록3] 판결의 예 참조). 법원이 대외적으로 표시하는 판단을 크게 뭉뚱그려 '재판'이라고 하는데(다만, 일상용어로서 사용되는 최광의(最廣義)의 재판은 심리까지 모두 포함하기도 한다), 위 재판에는 판결 외에 주로 절차상의 문제에 대한 판단인 '결정'과 '명령'이 포함된다(11-1-3).

판결서에는 당사자, 주문, 청구취지, 이유, 변론종결일, 법원이 기재된다. 만약 당사자가 소송무능력자이면 법정대리인이 반드시 기재되어야 하고, 임의의 소송대리인(변호사)이 선임된 소송사건에서는 그 소송대리인도 판결서에 기재된다. 판결의 결론부분인 주문(主文)이 기재된 다음에 그 주문에 이르게 된 사실관계 및 논리적 과정을 설명하는 이유(理由)가 기재된다(11-3-1-3).

판결을 여러 기준으로 분류할 수 있지만, 원·피고의 권리의무가 어떤 식으로 요구되고 선언되고 만들어지는가에 따라 종국판결을 분류하면, ① 이행판결, ② 확인판결, ③ 형성판결로 나눌 수 있다. 피고에게 원고에 대한 일정한 내용의 급부 또는 부작위를 명하는 판결이 이행판결이다. 권리·법률관계의 존재나 부존재를 확인하여 주는 판결이 확인판결이다. 위 2가지는 '이미 존재하는 권리의무'

에 기하여 이를 원·피고 간에 확인해 주거나 그 의무를 이행하라고 하는 것이어서 서로 가까운 관계에 있으나, 형성판결은 위 둘과는 좀 성격이 다른 판결이다. 이는, 원고의 청구에 따라 당사자 간의 법률관계를 발생·변경·소멸시키는 판결, 즉 당사자 간의 법률관계를 새로 형성하여 주는 판결이다. 참고로, 원고의 청구를 기각하는 판결은 —원고의 청구가 무엇이었든 간에— 확인판결의 일종이다.

제1심 법원이 판결(종국판결)을 선고하면 그 심급은 종결되지만, 그렇다고 그 판결이 확정되는 것은 아니다. 상소가 있으면 판결은 확정되지 않는다. 제1심 판결에 대한 불복을 '항소'라고 하고, 제2심 판결에 대한 불복을 '상고'라고 부르며, 양자를 합해서 '상소'라고 한다. 한국 민사소송법은 이른바 속심(續審) 제도를 취하고 있으므로(15-2-1-2), 제2심에서도 주장·증거의 제출 등 사실확정을 위한 심리가 다시 이루어진다. 상고는 2심 판결에 나타난 법률문제만을 대상으로 하여 다툴 수 있으므로, 제3심에서는 사실인정을 위한 심리가 없다.

1심 판결이 선고되고 나서 판결서를 송달받은 날부터 원·피고는 각각 2주 이내에 항소를 할 수 있고(§396. 전부승소한 당사자는 항소할 수 없음은 당연하다), 항소는 항소하려는 당사자가 항소장을 제1심 법원에 제출함으로써 한다(§397). 소송기록이 항소법원으로 송부(§400)된 후에 항소심의 심리가 이루어진다. 항소법원은, 제1심 판결을 정당하다고 인정하면 항소를 기각해야 하고(§414), 정당하지 않다고 인정한 때에는 제1심 판결을 취소해야 한다(§416). 항소심에서의 심리와 판결 후에 판결서가 송달된 날부터 역시 2주 이내에 상고를 할 수 있고, 상고는 —사실심이 아니라 법률심이므로— 판결에 영향을 미친 헌법·법률·명령·규칙의 위반이 있음을 이유로 드는 때(§423) 또는 절대적 상고이유가 있는 때(§424)에만 할 수 있다.

1-5-1-6 소송의 종료와 강제집행

판결의 확정은 상소 없이 상소기간이 도과하든지, 상소권자가 상소를 포기하든지 또는 대법원이 상고기각 판결을 선고할 때에 이루어진다. 판결 외에도 소송을 종료시키는 사유들이 있다. 우선 원고가 소를 취하하면(§266) 소송이 종료하는데, 소를 취하한다는 것은 원고가 더 이상 소송의 진행을 원하지 않고 소송물(5-2-1)에 대하여 아무런 처분을 하지 않은 채로 소급적으로 소송계속을 소멸시키는 행위를 가리킨다. 또한 원고가 청구를 포기(抛棄)하거나 피고가 청구를 인낙(認諾)하면(§220) 역시 소송계속이 소멸되어 소송이 종료된다. 청구의 포기란 원고 스스로 자신의 청구가 이유 없음을 진술하는 것이고, 청구의 인낙이란 피고 스스로 원고의 청구가 옳다고 진술하는 것이다. 청구의 포기·인낙에 따라서 원·피고의 그 진술을 조서에 기재하여 포기조서·인낙조서를 작성하면 소송이 종료되며, 그 조서는 확정판결과 같은 효력을 가진다.

청구의 포기·인낙보다 실무상 자주 등장하는 것이 재판상 화해이다. 앞의 1-2-1-2에서 본 바와 같이, 재판상화해에는 제소전화해와 소송상화해가 있으며, 법관 앞에서의 이러한 화해의 내용을 조서에 적으면 확정판결과 같은 효력이 생기고, 이로써 소송절차는 종료한다(책 말미의 [부록4] 화해조서의 예 참조).

원고의 청구가 전부 기각된 판결이 선고된 경우, 원고가 소를 취하한 경우, 원고가 청구포기를 한 경우, 소송상화해에서 원고가 집행할 아무런 내용이 없는 합의를 한 경우에는 소송의 종료 후에 강제집행이 뒤따르지 않는다. 그러나 원고의 청구가 (일부라도) 인용된 경우, 피고가 청구를 인낙한 경우, 재판상 화해의 내용상 당사자 일방의 타방에 대한 청구권이 (일부라도) 존재하는 경우에는 강제집행의 문제가 발생한다. 채무자가 판결의 내용대로 혹은 조서의 내용대로 채무를 이행하면 다행이지만, 그 이행을 하지 않으면 국가권력을 통한 강제집행을 할 수밖에 없게 된다. 이에 관하여는 아래 1-6에서 좀 더 살펴본다.

이상에서 설명한 판결절차의 흐름을 표로 만들면 아래와 같다.

소장의 제출 (관할법원) 인지＋송달료＋첨부서류 🡻	• 당사자의 특정(당사자 확정, 당사자능력, 소송능력, 소송대리인) • 청구의 취지 : 구하는 판결주문의 표시 • 청구의 원인(규§62) : 청구를 이유있게 하는 사실을 기재. 소송물의 특정 • 소의 아래 3종류 중 선택(병합 가능) ① 이행의 소 : 청구권의 실현 ② 확인의 소 : 불안한 권리·법률관계의 존부 확정 ③ 형성의 소 : 법률관계를 새로 형성
재판장의 소장심사 🡻	• 대상 : 소장의 필요적 기재사항, 인지납부 • 흠결시 "소장 각하"

<table>
<tr><td>소장부본의 송달(답변서 제출의무의 고지)
↓</td><td colspan="3">• 30일 내에 답변서 제출의무
• 불이행시 : 무변론판결, 선고기일의 통지
• 무변론판결의 예외 : 공시송달사건, 직권조사사항이 있을때, 형식적 형성의 소</td></tr>
<tr><td>답변서 제출
↓</td><td colspan="3">• 청구의 취지에 대한 답변 : 소각하 or 청구기각을 구함
• 청구의 원인에 대한 답변 : 규§65, 부인 · 부지 · 자백 · 침묵</td></tr>
<tr><td rowspan="2">변론준비절차
(임의절차라서 필요시 진행)</td><td colspan="3">• 서면준비절차 : 답변서에 대한 반박준비서면 / 그에 대한 재반박준비서면 각 제출명령(4개월 한도)</td></tr>
<tr><td colspan="3">• 준비기일절차(6개월 한도) : 공개주의 · 직접심리주의 아님(재판장 또는 수명법관이 진행)</td></tr>
<tr><td>변론기일 지정
↓</td><td colspan="3">• 준비절차 불회부시 : 답변서 제출 후 곧바로 변론기일지정
• 준비절차 회부시 : 변론준비절차 거친 후 곧바로 변론기일 지정</td></tr>
<tr><td rowspan="9">변론의 진행
↓</td><td>소송요건 심사</td><td colspan="2">• 법원(재판권, 관할권), 당사자, 청구(소의 이익)
• 흠이 있으면 소각하 판결(실무상 상당한 심리진행 후)</td></tr>
<tr><td>본안의 신청</td><td colspan="2">• 원고 : 청구취지대로 판결 신청
• 피고 : 소각하 · 청구기각 신청</td></tr>
<tr><td colspan="3">원고의 공격방법(권리근거사실)—청구원인대로 법률 주장, 사실 주장</td></tr>
<tr><td rowspan="3">피고답변의 내용 : 부인 · 항변의 구별</td><td colspan="2">청구원인에 대해 부인 · 부지(=증명책임 원고), 자백 · 침묵(=증명책임면제)</td></tr>
<tr><td rowspan="2">항변</td><td>본안전(前) 항변, 증거항변</td></tr>
<tr><td>본안항변 : 1) 권리장애사실, 2) 권리소멸사실, 3) 권리저지사실</td></tr>
<tr><td colspan="3">원고의 재항변</td></tr>
<tr><td>증거신청</td><td colspan="2">• 부인 · 부지 : 원고 증거신청,
• 항변 : 피고 증거신청</td></tr>
<tr><td>증거조사</td><td colspan="2">증인(교호신문), 감정(감정인), 당사자본인신문, 서증(형식적 · 실질적 증명력), 검증(판사)</td></tr>
<tr><td>변론종결
↓</td><td colspan="3">심리 성숙시에 변론종결(結審)</td></tr>
<tr><td>판결선고</td><td colspan="3">원칙상 2주 내에 선고, 실무상 보통 4주</td></tr>
</table>

1-5-2 소송절차의 기본이념

1-5-2-1 총설

판결절차(=협의의 소송절차)의 기본이념은, 여러 각도에서 정리할 수 있다. 흔히 적정, 공평, 신속, 경제 등을 들고 있으며, §1①도 "법원은 소송절차가 공정하고 신속하며 경제적으로 진행되도록 노력"해야 한다고 함으로써 위 이념들을 포괄적으로 선언하고 있다.

과거에 흔히 '적정'과 '공평'을 서로 구별되는 이념이라고 설명하여 왔으나, 이 두 가지는 중첩되는 점이 많으므로, '공정'(公正)으로 묶어도 좋을 것이다. 또한 '신속'과 '경제'라는 두 이념도 중첩되는 부분이 많으므로 이 2가지를 합해서 '효율'(效率)로 설명할 수 있을 터이다. 요컨대 민사소송절차는 공정과 효율을 모두 추구하여야 하는 것이지만, 실제로 이 두 가지 이념은 서로 긴장관계에 있어서 하나를 강조하면 다른 쪽이 희생될 가능성이 커지는 관계에 있다. 예컨대 원·피고로 하여금 상세한 사실관계를 (요건사실과 직접 관계 없는 것까지) 구석구석 입증하도록 하면 약간 더 정확한 사실인정이 이루어짐으로써 공정의 이념이 약간 고양될지 모르나, 이로써 시간지연이 불가피하므로 효율의 이념은 훼손될 수밖에 없을 것이다.

이들과 별도로, 소송절차의 이념 중의 하나로 신의성실의 원칙을 들 수 있다. 아래에서 하나씩 살펴본다.

1-5-2-2 공정

적정(適正)이란 올바른 재판을 하는 것을 말한다. 민사소송은, 증거의 수집·제출이 기본적으로 당사자에게 맡겨져 있는 절차이지만, 그렇다고 해서 사실의 증명이 충실하지 않아도 좋다는 말이 아니다. 법원이 진실발견에 무관심해도 좋다는 말도 아니다. 진실을 추구하지 않는 재판은, 당사자를 납득시킬 수 없고, 국민의 신뢰를 받을 수도 없다.

재판이 적정하려면, 원·피고 양쪽을 공평(公平)하게 취급하여 쌍방으로부터 주장과 증거가 충분히 제출되도록 만들어야 한다. 법관은 중립적 제3자로서 쌍방에게 공평한 기회를 부여해야 하며, 사실자료 및 증거자료의 제출 기회뿐만 아니라, 법률적 견해를 제출할 기회도 동등하게 부여해야 한다. 다른 쪽의 말은 들어볼 필요도 없다는 편견을 내보여서도 안 되고 결코 가져서도 안 된다. 이처럼 양 당사자의 지위를 평등하게 취급하여 서로 대등하게 공격·방어의 수단과 기회를 부여하는 원칙을 '당사자평등의 원칙' 또는 '무기평등(武器平等; Waffengleichheit)의 원칙'이라고 한다.

1-5-2-3 효율

효율은 신속과 경제의 두 단어로 설명된다. 신속(迅速)은 소송절차가 부당하게 지연되어서는 안 된다는 것이다. "Justice delayed is justice denied(지연된 정의는 정의가 아니다)"라는 법언(法諺)으로 잘 표현된다. 한국 헌법 §27③은 "모든 국민은 신속한 재판을 받을 권리를 가진다."고 함으로써 이 이념을 선언하고 있다. 이에 따라 법원은 소송촉진의무를 지며, 민사소송법은 ① 기간 불준수의 경우의 실권효(7-2-2-3), 실기한 공격방어방법에 대한 각하(6-4-1-3), 변론준비기일의 종결효(8-2-4) 등 권리실효에 관하여 정하고, ② 독촉절차·소액사건심판절차 등 특수절차를 정해두고 있으며, ③ 적시제출주의(6-4-1)와 ④ 기일의 변경·연기를 제한하고 있고(7-2-1-4), ⑤ 판결선고기간을 법률로 정해두고 있다(§199,§207).

경제(經濟)란, 당사자에게 불필요한 비용을 지출하게 하지 않음을 의미할 뿐만 아니라, 이를 넘어서 소송에 드는 품과 시간 등을 모두 합한 유·무형의 부담을 모두 낮추어야 함을 의미한다. 승소확정판결을 받아도 별다른 실익이 없을 정도로 소송에 과다한 비용과 노력을 소모해야 한다면, 소송제도는 무의미한 제도가 되고 만다. 이를 구현하기 위하여 위에서 든 ①~⑤의 제도가 마련되어 있을 뿐더러, 답변서제출의무, 무변론판결의 제도, 소액사건에서의 상고제한, 소송의 이송, 이의권 상실에 의한 절차상 하자의 치유, 변론의 병합 등의 제도가 갖추어져 있다. §128 이하에서 상세히 규정된 소송구조 제도 및 대법원규칙으로 정해진 변호사보수의 소송비용산입 제도도 소송의 경제에 이바지한다.

1-5-2-4 신의성실의 원칙

(1) 총설

신의성실의 원칙(=신의칙)이라 함은, 소송에서 각 당사자는 상대방의 신뢰를 배반하지 않도록 성실하게 행동해야 한다는 것이다. 신의칙은 처음에 채권법에서 인정되기 시작하여 민법 전반에 확대된 원칙이며, 이제는 민사소송에서도 적용되어야 함이 일반적으로 수긍된다. 그리고 §1②은 "당사자와 소송관계인은 신의에 따라 성실하게 소송을 수행하여야 한다."라고 정함으로써 신의칙이 한국 민사소송법을 관통하는 대원칙임을 분명히 하고 있다. 위 법조에서 명백하듯이, 신의칙은 소송당사자에게만 적용되는 것이 아니라, 보조참가인, 법정대리인, 임의대리인, 증인, 감정인 등 모든 관계인에게 적용된다.

(2) 신의칙 위반의 모습

신의칙 위반의 모습을 유형별로 나누어 보면, ① 소송상의 법률상태를 부당하게 만들어내는 행위, ② 선행행위와 모순되는 거동(venire contra factum proprium), ③ 소송상 권능의 남용, ④ 소송상 권능의 실효(失效; Verwirkung) 등이 있다.

위 ①은, 당사자 한쪽이 자기에게 유리한 법률상태를 의도적으로 만들어 놓고 이를 소송상 이용하는 행위이다. 가령 ⓐ B에 대한 금전대여의 증거를 가지지 않은 A가, 스스로 증인이 되기 위하여 그 금전채권을 C에게 양도하고 C로 하여금 소를 제기하게 한 경우(대판 83.5.24, 82다카1919), ⓑ 또는 A가 피고로 삼으려는 B(사찰)와의 사이에 전주지방법원을 관할법원으로 합의하였던 바 있는데, A가 서울중앙지방법원에 관할권을 만들기 위하여 서울에 주소를 둔 C(B의 대표단체인 재단)를 B와 공동피고로 삼아서 —C를 상대로는 실제로 청구를 할 의사가 없이— 소를 제기하는 경우(대결 11.9.29, 2011마62) 등이다.

②에 해당하는 것으로는 가령, ⓒ 부제소(不提訴)합의에 위배하여 소를 제기하는 행위(대판 13.11.28, 2011다80449), ⓓ 소송진행 중에 소취하 합의를 한 후에 소송을 계속 유지하는 행위(대판 13.7.12, 2013다19571) 등이 있다. 또한 ⓔ 공정증서에 기한 경매신청에 대하여 그 채무자가 —공정증서의 무효는 전혀 주장하지 않은 채로— 변제를 주장하여 매각허가결정에 대한 항고를 하고 매각대금의 배당까지 받았다면, 그 후 그가 경락인에 대하여 공정증서 무효를 이유로 강제경매의 무효를 주장하는 것은 금반언 · 신의칙의 위반이다(대판 92.7.28, 92다7726).

③의 소권남용이란, 소송외적 목적을 추구하는 소송상 권능의 행사로서 보호가치가 없는 것을 가리킨다. 가령 ⓕ 법원에서 수회에 걸쳐 같은 이유로 재심

청구가 기각당하여 확정되었음에도 불구하고 법률상 받아들여질 수 없음이 명백한 이유를 들어 같은 내용의 재심청구를 거듭하는 경우는, 그 제소가 소권의 남용이다(대판 97.12.23, 96재다226; 05.11.10, 2005재다303). ⓖ 회사의 대주주 겸 대표이사였다가 회사를 양도한 A가 회사를 되찾으려고 회사를 상대로 제기한 주총등결의 부존재확인의 소가 1심에서 부제소합의를 이유로 각하되자, A의 처·처남·장인이 A를 돕기 위하여 제2심에서 공동소송참가를 하는 것은 소권의 남용이다(대판 88.10.11, 87다카113). ⓗ 대리모로서 출산한 아이를 부모에게 인도해 준 직후부터, 출생의 비밀을 폭로한다는 등의 협박을 시작하여 6년간 30회 이상 합계 5억원 이상을 받아내고, 아이를 상대로 친생자관계존재확인을 구하는 소를 제기하였다가 취하간주된 후에도, 주거지에 벽보를 게시하고 인터넷에 게시물을 올리기도 하였으며, 이런 행위로 징역형을 선고받기도 한 사람이 다시 아이를 상대로 친생자관계존재확인의 소를 제기하는 행위는 소권남용에 해당한다(대판 25.4.24, 2022므15371).

④는 법률관계의 일방이 권능을 행사하지 않은 채 장기간이 경과함에 따라 상대방에게 그 불행사에 대한 정당한 기대가 생겼다면 신의칙상 그 권능이 실효하였다고 보는 것이다. 원래는 실체법상으로만 논의되던 것이지만, 소송법상 권리에 대해서도 실효 원칙은 적용될 수 있다(대판 05.10.28, 2005다45827). 예컨대, ⓘ 사용자의 지시에 따른 진의 아닌 사직 의사표시가 무효라고 하더라도, 그 근로자가 곧바로 퇴직금을 청구·수령하고 9년 후 해직공무원의보상등에관한특별조치법상의 보상금까지 수령하였다면 그 후 면직처분무효확인의 소를 제기할 수는 없다(대판 92.5.26, 92다3670). 그리고 ⓙ 상대방의 주소를 허위로 기재하여 그 허위주소에서 통모인이 송달을 받고 답변서를 제출하지 않음으로써 자백간주로 판결을 편취하였다면, 그 허위주소로 이루어진 판결의 송달은 유효한 것이 아니므로, 상대방은 언제든지 항소할 수 있다는 것이 판례이지만(11-9-4-2) 이 경우에도 그 상대방이 판결편취사실을 알고 나서 수년간 항소제기를 하지 않고 있다가 항소를 제기한다면 여기에는 '소권의 실효'를 적용할 수 있다(대판 96.7.30, 94다51840; 다만 이 판결사안에서는 실효되지 않았다고 판단).

(3) 신의칙 위반의 효과

신의칙에 위반하는 소송행위는 부적법한 것으로서 무효이다. 법원의 판단이 필요한 행위인 경우에는, 그 소송행위가 신의칙 위반행위인지는 직권조사사항이며(대판 89.9.29, 88다카17181), 그리고 법원은 그 행위를 각하한다.

그런데 위 ①~④의 논의에 있어서는 그것이 실체법적 권리의 남용·실효 등 실체법상의 신의칙을 적용할 사안이 아닌지를 면밀히 살펴볼 필요가 있으며, 민법에서와 마찬가지로 민사소송법에서도 이른바 '일반조항으로의 도피' 현상은 조심해야 하므로, 만연히 신의칙에 의존하는 것은 경계하여야 한다.

1-5-2-5 절차보장

그 밖에 소송절차의 기본이념으로서 논의되는 개념에는 적법절차보장, 당사자권, 심문청구권 등이 있다.

적법절차(適法節次)는 원래 미국헌법상의 듀프로세스(due process; 수정헌법 §5, §14) 개념을 소송법 차원으로 끌고온 개념이며, 논자에 따라 다양한 내용을 담고 있어서 일의적(一義的)이지 않다. 한국 헌법 하에서 설명하자면, 헌법 §27의 '재판을 받을 권리'를 구체화하기 위하여 당사자에게 절차주체로서의 지위를 보장해야 한다는 이념이다. 절차주체로서의 지위에 있는 자에게 인정되는 여러 권능을 포괄하는 개념이 '당사자권'(當事者權; 4-1-4)이고, 당사자권 보장은 적법절차 보장과 많이 겹친다. 독일에서는 주로 '법적 청문'(法的 聽聞; rechtliches Gehör)이라는 개념으로 많이 논의된다. 심문청구권(審問請求權)의 보장이라는 이름으로도 논의된다.

당사자권 중의 핵심은 변론권, 즉 재판의 기초가 되는 자료를 제출하는 권리, 바꾸어 말해서 주장 및 증명의 기회를 부여받을 권리인데, 이러한 변론권 및 이를 보장하기 위한 여러 권리를 포함하는 개념으로 심문청구권 개념이 흔히 사용된다.

1-5-3 특별소송절차

앞의 1-5-1에서 소제기로부터 판결선고에 이르는 정식의 민사소송절차의 진행과정을 훑어보았다. 이런 정식의 민사소송절차를 "판결절차"라고 부른다. 그런데 내용이 단순하거나 다투는 금액이 적은 민사분쟁에 대해서는, 이런 판결절차 외에 간이절차를 마련해 줄 필요가 있다. 따라서, 금전 기타 대체물이나 유가 증권의 일정한 수량의 지급을 목적으로 하는 청구에 있어서, 채권자로 하여금 통상의 판결절차에 비하여 간이·신속하게 집행권원을 얻게 하는 절차로서, 소액사건심판절차(16-1-1)와 독촉절차(16-2-1)가 마련되어 있다. 전자에 대해서는 소액사건심판법 및 소액사건심판규칙이 적용되고, 후자에 대해서는 민사소송법 제5편(§462이하)이 적용된다.

1-6 판결절차에 관련되는 기타 절차

1-6-1 총설

민사집행법 제1~3편은, 판결절차에 뒤따르는 강제집행절차(强制執行節次)를 규율하고 있다. 그리고 같은 법 제4편은 가압류와 가처분으로 구성되는 이른바 '보전절차'(保全節次)를 다루고 있다. 1-4-2에서 보았듯이 2002년에 민사집행법이 분리되기 전까지는 민사소송법 중 제7편의 표제가 '강제집행'이었고 여기서 현재의 민사집행법의 내용을 다루고 있었다. 그리고 제7편 중 제4장이 "가압류와 가처분"으로서 보전절차를 다루고 있었다.

이처럼 보전절차는, 과거에는 강제집행편의 한 장(章)으로 들어가 있었고, 현재는 민사집행법의 제4편으로 들어가 있지만, 판결절차 + 강제집행절차로 구성되는 정형적 소송절차에 속하는 것은 아니다. 보전절차는 증거보전절차와 함께 '부수절차'에 속한다.

강제집행절차와 관련된 절차로서 도산절차(倒産節次 = 파산절차 + 회생절차 + 개인회생절차)가 있다. 강제집행절차는 특정 채권자에 의한 개별적 권리실현절차인데 반하여, 도산절차는 어느 한 채무자의 총 채권자에 의한 집단적 권리실현절차이다. 이하에서 보전절차, 강제집행절차, 도산절차를 차례로 본다.

1-6-2 보전절차

1-6-2-1 들어가며

강제집행절차는 판결절차보다 시간적으로 후행하는 데 비하여, 보전절차는 판결절차보다 시간적으로 선행하여 이루어지는 절차이다. 본안판결까지 현상(現狀)을 방치하여 두면 장래의 강제집행이 불가능하게 되거나 회복할 수 없는 손해가 발생하게 될 염려가 있는 경우에, 채무자에게 현상의 변경을 금지하는 절차가 보전절차의 주를 이룬다(예외적으로 현상을 변경하는 보전절차가 있지만, 이는 어디까지나 특별한 요건 하에서 인정되는 것이다). 보전절차는 보전소송절차와 보전집행절차로 구성된다.

1-6-2-2 가압류

우선 가압류(假押留)는, 금전채권 또는 금전으로 환산할 수 있는 채권에 기초하여 동산·부동산·채권에 대하여 행하는 강제집행을 보전하기 위한 절차이다(민집 §276). 동산가압류는 동산압류와 마찬가지로 집행관이 그 동산을 점유함으로써 [대부분의 경우 보관장소를 옮기는 것이 아니라 집행관의 점유 하에 있음을 표시하는 압류표(속칭 '붉은 딱지')를 붙임으로써] 행하고, 부동산가압류는 등기부상 이를 기재함으로써 행한다.

1-6-2-3 가처분

가처분(假處分)에는 2가지 종류가 있다. 다툼의 대상에 관한 가처분(민집§300①)과 임시지위를 정하기 위한 가처분(§300②)이 그것이다. 전자는 비(非)금전채권의 보전을 목적으로 하는 것이다. 후자는, 당사자 사이에 본안판결이 날 때까지 현상(現狀)의 진행을 그대로 방치한다면 권리자가 현저한 손해를 입거나 급박한 위험에 처하는 등 소송의 목적을 달성하기 어려운 경우에, 그로 인한 위험을 방지하기 위해 잠정적으로 권리 또는 법률관계에 관한 지위를 정하는 가처분이다.

(1) 다툼의 대상에 관한 가처분

다툼의 대상에 관한 가처분(=계쟁물에 관한 가처분)의 대표적인 예는 부동산소유권 이전등기를 구하는 원고가 (피고가 소송 도중에 소유명의를 타인에게 이전해 버리는 일이 없도록 하기 위하여) 소제기 전에 피고 명의의 부동산에 대하여 "처분금지(處分禁止)가처분"을 신청하여 받아두는 것이다. 다른 대표적인 예를 보자면, 토지의 인도를 구하는 원고가 (피고가 소송 도중에 점유를 타인에게 이전하는 일이 없도록 하기 위하여) 피고를 상대로 소제기 전에 "점유이전금지(占有移轉禁止)가처분"을 받아두는 것이다.

(2) 임시지위를 정하는 가처분

임시지위를 정하는 가처분의 사례는 계쟁물가처분에 비하여 훨씬 다양하다. 과거에도 이 가처분이 이용되었지만, 사회의 변화 및 발전에 따라 새로운 법률관계가 출현하고 분쟁의 모습도 새로운 형태로 등장하는 탓에 종래의 전통적인 민사본안소송 유형에 포섭하기 어려운 권리주장이 많이 등장하고 있고 (이런 경우에는 청구취지를 뭐라고 적어야 하는지부터 곤란을 겪으므로) 이 경우 중 많은 것들이 임시지위를 정하는 가처분으로 신청되고 있으며, 따라서 이 가처분 사건 수는 뚜렷한 증가추세이다. 임시지위를 정하는 가처분 중 많이 이용되는 예를 들자면, 지식재산권(특허 · 실용신안 · 상표 · 디자인 등)의 침해금지가처분, 부정경쟁행위(不正競爭行爲)금지 가처분, 직무집행정지 가처분, 업무방해금지 가처분, 입찰절차속행금지 가처분 등이 있다. 좀더 적극적인 채무자 행위를 요하는 가처분으로 치료비(治療費)지급가처분, 임금(賃金)지급가처분도 있다. 이런 종류의 가처분에서는 '보전의 필요성' 요건이 많이 다투어지며, 가처분 인용결정이 내려지면 —본안소송 절차로 나아가지 않고— 사실상 가처분단계에서 분쟁이 끝나버리는 경우가 많다. 이를 '가처분의 본안소송화 경향'이라고 부른다.

1-6-2-4 본안소송과 보전소송의 비교

본안소송절차와 대비하여 보전소송절차의 특징을 꼽아보자면, 전자의 주요 특질이 공정성 추구임에 반하여 후자의 주요 특질이 잠정 · 긴급 · 밀행성 추구라는 점, 따라서 전자가 필요적 변론임에 반하여 후자는 임의적 변론이어서 변론기일이 열리지 않거나 심문으로 대체되는 경우가 많다는 점, 다툼있는 사실에 대한 증거의 수준에 있어서 전자는 증명(證明)을 요하지만 후자는 소명(疏明)만으로 족하다는 점, 종국적 판단형식이 전자에서는 판결이지만 후자에서는 결정이라는 점, 따라서 종국판단에 대한 불복방법이 전자에서는 항소 · 상고이지만 후자에서는 이의신청 · 항고 · 재항고라는 점, 당사자의 호칭이 전자에서는 원고 · 피고이지만 후자에서는 채권자 · 채무자(혹은 신청인 · 피신청인)이라는 점, 전자의 주요 근거법률은 민사소송법이고 후자의 것은 민사집행법 제4편이라는 점 등이 있다.

보전소송절차에서 가압류결정 · 가처분결정이 내려지고 나면, 그 다음 단계로 그 결정에 따른 집행이 행해진다. 이를 '보전집행'이라고 한다.

1-6-3 강제집행절차

1-6-3-1 총설

원고의 청구가 판결에서 전부 또는 일부 인용(認容)되고 그 판결이 확정된 경우에도 그 판결만으로 원고가 소제기시 원했던 결과가 확보되지는 않는다. 피고가 판결의 내용대로 의무를 이행하면 다행이지만, 피고가 그 이행을 하지 않으면 원고로서는 국가권력을 통한 강제집행을 거쳐야만 비로소 만족을 얻을 수 있다.

1-6-3-2 집행권원

확정판결처럼 강제집행의 근거가 되는 공증의 문서를 '집행권원'(執行權原; Vollstreckungstitel)이라고 한다. 구 민사소송법에서는 채무명의(債務名義)라고 불렀다. 좀 더 정확히 정의하자면, 사법상의 이행청구권의 존재와 범위를 표시하고 그 청구권에 집행력을 인정해 주는 공증의 문서가 집행권원이다. 집행권원이 되려면, 일정한 사법상의 이행청구권이 표시되어 있어야 하므로, 판결의 3종류 중에서 이행판결만이 집행권원이 될 수 있고, 확인판결 · 형성판결은 그런 이행청구권 표시가 없는 것이어서 집행권원이 되지 못한다.

집행권원에 의하여 집행당사자와 집행의 내용 및 범위가 정해진다. 집행권원에 기재된 급부의무의 내용은 가능 · 특정 · 적법해야 하고 강제로 이행할 수 있어야 한다. 급부의 내용 자체가 부적법하면 (가령 사람의 근육 1kg을 잘라내어 인도하라는 것이면) 이는 집행할 수 없는 무효의 집행권원이다. 그러나 급부내용 자체가 부적법한 것이 아니고 그 '원인'이 불법인 경우에는 —판결절차에서 그 이행청구가 민법 §103(반사회질서), §746(불법원인급여)에 따라 기각되어야 하는 것과 달리— 강제집행이 가능하다. 왜냐하면, 판결절차와 집행절차를 분리한 근본적인 이유가, 청구권의 존재는 판결기관에게 판단하게 하고 집행기관은 집행권원이 보여주는 대로 맹목적으로 집행을 하도록 정하여 양쪽을 분리함으로써, 집행절차를 더 능률적이고 신속하게 운영할 수 있다고 본 것이기 때문이다. 즉 집행기관은 급부원인의 당부를 판단해서는 안 된다.

집행권원의 대표는 확정된 종국판결이지만, 그 외에도 여러 가지 집행권원이 있다. 우선, 아직 확정되지 않은 제1, 2심의 종국판결이라도 거기에 '가집행

(假執行)의 선고'가 붙어 있으면 이는 집행권원이 된다(§213; 민집§24). 그리고 판결 외에도 각종 조서(調書)로서 집행권원이 되는 것들이 있다(민집§56). 먼저 소송상 화해조서와 제소전화해조서, 그리고 원고 청구를 피고가 인낙한 때의 인낙조서가 집행권원이다. 또 다른 집행권원으로서 '항고로만 불복할 수 있는 재판'이 있는데, 이는 재판의 3종류 중 판결 외의 것인 결정과 명령 중, 법률에 의하여 항고로써 불복신청이 허용되는 것으로서 이행청구권을 내용으로 하고 있는 것을 가리킨다. 몇 가지 예를 들면, 소송비용액확정결정(§110①), 증인에 대하여 소송비용 부담을 명하는 결정(§311①), 대체집행에서 채무자에게 비용지급을 명하는 결정(민집§260②), 간접강제에서 금전배상을 명하는 결정(민집§261①)이 그것이다. 그 외에도, 확정된 지급명령(민집§56iii)도 집행권원이고, 가압류명령 · 가처분명령도 집행권원이다.

위에서 든 집행권원들은 법원의 관여 하에 생성되는 집행권원이다. [법원 관여가 있다고 해도, 위에서 든 집행권원들 중에서 기판력(旣判力; 11-5-1)을 가지는 것은 확정된 종국판결과 화해조서 · 인낙조서뿐이고 나머지는 기판력을 가지지 않는다.] 법원의 관여가 전혀 없는 집행권원도 있는데, 가령 "공증인이 일정한 금액의 지급이나 대체물 또는 유가증권의 일정한 수량의 급여를 목적으로 하는 청구에 관하여 작성한 공정증서로서 채무자가 강제집행을 승낙한 취지가 적혀 있는 것"(민집§56iv)이 그것이며, 이를 '집행증서'라고 부른다. 공증인법에는 민사집행법의 이 항목을 더 구체화하고 확대하여, 집행권원이 되는 집행증서에 관한 규정을 두고 있다(§56-2①,§56-3①). 실무상으로는, 어음 · 수표의 발행인이 그 발행시에 공증인 · 법무법인 사무소에 가서, 자신이 발행하는 어음 · 수표에 첨부하여 강제집행을 인낙한다는 취지를 적은 공정증서를 작성한 것을 집행권원으로 삼는 사례가, 집행증서를 집행권원으로 삼는 경우의 대부분이다.

1-6-3-3 집행기관

강제집행에서 집행을 신청하는 적극적 당사자를 채권자라 하고, 집행을 당하는 소극적 당사자를 채무자라 칭하며, 이 둘이 집행당사자이다. 그 밖에 강제집행절차상 주체로서 행동하는 자로 집행기관(執行機關), 즉 강제집행을 실시하는 기관이 있다. 민사집행절차는 간이 · 신속하게 이루어져야 하므로, 신중하고 천천히 권리관계 확정작업을 하는 수소법원(Prozessgericht)으로 하여금 그 절차를 취급하게 하는 것은 부적절하다. 그래서 민사집행법은 집행관과 집행법원을 원칙적인 집행기관으로 정하고, 예외적으로 수소법원이 집행기관이 되는 경우를 별도로 정하고 있다.

조금 더 구체적으로 보자면, 유체동산집행이나 부동산인도집행 등 사실행위가 필요한 집행에서는 집행관이 집행기관이 되고, 다른 많은 경우에는 집행법원(Vollstreckungsgericht)이 집행기관이 된다. 즉 관념적 재판으로서 족하고 물리적 사실행위가 필요하지 않은 집행, 예컨대 부동산경매, 채권집행 등은 집행법원이 관할한다.

집행관은, 재판의 집행, 서류의 송달 기타 법령상의 사무에 종사하는 독립된 사법기관이다(법조§55, 집행관법§2). 지리적으로 법원의 구내에 사무실을 두고 있고 그 법원에 소속되는 것은 맞으나, 법원과는 직무상 독립된 기관이다. 집행법원이란, 집행절차상 복잡한 법률적 판단을 요하는 집행행위 또는 관념적 명령으로 족한 집행처분을 담당하는 법원을 가리키며, 원칙적으로 집행절차를 실시하는 곳을 관할하는 지방법원의 단독판사가 이를 담당한다(법조§7④). 예외적으로 부동산·채권에 대한 가압류·가처분 명령의 집행은 —신속을 기하기 위하여— 가압류·가처분 명령을 내린 그 법원이 곧바로 집행법원이 된다.

수소법원이 집행기관이 되는 경우란, 집행근거가 되는 청구권의 존부·범위를 확정하는 소송이 계속(係屬)하여 있거나 전에 계속하였던 법원이, 집행행위를 하는 것을 가리킨다. 민사집행법은, 집행할 청구권과 집행방법 사이의 관계에 관하여 상당한 재량판단을 요하는 작위·부작위 청구권에 대한 집행에 대해서만 예외적으로, 수소법원 권한으로 정하고 있다. 가령 대체집행(민집§260)이나 간접강제(민집§261)의 결정은 —별도의 집행법원이 내리는 것이 아니라— 제1심 수소법원이 관할한다.

1-6-3-4 강제집행의 요건

강제집행절차도 민사소송절차의 일부이므로, 집행을 위해서는 먼저 집행당사자가 확정되고, 당사자능력·소송능력 등의 일반적인 소송요건이 구비되어야 하며, 집행권원이 존재하여야 하고, 그 집행권원의 정본에 집행문(執行文)을 받아야 한다. 집행문이란, 집행권원에 집행력이 있다는 점과 집행당사자가 누구인지를 공적으로 확인해 주기 위하여 법원사무관등이 집행권원의 끝에 적는(대개 집행권원의 끝에 종이 1장을 덧붙여서 기재함) 문구를 가리킨다(민집§29). 집행문이 있는 집행권원의 정본을 "집행력 있는 정본"이라고 한다. 즉 채권자가 집행기관(집행법원 또는 집행관)에게 강제집행을 신청하려면, 집행문이 붙은 집행권원 정본을 제출해야만 한다.

1-6-3-5 민법상 강제이행과의 관계

민법에서 '채무의 강제이행의 3종류'로 직접강제 · 대체집행 · 간접강제의 3가지를 설명하는데(민§389), 이러한 강제이행의 내용이 집행권원에 표시되는 경우에, 그에 따라 강제집행의 종류가 결정된다.

지접강제 중에서는, 금전채무를 불이행하는 채무자를 상대로 채무자의 재산을 현금화하는 형태가 가장 많다(직접강제 중에서뿐만 아니라, 전체 모든 민사강제집행 사건 중에서 세더라도 그 숫자는 압도적이다). 따라서 이 경우에는 '금전채권에 기하여 채무자의 재산에 대하여 행하는 강제집행'을 하게 된다. 이를 다시 세분하면 채무자의 재산의 종류에 따라 부동산 · 유체동산 · 채권에 대한 집행으로 나눌 수 있고, 이에 대해서는 아래 1-6-3-6에서 다시 상세히 본다. 직접강제 중에서 나머지로는 인도청구권의 집행이 중요한데, 유체동산의 인도청구이든 부동산의 인도청구이든 모두 물리적인 사실행위를 필요로 하므로 이는 집행관에게 신청하여야 한다(민집§257,§258). 집행관은 유체동산 · 부동산의 점유를 빼앗아서 채권자에게 인도하는 방법으로 집행을 한다(다만 민집§259).

대체집행으로는 크게 3가지가 있는데, ① 채무가 법률행위를 목적으로 한 때(민§389②전단)에는, 별도의 강제집행절차가 불필요하다. 가령 원고가 피고에게 부동산 소유권이전의 의사표시를 구하여 승소하였다면, 그 판결을 등기소에 제출함으로써 원고는 목적을 달성할 수 있게 되고, 별도의 민사집행절차는 불필요하다. 다른 예로, 채권양수인이 양도인을 상대로 채무자에 대한 양도통지를 구하는 소를 제기하고 승소하였다면, 양수인은 그 확정판결문을 채무자에게 송부함으로써 목적을 달성할 수 있다. ② 그러나 대체집행의 다른 종류, 즉 채무자의 일신에 전속하지 아니한 작위를 목적으로 한 때(민§389②후단), 가령 철거청구권을 가진 원고가 대체집행을 청구하는 경우에는 "채무자의 비용으로 제3자에게 이를 하게 할 것을 법원에 청구하는"(민§389②후단) 방식으로 하게 되고, 법원은 채권자의 신청에 따라 위와 같은 내용의 결정을 하여야 하므로(민집§260①), 이러한 승소판결을 받은 원고는 궁극적으로는 그 비용의 금전채권을 가지고서 채무자 재산에 대하여 집행하는 방법에 의하게 된다. ③ 또 다른 대체집행 유형은 채무가 부작위를 목적으로 한 경우인데, 채무자가 그 부작위채무에 위반한 때에는 채권자는 채무자의 비용으로써 그 위반한 것을 제각(除却)하고 장래에 대한 적당한 처분을 법원에 청구할 수 있으며(민§389③), 이 경우에도 법원은 위 민법규정에 의한 결정을 하여야 한다(민집§260①).

간접강제에 관해서는 민사집행법 §261가 정하고 있다. 채무의 성질이 간접강제에 적합한 경우에는, 제1심 법원이 그러한 간접강제를 명하는 결정을 하고, 이 결정에서는 이행기간 내에 채무자가 이행하지 않으면 그 기간에 따라 배상을 하도록 명할 수 있는데(민집§261), 채무자가 그 배상금을 지급하지 않으면, 결국 채권자는 금전채권의 강제집행 방법으로써 만족을 구하게 된다.

부대체적 작위채무를 강제하려는 경우 또는 위반결과를 채권자 측에서는 제거하기 어려운 부작위채무를 강제하려는 경우에는 간접강제에 의할 수밖에 없다. 원래 간접강제 결정은 민사집행법 §261에 따라서 명해야 하는 것이지만, 실무에서는 위와 같은 부대체적 작위채무 및 부작위채무의 이행판결을 선고할 때에 (물론 당사자로부터 청구가 있은 경우에 한하여) 간접강제 판결도 함께 선고한다(대판-전 21.7.22, 2020다248124).

1-6-3-6 금전채권에 기한 강제집행

(1) 총설

앞에서 보았듯이, 실무상 대부분의 강제집행은 금전채권에 기하여 채무자의 재산에 대하여 행하는 것이다. 이러한 금전채권에 기한 집행은 "압류(押留)-현금화(現金化=換價)-배당(配當)"의 3단계를 거친다. 집행대상재산이 부동산이든, 유체동산이든, 채권이든 집행절차는 모두 이 3단계를 거친다는 점은 개념적으로 아주 중요하다. 그 중에서도 금액의 크기로 보나 사건의 수로 보나 가장 중요한 절차는 부동산에 대한 강제집행이며, 따라서 민사집행법 중 제2편 제2장 제2절의 (금전채권에 기한) “부동산에 대한 강제집행”이 가장 많은 조문 수를 차지하고 있다.

(2) 부동산에 대한 강제집행

부동산에 대한 강제집행으로서는 강제경매와 강제관리의 2가지 방법이 있으나, 실무상 전자가 대부분을 차지한다. 부동산의 강제경매는 집행채권자의 신청에 따라 그 부동산 소재지의 지방법원(집행법원)이 ‘경매개시결정’을 하면 절차가 시작되는데, 이 경매개시결정이 등기부상 기입되는 것이 바로 그 부동산에 대한 ‘압류’이다. 위 등기는 개시결정을 한 법원이 등기소에 등기를 촉탁함으로써 행해진다. 그 후에 경매개시결정이 채무자에게 송달된다. 그 다음으로 ‘현금화’ 즉 환가절차가 시작되는데, 집행법원은 집행관에게 부동산 현황에 대하여 조사하여 현황조사서를 제출하도록 하고, 감정인에게 부동산을 평가하여 감정평가서를 제출하게 한다. 그리고 집행법원은 그 평가액을 참작하여 최저매각가격을 정한다. 부동산 매각방법으로는 호가경매(呼價競賣), 기일입찰(期日入札), 기간입찰(期間入札)의 3가지가 있으나 실무상 대부분 기일입찰 방법에 의한다. 기일입찰에서는 특정한 한 날의 기일에 입찰과 개찰이 이루어지는데, 입찰희망자는 입찰표에 입찰가격을 기재하여 집행관에게 제출한다. 그 입찰기일에 최저매각가격을 넘는 매수신고인이 없으면 입찰기일을 속행하고, 이를 넘는 최고가(最高價) 매수신고인이 정해지면 집행법원은 대개 그 1주일 후의 매각결정기일에 이해관계인의 의견을 들은 후 매각허가결정을 한다. 매각허가결정이 확정되면 매수인은 법원이 정한 대금지급기한(대개 4주) 내에 대금을 납부함으로써 그 납부시점에 (등기부상 소유명의 이전과 상관없이 민법 §187에 따라) 목적부동산의 소유권이 이전된다. 이렇게 현금화가 완료되고 나면 그 다음은 ‘배당’절차가 개시된다. 대금완납 후 법원은 배당표를 작성하고, 배당기일을 정하여 이해관계인을 소환하여 각 채권자에 대하여 그 순위와 채권액에 따라서 매각대금을 교부하는 등 배당절차를 실시한다.

(3) 유체동산에 대한 강제집행

금전채권자가 유체동산에 대한 집행을 집행관에게 위임하면, 집행관이 대상물을 선택하여 ‘압류’한다. 대상 유체동산이 여럿이고 그 평가액 합계가 집행채권액을 넘는 경우에는 채무자의 유체동산 중 어느 것을 압류할 것인지가 집행관의 재량이지만, 초과압류 금지(민집§188②), 압류금지물건(민집§195) 등을 유의하여야 한다. 그리고 현금화 가능성이 높은 물건부터 선택하여야 한다.

이 압류는, 채무자 점유 유체동산을 집행관이 스스로 점유함으로써 행하는 것이 원칙이다(민집§189①). 이처럼 원칙은 채무자의 점유를 전면적으로 배제하고 집행관이 직접 지배·보관하는 것이지만, 예외적으로 채권자의 승낙이 있거나 운반이 곤란한 때에는 집행관이 압류물을 채무자에게 보관하게 할 수 있고, 실무상으로는 오히려 이쪽이 일반적이다. 채무자에게 보관시킬 때에는 봉인(封印) 등의 방법으로 그것이 압류물임을 명확히 표시하여야 한다(민집§189①단서). 봉인한다는 것은 대개 '압류표' 또는 '공시서'라는 이름의 딱지를 붙이는 것이다.

유체동산의 '현금화'는 입찰 또는 호가경매(呼價競賣)의 방법으로 행하며(민집§199), 현금화가 이루어지고 나면, '배당'절차로 들어가는데, 이 단계에서 집행채권자 및 배당요구자에 대하여 지급이 이루어진다(민집§216이하). 매각대금으로 배당에 참가한 모든 채권자를 만족시킬 수 없고 채권자들 간에 배당협의가 이루어지지도 않으면 매각대금은 공탁되며, 그 다음에는 집행법원에 의하여 우선순위에 따른 배당이 행해진다.

(4) 채권에 대한 강제집행

채권집행은 모든 '채권'을 집행대상으로 하는 절차이지만, 실무상 집행대상이 되는 채권은 대부분 금전채권이므로 그에 관하여 본다. 채무자가 제3채무자에 대하여 가지는 금전채권에 대하여 채권자가 집행하려 할 때에는, 채권자가 집행법원에 그 채권에 대한 압류명령을 신청함으로써 집행절차가 시작된다. 집행법원이 압류명령을 발하고 이것이 제3채무자에게 송달되면, 이 시점에서 그 채권이 '압류'된다.

제3채무자에 대한 채권이 압류되고 나면, 이를 전제로 그 다음 단계로 '현금화'가 진행된다. 채무자의 제3채무자에 대한 금전채권의 현금화 방법으로는 2가지가 대표적이고, 추심명령과 전부명령이 그것이다. 추심명령은, 채권의 귀속은 집행채무자에게 남아 있도록 하되 집행채권자가 단지 추심권만을 획득하여, 제3채무자에게 직접 채무의 이행을 구하게 하는 방법이다. 전부명령은, 압류된 금전채권을 권면액(券面額)에 따라 집행채권의 변제에 갈음하여 압류채권자에게 이전시키는 방법이며, 집행절차상의 강제된 채권양도라고 비유할 수 있다.

〈금전채권에 기한 강제집행〉

대상재산 / 집행단계	부동산	동산	채권
압류(押留)	경매개시결정 등기	집행관의 점유	압류명령
현금화 (=**환가**; 換價)	입찰(기일입찰, 기간입찰)	호가경매	• 추심명령(+집행+추심금 공탁) • 전부명령
배당(配當)	배당기일 배당표의 작성	좌동(左同)	• 추심명령에서는 좌동(左同) • 전부명령에서는 배당절차 없음

이 둘 중에서 어느 방법을 취할 것인지는 채권자가 선택한다. 추심명령을 이용할 경우에는, 배당에 참가할 다른 채권자가 있으면 배당절차가 실시되지만, 전부명령을 이용할 경우에는 채권자에게 채권이 이전되고 집행이 종료되어 버리므로, 다른 채권자에 대한 배당절차라는 것이 없고 집행채권자는 독점적 만족을 얻을 수 있다. 따라서 제3채무자가 무자력일 위험을 집행채권자가 떠안아야 하는 단점이 있음에도 불구하고, 압류의 경합만 없다면 한국에서 제3채무자에 대한 금전채권을 집행대상으로 하는 경우에는 대부분의 집행채권자가 전부명령을 선택한다.

개념적으로는 채권집행에서도 압류-현금화-배당이 단계적으로 이루어지지만, 실무상으로 압류명령과 추심명령을 신청할 때에는 '압류·추심명령'의 양식에 맞추어 하나로 합체하여 신청이 이루어지고, 압류명령과 전부명령을 신청할 때에는 '압류·전부명령'의 양식에 맞추어 역시 1건의 신청이 이루어진다. 만약 제3채무자가 집행채권자의 추심금·전부금 지급청구에 응하지 않는다면, 집행채권자는 그를 상대로 추심금·전부금의 지급을 구하는 소를 직접 제기해야 한다.

1-6-4 도산절차

개별 채권자가 채무자에 대한 자신의 청구권을 강제로 실현해 가는 절차가 강제집행절차인 데 반하여, 총 채권자가 경제적 파탄에 이른 채무자의 책임재산 전부에 대하여 함께 청구권을 실현하는 절차가 도산절차(倒産節次)이다.

현재는 회생절차(回生節次)가 도산절차의 큰 부분을 차지하고 있지만, 원래 도산절차(=광의의 파산절차)의 본류는 협의의 파산절차(破産節次)이었다. 즉 19세기에 서구 각국에 최초로 정비되고 제도화된 형태로 나타난 도산절차는, 협의의 파산절차 즉 채무자의 책임재산 전부를 환가하여 이를 채권자들에게 배분하는 절차였다. 그런데 미국에서는 파산법이 수차례 제정과 폐지를 반복하던 중 19세기 후반에 철도회사 재건을 위한 수탁관리인 제도가 판례법으로 발전하게 되어 최초로 회생·갱생·재건의 절차가 마련되었다. 즉 변제불능에 이른 채무자의 재산을 곧바로 환가하여 채권 변제에 사용하는 것이 아니라, 채무자 회사의 각 채무액을 감축·조정하고 채무자 회사의 핵심 사업을 계속 운영해 나가도록 함으로써 회사를 존속시키는 쪽이 그 채무자뿐만 아니라 채권자·주주·종업원·거래처 등 관계인 다수 및 사회전체적으로 보아 더 이익이라는 관념이 제도화되었고, 이것이 1938년의 파산법 대개정시에 제10장으로 들어가서 기업의 회생절차가 도산법 내의 확고한 절차로 자리잡았다. 그 후 1978년 대개정시에 이 회생절차는 파산법 제11장에 자리잡았고, 제7장의 협의의 파산절차와 함께 미국 파산제도의 양대 축을 이루고 있다.

한국에는 도산에 관하여 과거에는, 일본을 통하여 수입된 형태로 파산법·화의법·회사정리법을 두고 있다가 2000년 무렵부터 미국식의 단일 도산법전 제정을 목표로 통합작업을 개시하여 '채무자 회생 및 파산에 관한 법률'(약칭 채무자회생법)이 제정되었고, 2006.4.1.부터 시행되었다. 현재 채무자회생법에는 크게 보아 다음의 3가지 절차가 있다.

① 협의의 파산절차는 채무자의 경제적 파탄으로 총 채무를 변제할 수 없게 된 경우에, 채권자들의 개별집행의 혼란을 막고, 모두에게 채권액에 따른 안분비례의 변제를 받게 함으로써 공평한 만족을 얻게 하려는 절차이다. 채무자회생법 제3편이 이 파산절차를 정하고 있다. ② 회생절차는 회사 채무자 또는 상당금액 이상의 채무를 가진 개인 채무자에 대한 절차로서, 그 법인 또는 개인의 사업을 계속 영위하여 그 사업에서 나오는 수익으로 채무를 변제하게 함으로써 채무자의 재건·갱생의 길을 모색하는 절차이다. 채무자회생법 제2편이 회생절차를 규정한다.[12)] ③ 개인회생절차는 총채무액이 무담보채무의 경우에 10억원, 담보부

---

12) 또한 채무자회생법은, 2015.7.1.부터 소액영업소득자에 대한 특칙으로서, '간이회생절차'

채무의 경우에 15억원 이하인 급여소득자 또는 영업소득자가, 3년 이내의 기간 동안 일정한 금액을 변제하면, 채무잔액을 면책받을 수 있는 절차이다. 법인 아닌 개인채무자만 이 절차를 이용할 수 있다. 채무자회생법 제4편이 이에 관한 규정을 두고 있다.

강제집행절차와 도산절차는 개별 채권자의 집행이냐 총채권자의 동시집행이냐의 차이가 있을 뿐, 강제로 청구권을 실현한다는 점에서 공통하고, 집행절차의 여러 도구개념을 도산절차에서 끌어 쓸 뿐만 아니라 도산절차에서 정한 제도가 집행절차에 영향을 미치는 일도 종종 있으므로, 양자는 밀접한 관계에 놓여 있다.

1-7 소송과 비송

1-7-1 비송사건의 의의와 종류

법원이 담당하여 처리하는 민사사건 중 소송절차로 처리하지 않는 사건을 비송사건이라고 한다. '사건의 성격상 소송이 아닌 것'이라는 의미에서 비송(非訟)이라고 불린다. 비송절차는 분쟁에 대하여 그 시시비비를 법원이 엄밀한 법적 근거에 기하여 차분히 가리는 절차가 아니라서, "법률관계를 둘러싼 행정절차"라고 표현되기도 한다. 법원의 재량판단이 허용되는 절차이다. 형식적으로 범위를 파악하자면, '비송사건절차법'에 정해진 사건과 그 총칙규정의 적용·준용을 받는 사건이 비송사건이다.

구체적으로 들여다보면, 우선 비송사건절차법 내에서 ① 법인, 신탁, 공탁 등에 관한 민사비송사건(법 제2편), ② 회사의 경매, 사채(社債), 청산, 상업등기 등에 관한 상사비송사건(법 제3편), ③ 과태료 사건(법 제4편)으로 3분류할 수 있다. ④ 그리고 가사소송법이 정하고 있는 가사비송사건이 있는데, 가족관계등록부, 성년후견 등에 관한 비송사건이 그것이다(이 가사비송에 대해서는 가사소송법 §34에 의하여 비송사건절차법이 준용된다). ⑤ 그 외에 법원이 담당하는 민사조

를 제2편 제9장(§293-2이하)에 마련해 두고 있다. 간이회생절차에서는, 일반의 회생절차와는 달리, 조사위원의 업무 및 보수를 줄이고, 회생계획안 가결요건에 관하여 통상의 가결요건 외에 '회생채권자의 의결권 총액의 1/2을 초과하는 의결권을 가진 자의 동의 및 의결권자의 과반수의 동의가 있는 경우'를 추가함으로써, 요건을 완화하고 소요기간 단축을 꾀한다.

정 · 가사조정도 그 성격상 비송사건에 속하며, ⑥ 채무자회생법상의 절차와 ⑦ 공시최고절차[13]도 간이 · 신속한 재량적 처리가 바람직하고 소송으로서의 성격이 약하므로 그 성격상 비송이라고 볼 것이다.

1-7-2 비송사건의 실질적 의미

실질적으로 비송사건이 무엇인지를 파악해야 —비송사건절차법을 준용하는 명시적 규정이 없는 경우에도— 어떤 절차가 소송절차인지 아니면 비송절차인지를 구별할 수 있을 것이다. 실질적 의미의 비송사건이란 무엇인가에 관하여, 사법질서의 유지가 아니라 형성을 목적으로 하는 절차라는 견해, 당사자의 권리주장이 우선되는 것이 아니라 국가의 후견적 개입의 대상이 되는 것이 비송사건이라는 견해 등이 있으나, 어느 견해도 확실한 구분을 가능하게 해 주지는 않는다. 따라서 —우선 형식적으로 비송사건절차법의 적용 · 준용 규정이 있는지에 따르는 것 외에, 그런 규정이 없는 경우에— 민사소송사건이냐 비송사건이냐를 구별하기 위해서는 당사자의 대립 여부, 당사자의 권리주장이 있어야만 법원이 판단을 해 주는 경우라고 볼 것인지, 법원에 합목적적 재량을 인정하는 것이 적절한지, 신속 · 간이성이 중요한지 등 여러 기준을 종합하여 판단하는 수밖에 없다.

1-7-3 비송사건의 특징

비송사건은 간이하고 신속하게 처리되어야 하므로, 쌍방대립주의(adversary system)가 아니라 편면주의가 원칙이다. 요건사실에 대하여 엄격증명이 요구되지 않고 이른바 자유증명(Freibeweis; 9-1-2-3)이면 족하며, 공개변론이 필요하지 않다(비송§13). 변론주의가 아닌 직권탐지주의가 적용되므로(§11), 가령 이혼에 따른 재산분할의 경우, 법원으로서는 당사자의 주장에 구애되지 아니하고 그 대상과 가액을 직권으로 조사 · 판단할 수 있다(대결 22.11.10, 2021스766; 대판 24.5.30, 2024므10370). 변호사 아니라도 소송능력만 있으면 비송사건을 대리할 수 있고(§6), 조서작성에서도 재량이 인정되어 증인 · 감정인의 심문에 관한 조서를 제외하면 그 밖의 심문에 관하여는 조서작성의무가 없다(§14). 검사가 공익의 대표자로서 사건에 관하여 의견을 진술하고 심문에 참여할 수 있다(§15). 재판은 결정으로써 하며(§17)

---

13) 공시최고절차에 관해서는 §475~§497에 상세하게 규정되어 있다.

이에 대한 불복은 항고로써 하고(§20), 그 결정에는 당연히 기판력(11-5-1) 즉 확정판결의 효력이 없다.

그러나 편면주의 · 직권탐지주의가 적용되고 법원에 재량이 주어진다고 해도, 당사자능력(4-3-1)이 없는 자가 비송사건 당사자가 될 수는 없다. 따라서 학교법인 아닌 학교 자체는 비송사건에서도 당사자가 될 수 없다(대결 19.3.25, 2016마5908). 또한 처분권주의가 적용되어서, 금전지급이나 물건인도, 기타 재산상의 의무이행을 구하는 가사비송사건에서 법원이 그 청구의 취지를 초과하여 이행을 명할 수 없다(가소규§93②).

1-7-4 이송 여부

비송사건절차법에 의하여 처리할 사건을 통상의 민사소송절차에 따라 제소한 경우, 또는 그 반대로 통상의 민사소송으로 소제기해야 할 사건을 비송사건절차에 따라 신청한 경우에 어떻게 처리해야 하는가? 각하해야 하는가, 이송해야 하는가? 통설은 이송설이다. 판례는 과거에는 각하를 해야 한다고 했으나(대판 63.12.12, 63다321; 63.12.12, 63다449), 최근에는 비송사건절차법에 명시되어 있지 않은 비송사건을 소송으로 제기하면서 소송이든 비송이든 처리해 달라는 의사를 포함하고 있다면, 법원이 이를 비송사건신청으로 보아 재배당 · 이송 등으로 처리해 주어야 한다고 했다(대판 23.9.14, 2020다238622).

1-7-5 소송사건의 비송화(非訟化)

근대적 민사소송법의 초창기에는 중세의 부당한 재판에 대한 반성 때문에, 쌍방이 대립하는 소송절차에 대한 강한 신뢰 및 지향이 있었고, 비송사건은 극히 예외적으로만 인정되어야 한다는 사고방식이 지배적이었다. 그러나 현대 문명국가에서 법원절차의 공정성이 자리잡게 되고 난 현상황에서는, 복지국가 이념의 발달과 함께 사인(私人) 간의 관계에 대한 국가의 후견적 관여가 과거보다 커졌고, 이에 따라 사건을 보다 효율적으로 처리한다는 취지도 추가되어, 지금까지 소송사건으로 처리해 오던 사항을 비송사건으로 옮기는 일이 생기고 있다. 이를 '소송사건의 비송화(非訟化)'라고 한다.

원래 소송적 성격을 가진 것인데 법원의 개입이 허용 또는 요구되어 있어서,

비송사건절차법에 의하거나 또는 비송적 성격이 부가되어 있는 것의 예를 들어 보면, 가사소송법이 가족관계등록부, 성년후견 등에 관한 민법상 법률관계의 처리를 비송사건으로 정하고 있는 점, 민사조정법에 의한 강제조정제도의 도입(§30), 행정소송법상의 사정판결(§28), 증권관련집단소송법상 소제기 · 소취하 등에 대한 허가제(§7,§35) 등을 들 수 있다. 그러나 인류가 수천 년의 역사 속에서 쌍방대립구조의 절차가 어떻게 공정성을 담보해 내는지를 확인한 이상, 소송절차는 앞으로도 모든 분쟁해결에서 핵심적 지위를 유지해야만 한다. 따라서 소송의 비송화에는 한계가 있다.

제 2 장

소의 제기

2-1 소의 개념

2-1-1 소(訴)와 청구(請求)

소(訴; Klage)란, 어떤 사람이 법원에 대하여 타인에 대한 특정한 권리 또는 법률관계를 주장하고 이에 기하여 일정한 내용 및 형식의 판결을 해 달라고 신청[1]하는 것을 가리킨다. 소를 제기하는 자를 원고, 그 상대방을 피고라고 한다. 예컨대, 원고가 법원에 대하여, 피고에게 금전소비대차 계약에 따라 3천만원을 빌려주었으니, 이에 기하여 "피고는 원고에게 3천만원을 반환하라"는 판결을 법원이 선고해 달라고 신청하는 것이다.

청구(請求; Anspruch)란 원래, 원고가 피고에 대하여 하는 특정한 권리의 주장을 가리킨다. 앞의 예에서는, 특정한 금전소비대차 계약으로부터 생긴 3천만원의 대여금반환청구권 주장이 청구이다. 소송에서는 어떤 청구가 옳은지 그른지 즉 청구의 당부(當否)가 심판의 대상이 된다. 그런데 민사소송법에서의 청구는,

1) 소송법에서 신청(申請; Antrag)이라고 함은, 법원에 대하여 판결·결정·명령 등을 요구하는 일체의 행위를 가리킨다. 신청은 당사자의 소송행위(8-1-1)의 대표이다.

원고의 피고에 대한 특정한 권리의 주장 자체(협의의 청구)를 가리키기도 하고, 그 주장에 기하여 일정 내용 및 형식의 판결을 요구하는 것(광의의 청구)을 가리키기도 한다. 예컨대 §249①이 "소장에는 당사자와 법정대리인, 청구의 취지와 원인을 적어야 한다."라고 할 때의 청구는 광의이고, §154, §220가 "청구의 포기·인낙"이라고 할 때의 청구는 협의이다.

소송법상의 청구는 실체법상의 청구권(Anspruch) 개념과는 다르다. 그러나 역사적으로는 양자 사이에 밀접한 관계가 있었다. 옛 유럽에서 (확인의 소, 형성의 소는 인정되지 않고) 이행의 소만 인정되고 있었기 때문에, 소(訴)란 '실체법상 청구권의 행사'라고 생각되고 있었고, 따라서 심리의 대상을 '청구'라고 부르는 것은 당연하였다. 그러나 그 후에 확인의 소와 형성의 소의 존재가 인정되고, 소송에서 청구권 외의 권리·법률관계도 심리대상이 될 수 있음이 분명해졌으므로, "소 = 실체법상 청구권의 행사"라는 논의는 사라졌다. 여전히 소송법상 '청구'라고 하는 개념 및 용어가 쓰이고 있지만 그 의미·내용이 실체법상의 청구권과는 다른 것이 되어 있는 이유, 그리고 확인의 소 및 형성의 소에서의 심리 대상도 '청구'라고 부르고 있는 이유는, 이상의 경위 때문이다.

2-1-2 독립한 소와 소송 내의 소

판결의 분류 중에서 가장 중요한 분류가 이행판결, 확인판결, 형성판결인 것과 마찬가지로, 소의 분류 중에서도 가장 중요한 분류는 이행의 소, 확인의 소, 형성의 소이다. 이에 관해서 자세한 내용은 아래 2-2에서 본다.

소를 다른 기준에서 분류하기도 한다. 어떤 소가 새로운 소송절차를 개시시키기 위하여 제기되는 것인지, 아니면 이미 계속중인 소송 내에서 새로운 청구에 관한 병합심리를 구하기 위하여 제기되는 것인지 라는 관점에서도 분류할 때, 전자를 '독립한 소', 후자를 '소송 내의 소'라고 한다. 후자의 예로서는, 소의 변경(§262), 중간확인의 소(§264), 반소(§269), 독립당사자참가(§79), 공동소송참가(§83), 참가승계(§81), 인수승계(§82) 등이 포함된다.

2-1-3 소권

2-1-3-1 소권의 의의 등

'소를 제기할 권리'를 소권(訴權)이라 한다. 근대 이전에는 이것이 권리가 아니라고 보는 견해도 있었지만, '재판을 받을 권리'가 헌법상 명문화(헌§27)되어 있는 오늘날에는, 각 개인이 소를 제기할 '권리'를 가진다는 점은 아무도 부정하지 않는다. 그런데 이 소권의 본질이 무엇인가에 관해서는 많은 논쟁이 있었다.

로마법에서는 실체법과 소송법의 구별이 없었고 실체법상 청구권의 개념도 없었으며, 실체법상 청구권 개념과 소송법상의 권리가 합해진 '소권(actio)'만이 인정되고 있었다. 어떤 합의나 사고로부터 피해를 입은 사람이 자신의 권리를 실현하려면, 그에 적용될 수 있는 악티오(actio)가 있어야만 했다[2](이러한 사고방식은 현대 영미법의 불법행위법에 남아 있다). 중세를 거치면서 실체법적 권리라는 개념이 뚜렷이 생성되었고, 18세기 말부터의 이른바 법전편찬시대에 유럽 각국이 입법을 하면서 소송법과 실체법을 별개의 법률로 제정하였다.

2-1-3-2 사법적(私法的) 소권설

오래 전 프랑스의 도넬루스(Donellus)는, 실체법적 권리에는 그 권리의 실현방법도 포함되어 있다고 하면서, 사법적 실체권 내에 소권이 포함되어 있다는 논리를 폈다. 독일의 빈트샤이트(Windscheid)는 로마법의 actio에 실체법적 요소와 소송법적 요소가 포함되어 있고, 그 중 실체법적 요소가 청구권(Anspruch)이고 소송법적 요소가 소권(Klagerecht)이라고 분석하였다. 그는 실체법상의 권리가 선행하고, 소권은 실체법상 권리를 실현시키는 수단이라고 설명하였다.

2-1-3-3 공법적(公法的) 소권설

공법적 소권설은, 소권이 —개인에 대한 청구권과 달리— 법원에 대한 권리, 즉 공권(公權)임을 강조한다. 좀 더 구체적으로 들어가면, 실체법상 청구권과 동

---

2) 더 자세히 말하면, 로마 고전시대의 방식서(方式書) 소송 시대까지는 실체법상 청구권 개념이 없었다가 그 후 특별소송 시대에 이르면 그 개념이 등장하지만, 그 후 로마법대전 편찬시에는 다시 고전시대 로마법에 충실하게 작업이 이루어졌으므로, 로마법대전에서의 actio는 실체법상·소송법상 청구권의 합체라고 보아야 한다.

일시할 수 없는 공법적·추상적 권리라는 추상적 소권설, 법원에 대해 승소판결(günstiges Urteil)을 청구하는 공법상 권리라고 하는 권리보호청구권설,[3] 법원에 대하여 승소판결이 아니라 다만 본안판결을 요구하는 권리라고 보는 본안판결청구권설, 이는 재판을 청구하는 권리(Justizanspruch)이고 그 행사로써 국가가 당사자에 대하여 이행의무를 부담하게 된다고 하는 사법행위(司法行爲)청구권설[4] 등이 있다.

2-1-3-4 소권의 남용

근래에 소권의 남용이 자주 문제된다. 이유 없음이 명백한 소를 반복적으로 제기하는 사례가 그 예이다. 가령 인지(印紙; 2-3-1)조차 첩부하지 않은 반복 소제기를 하고, 법원으로부터 인지보정명령을 받으면 소송구조신청을 제출하며, 신청이 각하·기각되면 즉시항고 등으로 불복함으로써, 법원의 인적·물적 자원을 소모시킨다. 이에 대한 대처로서, 2023년에 법률개정이 있었다. 최소인지액 납부가 없으면 소장접수를 보류하고(§248②),[5] 패소가 분명한 사건에서는 소송구조신청에 필요한 비용의 신청에 대해 곧바로 소송구조를 거부하며(§128②), 소권남용으로 무변론 각하를 할 때는 직권으로 공시송달을 하고(§194④), 소권을 남용하여 소·항소를 제기하는 사람에게 과태료를 부과할 수 있게 되었다(§219-2).

2-2 소의 종류

2-2-1 이행의 소

2-2-1-1 의의와 내용·종류

원고가 소를 제기함에 있어서 자기가 주장하는 권리 내지 법률관계를 어떤 식으로 판결해 달라고 요구하느냐에 따라서 소를 이행의 소, 확인의 소, 형성의

---

3) 호문혁 95; 강현중 59.

4) 이시윤 224; 정동윤 29; 김홍엽 270. 이는 독일의 다수설이다(Rosenberg §3 Rn.2; Stein vor §1 Rn.289 etc). 독일에서는, 다수설인 사법행위청구권설 외에, 과거의 권리보호청구권설을 수정한 신(新)권리보호청구권설이 Blomeyer, Mes 등에 의해 주장되기도 한다.

5) 이때 함께 개정된 민인§13②은 접수보류대상으로 소장, 참가신청서, 재심소장 또는 준재심소장만 규정하고 있으나, 반복제기된 소에 대한 각하판결·소장각하명령에 대한 불복절차에 부수하여 제출되는 소송구조신청서나 항고장·재항고장 등에 대해서도 접수를 보류할 수 있다(대결 24.11.5, 2024카기172).

소로 분류할 수 있다. 그 중 이행의 소는 가장 역사가 오래된 것일 뿐더러 현재도 제기건수 중 대부분을 차지하는 소로서, 원고가 가지는 청구권에 기하여 피고에 대하여 이행을 명하여 달라고 요구하는 소이다. 다툼이 있는 청구권을 확정받음과 동시에, 피고에 대한 이행명령을 판결로 선고받아 강제집행의 방법으로 청구권을 실현하겠다는 요구이다.

이행의 소(Leistungsklage)는 원칙적으로 '실체법상 청구권'이 그 바탕에 있어야 한다. 채권적 청구권이든 물권적 청구권이든 무방하다. 법률의 분류상 공법에 속하는 법률에서 나오는 청구권이라도, 민사소송으로 구할 수 있는 청구권이면, 이에 기하여 이행의 소를 제기할 수 있다. 청구의 내용은 다양하며, 가장 많은 사례가 금전지급청구이지만, 물건(동산·부동산)의 인도청구, 의사표시(예컨대 부동산소유권이전등기의 의사표시)의 청구도 흔하다. 그 외에 이행의 소의 대상이 될 수 있는 것으로 각종의 작위청구와 부작위청구가 있다. 전자의 예로는 건물철거청구, 정보공개청구가 있고, 후자의 예로는 경업금지청구, 공사중지청구, 특허침해금지청구 등이 있다.

거의 대부분 실체법상 청구권을 가진 자가 원고가 되지만, 예외적으로 실체법상 의무자가 소를 제기할 경우도 있는데, 가령 대금을 수령하고 자동차이전등록의무를 지고 있는 자동차매도인이 매수인을 상대로 하여 자동차소유명의를 이전등록해 가라는 청구를 하는 경우가 그것이다. 각종 과세 및 교통위반 과태료 통지 등으로부터 해방되기 위한 것인데, 매도인이 '순수 의무자'이기만 해서는 이행의 소를 제기할 수 없으므로, 뭔가 청구권을 가진다고 이론구성을 해야 하고, 그 청구권 이론구성에 어려움이 있다. 실무는 '등록인수의무'가 매수인에게 있다고 보아서 이런 등기·등록인수 청구소송을 인용해 주어 왔다.[6)]

이행기가 도래한 청구권뿐만 아니라, 이행기 미도래의 이행청구권에 기해서도 이행의 소를 제기할 수 있다. 후자를 '장래의 이행의 소'라고 부르며, 이는 "미리 청구할 필요"가 있는 경우에만 제기할 수 있다(§251).

6) 그런데 자동차가 전전 양도된 경우에는, 중간생략등록의 합의가 없는 한 양도인이 전전 양수인에 대하여 직접 소유권이전등록 인수절차이행을 구할 수 없다(대판 20.12.10, 2020다9244).

2-2-1-2 이행의 소와 강제집행의 관계

이행의 소의 목적은 법원으로 하여금 피고에게 이행을 명하도록 함으로써 '이행명령'을 얻어내는 것이다. 이행의 소를 제기하여 얻은 이행판결만이 강제집행의 기초가 되고, 확인판결·형성판결에 기해서는 강제집행을 신청할 수 없다. 즉 확인판결·형성판결에도 기판력(旣判力; 11-5-1)은 있지만, 이들에 집행력은 없다. 이행의 소를 제기하였으나 청구기각 판결이 내려지면, 그 판결은 이행판결이 아니라 —원고가 주장한 청구권이 부존재함을 확인해 주는— 확인판결이다.

앞의 1-6-3-5에서 설명한 바 있지만, 여기서 각종 이행의 소와 그에 대응하는 강제집행절차, 그리고 보전절차 사이의 관계를 정리해 본다.

본안소송	보전처분	강제집행의 종류	민법상 설명되는 강제이행 방법
금전지급청구	가압류	금전채권에 기한 집행 (압류 → 현금화 → 배당)	직접강제
물건인도청구	다툼의 대상에 관한 가처분 (점유이전금지가처분)	인도 집행	직접강제
의사표시청구	다툼의 대상에 관한 가처분 (처분금지가처분)	집행 불필요(판결확정으로 곧바로 목적달성 가능)	대체집행
기타 작위·부작위 청구	임시의 지위를 정하기 위한 가처분	대체집행(건물철거청구) 또는 간접강제(가령 경업금지청구, 특허침해금지청구) → 궁극적으로는 금전채권에 기한 집행으로 전환	대체집행·간접강제

2-2-1-3 이행판결의 기재례

이행의 소에 응하여 법원이 승소판결을 선고할 때 판결주문의 형태는 (따라서 소장 청구취지의 형태 역시) "피고는 ~를 (이행)하라"가 기본형이다.

가령 금전지급을 명하는 이행판결이라면 "피고는 원고에게 ××× 원을 지급하라."가 되고, 물건인도청구이면 "피고는 원고에게 (별지목록 기재) 물건을 인도하라."가 된다. 의사표시를 구하는 청구의 대표인 소유권이전등기청구에서의 이행판결은 "피고는 원고에게 (별지목록 기재) 부동산에 관하여 ○○○를 원인으로 한 소유권이전등기절차를 이행하라."가 된다.

2-2-2 확인의 소

2-2-2-1 의의 및 종류

확인의 소(Feststellungsklage)는 불안한 법률관계를 제거해 달라는 것으로, 19세기 말 독일의 민사소송법에서 처음 등장하였다. 좀 더 정확히 말하면, 다툼 있는 법률관계의 존재 또는 부존재를 확정하여 달라고 요구하는 소가 확인의 소이다. 존재의 확정을 목적으로 하는 적극적 확인의 소와, 부존재의 확정을 목적으로 하는 소극적 확인의 소로 나눌 수 있다. 전자의 대표적 예는 소유권확인의 소, 후자의 대표적 예는 채무부존재확인의 소, 특허권 비침해 확인의 소 등이다.

확인의 소에 따라 확인판결이 선고되면, 거기에 기판력은 있지만 집행력은 없다. 확인의 소는, 이미 존재하고 있는 권리에 대하여 확인을 해 달라는 소이므로, 이미 존재하고 있는 청구권에 기하여 이행명령을 구하는 이행의 소와는 긴밀한 관계에 있다.

원칙적으로 확인의 소의 대상이 될 수 있는 것은 현재 존재하는 권리관계(=법률관계)뿐이며, 사실관계는 대상이 될 수 없다. 사실관계에 대한 확인이지만 법률이 예외적으로 그 존부(存否)의 확인을 소구(訴求)하는 것을 허용해 주는 유일한 대상이 §250가 정한 '증서의 진정여부를 확인하는 소'이다. 그리고 흔한 소송형태인 '해고무효확인소송'은 용어상으로는 마치 '해고'라는 과거의 법률행위를 대상으로 하는 것처럼 보이지만, 그 해고가 무효인 경우에 그 근로관계에서 발생하는 현재의 다양한 법률관계들을 포괄하는 의미에서 '해고무효'라는 용어를 사용하는 데 불과하다.

또한 확인의 소는 '원고가 피고에게' 그 법률관계의 확인을 구하는 것이므로, 확인을 구한 권리가 실체법적으로 대세적인 권리이더라도, 원칙적으로 소송당사자 간에서만 판결의 효력이 생긴다는 소송제도의 원리상, 그 대세적 확인판결의 효력은 원·피고 사이에서만 생긴다. 가령 토지소유자 A가 그 소유권을 다투는 B를 피고로 삼아 소유권확인청구소송을 제기하여 승소하였더라도, 그 승소 판결을 가지고서, 그 토지소유권에 도전하는 C를 상대로 A 자신의 소유권이 확정되었다고 주장할 수는 없다.

애초에 판례에 의하여 인정되다가 가사소송법상 가사소송의 한 형태로 성문화된 '사실상 혼인관계 존부 확인의 소'가 있는데(가소§2①i나), 그 법적 성질이 문제된다. 현재의 다수설은, '사실상 혼인관계 부존재 확인소송'은 말 그대로 확인의 소로 보면서, '사실상 혼인관계 존재 확인소송'은 형성의 소로 보고 있다. 왜냐하면 후자는, 그 법원 판결에 기하여 혼인신고를 함으로써 혼인관계를 성립시키려고 하는 것이기 때문이다.

2-2-2-2 확인의 이익

이행의 소는 어떤 권리관계·법률관계에서 나오는 '청구권'만을 소의 내용으로 삼을 수 있지만, 확인의 소는 여러 권리관계·법률관계 자체를 소의 대상으로 삼을 수 있다. 즉 소유권·특허권·인격권·임대차관계·고용관계·신분관계 등 다양한 권리관계를 소의 내용·대상으로 삼을 수 있다.

하지만 확인의 소는 '확인의 이익'(5-3-4)이 있는 경우에만 제기할 수 있다는 제약이 있다. 즉 어떤 법률관계에 다툼이 있는 경우에, 그 법률관계에 기하여 원고가 가지는 청구권이 있고 그 청구권을 행사함으로써 피고의 다툼을 배제할 수 있다면, 그 청구권을 행사하는 것이 즉 이행의 소를 우선적으로 제기하는 것이 원칙이다. 확인의 이익은, 권리나 법률상 지위에 현존하는 불안·위험이 있고 확인판결을 받는 것이 그 불안·위험을 제거하는 가장 유효적절한 수단일 때에 비로소 인정된다. 이행의 소를 제기할 수 있음에도 불구하고 확인의 소를 제기하면, 확인의 이익이 없다는 이유로 소가 각하된다.

2-2-2-3 확인판결의 기재례

확인의 소에서는 법원이 피고에게 어떤 행위를 '명'할 수가 없다. 당사자 간의 법률관계를 확인해 주는 데 불과한 것이므로 판결주문의 기본형(=청구취지의 기본형)은 "원고와 피고 사이에서 ~~을(가령 어느 부동산이 원고의 소유임을) 확인한다."이다.

채무부존재 확인판결의 기본 주문례는 "원고의 피고에 대한 0년0월0일자 차용금 채무는 존재하지 않음을 확인한다."이지만, 심리결과 채무의 일부만이 부존재하고 나머지(가령 5천만원)가 존재하는 경우에는 —원고청구를 전부 기각하는 것이 아니라— "원고의 피고에 대한 0년0월0일자 차용금 채무는 5천만원을 초과하여서는 존재하지 않음을 확인한다. 원고의 나머지 청구를 기각한다."의 형태가 된다. 원고의 청구취지가 "원래의 차용금 1억원 중 3천만원을 초과하는 채무는 존재하지 않음을 확인한다."인데, 법원의 심리결과 5천만원이 잔존채무인 경우에도 위 주문례와 같다.

2-2-3 형성의 소

2-2-3-1 의의

형성의 소(Gestaltungsklage)는, 원고가 가지는 형성소권에 따라, 당사자 간의 법률관계를 발생·변경·소멸시키는 판결, 즉 당사자 간의 법률관계를 새로 형성하여 주는 판결을 선고해 달라고 요구하는 것이다. 이행의 소와 확인의 소는 둘 다 기존의 법률관계에 기하여 청구권 또는 법률관계를 선언해 달라는 것이므로 서로 가까운 관계이지만, 형성의 소는 법률관계를 새로 창설해 달라는 것이므로 이들과 거리가 멀다.

민법상의 형성권 중에는 당사자의 일방적 의사표시로써 곧바로 법률관계를 변동시킬 수 있는 것(예: 계약해제권, 의사표시 취소권 등)이 있고, 이와 달리 소를 제기하여 법원 판결을 받음으로써 비로소 법률관계를 변동시킬 수 있는 것이 있다(예: 채권자취소권 중 법률행위 취소 부분, 주주총회결의 취소의 소). 후자의 형성권, 즉 소로써만 행사할 수 있는 것("형성소권")만이 형성의 소의 대상이다.[7] 형성의 소는 법률상 명문의 규정으로 허용되어 있는 경우에만 인정해야 한다. 그렇지 않으면 법률관계의 안정이 해쳐진다.

2-2-3-2 종류

실체법상의 형성의 소, 소송법상의 형성의 소, 형식적 형성의 소로 분류할

---

7) 전자의 형성권을 행사한 경우에는, 그 행사결과 만들어진 법률관계에 기한 청구권을 행사해야 한다.

수 있다.

(1) 실체법상의 형성의 소

이는 실체법상의 법률관계의 변동을 구하는 것이고, 우선 사해행위취소의 소 중에서 취소부분이 이에 해당한다.[8] 또한 행정소송 중 처분의 취소를 구하는 취소소송은 모두 이에 해당하며,[9] 가사소송[10] 및 회사관계소송 중 이에 해당하는 것이 여럿 있다. 선거법상의 선거무효·당선무효의 소, 헌법재판소법상의 위헌제청·탄핵심판·정당해산심판·헌법소원도 모두 이에 해당한다. 회사법상 주주총회결의 취소의 소(상§376)가 형성의 소라는 점에 대해서는 견해가 일치하나, 주주총회결의 무효확인·부존재확인 소송(상§380)의 성질에 관해서는 확인의 소라는 견해와 형성의 소라는 견해가 나뉜다. 확인의 소라는 견해가 상법학자들 간에는 다수설이지만, 민사소송법학자들 간에는 소수설이다. 판례는 확고하게 확인소송설을 취하고 있어서(대판 92.8.18, 91다39924 등), 그 부존재를 선결문제로 한 이행판결 등을 선고하고 있다. 확인소송설이 타당하다.

(2) 소송법상의 형성의 소

이것에는 우선 재심의 소(§451)와 준재심의 소(§461)가 있다. 그 외에도, 정기금 판결에 대한 변경의 소(§252), 제권판결에 대한 불복의 소(§490), 중재판정 취소의 소(중재§36)가 있다. 민사집행법에도 소송법상 형성의 소가 여럿 있는데, 예컨대 통설·판례는 청구이의의 소(§44; 대판 71.12.28, 71다1008), 제3자이의의 소(§48; 대판 97.10.10, 96다49049), 집행문부여에 대한 이의의 소(§45), 배당이의의 소(§154)를 그렇게 본다.

(3) 형식적 형성의 소

이는, 형식상으로는 소송이지만 실질은 비송인 사건으로서, 법률관계를 새로

---

8) 현재 한국의 통설·판례가 이해하고 있는 사해행위취소소송의 형태는 '법률행위의 취소(형성의 소) + 원상회복(이행의 소)'을 수익자·전득자에게 청구하는 방식("병합설")이다. 다만 예외적으로, 후반부의 이행의 소가 배당이의의 소처럼 형성의 소로 될 경우도 있다(대판 18.4.10, 2016다272311).

9) 행정소송법의 항고소송 중 '무효등확인소송'의 성질에 관해서는 확인소송설과 형성소송설로 나뉜다.

10) 가사소송법 §2① 제1호의 가류사건과 나류사건 모두 형성의 소로 보는 것이 통설이다. 혼인·이혼의 무효 등 가류사건이 확인의 소라는 일부 반대설이 있으나, 그 판결로써 새로 법률관계가 정해진다는 점, 대세효가 있는 점 등을 보면 가류사건도 형성의 소라고 봄이 타당하다.

정해 줄 것을 구하는 소이다. 구체적으로 어떤 내용의 권리관계를 형성할 것인지를 법관의 자유재량에 일임하고 있기 때문에 실질은 비송사건인 것이다. 따라서 처분권주의(6-2-1)가 배제되며, 불이익변경금지 원칙(15-2-6)도 적용되지 않는다.[11] 토지경계확정의 소(대판 96.4.23, 95다54761), 공유물분할청구(민§268),[12] 법정지상권에서의 지료결정청구(대판 03.12.26, 2002다61934)가 대표적인 예이다. 이혼시 자녀양육비 청구(민§837)는 별도의 법률규정이 없었다면 이에 해당하였겠지만, 가사소송법 §2① 제2호가 이를 비송사건으로 정한 이상, 이는 형식상으로도 실질상으로도 비송사건이다.

(4) 판례 등

형성의 소는 법률상 명문의 규정으로 허용되어야 가능한 것이므로, 가령 기계부품상인 협동조합의 이사장이 위법행위를 했다고 해서 그의 해임을 구하는 소는 ―이를 허용하는 별도의 법률상 근거가 없는 이상― 허용되지 않는다(대판 01.1.16, 2000다45020). 또한 전소(前訴)에서 원고, 피고, 소외인(訴外人)이 공유하는 부동산 일부를 처분하여 그 대금 중 특정채무 변제금을 제외한 나머지 대금을 원고 및 피고가 분배받기로 하는 재판상화해가 성립한 것을 근거로 하여, 그 부동산을 경매에 넘겨 대금을 분배해 달라고 하는 소를 제기하는 것은 ―그 청구의 성질상 형성의 소이므로― 허용되지 않는다(대판 93.9.14, 92다35462).[13]

---

11) 따라서 제1심이 선고해 준 토지경계확정·공유물분할의 판결에 대하여 원고 쪽만 불복한 항소심에서, 법원이 그 내용상 원고에게 더 불리한 쪽으로 토지경계를 그어주거나 공유물을 분할해 주어도 무방하다.

12) 공유물분할소송은 공유자 중 일부가 나머지 공유자를 상대로 제기하는 소이다. 공유물분할소송에서 법원은, 현물로 분할하는 것이 원칙이고 현물분할시 현저한 가액감손 우려가 있을 때 비로소 대금분할을 할 수 있는 것이지만, 그 분할의 방법은 당사자가 구하는 방법에 구애받지 않고 법원의 재량에 따라 공유자의 지분 비율에 따른 합리적인 분할을 하면 된다(대판 04.7.22, 2004다10183). 필요하다면, 공유자 상호간에 금전으로 경제적 가치의 과부족을 조정하게 하여 분할을 하는 것도 현물분할의 한 방법으로 허용되며, 현물분할시 분할을 원하지 않는 나머지 일부 공유자는 공유자로 남는 방법도 허용되고(대판 91.11.12, 91다27228), 공유자 중 1인의 단독소유로 하되 다른 공유자에게 배상을 하게 하는 방법 역시 현물분할의 하나이다(대판 23.6.29, 2020다260025). 한편, 공유물분할청구권도 채권자대위권의 목적이 될 수 있지만, 채권자가 자신의 금전채권을 보전하기 위하여 (부동산의 공유자인) 채무자를 대위하여 그 부동산의 공유물분할청구를 하는 것은, 책임재산의 보전과 직접적인 관련이 없고 채무자의 자유로운 재산관리행위에 대한 부당한 간섭이 되므로, 보전의 필요성을 인정할 수 없다(대판-전 20.5.21, 2018다879).

13) 전소 법원이 화해조항을 잘못 작성한 것이다.

그리고 상속재산의 분할에 관하여 공동상속인 사이에 협의가 성립되지 않으면, 공동상속인은 가사소송법이 정하는 바에 따라 상속재산분할심판(가사소송법상 마류 비송사건임)을 청구할 수 있을 뿐이고, 상속재산에 속하는 개별 재산에 관하여 민법 §268에 따른 공유물분할청구의 소를 제기할 수는 없다(대판 15.8.13, 2015다18367).

2-2-3-3 형성판결의 효력범위

형성의 소에 대한 청구기각 판결은 —이행의 소에 대한 청구기각 판결과 마찬가지로— 성격상 확인판결에 속한다. 원고의 형성소권의 부존재를 확정하는 내용뿐이기 때문이다. 형성의 소에 대한 청구인용 판결은 법률관계를 발생·변경·소멸시키는 형성력을 가지며, 이 효력은 제3자에게도 미친다. 예컨대, 가사소송법 §21①은 "가류 또는 나류 가사소송사건의 청구를 인용한 확정판결은 제3자에게도 효력이 있다."라고 정하고 있고, 상법 §190는 합명회사에 관하여 "설립무효의 판결 또는 설립취소의 판결은 제3자에 대하여도 그 효력이 있다."라고 정한 다음 이를 주식회사 등 다른 회사에도 준용하고 있으며, 행정소송법 §29는 "처분등을 취소하는 확정판결은 제3자에 대하여도 효력이 있다."고 정한다.

그러나 형성력만 제3자에 대해 발생하는지 아니면 그 외에 기판력도 제3자에 대해 발생하는지에 대해서는 견해가 통일되어 있지 않다. 가사소송법 §21의 표제는 '기판력의 주관적 범위'라고 적고 있으므로, 일응 가사판결의 기판력이 제3자에게 미친다고 정하고 있지만, 행정소송판결에 관하여 행정법학자들은 대체로 형성력만 제3자효를 가진다고 해설하고 있다. 대법원이 기판력에 관하여 모순금지설(11-5-2)을 취하고 있는 이상, 형성력(11-4-4-2)만이냐 기판력(11-5-1)까지이냐가 실제 결론에 차이를 낳을 것으로 보이지는 않는다.

다른 한편으로, 어떤 법률관계가 형성판결로써 비로소 만들어지는 경우에, 그 판결확정 전에는 비록 형성의 소의 청구원인사유가 존재하더라도 그 법률관계는 변동 이전의 것으로 취급되어야 한다. 가령 혼인취소·혼인무효 사유가 있다고 하더라도, 혼인취소·혼인무효 판결이 내려지고 확정되기 전에는, 다른 소송의 선결문제로서는 일단 혼인유효로 취급되어야 한다.

2-2-3-4 형성판결의 기재례

이행판결의 주문이 "~를 (이행)하라"의 형태를 취하고, 확인판결의 주문이 "~를 확인한다"의 형태를 취함에 비하여, 형성판결의 주문형태는 아주 다양하다. 가령 "~로 분할한다"(공유물분할), "~의 선으로 확정한다"(경계확정), "~을 취소한다"(채권자취소), "이혼한다"(이혼), "결의를 취소한다"(주총결의취소), "강제집행을 불허한다"(청구이의) 등이다.[14)]

한편 형식적 형성의 소에서는 "원고의 나머지 청구를 기각한다"는 판결주문은 내지 않음이 원칙이다. 가령 토지경계확정의 소에서, 법원은 당사자들이 주장하는 경계선에 구속되지 않고 어떠한 형태로든 스스로 옳다고 보는 바에 따라 경계를 확정해야 하므로, 원고가 주장하는 경계선이 인정되지 않더라도 청구의 전부·일부를 기각할 수 없다(대판 21.8.19, 2018다207830).

2-2-4 유형론의 의의

이행의 소, 확인의 소, 형성의 소의 3유형 간에는 모두 권리의 존부를 확인한다는 공통요소가 있고 따라서 확인의 소가 모든 소의 형태의 기본형이라는 주장이 있으며, 이는 일응 타당하지만, 이 논의가 유형 무용론(類型無用論)으로 흘러가서는 안 된다. 이렇게 3분하는 데에는 의의가 있기 때문이다.

우선 이런 유형론은, 소송요건에서 의미를 가진다. 이행의 소에 있어서는, 현재의 급부이행을 구하는 이상 소의 이익이 인정되는 것이 원칙이고, 형성의 소에 있어서도 명문규정상 그 소를 인정하는 이상 소의 이익이 문제되는 일은 거의 없다. 그러나 확인의 소에서는 그렇지 않다. 확인의 소에서는, 어떤 관계가 확인의 대상이 될 수 있으려면, 거기서 소송절차를 이용할 정당한 이익을 원고가 가지고 있어야만 한다.

또 유형론은 소송물 이론(5-2-1)과도 관련이 있다. 확인의 소에 있어서 원고의 목적은, 권리의 존부를 확정하여 분쟁을 해결하는 데에 있으므로, 확인의 소

---

14) 공유물분할의 판결주문은 위와 같이 형성판결 형식으로 해야 하는 것이고, 법원이 공유자 간 정산금을 명하려면 단순한 금전지급 판결주문을 추가해야 하는 것이지, "X는 Y로부터 금 000원을 지급받음과 동시에 甲토지 중 X의 지분에 관하여 공유물분할을 원인으로 한 소유권이전등기절차를 이행하라"는 판결주문을 내면 이는 위법하다(대판 20.8.20, 2018다241410).

의 소송물은 대체로 권리관계 그 자체로 본다. 반면에 이행의 소에서 원고의 목적은 급부내용의 실현이고, 그 기초인 청구권의 주장은 이를 위한 수단에 불과하기 때문에, 소송물에 관하여 실체법설·일분지설·이분지설 등 논의가 특히 이행의 소에 대하여 집중되는 것이다(5-2-3).

2-3 소장의 작성과 제출

2-3-1 소장의 제출과 인지첩부

소를 제기하려는 원고는, 소장(訴狀; Klageschrift)을 작성하여 법원에 제출하여야 한다(§248). 소장에는 원고가 누구를 피고로 삼아 어떤 내용의 판결을 구하는지를 분명하게 기재해야 한다. 즉 §249가 "소장에는 당사자와 법정대리인, 청구의 취지와 원인을 적어야 한다."라고 정한 취지는, 소송의 주체(당사자 = 원고 + 피고)와 소송의 객체(소송물)를 특정하여 기재하라는 의미이다.

소장제출시에 필수적으로 소요되는 비용은 인지대(印紙代)[15]와 송달료이다. 이 둘 외에 '민사소송비용법'은 증인·감정인에 대한 일당·여비·감정료, 검증비용, 통역비 등을 들고 있지만, 이들은 사건에 따라 소요될 수도, 안 될 수도 있다. 필수비용 중 송달료는 송달실시기관인 우정사업본부 등에 지급될 실제 비용이고 소액이지만, 인지대는 소송목적의 값(訴價)이 크면 아주 커질 수 있다. 인지대에 관해서는 '민사소송 등 인지법' 및 '민사소송 등 인지규칙'이 정한다. 소가(訴價) 1천만원 미만의 소송에서는 '소가 × 50/1만'이지만 고액일수록 체감되어 소가 10억원 이상의 소송에서는 '소가 × 35/1만(55만5천원을 가산)'이 된다(소송비용의 부담에 관해서는 11-2-3 참조).

2-3-2 소장의 기재사항

2-3-2-1 첫머리 기재사항

우선 표제로서 맨 위에 '소장'이라고 기재한 다음, 원고와 피고를 특정하여 기재한다. 원·피고의 각 성명 다음에 주소를 기재한다.[16] 주소는 당사자 특정의

15) 아주 오래 전에는 현물의 인지를 첩부했으나, 현재는 금액으로 납부한다.

16) 소장의 당사자 표시는 판결서에 준하여 한다. 판결서에 한글이름이 같은 여러 사람을 표

기능과 함께, 송달장소로서의 기능을 한다(책 말미의 [부록1] 소장의 예 참조).

당사자가 소송을 스스로 수행할 능력이 있으면 즉 소송능력(4-4-1)이 있으면 법정대리인이 없지만, 소송무능력자이면 법정대리인을 반드시 기재해야 한다. 당사자가 법인이면, 즉 회사 등 사단이거나 혹은 재단이면 그 대표자나 관리인을 반드시 기재해야 한다. 비법인사단이 당사자인 경우에도(§52) 마찬가지이다. 법인 또는 비법인사단의 대표자·관리인에게는 법정대리 및 법정대리인에 관한 규정을 준용한다(§64).

민사소송법은 임의대리인(§88에 따라 허가를 받은 단독판사 사건을 제외하고는 변호사만 임의의 소송대리인이 될 수 있다—§87)을 소장의 필수적 기재사항으로 정하지 않았지만, 민사소송규칙 §2①은 임의대리인도 반드시 기재하도록 정하고 있다.

사건번호는 소장이 법원에 제출되어 접수될 때 비로소 부여되는 것이므로 당연히 소장에는 적을 수 없는 것이지만, 사건명은 소장에 기재하는 것이 관행이다. 이런 첫머리의 형식적 기재사항을 적고 나면, 그 다음으로 청구취지와 청구원인을 기재한다.

2-3-2-2 청구취지

청구취지(請求趣旨; Klageantrag)란, 원고가 소로써 바라는 법률효과를 적는 소의 결론부분이다. 판결서의 '주문'(主文)에 대응한다. 원고가 구하는 법률효과의 내용과 범위가 명확히 드러나도록 기재해야 하며, 가령 금전지급청구이면 구체적인 액수를 분명히 밝혀야 한다. 이행의 소, 확인의 소, 형성의 소에 따라서 청구취지의 기재방법이 달라지는데, 이에 관해서는 앞의 2-2-1-3, 2-2-2-3, 2-2-3-4를 각 참조.

청구취지에 조건이나 기한을 붙이는 것이 허용되는가? 소송관계를 불안정하게 만들어서는 안 되므로, 조건이나 기한을 청구취지에 붙일 수 없는 것이 원칙이다. 가령 2024.2.1.에 소를 제기하면서 청구취지에 "이 청구는 2025.2.1. 이후에 한다."라든지, "이 청구는 2025.2.1.까지만 한다."라는 시기(始期)·종기(終期)

시하여야 하는 경우에는 해당 당사자의 성명으로부터 한 칸 띄어 괄호하고 그 안에 생년월일이나 한자성명 중 어느 하나를 기재하거나 모두 병기한다[재판서양식에 관한 예규(재일 2003-12; 재판예규 제1687호)].

를 붙이는 것은 모두 허용되지 않는다.[17)]

조건에 관해 보더라도, 소송외적 조건을 붙이는 것은, 가령 "피고가 6월 내에 누구하고든 혼인을 하면, 1억원을 청구한다."라는 조건을 붙이는 것은 —이런 조건부 청구에 대해서는 절차를 안정적으로 진행할 수 없으므로— 허용될 수 없음이 당연하다. 소송내적 조건 중에서도 가령 "이 법원에 이 사건에 대한 관할권이 있다면, 1억원을 청구한다."라는 청구는 허용될 수 없다. 그러나 당사자 간에 소송계속이 생기고 유지된다는 점이 (그 조건성취 여부와 무관하게) 이미 확정적이라면, 예외적으로 조건부 청구가 허용된다. 제13, 14장에서 설명할 예비적 신청이 그것이고, 예비적 신청에는 청구의 예비적 병합(=예비적 객관적 병합; §253), 예비적 주관적 병합(§70), 예비적 반소가 포함된다. 청구의 예비적 병합의 예를 들자면, "주위적으로 매매계약의 유효를 전제로 대금지급을 청구하고, 예비적으로 그 계약의 무효를 대비하여 이미 인도해 준 매매목적물의 반환을 청구"하는 것이다. 다시 말해서, 후자의 청구는 조건부 청구이지만, 소송법상 허용된다.

2-3-2-3 청구원인

청구원인(請求原因; Klagegrund)이란, 청구취지라는 결론을 이유 있게 하는 근거를 기재하는 부분이다. 판결서의 '이유'에 대응한다.[18)] 원고가 청구취지에서 주장하는 법률효과를 낳는 법률요건을 구성하는 사실관계가 청구원인의 주를 이룬다.

가령 매매계약에 기한 매매대금을 청구하는 소장이라면, 그 계약의 요건을 이루는 사실들 즉 매매계약당사자가 누구인지, 매매목적물이 무엇인지, 매매대금이 얼마인지 등이 청구원인이 된다. 여기에 어느 정도 구체적인 사실을 기재하여야 하는지에 관하여는 견해의 대립이 있다. 소송상 청구를 이유있게 하기 위하여 필요한 모든 사실을 기재해야 한다는 견해(사실기재설)와, 그 소송상 청구를 다른 청구로부터 구별하여 특정할 수 있을 정도의 사실만을 기재하면 충분하다는 견해(식별설)가 있다.

"법은 법원이 안다."(iura novit curia)라는 격언이 보여주는 바와 같이, 당사

---

17) 청구취지에 시기(始期)를 붙이는 것과, 장래 이행의 청구를 하는 것과는 개념상 다름을 주의.

18) 책 말미의 [부록1] 소장과 [부록3] 판결을 대조하여 보라.

자는 사실관계를 말하기만 하면 되는 것이 원칙이지만, 실무상으로는 종종 그 사실관계에서 왜 그런 (=청구취지에서 구하는) 법률효과가 도출되는지에 관한 법률설명도 들어간다.

2-3-3 청구의 특정

청구취지 및 청구원인은, 광의의 청구[19]를 특정하기 위하여 기재하는 것이다. 법원은 '처분권주의'(6-2-1)에 따라야 하므로, 원고가 요구한 청구에 관해서만 판결을 할 수 있으며, 따라서 청구의 특정은 심리를 하려면 반드시 필요하다. 또 청구의 특정은 피고에게 방어의 대상을 명확하게 해 주고, 충분한 소송수행을 할 기회를 부여하기 위해서도 중요한 의미를 가진다.

금전 지급을 구하는 이행의 소에 있어서는, 원고가 구하는 구체적 액수를 소장에 기재해야 한다. 불법행위 손해배상청구소송에서는 손해액의 산정이 곤란한 경우도 많고, 원고로서는 소송진행과정에서 피해액이 특정될 것을 기대하여 "법원이 인정하는 손해액의 지급을 구합니다."라고 하여 소를 제기하고 싶은 생각도 들겠지만, 소장의 청구취지를 이렇게 기재하면 부적법하다. 이와 같이 불확정 금액의 지급을 구하면, 곧바로 보정명령의 대상이 되고, 보정 없으면 재판장이 소장각하를 하게 된다.

금전채무 부존재확인 청구소송은, 이미 피고가 소송외에서 채권을 주장했기 때문에 이를 계기로 하여 원고가 제기하는 것이어서, 피고는 이미 심판의 대상이 될 채무의 액수를 알고 있는 것이 통상이다. 이런 경우에는, 채무액이 소장에 명시되지 않더라도 피고가 방어활동을 할 수 있는 것 아닌가라고 생각할 수도 있지만, 채무액 명시는 사물관할의 판단(3-5-1) 및 인지액의 결정에서도 필요하며, 따라서 금전채무 부존재확인의 소에서도 채무액은 소장에 명시되어야 한다.

2-3-4 특수한 소제기 방식

2-3-4-1 소액사건에서의 구술 소제기 등

소장 제출 외의 방법으로 소를 제기할 수 있는 경우가 있다. 우선 소액사건(16-1-1)에서는 구술에 의한 소제기가 가능하다(소심§4). 법원 직원의 면전에서 진

19) '소송법상 청구'의 개념에 관해서는 앞의 2-1-1을 참조.

술함으로써 소제기를 한 셈이 되고, 법원직원은 이때 제소조서를 작성한다. 이와 같은 원고 일방의 소액사건 소제기 외에, 쌍방이 임의로 법원에 출석하여 구술진술로써 제소하고 변론할 수도 있다(§5).

2-3-4-2 절차상 소급하여 소제기한 것으로 간주되는 경우

(1) 제소전화해(12-3-5) 절차에 쌍방이 출석하였으나 화해가 성립되지 않거나, 혹은 일방만이 출석함으로써 화해가 불성립된 경우에는, 출석당사자가 소제기신청을 할 수 있고, 이와 같은 신청이 있으면 애초 화해신청시에 소를 제기한 것으로 본다(§388).

(2) 독촉절차(16-2-1)에서 지급명령에 대한 채무자의 이의신청이 있으면, 애초의 지급명령 신청시에 소를 제기한 것으로 보고(§472②), 채권자가 주소보정명령을 받고서 소제기신청을 한 경우(§466①) 및 법원이 직권으로 사건을 소송절차에 부친 경우(§466②)에도 그렇게 본다(§472①).

(3) 민사조정절차(1-2-2-2)에서 조정담당판사가 조정을 하지 않기로 결정하거나(민조§26), 조정이 성립되지 않았거나(§27), 조정에 갈음하는 결정에 이의신청이 있으면(§30), 애초 조정신청을 한 때에 소가 제기된 것으로 본다(§36).

2-4 소제기 후의 절차

2-4-1 사건의 배당과 소장심사

2-4-1-1 배당 및 기록편철

원고가 법원에 소장을 제출하고 나면, 이를 접수한 법원은 그 사건을 —사물관할(3-5) · 직무관할(3-6)에 맞추어— 재판부(＝협의의 법원[20])에 '배당'한다. 합의재판부가 1개 있는 소규모 지원에 합의부 관할사건의 소장을 제출하면 달리 배당이 필요하지 않지만, 대부분의 소장제출의 경우에는 여러 합의부 또는 여러 단독판사 중에 사건을 배당하게 된다.

이 배당과 동시에, 법원은 사건기록의 표지를 만드는 등 위 소장을 가지고서 기록을 편철한다. 과거에 사건기록이라 함은, 양 당사자가 제출하는 주장서면 및

---

20) 법원(法院)의 개념에 관해서는 3-1-1 참조.

서증과 법원에서 생성되는 각종 조서 등이 담긴 종이가 시간 순서로 차례로 편철된 것이었으나, 대다수의 민사소송이 이른바 전자소송[21]으로 진행되는 현재 상황에서는[22] 서버컴퓨터 내의 전산자료가 사건기록이 된다.

2-4-1-2 소장심사의 대상 및 보정명령

사건을 배당받은 재판부에서는 우선 재판장이 소장의 적식(適式) 여부를 심사한다.[23] 즉 소장에 요구되는 필수적 기재사항이 적혀 있는지, 인지가 붙어 있는지 등을 본다. 필수적 기재사항이 누락되어 있거나 인지가 제대로 붙어 있지 않으면 재판장은 상당한 기간(대개 보정명령 수령일로부터 5일 또는 7일)을 정하여 그 기간 내에 흠결을 보정하라고 명한다. 재판장은 법원사무관등(3-2-4-1)에게 이 보정명령을 하게 할 수도 있다(§254①). 보정명령은 통상항고 · 즉시항고의 대상이 되지 않을 뿐만 아니라 특별항고(15-4-1-2)의 대상도 되지 않는다(대결 15.3.3, 2014그352).

인지액이 모자란다고 하여 인지보정명령을 받은 원고가 그 금액을 송달료로 추가납부하였다면, 바로 소장각하 · 항소장각하를 할 것이 아니라, 그 납부행위의 의미를 석명하고 인지보정기회를 다시 주어야 한다는 것이 판례이다(대결 14.4.30, 2014마76; 이렇게 해 주지 않으면 제소기간 · 항소기간을 도과해 버리는 일이 생긴다).

인지보정명령을 받은 원고가 소송구조(2-6-1)를 신청하면 보정기간만료가 유예된다고 해석되며, 그 신청의 기각결정이 확정된 때에 종전의 인지보정명령에 따른 보정기간 전체가 다시 진행되어 그 기간 만료시에 비로소 소장각하명령을

---

21) 전자소송은 다의적이다. ① 소송상 종이문서를 전자파일로 대체하는 것을 가리키기도 하고, ② 절차진행에서 전산시스템을 활용하는 것을 가리키기도 하며, ③ 더 나아가서 온라인재판을 가리키기도 한다. 현재 한국에서는 대체로 위 ①,②를 갖추고 있는 소송을 가리키는 용어로 사용된다.

22) 현재 민사사건 소장은 99% 전자소송시스템으로 제출되고 있다. 그러나 피고가 전자소송에 동의하지 않으면 종이기록이 작성되어 이것이 원본이 되는데, 2024년 통계에 의하면, 합의사건에서의 동의율은 약 70%이지만 단독·소액사건 동의율이 낮아서 전체 민사사건에서 전산기록이 원본이 되는 비율은 약 35% 수준이다. 참고로 독일은 2026.1.1.부터 모든 민사소송 사건기록을 전자적으로만 보관한다(ZPO §298a).

23) 원고의 소제기에 대한 법원의 심사는, ① 소장의 적식 심사, ② 소의 적법 심사, ③ 주장 자체의 정당성 심사, ④ 주장사실의 증거조사라는 4단계로 진행된다. ①은 무조건 먼저 하고, ②는 대체로 ③,④보다 먼저 하지만, ②,③,④는 함께 심리를 진행하기도 한다. 차례로 위의 네 단계를 모두 통과해야 비로소 원고는 승소판결을 받을 수 있다.

할 수 있다(대결 18.5.4, 2018무513).

보정으로써 흠결을 치유한 경우 중에, 인지보정의 경우에는 애초 소장제출시를 소제기시점으로 보는 데에 견해가 일치하지만, 청구의 내용이 불명이어서 보정한 경우에 대해서는, 소제기 시점을 애초 소장제출시로 보는 견해와 보정시로 보는 견해가 나뉘어 있다. 도저히 소장 유사의 것으로 볼 수가 없는 무효의 소제기라면 모르겠지만, 일단 피고를 상대로 한 청구의 의사가 소장 제출시에 밝혀졌고 그 후에 내용을 명확히 함으로써 보정을 마쳤다면 애초의 소장제출시를 적법한 소제기시로 보는 것이 타당하다.

2-4-1-3 소장각하명령

재판장 또는 법원사무관등(3-2-4-1)의 보정명령이 내려졌는데도 원고가 기한 내에 보정을 하지 않으면, 재판장은 명령으로 소장을 각하하며(§254②), 이를 '소장각하명령'이라 한다. 재판부 구성법관 전원의 명의로 소각하 판결을 하는 것이 아니라, 재판장 단독 명의로 소장각하명령을 하는 것이다.

흠결에 대한 보정이 없음을 간과하고 피고에게 소장을 송달함으로써 소송계속이 발생하였다면, 법원·원고·피고 사이의 3면의 법률관계가 이미 형성된 상황이므로(이것이 '소송계속'의 의미이다), 법원 전체 명의가 아닌 재판장 단독 명의로 이 법률관계를 깨뜨릴 수는 없는 터이고, 따라서 소송계속 발생 후에는 소장각하명령을 할 수 없다고 보아야 타당하다.[24)]

소장각하명령에 대해서는 즉시항고를 할 수 있다(§254③). 이 명령의 적법 여부는 명령의 효력발생시(=고지시)가 아니라 성립시(=전자문서이면 전자서명시)를 기준으로 하므로, 인지 미보정을 이유로 한 소장각하명령 후 그 송달 전에 인지가 보정되더라도 위 각하명령은 적법하다(대결-전 68.7.29, 68사49; 대결-전 25.7.24, 2021마6542).

2-4-2 송달

소장이 형식을 갖추고 재판장의 소장심사를 통과하고 나면, 법원은 소장의

---

24) 同旨: 호문혁 115; 강현중 353; 김홍엽 355 등. 항소장 각하명령을 항소장 송달 전까지만 가능하다고 한 대법원 판결을 참조(15-2-2-3). 반대로 정동윤 102 등은, 여유있는 심사를 위해 변론개시시까지 소장각하명령을 허용해야 한다고 주장한다.

부본[25)]을 피고에게 송달한다(§255). '피고에 대한 소장 부본'의 송달이 소송절차의 초기에서는 가장 의미있는 송달이지만, 그뿐만 아니라 소송절차 중에는 여러 종류의 문서가 여러 관계인에게 송달될 수 있다. 아래에서는 송달에 관한 일반론을 검토한다.

2-4-2-1 송달의 의의

송달(送達; Zustellung)은 당사자 또는 기타 관계인(참가인 등)에게 법원이 소송서류를 교부하는 등으로 소송서류의 내용을 알 수 있도록 해 주는 법원의 소송행위이다. 송달을 당사자의 책임으로 정해 둔 미국과는 달리, 한국은 대륙식으로 송달을 법원이 행하는 것으로 정해 두고 있다. 즉 송달은 법원이 직권으로 하는 것이 원칙이고(§174) 재판권의 한 작용에 속하며, 송달을 통하여 당사자 또는 소송관계인이 재판청구권을 보장받게 된다.

송달은, 단순한 내용인식만을 하게 하는 것이 아니라, 그로써 소송행위의 효력이 비로소 발생하는 경우가 많고, 또 그것으로써 기간 진행이 개시되기도 하며 집행의 요건이 되기도 한다. 따라서 송달이 제대로 이루어졌는지는 실무상 매우 중요한 문제이고, 송달에는 확실성과 안정성이 요구된다. 그러므로 송달절차에 하자가 있는 경우에 그 효과가 문제된다.

송달은 소송서류의 원본이 아니라 등본 또는 부본을 가지고서 한다. 원본은 소송기록에 편철해 두어야 하기 때문이다. 다만 판결은 정본으로 송달해야 하고(§210②), 기일통지서 및 출석요구서는 원본으로(§167) 송달한다.

---

25) 원본(原本) · 부본(副本) · 사본(寫本) · 등본(謄本) · 정본(正本) · 초본(抄本) 등의 용어를 이해할 필요가 있다. 원본은, 작성주체가 처음 작성한 애초의 문서 자체이다. 부본은 원본의 일종이라고 볼 수 있지만, 원본 작성시에 동일문서를 수통 작성하여 송달을 위하여 사용할 때 이를 부본이라고 한다. 사본은, 말 그대로 원본을 복사한 (=그대로 옮긴) 문서라는 의미뿐이어서 내포가 적은 개념이다. 등본·정본은 모두 사본의 일종이다. 등본은, 원본의 내용을 전부 복사한 문서로서 원본의 내용과 같음을 확인하기 위하여 작성되는 것이다. 공증권한이 있는 공무원이 등본을 직무상 작성하여, 거기에 원본과 차이 없음을 기재하여 둔 것을 "인증등본(認證謄本)"이라고 한다. 정본은, 권한 있는 자가 원본에 기하여 작성한 문서로서, 법률상 원본과 같은 '효력'이 부여된 것을 가리킨다. 가령 판결선고 후 또는 재판상화해 성립 후 당사자에게 송달하는 판결 또는 화해조서는, 법원에서 보관하는 원본과 동일한 효력을 가지도록 하기 위하여 정본으로 작성한다. 실무상으로는, 복사본에 "정본입니다"라는 기재를 하고 확인날인을 함으로써 정본을 만든다. 초본은, 원본의 '일부'를 복사하여 옮긴 문서이다.

2-4-2-2 송달기관

송달기관은, 송달담당기관(=송달사무처리자)과 송달실시기관으로 나누어진다.

(1) 송달담당기관

송달사무는 법원사무관의 업무이므로, 소송법상 송달담당기관은 '법원사무관등'이다(§175①; 3-2-4-1). 여기서 송달사무란, 수(受)송달자·송달장소·송달방법의 결정, 송달실시기관에의 서류교부, 실시 후 송달통지서의 수령, 공시송달명령서의 보관 등을 가리킨다.

(2) 송달실시기관

송달실시기관으로는 원칙적으로 우편집배원과 집행관이 있다(§176①). 가장 기본적인 송달실시기관은 우편집배원이지만, 최근에는 1인가구의 증가와 맞벌이의 증가 등으로 주소지에 낮에 송달받을 사람이 없는 경우가 많으므로, 일출전·일몰후의 송달, 공휴일의 송달이 늘어났고(§190①), 이러한 송달은 우편집배원이 하는 것이 아니라 당사자 신청에 따라 집행관 또는 대법원규칙이 정하는 사람(§176①)에 의하여 송달하게 된다. 이런 송달을 "특별송달"이라고 한다. 특별송달을 할 때에는, —원칙은 집행관이 하는 것이지만— 예외적으로 법원사무관등이나 법정경위가 송달하는 수도 있다.

(3) 송달통지서

송달실시기관은 송달을 행한 후에 —송달이 이루어졌든 아니든 간에— "송달통지서"를 법원에 제출하여야 한다(§193). 송달이 이루어졌다는 송달통지서가 제출되면, 이로써 적법한 송달이 증명된다. 과거에는 송달실시기관이 종이에 송달통지서를 작성한 후 이를 법원에 물리적으로 제출하였으나, 요즘은 전산적으로 작성된 송달통지서가 법원에 전송된다.

(4) 송달불능사유

송달이 안 되었을 때에 송달통지서에서 보고되는 송달불능사유는 ① 수취인부재, ② 폐문부재, ③ 수취인불명, ④ 주소불명, ⑤ 이사불명의 5가지이다. 수취인불명은 그 주소지에서 해당 수취인이 사는지 및 산 적이 있었는지를 알 수가 없는 경우이고, 주소불명은 기재된 주소 자체가 불명확하여 그런 주소지를 찾을 수 없는 경우이며, 이사불명은 수취인이 그곳에 살다가 이사하였고 이사간 곳을 모르는 경우이다. 폐문부재는 문이 잠겨 있고 송달실시기관이 아무도 만나지 못한 경우이다. 수취인부재는 수취인이 그 주소지에 근거를 가지고 있으나 현재 장기여행·가출·수감 등의 사유로 당분간 송달서류를 받을 수 없는 경우를 가리킨다.

2-4-2-3 송달받을 사람과 송달장소

(1) 송달받을 사람

송달을 받을 사람("수송달자")은, 자기 이름으로 소송에 관여하는 당사자, 참가인, 증인 등 이해관계인이다. 누가 수송달자인지는 송달받을 서류의 종류·내용에 따라 정해지는 것이며, 원칙적으로 위의 각 본인이다. 그러나 법정대리인(§179,§184)과 임의대리인(§184)은 송달받을 권한을 가지고 있으며, 여러 사람이 공동으로 대리권을 행사하는 경우의 송달은 그 가운데 한 사람에게 하면 된다(§180).

그러나 소송대리인[26]이 수인이면 개별대리(=각자대리)가 원칙이므로(§93) 각 대리인에 대하여 따로 송달해야 한다. 즉 §93 때문에 §180는 주로 법정대리인에게만 적용된다. 판결이 여러 대리인에게 송달된 경우에 그 항소기간 기산점은 최초의 판결정본 송달일이다(대결 11.9.29, 2011마1335).

그 밖에 원래의 수송달자가 군사용 청사에서 군복무 중이거나 교도소·구치소에 수감되어 있는 경우에는, 법률이 원래의 수송달자 대신 송달영수권이 있는 자를 (군사용 청사의 장, 교도소장 등으로) 정하고 있다(§181,§182). 판례에 의하면, 송달받을 사람이 교도소·구치소에 수감된 사실을 법원에 신고하지 않았더라도, 그 수감자의 수감 전 주소로 한 송달은 무효이다(대판-전 82.12.28, 82다카349; 17.11.7, 2017모2162; 21.8.19, 2021다53).

(2) 송달장소

송달실시기관이 송달을 적법하게 할 수 있는 장소("송달장소")는, 송달을 받을 사람의 주소·거소·영업소·사무소(이하 "주소등")가 원칙이다(§183①). 여기의 주소·거소 개념은 민법 §18, §19에 의하며, 영업소·사무소라 함은 수송달자가 업무주체인 곳을 가리킨다. 따라서 가령 A가 B에게 고용되어 영업활동을 하고 있는 경우, 그 영업의 장소는 B의 영업소일 뿐이고 A의 영업소는 아니므로,

---

26) 민사소송법에서 '소송대리인'이라고 하면 —법정대리인이 아닌— 임의대리인을 가리킨다(4-6-1-3 참조).

그곳에서는 A에게 적법한 송달을 할 수 없음이 원칙이다.

이에 의하면 법인의 경우, 법인 주소지뿐만 아니라 법인의 영업소 · 사무소에서도 할 수 있고, —법인의 대표이사에게는 법정대리인 규정이 준용되므로(§64) — 그 대표이사의 주소지에서도 할 수 있다. 법인이 당사자일 때, 그 대표자의 주소에 송달하여 보지도 않은 채로, 주소보정명령에 응하지 않았음을 이유로 내린 소장각하명령은 위법하다(대결 97.5.19, 97마600).

예외적으로, 수송달자 A의 '주소등'을 알지 못하는 경우 또는 그곳에서 송달할 수 없는 때에는, A가 고용 · 위임 등으로 취업하고 있는 B의 주소등(A의 "근무장소")에서 송달할 수 있다(§183②).

이와 별도로, 당사자 또는 대리인은 '주소등' 외의 장소를 송달받을 장소로 정하여 법원에 신고할 수 있고, 이 경우에는 송달영수인을 정하여 신고할 수도 있다(§184). 또한, 법정대리인에게 할 송달은 본인의 영업소나 사무소에서도 할 수 있고(§183①단서), 수송달자의 주소등 또는 근무장소가 국내에 없거나 알 수 없는 때에는 그를 만나는 장소에서 송달할 수 있다(§183③). 주소등 또는 근무장소가 국내에 있는 사람의 경우에도 그가 송달받기를 거부하지 아니하면 만나는 장소에서 송달할 수 있다(§183④). §183 ③,④의 사례는 현실적으로 드물다.

2-4-2-4 송달방법 1 : 교부송달의 원칙과 보충송달 · 유치송달

(1) 교부송달

교부송달(交付送達)은, 수송달자 본인에게 직접 송달서류를 교부하는 것으로서, 가장 원칙적인 송달방법이다(§178). 교부송달을 수행하러 주소지에 간 송달실시기관이 그 주소지에서 본인을 만나지 못했을 때 행할 수 있는 부수적 송달방법으로서, 보충송달(補充送達)과 유치송달(遺置送達)이 있다. 교부송달뿐만 아니라 보충송달도 실무상 많이 활용된다. 송달의 효력은 교부시점에(교부송달, 보충송달) 또는 유치시점에(유치송달) 생긴다.

(2) 보충송달

송달장소에서 수송달자를 만나지 못하였을 때, 일정한 관계에 있는 다른 사람에게 대신 교부하는 송달방법이 "보충송달"인데, 보충송달에는 '주소등'에서 하는 보충송달과 '근무장소'에서 하는 보충송달의 두 가지가 있다. 이 두 곳에서만 보충송달을 할 수 있는 것이므로, 예컨대 송달장소 아닌 곳(우체국)에서 수송달자의 동거인을 만나서 서류를 교부하는 것은 적법한 보충송달이 아니다(대결 01.8.31, 2001마3790).

'주소등'에서 하는 보충송달은 수송달자의 "사무원, 피용자 또는 동거인"으로서 사리를 분별할 지능이 있는 사람에게 서류를 교부함으로써 하고(§186①),[27] '근무장소'에서 하는 보충송달은 그 근무장소의 업무주체(고용인, 즉 대표자)나 그 법정대리인, 또는 그곳의 피용자 그 밖의 종업원으로서 사리를 분별할 지능이 있는 사람이 서류의 수령을 거부하지 아니하면 그에게 서류를 교부할 수 있다(§186②).

그렇다면 "사리를 분별할 지능이 있는 사람"의 범위가 문제되는데, 대결 68.5.7, 68마336은 8세 10개월의 여아를 그에 속한다고 하였으나, 대결 05.12.5, 2005마1039은 8세 3개월의 남아를, 대판 13.1.16, 2012재다370은 8세 9개월의 남아를 각 그에 속하지 않는다고 하였다. 또한 판례는 위 '동거인'이란, 수송달자와 사실상 동일세대에 속하여 생계를 같이하는 사람을 말한다고 하면서, 부모와 딸이 같은 아파트 305호, 306호에 각각 전입하여 별개 세대를 구성하고 있더라도 실제로는 생활을 같이하고 있다면 동거인으로 보았고(대판 92.9.14, 92누2363), 반드시 법률상 친족관계에 있어야 하는 것은 아니므로, 이혼한 처라도 사실상 동일세대에 소속되어 생활을 같이 하고 있다면 '동거인'이 될 수 있다고 했다(대결 00.10.28, 2000마5732). 아파트 경비원, 빌딩 경비원의 경우, 이들이 평소에 일반 우편물을 대신 수령하여 왔다면, 소송서류의 송달수령권도 묵시적으로 위임받은 것이라고 본다(대판 92.9.1, 92누7443; 00.7.4, 2000두1164 등).

(3) 유치송달

유치송달은, 그냥 놓고 오는 송달방법이다. 수송달자 본인이 또는 '주소등'에서 하는 보충송달에서 "사무원, 피용자 또는 동거인"이 정당한 사유 없이 송달받기를 거부하는 때에는 송달실시기관은 그 송달장소에서 가지고 간 서류를 놓아

---

27) 한편 대판 16.11.10, 2014다54366은 추심금 소송에서 제3채무자인 피고회사의 주소지 즉 본점소재지에서 사무원이 소장·판결을 수령했더라도, 그 사무원이 추심채무자로서 이해대립관계에 있었다면, 이는 적법한 송달이 아니라고 했다. 또한 대판 21.3.11, 2020므11658은, 이혼 사건의 화해권고결정을 원·피고의 성년자녀이자 동거인인 사람이 원·피고를 대신하여 동시에 송달받은 것은 부적법한 송달로서 무효라고 보았다.

둘 수 있고(§186③), 이로써 적법한 송달은 이루어진 것이 된다. 법문에서 명백하듯이, 유치송달은 교부송달 및 '주소등'에서 하는 보충송달에서만 허용되고 '근무장소'에서 하는 보충송달에서는 허용되지 않는다.

(4) 기타

한편 해당 사건에 출석한 사람에게는 법원사무관등이 직접 송달할 수 있는데(§177①). 기일 전까지 미처 송달되지 않은 소송자료를 기일이 열린 법정에서 당사자에게 교부하는 일은 자주 있다. 법원사무관등이 그 법원 안에서 송달받을 사람에게 서류를 교부하고 영수증을 받은 때에는 송달의 효력을 가진다(§177②). 그리고 전쟁 중인 군대, 외국주둔 군대 등에 근무하는 자에게 할 송달은, 그 소속 사령관에게 촉탁하라고(§192) 법이 정하고 있다.

2-4-2-5 송달방법 2 : 우편송달 = 발송송달

일정한 요건이 충족된 경우에, 법원사무관등이 서류를 등기우편으로 발송함으로써 (그 발송시점에 유효하게) 송달이 된 것으로 보는 송달방법이다(§189). 일반 등기우편이라는 방식에 착안하여 우편송달이라고도 부르고, 효력시점에 착안하여 발송송달이라고도 부른다. 효력이 강한 것이므로, 송달이 매우 곤란할 때에만 보충적으로 허용된다. 두 가지가 있는데 ⓐ 교부송달·보충송달·유치송달이 모두 불가능한 경우에 허용된다고 §187가 정하고 있고, ⓑ 송달장소 변경의 신고의무가 있는 당사자가 신고를 하지 않은 때에 —달리 송달할 장소를 알 수 없는 경우— 허용된다고 §185②이 정하고 있다. 실무상 ⓐ는 잘 행해지지 않고, ⓑ는 종종 행해진다.

§187의 발송송달(ⓐ)은, 송달하여야 할 장소는 밝혀져 있으나 교부송달·보충송달·유치송달을 시도하여 그런 송달이 모두 불가능한 경우에 비로소 할 수 있는 것이고, 이것은 당해 서류에 관하여 위와 같이 송달불능이 되었을 것을 요건으로 하는 것이어서, 당해 서류의 송달에 한하여 할 수 있다(일회성). ⓐ의 발송송달에 있어서 '송달하여야 할 장소'란 실제 송달받을 자의 생활근거지가 되는 주소·거소·영업소·사무실 등 서류를 받아 볼 가능성이 있는 적법한 송달장소를 말하는 것이므로, 소장에 원고의 주소지로 기재되어 있기는 하나 당시 원고의 실제 생활근거지가 아닌 곳으로 변론기일 소환장을 우편송달하면 이는 위법하다

(대판 01.9.7, 2001다30025; 대결 09.10.29, 2009마1029). 실무상으로는, 원고가 소장에 적어 낸 피고의 주소에 송달불능인 경우에, 법원은 주소보정을 명하고, 그 후에 피고의 최후주소로 확인된 곳 이후의 주소를 알 수 없으면, 아래에서 설명할 공시송달로 넘어가는 것이 일반적이어서, ⓐ의 발송송달은 드물다.

교부송달 · 보충송달 · 유치송달 중의 하나로 일단 소장부본이 송달되고 나면, 피고에게 '송달장소 변경 신고의무'가 발생하므로(§185①), 그 후에 피고가 이사를 하면서 주소변경신고를 하지 않으면 §185②의 발송송달(ⓑ) 요건이 충족되며, 따라서 이런 발송송달은 종종 행해진다. 다만, §185②의 '달리 송달할 장소를 알 수 없는 경우'라 함은 —상대방에게 주소보정을 명하거나 직권으로 주민등록표 등을 조사할 필요까지는 없지만— 적어도 기록상으로는 송달할 장소를 알 수 없는 경우여야 한다(대판 18.4.12, 2017다53623). 그리고 이 경우에도, 발송송달 요건이 충족된다고 해도 반드시 발송송달을 해야 하는 것은 아니므로 —소송진행 중의 각종 준비서면이나 서증, 기일통지서 등은 이 방법으로 송달하지만— 판결정본은 곧바로 발송송달 방법으로 하지 않는 것이 실무의 오랜 관행이다. 판결 등 재판의 정본에 관해서는, 이미 종전 소송서류를 발송송달로써 송달하고 있었더라도, 일단 다시 교부송달 · 보충송달 · 유치송달을 실시하고, 그것이 불능되고 또한 다시 통상의 송달을 실시하여도 실현가망이 없는 경우에 한하여 발송송달을 한다.

2-4-2-6 송달방법 3 : 송달함 송달

2002년 신법이 만든 송달방법으로서, 주로 송달서류가 많은, 즉 자주 소송당사자가 되는 대기업 또는 여러 사건의 소송대리인이 되는 변호사에게 적용된다. 법원 안에 송달함(mailbox)을 설치하여 두고, 여기에 송달서류를 넣는 방법으로 행하는 송달이다(§188). 송달받을 사람이 송달함에서 서류를 수령하여 가지 아니한 경우에는 송달함에 서류를 넣은 지 3일이 지나면 송달된 것으로 본다(§188③).

2-4-2-7 송달방법 4 : 공시송달

당사자의 행방을 알기 어려워 통상의 송달방법으로는 송달이 안 될 때에 하는 송달방법이다(§194). 법률 및 대법원규칙은 공시송달(公示送達)의 방법으로서, 법원사무관등이 송달할 서류를 보관하고 1) 법원게시판 게시, 2) 관보 · 공보 또는 신문 게재, 3) 전자통신매체를 이용한 공시 가운데 어느 하나의 방법으로 그 사유를 공시함으로써 행한다고 정하고 있는데(§195, 규§54), 현재는 대법원 홈페이지의 전자게시판에 올려놓는 방법, 즉 위 3)으로써 행한다.

공시송달은, 당사자 및 이에 준하는 보조참가인에 대한 송달에서만 할 수 있고, 증인·감정인에의 송달은 이에 의할 수 없다. 공시송달은 —실제로는 당사자가 송달내용을 알 수 없는 것이므로— 다른 송달방법에 의하여는 송달이 불가능할 때에 보충적으로만 하여야 한다. 즉 이는 ⓐ 수취인의 주소등 또는 근무장소를 알 수 없는 경우 또는 ⓑ 외국에서 하여야 할 송달에 관하여 외국송달방법(§191)에 따를 수 없거나 이에 따라도 효력이 없을 것으로 인정되는 경우에 비로소 행하는 것이다(§194①). 송달불능사유가 '폐문부재'인 경우에는 원칙적으로 공시송달을 할 수 없다.[28] 소장상의 '원고' 주소로 송달을 하였으나 수취인불명 또는 주소불명으로 보고되어 오면 곧바로 공시송달을 할 수 있지만, 피고에 대한 송달이 송달불능되면 우선 주소보정명령을 원고에게 보내야 하는 것이고, 그 보정된 주소로 송달하였는데도 피고의 최후주소만 확인될 뿐 그의 행방을 알 수 없어서 송달이 불가능한 경우에 비로소 공시송달로 나아갈 수 있다. 실무상 행방불명임을 증명하는 방법으로는, 최후 주민등록지에서의 주민등록말소자등본 또는 통·반장 작성의 불거주확인서의 제출, 그리고 집행관이 거기서 야간·휴일송달을 시도하였으나 부재하여 실패하였다는 송달통지서의 제출 등이 있다.

어느 당사자에 대한 첫 공시송달은 인터넷 게시 등을 실시한 날부터 2주가 지나야 (외국에서 할 송달에 대한 공시송달이면 2월이 지나야) 효력이 생긴다(§196①②). 위 2주 및 2월의 기간은 늘일 수는 있으나 줄일 수는 없다(§196③). 그러나 그 당사자에게 하는 두 번째부터의 공시송달은, 실시한 다음 날에 효력이 발생한다(§196①단서).

공시송달로써 진행된 절차에서는 소송법상의 몇 가지 제도가 적용되지 않는다. 예컨대, 원래는 기일통지서를 송달받은 당사자가 출석하지 아니한 경우에는 그가 자백을 한 것으로 간주할 수 있지만 그 기일통지서가 공시송달로 송달된

---

28) 다만 폐문부재이더라도 수송달자가 그 주소를 떠나 그곳을 더 이상 송달장소로 인정하기 어려운 경우에는 공시송달이 가능하다(대결 24.5.9, 2024마5321. 폐문부재 송달불능 후 9차례 추가한 야간·휴일 특별송달이 모두 폐문부재인 사안임).

것이라면 자백간주를 할 수 없으며(§150③), 피고가 30일 내에 답변서를 제출하지 않더라도 무변론판결을 할 수 없다(§256①). 또한 외국판결의 승인에 있어서, 그 판결에서 패소한 피고가 소장 등을 공시송달로써 송달받았던 경우라면, 그 외국판결 승인요건(§217)이 충족되지 않는다(11-5-5-4). 또한 환경분쟁조정법상 재정문서 정본을 송달받은 당사자가 60일 이내에 소를 제기하지 않으면 그 재정문서는 재판상 화해와 동일한 효력을 가진다고 규정되어 있는데, 재판청구권 보장의 취지에서 볼 때, 이런 효력을 가지는 재정문서의 송달은 공시송달의 방법으로는 할 수 없다는 것이 판례이다(대판 16.4.15, 2015다201510).

대법원은, 소장부본과 판결정본이 공시송달로써 송달된 경우에는, 특별한 사정이 없는 한 피고가 과실 없이 판결송달을 알지 못한 것이라고 보고, 피고가 책임질 수 없는 사유로 불변기간을 준수하지 못한 것이라고 하여, 그 사유소멸 후 2주 내에 항소의 추후보완(11-9-4-2)을 할 수 있다고 한다. 통상적으로는 피고가 사건기록을 열람하거나 새로 판결정본을 수령한 때에 위 공시송달 사실을 알게 되었다고 보는데, 판례는, 피고(채무자)가 1심판결에 기한 압류명령을 받은 제3채무자로부터 채권압류·추심명령의 사건번호 및 채권자 이름이 기재된 문자메시지를 받은 것만으로는(대판 21.3.25, 2020다46601), 또는 제1심법원이 피고의 휴대전화로 전화하여 소장부본송달·변론기일 등을 알려준 것만으로는(대판 21.8.19, 2021다228745) 피고가 1심판결의 공시송달 사실을 알았다고 볼 수는 없다고 한다.

2-4-2-8 송달의 특례

소장·답변서 등의 송달에는 이용할 수 없으나, 기일통지서·출석요구서의 송달에는 간이통지방법을 이용할 수 있는데, 전화·팩시밀리·보통우편·전자우편 등이 그것이다(§167②, 규§45). 이 간이통지로써 기일통지를 할 경우에는 불출석하더라도 불이익을 줄 수 없다(§167②제2문).

민사소송규칙이 정한 송달의 특례도 있는데, 1) 변호사인 소송대리인에 대한 송달을 전화·팩시밀리·전자우편으로써 할 수 있다는 것과(규§46), 2) 양쪽 소송대리인이 변호사인 경우 한쪽 변호사가 상대방 변호사에게 소송서류의 부본을 직접 교부하거나 팩시밀리 또는 전자우편으로 보내는 방법으로 할 수 있다는 것이 있다(규§47).

한편, 이른바 전자소송으로 진행되는 사건에 관한 송달의 특례가 '민사소송 등에서의 전자문서 이용 등에 관한 법률' §11에 규정되어 있다. 전자소송에서는, 법원사무관등이 송달할 전자문서를 전산정보처리시스템에 등재하고 그 사실을 송달받을 자에게 전자적으로 통지하는 방법으로써 송달을 하며(§11③), 이 경우 송달받을 자가 등재된 전자문서를 확인한 때에 송달된 것으로 본다. 다만, 그 등재사실을 통지한 날부터 1주 이내에 확인하지 아니하는 때에는 등재사실을 통지한 날부터 1주가 지난 날에 송달된 것으로 본다(§11④).

2-4-2-9 외국 거주자에게 하는 송달

송달은 법원이 직권으로 하는 소송행위이므로 국가주권 행사의 하나이다. 따라서 외국 거주자에게 송달을 하는 일은 그 외국의 주권에 대한 침해가 될 수 있으므로, 이에 관해서는 국제협약이 체결되어 있다. 한국 법원에서 재판을 진행하면서 외국에서 행할 필요가 있는 소송행위로는, 송달 외에 증거조사가 있다.

법은 외국송달에 관하여, "재판장이 그 나라에 주재하는 대한민국의 대사·공사·영사 또는 그 나라의 관할 공공기관에 촉탁한다."고 정하여 촉탁의 대상을 두 가지로 정하고 있는데(§191), ⓐ 그 외국에 주재하는 한국의 대사·공사·영사에게 촉탁하는 방식을 "직접실시방식" 또는 "영사송달방식"이라고 하고, ⓑ 그 외국의 관할 공공기관(관할법원 또는 중앙당국)에 촉탁하는 방식을 "간접실시방식"이라고 한다. 간접실시방식은 직접실시방식보다 절차의 단계가 많고 시간이 오래 걸린다는 단점이 있으나, 송달을 완전히 피촉탁국의 통제 하에 두는 것이므로 주권침해의 소지가 없고, 피촉탁국의 법률이 허용하는 강제력의 행사도 기대할 수 있다는 장점이 있으므로, 간접실시방식에 의하는 것이 원칙이다.

위와 같은 촉탁은, 그 나라와 사법공조조약을 맺었거나 상호보증이 있는 경우에만 가능하다(국제민사사법공조법§4). 현재 한국은 헤이그 송달협약[29](2025년 12월 현재 협약당사국이 84개국), 헤이그 증거조사협약[30](69개국)에 가입하고 있을 뿐만 아니라, 몇 개의 2자간 조약을 체결하였다. 국제민사사법공조법 §5① 및

29) The Convention on the Service Abroad of Judicial and Extrajudicial Documents in Civil or Commercial Matters. 줄여서 Hague Service Convention이라 한다.

30) The Convention on the Taking Evidence Abroad in Civil or Commercial Matters. 줄여서 Hague Evidence Convention이라 한다.

위 협약들이 직접실시방식과 간접실시방식 중에서 후자를 원칙으로 정했을 뿐만 아니라, 위 협약들은 간접실시방식 중에서도 (관할법원에 촉탁하는 방식이 아니라) 중앙당국(central authorities)에 촉탁하는 방식을 채택하고 있다.

다만 국제민사사법공조법 §5②에 의하면, "송달받을 자 또는 증인신문을 받을 자가 대한민국 국민으로서 '영사관계에 관한 비엔나협약'[31]에 가입한 외국에 거주하는 경우"에는 예외적으로 직접실시방식 즉 그 외국에 주재하는 한국의 대사·공사·영사에게 촉탁하는 방식을 취할 수 있다. 그런데 위 비엔나협약은 영사가 송달 또는 증인신문을 할 수 있는 대상을 명확히 파견국 국민으로 제한하고 있지는 않지만, 송달 또는 증인신문을 받을 자가 파견국 국민이 아닌 경우에는 위 협약을 근거로 영사에 의한 직접실시방식을 취하지 않는 것이 국제예양(國際禮讓; comity)이다. 따라서 외국(영사파견국)의 법원이 외교상의 경로를 거치지 않은 채로 그 외국의 국민이 아닌 한국인을 상대로 하여 자국영사에 의한 직접실시방식으로 송달을 한 것은 대한민국의 재판권을 침해한 것으로서 적법한 송달로서의 효력이 없다(대판 92.7.14, 92다2585).[32]

2-4-2-10 송달의 하자와 치유

송달이 법에 정한 방식에 위배한 경우에는 원칙적으로 무효이다. 가령 ⓐ 송달을 받을 사람이 아닌 사람에게 송달(예컨대 수감자에 대하여 수감전 주소로 송달), ⓑ 보충송달의 수령권이 없는 자(예컨대 임대인)에게 송달, ⓒ 유치송달을 할 수 없는 '근무장소'에서 유치송달, ⓓ 보충송달·유치송달을 시도하지 않은 채로 한 발송송달 등은 무효이다.

그러나 송달을 무효로 만들지 않는다고 여겨지는 사소한 하자도 있다. 가령 송달통지서에 우편집배원의 날인이 없는 경우에는, 송달통지서가 송달의 단순한 증명방법에 지나지 않는다고 보아서 송달의 효력에 영향이 없다고 하는 것이 통설이다. 그리고 공시송달의 요건에 흠이 있더라도, 재판장이 공시송달을 명하여 그 절차가 취해진 경우에는 유효한 송달이라고 보는 것이 판례이다(대결-전

---

31) The Vienna Convention on Consular Relations of 1963.

32) 외국에서의 송달 및 증거조사에 관한 상세한 내용은 석광현, 국제민사소송법, 박영사, 2012, 제7장 및 법원행정처, 민사실무제요 Ⅲ, 제39장을 참조.

84.3.15, 84마20). 그러나 이는 공시송달이 재판장의 명령에 의하여 행해지던 구법 하의 판결이라서, 공시송달 담당기관이 법원사무관등으로 정해진 현행법 하에서(§195), 법원사무관등이 명한 공시송달에 그대로 유지될 수 있는 판례인지에 대해서는 의문이 있다.

송달에 중대한 하자가 있어도 송달받을 자가 '추인'을 하면 유효하게 된다. 그리고 하자의 유형에 따라서는, 추인이 없더라도 —절차위배를 알거나 알 수 있었으면서 바로 이의를 제기하지 않으면 절차이의권을 잃는 것이므로(§151; 7-3-1)— 이의권 상실로 송달이 유효해질 수도 있다. 사망자에 대한 송달을 상속인이 이의없이 수령하면, 그 송달은 상속인에 대한 송달로서 유효하게 된다(대판 98.2.13, 95다15667). 그러나 판결정본의 송달에 관해서는 절차이의권 상실을 인정하지 않는 것이 판례이다(대판 02.11.8, 2001다84497).

판결정본의 송달의 하자에 관해서는 많은 판결례들이 있다. 상세한 것은 '판결의 편취'(11-9-4) 부분을 참조.

2-4-3 답변서 제출

2-4-3-1 답변서

재판장이 소장이 적식이라고 판단한 때에는, 소장부본을 바로 피고에게 송달해야 한다(규§64①). 소장 부본의 송달은, 피고로 하여금 방어태세를 갖출 수 있게 하고, 또한 '소송계속'의 효과를 발생시킨다.

소장 부본을 받은 피고는 —원고 청구를 다툴 의사가 있다면— 그 송달을 받은 날로부터 30일 이내에 답변서(Klageerwiderung)를 제출하여야 하며(§256①), 이러한 30일 이내의 제출의무를 법원이 피고에게 알려야 한다(§256②).

답변서에는, 당사자 · 대리인 · 사건표시 등 형식적 기재 외에 청구취지에 대한 답변과 청구원인에 대한 답변을 나누어 적어야 한다(§274①②, 규§65). 청구취지에 대한 답변으로는 소각하를 구하는지 청구기각을 구하는지를 명시하여 써 주면 된다. 청구원인에 대한 답변으로는, 공격 또는 방어의 방법, 상대방의 청구와 공격 또는 방어의 방법에 대한 진술(§274①), 자신의 공격방어방법을 증명하기 위한 증거방법 및 상대방의 증거방법에 대한 의견(§274②)을 기재하여야 한다. 민사소송규칙 §65가 ⓐ 소장에 기재된 개개의 사실에 대한 인정 여부, 그리고 ⓑ 항변과 이를 뒷받침하는 구체적 사실, ⓒ 위 ⓐ, ⓑ에 관한 증거방법 등을 기재하여야 한다고 정하고 있는 것도 같은 취지이다(책 말미의 [부록2] 답변서의 예 참조).

2-4-3-2 무변론판결

(1) 의의

만약 피고가 소장부본 송달일로부터 30일 내에 답변서를 제출하지 않거나 원고의 주장사실을 모두 자백하는 내용의 답변서를 제출하면, 법원은 변론 없이 —즉 변론기일을 한 번도 열지 않은 채로— 원고승소의 판결을 내릴 수 있다(§257①②). 이를 '무변론판결'이라 한다. 피고에게 방어의사가 없다면, 굳이 변론기일을 거칠 필요가 없다고 보는 것이다.

(2) 판결이유 간략화

이러한 무변론판결서를 작성할 때에는, 굳이 판결이유를 구체적으로 적을 필요가 없고 기판력의 범위를 특정할 수 있는 정도로만 이유를 기재하면 족하다. 따라서 §208③은, 제1심 판결인 무변론판결에서는 '청구를 특정함에 필요한 사항'과 '상계에 대한 판단에 관한 사항'만을 간략하게 표시할 수 있다고 정하고 있다.

(3) 무변론판결의 한계

그러나 무변론판결에서는 피고가 원고청구의 '요건사실'에 대하여 자백하였다고 간주하는 것일 뿐이므로, 그 요건사실에서 원고 주장의 법률효과가 나오지 않으면 원고의 청구를 기각하거나 소를 각하하는 판결을 선고할 수도 있다. 다만 이런 경우에는 변론을 열어서 보정의 기회를 주는 것이 타당할 것이다.[33] 실무상 종종 있는 사례로는, 자백간주 사건에서 지연손해금률이나 이자 기산점에 잘못이 있어서 일부청구기각의 판결이 선고되는 경우가 있다.

(4) 무변론판결을 할 수 없는 경우

기한 내에 답변서가 제출되지 않은 사건이라도, 공시송달 사건(§256①단서), 직권조사사항이 있는 사건, 그리고 그 후에 언제든지 판결선고 전까지 피고가 다

---

33) 판례는, 1심에서 무변론판결로 원고청구를 '기각'한 후에, 원고가 항소하면서 청구취지를 변경하자 항소심이 제1회 기일(피고에 대한 기일통지는 발송송달이었음)에 변론종결하고 자백간주(§150)로 원고승소판결을 선고하는 것은, 법원의 석명의무 위반이라고 보았다(대판 17.4.26, 2017다201033).

투는 취지의 답변서를 제출하는 사건(§257①단서)에서는 무변론판결을 선고할 수 없다. 판결선고 전에 답변서가 제출되었는데도 1심판결이 선고된 때에는, 항소심 법원은 —원고승소로 그대로 판단할 경우이든, 항소심에서 원고의 청구감축이 있는 경우이든 간에— 제1심판결을 취소한 후 판단해야 한다(대판 20.12.10, 2020다255085).

소액사건은 신속진행을 위하여, 30일의 답변서 제출기간을 허여할 필요 없이 곧바로 변론기일을 정할 수 있다고 정하고 있고(소심§7①), 1회 변론이 원칙이므로(소심§7②), 이렇게 진행되면 무변론판결이 선고될 여지는 거의 없다.

2-4-4 변론기일의 지정

다투는 취지의 피고의 답변서가 제출되고 나면, 법원은 바로 변론기일을 정하여야 한다(§258①본문). 실무상으로는 답변서 제출 직후가 아니라, 원·피고가 각각 준비서면을 추가로 제출하여 추가 공격방어방법을 주장한 후에 변론기일을 정하는 사례가 많다.

사건을 변론준비절차에 회부할 필요가 있는 때에는, 곧바로 변론기일을 지정하는 것이 아니라, 변론준비절차를 진행한 후에 변론기일을 지정한다(§258①단서&②). 변론준비절차는 서면으로 진행하는 경우와, 변론준비기일을 열어 진행하는 경우가 있는데, 상세한 것은 아래의 8-2-3에서 본다.

2-5 소제기의 효과

소제기는 실체법상 권리의 행사방법의 하나이므로 거기에서 실체법적 효과가 생기는데, 시효중단의 효과가 가장 대표적이다. 이와 동시에 소송법상으로도 효과가 생기며, 소송계속이 그것이다.

2-5-1 실체법상의 효과

2-5-1-1 총설

소제기의 가장 대표적인 실체법상 효과는 시효(소멸시효 및 취득시효)의 중단이지만, 그 외에도 제척기간 준수, 판결선고금액에 대한 12% 지연이율의 적용

(소촉§3), 선의점유자의 악의의 의제(민§197②), 어음법 · 수표법상 상환청구권의 소멸시효기간의 개시(어음§70, 수표§51) 등의 효과가 발생한다.

실무상 원고가 피고에 대한 최고, 취소, 해제 · 해지의 의사표시를 소장에 기재함으로써 하는 경우가 종종 있다. 소장이 피고에게 송달되면, 그 의사표시가 도달하여 효과가 발생하지만, 이는 소장을 이용하여 그런 의사표시를 한 것일 뿐, 소제기의 효과가 아니다. 나중에 쌍방이 '준비서면'(8-3-1)으로써 그런 의사표시를 상대방에게 할 수도 있고, 소송외에서 의사표시를 한 다음에 그런 의사표시가 있었음을 소송상 원용할 수도 있는 것이다. 따라서 이런 의사표시의 효과는 소제기 자체의 효과가 아니므로, 만약 나중에 소가 취하 · 각하되더라도 그 효과가 소급적으로 소멸하는 것이 아니다(8-1-3-4 참조).

2-5-1-2 시효의 중단

(1) 소의 송류

시효중단효를 가지는 소제기는 이행의 소인 경우가 많겠지만, 확인의 소의 제기에도 당연히 시효중단효가 있다. 형성의 소의 제기가 시효중단효를 가지는지에 관해서는 부정설도 있지만, 그 형성의 소의 성격상 시효중단효를 발생시키지 않는 것(가령 제척기간 준수효과일 뿐이거나, 내용상 청구권과 무관한 것)을 제외하면, 형성의 소제기라고 해서 일반적으로 시효중단효를 부정할 것은 아니다. 가령 재심의 소(대판 96.9.24, 96다11334), 이혼의 소는 형성의 소이지만, 그 제기는 시효중단효를 가질 수 있다(이혼의 소에서는 이혼원인에 기한 손해배상청구권에 대하여).

형성의 소인 행정소송에 있어서도 (모든 행정소송에 시효중단효가 부여되는 것은 아니지만) 다음의 2가지 유형에는 그 소제기에 시효중단효를 인정하는 것이 판례이다. 첫째, 과세처분의 취소 또는 무효확인을 구하는 행정소송의 제기는, 납부한 조세의 환급을 구하는 부당이득반환청구권의 소멸시효 중단사유가 된다고 한다(대판-전 92.3.31, 91다32053). 둘째, 근로자가 부당해고에 대하여 노동위원회에 구제신청을 한 후, 그 결정에 대하여 행정소송에서 다투는 방법을 택한 경우에, 그 소제기는 해고무효에 기한 임금지급청구권에 대하여 시효중단효를 가진다(대판 12.2.9, 2011다20034).

판례는 시효중단효를 가지는 '재판상 청구'(민§168i)의 범위를 넓게 보아 응소행위 등에도 시효중단효를 인정하지만(대판 10.8.26, 2008다42416), 이는 '소제기의 효과'는 아니다. 한편 위의 '재판상 청구'에는 지급명령(16-2-2)의 신청도 포함되며, 만약 그 신청이 각하되어 6월 내 다시 소를 제기했다면, 지급명령 신청이 있었던 때 시효가 중단된 것으로 본다(대판 11.11.10, 2011다54686).

(2) 소송물과 시효중단 범위의 관계

소송물로 주장한 권리관계 자체에 대하여 시효중단효가 생기는 것이 원칙이지만, 확인의 소나 형성의 소에서는 소송물이 청구권 자체가 아니므로, 소송물과 시효중단범위가 일치하지는 않게 된다. 가령 과세처분에 관한 위 91다32053 판결이 한 예이고, 또한 파면처분무효확인의 소에는 파면 후의 임금채권에 대하여 시효중단의 효력이 있다(대판 78.4.11, 77다2509; 94.5.10, 93다21606). 이행의 소에서도, 행사된 청구권 자체가 아닌 다른 청구권에 대한 시효중단효를 인정한 사례가 있다. 가령, 근저당권설정등기청구의 소 제기는 그 피담보채권에 대한 소멸시효 중단사유가 된다(대판 04.2.13, 2002다7213).

이와 달리, 하나의 사실관계에서 대등한 복수의 청구권이 발생한 이른바 청구권경합의 경우에는, 한쪽 권리에 기한 소제기가 다른 권리에 대하여 시효중단효를 가지지 못한다는 것이 판례이다. 가령 채권자(공제조합)가 조합원에게 배상금을 지급했음을 근거로 채무자(교통사고 야기자)를 상대로 구상금 청구의 소를 제기했었다고 하여, 이로써 채권자의 채무자에 대한 사무관리상 비용상환청구권의 소멸시효가 중단될 수는 없다고 하고(대판 01.3.23, 2001다6145), 상법 §399(이사의 회사에 대한 책임)에 기한 손해배상청구의 소를 제기했더라도 민법 §750의 일반불법행위로 인한 손해배상청구권에 대한 소멸시효는 중단되지 않는다고 한다(대판 02.6.14, 2002다11441).

원인채권의 지급을 위하여 어음이 교부된 경우에 원인채권과 어음채권의 관계는 좀 더 복잡하다. 원래 채권자는 양 채권 중 어느 것이든 행사할 수 있는 것인데, 원인채권에 기한 소제기를 하면 어음채권에 대하여 시효중단효가 없지만, 어음채권에 기한 소제기를 하면 원인채권에 대하여 시효중단효가 있다는 것이 판례이다(대판 99.6.11, 99다16378; 02.2.26, 2000다25484). 원인채권의 시효소멸은 어음금청구에서 인적 항변에 해당하므로, 후자의 소제기에서 시효중단효가 없다고 하면 결국 그 인적 항변으로 어음금 청구가 배척되는 불합리가 있기 때문에, 이와 같이 판단한 것이다.

(3) 청구의 변경 및 원고의 변경

한편 대법원은, 원고가 채권자대위권에 기해 청구를 하다가 당해 피대위채권 자체를 양수하여 양수금청구로 소를 교환적으로 변경한 사안에서, 당초의 채권자대위소송으로 인한 시효중단의 효력이 유지된다고 보았다(대판 10.6.24, 2010다17284). 그리고 채권양도의 대항요건을 갖추기 전에 채권양도인이 채무자를 상대로 그 채권의 이행을 소로써 구했고, 그 소송과정에서 채무자가 채권양도의 효력을 인정함으로써 청구가 기각되고, 그 후 6월(민§170②) 내에 채권양수인이 재판상 청구를 했으면, 시효는 양도인의 최초의 재판상 청구로써 중단된다고 했다(대판 09.2.12, 2008두20109). 그리고 채권자 A가 채무자 B를 대위하여 제기한 C에 대한 소유권이전등기청구가 소각하확정판결을 받은 때로부터 6개월 내에, B의 다른 채권자 T가 같은 소를 다시 제기한 경우에, B의 C에 대한 소유권이선등기청구권의 소멸시효는 A의 대위소송 제기로써 중단되었다고 보았다(대판 11.10.13, 2010다80930). 또한 집행채무자가 제3채무자에게 소를 제기하여 발생한 시효중단효는, 그 후 집행채권자가 압류·추심명령을 받아 제3채무자를 상대로 추심의 소를 제기한 경우에 집행채권자에게도 미친다(대판 19.7.25, 2019다212945).[34)]

(4) 일부청구

원고가 채권의 일부만 청구한 경우에 시효중단효의 범위는 어떠할까? 학설은, ① 그 일부청구 부분에 대해서만 시효중단된다는 견해(일부중단설), ② 전부 시효중단된다는 견해(전부중단설), 그리고 ③ 소제기시 일부청구임을 명시적으로 밝혔다면 그 일부청구 부분에만 시효중단효가 생기고, 일부청구임을 명시하지 않았다면 전부에 시효중단효가 생긴다는 견해로 나뉜다(명시설; 절충설). 판례는 ③을 취한다(대판 75.2.25, 74다1557).

하지만 판례는 이처럼 명시설을 취하면서도, “비록 채권 중 명시적 일부만을 청구하였더라도 그 취지로 보아 채권 전부에 관하여 판결을 구하는 것으로 해석

---

34) 이 판결 후에 선고된 대판 25.10.23, 2021다252977에 의하면, 집행채무자의 소송이 종료되지 않은 채로 제기되는 집행채권자의 소제기는 중복제소(2-5-3)로서 부적법하다. 따라서 이제는, 집행채무자의 소송종료 후 6월 내에(민§170②) 집행채권자가 소제기하는 경우에만 이 판결이 타당하다.

되는 경우에는 그 동일성의 범위 내에서 소제기 시점에 그 전부에 관하여 시효중단의 효력이 발생한다."고 하여(대판 92.4.10, 91다43695; 01.9.28, 99다72521; 25.10.30, 2021다225074), 명시적 일부청구의 경우에도 채권 전부의 시효중단 가능성을 열어놓는다. 가령 인신사고 손해배상의 소장에서 향후 감정인의 손해액 감정결과에 따라 청구취지를 확장하겠다고 표시하였다면, 청구취지 확장시점이 시효완성 후라고 하더라도 시효에 걸리지 않는다는 말이다. 그런데 일부청구 소장에서 장차 청구금액을 확장할 뜻을 표시하였으나 그 소송종료시까지 청구금액을 확장하지 않은 경우에는, 나머지 부분에 대하여는 시효중단의 효력이 발생하지 않는다고 하며, 다만 이런 경우에도 그 소송종료시부터 6월 내에 소제기 등 민법 §174의 조치를 취하면 잔부에 대한 소멸시효가 중단된다고 한다(대판 20.2.6, 2019다223723). 6월 도과 후에 소제기하면 전소 제기의 시효중단효를 인정하지 않는다(대판 22.5.26, 2020다206625). 여기서 '소송종료시'란 판결·조정갈음결정 등의 확정일을 가리킨다(대판 09.7.9, 2009다14340).

(5) 효력발생시기

시효중단의 효력은 소의 제기시, 즉 소장을 법원에 제출한 때에 발생한다(§265전단).[35] 소송계속의 효과가 피고에 대한 소장부본 송달시에 발생하는 것과 다르다. 법원이 소장부본 송달을 지연하는 일이 있을 때에, 원고가 예상 못한 불이익을 받지 않도록 하기 위함이다. 소송중의 소(청구변경, 중간확인의 소, 반소, 독립당사자참가, 공동소송참가, 피고의 경정 등)에서도 마찬가지로, 그 해당서면을 법원에 제출한 때에 효력이 발생한다(§265후단). 지급명령이 소송으로 이행(移行)된 때에는, 애초의 지급명령신청시에 시효중단의 효력이 생긴다.

시효중단의 효력은 소의 취하, 청구기각판결, 소각하판결, 소장각하명령이 있으면 소급하여 소멸한다(민§170①). 다만 소의 취하 등에 의하여 소멸되어도 6월 내에 다시 소를 제기하거나, 압류·가압류·가처분을 하면 최초의 소제기시에 중단된 것으로 본다(민§170②).[36] 그런데 이미 사망한 자를 피고로 하여 제기된 소에

35) 가압류도 시효중단사유이지만(민§168 ii), 그 중단효 발생시점에 관해서는 법률상 규정이 없다. 판례는 소제기에 관한 §265를 유추적용하여 '가압류신청시'를 시효중단시점으로 본다(대판 17.4.7, 2016다35451).

36) 소의 취하·각하의 경우에는 다시 재판상 청구를 하는 경우가 종종 있지만, 청구기각판결에 대하여 다시 재판상 청구를 하는 사례는 (기판력 저촉 때문에) 존재하기 어렵다.

대한 판결은 당연무효여서 거기에는 애초부터 시효중단 효력이 없을뿐더러, 위 민법 §170②이 적용되지도 않는다(대판 14.2.27, 2013다94312).

2-5-1-3 제척기간의 준수

일정한 권리에 관하여 법률이 미리 정하고 있는 그 권리의 존속기간을 제척기간(除斥期間; Ausschlussfrist)이라 하는데, 제척기간은 권리행사를 반드시 소의 제기로써 해야 하는 것과, 재판 외의 권리행사의 의사표시로써 족한 것으로 나누어진다. 전자의 것, 즉 법률상 정해진 기간이 출소기간(出訴期間)인 경우에, 소의 제기로써 그 기간을 준수한 효과가 생긴다.

원래 제척기간 개념은 19세기 독일 민법학의 연구성과였고 독일민법전 제정을 즈음하여 형성권 이론이 확립됨에 따라 형성권과 밀접하게 결부된 제척기간 개념이 완전히 자리잡았다. 참고로, 영미법에서는 지금도 소멸시효와 제척기간을 구별하지 아니하며, 시효법을 실체법상의 제도가 아니라 절차법상의 제도로 파악하여 운영하고 있다.

한국법상 제척기간 중 제소기간(출소기간)의 주요한 예를 들면, 점유보호청구(민§204~§206), 채권자취소(민§406), 상속회복청구(민§999) 등이 있다. 그리고 가사소송(민§§819,841,847,907), 회사소송(상§§184,236,376,429)[37]에 예가 많다. 다른 한편, 판례는 하자담보책임에 관한 제척기간은 출소기간이 아니라고 한다(대판 90.3.9, 88다카31866; 04.1.27, 2001다24891).

제척기간 준수의 범위도 시효중단의 범위와 마찬가지로, 소송물인 권리관계와 일치하는 것이 원칙이다. 따라서 소송물이론에서 판례가 취하는 실체법설(5-2-2)에 의하면, 특정 취소사유에 기하여 소를 제기하는 경우 그 사유에 관해서

그러나 청구기각판결 후 다시 소제기한 사안에서, 판례상 최초 소제기시가 시효중단시점으로 인정된 사안도 있다. 이는 A가 B를 상대로 제기한 소송에서, C가 A로부터의 채권양수인으로서 소송을 인수하고 A가 소송탈퇴를 했는데, 그 후 심리결과 그 채권양도가 무효라서 청구기각판결이 선고되고, 그로부터 6월내에 A가 다시 소제기를 한 경우이다(대판 17.7.18, 2016다35789).

37) 회사소송의 제척기간에 관한 주요 판례를 보면, 하나의 주주총회에서 이사선임결의·정관변경결의·감사선임결의 등 여러 결의가 행해진 경우에, 그 주주총회결의 취소의 소의 제소기간 준수 여부는 각 결의마다 별도로 판단하여야 한다고 했고(대판 10.3.11, 2007다51505), 신주발행무효의 소에서 출소기간 경과 후 새로운 무효사유를 추가하여 주장하는 것은 허용되지 않는다고 했다(대판 12.11.15, 2010다49380).

만 기간준수의 효과가 생긴다. 그리고 제척기간 준수의 효력발생시기에 관한 설명은, 시효중단의 효력발생시기에 관한 앞의 설명과 같다.

2-5-1-4 지연손해금의 법정이율

소송촉진 등에 관한 특례법 §3①은, 금전채무의 이행을 명하는 판결을 선고할 때에는, 그 판결선고 원금에 대한 지연손해금의 법정이율을 —민법·상법의 연 5%, 6%에 의할 것이 아니라— 40% 이하에서 대통령령이 정한 이율에 따라야 한다고 정하고 있다. 2019.6.1.부터 그 대통령령이 정한 판결상 지연손해금률은 연 12%이다(2003.5.31.까지 25%였다가 세 번 낮추어진 비율임). 그리고 이 지연손해금률의 기산일은 그 금전채무지급을 청구하는 소장의 부본이 채무자에게 송달된 날의 다음 날부터이다. 패소한 채무자가 별다른 상소이유가 없음에도 불구하고 상소를 하여 소송지연을 꾀하는 것을 방지하고자 하는 규정이다.

금전지급을 명하는 이행판결의 선고이지만, 위 지연손해금률을 적용하지 않는 경우가 있다. (1) 우선, §251의 "장래에 이행할 것을 청구하는 소"에서는 위 이율을 적용해서는 안 된다(소촉§3①단서). 대표적인 예를 들자면, 채권자취소소송에서 취소와 가액배상을 함께 구하는 경우, 그 가액배상은 취소가 확정될 때에 비로소 이행을 구하는 것이어서 이에 해당하는 것이고, 따라서 그 가액배상에서 청구할 지연손해금은 "이 판결확정일 다음날부터 다 갚는 날까지 연5%(민사법정이율)의 비율에 의한 금원"이 된다.

(2) 둘째로, 채무자에게 금전채무이행을 명하는 사실심 판결이 선고되기 전까지 채무자가 그 이행의무의 존재 여부나 범위에 관하여 항쟁(抗爭)하는 것이 타당하다고 인정되는 경우에는 그 타당한 범위에서 이 지연손해금률을 적용하지 않는다(소촉§3②). 채무자 주장에 상당한 근거가 있을 때를 가리키는데, 대법원은 이처럼 항쟁함이 타당한지 여부에 대한 판단은 "당해 사건에 관한 법원의 사실인정과 그 평가에 관한 것"이라고 한다(대판 13.4.26, 2011다50509). 실무상으로는 채권자의 소송상 청구액이 전부 인용되지 않고 일부기각이 있는 경우에는 그 전부에 대하여 항쟁함이 타당하였다고 해서, 판결선고일까지는 위 소촉법상의 고율을 적용하지 않는 것이 관례이다. 즉 일부기각이 있는 경우에는 판결선고 원금에 대하여 "판결선고일 다음날부터 다 갚는 날까지 연 12%의 비율에 의한 금원"을

지연손해금으로서 명한다. 대법원은, 제1심 인용금액을 항소심이 그대로 유지한 경우라면 특별한 사정이 없는 한 피고가 항소심 절차에서 위 인용금액에 대하여 이행의무의 존부와 범위를 다툰 것은 상당하다고 볼 수 없다고 하고 있으나(위 2011다50509), 반드시 그렇게 볼 것은 아니며 다툰 내용을 가지고 판단할 일이다.

한편 대법원은, 제1심이 피고의 주장을 받아들여 원고의 청구를 전부 기각하였고, 제2심은 제1심의 결론을 뒤집고 원고의 청구를 전부 인용하였는데, 2심 판결에서 '소장부본 송달 다음날부터 소촉법 §3①의 지연손해금률을 적용한' 사안에 대하여, 피고의 주장이 제1심에서 받아들여진 이상 그 주장은 상당한 근거가 있는 것으로 보아야 한다고 하면서, 이런 경우에는 제2심판결 선고일까지는 위 지연손해금률을 적용해서는 안 된다고 하였다(대판 16.4.15, 2015다251645).

2-5-2 소송법상의 효과

2-5-2-1 소송계속의 의의 및 발생

소송계속(訴訟係屬; Rechtshängigkeit)이란, 특정 소송물이 특정 법원에서 심리되고 판단될 상태를 가리킨다. 피고가 적어도 소제기를 인식할 기회를 부여받고 난 후에라야 이를 인정할 수 있을 터이므로, 피고에게 소장부본이 송달되고 난 후에 비로소 소송계속이 발생한다(통설·판례). 판결절차에 걸려 있기만 하면 소송계속은 인정되는 것이고, 그것이 소송요건을 갖추지 못한 소임이 판명되더라도 상관없다.

소송계속은 판결절차에 걸려 있는 상태를 말하므로, 강제집행절차, 가압류·가처분절차, 증거보전절차, 조정절차, 중재절차에 걸려 있는 때에는 소송계속이라고 하지 않는다. 독촉절차는 일종의 간이소송절차로서 판결절차에 가까운 것이므로, 거기서 발령된 지급명령에 대하여 채무자가 이의하여 소송으로 이행(移行)되면 소급하여 애초의 지급명령 송달시부터 소송계속이 있다고 봄이 타당하다.

2-5-2-2 소송계속의 효과

소송계속의 효과로서 가장 중요한 것은 아래 2-5-3에서 설명하는 중복제소금지 효과이다. 이것 외에도 소송계속이 발생하고 나면, 소송참가(§§71,79,81,82,83), 소송고지(§84)를 할 수 있게 되고, 중간확인의 소(§264), 반소(§269) 등 소송중의 소를 제기할 수 있는 상황이 만들어진다. 관련청구의 재판적(§25)도 인정된다.

소송계속 발생시에 그 법원에 관할이 존재하였다면 그 후에 관할 변동원인 사실이 발생하더라도 관할이 변동되지 않는다(법원의 항정; 恒定). 그러나 독일 민사소송법(ZPO)과 같은 소송물의 항정(청구변경의 원칙적 금지), 당사자의 항정(소송물의 양도 금지)은 인정되지 않는다.

2-5-2-3 소송계속의 종료

소송계속은 판결의 확정, 화해조서 · 조정조서 · 청구포기조서 · 인낙조서의 작성, 이행권고결정 · 화해권고결정의 확정, 소의 취하 등에 의하여 소멸된다(11-1-1 참조).

2-5-3 중복제소의 금지

2-5-3-1 의의

법원에 계속(係屬)되어 있는 사건에 대하여 당사자는 다시 소를 제기하지 못한다(§259). 이러한 중복된 소제기의 금지 원칙을 중복제소(重複提訴) 금지 또는 이중소송(二重訴訟) 금지라고 한다. 동일 사건에 이중으로 소제기를 허용하면, 법원 및 당사자에게 시간과 노력 · 비용을 낭비시키게 되고, 판결이 모순 · 저촉될 우려가 있기 때문이다.

2-5-3-2 요건 1 : 전소의 소송계속 중에 후소의 소송계속이 생길 것

같은 소가 2건 제기되더라도 아직 선행소송에서 소송계속이 생기지 않았으면 후에 제기된 소는 중복된 소가 아니다. 전소 · 후소의 판별기준은 소제기날짜가 아니라 소송계속 발생일, 즉 소장이 각 피고에게 송달된 날짜의 선후이며, 따라서 소제기일이 나중이더라도 소장부본 송달일이 더 빠르면 이것이 전소가 된다. 소제기에 앞서서, 가압류 · 가처분이 먼저 경료되어 있더라도 이로써 전소 · 후소가 나뉘지도 않는다.

전소가 소송계속 중이어야 하므로, 후소의 제기로 일단 중복소송이 발생하더라도, 전소가 취하 · 각하됨으로써 소송계속이 소멸하면, 후소는 중복소송을 면하게 된다. 물론 전소에 대하여 판결이 선고 · 확정됨으로써 소송계속이 소멸하면 후소는 부적법한 것이 되지만, 이는 전소의 판결의 기판력에 저촉되기 때문이지 여기서 설명하는 중복제소 때문에 부적법한 것이 아니다. 전소가 소송요건을 구비하였는지는 문제되지 않는다. 소송요건을 갖추지 못한 부적법한 소라도 취하·각하되기 전까지는 소송계속이 인정되는 것이므로, 후소가 제기되면 중복제소가 된다(대판 17.11.14, 2017다23066).

전소와 후소가 제기된 법원이 서로 다르더라도 당연히 중복제소이다. 또한 전소·후소는 단일한 독립의 소일 필요가 없으므로, 다른 청구와 병합되어 있거나, 다른 소송에서 반소·소송참가의 방식으로 제기되었거나 상관 없이, 동일 소송물에 대한 청구가 따로 행해지면 이는 중복제소이다.

2-5-3-3 요건 2 : 양소(兩訴)의 당사자가 동일할 것

(1) 원칙

당사자가 동일하기만 하면, 양소에서 서로 원·피고가 바뀌어도 중복제소이다. 예컨대 A가 B를 상대로 1억원 대여금 청구의 소를 제기하였는데, B가 A를 상대로 그 대여금채무 부존재확인의 소를 제기하면 이는 중복소송이다. 반대로, 같은 물건을 상대로 하는 같은 명칭의 소를 제기하더라도 당사자가 다르면 중복소송이 아니다. 가령, A가 B를 상대로 甲토지의 소유권확인의 소를 제기했는데, C가 B를 상대로 같은 소유권확인의 소를 제기하는 것은 중복소송이 아니다.

(2) 기판력이 미치는 관계여서 동일당사자로 취급되는 경우

그런데 일응 양소의 당사자가 달라 보이지만, 기판력이 미치기 때문에 당사자가 중복되는 경우가 있다. 변론종결 후의 승계인에게는 기판력이 미치는데(§218; 11-8-2), 가령 A가 B를 상대로 제기한 소송에서 제2심의 변론종결 후에 그 청구 권리를 C가 A로부터 승계하였다고 하자. 전소의 제2심 판결이 상고되어 상고심 심리 중인데, C가 B를 상대로 같은 내용의 소를 제기하면 이는 중복제소가 된다. 선정당사자 소송이 제기된 후에 그 선정자 1인이 별소(別訴)를 제기하는 경우도 중복제소에 해당한다.

그러나 기판력이 미치는 자가 제기하는 소라고 해서 모두 중복제소가 되는 것은 아니다. ⓐ 기판력이 생기더라도 이른바 '대세효(對世效)'가 생기는 관계, 즉 가사소송·회사관계소송·행정소송 등에서 기판력이 일반 제3자에게 확장되는 경우(11-8-6)에, 위 소송의 계속중에 일반 제3자 중의 누군가가 소를 제기하면, 이는 중복제소가 아니라 소제기권 없는 자가 제소한 것 즉 당사자적격의 흠결 문제로 처리된다. 반면에 대세효로써 기판력이 확장되지만 원래 소제기권을 가진 사람이 제소하면 (가령 주주 A가 주주총회결의취소의 소(상§376)를 제기하고 이와 별도로 주주 B가 같은 결의취소의 소를 제기하는 경우 또는 배우자가 중혼취소청구(민§818)를 제기함과 별도로 방계혈족이 같은 청구를 제기하는 경우 등) 이는 중복제소라고 보아야 한다. 그러나 위 주주총회결의취소의 소를 포함하여 회사관계소송에서는 이를 부적법 각하하지 않고 병합심리하도록 특별규정을 두고 있다.[38] ⓑ 기판력이 '당사자와 같이 보아야 할 제3자'에게 확장되는 경우 즉 변론종결 후의 승계인(11-8-2) 또는 제3자 소송담당에서의 권리귀속주체(11-8-3)여서 기판력을 받는 경우에, 그 제3자가 별소를 제기하면 이는 중복제소 문제이다. 그러나 이 경우 중에서도, 제3자 소송담당(4-7-3-1) 중에서 '갈음형'의 경우는 실무상 중복제소의 이유로써 처리되지 않는다. 가령 파산재단 관련 소송에서 파산관재인(채회§359), 회생채무자의 재산 관련 소송에서 관리인(채회§78)이 이미 소를 제기했는데, 본래의 권리주체가 별소를 제기하면 —여기서는 중복제소 이슈 이전에 소제기권을 상실한 자의 제소가 문제라고 보아서— 원고적격 없다는 이유로 각하된다.

이하에서는 추심채권자의 소제기, 채권자대위권 및 채권자취소권에 관련한 이슈를 좀더 상세히 본다. 판례·통설이 제3자 소송담당 중 병행형에 해당한다고 보고 있는 채권자대위권에서 중복제소의 문제는 특히 복잡하다.

(3) 채권자대위소송

채권자대위소송에서는, 채무자가 대위소송 계속중임을 알았다면 채무자에게도 판결의 효력(기판력)이 미친다는 것이 판례이다(대판-전 75.5.13, 74다1664). 그러나 채권자대위소송에 있어서, 기판력 문제와 당사자적격 문제, 그리고 중복제소 문제 사이에는 판례상으로도 약간의 차이가 있다. 여기서는 중복제소 문제만 검토한다.[39] 첫째로, A가 대위채권자, B가 채무자, C가 제3채무자일 때, A가 C를 상대

38) 상법 §188는 회사설립무효·취소의 소가 만약 여러 원고들에 의해 각각 따로 소제기되면 —중복제소로 부적법 각하하는 것이 아니라— 이를 병합심리하도록 정하고 있고, 회사합병무효의 소에서도 §188를 준용하고(§240), 주주총회결의 취소·무효·부존재확인의 소에서도 §188를 준용한다(§376,§380).

로 대위소송을 하는 중에 B가 C를 상대로 소를 제기한 경우에 대해서는 판례[40]· 다수설은 곧바로(=즉 채무자가 알았다는 요건도 요구함이 없이) 중복제소라고 하지만, B가 A-C 간 소송의 계속을 안 경우에만 중복제소라고 보는 견해(이시윤 293)도 있다. 둘째로 B가 C를 상대로 이미 소를 제기한 상태에서 A가 소를 제기하는 경우가 중복제소라는 데 대해서는 판례·통설이 일치한다.[41] 민법 §404① 의 채권자대위권은 "채무자가 채권을 행사하지 않았을 것"을 요건으로 하는 것인데, 이 경우에는 그 요건이 충족되지 않는 것이므로, 중복제소로 보지 않더라도, 대위요건 불충족으로 각하될 것이다. 셋째로, A의 대위소송 중에 B에 대한 다른 채권자 D가 B를 대위하여 C를 상대로 대위소송을 제기한 경우, 즉 대위소송들끼리 경합하는 경우에 대하여, 판례[42]· 다수설은 역시 채무자가 알았는지와 무관하게 곧바로 중복제소에 해당한다고 한다.[43]

한편, 대판 15.7.23, 2013다30301은 A가 이미 수행중인 대위소송에 다른 채권자 D가 공동소송참가를 한 것에 대하여 참가신청이 적법하다고 보았다(14-5-3-4 참조).

(4) 추심금 청구소송

판례는, B가 C를 상대로 금전지급청구소송을 수행하는 중에, B의 채권자 A가 B의 C에 대한 채권에 대한 압류추심명령을 획득하여 C에 대한 추심금청구소송을 제기하면 중복제소에 해당하고, 또한 A의 추심금청구소송 중에 B가 원고로서 C를 상대로 소를 제기하면 역시 중복제소라고 본다(대판-전 25.10.23, 2021다252977). 또한 A가 받는 추심금 판결의 효력이 B에게 미치고, 다른 한편으로 B가 받는 판결의 효력이 집행채권자들(T)에게 미치는 이상, A가 받은 판결의 효력은 T에게도 미친다고 보아야 하며(11-8-3-4), 이렇게 판결의 효력이 미치는 이상, A의 소제기 후에 T가 소를 제기하면 이 역시 중복제소로서 부적법하다(위 2021다252977).

---

39) 기판력 문제는 11-8-3-3를, 당사자적격 문제는 4-7-3-4를 참조.
40) 대판 92.5.22, 91다41187; 95.4.14, 94다29256.
41) 대판 81.7.7, 80다2751 등.
42) 대판 88.9.27, 87다카1618; 89.4.11, 87다카3155; 94.11.25, 94다12517; 98.2.27, 97다45532.
43) 한편 위 첫째~셋째의 경우에 대하여 모두 독자적 권리행사설(4-7-3-1 참조)을 주장하면서, 청구기각을 해야 한다는 견해도 있다(호문혁 157).

(5) 사해행위취소

채무자 B가 C와의 사이에 행한 법률행위에 대하여 채권자 A가 채권자취소권(민§406)을 행사하여 소를 제기하였는데, 다른 채권자 D가 같은 사해행위의 취소를 주장하면서 후소를 제기한 경우에 이는 중복제소가 아니며, 이미 A가 승소확정판결까지 받은 경우에 D의 청구가 기판력에 저촉되지도 않는다는 것이 판례이다(대판 03.7.11, 2003다19558). 다만 그 사해행위취소판결에 기하여 재산이나 가액의 회복을 마친 경우에는 비로소 다른 채권자의 채권자취소권 행사가 권리보호이익이 없게 된다고 한다(대판 05.11.25, 2005다51457; 05.3.24, 2004다65367 등). 현재의 채권자취소권 해석론 하에서 불가피한 견해라고 보이기는 하지만, 현행 채권자취소권은 구조적으로 잘못된 것이다(11-7-1-3 참조).

2-5-3-4 요건 3 : 양소의 청구가 동일할 것

판례가 취하고 있는 구소송물론(실체법설; 5-2-2-2)에 의하면, 청구취지가 같더라도, 청구원인이 되는 실체법상 권리가 다르면 동일 사건이 아니라고 한다. 가령 교통사고의 피해자가 가해자측에 대하여 전소에서는 불법행위 책임을, 후소에서는 계약 책임을 추궁하고 있다면 이는 중복소송이 아니라는 것이다.

반면에, 청구취지가 다르면 원칙적으로 동일사건이 아니다. 그러나 아래 (1)~(4)의 경우에는, 청구취지가 다르지만 동일사건 여부가 문제된다.

(1) 동일 원고의 이행청구와 확인청구

ⓐ 원고가 피고를 상대로 어떤 채권의 이행을 구하는 전소를 제기한 다음, 그 채권의 존재확인을 구하는 후소를 제기한 경우, 또는 ⓑ 거꾸로 채권존재확인의 소를 먼저 제기한 후 그 채권 이행의 소를 제기한 경우이다. 대부분의 경우에, 이행청구를 할 수 있을 경우에는 확인의 소의 '확인의 이익'(5-3-4)이 인정되지 않으므로, 이런 면에서 보면 각 확인청구가 각하를 면하기 어려울 것이다. 그러나 이런 경우에 확인의 이익이 항상 없다고 단정할 수는 없으므로(대판 99.6.8, 99다17401 참조), 이런 경우에도 중복제소임을 부정할 이유는 없다. ⓐ에 대해서는 후소를 중복제소로 보는 것이 통설이다. 그러나 ⓑ에 대해서는, 후소가 중복제소라는 견해와, 후소인 이행의 소가 더 큰 효력(집행력) 있는 판결을 구하는 것이어서 중복제소가 아니라는 견해로 나뉜다. 전자의 견해에 의하면, 후소가 중복제소로

각하되고 나면, 전소인 확인의 소를 (아마도 확인의 이익이 없을 가능성이 높으므로) 다시 이행청구로 변경해야 하는 문제가 생기며(뿐만 아니라 상고심에서는 청구변경도 불가능하다), 따라서 후자의 견해가 타당하다고 생각된다. 후자의 견해에 따를 때에는, 전소는 대부분 확인의 이익이 없다고 하여 처리될 터이다.

(2) 일방의 적극적 확인청구 · 이행청구와 타방의 소극적 확인청구

가령 원고가 1억원 채권의 이행청구 내지 존재확인청구를 하고 있는데(확인의 이익이 있다고 가정함), 피고가 원고를 상대로 별도로 그 채무의 부존재확인청구의 소를 제기하는 경우를 보면, 피고의 이런 소제기는, 전소의 청구기각을 구하는 것과 다를 바가 없으므로, 허용되지 않는다고 봄이 통설이다. 그런데 판례는, 채권자 A가 병존적 채무인수자 C를 상대로 제기한 이행청구의 전소와, C가 A를 상대로 제기한 "원채무자 B의 A에 대한 채무"의 부존재확인소송(후소)은 중복제소가 아니라고 했다(대판 01.7.24, 2001다22246).

원고가 채무부존재확인의 소를 제기한 후에 피고가 별소로 그 채무의 이행의 소를 제기하면 어떠한가? 이 때에도 위 (1)과 같이 중복제소 긍정설과 중복제소 부정설이 나뉜다.

(3) 일부(一部)청구와 잔부(殘部)청구

동일채권의 일부를 전소에서 청구하여 그 소송이 계속중인데 후소에서 나머지 청구를 하는 것이 중복제소인지에 관해서, 학설은 나뉘어 있다. 판례는, 전소에서 일부청구임을 명시하지 않았다면 그 전소를 전체 채권을 청구하는 취지로 해석할 수 있다고 하면서(대판 01.9.28, 99다72521; 06.1.26, 2005다60017) 이 경우에는 후소가 중복청구가 되지만, 만약 전소에서 일부청구임을 명시하였다면 나머지 청구를 별도 소송으로 제기하는 것은 중복제소가 아니라고 한다(대판 85.4.9, 84다552).

(4) 상계항변이 있을 때

전소에서 —소송물로서가 아니라— 항변 등의 공격방어방법으로 주장한 권리에 대해서는 소송계속이 발생하지 않는 것이 원칙이다. 가령 A가 소유자라고 하여 B(등기명의자)를 상대로 등기말소청구소송을 제기하였고 이에 B가 자신이 소유자라고 주장한 다음, 후소로 A를 피고로 한 소유권확인청구의 소를 제기하면, 그 후소는 중복소송이 되지 않는다(대판 66.2.15, 65다2371). 또한 토지매수인 A가 매도인 B를 상대로 소유권이전등기청구의 소를 제기함에 대하여, B가 대금 1억 중

잔대금 5천만원을 지급하라고 '동시이행의 항변'을 한 전소가 계속중인데, B가 별소로 5천만원 잔대금 지급청구의 소를 제기하더라도 (소송경제에 반하므로 병합심리가 바람직함은 별론으로 하고) 이 후소가 중복제소에 해당하지는 않는다.

그러나 '상계항변'은, 그 주장된 상계액에 관하여 기판력이 생기기 때문에(§216②)[44] 문제이다. ⓐ 가령 A가 매매잔대금 1억원의 청구를 함에 대하여 B가 별도의 소비대차계약에 기한 A에 대한 대여금 1억원 채권을 주장하면서 상계항변을 한 다음에, 별소로 A를 피고로 하여 위 대여금 1억원 지급을 구하는 소를 제기한 경우가 그 예이다. ⓑ 거꾸로, 전소로 B가 대여금 1억원 청구소송을 한 다음에, A가 제기한 매매잔대금 청구의 후소에서 B가 위 대여금 채권으로 상계항변을 하는 경우도 역시 문제이다. 기판력만을 생각하면 ⓐ의 후소와 ⓑ의 상계항변이 허용되지 않는다고 할 수도 있겠지만, 상계항변이 일반적으로 예비적 항변이어서(11-7-2-4) 소송종료시까지는 법원이 그에 대한 판단을 할지 여부가 불확실하다는 점, 이미 상계항변을 했다고 해서 별소제기를 막으면 그 집행권원을 확보하고 싶은 B에 대하여 권리보호수단을 막아버리는 셈이 된다는 점 등을 고려하면, ⓐ의 후소와 ⓑ의 상계항변을 허용함이 타당하다(대판 01.4.27, 2000다4050; 22.2.17, 2021다275741).

(5) 소결

이상에서 논의한 각 중복제소 의심사례들에서 실무적으로는, ⓐ 양소가 별개 법원에 계속중이면 한 사건을 이송(移送)하고, ⓑ 양소가 같은 법원의 별개 재판부에 계속중이면 이부(移部)결정으로써 보내고, ⓒ 동일재판부에 계속중이면 변론의 병합으로 한 절차로 집중시켜 처리하는 것이 바람직하다(심급이 다르면 이송이 어려우므로 이와 같이 처리하기 어려우나 실무상으로는 취하권유 등 다양한 해소책이 동원된다).

2-5-3-5 효과

중복제소는 소극적 소송요건이다. 즉 그에 해당하면 소송요건에 흠결이 생긴다. 중복제소 여부는 직권조사사항이다. 중복제소를 법원이 간과하고 본안판결을 선고하면, 이는 상소로 다툴 수 있다. 전소와 후소의 판결이 각각 확정되더

44) 상계항변의 기판력에 관하여 11-7-2-4 참조.

라도 당연무효의 판결은 아니고(대판 95.12.5, 94다59028 참조), 각각 그대로 기판력을 가지며, 두 판결의 내용이 저촉되더라도 그러하다(대판 97.1.24, 96다32706). 같은 내용으로 집행력 있는 두 확정판결이 있으면, 하나를 청구이의의 소(11-6-3-1)로써 집행력을 배제시킬 일이고, 서로 모순·저촉되는 두 확정판결이 있으면 후자의 판결은 재심의 소(15-5-1-1)로써 취소시킬 일이다(§451①10호).

2-5-3-6 국제적 중복제소

국제적 교류와 거래가 늘어나면서 같은 사건이 외국 법원과 국내 법원에 함께 제기되는 경우가 많아졌다. 다국적기업이 각 소송을 진행하여 보면서 더 유리한 판결을 받을 수 있는 법원을 찾으려고 할 때 종종 이런 일이 생긴다.

외국법원에서의 소송은 민사소송법에서 논하는 중복제소와 무관하다는 옛 학설도 있으나 이는 ―외국판결의 승인제도(§217)를 무시하는 것이라서― 부적절하다. 한국 법원에서 §217에 의하여 승인받을 가능성이 예측되는 경우에는 외국법원에의 소송계속 중 국내법원에 소가 제기되면 중복소송으로 보아 각하해야 한다는 견해(승인예측설)와 외국법원과 국내 법원 중 어디가 더 적절한 법정(forum)인지를 비교형량하여 결정해야 한다는 견해(비교형량설)이 있다.[45]

2-6 소송구조

2-6-1 의의

소제기 및 소송의 수행에 필요한 비용을 감당할 수 없는 경제적 약자를 위하여 소송구조(訴訟救助; Prozesskostenhilfe) 제도가 마련되어 있다(§128이하). '소송'비용을 도와주기 위한 것이므로 비송사건은 해당하지 않는다. 소송비용이라고 함은, 인지대·송달료 등 민사소송비용법에 정해진 비용 외에도 변호사비용 등 필요한 비용을 모두 포함한다.

구체적 내용은 §128⑤에 따라 규칙 §24 이하 및 대법원예규인 '소송구조제도의 운영에 관한 예규'가 정하고 있다.

---

45) 국제재판관할권에 관해서는 3-1-3-3을, 외국판결의 승인에 관해서는 11-5-5-4를 참조.

2-6-2 소송구조의 요건

§128①은 소송구조를 받기 위한 요건 2가지를 정하고 있다. 즉 ⓐ 소송비용을 지출할 자금능력이 부족한 사람이어야 하고(인적 요건), ⓑ 패소할 것이 분명하지 않아야 한다(사건관련 요건).

자금능력이 부족하다는 말은, 그 소송비용을 전부 지출하게 되면 자기나 그 동거가족이 통상의 경제생활에 위협을 받게 될 경우를 가리킨다. 반드시 무자력자나 기초생활수급자라야 하는 것은 아니지만, 위 예규에 의하면 기초생활수급자 그리고 한부모가족지원법 · 기초연금법 · 장애인연금법 · 북한이탈주민의보호및정착지원에관한법률의 지원대상자는 위 인적 요건을 충족한 것으로 간주한다. 패소할 것이 분명하지 않다는 말은, 승소 가능성이 높은 사건이 아니라도 된다는 말이다. 1990년 개정 전의 '승소의 가망이 없는 것이 아닐 것'보다 범위를 확대하기 위하여 표현을 수정한 것이다.

2-6-3 절차

법원의 소송구조결정은 신청에 따라 또는 직권으로 한다. 신청의 경우에는, 구조를 받으려는 사람이 그 사유를 소명하여 법원에 서면으로 신청해야 한다. 신청서에는 신청인 및 동거가족의 자금능력을 적은 서면을 붙여야 한다(규§24②).

소송구조에 대한 재판은 소송기록을 보관하고 있는 법원이 한다(§128④). 즉 상소를 제기하면서 상소장인지에 대한 구조신청을 하는 경우에, 구조결정을 현재의 기록보관 법원이 하도록 정한 것이다. 구조신청에 대한 기각결정이 내려진 경우에는 신청인이 즉시항고를 할 수 있지만, 구조결정에 대해서는 상대방이 즉시항고를 할 수 없다(§133).

구조결정이 있은 후에 구조를 받은 자에게 자금능력이 있음이 판명되거나 자금능력이 있게 된 때에는, 법원이 직권으로 또는 신청에 따라 구조를 취소하고, 납입을 미루어 둔 소송비용을 지급하도록 명할 수 있다(§131).

2-6-4 효과

(1) 소송구조결정을 받으면, ⓐ 재판비용 및 체당금의 납입유예, ⓑ 변호사 ·

집행관의 보수의 지급유예, ⓒ 소송비용의 담보면제, ⓓ 대법원규칙이 정하는 그 밖의 비용의 유예나 면제의 혜택을 받는다(§129).

(2) 소송구조의 효과는 그 구조를 받은 사람에게만 미친다. 다만 법원은 소송승계인에게 미루어 둔 비용의 납입을 명할 수 있다(§130).

(3) 소송구조 제도는 비용을 면제한다는 것보다는 지급유예한다는 취지이다. 따라서 구조를 받은 자가 승소하여 상대방이 소송비용부담의 재판을 받으면, 국가는 그 상대방에게 피구조자의 유예된 비용을 직접 지급받을 수 있다(§132). 만약 구조를 받은 자가 패소하면 그가 유예된 비용을 지급해야 하지만, 무자력이면 국가가 부담하게 된다.

2-6-5 법률구조공단 등

민사소송법상의 소송구조와 별도로, '법률구조법'에 의하여 대한법률구조공단이 설치되어 있다. 이 공단(公團)은 2025년 12월 현재 본부 산하에 18개 지부, 40개가 넘는 출장소, 70개가 넘는 지소를 두고 있고, 총직원 800명 이상, 변호사만 해도 120명이 넘는 큰 조직이다. 공익법무관도 다수가 근무한다. 국가예산의 상당액을 사용하고 있다.

경제적으로 어려운 자를 돕기 위한 비슷한 취지의 제도로서, 법무부에서 운영하는 법률홈닥터 및 마을변호사가 있고, 또한 대한변호사협회에서 운영하는 법률구조재단이 있으며, 그 외에도 한국가정법률상담소, 대한가정법률복지상담원 등이 운영하는 법률상담 및 무료법률구조사업이 있다.

제3장

법원

3-1 법원과 재판권

3-1-1 법원의 개념

법원(法院)이라는 말은 여러 가지 의미로 쓰인다. 최광의(最廣義)의 법원은 입법부·행정부와 대비하여 국가주권 중 재판권을 행사하는 '사법부'(司法府)의 의미로 쓰이고, 광의의 법원은 특정 지역을 관할하면서 그 관할지역 내의 소송사건을 처리하는 단위조직을 가리키는 말로 쓰인다(가령 "청주지방법원" 등). 협의(狹義)의 법원(=소송법상의 법원)은 개개 재판사무를 처리하기 위하여 1인 또는 수인(대개 3인)으로 구성된 재판기관을 뜻한다. 이 책에서 사용되는 '법원'의 의미는 주로 협의이다.

3-1-2 재판권

삼권분립 구조 하에서 제3의 국가권력, 즉 재판으로 법적 쟁송을 해결할 수 있는 국가권력이 재판권(=사법권)이다. 헌법 §101①은 "사법권은 법관으로 구성된 법원에 속한다."고 정하고 있다. 따라서 법원에서 소송절차를 밟기 전의 단계에 이른바 전심(前審)절차를 법률상 마련하여, 가령 특허심판원, 노동위원회, 조세심판원 등을 설치한다고 하더라도, 그에 대한 불복절차를 법원에 가서 밟을 수 있게 해야 한다. 만약 이러한 준(準)사법기관이 최종심이 되도록 정한다면 이는 헌법위반이 된다.

재판권(Gerichtsbarkeit)은 사법행정권과는 구별된다. 법원 내부의 재판부 편성, 인사관리, 사무분담, 사건배정, 예산집행 등은 재판의 내용과는 관련되지 않는 것이고, 이런 업무상 권한이 사법행정권이다. 한국의 법원에는 주요 외국에 비하면 비(非)재판사무가 많은 편인데, 가령 등기, 공탁, 가족관계등록 등을 모두 법원에서 처리하고 있으며, 이들 업무도 중요한 사법행정사항이다(법조§2③).

관할권(Zuständigkeit)은, 어떤 나라의 법원이 재판권을 가짐을 전제로 하여, 그 국내의 특정 법원이 어느 사건을 담당하여 심판할 권한을 가리키는 용어이다. 즉 국내의 재판권을 분담시켜 놓은 것이 관할권이다.

3-1-3 민사재판권

3-1-3-1 총설

재판권은 크게 민사재판권 · 형사재판권 · 헌법재판권으로 분류할 수 있다. 앞의 2개는 일반법원의 관할이고, 셋째의 것은 헌법재판소 관할이다. 행정재판권을 따로 분류하는 견해도 있지만, 행정부 소속이 아닌 일반법원이 행정사건 재판을 담당하는 이상, 행정재판권도 민사재판권의 일부로 분류하는 것이 타당하다. 행정재판권을 비롯하여 특허재판권 · 가사재판권 등은 모두 특별민사재판권이다.

법원이 과연 재판권을 가지는지 여부는, 재판당사자가 재판권을 면제받는 사람인지 여부에 따라 정해진다. 그리고 재판권의 존재를 전제로 하여, 그 다음 단계로 이른바 '국제재판관할'이 정해진다. 재판권 및 국제재판관할이 모두 인정되는 경우에도, 그 법원이 외국에서 송달 · 증거조사 등의 소송행위를 할 수 있는지는 별개의 문제이며, 이는 이른바 국제민사사법공조의 문제이다.[1] 아래에서는 재

---

1) 3-1-3-3에서 보듯이 재판권과 국제재판관할은 개념상 구별할 수 있고(다만 독일에서 이 구별을 엄격히 하는 경향이 있고, 영미에서는 이를 구별하지 않는다), 또한 국제사법공조의 문제는 재판권 존부와는 전혀 다른 문제이므로, 재판권 개념을 설명하면서 국제재판관할을 재판권의 '물적 범위' 문제로, 국제사법공조를 '장소적 범위' 문제로 보는 기존의 민소법 교과서 설명은 적절하지 않다.

판권 및 국제재판관할에 관하여 살펴본다(국제사법공조에 관해서는 2-4-2-9 및 10-1-4-2를 참조).

3-1-3-2 재판권의 면제

한국의 민사재판권은 원칙적으로 국내에 있는 모든 사람에게 미치지만, 재판권을 면제받는 사람에게는 미치지 않는다. 이러한 재판권 면제자를 당사자로 삼고서는 소송절차는 물론 강제집행절차·보전절차도 진행할 수 없다. 재판권 면제자의 범위는 다음과 같다.[2)]

(1) 일반적인 재판권 면제자 : 외교관 등

외교사절단의 구성원과 그 가족은 '외교관계에 관한 비엔나 협약'에 의하여 광범위하게 재판권을 면제받는다. 즉 이들은 외교관의 개인 부동산 관련 소송 및 공적직무 이외로 행한 직업적 또는 상업적 활동에 관한 소송을 제외하고는 접수국의 민사재판권과 행정재판권으로부터 전면적 면제를 받는다(위 협약§31,§37). 반면에, 영사관원과 그 사무직원은 '영사관계에 관한 비엔나 협약'에 의하여 직무수행 중의 행위에 대해서만 면제를 받는다.

한편 외국의 원수·수행원과 그 가족도 재판권으로부터 면제를 받는다. 그리고 국제연합기구 및 그 산하 특별기구, 그 기구의 대표자·직원도 UN헌장 §105에 따라 직무상 재판권이 면제된다.

(2) 외국국가

오래 전의 판례는, 외국국가에 대해서는 한국 법원이 아예 재판권을 행사할 수 없다는 입장이었으나('절대적 면제론'; 대결 75.5.23, 74마281), 대법원은 1998년에 입장을 변경하여 이른바 '상대적 면제론'을 취하였다(대판-전 98.12.17, 97다39216). 즉 한국 내에서 행해진 외국의 사법적(私法的) 행위가 주권적 활동에 속하는 것이거나 이와 밀접한 관련이 있다는 특별한 사정이 없는 한, 외국의 사법적 행위에 대하여 그 국가를 피고로 하여 한국 법원이 재판권을 행사할 수 있다고 했다.

원고가 소유토지 중 약 30㎡가 몽골 주한대사관의 부지로 이용되고 있다고

---

2) 재판권 면제(주권면제)에 관하여 상세한 것은, 석광현, 국제민사소송법, 박영사, 2012, 31 이하 참조. 한편 국제법 문헌들은, 이 문제를 두고서 대개 "관할권 면제"라고 표현한다.

주장하며 몽골을 상대로 건물철거·토지인도 및 차임상당 부당이득금의 반환을 구한 사안에서, 대법원은, 외국의 부동산 점유에 대해서는 그것이 주권적 활동인 경우를 제외하면 재판권을 행사할 수 있으며, 외국이 부동산을 공관으로 점유하는 것은 주권적 활동과 밀접한 관련이 있지만, 이와 관련하여 제기된 소송이 그 직무수행을 방해할 우려가 있는지 여부는 원고의 청구권원과 내용, 그 승소판결의 효력, 그 청구와 외교공관 직무의 관련성 정도 등을 종합적으로 고려하여 판단하여야 한다고 하면서, 본건에서 건물철거와 토지인도 청구는 주권적 활동과 관련성이 있어서 우리나라에 재판권이 없지만, 부당이득반환 청구는 그렇지 않다고 보았다(대판 23.4.27, 2019다247903).

그런데 대판 11.12.13, 2009다16766은, 주한미군부대에서 전기기사로 근무하여 미국에 대해 급료채권을 가진 B의 채권자인 A가 —B에 대한 별도의 판결금 채권에 기하여— B를 채무자로, 미국을 제3채무자로 하여 채권압류추심명령을 받은 다음에, A가 미국을 상대로 제기한 추심금 소송에서, ㉠ 외국을 제3채무자로 한 추심명령은 —그 외국이 동의했거나 한국 법원의 강제조치에 대하여 재판권면제 주장을 포기한 경우를 제외하고는— 한국 법원이 재판권을 가지지 않고, ㉡ 추심명령에 대한 재판권이 인정되어야만 추심금 소송에 대한 재판권도 인정되며, ㉢ 재판권이 없는 법원이 발령한 추심명령은 무효라고 판시했다. 그러나 ① 전기기사 고용계약은 미국이 고권적 지위에서 하는 것이 아니며(즉 만약 B가 미국을 피고로 삼아 한국 법원에 급료지급청구를 했다면 한국 법원은 재판권을 가진다), ② 위 압류추심명령은 외국국가에 대한 집행이 아니라 B를 집행채무자로 삼은 집행이고, ③ 압류추심명령은 제3채무자에게 물리적인 강제력을 행사하는 조치가 아닌 점(물론 송달은 별개의 문제이다) 등을 고려하면, 위 압류추심명령은 적법하고 한국 법원은 위 추심금 소송의 재판권을 가진다고 보아야 한다. 위 판결은 B를 (위 집행재산에 한해서는) 한국의 집행절차에서 면제되는 주권면제자로 만들어 주어 버렸다.

(3) 주한미군

주한미군지위협정[3] §23⑤은 주한미군 구성원 및 고용원(카투사 포함; §23⑩)이

---

3) 정식명칭은 "대한민국과 아메리카합중국 간의 상호방위조약 제4조에 의한 시설과 구역 및 대한민국에서의 합중국 군대의 지위에 관한 협정"(SOFA)이다.

공무집행 중에 행한 불법행위에 대하여는 대한민국이 (미국 정부 대신) 피고가 되어 처리한다고 정함으로써, 그 범위에서 한국 법원의 민사재판권이 면제되는 것으로 정하였다. 따라서 주한미군의 공무상 불법행위로 인한 피해자는 한국의 국가배상법에 따라 대한민국을 피고로 소제기해야 한다. 물론 공무집행과 무관한 불법행위 손해배상(§23⑤), 그리고 계약상 채권(§23⑩)에 대해서는 한국의 민사재판권이 미친다. 대한민국을 피고로 하는 청구권 행사절차는 §23⑥이 정하고 있다.

3-1-3-3 국제재판관할권

(1) 의의

국제재판관할권(internationale Zuständigkeit)은, ―피고가 재판권 면제자가 아님을 전제로 하여― 국내법원과 외국법원 중 어디가 당해 국제적 쟁송에 대하여 재판할 것인지를 정하는 문제이며, 이는 국내의 각 법원 간의 관할을 정하기 전의 단계에서 논의되는 것이다.

이른바 해외직구(海外直購)의 성행에서 알 수 있듯이 오늘날 국제거래가 무척 활발하고, 국제재판관할에 따라 법정지(法廷地; forum)가 정해질뿐더러, 소송에 적용되는 절차규범이 달라지며, 법정지가 실체적 준거법 및 강제집행에도 영향을 미치므로, 이는 매우 중요한 문제이다.

국제재판관할은 1차적으로는 한국 법원이 당해 사건을 재판할 수 있느냐를 정하는 문제이고("직접관할"), 2차적으로는 외국법원이 선고한 판결을 한국 법원이 승인하고 국내에서 집행할 수 있게 해 줄 것이냐의 문제이다("간접관할"). 한국 법원이 취하는 기준에 따라 외국의 판결법원에 국제재판관할이 인정되어야 그 외국판결의 승인·집행이 가능해지는 것이므로, 위 직접관할 및 간접관할은 같은 문제를 서로 다른 방향에서 보는 차이만 있고, 동일한 원칙에 따라 규율된다(통설; 대판 95.11.21, 93다39607).

(2) 국제사법의 전면 개정

종전 국제사법은 국제재판관할에 관하여, "법원은 당사자 또는 분쟁이 된 사안이 대한민국과 '실질적 관련'이 있는 경우에 국제재판관할권을 가진다."(§2①)라는 원칙조항을 두었을 뿐이고 기타 몇 개의 단편적인 조항 외에는 관할의 기준을 정하지 않고 있었다. 그러나 전면 개정되어 2022.7.5.부터 시행된 신 국제사법은 국제재판관할에 관하여 35개 조문을 두고 있다. 이로써 실질적 관련의 원칙이 구체화되었고, 한국 법원에 국제재판관할이 있는지 여부에 대한 예측 가능성이 높아졌다.

신법은 국제재판관할 총칙(§§2~15)으로서 ⓐ 일반관할, 관련사건 관할, 반소관할, 합의관할, 변론관할 및 전속관할, ⓑ 국제적 소송경합, ⓒ 국제재판관할권의 불행사, ⓓ 보전처분·비송사건의 관할 등에 관한 조문을 신설하였다.

각칙에서는 —소비자(§42) 및 근로자(§43)의 보호를 위하여 종래부터 두고 있던 특칙 외에— ⓐ 실종선고 등 사건, ⓑ 법인 등의 사원에 관한 소, ⓒ 지식재산권 계약 및 침해에 관한 소, ⓓ 계약 및 불법행위에 관한 소, ⓔ 친족·상속에 관한 사건, ⓕ 어음·수표에 관한 소, ⓖ 해상 사건 등 사건 유형별로 특별관할 규정을 마련하였다. 그리고 신법은, 인터넷 등을 이용하여 외국에서 한국을 향하여 하는 행위에 대한 규율을 하기 위하여, 국내에서 영업을 하지 않더라도 한국을 향하여 계속적이고 조직적인 사업활동을 하는 사람에 대한 (그 사업활동과 관련 있는) 소의 관할과(§4②), 한국을 향하여 행한 불법행위 및 지식재산권 침해행위에 관한 소의 관할(§44, §39①)도 인정한다.

(3) 판례

위와 같이, 한국 법원이 국제재판관할권을 행사하기 위한 일반원칙은 그 사건이 한국과 실질적 관련을 가져야 한다는 것이다. 즉 한국의 국제재판관할권 행사를 정당화할 수 있을 정도로, 당사자 또는 분쟁대상이 한국과 관련, 즉 연결점을 가져야 한다. '실질적 관련' 내지 '연결점'의 유무에 관해서는 여러 판결례가 있다. 연결점을 인정한 사례를 보면, ⓐ 한국인이 미국의 인터넷 도메인 이름 등록기관에 등록·보유하고 있는 도메인 이름에 대하여 이전을 명한 미국의 국가중재위원회의 판정에 불복하여 제기한 소송에 관하여, 그 분쟁의 내용이 한국과 실질적 관련성이 있다는 이유로 국제재판관할권을 인정한 사례(대판 05.1.27, 2002다59788), ⓑ 한국회사가 러시아에서 선적한 냉동청어를 중국에서 일본회사에게 인도하기로 한 매매계약에서 임시검품에 따른 임시가격과 최종검품에 따른 최종가격 간의 차액 정산에 관해 발생한 분쟁에 관하여, 한국 법원에 실질적 관련성 및 국제재판관할권을 인정한 사례(대판 08.5.29, 2006다71908), ⓒ 김해공항 인근에서의 중국 항공기 추락사고로 사망한 중국인 승무원의 유가족이 중국 항공사를 상대로 한국 법원에 손해배상청구소송을 제기한 사안에서, 실질적 관련성 및 국제재판관할권을 인정한 사례(대판 10.7.15, 2010다18355), ⓓ 일제에 강제징용되었던 한국인이 신일본제철(주)을 상대로 손해배상을 구한 사안에서 국제재판관할권을 인정한 사례(대판 12.5.24, 2009다68620), ⓔ 한국인 처가, 원래 한국인이었다가 스페인 국적을 취득한 남편을 상대로 스페인에서의 부정행위를 이유로 한국 법원에 제기한 이혼소송에서 실질적 관련성 및 국제재판관할권을 인정한 사례(대판 14.5.16, 2013므1196), ⓕ 베트남 참전 한국인들의 미국 회사를 상대로 한 고엽제 피해 사건에서 실질적 관련성 및 국제재판관할권을 인정한 사례(대판 13.7.12, 2006다17539), ⓖ 중국인 원고의, 제주도에 생활기반을 둔 중국인 피고에 대한 대여금청구에 국제재판관할권을 인정한 사례(대판 19.6.13, 2016다33752), ⓗ A중국회사가 (B한국회사가 중국법에 따라 설립한) C중국회사에게 계약에 따른 물품공급을 한 후에, B를 피고로 삼아 미지급 물품대금의 연대지급을 구하는 사건에서 실질적 관련성을 인정한 사례(대판 21.3.25, 2018다230588) 등이 있다(이상은 모두 직접관할이 문제되었다).

반면에 연결점을 부정한 사례를 보면, ⓘ 한국회사 A가 미국 뉴욕주의 B회사에 OEM방식으로 수출한 전기밥솥을 미국 플로리다주의 C회사가 매수하여 판매했다가, C가 소비자들에게 밥솥 하자를 이유로 손해배상을 한 다음 A를 상대로 미국 연방지방법원에서 승소판결을 받은 후, 한국에 판결의 승인을 구한 사건에 대해, 실질적 관련성을 부정하였다(대판 15.2.12, 2012다21737).

(4) 예외

한국과 실질적 관련성이 있어도, 그리고 한국 법원을 관할법원으로 하는 관할합의가 있어도, 국내법원의 국제재판관할권이 인정될 수 없는 경우가 있다. 예컨대, ⓐ 외국에 있는 부동산에 대한 소송, ⓑ 외국에 등록된 특허권·상표권에 관한 소송(대판-전 18.6.21, 2015후1454)[4] 및 ⓒ 외국국적에 관한 소송, ⓓ 외국인 간의 이혼사건[5]이 그러하다.

---

4) 다만 특허권의 성립·유효성에 관한 소송이 아니라, 일본등록특허권의 양도계약에 관한 분쟁을 한국법원 전속관할로 합의한 합의관할은 유효하다고 보았다(대판 11.4.28, 2009다19093).

5) 다만 대판 75.7.22, 74므22은 외국인 간 이혼에서, 이혼청구 상대방의 주소가 우리나라에 있으면 재판관할을 인정할 수 있다고 했다.

3-1-3-4 재판권 · 국제재판관할 흠결의 효과

(1) 재판권이 없는 법원에 제기하는 소는 부적법하다. 이런 소가 제기되었을 때, 소각하판결을 해야 한다는 견해와 그것이 명백하면 재판장이 소장각하명령을 해야 한다는 견해가 나뉜다.[6)] 그러나 상대적 면제론 하에서 외국의 주권면제 여부는 심리를 해야 파악할 수 있는 등 대부분의 재판권 흠결 여부는 불명확하다. 그 외에도 소장을 받은 피고가 재판권 면제를 포기할 수도 있고, 합의관할·변론관할로 국제재판관할이 생길 수도 있다. 그러므로 재판권·국제재판관할 흠결을 이유로 소장각하명령을 내리는 것은 부적절하다. 변론을 거쳐 소각하 여부를 판결로써 정할 일이다(소각하판결설).

(2) 국제재판관할권이 없는 때에도 소가 부적법하다. 국제재판관할권은 소송요건으로서 직권조사사항이고, 외국판결의 승인요건도 된다. 국내 관할이 없으면 이송을 해야 하지만, 국제재판관할권이 없으면 소를 각하한다.

(3) 재판권·국제재판관할권 없음을 간과한 판결은 상소로써 다툴 수 있으나, 확정 후에 재심은 허용되지 않는다. 재판권의 흠결이 있는 판결은 확정되어도 무효라는 견해가 다수이나, 국제재판관할권의 흠결은 그 판결의 확정으로써 치유된다는 견해가 많다(독일의 통설).

(4) 재판권 면제자에 대해서는 강제집행·보전처분도 할 수 없으며, 증인·감정인으로 출석요구를 해서는 안 된다(비엔나협약§31②③). 증인으로 임의출석하면 증인이 될 수 있다. 반면에 재판권 면제자라도 원고가 되어 소를 제기할 수는 있다. 자신이 먼저 소를 제기하고 나면, 그에 따르는 부수적 소송, 즉 반소, 재심의 소, 청구이의의 소 등에서는 피고가 될 수 있다.

---

6) 소각하판결설은 김홍엽 48; 송상현 63 등이고, 소장각하명령설은 이시윤 68; 강현중 146이다. 소장각하명령설은 외교관 등 재판권이 절대적으로 면제되는 경우에는 재판권 없음이 명백하므로 소장각하명령을 해야 한다는 취지이지만, 외교관이라도 개인 부동산 관련소송 등 재판권면제를 받지 못하는 사건도 있으니, 결국 심리를 거쳐 소각하판결을 하는 것이 맞다고 본다.

3-2 법원의 조직

3-2-1 법원의 종류

한국의 사법권 행사기관을 크게 둘로 나누면 통상재판기관과 특별재판기관으로 나뉜다. 후자에는 헌법재판소(법률위헌심사 · 헌법소원 · 탄핵심판 · 정당해산심판 · 권한쟁의)와 군사법원(군인 · 군무원에 대한 형사재판)이 속한다. 통상재판기관에는 대법원, 고등법원, 특허법원, 지방법원, 가정법원, 행정법원, 회생법원의 7가지가 있다(법조§3①). 이 중에서 특허법원 · 가정법원 · 행정법원 · 회생법원은[7] 각각 특허사건 · 가사사건 · 행정사건 · 도산사건을 다루는데, 이 사건들은 넓은 의미의 민사사건에 속한다. 일반 민사 · 형사사건을 담당하는 법원은 첫 단계부터 차례로 보아 지방법원→고등법원→대법원의 순이다.

고등법원으로는 서울고등법원, 대전고등법원, 대구고등법원, 부산고등법원, 광주고등법원, 수원고등법원이 있고(인천고등법원 2028년 개원 예정), 지방법원으로는 18개가 있다. 서울에 서울중앙지방법원을 비롯하여 동서남북 합하여 5곳이 있고, 경기도에 수원 · 의정부에 합계 2곳, 그 외에 각 광역시와 도에 하나씩이 있다.

지방법원에는 지원, 가정지원, 그리고 시 · 군 법원을 둘 수 있고(법조§3②),[8] 고등법원도 지부를 둘 수 있다(법조§27④). 지원(支院)은 사법행정상으로는 지방법원의 하부조직이지만, 재판업무에 있어서는 지방법원과 별도의 독립된 관할구역을 가지고 있다. 예컨대, 청주지방법원은 사법행정상으로는 충청북도 전역을 담당하지만, 1심의 재판업무에 있어서는 청주시 · 진천군 · 보은군 · 괴산군 · 증평군만을 관할하며, 충청북도의 나머지 중 충주시 · 음성군은 충주지원이, 제천시 · 단양군은 제천지원이, 영동군 · 옥천군은 영동지원이 각 관할한다. 고등법원의 지부(支部; '원외재판부'라고 부름)도 고등법원과의 관계에 있어서 마찬가지여서, 가

---

7) 특허법원은 고등법원급이며, 대전에 소재한다. 2026년 3월 현재, 가정법원은 전국 8곳에, 회생법원은 서울 · 부산 등 전국 6곳에 설치되어 있고, 행정법원은 서울에만 있다.

8) 지방법원의 관내에 설치된 시법원 및 군법원을 합하여 시 · 군법원이라고 부른다. 국민의 법원에 대한 접근성을 높이기 위한 제도이다. 몇 개의 시 · 군법원을 묶어서 1인 판사가 담당하기도 한다. 시 · 군법원이 관할하는 사건은 1) 소액사건심판법의 소액사건, 2) 화해 · 독촉 · 조정 사건, 3) 20만원 이하의 벌금, 구류 · 과료의 형사사건, 4) 협의이혼 확인이다(법조§34).

령 대전고등법원 청주지부는, 사법행정상으로는 대전고등법원에 복속하지만, 재판업무에 관해서는 청주지방법원 및 그 지원의 관내의 제1심 합의부 판결에 대한 항소심을 배타적으로 관할한다.

이하에서는 민사소송을 다루는 민사법원에 있어서, 법원(재판기관)이 어떻게 구성되어 있는지, 심급제도(審級制度)는 어떻게 마련되어 있는지 등을 본다.

3-2-2 재판기관의 구성

3-2-2-1 법관에 의한 재판

좁은 의미의 법원인 재판기관은 직업법관으로 구성되며, 일반인(Laie; layman)은 법관으로 참가할 수 없다(헌§101①). 형사사건에서는 국민참여재판 제도가 있어서 —최종 판결에는 참가할 수 없더라도— 심판과정에 일반인의 참여절차가 마련되어 있지만, 민사사건에서는 그렇지 않다. 영미의 배심제(陪審制) 재판에서 배심원이 최종 판정(verdict)에 참가하고, 유럽에 참심제(參審制; Schöffensystem) 재판이 남아 있는 것과 다르다.

판결을 행하는 주체는 1인이 적절한가, 수인으로 구성하는 것이 나은가? 단독판사에게 사건을 처리하게 하면 더 신속하고 경제적으로 할 수 있다는 장점이 있고, 반면에 합의부는 사건을 더 신중하고 공정하게 처리할 수 있다는 장점이 있다. 주요 외국의 일반적인 경향은, 1심은 단독판사(單獨判事)에게 처리하게 하고, 상급심은 합의체(合議體)에 맡기는 것이다. 합의체는 —다수결로 최종결론을 내린다면— 홀수로 구성해야 하며, 한국의 합의체를 보면 지방법원과 고등법원의 각 합의부는 3인으로, 대법원 전원합의체는 13인(대법원장 + 12인의 대법관)으로 구성된다. 다만 대법원의 각 소부(小部; 헌§102①)는 4인으로 구성되는데, 대법원은 원래 전원합의체를 이념형으로 하고, 다만 효율성 때문에 1차적으로 각 소부에서 심리하여 4인 대법관의 의견이 일치하는 경우에 (전원합의체에서 심리하더라도 다수의견이 될 것을 추정하여) 판결을 선고하며, 4인의 의견이 일치하지 않으면 전원합의체로 회부할 것을 전제로 운영되는 것이므로, 다수결이 불가능할 수 있는 짝수로 구성되어 있는 것이다.

3-2-2-2 심급제도

(1) 사법제도에서는 재판의 오류를 시정하고 법령해석을 통일할 방법이 필요하므로, 나라마다 심급제도(審級制度)가 있다. 그러나 3심제에 대한 집착은 한국에 특유한 현상이고(15-1-3 참조), 헌법적 근거도 없는 것이다.

민사사건은 사건의 크기에 따라서 단독사건(＝단독판사 사건)과 합의사건(＝합의부 사건)으로 나누어지며, 그에 따라서 1, 2, 3심을 담당하는 재판기관이 다르다.

(2) '단독사건'의 제1심은 지방법원의 단독판사 또는 지원의 단독판사가 담당한다. 그 제1심 판결의 항소심은 원칙적으로 '지방법원 항소부'[9]가 담당하지만, 단독사건 중 일부 고액사건의 항소심은 지방법원의 항소부가 아니라 고등법원이 담당하도록 정하고 있다(3-5-3 참조).

(3) '합의사건'의 제1심은 지방법원의 합의부 또는 지원의 합의부가 담당한다. 그 제2심은 고등법원이 담당한다. 고등법원에는 단독판사가 없고, 고등법원의 재판기관은 모두 합의부이다. 제3심은 대법원이 담당한다.

(4) 한국도, 법원조직법상으로 1심은 단독판사가 함이 원칙이다(법조§7④). 1심에서는 신속한 재판이 중요하다고 보기 때문이다. 한국 소송법상 심급제도의 특징은, 철저한 3심제라는 점이다. 소액사건에서 상고이유의 제한이 있고 또한 대법원에서의 심리불속행 제도 등이 있기는 하지만 이들도 모두 3심제를 전제로 한 것이며, 이처럼 철저한 3심제로 운영한다는 점은 한국재판제도의 특징이다. 그리고 최종 제3심이 대법원에 집중되어 있고, 상고허가제가 없이 상고심이 운영되는 탓에 대법원에 과중한 사건부담이 주어져 있고 —솔직히 말하면 최종심으로서는 부실할 수밖에 없는— 재판이 이루어지고 있다. 어느 국가이든 최고법원이 감당할 수 있는 업무량에는 한도가 있는 것이므로, 각 나라의 국민은 "최고법원에서 재판을 받지 못할 수도 있는 심급제도"와 "최고법원에서 형식적으로 재판을 받되 실질적으로는 부실할 수도 있는 재판을 받는 심급제도" 둘 중의 하나를 선택할 수밖에 없는 것인데, 한국은 후자를 선택한 셈이다.

9) 지원에는 항소부가 없으므로 본원 항소부에서 항소심을 담당한다. 다만 춘천지방법원 강릉지원에는 예외적으로, 항소부가 설치되어 있다.

3-2-3 법관

3-2-3-1 법관의 종류 · 임기 · 자격

법관에는 대법원장 · 대법관 · 판사의 3종류가 있다(헌§102,§104, 법조§5). 대법관의 수는 대법원장을 포함하여 14명이며(법조§4②. 그 중 1명은 법원행정처장을 겸직하면서 재판업무에서 빠진다), 대법원장의 임기는 6년이고 중임불가능이며, 대법관의 임기는 6년이되 연임가능하고, 대법원장과 대법관이 아닌 법관의 임기는 10년이고 연임가능하다(헌§105).

2011.7.18.자로 개정된 법원조직법 §42②은 —이른바 법조일원화(法曹一元化)를 꾀한다는 취지에서— 판사 · 검사 · 변호사의 법조자격 있는 사람 중에서 법조경력 10년 이상의 사람 중에서 법관을 임용한다고 정했었으나, 그 후 2024.10.16.자 개정으로써 법조경력 5년 이상이면 법관임용 요건이 충족되는 것으로 변경되었다.[10)]

대법원장과 대법관의 정년은 각각 70세, 판사의 정년은 65세이다(법조§45). 2014.12.31.자로 개정된 '각급 법원 판사 정원법'상 각급법원 판사의 총정원은 3,214명이다(현원은 이에 못 미침).

3-2-3-2 법관의 독립

법관은 국가공무원법상 '특정직 공무원'이지만(동법§2②ii), 재판사무를 처리하는 일은 일반공무원의 업무와 다른 특색을 가진다. 사법권의 독립성 하에서 재판의 공정을 보장하고 국민의 신뢰를 유지하기 위하여 그렇게 보는 것이다.

법관의 독립은 재판상 독립(=物的獨立)과 신분상 독립(=人的獨立)으로 나누어 설명하는 것이 일반적이다. "법관은 헌법과 법률에 의하여 그 양심에 따라 독립하여 심판한다."라는 헌법 §103가 재판상 독립을 정한 규정이고, "법관은 탄핵 또는 금고 이상의 형의 선고에 의하지 아니하고는 파면되지 아니하며, 징계처분에 의하지 아니하고는 정직 · 감봉 기타 불리한 처분을 받지 아니한다."라는 헌법 §106①이 신분상 독립을 정한 규정이다.

---

10) 2026년 현재, 5년 이상의 법조경력자를 법관으로 임용하는 경로 외에, 법조경력 15년 이상자를 대상으로 한 전담법관임용 경로가 별도로 있다.

3-2-3-3 합의재판부의 구성과 심판

재판기관을 구성원 숫자를 기준으로 나누면 단독판사와 합의부가 있음을 앞에서 보았다. 단독판사는 스스로 재판장이 되어, 소장심사를 하고, 변론기일에 변론을 지휘하고, 변론이 종결되면 판결서를 단독으로 작성한다.

지방법원·고등법원의 합의부는 재판장과 2인의 합의부원으로 구성되는데, 과거에 재판장과 합의부원 간에 법조경력 차이가 클 경우에 합의부원을 흔히 배석판사라고 불렀다. 합의부 내 3인의 법관이 같은 일을 하는 것은 비효율적이므로 서로 간에 대략 업무를 분장한다. 가령 재판장은 변론을 지휘하고(§135) 소송관계를 분명히 하기 위하여 당사자에게 질문 및 증명촉구를 할 수 있으며(§136; 합의부원은 재판장에게 알리고서야 이를 할 수 있다), 수명법관 지정(§139), 변론조서에의 기명날인(§153), 기일의 지정(§165) 등을 할 수 있다. 사건별로 기록을 구석구석 철저히 검토하고 판결초고를 작성하는 일을 맡은 판사를 '주심법관'이라고 칭한다. 합의부 구성원 사이에서 어떤 비율로 주심을 맡는지는 법원별로, 재판부별로 다 다르며, 각 법원 내의 사무분담규정으로 정한다. 법조경력 5년 미만 판사는 합의부 재판장이 될 수 없다(법조§42-3).[11]

합의부에서 중요한 사항(판결 등)은 그 구성법관의 과반수로 결정한다(법조§66①). 민사재판에서 합의에 관한 의견이 3개 이상의 설로 나뉘어 각각 과반수에 이르지 못할 때에는, 그 인용금액에 관하여 과반수에 이르기까지 최다액(最多額)의 의견의 수에 차례로 소액의 의견의 수를 더하여 그 중 최소액의 의견에 따른다(법조§66②).

합의부 재판은, 사건을 신중하게 처리하도록 만든다는 장점 외에도, 편파성을 배제할 수 있고, 외부적 압력을 배제하는 데에 도움이 되며, 또한 초임 법관

---

11) 경력 15~16년차가 되면 '부장판사'로 불린다. 오래 전에는 '부장판사'는 곧바로 합의부 재판장을 의미하는 것이었으나, 지난 20~30년간 단독심 사물관할의 확대 등의 이유로 단독재판 담당 부장판사의 숫자가 계속 늘어서, 이제는 부장판사 중 다수가 단독심을 담당한다. 한편 과거에 지방법원·고등법원의 3인 합의부는 1인의 부장판사와 2인의 배석판사로 구성되는 것이었으나, 최근 지방법원과 고등법원의 이원화(二元化)가 추진되면서 ―법관인사규칙 §10에 기한 상당경력의 고등법원 판사가 다수 이미 배치되어 있을 뿐더러― 실질적으로 대등한 경력을 가진 3인으로 지방법원 합의부와 고등법원 합의부를 구성하는 시도가 이루어지고 있다. 이러한 이른바 경력대등부의 주심사건 분배비율은 물론 전통적 재판부와 다르다. 경력대등부에 대해서는 실질적 단독심으로 되고 있다는 비판이 있다.

으로 하여금 합의부 배석으로 근무함으로써 재판실무경험을 쌓게 하는 기능도 한다.

3-2-3-4 수명법관, 수탁판사

합의부에서는 재판장이 구성법관 중 1인을 '수명법관'(受命法官)으로 지명하여 일정한 사항의 처리를 위임할 수 있으며(§139①), 이는 실무상 종종 이용되는 제도이다. 수명법관과 구별해야 할 것이 '수탁판사'(受託判事)이다. 수탁판사는, 수소법원이 동급의 다른 법원에 일정한 재판사항의 처리를 촉탁한 경우에(§139②), 그 처리를 맡은 다른 법원의 단독판사를 가리킨다. 가령 원거리 증인에 대하여 현지 법원에 증인신문을 요청하는 경우에 수탁판사가 활용될 수 있다. 실무상 잘 이용되지 않는다.

수명법관·수탁판사가 담당할 수 있는 일은 여러 가지이다. 화해권고(§145), 증인신문·감정인지정·서증조사 등 증거절차상의 각종 조치(§§313,335,354) 등도 있지만, 실무상 가장 흔하고 중요한 수명법관의 역할은 변론준비절차를 맡아서 진행하는 일(§280③)이다. 그 외에도 수명법관·수탁판사는 민사소송법상 다양한 역할을 할 수 있다(가령 §§164-6,165,172,197,225,230,281,297,313,332,354,365 등). 수명법관이나 수탁판사의 재판에 대하여 불복하는 당사자는 수소법원에 이의를 신청할 수 있다(§441).

3-2-4 그 밖의 사법관련 기관

3-2-4-1 법원사무관등

각급법원에서 재판의 부수업무를 처리하는 단독제 기관이다. 법원에서의 실제 직급명칭으로는 법원서기관·법원사무관·법원주사·법원주사보에 해당하는 사람이 이 업무를 수행하는데, 민사소송법은 이들을 "법원사무관등"이라고 약칭한다(§40②). 재판정에 들어갈 때에 법복을 입는다.

법원사무관등의 담당업무로는, 소장·항소장의 적식에 관한 보정명령 254①, §399①, 답변서의 적식(適式)촉구(규§65②), 절차이행 촉구(규§70-3①), 송달사무 처리(§175①), 소송기록 열람·복사신청의 처리(§162), 재판서·조서의 정본·등본·초본의 교부(§162①), 소송기록의 보관 및 송부(§400,§438), 소송기록 수령통지(§426),

집행문 부여(민집§28) 등이 있다. 그러나 가장 중요한 업무는, 변론기일 등 심판절차에 참여하여 변론조서 및 각종 증거조서를 작성하는 일이다(§152,§160).

3-2-4-2 사법보좌관

법관의 부담을 경감하기 위하여 비법관 법원직원으로 하여금 법관의 업무 중 일부를 맡게 하는 독일의 사법보좌관(司法補佐官; Rechtspfleger) 제도가 2005년의 법원조직법 개정으로 도입되었고(법조§54), 대법원규칙인 '사법보좌관규칙'이 그 업무범위, 자격, 선발, 교육 등에 관한 상세한 내용을 정하고 있다.

법관은 실질적 쟁송의 처리에 집중하도록 하고, 법관의 업무 중 부수적 업무 및 공증적 업무를 사법보좌관에게 맡긴다는 것이 제도의 취지이다. 사법보좌관은 법원사무관·등기사무관 이상 직급으로 5년 이상 근무한 사람, 법원주사보·등기주사보 이상 직급으로 10년 이상 근무한 사람 중에서 선발하고(법조§54④), 법정에시 법복을 입는다.[12] 주요 입무 몇 가지를 보면, ⓐ 소송비용액·집행비용액 확정결정절차, 독촉절차, 공시최고절차, 소액사건심판법에 따른 이행권고결정절차, ⓑ 민사집행법의 집행문 부여명령절차, 채무불이행자명부 등재절차, 재산조회절차, 부동산에 대한 강제경매절차, 자동차·건설기계에 대한 강제경매절차, 동산에 대한 강제경매절차, 금전채권 외의 채권에 기초한 강제집행절차, 담보권 실행경매절차, 제소명령절차, 가압류·가처분의 집행취소신청절차, ⓒ 주택임대차보호법 및 상가건물임대차보호법상의 임차권등기명령절차, ⓓ 상속의 한정승인·포기업무 관련 업무, ⓔ 미성년 자녀가 없는 부부간의 협의이혼절차에서의 가정법원의 사무 등이다(법조§54②).

사법보좌관은 법관의 감독을 받아 업무를 수행하며, 사법보좌관의 처분에 대해서는 대법원규칙으로 정하는 바에 따라 법관에게 이의신청을 할 수 있다(법조§54③).

3-2-4-3 집행관

집행관은 각 지방법원 및 지원에 배치되어 강제집행과 송달 등을 행하는 단

12) 법원소속 공무원 중 법복을 입는 사람은, 법관, 사법보좌관, 그리고 재판에 참여하는 법원사무관등의 3종류가 있을 뿐이다.

독제 국가기관이다(법조§55). 집행관은 공권력을 행사하는 공무원이지만, 국고로부터 봉급을 받지 않고, 취급하는 사건의 수수료에서 수입을 얻기 때문에 공무원법상의 공무원이 아니다. 집행관은 10년 이상 법원주사보, 등기주사보, 검찰주사보 또는 마약수사주사보 이상의 직급으로 근무하였던(=즉 퇴직한) 사람 중에서 지방법원장이 임명하며(집행관법§3), 임기는 4년이고 연임할 수 없다(§4).

집행관은 집행과정에서 강제력을 사용할 수 있고, 그 집행의 방해는 형법상 공무집행방해죄를 구성하며, 만약 집행관의 위법집행으로 인하여 손해를 입었으면 이는 국가배상청구의 대상이 된다(대판 03.9.26, 2001다52773). 집행관의 처분에 대해서는 집행법원에 '집행에 관한 이의'를 신청할 수 있다(민집§16).

3-2-4-4 재판연구관과 재판연구원

재판연구관은 대법원장의 명을 받아 대법원에서 사건의 심리 및 재판에 관한 조사·연구 업무를 담당하는 사람이다(법조§24②). 원칙적으로 재판연구관은 판사로 보한다. 대체로 법조경력 12~18년차의 법관 중에서 임명된다. 그러나 대법원 재판부의 구성원이 되는 것이 아니며, 어디까지나 대법관을 보좌할 뿐이다.

그런데, 판사가 아닌 사람 중에서도 3년 이내의 기간을 정하여 재판연구관을 임명할 수 있게 되어 있고(§24③), 흔히 이들을 '비법관 재판연구관'이라고 부른다. 대개 교수나 변호사, 공무원 중에서 단기간 임용된다.

법관 임용연차가 되지 않은, 법조경력이 짧은 사람들을 각급 법원에 임용하여 사건의 심리 및 재판에 관한 조사·연구를 하게 하는 제도가 있고, 이들을 재판연구원이라고 한다. 고등법원·지방법원에도 배치된다. 로스쿨 졸업자 중에서, 임기제공무원으로 선발하여 2~3년 근무하도록 하고 있다.

3-2-4-5 전문심리위원

일본이 2003년 개정 민사소송법(2004년 시행)에서 도입한 '전문위원' 제도를 모델로 삼아, 2007년 민사소송법 개정시에 신설한 제도이다(§164-2~§164-8). 지식재산권·건축공사·국제금융·파생상품·첨단산업 등 전문적 지식이 필요한 분야의 사건에서 그 분야의 전문가를 재판부가 전문심리위원으로 지정한 다음, 소송관계를 분명하게 하거나 소송절차를 원활하게 진행하기 위하여 그 전문심리위원으로부터 재판진행 중에 조언을 구하는 등 그로 하여금 소송절차에 참여하게 한다는 취지이다(§164-2①). 전문분야의 고액의 감정료를 방지하려는 고려도 있다.

전문심리위원은 설명·의견을 기재한 서면을 제출하거나 기일에 출석하여 설명·의견을 진술할 수 있지만, 재판의 '합의'에는 참여할 수 없다(§164-2②). 전문심리위원에 관한 자세한 사항을 정하기 위하여 대법원규칙으로 '전문심리위원규칙'이 제정되어 있으며, 법원행정처장은 전문적인 지식과 경험을 가진 사람 중에서 전문심리위원 후보자를 정하여 그 명단을 관리한다(同규칙§2①). 법원행정처장은 상임전문심리위원을 위촉할 수 있으며(同규칙§2-2①), 그 일당 및 수당은 대법관회의에서 정한다(同규칙§4). 전문심리위원에 대해서는 제척·기피 제도가 준용되고(§164-5), 형법의 일부 조항 적용에서는 공무원으로 의제된다(§164-8).

현실을 보면, 낮은 수당 때문에 충분한 전문적 지식을 가진 사람을 전문심리위원으로 확보하기가 어렵고, 다른 한편 그 전문지식에 대한 지나친 의존은 법판의 독립적 판단과 배치될 수 있는 등의 이유로, 그 활용수준이 입법시의 기대만은 못하다.

3-2-4-6 변호사

민사소송에서 변호사가 담당하는 역할과 의미는 크다. 한국이 독일과 같은 '변호사 강제주의'를 채택하고 있지는 않지만, 당사자가 만약 소송대리인을 선임하려면 —소가 1억원 이하의 단독사건이 아닌 이상(§87,§88, 규§15)— 변호사만을 선임할 수 있다. 변호사는, 기본적 인권을 옹호하고 사회정의를 실현함을 사명으로 하고, 그 사명에 따라 성실히 직무를 수행하고 사회질서 유지와 법률제도 개선에 노력하여야 하며(변호§1), 공공성을 지닌 법률 전문직으로서 독립하여 자유롭게 그 직무를 수행하는 사람이므로(§2), 변호사는 고객의 피용자가 아니다. 또한 변호사와 법무법인은 상인이 아니다(대결 07.7.26, 2006마334; 대판 23.7.27, 2023다227418).

변호사 선임계약은 위임계약에 준하는 것이므로, 그 보수 약정은 계약자유원칙에 기하는 것이 원칙이다. 다만 신의칙에 반한다고 보일 정도로 과다한 보수액은 청구할 수 없다는 것이 판례인데(대판 93.2.9, 92다30382; 02.4.12, 2000다50190 등), 최근에는 법원이 보수약정에 과도하게 개입하는 경향도 보인다. 보수약정이 명시적으로 없었더라도 달리 무보수 약정이 없는 한, 응분의 보수를 지급할 약정이 있었다고 보는 것이 판례이다(대판 95.12.5, 94다50229; 대결 23.11.9, 2023마6427). 민사소송에서는 성공보수약정이 허용되지만, 형사소송에서 성공보수약정은 선량한 풍속 기타 사회질서에 위반하는 법률행위라는 것이 판례이다(대판-전 15.7.23, 2015다200111).

3-2-4-7 검사 · 통역인

민사소송에서 검사의 역할은 제한적이다. 주로 가사소송사건에서 예외적으로 공익을 대표하여 직무상의 당사자로서 관여하게 된다(가소§§24③,27④,29,44 등).

한편 변론에 참여하는 사람이 우리말을 하지 못하거나, 듣거나 말하는 데 장애가 있으면 통역인에게 통역하게 하여야 하며, 문자로 질문하거나 진술하게 할 수도 있다(§143①). 통역인에게는 민사소송법상 감정인에 관한 규정을 준용한다(§143②).

3-2-4-8 변리사 · 법무사

변리사는, 산업재산권 즉 특허권 · 실용신안권 · 디자인권 · 상표권에 대한 전문지식을 갖추어서 그에 관한 법적 절차에서 대리를 하는 사람이다. 변리사는 위의 산업재산권에 관하여 특허심판원 절차, 그리고 특허심판원의 심판에 대한 불복으로서의 법원의 소송절차(특허심결취소소송)에서는 소송대리인이 될 수 있으므로(4-6-4-2 참조), 이 범위 내에서는 사법관련 기관이다.

또한 법률관련 전문자격의 하나로 법무사가 있다. 법원 · 검찰에 제출하는 서류의 작성을 대행하고 등기신청업무를 대리하는 것을 주업무로 삼는다. 소액사건 등의 간단한 소장을 작성하는 일이 많고, 특히 민사집행, 가압류 · 가처분, 공탁, 경매, 채무자회생법상의 개인파산 · 개인회생사건 등에서 신청대리를 수행한다(법무사법§2. 다만 심문기일 등에서 진술 대리는 하지 못함).

3-3 관할의 의의와 종류

3-3-1 의의

한국의 재판권(Gerichtsbarkeit)을 전제로 하여, 여러 법원들 중에서 어느 법원이 어느 심급의 사건을 담당하는지, 제1심 사건 중 단독판사가 담당할 것과 합의부가 담당할 것이 각각 무엇인지, 특정 사건을 어느 지방법원 혹은 지원이 담당하는지 등을 정한 것이 관할(管轄; Zuständigkeit)이다.[13]

재판권이 없는 사건이면 법원이 소각하 판결을 하고, 관할권이 없는 사건이면 이송으로써 관할권 있는 법원으로 보낸다.

3-3-2 종류

3-3-2-1 결정근거에 의한 분류

분류기준이 여러 가지 있는데, 우선 관할결정의 근거가 법률인지, 법원의 결정인지, 당사자의 의사인지에 따라서 분류할 수 있다. 이 분류기준에 의하면, ⓐ 법정(法定)관할로서 토지관할 · 사물관할 · 직무관할이 있고, ⓑ 법원의 결정으로 정해지는 관할이 지정관할(재정관할)이며, ⓒ 당사자의 의사 및 거동에 의한 관할로서 합의관할 · 변론관할이 있다. 아래 3-4 이하에서 하나씩 자세히 본다.

3-3-2-2 소송법상 효과의 차이에 의한 분류 — 전속관할과 임의관할

법정(法定)관할을 다시 나누면 전속관할과 임의관할로 나눌 수 있다. 전속관할(專屬管轄; ausschließliche Zuständigkeit)이란, 재판의 적정 · 신속이라는 공익상 요청에 기하여, 법률이 특히 그 법원만이 관할권을 가진다고 정하고 있는 법정관할이고, 당사자의 의사로써 다르게 관할을 만들 수 없는 것이다. 즉 법률상 그 법원만이 재판할 수 있다고 정해놓은 관할이다.

직무관할, 특히 심급관할은 따로 법률의 명시가 없더라도 원래 전속관할로

---

13) 독일은 재판권(Gerichtsbarkeit)과 관할권(Zuständigkeit)을 구별하여 사용한다(다만 오스트리아는 Gerichtsbarkeit만 사용). 그래서 국제재판관할을 internationale Zuständigkeit라고 한다. 그러나 영미에서는 재판권 · 관할권 둘 다를 jurisdiction이라고만 하여, 용어상 구별하지 않는다.

해석되며, 토지관할·사물관할은 법률이 그 사건 관할이 전속관할이라고 별도로 정해 둔 경우에만 전속관할이 된다. 사건 종류별로 보면, 우선 강제집행사건 관련 관할은 모두 전속관할이고(민집§21), 도산사건 관련 관할도 다 전속관할이다(채회§3). 재심사건(§453)은 재심대상판결을 선고한 법원의 전속관할이고, 가사소송 및 가사비송 사건은 모두 가정법원의 전속관할이며(가소§2), 회사관계사건(상§184~§186), 각종 대규모소송사건(증권관련집단소송·소비자단체소송·개인정보단체소송)도 전속관할이다. 특허권·실용신안권등 지식재산권에 관한 소에 관해서는 좀 특별한 전속관할 규정이 있으며(아래 3-4-3-14 지식재산권에 관한 특별재판적 참조), 할부거래에 관한 법률, 방문판매 등에 관한 법률 등에도 전속관할 규정이 있다.

전속관할에 맞는 법원에 소제기되었는지는 법원의 직권조사사항이다. 전속관할에서는 원칙적으로 관할의 경합이 생기지 않지만, 특허등 지식재산권에 관한 소는 전속관할이지만 관할경합이 생긴다. 전속관할에 위반하여 판결이 선고되었으면, 이는 상소이유가 되고, 상소심은 원심판결을 취소·파기해야 한다. 그러나 재심사유는 되지 않는다.

반대로 임의관할(任意管轄; gewillkürte Zuständigkeit)이란, 주로 당사자 간의 소송수행상의 이해관계를 공평하게 조정하기 위하여 정해진 법정관할로서, 당사자가 그 의사 및 태도에 의하여 이와 다른 관할을 정할 수 있는 것이다. 따라서 합의관할 및 변론관할은, 임의관할에 있어서만 인정되고, 전속관할에 있어서는 인정될 수 없다. 또한 전속관할이 정해진 소에 있어서는, 임의관할에 관한 규정에 의하여 관할이 생기지 아니한다(§31). 임의관할의 위반은 직권조사사항이 아니라 항변사항이며, 이를 위반한 판결이 선고되었더라도, 상소심에서 이를 이유로 원심판결을 취소할 수 없다(§411).

3-4 토지관할

3-4-1 총설

3-4-1-1 토지관할의 의의 및 재판적

가령, 서울 관악구 신림동에 거주하는 A가 제주도 관광을 하던 도중에, 부산

영도구 청학동에서 역시 제주도로 놀러온 B가 운전하는 렌트카에 치어 다친 경우, A가 B를 피고로 삼아 소를 제기하려 할 때 서울중앙지방법원, 부산지방법원, 제주지방법원 또는 기타 어느 법원에서 소를 제기해야 하는가 라는 문제가 토지관할(土地管轄; örtliche Zuständigkeit)의 문제이다. '각급 법원의 설치와 관할구역에 관한 법률'이 전국의 시·군·구별로 상세히 각 법원의 관할구역을 정해두고 있고, 어떤 사건이 특정 장소와 일정한 연고관계를 가지게 되면, 그 장소를 관할하는 지방법원 또는 지원에 토지관할권이 생긴다. 여기서, 어떤 소송사건과 인적·물적으로 연고관계가 있는 지점을 '재판적'(裁判籍; Gerichtsstand)이라고 한다.

3-4-1-2 토지관할의 종류

재판적을 크게 2분하면 보통재판적과 특별재판적이 있다. 보통(普通)재판적은, 말 그대로, 특정인의 '모든' 소송사건에 대하여 공통적으로 적용되는 재판적을 가리킨다(§2~§6). 특별재판적은 '특별한' 종류·내용의 사건에 대해서 한정적으로 적용되는 재판적을 가리킨다(§7~§24).

3-4-1-3 토지관할의 경합

하나의 소송사건에 관하여 여러 법원에 토지관할이 발생하는 일은 흔히 발생한다. 이때 —전속관할이 없는 한— 각 토지관할 사이에 우선순위는 없으며, 특별재판적이 보통재판적에 우선하는 것이 아니다. 원고는 경합하는 관할법원 중 어디에나 임의로 선택하여 소를 제기할 수 있다. 한 법원에 소제기하더라도 다른 법원의 관할권은 그대로 유지되므로, 그 다른 법원에 소를 제기하면 —중복제소로 각하당할지언정— 관할권 없음을 이유로 각하당하지는 않는다.

드물지만 전속관할이 경합하는 수도 있다. 가령 배당이의의 소는 그 배당을 한 집행법원이 속한 지방법원의 전속관할이고(민집§21,§156①) 부인권의 소는 파산계속법원의 전속관할이어서(채회§396), 파산관재인이 부인권을 행사하면서 원상회복으로서 배당이의의 소를 제기하면 위 두 전속관할이 충돌한다. 이 경우에 대법원은 집행법상의 전속관할 규정이 적용되어야 한다고 보았다(대결 21.2.16, 2019마6102).

3-4-2 보통재판적

소송사건의 종류를 묻지 않고 모든 사건에서 토지관할의 근거가 되는 지점의 재판적을 보통재판적이라고 하며, 사람(자연인)의 보통재판적은 그의 주소에 따라 정한다. 다만 국내에 주소가 없거나 주소를 알 수 없는 경우에는 거소에 따라 정하고, 거소가 일정하지 않거나 거소도 알 수 없으면 마지막 주소에 따라 정한다(§3).

소(訴)는 "피고의 보통재판적이 있는 곳"의 법원에 일반적으로 제기할 수 있다(§2). 이렇게 정한 이유는, 소를 제기하는 쪽(원고)으로 하여금 (자신의 의사와 무관하게) 소를 제기당하는 피고의 생활 근거지로 가도록 만드는 것이 공평하기 때문이다.

법인(사단 + 재단)의 보통재판적, 그리고 권리능력 없는 사단·재단의 보통재판적은 그 주된 사무소·영업소가 있는 곳에 따라 정하고, 사무소·영업소가 없는 경우에는 주된 업무담당자의 주소에 따라 정한다(§5①). 외국법인의 보통재판적은 대한민국에 있는 그 사무소·영업소 또는 업무담당자의 주소에 따라 정한다(§5②). 국가의 보통재판적은 그 소송에서 국가를 대표하는 관청 또는 대법원이 있는 곳인데(§6), 소송상 대한민국을 대표하는 관청은 법무부장관이므로('국가를 당사자로 하는 소송에 관한 법률' §2), 결국 법무부 소재지인 수원지방법원 안양지원과 대법원 소재지인 서울중앙지방법원이 국가의 보통재판적을 관할하는 법원이다. 실무상 대개 후자에 소가 제기된다.

주재국(외국)에 소재하는 한국의 대사·공사의 보통재판적은 대법원 소재지이고, 또한 그 밖에 외국의 재판권 행사대상에서 제외되는 대한민국 국민이 §3의 규정에 따른 보통재판적을 가지지 않은 경우에도 그 보통재판적은 대법원 소재지이다(§4).

3-4-3 특별재판적

3-4-3-1 근무지의 특별재판적

사무소·영업소에 계속하여 근무하는 사람에 대하여 소를 제기하는 경우에는 그 사무소·영업소가 있는 곳을 관할하는 법원에 소를 제기할 수 있다(§7). 주소지에는 야간에만 거주하고, 주간에 직장 근무를 하는 사람들에게는 근무지의 법원에서 응소하는 것이 편리할 수 있으므로, 이와 같이 정하였다.

3-4-3-2 사무소 · 영업소 소재지의 특별재판적

자신이 사업주인 사람이 주간에 일하는 그 사무소 · 영업소를 재판적으로 정해 주는 규정이다(§12). 그 사업주에 대하여 사무소 · 영업소의 업무와 관련이 있는 소를 제기하는 경우에 한하여 인정된다. 영리를 목적으로 한 영업(營業)뿐만 아니라, 공익사업이라도 본조(本條)가 적용된다.

3-4-3-3 거소지의 특별재판적

재산권에 관한 소는 거소지(居所地)의 관할법원에 제기할 수 있다(§8). 주소와 거소가 다른 경우, 즉 거소지가 보통재판적과 다른 경우에 의미가 있다.

3-4-3-4 의무이행지의 특별재판적

재산권에 관한 소는 의무이행지의 관할법원에 제기할 수 있다(§8). '의무이행지'가 어디인지에 관하여 보면, ⓐ 우선 계약상 의무에 관해서는 계약으로 정한 이행지가 이에 해당한다. ⓑ 계약으로 이행지를 정하지 않았더라도 특정물 인도채무는 채권성립 당시 물건이 있던 장소가 이행지로 해석된다(민§467①). ⓒ 계약으로 이행지를 정하지 않았고, 민법 §467①과 같은 조항의 적용도 없다면, 민법상 원칙적으로 채권자의 주소지가 이행지가 된다(민§467② 본문의 '지참채무의 원칙' 때문에).[14] 그리하여 대다수의 이행의 소에서 원고 주소지에 특별재판적이 인정되므로, 이러한 소송의 원고들은 (자신의 편의를 위하여) 자기 주소지 법원에서 소를 제기하는 실정이고, 따라서 소를 제기당하는 피고의 편의를 고려하겠다는 §2의 보통재판적 규정이 유명무실해져 있다. 입법론상으로는 위 ⓐ,ⓑ의 경우에만

14) 민§467② 본문이 지참채무 원칙을 정하고 있지만, 단서는 "영업에 관한 채무의 변제는 채권자의 현영업소에서" 하도록 정하고 있다. 변호사 A가 의뢰인 B(제주도 거주) 상대로 성공보수금을 청구하는 소를 자기 주소지 관할법원인 서울동부지법으로 제기한 데 대하여, B가 관할위반 항변("피고의 주소지인 제주지법 또는 §467②단서에 따른 의무이행지인 서초동 관할 서울중앙지법에만 관할권이 있다")을 하여 서울동부지법이 제주지법으로 이송결정을 한 사건에서, 대법원은 변호사 사무소는 '영업소'가 아니므로 서울동부지법이 의무이행지라고 보았다(대결 11.4.22, 2011마110).

특별재판적을 인정하는 것이 타당하다(同旨: 호문혁 180).[15)]

채권자취소권을 행사하는 취소채권자가 수익자를 상대로 '취소채무자와의 부동산 매매계약의 취소' 및 '원상회복으로서 말소등기'를 구할 때, 그 의무이행지는 어디인가? 이에 관하여 판례는, ⓐ 취소채권자의 주소는 이에 해당하지 않고, ⓑ '취소의 대상인 법률행위의 의무이행지'도 아니며, ⓒ '취소로 인하여 형성되는 법률관계에 있어서의 의무이행지'가 이에 해당한다고 하면서, 사해행위 취소 결과 발생하는 말소등기의무의 이행지는 등기할 공무소 소재지인 등기관서 소재지라고 하였다(대결 02.5.10, 2002마1156).

3-4-3-5 어음 · 수표 지급지의 특별재판적

어음 · 수표에 관한 소는, 어음 · 수표상 기재된 지급지(支給地)의 법원에 제기할 수 있다(§9).

3-4-3-6 재산이 있는 곳의 특별재판적

국내에 주소가 없는 사람 또는 주소를 알 수 없는 사람을 피고로 삼아서 재산권에 관한 소를 제기하는 경우에는, 피고의 재산이 있는 곳의 법원에 제기할 수 있다(§11). 판결 후의 그 재산에 대한 강제집행을 고려한 조항이다. 재산이 있는 곳이라 함은, 재산이 부동산 · 동산일 경우에는 그 소재지이고, 재산이 채권일 경우에는 제3채무자의 주소 · 영업소이다.

3-4-3-7 부동산 소재지의 특별재판적

부동산에 관한 소는 부동산이 있는 곳의 법원에 제기할 수 있다(§20). 부동산은 우선 토지와 그 정착물(민§99)이고, 그 외에도 법률규정상 부동산처럼 취급되는 것들, 가령 공장재단 · 광업재단 · 광업권 · 어업권도 이에 해당한다. 그러나 비록 등기 · 등록으로 공시되더라도, 동산으로서 소재지가 고정되지 않는 물건, 가령 선박 · 자동차 · 건설기계 · 항공기에는 본조(本條)가 적용되지 않는다.

---

15) §8의 의무이행지의 범위를 좁히려는 시도의 하나로서, §8는 계약상 채무에만 적용될 뿐 불법행위 손해배상채무에는 적용되지 않는다고 한 하급심 판결례가 있으나(서울고판 06.1.26, 2002나32662), 아직 대법원의 판단례는 없다.

부동산에 "관한" 소라고 함은, ⓐ 부동산에 대한 소유권·점유권·제한물권에 기하여 직접 청구하는 소(가령 물권자의 등기관련청구, 인도청구), ⓑ 부동산에 관한 계약에서 나오는 부동산 자체에 대한 채권적 청구(가령 매수인의 인도청구·등기관련청구), ⓒ 임대차보호법의 대항력·확정일자 등에 관한 소가 이에 해당할 것이다. 그러나 부동산 매매계약에서 나오는 매매대금청구소송은 그 부동산 소재지 법원이 다른 법원보다 더 관련성을 가진다고 보기 어려우므로, 본조에 해당하기 어렵다.

3-4-3-8 등기·등록에 관한 특별재판적

등기·등록에 관한 소는 그 등기·등록할 공공기관이 있는 곳의 법원에 제기할 수 있다(§21). 부동산의 등기·등록에 관한 소는 위 §20의 특별재판적과 중복되므로, 본조가 별 의미를 가지지 않는다. §21가 의미를 가지는 것은, 등기·등록으로 공시되는 동산, 즉 선박·자동차·건설기계·항공기에 있어서이다. 그 외에도 특허권에 관한 소에 §21가 적용될 수 있다.

3-4-3-9 불법행위지의 특별재판적

불법행위에 관한 소는 행위지의 법원에 제기할 수 있다(§18①). "불법행위에 관한 소"라고 함은 민법 §750조에 기하여 청구하는 소뿐만 아니라, 무과실책임을 규정한 특수불법행위책임, 국가배상법·자동차손해배상보장법 등 특별법상의 배상책임이 널리 포함된다. 즉 계약책임과 대립하는 불법행위책임을 묻는 소 전반을 가리킨다.

"행위지"라고 하면 가해행위를 한 장소뿐만 아니라, 손해발생지를 포함하는 것으로 해석하는 것이 판례·통설이다. 그리고 여러 가해행위가 결합하여 불법행위 요건을 충족하는 경우라면, 가해행위지가 복수로 존재할 수도 있다. 불법행위와 관련한 특칙으로서, 선박·항공기의 충돌 등 사고로 인한 손해배상청구의 소를 제기하는 경우에는 사고선박·항공기가 맨 처음 도착한 곳의 법원에 소를 제기할 수 있다(§18②).

3-4-3-10 선박 · 선원 등에 관한 특별재판적

선원에 대하여 재산권에 관한 소를 제기하는 경우에는 그 선박의 선적(船籍)이 있는 곳의 법원에 제기할 수 있고(§10①), 군인 · 군무원에 대하여 재산권에 관한 소를 제기하는 경우에는 군사용 청사가 있는 곳 또는 군용 선박의 선적이 있는 곳의 법원에 제기할 수 있다(§10②).

선박 · 항해에 관한 일로 선박소유자 · 선박이용자에 대하여 소를 제기하는 경우에는 역시 선적이 있는 곳의 법원에 제기할 수 있으며(§13), 선박채권(船舶債權; 상§777 참조), 그 밖에 선박을 담보로 한 채권에 관한 소를 제기하는 경우에는 선박이 있는 곳의 법원에 제기할 수 있다(§14).

3-4-3-11 단체 내부관계에 관한 특별재판적

회사 등 사단이 사원에 대하여 소를 제기하거나 사원이 다른 사원에 대하여 소를 제기하는 경우에는 그 소가 사원의 자격으로 말미암은 것이면 회사 등 사단의 보통재판적이 있는 곳의 법원에 소를 제기할 수 있다(§15①). 그리고 사단 · 재단이 그 임원에 대하여 소를 제기하거나 회사가 그 발기인 · 검사인에 대하여 소를 제기하는 경우에도 그러하다(§15②).

회사 등 사단의 채권자가 그 사원에 대하여 소를 제기하는 경우에는 —그 소가 사원의 자격으로 말미암은 것이면— 회사 등 사단의 보통재판적 소재지 법원에 소를 제기할 수 있다(§16). 회사, 그 밖의 사단, 재단, 사원 또는 사단의 채권자가 그 사원 · 임원 · 발기인 · 검사인이었던 사람에 대하여 소를 제기하는 경우와 사원이었던 사람이 그 사원에 대하여 소를 제기하는 경우에도 그 사단 · 재단의 보통재판적 소재지 법원에 소를 제기할 수 있다(§17).

3-4-3-12 해난구조에 관한 특별재판적

해난구조(海難救助; 상§882 참조)에 관한 소를 제기하는 경우에는 구제된 곳 또는 구제된 선박이 맨 처음 도착한 곳의 법원에 제기할 수 있다(§19).

3-4-3-13 상속 등에 관한 특별재판적

상속에 관한 소 또는 유증(遺贈), 그 밖에 사망으로 효력이 생기는 행위에 관한 소는, 상속이 시작된 당시 피상속인의 보통재판적 소재지 법원에 제기할 수 있다(§22). 그리고 상속채권, 그 밖의 상속재산에 대한 부담에 관한 소를 제기하는 경우에도 상속재산의 전부 또는 일부가 위 법원의 관할구역 안에 있으면 그 법원에 소를 제기할 수 있다(§23).

3-4-3-14 지식재산권과 국제거래에 관한 특별재판적

(1) 지식재산권 중에서 특허권 · 실용신안권 · 디자인권 · 상표권 · 품종보호권(이하 "특허권등")은 물권적 성격이 강한 권리이고, 반면에 저작권 · 부정경쟁방지 · 영업비밀보호 등에 관한 권리(이하 "특허권등을 제외한 지식재산권")는 불법행위법적 성격이 강한 권리이다. 한편 고등법원이 있는 곳(서울 · 대전 · 대구 · 부산 · 광주 · 수원)의 지방법원은 규모 있는 법원이어서 지식재산권 전문재판부와 국제거래 전문재판부가 설치되어 있다. 서울고등법원 관내의 지방법원으로는, 서울중앙지방법원 외에도 서울 동 · 서 · 남 · 북지방법원, 인천 · 의정부 · 춘천지방법원이 있지만, 그 중에 서울중앙지방법원의 지식재산권 · 국제거래 전문재판부의 사건처리량과 누적경험량은 다른 법원에 비하여 현저히 많으므로, 서울고등법원 관내의 지식재산권 · 국제거래 사건의 관할은 서울중앙지방법원으로 집중시키는 편이 효율적이다. 또한 서울중앙지법 각 전문재판부의 사건처리량과 누적경험량은 대전 · 대구 · 부산 · 광주 지방법원의 그것과 비교하더라도 압도적이다. 이와 같은 사정을 배경으로 하여, §24는 지식재산권과 국제거래에 관한 특별재판적 규정을 두고 있다.

ⓐ 특허권등을 제외한 지식재산권과 국제거래에 관한 소(§24①) : 이들 소를 제기하는 경우에는 앞에서 본 여러 보통재판적 및 특별재판적(§2~§23) 소재지를 관할하는 고등법원 관내의 서울중앙 · 부산 · 대구 · 대전 · 광주 · 수원지방법원에서도 소를 제기할 수 있다. 즉 그 고등법원 관내에서는 1곳마다 광역토지관할을 인정하는 규정이며, 임의관할이다.

가령 서울 송파구(서울동부지법 관내)에 사는 A가 포항시(대구지법 포항지원 관내)에 사는 B를 상대로 영업비밀침해에 따른 금전손해배상청구의 소를 제기할 경우, 위 두 법원(각 의무이행지 및 피고의 보통재판적 소재지) 외에도, 서울중앙지방법원 및 대구지방법원에서도 소를 제기할 수 있다는 의미이다.

ⓑ 특허권등에 관한 소(§24②) : 이들 소를 제기하는 경우에는 위에서 본 여

러 보통재판적 및 특별재판적(§2~§23) 소재지를 관할하는 고등법원 관내의 서울중앙·부산·대구·대전·광주·수원지방법원에서 소를 제기하여야 한다. 전속관할이므로, 앞에서 본 각 보통재판적·특별재판적 소재지 관할법원은 배제된다. 다만 예외적으로 ㉠ 부산·대구·대전·광주·수원지방법원에 위 전속관할권이 있더라도 서울중앙지방법원에 소를 제기할 수 있고(§24③), ㉡ 현저한 손해 또는 지연을 피하기 위하여 필요한 때에는, §24②에 따라 전속관할을 가지는 법원이, 앞에서 본 보통재판적·특별재판적 소재지 지방법원으로 이송할 수 있다(§36③).

(2) 위의 설명에서 "특허권등에 관한 소"(§24②)라고 하여 그 관할에 관하여 해설한 것은, 정확히 말하면 특허권등의 침해에 따른 금지청구·손해배상청구·신용회복조치청구[16]의 소를 가리킨다(이른바 "특허침해소송"). 특허발명자로서 직무발명에 대한 보상금을 청구하는 소(대판 24.3.28, 2023다309549) 및 특허관련 합의서에서 정한 위약벌의 지급을 구하는 소(대판 24.10.31, 2024다228906)도 이에 속한다. 이와 달리, 가령 특허권 자체에 관하여 그 유·무효나 그 권리범위가 다투어지는 경우에는(이른바 "협의의 특허소송"),[17] 그 분쟁은 특허심판원에 제기되어 특허심판원이 마치 지방법원처럼 그 주장과 증명을 심리하여 심판을 내리며(특허법§132-16이하 참조), 그 특허심판원의 심결에 대한 취소소송에 관하여 특허법원에서 비로소 제1심 재판이 행해진다(법조§28-4i). 즉 협의의 특허소송은 2심제이다.

과거에는 특허침해소송에 있어서는 일반 민사법원(각 지방법원)에 소를 제기하여 그 상급 고등법원이 제2심을 담당한 반면에, 협의의 특허소송은 특허심판원을 거쳐서 특허법원이 제1심(사실상 제2심)을 담당하였다. 2016.1.1.부터 시행된 개정 법원조직법은 특허침해소송의 제2심 규정을 변경하여 이를 특허법원이 전속적으로 담당하도록 정하였다(법조§28-4ii). 이로써 광의의 특허소송의 사실상 제2심을 모두 특허법원으로 일원화하였다.

---

16) 특허권에 한정하여 보면, 금지청구는 특허법 §126에, 손해배상청구는 민법 §750 및 특허법 §128에, 신용회복조치청구는 특허법 §131에 각 근거를 둔다.

17) 즉 광의의 특허소송에는 ⓐ "협의의 특허소송"(특허법 §186①, 실용신안법 §33, 디자인보호법 §166①, 상표법 §162가 정하는 제1심사건을 가리킨다. 예컨대 심결취소소송이 대표적이다)과 ⓑ "특허침해소송"(특허권등의 침해에 따른 금지청구·손해배상청구·신용회복조치청구)의 양자가 모두 포함된다.

3-4-4 관련재판적

3-4-4-1 의의 및 종류

소가 제기되어 있는 (또는 함께 소제기하는) 다른 특정 사건과 관련하여 비로소 생기는 재판적이 관련재판적이다. 여기에는 ⓐ 병합청구 중 하나의 청구의 관할을 따라가는 "병합청구의 재판적"(§25)과 ⓑ 본소(本訴)의 관할을 따라가는 반소, 중간확인의 소, 당사자참가 등의 "관련청구의 재판적"이 있다. 특별재판적의 일종이다. 이하에서는 ⓐ에 관하여 자세히 본다.

3-4-4-2 적용범위

§25①②은 "§2~§24의 규정에 따라" 즉 토지관할 규정에 따라 관할권이 있는 법원에 소를 제기할 수 있다고 표현하고 있지만, 토지관할에 한정하지 않는다고 해석하는 것이 판례·통설이다. 즉 하나의 청구에 관하여 —토지관할은 없고— 합의관할(§29) 또는 변론관할(§30)이 생긴 경우에도 다른 청구에 관련재판적이 생길 수 있다. 그러나 전속관할에 속하는 청구가 있고 수소법원(受訴法院)이 그 청구에 대한 관할을 가지지 않는 경우에는, 여기에 관련재판적을 적용할 수는 없다(§31).

3-4-4-3 객관적 병합에서의 관련재판적

가령 원고 P가 피고 A를 상대로 하나의 소로써 甲 청구와 乙 청구를 함께 T법원에 제기하였는데, T법원이 甲 청구에 대해서만 관할권을 가지고 乙 청구에 대해서는 관할권이 없는 경우를 상정해 보자. 이때 乙 청구에 대해서는 관할권이 없다는 이유로 이를 떼어내어 다른 법원에 가서 재판을 받도록 이송을 하는 것은 비효율적이다. 이 경우 T법원에도 乙 청구에 대한 관할권을 인정해 주는 것이 §25①이다.

3-4-4-4 주관적 병합에서의 관련재판적

관련재판적은 일정 요건 하에서 주관적 병합에도 인정될 수 있다. 가령 T법원에 원고 P가 피고 A를 상대로 한 청구의 관할은 있으나 피고 B를 상대로 한 청구의 관할은 없을 때에, P가 A,B를 공동피고로 하여 소를 제기할 수 있느냐의 문제인데, 그 인정요건은 ⓐ 소송물이 여러 사람에게 공통되는 경우, 또는 ⓑ 사실상·법률상 '같은 원인'으로 말미암아 그 여러 사람이 공동소송인으로서 당사자가 되는 경우의 두 가지이다(§25②). ⓐ는 필수적 공동소송(14-3-1)의 경우인데 여기에는 당연히 관련재판적을 인정할 수 있을 터이고, 실무상 요건충족 여부가 종종 문제되는 것은 ⓑ이다. 가령 A가 P로부터 1억원을 차용하였는데, 이에 대하여 B가 보증계약을 체결한 사안에서, (P의 B에 대한 보증금 청구에는 관할권이 없고) P의 A에 대한 대여금 청구에만 관할권이 있는 T법원에 P가 제소를 한 경우를 생각해 보자. 이 경우에도 위 ⓑ요건은 충족되었다고 볼 것이므로, P의 B에 대한 청구에 대해서도 T법원이 관할권을 가진다.

한편 통상공동소송이 성립하려면, 위 ⓐ나 ⓑ의 요건이 충족되거나 ⓒ 소송물인 권리·의무가 '동종(同種)'이고 사실상·법률상 동종의 원인으로 발생한 경우이면 된다(§65; 14-2-1-2).[18] 그러나 위 ⓒ의 경우에는 관련재판적 요건이 충족되지 않는다. 즉 '동일한 원인'으로 여러 사람에게 권리·의무가 생긴 경우가 아니라 단지 '동종의 원인'으로 여러 사람에게 권리·의무가 생긴 경우에는, §25의 관련재판적이 생기지 않는다.

3-4-4-5 효과 및 관련 판례

병합된 청구 중 관할권이 없는 청구에 대해서도 수소법원의 관할권이 인정되며, 피고는 관할위반 항변을 할 수 없다. 그리고 일단 관련재판적이 인정되고 나면, 원래 관할권 있는 청구가 취하·각하되더라도 이미 인정된 관련재판적에는 아무런 영향이 없다.

관련재판적 관련하여 유의해야 할 판례들이 있다. ⓐ '국제재판관할'에서는 관련재판적을 신중하게 인정해야 한다. 즉 피고의 입장에서 부당하게 응소를 강요당하지 않도록, 여러 요소를 고려하여 신중하게 인정해야 한다(대판 03.9.26, 2003다29555). ⓑ A가 피고로 삼으려는 B(사찰)와의 사이에 전주지방법원을 관할법원

---

18) ⓐ의 예로는 연대채권자들·연대채무자들이 제기하거나 제기당하는 소송, 합유자·공유자들의 소송이 있고, ⓑ의 예로는 동일한 사고 피해자들의 손해배상청구, 건물하자에 따른 배상청구에서 설계자 및 시공자를 함께 피고로 삼는 소송이 있으며, ⓒ의 예로는 동일건물 임대인이 여러 임차인들을 상대로 제기하는 소송, 아파트 구분소유자들이 '개별적' 하자 때문에 시공회사를 상대로 제기하는 손해배상소송이 있다.

으로 합의하였던 바 있는데, A가 서울중앙지방법원에 관할권을 만들기 위하여 서울에 주소를 둔 C(B의 대표단체인 재단)를 B와 공동피고로 삼아서 —C를 상대로는 실제로 청구를 할 의사가 없이— 소를 제기하는 경우는 '관할선택권의 남용'으로서 신의칙위반에 해당한다는 것이다(대결 11.9.29, 2011마62; 1-5-2-4 참조).

3-5 사물관할

3-5-1 의의

사물관할(事物管轄; sachliche Zuständigkeit)이란, 제1심 소송사건을 담당하는 지방법원·지원의 단독판사와 합의부 사이에서 사건의 크기에 따라 배분하는 관할을 가리킨다. 큰 사건은 합의부가, 작은 사건은 단독판사가 담당한다는 것이 기본정신이지만, 그 기준이 되는 '소송목적의 값'(=소가; 訴價)의 크기는 수차례 변경되어 왔다. 소가란 '소로 주장하는 이익'을 가리킨다(§26①). 제1심 사건은 단독판사가 관할하는 것이 원칙이고(법조§7④), 다만 합의심판을 하여야 한다고 별도로 정하는 경우만 합의부 사건이 된다(법조§7⑤).

3-5-2 합의부 관할사건

무엇이 합의부 사건인지는 법원조직법 §32①과 이에 기초한 대법원규칙인 '민사 및 가사소송의 사물관할에 관한 규칙'(이하 "사물관할규칙")이 정하고 있다.

(1) 소가가 5억원을 초과하는 민사사건(사물관할규칙§2전단)

(2) 재정(裁定)합의사건(법조§32①i)

합의부 사건이라고 합의부가 스스로 재(裁)판으로 정(定)한 사건을 가리킨다. 즉 원래는 단독판사의 사물관할에 속하는 것이지만 내용이 복잡하거나 사회적 이목이 집중되는 사건이면, 합의부가 이를 합의부사건이라고 '결정'함으로써 합의부로 귀속시킬 수 있다.

(3) 민사소송등인지법 §2④의 민사사건(사물관할규칙§2후단)

ⓐ 비(非)재산권을 목적으로 하는 소송(민인§2④후단) : 소송 중에 경제적 이익을 목적으로 하지 않는 권리관계에 관한 소가 있다. 가령 초상권침해중지의 소, 정보공개청구의 소, 개인정보침해금지의 소, 명예회복을 위한 처분을 구하는 소

중에서 소요비용을 산출하기 어려운 소(민사소송등인지규칙§14), 상법상의 회사관계소송(§15②), 회사 외의 단체에 관한 소(§15③), 해고무효확인(§15④), 소비자단체소송·개인정보단체소송(§15-2) 등이다.[19] 가사사건과 행정사건 중 상당수는 비재산권상의 소이지만(§17 참조), 가정법원과 행정법원의 관할사건이므로 여기서 따로 설명하지 않는다. 이와 같은 "비재산권상의 소"에 대해서는 소가를 원래 산정할 수 없으며, 이는 합의부 사건으로 정해져 있다.

ⓑ 재산권에 관한 소로서 그 소가를 계산할 수 없는 소송(민인§2④전단) : 경제적 이익을 목적으로 하더라도 그 소가를 계산할 수 없는 경우도 있다. 가령 상호(商號)사용금지의 소, 주주대표소송·이사위법행위유지(留止)청구소송·신주발행유지청구소송(민사소송등인지규칙§15①), 특허사건 중 비금전청구소송(§17-2), 무체재산권에 관한 소 중 금전지급·물건인도를 목적으로 하지 않는 소(§17-3) 등이 그것이다. 이러한 "소가산출불능의 소"에 대해서도 합의부 사건으로 정해졌다.

(4) 병합제기되는 관련청구

본소가 합의사건이면, 거기에 병합하여 제기된 반소, 독립당사자참가, 중간확인의 소 등의 관련사건은 그 소가에 관계없이 합의부 관할에 속한다.

3-5-3 단독판사 관할사건

제1심 민사사건 중에서 위의 합의부 관할사건을 제외한 모든 것이 단독판사 관할이다. 실무상 초임판사가 배석판사를 거치고 난 후에 단독판사 업무를 담당한다.

앞에서 5억원 초과사건이 합의부 관할이라고 한 것에서 알 수 있듯이, ① '소가(訴價) 5억원 이하'가 단독판사 관할의 가장 중요한 기준이다. ② 그 외에도 사안이 단순하다고 평가되는 사건유형에 대해서는, 그 소가가 5억원을 넘더라도 이를 단독판사 관할로 대법원규칙상 정해두고 있는데(사물관할규칙§2단서), a) 수표금·약속어음금 청구사건, b) 금융기관이 원고가 된 대여금·구상금·보증금 청구사건, c) 자동차·오토바이·철도차량의 운행 및 산업재해로 인한 손해배상청구사건과 채무부존재확인사건이 그것이다. ③ 또한 원래 합의부 사건이라도 사

19) 반면에 인격권에 기초한 소송이라도 그 침해에 대한 금전손해배상 청구소송은 당연히 재산권상의 소이다.

안이 단순하여, 합의부가 단독판사가 심판할 것으로 결정하면 단독판사 관할사건이 된다(이른바 재정단독사건; 사물관할규칙§2단서iv). ④ 그 외에도, 본소가 단독사건이면 그에 병합하여 제기된 독립당사자참가 · 반소 · 중간확인의 소는 (그 병합청구 자체만으로 합의사건이 아닌 한) 역시 단독판사 관할사건이 된다. 예컨대, 본소 소가가 3억5천만원인데 소가가 2억원인 반소가 제기되면 —본소와 반소의 소가를 합하면 5억5천만원이 되지만— 여전히 단독판사 관할사건이다.

단독판사 관할사건 중에서, ⓐ 소가가 3천만원 이하이고,[20] ⓑ 금전 기타 대체물, 유가증권의 일정수량의 지급을 구하는[21] 사건은 "소액사건심판법"의 적용을 받는다(16-1). 이 법률은, 상대적으로 소액인 금전지급청구에 대한 제1심 판결절차를 신속 · 간이하게 처리하기 위한 여러 규정들을 두고 있다. 최근 연간 약 100만 건의 제1심 본안사건 중에, 사건수로는 약 70%를 소액사건이 차지하고 있다. 많은 건수를 적은 수의 법관으로 처리하고 있으므로 소액사건심판법의 의미가 크지만, 간이절차로 처리하기에는 기준금액이 높다는 문제가 있다.

소액사건이 아닌 단독판사사건을 —법률상 명칭은 아니지만— 실무상으로는 다시 중액사건과 고액사건으로 나누고 있다. 소가가 2억원 초과 5억원 이하인 사건을 고액사건이라 하는데, 이는 부장판사급의 단독판사가 담당하고 있으며, 그 항소심은 지방법원 항소부가 아니라 고등법원이 담당한다.

3-5-4 소가(訴價)의 산정

3-5-4-1 소가의 산정방법

결국 사물관할의 판정기준은 소가인데, 이는 "원고가 소로써 달성하려는 목적이 갖는 경제적 이익을 금전으로 평가한 금액"이다(§26①). 소가는 사물관할 기준 외에도, 인지액 결정기준이 된다. 그래서 각종 청구별로 그 소가를 어떻게 산정하는지에 관해서는 대법원규칙인 "민사소송등인지규칙"이 상세하게 정하고 있다.

어려운 사건이냐, 피고가 적극적으로 응소하느냐, 피고에게 자력이 있느냐 등은 소가 산정에서 전혀 고려하지 않는다. 또한 상환조건이 붙어 있더라도 —가

---

20) 소액사건의 기준은 1973년 소액사건심판법 제정시 "20만원 이하"였고 수차례 증액되어 1997년 이후 "2천만원 이하"였는데, 2017.1.1.부터 "3천만원 이하"가 되었다.
21) 이렇게 규정되어 있으나, 실무상 소액사건청구의 거의 전부는 '금전'청구이다.

령 "피고는 원고로부터 1억원을 지급받음과 상환으로 원고에게 甲토지를 인도하라"라는 청구를 하더라도— 그 상환조건(1억원 수령)을 고려하지 않고 목적물(甲토지)의 가액만 계산한다.

각종의 소의 소가산정 기준은 민사소송등인지규칙 §12 이하를 참조하면 되고, 여기서는 중요한 몇 가지를 본다. ① 금전지급청구에서는 금액 자체이므로 쉽다. 다만 정기금청구에서는 '기발생분 + 1년분'이다(§12iii,iv). ② 부동산 소유권 이전등기 청구에서는 '목적물건의 가액'인데(§13①i), 이는 '부동산 가격공시 및 감정평가에 관한 법률'에 의한 개별공시지가의 50% 금액으로 하도록 정해져 있다(§9①②). ③ 소유권에 기한 부동산의 인도청구는 위 목적물건의 가액의 1/2로 한다(§12v). ④ 선박 · 차량 · 항공기 · 광업권 · 어업권 · 골프회원권 · 콘도회원권 등의 가액은 지방세법상 시가표준액의 100%로 정하고(§9③), 그 소유권 등기 · 등록의 청구는 위 가액 그대로, 그리고 인도청구는 그 가액의 1/2로 한다(§13①i,§12v). ⑤ 사해행위취소의 소에서는 취소되는 법률행위의 목적의 가액을 한도로 한 원고의 채권액이다(§12ix).

소가의 산정은 소제기시를 기준으로 하므로, 그 후에 목적물 자체의 시가가 오르거나 혹은 훼손되어 저감되더라도, 소가에 영향이 없다. 그러나 제1심 단독판사에 계속중에 원고가 청구취지를 확장하여 소가가 5억원을 초과하면, 이는 합의부 관할사건이 되므로 합의부로 이송해야 한다(다만 이송 전에 변론관할이 생기면 별론). 반면에, 합의부 계속 중 원고가 청구취지를 감축하여 소가가 5억원 이하로 되면, 단독판사에게 이송할 필요가 없다. 합의부 심리가 당사자에게 불리하지 않기 때문이다.

3-5-4-2 청구를 병합한 경우

(1) 원칙

하나의 소로써 여러 개의 청구를 하는 경우에는 그 여러 청구의 값을 모두 합하여 소송목적의 값을 정한다(§27①). 가령 원고가 피고에 대해서 대여금 4억3천만원 및 매매대금 8천만원의 지급을 구하여("객관적 병합"; 13-2-1) 합계액이 5억원을 넘으면 그 사건은 합의부 사건이 된다. 원고가 피고A에 대해서 대여금 5억원을, 피고B에 대해서 매매대금 7천만원을 청구하는 경우에도("주관적 병합";

14-2-1) 소가합계가 5억원을 넘으므로 합의부 사건이다. 다만 이는 본소 자체의 소가합산에서의 논의일 뿐이고, 독립당사자참가 · 반소 · 중간확인의 소에서는 사물관할 결정시에 본소의 소가에 독립당사자참가 · 반소 · 중간확인의 소의 소가를 합산하지 않는다. 본소의 소가를 빼고 독립당사자참가 · 반소 · 중간확인의 소의 소가만으로 5억원을 넘으면, 본소와 함께 모두 합의부로 이송하는 것이 원칙이지만, —사물관할은 전속관할이 아니므로— 변론관할(§30)이 생기면 그렇지 않다(§269②; 13-5-3-5).

이상은 원고 스스로 여러 청구를 병합한 경우의 설명일 뿐이며, 법원이 여러 청구를 병합한 경우에는(이때에는 한 사건에서 사건번호가 여러 개가 된다) 그 소가를 합산하여 사물관할을 정하지 않는다.

(2) 예외

하나의 소로써 여러 청구를 한 경우라도 ⓐ 선택적 · 예비적 병합, 여러 연대채무자에 대한 청구, 과거 등기명의자 A 및 현 등기명의자 B에 대한 각 등기말소청구 등과 같이 각 청구의 경제적 이익이 중복되는 때에는 합산하지 않는다(민사소송등인지규칙§20). 가령 보존등기명의자 A가 B에게 저당권을 설정해 준 후 C에게 소유권이전등기를 하고 또 C→D에로 이전등기가 마쳐졌는데, 원고 P가 A,B,C,D를 상대로 각 말소등기를 구한다면, 위 각 청구의 경제적 이익이 중복되므로 소가는 중복되는 범위 내에서 흡수되고 그 중 가장 다액인 청구의 가액이 소가가 된다(대결 98.7.27, 98마938). ⓑ 토지인도 및 그 지상의 건물철거청구처럼 후자의 청구가 전자의 청구의 수단인 때에도 합산하지 않는다(민사소송등인지규칙§21). ⓒ 주된 청구에 부수하여 과실(果實; 가령 이자), 손해배상(가령 지연손해금) 등을 청구할 때에도 합산을 하지 않는다(§27②). 즉 금전지급청구소송에서 그 이자 · 지연손해금 청구는 소가산정시에 무시한다.

3-6 직무관할

직무관할(職務管轄; funktionelle Zuständigkeit; 직분관할)이란, 어느 법원이 특정 직무를 담당하기 때문에 그에 따라 담당하게 되는 관할을 가리킨다. 수소법원 · 집행법원의 관할, 합의부 · 단독판사의 관할, 심급에 따른 관할 등으로 나누어 설명한다.

(1) 소를 제기받은 법원, 즉 수소법원은, 그 소송의 판결절차를 담당할 뿐만 아니라, 그 소송사건의 증거보전절차(§376), 가압류·가처분절차(민집§278,§303), 청구이의의 소(민집§44)를 담당한다. 강제집행을 담당하는 법원 즉 집행법원은, 집행기관으로서 부동산·채권에 대한 집행처분(민집§79,§224), 집행관의 집행에 대한 불복(민집§16), 급박한 경우의 집행정지명령(민집§46④), 제3자 이의의 소(민집§48②)를 담당한다.

(2) 간이절차 등 신속처리를 필요로 하는 사건은 지방법원 단독판사의 직무관할로 정해 두고 있다. 예컨대 독촉절차(§463), 소제기 전의 증거보전절차(§376①②), 제소전화해절차(§385①), 공시최고절차(§476) 등이다. 합의부는 신중한 처리를 필요로 하는 사건을 관할하도록 정해져 있다. 예컨대, 지방법원 판사에 대한 제척·기피사건(법조§32①v)은 합의부 관할사건이고, 증권관련집단소송(증집§4), 소비자단체소송(소기§71), 개인정보단체소송(개보§52)은 지방법원 '본원' 합의부가 관할한다.

(3) 현행 민사소송이 3심제로 되어 있으므로, 각 심급사건을 담당하는 법원이 정해져 있고, 이 심급관할은 직무관할이며 전속관할이다(단, 비약상고는 제외). 따라서 1심 사건을 2심 법원에 제소하면, 전속관할 위반이다. 제1심은 소의 제기로써, 제2,3심은 상소의 제기로써 각 개시되고, 각각 종국판결 정본이 송달됨으로써 심급이 종결된다. 따라서 판결선고 후라도 판결정본 송달 전까지는 그 소송은 당해 심급에 계속되어 있는 것이고, 이 시점에 만약 가압류·가처분 신청이 있으면 이에 대한 관할권은 당해 심급 법원이 아직 갖는다. 판결정본 송달 후 상소제기 전까지의 사이에 가압류·가처분 신청이 있더라도 여전히 종전 심급 법원이 관할권을 갖는다.

3-7 지정관할

특정 사건에 관하여 어느 법원이 관할할지를 상급법원이 재판으로 지정해 주어서 생기는 관할이 지정관할(指定管轄; angeordnete Zuständigkeit; 裁定관할)이다. 상급법원이 이러한 지정을 행하여야 하는 경우는 ⓐ 관할법원이 재판권을 법률상 또는 사실상 행사할 수 없는 때, 그리고 ⓑ 법원의 관할구역이 분명하지 아니한 때이다(§28). 실무상 거의 적용되지 않는다. 정지의 신청 및 처리에 관한 구체적 절차는 민사소송규칙 §7~§9가 정하고 있다.

관계법원 또는 당사자의 신청으로 그 지정절차가 개시된다. 신청시에는 신청사유를 적어서 상급법원에 제출해야 한다(규§7①). 상급법원의 관할지정결정에 대해서는 불복할 수 없다(§28②).

3-8 합의관할

3-8-1 의의와 성질

합의관할(合意管轄; vereinbarte Zuständigkeit)이란, 당사자의 합의에 의하여 생기는 관할이다(§29). 가령 춘천거주 A와 대전거주 B가 사과 3천개를 1천만원에 매매하면서, 분쟁시 관할법원을 서울중앙지방법원으로 하기로 약정하는 경우에 서울중앙지법에 생기는 관할이다. 관할 중 임의관할에 관한 규정들은 원래 당사자의 편의를 위하여 정해진 것이므로, 당사자들이 법에 정해진 것과 다른 관할을 합의한다면 그에 따르지 않을 이유가 없기 때문이다.

관할합의는 관할의 발생이라는 소송법상 효과를 낳는 소송행위(8-1-1)로서, 소송계약(8-1-1-5)이다. 그러므로 관할합의를 유효하게 하려면 소송능력이 있어야 한다. 관할합의는 사법상의 계약과 함께 이루어지는 경우가 많지만, 두 개의 계약은 법적 운명을 같이하지 않는다. 본계약인 사과 매매계약이 무효가 되더라도 관할합의는 여전히 유효하다. 오히려 매매계약 무효에 따른 분쟁에 적용되도록 하기 위하여 관할합의를 하는 것이므로, 위 두 계약의 유·무효가 분리됨은 어쩌면 당연하다. 다만, 관할합의가 비록 소송행위이지만, 그 합의에 의사표시 하자가 있으면 민법 규정이 유추적용된다. 왜냐하면, 이는 직접 법원에 대하여 행한 소송행위가 아니라, 법원 관여 없이 당사자 사이에서 체결된 계약이기 때문이다.

3-8-2 합의의 종류

부가적 합의와 전속적 합의로 나눌 수 있다. 부가적(附加的) 합의란 법정관할 외에 1개~수개의 법원을 덧붙이는 합의이며, 전속적(專屬的) 합의란 특정 법원에만 관할권을 인정하고 그 외의 법원들의 관할을 배제하는 합의이다. 가령 A, B 두 법원이 원래 법정관할 있는 곳인데 A를 관할법원으로 정하는 합의가 있었다면 전속적 합의로 해석될 가능성이 높을 것이다.[22] A,B 법원 외에 제3의 C법원을 관할법원으로 정하는 합의가 있는 경우에 대해서는, 원칙적으로 전속적 합의로 해석해야 한다는 견해와 부가적 합의로 해석해야 한다는 견해로 갈린다. 이는 계약해석 이론에 따라 결론을 내릴 문제이며, 다만 경우에 따라 약관해석상의 원칙들(작성자 불리의 원칙, 고객에게 유리한 해석의 원칙 등)을 동원할 필요가 있을 것이다.

3-8-3 요건

(1) 합의로써 정하는 법원

합의로써 정할 수 있는 법원은 제1심 법원뿐이므로(§29①), 2·3심 법원은 합의할 수 있는 대상이 아니며, 또한 전속관할이 없는 경우라야 한다(§31). 그리고 넓은 의미의 법원, 즉 특정한 지방법원·지원을 선택할 수 있을 뿐, 특정 재판부·법관을 정하는 합의는 할 수 없다. 법원을 특정하기만 한다면, 하나일 필요는 없으므로, 복수의 법원을 합의하는 일도 가능하다. 다만 "한국의 모든 법원"이라는 합의는, 피고의 응소에 지나치게 불리하므로, 무효이다.

(2) 관할합의의 대상이 되는 법률관계

관할합의의 대상이 되는 법률관계는 특정한 법률관계이어야, 즉 개별적인 매매계약·임대차계약 등이어야 한다(§29②). 당사자 간에 "향후 발생할 모든 법률관계"상의 소송에 관하여 특정 법원의 관할로 하기로 하는 합의는 무효이다.

(3) 합의의 방식 및 시기

서면으로 합의하여야 한다(§29②). 합의시기에는 제한이 없지만, 대체로 관할합의는 소제기 전에 하는 것이 대부분이다. 소제기 후에는 소송이송의 전제로서 의미있을 뿐이다.

---

22) 이 경우에도 약관에 의한 합의이면 부가적 합의로 해석하자는 견해도 있으나, A,B 중 A로 합의하였는데 "부가적"이라고 해석한다는 것은 이상하다. 이때 위 합의에도 불구하고 B법원의 관할을 인정할 필요가 있다면, 약관해석의 원칙에 따라서 처리할 일이다.

3-8-4 관할합의의 유효성 여부

3-8-4-1 관할합의의 남용에 대한 통제

요즘은 계약서 말미에 관할합의조항이 들어가는 경우가 무척 많아졌고, 특히 대기업이 한쪽의 거래당사자가 될 때에는 대부분 약관이 이용되는데 그 약관에는 관할합의조항이 거의 빠짐없이 들어가고 있다. 가령 여신거래약정서·할부매매계약서·운송계약서·보험계약서·아파트분양계약서·입원계약서 등에는 대부분 관할합의조항이 들어간다. 약관을 작성하는 대기업 측이야 본점소재지 법원을 관할법원으로 정해두면 분쟁발생시 편리하겠지만 —약관의 많은 조항이 그러하듯이— 고객은 관할합의가 있는 줄도 모른 채로 계약을 체결하는 경우가 많으며, 원거리 소재 고객은 소송상 불편을 겪을 수밖에 없다.

이런 관할합의에 대하여 대판 98.6.29, 98마863은, 대전거주 계약자와 서울에 주영업소를 둔 건설회사 사이의 아파트공급계약서상 "본 계약에 관한 소송은 서울민사지방법원(현 서울중앙지방법원)을 관할법원으로 한다."라는 관할합의 조항은 "약관의규제에관한법률의 '고객에 대하여 부당하게 불리한 재판관할의 합의조항'에 해당하여 무효"라고 판시하였다(대결 09.11.13, 2009마1482도 같은 취지).[23]

3-8-4-2 국제관할합의

국내의 법정관할법원에 추가하여 외국법원을 관할법원으로 정하는 부가적 합의를 하는 것은 문제가 없다. 반면에 외국법원을 관할법원으로 하는 전속적 합의를 하는 것이 유효한가? 그런 전속적 합의를 한 후에 한국 법원에 소제기를 하면 관할위반이 없다고 처리할 것인지의 문제이다. 대판 97.9.9, 96다20093은 전속적 국제관할 합의가 유효하기 위한 요건으로서, ⓐ 당해 사건이 대한민국 법원의 전속관할에 속하지 않을 것, ⓑ 지정된 외국법원이 그 외국법상 당해 사건

23) 한편 관할합의조항이 무효가 아니라는 판결들도 있다. 대결 08.12.16, 2007마1328은, 사업자의 영업소를 관할하는 지방법원으로 전속적 관할합의를 하는 내용의 약관조항을 무효라고 보기 위해서는, 그 약관조항이 고객에게 다소 불이익하다는 점만으로는 부족하고, 사업자가 그 거래상의 지위를 남용하여 이러한 약관조항을 작성·사용함으로써 건전한 거래질서를 훼손하는 등 고객에게 부당하게 불이익을 주었다는 점이 인정되어야 한다고 판시하면서, 당해 사건에서는 관할합의조항이 그렇게 부당하게 불이익을 주는 약관조항이 아니라고 보았다.

에 대하여 관할권을 가질 것, ⓒ 당해 사건이 그 외국법원에 대하여 합리적인 관련성을 가질 것, ⓓ 그 전속적 관할합의가 현저하게 불합리하고 불공정하여 공서양속에 반하는 것이 아닐 것을 요구하였다. 국제적 재판관할의 합의에 관해서는 2005년에 '헤이그 재판관할합의협약'이 성립하였는데(한국은 미가입) 거기에서는 위 ⓐ,ⓑ의 요건만 요구하고 있고, 일본 판례도 마찬가지인 점 등과 비교하면 한국 판례의 요건은 엄격한 편이라고 할 수 있다.

대법원은 위 96다20093 판결에서는, 뉴욕시법원으로 정한 전속적 관할합의가 위 요건에 비추어 무효라고 하여 한국 법원의 관할권을 인정하였고, 대판 11.4.28, 2009다19093에서는 한국 법원으로 전속관할을 정한 합의는 위 요건에 비추어 유효라고 판단하였다.

3-8-5 관할합의의 효력

관할합의가 있으면 그 합의내용에 따라 관할이 변동된다. 부가적 합의이면 원래 관할권 없던 법원에 관할권을 발생시키며, 전속적 합의이면 다른 법정관할법원의 관할권을 배제시킨다. 합의관할은 —전속적 합의의 경우에도— 어디까지나 임의관할이지 전속관할이 아니다. 따라서 관할합의를 무시한 소제기가 있더라도 피고가 이의 없이 본안변론을 하면 변론관할이 생긴다.

관할합의의 효력은 합의당사자 사이에서만 미치는 것이 원칙이다. 제3자 중에서, 상속인과 같은 포괄승계인에게는 그 합의의 효력이 미치겠지만, 특정승계인에게 합의의 효력이 미치는지는 문제이다. 물권은 물권법정주의 때문에 그 권리의 내용을 자유롭게 변경할 수 없으므로, 물권의 양수인은 양도인이 과거에 타인과 체결했던 관할합의에 구속되지 않는다고 보아야 한다. 따라서 근저당권설정자와 근저당권자 사이의 관할합의가 있은 후, 근저당권설정자로부터 그 부동산 소유권을 양수한 자에게는 위 관할합의의 효력이 미치지 않는다(대결 94.5.26, 94마536).

이와 달리 채권의 양수인은 그 채권을 발생시킨 계약상의 관할합의에 —관할합의가 그 채권발생시의 채권자·채무자만을 구속한다고 해석되는 특별한 사정이 없는 한— 구속된다. 가령 대출금 채권의 양수인에게는 그 대출계약상의 관할합의의 효력이 미친다(대결 06.3.2, 2005마902). 그러나 채권이 국제적으로 거래되면 응소의 부담이 대폭 커지므로 사정이 바뀔 수 있다. 대판 08.3.13, 2006다68209은, 일본에 거주하는 A,B가 금전대여계약을 맺으면서 채권자 A의 주소지 법원을 관할법원으로 하는 전속적 합의를 한 후, A가 위 채권을 한국 거주 C에게 양도한 경우에, 위 관할합의의 효력은 C에게 미치지 않고, 따라서 한국 법원에 재판관할권이 있다고 보았다.

3-9 변론관할

3-9-1 의의

변론관할(辯論管轄; 應訴管轄; veranlaßte Zuständigkeit)이란, 원고가 관할권 없는 법원에 소를 제기하였더라도 피고가 이의 없이 “본안(本案)에 관하여” 변론하면, 이로써 생기는 관할을 가리킨다(§30). 피고가 이의 없이 변론하면 마치 관할합의가 있는 것처럼 취급해 준다는 취지이며, 실무상 예가 많다.

3-9-2 요건

(1) 원고가 관할권 없는 제1심 법원에 소를 제기했을 것

임의관할을 어긴 경우에 적용되는 것이지, 전속관할을 위반한 소제기이면 애당초 변론관할이 적용될 여지가 없다(§31). 소제기시 사물관할에 따른 합의부·단독판사에의 배정은, 사건을 접수한 법원이 처리하는 일이어서, 이때 사물관할 위반이 생길 여지는 없으므로, 소장의 청구에 대한 사물관할 위반의 변론관할은 발생할 가능성이 거의 없다. 그러나 애초에는 단독판사 사건이었으나 청구취지 확장·반소제기로써 합의부 사물관할이 된 경우에, 상대방이 이의 없이 본안변론을 하면, 변론관할이 생길 수 있다.

(2) 피고가 본안에 대한 변론을 할 것

‘본안’이란 (소송요건에 대한 심리 단계를 넘어서) 원고 청구가 이유 있는지 여부의 문제를 말한다. 답변서 제출만으로는 변론을 한 것이 아님이 당연하지만, 청구의 당부(當否)에 관하여 변론기일·변론준비기일에 조금이라도 진술을 하면, 본안에 대한 변론을 한 것이 된다. 가령 피고가 소각하판결을 신청하거나, 기일변경신청을 하거나, 법관기피신청을 하는 것만으로는, 아직 본안에 관하여 진술하지 않은 것이다. 피고가 변론기일에 "원고 청구의 기각을 구합니다."라고만 진술한 경우에, 본안에 관한 진술이 있다고 볼 것인지가 문제인데, 그렇다고 보는 것이 통설이다.

피고가 본안에 관하여 다투는 내용의 답변서를 제출한 후에 변론기일에 출석하지 않은 경우에, 법원은 그 답변서에 적혀 있는 사항을 피고가 진술한 것으로 간주할 수 있다(§148). 법원이 이러한 '진술간주'를 하면, 피고가 본안에 대한 변론을 한 것이 되는가? 변론은 말로 하는 것이 원칙이고 §148의 진술간주제도는 예외적인 것이며, 또한 변론관할을 낳는 본안변론은 피고가 적극적으로 한 변론으로 한정함이 타당하므로, 진술간주의 경우에는 변론관할이 생기지 않는다고 볼 것이다(대결 80.9.26, 80마403). 따라서 그 다음에 피고가 관할위반을 다투는 변론을 하면, 관할위반의 사건이 된다.

(3) 피고가 관할위반의 항변을 하지 않았을 것

피고가 관할위반 항변을 하면서,[24] 이와 동시에, 만약 "이 법원에 관할이 있다면"이라는 조건 하에 본안변론을 하였다면, 변론관할은 생기지 않는다.

3-9-3 효과

본안변론을 하는 시점에 관할권이 생긴다. 따라서 그 후 피고의 관할위반 항변은 허용되지 않는다. 한 번 생긴 변론관할은 그 소송계속 중에만 유효하므로, 소취하나 각하 후에 다시 제기한 소에는 그 효력이 미치지 않는다.

3-10 관할의 조사 및 기준시점

3-10-1 직권조사

심판할 법원에 관할권이 있어야 함은 소송요건이므로, 관할권 유무는 법원이 직권으로 조사할 사항이다(§32). 그러나 정확히 말하면 이 말은 전속관할에만 적용되는 것이고, 임의관할 위반은 항변사항이다(3-3-2-2 참조). 전속관할 위반의 사건은 그에 대해 본안판결을 내리더라도 흠이 치유되지 않으므로(§411,§424①iii),

---

24) 전속관할 위반은 직권조사사항이지만, 임의관할 위반은 항변사항이다(5-1-2-4 '본안전 항변' 참조).

이는 제1심뿐만 아니라 상소심에서도 직권조사하여야 한다. 임의관할 위반 여부는 1심에서만 조사하면 된다.

법원의 직권조사라는 것이 새로운 증거조사를 법원이 주도하여 하라는 의미는 아니며(6-3-3 참조), 관할권의 존재에 대해서는 원고에게 이익이 있으므로, 원고가 적극적으로 주장·증명을 하는 것이 통례이다.

3-10-2 관할결정의 표준시기

법원의 관할은 소를 제기한 때를 표준으로 정한다(§33). 소를 제기한 때란 원고가 소장을 제출한 시점을 가리킨다. 소제기시에 관할이 한 번 인정되면, 그 뒤 피고의 주소, 재산소재지 등이 변경되더라도 관할에 영향이 없다(관할항정(恒定)의 원칙). 관련재판적이 인정된 후 관할원인이 된 청구가 취하되더라도, 그리고 반소가 제기된 후 원래 관할원인인 본소가 취하되더라도, 그리고 독립당사자참가소송에서 본소가 취하되더라도 일단 적법하게 계속된 후의 소의 관할권에는 영향이 없다.

다만 사물관할 중 단독사건의 경우는, 관할항정 원칙의 예외이다. 즉 ⓐ 단독판사 사건에서 청구취지가 확장되어 그 소가의 합계액이 합의부 사건이 된 경우, ⓑ 단독판사에게 본소사건 계속 중에, 합의부 관할사건이 반소로 제기된 경우(즉 이 경우에는 반소만으로 합의관할이어야 한다)에는 합의부로 이송할 사건이 된다.

3-10-3 조사 후의 조치

조사 결과, 관할권이 있다고 인정되면, 법원은 심리를 계속하면 된다. 전속관할 위반이라고 판단되면, 곧바로 관할권 있는 법원으로 이송한다. 임의관할 위반에 대해서는 관할위반임을 파악하였더라도 법원이 바로 조치할 일은 아니며, 변론관할이 생길 여지가 있으므로, 일단 피고가 관할위반의 항변을 하는지를 지켜보아야 한다. 그 결과 관할이 생기지 않으면 이송을 하여야 한다.

관할위반임을 모르고 지나쳐서 판결선고까지 한 경우에는, a) 임의관할 위반이면 이는 그 판결선고로써 치유되고, b) 전속관할 위반이면 상소심에서 다툴 수 있다.

3-11 이송

3-11-1 의의

어느 법원에 제기된 소를 그 법원의 재판에 의하여 다른 법원으로 이전시키는 행위를 소송의 이송(移送; Verweisung)이라고 한다(§34~§40). 소제기 직후, 소송계속이 있기 전에도 이송을 할 수 있다.

소가 제기되었으나 관할위반인 경우에, 이를 이유로 곧바로 각하하여 버리면 원고가 새로 관할법원에 소제기를 하기 위해서는 시간·노력·비용이 추가로 소요되며, 때에 따라서는 이미 시효기간·제척기간을 넘겨버린 경우도 있다. 또한 수소법원에 관할권은 있지만 그 법원에서 심판하는 것이 적절하지 않을 수도 있는데, 이런 경우에도 적절한 법원으로 보낼 필요도 있다. 이에 이송제도가 마련되어 있다.

소송의 이송은 광의(廣義)의 법원, 즉 조직법상의 법원 단위에서 다른 법원으로 사건을 보내는 것, 또는 단독판사와 합의부 간에 사건을 보내는 것을 가리킨다. 따라서 하나의 법원 내의 합의부 간, 또는 단독판사 간에서 한 재판부가 사건을 다른 재판부로 보내는 '이부'(移部)와 구별해야 한다. 실무상 관련사건을 이미 가지고 있는 재판부에게로 또는 그 종류의 사건을 전문으로 취급하는 재판부에게로 보내는 이부가 종종 행해진다. 지방법원과 그 소속 지원 간에 사건을 보내는 것은 이부가 아니라 이송이다.

다른 한편, 소송이송의 결정(재판) 없이 기록송부라는 사실행위만 행해지는 경우와도 구별해야 한다. 가령 대결 16.6.21, 2016마5082은, (즉시항고가 허용되지 않고) 대법원에의 특별항고만 허용되는 제1심의 재판(집행처분에 관한 이의신청 기각결정)에 불복하여 신청인이 "항고장"을 제출하면서 "특별항고" 및 "대법원"을 표시하지 아니함에 따라, 제1심 법원이 이를 일반 지방법원 항고부에 보낸 사안에 대하여, 제1심 법원으로서는 이를 특별항고로 보아 소송기록을 대법원에 송부하여야 한다고 판시하였다. 여기서의 '소송기록 송부'는 법원의 이송결정에 따른 송부와는 다른 것으로서, ―항소장을 수령한 제1심 법원이 항소기록을 항소심 법원으로 송부하는 것처럼― 단순한 사실적 송부에 해당하는 것이다. 한편 단순히 문건 하나만 송부하는 경우도 있다. 3-11-2-1에서 보듯이, 상고장을 1심법원에 제출하면 1심법원은 —소송기록이 2심법원에 있어서 올바른 상고장 제출처는 2심법원이므로— 상고장을 2심법원으로 보내야 하는데, 이는 상고장 문건만을 송부하는, 그리고 이송결정 없이 행해지는 단순한 사실행위이다.

이송을 크게 둘로 나누면 관할위반에 따른 이송과 편의를 위한 이송으로 나눌 수 있다.

3-11-2 관할위반 이송

3-11-2-1 이송사유

(1) 총설

관할권 없는 법원에서 있는 법원으로 이송하는 것이 "관할위반 이송"이다(§34①). 전속관할 위반의 소제기가 있으면 곧바로 당연히 이런 이송을 해야 하며, 임의관할 위반이라도 변론관할 등이 생기지 않으면 이송을 해야 한다. 사물관할이든 토지관할이든 이송이 생길 수 있다.

(2) 일반법원과 전문법원 간에 그르친 소제기

가사소송사건을 일반 민사사건으로 여겨서 가정법원 아닌 지방법원에 소제기한 경우에는 이송을 하여야 한다(대결 80.11.25, 80마445[25]). 행정사건을 민사소송으로 잘못 제기한 경우에도, 수소법원으로서는 ⓐ 만약 그 행정소송에 대한 관할도 동시에 가지고 있다면(행정법원이 따로 설치되지 않은 지역의 경우임) 이를 행정소송으로 심리·판단하여야 하지만,[26] ⓑ 그 행정소송에 대한 관할을 가지고 있지 아니하다면(행정법원이 따로 설치된 서울의 경우임) 그 소제기가 명백히 부적법한 것이 아닌 이상 행정법원에 이송하여야 한다(대판 97.5.30, 95다28960;

25) 이 사건에서 문제된 소는, 가정법원의 배상판결에 대한 청구이의의 소였다. 청구이의의 소는 판결법원의 관할에 전속하도록 되어 있으므로, 이 청구이의의 소는 가정법원에 제기되어야 했던 것이다.

26) 대판 99.11.26, 97다42250; 20.1.16, 2019다264700; 20.4.9, 2015다34444 등은, 원고가 고의·중과실 없이 행정소송사건을 민사소송으로서 잘못 제기하였는데 수소법원이 그 행정소송관할도 동시에 가지고 있다면 —전심절차·제소기간 도과 등으로 행정소송요건을 결하여 어차피 부적법한 것이 아닌 이상— 법원은 석명권을 행사하여 원고에게 소변경을 하도록 해야 한다고 했다.

18.7.26, 2015다221569).[27] 이렇게 이송할 때, 제소기간 준수 여부는 처음에 소를 제기한 때를 기준으로 판단한다(대판 22.11.17, 2021두44425). 회생사건에 관해서는 아직 판례가 없지만, 이것이 일반 민사법원에 소제기되었다면 역시 회생법원에 이송해야 한다.

(3) 심급관할을 위반한 소제기

가령 지방법원 합의부에 제출해야 할 소장을 고등법원에 제출한 경우에, 고등법원이 지방법원으로 그 소장을 보내면, 이는 이송인가 아니면 단순한 문건송부인가? 후자라면 지방법원에 소장이 도달한 날을 기준으로 기간준수 여부를 판단해야 한다. 해당 판례는 없고, 학설은 이송설이 다수설이다.

한편 재심 소장을 어디에 제출해야 하는지는 복잡한 문제라서(15-5-2-3 & 15-5-4-1), 오류제출 사례가 많고 따라서 판례도 많다. 가령 항소심 판결에 대한 재심의 소는 그 항소심 법원에 제기하여야 하는데 이를 1심법원에 제기한 경우, 1심법원은 그 소를 항소심 법원에 이송하여야 한다(대판-전 84.2.28, 83다카1981). 최종심이 3심이라도, 항소심 판결의 사실인정에 자료가 된 문서의 위조·변조를 이유로 한 재심의 소의 관할법원은 2심인데, 그 재심소장을 3심에 제출한 경우에도 역시 이송을 해야 한다(대판 84.4.16, 84사4 등).

(4) 심급관할을 위반한 상소의 제기

판결에 대한 상소는 그 판결법원(=원심법원)에 해야 한다('상소장 원심제출주의'). 소송기록이 판결법원에 있다는 점 및 재판장의 상소장 심사절차 등을 고려한 제도이며, 상소기간 준수 여부는 당연히, 원심법원에 상소장이 제출된 날을 기준으로 한다.[28] 그런데 1심 판결에 대하여 (a-1) 2심법원에 또는 (a-2) 대법원에 항소장을 제출한 경우, 그리고 2심판결에 대하여 (b-1) 대법원에 또는 (b-2) 1심법원에 상고장을 제출한 경우에, 이송으로 처리할 것인가, 아니면 단순

27) 만약 이미 제소기간 도과 등으로 행정소송으로서의 소송요건을 결하고 있음이 명백하다면 —이송이 아니라— 각하해야 한다(대판 20.10.15, 2020다222382).

28) 심급관할 위반이 아니라, 서울민사지방법원에 제출해야 할 항소장을 서울동부지원에 제출한 경우에는, 서울동부지원이 그 문건을 송부하여 서울민사지방법원에 항소장이 도착한 날 항소제기가 있다고 보았다(대결 92.4.15, 92마146). 그리고 서울북부지원에 제출해야 할 항소장을 서울북부지청에 제출하고 북부지청이 그 문건을 서울북부지원으로 보내온 경우에는, 법원 접수일을 기준으로 항소기간 준수여부를 판단하였다(대결 87.12.30, 87마1028).

한 문건송부로 처리할 것인가?

(b-1)에 대해서는 대판 81.10.13, 81누230이, (b-2)에 대해서는 대판 10.12.9, 2007다42907이 각각, (각각 애초의 상고장 접수법원이 2심법원으로 그 문건을 송부한 후) 2심법원에 상고장이 접수된 날을 기준으로 상고기간 도과 여부를 판단했다. (a-1), (a-2)에 대해서도 마찬가지로 판단할 것으로 보인다. 그러나 재심의 소 제기와 항소 제기를 굳이 달리 취급해야 할 이유가 무엇인지, 특히 아래의 항고장 착오제출시의 이송과 달리 취급해야 할 이유가 무엇인지는 분명하지 않다.

즉 1심 결정에 대하여 즉시항고할 사건에서 "재항고장"으로 기재하여 제출이 됨으로써 그 기록을 송부받게 된 대법원은, 이를 그 관할법원인 항고법원으로 이송하여야 한다고 했다(대결-전 95.1.20, 94마1961).

(5) 소송과 비송 간

비송사건인데 소의 형식으로 제기한 경우에, 과거의 대법원은 이를 각하대상이라고 했으나, 최근에는 그것이 소송이든 비송이든 처리해 달라는 의사를 포함하고 있다면, 이를 비송사건신청으로 보아 재배당·이송 등으로 처리해 주어야 한다고 했다(1-7-4 참조; 대판 23.9.14, 2020다238622). 소송과 비송의 경계가 당사자에게 명확하지 않은 점 및 소송경제의 요구 등을 감안하면, §34①을 유추하여 이송으로 처리하는 것이 타당할 것이다(통설).

3-11-2-2 이송할 범위

소의 전부가 관할위반이면 당연히 전부 이송한다. 일부가 관할위반이고 다른 법원의 전속관할에 속하며, 관할위반 아닌 부분에 대해서 그 다른 법원에 임의관할이 있거나 관련재판적이 인정되면 전부를 이송할 일이다. (거의 상정하기 어렵지만) 소 중 A부분은 현 법원의 전속관할, B부분은 다른 법원의 전속관할이면, B부분만 이송한다.

3-11-2-3 직권이송

관할위반의 경우의 이송은, 법원이 직권으로 하는 것이다. 현 법원에 관할권이 없고, 관할권 있는 법원이 여럿 존재하면, 당사자가 희망하는 법원으로 이송할 일이다. 관할위반 이송에 있어서는 당사자에게 '이송신청권'이 없으며, 당사자가 관할위반을 이유로 한 이송신청을 하였더라도 이는 단지 법원의 직권발동을 촉구하는 의미밖에 없다는 것이 판례이다(대결-전 93.12.6, 93마524; 대결 18.1.19, 2017마1332). 따라서 관할위반을 이유로 한 이송신청이 있으면, 별도로 신청사건번호를 부여하지 않으며, 별책으로 사건기록을 편철하지도 않는다. 여기서의 이송신청을 거부하는 재판을 하였더라도 항고는 물론 특별항고도 허용되지 않는다(15-4-5-2).

3-11-2-4 관할위반이지만 이송 않는 경우

관할위반이라도 이송을 하지 않을 수 있는 경우가 있다. 원래 단독사건이어서 지방법원 합의부에게는 관할권 없는 소송사건을 합의부가 가지고 있는 경우에, 그 합의재판부는 —상당하다고 인정하면— 직권 또는 당사자의 신청에 따라 이를 스스로 심리·재판할 수 있다(§34③). 다만 단독판사에게 전속관할이 정해져 있는 소에 대하여는 이 규정을 적용하지 않는다(§34④).

3-11-3 편의이송

3-11-3-1 현저한 손해나 지연을 피하기 위한 이송(§35)

(1) 관할이 A법원에도 B법원에도 있고 A법원에 소가 제기되었는데, B법원에서 재판하는 쪽이 손해나 지연을 피하는 길일 때에, B법원으로 이송하는 제도이다. 여기서 '현저한 손해'라 함은, 피고 쪽에 소송수행상의 부담이 크고 비경제적인 경우를 가리킨다.

대결 07.11.15, 2007마346은, 소가 안산지원에 제기되어 광주광역시에 주소를 둔 피고에게 소송수행상 많은 비용과 시간이 소요된다는 사정만으로는 §35의 현저한 손해나 소송지연을 가져올 사유에 해당하지 않는다고 보았다(대결 98.8.14, 98마1301; 10.3.22, 2010마215). 수십년 간 대법원은 '현저한 손해나 지연'이라는 요건을 엄격하게 해석해 오고 있으며, 이 요건을 충족하지 못했다고 해서 이송신청을 기각한 하급심 결정을 파기한 사례는 없다. 따라서 §35를 근거로 한 이송결정은 실무상 거의 없다.[29]

29) 이 때문에 2002년 민사소송법에 §36를 넣는 등 '입법'에 의한 편의이송이 만들어지고 있다.

(2) 이 이송은 신청 또는 직권으로 한다. 현 법원의 전속관할에 속하는 사건을 §35의 편의이송으로써 이송할 수 없음은 당연하다. 편의이송신청에 대해서는 별도의 신청사건번호를 부여하고, 별책으로 편철한다.

3-11-3-2 지식재산권 등에 관한 소송의 이송(§36)

(1) 3-4-3-14에서 본 바와 같이, '특허권등'을 제외한 지식재산권과 국제거래에 관한 소에 관해서는 원래의 보통재판적·특별재판적 소재지 관할법원 외에도 서울중앙·부산·대구·대전·광주·수원지방법원에도 추가로 관할권이 인정되므로(§24①), 복수의 관할법원이 존재한다. 그런데 원래의 보통재판적·특별재판적 소재지 관할법원에 이러한 소가 제기된 경우에, 그 법원은 서울중앙·부산·대구·대전·광주·수원지방법원 중 그 사건 관할권을 추가로 가지는 법원에 —직권 또는 신청에 따라— 그 소송을 이송할 수 있다. 다만, 이로 인하여 소송절차를 현저하게 지연시키는 경우에는 그러하지 아니하다(§36①). 편의이송의 일종이며, 이는 전속관할이 정하여져 있는 소의 경우에는 적용하지 아니한다(§36②).

(2) 역시 3-4-3-14에서 본 바와 같이, 특허권등에 관한 소(§24②)는 서울중앙·부산·대구·대전·광주·수원지방법원 중의 1곳에 전속관할이 생기고 서울중앙지방법원에도 관할이 생긴다. 즉 서울 사건이면 관할법원이 1곳이고 나머지 지역의 사건이면 관할법원이 2곳이 된다. 그런데 이처럼 §24②가 원래 보통재판적·특별재판적 규정에 따른 관할법원의 관할권을 배제하였음에도 불구하고, 그 원래 관할법원에서 소송을 진행하는 쪽이 소송경제상 더 나을 수도 있다. 이럴 때를 대비하여, 특허권등에 관한 소를 관할하는 서울중앙·부산·대구·대전·광주·수원지방법원은 —현저한 손해 또는 지연을 피하기 위하여 필요한 때에는— 직권 또는 신청에 따라 원래의 보통재판적·특별재판적 규정에 따른 지방법원으로 이송할 수 있다는 규정이 마련되어 있다(§36③). 원래 편의이송은 전속관할 사건에서는 적용되지 않는 것이지만, 예외적으로 이런 규정을 둔 것이다.

3-11-3-3 단독판사로부터 합의부에로의 이송

지방법원 단독판사는 —소송에 대하여 관할권이 있는 경우라도— 상당하다고 인정하면 그 소송을 같은 지방법원 합의부에 이송할 수 있다(§34②). 직권 또는 신청에 따라 이송한다. 소액사건도 본조에 기하여 지방법원 합의부로 이송할 수 있다(대결 74.7.23, 74마71). 지방법원 단독판사에게 전속관할이 정하여진 소에 대하여는 이 조항이 적용되지 않는다(§34④).

3-11-4 이송절차

이송신청은 기일에 출석하여 하는 때가 아니면 서면으로 해야 하고, 신청이유를 밝혀야 한다(규§10). 이송의 재판은 결정의 형식으로 한다. 그러나 원심판결이 관할위반임을 이유로 상소심이 이를 파기하면서 관할법원으로 이송하는 때에는(§419,§436), 예외적으로 판결의 형식으로 한다. 관할위반 이송의 신청이 있는 때에는 당사자에게 의견진술 기회를 제공할 필요가 없지만, 편의이송의 신청이 있는 때에는 당사자에게 의견진술 기회를 주어야 한다(규§11).

편의이송에 있어서는 —§35의 이송신청은 대부분 기각하는 것이 실무이기는 하지만— 당사자에게 이송신청권이 인정되고, 법원의 허부판단은 그 이송신청권 행사에 대한 답변이므로, 법원의 이송결정 및 이송신청기각결정 양자에 대하여 모두 즉시항고가 가능하다(§39).

그러나 관할위반 이송에 있어서는 판례가 다르게 보고 있다. 즉, 관할위반 이송결정에 대해서는 §39에 따라 당사자가 즉시항고를 할 수 있지만, 이송신청 기각결정에 대해서는 —당사자의 '이송신청권'이 없다는 이유로— 대법원은 당사자가 즉시항고를 할 수 없다고 보고 있다(대결-전 93.12.6, 93마524).

3-11-5 이송의 효과

3-11-5-1 이송결정의 기속력

이송결정이 확정되면, 이송을 받은 법원은 그 이송결정에 따라야 하고(§38①), 이송받은 법원은 그 소송사건을 원래 법원 또는 다른 법원으로 되돌리는 조치를 하지 못한다(§38②). 이를 '이송결정의 기속력(구속력)'이라고 부른다. "그 이송결정이 잘못된 것인 경우에도"(가령 이송한 A법원에 임의관할이 있고 이송받은 B법원에는 임의관할이 없는 경우에도) 그러하다고 해석되고 있다. 이렇게 정해 둔 이유는, 사건처리를 서로 떠넘기는 일이 생기지 않도록 하자는 취지이다.

위 조항이 임의관할 위반의 이송에 적용됨은 당연하나, 이를 전속관할 위반의 이송에도 적용할 것인지에 대해서는 견해가 나뉜다. 판례는, 전속관할에 위배한 이송결정에도 이 조항이 적용된다고 한다(대결 95.5.15, 94마1059). 다만 심급 간의 이송에 관해서는, —이송받은 법원이 하급심 법원인 때에는 심급관할을 위배한 이송결정에 기속력이 있지만— 이송받은 법원이 상급심 법원인 때에는 심급관할을 위배한 이송결정에 기속력이 없다고 한다(위 94마1059; 대결 07.11.15, 2007재마26; 09.4.15, 2007그154). 만약 기속력이 이송받은 상급심 법원에도 미친다면, 당사자의 심급의 이익을 박탈할 뿐만 아니라, 이송받은 법원이 법률심인 대법원인 경우에는 새로운 소송자료의 수집과 사실확정이 불가능한 탓에 당사자의 주장·입증기회가 박탈되는 불합리가 생기기 때문이라고 한다(위 94마1059).

3-11-5-2 처음부터 소송계속 간주

이송결정이 확정된 때에는 소송은 처음부터 이송받은 법원에 계속(係屬)된 것으로 본다(§40①). 따라서 애초의 소제기에 의한 시효중단 및 기간준수의 효력이 그대로 유지된다. 관할위반을 이유로 한 이송의 경우에도 그렇게 본다는 것이 통설·판례(대판-전 84.2.28, 83다카1981)이다.

그리고 이송결정이 확정되면, 실무적 조치로서, 이송결정을 한 법원의 법원사무관등은 그 결정의 정본을 소송기록에 붙여, 그 기록을 이송받을 법원에 보내야 한다(§40②).

3-12 법관의 제척, 기피, 회피

3-12-1 법관의 중립성 보장

법원의 재판에 대한 신뢰를 확보하기 위하여, 법관의 제척·기피·회피 제도가 마련되어 있다. 법관은 사건 당사자가 가족이더라도, 혹은 가까운 친구이더라도 당연히 공정한 재판을 하여야 하는 것이고, 중립적이고 공정한 재판은 법관의 존재이유이다. 그런데 법관 스스로가 공정하여야 한다는 것 못지않게 중요한 점이, 법관은 공정하게 보여야 한다는 것이다.

재판에 대한 공연한 의심을 근본적으로 배제하기 위해서는, 소송당사자가 법관과 일정한 관계에 있거나 기타 공정하지 않게 보일 수 있는 사정이 있을 때에는 법관이 그 재판을 하지 않도록 정할 필요가 있고, 그러한 제도가 법관의 제척·기피·회피이다. 즉 제척·기피·회피 제도는, 법관에게 이익충돌의 우려가 있을 때 그 우려를 제거하기 위한 제도일 뿐만 아니라, 재판에 대한 공연한 오해와 불신을 미리 방지하기 위하여 만들어진 것이다.[30)]

제척은 공정성 훼손우려가 있는 상황을 유형화하여 그 사유가 있을 때에는 법관이 당연히 그 직무에서 배제되도록 한 제도이고, 기피 및 회피는 그 외의 공정성 훼손우려가 있는 경우를 다루기 위한 것이다. 기피는 당사자 쪽에서 불공정 우려의 사정을 들어서 법관의 직무집행을 배제하여 달라고 요구하는 제도이며, 회피는 법관 스스로 오해를 없애기 위하여 직무에서 물러나는 것이다. 법원사무관등에 대하여도 위 제척·기피·회피의 규정을 준용한다(§50).

3-12-2 법관의 제척

3-12-2-1 의의

제척(除斥; Ausschließung)이란, 법관이 구체적인 사건과의 관련에 있어서, 법률이 정한 특수한 관계가 있는 때에 당연히 법률에 의하여 그 사건의 직무집행에서 배제되는 제도이다(§41).

3-12-2-2 제척사유

제척사유(제척이유)에는 두 가지 종류가 있는데, 하나는 '법관이 사건당사자와 일정한 관계에 있는 때'이고, 다른 하나는 '법관이 그 사건에 이미 관여한 때'이다. §41가 정한 다섯 가지 제척사유 중에서 1·2호는 사건의 당사자와 관계되는 사유이고, 3·5호는 사건에 이미 관여하였다는 사유이다. 4호는 문언만 보면 마치 당사자와 관계되는 사유인 듯이 보이지만, 사건에 관계되는 사유로 해석되어야 한다.

(1) 1호— 법관 또는 그 배우자나 배우자이었던 사람이 사건의 당사자가 되거나, 사건의 당사자와 공동권리자·공동의무자·상환의무자의 관계에 있는 때 :

---

30) 그러나 법관의 제척·기피·회피 제도를 설계할 때에는, 법관은 재판을 피해야 하는 사람이 아니라 원래 재판을 업으로 하는 사람이고 자신의 안위와 상관없이 재판을 담당해야 하는 사람이라는 점도 유의해야 한다. 즉 법관에게는 재판할 의무(duty to sit)가 있다.

여기의 '배우자'에는 법률상 배우자만 포함되고 사실상의 배우자 및 약혼자는 포함되지 않는다. '당사자'는 원·피고와 당사자참가인뿐만 아니라, 보조참가인 그리고 기판력·집행력이 미치는 사람을 모두 포함한다(2·4호의 해석에서도 같다). §41의 각호의 '사건'이라 함은, 현재 계속중인 당해사건을 가리킨다.

당사자가 주식회사이고 법관이 그 회사의 주주·채권자인 경우는 1호에 해당하지 않는다는 해석이 통설이다. 그러나 대법원은 위 '공동권리자·공동의무자·상환의무자'를 넓게 해석한다. 즉 종중이 소송당사자가 된 사건에서 —엄격히 보면 그 종중원은 별도의 권리의무주체이고 그 종중원이 곧바로 종중과 공동권리자·공동의무자가 될 수는 없을 터이지만— 위 공동권리자·공동의무자를 "소송의 목적이 된 권리관계에 관하여 공통되는 법률상 이해관계가 있어 재판의 공정성을 의심할 만한 사정이 존재하는 지위에 있는 관계를 의미"한다고 하면서, 종중원인 법관은 이에 해당한다고 하였다(대판 10.5.13, 2009다102254).

(2) 2호— 법관이 당사자와 친족의 관계에 있거나 그러한 관계에 있었을 때 : 친족이라 함은 민법 §777조의 친족(8촌 이내 혈족 + 4촌 이내 인척 + 배우자)을 가리킨다.

(3) 3호— 법관이 사건에 관하여 증언이나 감정을 하였을 때

(4) 4호— 법관이 사건당사자의 대리인이었거나 대리인이 된 때 : '대리인'이라 함은 임의대리인과 법정대리인을 모두 포함한다. 그런데 2002년의 민사소송법 전부개정(법률 제6626호; 2002.7.1. 시행)시에 4호의 문언이 변경되면서 해석에 문제가 생겼다. 위 개정 전의 §37 4호는 "법관이 사건에 관하여 당사자의 대리인이 되거나 되었던 때"라고 적고 있어서, 법관이 "당해 '사건'의 대리인"이었던 경우만을 제척사유로 정하고 있다고 해석되고 있었다. 4호에 대응하는 독일과 일본의 민사소송법 조문도 이와 같이 정하고 있다. 그러나 2002년 개정시에 현재와 같이 표현이 변경되면서, "당해 '사건당사자'의 대리인"이었던 경우를 가리키는 것으로 해석될 수 있게 되었고,[31] 이렇게 해석하면 소송건수가 많은 대기업 또

31) "법관이 사건당사자의 대리인이었던 때"라는 문구를 문리해석한다면 이것이 '법관이 당해 사건에 관여했던 경우'만 문제삼는 제척사유라고 해석하기는 어렵지만, 연혁상으로도 실무상으로도 이는 그렇게 해석할 수밖에 없다. 위 문구는 법률개정시의 실수이며, 다시 개정되어야 한다. 그 외에도 현행 제척사유 조항에는 문제가 많다. 자세한 내용은 전원열, "법관 제척사유의 재검토", 저스티스 173, 67 참조.

는 단체의 대리인이었던 적이 있는 사람이 법관이 되는 때에는 여러 사건에서 제척사유가 발생하게 된다. 법개정이 필요하다.

(5) 5호— 법관이 불복사건의 이전심급의 재판에 관여하였을 때 : 줄여서 전심관여(前審關與)라고 부른다. 이미 관여했던 사건을 다시 담당하면서 가질 수 있는 예단을 방지하고, 심급제도의 취지를 유지하려는 것이다. 인사이동 및 상급심에로의 전출이 많은 한국의 법관인사 시스템 때문에, 실무상 가장 많이 문제되는 사유이다.

'관여'라 함은 최종변론·판결합의·판결작성 중의 하나에 관여하는 것을 가리키는 것일 뿐이고, 변론준비절차나 최종변론 전의 변론에 참여하는 일, 증거조사, 기일지정, 판결선고기일에 참여하는 것만으로는 전심관여가 아니라고 해석되고 있다(대판 94.8.12, 92다23537; 97.6.13, 96다56115). 인사이동 과정에서 일시적으로 (실질적 심리에 관여하지 않으면서) 사건과 관계를 맺는 경우에서까지 법관을 제척시킬 필요가 없다는 고려에서이다. 그리고 다른 법원의 촉탁에 따라 그 직무를 수행한 경우, 즉 수탁판사로서 일한 경우에는 제척사유가 되지 않는다(5호단서).

'이전심급의 재판'이란 하급심의 재판을 가리키며, 종국판결뿐만 아니라 중간판결도 (상급심의 판단대상이 되므로) 이에 해당한다(위 96다56115). 직전 심급만을 가리키는 것이 아니므로, 대법관이 당해 사건의 제1심 재판에 관여하였다면, 이에 해당한다. 그러나 5호는 심급제도의 취지를 유지하려는 것이므로, 하급심이 아닌 다른 종류의 절차들에 관여하였다는 것은 —기피사유가 될 수 있을지언정— 본호에 해당하지는 않는다. 가령 ⓐ 재심의 대상이 된 재판에 관여하였다는 사정은 현 재심사건에서 제척사유가 아니고(대판 88.5.10, 87다카1979; 00.8.18, 2000재다87), ⓑ 집행권원이 되는 판결에 관여하였다는 점이 현 청구이의의 소에서 제척사유가 아니며, ⓒ 가압류·가처분결정에 관여하였음이 현재의 본안소송에서 제척사유가 아니다. 또한 ⓓ 본안사건에 관여했다는 점이 그 후의 집행문부여이의의 소나 강제집행정지 신청사건에서 제척사유가 아니고(대결 69.11.4, 69그17), ⓔ 법관기피신청사건의 재판에 관여했었다는 점이 기피신청이 있었던 그 본안사건을 담당하게 되는 데에 제척사유가 아니며(대결 91.12.27, 91마631), ⓕ 소송상화해에 관여했던 법관이 그 화해내용에 따라 목적물 인도를 구하는 소송에 관여한다고 해서 제척사유는 아니다(대판 69.12.9, 69다1232). ⓖ 또한 대부분의 학설은, 환송·이송되기 전의 원심판결에 관여했던 경우도 전심관여에 해당하지 않으며, 다만 상고심 파기환송에 관한 §436③의 배제규정을 적용받을 뿐이라고 해석한다.

3-12-2-3 제척의 절차

제척사유가 있는지는 직권조사사항이며, 법원은 제척의 이유가 있는 때에는 직권으로 또는 당사자의 신청에 따라 제척의 재판을 한다(§42). 제척사유가 있음이 명백하여 당해 법관 스스로가 직무집행에서 물러나면 '회피'에 해당하게 된다. 실무상으로는 종종 이부(移部) 또는 재배당(再配當)으로써 처리한다. 제척사유 유무에 관하여 의문이 있거나 제척신청이 있을 때에는 법원이 그 유무를 확인하는 재판을 해야 한다. 제척신청에 대한 판단절차는 기피의 절차와 거의 같다(§44~§48).

당사자가 제척사유 있음을 주장하여 제척신청을 할 때, 합의부 법관에 대한 제척신청은 그 합의부에, 수명법관·수탁판사·단독판사에 대한 제척신청은 그 법관에게 이유를 밝혀 신청하여야 하며(§44①), 그 이유 및 소명방법은 제척신청일로부터 3일 이내에 서면으로 제출해야 한다(§44②). 제척신청이 §44의 형식·절차에 어긋나거나 소송지연을 목적으로 하는 것이 분명한 경우에는 신청을 받은 법원 또는 법관은 스스로 결정으로 그 신청을 각하한다(§45①; 이른바 '간이각하'). 이 각하결정에 대한 즉시항고는 집행정지의 효력을 가지지 않는다(§47③). 이 단계를 넘어가면, 그 제척신청사건은 제척신청을 당한 법관의 소속 법원 합의부에서 '결정'으로 판단한다(§46①). 제척신청에 정당한 이유가 있다는 결정에 대하여는 불복할 수 없다(§47①). 반면에 제척신청 각하결정 또는 제척신청이 이유 없다는 결정에 대하여는 즉시항고를 할 수 있다(§47②).

3-12-2-4 제척의 효과

제척사유 있는 법관은, 종국적 재판뿐만 아니라 기일지정·증거조사 등 일체의 소송행위를 할 수 없다. 다만 ⓐ 종국판결의 선고, ⓑ 긴급을 요하는 행위(가령 멸실 우려 있는 증거물의 조사)(이상 §48단서), ⓒ 수탁판사로서의 업무(§41v단서)는 할 수 있다. 제척신청이 있으면 그 재판이 확정될 때까지 법원은 소송절차를 정지하여야 하지만(§48본), 제척신청이 있는 상태에서도 위 ⓐ,ⓑ,ⓒ를 할 수 있으며, 또한 제척신청이 각하되고 나면 (각하결정이 확정되기 전에도) 직무를 행할 수 있다(§48단서).

제척사유가 있으면 법관이 직무집행에서 즉시 배제되는 것이므로, 제척신청에 따른 제척결정은 확인적 성격의 결정이다. 제척사유가 있는 법관이 판결에 관여했으면, 이는 판결확정 전에는 절대적 상고이유(§424①ii)이고, 확정 후에는 재심사유(§451①ii)이다.

3-12-3 법관에 대한 기피

3-12-3-1 의의

§41가 정하는 제척사유는 없더라도, 당사자 입장에서 재판의 공정성을 의심할 수 있는 사유가 있는 경우에, 당사자의 신청에 의하여 법관을 직무집행에서 배제시키는 제도를 기피(忌避; Ablehnung)라고 한다. 제척의 재판은 확인적이지만, 기피의 재판은 형성적이다. 기피사유는 구체적 상황에 따라 다양할 수 있으며, 그때그때 법원이 판단을 해야 한다.

3-12-3-2 기피사유

(1) §43는 기피신청의 사유로서 "법관에게 공정한 재판을 기대하기 어려운 사정이 있는 때"라고 정하고 있다. 이 사정은, 신청인의 주관적인 사정이 아니라, 일반인의 입장에서 법관과 사건 간의 관계를 볼 때 재판이 불공정하리라는 의혹을 가지는 것이 합리적이라고 인정할 수 있는 객관적인 사정을 가리킨다. 그런 객관적인 사정이 있는 때에는 실제로 그 법관에게 편파성이 없거나 헌법·법률이 정한 바에 따라 공정한 재판을 할 수 있는 경우에도 기피가 인정될 수 있다(대결 19.1.4, 2018스563). §43의 기피사유는, §41 각호의 제척사유를 포괄하는 것으로서, 제척사유에 해당하지 않더라도 법관에게 불공정 우려가 있는 경우 전반을 가리킨다.

(2) 우선 재판당사자와 법관 사이에 —제척사유는 아니지만 그에 준하는— 관계가 있는 경우가 이에 해당한다. 약혼관계, 사실혼관계, 친밀한 우정관계, (민법상 친족은 아니지만) 친척관계, 법관이 법인당사자의 주주인 경우 등이 그 예이다.

(3) 당사자와 법관 사이에 직접적 관계가 없더라도, 예컨대 재벌가의 구성원

과 그 배우자 간의 이혼사건에서, 재벌기업 전문경영인과 담당법관이 각별한 사이여서, 평균적 일반인의 관점에서 볼 때 법관의 불공정성에 대한 의심을 할 만한 객관적인 사정이 있다면, 기피가 인정될 수 있다(위 2018스563).

(4) 실무상 자주 문제되는 것은 한쪽의 대리인(변호사)과 법관 사이의 관계이다. 전관예우(前官禮遇)의 존재를 많은 국민이 믿고 있는 우리 사회에서, 대리인과 법관 사이의 관계가 상대방 측에 줄 불공정 우려를 유의해야 한다. 그러나 다른 한편으로 법관과 대리인 간에 약간이라도 관련이 있는 경우에 모두 기피사유를 인정하게 되면, 대리인의 헌법상 직업의 자유를 침해하는 문제가 발생할 수도 있고, 법원의 재판업무에 지장을 초래할 수도 있다. 일단 적어도, 법관과 대리인 사이에 제척사유 제1·2·4호의 관계, 약혼관계, 사실혼관계, 친밀한 우정관계, 일정한 친척관계가 존재하면, 기피사유를 인정할 수 있을 것이다.

그뿐만 아니라, 기피사유 해당 여부와 별도로, 변호사법은 대리인과 법관 사이의 연고관계가 재판의 공정성에 대한 국민의 신뢰에 미칠 영향을 우려한 조항을 두고 있다. 법관과 검사가 퇴직하여 변호사로 일하는 경우에 그는 퇴직 1년전~퇴직시까지 근무한 법원·검찰청의 사건을 1년간 수임할 수 없게 되어 있다(동법§31③). 법무법인·유한법무법인·법무조합(이하 "법무법인등")의 경우에는 담당변호사로 지정되면 이 금지규정을 적용받게 되며, 법무법인등에서 담당변호사로 표시하지 않은 채로 실질적으로 사건에 관여하는 경우 역시 금지된다(§31④).

(5) 위와 같은 변호사법상의 사유 및 아래 3-12-4에서 볼 법관윤리 권고의견의 회피사유가 없는 이상(이런 사유가 있으면, 이미 법원이 변호사에게 사건대리 불가통지를 했거나 재배당 등으로 담당법관을 교체했을 터이다), 실무상 당사자의 기피신청을 법원이 받아들이는 사례는 거의 없다. '편파적 소송진행'을 사유로 들어서, 법관이 불공정하다고 하면서 당사자가 기피신청을 하는 경우가 실무에서 종종 있는데, 때로는 이 신청이 당사자의 "재판부 쇼핑(shopping)" 수단이 될 때도 있으므로, 법원은 일반적으로 기피신청을 부정적으로 바라보고 있고, 대부분의 법관기피신청은 기각 또는 각하되고 있다. 예컨대, 채택했던 증거를 법원이 일부취소하였다는 사정(대결 93.8.19, 93주21), 재판장 변경에 따라 상대방 당사자가 소송대리인을 교체하였다는 사정(대결 92.12.30, 92마783)을 사유로 든 기피신청은 모두 기각되었다.

3-12-3-3 기피신청의 절차

합의부 법관에 대한 기피신청은 그 합의부에, 수명법관·수탁판사·단독판사에 대한 기피신청은 그 법관에게 이유를 밝혀 신청하여야 하고(§44①), 기피의 이유와 소명방법은 신청한 날부터 3일 이내에 서면으로 제출하여야 한다(§44①).

기피사유를 알게 되었으면 지체없이 기피신청을 하여야 하며, 당사자가 법관을 기피할 이유가 있다는 것을 알면서도 본안에 관하여 변론하거나 변론준비기일에서 진술을 한 경우에는 기피신청을 하지 못한다(§43②). 이 점에서, 절차 중 어느 단계에서나 직권조사가 필요하고 배제효과를 낳는 제척과 다르다. 기피신청 후에 사건이 다른 재판부로 재배당되어, 기피당한 법관이 그 사건에 관하여 직무를 집행할 수 없게 된 경우에는, 신청이익이 없으므로 신청이 각하된다(대판 92.9.28, 92두25).

3-12-3-4 기피신청에 대한 재판

(1) 기피당한 법관 본인의 재판 : 기피신청이 §44의 형식·절차에 어긋나거나 소송지연을 목적으로 하는 것이 분명한 경우에는 신청을 받은 법원 또는 법관은 스스로 결정으로 그 신청을 각하한다(§45①; 이른바 '간이각하'). 이 간이각하는 —법관 자신이 기피대상인 사건에 대해 법관 스스로 판단하는 것이어서 자연적 정의의 원칙(6-1-1)에 반하는 것이므로— '재판부 쇼핑'을 위한 기피신청권 남용 사례를 방지하고자 예외적으로 입법된 것일 뿐이고, 이런 형식의 재판을 다른 절차에도 확대해서는 안 된다. 기피신청을 당한 법관은 "소송지연을 목적으로 하는 신청인지 여부"를 판단해야 한다.

(2) 다른 합의부의 재판 : 위 각하를 면하면, 그 기피신청사건은 기피당한 법관의 소속 법원 합의부에서 '결정'으로 판단한다(§46①). 기피신청을 당한 법관을 빼고 나서 그 법원에서 합의부가 구성되지 않으면(소규모 지원에서는 이런 일이 있을 수 있다), 바로 위의 상급법원이 결정하여야 한다(§46③). 기피를 당한 법관은 위 절차에 관여할 수 없으며, 다만 기피신청에 대한 의견서를 제출하여야 한다(§46②).

(3) 기피신청에 정당한 이유가 있다는 결정(실무상 거의 없음)에 대하여는 불복할 수 없다(§47①). 반면에 위 §45①의 각하결정 또는 기피신청이 이유 없다

는 결정에 대하여는 즉시항고를 할 수 있다(§47②). 위 §45①의 각하결정에 대한 즉시항고는 집행정지의 효력을 가지지 아니하므로(§47③), 기피신청 당사자가 신청당한 법관 본인으로부터 각하결정을 받고 즉시항고를 하더라도 —즉시항고의 결과를 기다리지 아니하고— 그 법관이 그 재판을 계속해서 진행할 수 있고, 실제로 대개 그렇게 진행한다.

3-12-3-5 기피신청의 효과

(1) 본안소송절차의 정지

법원은 기피신청이 있는 경우에는 그 재판이 확정될 때까지 소송절차를 정지하여야 한다(§48본). 다만, 기피신청이 각하된 경우(간이각하 포함) 또는 종국판결을 선고하거나 긴급을 요하는 행위를 하는 경우에는 그러하지 아니하다(§48단서). 이처럼, 기피신청이 있더라도, 본안사건 담당 법원은 §48 단서에 의하여 종국판결을 선고할 수 있고, 그렇게 선고하고 나면 그 담당 법관을 그 사건의 심리재판에서 배제하고자 하는 기피신청의 목적은 사라지는 것이므로 기피신청에 대한 재판을 할 이익이 없다(대결 08.5.2, 2008마427).

(2) 정지하지 않고 진행한 경우

기피신청 후 이에 대한 법원의 판단에 시간이 소요되어 얼마간 소송절차가 정지되어 있는데도, 법원이 이 기간 동안 변론기일을 진행하는 일이 있을 수 있다. ① 변론기일 진행 후 기피 인용결정이 내려지면, 그 동안 진행한 절차는 위법하며, 만약 법원이 판결을 선고했다면 그 판결에는 상고이유·재심사유가 생기게 된다.

② 변론기일 진행 후 기피신청을 기각·각하하는 결정이 내려지면, 그 동안 진행한 절차의 위법은 치유되는가? 이에 대해서는 얼핏 보기에 상반되는 듯한 판결례들이 있다. 대법원은, ⓐ 본조에 따라 정지를 해야 하는데도 그러지 않고 소송을 진행하여 판결선고기일을 지정했으면 —그 후 기피신청의 기각·각하 결정이 내려지는 경우에는— 기일지정결정에 대하여 별도로 항고할 수는 없고, 그 종국판결에 대한 불복절차(즉 항소나 상고)로써 다투어야 한다(대결 00.4.15, 2000그20)고 했고, ⓑ 소송을 진행하여 판결을 선고했으면 역시 하자가 치유되어 판결선고가 유효하다(대판 78.10.31, 78다1242)고 함으로써, 위법이 치유되는 듯이 판단했

다. 그러나 다른 한편으로 대법원은, ⓒ 소송절차를 정지해야 하는 기간 중에 법원이 진행한 변론기일에 당사자 불출석이 있다고 해서 쌍방불출석(8-5-2)의 효과를 부여할 수는 없으며, 이는 그 기피신청이 각하되어 확정되더라도 마찬가지(대판 10.2.11, 2009다78467)라고 판단했다.

판결에 대해 상급심에서 다툴 기회가 있는 ⓐ,ⓑ의 경우와 달리, ⓒ의 경우는 ―쌍방불출석으로 인한 소취하가 유효하다면― 그 소송이 종료되어 버린다는 차이가 위 각 결론의 배경에 있다고 보인다.

3-12-4 법관의 회피

회피(回避; Selbstablehnung)는, 법관이 스스로 제척 혹은 기피사유가 있다고 인정하여 자발적으로 직무집행을 그만두는 것을 말한다(§49). 이 경우에, 당해 법관이 ('회피결정' 같은) 재판을 별도로 할 필요는 없으며, 감독권이 있는 법원의 허가를 받으면 족하다. 감독권 있는 법원이란, 그 법관이 소속된 법원·지원의 법원장·지원장을 가리킨다. 회피의 허가는 재판이 아니기 때문에, 허가를 받은 뒤에 그 법관이 그대로 사건에 관여했다 하더라도 그 관여행위가 무효인 것이 아니다.

제척·기피의 신청이 있을 때에, 그 재판이 내려지기 전에 당해 법관이 본조의 회피를 해 버리면, 위 신청은 목적을 상실하므로 그에 대한 재판을 할 필요가 없게 된다. 실무상으로는 '회피'를 하기보다는, 재배당 절차를 거쳐서 담당법관이 교체되도록 하는 경우가 많다.

대형 법무법인등이 늘어남에 따라, 법무법인등의 구성원변호사·소속변호사 중에서 ―당해 사건의 담당변호사가 아니지만― 담당 법관과 제척·기피사유에 해당하는 관계를 가진 사람이 있는 경우가 많아졌다. 현행법상의 제척·기피사유가 이런 경우를 상세히 규율하지 못하고 있으므로, 대법원은 이를 법관윤리의 문제로 처리하고 있다. 즉 대법원 공직자윤리위원회가 제시하는 이른바 '권고의견' 중 8호는, 친족인 변호사가 근무하는 법무법인등에서 수임한 사건을 담당하는 법관이 유의해야 할 사항에 관한 것인데, 이에 의하면 ⓐ 법관의 배우자나 2촌 이내의 친족이 변호사로 근무하는 경우에는 수임한 사건을 처리하지 않는 것이 바람직하고, ⓑ 3·4촌의 친족이 변호사로 근무하는 경우에는 사건을 원칙적으로 처리하지 아니함이 바람직하나 그 친족이 단지 법무법인등의 (구성원변호사가 아니라) 소속변호사에 불과할 경우에는 재판의 공정성에 의심이 없는 경우에 한해 처리할 수 있다고 했다. 한편 이와 별도로, 위 권고의견 8호는, 법관의 4촌을 넘는 친족이 법무법인등의 당해 사건 '담당변호사'인 경우에는 법관이 해당 사건을 처리하지 않는 것이 바람직하나, 예외적으로 재판의 공정성에 의심이 없는 경우에 한해 사건을 처리할 수 있다고 했다.

제 4 장

당사자

4-1 당사자의 개념

4-1-1 당사자의 의의

민사소송의 "당사자"란, 자기의 이름으로 소를 제기하거나 제기당하는 사람을 가리킨다. 전자가 원고이고 후자가 피고이다. 소송 중의 소가 제기되거나 상소가 있으면, 원고·피고에게 여러 가지 이름이 덧붙여진다. 가령 반소가 제기되면 반소피고·반소원고라는 이름이, 상소가 있으면 항소인·피항소인 및 상고인·피상고인이라는 이름이 덧붙는다.

예컨대 A가 B에게 1억원을 대여하였다고 주장하여 그 지급을 청구하는 소를 제기하는 경우에, A는 원고이고 B는 피고이다. 그러나 A에게 법정대리인 C가 있더라도 C는 자기 이름으로 소를 제기하는 것이 아니므로 당사자가 아니다. 위 소송진행 중에 실제 차용인이 D임이 밝혀지더라도, D가 당사자가 되지는 않는다.

보통의 경우에는 실체법상의 권리자가 원고, 의무자가 피고가 된다. 좀 더 정확히 말하자면, 실체법상 권리자라고 주장하는 자가 원고, 그 원고로부터 의무자라고 지적된 자가 피고가 된다. 이를 '실체적 당사자개념'이라고 한다. 그러나 이와 맞지 않는 원·피고도 있다. 가령 파산절차에 들어간 채무자(즉 파산자)는 자기 재산에 대한 관리처분권을 상실하고 파산관재인이 이를 행사한다(채회§384). 즉 파산자는 원·피고가 될 수 없고, 파산관재인이 그를 대신하여 원·피고가 된다. 이런 경우까지 포괄하여 당사자 개념을 정의하려면, "소장에 원·피고로 기재된 자가 당사자이다"라고 할 수밖에 없게 된다. 이를 '형식적 당사자개념'이라고 한다(통설).

당사자의 개념을 정의할 때에는 이처럼 형식적 당사자개념에 의할 수밖에 없겠지만, 이 개념은 분쟁의 실체로부터 단절된 개념이기 때문에, 당해 분쟁을 적절하게 해결하기 위하여 원래 절차에 관여시켰어야 할 사람이 누구인지, 또 판결의 효력 등 소송상의 여러 효과를 원래 미치도록 해야 할 사람이 누구인지 등의 문제에 대하여 정확히 알려주지 못한다. 따라서 이러한 문제들에 대해서는 당사자 개념과는 별도로 논할 수밖에 없게 되었다. 아래에서 볼 '당사자적격'(4-7)을 둘러싼 문제들, 그리고 '판결효의 주관적 범위'(11-8)를 둘러싼 문제들이 그 예이다.

판결절차 아닌 결정절차에서도 당사자가 존재함은 당연하다. 예컨대 보전절차(=가압류·가처분 절차)에서 이를 신청하는 사람과 그 상대방은 보전절차의 당사자이다. 보전절차에서는 당사자를 주로 채권자·채무자라고 부르나, 신청인·피신청인이라고 부르는 경우도 있다. 결정절차의 당사자가 되는 사람은, 그 결정절차가 전제하고 있는 본안소송의 원·피고인 경우가 대부분이겠지만 반드시 그런 것은 아니며, 본안소송 외의 제3자가 당사자로 되는 경우도 있다. 예컨대 문서제출명령의 경우, 신청인은 그 본안소송의 일방당사자이지만, 소송외의 제3자가 소지하는 문서에 관해서는 상대방은 그 제3자이다. 또 본안소송의 피고가 원고에게 원고 소지 문서의 제출을 구하는 경우처럼, 본안소송절차의 원고·피고와 결정절차의 신청인·상대방이 뒤바뀌어 있는 경우도 있다.

4-1-2 이당사자대립구조

위의 당사자 개념에 의하면, 민사소송의 당사자에는 소를 제기하는 측과 그 상대방이 있게 된다. 소송절차란, 이처럼 대립하는 두 당사자 간에, 서로 주장과 증거를 제출하도록 함으로써 분쟁을 유효적절하게 해소하려는 절차이므로, 민사소송은 서로 대립하는 2 당사자로 이루어진다. 이러한 구조를 민사소송의 '이당사자(二當事者) 대립구조'(Zwei-Parteien-System; adversary system)라고 부른다.

만약 대립하는 두 당사자가 존재하지 않는다면, 이는 애초에 민사소송절차를 이용하여 해결하기에 적절한 분쟁이 아니다. 따라서 어떤 사건에 관하여 2당사자 대립구조를 구성할 수 있다는 점은, 민사소송을 이용하기 위한 필수적 조건이다. 가령 원고나 피고가 없는 소송, 또는 원고가 자기자신을 피고로 삼는 소송이라는 것은 생각할 수 없다. 그러므로 예컨대, 소송계속 중에 상속·합병이 발생하여 한쪽 당사자가 다른 쪽 당사자를 승계한 경우 또는 한쪽 당사자가 사망하고 상속인이 없는 경우에는 소송은 당연히 종료되어 버린다.[1)]

당사자가 3인인 듯이 보이는 소송절차 즉 독립당사자참가소송도, 기본단위인 이당사자대립구조의 3건이 결합된 것에 불과하다(통설; 14-5-2-1). 어떤 사건에서 이해관계인이 여럿 등장하더라도, 민사소송의 심판대상이 되는 실체법상 권리의무관계는 항상 권리자와 의무자라고 하는 두 당사자 간의 관계로 환원되는 것이기 때문에, 위와 같은 결합구조로 파악하면 충분한 것이다.

4-1-3 당사자에 관한 심리의 단계

소장에서 원·피고로 기재된 것만으로 곧바로 그가 실제 소송에서 적법한 당사자로 취급될 수 있는 것은 아니다. 당사자확정(4-2)→당사자능력(4-3)→당사자적격(4-7)의 3단계 심리를 통과해야 비로소 적법한 당사자로 인정될 수 있다.[2)] 원·피고로 기재된 사람에 불분명한 점은 없는지, 그리고 실제로 당사자가 되는 사람이 바로 그 기재된 사람인지를 판단하는 단계가 당사자확정 단계이다. 다음으로, 그 사람이 당사자가 될 일반적인 자격이 있는지를 판단하는 단계가 당사자능력의 문제이고, 이는 민법상의 권리능력과 유사한 개념이다. 세 번째 단계가, 그 사람이 그 구체적 사건에서 당사자가 되는 것이 적절하고 타당한 것인지를 판단하는 단계로서, 이것이 당사자적격 문제이다. 이 세 가지 요건은 모두 소송요건이고, 법원은 이 3가지를 이 순서대로 심리해야 한다.

---

1) 절차상 소송은 당연히 종료한 것이지만, 이를 명확하게 해 두기 위하여 실무상 판결로써 '소송종료선언'을 하는 경우가 있다. 11-3-2 참조.

2) 이 3가지와 달리 '소송능력'은, 적법한 당사자로 인정된 사람이 —당사자임을 전제로 하여— 구체적 변론행위를 할 수 있느냐의 문제이다.

4-1-4 당사자권

민사소송에서 당사자가 된다는 것은 그 소송에 따르는 판결을 선고받는 사람이 됨을 의미하고, 그처럼 판결의 명의인이 된다는 것은, 판결이 확정되면 그것이 자기에게 유리하든 불리하든 묻지 않고 그 판결의 구속력에 복종해야 함을 의미한다.

이러한 판결의 적정성을 확보함과 함께, 판결에 이르는 절차가 공평하고 합리적인 것이 되도록 하기 위하여, 민사소송법은 한편으로는 당사자에 대하여 여러 권능을 보장해 주고, 다른 한편으로는 당사자에 대하여 여러 의무와 부담을 부과하고 있다. 전자의 여러 권능을 총칭하여 '당사자권'(當事者權)이라고 한다. 당사자권을 인정해 주는 이유는, 판결의 구속력을 당사자에 대한 관계에서 정당화하기 위해서이다. 당사자권을 인정한다는 말은 우선, 당사자에게 공격방어의 기회를 충분히 보장한다는 것이고, 이를 다른 말로 표현하면 '절차보장'이다(1-5-2-5).

당사자권에는 각종의 신청권 외에도, 소송대리인의 선임권, 기일을 통지받을 권리, 절차이의권(§151) 등 각종 권능이 포함되지만, 가장 중요한 것은 변론권(辯論權)이다. 변론권은 재판의 기초가 되는 자료를 제출할 권리, 즉 주장 및 증명의 기회를 부여받을 권리이다. 변론권을 명시적으로 인정하는 규정은 없지만, §134①이 "당사자는 소송에 대하여 법원에서 변론하여야 한다."라고 정하고 있는 것은, 당사자에게 변론권을 인정함을 당연한 전제로 한 규정이라고 이해되고 있다. 변론권의 보장은 당사자에 대한 '절차보장'의 핵심을 이루는 것이고, 그 외의 당사자권들은 변론권 보장을 충분한 것으로 만들기 위한 수단적 지위를 가진다고 할 수 있다. 예컨대, 기일통지를 받을 권리를 가짐으로써 당사자는 심리에 참여하여 발언할 기회를 보장받는 것이고, 자신의 주장·증명을 할 가능성이 생긴다.

이에 대하여, 당사자의 의무·부담의 예로서는, 각종의 기간준수(§256①,§396) 및 소송비용의 부담(§98), 증거조사에 대한 협력의무(§352-2) 등이 있다. 또한 §1①은 당사자에게 "신의에 따라 성실하게 소송을 수행"할 의무를 부과하고 있다.

4-2 당사자의 확정

4-2-1 의의

당사자의 확정(Parteistellung)이란, 소장에 원·피고로 기재된 사람에 관하여 그 기재에 불분명한 점은 없는지, 실제로 당사자가 되는 사람이 바로 그 기재된 사람인지, 그가 실제로 존재하는 사람인지를 판단하는 것을 말한다. 가령 ⓐ 소장의 당사자 표시 자체가 불분명하여 정확히 알 수 없게 되어 있는 경우도 있고, ⓑ 소장 첫머리 기재사항 중 원·피고 란의 표시와 청구취지 란에서의 당사자 표시, 또는 청구원인 중의 당사자 표시가 서로 다른 경우도 있으며, ⓒ 피고 이름의 오기(誤記) 때문에 —소장부본 송달 결과— 수취인불명으로 보고되어 오는 경우도 있다. 이런 경우에는 우선 당사자를 확정해야 한다.

ⓐ,ⓑ의 경우에는 우선 재판장의 소장심사의 대상이 되는 사항이고, ⓒ의 경우에도 보정명령이 내려져야 하겠지만, 이러한 경우들에 있어서 잘못된 당사자 표시의 정정이 허용되는지의 문제를 아래 4-2-2에서, 그리고 이와 별도로, 표시된 당사자를 참칭(僭稱)하여 다른 사람이 소송수행을 하는 경우를 4-2-3에서 각 검토한다. 그리고 표시된 당사자가 사망자인 경우가 있는데, 이는 당사자능력의 문제이므로 아래 4-3-4에서 검토한다.

4-2-2 당사자표시정정

4-2-2-1 총설

누가 당사자인지를 확정함에 있어서는 —원고 또는 법원이 당사자로 삼으려는 사람이 당사자가 되는 것(이른바 '의사설')이 아니라— 소장에 당사자로 기재된 사람이 당사자가 되는 것('표시설')이라고 해야 하며, 나아가서 소장의 '원·피고란'에서의 기재뿐만 아니라 청구취지·청구원인 및 기타 소장 전체의 기재를 기준으로 합리적으로 해석하여야 한다('실질적 표시설')(대판 11.7.28, 2010다97044).

이런 기준으로 판단해 볼 때, 누가 당사자인지 의문이 생기는 경우가 있는데, 이와 같이 잘못 표시된 때에는 이를 —당사자 동일성을 해치지 않는 범위 내에서— 바로잡는 것이 실무상 허용되고 있고(위 2010다97044), 이를 "당사자표시정정"이라고 한다. 이는 판례로써 그 요건·효과가 확립되어 있는 것으로서, 특히 법률상의 피고의 경정(更正)(14-8-3-1)과 잘 구별해야 한다.

피고의 경정(§260, §261)은 제1심 변론종결시까지만 허용되지만, 당사자표시정정은 항소심에서도 허용된다(다만 사망한 피고를 상대로 소제기한 후 상속인 앞으로 표시정정을 하는 것에 대해서는 제1심 변론종결시까지만 허용한다; 대판 15.1.29, 2014다34041). 상고심에서는 당사자표시정정을 할 수 없다(대판 12.6.14, 2010다105310). 피고의 경정은 신소(新訴)의 제기이므로 그 경정신청서 제출시에 시효중단·기간준수의 효과가 생기지만(§265), 당사자표시정정은 당초의 소제기시의 효과가 그대로 유지된다.

4-2-2-2 표시정정의 요건

ⓐ 명백한 오기나 누락이 있는 경우, 또는 ⓑ 명백한 당사자무능력자·당사자부적격자를 표시한 경우의 두 가지이다. ⓐ는, 법인등기부·가족관계등록부·주민등록표 등 공부상의 기재에 비추어 소장 기재가 명백히 오기이거나 누락된 경우를 말한다. 가령 피고 이름을 '곽윤직'으로 써야 할 것을 '곽유직'으로 적은 경우이다.

ⓑ의 사례로는, 관악구에 책상을 납품한 A가 책상대금을 청구하는 민사소송을 제기하면서 피고를 '관악구' 대신에 '관악구청'으로 기재한 경우, 원고를 '인천광역시'로 표시해야 하는데도 '인천광역시장'으로 표시한 경우(대판 01.11.13, 99두2017), 피고를 학교법인으로 기재해야 함에도 '~학교'로 기재한 경우, '○○향교'를 피고로 소제기해야 하는데 당사자능력 없는 '○○향교 수습위원회'를 피고로 기재한 경우(대판 96.10.11, 96다3852) 등이 있다.

대법원은 이 표시정정을 꽤 넓게 인정한다. 그리하여 위와 같이 표시 자체가 유사한 경우뿐만 아니라, 이미 사망한 자를 상대로 소제기하였다가 피고를 그 사망자의 상속인으로 변경하는 것도 표시정정에 해당한다고 하고(대결 06.7.4, 2005마425),[3] '~학교'로 표시했던 것을 그 학교건물을 소유한 자연인 ○○○으로 표시

3) 원고 쪽에 관하여 보면, 재심의 소 제기 당시 재심원고가 이미 사망했더라도 상속인들에 의하여 실제 소제기되었음이 인정되는 경우에는 그 상속인들 명의로 당사자표시정정을 할 수 있다고 한다(대판 79.8.14, 78다1283). 한편 대판 09.10.15, 2009다49964는, 이미 사망한 B에 대한 채권을 가지고 있다는 A가, B의 1순위 상속인인 C,D를 상대로 소를 제기하였으나 이미 C,D가 상속포기를 했음이 밝혀진 경우에는, 2순위 상속인인 E,F,G,H를 상대로 당사자표시정정을 할 수 있다고 한다.

정정하는 것을 정당하다고 하며(대판 78.8.22, 78다1205), 최근에는 이를 당사자부적격자 표시사안에까지 확대하여, 회생회사 관리인을 피고로 기재해야 함에도 그 회생회사를 피고로 기재한 경우에 당사자표시정정을 해야 한다고 했다(대판 16.12.29, 2014후713. 대판 13.8.22, 2012다68279도 같은 취지).[4]

그리고 원고가 소장에 당사자능력이나 당사자적격이 없는 자를 당사자로 잘못 표시하였다면, 법원은 당사자를 청구의 내용과 원인사실을 종합하여 확정한 후, 확정된 당사자가 소장의 표시와 다르거나 소장의 표시만으로 분명하지 아니한 때에는 당사자표시정정의 보정명령을 내려야 한다는 것이 판례이다(위 2012다68279 등).

반면에 표시정정을 불허한 사례들도 여럿 있다. 가령 ㉠ A회사의 대표이사였던 B가 B 개인 명의로 제기한 소송에서 원고 표시를 A로 당사자표시정정을 하는 것은 부적법하다고 했고(대판 08.6.12, 2008다11276), 거꾸로 회사 명의로 제소한 후에 회사의 대표자 개인을 원고로 삼겠다는 당사자표시정정도 허용하지 않았다(대판 86.9.23, 85누953). 또한 ㉡ 종중이 당사자인 소송에 있어서 종중의 공동선조를 변경하는 표시정정신청 또는 종중원 자격을 특정 지역 거주자로 제한함으로써 종중유사단체로 변경하는 표시정정신청은 허용될 수 없다고 했으며(대판 99.4.13, 98다50722), ㉢ 종회(종중)의 대표자로서 소송을 제기한 자가 그 종회 자체로 당사자표시 변경신청을 한 경우에는 그 소의 원고는 자연인인 대표자 개인이고 그와 종회 사이에 동일성이 인정된다고 할 수 없다고 하여 당사자표시정정신청을 불허하였다(대판 96.3.22, 94다61243).

4-2-2-3 표시정정의 효과

표시정정에서는 당사자의 동일성이 유지된다고 보는 것이므로, 애초의 소제기의 효과가 그대로 유지된다. 따라서 소제기시에 시효중단·기간준수의 효과가 생긴다. 그러나 법률심인 상고심에 이르러서는 사망자를 상속인으로 바꾸는 당사자표시정정으로써 당사자능력의 흠결을 보정할 수 없다는 것이 판례이다(대판

---

4) 이렇게 넓게 당사자표시정정을 허용하는 것은 —앞의 4-2-2-1에서 본 의사설에 의하여 설명될 수 있을지언정— 표시설과 맞지 않다. 판례는 표시설 입장에 있으면서도, 실무상의 편의를 위하여 예외적으로, 당사자표시정정을 이처럼 넓게 인정하고 있다고 해석할 수밖에 없다.

12.6.14, 2010다105310).

부적법한 당사자표시정정신청을 법원이 받아들여 판결까지 선고된 경우는 어떠한가? 대법원은, 제1심법원이 부적법한 그 신청을 받아들이고 피고도 이에 동의하여, 제1심 제1차 변론기일부터 정정된 원고회사와 피고 사이에 본안에 관한 변론이 진행되고 제1, 2심의 본안판결이 각 선고되었다면, 이렇게 진행된 변론 및 판결을 모두 부적법하거나 무효라고 하는 것은 소송절차의 안정을 해칠 뿐만 아니라 소송경제·신의칙에 비추어 허용될 수 없다고 했다(대판 98.1.23, 96다41496; 08.6.12, 2008다11276).

4-2-2-4 표시정정 없이 당사자가 잘못 기재된 판결의 효력

대법원은, 잘못 기재된 당사자를 표시한 본안판결이 확정되어도 그 확정판결을 당연무효로 볼 수는 없으며 그 확정판결의 효력은 잘못 기재된 당사자와 동일성이 인정되는 범위 내에서는 적법하게 확정된 당사자에게 미친다고 하였다(대판 11.1.27, 2008다27615). 이는, 박종선(朴種宣) 본인 스스로 박종의(朴種宜)라고 잘못 기재한 매도증서에 기하여 등기가 경료된 다음에 그에 기초하여, A가 박종의(朴種宜)를 피고로 삼아 진정명의회복을 원인으로 한 소유권이전등기를 청구하여 공시송달로써 승소확정판결을 받은 후에, 박종선이 그 말소등기의 소를 제기한 사안에서의 판단일 뿐이다. 즉 이는 아주 단순한 오기가 있었던 경우의 판결일 뿐이며, 소송요건을 보정해 주려고 판례가 널리 표시정정을 인정해 주는 영역에까지 확대해석해서는 안 된다.

4-2-2-5 법인격부인론과 당사자표시정정

법인 제도를 남용하여 탈세·채무면탈 등 반사회적 행위에 이용하는 경우에, 그 법인격이 실질 없이 뼈대만 남았으니(즉 '形骸化') 그 법인격을 부인하여 책임을 물린다는 이론이 이른바 '법인격 부인론(法人格否認論)'이다. 가령 A회사(대표이사는 T)에게 사무실을 임대하고 있던 X가 A를 피고로 기재하여 미지급차임의 지급을 구하는 소를 제기하였는데, 그 무렵 A회사가 채무면탈 목적으로 회사명을 B회사로 변경하였으며, 이와 동시에 T를 대표이사로 하는 A회사를 따로 설립하여 재산이 신설 A회사 앞으로 되어 있다고 하자. 이 소송에서 피고는 B회사인가 아니면 새로 설립된 A회사인가?

대법원은 신의칙에 기초하여 법인격부인론을 긍정한다(대판 08.9.11, 2007다90982 등). 판례는 위 질문과 유사한 사안에서, 기존회사가 채무를 면탈할 목적으로 기업의 형태·내용이 실질적으로 동일한 신설회사를 설립한 경우, 법인격부인론을 적용하여, 기존회사의 채권자는 위 두 회사 모두에 채무이행을 청구할 수 있다고 보았다(대판 16.4.28, 2015다13690). 또한 피고가 될 회사가, 이미 설립되어 있는 다른 회사를 채무를 면탈할 목적으로 이용한 경우에도 마찬가지라고 했다(대판 11.5.13, 2010다94472).

이런 경우에, 현재 재산이 없는 기존회사로부터 신설회사(또는 이용된 다른 기존회사)로 당사자를 바꾸거나 대표자 개인으로 바꾸는 것은 당사자표시정정으로 허용해도 좋다고 본다.

4 2 3 성명도용소송

4-2-3-1 원고의 성명도용

A가 자기 마음대로 P의 이름을 훔쳐서, P를 원고로 적고, 자신이 송달받을 수 있는 주소를 P의 주소라고 기재하여, 소를 제기하고 소송수행을 하는 경우가 원고 쪽의 성명도용소송(姓名盜用訴訟=姓名冒用訴訟)이다. P의 이름으로 행한, A의 소송행위는 무효이다. 무권대리인이 소송대리를 한 것과 유사한 구조이다. 소송계속중 성명도용소송임이 밝혀지면, 법원은 —피(被)도용자가 그 소를 추인하지 않는 한— 판결로써 소를 각하하여야 한다. 소송비용은 A에게 부담시키면 된다(§108).

이러한 사건에서 성명도용임을 모른 채 선고된 판결의 효력에 관하여는, P에게 판결효가 미치고 P는 상소나 재심으로써 그 효력을 배제해야 한다는 견해와, P에게 판결효가 미치지 않는다는 견해로 나뉘어 있다.

4-2-3-2 피고의 성명도용

원고 쪽 성명의 도용보다는, 피고 쪽 성명의 도용이 실무상 훨씬 더 많다. ⓐ 원고가 피고를 거짓으로 세워 판결을 받아내려는 경우, 즉 A가 D를 상대로 소를 제기하면서, 실제로는 D가 아닌 B에게 D로 행동하라고 공모하는 등의 방법으로

(많은 경우는 B가 마치 D인 듯이 소장부본을 송달받는다) D의 이름을 훔쳐쓰는 경우가 있고, ⓑ 가령 A로부터 甲토지를 매수한 B가 (자신을 드러내지 않고) 계약상 매수명의자를 D로 했다가 A가 D를 상대로 대금청구지급의 소를 제기하자, B가 마치 D인 듯이 법원에 출석하고 소송을 수행하는 경우가 있다.

이런 경우에 피고는 B가 아니라 D이다(표시설). B가 D의 이름으로 행한 소송행위는 무효이다. 이러한 성명도용이 밝혀지면, 법원은 도용자의 소송관여를 배제하고 진정한 피고에게 기일통지를 해야 한다. 도용을 모른 채로 본안판결이 내려지는 때도 있는데, 이를 "판결의 편취"(11-9-4)라고 한다. ⓐ는 실무상 종종 예가 있다. ⓑ에서는, A,B 모두가 실제 피고를 B로 삼으려는 의사를 가지고 있을 수도 있으므로, 법원이 석명을 구해야 하고, 만약 그렇다면 피고를 D에서 B로 —당사자표시정정이 아니라— 경정(§260)하도록 해야 한다.

성명도용으로써 편취된 판결의 효력에 관하여 '무효설'도 있으나, 법이 "당사자가 상대방의 주소를 알고 있었음에도 모른다고 하거나 주소를 거짓으로 하여 소를 제기한 때"를 재심사유로 정한 것을 보면(§451①xi), 법률은 당연무효가 아님을 전제로 하고 있는 것이며, 따라서 무효설은 타당하지 않다. 판례는 편취판결에 대하여, 경우에 따라 '재심설' 또는 '항소설'을 취하고 있다. 즉 ㉠ 법정에 피고 아닌 다른 사람이 출석하여 전부 또는 거의 다투지 않게 해서 승소판결을 받는 경우 및 ㉡ 피고 주소를 알면서도 소재불명이라고 법원을 속이고 공시송달명령을 받아서 승소판결을 받는 경우에는 각각 재심(또는 경우에 따라 상소추후보완)을 하라고 하고,[5] ㉢ 피고 주소를 허위로 적고 그 허위주소에서 원고측 사람이 송달을 받아 답변서가 제출되지 않게 함으로써 무변론 승소판결을 받는 경우에는 판결정본 송달이 무효라고 보아 —즉 아직 송달이 안 되어 미확정판결이므로— 언제든지 항소를 제기하라고 한다[6](상세한 것은 11-9-4-2 참조).

---

5) 대판 64.3.31, 63다656; 92.5.26, 92다4079; 00.9.5, 2000므87; 11.12.22, 2011다73540.
6) 대판-전 78.5.9, 75다634; 대판 80.12.9, 80다1479; 95.5.9, 94다41010.

4-3 당사자능력

4-3-1 의의

민사소송의 당사자에게는, 소송의 주체로서 소송법상 여러 권리의무가 귀속한다. 또한 당사자는 소송대리인의 선임 및 각종의 신청 등의 소송행위(8-1-1)를 하면서 소송을 수행해 나간다. 여기서 어떠한 자격을 갖추면 이런 소송상 주체가 일반적으로 될 수 있는가라는 문제가 발생한다. 이를 당사자능력(Parteifähigkeit)이라고 한다. 즉 당사자능력이란, 민사소송의 당사자로서 본안판결 명의자가 될 수 있는 일반적 자격을 가리킨다. 기본적으로 실체법상의 권리능력에 대응하는 개념이지만, 권리능력과는 별개의 소송법상 개념이다. 어느 당사자에게 당사자능력이 인정되지 않으면, 그를 당사자로 한 본안판결을 내려서는 안 되므로, 그 소를 각하해야 한다. 원·피고가 각각 당사자능력을 가질 것은 소송요건이다.

4-3-2 각종 당사자능력자

4-3-2-1 권리능력자

(1) 자연인

자연인은 출생시부터 사망시까지 당사자능력을 가진다. 태아를 이미 출생한 것으로 보는 몇몇 법률관계[7]에 있어서 과연 태아에게 당사자능력이 인정되는지에 관해서는 —민법에서와 마찬가지로— 정지조건설과 해제조건설이 나뉘는데, 판례는 정지조건설을 취하고 있다.

(2) 법인

법인도 설립시부터 청산종결시까지 당사자능력을 가진다.[8] 사단법인과 재단법인으로 나뉘며, 상법상의 사단법인이 회사(會社)이다. 사단법인에서 사원이 없게 되면, 곧바로 권리능력이 소멸하는 것이 아니라 해산절차에 들어가게 되며(민§77②), 해산절차 중에는 청산의 목적범위 내에서 권리의무를 부담한다(민§81). 그런데 판례는 더 나아가서, 청산종결등기가 이루어지더라도 청산사무가 종료되지

---

7) 불법행위 손해배상(민§762), 상속(민§1000③), 유증(민§1064).

8) 참고: 외국법인의 국내지점은 당사자능력이 없다(대판 82.10.12, 80누495).

않는 이상 그 한도에서 청산법인이 당사자능력을 가진다고 한다(대판 05.11.24, 2003후2515). 즉 청산절차를 완료하고 법인등기부상 청산종결등기가 이미 마쳐진 법인을 피고로 삼은 소가 제기되는 경우, ―그 법인이 영리법인이든 비영리법인이든 간에― 그 다툼의 범위에서는 청산사무가 남아 있는 셈이므로, 그 소송은 적법한 당사자를 갖춘 것으로서 유효하게 진행된다.

국가·지방자치단체·공공조합 등도 공법인으로서 민법상의 권리능력을 가지므로, 소송상 당사자능력도 가진다. 그러나 '행정청'은 국가라는 공법인의 기관이지 독립적 법인격을 가지는 것이 아니며, 따라서 행정청은 행정소송(항고소송)에서는 피고가 될 수 있지만, 민사소송에서 당사자능력은 없다. 또한 국회·대법원 역시 당사자능력을 가지지 않는다. 현재 국가가 국고적(國庫的) 지위에서 맺는 법률관계의 양이 많으므로, 실무상 국가는 여러 소송에서 당사자가 된다. 이에 '국가를 당사자로 하는 소송에 관한 법률'이 제정되어 있다.[9)]

4-3-2-2 법인 아닌 사단·재단

(1) §52는 법인 아닌 사단·재단이 소송당사자가 될 수 있다고 정한다. "대표자 또는 관리인이 있으면"이라는 요건이 있으나, ―조합이나 단순한 출연재산이 아니라― 비법인사단·재단이 되려면 원래 대표자·관리인이 있어야 하는 것이므로, 사실상 (민법상으로는 권리능력이 없다고 설명되는) 비법인사단·재단의 전부가 소송당사자가 되는 셈이다. 더구나 부동산등기법은 비법인사단·재단에게 등기능력까지 인정하고 있다(부등§26). 따라서 법인이 아닌 (즉 권리능력이 없는) 사단·재단이 현실적으로 재산을 소유하고 소송당사자가 됨으로써 독립된 경제주체로서 활동하는 데에 별 지장을 받지 않고 있다. 강제집행에서도 비법인사단·재단 자체가 집행당사자로 ―즉 채권자·채무자로― 취급된다.

---

9) 이 법률에 의하면, 국가소송에서 비변호사가 '소송수행자'라는 이름으로 대리인이 된다. 한편 국가는 인지납부와 담보공탁을 하지 않아도 된다(인지 첩부 및 공탁 제공에 관한 특례법 §2,§3).

〈비법인사단이 당사자일 때 소장 · 판결서에서 당사자 표시방법〉

구성원이 A,B, ... P의 16명이고 회장이 A인 '행복동지회'라는 비법인사단을 예로 든다(책 말미의 [부록1] 소장에서의 당사자 표시방법과 비교하라).

① 비법인사단 자체가 소송당사자가 되는 경우

피고 행복동지회
서울 관악구 관악로 456
대표자 회장 A

② 구성원 전원이 전면에 등장하여 소송당사자가 되는 경우

피고 1. A
(주소 : ~~)
2. B
(주소 : ~~)
......
16. P
(주소 : ~~)

① 일정한 목적을 위하여 결합된 다수인의 조직이 사단이다. 사단의 실질을 가지고 있으나 법인등기를 마치지 못하면 권리능력 없는 사단(=비법인사단)이다. 사단의 실질을 가졌다고 인정되려면 대표자 등 조직이 있어야 하고, 조직규범(정관)이 있어야 한다. 각종 동창회, 학회, 설립중의 회사, 노동조합,[10] 종중(宗中), 신교 교회,[11] 사찰,[12] 집합건물 관리단(대판 22.4.28, 2021다306904), 아파트입주자대표회의(대판 91.4.23, 91다4478), 재건축조합 · 재개발조합(대판 06.2.23, 2005다19552)

10) 이름에 '조합'이 들어가지만 법률적 성격상 조합이 아닌 것들이 있다. 가령 농업협동조합 및 협동조합법상의 협동조합은 법인이고, 대부분의 노동조합은 비법인사단이다.

11) 반면에 구교(천주교) 교회의 토지 등 물적시설은 —예컨대 서울대교구 등— 각 교구별 유지재단의 소유로 되어 있다.

12) 사찰의 법적 성격은 —법인등록이 된 경우를 제외하면— 법원이 일관적으로 보지 않는다. ⓐ 법인 아닌 사단으로 본 경우도 있고(대판 94.10.28, 94다24442 등), ⓑ 법인 아닌 재단으로 본 판결례도 있으며(대판 91.6.14, 91다9336 등) ⓒ '법인 아닌 사단 또는 재단'이라고 애매하게 적은 것도 있다(대판 96.1.26, 94다45562; 05.6.24, 2003다54971; 대결 05.11.16, 2003마1419 등). 불교종단에 등록을 마친 사찰은 독자적인 당사자능력을 인정해 주는 것이 일반적이며, 사찰의 종단소속관계는 사법상 계약의 영역이다(대판 20.12.24, 2015다222920). 최근에는 종단별로 유지재단을 만들어(가령 대한불교조계종유지재단) 많은 사찰의 토지 · 건물이 그 재단의 소유로 등기되어 있다.

등이 이에 해당한다. 공동선조가 1인이 아닌 복수인 사람들로서 특정 지역에 거주하는 사람들로 구성된 모임이 대표자·총회 기타 조직을 구성하는 등 활동을 하여 왔다면 —이는 비록 고유한 의미의 중중은 아니지만— 종중에 유사한 비법인사단으로서 당사자능력을 가진다고 인정한 사례도 있다(대판 08.10.9, 2008다45378). 한편 사단법인에서 사원이 없게 되더라도 곧바로 권리능력이 소멸하는 것이 아닌 것처럼, 비법인사단에 있어서도 구성원이 없게 되었다 하여 막바로 그 사단이 소멸하여 소송상의 당사자능력을 상실하였다고 할 수는 없고, 청산사무가 완료되어야 비로소 그 당사자능력이 소멸한다(대판 92.10.9, 92다23087).

비법인사단의 대표자에게 적법한 대표권이 있는지 여부는 법원의 직권조사사항이다(대판 91.10.11, 91다21039). 적법한 대표자 자격이 없는 종중의 대표자가 한 소송행위는 무효이지만, 그 후 대표자 자격을 적법하게 취득한 사람이 위 소송행위를 추인하면 그 소송행위는 행위시에 소급하여 효력을 가지게 되고, 이러한 추인은 상고심에서도 할 수 있다(대판 16.7.7, 2013다76871; 19.9.10, 2019다208953). 총유물 보존행위로서 소를 제기하더라도 —공유물 보존에 관한 민법규정이 적용되지 않아서— 총유물 관리를 위한 사원총회(민§276)를 거쳐야 하므로, 교회재산 보존을 위해 교회 대표자가 소유권보존등기청구를 교인총회 결의 없이 제기하면 이는 부적법하다(대판 94.10.25, 94다28437; 11.7.28, 2010다97044).[13] 비법인사단은 이미 대표자를 가지고 있으므로 선정당사자를 선정함은 적절하지 않다(통설).

② 일정한 목적을 위하여 조직된 출연재산의 운영체가 재단이다. 재단의 실질을 가지고 있으나, 주무관청 허가가 없고 법인격을 취득하지 못하면 권리능력 없는 재단(=비법인재단)이 된다. 즉 법인등기를 하지 않은 장학회, 육영회, 특정목적 기부재산 등이 이에 해당한다.

(2) 비법인 사단·재단이 원·피고가 되면 법인이 원·피고일 때와 같이 취급한다. 그 대표자(사단) 및 관리인(재단)은 법정대리인에 준하여 취급된다(§64). 판결의 효력은 당사자인 사단 및 재단에 대해서만 생기는 것이고, 사단의 구성원 및 재단의 출연자에게는 미치지 않는다. 즉 그 판결의 강제집행의 대상은 비법인 사단·재단의 고유재산뿐이다.

---

13) 비법인사단에 당사자능력이 인정되더라도, ⓐ 스스로 당사자가 되어 소송을 하는 방법 외에도, ⓑ 구성원 전원이 당사자가 되어 소송을 하는 방법이 있다.

4-3-2-3 조합

정관 및 대표자 · 기관 등을 모두 갖추지 못하여 비법인사단보다 단체성이 약한 민법상의 조합에 대하여 당사자능력을 인정할 것인가? 조합 중에서도 —내부 친목을 넘어서— 사회적 활동을 하는 경우가 종종 있기 때문에 문제된다.

긍정설은 논거로서, 이를 부정하면 조합원 전원이 원고가 되어야 하는 불편 및 거래상대방으로서는 조합에 대한 소제기시 조합원 전원을 조사해야 하는 불편이 있다고 한다.[14] 그러나 조합이 원고가 될 때에는 선정당사자 등 다른 제도를 이용하면 되며, 조합을 피고로 한 판결은 이를 획득하더라도 —실체법상 권리주체가 아니어서 조합 명의의 재산이 존재할 수 없으므로[15]— 어차피 조합원을 피고로 한 소를 다시 제기해야 할 가능성이 높으며, 따라서 조합에게 당사자능력을 인정하는 것은 그다지 유용하지 않다. 따라서 민법상 권리능력 제도의 틀을 허물면서까지 긍정설을 취할 이유가 없다. 부정설이 타당하다(다수설). 판례도 같다(대판 91.6.25, 88다카6358). 한편 변호사법상의 법무조합에 대해서는 당사자능력을 인정하는 특별규정이 있다(§58-26).

부정설 하에서, 조합원들이 조합재산에 관하여 제기하는 소는, 조합원 전원이 원고가 되어야 하는 '고유필수적 공동소송'(14-3-2)이다.

4-3-3 당사자능력의 조사와 흠결의 효과

4-3-3-1 조사

당사자능력은 소송요건으로서 직권조사사항이다. 가령 '○○노인요양센터'의 이름으로 소가 제기되면, 법원은 그것이 시설의 명칭에 불과한지 비법인 사단·재단인지를 심리하여 당사자능력 여부를 먼저 판단해야 하며, 그러지 않고 바로 본안판단을 하면 위법하다(대판 18.8.1, 2018다227865). 판례는, —당사자능력이 소제기시에는 없더라도 변론종결일까지 구비되면 된다는 취지에서— 당사자능력 유무

---

14) 독일은 2001년에 BGH NJW 2001, 1056 판결로써 조합의 당사자능력을 인정했고, 그 후 2002년 민법 대개정시 BGB §14②에서 '권리능력 있는 인적 회사'(rechtsfähige Personengesellschaft)의 규정을 둠으로써 조합의 권리능력 · 당사자능력을 인정하고 있다. 일본 판례(最高裁判 昭和37.12.28.)도 조합의 당사자능력을 인정하였다.

15) 외관상 조합의 재산처럼 보이는 것은, 정확히 말하면 조합원들이 이를 합유(물건은 합유, 채권은 준합유)하는 것이다(민§§704,271,278).

를 사실심 변론종결일을 기준으로 판단해야 한다고 하는데(대판 91.11.26, 91다30675), 당사자능력은 상고심에서도 유지되어야 하는 소송요건이다(5-1-3-2 참조). 당사자능력은 자백의 대상이 아니어서, 자백이 있더라도 법원이 이에 구속받지 않는다(대판 82.3.9, 80다3290). 비법인 사단·재단이 당사자가 된 때에는, 법원은 당사자능력 유무 판단에 필요한 자료(가령, 정관)를 제출하게 할 수 있다(규§12).

4-3-3-2 흠결시의 처리

조사결과 당사자능력이 없으면 판결로써 소를 각하해야 한다. 그러나 현재의 기재만으로는 당사자능력이 없지만, 당사자표시정정의 범위 내에서 보정하면 당사자능력을 인정할 수 있을 때에는, 바로 각하할 것이 아니라 보정을 명해야 한다. 소각하 판결을 할지의 기준시점은 변론종결시이므로, 소제기시 당사자능력이 없었으나 변론종결시에 이를 취득하였다면, 각하대상이 아님은 당연하다.

당사자능력이 없다고 판단하여 소각하 판결을 선고한 데 대하여 그 무능력자가 당사자능력 있음을 주장하면서 상소를 하면, 무능력자의 상소행위임을 이유로 각하를 해서는 안 된다. 그 무능력 판단을 다툴 기회를 주어야 하므로, 그 상소행위의 범위 내에서는 일단 능력자로 취급된다.

4-3-3-3 당사자무능력을 간과한 판결을 선고한 경우

당사자무능력임을 간과한 판결이 선고되었으나 아직 확정 전이라면, 상소로써 해결한다. 이러한 판결이 확정된 후에 가지는 효력에 관해서는 견해가 나뉜다. 이 문제는, ⓐ 사망자를 당사자로 표시한 경우처럼 전혀 부존재하는 당사자인 경우와, ⓑ 판결선고시까지는 당사자무능력이 아니었으나 그 후 법절차에서 위 판결선고시 당사자능력이 없었던 것으로 만들어진 경우, 그리고 ⓒ 사회생활상 (소장에서 당사자로 기재된) 어떤 실체가 있기는 하지만 법률상 당사자능력이 없는 경우로 각각 나누어 보아야 한다.

우선 ⓐ에 대해서는 무효설이 통설·판례이다(대판 00.10.27, 2000다33775). 다음으로 ⓑ에 해당하는 대판 92.7.14, 92다2455의 사안은, 1945년부터의 행방불명자를 상대로 1985년에 소가 제기되어 공시송달로써 판결이 선고되고 확정된 다음, 1988년에 실종선고가 확정된 사안이다. 대법원은, 실종선고 확정으로 사망간주

시점이 종전 판결의 소제기 전으로 소급하더라도, 이로써 이 판결이 사망자를 상대로 한 무효의 판결로 변하는 것은 아니라고 하면서,[16] 다만 공시송달에 기한 판결이므로 실종자의 상속인이 실종선고 확정 후 위 판결에 대하여 소송행위추완에 의한 상소를 할 수 있다고 하였다. 추완상소라는 방안은 공시송달을 사유로 하는 것이므로, 결국 위 판결은 ⓑ사안에 대하여 유효설을 취한 것이다. 학설 중에도 이 판례에 명시적으로 반대하는 것은 보이지 않는다.

견해가 실질적으로 갈려 있는 것은 ⓒ 사안이다. 이는 자연인의 사안은 아니고 주로 어떤 조직·단체의 명칭을 당사자로 삼은 경우일 것이다. 가령 "○○조합"을 상대로, 또는 개인사찰인 "○○寺"를 상대로 선고된 판결이 확정된 경우일 터인데, 유효설, 무효설, 재심설이 있다.[17] 무효설은 위 판결은 어차피 집행불능이라고 하나, 집행불능임이 명백하다면 유효설을 취하더라도 다른 문제를 발생시키지 않을 터이며, 오히려 문제는 당사자능력 유무가 명백하지 않아서 집행불능인지 아닌지가 다투어지는 경우이다. 이런 경우에는, 가령 "○○조합"의 사무실, 또는 "○○寺" 현장에 집행관이 찾아가서 집행을 시도하면, 과연 그 판결이 유효한 집행권원이 되는지가 다투어져 추가적 분쟁으로 이어진다. 유효설은, 하나의 사회생활단위로서 소송서류 수령 등을 통해 판결을 받은 것이라면 이는 유효한 것이라고 볼 것이라고 설명하지만, 당사자무능력자가 당사자인 판결을 곧바로 유효한 집행권원으로 인정해 주는 것도 문제이다. 오히려 과연 그 판결이 유효한 것인지 여부, 즉 그 당사자표시를 당사자능력 있는 비법인 사단·재단의 표시라고 인정해 줄 수 있는 것인지 —바꾸어 말해서 당사자표시정정을 통해서 당사자능력자로 될 수 있는 것인지— 여부를 판단받을 수 있는 절차를 허용해 주는 것이 타당하며, 그렇다면 (무권대리의 재심사유인 §451①iii을 유추하여) 재심을 허용해 주는 것이 옳다고 본다.

---

16) 대판 08.6.26, 2007다11057도 같은 취지.

17) 유효설: 이시윤 155; 김홍엽 156; 송상현 132. 무효설: 호문혁 253. 무효이되 재심대상이라는 견해: 정동윤 233.

4-3-4 사망자를 당사자로 한 소송

4-3-4-1 소제기 전에 사망한 경우

(1) 원칙

이미 사망한 자를 당사자로 표시하여 소제기한 경우는 그 망자가 원고이든(대판 15.8.13, 2015다209002) 피고이든(대판 12.6.14, 2010다105310) 부적법하다. 당사자 한쪽이 부존재하는 것이어서 이당사자대립구조가 형성되지 않기 때문이다. 따라서 법원은 소각하 판결을 해야 하지만, 만약 이를 간과하고 판결을 선고했다면 그 판결이 형식상 확정되더라도 이는 당연무효의 판결이다.

(2) 예외 — 사망을 몰랐던 경우

다만 예외적으로, 피고가 사망자임을 모른 채로 원고가 소를 제기했던 것이라면, 그 상속인 앞으로의 당사자표시정정을 허용한다는 것이 판례이다(4-2-2 참조).[18] 이로써 적법한 소가 되며, 시효중단 · 기간준수의 효과도 애초의 소제기시를 기준으로 인정된다(다만, 만약 표시정정 없이 판결선고까지 이르면 그 판결은 당연무효이다). 한편 당사자표시정정의 요건이 충족되지 않지만 §260의 피고경정의 요건은 충족될 수도 있고, 따라서 이에 따라 피고를 변경할 수도 있으나 이때에는 시효중단 · 기간준수의 효과가 소급되지 않는다.

소제기 전에 '원고'가 사망하였는데 소송대리인이 이를 모른 채로 소를 제기한 경우에도 예외로 취급된다. 대판 16.4.29, 2014다210449는, A가 소송대리인 B에게 소송위임을 한 다음 사망하였는데 B가 이를 모르고 A를 원고로 표시하여 소를 제기한 경우에, "소송대리인이 있는 경우에는 당사자가 사망해도 소송절차가 중단되지 않는다"는 §238가 적용된다고 한다. 즉 A의 상속인들이 소송을 수계해야 하지만, 수계하지 않은 채로 소송이 진행되어 A를 원고로 표시한 판결이 선고되더라도 그 판결은 유효하며, 다만 심급대리 원칙상, 판결송달시에 소송절차가 중단된다고 하였다.

---

18) 다만 원고가 피고의 사망을 알면서 소를 제기하였더라도, 소제기 당시 그 상속인을 확인할 수 없었고 소멸시효 완성이 임박한 상황이었다면, 사망자에서 상속인에로의 당사자표시정정을 허용한 판례도 있다(대판 11.3.10, 2010다99040).

4-3-4-2 소제기 후 소장부본 송달 전에 사망한 경우

소제기 시점에는 피고가 생존 중이었으나 소장 송달시에는 이미 사망한 경우에는, 아직 소송계속이 생기기 전이므로 피고의 상속인에게 소송이 승계되지 않는다. 따라서 이 소는 부적법하며, 그 후의 처리는 위 4-3-4-1과 동일하다(대판 15.1.29, 2014다34041).

4-3-4-3 소송계속 후 변론종결 전에 사망한 경우

피고에게 소장부본이 송달된 후에 피고가 사망하면 그 소송은 피고의 상속인들에게 승계되며, (소송대리인이 없다면) 그 소송이 중단된다. 만약 피고의 소송대리인이 있다면 소송중단이 없다(§238). 원고의 사망시에도 마찬가지이다. 한편 중단사유 발생을 간과하고 판결이 선고되더라도 이 판결은 당연무효가 아니다. 즉 대리권흠결에서와 마찬가지로, 위와 같은 판결은 확정전이면 상소(§424①iv), 확정후이면 재심(§451①iii)의 사유가 될 뿐이다(대판-전 95.5.23, 94다28444).

소송대리인이 있더라도 —심급대리의 원칙에 따라— 판결서가 송달되면 소송이 중단되는데, 이처럼 판결 송달 후 중단된 소송절차에 대해서는 망인의 상속인이 원심법원에 수계신청서를 제출해야 함이 원칙이다(§243②). 그런데 만약 망인 이름으로 상고장이 제출된 후 상속인이 상고심에서 수계절차를 밟은 경우에도 그 수계와 상고는 적법한 것으로 보아야 할 것이며, 상속인이 위 상고행위를 추인하면 상고사유 · 재심사유는 소멸된다(대판 03.11.14, 2003다34038).

4-3-4-4 변론종결 후 사망한 경우

변론종결 후에 당사자가 사망하면, 수계절차도 필요없고 법원은 그대로 판결을 선고할 수 있다(§247①). 판결서의 당사자 이름이 사망자이지만, 이 판결은 당연히 유효하고, 그 상속인은 이른바 '변론종결 후의 승계인'(§218)으로서 기판력을 받는다.[19] 그 상속인은, 또는 그 상속인에 대하여 상대방은, 법원으로부터 승계집행문(민집§31)을 받아서 강제집행을 할 수 있다.

---

19) 그러나 판결이 유효하더라도 망인에 대한 판결정본 송달을 공시송달로써 한 것은 무효이므로, 상속인이 소송절차를 수계하여 판결정본을 송달받기 전까지는 그에 대한 항소제기기간이 진행되지 않는다(대판 07.12.14, 2007다52997).

4-4 소송능력

4-4-1 의의

소송능력(訴訟能力; Prozessfähigkeit)이란, 단독으로 유효한 소송행위를 하거나 받기 위하여 필요한 능력을 말한다. 예컨대, 스스로 소를 제기한다든지, 소송대리인을 선임한다든지, 혹은 상대방이 제기한 소의 소장을 송달받는다든지, 변론기일에 상대방의 사실주장을 수령하는 데에 요구되는 능력이다.

이는, 판단력이 충분하지 않아서 자신의 이익을 충분히 방어할 능력이 없는 사람을 보호하기 위한 제도로서, 민법상의 '행위능력'에 대응한다(§51). 소송능력은 소송행위를 유효하게 하기 위해 필요한 능력일 뿐이므로, 자신이 증거조사의 대상이 되는 경우, 즉 증인 또는 당사자본인으로서 신문을 받는 경우에는 무능력자라도 무방하다.

한편, 행위능력 제도는 의사능력 유무의 판단을 일률적으로 쉽게 하도록 만든 제도이며 행위능력자 기준에 포함되더라도(예컨대 19세 이상이어서 성년이더라도) 의사능력이 없이 한 법률행위가 무효가 되는 것과 마찬가지로, 의사능력 없는 자가 행한 소송행위는 무효이다.

4-4-2 소송능력이 인정되는 자

4-4-2-1 원칙

민법상 행위능력이 있으면 민사소송에서 소송능력을 가진다. 미성년자·피성년후견인·피한정후견인에 관한 민법규정들이 2013.7.1.자로 개정되었고, 이에 따라 관련 민사소송법 규정들도 2016.2.3. 개정되었다. 이제 미성년자·피성년후견인·피한정후견인은 민법이 정한 바에 따라서, 그리고 §55① 단서가 정한 바에 따라서 소송능력을 가질 수 있다. 한편 소송능력과 재산의 관리처분권(≒당사자적격)은 구별되는 개념이므로, 파산자로서 당사자적격을 잃은 자라도 그가 소송무능력자는 아니다.

4-4-2-2 외국인

외국인은 ―그 행위능력이 본국법에 의하는 것(국제사법 §28①)처럼― 소송능력 역시 본국법에 따라 정하는 것이 원칙이다. 따라서 18세에 행위능력을 가진다고 정한 국가 출신의 외국인이 18세이면, 그는 한국에서 소송능력자이다. 그를 굳이 한국인보다 더 보호할 필요는 없기 때문이다. 반면에, 그의 본국법에 따르면 소송능력이 없지만 대한민국의 법률에 따르면 소송능력이 있는 경우에는 소송능력이 있는 것으로 본다(§57). 즉 20세에 행위능력이 부여되는 국가 출신의 19세 외국인은 한국에서 행위능력이 있다.

4-4-2-3 민법상 행위능력에 기한 소송능력

(1) 미성년자

민법상 제한능력자 중에서 먼저 미성년자에 대하여 보면, 이들은 원칙적으로 소송무능력자이며, 만약 미성년자에게 소송이 생기면 친권자 또는 미성년후견인이 법정대리인이 된다. 그렇지만, ⓐ 혼인한 미성년자는 소송능력을 가진다. ⓑ 그리고 미성년자가 "독립하여 법률행위를 할 수 있는 경우"에(가령 민§8에 따라, 법정대리인으로부터 허락을 얻은 특정한 영업에 관한 소송에서), 그는 소송능력을 가진다(§55①i). 그러나 민법 §6의 "법정대리인으로부터 범위를 정하여 처분을 허락받은 재산"(가령 PC를 사라고 100만원을 받았을 때)을 가지고 미성년자가 계약을 체결할 수는 있지만, 그로부터 파생하는 소송에서 소송행위를 할 수는 없다. 소송행위는 더욱 복잡하고 결과예측이 어렵기 때문이다. ⓒ 미성년자는 근로계약의 체결 및 임금청구를 스스로 할 수 있으므로(근기§67,§68) 그에 관한 소송에서는 소송능력이 인정된다(대판 81.8.25, 80다3149).

(2) 피성년후견인

피성년후견인은 원칙적으로 소송무능력자이고, 그의 성년후견인이 소송에서 법정대리인이 된다. 그러나 만약 가정법원이 피성년후견인의 취소할 수 없는 법률행위의 범위를 정했다면(민§10②), 그 범위에서 그는 소송능력을 갖게 된다(§55①ii).

(3) 피한정후견인

이와 반대로, 민법상 피한정후견인은 원칙적으로 행위능력 따라서 소송능력이 인정된다. 그러나 만약 가정법원이 피한정후견인이 한정후견인의 동의를 받아야 하는 행위의 범위를 정하였으면(민§13) 그 범위에서는 피한정후견인이 소송능력을 가지지 않는다. 이 범위에서는, 그에 관한 대리권을 수여받은 한정후견인의 대리에 의해서만 소송행위를 할 수 있다(§55②). 위 대리권은 '소송행위에 관한 대리권'을 의미하는데, 이는 명시적으로 부여될 수도 있고, 실체법적 대리권의 부여에 따라 묵시적으로 부여될 수도 있다.

그런데 가정법원은 한정후견인에게 (실체법상) 대리권을 수여하는 심판을 할 수 있는데(민§959-4), 이 대리권의 범위에 관하여 해석상 문제가 발생한다. 즉 법원이 한정후견인의 대리권 범위를 정할 때,[20] 피한정후견인이 한정후견인의 동의를 받아야 하는 행위의 범위와 다르게 정할 수 있느냐의 문제이다. 이에 대하여 ⓐ 동의가 필요한 범위와 대리권 인정범위는 다를 수 있다는 견해, ⓑ 동의권과 대리권, 그리고 민법 §13④의 취소권의 범위는 같아야 한다(즉 가정법원의 대리권 수여권이 제한받는다)고 보는 견해로 나뉜다.[21]

비록 동의권과 대리권이 원래 다른 것이고 목적하는 취지도 다르다고 하더라도, 피한정후견인이 완전한 행위능력을 갖는 부분에 대해서도 한정후견인에게 법정대리권을 부여한다면, ㉠ 권리주체 본인에게 소송능력이 있는데도, 후견인이 동시에 법정대리권을 행사할 수 있다는 이상한 결과가 된다는 점,[22] ㉡ 피한정후견인의 행위능력을 다시 한 번 불필요하게 제한하게 되고, 후견제도의 이념인 '잔존능력의 존중'에도 위배되는 결과를 낳게 되는 점, ㉢ §55②이, 피한정후견인은 한정후견인의 동의가 필요한 행위에 관하여는 대리권 있는 한정후견인에 의해서만 소송행위를 할 수 있다고 정하고 있는 점을 고려해야 한다. 따라서 동의권과 대리권의 범위는 같게 보는 것이 타당하며, 법원이 한정후견인에게 대리

20) 이 대리권 범위를 정할 수 있는지부터 문제될 수도 있다. '법원이 성년후견인의 대리권의 범위를 정할 수 있다'는 민법 §938②을 한정후견에 관한 조항인 민법 §959-4②이 준용하지 않고 있기 때문이다. 그러나, 피한정후견인에게 피성년후견인보다 더 자유가 주어져야 하는 점 및 민법 §959-4②이 준용하는 민법 §938④이 대리권 범위제한을 전제하고 있는 점을 보면, 법원이 한정후견인의 대리권 범위를 제한할 수 있음은 대체로 수긍된다.

21) 주의해야 할 점은, 이 논의에서의 '동의권'은 민법(실체법) 차원에서의 것이라는 점이다. 민법에서와 달리, 민사소송법에서는 법정대리인이 소송무능력자에게 단독으로 소송행위를 하도록 동의해 줄 권한이 없다. 절차법상으로, 법정대리인은 —대리권을 가질 뿐— 동의권을 가지지 않는다.

22) 참고로 독일 민사소송법은, 제한능력자에게 소송능력이 있는데도 후견인이 대리를 하면, 그 소송에 관해서는 제한능력자가 무능력자로 취급된다는 조항을 두고 있다(ZPO§53).

권을 부여할 때에는 그의 동의권의 범위를 초과하지 않도록 해야 한다(同旨: 서울가정결 18.1.17, 2017브30016).

4-4-3 소송능력의 법적 성격 및 효력

4-4-3-1 개개 소송행위의 유효요건

실체법상의 행위능력의 경우에는, 그것이 없이 행해진 법률행위도 일단 유효하고, 다만 일정 요건 하에서 "취소"될 수 있다. 그러나 사법상의 법률행위보다 소송절차는 더 복잡하고 단계별로 얽혀 있는 때가 많으므로, 소송능력이 결여된 소송행위의 효력은 이와 달리 "무효"로 보고 있다. 가령 소송계속 중에 피성년후견인이 —법정대리인인 성년후견인을 통하지 않고— 단독으로 소취하서를 제출하는 행위는 그냥 무효이다. 또한 그런 소송무능력자에 대하여 한 개별적 소송행위도 무효이다. 가령 피성년후견인에게 한 기일통지는 무효이며, 그에게 송달된 판결정본은 아직 송달된 것이 아니므로 상소기간이 진행하지 않는다.

4-4-3-2 소송요건

이처럼 소송능력은 1차적으로는 개개 소송행위의 유효요건으로서 기능하지만, 소의 제기 및 소장송달의 수령 등 소송계속 자체를 좌우하는 소송행위에 관하여 소송능력이 없는 경우에는, 그 소송행위가 무효가 되는 결과로, 그 소 자체가 부적법하게 되고 만다. 이 경우에는 소송능력은, 개개 소송행위의 유효요건으로서뿐만 아니라, 소송요건으로서도 기능하게 된다.

이처럼 소가 소송능력 흠결 때문에 부적법하게 되는 경우, 그것이 보정되지 않는 한, 그 소는 각하되어야 한다. 소송계속이 적법하게 시작된 후에, 당사자 일방이 소송무능력자가 된 경우에 관해서는 아래 4-4-4-1 참조.

4-4-3-3 추인

소송무능력자의 소송행위라도 확정적 무효는 아니고 이른바 '유동적 무효'이다. 따라서 법정대리인이 추인하면 그 행위시에 소급하여 유효하게 된다(§60). 만약 불리한 행위가 아니었다면, 이렇게 정함으로써 절차반복을 피할 수 있기 때문이다. 추인은 소송능력 흠결이 보정된 후의 당사자 자신이, 또는 소송무능력자의 법정대리인이 할 수 있다(§60).

추인은 묵시적으로도 할 수 있고, 상급심에서도 할 수 있다. 가령 미성년자가 직접 변호사를 선임하여 제1심의 소송수행을 하게 하였으나 제2심에 이르러서는 미성년자의 친권자인 법정대리인이 소송대리인을 선임하여 소송행위를 하면서 아무런 이의를 제기한 바 없이 제1심의 소송결과를 진술한 경우에는 무권대리에 의한 소송행위를 묵시적으로 추인한 것으로 보아야 한다(대판 80.4.22, 80다308).

추인은 그때까지의 소송행위 전체에 대하여 일괄하여 해야 하며, 일부 소송행위만 선별해서 추인해서는 안 된다("소송행위 추인의 불가분성"; 대판 08.8.21, 2007다79480). 절차를 혼란스럽게 만들기 때문이다. 그러나 시간적으로 최후의 행위(가령 소취하)만을 제외하고 나머지 전체 소송행위를 추인하는 것은 —절차를 혼란스럽게 만들지 않으므로— 허용될 수 있다(대판 73.7.24, 69다60). 또한, 일단 추인거절의 의사표시가 있은 이상 그 무권대리행위는 확정적으로 무효로 귀착되므로 그 후에 다시 이를 추인할 수는 없다(위 2007다79480).

4-4-4 소송능력 흠결의 효과

4-4-4-1 소송능력 흠결의 발생시기에 따른 조치

소제기 행위 및 소장송달 수령행위에 소송능력 흠결이 있으면, 소송요건 결여로서 각하되어야 함은 앞에서 보았다. 이 단계를 넘어가서, 소송계속 중에 소송능력 흠결이 생긴 경우는(가령 성년후견 개시), 소 자체가 부적법해지지는 않으므로 소각하를 할 것이 아니다. 이때에는 법정대리인이 수계할 때까지 소송절차가 중단된다(§235). 만약 소송대리인이 원래부터 있었다면, 중단되지 않는다(§238).

4-4-4-2 법원의 조사 및 조치

소송행위는 소송절차의 어느 단계에서 행해지는 것이더라도, 모두 소송능력자가 또는 무능력자의 대리인이 행한 것이어야 한다. 즉 소송능력의 유무는 법원이 절차의 어느 단계에서도 조사해야 하는 직권조사사항이다.

소송능력 유무에 관하여 당사자 간에 다툼이 생겼고 법원이 이를 직권으로 조사한 결과, 소송능력에 흠이 있으면 법원은 그 흠결발생 이후의 행위를 배척하는 조치를 해야 한다. 그러나 앞에서 본 추인이 있을 수 있으므로, 법원은 기간을 정하여 소송능력 흠결을 보정하도록 먼저 명해야 한다(§59전단). 만일 보정하는 것이 지연됨으로써 손해가 생길 염려가 있는 경우에는, 법원은 보정하기 전의 당사자 또는 법정대리인으로 하여금 일시적으로 소송행위를 하게 할 수 있다(§59후단).

직권조사 결과 소송능력 흠결이 확인된 경우의 조치는 위와 같으나, 만약 조사결과 소송능력 흠결이 없다고 판단되면, 법원은 판결의 이유에서 이를 판시해 주어야 한다. 원고의 소송능력이 다투어지는 중에 —아직 그에 대한 법원의 판단이 내려지지 않은 상태에서— 원고가 소를 취하하면, 그 소취하행위는 유효하다. 한편, 소제기 과정이 소송무능력자에 의한 것이라고 하여 소각하판결을 선고한데 대하여, 그 소송무능력자가 다투어 상소를 제기하는 것도 (일단 유효한 소송행위로서) 허용된다. 상소제도란 원래 하급심의 판단의 당부를 판단받고자 하는 것이기 때문이다.

4-4-4-3 소송무능력을 간과한 판결의 효력

성년후견개시심판을 받는 등으로 소송무능력자가 된 것을 간과한 채로 판결을 선고한 경우, 그 판결이 당연무효는 아니며, 상소나 재심으로써 다툴 수 있다는 것이 통설이다. 따라서 그 판결의 송달이 유효하다면 상소기간 진행이 개시되고, 나아가 판결이 확정될 수도 있다. 판결확정 후에 재심을 청구할 때에는, 소송능력 흠결을 사유로 하여 §451① 제3호의 재심사유를 주장해야 한다는 것이 판례이다(15-5-3-4). 만약 판결선고 후에 가령 성년자로 된 당사자가 또는 법정대리인이 판결 전 소송행위를 추인하면, 상소나 재심의 소가 허용되지 않는다고 보아야 한다.

소송능력 제도는 소송무능력자를 보호하기 위한 것이므로, 소송무능력자가 승소한 판결에 대해서는, 소송무능력자는 물론이고 상대방도 소송능력 흠결만으로는 상소나 재심을 제기할 이익이 없다는 것이 통설·판례이다(대판 67.2.28, 66다2569; 90.11.13, 88다카26987; 00.12.22, 2000재다513).

4-5 변론능력

4-5-1 의의

기일에서 실제로 변론을 하기 위해 필요한 능력을 변론능력(辯論能力; Postulationsfähigkeit)이라고 한다. 법원 및 상대방 당사자가 통상의 노력으로 이해할 수 있을 정도로 명료한 진술을 할 수 있는 능력을 가리키며, 이는 당사자 본인 외에 대리인에게도 요구된다(§144①).

4-5-2 §144의 변론무능력자

현행법상 변호사강제주의[23]를 채택하지 않았으므로, 소송능력이 있는 당사자 및 대리인·대표자는 원칙적으로 변론능력을 갖는다. 따라서 당사자본인이 스스로 소송을 수행하는 것("본인소송")이 허용된다. 그러나 당사자 중에는 사안의 복잡성 때문에, 혹은 정신상태의 불안정 때문에 명료한 진술을 할 수 없는 사람도 있을 수 있고, 이런 사람에게 변론을 하도록 하면 절차가 지연되고 사법제도의 원활이 손상된다. 그래서 이런 경우에는 법원은 그에게 변론능력이 없는 것으로 보아 진술을 금지함과 동시에(§144①), 필요하면 변호사를 선임하도록 명할 수 있다(§144②). 이런 명령을 하면 그 효과는 당해 기일에만 미치는 것이 아니라, 그 심급에서는 그 후의 모든 변론에 미친다. 변호사선임명령을 받고도 이를 이행하지 아니하여 소·상소가 각하(아래 4-5-5 참조)되는 경우에는 당사자의 재판받을 권리에 상당한 제약이 가해지고 경제적·시간적으로도 많은 불이익이 주어지므로, 법원은 여러 사정을 종합하여 진술금지 내지 변호사선임명령의 필요 여부를 신중히 판단해야 한다(대결 23.12.14, 2023마6934).

---

23) 독일은 Amtsgericht(簡易법원=區법원)를 제외한 나머지 모든 법원의 절차에서 변호사강제(Anwaltszwang)를 원칙으로 정하고 있다. 하지만, 제1심 접수사건 중 Amtsgericht 사건의 숫자가 77%에 달하므로 —Amtsgericht 사건 중 이혼사건 등 예외적인 변호사강제 사건을 빼더라도— 사건 수로만 보면, 변호사강제주의가 적용되지 않는 사건 수가 더 많다.

4-5-3 기타 변론무능력자

변론기일에 재판장은 발언을 허가하거나 그의 명령에 따르지 아니하는 사람의 발언을 금지할 수도 있는데(§135②), 이 경우에 그 사람은 그 기일에 한하여 변론능력이 없게 된다. 한편 한국어를 못하는 사람은 변론능력이 없는 것인가? 그렇다는 견해도 있으나(송상현 156), 이들은 자국어를 통한 변론을 할 수 있는 사람이고 그것이 정확히 통역되기만 하면 법원과 상대방이 진술을 이해할 수 있는 것이므로, 변론능력이 없다고 해석할 것은 아니다.

4-5-4 진술보조인

변론에 어려움을 겪는 사람을 돕기 위하여, §143-2가 신설되어(2017.2.4. 시행) 진술보조인 제도가 도입되었다. 질병, 장애, 연령, 그 밖의 사유로 인한 정신적·신체적 제약으로 소송관계를 분명하게 하기 위하여 필요한 진술을 하기 어려운 당사자에 대하여(§143-2①), 법원이 진술보조인을 허가해 주는 제도이다. 특정 소송사건에 한정된 것으로서, 피성년후견인의 법정대리인과는 다르다. 또한 진술보조인은 자율성을 가지는 사람이 아니므로, 소송대리인이라고 할 수도 없다. 가령 제3자와는 어렵지만 가족과는 의사소통이 잘 되는 청각·언어 장애인 등에게 유용할 수 있다.

법원은 언제든지 위 허가를 취소할 수 있으며(§143-2②), 진술보조인의 자격 및 소송상 지위와 역할, 법원의 허가요건·절차 등에 관한 사항은 대법원규칙으로 정하도록 했다(§143-2③).

4-5-5 변론능력 흠결의 효과

변론능력은 소송행위의 유효요건이며, 변론능력 없는 당사자·대리인이 변론기일에 출석하더라도 결석한 것과 같은 효과가 생긴다. '소 또는 상소를 제기한 당사자에게' 법원이 진술금지 및 변호사선임을 명하였으나, 그 당사자가 명령을 받고도 법원이 정한 새 기일까지 변호사를 선임하지 아니한 때에는 법원은 결정으로 소·상소를 각하할 수 있다(§144④). 다만, 대리인이 있는 사건에서 진술금지·변호사선임 명령을 대리인에게만 하였을 때에는 본인에게 그 취지를 통지하여야 한다(§144③). 특히 항소심에서 항소인이 변호사선임명령을 받고 불이행하여 항소가 각하되는 경우에는 그에게 불이익한 제1심판결이 확정되므로, 이 경우 법원은 변호사선임명령을 할지 여부를 더 신중하게 판단해야 한다(위 2023마6934). 또한 대법원은 선정당사자 사건에서 —선정당사자는 선정자들과의 내부관계에 있어서 소송수행권을 위임받은 소송대리인과 유사한 측면이 있으므로— 법원이 진술금지 · 변호사선임 명령을 선정당사자에게만 하고 선정자들에게는 통지하지 않은 경우에, 변호사 선임이 없었음을 이유로 소를 각하할 수 없다고 하였다(대결 00.10.18, 2000마2999).

위 각하결정에 대하여는 즉시항고를 할 수 있다(§144⑤). 위 각하결정은 소 · 상소를 제기한 당사자에 대하여만 할 수 있는 조치이므로, 피고가 진술금지 · 변호사선임 명령을 받은 후 이에 따르지 않으면, 법원은 기일 불출석으로만 처리할 수 있을 뿐이다.[24)]

법원이 변론능력 흠결을 간과하고 종국판결을 하더라도 그 판결은 —무효가 아님은 당연할 뿐더러— 상소나 재심으로 다툴 수도 없다(통설). 절차의 원활을 목적으로 하는 제도이므로, 법원이 이를 문제삼지 않은 채로 이미 절차가 종료되었다면 그 흠결은 치유되었다고 볼 수 있기 때문이다.

4-6 소송상의 대리

4-6-1 총설

4-6-1-1 소송상의 대리제도의 의의

실체법상 대리 제도가 있는 것처럼, 소송법에서도 대리 제도가 있다. 이를 '소송상의 대리'(Stellvertretung)라고 한다. 이런 제도가 인정되는 이유를 보면, 첫째로, 당사자가 소송무능력자인 경우에는 스스로 소송행위를 할 수 없으므로, 대리인에게 소송수행을 맡기지 않을 수 없다. 둘째로, 당사자가 소송능력자라도 소송수행에는 전문지식과 경험을 필요로 하므로 그런 지식 및 경험을 가진 타인에게 이를 맡기는 것이 합리적이기 때문이다.

---

24) 피고가 출석을 하더라도 불출석한 것으로 처리하고, 이에 더하여 피고가 제출한 서면을 진술간주하여 주지 않으면, 현실적으로는 피고에게 상당한 압박으로 작용할 수 있다.

소송상의 대리인은, 당사자 본인의 이름으로, 자기의 의사에 기하여 소송행위를 하거나 소송행위의 상대방이 된다. "당사자 본인의 이름으로"라는 점에서, 자기 이름으로 소송을 수행하는 소송담당자와 구별된다. 또한 "자기의 의사에 기하여" 행위하므로, 단순히 당사자본인의 소송행위를 전달하는 진술보조인이나 통역인과 다르다.

4-6-1-2 소송상 대리권의 효과

소송상 대리인이 당사자 본인을 위하여 한 소송행위의 효과는 당사자 본인에게 귀속한다. 대리권이 없는 경우에는 그 행위의 효과가 본인에게 귀속하지 않고, 무효가 된다. 따라서 소송계속의 기초가 되는 행위(가령 소의 제기 및 소장 부본의 수령)에 관하여 대리권이 없는 경우에는, 그 소가 부적법하게 된다. 다만, 추인이 가능하며, 만약 법원이 대리권의 흠결을 발견한 경우에는 그때까지의 절차에 관하여 보정을 명해야 한다.

한편 —원래 본인에게 소송능력 · 변론능력이 없었던 경우가 아니라면— 당사자 본인이 소송대리인을 선임하더라도 자신의 소송능력 · 변론능력이 상실되지는 않는다. 따라서 본인은 여전히 스스로 소송행위를 할 수 있고, 소송행위의 상대방이 될 수 있다.

4-6-1-3 소송상 대리인의 종류

소송상 대리에 있어서, 우선 법정대리와 임의대리가 구별된다. 법정대리란, 대리인의 지위가 당사자 본인의 의사에 기하지 않은 채로 특정인에게 주어지는 경우이다. 임의대리란, 대리인의 지위가 당사자 본인의 의사에 기하여 주어지는 경우를 말한다.

법정대리인은 다시, 성년후견인처럼 실체법상 규정에 의하여 대리인 지위가 주어진 경우와 민사소송법 규정에 기한 법원의 선임에 의하여 대리인 지위가 주어지는 경우로 나누어진다.

임의대리인 중에는 개개의 소송행위에 한정되어 대리권을 수여받는 경우(예컨대 §184의 송달영수인)가 있고, 소송수행을 위한 포괄적 대리권을 수여받는 경우가 있으며, 후자를 "소송대리인"이라고 부른다. 법적 논의는 주로 후자에 관하여 행해지므로, 민사소송법상으로는 "임의대리인≒소송대리인"이라고 생각하면 된다. 소송대리인 중에 다시, 당해 사건에 관한 소송위임에 의하여 비로소 대리인 지위가 발생하는 '소송위임에 기한 소송대리인'과, 상법상 지배인처럼 그 지위를 가지면 당연히 일정 범위의 법률관계에 관하여 소송대리권이 발생하는 '법률상의 소송대리인'이 나뉜다.

4-6-2 법정대리인

4-6-2-1 의의 등

당사자 본인의 의사에 의하지 않고 대리인이 된 사람이 법정대리인(法定代理人)이다. 성년후견인처럼 실체법상 규정에 의하여 대리인 지위가 주어진 경우(아래 4-6-2-2)와 민사소송법 규정에 기한 법원의 선임에 의하여 대리인 지위가 주어지는 경우(아래 4-6-2-3)로 나누어진다. 그런데 §144의 법원의 선임명령에 따라서 선임된 대리인은 —본인이 대리인을 선택하므로— 법정대리인이 아니라 임의대리인이다.

법정대리인은 자신에게 법정대리권이 있다는 사실 또는 소송행위를 위한 권한을 받은 사실을 서면으로 증명해야 하고, 그 증명의 서면은 소송기록에 붙여야 한다(§58).

4-6-2-2 실체법상의 법정대리인

민법상 법정대리인인 사람은 소송법상으로도 법정대리인이 된다. 따라서 미성년자의 친권자인 부모(민§911), 미성년후견인(민§928,§938), 성년후견인(민§929,§938), 대리권 있는 한정후견인(민§959-4)은 자동으로 소송법상으로도 법정대리인이다. 또한 민법상 특별대리인(민§64,§921)과 법원이 선임한 부재자 재산관리인(민§22)도 소송상 법정대리인이다.

반면에, 유언집행자(민§1093)와 상속재산관리인(민§1053)에 대해서는 견해가 나뉘고, 판례는 이들을 상속인들의 법정대리인으로 보지 않는다. 즉, 유언집행자가 비록 상속인의 대리인으로서의 성격을 가지기는 하지만(민§1103), 유언집행자가 유증목적물에 관하여 마쳐져 있는 등기의 말소를 구하는 소송을 수행하는 것은, 유언집행자가 이른바 '법정소송담당'(4-7-3 참조)으로서 원고적격을 가지고 하는 것으로 해석해야 한다는 것이 판례이다(대판 10.10.28, 2009다20840). 유언집행자는, 유언의 집행에 필요한 범위 내에서는 상속인과 이해상반되는 사항에 관하여도 중립적 입장에서 직무를 수행하여야 하기 때문이다. 상속재산관리인에 대해서도 판례는 법정대리인이 아닌 소송담당자로 본다(대판 07.6.28, 2005다55879).

4-6-2-3 소송법상의 특별대리인

민사소송법은 일정한 경우에 법원으로 하여금 소송상 특별대리인을 선임하도록 정하고 있으므로, 이때 '소송법상의 특별대리인'이 있게 된다. 그는 당해 소송에 한하여 권한을 가진다. 아래 (1), (2), (3)의 3가지가 있다.

(1) 우선 미성년자 · 피한정후견인 · 피성년후견인에게 ⓐ 법정대리인이 없거나 법정대리인에게 소송에 관한 대리권이 없는 경우, ⓑ 법정대리인이 사실상 · 법률상 장애로 대리권을 행사할 수 없는 경우, 혹은 ⓒ 법정대리인의 불성실하거나 미숙한 대리권 행사로 소송절차의 진행이 현저하게 방해받고 있는 경우가 있다. 이때 위 제한능력자의 친족, 이해관계인, 대리권 없는 성년후견인 · 한정후견인 등은 —소송절차가 지연됨으로써 손해를 볼 염려가 있다는 것을 소명하여— 수소법원에 특별대리인을 선임하여 주도록 신청할 수 있다(§62①). 특별대리인은 대리권 있는 후견인과 같은 권한이 있고, 특별대리인의 대리권의 범위에서 법정대리인의 권한이 정지된다(§62③).

이렇게 선임된 특별대리인이 소제기를 하기 위해서는, 선임결정만으로 족한지 아니면 소제기에 관한 특별수권이 있어야 하는지가 논의되나, 이 제도 자체가 소송에 장애가 있을 경우를 대비한 것이므로 따로 특별수권이 필요하지 않다고 보아야 한다(통설; 대판 83.2.8, 82므34).

(2) 의사무능력자를 상대로 소송행위를 하려고 하거나 의사무능력자가 소송행위를 하는 데 필요한 경우에도 특별대리인을 선임하여 달라고 요청할 수 있다(§62-2①). 그 선임에 관하여는 위 §62를 준용한다. 이 특별대리인이 소송을 종료시키는 행위(즉 소의 취하, 화해, 청구의 포기 · 인낙 또는 독립당사자참가소송에서의 탈퇴)를 하는 경우, 법원은 그 행위가 본인의 이익을 명백히 침해한다고 인정할 때에는 결정으로 이를 허가하지 아니할 수 있다. 이 결정에 대해서는 불복할 수 없다(§62-2②).

(3) §62가 준용되어 특별대리인을 선임할 수 있는 또 다른 경우는, 법인 또는 비법인 사단·재단에 대표자·관리인이 없거나 그가 대표권을 행사할 수 없는 경우이다(§64). 그 선임절차 등은 §62에 따르고, 이렇게 선임된 특별대리인은 법인 또는 비법인사단의 대표자와 동일한 소송수행의 권한을 갖는다(대판 10.6.10, 2010다5373). 즉, 이 경우에 법원에 의해 선임된 특별대리인은 그 소송에서 상소를 제기할 권한뿐만 아니라 이를 취하할 권한도 가진다(대판 18.12.13, 2016다210849). §64가 적용되는 사례를 보자면, 비법인사단과 그 대표자 사이의 이익이 상반되는 사항에 관한 소송행위에 있어서는 위 대표자에게 대표권이 없으므로, 이해관계인이 §64, §62에 의하여 특별대리인의 선임을 신청하는 경우가 있는데, 이에 따라 선임된 특별대리인은 비법인사단을 대표하여 소송을 제기하게 되는 것이다(대판 92.3.10, 91다25208).[25]

4-6-2-4 법정대리인의 지위 및 권한

(1) 본인과의 관계

법정대리인은 당사자 본인이 아니므로 소송수행의 결과(즉 기판력·집행력)는 당사자 본인에게만 미친다. 법관의 제척(§41 i,ii,iv), 재판적(§§2,3,7)을 정하는 기준이 되지도 않는다. 하지만 몇 가지 점에서는 당사자 본인에 준하여 취급되는데, 이에 해당하는 것을 보자면 ⓐ 법정대리인은 본인에 갈음하여 변론기일에 출석해야 하며, ⓑ 법정대리인은 증인이 될 수 없고, 신문이 필요하면 당사자본인신문에 의하여야 하며, ⓒ 보조참가인이 될 수도 없고, ⓓ 법정대리인이 사망하거나 대리권을 상실하면 본인의 사망 및 능력상실에 준하여 소송절차가 중단되며, ⓔ 법정대리인은 소송대리인의 사실상 진술을 곧바로 취소·경정할 수 있는 당사자의 경정권(§94)을 가지고, ⓕ 소송무능력자는 송달을 받을 수 없기 때문에 송달을 법정대리인에게 하여야 한다 등이다.[26]

---

25) 한편, 비법인사단에 이사가 없거나 결원이 있고 이로 인하여 손해가 생길 염려가 있는 경우에는, 민법상 법인의 임시이사 선임조항(민§63)을 비법인사단에 유추적용하여, 이해관계인은 법원에 임시이사 선임을 청구할 수 있다(대결-전 09.11.19, 2008마699).

26) 여기서 법정대리인과 임의대리인(=소송대리인) 간의 차이도 드러난다. 가령 ⓐ 임의대리에서는 본인의 출석권이 있어서 본인만 출석해도 변론기일 진행이 가능하고, ⓑ 임의대리인에 대한 증거수집은 당사자본인신문이 아니라 증인신문으로써 해야 하며, ⓒ 임의대리인은 보조참가인이 될 수 있고, ⓓ 임의대리인의 사망 및 대리권상실은 소송절차

(2) 법정대리인의 권한범위

① 개요 : 법정대리권의 범위는 그 근거법률에 의해 정해진다. 즉 실체법상의 법정대리인의 권한범위는 그 실체법상 규정에 따르고, 소송법상의 법정대리인의 권한범위 역시 그 소송법상 규정에 따른다(§51). 다만 주의할 점은, —민법에서와 달리— 민사소송법에서는 법정대리인이 소송무능력자에게 단독으로 소송행위를 하도록 동의해 줄 권한이 없다는 점이다. 절차법상으로, 법정대리인은 —대리권을 가질 뿐— 동의권을 가지지 않는다.

② 친권자 : 친권자에게는 권한범위의 제한이 없다. 이해상반행위가 아닌 이상, 일체의 소송행위를 할 수 있다.

③ 후견인 : 후견인에 대해서는 ⓐ 민법 §950①v가 "소송행위"를 혼자서 할 수 없고 후견감독인의 동의를 받아야 한다고 정하고 있어서, 후견인의 대리권을 제한하고 있다. 가령 소를 제기하려면 후견인은 후견감독인 동의를 받아야 한다. ⓑ 그러나 §56①은, 후견인이 상대방의 제소에 관한 소송행위를 하는 경우에는 후견감독인의 동의 내지 특별수권이 불필요하다고 별도로 정하고 있다. 결국 위 두 조문을 종합하면, 후견인의 대리에 있어서 '능동적 소송행위'에는 제한이 있고 '수동적 소송행위'에는 제한이 없는 것이 된다.

이와 별도로, 후견인이 소송을 종료시키는 행위, 즉 취하, 화해, 청구의 포기·인낙, 탈퇴를 하기 위해서는 후견감독인으로부터 특별한 권한을 받아야 하며("특별수권사항"), 만약 후견감독인이 없다면 가정법원으로부터 특별한 권한을 받아야 한다(§56②).

④ 실체법상 특별대리인 : 실체법상 특별대리인의 경우에는, 친권자·후견인의 경우와 달리, 그 선임결정문에 기재된 바에 따른다. 선임결정문에 특별한 기재가 없으면, 실체법상의 특별대리인은 선임된 사항과 관련하여 원칙적으로 일체의 소송행위를 할 수 있다고 해석되고 있다.

⑤ 소송법상 특별대리인 : 소송법상 특별대리인은 그가 선임된 당해 소송에 관하여 권한이 있다. 소송법상 특별대리인은 후견인과 같은 권한이 있으며, 특별대리인의 대리권의 범위에서 법정대리인의 권한은 정지된다(§62③). 그 외에 소의

중단사유가 아니며, ⓔ 임의대리인은 당사자의 경정권(§94)의 주체가 아니라 객체이고, ⓕ 임의대리의 경우 본인에게 한 송달도 유효하다.

제기에 특별수권이 필요한지 등에 관해서는 4-6-2-3 참조.

소송법상 특별대리인이 소취하, 화해, 청구의 포기·인낙, 소송탈퇴를 하려면 —후견인이라면 후견감독인으로부터 특별수권을 받으면 되지만(§56②)— 누구로부터 특별수권을 받아야 하는지가 조문상 불분명한데, 만약 후견감독인이 있으면 후견감독인으로부터(§56②의 유추적용), 만약 후견감독인이 없으면 그 특별대리인을 선임한 법원으로부터 받아야 한다고 해석된다.

(3) 수인(數人)의 법정대리인

부와 모가 친권자이거거나, 후견인이 여럿인 경우, 법인이 공동대표를 가진 경우 등에는 법정대리인이 복수이다. 이때, 대리권행사는 공동으로만 해야 하는가?

대리권행사의 방법 역시 실체법에 따르는 것이 원칙이다. 따라서 부모는 원래 친권을 공동으로 행사하므로(§909) 소송행위도 공동으로 해야 한다. 회사가 수인의 대표자를 둔 경우에는 각자가 온전한 대표권을 가지는 것이 원칙이지만, 공동으로만 대표행위를 하도록 정할 수도 있고(상§389②), 이때에는 소송행위 역시 공동으로 해야 한다. 한편 송달에 관해서는, 공동대리의 경우에 1인의 대리인에게만 하면 된다는 조항이 별도로 있다(§180).

여기서 '공동으로 한다'는 말의 의미에 관해서, 두 가지로 나누어 설명하는 것이 통설이다. 즉 소·상소의 제기행위, 그리고 §56②에 나열된 중요한 소송행위(즉 취하, 화해, 청구의 포기·인낙, 소송탈퇴)는 명시적으로 공동으로 해야 하고, 그 외의 소송행위는 1인의 대리인이 하고 나서 다른 대리인이 묵인하면 족하다고 설명한다. 이상의 적극적 소송행위와 다르게, 소송상대방의 소송행위를 수령하는 것은 수인의 법정대리인이 있더라도 단독으로 할 수 있다(상§§208②,389③,562④).

수인의 법정대리인이 서로 모순되는 소송행위를 한 경우의 효과에 대해서는 견해가 대립하고 있으나, 당사자 본인에게 가장 유리한 내용의 소송행위가 유효하다고 본다(다수설).

4-6-2-5 법정대리권의 소멸

(1) 소멸사유

법정대리권의 소멸원인도 그 법정대리권의 근거법률이 정한 바에 따른다.

그러므로 본인·법정대리인의 사망, 법정대리인의 성년후견개시·파산선고에 의하여 소멸한다(민§127). 또한 친권자가 친권을 상실하거나, 후견인이 사임·해임으로 후견인 자격을 상실하면 그 친권자 및 후견인의 법정대리권이 소멸한다. 그 외에 본인이 소송능력을 가지게 되는 경우에도 법정대리권이 소멸한다.

(2) 소멸통지 제도

원래 민법상으로는 법정대리권이 소멸하고 나면 그 후에는 당연히 대리권이 없는 것이지만, 하나의 소송절차가 진행되는 중에 법정대리권이 소멸하는 경우에는 그 법정대리권 없음이 당사자 쌍방에 대하여 같은 시점에 적용되어야 절차상 혼란이 없을 터이다. 그래서 소송절차 진행 중의 법정대리권 소멸에 관해서는, 본인 또는 대리인이 '상대방에게 그 소멸사실을 통지하지 않으면' 소멸의 효력을 주장하지 못한다고 정하였다(§63①본문).[27] 즉 법정대리권 소멸의 통지가 있을 때까지는, 법정대리인과 상대방의 각 소송행위 모두 —상대방의 선의 여부나 과실 유무를 묻지 않고— 법정대리권 있음을 전제로 처리된다. 따라서 그 통지가 없는 상태에서 법정대리인이 한 소취하는, 상대방이 대리권소멸을 알았더라도 유효하다(대판-전 98.2.19, 95다52710).

그런데, 대리권 상실 후에 구 법정대리인(또는 회사의 대표자; §64)이 본인을 배신하고 소송상대방과 통모하여 청구포기나 화해 등을 할 우려가 있으므로, 이를 방지하기 위하여 2002년 법개정으로 §63① 단서가 추가되었다. 즉 법원에 법정대리권 소멸사실이 알려진 뒤에는 —상대방에게 통지를 하기 전이라도— 그 법정대리인은 §56②에 열거된 중요한 소송행위(취하, 화해, 청구의 포기·인낙, 소송탈퇴)를 하지 못한다.

4-6-3 법인등의 대표자

4-6-3-1 법정대리인 규정을 준용

법인과 비법인사단·비법인재단은 모두 당사자능력을 가지므로 소송당사자가 될 수 있지만, 실제로 소송행위를 하려면 자연인을 통해야만 하며, 대표자·관리인이 그 자연인에 해당한다. 이에 §64는, 법인의 대표자 또는 비법인 사단·

---

27) 상대방에게 법정대리권 소멸통지를 한 쪽은 그 취지를 법원에도 서면으로 신고해야 한다(규§13①).

재단의 대표자 · 관리인에게는 법정대리 및 법정대리인에 관한 규정을 준용한다고 정하였다.

비법인사단은 ⓐ 스스로 당사자가 되어 소송을 하는 방법 외에도, ⓑ 구성원 전원이 당사자가 되어 소송을 할 수도 있으며 이때는 대표자가 없게 된다. ⓑ의 경우는 필수적 공동소송이 된다.

4-6-3-2 법인등의 대표자가 되는 사람

법인과 비법인사단 · 비법인재단에서 누가 대표자가 되느냐는, 이들 단체에 관한 실체법이 정한다. 대표자가 되는 사람은, 민법상 법인에서는 이사(민§59), 상법상 주식회사에서는 대표이사(상§389), 청산중의 회사에서는 청산인(상§255), 회사와 이사가 대립하는 소송에서는 감사(상§394)이다. 그런데 등기이사이던 사람이 회사를 상대로 자신의 이사직 사임을 주장하며 그에 따른 변경등기를 구하는 소를 제기한 경우에는, 그 소에 관하여 회사를 대표할 사람은 감사가 아니라 대표이사라는 것이 판례이다. 왜냐하면 이 경우 대표이사로 하여금 회사를 대표하도록 하더라도 소송수행이 불공정할 염려가 없기 때문이다(대결 13.9.9, 2013마1273). 한편 비법인사단의 일종인 종중(宗中)에서는, 종장(宗長)이 성년인 종중원을 소집한 종중회의에서 출석자 과반수의 결의에 의하여 선출된 자가 대표라는 것이 판례이다.

공법인 중의 하나인 국가에 있어서는, 대표자가 법무부장관으로 정해져 있다(국가를 당사자로 하는 소송에 관한 법률 §2). 외국을 당사자로 하는 소송에서는 그 외국의 외교사절이 대표자이다(비엔나협약§3①ⓐ). 특별시 · 광역시 · 도 · 시 · 군 · 자치구 등 지방자치단체에서는 시장 · 도지사 · 군수 등 그 단체장이 대표자이다(지방자치법§101). 다만 지방자치단체의 교육 · 학예에 관해서는 교육감이 당해 지방자치단체를 대표하므로(지방교육자치에 관한 법률 §18②), 가령 서울시내 공립중학교에 책상을 납품한 업자가 납품대금을 청구하는 소를 제기하려면 서울특별시를 피고로 삼되 대표자로는 서울시 교육감을 기재하여야 한다.

4-6-3-3 대표자의 권한 및 흠결의 효과

법인 · 비법인사단 · 비법인재단의 대표자의 권한범위에 관해서는 —역시 §64,

§51가 적용되므로— 실체법상의 규정에 따른다. 그리고 그 대표자에게 소송행위를 할 권한이 없었던 경우의 처리에 관해서는 아래 4-6-5를 참조.

4-6-4 임의대리인

4-6-4-1 의의와 종류

임의대리란, 대리인의 지위가 당사자 본인의 의사에 기하여 주어지는 경우를 가리킨다. 소송수행을 위한 포괄적 대리권을 가진 자를 '소송대리인'이라고 하는데, 이는 '법률상의 소송대리인'과 '소송위임에 기한 소송대리인'의 2가지로 나누어진다.

'법률상의 소송대리인'이란, 본인의 의사에 기하여 일정한 법적 지위를 갖게 된 자에 대하여 법률이 소송대리권을 인정했기 때문에 당연히 소송대리권이 생긴 사람을 가리킨다. 비록 소송대리권의 발생은 법률의 규정에 의한 것이지만, 그 기초가 되는 지위의 수여가 본인의 의사에 기하였으므로 법정대리인 아닌 임의대리인이다. §87 및 §92의 '법률에 따라 재판상 행위를 할 수 있는 대리인'이 여기에 해당한다. 가령 지배인(상§11), 선장(상§749), 선박관리인(상§765), 국가소송수행자[28] 등이다. 법률상의 소송대리인의 권한범위는 그 각 법령에서 정해지지만, 소제기 등 재판상의 행위를 할 수 있음이 원칙이다. 이러한 법률상의 소송대리인 제도를 통하여, 실무상 '변호사대리 원칙'이 잠탈될 우려가 있다는 문제가 있다. 특히 지배인 및 국가소송수행자로 비변호사가 임명되는 일이 많으므로, 위 우려는 현실적이다.

'소송위임에 기한 소송대리인'이란, 특정 소송사건의 처리를 위임받은 대리인이다. 이에 관해서는 변호사대리 원칙이 적용된다.

28) 법무부장관은 검사·공익법무관 및 법무부의 직원, 행정청의 직원 등을 '소송수행자'로 지정하여 소송을 수행하게 할 수 있다(국가를 당사자로 하는 소송에 관한 법률 §3). 이러한 국가소송수행자는 변호사 자격이 없어도 된다. 지방자치단체가 소송당사자가 될 때에는 산하 공무원이 소송수행자라는 이름으로 대리할 수 없음과 구별된다. 법원은 소송수행자 등 법률상 소송대리인의 자격·권한을 심사할 수 있지만, 그 자격·권한을 불인정하는 실무례는 드물다.

4-6-4-2 소송대리인의 자격 : 변호사대리 원칙

(1) 원칙

민법상의 대리인과 민사소송법상의 대리인 사이의 가장 큰 차이는, 후자에서는 원칙적으로 변호사 자격자만 대리인으로 선임할 수 있다는 것이다(§87). 물론 소송대리인 선임 없이 본인이 소송을 수행할 수 있지만,[29] 일단 선임을 하려면 변호사 중에서만 할 수 있다. 법률전문가가 관여해야 소송절차가 원활하게 진행될 수 있기 때문이다. 변호사이기만 하면 되고, 1심 소액사건에서 선임되는 변호사와 대법원 상고사건에서 선임되는 변호사 사이에 자격상 차이는 없다.[30]

대리인이 되는 변호사는 변호사인 자연인 개인일 수도 있고, 법무법인, 유한법무법인, 또는 법무조합일 수도 있다(변호§§49,58-2,58-18). 통상 로펌(law firm)이라고 부르는 곳의 법률상의 형태는 후자의 3개 중 어느 하나이다. 후자의 3개가 소송대리인으로 선임되면, 거기에 소속된 자연인인 변호사를 그 사건의 '담당변호사'로 지정해야 한다(변호§50).

만약 변호사 아닌 사람이 소송대리인으로 선임된 경우에, 그는 소송대리권이 없는 것인가, 아니면 변론능력이 없는 것인가? 후자가 과거의 다수설이지만 —후자에 의하면, 위 피선임자가 기일출석만 못할 뿐 변호사 복대리인을 선임하여 소송을 진행할 수 있다는 결과가 되고, 이는 타당하지 않으므로— 전자가 타당하다고 보아야 한다.

(2) 예외

다음 ⓐ~ⓕ의 경우에는 비변호사를 소송대리인으로 선임할 수 있다. ⓐ 단독판사가 심판하는 사건 중 (가) 사물관할규칙 §2단서i~iv의 사건[31]과 (나) 소가가 1억원 이하인 사건 및 그 신청사건에서는, 당사자와 밀접한 생활관계를 맺고 있고 일정한 범위 안의 친족관계에 있는 사람 또는 당사자와 고용계약 등으

---

29) 이른바 변호사 강제주의 불채택. 그러나 헌법재판절차의 당사자, 그리고 증권관련집단소송의 원·피고와 소비자단체소송 및 개인정보단체소송의 원고는 반드시 소송대리인을 선임해야 한다.

30) 연방대법원 등 특정 법원에 등록된 변호사만 그 법원 사건을 대리할 수 있는 것으로 제도를 운영하는 나라가 많다(미국·독일 등).

31) i. 수표금·약속어음금 청구사건, ii. 금융기관이 원고인 대여금·구상금·보증금 사건, iii. 자동차손해배상보장법상의 손해배상청구사건 및 채무부존재확인사건, iv. 단독판사사건으로 합의부가 결정한 사건.

로 그 사건에 관한 통상사무를 처리 · 보조하여 오는 등 일정한 관계에 있는 사람이 —법원의 허가를 얻으면— 소송대리인이 될 수 있다(§88①, 규§15①). 실무상 이런 허가가 신청되면 법원이 기각하는 일은 드물다. 제1심에서 단독판사가 심판했더라도 제2심부터는 합의부가 담당하므로, 2심부터는 위와 같은 비변호사 소송대리는 없다. 위 규정에 따라 비변호사 대리인이 될 수 있는 사람으로서 ㉠ 친족은 4촌 이내의 혈족 · 인척으로서 당사자와의 생활관계에 비추어 상당하다고 인정되는 경우라야 하고, ㉡ 고용 등 관계자는 "당사자와 고용, 그 밖에 이에 준하는 계약관계를 맺고 그 사건에 관한 통상사무를 처리 · 보조하는 사람으로서 그 사람이 담당하는 사무와 사건의 내용 등에 비추어 상당하다고 인정되는 경우"라야 한다(규§15②).

ⓑ 1심 소액사건에서는, 당사자의 배우자 · 직계혈족 · 형제자매가 법원 허가 없이도 소송대리인이 될 수 있다(소심§8). ⓒ 가사소송사건 · 가사조정사건에서도 재판장 · 주정장 · 조정담당판사의 허가를 받으면 비변호사가 소송대리인이 될 수 있다(가소§7②). ⓓ 비변호사인 변리사가 특허, 실용신안, 디자인 또는 상표에 관한 사항의 소송대리인이 될 수 있다(변리사법§8). 그러나 위 조문은 특허심판원 절차, 그리고 특허심판원의 심판에 대한 불복으로서의 법원의 소송절차(특허심결취소소송)에서만 해당되는 것이고, 이른바 특허침해소송(3-4-3-14)에서는 변리사 대리가 인정되지 않는다고 해석된다(헌재 12.8.23, 2010헌마740). ⓔ 비송사건에서는 비변호사라도 소송능력자이기만 하면 —법원허가 없이— 소송대리인이 될 수 있다(비송§6). ⓕ 범죄피해자가 형사공판절차에 붙어서 민사손해배상을 청구하는 이른바 '형사배상절차'에서, 범죄피해자의 배우자 · 직계혈족 · 형제자매는 법원의 허가를 받아 소송대리인이 될 수 있다(소촉§27).

4-6-4-3 소송대리권의 수여

소송대리인을 선정하여 대리권을 수여하는 행위를 흔히 소송위임이라고 부르지만, '위임계약'은 그 대리권수여행위(수권행위)의 원인행위일 뿐이고, 수권행위는 단독행위이다. 이는 소송법상의 효과를 목적으로 하는 것이어서 소송행위이다(대판 12.10.25, 2010다108104). 즉 이는 소송행위이므로, 본인에게 소송능력이 있어야 이를 할 수 있다.

대리권수여 방식은 정해져 있지 않아서 말로든 서면으로든 할 수 있으나, 대리권은 —즉 그 존재와 범위는— 서면으로 증명해야만 한다(§89①). 그 증명서면이 사문서인 경우에는 법원은 공증사무소의 인증을 받으라고 명할 수 있다(§89②).

4-6-4-4 소송대리권의 범위

(1) 일반적 대리권 범위

'소송위임에 기한 소송대리인'의 대리권 범위는 §90가 정하고 있다. 소송대리인은 위임을 받은 사건에 대하여 반소 · 참가 · 강제집행 · 가압류 · 가처분 등 일체의 소송행위와 변제수령을 할 수 있다(§90①).[32] 즉 본안소송 전의 보전절차부터 본안소송을 거쳐 그 후의 강제집행절차까지 모두 할 수 있고, 최종적 실체법상 행위인 변제의 수령행위도 할 수 있다는 말이다. 본안소송 진행 중에 청구의 확장 등도 물론 할 수 있고, 상계권 행사도 할 수 있다.

이러한 소송대리인의 권한은 약정으로써 제한할 수 없다(§91본문). 다만 변호사 아닌 소송대리인에 대해서는 제한할 수 있다(§91단서).

(2) 특별수권사항

당사자 본인이 소송대리인에게 어떤 사건을 맡겼더라도, 본인에게 중대한 결과를 미치는 사항에 대해서는 다시금 본인의사를 확인하여 특별히 권한을 따로 받도록 법률이 정해 두었다. 이러한 특별수권사항으로는 ⓐ 반소의 제기, ⓑ 소의 취하,[33] 화해, 청구의 포기 · 인낙 또는 소송탈퇴, ⓒ 상소의 제기 또는 취하 ⓓ 대리인(즉 복대리인)의 선임이 있다(§90②). 상소권포기도 역시 특별수권사항이라고 해석되고 있다.[34]

위와 같이 '상소의 제기'가 법률상 특별수권사항인데, 다수설은 여기에 능동적 상소제기행위뿐만 아니라, 상대방의 상소에 피상소인으로서 응소하는 행위도 포함된다고 해석하고 있다. 그리고 판례 · 다수설은, 이처럼 상소심으로 올라갈 때에는 양쪽 대리인이 모두 특별수권을 받아야 하는 이상, "소송대리는 위임받은 그 심급에만 한정된다"고 하는 이른바 '심급대리의 원칙'이 소송법의 원칙이

32) §90②이 '반소의 제기'를 특별수권사항으로 정한 것을 보면, §90①의 '반소'는 반소에 대한 응소를 말한다(통설).
33) 상대방의 소취하에 대한 동의는 특별수권을 필요로 하지 않는다(대판 84.3.13, 82므40).
34) 다만 법률상의 소송대리인의 권한에는 §90와 §91의 제한이 적용되지 않는다(§92).

라고 설명한다(대결 00.1.31, 99마6205). 소송대리권의 시간적 범위를 정확히 말하면, 수임한 소송사무가 종료하는 때인 당해 심급의 판결을 송달받은 때까지라고 한다(위 99마6205).[35]

심급대리 원칙과 관련한 특이한 판례로는, 파기환송시의 대리권 부활에 관한 것이 있다. 판례는, 대법원에서 파기환송 판결이 내려져서 사건이 항소심으로 돌아오면, 애초의 항소심 소송대리인의 대리권이 "부활"한다고 보고 있다(대판 84.6.14, 84다카744 등). 마치 상고심 판결이 종국판결 아닌 중간판결임을[36] 전제로 한 듯한 해석이며, 심급대리 원칙과도 부합하지 않는 판례라고 생각된다(다수설). 하지만, 이러한 대리권 부활론에 따라서, 1차 항소심의 위임보수는 그 항소심 종료시점에 청구할 수 있는 것이 원칙이지만, (미지급 중에) 상고심에서 파기환송되는 때에는 환송 후 2차 항소심 사건의 소송사무까지 처리해야만 보수청구를 할 수 있다는 것이 판례이다(대판 16.7.7, 2014다1447). 그리하여 실무상, 항소심에서 패소한 당사자가 그 대리인을 불신하고 새로 상고심 대리인을 선임하여 상고심에서 파기환송 판결을 받아낸 후의 항소심 법정에, 1차 항소심 대리인과, (파기환송으로 신뢰를 얻어 2차 항소심까지 새로 수임한) 상고심 대리인이 공동으로 당사자를 대리하여 출석하는 광경도 벌어진다.

한편, 파기환송 후 2차 항소심에서 선고된 판결에 대하여 다시 상고가 제기될 때, 즉 2차 상고심에서는 1차 상고심 대리인의 소송대리권이 부활하지 않는다(대결 96.4.4, 96마148). 그리고 재심전 소송의 소송대리인이 재심소송에서 소송대리권을 가지지 않는다고 한다(대결 91.3.27, 90마970).

(3) 특별수권사항에 대한 실무에서의 처리

실무상 변호사가 고객으로부터 소송위임을 받을 때에 사용하는 소송위임장 용지에는 위 ⓐ~ⓓ의 특별수권사항이, 수여하는 대리권 사항이라고 미리 인쇄되어 있는 때가 대부분이다(다만 '상소의 제기'는 사용양식에 따라 없을 때도 있음). 약관의 유·무효 문제가 발생할 수도 있으며, 특별수권사항에 관해서는 변호

---

35) 독일에서는 심급종료시가 아니라 당해 소송의 종결시에 대리권이 소멸된다고 보고 있고, 재심절차에도 대리권이 그대로 있다고 보므로(ZPO§81), 심급대리의 원칙이 부정된다.

36) 과거 1959년 판결로 파기환송 판결이 중간판결이라고 본 것이 있었으나, 대판 95.2.14, 93재다27, 34은 이를 종국판결이라고 명언했다.

사가 설명의무를 진다고 보아야 할 터이다.

(4) 소송대리권의 범위와 위임계약상의 의무

민사소송법상 소송대리권의 범위와 변호사의 소송위임계약상 의무의 범위는 서로 같지 않으며, 변호사의 의무는 수권행위가 아닌 위임계약에 의해 발생한다. 본안소송을 수임한 변호사가 강제집행·보전처분에 관한 소송대리권을 가진다고 하여, 이를 신청할 위임계약상의 의무를 의뢰인에 대한 관계에서 당연히 부담하는 것은 아니므로, 이전등기소송을 수임한 변호사가 처분금지가처분을 미리 하지 않았다고 해서 그것이 곧바로 의무위반이 되지는 않는다(대판 97.12.12, 95다20775).

4-6-4-5 소송대리인의 지위

(1) 소송대리인이 있을 때, 소송행위는 소송대리인이 실제로 수행하지만 그는 제3자에 불과하므로, 소송수행의 결과는 당사자 본인에게만 생긴다. 소송대리인은 제3자이어서 증인이 될 수 있다(법정대리인은 증인이 될 수 없고, 신문이 필요하면 당사자본인신문에 의하여야 한다는 점과 구별된다).

(2) 소송대리인이 선임되어 있더라도 본인 자신의 소송수행권은 그대로 유지된다. 가령 소송서류를 본인에게 송달하더라도 이는 부적법하지 않다. 본인은 소송대리인과 함께 기일에 출석하여 변론을 하여도 무방하고, 실제로 종종 이렇게 한다. 한편 소송대리인의 진술을 당사자 본인이 곧 취소하거나 경정한 때에는 그 진술이 효력을 잃는다(§94). 다만 '사실상 진술'에 한정되므로 소송대리인의 '법률상 진술'(예컨대 소취하)은 본인이 경정할 수 없다. 이를 '당사자의 경정권'이라고 부른다. 본인이 지체없이 행사하여야 하므로, 대개 함께 법정에 출석한 도중에, 본인이 대리인의 사실관계 진술을 바로잡을 때에 적용된다.

(3) 당사자가 수인의 소송대리인을 선임하면서, 각 대리인의 개별행동을 막기 위하여 반드시 공동으로만 소송행위를 해야 한다고 약정하더라도, 이러한 약정은 소송법상 무효이며, 대리인 각자가 당사자를 대리한다(§93). 이를 "개별대리의 원칙"이라고 부른다. 만약 수인의 소송대리인이 서로 모순되는 소송행위를 한 경우에는 ⓐ 이들이 동시에 행해졌으면 모두 무효이고, ⓑ 순차로 행해졌으면, 앞의 행위가 철회가능한 행위인 경우에는 뒤의 행위로써 앞의 행위를 철회한

것으로, 앞의 행위가 철회불가능한 행위이면 뒤의 행위가 무효인 것으로 본다는 것이 통설이다.

소송서류 송달을 할 때에는 수인의 소송대리인에 대하여 각각 송달해야 하지만, 판결이 여러 대리인에게 송달된 경우에 그 항소기간 기산점은 최초의 판결정본 송달일이다(대결 11.9.29, 2011마1335).

4-6-4-6 소송대리권의 소멸

(1) 소멸사유가 안 되는 사항

민법상 임의대리권의 소멸사유로는 본인의 사망, 대리인의 사망, 원인관계의 종료 등이 있다(민§127,§128). 특칙이 없다면 민법상의 위 소멸사유가 그대로 적용되겠지만, 소송법은 위 사유 중에서 본인의 사망은 소송대리권 소멸사유가 아니라고 한다(§95). 본인 사망시 대부분의 경우 상속인들이 그 다투어지는 권리의무관계를 상속하며, 소송대리인에 의하여 소송절차가 진행될 수 있기 때문에 이와 같이 정한 것이다. 이를 포함하여 §95가 소송대리권 소멸사유가 아니라고 정한 사항을 보면, 1. 당사자의 사망 또는 소송능력의 상실, 2. 당사자인 법인의 합병에 의한 소멸, 3. 당사자인 수탁자의 신탁임무의 종료, 4. 법정대리인의 사망, 소송능력의 상실 또는 대리권의 소멸·변경이다. 또한 §96는, 제3자 소송담당의 경우에 소송대리인이 있으면, 그 소송담당자(예컨대 선정당사자 또는 회생회사 관리인)가 소송담당 자격을 상실하더라도 소송대리인의 소송대리권은 상실되지 않는다고 정하였다.

(2) 소멸사유

ⓐ 민법상 임의대리권의 소멸사유(민§127) 중 민사소송법상 특칙이 없는 소송대리인의 사망, 소송대리인의 성년후견개시 및 파산은 소송대리권 소멸사유이다. ⓑ 그리고 소송대리인이 변호사 자격을 상실하면 소송대리권이 소멸한다(4-6-4-2). ⓒ 원인관계의 종료는 소송대리권 소멸사유가 된다. 여기서 원인관계 종료라고 함은, 주로 위임계약해지 즉 변호사의 해임·사임에 따른 소송대리권 위임계약의 종료를 가리킨다. ⓓ 판례상의 심급대리 원칙에 따라, 심급의 종결 즉 판결정본의 송달로써 소송대리권이 소멸한다.

4-6-5 무권대리

4-6-5-1 의의 및 종류

소송상의 대리권에 흠이 있으면, 해당 소송행위가 대리권 없이 행한 것, 즉 무권대리행위가 된다. 무권대리가 발생하는 경우들을 나열하여 보면, 당사자 본인으로부터의 대리권 수여가 아예 없는 경우, 수여행위 내지 수권의 원인행위가 외관상 존재하나 무효인 경우, 특별수권사항에 대하여 수권이 없는 경우, 법정대리인의 자격이 없는 경우, 대리권을 서면으로 증명하지 못한 경우(§89) 등이 있다.

법인이나 비법인사단·비법인재단의 대표자는 법정대리인에 준하므로(§64), 이런 단체의 행위가 대표권 없는 사람에 의하여 행해지는 경우도 무권대리에 해당한다. 실무상으로는 이처럼, 자연인이 본인인 경우보다 단체(특히 종중)가 본인인 경우에 대표권 흠결 등 무권대리 문제가 자주 발생한다.

4-6-5-2 소송상 취급

(1) 소송행위의 유효요건

대리권의 존재는 법정대리에서도 임의대리에서도 소송행위의 유효요건이다. 따라서 무권대리인이 한, 그리고 그에게 행한 소송행위는 무효이다.[37] 그러나 추인이 가능한 행위라면, 본인 또는 적법한 대리인의 추인이 있는 경우 소급하여 유효가 된다(§97,§60). 소송 중 회부된 조정절차에서 조정갈음결정에 대해 무권대리인이 이의신청을 한 다음, 대리권이 보정된 대리인이 준비서면 제출 등 소송행위를 했다면, 그 이의신청은 추인된 것으로 본다(대판 23.7.13, 2023다225146). 추인은 묵시적으로도 가능하고 상급심에서 하는 것도 가능하므로, 제1심 소송행위가 모두 무권대리행위였더라도 항소심에서 1심 변론결과를 진술하는 등 변론을 하였으면 추인으로 인정된다(대판 16.7.7, 2013다76871). 항소심이 원고 종중의 대표에게 대표자 자격이 없다고 부적법 각하판결을 한 후 상고심에 이르러, 적법하게 선출

37) 친자 간의 이해상반행위(민§921)란 이해의 대립이 생길 우려가 있는 행위를 가리키고 실제로 이해의 대립이 생겼는지를 묻지 않으므로, 수인의 미성년자와 그 친권자가 공유물분할의 소의 공동피고가 된 경우에는 이들 간에 이해가 상반되는 것이며, 따라서 이 경우 미성년자마다 특별대리인을 선임하도록 법원이 §59에 따라 보정을 명해야 하고, 만약 친권자가 법정대리인으로서 소송행위를 했으면, 이는 무효이다(대판 24.7.11, 2023다301941).

된 대표자가 항소심에서의 원고측 소송행위를 추인하면 소송행위는 소급하여 유효해지므로, 위 항소심 판결은 취소된다(대판 10.12.9, 2010다77583). 추인을 하려면 그때까지의 소송행위 전부를 추인해야 함이 원칙이다(4-4-3-3 참조).

대리권 유무는 법원의 직권조사사항이지만, 대리권 유무 판단의 자료가 되는 사실과 증거를 법원이 직권탐지해야 하는 것은 아니다(대판 09.12.10, 2009다22846). 하지만 이미 제출된 자료들에 의하여 그 대리권·대표권의 적법성이 의심된다면 —상대방이 이를 지적하여 다투지 않더라도— 그 대리권·대표권에 관하여 심리·조사할 의무가 있다(대판 11.7.28, 2009다86918).

(2) 소송요건

소제기 과정 및 소장수령에서 무권대리이면, 그 단계에서는 대리권 존재가 소송요건이 된다. 따라서 이런 대리권 흠결에 대해서는, 일단 보정명령을 내린 후에 그 보정이 이루어지지 않으면 법원이 소를 각하해야 한다. 가령 비법인사단의 대표가 사원총회의 결의 없이 또는 위법하게 소집된 총회결의에 의하여 대표가 되어 소를 제기한 경우에, 법원은 소송요건 흠결로 그 소를 각하해야 한다(대판 10.3.25, 2009다95387). 이러한 보정명령은 항소심에서도 내릴 수 있으며, 항소심이라도 보정명령 없이 항소각하를 하면 위법하다(대판 24.4.12, 2023다313241).

만일 법원이 그 흠결을 모른 채로 본안판결을 선고하면, 그 판결이 당연무효는 아니다. 그 판결이 확정 전이면 상소에 의하여, 확정 후이면 재심에 의하여(§451①iii) 취소를 구할 수 있을 뿐이다. 가령 주식회사의 대표이사가 금원을 차용함에 있어 필요한 주주총회의 특별결의 없이 금원차용을 하면서 제소전화해를 하였다면, 이는 소송행위를 함에 있어서 필요한 특별수권을 얻지 않고 한 것이어서 재심사유에 해당한다(대판 80.12.9, 80다584).

(3) 전관예우 금지규정에 위반한 무권대리

법원·검찰에서 근무한 후 변호사로 활동하는 사람은, 자기가 최종 1년간 근무한 법원·지원·검찰청·지청의 사건은 퇴직일로부터 1년간 수임할 수 없다(변호§31③). 만약 이를 위반하여 수임을 하면 일종의 무권대리가 된다. 이 규정에 위반한 소송대리의 효과에 관해서는, ⓐ 전관예우 의혹을 방지하기 위한 엄격한 강행규정이므로, 통상의 무권대리와 달리 그 흠이 추인으로써 치유될 수 없다는 견해(무효설)와, ⓑ 상대방이 이의하지 않으면 유효하다는 견해(이의설)가 대립한다.

4-6-5-3 쌍방대리

(1) 일반적 쌍방대리금지 원칙

민법상 쌍방대리 · 자기거래가 금지되듯이(민§124), 소송에서도 당사자의 한쪽이 다른 쪽을 대리하거나, 또는 동일인이 양쪽을 대리하는 것은 허용되지 않는다. 법정대리인이나 변호사가 이처럼 허용되지 않는 대리행위를 한 경우에는, 이는 일종의 무권대리이므로, 만약 당사자가 사후추인을 한다면 그 흠이 치유될 수 있다(추인설).

(2) 변호사법 §31①의 수임제한

변호사법 §31①은 아래 (i)~(iii)의 3가지 사건에 관하여 수임을 금지하고 있다. 엄격한 의미에서의 쌍방대리에 해당하는 사안은 아니지만, 쌍방대리 금지의 취지를 넓게 고려하고, 변호사 업무의 공정성, 당사자의 보호 등을 목적으로 이런 제한이 규정되었다. 그리고 아래 (i),(ii)의 적용에 있어서는, 법무법인 · 유한법무법인 · 법무조합을 하나의 변호사로 볼 뿐만 아니라, 업무수행시 통일된 형태를 갖추고 수익분배 · 비용분담을 하는 법률사무소도 하나의 변호사로 본다(변호§31②).

(i) 당사자 한쪽으로부터 상의를 받아 그 수임을 승낙한 사건의 상대방이 위임하는 사건(당해 동일사건을 가리킨다. 예컨대, 제1심 피고대리인이었던 변호사가 제2심 원고대리인이 되는 경우). 여기서 사건이 동일한지는, 분쟁의 실체의 동일 여부에 의하여 결정되어야 하며 소송물의 동일 여부나 같은 민사절차 또는 같은 형사절차인지 여부와는 무관하다(대판 03.11.28, 2003다41791).[38] (ii) 수임하고 있는 사건의 상대방이 위임하는 다른 사건(다만 수임하고 있는 사건의 위임인이 동의한 경우에는 예외. §31①단). (iii) 공무원 · 조정위원 또는 중재인으로서 직무상 취급하거나 취급하게 된 사건(예컨대 법관으로서 담당했던 사건 또는 그 재심사건에 관하여 사직 후 변호사로서 소송대리하는 경우; 대판 71.5.24, 71다556).

변호사법 §31①은 위에서 말했듯이 변호사 업무의 공정성, 당사자의 보호 등을 목적으로 하는 규정인데, 이에 위반한 행위의 효력에 관해서는 —징계사유가 됨은 별론으로 하고— 무효설, 이의설, 추인설이 있다. 오래된 판결례 중에는 추

---

38) 따라서 대판 03.5.30, 2003다15556은, 형사사건에서 피고인의 변호인으로 선임된 법무법인의 담당변호사가 그 법무법인이 해산된 후 변호사 개인의 지위에서 위 형사사건의 피해자에 해당하는 상대방 당사자를 위하여 실질적으로 동일한 쟁점을 포함하고 있는 민사사건의 소송대리를 하는 경우도 이에 해당한다고 했다.

인설을 취한 것이 있으나, 판결의 주류는 이의설, 즉 상대방이 이의하면 무효이지만 이의하지 않으면 유효라는 견해이다(대판 95.7.28, 94다44903; 03.5.30, 2003다15556; 다수설).

4-6-5-4 소송행위와 표현대리

가령 A가 B주식회사를 상대로 소를 제기하고 법인등기부상 B의 대표이사로 기재된 C가 B의 소송을 수행하여, A승소의 판결이 내려지고 확정되었는데, C를 이사로 선임한 주주총회결의가 취소되는 등으로 C가 진정한 대표자가 아님이 판명된 경우에, A를 민법의 표현대리 법리로써 보호할 수 있는가? 민사소송에서도 민법의 표현대리를 인정할 것인가의 문제인데, 이에 대해서 견해가 갈린다.

적극설은 인정하자고 하고, 소극설은 대리권 존재가 직권조사사항이라는 점과 절차안정의 면에서 이를 부정하는 것이 타당하다고 한다. 절충설은, 부정하되 법인대표자의 부실등기가 법인 자신의 고의적 배반 때문일 경우에는 표현대리를 적용하자고 한다. 대법원은, 공증인 앞에서 집행증서(1-6-3-2)를 작성하는 행위는 소송행위이고 이러한 소송행위에는 민법상의 표현대리 규정이 적용될 수 없다고 함으로써(대판 83.2.8, 81다카621) 소극설을 취하였다.[39] 절충설이 말하는 "고의적 태만으로 부실등기가 만들어진 경우"라면 그 후의 B의 소송수행에 따라서 묵시적 추인을 인정할 수도 있을 터이고, 아니면 신의칙을 적용하여 처리할 수도 있을 터이므로, 일반적으로는 소극설이 타당하다.

4-7 당사자적격

4-7-1 당사자적격의 의의

당사자적격이란 특정 소송물에 관하여 당사자로서 소송을 수행하고 본안판결을 받을 수 있는 자격을 말한다. 어떤 소송에서 본안판결을 해야 할 필요성을

39) 이 판례는, 집행증서 작성이 무권대리인의 촉탁으로 이루어졌으면 그 집행증서가 무효라는 취지이다. 또한 이렇게 작성된 집행증서는 집행력 등의 효력이 없으며, 그 공정증서상 의사표시의 추인은 이를 작성한 공증인에게서 그 의사표시를 공증하는 방식으로 하여야만 하므로, 그러한 방식 외의 추인을 하더라도 위 집행권원이 유효하게 되지는 않는다(대판 06.3.24, 2006다2803).

인정받으려면, 거칠게 말해서 "그 소송에서 원·피고가 되기에 적절한 자"가 당사자가 되어야 하는 것이며, 이것이 당사자적격의 문제이다. 어느 소송에서 당해 원·피고에게 당사자적격이 있다고 하려면, 이들을 그 사건의 당사자로 하는 본안판결을 선고하는 것이, 즉 원고는 물론, 그 소송에의 관여를 강제당한 피고 및 어쩔 수 없이 그 사건에 인력 등 사법자원을 투입해야 하는 법원에 대하여 그런 부담을 지우는 일이 합리적이고 또한 필요해야 한다. 일반적으로, 어떤 권리를 행사하여 소를 제기할 수 있는 사람은 그 권리가 실체법적으로 귀속되는 사람이고, 피고가 될 수 있는 사람은 그 의무가 실체법적으로 귀속된다고 주장되는 사람인데, 그런 귀속자 아닌 사람이 소를 제기할 수 있는 경우가 있는가, 혹은 그런 귀속자인데도 소를 제기할 수 없는 경우가 있는가 등의 문제가 당사자적격의 문제이다.

당사자적격 중에는 원고적격과 피고적격이 있다. 당사자적격은, 특정 사건과의 관계에서 검토되어야 하는 문제이므로, 구체적 사건을 떠난 일반적 능력의 문제인 당사자능력 및 소송능력과 구별되는 개념이다.

당사자적격의 문제를, 소송당사자가 될 수 있는 권한이라는 측면에 착안하여 '소송수행권'의 문제로 칭하기도 하며, 독일에서는 주로 이 소송수행권(Prozessführungsbefugnis)을 중심으로 논의된다. 주로, 본래의 권리귀속자 외에 어떤 제3자가 소송을 담당할 수 있는가의 문제이므로, 소송담당(Prozessstandschaft)이라는 용어를 중심으로 논의하기도 한다. 이 문제는 당사자의 개념에 관하여 형식적 당사자개념(4-1-1)이 통설이 되면서 논의가 불가피해졌다.

4-7-2 당사자적격의 판단기준

4-7-2-1 당사자적격과 관리처분권과의 관계

당사자적격이 있다는 말은, 실체법적으로 말하면 그 소송물인 권리관계에 관하여 관리처분권이 있다는 것에 대체로 대응한다. 거꾸로 말하면, 당해 소송물에 관하여 관리처분권을 가지는 자에게 원칙적으로 당사자적격이 인정된다. 그러나 관리처분권과 당사자적격이 직결되지는 않는다.

구체적으로 말하면 다음과 같다. ① 일반적으로 소송물에 관하여 직접적이고 중대한 이해관계를 가지는 사람은, '자신이 권리자임을 주장하거나 또는 의무자라고 주장되는 자'이므로, 이들에게 당사자적격이 인정된다. 이들은 당해 권리의무에 관하여 관리처분권도 가지는 것이 통상적이다. ② 권리의무주체 외의 자에게 실체법상 관리처분권이 부여된 경우가 있다. 가령 본래의 권리의무주체인 파산자가 아닌 파산관재인이 여기에 해당하는데, 파산관재인은 파산자의 권리의무에 관한 관리처분권을 가진다. ③ 이와 달리, 가령 가사소송에서의 검사처럼, ―실체법상 권리의무자가 아닐 뿐더러― 관리처분권도 없고 법률상 소송수행권만 부여된 경우가 있다. 이 경우에는 관리처분권과 당사자적격 개념이 분리된다.

구체적으로 어떠한 경우에 당사자적격이 인정되는가에 관해서는 ―소의 이익에 있어서와 마찬가지로― 소의 유형에 따라서 차이가 있다. 소의 유형에 따른 구체적 설명은 아래에서 본다.

4-7-2-2 이행의 소의 경우

(1) 일반론

이행의 소에서는 자신에게 실체법상 이행청구권이 있다고 주장하는 자가 원고적격자이고, 그로부터 의무자라고 주장된 사람이 피고적격자이다. 주의할 점은, 정당한 원고가 되려면 반드시 진정한 권리자여야 하는 것이 아니라는 점이다. 마찬가지로 정당한 피고가 되는 데에, 그가 진정한 의무자일 필요도 없다. 그런 권리자인지 의무자인지는 법원이 본안심리를 모두 마친 후에야 비로소 판단되는 것이므로, 이행의 소에 있어서 당사자적격은 원고의 주장만으로 판단한다.[40] 그리고 심리결과 실제 이행청구권자가 아니거나 이행의무자가 아니라고 판단되면 ―당사자적격 흠결을 이유로 소각하 판결을 하는 것이 아니라― (당사자적격은 이미 있는 것이므로) 청구기각의 판결을 해야 한다. 가령 A가 1천만원을 빌려줄 때 그 현장에 있던 B,C 중에서 사실상 B가 차용인이고 C는 단지 그곳에 따라간 친구에 불과한데, A가 C를 피고로 삼아 1천만원 대여금청구의 소를 제기했다면, (심리 결과 위 사실을 확정한) 법원은 A의 청구를 기각하는 판결을 선고하면 된다.

---

40) 본안심리 결과, 이행의 소에서 원고가 그 주장된 권리를 가진 사람이고, 피고가 그 의무를 가진 사람임이 판명되는 것을 두고서, 독일에서는 "본안적격(Sachlegitimation)이 있다"고 표현하기도 한다.

(2) 등기관련 이행청구에서의 피고적격

판례는 등기관련 이행청구에서는, 주장 자체만으로 피고적격을 판단하지 않고 등기부상의 기재와 피고적격을 관련시키고 있다. ⓐ 가령 말소등기청구에서는 등기부상 그 말소등기로써 권리를 상실하거나 기타 불이익을 받을 자만 당사자적격을 가진다고 한다(대판 74.6.25, 73다211; 19.5.30, 2015다47105). ⓑ 그리고 A가 B로부터 금전을 차용하면서 자기 토지에 B 앞으로의 저당권을 설정해 주고, B가 C에게 채권양도와 함께 위 저당권을 이전하는 부기등기를 마쳐준 경우에, A 또는 그로부터 위 토지를 양수한 자가 위 저당권 및 부기등기의 말소를 구할 때에는 —저당권양도의 부기등기에 의하여 새로운 권리가 생기는 것이 아니어서— (주등기에 따라 직권말소되는 부기등기가 아니라) 주등기인 저당권설정등기의 말소만을 'C'를 상대로 구하면 되므로, A의 B를 피고로 한 저당권말소등기청구의 소를 부적법하다고 하여 각하하였다(대판 95.5.26, 95다7550).

ⓒ 또한 가등기의 이전에 의한 부기등기가 있을 때에도 그 가등기에 대한 말소등기청구는 가등기의 피담보채권의 양수인(=새 가등기권자)만을 상대로 하면 족하다고 하면서, 양도인(=애초의 가등기권자)은 그 말소등기청구에 있어서의 피고적격이 없다고 보았다(대판 94.10.21, 94다17109). ⓓ 가등기가 마쳐진 부동산에 관하여 제3취득자 앞으로 소유권이전등기가 마쳐진 후 그 가등기가 말소된 경우에는, 그 말소된 가등기의 회복등기절차에서 회복등기의무자는 가등기가 말소될 당시의 소유자인 제3취득자이므로, 그 가등기의 회복등기청구에서는 제3취득자에게만 피고적격이 있다(대판 09.10.15, 2006다43903).[41] ⓔ 말소회복등기청구에서는 그 말소등기 후에 마쳐진 등기의 성격에 따라 둘로 나누어서 보아야 한다. (i) 그 후속등기가 회복대상인 등기와 양립가능한 것이면(가령 제한물권이 부적법하게

---

41) 참고로, ① 토지 소유자 A로부터 B에게로 원인무효의 소유권이전등기가 마쳐지고 그에 터잡아 C 앞으로의 저당권등기 등 제한물권등기가 설정된 경우에, A가 B에게는 소유권에 기한 방해제거청구(민§214)로서 말소등기를 청구한다. A의 C에 대한 청구의 방법으로는 ㉠ C명의의 등기를 직접 말소하라는 청구를 할 수도 있고, ㉡ B의 등기말소에 대한 승낙을 C에게 구하는 청구를 할 수도 있으나, 실무상 대개 ㉠으로 행해진다. ② 그런데 A로부터 B에게로 원인무효의 소유권이전등기가 마쳐지고 그에 터잡아 B의 채권자 C에 의한 가처분·가압류·경매개시결정의 등기가 마쳐진 경우에는 —이들 등기는 법원의 재판 및 촉탁에 기하여 경료된 것이라서 C가 직접 말소등기의 의사표시를 할 수는 없으므로— A는 C에게 B의 등기의 말소에 대한 승낙을 하라고 청구를 해야 한다(대판 98.11.27, 97다41103).

말소된 후에 제3자에게 소유권이전등기가 경료된 경우라면 그 제한물권 등기와 소유권이전등기는 양립가능하다), 말소된 등기의 명의자(원고)는 그 말소등기의 등기공동신청인에게는 회복등기를 구하고 후속등기 명의인에게는 —등기상 이해관계 있는 제3자이므로— 승낙의 의사표시를 구해야 한다. 이는 그 후속등기가 본등기이든 가등기이든, 또 가압류·가처분·경매신청 등기이든 간에 마찬가지이다. (ii) 반면에 후속등기가 회복대상인 등기와 양립불가능한 것이면, 후속등기가 말소되어야만 말소회복등기가 가능해지므로, 먼저 그 후속등기 명의자를 상대로 말소등기청구를 하여야 한다. 그러지 않고 후속등기 명의자에게 회복등기에 관한 승낙의 의사표시를 구하면 이는 피고적격이 없는 자를 상대로 한 청구이다. 가령 동일 토지에 두 지상권이 존재할 수 없으므로, 지상권의 불법말소를 이유로 말소회복등기를 구하는 원고가 그 말소 후에 설정된 지상권자를 상대로 회복등기에 관한 승낙의 의사표시를 구하면 부적법하다(대판 04.2.27, 2003다35567).

(3) 채권집행에서의 원고적격 등

제3채무자에 대한 채권에 압류·가압류 집행만 이루어진 경우에, 압류·가압류 채무자는 제3채무자를 상대로 이행의 소를 제기할 수 있다(다만 현실로 그 급부를 추심하는 것은 금지된다).[42]

집행채권자가 압류·추심명령을 받고 나면, 제3채무자를 직접 상대하여 피압류채권을 추심할 권능을 획득하므로, 집행채권자와 (본래의 채권자인) 집행채무자 사이에 누가 원고적격을 가지는지의 문제가 발생한다. 과거의 판례(대판 00.4.11, 99다23888; 대판-전 13.12.18, 2013다202120 등)는 그 추심명령으로써 집행채무자가 원고적격을 상실하게 된다고 했으나, 최근 대판-전 25.10.23, 2021다252977은 이를 변경하여, 둘 다 원고적격을 가지되 한쪽이 소제기하고 나면 다른 쪽의 소제기가 중복제소(2-5-3-1)에 해당하게 된다고 했다. 따라서 집행채권자·집행채무

42) 5-3-3-2(4) 참조. 실무상 추심·전부명령 없이 압류명령만 신청하는 경우가 없으므로, 이 법리는 주로 가압류집행이 이루어진 경우에만 문제된다. 그리고 채권에 압류·가압류 명령이 내려졌을 때의 처분금지효는 '상대적 무효'로서, 만약 채무자가 그 채권을 양도하거나 제3채무자가 변제하는 등 처분을 하면 그는 그 처분 전에 집행절차에 참가한 압류채권자나 배당요구채권자에게 대항하지 못한다는 의미일 뿐이다. 따라서 집행채무자 B의 제3채무자 C에 대한 채권을 집행채권자 A가 (가)압류하고 나서, B가 그 피압류채권을 T에게 양도하면, T는 A에 대하여 대항하지 못할 뿐이고 B의 다른 채권자에 대한 관계에서는 채권양수의 유효성을 주장할 수 있다("개별상대효설"; 대판 03.5.30, 2001다10748).

자 중 한쪽이 제3채무자에 대한 소를 제기하고 나면, 다른 쪽은 그 소송에 공동소송참가(14-5-3-1) 또는 공동소송적 보조참가(14-6-5)를 하여야 비로소 소송에 관여하게 된다. 전자는 사실심 변론종결시까지 할 수 있고, 후자는 상고심 계속 중에도 가능하다.

한편 추심금청구의 기초가 된 추심명령이 무효이면, 그 추심채권자에게는 당사자적격이 없으므로, 그 추심의 소를 각하해야 한다(대판 16.11.10, 2014다54366)(5-3-3-2도 참조).

추심명령의 경우와 달리, 집행채권자가 압류·전부명령을 받으면, 그 전부된 채권만큼이 집행채권자에게 이전되어 버리는 것이어서 집행채권자만이 원고적격을 가지게 되므로, 당사자적격 및 제3자 소송담당의 문제는 발생하지 않는다. 즉 전부명령이 내려졌는데 만약 집행채무자가 제3채무자를 상대로 이미 전부된 그 채권을 청구하면 이 청구는 '기각'된다.

(4) 채권자대위소송에서의 원고적격

채권자대위소송의 원고는 피보전권리에 기하여 제3자 소송담당자가 되는 것이므로(4-7-3-1), 피보전권리 부존재가 판명되면 당사자적격이 없다는 판단을 받는다. 또한 피대위자인 채무자가 실존인물이 아니거나 사망자이면, 이 역시 피보전권리를 인정할 수 없는 경우에 해당하므로, 그 채권자대위소송은 당사자적격이 없어 부적법하다(대판 21.7.21, 2020다300893).

4-7-2-3 확인의 소의 경우

확인의 소에서는, 그 청구에 관하여 확인의 이익(5-3-4)을 가지는 자가 원고적격자이고, 원고의 이익과 대립하는 이익을 가지는 사람이 피고적격자이다. 소송물인 당해 권리의 권리자라고 해도, 만약 확인의 이익이 없다면, 원고적격을 갖지 못한다. 따라서 확인의 소의 당사자적격은, 확인의 이익에 의하여 개별 사건마다 따로 판단되어야 한다.

확인의 소는 반드시 당사자 간의 법률관계에 한하지 아니하고, 당사자 일방과 제3자 또는 제3자 간의 법률관계도 그 대상이 될 수 있다고 설명되지만(통설; 대판 94.11.8, 94다23388; 05.4.29, 2005다9463 등), 다른 한편 "그 법률관계의 확인이 확인의 이익이 있기 위하여는 그 법률관계에 따라 '제소자'의 권리 또는 법적 지위에 현존하는 위험·불안이 야기되어야 하고, …[확인판결이] 가장 유효·적절한 수단이 되어야 한다."고 하므로(위 2005다9463 등 다수), 사실상 제3자와의 법률관계를 다투는 소에서 확인의 이익 및 원고적격이 인정되기는 쉽지 않다.[43] 약사가 치른 한약조제시험의 합격처분에 대해 한의사가 무효확인의 소를 제기한 사건에서, 대법원은, 그 시험으로 약사에게 한약조제권이 인정됨에 따라 한의사들의 영업상 이익이 감소된다고 하더라도 이는 사실상의 이익에 불과하다는 이유로 원고적격을 부정하였다(대판 98.3.10, 97누4289)(5-3-4-3 참조).

주목할 몇 판결례를 보면, ⓐ 미등기 토지의 소유권보존등기를 하려는 원고는, 토지대장상의 등록명의자가 불확실한 경우에는 그 토지에 대한 보존등기의 전제로서 국가를 상대로 확인의 소를 제기할 적격을 가지며(대판 93.4.27, 93다5727; 10.11.11, 2010다45944), ⓑ 토지수용 주체인 기업자가 보상금수령자를 알 수 없다고 하여 이른바 절대적 불확지 공탁을 하였는데 토지의 원소유자라고 주장하는 자가 공탁금출급청구권 확인의 소를 제기하는 경우, 기업자는 피고적격을 가지며(대판-전 97.10.16, 96다11747. 5-3-4-5 참조),[44] ⓒ 아파트 입주자대표회의는 동대표를 구성원으로 하는 비법인사단이고, 입주자대표회의 구성원은 새로운 구성원이 선출될 때까지 직무를 수행할 수 있으므로, 동대표 선출결의 무효확인소송에서는 임기만료된 종전 동대표가 원고적격을, 입주자대표회의가 피고적격을 가진다(대판 08.9.25, 2006다86597). 한편 판례는 ⓓ 총장선임권이 없는 사립대학교 교수는 학교법인의 총장선임행위의 효력을 다툴 원고적격이 없다고, 했다(대판 96.5.31, 95다26971).

판례는, 단체의 대표자선출결의의 무효·부존재 확인의 소에서는 그 단체에게 피고적격이 있을뿐 다투어지는 결의로 선출된 대표자 개인에게는 피고적격이 없다고 한다(대판 73.12.11, 73다1553; 11.2.10, 2006다65774 등). 단체를 피고로 하지 않으면, 승소판결을 받더라도 그 효력이 단체에 미치지 않아서, 단체가 거부할 경우 법적 불안을 제거하지 못하기 때문이다. 그러나 가장 이해관계가 대립하는 상대방은 바로 그 선출된 개인이므로, 실무상 그에게 보조참가(14-6-1)를 하게 할 때가 많다. 다만 위 분쟁에 관한 보전처분은 대표자직무집행정지 가처분인데, 판례는 이 절차에서는 단체가 아니라 선출된 당해 대표자에게 피신청인 적격이 있다고

---

43) 예외적으로 인정된 사례들로서 5-3-4-2의 (3)을 참조.

44) 한편 상대적 불확지 변제공탁에서 피공탁자 중 1인은, 다른 피공탁자를 상대로 공탁물 출급청구권 확인의 소를 제기하면 된다(5-3-4-5).

본다(대판 97.7.25, 96다15916). 즉 A를 대표이사로 선임한 B회사의 주주총회결의의 효력을 다투면서 C가 본안소송을 제기할 때에는 B를 피고로 삼아야 하지만, C가 대표이사 직무집행정지 가처분을 구할 때에는 A를 피신청인으로 삼아야 한다.

4-7-2-4 형성의 소의 경우

형성의 소에서는, 이를 허용하는 근거법률 자체가 원고적격자 · 피고적격자를 정해 두는 것이 일반적이다. 가령 이혼청구소송에서는 일방 배우자와 타방 배우자가 적격자이고(민§840), 중혼을 이유로 혼인취소청구를 할 때에는 당사자 및 그 배우자, 직계혈족, 4촌 이내의 방계혈족, 검사가 원고적격자이다(민§818). 주주총회결의의 취소청구와 무효 · 부존재 확인청구에서는 상법 §376가 주주 · 이사 또는 감사를 원고적격자라고 정하고 있고, 판례가 그 회사를 피고적격자라고 해석하고 있다. 채권자취소소송의 원고적격자는 채권자이고(민§406), 그 피고적격자는 수익자 · 전득자일뿐 채무자에게는 피고적격이 없다(판례).

4-7-2-5 고유필수적공동소송의 경우

이른바 고유필수적공동소송(14-3-2)에서는 누락되는 당사자가 있으면, 당사자적격에 흠이 발생한 것이 되므로, 부적법한 소가 된다. 가령 A,B,C,D의 공유토지에 관하여 A가 공유물분할청구를 하면서 B,C만 피고로 삼았다면, 이는 부적법한 소이다. 이처럼 필수적공동소송의 당사자가 누락된 경우에는 제1심 변론종결시까지 원고의 신청에 따라 당사자를 추가하도록 법원이 허가할 수 있어서(§68), 보정하는 길이 열려 있다.

4-7-3 제3자의 소송담당

실체법상 권리주체가 아닌 제3자에게 그 관리처분권 · 소송수행권이 부여됨으로써, 그 제3자가 정당한 당사자가 되는 경우가 있다(4-7-2-1의 ②). 이를 “제3자의 소송담당”이라고 한다. 여기에는 ⓐ 법률의 규정에 의하여 제3자가 소송담당자가 되는 법정소송담당, ⓑ 법원의 허가재판에 의하여 제3자가 소송담당자가 되는 재정소송담당, ⓒ 당사자의 의사표시에 의하여 제3자가 소송담당자가 되는 임의적 소송담당의 3가지가 있다. 차례로 본다.

4-7-3-1 법정 소송담당

법률의 규정에 의하여 제3자가 소송담당자가 되는 '법정 소송담당'(法定~; gesetzliche Prozessstandschaft)을 두고서, 다시 분류하는 기준이 여러 가지 있으나(가령 자기를 위한 소송담당인지 아닌지, 관리처분권이 있는지 없는지 등) 여기에서는 아래와 같이 3분하여 설명한다.

(1) 원래 권리관계 당사자가 소송수행권을 유지하는 상태에서 제3자가 소송담당자로서 당사자적격을 갖는 경우 (병행형)

채권자대위소송을 하는 채권자가 가장 대표적이다.[45] 그 외에도 공유자전원을 위하여 보존행위를 하는 공유자(민§265), 채권질의 질권자(민§353), 회사대표소송의 주주(상§403)가 있다. 채권의 압류·추심명령을 받은 집행채권자(집§249)를, 대법원은 과거에 갈음형 소송담당자로 보았으나, 최근 판례를 변경하여 병행형 소송담당자로 보고 있다(대판-전 25.10.23, 2021다252977). 이런 유형에서는, 원래 권리주체인 사람은 자신의 이익을 보호하기 위해 공동소송적 보조참가 또는 독립당사자참가를 할 수 있다. 경우에 따라 공동소송참가가 가능하다고 해석되기도 한다.

(2) 원래 권리관계 당사자가 소송수행권을 상실하고 제3자가 소송담당자가 되어 당사자적격을 갖는 경우(갈음형)

파산재단 관련 소송에서 파산관재인(채회§359),[46] 회생채무자의 재산 관련 소송에서 관리인(채회§78), 상속인이 존재불명한 경우의 상속재산관리인(대판 07.6.28, 2005다55879), 유증목적물 관련 소송에서 유언집행자(대판 10.10.28, 2009다20840) 등이다.

도산절차(= 파산절차 + 회생절차)에서 파산관재인·관리인은 도산채무자뿐만 아니라 총 채권자 및 기타 이해관계인의 이해를 조정하기 위한 독립적인

---

45) 채권자대위소송의 성격에 관하여, 이와 같이 병행형 법정소송담당이라고 보는 것(소송담당설)이 통설·판례이지만, 이와 달리 채권자가 자신의 민법상 독자적·실체법적 권리인 대위권에 관한 소를 제기하는 것이라고 보면서 제3자 소송담당의 일례로 볼 수 없다는 소수설(독자적 권리행사설; 호문혁 156)도 있다. 이 소수설에 의하면, '채무자가 자신의 권리를 행사하지 않을 것'이라는 요건은 본안요건이고 그 흠결시 대위소송의 청구는 (소각하가 아니라) 기각된다.

46) 파산선고 전에 채무자가 채권자를 상대로 채무부존재 확인의 소를 제기하였으나 소장 송달 전에 채무자에 대하여 파산선고가 이루어진 경우, 원고적격이 없으므로 소가 부적법하며, 이 경우 파산관재인의 소송수계신청은 허용되지 않는다(대판 18.6.15, 2017다289828).

제3자이며, 도산절차는 —개별 채권을 위하여 진행되는 강제집행절차와 대비하여— 총채권자의 총채권을 위하여 진행되는 집행절차이다(1-6-4 참조). 그리고 채무자가 채권자를 해하는 재산이전행위를 하는 경우에, 이를 회복하려는 제도가 도산절차 외에서는 사해행위취소(민§406)이고 도산절차 내에서는 부인권(否認權; 채회 §100,§391)으로서 양자의 성격은 유사하다. 따라서 채무자에 대해 파산선고 또는 회생절차개시결정이 내려지면, 기존의 사해행위취소소송은 중단되고, 파산관재인 또는 관리인이 기존의 채권자취소소송을 수계하여 부인권 소송으로 변경한다(채회§113,§406). 바꾸어 말해서, 채무자에 대해 파산선고 또는 회생절차개시결정이 내려지고 나면, 그 채무자의 채권자는 채권자취소권을 행사할 수 없다.

(3) 원래의 권리관계와 아무 관련이 없지만 직무상 소송수행권을 가지게 된 경우 (이른바 '직무상 당사자'[47])

가령 가사소송에서 소송을 담당하는 검사(민§§818,864,865②; 가소§§24③,27④,28,31,

〈제3자 소송담당의 경우 소장 · 판결서에서 당사자 표시방법〉

제3자 소송담당임을 소송서류의 당사자란에서 표시하는 경우와 안 하는 경우로 나뉜다.

(1) 자격을 표시하는 경우:

① 파산관재인
원고 파산채무자 김갑동의 파산관재인 이을남
서울 관악구 관악로 456[48]

② 회생관리인
원고 회생채무자 번성주식회사의 관리인 박병수
서울 관악구 관악로 789

③ 유언집행자 · 상속재산관리인도 위와 같이 기재한다.

(2) 자격을 표시하지 않고 소제기자 본인만 기재하는 경우:

채권자대위권을 행사하는 채권자, 추심권을 제3채무자에게 행사하는 집행채권자, 채권질권을 행사하는 질권자, 주주대표소송으로 이사의 책임을 묻는 소를 제기하는 주주.

---

47) (3)유형을 한국에서는 모두 '직무상 당사자'라 약칭하지만, 이 용어는 부적절하다. (2)유형 중 파산관재인 · 회생관리인 · 상속재산관리인도 모두 '직무상' 당사자가 되는 사람들이다(독일에서는 이들도 '직무상 당사자'라고 부른다). (3)유형의 특징은, 계쟁 권리의 권리자가 아니고 그 권리의 관리처분권도 가지지 않지만 —원래 담당한 직무는 따로 있는데 그 직무 때문에— 소송담당자가 된다는 데에 있다.

48) 여기의 '관악로 456'은 김갑동의 주소가 아니라 이을남의 주소임을 유의. 아래 '관악로

33), 해난구조료청구 소송에서의 선장(상§894) 등이다. 이들은 관리처분권을 가진다고 보기도 어렵고, 단지 소송수행권만 가진다. 실무상으로는 가장 이해관계가 밀접한 사람을 찾아서 보조참가를 하도록 함이 적절하다.

4-7-3-2 재정(裁定) 소송담당

소액의 다수 피해자가 발생함에 따라 대규모소송이 제기되는 경우에 대한 대응방안으로 현재 한국에 마련된 제도는 증권관련집단소송, 그리고 소비자단체소송·개인정보단체소송이다. 전자는 미국의 대표당사자소송(class action)을 모델로 하였고, 후2자는 독일의 단체소송(Verbandsklage)을 모델로 하였다(14-10-1-2 참조). 증권관련집단소송에서는 법원의 허가를 받은 대표당사자가 피해자 전원을 위한 소송수행을 하도록 했고(증집§2i), 소비자단체소송·개인정보단체소송에서도 법원 허가를 받은 소비자단체 내지 비영리민간단체 등이 원고가 되어 금지청구를 하도록 정하였다(소기§70; 개보§51,§54). 그리고 증권관련집단소송에서 대표당사자가 받은 판결의 효력은 제외(opt-out)신청을 하지 않은 피해자 모두에게 미치고(증집§37), 소비자·개인정보 단체소송에서 원고가 패소판결을 받으면 그 판결의 효력은 동일한 단체에 미친다(소기§75).

위의 경우들은 재판으로 제3의 소송담당자를 정하는 경우이므로, 이를 재정(裁定) 소송담당이라고 부를 수 있다.

4-7-3-3 임의적 소송담당

(1) 당사자의 의사표시에 의하여 제3자가 소송담당자가 되는 임의적 소송담당(gewillkürte Prozessstandschaft) 중에서 대표적인 것은 '선정당사자'이다(§53; 14-9-1). 선정당사자란, 가령 본래 실체법상 권리가 A~H에게 각각 귀속되는데, A~H가 자발적으로 당사자가 되지 않기로 한 채로 A로 하여금 그 소송의 당사자가 되라고 선정하여 그에게 소송물의 관리처분권을 넘겨주는 제도이다.

그리고 어음에 "추심하기 위하여" 배서한다는 문구가 있으면, 그 어음의 소지인은 어음금 청구 등 모든 권리를 행사할 수 있다(어음§18). 이를 '추심위임배서'라고 하며, 어음소지인이 원고가 되어 소를 제기할 수 있는데, 그 법률적 성

789'도 같다.

격에 관해서는 제3자 소송담당의 일종인 임의적 소송담당이라는 견해와, 포괄적 소송대리권을 수여한 것에 불과하다는 견해가 나뉘어 있다.

(2) 위와 같이 법률상 허용된 임의적 소송담당 외에는, 법률근거 없이 임의적 소송담당을 허용해서는 안 되는 것이 원칙이다. 왜냐하면, 변호사대리 원칙(§87)을 잠탈하기 때문이다. 변호사대리 원칙을 지키기 위하여 신탁법상 소송목적 신탁이 금지되어 있다는 점(신탁법§6)을 고려하더라도 그러하다. 가령, 한국음악저작권협회가 —저작권자로부터 권리양도 내지 위임을 받아서— 음악을 매장 내에 틀어놓는 업소들로부터 저작권료를 징수하고 있는데, 위 협회가 저작권자로부터 임의적 소송신탁을 받아 스타벅스를 상대로 '침해금지' 청구의 소를 제기한 사건에서, 법원은 그런 임의적 소송신탁을 받아 위 협회 이름으로 소송을 수행할 합리적 필요가 있다고 볼 만한 특별한 사정이 없다고 하면서, 한국음악저작권협회의 당사자적격을 부정하였다(대판 12.5.10, 2010다87474).[49]

(3) 그러나 다른 한편 법원접근권에 대한 고려 때문인지, 임의적 소송신탁의 사안 중에 법원이 당사자적격을 인정한 사례가 있고, 증가하고 있다. 대표적인 확립된 판례가, 조합의 업무집행조합원이 조합재산에 관한 소송에 관하여 조합원으로부터 임의적 소송신탁을 받아 자기 이름으로 소송을 수행하는 것이 허용된다고 한 것이다(대판 84.2.14, 83다카1815; 97.11.28, 95다35302 등). 또한 대판 02.12.6, 2000다4210은 54개 회사(채권합계 47억원)가 채권의 효율적인 회수를 위하여 채권자단의 대표에게 자신들의 채권을 양도하고 그 양도된 채권을 피담보채권으로 한 근저당권을 양수인 명의로 설정받은 경우, 여러 사정에 비추어 그 채권양도는 소송신탁에 해당하지 않는다고 하였다.

(4) 근래에는 집합건물의 증가에 따라 집합건물과 관련한 임의적 소송신탁이 유효하다는 판례들이 나왔다. 예컨대, 집합건물의 공용부분을 권원 없이 점유·사용하는 사람을 상대로 한 부당이득반환청구는 원래 구분소유자들이 할 것이지만, 그 집합건물 관리단이 스스로 원고가 되어 소제기를 할 수 있다(대판 22.6.30, 2021다239301). 또한 집합건물의 관리단이 관리비의 부과·징수를 포함한 관리업무를 (재판상 청구권 포함하여) 위탁관리회사에 포괄적으로 위임한 경우

---

49) 일부 음악에 대하여 —저작권자로부터 공연허락권만 양도받았을 뿐 저작권을 양도받지 않았다는 이유로— 위와 같이 판단했고, 나머지 음악에 대해서는, 저작권자로부터 저작권 지분을 양도받았다고 판단했다.

에, 이처럼 구분소유자로 구성된 관리단이 전문 관리업체에 건물 관리업무를 위임하여 수행하도록 하는 것은 합리적인 이유와 필요가 있고, 그러한 관리방식이 일반적인 거래현실이라는 점 등을 고려하여, 위 관리비 청구소송에서 위탁관리회사의 원고적격을 인정하였다(대판 16.12.15, 2014다87885; 22.5.13, 2019다229516). 그리고 대판 17.3.16, 2015다3570은 입주자대표회의[50]가 아파트 공용부분 변경공사를 한 후 그 분담비용을 미납한 구분소유자 상대로 소를 제기한 사안에서, 구분소유자의 4/5가 공용부분 변경공사에 대한 서면동의서를 입주자대표회의 앞으로 제출한 경우라면, 이는 집합건물의 관리단이 구분소유자들의 서면동의로써 입주자대표회의에 그 업무를 포괄적으로 위임한 경우로 보아야 한다고 하면서, 원고적격을 인정하였다.

4-7-3-4 제3자 소송담당과 기판력

(1) 제3자가 소송담당자로서 진행한 소송에서 받은 판결의 효력은 권리의무의 주체인 본인에게 미친다(§218③). 위 재정소송담당에서는 이를 근거지우는 특별법의 취지가 그와 같이 판결효력을 확대하는 것이고, 임의적 소송담당에서는 당사자 의사가 그러하므로 그 확대에 문제가 없으며, 4-7-3-1의 법정소송담당에서도 그 중 (2),(3)에서는 판결의 기판력이 권리의무의 원래 주체에게 미친다는 점에 의문이 없다.

그러나 법정소송담당 중 병행형에서처럼, 소송담당자 외에 본래의 권리주체에게 소송수행권이 유지되는 경우에, 제3자 수행소송의 기판력이 그 권리주체에게 당연히 미치는지에 관해서는 논의가 있다. 원래의 권리주체에게 무조건 전면적으로 기판력이 미친다면, 소송담당자의 불성실한 소송수행으로 패소판결이 내려진 경우에, 원래의 권리주체가 부당한 피해를 입을 우려가 있다.[51]

(2) 통설·판례는 채권자대위소송의 성격을 병행형 법정소송담당이라고 본

---

50) 구분소유자들로 구성되는 '관리단'(집합건물법 §23)과 입주자들의 대표(주로 동대표)로 구성되는 '입주자대표회의'(공동주택관리법 §14)는 다른 조직이다. 전자는 형식적으로 구성될 뿐 실제 활동이 미약한 경우가 종종 있다.

51) 갈음형 및 직무상 당사자 유형에서도 불성실 소송수행에 따른 부당피해 문제는 있을 수 있지만, 이들 유형에서는 달리 당사자적격자가 없으니 불가피한 면이 있다. 그러나 병행형에서는 본래 권리의무의 주체도 소송수행권을 가지므로, 기판력이 미치는지가 더욱 문제되는 것이다.

다(4-7-3-1의 각주). 채무자의 제3채무자에 대한 권리를 대위채권자가 행사한다는 점 때문에, 소송법상으로는 중복제소와 기판력, 그리고 당사자적격 등의 여러 주제에서 해석상의 어려움이 야기된다. 그리하여 이들 주제들에 관하여는 오래 전부터 논란이 많았는데, 기판력에 관하여 대판-전 75.5.13, 74다1664은, A가 B를 대위하여 C를 상대로 한 소송이 계속중임을 "B가 알았다면" B에게도 판결의 효력이 미친다고 판시하였다(절충설). 그리고 대법원은 이에 뒤이어서, 위와 같은 소송의 계속을 B가 알았다면, 위 판결의 기판력은 B에 대한 다른 채권자인 T에게도 미친다고 판단하였다(대판 94.8.12, 93다52808). 기판력 이론상 바람직한 판단기준인지 의문스러운 "알았는지"를 요건으로 삼고, 또한 이를 유사사건으로 확대한 것이 타당한지에 대해서는 비판이 있지만, 중복소송의 난립을 방지할 현실적인 필요 또한 인정된다고 하겠다.[52]

4-7-4 당사자적격 흠결의 효과

당사자적격은 소송요건으로서 직권조사사항이다. 당사자적격의 존재 여부에 관하여 원·피고 간 다툼이 있어서 심리한 결과, 당사자적격이 있으면 이를 중간판결 또는 종국판결의 이유에서 판단하고, 당사자적격이 없으면 소를 각하하는 종국판결을 해야 한다. 소제기 후 소장송달 전에 피고에게 파산선고가 내려진 경우는 피고에게 당사자적격이 상실되는데, 판례는 이때 —파산관재인의 소송수계신청도 불허된다고 하면서— 소를 각하해야 한다고 한다(대판 18.6.15, 2017다289828).

예컨대, 채권자대위권을 주장하여 제3채무자를 피고로 삼아서 소를 제기한 원고에게 채무자에 대한 피보전채권이 없음이 판명되었다면 —또는 채무자가 이미 자신의 해당 권리를 행사하였음이 밝혀졌다면— 이는 당사자적격이 없는 경우이고, 따라서 소를 각하해야 한다.[53] 그리고 주주대표소송을 제기한 주주들 중 일부가 소제기 후 주식을 처분하여 주주가 아니게 되었다면, 그 주주가 제기한 소 부분은 각하하여야 한다(대판 13.9.12, 2011다57869).

당사자적격이 없는 제3자를 당사자로 삼아 내려진 판결의 효력이 본래 당사

---

52) 채권자대위소송의 기판력 문제에 관하여 자세한 사항은 11-8-3-3을 참조. 그 중복제소 문제에 관해서는 2-5-3-3을 참조.

53) 확립된 판례(대판 88.6.14, 87다카2753; 15.9.10, 2013다55300 등) 및 통설이다.

자여야 할 사람에게 미치지는 않는다. 가령 A,B가 부부인데 A가 C를 상대로 이혼의 소를 제기하고 (있을 수 없는 일이지만) 승소확정판결을 받았다고 가정하면, 이 판결이 B에게는 무효이다. 그러나 제3자의 소송담당에서는 다르다. 제3자 소송담당임이 표시되고, 본래의 권리관계 귀속자가 이를 인지하였다면 당사자 적격 위반의 판결이 무효는 아니다. 이 경우에 대하여 학설은, 상소의 대상은 될지언정 재심의 대상은 되지 않는다고 봄이 통설이다. 그러나 판례는 —상소의 대상으로는 보지만— 재심대상이 된다고 본 것과 안 된다고 본 것이 나뉜다. 예컨대 ⓐ 공동피고들이 선정당사자를 선정했는데 그가 원고에게 청구인낙을 하였고, 그 인낙내용에 따라 제기된 후소에서, '그 선정당사자가 선정자들과 공동피고이기는 했지만 주요 공격방어방법을 공통으로 하는 자가 아니어서 선정당사자 요건에 흠이 있었다'고 피고 일부가 다툰 사건에 관하여, 대법원은 —전소의 선정당사자가 비록 자격자가 아니었다고 하더라도— 선정자 스스로 선정행위를 하였다면 그는 적법하게 그 소송에 관여할 기회를 박탈당한 것이 아니므로 이는 재심사유에 해당하지 않는다고 판단하였다(대판 07.7.12, 2005다10470). ⓑ 반면에, 소송계속 중 일방 당사자에 대하여 파산선고(대판 18.4.24, 2017다287587) 또는 회생절차개시결정(대판 11.10.27, 2011다56057)이 있었으나 법원이 이를 알지 못하고 파산관재인·관리인의 소송수계가 이루어지지 않은 채로 소송을 진행하여 판결이 선고된 사안에 대하여 대법원은, 그 판결은 "마치 대리인에 의하여 적법하게 대리되지 아니하였던 경우와 마찬가지로 위법"하다고 했고, 이는 §451①iii(대리권 흠결)의 재심사유에 해당한다는 표현이다.

제 5 장

소송요건

5-1 소송요건 총설

5-1-1 소송요건의 의의

소송요건(Prozessvoraussetzung)이란, 소에 관하여 본안판결을 하기 위하여 필요한 요건을 말한다. '본안'(本案)이란 원고가 소로써 주장하는 권리의무의 존부 문제를 가리키는 용어이며, 그에 대한 판단을 '본안판결'이라고 한다. 일반적으로는 원고는 법원에 대하여 자신의 청구를 인용(認容)하는 본안판결을 해 줄 것을 요구하고, 피고는 원고청구를 기각하는 본안판결을 요구한다. 그러나 수소법원이 그런 실질적 판단을 할 상황이 아니라고, 그 판단을 하는 것이 부적절하다고 생각되는 경우가 있다. 이와 같이, 소가 본안판결을 할 만한 상태인가 아닌가를 가르는 것이 소송요건의 기능이다. 따라서 소송요건에 흠결이 있으면, 법원은 본안에 관한 판단을 하지 않은 채로, 원칙적으로 소를 각하하게 된다(예외: 관할위반시 이송).

이처럼 소송요건은 본안판결의 요건이지, 소송의 성립 그 자체의 요건은 아니다. 이를 '소송'요건이라고 불러온 것은, 소송요건 개념이 확립된 19세기 후반의 독일에서, 당초 소송 그 자체의 성립요건으로서 이 개념이 형성되었던 역사적 사정이 있기 때문이다. 정확하게 용어를 사용하자면, 소송요건이라는 용어는 '본안판결요건'이라고 대체하는 편이 맞을 것이다.

5-1-2 소송요건의 종류

5-1-2-1 개관

소송요건의 구체적인 예는, 1) 한국 법원이 그 사건에 대해 재판권 및 국제재판관할권을 가질 것, 2) 사건이 수소법원의 관할에 속할 것, 3) 당사자가 실제로 존재할 것, 4) 당사자에게 당사자능력이 있을 것, 5) 소의 제기 및 소장의 수령 등 소송계속 자체의 근거가 되는 소송행위가 소송능력자에 의하여 행해졌을 것, 6) 당사자에게 당해 사건에 관한 당사자적격이 있을 것, 7) 소송물이 특정될 것, 8) 소의 이익이 인정될 것, 9) 동일사건에 관하여 별소(別訴)가 계속되어 있지 않을 것, 10) 사건에 관하여 부제소합의나 중재합의가 없을 것, 11) 소송비용의 담보가 필요한 경우에는 담보가 제공되었을 것 등이 있다. 대략 분류하면, 법원에 관한 것(위 1, 2), 당사자에 관한 것(3, 4, 6), 소제기절차에 관한 것(5, 11), 청구의 내용에 관한 것(7~10)으로 나눌 수 있다.

이들이 소송요건으로 된 취지를 살펴보면, 피고의 응소부담 등 피고의 이익만을 고려하는 소송요건은 예외적이고, 많은 것들이 공익적 고려에서 만들어진 것이다. 즉 사법자원의 효율적 배분이나 재판권의 한계 등에서 비롯한 것이 많다. 하지만 공익적 고려를 위주로 한 소송요건이지만 피고의 이익 역시 고려하는 것이 여럿 있는데, 가령 소의 이익은, 분쟁해결이 필요하지 않는 사건에 소요되는 법원측 비용과 피고측 부담을 모두 고려하는 요건이다. 이러한 차이 때문에, 아래에서 볼 직권조사사항과 항변사항의 구별 등에서, 소송요건 전부가 같은 취급을 받는 것이 아니라, 각각의 소송요건의 취지에 맞추어 취급된다.

위 소송요건 중 당사자에 관한 사항들은 앞의 4-1 이하에서 보았고, 관할에 관한 사항은 3-3 이하에서, 소제기절차에 관한 것은 2-3에서 보았다. 아래 5-2에서는 소송물의 개념을, 그리고 5-3에서는 소의 이익을 구체적으로 검토한다.

5-1-2-2 적극적 소송요건과 소극적 소송요건

소송요건 중에 그 존재가 본안판결의 요건이 되는 사항을 적극적 소송요건이라고 한다. 예컨대, 위 1), 2), 3) 등 대부분의 소송요건이 적극적 소송요건이다. 반대로 그 부존재가 본안판결의 요건이 되는 것도 있고, 이를 소극적 소송요건이라고 한다. 위의 9) 중복제소, 10) 부제소합의·중재합의가 이에 해당한다.

5-1-2-3 직권조사사항과 항변사항

(1) 어느 사항이 소송요건이라는 말은, 그것이 소송제도 운영자(법원 내지 국가) 및 그 잠재이용자(일반시민)의 이익 등 당사자가 임의로 처분할 수 없는 이익에 관한 사항임을 뜻한다. 따라서 그런 소송요건에 관해서는, 피고가 그 흠결을 주장하지 않더라도, 흠결이 판명되면 법원이 직권으로 소각하 등의 조치를 해야 한다. 그리고 법원으로서는 소송요건의 존재에 관하여 의심이 있는 경우에는, 직권으로 그 존부(存否)를 조사하여야 한다. 이와 같이 당사자 주장을 기다리지 않고, 법원이 직권으로 그 존부를 조사해야 하는 사항을 직권조사사항이라고 부른다. 직권조사사항은, 당사자의 이의 유무에 관계 없이 조사해야 하고, 만약 이의를 철회하더라도 심리해야 한다. 직권조사사항은 재판상 자백의 대상이 될 수 없다(직권조사사항에 대한 자세한 설명 및 직권탐지주의와의 차이에 관해서는 6-3-3 참조).

소송요건 중 다수는 직권조사사항에 해당한다. 그러나 소송요건 중에서 예외적으로, 아래 (2)의 사항들은 항변사항이고, 재판권 존부는 직권탐지의 대상이 되는 사항이다.

(2) 이와 달리 소송요건 중에서, 피고의 주장을 기다려서 비로소 그 존부를 문제삼아야 하는 사항을 항변사항이라고 부른다. 위의 예에서 10)의 부제소합의[1]·중재합의가 그 예이고, 또한 11)의 소송비용 담보제공(§117)에 있어서도, 피고의 신청을 기다려서 비로소 담보제공명령이 발해지므로, 이것도 항변사항이다. 또한 관할위반은 대체로 직권조사사항이지만, 그 중에서 임의관할 위반(§30)은 직권조사사항이 아니라 항변사항이다. 즉 피고가 임의관할위반 항변을 하기 전에는 법원이 이를 검토할 의무가 없고 권한도 없다(3-3-2-2 참조). 통상적으로

---

1) 다만 대판 13.11.28, 2011다80449은 부제소합의를 직권조사사항이라고 하는데 이는 타당하지 않다. 아래의 5-1-3-1 참조.

별개의 소송요건으로 잘 설명되지 않아서 위의 소송요건 1)~11)에는 넣지 않았으나, 소·상소의 취하계약이 있는 경우도 항변사항이 된다. 이상의 소송요건들이 항변사항인 이유는, 그것이 오로지 피고의 이익보호를 위한 것이기 때문이다.

5-1-2-4 본안전항변

그런데 직권조사사항에 속하는 소송요건들에 관하여, 피고가 '항변'했다는 표현을 쓰는 일이 종종 있다. 가령 피고가 관할위반 항변을, 또는 중복제소 항변을 했다고 말하는 것이다. 그러나 이러한 직권조사사항을 지적하는 피고의 행위가 엄격한 의미에서의 항변에 속하는 것은 아니다(8-1-4-2 참조). 이는 법원에 소송요건 흠결을 지적하여 직권발동을 촉구한다는 말일 뿐이다. 이를 가리켜서 본안전항변(本案前抗辯)이라고 부른다. 위에서 든 소송요건들의 지적 외에도, 무권대리의 항변, 기판력의 항변 등도 이에 속한다.

넓은 의미의 본안전항변에는, 직권조사사항인 소송요건을 지적하는 것뿐만 아니라, 항변사항인 소송요건의 주장이 포함된다.[2][3]

5-1-3 소송요건의 조사

5-1-3-1 항변사항의 조사

소송요건 중 항변사항에 대해서는, 피고의 항변이 있어야 비로소 법원이 조사한다. 앞에서 보았듯이, 여기에 해당하는 사항으로는, 부제소합의(판례는 반대)·중재합의 등 소송상계약의 주장, 임의관할위반 주장, 소송비용담보제공 요청 등이 있다. 공익 관련성이 낮고 주로 피고의 이익을 위한 것이므로, 피고의 처분에 맡긴다는 것이다.

이 항변은, 법원이 그 내용을 알았더라도, 피고의 항변이 없는 한 이를 이유로 소를 각하할 수 없다. 통상적인 항변은 변론종결시까지 할 수 있는 것이지만,

---

2) 자주 쓰지는 않으나 방소항변(妨訴抗辯)이라는 용어도 있다. 실무에서는 이를 본안전항변과 동의어로 쓰는 경우가 많다.

3) 독일의 소송요건(Prozessvoraussetzung)이라는 용어는 주의해야 한다. 독일은 이를 직권조사사항을 가리키는 용어로만 쓴다. 항변사항은 소송요건에 포함시키지 않고, 별도로 소송장애(Prozesshindernis)라고 구별해서 부른다. 한편 방소항변(prozesshindernde Einrede)이라는 용어는 이제 거의 쓰지 않는다. Rosenberg §94 Rn.1 및 Jauernig §33 Rn.4 참조.

임의관할위반 항변, 소송비용담보제공의 항변, 중재합의의 항변은 각각 본안에 관한 최초의 변론을 할 때까지 하여야 한다(§30,§118, 중재§9).[4)]

판례는 부제소합의가 항변사항이 아니라 직권조사사항이라고 한다(대판 13.11.28, 2011다80449). 그러나 부제소합의에 따를지 말지는 당사자의사에 맡김이 타당하므로, 이 판결에 대해서는 비판견해가 많다. 만약 부제소합의를 했던 당사자 중 일방이 소를 제기하고 타방이 그에 응소하여 법원에서 재판을 받겠다고 한다면, 법원이 굳이 부제소합의를 내세워서 재판을 거절할 것은 아니다. 중재합의가 항변사항이듯이 부제소합의도 항변사항으로 보는 것이 타당하다.

5-1-3-2 직권조사사항의 조사

항변사항 외의 소송요건은 법원이 직권으로 조사해야 한다. 즉 피고의 항변이 없더라도, 소송요건의 존재가 의심스러우면 제출된 증거자료를 가지고서 조사를 해야 하며, 피고의 항변(=본안전항변)은 법원의 직권발동을 촉구하는 의미밖에 없다. 그 소송요건의 존재를 쌍방 당사자가 인정하더라도, 법원은 —직권조사사항에서는 자백의 구속을 받지 않으므로— 소송요건 부존재시 부적법 각하판결을 할 수 있지만, 당사자가 이른바 '불의타'(不意打)를 받지 않도록 석명을 해야 한다(대판 13.11.28, 2011다80449).

그리고 직권조사사항인 소송요건에 문제가 있으면 무변론판결(§257)을 할 수 없고, 항변이 늦게 제출되어도 각하(§149)할 수 없다. 또한 상고이유서 제출이 없으면 원래 바로 상고를 기각하지만, 직권조사사항에 위법사항이 있으면 상고이유서 제출이 없더라도 원심판결을 파기해야 한다(§429).

다만 직권조사사항에 대하여 법원이 행하는 조사의 자료 및 수집방법에 한계가 있음은 당연하다. 재판권 외의 소송요건은 —드러난 소송자료 하에서 판단할 뿐— 사실과 증거의 직권탐지를 필요로 하지 않는다.[5)] 본안판결을 받는 것은 원고에게 유리한 일이므로, 직권조사사항인 소송요건에 대해서는 원고가 증명해

---

4) 다만 피고가 담보제공신청을 본안변론 전에 하고 나서 그 후에 본안변론을 하면, 담보제공항변의 효력은 유지된다(대결 18.6.1, 2018마5162).

5) 독일의 판례·다수설은, 더 나아가서, 직권조사사항인 소송요건은 일반적인 '엄격증명'(Strengbeweis)에 의할 필요가 없고, 이른바 '자유증명'(Freibeweis)으로 족하다고 하고 있다.

야 한다.

소송요건의 존부 판단의 기준시점에 관하여, 기존의 다수설(이시윤 219 등)은 사실심 변론종결시라고 한다. 그런데 판례를 보면, 사실심 변론종결시라고 한 것이 있는가 하면[6](대판-전 77.5.24, 76다2304; 대판 91.11.26, 91다31661; 13.1.10, 2011다64607), 상고심에서도 소송요건이 존속해야 하므로 상고심 계속 중에 흠결이 생기면 소를 각하해야 한다고 판시한 것이 있다(대판 03.1.10, 2002다57904; 07.4.12, 2004두7924 등). 원칙적으로는 사실심 변론종결시가 맞겠지만, 당해 소송요건의 성격에 따라 달리 보아야 할 경우가 있다. 즉 위 76다2304 판결에서 문제된 국가배상절차 전치요건 등에서는 사실심 변론종결시를 기준시점으로 보아야 하지만, 당사자능력·당사자적격·소익의 경우에는 사실심 변론종결시에 존재해야 할 뿐만 아니라 상고심에서도 유지되어야 한다고 보아야 할 것이므로 이들 소송요건의 판단기준시점은 사실심 변론종결시 및 상고심 심리종료시로 봄이 타당하다.[7]

5-1-3-3 조사의 순서

19세기에는 소송요건의 심리절차와 본안의 심리절차를 단계적으로 분리하여, 소송요건 충족이 인정되는 경우에만 본안 심리로 나아간다는 구조를 채용한 곳도 있었다. 그러나 현대의 민사소송법은 그러한 단계구별을 하지 않으며, 소송요건 심리와 본안 심리를 동시에 병행적으로 진행할 수 있다. 하지만 본안심리를 본격적으로 하기 전에 소송요건을 조사하는 것이 통상의 실무례이다. 소송요건에 미심쩍은 점이 있는데도, 이를 건너뛰어 본안심리만을 해서는 안 된다. 예컨대 소의 적법요건에 관하여 심리할 점이 있는데도 바로 본안에 대하여 판단한 원심판결은 파기된다(대판 11.7.28, 2010다97044). 소송요건을 조사할 때에는, 일반적

---

6) 기준시점이 사실심 변론종결시라는 말은, 소제기시에 요건불비라도 변론종결시까지 갖추면 된다는 말이고 또 소제기시에 요건을 갖추었더라도 변론종결시에 못 갖추면 소각하된다는 말이며, 사실심 변론종결시에 요건을 갖추었다면 상고심 심리종료시에는 요건을 못 갖추었더라도 소각하되지 않는다는 말이다.

7) 위 2002다57904 및 대판 20.1.16, 2019다247385(각각 소의 이익), 그리고 위 2004두7924(원고적격)는 모두 상고심 심리종료시를 소송요건 판단기준시로 보았다. 한편 위 91다31661 및 2011다64607이 당사자능력 유무의 판단기준시가 사실심 변론종결시라고 한 취지는, 그 전에는 흠결이 있었더라도 변론종결시까지 당사자능력을 갖추면 족하다는 의미이며, 상고심에서 당사자능력을 갖추지 않아도 된다는 말은 아니다.

인 것에서 특수한 것으로 조사해 나가면 되며, 소의 이익은 주장되는 실체적 권리와 밀접한 관련이 있으므로 마지막에 조사하여야 한다.

5-1-3-4 조사 후의 조치

소송요건 조사 결과 그 흠결이 드러나면, 법원은 본안판결을 하지 않고, 종국판결로 소를 부적법 각하하여야 한다. 이를 '소송판결'이라고 부르며, 판결주문에서 "이 사건 소를 각하한다."라고 쓴다. 소송판결은 소송요건의 부존재를 확인해 주는 확인판결이며, 그 소송요건 부존재에 기판력이 생긴다.

조사결과 소송요건이 갖추어져 있을 때에는 중간판결(§201)을 할 수 있지만, 중간판결 없이 본안심리를 계속하여 종국판결만 선고하는 것이 보통이며, 이 경우 종국판결의 이유 중에서 소송요건에 관한 판단을 써 준다.

소송요건의 흠이 발견되다고 곧바로 각하할 것이 아니라, 그것이 보정될 수 있는 것이면 보정의 기회를 주어야 한다. 그러나 보정할 수 없는 흠이면, 변론을 열 필요도 없이 판결로 소를 각하할 수 있다(§219). 한편 소각하판결을 하지 않아야 할 경우가 있는데, ⓐ 관할위반이면 관할 있는 법원으로 이송해야 하고, ⓑ 주관적·객관적 병합에 있어서 병합요건에 흠이 있는 경우라면, 각하할 것이 아니라, 독립된 소로 취급해야 한다는 것이 통설이다.

소송요건의 흠을 못 보아서 본안판결을 한 때에는, 그 판결 확정 전에는 상소로써, 확정 후에는 재심으로써 (다만 소송능력·대리권의 흠결 등 재심사유에 해당되는 때에 한하여) 바로잡는다. 반대로 소송요건 흠결이 없는데도 소를 각하한 판결에 대하여 상소가 제기된 때에는, 상급법원은 원심판결을 취소하고 원심으로 환송하는 것이 원칙이다(§§418,425).[8]

5-2 소송물

5-2-1 소송물 개념

5-2-1-1 의의

소송절차가 제대로 진행되려면, 그 대상이 확정되어야 한다. 그래야만 법원

8) 그러나 실무에서는 이 경우에도 거의 환송하지 않는다. 15-2-5-3(3) 참조.

및 당사자가, 당해 소송절차에서 무엇에 대한 재판이 행해지는지를 알 수 있다. 먼저 원고가 그 절차의 대상을 대략적으로라도 정해야 하며, 그렇게 함으로써 피고와 법원이 그와 다른 대상을 다루지 않게 된다. 문제는, 언제 즉 어느 선을 넘어가면 '다른 대상'이 되는가이고, 이것이 바로 '소송물'(訴訟物; Streitgegenstand) 개념이다. 즉 소송물이란 소송의 객체이며, 이는 더 이상 분할할 수 없는 심판대상의 최소단위이고, 그 범위의 한계선을 어디에 긋느냐의 문제이다.

앞의 2-1-1에서, 소송법상의 청구는 실체법상의 청구권 개념과는 다르다는 점, 그리고 소송상 광의의 청구란 특정한 권리의 주장에 기하여 일정 내용 및 형식의 판결을 요구하는 것 자체를 가리킨다는 점을 보았다. 이러한 '청구' 개념은 소송물 개념과 거의 일치한다. 즉 소송물이란, 당사자 간의 권리관계에 기한 판결요구를 가리킨다.[9]

5-2-1-2 소송물 개념의 기능

'소송물'은 —민사소송법전에 한 번도 등장하지 않는 단어이지만[10]— 민사소송의 여러 단계에서 여러 사항을 결정하는 기준이 되는 소송법상의 핵심개념이다. 우선 소송 개시단계에서, 어떤 소송절차를 선택할 것인지가 소송물에 의해 좌우된다. 즉 행정소송으로 갈지, 민사소송으로 갈지, 가사소송으로 갈지를 소송물이 정하고, 토지관할·사물관할을 정하는 기준이 된다. 또한 그 소제기로써 시효기간 등 기간이 준수된 권리관계의 범위가 어디까지인지를 따지는 데에도 소송물이 관계된다.

뿐만 아니라, 소제기 이후의 쟁점들 즉 이미 제기된 기존의 소와의 관계에서 발생하는 문제들에서 소송물 개념은 더욱 핵심적 기능을 하며, 소송물 이론에 따라 차이가 두드러지는 부분도 이쪽이다. 즉 ① A청구와 B청구가 서로 관련된 것일 경우에, A를 소로써 청구한 후에 별소로 B를 청구하면 중복제소(§259)가 되는

9) 조금 더 들어가서 설명하면, 법원에 대하여 일정한 판결을 해 달라는 요구 자체가 소송물이라는 견해(요구설)와 원고의 법원에 대한 권리주장이 소송물이라는 견해(권리주장설)로 나뉜다. 요구설의 소송물 개념이 권리주장설의 그것보다 약간 더 넓다고 볼 수 있다. 그러나 문제는, 그 추상적 내포보다는, 소송물의 범위의 한계선을 어디에 긋느냐에 있다.

10) 민사소송법에서 소송물 개념을 표현하는 용어로는 '소송목적', '청구' 등이 사용된다. 그런데 민사집행법에서는 §48② 및 §309①에 '소송물'이 등장한다. 한편, 독일 민사소송법(ZPO)에는 '소송물(Streitgegenstand)'이 법문상 자주 등장한다.

지 아닌지의 문제, 달리 표현하면 A의 소송계속의 범위가 어디까지인지의 문제, ② A청구를 소로써 제기한 후에 같은 소송에서 B를 추가로 주장하면, 이는 단순한 공격방법의 추가인지 아니면 '객관적 병합'(§253)을 신청해야 하는 경우인지의 문제, ③ 원고가 소송 도중에 A청구를 B청구로 변경하는 것이 단순한 공격방법의 변경인지, 아니면 §262가 정한 청구변경인지의 문제, ④ 판결이 확정되고 나면 그 판결의 대상이 된 사항에 대해서는 다시 소를 제기하지 못하는 것인데, A청구에 대한 확정판결 후에 B를 청구하는 소를 제기할 수 있는 것인지, 즉 기판력의 객관적 범위의 문제이다.

5-2-2 소송물의 식별기준에 관한 학설과 판례

5-2-2-1 문제의 소재

청구취지가 같더라도 사실관계가 전혀 다르면 소송물이 다름은 분명하다. 가령 A가 B를 피고로 하여 중고차 매매대금 500만원을 청구하는 소를 제기한 후에, 별소로 오토바이 매매대금 500만원을 청구하는 소를 제기하는 것은 당연히 각각 별개의 소송물이다. 또한, 하나의 사실관계에서 서로 배타적인 여러 청구권이 나오면 소송물이 다르다는 점도 분명하다. 가령 원고가 PC 매매계약에 기하여 대금청구를 하였다가 계약무효를 이유로 패소판결을 받았다면, 같은 매매계약이 무효임을 이유로 PC의 반환청구를 하는 것은 별개의 소송물이다. 그런데 A 소유의 甲토지를 점유사용하고 있는 B를 상대로, A가 불법점유를 이유로 한 손해배상(민§750)을 청구하는 것과 그 점유사용에 따른 부당이득반환(민§741)을 청구하는 것은 같은 소송물인가 다른 소송물인가? 이런 문제를 둘러싸고 20세기 중반 독일에서는 많은 논쟁이 있었고, 이에 따라 일본과 한국에서도 학설이 갈라졌다. 이하에서는 그 내용을 간단히 보고, 판례의 입장의 개요를 본다.

5-2-2-2 독일과 일본의 상황

20세기 초·중반까지 독일에서 소송물은 실체법상의 권리·법률관계에 따라 나누어진다고 생각했다. 원고가 소장에서 소송물을 특정해야 하므로, 소장의 청구취지와 청구원인에서 원고가 어떤 실체법상의 권리를 주장하는지를 보아서 이에 따라 소송물이 정해진다는 것이다(實體法說; materiellrechtliche Theorie[11]).

예컨대, 하나의 사실관계(Sachverhalt)에서 여러 실체법상 청구권이 나오는 이른바 청구권경합(Anspruchskonkurrenz; 가령 교통사고로 인한 불법행위 배상청구권과 운송계약상의 배상청구권)에서 소송물은 별개라고 했다.

그런데 이에 의하면, 원고로서는, 자신이 청구하려는 것이 실체법상 정확히 어느 권리인지를 모르면 —처분권주의 때문에— 패소하고 만다는 부담이 있고, 또한 피고로서는 원고가 같은 사실관계에 기초하여 —청구권만 달리하여— 새로 소를 제기할 때마다 응소해야 한다는 부담이 있으며, 이는 법원에게도 사법자원을 낭비하게 하는 것이라는 비판이 제기되었다.

이에 따라 소송물 개념은 —실체법과 거리를 두고— 순수한 소송법적 관점에서 구성해야 한다는 견해가 1950~60년대에 주창되어 큰 호응을 얻었다(訴訟法說). 이에 의하면, 원고는 실체법상 어떤 권리에 기하여 제소한 것인지를 특정할 필요가 없고, 설사 원고가 그런 특정을 하더라도 법원이 이에 구속되지 않는다. 소송법설은 다시 일분지설(一分肢說; eingliedrige Streitgegenstandslehre)과 이분지설(二分肢說; zweigliedrige ~)로 나누어진다. Schwab가 주장한 일분지설에 의하면, 소송물은 원칙적으로 '청구취지' 하나만에 의해서 정해지고, 예외적으로 그것만으로는 식별이 안 되는 경우에는(가령 금전청구) 청구원인상의 사실관계를 보아야 한다고 한다. Rosenberg/Baumbach 등이 주장한 이분지설은 '청구취지' 및 청구원인에 기재된 '사실관계'의 두 가지에 의하여 소송물이 특정된다고 한다. 즉 소송물이 하나이려면, 청구취지와 사실관계가 모두 같아야 하고, 그 중 하나에서만 다르더라도 소송물은 다른 것이 된다고 한다. 가령 청구취지는 동일 토지에 대한 소유권이전등기 청구로서 같더라도, 매매계약에 기한 그 청구와 시효취득에 기한 그 청구는 사실관계가 다르므로 소송물이 다르다는 것이다(그러나 전소에서 주장된 '사실관계'가 무엇이라고 볼 것이냐의 점에서, 여러 견해차이가 생길 수 있다는 점에 이분지설의 난점이 있다).

그 후 독일에서는 일분지설·이분지설을 변형하거나 실체법설을 새로운 관점에서 바라보는 각종 학설들이 제기되어 있고,[12] 일분지설·이분지설을 취하는

11) 소송물 논쟁 후에 새로 1970년대에 등장한, 청구권개념을 확장한 실체법설을 新實體法說(neuere materiellrechtliche Theorie)이라고 부르고, 이와 대비하여 애초의 실체법설을 舊實體法說로 부르기도 한다. 단순히 '실체법설'이라고 하면 대개 구실체법설을 의미한다.

학자들 사이에서도 구체적 사건에 따라서는 견해가 갈리기도 한다. 그러나 현재 독일에서 이분지설이 거의 통설이며, 독일 판례도 이분지설을 취하고 있다고 이해된다.

과거의 일본은 실체법설이 판례·통설이었으나 1960년대에 독일의 소송법설의 영향을 받아 이른바 '신소송물 이론'이 제기되었다. 미카즈키(三ケ月) 등의 학자들이 주로 일분지설을 소개하고 학자들 중 상당수가 일분지설을 일본식으로 해석한 이른바 '신소송물 이론'을 채택하였으며, 과거의 실체법설을 '구소송물 이론'이라고 불렀다. 그러나 일본의 판례는 여전히 실체법설(=구소송물 이론)을 취하고 있으며, 최근에는 다시 실체법설을 취하는 학자들이 증가하는 것으로 보인다.

5-2-2-3 평가

일분지설은, 실제 사건 수에서 큰 비중을 차지하는 금전지급청구들이 모두 소송물판단기준의 예외에 해당한다는 점, 기판력의 범위가 너무 넓어진다는 점, 소장에 청구취지 외에 청구원인이 반드시 기재되어야 함(§249)을 감안하지 않고 있다는 점 등을 고려하면, 적절한 견해가 아니다. 독일에서도 이제는 거의 지지자가 없다. 일본에서도 신소송물 이론은 몇십년 간 학설상으로만 요란했을 뿐, 실제 소송제도상 의미있는 개선점을 내놓지 못했다.

현재 독일의 통설인 이분지설을 들여다보면, —소송법적 관점에서 소송물을 판단한다는 차이가 있기는 하지만— 결론적으로는 과거의 실체법설과 차이가 그렇게 많이 나지는 않는다. 한국과 일본에서 판례가 실체법설을 그대로 유지하고 있는 이유도,[13] 이 이론과 독일의 이분지설 사이에 실질적 차이가 아주 크지는 않고, 또한 실무상 실체법설이 별다른 문제를 야기하지 않고 있기 때문이다. 실제 소송에서 당사자들은 그 소송절차에서 가능한 청구를 모두 제출하여 승소하

12) 가령 소송물 특정은 일분지설에, 기판력 범위는 이분지설에 따라야 한다는 견해(Blomeyer), 청구의 병합·변경에서는 일분지설에, 중복제소·기판력범위에서는 이분지설에 따라야 한다는 견해(Baumgärtel), 청구취지는 무시하고 사실관계 하나만을 기준으로 소송물을 가르자는 견해, Windscheid 식의 좁은 청구권 개념을 버리고 '청구권' 개념을 확장하여 소송물과 일치시키자는 견해(Henckel/Georgiades; 新實體法說) 등이 있다.

13) 참고로 일본 판례는 여전히 구소송물 이론을 취한다고 해석되지만, 과거의 판례태도를 그대로 유지하고 있지는 않다. 가령 最高裁判 昭和48.4.5.(民集27卷 3号419)은 신체상해에 따른 손해배상청구 소송에서 종래의 엄격한 손해3분설(5-2-3-4)을 버렸다.

려고 노력하고, 또한 만약 관련 사실관계가 전부 제시되지 않으면 법원이 석명을 구하고 있으므로, 이 때문에도 학설 간의 차이가 메워진다. 따라서 이론적인 논쟁의 양에 비해서는 소송물이론의 중요성이 크지 않으며, 실무상 자주 문제되지도 않는다.

소송법설이 주창된 이유가 분쟁의 일회적 해결 때문이라고 하지만, 실체법설의 입장에서도 이에 대한 배려를 할 수 있다. 예컨대 판례가 등기말소청구소송에서 말소원인마다 별개의 소송물로 보지 않고 이를 공격방법의 차이일 뿐이라고 보는 점 등이 그것이다. 또한 원고가 실체법상 가지는 권리를 인정받고 관철하려는 제도가 소송절차인 이상, 소송물 개념을 파악함에 있어서 실체법과의 관련을 중시하지 않을 수 없으며, 현행법이 처분권주의·변론주의를 심리의 기본원칙으로 삼고 있다는 점도 실체법설의 근거가 된다. 이하에서는 판례가 취하는 실체법설에 따라 설명을 해 나가기로 하며, 일단 소의 종류에 따라 분류하여 소송물을 살펴본다.

5-2-3 이행의 소의 소송물

5-2-3-1 금전지급청구

같은 사실관계에 기하여, 계약책임을 묻는 청구와 불법행위 책임을 묻는 청구는 별개의 소송물이다(5-2-3-4 참조). 그리고 불법행위로 인한 손해배상청구권을 행사하여 확정판결을 받은 다음에, 그것이 채권의 만족에 이르지 못하자, 부당이득반환청구권을 행사하여 신소를 제기하는 것도 허용된다(대판 13.9.13, 2013다45457).

어음금·수표금을 청구하는 것과 그 원인관계(가령 그 어음 교부의 원인인 매매계약)에 기한 금전청구도 별개의 소송물이다. 그래서 양자를 동시에 주장하면 청구의 병합이고, 그 중 하나를 청구하다가 다른 청구로 바꾸는 것은 청구의 변경이다(대판 65.11.30, 65다2028).

한편, 채권자 A가 채권자대위권에 기하여 채무자 B의 C에 대한 금전채권을 대위청구한 경우에(이때 A는 C에게 A 자신에게 지급하라고 청구할 수 있다), B의 다른 채권자 D가 동일 피대위채권에 관하여 대위권을 행사하면(D 역시 자신에게 지급하라고 청구할 수 있다), 급부수령권자가 서로 다르지만 두 청구는 하나의 소송물이므로, D의 공동소송참가신청은 적법하다(대판 15.7.23, 2013

다30301).

그리고 부당이득반환청구와 파산절차개시에 따른 파산채권확정청구는 —비록 각각 이행의 소와 확인의 소로서 그 성격이 다르지만— 파산절차라는 특수상황 하에서 청구취지만을 변경한 것이어서, 판례는 실질적으로 동일한 소송물에 해당한다고 보았다(대판 13.2.28, 2011다31706). 한편 원금청구와 이자(지연손해금 포함)청구는 별개의 소송물이다.

5-2-3-2 인도청구

소유권에 기한 인도청구와 계약에 기한 인도청구의 소송물이 다름은 물론이다. 그리고 소유권에 기한 건물 반환청구와 점유권에 기한 그 반환청구는 별개의 소송물이다. 그러므로 원고가 소유권에 기한 반환청구만을 하고 있음이 명백한 이상, 법원이 점유권에 기한 반한청구도 구하는지에 대한 석명을 구할 의무가 있는 것은 아니다(대판 96.6.14, 94다53006).

5-2-3-3 등기청구

이전등기청구사건에서 등기원인으로 대물변제 예약과 매매계약을 주장하는 것은 서로 다른 소송물을 주장하는 것이며(대판 97.4.25, 96다32133), 전소에서 이전등기청구의 등기원인으로 매매를, 후소에서 취득시효를 주장하여도 —단순한 공격방법의 차이가 아니라— 이는 소송물을 달리하는 것이다. 그리고 원고가 매매를 원인으로 한 소유권이전등기를 구하였는데 법원이 '양도담보약정'을 원인으로 한 소유권이전등기를 명하였다면 이는 다른 소송물에 대하여 판단한 것이어서 처분권주의를 위반한 것이다(대판 92.3.27, 91다40696). 다만, 이전등기청구사건에서 등기원인이 청구취지에 포함되어 기재되기는 하지만, 원고의 청구와 등기원인을 달리하는 것이 아니라 청구의 동일성이 인정되고 법원이 등기원인을 고쳐 적은 것으로 볼 수 있는 경우라면, 그 판결에는 위법이 없다고 한다(대판 80.12.9, 80다532).

그러나 판례는 말소등기청구에서는 이전등기청구와 다르게 본다. 즉 말소등기청구의 소송물은 '말소등기청구권' 하나라고 보고, 말소원인을 달리 주장하는 것은 공격방법이 다른 데 불과하다고 한다(대판 93.6.29, 93다11050 등[14]).[15] 그리고

(진정명의회복을 원인으로 한 소유권이전등기청구는 사실상 말소등기청구를 대체하기 위한 것이므로) 전소인 소유권이전등기말소청구소송의 확정판결의 기판력이 후소인 진정명의회복을 원인으로 한 소유권이전등기청구소송에 미친다고 한다(대판-전 01.9.20, 99다37894).[16] 그런데, A의 토지가 B에게 등기이전된 후에 A가 위조계약서에 기한 이전등기임을 이유로 말소등기청구를 하여 1심에서 승소한 다음, 2심에서 예비적 청구로서 명의신탁해지를 원인으로 하는 말소등기청구를 추가한 것에 대하여, 이런 청구변경이 허용된다고 한 판례가 있으며(대판 98.4.24, 97다44416), 사기에 의한 의사표시의 취소를 원인으로 한 근저당권설정등기 말소청구와 피담보채무의 부존재를 원인으로 한 같은 등기의 말소청구는 각각 그 청구원인을 달리하는 별개의 독립된 소송물이라고 한다(대판 86.9.23, 85다353).

5-2-3-4 손해배상청구

계약책임과 불법행위책임은 별개의 소송물이다(대판 63.7.25, 63다241; 21.6.24, 2016다210474). 따라서 혼인예약 이행청구권의 침해에 의한 불법행위 손해배상청구를 한 사건에서, 혼인예약 불이행에 의한 손해배상을 명할 수는 없으며(대판 62.4.4, 4294민상945), 해고무효 사안에서, 사용자의 복직거절을 이유로 한 근로자의 손해배상청구와 근로계약에 기한 임금청구는 별개의 소송물이다(대판 14.1.16, 2013다69385). 그리고 해상운송인의 운송계약 불이행(상§788)에 기한 청구권과 불법행위(민§750)에 기한 손해배상청구권은 서로 다른 소송물이다(대판 80.11.11, 80다1812). 선박의 불법점유에 기한 손해배상청구를 함에 대하여, 선박 사용대차계약상의 의무불이행에 따른 손해배상을 명해서도 안 된다(대판 89.11.28, 88다카9982).

---

14) 대판 11.7.14, 2010다107064이 이와 반대취지라고 설명하는 책도 있으나, 이 판결은 상속회복청구의 소라는 이유로 패소한 선행판결의 기판력의 문제라서, 문제상황이 다르다.

15) 이 때문에 실무상 이전등기청구와 말소등기청구의 청구취지 기재방법이 다르다. 이전등기청구의 청구취지에서는 등기원인을 기재하지만, 말소등기청구의 청구취지에서는 등기원인 기재 없이 말소대상 등기를 특정하기만 한다.

16) 즉 말소등기청구와 이를 대신하는, 진정명의회복을 위한 이전등기청구는 청구취지가 서로 다르지만, 소송물이 동일하다. 가령 A가 A→P의 소유권이전등기에 관해 P를 상대로 말소등기 승소확정판결을 받은 후에 순차로 A→B(이전등기)→C(저당권등기)의 등기가 마쳐졌는데, P가 B를 피고로 한 '진정명의회복을 위한 소유권이전등기' 및 C를 피고로 한 '저당권말소등기'를 청구하면, P의 B,C에 대한 각 청구는 동일 소송물에 관한 변론종결후 승계인(11-8-2)에 대한 청구이므로, 선행판결의 기판력이 후행소송에 모두 미친다(대판 03.3.28, 2000다24856).

대법원은 일반적인 불법행위로 인한 손해배상청구소송에서는 재산적 손해와 정신적 손해(위자료)에 관한 청구로 소송물을 구분하지만,[17] 신체상해로 인한 배상청구에서는 적극적 재산상 손해(치료비 등), 소극적 재산상 손해(일실수입), 정신적 손해(위자료)의 3가지로 소송물을 나누고 있다. 이처럼 인신사고에 따른 배상청구의 소송물이 3개라는 이른바 '손해3분설'은 오래 전부터 확립된 판례이다.[18]

5-2-3-5 일부청구의 소송물

A가 B에게 1천만원을 대여하고 4백만원만 청구하는 경우에 소송물을 무엇으로 보아야 하는가? 일부청구 자체가 위법하다고 할 수는 없다.[19] '명시적' 일부청구인 경우에는 나머지 부분에 시효중단효가 미치지 않는다고 보는 것이 판례임은 2-5-1-2에서 보았다. 나머지 금액부분의 청구가 중복제소에 해당하는지의 판단, 그리고 판결의 기판력 범위의 판단 기준도 —위와 마찬가지로— 선행청구가 '명시적' 일부청구였느냐에 따른다. 즉 명시적 일부청구였으면, 나머지 청구는 중복제소가 아니고 기판력도 이에 미치지 않는다. 명시적 일부청구에서 전부승소하면 항소의 이익이 없으나, 묵시적 일부청구에서는 항소의 이익이 있다(대판 10.11.11, 2010두14534).

한편, 수개의 손해배상청구권을 행사하면서 일부청구를 할 때에는, 그 청구권별 배분비율을 특정해서 표시해야 한다(대판 07.9.20, 2007다25865; 14.5.16, 2013다101104). 일부청구에 대하여 과실상계를 할 경우에는, 먼저 전액에 대하여 과실상계를 하고 그 결과액과 일부청구액을 비교하여 인용액을 결정해야 한다는 것(외측설)이 판례이다(대판 76.6.22, 75다819; 대판-전 18.3.22, 2012다74236).

---

17) 예컨대 사용자의 부당노동행위는 노동조합에 대한 불법행위이므로, 사용자는 노동조합에 대해 재산적 손해 배상의무와 비재산적 손해(위자료) 배상의무를 부담하며, 이 둘은 독립된 소송물이다(대판 20.12.24, 2017다51603).

18) 대판 76.10.12, 76다1313; 01.2.23, 2000다63752 등 다수. 일부 교과서는 대판 89.10.24, 88다카29269 등이 신체상해사건에서 재산상 손해와 정신적 손해의 2분설을 취한 것이라는 설명을 하기도 하나, 이는 정신적 손해의 별도 청구 없이 그 배상을 명할 수 없다는 것일 뿐이지, 손해3분설을 버린 판결이 아니다. 한편, 대법원 스스로도 이런 손해3분설이 논리적·필연적 결론이 아니라 '편의상의 분류'라고 하고 있는데(대판 94.6.28, 94다3063), 실제 어떤 편의가 있는지는 의문이다.

19) 다만, 원래 소액사건심판법 적용대상(3천만원 이하)이 아닌데, 이 절차를 이용하기 위하여 금액을 쪼개서 청구하는 일부청구는 위법하다(동법§5-2).

5-2-3-6 공격방법과의 비교

위에서 소송물이 서로 다른 경우를 주로 보았는데, 이를 —소송물은 같고— 다만 공격방법이 서로 다를 뿐인 경우와 비교해 볼 필요가 있다. 예를 들면, ① 부당이득반환 청구를 하면서, 법률상 원인없음의 근거로 여러 무효·취소사유들을 주장하는 경우, ② 대리로 체결된 계약에 기한 청구를 하면서 대리권수여·무권대리추인을 각각 주장하는 경우, ③ 임대차종료를 원인으로 건물인도청구를 하면서 종료원인으로 차임연체에 따른 계약해지 및 계약기간만료를 각각 주장하는 경우, ④ 손해배상청구를 하면서 청구권경합이 아니라 법조경합 관계에 있는 여러 법규(가령 민법 §756 및 자동차손해배상보장법 §3)를 각각 주장하는 경우 등이 공격방법만 다른 사례이다.

5-2-4 확인의 소의 소송물

원고가 특정해서 확인을 구하는 그 권리 또는 법률관계가 확인의 소에서의 소송물이다. 이행의 소, 형성의 소에서는 실체법설·일분지설·이분지설이 각각 어느 정도 일관된 견해를 내놓지만, 확인의 소에서는 많은 학자들이 원래의 입장을 변경한다. 가령 이분지설을 지지하는 독일학자 중에는, 이 확인의 소에서만은 —확인의 대상은 법률관계 그 자체이지 그 발생원인인 사실관계가 아니라고 보아서— 일분지설에 가까운 주장을 하는 사람도 있다(Rosenberg). 예컨대 소유권확인의 소에서, 원고가 주장한 사실관계 범위 내에서의 소유권이 아니라 소유권 자체가 확인대상이라는 것이다. 또 이분지설 중에, 확인대상이 절대권이면 권리관계 자체를 소송물로 보고, 상대권이면 —본래의 이분지설처럼— 사실관계를 감안하여 판단한다는 절충설도 있다.

대법원은 채무부존재확인의 소의 소송물을 '채무의 부존재' 자체라고 보며, 채무 소멸의 원인인 변제, 시효완성, 경개계약 등은 소송물이 아니라고 본다(대판 23.6.29, 2021다277525).

한국의 판례가 소유권 확인의 소에서 소송물을 어떻게 파악하고 있는지는 분명하지 않다. 가령 특정 토지에 대한 피고 B를 상대로 한 소유권확인 판결이 확정되고 나면, 변론종결전에 B가 이를 시효취득하였다는 사유로써는 위 판결의 기판력을 배제할 수 없다고 한 대판 87.3.10, 84다카2132를 보면, 소유권확인의 소에서 소유권취득원인이 되는 매매 · 시효취득 등은 공격방법에 불과한 것으로 보인다. 그러나 다른 한편으로, 대판 91.5.28, 91다5730은, 아버지 소유 부동산을 증여받았음을 전제로 그 소유권의 확인을 구하는 소와 아버지가 사망함에 따라 그 지분소유권을 상속받았음을 전제로 그 지분소유권의 확인을 구하는 소는 서로 소송물이 다르다고 하면서, 후소를 적법하다고 했다.

5-2-5 형성의 소의 소송물

판결에 의하여 일정한 법률관계 형성을 구하는 형성의 소의 대표적인 예는, 이혼소송, 혼인취소소송, 회사관계소송, 재심소송, 행정소송 등이다. 소송법설 중 일분지설에서는, 청구취지에 표시되는 법률관계의 형성을 구할 수 있는 법적 지위 자체가 소송물이라고 보는 반면에, 실체법설에서는 개개의 형성권의 주장이 소송물이라고 본다. 즉 실체법설에서는 동일 소송에서 수개의 형성권을 주장하면 —공격방법이 여러 개인 것이 아니라— 소송물 여러 개를 병합한 것이라고 한다. 이분지설에서는 '사실관계'도 소송물 판단기준이 되므로, 형성의 소 중에서도 그 종류에 따라 결론이 달라진다.

가령 A가 남편 B를 상대로 이혼소송을 제기하면서 이혼사유로 B의 부정행위(민§840i)를 들었는데, 심리결과 부정행위의 증거는 없고 오히려 구타로 인한 심히 부당한 대우(민§840iii)가 밝혀진 경우에, 실체법설[20] 및 이분지설에 의하면 —A가 후자의 사유를 주장하지 않는다면— A의 청구가 기각되지만, 일분지설에 의하면 후자의 사유로써 이혼청구가 인용된다.

소집통지상의 하자를 이유로 한 주주총회결의 취소의 소의 계속 중에, 같은 결의의 정족수 미달을 사유로 한 결의취소의 소가 제기되면, 이는 중복제소인가? 이에 대해서는, 일분지설은 물론이고, 이분지설과 판례의 실체법설에서도 소송물이 '주주총회결의 취소청구' 하나라고 보고 있고, 따라서 어느 설에 의하더라도 중복제소에 해당한다. 특정 주주총회 결의의 절차적 하자라는 하나의 사실관계 하에 소집통지상의 하자 및 정족수 미달이 모두 포함된다고 보는 것이다. 더 나아가서 판례는, "회사의 총회결의에 대한 부존재확인청구나 무효확인청구는 모두 법률상 유효한 결의의 효과가 현재 존재하지 아니함을 확인받고자 하는

---

20) 대판 00.9.5, 99므1886 등.

점에서 동일한 것"이라는 이유로, 결의무효 확인을 구하는 소송에서 결의부존재 확인판결을 선고할 수 있다고 한다(대판-전 83.3.22, 82다카1810). 또한 주주총회결의 취소소송 제기기간(2월) 내에 그 결의에 관하여 부존재확인의 소를 제기하였다가 취소소송 제기기간 경과 후 동일한 하자를 원인으로 한 취소소송으로 소를 변경·추가한 경우, 이는 제소기간을 지킨 것이라고 하였는데(대판 03.7.11, 2001다45584), 이 판결은 결의부존재확인소송의 소송물과 결의취소소송의 소송물이 동일함을 전제로 한 것이다.

그러나 다른 한편, 하나의 주주총회에서 이사선임결의·정관변경결의·감사선임결의 등 여러 결의가 행해진 경우에, 그 주주총회결의 취소의 소의 제소기간 준수 여부는 각 결의마다 별도로 판단하여야 한다고 했고(대판 10.3.11, 2007다51505), 신주발행무효의 소에서 출소기간 경과 후 새로운 무효사유를 추가하여 주장하는 것은 허용되지 않는다고 했다(대판 12.11.15, 2010다49380).

재심의 소의 소송물은 §451① 각호의 각 재심사유마다 별개일 뿐만 아니라(대판 92.10.9, 92므266), 하나의 호 내에서도 사유마다 별개이다. 가령 여러 유죄판결이 민사판결의 기초가 되었다가 형사재심으로 각각 무죄가 된 —즉 §451 제8호에 해당하는— 경우에는 그 각 무죄판결마다 별개의 재심사유가 된다(대판 19.10.17, 2018다300470). 그리고 사해행위취소 소송에서 판례는, 취소채권자가 취소하려는 '채무자와 수익자 간의 행위'를 소송물로 보고 있다. 따라서 그 취소대상 법률행위가 동일한 이상, 취소채권자가 자신의 피보전채권을 추가·교환하는 것은 공격방법의 변경일 뿐이고 소송물의 변경이 아니라고 하였다(대판 03.5.27, 2001다13532; 12.7.5, 2010다80503). 그리고 채무자·수익자 간의 그 취소대상 행위를 증여라고 주장하였다가 변제라고 주장하는 것은 청구의 변경이 아니라고 한다(대판 05.3.25, 2004다10985).

5-3 소의 이익 : 권리보호요건

5-3-1 '소의 이익'의 개념

소권이론에 대해서는 2-1-3에서 간단히 보았었는데, 소권이론의 논쟁의 과정에서 '소권'이라는 개념은 —19세기 독일 보통법학자들의 소권 개념 이해였던

— '사권의 한 권능'이라는 것에서 벗어나게 되었고, 이것이 국가에 대한 공법적 성격의 권리라는 점이 분명해짐과 함께, 소송요건 개념이 명확해졌다. 그 소송요건 중에, "원고의 청구내용이 민사소송이라는 절차에서 권리구제를 받을 만한 자격을 가지는지"의 문제를 '소의 이익', 줄여서 소익(訴益)이라고 한다. 소의 이익을 다른 말로, 권리보호필요, 권리보호이익, 권리보호요건, 청구적격[21]이라고 부른다. 소의 이익을 소송요건으로 본다는 말은, 법률분쟁의 해결에 적절하지 않은 내용의 청구를 해 왔을 때에, 이 개념은 재판을 거절하는 수단이 된다는 말이다. 무익한 소송제도의 이용을 통제하는 이론이다.

소의 이익을 너무 넓게 인정하면 남소(濫訴)를 허용하고 사법자원(司法資源)의 낭비를 초래하게 되며, 반대로 너무 좁게 인정하면 당사자의 헌법상의 재판받을 권리를 박탈하게 된다. 따라서 소의 이익을 판단할 때에는, 다른 분쟁해결수단의 유무, 행정적 구제 가능성, 사법권의 한계 등을 종합하여 신중하게 결정해야 한다.

5-3-2 권리보호자격

한국과 일본에서는, 소의 종류와 무관한, 모든 소에 공통된 소익을 '권리보호자격'이라고 칭하여 —소의 종류별 소익과는 별도로— 설명하는 것이 일반적이다.[22] 이를 몇 가지로 나누어 살펴본 후에, 5-3-3부터는 이행 · 확인 · 형성의 소별로 소익을 차례로 검토한다.

5-3-2-1 구체적인 권리 또는 법률관계에 대한 청구일 것

우선 재판에서 청구할 수 있는 청구라야 이를 가지고서 소를 제기할 수 있다. 가령 '자연채무'에 대한 청구는 소의 이익이 없다. 또한 형성권의 행사를 소로써 하도록 정해진 경우(가령 주총결의취소)를 제외한 다른 형성권(가령 해제

21) 청구내용에 관한 주관적 소송요건인 '당사자적격'에 대응하여, 청구내용에 관한 객관적 소송요건인 소의 이익을 '청구적격'이라고 부르는 것이다.

22) 최근의 독일 교과서에서는 권리보호자격(Rechtsschutzfähigkeit)은 별도로 설명하지 않고 소의 종류별로 권리보호필요(Rechtsschutzbedürfnis)만을 설명하는 것이 보통이다. 학자에 따라서는, 권리보호필요 대신에, 권리보호이익(Rechtsschutzinteresse)이라는 용어를 더 즐겨 쓰기도 한다.

권 · 취소권)은 이를 행사한다는 의사표시를 하고 나면 그 형성권에 따른 법률관계는 이미 만들어진 것이므로, 그 형성권을 행사하는 소를 다시 제기할 수는 없다. 오히려 (만약 소를 제기하려면) 그 새로운 법률관계에 따른 의무를 이행하라는 청구를 해야 하는 것이다. 그리고 약혼자를 상대로 결혼을 청구하는 소, 고도로 정치적인 행위에 대한 다툼[23] 등은 재판에서 구할 수 없는 청구이다.

둘째로, 법률관계에 관한 청구라야 소를 제기할 수 있다. 따라서 사실의 존부를 다투는 청구에는 소의 이익이 없다. 국가마다, 부동산의 권리관계를 공시하기 위한 등기부가 작성 · 운용되는 것과 병행하여, 과세목적으로 각종 대장(臺帳)이 만들어져 있고, 한국에도 토지대장 · 임야대장 · 건축물대장이 작성 · 운용되고 있는데, 이들 대장상의 명의의 말소나 변경을 구하는 청구는 사실에 관한 주장일 뿐 권리관계에 관한 주장이 아니므로 이를 소로써 구하면 각하된다(대판 79.2.27, 78다913).[24] 또한 족보의 내용을 변경 · 삭제해 달라는 청구(대판 92.10.27, 92다756), 제사주재자가 누구인지를 확인해 달라는 청구(대판 12.9.13, 2010다88699), 종교단체 내부의 교리분쟁, 통일교가 기독교단체인지 확인해 달라는 청구(대판 80.1.29, 79다1124) 등은 소의 이익이 없다.

셋째로, 구체적 분쟁이 있어야 소송의 대상이 될 수 있다. '구체적'이라는 말은, 법령 자체의 해석을 문제삼는 것(=추상적 분쟁)이 아니라는 말이다. 따라서 법률조문의 유권해석을 구하는 청구, 법령 자체의 합헌성 여부를 묻는 청구(대판 92.3.10, 91누12639)는 부적법 각하된다. 정당 · 종교단체 · 대학 등 특수영역의 내부분쟁이 소의 대상이 되는가? 단체의 내부규정의 효력을 다투는 것은 구체적 권리 · 법률관계의 확인을 구하는 것이 아니므로 확인청구의 대상이 될 수 없음이 당연하다(대판 92.11.24, 91다29026). 그런데 단체 내의 구체적 결의의 효력을 다투는 사건들에서 대법원은, 한편으로는 목사 · 장로에 대한 정직 · 면직결의가 사법심사 대상이 되지 않는다고 하면서(대판 15.4.23, 2013다20311 등), 다른 한편으로는 종교단

23) 과거의 대판 81.4.28, 81도874은 계엄선포 등 이른바 '통치행위'의 당부에 대한 판단은 대통령이나 국회에 맡겨야지 법원의 판단대상이 아니라고 했다. 그러나 대판-전 10.12.16, 2010도5986은 통치행위 개념을 수긍하면서도, 그 인정은 지극히 신중하게 하여야 한다고 하면서, 유신헌법상의 긴급조치가 헌법에 위배되어 무효라고 했다.

24) 다만 무허가건물대장상 건물주 명의의 말소청구는 —그 대장등재 건물에 대하여 철거보상금이 지급되는 등의 구체적 사정이 있다면— 소의 이익이 있다(대판 98.6.26, 97다48937).

체 내에서 개인의 지위에 영향을 미치는 결의나 처분의 하자가 매우 중대하여 현저히 정의관념에 반할 때에는 사법심사를 받을 수 있다고 한다(대판 06.2.10, 2003다63104).

5-3-2-2 소제기 금지사유가 없을 것

법률상의 소제기금지 사유로는 중복제소 금지(§259) 및 본안판결 후의 소취하 시 소제기 금지(§267)가 있고, 이에 해당하는 소제기에는 소의 이익이 없다.

한편, 특정 분쟁에 관하여 소제기를 하지 않겠다는 합의를 당사자 간에 할 수 있고, 이런 '부제소합의'(=부제소특약)를 한 후에 소를 제기하면 소의 이익이 없다. 대법원은, 행정소송을 하지 않겠다는 부제소합의를 —행정소송에서의 소권은 개인의 국가에 대한 공권이라는 이유로— 인정하지 않지만(대판 95.9.15, 94누4455), 일반 민사소송의 부제소합의는 유효하다고 인정한다(대판 11.6.24, 2009다35033). 부제소합의를 한 채권을 피보전권리로 하여 채권자취소권을 행사하는 것도 허용되지 않는다(대판 12.3.29, 2011다81541). 이런 부제소특약은 사법상의 계약이므로, 민법의 법률행위 하자에 관한 규정이 적용되며, 특히 약관규제 법리에 따라서 무효로 될 수도 있다. 부제소특약에도 불구하고 일방이 소를 제기하면, 상대방은 부제소특약의 항변을 하게 되고 법원은 소를 각하하게 되는데, 만약 당사자의 항변이 없다면 법원이 나서서 소를 각하할 수는 없고 석명을 구해야 할 터이다(5-1-2-3 참조). 부제소특약의 유무효를 다투는 사건에서 종종 문제되는 점은, 어떤 부제소특약이 대상으로 삼은 권리가 합의당시 예견가능한 것이었느냐, 그리고 처분가능한 것이냐의 점이다(대판 02.2.22, 2000다65086 등).

또한, 당사자가 어떤 분쟁을 중재절차로써 해결하기로 하는 합의('중재합의')를 체결한 경우에도 소의 이익이 인정되지 않는다.

5-3-2-3 특별구제절차가 없을 것

법이 어떤 유형의 분쟁에 대하여 일반 민사소송이 아닌 특별한 절차를 마련해 둔 경우에는, 그에 따라야 하는 것이지 일반 민사소송을 제기하면 소의 이익이 없다고 보는 경우가 있다. 우선 소송비용에 관한 청구가 그러하다. 민사소송에는 인지대, 송달료, 변호사비용, 증인여비 등의 여러 비용이 소요되는데, 법원은 판결시에 판결주문의 한 항목으로 소송비용 부담에 관한 재판을 동시에 하게 된다(가령 "소송비용은 원고가 부담한다" 또는 "소송비용 중 1/4은 원고가, 나머지는 피고가 부담한다"). 그리고 판결확정 후에 당사자가 소송비용액확정신청을 하고, 이에 대해 법원이 소송비용액확정결정을 하면, 그 구체적인 부담액수가 정해진다. 대법원은 소송비용에 대한 청구는 이 절차로써만 하라고 하면서, 통상의 민사소송으로 가령 '소송비용상환청구' 등을 하면 여기에는 소의 이익이 없다고 한다(대판 00.5.12, 99다68577). 그런데 주의할 점은, 소송비용액확정절차에서 청구할 수 있는 소송비용은 법률상의 여러 가지 제한을 받는 액수로서 실비용보다 적은 경우가 있고, 특히 변호사비용이 그러하다는 점이다.

또한 경락대금 완납시 경락인 앞으로의 이전등기는 경매법원의 촉탁에 의해서 이루어지는 것이므로 그 절차에 따르는 것이지, 경락인이 종전 소유자를 상대로 소유권이전등기청구소송을 직접 제기하면 소의 이익이 없다(대판 99.7.9, 99다17272). 저당권자를 변경하는 부기등기는 주등기가 말소되면 그에 따라 등기관에 의하여 직권으로 말소되는 것이므로, 부기등기의 말소청구는 권리보호의 이익이 없다(대판 88.11.22, 87다카1836).

부동산 처분금지가처분 등기는 집행법원의 가처분결정의 취소나 집행법상 이의절차에 의해서만 말소될 수 있는 것이고, 가처분권자를 상대로 직접 처분금지가처분등기의 말소등기를 소구할 수는 없다(대판 82.12.14, 80다1872). 또한 부동산 처분금지가처분의 기입등기가 법원의 촉탁에 의하여 말소된 경우에는 그 회복등기도 법원의 촉탁에 의하여 행하여져야 하는 것이므로, 그 가처분채권자가 원고가 되어 말소된 가처분기입등기의 회복등기절차의 이행을 소구할 이익은 없다(대판 00.3.24, 99다27149).

5-3-2-4 원고의 기존 승소판결이 없을 것

기판력의 본질(11-5-2)에 관한 반복금지설(다수설) 입장에서는, "확정판결의 존재"는 독립적인 소극적 소송요건이다. 그러나 모순금지설(판례) 입장에서는, '승소'확정판결에 한하여, 권리보호자격을 상실시키는 사유로 작용한다.

판례의 입장에 의할 때, 원고가 당해 청구에 관하여 이미 승소확정판결을 받은 경우에는 그 판결에 의하여 강제집행을 할 수 있기 때문에 다시 소로써 그 청구를 한다는 것은 무의미하며, 이런 청구에는 소의 이익이 없다.

다만, 이미 승소확정판결이 있는 경우라도, ⓐ 판결원본이 멸실한 경우(대판 81.3.24, 80다1888,1889), ⓑ 시효중단이 필요한 경우(대판-전 18.7.19, 2018다22008),[25] ⓒ 판결내용이 불특정인데 판결경정으로 해결할 수 없어서 집행을 할 수 없는 경우(대판 98.5.15, 97다57658) 등 특별한 사정이 있으면, 예외적으로 소의 이익이 인정된다. 이때에는 전소의 기판력이 신소에도 미치므로, 전소의 판결내용과 다른 판결을 해서는 안 된다. 또한 공정증서(1-6-3-2)는 집행력이 있을 뿐이고 기판력이 없기 때문에, 기판력 있는 판결을 받기 위하여 공정증서의 내용과 동일한 청구를 소로 제기하는 경우는 소의 이익이 있다(대판 96.3.8, 95다22795).

5-3-2-5 신의칙 위반이 아닐 것

판례·통설은 신의칙 위반에 의하여 소권 자체가 소멸할 수 있음을 인정하고 있다.

5-3-3 이행의 소의 권리보호이익

5-3-3-1 총설

대부분의 이행의 소는 '현재의 이행의 소', 즉 변제기가 도래한 청구권을 소구(訴求)하는 것이다. 그러나 '미리 청구할 필요'가 있으면 변제기가 도래하지 않은(엄밀하게 말하면, 원고가 주장하는 이행기가 변론종결시까지 도래하지 않는) 청구권으로도 소를 제기할 수 있고, 이것이 '장래의 이행의 소'이다. 이행의 소의 권리보호이익은 현재의 이행의 소와 장래의 이행의 소로 나누어 살펴보아야 한다.

5-3-3-2 현재의 이행의 소

(1) 개요

현재의 이행의 소에서는, 원고가 이행청구권을 주장하는 것으로써 —변제기

---

25) 전소(前訴) 확정판결이 있더라도 판결금채권의 소멸시효기간인 10년의 경과가 임박하면 시효중단을 위한 재소(再訴)에는 소의 이익이 있고(11-5-4-1), 따라서 원고가 승소한 전소판결 확정 후 10년이 '지나서' 같은 소가 제기된 경우에, 법원은 10년 시효완성으로 채권이 소멸했다는 피고의 항변에 대해 판단해야 하므로, 후소를 각하할 것이 아니라 기각해야 한다(대판 19.1.17, 2018다24349).

가 도래했음에도 피고가 이행을 안 하니까 소를 제기한 것이므로— 곧바로 권리보호이익이 인정됨이 원칙이다. 따라서 소의 이익의 존재를 원고가 별도로 설명하지 않아도 됨이 원칙이다.[26)]

(2) 집행불능

집행불능인 청구라도 소의 이익이 긍정됨이 원칙이다. 우선 피고가 무자력이라서 집행이 안 될 경우라도 —판결절차와 강제집행절차는 각각 독자적인 존재의의를 가지는 것이므로— 그것을 이유로 소의 이익이 없다고 할 수는 없다. 건물공유자 일부를 상대로 그 공유지분만큼의 철거를 구하는 소는 그 판결만으로는 집행이 불가하지만 소익이 긍정된다(대판 80.6.24, 80다756). 집합건물 대지소유자가 대지사용권 없는 구분소유자에게 해당 전유부분의 철거를 구하는 소도 집행불능이지만 허용된다(대판 21.7.8, 2017다204247). 또한 북한 개성공업지구 입주기업 간의, 그 지구내 건물에 대한 인도청구의 소는 그 강제집행이 곤란하여 소의 이익이 없다는 피고 주장은 인정되지 않는다(대판 16.8.30, 2015다255265). 그리고 A의 명의였던 부동산에 관해 A→B→C→D로 소유권이전등기가 된 다음 A가 D를 상대로 말소등기소송을 제기했다가 패소확정된 후에, A가 B,C를 상대로 말소등기청구를 하는 것은 만약 승소하더라도 —D의 말소등기 승낙이 없는 한— 집행불능의 판결이 됨에도 불구하고, B,C를 상대로 한 위 소에도 소의 이익이 있다고 본다(대판 95.10.12, 94다47483). A가 1개의 소에서 B,C,D를 공동피고로 각 말소등기를 청구한 경우에도 —이는 통상공동소송(14-2-2)이므로— 위와 같이 B나 C에 대해서만 승소할 수도 있다.

(3) 소익이 없는 경우

그러나 이행의 소라고 해도, 그 청구가 아무런 법적 효과를 낳지 않을 경우에는 소로써 청구할 법률상 이익이 있다고 할 수 없다. 예컨대, 단위 노동조합(원고)이 회사를 상대로 '피고회사는 피고회사를 대표하는 위원들로 하여금 ○○○ 협의회의 소집을 요구하도록 하라'는 (의사의 진술을 구하는) 이행청구를 한 것은 —위 대표 위원들에게 무엇을 요구한다고 하여 그 위원들이 거기에 따를

---

26) 제3자를 위한 계약에서는, 수익자가 낙약자에게 이행청구를 할 원고적격을 가질뿐더러, 요약자 역시 낙약자에게 '수익자에 대한 이행'을 청구할 원고적격을 가진다(대판 22.1.27, 2018다259565).

법적 의무가 있는 것이 아니므로— 만약 승소판결이 확정되더라도 아무런 법적 효과가 생기지 않는다는 이유로, 소각하되었다(대판 16.9.30, 2016다200552).

또한 강제집행을 통하여 달성하려는 상태가 이미 실현된 경우나 청구의 목적물이 아예 멸실된 경우에는 소의 이익이 없다. 예컨대 소유권이전등기청구소송 중 어떤 경위로 원고 앞으로 소유권이전등기가 마쳐진 경우, 말소등기청구소송 중 어떤 경위로 그 등기가 말소되어 버린 경우(대판 03.1.10, 2002다57904; 13.4.26, 2011다37001),[27] 건물소유권이전등기청구 도중 그 건물이 멸실되어 버린 경우(대판 76.9.14, 75다399)가 이에 해당한다.

(4) 채권집행

채권집행에서 집행채권자 A가 집행채무자 B의 제3채무자 C에 대한 채권을 압류[28] 또는 가압류한 경우에, B가 C를 피고로 삼아 이행의 소를 제기할 수 있는가? 통설·판례는 그것이 가능하며 다만 강제집행은 할 수 없다고 한다(대판 89.11.24, 88다카25038; 02.4.26, 2001다59033). 즉 이 경우에 법원은 압류·가압류의 해제를 조건으로 할 필요 없이 단순 청구인용판결을 선고할 수 있다.[29]

그러나 ⓐ 압류·전부명령이 내려지고 나면 —마치 그 채권이 A에게 양도된 것과 마찬가지로— B가 피압류채권을 상실하여 버리므로 B는 C에 대하여 이행의 소를 제기할 수 없고, 만약 소를 제기하면 기각판결이 선고된다. 이는 전부명령 발령이 소제기 전이든 후이든 같다. ⓑ 한편 압류·추심명령이 내려지면, B 및 추심권능을 획득한 A의 양쪽에 소익이 인정되어 둘 다 이행의 소를 제기할

---

27) 2002다57904 및 2011다37001 판결의 각 사안은, 근저당권설정등기의 말소등기절차의 이행을 구하는 소송 도중에 그 근저당권설정등기가 목적부동산의 경락을 원인으로 하여 말소된 경우이다.

28) 여기서는 압류만 하고 그 다음의 현금화절차(추심명령, 전부명령)로 나아가지 않은 경우를 가리킨다. 그러나 실무상 추심명령·전부명령은 대부분 압류와 동시에 신청되므로, 압류만 행해지는 경우는 거의 없다.

29) 다만 피압류채권이 소유권이전등기청구권인 경우에는, 집행채무자의 제3채무자에 대한 이행청구를 단순 인용해서는 안 되고, 집행채권자의 가압류의 해제를 조건으로 하여서만 청구인용을 할 수 있다는 것이 판례이다(대판-전 92.11.10, 92다4680). 왜냐 하면, 위 이행의 판결은 '의사의 진술을 명하는 판결'이어서 별다른 집행절차 없이 그 판결이 확정되면 곧바로 집행채무자가 일방적으로 이전등기를 신청할 수 있고 제3채무자가 이를 저지할 방법이 없기 때문이다. 소유권이전등기청구권에 대해 가처분이 마쳐져 있는데 보전집행채무자가 제3채무자에 대한 이행청구를 하는 경우에도 —가압류가 마쳐진 때와 마찬가지로— 가처분의 해제를 조건으로 해서만 청구인용을 할 수 있다(대판 99.2.9, 98다42615).

수 있으며, 다만 B는 압류명령 때문에 급부를 현실로 수령하지는 못한다(대판-전 25.10.23, 2021다252977; 4-7-2-2 참조). 한편 판례는 추심권능의 존부는 단순히 청구의 당부에 관한 사항이 아니라 당사자적격의 문제라고 보아서, 만약 추심금청구의 기초가 된 추심명령이 무효이면, 그 추심채권자에게는 당사자적격이 없어서 소를 각하해야 한다고 한다(대판 16.11.10, 2014다54366).

(5) 일부청구

소액사건심판법의 적용을 받으려고 금액을 쪼개서 청구하면 소를 각하해야 하지만(소심§5-2), 일반적으로 일부청구라고 해서 권리보호이익이 부정되지는 않는다.

(6) 등기관련청구에 관한 판례들

이전등기·말소등기 청구사건에서 —원고의 이행청구권 주장만으로 곧바로 권리보호이익이 인정된다는 원칙에 대한 예외로서— 강제집행을 통하여 달성하려는 상태가 이미 실현된 경우나 청구의 목적물이 아예 멸실된 경우에는 소의 이익이 없다고 본다는 점은 위 (3)에서 보았다. 그 외에도 등기 관련 이행의 소 중에서 소의 이익 관련하여 주목할 만한 몇 가지 판례가 있다.

① 이전등기를 구하는 중에 원고 앞으로 그 이전등기가 마쳐지면 소익이 없고, 소유권이전등기청구권 보전의 가등기권자가 소유권이전등기를 구하는 중에도 같은 일이 생길 수 있지만, 그 경우에도 예외적으로 소익을 인정받는 경우가 있다. 즉 가등기 후 그 소유권이전등기 전에 중간처분(가령 다른 가등기)이 있는 경우에는 애초의 가등기권자는 순위보전을 위하여 가등기에 기한 본등기청구를 할 소익이 있다(대판 88.9.27, 87다카1637).

② 건물소유권이전등기청구 도중 그 건물이 멸실되어 버린 경우에는 소의 이익이 없음이 원칙이지만, 종전건물 소유자가 이를 헐어내고 건물을 신축함에 따라 종전건물에 대한 멸실등기를 하고 새 건물에 대한 소유권보존등기를 하기 위하여, 종전건물에 대한 소유권보존등기에 터잡아 마쳐진 원인무효의 소유권이전등기의 말소를 구하는 경우에는 소의 이익이 있다(대판 92.3.31, 91다39184).

③ A→B→C로 소유권이전등기가 순차로 경료된 후 A가 B에게로의 이전등기가 원인무효로 마쳐진 것이라고 주장하면서 B의 등기에 터잡은 C를 상대로 말소등기청구를 했다가 패소확정판결을 받은 경우에도 —비록 B의 A에 대한 말소등

기의무가 이행불능이 되기는 하지만— A가 B에게 말소등기를 구할 소의 이익은 있다(위 (2)를 참조; 대판 98.9.22, 98다23393; 17.9.12, 2015다242849).

④ 폐쇄된 등기부상의 등기는 현재의 등기로서의 효력이 없으므로 그 말소를 구할 소의 이익이 없음이 원칙이다. 그러나 폐쇄등기부상의 등기에 대한 말소청구라도, 그것이 폐쇄등기 자체를 대상으로 하는 것이 아니라, 원인 없이 마쳐진 이전등기라서 그것이 진정한 권리자의 등기를 회복하는 데에 필요한 경우에는 소의 이익이 있다(대판 17.9.12, 2015다242849).[30]

⑤ A가 B에게 저당권을 설정해 준 후에 B→C로 저당권을 이전하는 부기등기가 마쳐진 경우에, 채무소멸을 이유로 저당권등기말소를 구하려는 A는, 위 부기등기가 아니라 B 앞으로의 애초의 저당권을 말소해 달라는 청구를 C를 피고로 삼아 제기해야 하며, 만약 A가 위 부기등기의 말소를 구하면 이는 권리보호의 이익이 없는 부적법한 청구이다(대판 00.10.10, 2000다19526). 그런데 만약 위 사안에서 B가 C를 상대로, 저당권이전의 부기등기에 무효사유가 있다는 이유로 부기등기 자체의 효력을 다투는 경우에는 소의 이익이 인정된다(대판 05.6.10, 2002다15412).

⑥ 한편 토지거래허가구역 내의 토지에 관하여 거래허가를 얻지 못한 매매계약은 유동적 무효이므로, 장래의 허가를 조건으로 한 소유권이전등기청구는 불가하지만, 허가협력의무의 이행을 구하는 청구에는 소의 이익이 인정된다(대판-전 91.12.24, 90다12243).

5-3-3-3 장래의 이행의 소

(1) 총설

변론종결시를 기준으로 아직 이행기가 도래하지 않는 소, 즉 장래에 이행할 것을 청구하는 소는 "미리 청구할 필요"가 있어야 제기할 수 있다(§251). 장래의 이행청구에는 ⓐ 기한 미도래 청구권뿐만 아니라, ⓑ 정지조건부 청구권, ⓒ 장래 발생할 청구권에 의한 청구가 모두 포함된다. ⓑ의 정지조건부 청구권에 기하

30) 이러한 말소등기청구를 인용하는 판결이 확정되고 나면, 그리고 현재의 등기부상 등기 중 진정한 권리자의 등기와 양립할 수 없는 등기가 모두 말소되고 나면, 등기관은 직권으로 위 말소등기절차의 이행을 명하는 판결에서 말소등기청구의 대상이 된 위 등기를 현재의 등기기록에 옮겨 기록한 다음 그 등기에서 위 확정판결에 기한 말소등기를 실행하게 된다.

여 소를 제기하려면 조건성취의 개연성이 충분해야 하고, 조건성취시 강제집행이 가능해야 한다. ⓑ 중에서 그 정지조건이 원고 자신의 의무이행인 경우를 "선이행청구"라고 하는데, 가령 원고 자신의 피담보채무 변제를 조건으로 피고에게 저당권말소등기 청구를 하는 것이 그것이다. ⓒ 중에서 실무상 흔한 예는, 부동산 무단점유에 따른 손해배상 내지 부당이득반환을 청구하는 소에서, 변론종결 이후의 시간에 대한 청구부분이 그것이다.

위 각 청구권은 변론종결시에 —비록 이행기는 도래하지 않았지만— 그 청구권의 기초되는 법률상·사실상 관계가 성립되어 있으면, 그 이행의 소를 제기할 수 있다.

(2) 미리 청구할 필요

어떤 경우에 "미리 청구할 필요"가 인정되는지는 이행의무의 성질, 의무자의 태도 등을 종합하여 개별적으로 판단하되, 엄격한 기준에 따라 신중하게 판단해야 한다(대판 23.3.13, 2022다286786). 양육비·부양료 등 정기금 채무의 이행이 이미 수차례 제때에 이루어지지 않았다면 미리 청구할 필요가 있는 경우이다. 장래에 이행할 금액의 범위에 대하여 다툼이 있는 경우도 마찬가지이다. 그리고 '이행지체가 있으면 회복할 수 없는 손해가 채권자측에 발생하는 경우'에도 미리 청구할 필요가 있다. 타인 소유 토지를 점유사용하면서 이에 대한 차임 상당액의 지급을 거부하고 있다면, 토지소유자는 이행기 미도래분에 대해서 미리 청구할 필요가 있지만, 피고의 점유종료일 또는 원고의 토지소유권 상실일까지를 한도로 하여 그러하다(대판 94.9.30, 94다32085).[31] 부동산의 양도인측이 계약무효를 주장하여 양수인으로부터 받은 매매대금을 변제공탁하였다면, 양도인측이 그 소유권이전의

31) 이런 토지차임상당액 청구는, 지자체가 토지소유자 승낙 없이 그 토지상에 도로포장공사를 하고 주민 및 노선버스 통행에 제공하였음을 이유로, 토지소유자가 청구한 사례가 많다. 그러나 이런 사례에서, 장래의 이행을 명하는 판결을 하기 위하여는, 의무불이행사유가 장래까지 존속한다는 것을 변론종결당시에 확정적으로 예정할 수 있는 것이어야 하며 —법원이 명하는 토지인도일 전에 피고가 토지의 사용수익을 종료할 수도 있는 경우여서— 이러한 책임기간이 불확실하여 변론종결당시에 확정적으로 예정할 수 없는 경우라면 장래의 이행을 명하는 판결을 할 수 없다(대판 87.9.22, 86다카2151; 02.6.14, 2000다37517). 한편 이런 종류의 장래 부당이득금의 지급을 명하는 판결의 주문에서는 대개 이행의무의 종기가 '원고의 소유권 상실일까지'라고 표시되어 왔는데, 대판 19.2.14, 2015다244432은 방론(傍論)으로, 이런 기재방식이 적절하지 않다고 판시하였다. 그 논거에는 의문이 있다.

무의 존재를 다투고 있는 것이므로 양수인으로서는 위 의무의 이행기 도래 전에도 그 의무의 이행을 미리 청구할 필요가 있다(대판 93.11.9, 92다43128). 임차인 A가 임대인 B를 상대로 보증금반환을 구하는 소를 제기하여 조정이 성립했는데, 조정 성립 무렵 A가 퇴거하면서 제3의 C에게 열쇠를 넘겨주어, 그 후 B가 A에게 건물 점유사용에 따른 'C의 인도완료일까지의' 차임상당 손해배상금을 소구하게 된 경우에는 미리 청구할 필요가 있다(대판 18.7.26, 2018다227551).

그러나 이행기 미도래 내지 조건 미성취의 청구권에 있어서, 이행기도래 내지 조건성취시에는 채무자의 '무자력' 때문에 집행곤란·이행불능에 빠질 사정이 있다는 것만으로는 미리 청구할 필요가 있다고 할 수 없다(대판 00.8.22, 2000다25576).

(3) 선이행청구

선이행청구에서는 원칙적으로, 미리 청구할 필요가 인정되지 않는다. 원고가 자신의 이행의무를 먼저 이행한 후에, —장래 이행의 소가 아니라— 현재 이행의 소로써 구할 일이기 때문이다. 그러나 피담보채무의 액수가 다투어지고 있다든지 해서, 원고가 피담보채무를 변제하더라도 피고가 채권담보 목적의 가등기의 말소 및 본등기의 말소 등에 협력할 것으로 기대되지 않는 사정이 있는 경우에는 장래이행의 소가 허용된다(대판 92.1.21, 91다35175).

원고가 피담보채무 전부소멸을 주장하여 저당권등기 또는 담보목적 소유권이전등기의 말소를 구하는 단순이행 청구를 하였는데, 심리결과 잔존채무가 있을 때에, 원고의 의사를 좁게 해석한다면 법원은 청구기각 판결을 내려야 할 터이다. 그러나 판례는, 담보목적의 등기라면 원고의 의사를 잔존채무 변제를 조건으로 그 등기의 말소를 구한다는 취지가 포함된 것으로 해석해야 한다고 하면서, 잔존채무 변제를 선이행 조건으로 하는 장래이행의 판결을 선고해야 한다고 한다(대판 81.9.22, 80다2270; 23.11.16, 2023다266390).[32] 근저당권이 담보하는 피담보채권액의 범위에 관하여 당사자 사이에 다툼이 있어, 근저당권설정자가 원고로서 잔존 피담보채권이라고 주장하는 금원의 수령과 상환으로 근저당권설정등기의 말소를 구하는 경우에도, 소송과정에서 밝혀진 잔존 피담보채권액의 지급을 조건

---

32) 채무의 존재를 전제로 전부변제를 주장하는 경우와는 달리, 원고가 피담보채무의 미발생을 주장하여 근저당권등기 말소청구를 하는 경우에는, 잔존채무 변제를 조건으로 장래의 이행을 청구하는 취지가 포함되었다고 볼 수 없다(대판 91.4.23, 91다6009).

으로 말소를 구하는 취지도 포함되었다고 봄이 상당하고, 이는 장래이행의 소로서 미리 청구할 이익이 있다(대판 93.4.27, 92다5249).

(4) 주된 현재이행의 소와 병합청구하는 종된 장래이행의 소

이 경우에는 미리 청구할 필요가 원칙적으로 인정된다. 가령 원금청구와 함께 "다 갚는 날까지의" 지연손해금 청구를 할 때, 그리고 건물인도청구와 함께 인도완료일까지의 차임 상당의 부당이득금 청구를 할 때가 그 예이다.

목적물 인도청구 또는 이전등기청구(현재이행의 소)를 하면서 그 목적물 멸실로 인한 집행불능을 대비하여 목적물에 갈음하는 금전청구('代償청구'라고 함)를 병합하는 경우에는, 후자의 병합청구는 장래이행의 소인데, 여기에 미리 청구할 필요가 인정되는가? 만약 이를 불허하면, 인도판결의 집행불능시에 새로 소제기를 하는 비경제가 생긴다는 점 때문에 법원은 이를 허용한다(대판 11.1.27, 2010다77781).

(5) 형성의 소와 병합청구하는 장래이행의 소

이렇게 병합하는 장래이행의 소는 부정함이 통설이다. 판례도 원칙적으로 부정한다.[33] 예컨대, 제권판결 불복의 소와 같은 형성의 소는 그 판결이 확정됨으로써 비로소 권리변동의 효력이 발생하게 되므로 이에 의하여 형성되는 법률관계를 전제로 하는 수표금청구 등의 이행소송은 병합하여 제기할 수 없다(대판 13.9.13, 2012다36661). 재심의 소 역시 그것이 확정되어야 종전 판결이 취소되는 것이어서, 종전판결 취소를 전제로 한 손해배상 등 일반민사사건은 심리의 단계가 재심판결의 다음이므로, 이를 병합청구할 수 없다(대판 97.5.28, 96다41649; 09.9.10, 2009다41977; 13-2-2-1). 그러나 채권자취소소송은, 조문(민§406) 자체가 사해행위의 취소(형성의 소)와 원상회복(이행의 소)을 병합하여 제기하는 것을 허용하고 있으므로 그 예외이며(대판 04.1.27, 2003다6200), 양육자지정청구와 함께 이에 병합하여 장래의 양육비지급청구를 하는 것도 허용된다고 한다(대판 88.5.10, 88므92).

---

33) 형성의 소와 병합청구하는 장래이행의 소가 불허되는 사례로서, 공유물분할청구와 병합하여 분할판결이 날 경우에 대비하여 제기하는 분할부분 이전등기청구(대판 69.12.29, 68다2425)를 들기도 한다. 하지만, 공유물분할판결(현물분할)은 그 확정으로써 곧바로 소유권이 이전되는 것이지(민§187), 분할부분에 대한 별도의 이전등기청구를 해야 하는 것이 아니므로, 위 병합 중 후자의 청구는 —미리 청구할 필요가 없어서가 아니라— 애초부터 잘못된 청구이다.

5-3-4 확인의 소의 권리보호이익

5-3-4-1 총설

이행의 소에서 소의 이익이 원칙적으로 인정되는 것과 달리, 확인의 소에서는 그러하지 않다. 뭔가의 법률관계를 확인해 달라는 청구는 무한정 확장될 수도 있으므로, 확인의 소에서는 "소의 이익"이 소송대상의 통제에 중요한 역할을 한다. 그래서 소의 이익에 관한 판례 중 다수가 확인의 소에 관한 것이다. 확인의 소에서 소의 이익("확인의 이익")은 권리 또는 법률상 지위에 현존하는 불안·위험이 있고 그 불안·위험을 제거하는 데에 확인판결을 받는 것이 가장 유효·적절한 수단일 경우에 비로소 인정된다. 그러나 비교법적으로 보면, 한국이 확인의 이익을 좁게 인정하는 편이며, 앞으로 확대해 나갈 필요성도 있다.[34] 이하에서는 확인의 이익의 유무를, 대상적격의 문제와 법률상의 이익, 현존하는 불안, 불안제거의 적절한 수단으로 나누어서 판례를 위주로 살펴본다.

5-3-4-2 대상적격 : 현재의 권리·법률관계

(1) 앞의 5-3-2-1에서 '구체적인 권리 또는 법률관계에 대한 청구'이어야 일반적인 소의 이익이 인정됨을 보았는데, 이는 특히 확인의 소에서 그러하다. 자연현상, 역사적 사실(가령 태조 왕건이 29명의 부인을 둔 것이 사실인지)의 확인은 소로써 구할 수 없다. 또한 확인의 대상은 '현재'의 권리·법률관계여야 하고, 과거의 권리관계를 확인대상으로 삼아서는 안 된다. 따라서 부부 사망 후 혼인관계의 확인청구는 부적법하다(대판 88.4.12, 87므104). 그리고 과거의 특정시점을 기준으로 한 채무존부확인청구(대판 96.5.10, 94다35565)는 부적법하다. 장래 시점의 권리관계는 현재 확정할 수 없는 것이므로, 장래의 권리관계의 확인을 구하는 소에도 확인의 이익이 없다.

(2) 그러나 과거의 법률관계라도 그것을 기본으로 하여 여러 법률관계가 계속하여 발생하고 그렇게 발생한 현재의 여러 법률상태에 대하여 일일히 개별적

---

34) 사회가 발전하여 더 조직화되고 법원의 역할이 존중될수록, 물리적 힘이 동원되는 집행을 수반하지 않는 확인판결만으로도 분쟁이 종결될 수 있다. 이 방향으로 가면, '확인의 소의 보충성'을 항상 엄격히 요구할 필요가 없게 된다. Borchard, Declaratory Judgment — a Needed Procedural Reform, 28 Yale L.J. 105 참조.

으로 확인을 구하느니보다는 과거의 법률관계 자체의 확인을 구하는 편이 직접적·획일적 해결을 기대할 수 있는 경우도 있으므로, 과거의 법률관계에 확인의 이익을 인정하는 경우가 종종 있다. 우선, 혼인관계가 이미 이혼으로 해소되었더라도 과거 존재하였던 혼인관계의 무효확인을 구할 이익이 원칙적으로 존재한다(대판-전 24.5.23, 2020므15896).[35] 또한 협의파양으로 양친자관계가 해소된 후에는 입양의 무효확인을 구할 소익이 없음이 원칙이지만, 분쟁을 발본적으로 해결하는 효과가 있는 때에는 소의 이익이 있다(대판 95.9.29, 94므1553). 또한 과거의 주식양수도계약의 부존재확인을 구하는 것은 그에 따른 현재의 권리의무의 부존재확인을 구하는 것으로 보아야 한다(대판 87.7.7, 86다카2675). P를 감사로 선임한 주주총회결의 후에도 감사임용계약을 체결하지 않는 회사를 상대로 P가 감사지위확인의 소를 제기한 후에는, 심리도중 P의 임기가 만료되고 후임 감사가 선임되었더라도 확인의 이익이 있다(대판 20.8.20, 2018다249148; 21.2.25, 2017다51610). 복수 노동조합 중 A노동조합이 B노동조합을 상대로 B가 설립 당시 이미 노동조합법상 주체성·자주성 등의 실질적 요건을 흠결하였음을 들어 설립무효의 확인을 구하는 것도 가능하다(대판 21.2.25, 2017다51610). 실무상 다수인 해고무효확인소송은 —비록 '해고'는 과거의 법률행위에 불과하지만— 그 해고에 뒤따르는 현재의 여러 법률관계를 포괄하는 의미에서 그러한 확인청구가 허용되는 것이다. 한편 원고가 과거의 매매계약의 무효확인을 구하는 것은, 그 매매계약에 기한 현재의 채권·채무의 부존재확인을 간결하게 표현한 것이 아닌지 법원이 석명을 구해야 한다(대판 66.3.15, 66다17).

(3) 타인간의 권리관계에 대해서는 확인을 구할 수 없음이 원칙이지만, 예외적으로 이를 구할 수 있는 경우가 있다. 그 타인간의 권리관계가 원고의 권리의무에 직접 영향을 주는 경우들이다. ⓐ 우선 채권자대위권을 행사하여 채무자와 제3자 간의 권리관계의 확인을 구할 수 있다(대판 76.4.27, 73다1306).[36] ⓑ 근저당권

---

35) 이 전원합의체 판결 전에는, 이혼 후에는 원칙적으로 혼인무효확인의 이익을 부정하되, 다만 그 혼인무효 여부가 현재의 법률관계에 직접 영향을 미치고 있어서 과거의 그 확인을 구하는 편이 직접적이고도 획일적인 해결을 기대할 수 있다는 점이 따로 주장·입증된 경우에만 확인의 이익을 인정하고 있었다(대판 78.7.11, 78므7).

36) 그 판결사안은 토지매수인 A가 매도인 B를 대위하여, B의 소유권을 다투는 중복등기명의자인 C를 피고로 삼아서 "B의 소유임의 확인"을 구하는 것이었다. 그런데 이 판결 전의 대판 71.12.28, 71다1116은 거의 유사한 사안에서 —다만 토지가 미등기토지라는 점

자가 물상보증인을 상대로 피담보채무의 확정을 위한 확인의 소를 제기할 확인의 이익이 있으므로(대판 04.3.25, 2002다20742), 물상보증인 쪽에서도 채무자와 근저당권자 간 피담보채무액의 확인을 구할 이익이 있다. ⓒ 하나의 채권에서 2인 이상이 서로 채권자라고 주장하고 채무자가 채무의 존재에 이의가 없다면, 그 분쟁해결에는 채권귀속에 관한 확인판결이 가장 유효적절하므로, 채권자라고 주장하는 한쪽이 다른 쪽에 대하여 채권의 귀속에 관한 확인을 구할 수 있다(대판 88.9.27, 87다카2269). ⓓ 그리고 2번 저당권자가 1번 저당권자와 담보물 소유권자를 상대로 하여 1번 저당채무의 부존재확인을 구하는 것은, (순위상승 원칙 때문에) 자신의 권리와 직결되는 것이므로 허용된다. ⓔ 재건축조합 신축아파트 배정에서 우선권이 있는데도 배제된 조합원은 그 조합과 수(受)배정자들 간의 추첨·배정의 무효확인을 구할 수 있다(대판 08.2.15, 2006다77272). ⓕ 담보신탁재산의 공매절차에 입찰했던 자는 신탁회사와 그 공매의 매수인 간에 체결된 매매계약의 무효확인을 구할 수 있다(대판 21.5.7, 2021다201320). ⓖ 재개발사업건축설계 입찰에서 탈락한 자가, 발주자인 재개발조합이 낙찰자와의 설계계약 체결을 승인하는 결의를 한 것에 대하여 결의무효확인을 구하는 것도 허용된다(대판 13.11.28, 2011다80449).

5-3-4-3 법률상의 이익

확인의 이익은, 원고가 법률상의 이익을 주장할 때에만 인정되는 것이지 사실상의 이익 내지 경제적 이익을 주장할 때에는 인정되지 않는다. 해고무효확인소송이 —그에 따른 현재의 법률관계상의 위험·불안을 제거하기 위한 것이 아니라— 사회적인 명예손상을 회복하기 위한 것, 그리고 재취업 기회제한을 제거하기 위한 것이라면 이는 사실상의 것이므로 확인의 이익이 없다(대판 95.4.11, 94다4011). 또한 약사가 치른 한약조제시험의 합격처분에 대해 한의사가 무효확인의 소를 제기한 사건에서, 대법원은, 그 시험으로 약사에게 한약조제권이 인정됨에 따라 한의사들의 영업상 이익이 감소된다고 하더라도 이는 사실상의 이익에 불과하다는 이유로 원고적격을 부정하였다(대판 98.3.10, 97누4289)(4-7-2-3 참조).[37]

에서 차이가 있다— C의 소유권 주장은 A의 권리에 대한 직접적인 위협이 아니라고 해서 확인의 이익을 부정하였다. 73다1306 판결로써 사실상 판례변경이 있는 것이라고 볼 일이다.

37) 법률상의 이익을 주장하는 것이 아니어서 '소의 이익'이 부정되는 사례에서 대법원이 이

반면에 임의경매절차에서 유치권 주장으로 인한 저가낙찰 때문에 배당액이 줄어들면 채무자인 당해 부동산소유자는 물론이고 근저당권자에게도 법률상 손해가 발생하므로, 이들은 유치권 주장자에 대하여 유치권부존재확인의 소를 구할 법률상의 이익이 있다(대판 04.9.23, 2004다32848). 그리고 채무자 아닌 소유자는 —매도인의 담보책임을 지는 자가 아니므로— 유치권자를 상대로 유치권부존재확인을 구할 이익을 가지지 않는다는 것이 판례이나(대판 20.1.16, 2019다247385), 이에 대해서는 반대견해도 강하다. 한편, 위와 같은 확인의 소의 심리 결과 유치권자가 주장한 피담보채권액 중 일부가 인정되는 경우에는, 법원은 원고 패소가 아니라 일부승소(=일부패소)판결을 선고해야 한다(대판 16.3.10, 2013다99409).

5-3-4-4 현존하는 불안 · 위험

원고의 권리나 법적 지위가 피고로부터 부인되는 등으로 다툼이 있는 경우라야 원칙적으로 현존하는 불안·위험이 있다고 할 수 있다.[38] 채무부존재확인소송에서, 원고는 변제 또는 시효완성으로 묘지공사 대금채무가 소멸했다고 주장하고 피고는 경개계약(=공사대금에 갈음하여 묘지관리권을 양수한 계약)으로써 채무가 소멸했다고 주장한다면, 현재의 채무부존재에는 다툼이 없으므로 원고의 법적 지위에 어떠한 불안·위험이 없다는 것이 판례이다(대판 23.6.29, 2021다277525). 그러나 당사자 간 다툼이 없더라도, ⓐ 권리의 소멸시효 완성이 임박한 경우(대판-전 18.10.18, 2015다232316[39]), ⓑ 등기부·가족관계등록부 등 공부상에 원고 주장과 맞지 않는 기재가 있는 경우에는 법적 불안·위험이 있다고 취급된다. 가령 토지가 미등기이고 그 대장상에도 등록명의자 내지 최초소유명의자가 없거나 불분명한 경우에는 소유자는 국가를 상대로 토지소유권확인의 소를 제기할 이익

처럼 '원고적격'을 부정한 것에서 알 수 있듯이, '당사자적격'과 '소의 이익'은 둘 다 본안의 내용과 직결되는 소송요건이고, 어느 쪽에서의 판단인지 엄밀하게 구분하기 어려운 경우가 종종 있다.

38) 대판-전 21.6.17, 2018다257958은 이 법리를, 보험회사가 제기한 보험금 지급채무 부존재확인의 소에서 재확인했다. 여기서 반대의견은, 보험회사가 채무부존재 확인의 소를 남용하는 것을 막기 위하여, 비록 다툼이 있더라도 보험회사 측이 제기하는 확인의 소에서는 확인의 이익을 원칙적으로 부정해야 한다고 주장했다.

39) 이 판결은, 이때의 청구취지·판결주문을 "시효중단을 위한 소제기가 있음을 확인한다"로 해야 한다고 한다. 그러나 이는 '소제기 사실'에 대한 확인일 뿐이므로, 명문의 법률규정 없이 법원이 이러한 사실확인의 소 유형을 창출할 수 있는지 의문이다.

이 있다(대판 94.3.11, 93다57704; 09.10.15, 2009다48633; 19.5.16, 2018다242246).[40] 다만 미등기가 아니라 등기된 토지로서, 등기부상 명의인의 기재가 실제와 일치하지 않는 경우에, 인격의 동일성이 인정되는 경우라면 등기명의인 표시경정등기로써 해결할 수 있으므로, 국가를 상대로 소유권 확인을 구할 이익은 없다(대판 16.10.27, 2015다230815).

한편 부동산에 가등기 후에 가압류등기를 마친 사람이 그 선순위 가등기가 '담보목적 가등기'인지 확인을 구하는 경우는, 어떤 목적의 가등기인지에 따라 자신의 가압류의 직권말소 여부가 정해지는 것이 아니므로, 확인의 이익이 없다(대판 17.6.29, 2014다30803).

소제기 전에 피고가 다투었다면, 소장을 받고 나서 안 다툰다고 해서 현존하는 불안·위험이 없어진 것이 아니다. 따라서 확인의 소에서도 무변론판결이 가능하다. 또한 원고 승소의 1심 확인판결이 선고된 후에 항소심에 와서 피고가 그 법률관계를 더 이상 다투지 않으면, 이제 확인의 이익이 없게 되었으므로 소를 각하해야 하는가? 그렇지 않다(대판 09.1.15, 2008다74130).

5-3-4-5 불안제거의 적절한 수단

불안 및 위험의 해소에, 확인판결 외에는 적절한 수단이 없어야 한다.

(1) 이행의 소를 제기할 수 있는 경우라면, 그로써 청구권을 확정받아서 집행을 해 버리는 쪽이 근본적인 문제해결을 할 수 있으므로 그쪽을 선택해야 하며, 따라서 확인의 이익이 없음이 원칙이다("확인의 소의 보충성"; 대판 06.3.9, 2005다60239). 가령 대여금 채권에 관해서는 금전지급청구의 소를 제기해야 하는 것이지 그 채권의 확인을 구해서는 안 되며, 피담보채무를 변제했으면 근저당권말소청구를 해야 하는 것이지 피담보채무 부존재확인의 소를 제기해서는 안 된다(대판 00.4.11, 2000다5640). 경매의 배당절차에서 선순위 배당수령자의 채권이 허위채권임을 주장하는 후순위 배당수령자는 그 선순위자를 상대로 곧바로 배당이의의 소를 제기하거나 부당이득반환청구를 해야 하는 것이지, 선순위자의 배당금지급청구권 부존재확인을 구할 확인의 이익은 없다(대판 96.11.22, 96다34009). 위조된 주

---

40) 반면에 미등기'건물'에 관하여 국가를 상대로 소유권확인을 구하는 것은, 확인의 이익이 없다.

식매매계약서에 의해 타인 앞으로 명의개서가 되었으면, 회사를 상대로 직접 자신이 주주임을 증명하여 명의개서절차의 이행을 구할 것이지, 주주권 확인을 구할 이익은 없다(대판 19.5.16, 2016다240338).

그러나 국가 등 공공기관에 대한 청구 등 확인판결만으로도 피고의 이행을 기대할 수 있을 때에는 확인의 이익을 인정할 수 있을 것이다.[41] 그리고 피담보채무의 잔존액수에 다툼이 있는 경우에도 확인청구가 인정될 수 있다(대판 82.11.23, 81다393). 또한 해고무효확인소송은, 무효인 해고에 따라 발생하는 여러 법률관계를 포괄적으로 판단받기 위해 유용한 소송형식이라고 보아야 하는 것이지, "그 소 대신에 해고 이후 못 받은 급료 청구의 소를 제기해야 하므로 확인의 이익이 없다"고 볼 수는 없다.[42] 또한 선결적 법률관계의 확인을 구하는 소는 경우에 따라 그 소익이 인정될 수 있는데, 예컨대 매매계약해제의 효과로서 이미 이행한 것의 반환을 구하는 이행의 소를 제기할 수 있을지라도, 그 기본되는 매매계약의 존부에 대하여 다툼이 있는 때에는, 매매계약이 해제됨으로써 현재의 법률관계가 부존재한다는 확인을 구할 수도 있다(대판 82.10.26, 81다108).

(2) 형성의 소를 제기할 수 있는 경우에도, 형성의 소가 우선이므로 확인의 이익이 없다. 가령, 이혼청구를 할 수 있는데 어느 사유로 인한 이혼권의 존재확인을 구해서는 안 된다. 또한, 파산채무자 면책결정 후에 특정 채권이 비면책채권에 해당하는지가 다투어질 때에 채무자는 면책확인의 소를 제기할 수 있지만, 그 다투는 채권자가 집행권원을 가지고 있을 때에는 채무자가 곧바로 청구이의의 소를 제기하여 집행력의 배제를 구하는 쪽이 더 유효적절한 수단이므로, 이러한 경우에는 확인의 이익이 없다(대판 17.10.12, 2017다17771).

(3) 확인의 소의 형식을 택하더라도, 소극적 확인이 아니라 적극적 확인을 구하는 것이 더 적절한 수단이므로, 그것이 가능할 때에는 소극적 확인에는 소익이 없다. 가령 원고 소유의 甲토지 중 특정 부분에 대해 피고가 소유권을 주장하

41) 따라서 행정소송법 §35의 '무효확인을 구할 법률상 이익'이 있는지를 판단할 때에, 행정처분의 무효를 전제로 한 이행소송 등과 같은 직접적인 구제수단이 있는지를 따져보아야 하는 것은 아니다(대판-전 08.3.20, 2007두6342; 19.2.14, 2017두62587).

42) 대판 84.6.12, 82다카139이 그런 이유로 (그리고 정년 도과를 이유로) 확인의 이익이 없다는 취지이나, 이 판결에는 의문이 간다. 가령 대판 08.2.29, 2007다85997 등 여러 판결은 해고무효의 확인의 이익이 있음을 전제로 하고 있고, 실무상 해고무효확인소송은 흔하다.

고 있다면, 그 부분에 대해 '피고 소유권 부존재확인'을 구할 것이 아니라 '원고 소유권 확인'을 구해야 한다(대판 16.5.24, 2012다87898). A,B가 서로 C에 대한 채권자라고 주장하는 경우에 A는 B를 피고로 해서 'B의 채권의 부존재'가 아니라 'A의 채권의 존재'의 확인을 구해야 한다(대판 04.3.12, 2003다49092).[43]

(4) 공탁관계에서는 피고 선택에 유의해야 한다. 공탁원인관계상의 권리자가 자기라고 주장하는 제3자는, 피공탁자를 상대로 공탁금출급청구권 확인의 소를 구할 이익이 없다(대판 16.3.24, 2014다3122,3139). 그 승소판결을 받아도 출급청구를 할 수 없다고 보고 있기 때문이다.[44] 그 제3자로서는 먼저 공탁자를 상대로 자기 청구권을 확정받아야 한다. 반면에 A,B 중 누가 채권자인지 모르겠다는 이유로 행해지는 이른바 '상대적 불확지 공탁'에서는, A는 —공탁자를 피고로 삼는 것이 아니라— B를 피고로 삼아서 공탁금출급청구권 확인을 구할 수 있다(대판 11.11.10, 2011다55405). 한편 '절대적 불확지 공탁'은 원칙적으로 허용되지 않지만 토지수용의 경우 신속한 절차진행을 위하여 예외적 · 임시적으로 허용되는 것인데, 이때 토지의 원소유자라고 주장하는 자는 기업자를 상대로 공탁금 출급청구권 확인의 소를 제기할 이익이 있다(대판-전 97.10.16, 96다11747).

(5) 당해 소송절차 내에서 재판받을 것이 예정되어 있는 이슈에 대해 별도의 소로 확인청구를 하면 확인의 이익이 없다. 가령 소송대리권 등 소송요건의 존부는 그 소송 내에서 판단받아야 하지 별도로 확인의 소를 제기하면 부적법하다.

5-3-4-6 증서진부(眞否)확인의 소

권리 · 법률관계에 대해서만 확인을 구할 수 있는 것이지만, 법률이 예외적으로 사실관계에 대하여 확인청구를 허용한 것이 §250의 '법률관계를 증명하는 서면의 진정 여부를 확인하는 소'이다. "법률관계를 증명하는 서면"(증서)이라 함은, 그 내용에 의해 현재의 법률관계가 곧바로 증명될 수 있는 경우를 말한다. 그 진부확인의 판결이 내려지면, 법률관계를 쉽게 확정할 가능성이 높기 때문에 이를 허용하는 것이다. 매매계약서 · 차용증서 · 어음 · 수표는 물론이고, 정관도

43) 실무상으로는 B와 C 양자를 공동피고로 삼으면 합일확정의 판결을 얻을 수 있다.

44) 한편, 피공탁자에 대한 채권자가 대한민국을 제3채무자로, 그 피공탁자를 채무자로 하여 그의 공탁물출급청구권에 대하여 압류추심명령을 받았다면, 그 채권자는 공탁금출급청구를 할 수 있다(대판 11.11.10, 2011다55405).

이에 속한다고 본다. 반면에 판례는 아래의 서면들은 이에 해당하지 않는다고 본다. ⓐ 재무상태표(=대차대조표)와 회사결산보고서(이들은 사실관계의 보고문서에 불과하다고 함; 대판 67.3.21, 66다2154), ⓑ 세금계산서(재화·용역 공급사실을 증명하려는 보고문서에 불과하다고 함; 대판 01.12.14, 2001다53714), ⓒ 임대차계약금 영수증(임대차관계의 성립·존부를 직접 증명하는 서면이 아니라고 함; 대판 07.6.14, 2005다29290) 등. 그리고 "진정여부"란 성립의 진정, 즉 그 서면이 작성명의자에 의하여 작성된 것인지 아니면 위조·변조되었는지를 말하는 것이지, 내용의 진정을 가리키는 것이 아니다.

증서진부확인의 소도 이를 제기하려면 소익이 있어야 하므로, 원고의 권리 내지 법적 지위에 불안·위험이 있고, 이 소가 그 제거에 적절한 수단이어야 한다(대판 91.12.10, 91다15317). 어느 서면에 의하여 증명되어야 할 법률관계를 둘러싸고 이미 소가 제기되어 있는 경우에는 증서진부확인의 소를 제기할 이익이 없다(대판 07.6.14, 2005다29290).

5-3-5 형성의 소의 권리보호이익

형성의 소는 법률상의 근거조항에 따라 제기되는 것이고, 또한 그 소의 결과로써 원고가 주장하는 법률관계가 만들어질 수 있는 것이므로 —이행의 소처럼— 원칙적으로 소의 이익을 가진다. 예외적으로 권리보호이익이 부인되는 경우로는 아래의 예가 있다.

(1) 소송목적이 이미 실현된 경우 : 이미 분할협의가 성립되었으면 —가령 일부 공유자가 분할에 따른 이전등기에 협조하지 않으면 그를 상대로 소유권이전등기를 청구하든지 해야 하지— 공유물분할의 소를 제기할 이익은 없다(대판 95.1.12, 94다30348). 이혼판결 후에 혼인취소의 소를 구할 이익 역시 없다고 하겠다.

(2) 사정변경 때문에, 목표인 법률관계형성이 불가능해진 경우 : 국회의원 당선무효의 소 계속중에 그 임기가 종료된 때에는 소익이 없고(대판 80.12.23, 79수1), 임기만료된 지방의회의원이 군의회를 상대로 제기한 의원제명처분 취소소송은 만약 승소하더라도 의원 지위를 회복할 수 없는 것이므로 이 소에도 소익이 없다(대판 96.2.9, 95누14978). 청구이의의 소나 제3자이의의 소가 계속 중인데 강제집행절차가 끝난 경우(대판 96.11.22, 96다37176)도 그 예이다. 또한, 계고처분에 기한 철거대집행이 완료된 후에는 철거명령취소의 소는 소익이 없으므로 제기할 수

없다(대판 93.11.9, 93누14271). 만약 철거명령의 위법을 다투려면 손해배상청구를 할 수 있을 뿐이다.

회사 임원을 선임한 주주총회결의의 취소소송 중에 임기만료로 그 임원이 퇴임하였다면 더 이상 소익이 없다고 볼 수 있겠지만, 그 결의취소 여부가 현재의 권리에 영향을 미친다면, 소익이 있다고 볼 경우도 있을 터이다(5-3-4-2의 대판 20.8.20, 2018다249148; 21.2.25, 2017다51610을 참조).

한편 행정처분이 기간경과로 효력상실되는 경우에도, 가령 영업정지처분 취소소송 계속 중에 영업정지기간이 경과한 때에는 소익이 없다(대판 69.5.27, 68누181). 그러나 제재적 처분의 가중요건이 정해져 있는 때, 가령 3회 의사자격 정지처분이면 의사면허를 취소할 수 있다든지 하는 때에는, 이미 자격정지기간이 도과한 정지처분이라도 소익이 있다(대판 05.3.25, 2004두14106).

제 6 장

심리의 여러 원칙

소송절차는 공정하면서 동시에 효율적이어야 하므로, 이러한 이념을 달성하기 위한 몇 가지 원칙 하에서 행해진다. 그런 원칙으로서, 먼저 구술변론에 관련하여 쌍방심리주의, 공개주의, 구술심리주의, 직접심리주의가 있고, 절차의 자율에 관하여 처분권주의가 있다. 그리고 사안의 해명에 관한 원칙으로서 변론주의가 있으며, 심리 효율화를 위한 원칙으로서 적시제출주의 · 집중심리주의가 있다.

6-1 구술변론에 관한 기본원칙

6-1-1 쌍방심리주의

공정한 판단을 하려면 분쟁의 양쪽 각각으로부터 들어야 한다는 점은 자연법적 원리이다. 인간 사회의 보편적 원리인 '자연적 정의의 원칙'(Principles of Natural Justice)의 가장 핵심적인 두 기둥이 ⓐ 누구도 자신에 대한 판단자가 될 수 없다(Nemo in propria causa judex, esse debet)는 것과 ⓑ 양쪽으로부터 들으라(Audi alteram partem)는 것이다. 위 ⓑ를 심리원칙으로서 말하면 쌍방심리주의가 된다.

즉 쌍방심리주의란, 소송의 심리에 있어서 당사자 양쪽에 평등하게 변론기회를 주는 것을 가리킨다. 1-5-2-2에서 본 '당사자평등의 원칙' 또는 '무기평등(武器平等; Waffengleichheit)의 원칙은 쌍방심리주의의 다른 표현이다. 소송당사자는, 상대방의 참석기회가 보장된 상황에서만 자료제출이나 주장을 할 수 있다.

6-1-2 공개주의

헌법 §109는 "재판의 심리와 판결은 공개한다. 다만, 심리는 국가의 안전보장 또는 안녕질서를 방해하거나 선량한 풍속을 해할 염려가 있을 때에는 법원의 결정으로 공개하지 아니할 수 있다."라고 정하였다. 법원조직법 §57도 같은 내용을 정하였다(Öffentlichkeit). 이와 같이 '재판공개의 원칙'을 정한 이유는 몇 가지로 나누어 볼 수 있다. 우선 ① 여론의 감시 하에 재판절차의 공정성을 확보하려는 것이다. 재판권은 국가주권의 주요한 한 부분이며, 이는 원래 국민의 것이다. 재판공개 원칙은, 법관에게 위임되어 있는 재판권을 원래의 권한자인 국민의 통제 하에 놓기 위한 개념이다. 즉 재판의 공개는, 재판이 단순히 권력의 도구로 작용하거나 법관이 편파적으로 심리 및 판결을 하는 것을 막고, 재판을 동시대인의 여론의 감시 하에 놓이게 함으로써 사법권의 남용을 견제하려는 것이다 ② 둘째로, 사법시스템에 대한 국민의 신뢰를 확보하려는 것이다. 재판은 공정해야 할 뿐만 아니라, 공정하게 보이는 것도 중요하다. 재판공개는 재판이 "공정하게 보임"으로써 일반 대중이 재판을 신뢰하게 하는 데에 큰 역할을 한다. 재판을 일반에게 공개함으로써 사건의 이해관계인뿐만 아니라 일반 대중도 그 국가의 사법권 행사의 공정성에 대하여 믿음을 가지게 된다. 그 외에도 ③ 일반 대중에게 '법의 지배' 및 법절차를 교육하는 기능도 하고, ④ 공동체의 상처 치유의 기능도 한다.

공개해야 하는 것은 ⓐ 심리 즉 넓은 의미의 변론과 ⓑ 판결의 선고이다. 이에 해당하지 않는 재판부 내의 '합의'(법조§65), 그리고 (판결절차 아닌) 결정절차에서의 서면심리, 비송사건절차, 조정절차, 중재절차 등에서는 공개주의가 배제된다. 판결절차라도 국가의 안보·안녕질서나 선량한 풍속을 해할 염려가 있으면 심리의 비공개가 가능하지만(헌§109), 이때에는 그 이유를 적게 되어 있다(법조§57, 법§153vi). 판결의 선고는 공개하지 않을 수 없다. 변론을 공개했다는 점은 변론조서의 필수적 기재사항이다(§153vi).

판결절차 중에서 공개하지 않을 수 있는 부분으로는 변론준비절차가 있다(대판 06.10.27, 2004다69581). 한편 상고심은 소송기록에 의하여 변론없이 판결할 수 있고(§430①) 실제로 대부분의 상고사건이 이렇게 처리되므로, 상고심에서 재판공개원칙은 약화되어 있다. 또한 상고심의 심리불속행 판결(15-3-3-4)은 선고 자체를 필요로 하지 않으므로(상고특례§5②), 그 점에서 비공개라고 할 수 있다.

재판의 공개는 변론기일에 법정을 열어두는 것만으로는 부족하고, 그 판결서 및 소송기록이 공개되어야 하는 것이지만, 이는 당사자 및 이해관계인의 프라이버시 침해 문제와 직결되므로, 무한정 판결과 소송기록을 공개할 수는 없다. 소송기록의 공개의 방법 및 한계에 관해서는 §162~§163-2가 정한다(8-4-4-5 참조).

변론의 비공개결정을 한다는 말은, 양 당사자 외의 일반인에게 공개하지 않는다는 의미이므로, 당사자 쌍방은 상대방의 제출자료를 당연히 보고 들을 수 있는 것이지만, 일방의 자료를 상대방에게조차 공개하지 않는 특수한 절차도 있다. 문서제출명령에 있어서, 그 문서가 제출대상으로서의 성격을 가지는지(=§344에 해당하는지)를 판단하기 위하여 필요한 때에는 법원은 문서를 가지고 있는 사람에게 그 문서를 제시하도록 명할 수 있는데, 이 경우 법원은 그 문서를 다른 사람이 보도록 하여서는 안된다(§347④; 이른바 in-camera 절차; 10-3-6-4 참조).

6-1-3 구술심리주의

6-1-3-1 구술변론의 개념

민사소송의 심리방식에는 크게 나누어 구술심리와 서면심리가 있고, 구술심리의 방식을 '구술변론' 또는 줄여서 '변론'이라고 한다. (구술)변론이라는 말은 최광의·광의·협의로 나누어 볼 수 있다.

협의의 변론이란, 심리절차상 당사자에 의한 신청 및 공격방어방법의 제출을 의미하는 말이다. 가령 당사자가 "변론을 한다"고 말할 때, 그리고 (아래에서 볼) 변론주의 관련 설명에서 "법원은 변론에 나타난 사실이 아니면 재판의 기초로 삼을 수 없다"고 할 때의 각 '변론'은 이런 의미이다. 민사소송에서 이런 협의의 의미로 사용될 때가 가장 많다. 그러나 때로는 증거조사까지 포함해서 변론이라는 말을 쓸 때가 있다. 가령 당사자들이 소의 적부에 관한 발언 또는 본안에 관한 신청, 그리고 공격방어방법을 전혀 제출하지 않고 증거조사만 이루어지는 기일도 '변론기일'이라고 하며, 이때에도 '변론조서'가 작성된다. 이처럼 증거조사까지 포함할 때에는 광의의 '변론'이다. 이보다 더 넓게, 법원의 판결선고를 포함하여 심리에서의 여러 주체들의 행위를 모두 포괄하여 변론이라고 할 때도 있고, 이것이 최광의의 '변론'이다.

6-1-3-2 필수적 구술변론 원칙

소송자료의 수집, 즉 당사자의 판결요구, 구체적 주장, 증명 등이 모두 구술에 의하여 이루어져야 한다는 원칙을 '필수적 구술변론 원칙' 또는 '구술심리주의'(Mündlichkeit)라고 한다. 그런데 말로 복잡한 사안내용을 설명하는 것은, 이해에도 어려움이 생길 수 있고 말한 내용에도 다툼이 생길 수 있으며 시간도 많이 소요되므로, 실무상으로는 구술에 크게 의존할 수가 없어서, 소장·답변서·준비서면이 상세히 작성되고 있고, 증거제출도 서증 위주이며, 증인신문마다 신문조서가 작성된다. 그래도 변론의 중추는 여전히 구술이 원칙이며(§134①,§206, §331), 소장 등 서면은 모두 구술변론을 보조 내지 준비하기 위한 것일 뿐이다.

과거에는 "소장 진술합니다", "○월○일자 준비서면 진술합니다"라는 말만으로 구술변론을 마쳤다고 보는 식으로 변론기일이 형해화되어 있었으나, 최근에는 어느 정도 개선이 이루어졌다. 그러나 법원의 과중한 업무부담이 존재하고, 복잡한 사안이 많아졌다는 점 등을 고려하면, 근본적으로 구술주의를 관철하기에는 어려움이 있다. 따라서 현행법은 서면심리 방식으로써 구술심리주의의 단점을 보완하고 있다.

6-1-3-3 예외적 서면주의

(1) 소·반소·상소·재심의 제기(§§248,270,397①,425,455), 청구의 변경(§262②), 소의 취하(§266③), 관할의 합의(§29②), 소송고지(§85①) 등 중요한 소송행위는 확실하게 해 두기 위하여 서면에 의한다. 판결서도 당연히 서면으로 작성해야 한다(§208).

(2) 당사자는 변론을 서면으로 준비하여야 하고(§272①), 준비서면이 제출되면 상대방에게 반드시 부본을 송달해야 한다(§273). 불출석 당사자가 제출한 준비

서면에 대해서는 진술한 것으로 간주한다(§148). 무변론판결 제도를 두어서, 피고가 답변서를 제출하지 않을 때에는 구술변론기일 자체를 열지 않을 수 있다(§257).

(3) 기일에서의 구술변론의 결과가 흩어지고 기억에서 사라지지 않도록 하기 위하여, 변론조서·변론준비기일조서를 작성한다(§§152,283).

(4) 증인과 증명할 사항의 내용 등을 고려하여 상당하다고 인정하는 때에는 출석 및 증언에 갈음하여 증언할 사항을 적은 서면을 제출하게 할 수 있다(§310).

(5) 상고심절차의 상당부분이 서면주의에 의하고, 또한 결정절차에서도 서면심리가 원칙이라는 점은 앞에서 보았다.

6-1-4 직접주의

구술심리주의를 빈껍데기로 만들지 않기 위한 주의이다. 직접심리주의 또는 직접주의(Unmittelbarkeit)라고 한다. 변론에 관여하지 않은 법관이 판결을 하게 되면, 그 법관은 결국 다른 법관이 진행한 변론의 결과물인 사건기록만으로 판결을 하는 셈이므로, 변론에 직접 관여한 법관이 판결을 하도록 정하였다(§204). 그러나 모든 사건에서 소제기시부터 판결시까지 동일한 재판부가 심리하고 판결하는 것은 현실적으로 불가능하다. 따라서 §204①은 "기본이 되는 변론"에 관여한 법관이 판결을 해야 한다고 정하였는데, 이 말은 최종변론, 즉 변론을 종결한 기일에 참여한 법관이 판결을 해야 한다는 말이다.

절차 도중에 법관의 교체가 있으면, 당사자는 종전의 변론결과를 진술하고 새 법관이 이를 들어야 하는데(§204②), 이를 "변론 갱신"이라고 한다. 실무상 원·피고로 하여금 간략히 종전변론의 요지를 진술하게 하는 경우가 많지만, "변론갱신합니다"라는 말로써 §204②을 수행했다고 보는 경우도 있는데, 이는 적절하지 않다(규§55 참조). 특히 증인신문은 증인신문조서의 기재만으로는 그 신빙성 등을 느낄 수 없는 경우가 많으므로, 절차들 중에서도 직접주의의 요청이 더 강한 절차이다. 따라서 단독사건의 판사가 바뀐 경우 및 합의부 법관의 반수 이상이 바뀐 경우에, 종전에 신문한 증인에 대하여 당사자가 다시 신문신청을 한 때에는 법원은 다시 증인신문을 해야 한다고 법률이 정하고 있다(§204③). 그러나 판례는, 그런 때에도 항상 재신문을 해야 하는 것은 아니고, 법원이 재신문이 불필요하다고 인정하는 경우(가령 다른 증거로써 심증이 이미 형성된 경우, 소송지연목적으로 재신문을 신청하는 것으로 인정되는 경우)에는 §290에 따라 이를 하지 않을 수 있다고 한다(대판 92.7.14, 92누2424).

A,B,C의 판사로 이루어진 합의부 구성이 최종변론기일 심리 후 C→D로 교체된 경우에, 직접심리주의 때문에 판결서의 법관 기재는 여전히 A,B,C의 3인으로 하여야 하고, C는 이미 재판부를 떠나서 판결서에 서명을 할 수 없으므로 그 사유를 판결서에 적어야 한다. 판결선고기일에 출석하는 법관은 A,B,D이지만, D가 판결서상 법관으로 기재되면 안 된다.

수명법관·수탁판사에 의한 증거조사(§297,§298), 그리고 재판장·수명법관에 의한 변론준비절차(§279)는 직접주의의 예외라고 할 수 있다.

6-2 심판대상의 자율에 관한 원칙 : 처분권주의

6-2-1 의의

법원은 당사자가 신청하지 아니한 사항에 대하여는 판결하지 못한다(§203). 즉 처분권주의(Dispositionsmaxime)란, ⓐ 소송의 개시 ⓑ 심판의 대상·범위 ⓒ 판결 외의 소송종료 결정을 당사자에게 맡겨두는 사고방식을 가리킨다. 우리 법질서의 근본원칙인 "사적자치 원칙"이 실체법상으로 적용되면, 각 개인에게 사권의 발생·변경·소멸을 알아서 정하도록 하게 되고, 그것이 소송법상으로 적용되면 처분권주의로 나타난다. 즉 처분권주의가 민사소송의 기본원칙이 된 것은, 사적자치 원칙이 민사소송절차에서도 타당하다고 여겨지기 때문이다.

처분권주의를 아래 6-3에서 볼 변론주의와 혼동하는 경우가 많은데, 처분권주의는 소송물에 대한 '처분'이 당사자에게 맡겨져 있음을 가리키고, 변론주의는 당사자의 소송행위상의 주장·자료수집의 책임과 권능을 가리키는 말이므로, 양자는 별개의 개념이다.[1][2] 이하에서는 절차개시·심리·절차종결의 각 단계에서

1) 절차의 자율성에 관한 근본적 입장 차이가 직권주의 vs. 당사자주의이다. 통설·판례는 한국 민사소송법이 후자를 원칙으로 하고 있다고 보고 있다. 당사자주의의 하부 원칙이 처분권주의와 변론주의이다. 다만 변론주의라는 말을 광의로 사용할 때에는 처분권주의를 포함할 때도 있다.

2) 미국 법률가들은, 한국을 포함한 대륙법계 민사소송절차가 대립당사자주의(adversary sys-

처분권주의가 어떤 역할을 하는지를 단계별로 살펴본다.

6-2-2 절차개시 단계에서

소송을 시작할지 여부의 결정이 당사자에게 맡겨졌다는 것은, 원고에 의한 소제기가 없는데 법원이 직권으로 소송을 개시할 수는 없다는 말이다. 이는 “소 없으면 재판 없다” 또는 “불고불리의 원칙”으로 표현된다(1-5-1-1 참조).

당사자주의가 일부 후퇴한 절차들에서, 소 없으면 재판 없다는 원칙의 예외가 발생한다. ⓐ 원고가 ‘소송비용은 피고가 부담한다’는 신청을 하지 않더라도 법원은 종국재판에서 소송비용에 대하여 재판을 해야 한다(§104). ⓑ 소송비용 담보제공은 법원이 직권으로 명할 수 있다(§117②). ⓒ 판결경정도 직권으로 할 수 있다(§211①). ⓓ 재판상 이혼청구를 하면서 미성년 자녀에 대한 친권자·양육자 지정의 청구를 하지 않았더라도, 법원은 직권으로 그 지정을 해야 한다(대판 15.6.23, 2013므2397).

6-2-3 심리 단계에서

6-2-3-1 총설

절차의 개시뿐만 아니라 심리의 대상 및 범위도 당사자가 정해 주는 데에 따라야 한다. 즉 법원은 당사자가 특정하여 신청한 범위 내에서만 판단해야 한다. 토지매매에 기하여 등기이전을 구했는데 토지인도를 명해서는 안 되며, 1천만원의 대여금을 청구했는데 2천만원의 인용판결을 해서는 안 된다.

6-2-3-2 질적으로 동일한 대상을 판단해야 함

§203가 ‘신청한 사항’에 대해서만 판결하라고 하는 말은 원고가 판단을 구한 ‘소송물’에 대해서만 판결하라는 말이다. 따라서 처분권주의의 논의는 소송물 논의(5-2-2)와 직결된다. 소송물에 관한 실체법설(판례)에 따르면, 불법점유를 이유로 불법행위 손해배상을 구하였는데 법원이 그 불법점유가 채무불이행이라고 하

tem)가 아니라 규문주의(inquisitorial system)에 속한다고 평가한다. 이와 관련한 한국 소송법의 위치 및 평가에 대하여 전원열, “한국의 변론주의에 대한 검토”, 저스티스 205, 253 참조.

여 손해배상을 명하는 것은 위법하다(대판 89.11.28, 88다카9982). 원고가 매매 원인 소유권이전등기를 구하였는데, 법원이 그 계약의 해석을 달리하여 양도담보약정 원인 소유권이전등기를 명하면 처분권주의 위배이다(대판 92.3.27, 91다40696). 원고가 소유권 상실로 인한 손해배상을 구하였음에도, 법원이 피고의 소유권보존등기 말소등기절차 이행의무의 이행불능으로 인한 손해배상책임을 인정한 것은 처분권주의 위반이다(대판-전 12.5.17, 2010다28604).[3] 이혼사유별로 소송물이 정해지므로, 다른 이혼사유를 근거로 이혼청구를 인용해서도 안 된다(대판 63.1.31, 62다812). 그러나 소송법설 중 일분지설에 의하면, 위 각 경우에 소송물이 하나이므로, 그러한 판결은 모두 처분권주의에 어긋나지 않는 것이다. 소송법설 중 이분지설에 의하면, 후자 2개의 판결은 처분권주의 위배에 해당한다.

채권자취소소송에서 판례는 원고가 구하는 원상회복 자체가 소송물이고, 원상회복 방법으로서 말소등기청구와 가액배상청구가 별개의 소송물인 것은 아니라고 한다. 따라서 저당권이 설정된 부동산을 사해양도한 후 그 저당권등기가 말소된 경우, 사해행위인 계약 전부의 취소와 이전등기의 말소를 구하는 원고의 청구취지에는 계약의 일부취소와 가액배상을 구하는 취지도 포함된 것으로 보아, 청구취지의 변경 없이 바로 가액배상을 명해도 처분권주의 위반이 아니다(대판 01.6.12, 99다20612).

같은 사실관계에 기한 것이라도 확인의 소와 이행의 소, 그리고 형성의 소는 각각 다른 소송물이다. 따라서 원고가 구한 판결의 종류에 따른 판결을 해야만 처분권주의 위배가 안 된다. 주위적·예비적 청구를 한 경우에도 그 판단순서에 따라야 한다.

6-2-3-3 청구의 量을 초과해서 인용해서는 안 됨

1천만원의 대여금을 청구했는데 2천만원의 인용판결을 해서는 안 되며, 원고가 1천만원 지급과 상환으로 이전등기를 구했는데, 5백만원 지급과 상환으로 이전등기를 명하는 것도 처분권주의 위배이다. 신체상해에 따른 손해의 3분설(판

3) 뿐만 아니라, 물권적 청구권의 이행불능으로 인한 전보배상청구권은 인정할 수 없으므로, 위 소유권보존등기 말소등기절차 이행의무의 이행불능으로 인한 배상을 인정할 수 없다는 것이 위 판례의 취지이다.

례)은 5-2-3-4에서 보았는데, 이에 의할 때, 가령 원고가 적극적 손해(치료비) 1000만원, 소극적 손해(일실수입) 3000만원, 위자료 500만원, 합계 4500만원을 구한 사건에서, 법원이 치료비 1500만원, 일실수입 2000만원, 위자료 500만원, 합계 4000만원의 지급을 명하면 이는 처분권주의 위배이다. 그리고 원금청구와 이자청구는 별개의 소송물이므로, 총 청구액 범위 내라도 원금청구액을 넘는 원금액수를 인용하면, 처분권주의 위배이다(대판 05.4.29, 2004다40160). 그리고 가령 원고가 A,B를 피고로 삼아 공동하여(부진정연대) 1천만원의 지급을 구한 데 대하여, 법원이 A,B가 각 단독으로 원고에게 1천만원씩을(혹은 각 700만원씩을) 지급하라는 판결을 선고하면, 이는 처분권주의 위배이다.[4] 또한 건물의 '인도'는 그 사실적 지배를 완전히 이전하는 것을 의미하고 '퇴거'는 피고의 점유를 해제하는 것만을 의미하므로, 원고가 퇴거를 구하는데 법원이 인도를 명하면 처분권주의 위배이다(대판 24.6.13, 2024다213157).

1개 청구권의 일부만을 청구하는 소제기는 원래 허용되며, 이를 '일부청구'라고 한다. 이때에도 판결은 그 청구권 총액 범위 내에서가 아니라 청구액 내에서 내려져야 한다. 일부청구에 대하여 과실상계를 하는 방법이 문제되는데, 가령 1억원의 손해배상청구권을 가진 원고가 7천만원만을 청구하였고 원고 과실이 40% 인정된다면, ⓐ 과실상계액 4천만원이 청구액 중 2800만원(= 7천만 × 0.4)과 미청구액 중 1200만원(= 3천 × 0.4)으로 안분되는 것("안분설")이 아니라, ⓑ 총액에 대하여 과실상계액 4천만원으로 감액을 하므로(그러면 이 4천만원이 미청구액 3천만원 및 청구액 중 1천만원에 해당하게 되어 청구액 7천만원에서는 1천만원만 감액된다), 결국 원고는 6천만원의 판결을 선고받는다는 것("외측설")이 판례의 태도이다.

한편, 원고 청구보다 적은 일부를 인용하는 판결은 당연히 허용된다. 가령 2천만원의 대여금을 청구했는데 1천만원만 인용하는 것은 이른바 '일부인용 판결'이며, 당연히 가능하다. 원고가 무조건의 말소등기를 청구했는데, 1천만원 지급과 상환으로 말소등기를 하라고 법원이 명하면, 일부인용이다. 또한 원고가 1천

4) 또한 (A,B의 각 채무가 부진정연대의 관계에 있지 않은데도) 원고가 A, B를 모두 피고로 삼아 2,520만원의 부진정연대 채무지급을 구한 데 대하여, 법원이 A가 620만원, B가 610만원을 각 단독으로 원고에게 지급하라는 판결을 선고하면, 이는 —질적으로 다른 대상에 대한 판단이므로— 처분권주의 위배이다(대판 14.7.10, 2012다89832).

만원 지급과 상환으로 이전등기를 구했는데, 2천만원 지급과 상환으로 이전등기를 명하는 것도 일부인용이다. 일부인용시에는 "원고의 나머지 청구를 기각한다"라는 판결주문을 법원이 내게 된다. 채무부존재 확인청구에서도 —그 청구내용이 가분적이면— 일부인용이 당연히 허용된다. 가령 원고가 전부 변제했음을 주장하면서 "원고의 피고에 대한 몇일자 차용금 1천만원 채무가 존재하지 않음을 확인한다"를 구했는데(이자는 무시함), 심리결과 4백만원만 변제했음이 인정된다면 법원은 청구를 전부기각할 것이 아니라 "~ 차용금 채무는 6백만원을 초과해서는 존재하지 않음을 확인한다"라는 판결 및 '나머지 청구기각'을 선고해야 한다(대판 94.1.25, 93다9422).[5)]

토지임대인 A가 임차인 B를 상대로 토지상 건물의 철거와 토지인도를 청구함에 대하여 B가 건물매수청구권을 행사한다고 하자. ⓐ 엄격하게 보아서 —A의 청구에, 건물대금 수령과 상환으로 그 건물의 이전등기 및 인도를 하라는 청구가 들어 있지는 않으므로— 그 상태에서 법원은 A패소의 판결을 내려야 한다는 견해가 있다. ⓑ 반면에 이 상황에서 A로서는 건물의 등기 및 인도청구 외에는 달리 할 수 있는 것이 없으므로, 처분권주의를 완화해서 법원이 곧바로 '대금수령과 상환으로 건물의 이전등기 및 인도를 하라'는 판결을 해 줄 수 있다는 견해도 있다. ⓒ 한국 판례는 제3의 입장으로서, 이 경우에는 원고가 청구취지를 바꾸도록 법원이 석명을 해야 하고 그렇지 않으면 위법하다고 한다(대판-전 95.7.11, 94다34265).

6-2-4 절차종결 단계에서

종국판결에 의하지 않고 소송절차를 종결시킬지 여부도 당사자에게 맡겨져 있다. 즉 당사자는 소송진행 중 언제라도 소의 취하, 청구의 인낙·포기, 화해·조정에 의하여 절차를 종결시킬 수 있다. 상소의 취하, 상소권의 포기도 당사자에게 맡겨져 있다.

절차개시에서와 마찬가지로, 절차종결에서도 직권주의가 적용되는 절차들에서는 예외가 있다. 가령 가사소송·행정소송·재심소송[6)]에서는 —원고의 소취하

5) 위 예에서 원고가 4백만원 변제했음을 주장하면서 "원고의 피고에 대한 몇일자 차용금 채무는 6백만원을 초과해서는 존재하지 않음을 확인한다"를 구했는데, 심리결과 6백만원 변제가 인정되는 경우에, 법원이 "~ 차용금 채무는 4백만원을 초과해서는 존재하지 않음을 확인한다"라고 판결하면, 이는 처분권주의 위반이다.

자유는 있지만— 청구의 포기 · 인낙 그리고 재판상화해는 당사자가 임의로 할 수 없다. 당사자가 자유롭게 처분할 수 없는 사항을 소송물로 삼고 있기 때문이다. 이론상의 설명은 이와 같지만 이혼소송에서 재판상화해는 흔한데, 엄밀히 분석하면 '이혼'이라는 형성소송물 자체에 대해서는 임의변경이 불가능하므로 그것은 소송물 그대로 받아들여지는 것이고, 실제로 당사자 간에 타협 및 상호양보가 이루어지는 것은, 재산분할 · 위자료 · 양육비 등에서이다. 실무에서는 행정소송(항고소송)에서도 사실상의 화해가 이루어지기도 하는데, —처분취소 자체에 대해서는 화해를 할 수 없는 것이므로— 원고가 소를 취하하는 대신 피고 행정청이 재처분을 하는 형식을 취한다.[7)]

6-2-5 처분권주의 위배의 효과

처분권주의에 위반한 판결은 위법하므로, 이에 대하여 상소로 다툴 수 있다. 처분권주의 위반은 내용의 문제이지 절차의 문제는 아니므로, 절차이의권(§151)의 대상이 아니다. 처분권주의 위반 판결이 당연무효이거나 재심 대상이 되는 것은 아니다. 피고가 1심 판결에 처분권주의 위배가 있음을 주장하여 항소한 데 대하여, 항소심에서 원고가 그 사항을 새로 청구취지에 넣으면 처분권주의 위반은 치유되고, 그렇지 않더라도 원고가 '항소의 기각을 구한다'고 진술하면 그로써 처분권주의 위반이 치유된다고 볼 수 있다.

6-3 공격방어방법의 자율에 관한 원칙 : 변론주의

6-3-1 의의와 근거

변론주의(Verhandlungsmaxime = Beibringungsgrundsatz)란, 소송상 사실인정에 필요한 자료(= "소송자료; Prozessstoff"[8)])의 수집 및 제출이 당사자의 권능

---

6) 대판 12.9.13, 2010다97846("재심대상판결 및 제1심판결을 각 취소한다"는 조정은 당연무효이다).

7) 회사관계소송에서는 청구의 인용 또는 배척에 따라 설명이 갈린다. 이에 대해서는 12-3-2-2를 참조.

8) 소송자료는 광의로는 사실자료 및 증거자료를 포함하는 용어이고, 협의로는 당사자가 주장하는 사실자료만을 가리킨다. 여기서는 광의로 사용한다.

및 책임이라는 원칙이다. 법원은 당사자가 수집·제출한 소송자료만 보고 판단을 하라는 것이다. 여기서 당사자가 권능을 가진다는 말은, 당사자에 의한 자치가 법원에 의한 직권에 우선함을 의미한다. 또 당사자의 책임이라는 말은, 소송자료가 불충분한 때에는 당사자의 자기책임으로 처리됨을 의미한다.

변론주의는 직권탐지주의와 대립하는 개념이다. 변론주의는, 당사자와 법원의 관계를 규율하는 원리이지, 당사자 서로간의 관계를 규율하는 원리가 아니다. '변론주의'는 법률상 등장하지 않는 단어이지만 민사소송상 아주 중요한 개념이다.

이 개념은 독일 보통법[9] 시대부터 민사소송의 기본개념으로 보편적으로 받아들여져 왔다. 변론주의의 근거에 관해서는 본질설, 수단설, 절차보장설 등이 나와 있으나, 학설에 따라 변론주의의 적용결과에서 실질적인 차이가 발생한다고 보기는 어렵다. 따라서 변론주의의 근거에 관한 논의는 그다지 실익이 없는 논쟁이다. 요컨대, 민사소송의 대상인 소송물은 '사인간(私人間)'의 권리·법률관계이고, 사적자치 원칙에 따라 당사자는 그 권리·법률관계를 자유롭게 처분할 수 있는 것이므로, 그 소송물의 판단을 위한 소송자료의 수집·제출 과정에서도 역시 사적 자치원칙이 적용되어야 한다고 보는 것으로 변론주의의 근거를 이해하면 족하다.

6-3-2 변론주의의 내용

6-3-2-1 주장책임과 증명책임

(1) 변론주의는, 크게 보면 아래의 3가지를 내용으로 한다. ⓐ 사실주장(=사실자료 제출)을 당사자가 해야 하고 법원은 당사자가 주장하지 않은 사실을 인정할 수 없다는 점, ⓑ 증거제출도 당사자가 해야 하는 것이지, 법원이 직권증거조사를 해서는 안 된다는 점, ⓒ 다툼 없이 시인하는 사실에 대해서는 법원이

9) 독일법권에서 '보통법(gemeines Recht)'이라 함은 12세기 초부터 근대에 걸쳐 유럽에서 널리 연구되고 적용되던, 변용된 로마법을 가리킨다. 이는 유럽대륙의 근대적 민사법의 기초가 되었고, 18~19세기에 민법·민사소송법 등이 법전화(codification)됨으로써 비로소 대체되었다. 영미의 'common law'도 종종 '보통법'이라고 번역되고 역시 로마법에 연원을 두고 있으나, 이는 현재에도 살아있는 법으로서 독일법권의 보통법과 구별해야 한다.

(다른 증거가 있더라도) 시인내용 그대로 사실인정을 해야 한다는 점이 그것이다. ⓐ처럼 사실주장을 당사자가 해야 한다는 점은, 당사자가 자신에게 유리한 사실을 주장하지 않으면 불이익을 받음을 의미하고, 이러한 불이익을 '주장책임'이라고 한다. ⓑ처럼 증거제출을 당사자가 해야 한다는 점은, 당사자가 필요한 증거제출을 하지 못하면 불이익을 받음을 의미하며, 이 불이익을 '증명책임'이라고 한다. 그리고 ⓒ를 '자백의 구속력'이라고 부른다(9-4-2 참조).

(2) 주장책임의 내용을 좀 더 분석해 보면 ㉠ 당사자가 자기에게 유리한 사실을 주장하지 않으면 법원은 그 사실을 없는 것으로 취급한다는 점, ㉡ 자기에게 '유리한' 것이 무엇이냐에 따라서 주장책임의 분배(8-1-5)가 정해진다는 점, ㉢ 그런데 주장책임의 대상이 되는 사실을 반드시 주장책임을 지는 당사자가 진술해야 하는 것은 아니고 어느 당사자이든 변론에서 주장하기만 하면 된다는 점("주장공통의 원칙")을 의미한다. 가령 원고가 대여금청구를 하면서 이 채권이 시효소멸한 것은 아니라고 주장하면, 피고가 시효완성 주장을 하지 않더라도 법원은 시효완성 여부에 대해 판단할 수 있다(대판 96.9.24, 96다25548).[10]

(3) 당사자가 주장책임을 부담하고, 주장없는 사실을 법원이 인정해서는 안 된다는 말은, 얼핏 보면 쉬운 말이다. 즉 원고의 대여금 청구에 대하여 피고가 시효소멸만을 주장하는데, 법원이 피고의 변제 사실을 인정해서는 안 된다. 그러나 가령 식중독을 이유로 식당주인에게 손해배상을 요구하는 원고가 "보튤리누스균 감염"을 주장하는데, 증거조사 결과로 법원이 "살모넬라균 감염"을 인정해서는 안 되는가? 어떤 경우까지 법원이 당사자의 주장(=사실자료 제출)이 없는 사실을 인정할 수 있는가? 이를 판단하기 위해서는 먼저 주요사실과 간접사실을 구별해야 한다.

6-3-2-2 주요사실과 간접사실

(1) 변론주의는 주요사실에 대해서만 적용되고, 간접사실 및 보조사실에 대해서는 적용되지 않는다(대판 08.4.24, 2008다5073).[11] 즉 간접사실 · 보조사실에 대해

---

10) 공동소송인 간의 주장공통의 원칙에 관해서는 14-2-4-3 참조.

11) 주요사실에 대한 주장은 —직접 명백히 한 경우뿐만 아니라— 변론을 전체적으로 관찰하여 볼 때 그에 관한 간접적 진술이 있는 경우에도 그 주장이 있다고 인정된다(대판 02.6.28, 2000다62254).

서는 당사자의 주장이 없더라도, 그리고 당사자의 주장과 다르게 법원이 이를 인정할 수 있으며, 이에 대해서는 자백의 구속력이 없다.

주요사실(≒요건사실)이란, 권리의 발생·변경·소멸이라는 법률효과를 발생시키는 법률요건으로 법규가 정한 사실을 말한다. 간접사실은 주요사실의 존재를 추인하게 하는 사실, 달리 표현하면 요건사실의 경위·내력에 관한 사실이다(대판 71.4.20, 71다278). 보조사실은 증거능력이나 증거가치에 관한 사실을 가리킨다. 계약의 성립경위, 충돌사고의 경위, 변제일자 등은 모두 간접사실이므로 당사자 주장 없이도 또는 주장과 달리 법원이 인정할 수 있다. 가령 매매중도금의 지급에 있어서, 매수인이 매도인에게 직접 지급했느냐 또는 그 수령권한자로 인정되는 제3자를 통하여 지급했느냐는 간접사실일 뿐이어서, 당사자의 구체적인 주장 없이 법원이 인정할 수 있다(대판 93.9.14, 93다28379). 이처럼 법률효과를 발생시키는 법규의 요건사실이 주요사실이라고 보는 견해를 '법규기준설'(통설)이라고 한다.

간접사실에 대해서는 변론주의가 적용되지 않으므로, 소송물을 좌우하지 않는 간접사실에 대하여 원고의 주장 없이도 —그 내용이 증거에 드러나 있다면— 법원이 이를 인정할 수 있고, 원고가 매긴 주위적·예비적 주장순서에도 구애받지 않는다. 가령 소유권확인청구 소송에서 원고가 주위적으로 상속을, 예비적으로 취득시효완성을 주장한 경우에, 법원은 상속에 대한 판단 없이 곧바로 취득시효완성을 판단해도 된다.

(2) 권리의 발생·변경·소멸의 근거규정이 구체적이고 명확하면, 주요사실을 파악하기 쉽다. 가령 금전소비대차에 관하여 민법 §598에 따라 반환청구를 할 때에는, 대여한 금액, 변제기 등이 주요사실이다. 그러나 '과실', '인과관계', '권리남용', '정당한 사유' 등의 불특정개념이 권리변동 근거규정의 요건사실로 정해져 있는 경우에는 —예컨대 민법 §750의 손해배상청구권의 조문상 요건사실로는 고의·과실, 인과관계, 위법행위, 손해만이 기재되어 있다— 무엇이 주요사실인지를 파악하기 어렵다. 가령 철도건널목 사고로 인한 손해배상청구에서 몇 월 며칠에 어느 철도건널목에서 발생한 사고라는 주장은 간접사실에 불과한가? 법원이 2개월 뒤의 다른 날에 다른 장소에서 발생한 사고를, 당사자 주장 없이 인정해도 되는가? 원고가 피고의 졸음운전을 주장했는데 법원이 피고의 음주운전을 인정해도 되는가? 그렇게 보기는 어렵다.

이런 문제 때문에 법규기준설을 비판하면서, 승패를 좌우하는 중요한 사실, 즉 당사자의 공격방어의 목표가 되는 사실을 주요사실로, 기타의 사실을 간접사실로 보자는 견해('개별판단설'), 주요사실과 간접사실 사이에 '준주요사실'이라는 개념을 도입하여 불특정개념이 요건사실인 법규에서는 준주요사실에 대해 변론주의가 적용된다고 보자는 견해('준주요사실설')(정동윤 389 등) 등이 주장되고 있으나, 어느 견해에 의하더라도 명확한 기준이 도출되지는 않는다.

(3) 판례는 소멸시효 기산점이 —시효소멸 항변의 법률요건을 구성하는 구체적인 사실이므로— 주요사실이라고 한다. 가령 피고가 5년의 상사소멸시효 항변을 하면서 특정일자를 기산점으로 주장했으면, 법원이 다른 날을 기산점으로 인정할 수 없다(대판 95.8.25, 94다35886 등). 반면에 취득시효 기산점은 간접사실이라고 한다(대판 94.11.4, 94다37868 등). 취득시효에 관한 판례 원칙을 유지하기 위해서는, 즉 20년 점유취득시효 완성 후에 등기를 이전받은 제3자가 시효취득자에게 우선한다고 하기 위해서는, 당사자 주장에 구애받지 말고 정확한 20년 시점을 객관적으로 판단해야 한다는 이유에서이다.

6-3-2-3 사실주장의 법원에 대한 구속력

사실의 제시(주장)는 당사자가 해야 하고, 법원은 당사자가 주장하지 않은 사실을 판결에서 인정할 수 없다. 예컨대 피고의 소멸시효 주장이 없는데 시효완성을 이유로 원고청구를 기각할 수는 없다. 당사자의 어떠한 주요사실 주장에 법원이 구속되는지 여부에 관한 대법원의 판결례들 중에서 주목할 만한 몇 개를 본다.

ⓐ 매수인(원고)의 이전등기청구에 대하여 매도인(피고)의 잔대금 동시이행 항변이 없는데도 법원이 잔대금 유무를 심리할 수 없는 것이며(대판 90.11.27, 90다카25222), ⓑ 취득시효를 주장하는 자의 소제기에 대해 응소하는 것은 시효중단사유가 되지만, 응소행위만으로 자동으로 시효중단 효력이 발생하지는 않고, 피고가 시효중단의 주장을 해야 한다(대판 03.6.13, 2003다17927). ⓒ 원고가 상계 의사표시를 하지 않았는데도 판결이 상계를 인정하면 변론주의 위반이다(대판 09.10.29, 2008다51359). ⓓ B보험모집인의 권유로 구 보험계약을 해지하고 C보험회사와 신계약을 체결한 A가 B,C를 상대로 손해배상청구의 소를 제기하면서 (부진정)연대

관계에 관한 아무런 주장을 하지 않았는데도, 법원이 B,C에게 "연대하여" 손해배상금을 지급하라고 하는 것은 변론주의 위반이며(대판 13.5.9, 2011다61646), ⓔ 당사자가 채무의 이행불능 항변을 하지 않았으면 법원이 이행불능을 이유로 청구를 배척할 수 없다(대판 96.2.27, 95다43044). ⓕ 유권대리에 따른 계약성립 주장만 있는 경우에 표현대리에 따른 계약성립을 인정할 수는 없다(대판-전 83.12.13, 83다카1489). ⓖ 취득시효의 주장만 있고 자주점유의 구체적인 사정에 관한 주장이 없는 경우에, 자주점유의 구체적 사정 즉 토지편입경위(가령 매입 또는 기부수령)에 대한 심리 없이 시효취득을 인정해서는 안 된다(대판 11.11.24, 2009다99143). ⓗ 도급인이 수급인의 채무불이행에 기한 계약해제(민§543)를 주장하는데 법원이 채무불이행과 무관한 해제(민§673)를 판단할 수는 없다(대판 22.10.14, 2022다246757).

반면에, ⓘ 불법행위로 인한 일실수익손해배상 청구에서, 월수입, 가동연한, 공제할 생활비는 사실상의 주장이지만 현가산정을 위한 계산방식(호프만식 or 라이프니쯔식[12])의 주장은 당사자의 '평가'에 지나지 않는 것이므로, 법원이 달리 인정해도 변론주의 위반이 아니다(대판 83.6.28, 83다191). ⓙ 소멸시효 항변 자체는 당사자의 주장이 있어야만 법원의 판단대상이 되지만, 어떤 시효기간이 적용되는지의 주장은 법률의 해석·적용에 관한 것이어서 변론주의가 적용되지 않으므로, 법원이 달리 판단할 수 있다. 가령 당사자가 민법상 소멸시효기간을 주장했더라도 법원은 상법상 소멸시효기간을 적용할 수 있고(대판 17.3.22, 2016다258124), 원고가 대여금 청구를 하면서 서증으로 약속어음을 제출했고 이에 피고가 어음법상의 3년 시효주장을 한 경우에 법원은 상법상 5년 시효를 적용할 수 있다(대판 08.3.27, 2006다70929).

6-3-2-4 자백의 구속력

주요사실 중에서 당사자가 다투지 않는 사실에 대해서는 —비록 법원이 그것이 진실과 다르다고 생각하더라도— 증거조사 없이 그대로 판결의 기초로 삼아야 한다. 변론주의 하에서는 자백사실에 있어서 법원의 사실인정권이 배제되는 것이다(9-4-2-3 참조).

다투지 않는 사실이란, ⓐ 당사자가 자백한 사실(§288) 및 ⓑ 자백한 것으로

12) 호프만식은 단리할인방식, 라이프니쯔식은 복리할인방식.

간주되는 사실(§150①,§257①)이다. 다만 현저한 사실 또는 공지(公知)의 사실에 반하는 자백은 구속력이 없다(대판 59.7.30, 4291민상551).

6-3-2-5 증거자료와 변론주의

증거자료에 관해서도 변론주의가 적용된다. 따라서 법원은 당사자가 신청하여 조사된 것만을 가지고 사실인정을 해야 한다. 그러나 민사소송법은 증거자료에 관해서는 —사실자료에서와는 달리— 변론주의를 약간 후퇴시켜서 §292를 두었다. 이에 의하면, 법원은 당사자가 신청한 증거에 의하여 심증을 얻을 수 없거나, 그 밖에 필요하다고 인정한 때에는 직권으로 증거조사를 할 수 있다. "그 밖에 필요하다고 인정한 때"를 크게 확장시키면 변론주의를 무의미하게 만들 수 있으므로, 이 요건은 엄격히 적용해야 한다.

6-3-2-6 사실자료와 증거자료의 구별

심리 중에, 당사자가 주장하지 않은 사실이 증거조사에서 드러나는 수가 있다. 하지만 권리변동근거규정의 요건사실이 당사자의 입으로 주장되지 않은 상태에서는 —비록 그것이 증거자료 중에 등장했다고 해도— 그 요건사실을 법원이 판단해서는 안 된다는 것이 변론주의이다(통설). 이런 경우에 실무에서는 법원이 석명권을 행사해서 주장을 유도하는 때도 있지만, 석명권에도 한계가 있으므로(6-3-5-2 참조) 법원이 노골적으로 그 요건사실 주장을 대신해 줄 수는 없다.

판례를 보면, 과거에는 대체로 위 통설과 같은 입장에 있었다. 가령 ⓐ 증거조사의 결과 주요사실을 알게 되었다 하더라도 당사자 주장이 없는 이상 법원이 이를 가지고서 심판할 수 없고(대판 62.11.29, 62다678), ⓑ 피고의 당사자본인신문 중에 원고의 요건사실 주장을 자백하는 진술이 있다고 하더라도 이로써 재판상 자백이 성립했다고 볼 수는 없다(대판 64.12.29, 64다1189).

그러나 1980년대 이후에는 이를 완화한 듯한 판결례들도 몇몇 보인다. 가령 ⓒ 당해 계약이 피고 대리인에 의하여 체결되었음이 명시적으로 주장되지 않았더라도, 대리인의 계약 체결사실이 소송자료를 통하여 심리가 됨으로써 그 주장의 존재를 인정하더라도 상대방에게 불의의 타격을 줄 우려가 없는 경우에는 그 대리행위의 주장은 있는 것으로 볼 수 있다고 한다(대판 90.6.26, 89다카15359). ⓓ 공유물 처분에 다른 공유자가 사전 동의하였음이 명시적으로 주장되지 않았더라도, 당사자의 주장취지에 비추어 이런 주장이 포함된 것으로 볼 수 있으면 족하다고 한다(대판 08.4.24, 2008다5073). ⓔ 또한 당사자가 서증을 제출하거나 당사자의 변론을 전체적으로 관찰하여 볼 때 주요사실에 관한 간접적 진술이 있는 경우에는, 주요사실의 주장이 있는 것으로 보아야 한다고 한다(대판 02.11.8, 2002다38361). ⓕ 그리고 당사자가 서증을 제출하면서 그 '입증취지를 진술'함으로써 서증에 기재된 사실을 주장하거나 간접적으로 주장한 것으로 볼 수 있는 경우에도 주요사실의 주장이 있다고 할 수 있다(대판 06.6.30, 2005다21531).

사실자료와 증거자료를 기계적으로 엄밀히 구분할 것은 아니고, 묵시적 주장이 있는 것으로 처리해 주어야 할 경우도 있을 터이다. 또한 필요에 따라서는 법원이 석명권을 행사하여 당사자에게 그런 주장을 하는 것인지를 물어볼 필요도 있다. 그러나 이를 만연히 확대하면, 소송상의 사적자치 원칙이 매몰될 우려가 있다. 그러므로 명시적 주장이 없는 사실을 판단의 기초로 삼으려면, 당사자에게 그런 진술을 할 의사가 있는 경우인지, 그리고 상대방에게 불의의 타격을 줄 우려가 없는 경우인지를 살펴야 한다.

6-3-3 변론주의의 예외

변론주의가 민사소송의 원칙이지만, 민사소송에서도 항상 모든 경우에 변론주의가 관철되지는 않는다. 즉 사실자료 · 증거자료의 제출에서 직권탐지주의가 적용되는 경우가 있고, 또한 판단사항 중에서 항변사항이 아니라 직권조사사항인 것이 있다. 두 가지를 차례로 검토한다.

6-3-3-1 직권탐지주의

(1) 의의

직권탐지주의(Untersuchungsmaxime; Inquisitionsmaxime) 하에서는 소송자료(= 사실자료 + 증거자료)의 수집 · 제출의 의무가 당사자에게 있지 않다(6-3-2-1 참조). 즉 ⓐ 당사자가 주장하지 않은 사실도 법원이 자기 책임과 직권으로 수집하여 판결의 기초로 삼아야 하고, 당사자의 사실주장은 법원의 직권탐지(Amtsermittlung)를 보완할 뿐이다. ⓑ 당사자의 증거제출을 불허하지는 않지만 그 신청여부와 무관하게 법원이 원칙적인 증거조사 의무를 진다. ⓒ 당사자가 자백하더라도 이는 법원을 구속할 수 없고, 증거자료 중의 하나일 뿐이다.

만약 변론주의 하에서라면, 가령 원고가 주요사실을 빠짐없이 주장하지 않은 경우에는, 그 주장에서 해당 법률효과가 도출되지 않으므로 원고가 패소하고 만다. 그러나 직권탐지주의가 적용되는 영역에서는, 원고가 주요사실을 모두 주장하지 않더라도 그 주장 자체로 원고가 패소하지는 않는다. 또 직권탐지주의 하에서는 증거제출의무가 당사자에게 있는 것이 아니므로, 공격방어방법 제출이 늦었다고 해서 실권되지 않는다. 즉 3가지 실권효 규정의 적용이 배제된다.

그러나 직권에 의해 소송자료를 수집한다고 해도, 법원의 수집력에는 한계가 있을 수밖에 없으므로, 실무상으로는 직권탐지주의 영역에서도 당사자가 제출하는 증거에 상당부분 의존하지 않을 수 없다.[13]

(2) 적용범위

가능한 한 객관적인 진실의 발견이 필요하다고 인정되는 영역에서 직권탐지주의가 적용된다.

ⓐ 법규 : 원래 —당사자가 사실을 제시하면— 법률은 법원이 알아서 판단해야 하는 것이므로, 법률 자체는 직권탐지의 영역에 속한다. 관습법도 마찬가지이다.[14] 외국법이 재판의 준거법이 되었을 경우에, 그 외국의 법률의 내용도 법원이 직권탐지해야 한다(대판 81.2.10, 80다2189; 이론적으로는 그렇지만, 실무상으로는 당사자가 조사해서 보고하는 경우도 많다).[15] 경험법칙도 법규의 일부이므로 직권탐지의 대상이다.

ⓑ 가사소송 · 행정소송 등 : 가사소송 중 가류 · 나류(1-3-4-1 참조), 선거소송 등은 공익 및 대세적 확정의 필요 등의 이유로 직권탐지주의가 적용되는 소송영역이다.[16] 대법원은 행정소송에 대해서는 "기록상 자료가 나타나 있다면 당사자

13) 한편 몇몇 판결례 중에 '직권탐지사항'이라는 용어를 쓴 것이 있다(대판 81.6.23, 81다124; 99.2.24, 97다38930). '직권탐지주의가 적용되는 사항'이라는 의미로 이 말을 사용했는지 모르겠으나, 이는 소송법학에서 일반적으로 사용되는 용어는 아니다(또한 위 81다124의 판시에 대해서는 틀리게 해설한 문헌이 많다).

14) 관습법이 되려면, 어떤 관행이 그 사회구성원의 법적 확신을 얻어야 하지만, 그렇게 되었는지의 판단(즉 그런 법적 확신이 형성되어서 사실인 관습과 차별화되었다는 판단)은 결국 법원이 하는 것이다.

15) 대판 90.4.10, 89다카20252; 19.12.24, 2016다222712; 25.3.27, 2021다242185 등이 '외국법의 내용은 직권조사사항'이라고 종종 표현하나, '직권탐지'의 대상이라고 해야 옳다.

16) 가사소송법 §17(직권조사) : 가정법원이 가류 또는 나류 가사소송사건을 심리할 때에는

가 주장하지 않더라도 판단할 수 있다"고 하여 변론주의의 배제 및 행정소송의 특수성을 인정하면서도(대판 10.2.11, 2009두18035), 또한 "행정소송에 관하여는 민사소송법의 규정이 준용되므로 (변론주의 영역의 제도인) 실기한 공격방어방법 각하규정이 준용된다"고 하였다(대판 03.4.25, 2003두988). 그리고 대법원은 가사소송이나 행정소송에서의 직권탐지는 한계를 가지고 있어서, 기록에 나타난 사실에 한하여 적용된다고 보고 있다(대판 75.5.27, 74누233; 90.12.21, 90므897).

ⓒ 재판권의 존재, 재심사유의 부존재 : 이들은 고도의 공익성 때문에 직권탐지 대상이다. 이들 외에도 —논자에 따라서는— 신의칙 · 권리남용 등 강행규정 위반, 과실상계 등에 직권탐지주의가 적용된다고 설명하기도 하는데, 여기서 직권탐지와 직권조사사항 간의 개념구분의 어려움이 추가된다.

6-3-3-2 직권조사사항

5-1-2-3에서 본 바와 같이, 당사자 주장을 기다리지 않고, 법원이 직권으로 그 존부를 조사해야 하는 사항을 직권조사사항이라고 부른다. '주장=사실자료제출'이므로 당사자 주장을 기다리지 않는다는 말은, 당사자의 사실자료제출 책임이 면제된다는 말이며, 이 점에서 변론주의가 적용되지 않는 것이다.

직권조사사항으로는 우선 관할권(§32) 등의 소송요건이 있지만, 그 외에도 외국재판의 승인요건(§217②), 상고심의 심리불속행사유, 절차적 강행법규의 준수 등이 직권조사사항에 속한다. 민사소송법은 그 외에도 §243, §257, §285, §429, §434 등 여러 조문에서 법원이 "직권으로 조사"할 경우를 정하고 있다. 그 외에도 판례가 직권조사사항으로 본 것으로는, (소멸시효기간은 제외하고) 제척기간의 준수 여부(대판 19.6.13, 2019다205947), 당사자를 누구로 확정할지(대판 11.3.10, 2010다99040), 전소확정판결의 유무(대판 11.5.13, 2009다94384), 과실상계 판단(대판 96.10.25, 96다30113), 손익상계 판단(대판 02.5.10, 2000다37296), 신의칙 · 권리남용의 적용(대판 89.9.29, 88다카17181; 98.8.21, 97다37821), 채권자대위소송에서 피보전권리의 존재(대판 15.9.10, 2013다55300) 등이 있다.[17)]

직권으로 사실조사 및 필요한 증거조사를 하여야 하며, 언제든지 당사자 또는 법정대리인을 신문할 수 있다.

17) 그런데 변론주의가 배제되는 영역, 즉 법원이 챙겨서 증거자료를 확인해야 하는 영역에 대하여 판결이나 법률문헌 중에 "직권조사"를 해야 한다고 적는 경우가 종종 있다(여기

직권탐지주의와 직권조사사항은 기능하는 영역이 다른 것이라는 견해도 있지만(김홍엽 458), 직권탐지주의 하에서는 당사자의 사실자료제출(주장) 및 증거자료제출(입증)의 의무가 모두 배제되는 것이고, 반면에 직권조사사항에 대해서는 사실자료제출 의무가 배제되지만 당사자의 증거자료제출 의무는 남아 있는 것이므로, 직권조사사항은 변론주의와 직권탐지주의의 중간영역에 자리를 잡고 있는 것이다(Jauernig §25 Rn.63).[18] 그런데 직권탐지주의 하에서 입증의 의무가 배제된다고 해도, 입증대상이 진위불명(眞僞不明)인 경우에 누가 불이익을 입는지의 문제는 남아 있으므로, 직권탐지주의에서도 증명책임의 문제가 사라지지는 않는다(9-5-1-1).

직권조사사항에 관해서는 —당사자의 주장책임이 면제될 뿐만 아니라— 법원이 당사자의 자백에 구속되지 않는다. 예컨대 양당사자가 원고에게 소송능력이 있다고 진술하더라도, 법원은 원고가 미성년자라서 소송능력이 없다고 취급할 수 있다. 직권조사사항이라고 해도, 항상 당사자의 주장 없이 법원이 먼저 이를 문제삼아야 하는 것은 아니고, 당사자의 주장이나 기타 자료에 의하여 그 존부가 의심스러운 경우에 비로소 문제삼을 경우도 있다. 그리고 판단의 기초될 사실에 관하여 직권으로 탐지할 필요가 없다. 즉 직권조사사항에 대해서는, 당사자의 항변 없이도 법원이 판단하되, 법원으로서는 제출되어 있는 증거자료에 의하여 판단하면 되는 것이지 새로운 증거를 조사해야 하는 것은 아니다.

6-3-4 변론주의의 보완

변론주의는 소송수행능력이 충분하고 평등한 양당사자를 전제하고 있다. 그러나 현실의 당사자는 그렇지 않다. 따라서 소송자료 수집에 법원이 전혀 개입하지 않으면, 당연히 승소해야 할 사안에서 패소하는 당사자가 생기게 된다. 소송절차에서 아무리 사적자치가 원칙이라고 해도 이를 그대로 방치할 수는 없다. 그

에서의 조사는 investigation을 염두에 둔 사용인 듯). 그러나 이들 중에는 —변론주의 배제영역이므로— "직권으로 탐지"해야 한다고 적는 것이 옳은 경우가 많다.

18) 원래 독일 민사소송법에서 직권조사에 해당하는 용어는 Prüfung von Amts wegen이다. 이처럼 한국어에서는 Amtsermittlung를 '직권探知'로 번역하고 Prüfung을 '調査'로 번역하였으므로, 둘 사이의 의미차이가 느껴지지 않으나, 원래 Prüfung은 '調査'보다는 의미가 약하다. 즉 주어진 증거자료를 검토 · 심사(check)한다는 의미이다.

래서 변론주의의 보완장치로서 논의되는 것이 ⓐ 법원의 석명권(§136), ⓑ 직권증거조사(§292), 그리고 ⓒ 진실의무이다. 직권증거조사에 관해서는 6-3-2-5에서 보았고, 석명권에 관해서는 아래 6-3-5에서 별도항목으로 검토하기로 하며, 여기서는 진실의무에 대하여 간단히 본다.

진실의무(Wahrheitspflicht)란, 변론주의 하에서도 당사자는 진실에 반한다고 알고 있는 사실을 주장해서는 안 되며, 진실에 부합한다고 알고 있는 상대방의 주장을 다투어서는 안 되는 의무이다. 한국법에는 이에 대한 규정이 없으나, 독일 민사소송법(ZPO) §138는 이를 명문으로 정하고 있다. 한국에서는 §1②의 신의칙 규정의 해석으로 이를 끌어낼 수 있을 터이며, 이 의무를 인정하는 것이 통설이다. §363(문서성립의 부인에 대한 제재) 및 §370(거짓된 당사자신문에 대한 제재)는 진실의무를 전제로 한 규정이다.

그러나 진실의무를 인정하고 또한 소송결과 당사자의 주장이 사실과 다른 것으로 드러났다고 하더라도, 실무상 소송사기를 쉽게 인정하지는 않는다. 나중에 드러난 사실을 가지고 쉽사리 소송사기를 인정하면, 민사재판청구권을 위축시킬 수 있기 때문이다.

6-3-5 석명권

6-3-5-1 의의

(1) 의의

법원은, 자기가 판단해야 할 사항을 명확히 해야 하고, 당사자에게 가능한 한 충분한 절차보장의 기회를 주어야 한다. 이를 위해서는 당사자가 제출하는 소송자료가 명확해지도록 만들어야 하므로, 법원은 당사자에게 사실상·법률상의 사항에 관하여 질문을 하거나 증명을 촉구할 수 있으며, 이와 같은 법원의 권능을 '석명권'[19]이라고 한다(§136①).

---

19) 원래 '釋明'이란 해석·설명하여 내용을 밝히는 것을 가리킨다. 엄격히 말하면 법원은 당사자에게 석명을 求할 뿐이고, 실제 석명행위를 하는 것은 당사자라고 볼 수도 있다. 그러나 "당사자에게 질문하고 촉구하여 내용을 밝히는 법원의 행위"를 석명이라고 하는 것이 소송법상의 일반적 용어사용법이므로, 이에 따른다. 다만 판례·문헌 중에는 가령 '당사자가 석명할 사항' 등 석명주체를 당사자로 하는 듯한 표현도 등장한다.

(2) 석명의무

그런데 달리 생각해 보면, 당사자의 주장 및 증명을 정확히 수령하고 당사자에게 절차보장의 기회를 주는 것은 단지 법원의 권능에 그치는 것이 아니라, 법원의 의무이기도 하다. 즉 법원은 —석명권과 함께— 적절하게 석명권을 행사해야 하는 의무, 즉 석명의무를 부담한다. 독일은 대체로 석명의무(Aufklärungspflicht)라고만 칭한다. 이러한 석명권과 석명의무의 관계에 관해서는, 이 둘의 범위가 다르다는 견해도 있지만, 석명권과 석명의무는 표리(表裏)의 관계에 있고 양자의 범위는 원칙적으로 일치한다고 보는 것이 타당하다.

(3) 변론주의 · 처분권주의와의 관계

법원이 당사자에게 주장 및 증명을 촉구하는 석명권이라는 것은 변론주의와 모순되는 것 아니냐는 견해가 있을 수도 있지만, 석명권은 변론주의와 대립하는 것이라기보다는 오히려 이를 보완하는 것이라고 이해하는 것이 맞다. 즉 변론주의를 형식적으로 적용하면 공정한 재판 실현이 저해될 우려가 있으므로, 이러한 불합리를 보완하기 위하여 석명권 제도가 마련되어 있는 것이다. 한편, 석명권은 변론주의에 대한 보완일 뿐만 아니라, 처분권주의에 대한 보완이기도 하다. 가령 청구취지를 재검토하라는 석명권 행사(6-3-5-3)는 변론주의보다는 처분권주의에 관한 문제이다.

6-3-5-2 석명권의 범위

(1) 당사자의 신청이나 주장 중에 불분명함 및 모순을 제거하라는 석명을 소극적 석명이라고 하고, 새로운 신청 · 주장 · 공격방어방법의 제출을 권유하는 석명을 적극적 석명이라고 한다. 소극적 석명은 변론주의의 보완으로서 당연히 허용되지만, 적극적 석명은 —변론주의의 본질을 침해할 수 있으므로— 원칙적으로 허용되지 않는다. 즉 당사자가 주장하지도 아니한 법률효과에 관한 요건사실이나 독립된 공격방어방법을 시사하여 그 제출을 권유하는 행위는 변론주의의 원칙을 위반하는 것으로서 석명권 행사의 한계를 일탈하는 것이다(대판 00.10.10, 2000다19526; 13.4.26, 2013다1952). 가령 "이미 오래 전의 일이라서 책임질 수 없다"고 하면 시효완성을 주장하는 것인지 질문할 수 있지만, 그런 종류의 이야기가 전혀 없는데도 법원이 피고에게 시효항변을 하라고 요청해서는 안 된다.

(2) 변호사에 대한 접근성이 과거에 비해 높아졌지만, 여전히 '나홀로 소송'(본인소송)은 많다. 이런 소송에서 당사자가 정리 안 된 소장 · 답변서 · 준비서면을 제출하고, 알아들을 수 없는 변론을 하거나, 서증의 진정성립을 입증하려 하지 않을 경우에, 법원의 석명의무를 변호사대리소송에서와 다르게 볼 것인가? 대판 89.7.25, 89다카4045는, "[본인소송에서는] 입증을 촉구하는 등의 방법으로 석명권을 적절히 행사하여 진실을 밝혀 구체적 정의를 실현하려는 노력을 게을리하지 않아야 할 것이므로 당사자의 주장사실에 부합하는 서증이 제출되어 있다면 당사자에게 그 주장사실이나 서증의 진정성립에 대한 입증을 촉구하여야 한다."고 했다. 수긍할 수 있다.

6-3-5-3 석명의 대상

(1) 청구취지가 불분명할 때

가령 당사자가 청구취지가 특정되지 아니한 것을 간과한 채 본안에 관하여 공방을 하고 있는 경우에는 —보정기회의 부여 없이 청구취지 불특정을 이유로 소를 바로 각하해서는 안 되고— 법원은 석명을 해야 한다(대판 14.3.13, 2011다111459). 청구의 변경이 교환적인지 추가적인지 선택적인지가 불분명하면 법원이 이를 석명했어야 한다(대판 14.6.12, 2014다11376). 또한 당사자 일방에 대한 도산절차 개시로 기존 소의 형식이 바뀌어야 하는 경우에는 이를 석명해야 한다. 즉 A에 대한 회생절차가 개시되면 A를 피고로 한 기존의 이행청구의 소는 —회생채권의 확정을 구하는 내용의— 확인의 소로 변경되어야 하는데, 원고가 이런 청구취지 변경을 하지 않고 있으면 법원은 청구취지 변경의사가 있는지를 석명해야 한다(대판 15.7.9, 2013다69866).

토지임대인 A가 임차인 B를 상대로 토지상 건물의 철거와 토지인도를 청구함에 대하여 B가 건물매수청구권을 행사하는 경우에는 원고가 청구취지를 바꾸도록 법원이 석명을 해야 하며, 석명하지 않은 채로 청구기각 판결을 선고하면 위법하다(대판-전 95.7.11, 94다34265)(앞의 6-2-3-3 참조). 판례의 손해3분설 하에서, 원고가 손해 합계액만을 주장할 때에는, 법원은 3개 손해별로 각 배상청구액을 특정하도록 석명해야 한다(대판 06.9.22, 2006다32569; 5-2-3-4 및 6-2-3-2 참조).

그러나 기존의 청구취지와 직접 관련된 청구취지로 변경할 의사가 있는지를 석명할 수는 있지만, 법원이 당사자에게 전혀 새로운 청구취지로 변경하도록 석명할 수는 없다.

(2) 주장이 모순이거나 불분명할 때

손해배상청구의 근거가 계약책임인지 불법행위책임인지 불명확하면 석명권을 행사해야 한다(대판 09.11.12, 2009다42765). 청구취지에서는 이전등기의 원인을 진정소유명의회복이라고 기재하였으나 청구원인에서는 그와 모순되는 기재가 있을 때에는 법원이 석명권을 행사해야 한다(대판 03.1.10, 2002다41435). 또한 피고가 반소장에서는 이행이익 배상을, 그 후 준비서면에서는 신뢰이익 배상을 (그 다음 준비서면에서는 또 이행이익 배상을) 주장하였다면, 역시 석명이 필요하다(대판 23.7.27, 2023다223171). 당사자가 문서가 위조되었다고 다투다가 그 서증의 인부절차에서는 갑자기 진정성립을 인정하는 경우에도 법원의 석명의무가 발생한다(대판 03.4.8, 2001다29254).

반드시 모순된 주장이 있는 경우가 아니더라도, 가급적 법원은 당사자에게 불의타(不意打)를 주지 않도록 유의하여야 한다. 가령 1심에서 무변론판결로 원고청구를 기각한 사건에서[20] 2심 법원이 —발송송달을 함으로써 피고에게 변론기회를 부여하지 않은 채로— 제1회 기일에 변론종결하고 자백간주 판결을 한 것에는 석명권 행사상의 위법이 있다(대판 17.4.26, 2017다201033).

(3) 요건사실 주장을 빠뜨리고 있을 때

당사자가 어떤 법률효과를 주장하면서 착오로 그 요건사실 일부를 빠뜨린 경우에는 법원은 그 누락사실을 지적하고 당사자에게 그에 대한 변론을 할 기회를 주어야 한다(대판 05.3.11, 2002다60207). 가령 원고가 증권거래세 부과처분을 다투면서, 그 비과세요건 중 하나인 유가증권신고서제출이 주식매출 이전이어야 한다는 점을 누락하고 있으면, 법원이 이를 석명할 의무가 있다(대판 95.2.28, 94누4325).

물론 당사자가 주장하지도 않은 법률효과에 관한 요건사실이나 독립된 공격방어 방법을 시사하면 이는 석명권 행사의 한계를 벗어나는 것이다. 즉 변제주장

20) 무변론판결을 하면서 원고패소로 선고하는 것도 이론적으로는 가능하나, 그에 해당하는 경우라면 변론을 열어서 왜 원고 주장의 요건사실에서 그 법률효과가 나오지 않는지 석명함이 옳다(2-4-3-2 참조).

을 하지 않고 있는 당사자에게 변제주장을 하도록 석명할 필요는 없다(위 2002다60207). 원고가 소유권지분에 기한 물권적 청구권을 행사하고 있는데 임대차계약의 해지를 주장하는 것인지를 법원이 석명할 의무는 없다(대판 87.7.7, 86다카2521). 피고가 등기부취득시효를 주장하고 있는데 법원이 점유취득시효의 주장이 포함되어 있는지를 석명할 의무도 없다(대판 97.3.11, 96다49902).

(4) 증명촉구

어떤 요건사실에 대하여 증명책임 있는 당사자가 아무런 증거를 제출하지 않으면 법원은 입증을 촉구해야 한다. 증거를 제출하기는 했으나 불충분한 때에도 법원이 이를 밝혀야 하는가? "더 제출할 증거가 없는지"를 질문한다든지 해서 간접적·우회적으로 석명을 할 필요는 있을 수 있다. 그러나 특정 요건사실에 대한 입증 불충분을 명시적으로 밝힌다는 것은, 법원의 결론을 미리 표명하는 일이 될 수 있다. 즉 입증촉구에 관한 법원의 석명권은 당사자의 무지·부주의·오해로 인하여 입증하지 않음이 명백한 경우에 한하는 것이고, 다툼이 있는 사실에 관하여 입증이 없는 모든 경우에 법원이 심증을 얻을 때까지 입증을 촉구하여야 하는 것은 아니다(대판 09.10.29, 2008다94585; 18.1.25, 2015다24904).

(5) 법적 사항에 대한 지적의무

법원은 당사자가 간과하였음이 분명하다고 인정되는 법률상 사항에 관하여 당사자에게 의견을 진술할 기회를 주어야 한다(§136④). 1990년 개정시에 ZPO §278③을 모델로 삼아서 정한 것이다. "법률적 주장에 불분명한 점이 있을 때"는 종전의 석명의무에서도 지적대상이었지만, "당사자가 간과하여 빠뜨리고 있는 법률적 관점"도 석명의 범위 내인지에 관해서는 명확하지 않았었는데, §136④은 이를 명확히 하였다. 다수설·판례는, 이 조항이 석명권 내지 석명의무의 일부라고 본다(이시윤 352; 김홍엽 469 등). 그러나 일부 견해는, 이 "법적 사항에 대한 지적의무"는 석명의무와 성격이 다른 별개의 의무라고 한다(호문혁 492). 이는 법적 사항에 대한 새로운 진술을 하도록 지적하는 것이어서, 석명의무와는 다르다는 것이다. 그러나 실제 사건에서 '명확히 해야 할 법률상 사항'인지 '빠뜨리고 있는 법률상 사항'인지의 구별은 종종 어렵다는 점, §136④은 모든 주요사실 주장이 이미 있는 경우에 한하여 법률주장을 진술할 기회를 주라는 것이지 새로운 주요사실 주장이 필요한 경우에는 이 조항이 적용될 수 없다는 점을 고려하면, 이 지적의무와 기존의 석명의무 사이에 본질적인 성격상 차이를 인정할 필요는 없다고 본다. 즉 과거의 석명의무(석명권) 하에서도 이런 법적 사항에 대한 지적은 가능했다고 생각된다. 특히 본인소송에서는 —변호사대리소송에서와는 달리— 이런 지적의무를 너그럽게 인정해 줄 필요가 있을 것이다.

§136④은 최근에 대법원에서 비교적 자주 원용된다. 가령 당사자 간에 심사청구기간 준수 여부가 전혀 논의되지 않았는데도, 법원이 전심절차의 심사청구기간 도과를 이유로 과세처분취소의 소를 부적법 각하한 것은 법적 사항에 대한 지적의무를 위반한 것이라고 했다(대판 95.12.26, 95누14220). 가등기권자를 부기등기로써 A에서 B로 이전한 경우의, 가등기 말소청구의 피고적격에 관하여 당사자 간에 전혀 다툼이 없던 중에 피고적격 흠결로 소를 각하하는 것도 법적 관점 지적의무의 위반이다(대판 94.10.21, 94다17109). 그리고 과거에 석명의무라고만 하던 사항에 대하여 '법적 사항에 대한 지적의무'를 함께 지적하기도 한다(대판 10.4.29, 2009다38049; 17.1.12, 2016다39422 등).

그러나 이러한 법적 사항 지적의무는 당사자가 부주의·오해로써 명백히 간과한 법률상의 사항이 있거나 당사자의 주장이 법률적 관점에서 보아 모순이나 불명료한 점이 있는 경우에 인정되는 것이지, 그런 경우가 아닌 한 함부로 이런 지적의무를 법원에 지워서는 안 된다. 자칫하면 변론주의 원칙을 훼손할 수 있다.

이러한 지적의무를 법원이 위반하고 판결을 선고한 경우에는, 심리미진(審理未盡; 15-3-2-2) 등의 사유로 상고이유가 된다(대판 95.2.28, 94누4325).

6-3-5-4 석명권의 행사

(1) 행사방법

석명권의 구체적인 행사 모습은 "질문"을 하거나 "증명촉구"를 하는 것이다(§136①). 석명권은 개개의 법관이 아니라 법원에 귀속되는 권능인데, 구체적인 행사를 함에 있어서는, 합의부 재판에서는 원칙적으로 재판장이 행사하고(§136①), 합의부원은 재판장에게 알리고 나서 비로소 이를 행사할 수 있다(§136②). 석명권이 법원의 권한이므로 당사자는 상대방에게 직접 질문하거나 설명요구를 할 수 없으며, 필요한 경우 재판장에게 상대방에 대하여 설명을 요구하여 줄 것을 요청할 수 있다(§136③ = 구문권; 求問權). 변론준비절차에서도 석명권을 행사할 수 있다

(§286). 전문심리위원도 기일에 재판장의 허가를 받아 당사자, 증인 또는 감정인 등 소송관계인에게 직접 질문할 수 있다(§164-2③).

석명권은 법정에서 행사하는 것이 원칙이지만, 필요하면 당사자에게 석명할 사항을 미리 서면으로 지적하여 변론기일 전에 준비하도록 명할 수 있으며, 이를 '석명준비명령'이라고 한다(§137). 실무상 자주 활용된다.

(2) 행사의 효과

당사자에게는 석명에 응해야 할 의무가 없다. 그러나 이에 응하지 않으면 주장이나 증명을 다하지 못한 것이 되므로, 그에 따른 불이익을 받게 된다. 또한 당사자가 제출한 공격 또는 방어방법의 취지가 분명하지 아니한 경우에, 당사자가 필요한 설명을 하지 아니하거나 설명할 기일에 출석하지 아니한 때에는 법원은 직권으로 또는 상대방의 신청에 따라 결정으로 이를 각하할 수 있다(§149②).

(3) 불행사의 효과

석명권은 석명의무이기도 하므로, 석명권 불행사는 석명의무 위반이 된다. 여기서, 과연 모든 석명권 불행사가 의무위반으로서 상고이유가 되는지가 논의된다. 의무로서의 성격을 부정하고 권능으로서의 성격만 강조하여 석명권 불행사는 상고이유가 되지 않는다는 소극설도 있으나, 지지자는 거의 없다. 실질적 견해대립을 보면, 석명권 범위와 석명의무 범위가 일치함을 전제로, 석명권 불행사가 판결결과에 영향을 미친다면 심리미진으로서 상고이유가 된다는 적극설과(호문혁 490), 석명의무의 범위는 권능으로서의 범위보다 좁은 것이므로 석명권을 중대하게 게을리하여 심리가 현저하게 조잡하게 된 경우에 비로소 상고이유가 된다는 절충설이 있다(이시윤 345; 정동윤 411; 김홍엽 465).

그러나 사소한 석명권 불행사로는 "판결결과에 영향을 미칠" 수 없을 것이고, 심리가 현저하게 조잡하게 될 정도의 석명권 불행사가 있어야 비로소 판결결과에 영향을 미칠 수 있을 것이므로, 현실적으로 양 견해의 차이가 크다고 보이지는 않는다. 원칙적으로 적극설이 옳다고 본다.

6-3-5-5 석명처분

위에서 본 석명권의 구체적 행사모습은 '질문'과 '증명촉구'이지만, 이것 외에 소송관계를 분명히 하기 위하여 법원은 다음의 각 '처분'을 할 수 있으며, 이를 "석명처분"이라고 부른다(§140). 아래의 각 처분은 그 자체가 증거조사는 아니므로, 그 결과를 증거로 사용하려면 당사자의 원용이 있어야 한다.

(1) 당사자 본인 또는 그 법정대리인에게 출석하도록 명하는 일, (2) 소송서류 또는 소송에 인용한 문서, 그 밖의 물건으로서 당사자가 가지고 있는 것을 제출하게 하는 일, (3) 당사자 또는 제3자가 제출한 문서, 그 밖의 물건을 법원에 유치하는 일, (4) 검증을 하고 감정을 명하는 일, (5) 필요한 조사를 촉탁하는 일.

6-4 심리 효율화를 위한 원칙

6-4-1 적시제출주의

6-4-1-1 의의 및 내용

(1) 변론주의에 따라 당사자는 소송자료 제출책임을 지는데, 당사자는 그 제출을 적시(適時)에, 즉 때에 맞게 해야 한다는 원칙이 '적시제출주의'(Rechtzeitigkeit des Vorbringens)이다. §146는 "공격 또는 방어의 방법은 소송의 정도에 따라 적절한 시기에 제출하여야 한다."고 정하였다. 증인신문에 앞서서, 필요한 주장과 서증을 미리 제출하는 것, 그리고 규칙 §69-3이 정한 준비서면의 제출기간(기일 7일 전)을 지키는 것 등이 적시제출의 예이다. 이처럼 주장과 입증을 적시에 제출하려면, 당사자는 사전에 사실관계와 증거를 상세히 조사하여야 한다(규§69-2).

(2) 공격방어방법의 제출시기에 관해서는 원래 여러 입장이 있을 수 있다. 독일 보통법 시대에는 동시제출주의 내지 법정순서주의가 보편적이었으나, 프랑스 대혁명 직후 제정된 프랑스 민사소송법(1806년)이 자유주의 이념 하에서 수시제출주의를 채택하였고 이것이 20세기 전반까지 세계의 대세였다. 그러나 20세기 후반부터 독일·일본이 차례로 적시제출주의로 전환했고, 한국도 2002년 개정으로써 과거의 수시제출주의를 버리고 적시제출주의를 취하게 되었다.

(3) 적시제출주의는 당사자에게 일반적 소송촉진의무를 지우는 것이며, 이를 구체화하고 그 위반을 제재하는 주요 제도가 아래에서 설명하는 ⓐ 공격방어방법의 제출기간 제한, ⓑ 실기한 공격방어방법의 각하, ⓒ 변론준비기일 종결에 따른 실권이다. 그 외에도, 석명에 응하지 않을 때의 공격방어방법 각하(§149②), 상고이유서 제출기간 도과 후의 새로운 상고이유 제출제한(§431), 30일의 답변서

제출기간(§256①), 응소 후의 임의관할 주장제한(§30) 등도 적시제출주의를 구현하는 조항들이다.

6-4-1-2 구현방법 1 : 공격방어방법의 제출기간 제한

2002년 전부개정시에 재판장이 공격방어방법 제출기간을 정할 수 있다는 규정을 신설하였다(§147). 그 기간을 넘기면 그 공격방어방법은 제출할 수 없게 하였다. 과거부터 있던 실기한 공격방어방법의 각하 제도만으로는 적시제출주의 실현에 한계가 있다고 보았기 때문이다. §147는 변론절차뿐만 아니라 변론준비절차에도 준용된다(§286).

재판장은 특정한 사항에 관하여 —당사자의 의견을 들어— 한쪽 또는 양쪽 당사자에 대하여 주장을 제출하거나 증거를 신청할 기간을 정할 수 있다(§147①). 그 기간을 '재정기간'이라고도 부른다. 기간설정은 재판장의 재량이지만, 의견을 듣도록 한 것은 무리하게 단기간을 정하지 말라는 취지이다. 당사자가 그 기간을 넘긴 때에는 주장을 제출하거나 증거를 신청할 수 없으나, 다만 당사자가 정당한 사유로 그 기간 이내에 제출 또는 신청하지 못하였다는 것을 소명한 경우에는 그러하지 아니하다(§147②).

6-4-1-3 구현방법 2 : 실기(失機)한 공격방어방법의 각하

(1) 의의

법원이 제출기간을 정하지 않았더라도 당사자가 적시제출주의를 어기고 고의·중과실로 뒤늦게 공격방어방법을 제출하면 법원이 이를 각하할 수 있도록 한 제도이다(§149). 법 제정시부터 존재한 제도이지만, 실체적 진실과 다른 사실인정을 할 수는 없다는 관점 때문에 실무상 잘 적용되지 않아 왔다. 실제로 §149에 따른 각하가 이루어진 극히 예외적인 사례를 보면, 주로 항소심이 상당기간 진행된 후에 아주 뒤늦게 공격방어방법이 제출된 경우로서, 소송지연을 의도한 행위라고 의심되는 상황에서이다. 공격방어방법이라 함은, 사실주장과 부인·항변, 증거신청을 가리키며, 반소나 청구의 변경을 가리키는 것은 아니다. 변론준비절차에서도 준용된다(§286).

(2) 요건

§149에 따라 각하를 하려면, ⓐ 당사자가 공격방법·방어방법을 뒤늦게 제출했을 것, ⓑ 당사자에게 고의·중과실이 있을 것, ⓒ 그 제출사항을 심리하면 소송의 완결이 지연될 것이라는 요건이 충족되어야 한다.

ⓐ에 관하여 보면, 그 제출을 기대할 수 있었던 객관적 사정이 있었는데도 안 한 것인지, 상대방과 법원에 새로운 공격방어방법을 제출하지 않을 것이라는 신뢰를 부여하였는지 여부 등을 고려해야 하고, 항소심에서는 제1심까지 통틀어 시기에 늦었는지를 판단해야 하는 것이지만(대판 17.5.17, 2017다1097), 결국에는 개별 소송에 따라 판단할 수밖에 없다. 가령 건물철거·대지인도 청구사건에서 1심 내내, 그리고 2심의 상당기간 동안 피고가 다른 쟁점들로만 다투다가 2심의 제4차 기일에 건물수리비에 기한 유치권항변을 내놓은 사건에서, 이는 실기한 방어방법이라고 보았다(대판 62.4.4, 4294민상1122; 68.1.31, 67다2628). 그리고 구청과 재건축조합을 상대로 재건축조합설립 변경인가처분 무효확인을 구하는 원고들이, 2심의 마지막 변론기일에 와서 비로소 토지면적 동의율 산정이 위법하다는 주장을 함에 대하여 법원이 이를 §149로 각하한 것은 정당하다고 보았고(대판 14.5.29, 2011두25876), 환송전 원심에서 상계항변을 할 기회가 있었음에도 불구하고 대법원의 파기환송 후 원심에 이르러 비로소 상계항변을 하는 것은 실기한 공격방어방법에 해당한다고 보았다(대판 05.10.7, 2003다44387).

ⓑ의 고의·중과실 유무의 판단에 있어서는 당사자의 법률지식의 정도, 즉 본인소송인지 변호사대리소송인지를 고려해 주어야 한다. 그리고 피고의 상계항변이나 건물매수청구권 행사는 자기의 손해를 감수하면서 내놓는 항쟁이므로, 이를 조기에 내놓으라고 요구할 수 없다는 점도 고려해야 한다.

ⓒ에 관하여 보면, 실기한 공격방어방법이라고 하더라도 어차피 기일의 속행을 필요로 하고 그 속행기일의 범위 내에서 공격방어방법의 심리도 마칠 수 있는 경우이거나 또는 그 내용이 이미 심리를 마친 소송자료의 범위 안에 포함되어 있는 경우에는 소송의 완결을 지연시키는 것으로 볼 수 없다(대판 00.4.7, 99다53742; 03.4.25, 2003두988).

(3) 절차

법원이 직권으로 또는 상대방의 신청에 따라서, 그 실기한 공격방어방법을 각하한다. 중간재판인 결정의 형식으로 할 수도 있고, 종국판결의 이유 중에 이를 판단해도 된다. 중간재판인 독립된 결정으로써 각하했다면, 이는 언제든지 취소할 수 있다(§222). 각하를 받은 당사자는 이에 대해 따로 항고할 수는 없고, 종국판결에 대한 상소와 함께 불복해야 한다(§392). 각하신청이 배척된 때에는 그 신청을 한 상대방에게는 —법원의 소송지휘에 관한 사항이므로— 불복이 허용되지 않는다.

6-4-1-4 구현방법 3 : 변론준비기일 종결에 따른 실권

사건이 변론준비절차에 부쳐져서 변론준비기일이 열리고 이것이 종료되고 나면, 그 기일에서 미처 제출하지 않은 공격방어방법은 적시(適時)를 놓친 것이므로 원칙적으로 변론에서 제출할 수 없고(§285①), 다만 §285①의 각호가 정한 3가지 경우에만 예외적으로 제출이 가능하다(상세는 8-2-4를 참조).

6-4-1-5 적시제출주의의 예외

적시제출주의는, 변론주의 적용영역에서 문제되는 것이고, 직권탐지주의가 적용되는 영역 또는 직권조사사항에 대해서는 —절차촉진보다는 실체적 진실발견이 우선하므로— 문제되지 않는다고 일반적으로 설명된다. 그런데 대법원은 행정소송에 있어서도, 여기에 민사소송법의 규정이 준용되므로, 직권조사사항에 관한 것이 아닌 이상 실기한 공격방어방법의 각하에 관한 §149①이 준용된다고 했다(대판 03.4.25, 2003두988).

6-4-2 집중심리주의

법관당 사건수가 타국보다 훨씬 많은 한국에서는, 효율적·경제적인 사건처리를 위한다는 명목으로, 수십 건의 변론기일이 하루에 지정되고(그 중 몇 건은 첫 기일이 시작되는 이른바 '신건'이다), 사건당 몇 분 내지 몇십 분이 할당되며, 한 사건의 기일은 대개 수차례 속행되는데 그 속행기일은 4~8주 후의 날로 정해지는 것이 일반적이다. 이런 방식을 —여러 사건을 병행하여 진행한다는 의미에서— '병행심리주의'라고 한다.

반면에 미국의 소송절차를 보면,[21] 소답절차(소장 + 답변서; pleadings), 공

21) 미국의 주법원 소송절차는 각 주별로 정해진다. 연방법원의 민사소송절차는 연방민사소

판전 절차(pre-trial), 공판절차(trial)의 단계로 이루어지는데, 앞의 두 절차에서 주장서면 및 서증의 교환이 모두 이루어지고 —여기서 대부분의 사건이 화해 등으로 종결되고— 대개 1년 넘는 장기간이 소요되며, 이는 공판절차의 준비단계로서의 성격을 갖는다. 공판절차에 들어가면 짧으면 하루, 길면 며칠간 또는 몇 주 동안 집중적으로 변론과 증인신문이 이루어지며,[22] 공판절차가 마쳐진 직후에 판결이 선고된다. 이런 진행방식은 '집중심리주의'라고 부를 수 있다. 독일의 1976년법(간소화개정법; Vereinfachungsnovelle)이 의도하는 심리절차도 집중심리주의이다. 이에 의하면, 재판부는 조기1회기일(früher erster Termin; ZPO§275)에서 구술로써, 혹은 서면선행절차(schriftliches Vorverfahren; ZPO§276)에서 서면으로써 쟁점정리를 하는 등 변론준비를 마친 다음에, 주기일(主期日; Haupttermin)을 1회 열어서 변론을 종결하는 방식을 모델로 하고 있다.[23]

병행심리주의에서는 사건내용을 다시 기억해 내기가 어렵고(그래서 실무상 법관마다 '사건메모'라는 것을 만들어서 활용한다), 종전 변론과 증명의 내용이 생생하지 않으므로 결국 서면기록에 의지하는 재판이 되고 만다("구술주의의 형해화"). 한국도 집중심리주의 쪽으로 나아가기 위하여, 변론준비절차에 관한 규정을 상세화하는 등 노력을 하고 있으며, 2002년 법개정시 집중심리주의를 위한 여러 가지 변경이 있었다. 즉 이때의 개정으로 —종전에는 합의부 절차에서만 준비절차가 가능하고 또한 준비절차를 거칠지 여부는 법원의 재량사항이었지만— 단독재판부에서도 준비절차가 가능해졌으며, 원칙적으로 준비절차를 거치도록 하고 변론기일은 1회만 여는 것으로 정해졌다. 또한 규칙 §72①은, 변론준비절차를 거친 사건의 경우 하루 이상 심리가 진행되면, 가능한 한 그 심리기일의 다음날, 다다음날로 매일 변론을 진행하여야 한다고 정하였다. 또한 증인신문과 당사자신문

송규칙(Federal Rules of Civil Procedure)에서 정하는데, 이는 연방법률의 수권(授權)에 기하여 연방대법원이 정한 것이다.

22) 전체 민사사건 중 실제 배심재판이 행해지는 비율은 낮지만, 당사자들이 배심재판 청구권을 가지므로, 배심제를 전제로 절차가 설계되었다. 배심제를 운영하려면, 배심원을 여러 번 소환할 수 없으므로, 이런 제도가 당연하다. 또한 법관의 사건내용 기억에는 한계가 있다는 점, 그리고 주장과 증거를 집중적으로 모아 보는 쪽이 더 정확한 판단을 하게 한다는 점이 제도의 바탕에 깔려 있다.

23) 한편 독일은 2002년 ZPO 개정시 §278에서 재판상 화해에 관한 조항을 구체화하면서 —§278②에서 정한 특별한 사정이 없는 한— 화해변론(Güteverhandlung)을 주기일에 앞서 먼저 행하도록 하여, 이른바 화해전치주의를 취하였다.

은 당사자의 주장과 증거를 정리한 뒤 집중적으로 하여야 한다고 정해졌다(§293).

그러나 현재의 한국 법원의 사건부담 하에서, 집중심리를 위한 이런 규정들은 잘 지켜지지 않는다. 그리고 2008년부터 구술심리주의 강화를 대법원이 추진하면서, 서면에 의한 변론준비절차보다 변론기일에서의 구술이 강조됨에 따라, 준비절차가 다시 임의적인 것으로 변경되었다(§258①).

제7장

법원의 소송진행

7-1 법원의 소송지휘권

7-1-1 의의

소송의 진행은 두 가지 면으로 나눌 수 있는데, ⓐ 하나는 소장부본이 송달되고 변론준비기일과 변론기일이 지정되고 열리며, 증거조사가 이루어지고 변론이 종결되어 판결이 선고되는 외형적 진행이고, ⓑ 다른 하나는 소장에서 주요사실 등 청구원인이 주장되고 피고 답변서에서 원고의 주장에 대한 부인·항변이 이루어지며 원·피고의 주장을 각각 뒷받침하는 증거가 제출되고, 간접사실·보조사실들이 주장·입증됨으로써 법원의 심증이 형성되어 가는 내용적 진행이다.

사건의 실체적 내용을 원래 아는 쪽은 당사자들이지 법원이 아니므로 ⓑ에 대해서는 당사자주의를 강하게 적용하지 않을 수 없다. 앞에서 본 처분권주의·변론주의 등이 소송의 내용적 진행을 지배하며, 원·피고가 주체적으로 이를 수행해 간다. 여기에서의 법원의 관여는 예외적이다. 그런데 ⓐ의 외형적 진행에 관하여 보면, 이 진행도 단순하지 않은 경우가 많은데 이를 원·피고에게 맡겨둔다면 소송이 지연되거나 절차의 선후가 정리되지 않아 난맥상이 발생하는 등 여러 가지 폐해를 낳을 수 있다. 따라서, ⓐ의 면에 있어서는 직권주의를 적용하는 것이 세계 공통이다. 특히 변론기일의 진행은 전적으로 법원의 지휘에 따라 이루어진다.

이와 같이 소송지휘권(Prozessleitung)이란, 소송을 원활하고 신속하게 진행시키고 심리가 내용적으로 충실해지도록 하기 위하여, 소송절차를 주재하는 법원에게 부여된 권능을 가리킨다. 소송지휘는 법원의 권능인 동시에 책무이다.

7-1-2 소송지휘권의 내용

소송지휘는 판결선고에 이르기까지의 법원의 소송행위 전반에 대하여 인정되는 개념이지만, 중요한 것을 들어 보면 다음과 같다.

(1) 심리대상 사건인지를 정하는 일 : 소장 · 상소장의 각하(§§254,402), 소 · 상소의 각하, 관할법원에의 이송(§34①), 재량이송(§34②), 다른 재판부에의 이부 등.

(2) 기일 · 기간을 정하고 송달을 하는 일 : 기일의 지정 · 변경 · 추후지정(§165), 기간의 신축 및 부가(附加)의 결정(§172), 소송절차의 속행명령(§244), 소송절차의 중지 · 정지(§246), 변론종결(§198), 송달(§174: 직권송달 원칙) 등.

(3) 변론 및 변론기일에 관한 지휘 : 변론준비절차에의 회부(§258,§279), 변론의 제한 · 분리 · 병합(§141), 변론 재개(§142), 주장 · 증거의 제출명령(§147), 요약준비서면 제출명령(§278), 당사자 발언의 명령 · 허가 · 금지(§135②) 등.

(4) 석명 및 증명 관련 : 불분명한 소송자료의 정리를 위한 석명권 행사(§136①), 법적 관점 지적(§136④), 석명처분(§140), 감정인의 지정 및 감정명령(§335,§339), 실기한 공격방어방법의 각하(§149) 등.

(5) 분쟁종결의 지휘 : 조정절차 회부, 화해의 권고 및 화해권고결정(§145, §225)

7-1-3 주체 및 행사방식

소송지휘권은 법원의 권능이다. 구체적으로 보면, 합의부에서는 재판장이 이를 행사한다. 재판장의 소송지휘에 대하여 당사자로부터 이의가 있으면 합의부가 이에 대하여 재판한다(§138). 수명법관 · 수탁판사도 수권받은 사항의 처리에 있어서는 소송지휘권을 가진다(§165①단서,§332).

소송지휘는, 변론기일에 진행순서를 알리고 장황하고 무의미한 진술을 중지시키는 등 사실행위로서 행하기도 하고, 결정이나 명령 등 재판의 형식으로 하기도 한다. 그런데 소송의 지휘에 관한 결정과 명령은 언제든지 취소할 수 있다(§222).

소송지휘는 원래 법원의 권능이므로, 그에 관한 당사자의 신청은 법원의 직권발동을 촉구하는 의미밖에 없다. 그러나 일정한 경우에는 법률이 당사자에게 신청권을 부여한 때가 있는데, 이때에는 신청에 대한 재판을 해야 한다. 가령 재량이송(§34②), 구문권(§136③), 실기한 공격방어방법의 각하(§149①), 소송수계(§241) 등이 그것이다.

7-2 기일과 기간

7-2-1 기일

7-2-1-1 기일의 의의 및 종류

기일(期日; Termin)이란, 법원과 당사자 그리고 이해관계인이 특정 소송사건에 관한 소송행위를 하기 위해 모이는 시간을 가리킨다. 그 목적에 따라서, 변론기일·변론준비기일·증거조사기일·화해기일·조정기일·판결선고기일 등으로 나뉜다.

7-2-1-2 기일의 지정

기일은, 법원이 미리 그 연월일·개시시각·장소를 명시하여 지정한다. 위 요소들을 밝히지 않은 기일지정은 무효이다. §166는 필요한 경우에는 공휴일로도 기일을 정할 수 있다고 정하고 있는데, 그 취지는 특별한 이유가 없는 한 토·일요일 및 공휴일을 피해야 한다는 말이다. 기일을 야간으로 정해서는 안 된다. 다만 소액사건심판법 §7-2는 근무시간외 또는 공휴일에도 개정할 수 있다고 정하였고, 실제로 주간에 직장에 매인 당사자들의 편의를 위하여 소액사건의 야간개정이 이루어지기도 한다.

원·피고 간에 소장 및 답변서가 교환되고 나면 (실무상으로는 1~2회씩의 서면이 추가교환되는 일도 많다) 제1회 변론기일을 곧바로 정하도록 법률이 정하고 있다. 즉 ⓐ 무변론 판결을 할 경우(이때에는 바로 선고기일을 지정한다)와 ⓑ 사건을 변론준비절차에 부치는 경우를 제외하고는, 재판장이 바로 변론기일을 정해야 한다(§258①). 변론준비절차에 들어간 사건은 그 절차를 거친 후, 당사자의 의견을 들어(규§72②) 변론기일을 정한다.

기일지정권은 소송지휘권의 일부로서 법원의 권능이지만, 아래 ⓐ~ⓒ처럼 당사자의 기일신청이 의미 있는 경우가 있다. ⓐ 먼저, 최초 변론기일 또는 추후 지정하기로 한 변론기일·증거조사기일을 법원이 정하지 않고 내버려두고 있을 경우이다. 이런 경우 당사자는 '기일지정신청서'를 제출하게 되고, 이로써 법원의 소송지연을 방지하게 된다. ⓑ 소취하가 과연 이루어진 것이 맞는지가 다투어지는 경우가 있다. 이때에는 당사자가 기일지정신청을 할 수 있고(규§67①), 이런 신청이 있으면 법원이 변론을 열어 신청사유를 심리해야 한다. 만약 적법한 소취하가 존재하면 법원이 '소송종료선언'을 하게 되고, 만약 부존재하면 남은 소송절차를 계속 진행한다(규§67③). ⓒ 쌍방 당사자가 2회 불출석하면 법원은 그 다음 변론기일을 정하지 않게 되는데, 이때 일방이 1월 내에 기일지정신청을 하면 다시 소송이 진행되고, 그런 신청이 없으면 소취하로 간주된다(§268).

7-2-1-3 기일의 통지방식 및 개시

기일통지의 방식은, 1회째에는 기일통지서의 송달로써 한다(§167①). 그 다음부터는 출석한 당사자에게는 구술로 다음 기일을 통지하고, 불출석 당사자에게는 기일통지서를 송달한다. (실제로 거의 없는 일이지만) 소송관계인이 일정한 기일에 출석하겠다고 적은 서면을 제출한 때에는 기일통지서 또는 출석요구서를 송달한 것과 같은 효력을 가진다(§168).

정해진 기일이 되면, 통지된 장소에서 재판장이 사건과 당사자의 이름을 부름으로써 기일은 시작된다(§169). 자기 사건의 기일진행 상황에 관한 정보는 인터넷[1]을 통해 쉽게 찾아볼 수 있다.

---

1) 대법원 홈페이지(https://www.scourt.go.kr) > 사건검색.

7-2-1-4 기일의 변경

(1) 의의 및 구별개념

기일의 '변경'(變更)이란 "기일을 개시하기 전에" 그 기일지정을 취소하고 신기일을 지정하는 것을 가리킨다. 이 개념은 기일의 연기 및 기일의 속행과 구별해야 한다. 기일이 열리고 그 기일에서 소송행위가 행해졌으나 심리가 성숙하지 않아서 다시 다음 기일이 지정되는 경우를 기일의 '속행'(續行)이라고 한다. 그리고 기일이 일단 열렸으나 그 기일에 아무런 소송행위를 하지 않은 채로 신기일을 지정하는 경우를 기일의 '연기'(延期)라고 한다. 기일의 변경·연기·속행을 하면서 다음 기일의 날짜·시간을 정하지 않고 단지 "추후에 지정한다"고만 법원이 정할 때가 있다. 이를 기일의 추후지정(追後指定; 줄여서 '추정')이라고 한다.

한편 어떤 기일을 변경하게 되면 —그 기일에 도달하기 전에 변경이 이루어지고 그 기일은 아예 열리지 않으므로— 당사자의 그 기일에의 출석·불출석을 논할 수 없게 된다.

(2) 변경요건

기일을 변경할지 여부는 법원의 권한이다. 그러나 기준 없이 함부로 기일변경이 이루어지면 재판지연의 원인이 되고, 또한 편파적 진행이라는 의혹을 받을 수 있으므로, 법은 그 변경요건을 정해두고 있다. ⓐ 첫 변론기일·변론준비기일은 당사자 간의 합의가 있으면 기일변경이 곧바로 허용된다(§165②). ⓑ 그 후의 기일부터는 원칙적으로 기일변경이 허용되지 않고 '현저한 사유가 있는 경우'에만 기일변경이 허용된다(규§41). 당사자 간 합의가 있어도 기일변경을 허용하지 않겠다는 취지이다. ⓒ 또한 변론준비절차를 거쳐 지정된 변론기일은 "사실과 증거에 관한 조사가 충분하지 아니하다"는 이유로 변경할 수 없다(규§72③).

(3) 변경절차

당사자가 기일변경신청을 할 때에는, 기일변경이 필요한 사유를 밝히고 그 사유를 소명하는 자료를 붙여야 한다(규§40). 변경의 허가 여부는 법원의 직권사항이므로 그 허부 재판에 대해서는 불복할 수 없다.

7-2-1-5 선고기일

통상의 기일에 관해서는 그 통지를 받지 못하여 불출석함에 따라 패소한 당사자는, 마치 정당하게 대리되지 않은 당사자와 마찬가지로 그에 준하여 상소 또는 재심에 의하여 구제되어야 한다는 것이 다수설이다.

그러나 민사소송의 '선고기일'은 당사자가 불출석해도 그 진행에 영향이 없고, 민사소송에서는 당사자가 판결문을 언제 송달받아 그 내용을 파악할 수 있게 되는지가 중요한 것이므로, 선고기일 통지는 일반기일 통지와 다르게 취급된다. 즉 선고기일이 통지되지 않은 채로 판결을 선고했더라도 이는 상소이유가 되지 않는다고 본다. 가령, 피고가 불출석한 기일에 법정에서 선고기일을 통지한 다음, 피고에게 별도로 선고기일 소환장을 보내지 않은 채로 판결선고가 이루어졌다고 하더라도 위법하지 않다(대판 03.4.25, 2002다72514).

7-2-2 기간

7-2-2-1 기간의 의의 및 종류

(1) 의의

기간(期間; Frist)이란, 두 시점 사이의 시간의 폭을 말한다. 여러 가지 기준에서 이를 분류할 수 있는데, 아래에서 보는 바와 같다.

(2) 행위기간과 유예기간

행위기간은 소송지연을 막기 위하여 '특정 소송행위를 그 안에 하도록' 정한 기간이다. 이는 다시 고유기간과 직무기간으로 나뉜다. 고유기간은 당사자의 행위에 관한 기간으로서, 상소기간(§§396,425,444,449②), 상고이유서 제출기간(§427), 재심기간(§456), 담보제공기간(§120①), 담보권리 행사기간(§125), 각종 보정기간(§§59,254,399,402,473), 준비서면 등 주장제출 및 증거신청 기간(§147,§280①), 불출석 취하간주를 면하기 위한 기일지정신청 기간(§268②), 제척 · 기피이유 제출기간(§44②), 제소전화해 · 제권판결에서의 각 소제기기간(§388③,§491), 화해권고결정 · 지급명령에 대한 이의신청기간(§226,§470), 소송비용재판시 서면제출기간(§111) 등이 있다. 이 기간을 도과하면 실권의 불이익을 받게 된다.

직무기간은 법원의 행위에 기한 기간으로서, 판결선고기간(§199,§207), 판결송달기간(§210①), 소송기록 송부기간(§400,§438), 심리불속행판결 선고기간(상고§6②) 등이 있다. 이 기간을 도과해서 하는 법원의 행위의 효력에는 아무런 문제가 없다고, 즉 직무기간 규정들은 훈시규정(1-4-3 참조)이라고 해석되고 있다. 그러나

'원심법원으로부터 상고기록을 받은 날부터 4개월 이내'로 정해져 있는 심리불속행판결 선고기간은 엄격히 지켜지고 있다.

유예기간은 당사자 및 이해관계인의 이익을 보호하기 위하여 이들로 하여금 준비와 숙고를 하도록 말미를 주는 기간이다. 공시송달의 효력발생기간(§196), 압류일과 매각일 사이의 기간(민집§202) 등이 있다.

(3) 법정기간과 재정기간

법정기간(法定期間; gesetzliche Fristen)은 법률에서 정한 기간이다. 이는 다시, 변경할 수 없다고 법률상 정해진 불변기간(不變期間; Notfrist)(§172①)과, 그런 정함이 없는 통상기간(通常期間)으로 나뉜다. 불변기간은 실무상 가장 중요한 것인데, 여기에는 상소기간(§§396,425,444,449), 재심기간(§456), 제소전화해·제권판결에서의 각 소제기기간(§388③,§491), 화해권고결정·지급명령에 대한 이의신청기간(§226,§470), 즉시항고·특별항고의 기간(§444,§449) 등이 있다. 행정소송에서의 제소기간(행소§20③)도 불변기간이다. 불변기간에 대해서는 법원이 그 기간을 늘이거나 줄일 수 없으며, 다만 주소·거소가 멀리 떨어진 곳에 있는 사람을 위하여 부가기간을 정할 수 있을 뿐이다(§172). 물론 당사자가 책임질 수 없는 사유로 말미암아 불변기간을 지킬 수 없었던 경우에 대해서는 예외가 정해져 있고, 그 경우에는 그 사유가 없어진 날부터 2주(외국 소재 당사자에게는 30일) 이내에, 원래기간 내에 못했던 소송행위를 보완할 수 있다(§173). 불변기간 준수 여부는 직권조사사항에 속하는 소송요건이다.

반면에 법정기간 중 불변기간이라는 정함이 없는 기간이 통상기간인데, 이는 법원이 신축(伸縮)할 수 있다(§172①). 그러나 통상기간 중 당사자의 행위기간(고유기간)은 —이에 대해서 법원이 신축하는 결정을 해 주는 일이 거의 없으므로— 불변기간 못지않게 실무상 중요하다. 가령 상고이유서 제출기간(§427; 대결 81.1.28, 81사2), 불출석 취하간주를 면하기 위한 기일지정신청 기간(§268②; 대결 92.4.21, 92마175), 민사집행법상 항고이유서 제출기간(민집§15③; 대결 24.6.27, 2024마5813), 중재판정취소의 소의 제소기간(중재§36③)은 불변기간이 아니지만 당사자는 이를 반드시 준수해야 한다.[2)]

---

2) 다만 그 예외로서, 항고인이 책임질 수 없는 사유로 말미암아 항고이유서 제출기간을 지킬 수 없었던 경우에는 (이는 불변기간이 아니므로 §173는 적용될 수 없지만) 그 제출기

재정기간(裁定期間; richterliche Fristen)은, 재판기관이 재판으로 정해 주는 기간이다. 소장보정기간(§254), 소송능력 보정기간(§59①), 변론에서의 주장제출·증거신청 기간(§147), 변론준비절차에서의 준비서면제출·증거신청 기간(§280①) 등이다.

7-2-2-2 기간의 계산

기간의 계산은 민법에 따른다(§170). 따라서 기간을 시·분·초로 정한 때에는 그 즉시부터 기산하고, 기간을 일·주·월·년으로 정한 때에는 기간의 초일은 산입하지 아니하며 다만 그 기간이 오전 영시로부터 시작하는 때에는 초일을 산입한다(민§156,§157). 기간의 말일이 토요일 또는 공휴일에 해당한 때에는 기간은 그 다음날로 만료한다(민§161).

재정기간에 있어서, 기간을 정하는 재판에서 시기(始期)를 정하지 아니한 경우에는 그 기간은 재판의 효력이 생긴 때부터 진행한다(§171). 기간 진행은, 소송절차의 중단·중지가 있으면 정지되고, 그 해소와 동시에 다시 전체기간이 새로 진행된다(§247).

7-2-2-3 기간 불준수와 추후보완

(1) 기간 불준수시의 실권효(失權效)

정해진 기간 내에 그 소송행위를 하지 않은 채로 기간을 도과하고 나면, 그 후에는 그 소송행위를 할 수 없게 된다. 특히 불변기간 불준수의 불이익은 크며, 가령 2주의 상소기간을 넘기면 그것으로써 바로 판결이 확정된다.

(2) 추후보완의 의의

그러나 불변기간의 불준수가 당사자가 책임질 수 없는 사유 때문인 경우는 구제하여 줄 필요가 있고, 따라서 §173는 소송행위의 "추후보완"을 정하고 있다. 즉 당사자가 책임질 수 없는 사유로 말미암아 불변기간을 지킬 수 없었던 경우에는 그 사유가 없어진 날부터 2주 이내에 게을리한 소송행위를 보완할 수 있다.

(3) 추후보완의 요건 1 — 추후보완대상인 기간

불변기간만 추후보완의 대상이 된다(§173①). 그런데 상고이유서·재항고이유

간이 지난 후에 법원이 §172①에 따라 기간을 늘려준 사례가 있다(위 2024마5813).

서 제출기간을 지키지 않으면 그 불이익의 효과는 상고·재항고의 기간 자체를 불준수한 것과 마찬가지로 크다. 따라서 이 제출기간 불준수에 대해서도 §173를 유추적용하자는 것이 다수설이지만, 판례는 이에 반대한다.[3] 한편 자백간주에 의한 판결편취의 경우에는 판결정본 송달이 무효라고 보아 —즉 아직 송달이 안 되어 미확정판결이므로— 언제든지 항소를 제기할 수 있는 것이고, 추후보완을 할 필요가 없다고 한다(4-2-3-2 & 11-9-4-1를 참조).

(4) 추후보완의 요건 2 — 추후보완 사유

"당사자가 책임질 수 없는 사유" 때문이었어야 한다. 이는, 당사자가 그 소송행위를 하기 위하여 일반적으로 필요한 주의를 다하였음에도 불구하고 그 기간을 지킬 수 없었음을 의미한다(대판 15.8.13, 2015다213322). 책임질 수 없는 사유에 대한 증명책임은 추후보완을 하려는 당사자에게 있다. 우선 천재지변 등 불가항력이 이에 해당하고, 또한 법원의 잘못 등으로 인한 당사자의 기간 불준수가 이에 해당한다.

가령 ⓐ 2심법원이 판결선고기일을 제대로 고지하지 않은 채로 선고를 한 후에 그 판결정본 송달이 폐문부재로 2회 송달불능되자 곧바로 공시송달로써 판결정본을 송달한 경우에, 당사자가 상고장 제출기간을 지키지 않은 것(대결 11.10.27, 2011마1154), ⓑ 과거에 이행권고결정이 제1주소로 송달된 적은 있지만 그 후에 제1주소로는 모두 주소불명 이유로 송달불능되었고 사건기록 중에 정확한 주소인 제2주소가 기재되어 있다면, 법원이 기일통지서 및 판결정본이 제1주소로 송달불능되자 곧바로 발송송달을 한 경우의 항소제출기간 불준수(대판 18.4.12, 2017다53623)는 모두 당사자가 책임질 수 없다고 했다. ⓒ 또한 판결정본의 3회 폐문부재 송달불능 후에 발송송달을 했으나, 법원이 발송송달임을 즉 송달효력이 발송시에 발생함을 표시하지 않고(수령일로부터 14일 내에 항소하라고 기재되어 있었음) 송달한 경우에, 원고가 실제수령일로부터 14일 내에 항소장을 제출했다면 이 역시 추후보완 항소라고 보았다(대판 07.10.26, 2007다37219). ⓓ 소송대리인에게 대리권이 없다는 이유로 소가 각하되고, 법원이 소송대리인에게 소송비용을 부담시키는 재판을 했으나 막상 그 무권대리인에게 이 재판을 통지하지 않아서

3) 대결 81.1.28, 81사2. 또한 불출석 취하간주를 면하기 위한 기일지정신청 기간(§268②)에도 추후보완규정을 유추적용할 수 없다고 한다(대결 92.4.21, 92마175).

그가 항고기간을 준수하지 못한 경우도 이에 해당한다(대결 16.6.17, 2016마371).[4]

법원의 잘못이 없더라도 당사자에게 잘못이 없으면, 역시 당사자 귀책사유가 아님은 당연하다. ⓔ 무권대리인(변호사)이 소송을 수행하고 판결정본을 송달받은 경우, 당사자는 과실 없이 소송계속 사실 및 그 판결정본의 송달 사실을 몰랐다는 이유로, 그 당사자의 추완항소를 적법하다고 했다(대판 96.5.31, 94다55774). ⓕ 피고가 우체국에 주소이전신고를 한 후에 행해진 소장부본 송달시에는 집배원이 송달통지서에 이사 사실을 기재해야 하는데 '창구교부'라고만 적어서, 법원직원이 구주소로 기일소환장을 발송송달하고 판결정본을 공시송달하였다면, 이는 피고의 책임있는 사유가 아니므로 추완항소가 적법하다(대판 03.6.10, 2002다67628).

소송계속 후에는 당사자에게 주소변경신고의무가 있으므로, 그런 신고를 하지 않아서 발송송달 또는 공시송달로 처리된 경우에는 당사자에게 귀책사유가 있음이 원칙이다(대판 87.3.10, 86다카2224; 17.11.14, 2015다214011). 다만, ⓖ 조정불성립시 사건이 소송으로 이행(移行)되는데(민조§36), 조정불성립 후 주소가 변경된 피신청인이 이행사실을 모른 채 주소변경신고를 하지 않고 있는 상태에서, 소송서류들이 발송송달·공시송달로써 송달된 경우에는 —처음부터 소장 부본이 적법하게 송달된 경우와 달라서— 피신청인에게 소송진행상황을 조사할 의무가 있다고 할 수 없고, 따라서 그의 항소는 추완할 수 있다고 보았다(대판 15.8.13, 2015다213322).

그 외에 기간 불준수가 당사자의 귀책사유라고 판단한 판결례를 보면 다음과 같다. ⓗ 당사자의 지병으로 인한 집중력 저하와 정신과 치료(대판 11.12.27, 2011후2688), ⓘ 항소장을 1심법원 아닌 항소법원에 제출하여 항소기간이 도과해 버린 경우(대판 03.3.28, 2002다73067) 등이다. 그리고 ⓙ 당사자의 귀책사유에는 당사자 본인뿐만 아니라 그 소송대리인 및 대리인의 보조인의 귀책사유도 포함되고(대판

4) 소송계속 후에 수감되더라도 당사자에게는 송달장소 변경신고 의무가 없다(2-4-2-3 참조). 따라서 수감 후 법원이 공시송달을 하면 이는 요건을 갖추지 못한 공시송달이지만 재판장의 명령에 따른 것인 이상 그 효력은 있다(2-4-2-10). 이 경우 수감자는 과실 없이 판결 송달을 알지 못한 것이고, 책임질 수 없는 사유로 불변기간을 준수할 수 없었던 때에 해당하므로, 사유가 없어진 후 2주 내에 추완상소를 할 수 있다(대판 22.1.13, 2019다220618).

99.6.11, 99다9622), 따라서 ⓚ 판결정본을 송달받은 소송대리인이 당사자에게 통지하지 않은 경우(대판 84.6.14, 84다카744)도 당사자 귀책사유이다.

(5) 추후보완의 절차

추후보완의 별도 절차가 있는 것은 아니고, 당사자측이 원래의 소송행위를 하면 된다. 가령 항소라면 항소장을 제출하면 되는데, 다만 그 항소장에서 추후보완사유 및 그 사유의 종료시기 등을 설명해야 한다. 보완기간은 그 사유가 없어진 날부터 2주 이내이며, 다만 그 사유가 없어질 당시 외국에 있던 당사자에 대하여는 이 기간을 30일로 한다(§173①). 이 추후보완기간에 대해서는 §172의 법정기간 신축조항을 적용하지 않으므로(§173②), 추후보완기간은 늘이거나 줄일 수 없다.[5] 그 사유가 없어진 날이란, 가령 판결 공시송달에서는, 판결선고사실을 안 때가 아니라 그 판결정본이 공시송달의 방법으로 송달된 사실을 안 때를 가리킨다(대판 13.1.10, 2010다75044). 그리고 당사자가 외국에 있는 경우의 30일이란, 당사자의 동생이 사건기록을 열람·등사한 날이 기준이 아니라, 당사자 본인이 그 재판기록을 송부받아본 날이 기준이다(대판 00.9.5, 2000므87).

당사자의 추후보완이 있으면, 법원은 그 보완사유 유무를 조사하는데, 이것도 별도의 절차가 아니라 본래의 소송심리 중에 하면 된다. 그런데 하급심 판결에 대한 추완상소를 제기하더라도, 그 판결의 기판력·집행력은 그대로 유지된다. 그러므로 집행정지를 시키려면 §500(재심 또는 상소의 추후보완신청으로 말미암은 집행정지)에 따라서 별도로 집행정지결정을 받아야 한다.[6]

7-3 소송절차에 관한 이의권

7-3-1 절차적 흠의 치유와 절차이의권

소송행위에 흠이 있어 소송요건이 결여되는 등 절차상 흠이 있을 때에 당사

5) 1심판결이 공시송달로써 확정되어 이에 기한 소유권이전등기가 마쳐진 다음에, 피고가 위 판결선고 및 공시송달사실을 안 때로부터 2주 내에 그 말소등기소송을 제기하였다가 이를 취하하고 나서, 약 2개월 후 위 판결에 기한 추완항소를 제기한 경우에는, —말소소송의 제기를 추완항소 제기와 동일하게 평가할 수는 없고— 위 추완항소는 기간 내에 제기되지 못한 것이다(대판 94.10.21, 94다27922).

6) 그 집행정지를 위한 담보제공·공탁은 원·피고의 보통재판적이 있는 곳의 지방법원·집행법원에 한다(§502).

자가 이를 따지는 방법은 여러 가지이다. 그 잘못이 법원의 재판이면 당사자는 상소·재심으로 불복할 수 있을 것이고, 아직 판결에 이르기 전에 상대방의 행위에 잘못이 있으면 이를 지적하여 그 무효를 주장할 수 있다.

그런데 소송행위의 흠 중에서 항변사항인 것은, 당사자가 최초의 본안변론시까지(임의관할 위반, 중재합의) 또는 변론종결시까지(부제소합의—항변사항으로 볼 경우) 이를 다투지 않으면 그 흠이 치유된다. 그리고 소송상 항변사항 외에도, 일반적으로 소송절차규정들 중에서 '임의규정' 위반이 있을 때에는, 당사자가 이를 곧바로 다투지 않으면 흠이 치유된다. 이와 같이 소송절차상의 흠이 치유되지 않도록 당사자가 이의하고 효력을 다투는 권능을 '소송절차에 관한 이의권', 줄여서 절차이의권(Rügerecht)이라고 한다. 2002년 개정 전에는 책문권(責問權)이라 했다.

절차이의권은 그 행사보다도 불행사가 논의의 중심에 있다. 즉 §151 본문도 "당사자는 소송절차에 관한 규정에 어긋난 것임을 알거나, 알 수 있었을 경우에 바로 이의를 제기하지 아니하면 그 권리를 잃는다."라고 하여 불행사에 관하여 규정하고 있다. 바꾸어 말하면, 절차이의권은 곧바로 행사하지 않으면 그것이 "포기·상실되었다"고 본다.

7-3-2 절차이의권의 대상

(1) 절차이의권은 상대방 당사자 또는 법원의 소송'절차'규정의 위반이 있을 때에 행사한다. 여기서 말하는 절차규정이란, 소송행위의 방식·시기·장소 등의 형식적 사항의 규정을 가리킨다. 즉 그런 형식적 사항이 아닌 소송행위의 내용상의 문제, 가령 상대방의 소송상 주장의 정당 여부, 법원의 증거채부, 자백에 반하는 사실인정 등은, 여기서 말하는 절차에 관한 규정위반이 아니며, 따라서 절차이의권의 대상이 되지 않는다.

(2) 절차규정 중에서도, 민사소송법규 중 다수를 차지하는 강행규정에 있어서는 —이를 위반하는 소송행위가 있을 당시에 당사자가 이의했는지 여부를 불문하고— 그 위반행위는 무효이거나 취소가능한 것이 된다(1-4-3 참조). 가령 강행규정인 항소기간의 기산점이 되는 판결정본의 송달의 하자는 절차이의권의 대상이 아니다(대판 72.5.9, 72다379). 따라서 절차이의권의 대상이 되는 소송절차규정 위

반이란, 임의규정 위반을 가리킨다. 훈시규정 위반행위는 당연히 유효이므로, 역시 절차이의권의 대상이 되지 않는다.

판례를 보면, ⓐ 우선 소송 중의 각종 소송서류(단, 판결서는 제외)의 송달을 받지 못한 경우는 절차이의권 대상이며, 따라서 이의없이 넘어갔으면 절차이의권이 포기·상실된 것이다. 예컨대 답변서(대판 11.11.24, 2011다74550), 청구취지확장신청서(대판 63.6.20, 63다198)의 송달이 그러하다. ⓑ 증거조사방식의 위배도 절차이의권 대상일 뿐이다. 예컨대 원고대표자는 당사자본인신문으로 증거조사해야 하는데 증인신문으로 한 경우(대판 92.10.27, 92다32463), 외국어 서증에 번역문을 붙이지 않은 경우(대판 66.10.18, 66다1520), 사본을 원본의 대용으로 해서 증거신청을 한 경우(대판 02.8.23, 2000다66133) 등이다.

ⓒ 소송중의 소의 제기방식 위반도 절차이의권 대상이다. 예컨대 청구기초에 동일성이 없는 청구변경(대판 88.12.27, 87다카2851), 청구취지확장을 서면으로 하지 않은 것(대판 72.11.28, 71다1668; 90.12.26, 90다4686; 93.3.23, 92다51204), 반소청구의 요건 흠결(대판 68.11.26, 68다1886. 다만 요건 중 관련성요건만이 이에 해당함) 등이다. ⓓ 기일통지가 누락되었더라도 기일에 출석했으면 그 통지위반은 절차이의권 대상으로서 흠이 치유된다(대판 74.1.15, 73도2967; 84.4.24, 82므14; 07.2.22, 2006다75641).

7-3-3 절차이의권의 포기와 상실

절차이의권을 가진 당사자는 법원에 대하여 이를 포기하는 의사표시를 할 수 있다. 이의권은 소송절차 위배가 있을 때에 비로소 발생하므로 사전포기는 있을 수 없다. 사후포기는 가능하고, 명시적·묵시적 의사표시가 다 가능하다고 설명되지만, 법원은 권리 및 권능의 포기에 있어서는 묵시적 포기를 잘 인정하지 않는다. 따라서 절차이의권이 "포기"되는 사례는 드물다.

당사자가 절차이의권을 적극적으로 포기하지 않는 경우에도, 그 절차위배를 알았거나 알 수 있었을 때에 바로 이의하지 않으면 그 절차이의권은 "상실"되는 것으로 본다(§151). 여기서 '바로'라고 함은, 이의를 할 수 있는 기회에 곧바로 이의를 하지 않는 것을 가리킨다. 가령 일방에 대한 기일통지를 누락한 채로 기일을 열어서 증인신문을 실시하였는데, 그 다음 기일에 출석한 피누락자가 그 증인신문에 대하여 이의하지 않고 변론을 하면 절차이의권을 상실하는 것이 된다.

7-4 소송절차의 정지

7-4-1 의의 및 종류

소송절차의 정지(Stillstand des Verfahrens)란, 소송계속이 발생한 뒤에 절차가 종료되기 전에 소송절차가 '법률상 이유로' 일시적으로 진행되지 않는 상태를 가리킨다. 가령 한쪽 당사자가 사망한 때에는 법원이 소송절차를 그대로 진행시킬 수가 없기 때문에 절차가 중단된다고 법률이 §233 이하에서 정하고 있다. 이는 당해 사건의 개별사정으로 '사실상' 진행되지 않고 있는 경우, 가령 기일이 연기되면서 다음 기일이 추후지정된 경우, 판결선고가 지연되고 있는 경우 등과는 구별되어야 한다.

소송절차 정지는 쌍방심리주의를 실질화하기 위한 제도이므로, 판결절차 및 이에 준하는 독촉절차·제소전화해절차·항고절차 등에서는 인정되지만, 절차의 신속이 강조되는 강제집행절차, 임의경매절차, 가압류·가처분절차, 증거보전절차에서는 준용되지 않는다(대판 70.11.24, 70다1894; 대결 98.12.23, 98마2509; 대판 93.7.27, 92다48017).

소송절차의 정지에는 중단과 중지가 있다. 중단(中斷; Unterbrechung)이란, 당사자 및 법정대리인에게 소송을 수행할 수 없는 사유가 발생하여 '새로운 당사자·법정대리인'이 소송에 관여할 수 있을 때까지 일시적으로 절차가 진행되지 않는 것을 말한다. 중지(中止; Aussetzung)란, 법원이나 당사자에게 소송진행을 불가능·부적당하게 만드는 장애가 생겨서 일시적으로 절차가 진행되지 않는 것을 가리키며, 당사자·법정대리인이 교체되지 않는다는 점에서 중단과 다르다.

7-4-2 소송절차의 중단

7-4-2-1 중단사유

(1) 당사자의 사망(§233)

가장 대표적인 중단사유이며, 상속인이 수계할 때까지 중단된다. 소송계속 후에 사망해야 이에 해당한다. 실종선고에 의한 사망간주도 포함한다. 소송에서 다투어지는 권리의무가 상속가능한 것일 때에 본조(本條)가 적용되고, 상속불가능 권리의무이면 중단되지 않는다. 즉 일신전속적 권리가 계쟁물인 소송은 중단되지 않으므로, 가령 이혼소송 중에 일방이 사망하면 소송절차중단은 없고, 소송이 종료된다(이혼과 병합된 재산분할청구도 그러하다; 대판 94.10.28, 94므246). 이사의 지위에서 이사회결의무효 확인소송을 제기한 사람이 사망한 경우에도 같다(대판 13.9.12, 2011두33044). 한편 사망으로 인하여 당사자 일방이 타방을 상속하면 —당사자 지위에 혼동이 생기고 이당사자대립구조가 해소되어— 소송은 종료하므로, 이 경우에도 중단은 없다.

통상공동소송에서는 소송절차 중단이 사망한 당사자와 그 상대방 간에만 생기는 데 반하여, 필수적 공동소송에서는 전체 당사자에 대하여 중단이 된다.

(2) 법인의 합병(§234)

당사자인 법인이 합병에 의하여 소멸된 때에 소송절차는 중단된다. 이 경우 합병에 의하여 설립된 법인 또는 합병한 뒤의 존속법인이 소송절차를 수계하여야 한다. 반드시 회사법상의 합병에 한정되는 것은 아니고, 법인의 권리의무가 다른 법인에 포괄적으로 승계되는 경우에는 §234가 유추적용된다(대판 02.11.26, 2001다44352). 따라서 행정구역의 합병·통합에도, 그리고 비법인 사단·재단의 합병에 있어서도 본조가 유추적용된다.

(3) 당사자의 소송능력 상실(§235전단)

당사자가 소송계속 중에 소송무능력자가 되면 더 이상 소송행위를 할 수 없으므로, 법정대리인이 수계할 때까지 소송절차가 중단된다. 소송 중에 성년후견개시심판을 받은 경우, 그리고 한정후견개시의 재판을 받고 후견인에게 대리권이 수여된 경우가 이에 해당할 것이다.

(4) 법정대리인의 사망이나 법정대리권의 소멸(§235후단)

법정대리인 또는 법인대표자(§64)가 사망하면, 새로운 법정대리인이나 법인대표자가 또는 능력을 회복한 본인이 소송을 수계할 때까지 절차가 중단된다. 법정대리권이 소멸하는 사유로는, 그 법정대리인에 대한 성년후견개시 및 파산(민§127), 친권상실의 선고(민§924), 친권자의 대리권·재산관리권 상실선고(민§925), 후견인의 결격사유 발생(민§937) 등 다양하다. 법정대리권 소멸은 상대방에게 통지해야만 소멸의 효력을 주장할 수 있으므로(§63①), 통지를 해야 비로소 절차가 중단된다. 법인대표자의 대표권 상실에는 가처분에 의하여 직무집행정지가 되는 경우도 포함된다(대판 80.10.14, 80다623).

(5) 수탁자의 임무종료(§236)

신탁으로 말미암은 수탁자의 위탁임무가 끝난 때에 소송절차는 중단된다. 이 경우 새로운 수탁자가 소송절차를 수계하여야 한다. 이 신탁은 신탁법상의 신탁을 가리킨다.

(6) 소송담당자의 자격상실(§237)

일정한 자격에 의하여 자기 이름으로 남을 위하여 소송당사자가 된 사람이 그 자격을 잃거나 죽은 때에는 —같은 자격을 가진 사람이 수계할 때까지— 소송절차는 중단된다. '일정한 자격'에 의하여 소송당사자가 된 사람이란, 소송담당자 중에서 파산관재인, 회생절차 관리인, 유언집행자 등 절차에 따라 선임되어 이해관계의 공정한 처리를 임무로 하는 사람을 가리킨다(4-7-3-1 참조).[7] 그러나 채권자대위소송의 채권자, 채권질의 질권자, 추심소송의 채권자, 주주대표소송을 하는 주주처럼 자발적으로 소송담당자가 된 자는 이에 해당하지 않는다.[8] 이 사람들이 사망하면 §233가 적용된다.

선정당사자들 중에서 일부가 사망하면 나머지 선정당사자가 소송을 수행하므로 절차는 중단되지 않는다. 선정당사자가 모두 사망한 경우에는, 선정자 전원이 수계를 하거나 새로 선정된 선정당사자가 수계할 때까지 중단된다.

(7) 도산절차 관련 중단사유(§239,§240)

소송당사자가 파산선고를 받으면, 채무자회생법에 따른 수계가 있을 때까지 소송절차가 중단된다. 만약 이 경우 채무자회생법에 따른 수계가 이루어지기 전에 파산절차가 해지되면 파산선고를 받은 자가 당연히 소송절차를 수계한다(§239 제2문). 파산재단에 관한 소송의 수계가 이루어진 뒤 파산절차가 해지되면 —파산선고를 받았던 자가 소송절차를 수계할 때까지— 소송절차는 다시 중단된다

---

7) 뿐만 아니라, 판례가 허용하는 임의적 소송담당자(4-7-3-3)의 경우, 즉 본인(집합건물관리단)에 의하여 선임된 위탁관리회사가 계약종료로 그 자격을 잃은 때에도 §237가 적용되어 소송이 중단된다(대판 22.5.13, 2019다229516).

8) 일부 학자는 병행형 소송담당자는 §237에 해당하지 않는다고 설명한다. 그러나 절차에 따라 선임되어 이해관계의 공정한 처리를 임무로 하는 소송담당자인지 자발적으로 소송담당자가 된 사람인지에 따라 구별해야 한다.

(§240). 파산절차의 '해지'라고 함은, 파산종결(채회§530) 및 파산취소(채회§325), 파산폐지(채회§538)를 모두 포함하여 파산절차의 종료를 가리키는 말이다.

회생절차개시결정이 있는 때에도 채무자의 재산에 관한 소송절차는 중단된다(채회§59①). 이에 따른 소송수계가 있기 전에 회생절차가 종료하면, 채무자가 소송절차를 수계한다(채회§59③). 이러한 사유가 있을 때에는, 종전 당사자에게 소송대리인이 있더라도 절차가 중단된다. 왜냐하면 위임이 종료하여 소송대리의 기본관계가 소멸하고, 제3의 소송담당자가 (또는 파산·회생절차 종료시에는 원래의 당사자가) 새로 당사자가 되어야 하기 때문이다.

채권자취소의 소송계속 중에 채무자에 대한 파산선고가 있으면, 소송절차가 중단되고, 원고인 채권자에 갈음하여 파산관재인이 그 절차를 수계하여(채회§406,§347①) 부인의 소(§391)로 변경한다.[9] 판례는 이 규정을 채권자대위소송에도 유추적용하여, 대위소송 중 채무자가 파산선고를 받으면 소송절차가 중단되고 파산관재인이 수계할 수 있다고 한다(대판 13.3.28, 2012다100746).

7-4-2-2 중단의 예외

(1) 앞에서 본 중단사유 중 (1)~(6)에서는 그 중단사유가 생긴 당사자측에 소송대리인이 있으면 중단사유에도 불구하고 소송절차가 중단되지 않는다(§238). 원래 그 사유발생으로 소송수행이 불가능하다고 해서 절차중단규정을 둔 것인데, 소송대리인이 있으면 소송수행이 가능하기 때문이다. 위 사유들이 발생해도 소송대리권이 소멸하지 않기 때문에(§95,§96) 소송절차 중단이 없다고 정할 수 있는 것이다. 소송대리인은 수계절차 없이도 신당사자의 소송대리인이 되며, 판결의 효력은 신당사자에게 미친다. 판결서상 당사자명은 망인을 그대로 표시해도 되며(대판 11.4.28, 2010다103048 — 판결경정으로 해결함: 대판 02.9.24, 2000다49374), 만약 신당사자를 틀리게 표시하더라도 판결의 효력은 정당한 상속인에게 미친다(대결 92.11.5, 91마342).

---

9) 파산선고 시점에 계속되어 있는 소송이라야 파산관재인이 수계할 수 있는 것이 원칙이다. 따라서 채무자가 제기한 채무부존재 확인의 소장부본이 피고에게 송달되기 전에 파산선고가 내려지면 이 소는 부적법한 것이고 파산관재인의 소송수계신청은 허용되지 않는다(대판 18.6.15, 2017다289828). 그런데 대판 18.6.15, 2017다265129은, 파산선고 후 파산채권자가 제기한 사해행위취소소송의 경우에는, —물론 이는 부적법한 소이지만— 파산관재인이 수계하면 적법해진다고 한다.

(2) 다만 소송대리인이 있더라도 소송절차가 무제한으로 진행되지는 않는다. 심급대리의 원칙상 그 심급의 판결정본이 당사자에게 송달됨으로써 소송절차가 중단된다는 것이 판례이다(대판 80.10.14, 80다623; 16.9.8, 2015다39357). 그러나 소송대리인이 상소제기에 대한 특별수권을 받은 경우에는, 판결을 송달받더라도 소송중단이 없으므로, 이 경우 상소제기 없이 상소기간이 지나가면 그 판결은 확정된다는 것이 판례이다(대결 92.11.5, 91마342).

이 논리에 따르면, 가령 원고A, 피고B 간의 소송계속 중 B가 사망하고 B의 소송대리인인 甲(상소제기의 특별수권을 받았음)이 소송을 계속 수행했으나 B패소의 판결이 선고되었고, B의 상속인인 C,D 중에서 C만 항소하였다면 (즉 甲은 D가 상속인으로 있음을 몰랐고 D도 항소를 하지 않았다면) 그 항소기간 도과로써 위 판결 중 A-D 간 부분은 확정된다는 결론에 이른다(위 91마342). 그러나 뒤늦게 소송수계의 필요성을 알게 된 D에게는 이 결론이 가혹할 수 있으므로, 이에 대하여 D에 대하여 소송절차 중단상태에 있다고 해석할 수 있다는 견해도 나와 있다(호문혁 240). 상소제기에 대한 특별수권이 있다면, 항소기간 도과로써 A-D 간 부분이 확정된다고 봄이 아무래도 논리적이므로, D에게 과실이 없다면 추후보완 상소를 허용함으로써 D의 보호를 꾀할 수밖에 없다고 본다(同旨: 이시윤 463).

그런데 원고가 사망했으나 소송대리인이 있어 소송절차가 중단되지 않았고 그 공동상속인 P,Q,R 중 P만 소송수계절차를 밟아서, 1심판결이 P만을 소송수계인으로 표시한 판결을 선고하고[10] 이 판결에 대해 소송대리인이 “망인의 소송수계인 P”라고만 기재한 항소장을 제출한 사안에서, 대법원은 누락상속인 보호의 필요성을 고려하여 —이와 같이 망인의 소송대리인이나 상대방 당사자가, 판결상 잘못 기재된 당사자 모두를 상소인 또는 피상소인으로 표시하여 상소를 제기했다면— 그 상소는 정당한 상속인들 모두에게 유효한 것이라고 판시하였다(대판 10.12.23, 2007다22859). 이는 소송행위의 표시주의 원칙에 대한 중대한 예외를 선언한 것인데, 관련자들이 공동상속인의 존재를 몰랐을 리 없다고 보이는 위 사안에서 과연 타당한 결론인지는 의문이다.

---

10) 이 판결이 P,Q,R 전원에게 유효하다는 점은 확립된 판례이다(위 91마342 등).

7-4-2-3 중단의 해소

소송절차의 중단은, 당사자·법정대리인의 수계신청 또는 법원의 속행명령으로 해소되며, 이에 따라 절차는 다시 진행된다.

(1) 수계신청

수계신청은, 중단된 절차를 다시 속행해 달라는 당사자·법정대리인으로부터의 신청이다. 소송상 지위를 물려받는 소송승계와 다르다는 점을 유의해야 한다. 수계할 사람은, 자연인 사망시에는 상속인 등이고, 법인합병시에는 신설법인·존속법인이며(§234), 소송능력 상실시에는 법정대리인이 된 자(또는 그 수계 전에 소송능력이 회복되면 그 회복당사자; §235)이고, 법인대표자에게 직무집행정지가처분이 내려지는 경우에는 직무대행자이다.

당사자 사망시의 수계신청권자는 상속인·상속재산관리인·유언집행자·수증자이다. 계쟁물을 공동상속한 경우에, 상속인들 간에 필수적공동소송 관계가 없으므로, 상속인 중 일부만 수계신청을 할 수도 있다. A-B 간 소송계속 중에 A가 사망하여 상속인 C,D가 있는데, C만 수계신청 및 항소를 하고 D는 안 하면, C-B 간 소송은 항소심에 계속되고 D-B 간 소송은 제1심에 여전히 남아 있는 상태가 된다(대판 94.11.4, 93다31993)(만약 망인의 소송대리인이 항소제기의 수권을 받은 경우에 관해서는 7-4-2-2의 (2)를 참조). 수계신청은 중단사유가 발생한 쪽 당사자뿐만 아니라, 상대방 당사자도 이를 할 수 있다(§241). 즉 A,B간 소송계속 중에 A가 사망하여 상속인 C,D가 있을 때, C나 D뿐만 아니라 B도 수계신청을 할 수 있다.

수계신청은 —소송절차 중단사유의 발생을 전제한 개념이지만— 반드시 소송절차가 실제로 중단된 경우에만 할 수 있는 것은 아니며, 소송대리인이 있어서 중단이 안 된 경우에도 새로운 당사자가 (혹은 그 상대방이) 수계신청을 할 수 있고, 해야 한다.

상속인은 상속포기기간인 3개월(민§1019) 동안은 소송절차를 수계하지 못한다(§233②). 수계신청은 '중단 당시' 소송이 계속된 법원에 해야 한다. 종국판결이 송달된 후에 중단된 소송절차의 수계신청은 그 재판을 한 법원, 즉 원법원에 해야 한다(§243②).[11] 수계신청인지 여부는 명칭에 구애되지 말고 실질적으로 판

11) §243②의 명문규정에 반하여, 대판 63.5.30, 63다123 및 96.2.9, 94다61649은 "상급심 법원에 수계신청"이라는 표현을 사용하고 있다. 그러나 이 판결들은, 당사자가 사망했으나

단할 것이므로, 당사자표시정정신청도 경우에 따라 수계신청으로 볼 수 있다(대판 80.10.14, 80다623). 수계신청이 있으면, 법원은 이를 상대방에게 통지해야 하고(§242), 법원이 직권으로 그 사유를 조사하여 이유가 없다고 인정한 때에는 결정으로 기각한다(§243①). 이 결정에 대해서는 통상항고를 할 수 있을 뿐이다(§439). 수계신청이 이유 있으면 이를 판단하는 재판을 할 필요없이 법원은 그냥 소송절차를 진행시키면 된다(대판 06.11.23, 2006재다171).

(2) 법원의 속행명령

당사자가 수계신청을 하지 않아서 절차를 진행시킬 수 없을 경우에는, 법원이 수계할 사람을 지정하여 절차를 계속하도록 명할 수 있다(§244). 사건이 방치되는 것을 막으려는 제도이다. 속행명령이 당사자에게 송달되는 시점에 중단이 해소된다고 본다. 이러한 속행명령의 상대방은 새로 수계할 사람 즉 상속인, 합병에 따라 설립된 법인, 선정자 전원 등이다. 속행명령은 중간적 재판이므로 독립하여 불복할 수 없다(통설).

7-4-3 소송절차의 중지

소송절차의 중지사유는 §245, §246가 정하고 있고, 그 외에도 다른 절차와의 관계로 인한 절차 중지가 가능한 경우가 법으로 정해져 있다.

(1) 법원의 직무집행 불가능으로 말미암은 중지(§245) : 천재지변, 그 밖의 사고로 법원이 직무를 수행할 수 없을 경우에 소송절차는 그 사고가 소멸될 때까지 중지된다. 법률상 당연히 중지되는 것이고, 법원의 재판이 필요하지 않다. 법원 전체의 직무수행 불능을 가리키는 것이지, 법관 개인의 불능을 가리키는 것이 아니다.

(2) 당사자의 장애로 말미암은 중지(§246) : 당사자가 일정하지 아니한 기간 동안 소송행위를 할 수 없는 장애사유가 생긴 경우에는 법원은 결정으로 소송절차를 중지하도록 명할 수 있다. 천재지변으로 교통이 두절된 경우, 그리고 당사자가 중병으로 법원출석은 물론 대리인과 연락도 할 수 없는 경우가 이에 해당

소송대리인이 있어서 하급심에서 소송절차가 중단되지 않은 경우에, 상급심에 상소하면서 수계신청을 하는 행위를 만연히 이렇게 표현한 것으로 해석할 일이다. §243②의 규정 및 상소장 원심제출주의를 고려하면, 당연히 원법원에 상소장 및 수계신청서를 제출하는 것이 맞다.

할 것이다. 법원의 중지명령 결정이 있어야 하며, 이 결정은 법원이 언제든지 취소할 수 있다(§246②).

(3) 다른 절차의 진행 : 법원이 담당사건에 적용할 법률조항에 관하여 헌법재판소에 위헌심판제청을 한 경우에는 당해 소송사건은 헌법재판소 결정이 있을 때까지 정지된다(헌재§42). 조정에 회부한 경우(민사조정규칙§4), 회생절차개시신청이 있은 경우(채회§44①) 등에도 법령상 당해 소송을 중지 · 정지할 수 있다는 규정을 두고 있다. 위 각 절차가 진행되는 동안에는 당해 소송을 계속 진행시키는 것이 부적절하므로, 소송절차를 중지해 두거나 또는 중지할 수 있다고 정해 둔 것이다. 그런데 위와 같은 명문규정이 없는 경우, 가령 다른 민사 · 형사 · 행정사건의 판결이 선결관계에 있는 경우에도 소송절차의 중지를 명할 수 있는가? 학설은 갈리는데, 실무는 기일을 추후지정함으로써 사실상 정지하는 것으로 처리하고 있다.

7-4-4 소송절차 정지의 효과

(1) 소송절차가 정지되면 당사자는 소송행위를 할 수 없다. 상소도 할 수 없다. 이때 당사자가 한 소송행위는 무효이지만, 나중에 추인하면 유효가 된다.

(2) 법원도 원칙적으로는 소송행위를 할 수 없다. 다만 판결의 선고는 소송절차가 중단된 중에도 할 수 있다(§247①). 즉 이미 변론이 종결된 후에 중단사유가 발생했으면, 판결선고는 할 수 있다. 판결선고 외에는, 가령 기일지정, 기일통지, 증거조사 등 일체의 행위를 하지 않아야 한다. 이에 위반한 법원의 행위는 무효이다. 그런데 만일 변론종결 전에 정지가 되었는데도 법원이 이를 간과한 채 변론을 종결하고 판결을 선고한 경우의 판결의 효력은 어떠한가? 이것이 위법한 판결임은 분명하나 이 판결이 무효인지에 관해서는 논의가 있다. 과거의 판례는 당연무효라고 했으나, 대판-전 95.5.23, 94다28444은 입장을 변경하였다. 즉 이 경우를 대리권의 흠이 있는 경우와 마찬가지라고 보아서, 그 판결이 확정 전이면 상소에 의하여, 확정 후이면 재심에 의하여 불복할 수 있다고 하였다.[12] 한편 법원이 채권자취소소송의 계속 중 채무자에 대한 파산선고 사실을 알지 못한 채

---

12) 다수설은 이를 지지한다. 다만 호문혁 430은 이런 판결은 무효라고 주장한다. 독일의 판례 · 통설은 한국의 판례 · 다수설과 같은 입장이다(Rosenberg, §125 Rn.12).

파산관재인의 소송수계가 이루어지지 아니한 상태로 소송절차를 진행하여 선고한 판결도 마찬가지로 위법한 것이어서, 상소로써 다툴 수 있다(대판 15.11.12, 2014다228587; 22.5.26, 2022다209987).

(3) 소송절차가 정지되면, 소송상의 기간(가령 지급명령에 대한 이의신청기간; 대판 12.11.15, 2012다70012)은 그 진행이 정지된다(§247②). 즉 아직 개시 전이면 기간이 개시하지 않고, 이미 진행 중인 기간이면 그 진행을 멈추며, 정지사유가 해소된 후에 —남은 기간이 아니라— 전체기간이 새로 진행된다(§247②후단).

제 8 장

변론과 그 준비

8-1 변론에서의 당사자의 행위

당사자의 변론행위로는, 본안의 신청과 공격방어방법의 제출이 있다. 이를 검토하고, 더 나아가서 당사자의 주장·부인·항변 등에 대하여 자세히 살펴보기 전에, 먼저 소송행위 개념을 살펴본다.

8-1-1 소송행위

8-1-1-1 의의

소송행위(Prozesshandlung)란, 소송절차에 효력을 미치는 소송주체의 행위이다. 민법의 법률행위에 대응하는 것이다. '법원'의 소송행위로는, 물론 최종결론인 재판이 가장 중요하지만, 그 외에도 당사자의 소송행위의 수령, 송달, 기일지정, 증거조사, 조서작성, 각종 통지 등이 있다. 그러나 이는 문제되는 곳에서 개별적으로 설명하기로 하고, 여기서는 '당사자'의, 즉 원·피고의 소송행위만을 다룬다. 당사자의 소송행위로는, 소제기 등의 신청, 각종 주장, 증거제출, 소의 취하, 화해, 청구의 포기·인낙, 동의, 질문, 통지 등이 있다.

당사자가 소송과 관련하여 행한 행위는 그것이 소송행위인 경우에는 민사소송법이 적용되고, 통상의 법률행위인 경우에는 민법이 적용된다. 그러면 소송행위와 법률행위는 어떻게 구별하는가? 일단, 요건과 효과가 절차법에 의하여 규율되면 소송행위이다(통설). ⓐ 가령, 재판상 자백, 상소의 제기, 상소의 취하 등은 민사소송법이 요건과 효과를 정하고 있으므로, 모두 순수한 소송행위이다. ⓑ '소의 제기'는 소송법에 따라서 하는 것이고 그 효과로서 소송계속이라는 소송법상 효과가 생기므로 —시효중단 효과라는 실체법상 효과도 함께 생기기는 하지만— 주된 요건·효과가 소송법상의 것이며, 따라서 소송행위로 분류된다. ⓒ 그러나 소송상 행하는 상계와 화해에 대해서는 이것이 소송행위인지 아니면 법률행위인지가 복잡하게 논의되고 학설이 대립한다(해당 부분에서 본다).

8-1-1-2 종류

(1) 소송행위는 그 효과에 따라서 취효적 소송행위와 여효적 소송행위로 구분할 수 있다. 취효적 소송행위(取效的~; Erwirkungshandlung)란, 법원의 행위를 통하여 효력을 획득하는 것으로서, 재판을 구하는 행위와 재판기초자료를 제공하는 행위를 합하여 가리킨다. 가령 소제기, 청구원인·항변의 각 주장, 상소제기, 증거신청 등이 이에 해당한다.

반면에 여효적 소송행위(與效的~; Bewirkungshandlung)는 당사자가 —재판을 통하지 아니하고— 직접 소송법상 효과를 부여하는 행위이다. 이에 대해서도 효력 유무의 평가를 받지만, 그 행위로써 이미 발생한 소송법상 효과가 상대방에 의하여 다투어질 때에 비로소 법원이 관여하여 유·무효 판단을 하게 된다. 가령 소의 취하, 절차이의권 포기, 상소의 포기, 대리권소멸의 통지, 소송고지, 청구의 포기·인낙 등이 이에 해당한다. 소제기와 상소제기는 취효적·여효적 양쪽 행위로서의 성격을 모두 가진다고 해석된다. 나름대로 의미있는 구분이지만, 이 구분이 실무상 자주 이용되지는 않는다.

(2) 소송행위를 —법률행위와 마찬가지로— 의사표시의 방향과 수에 따라서 단독행위와 계약으로 구분할 수 있다. 소송행위 중 대부분은 단독행위이다. 흔히 소송계약이라고 부르는 것은, 소송과 관련된 계약을 널리 칭하는 용어인데, 그

성질은 소송행위일 수도 있고 법률행위일 수도 있다.

8-1-1-3 특성 및 규율

(1) 소송행위는 일반적으로 법원에 대한 공적인 행위이고, 연속적인 절차를 구성하는 행위이므로, 표시주의와 외관주의를 관철하여 소송절차의 안정을 확보할 필요가 강하다. 소송행위에는 기본적으로 민사소송법이 적용되지만, 규율누락이 있기도 하고 또한 민사소송법 자체가 민법을 준용하기도 하므로, 여러 곳에서 민법의 유추적용이 문제된다. 소송행위에 민법규정이 적용되는지에 관한 몇 가지 쟁점을 아래에서 본다.

(2) 당사자의 요건과 행위방식 : 유효한 소송행위를 하기 위해서는 당사자능력 · 소송능력 · 변론능력이 필요하고, 대리에 의한 경우에는 법정대리권 또는 소송대리권이 필요하다. 민법의 표현대리 규정이 소송행위에서는 유추적용되지 않는다는 것이 통설 · 판례이다(4-6-5-4 참조).

(3) 조건과 기한 : 소송행위에서는 절차의 안정이 중요하므로, 조건이나 기한을 붙일 수 없음이 원칙이다. 기한부 소송행위는 예외없이 금지된다. 그러나 소송내에서 판명되는 사실을 조건으로 하는 소송행위, 가령 예비적 신청이나 예비적 주장은 허용된다.

(4) 철회 : 소송행위는, 그에 의하여 상대방이 소송상 지위를 획득하기 전에는 철회할 수 있지만, 상대방에게 일정한 소송상 지위가 형성된 후에는 자유롭게 철회할 수 없다. 예컨대 재판상자백을 하고 나면, 즉시 효과가 생겨서 상대방이 일정한 지위를 획득하므로, 자백을 한 당사자는 그 자백을 임의로 철회할 수가 없다. 증거조사 개시후 증거신청 철회, 청구의 포기 · 인낙의 철회, 화해의 철회 등도 마찬가지로 자유롭지 않다. 이와 같이 구속력이 생기는 소송행위를 '구속적 소송행위'라고 한다.

(5) 의사표시의 하자 : 구속적 소송행위에는 사기 · 강박 · 착오 등 의사표시상의 하자가 있더라도, 민법 §107~§110 등에 의한 무효 · 취소를 주장할 수 없다(통설; 대판 64.9.15, 64다92; 07.6.15, 2007다2848).

이에 반대하여, ―구제의 폭을 넓히기 위하여― 소송행위 중에서 소송행위로서의 특징이 약한 경우에는 이익을 형량하여 민법상 의사표시 하자규정을 유추적용하자는 견해도 있다. 그러나 절차의 명확성·안정성 요청, 그리고 절차상 표시주의·외관주의의 필요 등을 고려하면, 민법규정 유추적용 부정설이 타당하다(통설·판례). 통설·판례가 하자에 대한 구제를 전면적으로 부정하는 것은 아니며, ―민법을 유추적용할 것이 아니라― 민사소송법 내의 재심규정을 유추적용하자고 한다. 가령 소취하서 작성이 강박에 의한 의사표시라는 주장만으로 그 소송상 효력을 부정할 수는 없으나, 소취하서가 형사책임이 수반되는 타인의 강요와 폭행에 의하여 작성된 것이라는 사실이 입증되면 재심의 소를 제기할 수 있다(대판 85.9.24, 82다카312; 01.10.26, 2001다37514). 그리고 피고의 대리인이 대가를 받고 항소취하를 한 후 그 행위가 배임죄 유죄판결을 받았으면, 피고는 §451①v[1]를 유추적용하여 재심을 제기할 수 있다(대판 12.6.14, 2010다86112).

8-1-1-4 소송행위의 하자의 치유

민법에서 하자 있는 법률행위는 무효 또는 취소이지만, 하자 있는 소송행위는 '무효'가 원칙이다. 그러나 아래의 경우에는 하자가 치유되어 유효한 행위로 될 수 있다.

(1) 추인 : 무효를 치유하는 추인에는, 송달 하자의 추인, 소송무능력자 행위의 추인 등 여러 가지가 있다. 법정대리인 또는 소송능력을 취득한 본인에 의한, 소송무능력 행위에 대한 추인에 관해서는 4-4-3-3을, 본인에 의한 무권대리 행위에 대한 추인에 관해서는 4-6-5-2를 참조.

(2) 보정 : 예컨대 소장제출시 첩부해야 할 인지가 부족한 경우에 당사자가 보정을 하면, 원래의 소제기행위가 유효하게 된다(§254).

(3) 절차이의권의 포기·상실 : 소송방식에 관한 임의규정에 위반한 소송행위는, 그로써 불이익을 입을 당사자가 바로 이의하지 않으면 절차이의권의 포기·상실(7-3-3)이 되어, 하자가 치유된다.

(4) 무효행위 전환 : 민법 §138를 유추적용하여, 하자있는 소송행위를 다른 소송행위로 해석해 준다는 개념이다. 판례가 민법 §138를 유추적용한다고 명문으로 밝힌 적은 없으나, 아래의 경우처럼 다른 소송행위로 해석(善解)해 준 예는

---

1) §451(재심사유) ①(v) : "형사상 처벌을 받을 다른 사람의 행위로 말미암아 자백을 하였거나 판결에 영향을 미칠 공격 또는 방어방법의 제출에 방해를 받은 때".

많다. ⓐ 집행문부여에 대한 이의의 소에서의 가처분결정은 통상의 불복을 할 수 없는 결정이므로, 항고장이 제출되었을 때에 이를 특별항고로 해석하여 대법원에 소송기록을 송부해야 한다고 한 사례(대결 81.8.21, 81마292), ⓑ 독립당사자참가신청이 그 요건을 갖추지 못한 경우에 이를 보조참가신청으로 해석한 사례(대판 60.5.26, 4292민상524), ⓒ 변론종결후 '참고서면 · 참고자료'만을 제출하였으나 추가로 주장 · 증명을 제출한다는 취지를 기재하고 있다면, 이를 변론재개신청서로 선해할 수도 있다고 한 사례(대판 13.4.11, 2012후436) 등이다.

8-1-1-5 소송상 합의 (소송계약)

(1) 의의 및 허용여부

소송절차에서 당사자 간 계약을 체결하는 것은 예외적이다. 그러나 계속(係屬) 중인 혹은 장래 계속될 특정 소송에 대해 영향을 미칠 목적으로 당사자 간에 합의를 하는 경우가 있고, 이 합의를 '소송상 합의' 또는 '소송계약'(Prozessvertrag)이라고 한다.

법률상 명문으로 당사자 간 계약을 허용하는 경우, 가령 관할의 합의(§29), 담보제공방식에 관한 합의(§122), 담보물변경 합의(§126), 기일변경의 합의(§165②), 불항소의 합의(§390①) 등에서 합의가 유효함은 당연하다. 그러나 법률상 명문규정이 없는 경우에 이런 소송상 합의가 일반적으로 허용되는지는 문제이다. 우선, 법률상의 전속관할을 변경하는 합의, 증명력 계약, 민사소송을 직권탐지주의에 의하기로 하는 합의, 1심계속 중에 2심으로 심급을 변경하기로 하는 합의 등 공익에 직결되는 강행법규를 변경 · 배제하는 합의는 무효이다. 그러나 소송절차 중에서 당사자의 의사결정 자유가 인정되는 영역의 계약, 예컨대 부제소합의, 소취하합의, 상소취하합의, 상소권포기합의, 부집행합의 등은 유효하다고 본다.

(2) 법적 성질

소송상 합의의 법적 성격이 어떠한지에 관해서는 견해가 나뉜다. 먼저 ⓐ 이들 소송상합의는 어디까지나 사법(私法)상의 계약이고, 그 위반시에 상대방은 의무이행 또는 손해배상을 소구할 수 있을 뿐 소송절차상 어떤 조치를 할 수는 없다는 견해가 있다(순수한 사법계약설=의무이행소구설). ⓑ 반대편 끝에는 '순수한 소송계약설'이 있다. 소송상합의는 소송사항에 관한 합의이므로 소송법상의 효과를 직접 낳는다는 견해이다. 이에 의하면, 그 합의로써 바로 소송법상 효과가 발생하므로, 소송절차 내에서 소송상합의가 있으면 —당사자의 주장을 기다릴 필요 없이— 법원이 직권으로 조치를 (가령 소취하합의라면 소송종료선언을) 해야 하고, 소송절차 외에서 소송상합의가 있으면 당사자의 주장을 거쳐서 조치를 하지만, 그 주장은 단지 통지의 의미를 가질 뿐이고, 소송법상 효과는 진작 발생한 것이라고 한다.

위 두 주장은 극단적이다. ⓑ의 소송계약설은, 소송상합의를 소송행위와 항상 똑같게 보는, 즉 소송상합의가 소송행위의 일부라고 보는 것이며, 가령 소취하계약을 소취하행위 자체와 같게 보는 것이어서, 이는 취하기 곤란한 해석이다. ⓐ의 사법계약설의 구제방법은 너무 간접적이다. 곧바로 소송상 항변권을 부여할 수 있는데, 굳이 별소를 제기하라는 것은 적절한 해석이 아니다. 즉 소송법상 효과를 전적으로 부정함은 타당하지 않다. 소송상합의는 실체적 계약의 성격과 소송계약의 성격을 함께 가진다고 봄이 타당할 터이다. 따라서 대부분의 학설은, 아래 ⓒ,ⓓ처럼, 양 극단을 수정한 견해를 취한다.

ⓒ 사법계약설에서 출발한 절충설로서 항변권발생설(=발전된 사법계약설)이 현재의 다수견해이다(이시윤 405; 김홍엽 516 등). 의무이행의 소구 또는 손해배상청구로써 구제하기보다는, 의무불이행시 상대방에게 소송상 항변권을 주자는 견해이다. 항변권발생설에 의하면, 항변에 따라 법원이 권리보호의 이익이 없다는 이유로 소를 각하하게 된다. ⓓ 소송계약설에서 출발한 절충설로서 '발전된 소송계약설'도 있다(정동윤 503). 이 입장은, 소송상합의를 기본적으로 소송계약으로 보면서도 작위·부작위의무까지도 발생한다고 본다.

판례는 분명하지 않다. 우선 부집행합의에 대해서, 이를 소송으로 강제이행시킬 수는 없다고 하여(대판 66.5.31, 66다564) 의무이행소구설을 배척하면서 '사법상의 채권계약'이라고 함으로써(대판 96.7.26, 95다19072), 항변권발생설을 취한 것으로 보인다. 부제소합의에 관하여 이에 위반하여 소를 제기하면 권리보호의 이익이 없어서 각하해야 한다는 판시(대판 93.5.14, 92다21760; 17.6.29, 2017다8388)를 한 것, 그리고 소취하합의의 경우에 역시 권리보호이익 흠결로 판시한 것(대판 97.9.5, 96후1743)을 보더라도 항변권발생설을 취한 것으로 보인다.

그러나 최근 부제소합의에 관하여 —이를 소송요건 중 항변사항으로 보는 통설과 달리— 이를 직권조사사항으로 판시한 판결례가 나와서(대판 13.11.28, 2011다80449), 혼란을 주고 있다. 직권조사사항이라면 이를 소송계약으로 보는 입장과 연결된다. 그러나 당사자 사이에 부제소합의가 있었더라도 당사자가 이를 주장하지도 않는데도 법원이 이를 직권으로 조사하여 판단한다는 것은 사적자치 영역에 대한 부당한 침해이다. 위 판결례를 선례적 의미가 있는 것으로 받아들여야 할지는 의문이다. 그 후에 나온 위 2017다8388 판결은, 부제소합의에 관하여 '직권조사사항'이라는 표현을 쓰지 않고 있다.

(3) 소송상 합의의 특질

소송상 합의에는 방식의 자유가 인정된다. 단독적 소송행위가 아니므로 조건 · 기한 등 부관을 붙일 수 있으나,[2] 다만 관할합의에서는 부관을 붙일 수 없다. 소송상 합의에 의사표시의 흠이 있을 때에는 민법 규정을 유추하여 그 무효 · 취소를 주장할 수 있다. 원칙적으로 소송상 합의의 존부는 항변사항이지 직권조사사항이 아니다.

8-1-2 본안의 신청과 공격방어방법의 제출

8-1-2-1 본안의 신청

변론에서의 당사자의 행위를 구분해 보면, 본안의 신청과 공격방어방법의 제출이 있다. 본안의 신청(Sachantrag)이란, 원고가 청구취지 기재내용에 따라 어떤 판결을 구한다는 진술을 하는 것, 그리고 피고가 그 청구의 배척을 구한다는 진술을 하는 것을 가리킨다. 첫 변론기일에서 이 진술을 함으로써, 심리의 대상 및 범위가 확정된다. 본안의 신청에 대한 법원의 답변이 판결이다.[3]

일반적으로 신청은 서면으로도 할 수 있고 구술로도 할 수 있다(§161). 그러나 특별한 규정(가령 §248: "소는 소장을 제출함으로써 제기한다")이 있으면 그에 따라야

---

2) 가령 당사자 중 1인과 제3자와의 매매계약 성립을 조건으로 한 소취하합의도 유효하다(대판 92.9.22, 91다44001).

3) 신청(Antrag)이란 당사자가 법원에게 일정한 소송행위를 해 달라고 요구하는 것을 넓게 포괄하는 용어이다. 이는 본안의 신청(Sachantrag)과 소송상 신청(Prozessantrag)으로 나뉜다. 후자는 —판결의 신청을 제외한 것으로서— 소송절차에 관한 각종 신청을 포함한다. 가령, 이송신청, 제척신청, 증거신청, 기일지정신청, 공시송달신청 등이다. 신청권을 가진 당사자의 신청에 대해서는 법원이 답변을 해야 하지만, 신청권 없는 당사자의 신청은 직권발동촉구의 의미일 뿐이므로 법원은 응답할 필요가 없다.

한다.

8-1-2-2 공격방어방법의 제출

(1) 공격방어방법(Angriffs- u. Verteidigungsmittel)이란, 당사자가 본안의 신청을 뒷받침하기 위하여 제출하는 소송자료를 가리킨다. 원고가 자신의 청구를 뒷받침하기 위해 제출하는 소송자료를 공격방법, 피고가 그 청구가 배척되도록 하기 위해 제출하는 소송자료를 방어방법이라고 한다. 원고의 청구변경 또는 피고의 반소는 새로운 본안의 신청이지 공격방어방법이 아니다.

(2) 공격방어방법은 요건사실에 관한 주장, 그에 기초한 법률주장, 그리고 증거신청이 주된 것이다. 그러나 그 외에 개개의 소송행위의 유·무효를 다투는 주장, 증거능력을 다투는 주장 등도 모두 이에 포함된다. 공격방어방법의 제출은 —아무 때나 수시로 하는 것이 아니라— 적시(適時)에 해야 한다(6-4-1).

(3) 공격방어 중에서 —증거자료 제출을 제외하고— 사실자료의 제출을 주장(主張) 또는 진술(陳述)이라고 한다. 주장은 말로 한다. 주장은 법률상 주장과 사실상 주장으로 나누어지고, 당사자 일방의 주장에 대하여 상대방 당사자는 부인·부지·자백·침묵 등 다양한 반응을 보일 수 있다. 이에 관하여 아래 8-1-3에서 살펴본 다음, 실제 소송에서 자주 문제되는, 부인과 항변의 구별 및 종류에 관하여 8-1-4에서 살펴본다. 한편 증거자료의 제출, 즉 증명(證明)에 관해서는 제9장 이하에서 상세히 본다.

8-1-3 주장

8-1-3-1 법률상 주장

(1) 좁은 의미의 법률상의 주장은, 당사자가 당해 사건의 어떠한 사실관계로부터 어떤 권리·법률관계가 발생한다는 자신의 판단을 법원에게 알리는 것을 가리킨다. 이러저러한 사실에 의하면 피고에게 민법상 불법행위 손해배상의무가 있다든가 혹은 이러저러한 사실에 의하면 원고가 소유자라는 주장이 그것이다. 그러나 위와 같은 협의의 법률상 주장 외에, 실무상으로는 (법원이 모를 수 있는) 특수분야 관련 법률의 세부규정, 외국의 법률, 자치단체의 조례 등을 법원에 알린다든지 또는 복잡한 법이론을 설명하는 경우도 종종 있는데, 이런 법률상의

주장은 법관의 주의를 환기시키는 의미밖에 없다. 넓은 의미의 법률상의 주장에는 이들도 포함된다.

광의이든 협의이든 법률상의 주장은 변론주의의 적용을 받지 않고, 법원이 당사자의 그 주장에 구속되지 않으며 당사자가 틀리게 주장하여도 법원이 직권으로 판단한다("법률은 법원이 안다"). 이런 법률상의 주장을 뒤늦게 했다고 해서 이를 실기한 공격방어방법으로서 각하할 수 없음은 물론이다.

(2) 일방 당사자가 자신에게 불리한 상대방의 법률상 주장을 시인하는 경우를 "권리자백"이라고 한다(9-4-2-4 참조). 권리자백은 법원에 대한 구속력이 없다(대판 92.2.14, 91다31494). 그러나 (개별 법률주장이 아니라) 당해 사건의 소송물인 권리관계 자체에 대한 법률상의 주장을 시인하는 것은 청구의 포기 · 인낙이 되어 버리므로, 이때에는 구속력이 생긴다.

(3) 사실상의 주장과 법률상의 주장의 경계가 항상 분명하지는 않다. 판례는 (소멸시효 항변 자체는 당사자의 주장이 있어야만 판단대상이 된다고 하면서) 소멸시효'기간' 주장을 법률상의 주장이라고 보아서, 당사자가 민사시효 10년을 주장해도 법원이 상사시효 5년을 적용할 수 있다고 했다(대판 17.3.22, 2016다258124).

8-1-3-2 사실상 주장

(1) 사실상 주장이라 함은, 당해 사건의 구체적 사실의 존부에 관한 당사자의 진술을 가리킨다. 사실이 주요사실과 간접사실, 보조사실로 나뉨은 6-3-2-2에서 보았다. 주요사실에 관한 한 당사자의 주장이 없으면, 법원은 그 사실을 인정할 수 없다(변론주의). 사실상의 주장과 의견의 표명은 구별해야 한다.

(2) 소송에서 사실상의 주장을 함에 있어서는, 조건이나 기한을 붙일 수 없다. 그러나 당해 소송과정에서 드러나는 조건은(이른바 '소송내적 조건') 붙일 수 있다. 따라서 가령 원고의 대여금청구에 대하여 피고가 주위적으로 변제를 주장하고 예비적으로 시효소멸을 주장할 때, 후자는 조건부 항변이지만 이는 허용된다.

8-1-3-3 사실상 주장에 대한 답변 : 부인 · 부지 · 자백 · 침묵

상대방 당사자의 사실상 주장에 대해, 이쪽 당사자의 답변은 부인(否認) · 부지(不知) · 자백(自白) · 침묵(沈默) 중의 하나에 해당할 것이다. 만약 당사자가 자백을 했다고 인정되면 —변론주의 때문에— 이는 법원을 구속하게 되므로, 그 답변이 위의 넷 중에 어디에 속하는지를 정확히 파악할 필요가 있다.[4)]

(1) 이쪽 당사자가 **부인**을 하면, 상대방은 그 주장사실을 입증해야 한다. (2) 당사자가 자기에게 불리한 상대방의 주장사실을 시인하면, 즉 **자백**을 하면, 상대방은 이를 입증할 필요가 없고, 법원은 그 자백사실대로 사실인정을 해야 한다(§288). (3) 상대방이 주장한 사실에 대하여 "알지 못한다"라고 말하는 것이 '**부지**'이다. 부지라고 진술한 때에는 그 사실을 다툰 것으로 추정한다(§150②). 그런데 답변하는 당사자 자신이 관여한 사실관계에 대해서 '부지'라고 답변해서는 안 된다. 그 사실은 시인하거나 부인하거나 둘 중의 하나여야 한다. 즉 부지 답변은, 그 당사자의 인식대상이 아니었던 사실에 대해서만 허용된다. (4) 상대방의 주장사실을 명백히 다투지 않는 것이 '**침묵**'이다. 민사에서는 침묵하면 자백으로 보는 것이 원칙이다. 즉 당사자가 변론에서 상대방이 주장하는 사실을 명백히 다투지 아니한 때에는 —변론 전체의 취지로 보아 그 사실에 대하여 다툰 것으로 인정되는 경우를 제외하고는— 그 사실을 자백한 것으로 본다(§150①본문). 하지만 변론 전체의 취지로 보아 그 사실에 대하여 다툰 것으로 인정되는 경우에는 그러하지 않다(§150①단서). 즉 단순히 침묵하거나 불분명한 진술을 하는 것만으로는 자백으로 인정하기에 불충분하며, 변론 전체의 취지를 보아야 한다(대판 22.4.14, 2021다280781; 25.9.26, 2022다276369).

8-1-3-4 소송상의 형성권 행사

(1) 문제의 파악

취소권 · 해제권 · 해지권 · 상계권 등 형성권을 가지고 있는 소송당사자가 그 형성권을 행사하는 방법을 생각해 보자. 그 형성권을 소송 외에서 행사한 후에, 그 실체법상의 효과를 소송에서 진술하는 방법이 있고, 소송상 공격방어방법의 내용으로 그 형성권 주장을 직접 하는 방법이 있다. 예컨대 피고가 상계의 의사

4) 이러한 답변은 상대방의 사실상 주장 '하나하나에 대하여' 해야 하는 것이다. 실무상 불성실한 (또는 의도적으로 소송을 지연시키려는) 피고가 "원고 주장사실을 모두 부인한다"고 답변하는 경우가 있으나, 이는 부적절하며, 법원은 원고의 사실주장에 대하여 피고가 구체적으로 상응하는 답변을 하도록 지휘해야 한다.

표시를 준비서면에 기재하여 원고에게 송달되게 하는 방법이 그것이다. 전자의 방법에서는, 만약 소가 취하·각하되거나 실기한 공격방어방법으로서 각하되더라도 그 형성권 행사의 실체법상의 효과는 그대로 남음이 분명하다. 그러나 후자의 방법에서는, 소가 취하·각하되거나 실기한 공격방어방법으로서 각하된 경우에, 혹은 그 소송이 화해·조정으로써 종결되어 형성권 행사에 대한 법원판단이 이루어지지 않은 경우에, 그 형성권 행사의 효과는 그대로 존속하는가?

(2) 학설

이에 대해서는 ⓐ 외관상으로는 하나의 행위이지만 형성권행사(사법행위)와 그 의사표시에 관한 법원에서의 진술(소송행위)이 병존하는 행위이고, 사법행위는 실체법이, 소송행위는 소송법이 각 규율하며, 따라서 소의 각하·취하라는 소송법적 조치가 취해지더라도 사법상의 효과는 유효하게 남는다는 견해(병존설=사법행위설), ⓑ 소송상의 공격방어방법으로 행사했으므로 이는 순수한 소송행위이고, 따라서 소가 각하·취하되면 사법상의 효과도 남지 않는다는 견해(소송행위설), ⓒ 두 가지 성질을 모두 가지고 있지만 이는 단일행위이므로, 소가 각하·취하되면 사법상의 효과가 역시 남지 않는다는 견해(양성설; 兩性說), ⓓ 기본적으로 병존설에 의하되, 다만 '상계'의 의사표시는 그것이 각하되지 않고 유효할 때에만 사법상의 효과를 발생한다는 조건부의사표시로 파악하는 견해(신병존설)[5] 등이 있다.

(3) 판례

대법원은, 소제기로써 계약해제권을 행사한 후에 그 소를 취하한 경우에 그 해제권 행사의 효력에는 아무런 영향이 없다고 하면서(대판 82.5.11, 80다916), 다만 "소송상 상계항변은 상계에 관한 법원의 실질적 판단이 이루어지는 경우에야 비로소 실체법상 상계의 효과가 발생하는 것"이라고 하여, 신병존설을 취한다고 해석되고 있다(대판 13.3.28, 2011다3329; 18.8.30, 2016다46338).

(4) 소결

소송상 형성권을 행사하는 행위는 비록 소송행위이기는 하지만, 그와 동시에 실질상으로는 '형성권 행사'라는 사법행위인 점을 부정할 수는 없으며, 따라서 소가 취하·각하되었다고 해서, 이미 행해진 형성권 행사를 무효로 돌릴 수는

5) 이시윤 402; 정동윤 522; 강현중 634; 김홍엽 511 등.

없으므로, 소송행위설 및 양성설은 타당하지 않다. 비록 소장·준비서면 및 법정 변론에서 형성권 행사의 의사표시가 이루어졌지만 그 행위가 소의 취하·각하가 없을 것을 조건으로 행해졌다고 보기는 어렵다. 다른 한편, 상계항변은 —자기희생적 항변이므로— 소송상 특별취급을 받음이 당연하고, 따라서 §216②이 이미 상계항변에 대해서는 (원래 판결이유 중의 판단에는 기판력이 생기지 않는 것임에도 불구하고) 비록 판결이유 중의 판단이지만 기판력을 인정하고 있다.

결론적으로, 소송상 형성권이 행사되고 나면 그 소가 각하·취하되더라도 사법상의 효과가 유효하게 남지만, 다만 '상계권 행사'는 그 소가 각하·취하되거나 그 항변이 실기한 공격방어방법으로 각하되거나 혹은 그 소송이 화해·조정으로 종결되어 상계항변에 대한 아무런 판단을 받지 못한 경우에는 사법상의 효과를 발생하지 않는다는 결론(신병존설)이 타당하다.

8-1-4 부인과 항변

8-1-4-1 부인과 항변의 개념 및 구별

(1) 일방 당사자의 사실상 주장에 대한 상대방의 답변이 부인·부지·자백·침묵 중의 하나임은 8-1-3-3에서 보았다. 그런데 가령 고급식탁의 매매계약에 기하여 1천만원의 대금을 청구하는 원고에게 피고가 ⓐ 원고와의 사이에 아예 식탁 매매가 없었다고 답변하는 경우, ⓑ 식탁 매매계약을 한 것은 맞으나 그 구체적인 디자인과 가격은 아직 협의중이라고 답변[6]하는 경우, ⓒ 이미 1천만원을 변제했다고 답변하는 경우, ⓓ 식탁을 이미 수령했으나 심각한 흠이 있어 식탁으로 사용할 수 없는 것이어서 민법상 하자담보책임을 물어서 해제통지를 하였다고 답변하는 경우를 생각해 보자.

ⓐ,ⓑ의 답변은 원고가 주장하는 청구원인인 '매매계약' 자체를 부정하는 것으로서, 이를 소송법상 "부인"이라고 한다. 반면에 ⓒ,ⓓ의 답변은 피고가 매매계약 자체는 인정하면서 다른 적극적인 이유를 들어서 대금채무가 없음을 주장하는 것이다. 후자와 같이, 피고가 원고의 청구를 배척하기 위하여 소송상 또는

6) 정확히 말하면 이 답변은 전후모순이다. 그러나 실무상 이런 답변은 종종 있고, 해석을 해야 한다. 매매계약의 성립요건은 목적물과 대금의 확정이므로, 디자인과 가격을 협의중이라는 말은, 계약불성립이라는 말이다.

실체상의 다른 이유를 들어서 적극적인 방어를 하는 것을 소송법상 "항변"이라고 한다.

(2) 부인과 항변은 둘 다 원고의 청구를 배척하려는 진술이다. 그러나 부인은 원고 주장사실을 아예 부정하는 것(No)인 데 반해, 항변은 원고 주장사실이 옳음을 전제로 하여 별개의 사실을 들어서 배척하겠다는 것(Yes, but..)이다.

부인에도 단순부인과 간접부인(=적극부인)이 있다. 전자는 한마디로 간단히 부정하는 것이고, 후자는 원고의 주장사실과 양립되지 않는 다른 사실을 적극적으로 진술하는 것이다. 가령 고급식탁에 관한 교섭을 한 것은 맞으나, 신축 도서관에 기증하라는 취지에서 협의한 것이라든지 등의 다른 주장을 하는 경우이다. 간접부인은 때때로 항변과 잘 구별되지 않는다. 하지만 이 구별은 —사실불명의 경우 증명책임을 가르는, 결과적으로 승패를 가르는 것이므로— 명확히 해야 한다.

(3) 소송법상의 항변(Einrede)은 실체법상의 항변권과 구별된다. 전자는 피고가 원용하는 소송상 방어방법이고, 후자는 상대방의 청구에 대한 이행거절권이다. 소송법상의 항변(광의)은 소송절차에 관한 항변인 '소송상의 항변'과, 청구기각을 목적으로 한 실체관계에 기한 '본안의 항변'으로 나누어진다. 협의의 항변은 후자만, 즉 실체관계에 기한 본안의 항변만을 가리킨다.

8-1-4-2 소송상의 항변

이는 실체법상 효과와 관계 없는 항변을 가리킨다. 본안전(本案前)항변과 증거항변이 있다. 전자는 원고의 소에 소송요건상 흠결이 있어서 부적법하다는 주장이다. 본안심리로 진행해 갈 수 없다는 의미에서 '본안 전'이다. 그런데 대부분의 소송요건은 법원의 직권조사사항이며 피고의 주장을 기다려 심리할 것이 아니므로, 이는 엄밀한 의미에서는 항변이 아니지만, 실무에서는 중복소송 항변, 기판력 항변, 소송무능력 항변 등의 말을 종종 사용한다. 소송요건 중 임의관할위반, 소송비용담보제공, 중재합의의 주장은 —예외적으로 피고의 주장이 있어야 법원이 판단하는 사항이므로— 진정한 의미의 항변에 속한다(5-1-2-3 참조).

증거항변은 상대방의 증거신청에 대하여 그것이 부적법하다거나, 그 증거능력에 흠이 있다 내지 증명력·신빙성이 없다는 주장을 하면서 증거조사결과를 채용하지 말라고 하는 진술이다. 증거신청의 채부 및 증거결과의 신뢰 여부는 법원의 재량이므로, 이것도 엄밀한 의미에서는 항변이 아니다.

8-1-4-3 본안의 항변

(1) 의의

원고의 청구를 배척하기 위하여, 원고의 청구원인 사실이 진실임을 전제로, 이와 양립가능한 별개 사실을 피고가 주장하는 것을 '본안의 항변'이라고 한다. 이것이 진정한 항변이다. 피고가 주장하는 별개 사실에는 아래에서 볼 권리장애사실, 권리소멸사실, 권리(행사)저지사실이 포함된다. 원고의 근거규정 주장에 대하여, 피고가 반대규정의 요건사실을 주장하는 것이다.

항변 중에서 원고의 청구원인사실을 확정적으로 인정한 다음 내놓는 주장이 아니라, 원고의 청구원인사실을 일단 부인하되, "만약 그 사실이 맞다고 하더라도"라는 전제 하에서 내놓는 항변을 '가정항변'이라고 한다. 예컨대 원고의 대여금 청구에 대하여, 피고가 차용사실을 부인하면서 동시에 "만약 차용한 것이 맞다 하더라도, 이미 변제하였다"라고 주장하는 것이 이것이다.7)

(2) 종류

피고의 항변을, 피고가 주장하는 반대규정의 내용에 따라 분류하면 아래의 3가지로 나눌 수 있다.

ⓐ 권리장애항변(rechtshindernde Einwendung) : 권리근거규정에 기한 권리의 발생을 애초부터 방해하는 권리장애규정의 요건사실(=권리장애사실)을 주장하는 것이다. 원고의 권리의 근거가 계약인 경우 그 계약이 무효라고 하는 주장이며, 권리장애항변을 권리불발생항변이라고도 한다. 이에 해당하는 항변으로는, 의사무능력, 비진의 의사표시, 통정허위표시, 강행법규 위반, 공서양속 위반, 불공정 법률행위, 원시적 이행불능 등이 있다.

ⓑ 권리소멸항변(rechtsvernichtende Einwendung) : 권리근거규정에 기하여 일단 발생한 권리를 소멸시키는 권리소멸규정의 요건사실(=권리소멸사실)을 주

---

7) 이것 외에, 주위적 항변이 받아들여지지 않을 경우를 대비한 항변도 가정항변이라고 부른다. 가령 원고의 대여금청구에 대하여 피고가 주위적으로 변제를 주장하고 예비적으로 시효소멸을 주장할 때, 이 시효항변은 가정항변이다.

장하는 것이다. 원고의 대여금청구에 대하여 피고가 변제를 주장하는 것이 가장 쉬운 예이다. 그 외에도 대물변제 · 공탁 · 면제 등 채권소멸원인의 주장, 소멸시효 완성주장, 의사표시 하자에 기한 취소권의 행사,[8)] 해제권 · 해지권 · 상계권의 행사,[9)] 해제조건의 성취 등이 있다.

ⓒ 권리저지(연기)항변(rechtshemmende Einwendung) : 권리근거규정에 기하여 발생한 권리를 소멸시키지는 않고 다만 그 행사를 일시적으로 저지시키는 권리저지규정의 요건사실(=권리저지사실)을 주장하는 것이다. 즉 민법상의 이행거절권을 주장하는 연기적 항변이다. 예컨대, 동시이행항변권, 유치권, 보증인의 최고 · 검색의 항변권을 행사하거나, 기한유예약정 등 이행기 미도래 주장, 민법 §213 단서에 기한 반환거부, 정지조건부 법률행위(대판 93.9.28, 93다20832)라는 주장 등을 하는 경우이다. 권리저지항변이 이유 있는 경우에도 —권리장애항변 · 권리소멸항변에서와 같이— 원고의 청구를 기각하는 것이 원칙이나, 다만 동시이행항변권과 유치권이 인정되는 경우에는 원고의 반대급부와 교환으로 피고가 의무를 이행하라는 이른바 '상환이행'의 판결을 선고해야 한다(대판 69.11.25, 69다1592).[10)]

8-1-5 주장책임 · 증명책임의 분배

8-1-5-1 법률요건분류설

(1) 소송에서 당사자들의 주장과 증명은 서로간의 공격과 방어의 모습으로 나타나는데, 그 각 주장과 증명을 하지 않았거나 했더라도 실패했을 때의 불이익은 원고와 피고에게 분배된다. 변론주의 하에서는, 필요한 주요사실의 주장을 당사자가 빠짐없이 해야 할뿐더러, 그 각 주요사실은 하나하나 입증되어야 한다. 그리고 '주장'의 누락에 대한 불이익을 원 · 피고 중 누군가가 부담해야 할 뿐만 아니라, 사실관계의 '증명'이 불충분할 때(실무상 많은 소송에서 증명부족 상황

8) 즉 민법상의 의사표시 하자규정 중 비진의 의사표시 및 통정허위표시의 주장은 권리장애항변이지만, 의사표시의 착오 주장 및 사기 · 강박 주장은 권리소멸항변이다.

9) 과실상계는 상계와 달리 항변사항이 아니다. 판례는 과실상계 주장이 없더라도 직권으로 원고의 과실을 참작해야 한다고 한다(대판 87.11.10, 87다카473).

10) 이행기 미도래 항변을 했는데, 원고가 장래이행의 소(§251)임을 주장하고 그 요건을 충족하여 원고승소판결이 내려지는 경우는 별개의 문제이다.

이 발생한다) 누가 그에 따른 불이익을 부담할 것이냐가 정해져야 한다. 이것이 주장·증명책임이 누구에게 귀속되느냐, 즉 그 책임을 어떤 기준으로 분배할 것이냐의 문제이다.

(2) 하나의 주요사실에 대한 주장책임과 증명책임은 원칙적으로 동일인에게 귀속된다. 만약 원고가 주장책임을 지는 사항이면, 그에 대한 증명책임도 원고가 지는 것이 원칙이다. 그래서 주장책임과 증명책임을 묶어서 한 단어로 '주장증명책임'이라고도 부른다. 그 상세한 분배기준에 대해서는 아래의 증거법 부분(9-5-2)에서 보기로 하고, 여기서는 개요만 설명한다.

주장증명책임의 분배기준에 관하여 통설·판례는 '법률요건분류설'(그 중에서도 규범설)을 취하고 있다. 이 견해는, 각 당사자가 자기에게 유리한 '법률'규정의 '요건'사실의 주장증명책임을 부담한다는 것이다. 즉 권리를 주장하는 원고는 그 권리의 발생근거규정에 대한 주장증명책임을 지고, 그에 대한 반대규정(권리장애규정·권리소멸규정·권리저지규정)을 주장하는 피고는 그 주장증명책임을 진다. 그러므로 손해배상청구를 하는 원고가 불법행위책임(민§750)을 근거로 주장하면 원고가 "피고에게 고의·과실 있음"을 주장·증명해야 하지만, 계약책임(민§390)을 근거로 주장하면 —원고는 이를 주장·증명할 필요가 없고— 피고가 "피고에게 고의·과실 없음"을 주장·증명해야 한다.[11)]

(3) 대체로 법률규정의 본문 중의 원칙규정으로 표현되어 있으면 권리근거규정으로 볼 수 있고, "그러나", "다만" 등의 단서규정으로 규정되어 있으면 반대규정(권리장애규정·권리소멸규정·권리저지규정)이라고 볼 수 있다. 그러나 반대규정 자체가 독립된 본문으로 된 경우도 많고, 특히 권리근거규정 중의 소극적 요건으로 규정된 것인지 아니면 권리장애규정의 요건으로 규정된 것인지의 구별은 때로는 무척 힘들다. 하지만 둘 중 어느 쪽인지에 따라서 증명책임이 좌우되고, 사실불명의 경우에는 이에 따라 소송의 승패가 좌우되므로, 이 구별은 엄밀하게 해야 한다.

---

11) §750: '고의 또는 과실'로 인한 위법행위로 타인에게 손해를 가한 자는 그 손해를 배상할 책임이 있다. §390: 채무자가 채무의 내용에 좇은 이행을 하지 아니한 때에는 채권자는 손해배상을 청구할 수 있다. 그러나 채무자의 '고의나 과실' 없이 이행할 수 없게 된 때에는 그러하지 아니하다.

8-1-5-2 청구원인 · 항변 · 재항변

법률요건분류설에 따르면, 일반적인 경우에 원고가 권리근거규정에 기하여 —권리근거규정의 요건사실, 권리근거규정의 해석 등에 관하여— 주장과 증명을 하고, 피고가 반대규정에 기한 주장과 증명을 한다. 반대규정에 기한 피고의 주장이 항변이다.

피고의 항변에 대하여 원고는 다시 여러 가지 반응을 보일 수 있다. 항변의 사실주장을 다툴 수도 있고 인정할 수도 있다. 피고항변에서의 주장사실이 옳음을 전제로 하여 원고가 다시 별개의 사실을 들어서 그 항변을 배척하려고 하는 것이 재항변(Replik)이다. 예컨대, 피고의 소멸시효 항변에 대하여 원고가 시효중단 또는 시효이익의 포기가 있었음을 주장하면 이는 재항변이다. 또한 원고의 물건인도청구에 대하여 피고가 잔대금 동시이행항변을 하고, 원고가 이에 대하여 다른 금전채권으로 잔대금과 상계하였음을 주장하면 이는 재항변이다. 재항변에 대해서도, 다시 그 주장사실을 피고가 인정하면서 새로운 별개 사실을 들어서 재항변을 배척하려고 하면 재재항변이 된다.

8-1-5-3 주요 사건유형에서의 항변 예시

실제 소송사건에서 나타나는 항변은 다양하지만, 가장 기초적이고 전형적인 두 가지 소송, 즉 대여금 청구와 매매관련 청구에서 자주 등장하는 항변을 살펴본다.

(1) 대여금 청구 : 실무상 자주 나타나는 피고의 항변으로는 ⓐ 변제 또는 변제공탁을 하였다는 항변, ⓑ 소멸시효완성의 항변, ⓒ 원고의 채권자가 압류·전부명령을 받았다는 항변, ⓓ 자신에게 돈이 없어서 갚을 수 없다는 항변, ⓔ 반대채권으로 상계한다는 항변 등이 있다.

이 중에서 ⓐ,ⓑ,ⓒ,ⓔ는 진정한 항변이다. ⓓ는, 흔히 '무자력(無資力) 항변'이라고 불리는데, 주장 자체로 이유 없는 것이다. ⓔ의 상계항변은 항변들 중에서 마지막으로 판단해야 한다는 것이 판례이다.

(2) 매매 관련 청구 : 매도인이 원고로서 매매대금을 청구하거나, 매수인이 원고로서 소유권이전등기를 청구할 때, 피고가 되는 쪽은 종종 ⓐ 자기 쪽 의무를 이행하여 채무가 소멸했다는 항변, ⓑ 상대방의 의무이행과 동시에 이행하겠

다는 항변("동시이행항변"), ⓒ 통정허위표시로서 계약이 무효라는 항변, ⓓ 착오·사기·강박이 있어서 매매계약을 취소한다는 항변, ⓔ 원고의 채무불이행이 있어서 계약을 해제한다는 항변 등을 한다.

8-2 법원의 변론준비

8-2-1 변론준비절차의 의의

집중심리주의 이념에 따라 변론이 집중되게 하려면, 그 변론을 열기 전에 법원과 당사자들이 준비를 잘 해야 한다. 철저한 준비를 하지 않으면 변론기일의 진행내용이 부실해지고 기일이 공전(空轉)될 가능성이 높아진다. 변론을 준비하는 방법으로는 서면에 의한 준비와 구술에 의한 준비가 있다. 법원이 당사자의 주장과 증거를 미리 정리하는 절차를 '변론준비절차'라고 하는데(광의), 이 용어는 더 좁게는 —변론준비기일을 제외하고— 서면에 의한 준비절차만 가리킬 때도 있다(협의). 광의로 쓰이는 경우가 많다(§§279,281,284,286,287 등).

변론준비절차에서는 변론이 효율적이고 집중적으로 실시될 수 있도록 당사자의 주장과 증거를 정리해야 한다(§279①). 즉 변론준비절차에서는 소장·답변서·준비서면을 토대로 법원의 석명과 당사자의 질의·응답을 통하여 소송의 결과와 관계있는 주장과 관계없는 주장을 선별하는 등의 작업을 하며, 나중에 변론기일에서 조사할 증거방법을 확정한다. 그런데 변론준비절차에서 수집된 소송자료와 증거자료는 자동으로 변론자료가 되는 것이 아니며, 변론에 상정(上程)되어야 심리 및 판단의 자료가 된다.

8-2-2 변론준비절차의 대상

(1) 합의사건과 단독사건 모두에서 변론준비절차를 진행할 수 있다. 그러나 단독사건은 법관1인의 인력이 똑같이 소요되므로, 변론준비절차에 회부하는 것이 소송경제에 별다른 도움이 되지 않는다. 합의사건에서는 법관3인 중 재판장·수명법관의 1인만이 변론준비절차에 관여할 수 있어서, 효율적 진행에 도움이 된다.

(2) 변론준비절차는 임의적 절차이므로, 재판장은 '필요한 경우에 한하여'

사건을 변론준비절차에 회부한다.

(3) 변론준비절차는 제1회 변론기일에 들어가기 전의 절차이다. 그러나 일단 변론절차에 들어간 후에도 특별한 사정이 있는 때에는 재판장은 사건을 변론준비절차에 부칠 수 있다(§279②). 청구의 변경, 반소의 제기, 상계항변 등이 있는 경우가 그러한 특별한 사정의 예가 될 터이다.

8-2-3 변론준비절차의 진행

8-2-3-1 서면에 의한 변론준비절차

변론준비절차는 서면방식과 기일방식으로 나뉜다. 그 중 서면방식이 원칙이며(§272①), 실무상으로도 대부분 서면방식으로 진행된다. 서면에 의한 변론준비절차의 진행은, 기간을 정하여 당사자로 하여금 준비서면 등을 제출·교환하게 하고 증거를 신청하게 하는 방법으로 한다(§280①).

이 절차에서 법관은 석명권을 행사할 수 있고, 서면에 의한 화해권고, 실기한 공격방어방법의 각하를 할 수 있으며, 자백간주, 절차이의권의 상실·포기, 요약준비서면 제출명령 등이 가능하다(§286).

증거조사는 변론기일에, 공개된 법정에서 법원을 구성하는 법관 전부가 있을 때에 집중적으로 행하는 것이 원칙이다. 그러나 변론준비절차에서 증거조사를 할 수도 있다. 즉 변론준비절차를 진행하는 재판장·수명법관·수탁판사(이하 '재판장등')는 변론의 준비를 위하여 필요하다고 인정하면 증거결정을 할 수 있으며(§281①), 더 나아가서 필요한 범위 안에서는 증거조사도 할 수 있다. 다만, 증인신문과 당사자신문은, 출석불능, 출석비용과다, 기타 상당한 이유가 있는 때에만 할 수 있다(§281③).

8-2-3-2 변론준비기일

변론준비절차 중에, 주장 및 증거를 정리하기 위하여 필요하면 변론준비기일을 열어서 당사자들을 출석하게 할 수 있다(§282①).

변론준비기일에도 당사자의 변론행위가 구술로 이루어지지만 —변론기일에서의 실질적 변론을 위해서 주장과 증거의 범위를 검토·정리함에 초점이 있으므로— 변론준비기일조서에는 "소장 진술", "답변서 진술" 등의 기재를 하지 않는 것이 실무이다.

법정에서 법관이 원·피고를 모아놓고 진행한다고 해도, 변론준비기일이 변론기일인 것은 아니다. 어디까지나 변론을 '준비하는' 절차에 불과하다.[12] 따라서 —배당이의의 소는 첫 변론기일에 불출석하면 소를 취하한 것으로 보게 되어 있는데(민집§158)— 배당이의의 소에서의 첫 변론기일이란 말 그대로 정식의 변론기일을 가리키므로, 첫 변론준비기일에 출석했더라도 첫 변론기일에 출석하지 않았으면 소취하로 간주된다(대판 07.10.25, 2007다34876).

사건이 변론준비절차에 부쳐진 뒤 변론준비기일이 지정됨이 없이 4월이 지난 때에는 재판장등은 즉시 변론준비기일을 지정하거나 변론준비절차를 끝내야 한다(§282②). 변론준비기일도 '속행'을 할 수 있지만(7-2-1-4 참조), 변론준비절차에 들어간 때로부터 6개월 이내에 이를 마쳐야 한다(§284①). 당사자는 변론준비기일이 끝날 때까지 변론의 준비에 필요한 주장과 증거를 정리하여 제출하여야 한다(§282④). 재판장등은 변론준비기일이 끝날 때까지 변론의 준비를 위한 모든 처분을 할 수 있다(§282⑤). 실무상 변론준비기일에서, 변론기일의 진행에 관한 협의 및 화해권고가 많이 이루어진다.

8-2-4 변론준비절차의 종결

(1) 종결사유 등 : 변론준비가 마쳐지면 바로 변론기일을 정해야 한다(§258②). 그러나 변론준비가 마쳐지지 않았더라도 —변론의 준비를 계속해야 할 상당한 이유가 있는 경우를 제외하고는— ⓐ 사건을 변론준비절차에 부친 뒤 6월이 지난 때, ⓑ 당사자가 정해진 기간 이내에 준비서면을 제출하지 않거나 증거신청을 하지 않은 때, ⓒ 당사자가 변론준비기일에 출석하지 않은 때에는 재판장등은 변론준비절차를 종결해야 한다(§284①).

(2) 변론준비절차를 마친 뒤의 변론 : 법원은 변론준비절차를 마친 경우에는 첫 변론기일을 거친 뒤 바로 변론을 종결할 수 있도록 해야 하며, 당사자는 이에 협력하여야 한다(§287①). 당사자는 변론준비기일을 마친 뒤의 변론기일에서 변론준비기일의 결과를 진술해야 한다(§287②).

---

12) 변론준비기일은 —법정에서 진행하지 않고— 판사실에서 법복을 입지 않은 채로 진행할 수도 있다.

(3) 변론준비기일 종결에 따른 실권효 : 변론준비기일을 거친 사건에서는 그 기일에 제출하지 않은 공격방어방법은, 변론준비절차 종결 후에 제출하지 못함이 원칙이다. 예외적으로 ⓐ 그 제출로 인하여 소송을 현저히 지연시키지 아니하는 때, ⓑ 중대한 과실 없이 변론준비절차에서 제출하지 못하였다는 것을 소명한 때, ⓒ 법원이 직권으로 조사할 사항인 때에는, 변론에서 새로운 공격방어방법을 제출할 수 있다(§285①). 소장 또는 변론준비절차 전에 제출한 준비서면에 적힌 사항은 변론에서 주장할 수 있는 것이지만, 다만 변론준비절차에서 철회되거나 변경된 때에는 이를 변론에서 주장할 수 없다(§285③).

8-3 당사자의 변론준비

당사자가 해야 하는 변론의 준비 중 대표적인 것은 준비서면을 작성하는 일과 증거신청을 준비하는 일이다. 아래에서 차례로 본다.

8-3-1 준비서면의 의의

준비서면이란, 변론에 앞서서 당사자가 자신이 하려는 변론의 내용을 적어서 법원에 제출하는 서면이다. 당사자가 변론할 내용을 가지고 있으면 준비서면을 미리 작성해서(§272①) —상대방이 대응을 준비하는 데 필요한 기간을 두고— 법원에 제출해야 하고, 이를 법원에 제출하면 법원은 준비서면 부본을 상대방에게 곧바로 송달해야 한다(§273). 다만 단독사건의 변론은 서면으로 준비하지 아니할 수 있다(§272②).

8-3-2 준비서면의 종류와 내용

8-3-2-1 종류

'준비서면'이라는 제목을 달아 변론기일 전에 제출되는 서면이 통상의 준비서면이지만, 답변서도 일종의 준비서면이라고 할 수 있다. 따라서 답변서에는 준비서면에 관한 규정을 준용한다(§256④). 그리고 답변서는 소장부본을 송달받은 날부터 30일 내에 제출하지 않으면 원고의 청구원인사실을 피고가 자백한 것으로 보고, 변론 없이 법원이 피고 패소판결을 선고할 수 있음을 유의해야 한다.

또한 재판장은 당사자의 공격방어방법의 요지를 파악하기 어렵다고 인정하는 때에는 변론을 종결하기에 앞서 당사자에게 쟁점과 증거의 정리 결과를 요약한 준비서면을 제출하도록 할 수 있는데(§278), 이를 '요약준비서면'이라고 부른다. 실무상 내용이 복잡한 사건에서 자주 활용된다. 요약준비서면을 작성하면서, 종전에 제출한 서면의 특정부분을 참조하라고 인용함으로써 실질적으로는 많은 분량이 되도록 해서는 안 된다(규§69-5).

8-3-2-2 기재사항 및 첨부서류

준비서면에는 아래 1)~8)의 사항을 적고, 당사자 또는 대리인이 기명날인(記名捺印) 또는 서명(署名)한다(§274①). 1) 당사자의 성명·명칭·상호·주소, 2) 대리인의 성명·주소, 3) 사건의 표시, 4) 공격·방어의 방법, 5) 상대방의 청구와 공격방어방법에 대한 진술, 6) 덧붙인 서류의 표시, 7) 작성한 날짜, 8) 법원의 표시.

요컨대 형식적인 기재사항을 제외하면, 준비서면의 주된 내용은 자신이 주장할 공격방어방법과 상대방의 공격방어방법에 대한 대응이다. 그리고 준비서면에는 자신의 주장에 대한 증거방법을 기재해야 할 뿐만 아니라, 상대방의 증거방법에 대한 의견도 적어야 한다(§274②).

당사자는 자신이 가지고 있는 문서로서 준비서면에 인용한 것은 그 등본 또는 사본을 붙여야 하며, 문서의 일부가 필요한 때에는 그 부분에 대한 초본을 붙이고, 문서가 많을 때에는 그 문서를 표시하면 된다. 그리고 위 문서는 상대방이 요구하면 그 원본을 보여주어야 하며(§275), 외국어로 작성된 문서에는 번역문을 붙여야 한다(§277).

8-3-3 준비서면의 제출

8-3-3-1 준비서면의 제출 및 송달

준비서면을 제출하는 시점에 관하여 보면, 그것에 적힌 사항에 대하여 상대방이 준비하는 데 필요한 기간을 두고 제출하여야 한다. 그리고 법원은 상대방에게 그 부본을 송달해야 한다(§273). 민사소송규칙은, 새로운 공격방어방법을 포함한 준비서면은 변론기일 또는 변론준비기일의 7일 전까지 상대방에게 송달될 수 있도록 적당한 시기에 제출하여야 한다고 정하였다(§69-3). 그러나 실무상, 변론기일 전날 또는 변론기일 당일 제출되는 경우가 종종 있고, 법원은 그에 담긴 공격방어방법을 차마 실기한 것으로 각하해 버리지 못하고 받아주고 있으며, 따라서 이 때문에 변론기일이 —상대방의 검토 및 대응을 위하여— 속행되는 경우가 많다.

8-3-3-2 준비서면 제출의 효과

준비서면을 제출하는 것만으로 변론의 내용이 되지는 않는다. 당사자가 변론기일에 출석하여 거기에 적힌 내용을 진술하여야 비로소 준비서면의 내용이 소송자료가 된다. 따라서 준비서면에 취득시효완성의 주장이 기재되어 있다 하더라도 그 준비서면이 변론기일에서 진술된 바 없다면, 법원이 이 주장을 판단하지 않아도 판단누락의 위법은 없다(대판 83.12.27, 80다1302).

변론기일에 당사자가 진술을 하고 나면, 변론조서에는 (그 며칠 전에 제출된) "202×년 ×월 ×일자 원고 준비서면을 진술"이라는 기재를 해 둔다. 만약 준비서면을 제출한 당사자가 변론기일에 출석하지 않으면 그 준비서면에 적힌 사항을 진술한 것으로 보고 출석한 상대방에게 변론을 명할 수 있고(§148①), 이처럼 진술한 것으로 보는 일을 줄여서 "진술간주"라고 부른다. 실무상 종종 생긴다.

준비서면을 기일에 임박하여 뒤늦게 제출하여 상대방에게 미처 송달되지 않은 때에, ⓐ 상대방이 법정에 출석하면 그 자리에서 송달처리하고 제출자가 그 준비서면을 진술하는 것으로 하는 경우도 종종 있지만, ⓑ 상대방이 법정에 출석하지 않으면, 아직 상대방이 그 준비서면을 수령하지 않은 상태에서는 제출자가 이를 진술할 수가 없음을 유의해야 한다.

또한 피고가 답변서나 준비서면을 제출한 후에는, 원고가 일방적으로 소를 취하할 수 없고, 피고의 동의를 받아야만 소취하의 효력이 생긴다(§266②). 그 외에도 변론준비절차 전에 제출한 준비서면의 효과로서, 거기에 적힌 사항은 변론준비기일 종결에 따른 실권효의 적용을 받지 않는다는 점이 있다(§285③).

8-3-3-3 준비서면 부제출의 효과

출석한 당사자가 준비서면에 적지 않은 사실은, 상대방이 출석하면 변론기일에서 진술하는 데 문제가 없지만, 상대방이 출석하지 않으면, 변론기일에 진술할 수 없다(§276). 만약 상대방 불출석시에 새로운 사항의 주장을 허용하면, 불출석 상대방이 반론의 기회를 가지지 못하기 때문이다.

여기서 진술이 금지되는 "사실"에 '법률상의 진술' 및 '상대방 주장사실에 대한 부인·부지의 진술'이 포함되지 않는다는 점에는 해석이 일치한다. 그러나 '증거신청'이 여기에 포함되는지에 관해서는 적극설, 소극설, 절충설(상대방이 예측가능한 증거신청은 불포함이라는 견해)이 있다. 대법원은, 단독사건에서 미리 준비서면에 기재되지 않은 증인을 상대방 불출석 기일에 법원이 증인으로 채택하여 증거조사를 하였더라도 —단독사건에서는 준비서면 제출이 필수적이지 않다는 점을 지적하여— 위법이 아니라고 하는 등(대판 75.1.28, 74다1721), 허용되는 변론행위의 범위를 넓게 보는 입장이다.

그 외의 준비서면 부제출(不提出)의 효과로는, 답변서 부제출시에 무변론판결을 할 수 있다는 점(§257①), 그리고 변론준비가 마쳐지지 않았더라도 요구받은 준비서면을 제출하지 않으면 법원이 변론준비절차를 종결해야 한다는 점(§284①ii) 등이 있다.

8-3-3-4 준비서면의 분량제한

사건이 복잡해지는 등의 몇 가지 이유로 준비서면의 분량이 수십년 간 점점 길어져 왔고, 이에 2016.8.1. 개정된 민사소송규칙은, 준비서면 등 소송서류의 작성방법·양식·분량 등에 대한 통제를 두게 되었다. A4 규격용지에 작성하도록 하되, 여백·글자크기·줄간격 등에 대한 세세한 규정을 두었고(규§4), 무엇보다도 준비서면의 분량이 30쪽 이하여야 함을 정하였다. 재판장등은 이를 어긴 당사자에게 해당 준비서면을 30쪽 이내로 줄이도록 명할 수 있다(규§69-4②). 다만 재판장등은 당사자와 준비서면의 제출횟수, 분량, 제출기간 및 양식에 관한 협의를 할 수 있고, 이에 관한 합의가 이루어진 경우 당사자는 그 합의에 따른다(규§69-4①단서).

특히 상고이유서의 분량제한은 의미 있는데, 상고이유서 제출기간 후에는 새로운 상고이유를 적어낼 수 없기 때문이다(대판 93.5.14, 93다3943 등 확립된 판례).

규칙은 상고이유서 및 그에 대한 답변서의 분량도 30쪽 이내로 하도록 정하였다(규§133-2).

8-3-4 증거신청의 준비

(1) 위와 같은 준비서면의 작성·제출 외에 당사자가 해야 할 변론의 준비로는 증거신청을 준비하는 일이 있다. 다툼 있는 사실에 관해서는 증명이 되어야만 법관이 이를 인정할 수 있으므로, 이에 대한 증거를 신청해야 한다. 바꾸어 말하면, 상대방이 부인 또는 부지라고 답변한 사실에 대하여, 법관으로 하여금 그 사실주장이 진실이라는 믿음을 얻게 하기 위한 행위가 증명이다.

(2) 변론주의 하에서, 증거신청은 당사자가 주도적으로 해야 하므로, 변론기일에 조사할 증거를 미리 신청할 필요가 있다. 즉 변론준비절차에서 당사자는 증거신청을 해야 한다. 변론준비기일이 열리는 경우에는, 당사자는 변론준비에 필요한 모든 주장과 증거를 정리하여 그 변론준비기일에서 진술해야 하며(규§70-2), 이와 같이 변론준비기일을 거친 경우에는, 기일종결효인 실권효가 미치지 않는 증거신청만을 변론에서 제출할 수 있다(§285).

그러나 증거'조사'는 변론기일에 가서 하는 것이 원칙이다. 다만 8-2-4-1에서 본 것처럼, 필요한 경우에는 변론준비절차에서 증거조사까지도 할 수 있다.

(3) 증거신청에 대하여, 상대방은 증거항변(8-1-4-2)에 의하여 다툴 수 있다. 그리고 증거신청을 한 후에도, 법원에 의한 증거조사가 개시되기 전까지는 그 신청을 임의로 철회할 수 있다(대판 71.3.23, 70다3013).

8-4 변론절차의 진행

8-4-1 변론기일

8-4-1-1 변론기일의 진행 및 일체성

소장·답변서·준비서면 등 서면이 제출되고, 각종 증거신청이 이루어지더라도 ―구술주의 원칙 하에서― 변론이 집약되어 행해지는 것은 변론기일에서이다. 미리 제출된 각종 서면들은 변론기일에서의 구술변론에 의하여 그 내용이 진술되어야만 비로소 소송상 의미를 가진다. 변론기일은, 법원이 미리 그 연월일·

개시시각 · 장소를 명시하여 지정해야 하며, 그 지정된 일시 · 장소에서 재판장이 사건번호 · 사건명 · 당사자명을 부름으로써 개시된다(§169). 그 외 변론기일의 지정, 통지, 변경 등에 관한 자세한 사항은 7-2-1을 참조.

변론을 여러 차례 기일에 나누어 열었다 하더라도, 같은 기일에 동시에 진행한 것과 같이 본다. 사건을 담당하는 법관이 바뀐 경우에는 '변론갱신'을 해야 하지만(6-1-4 참조), 법관 교체의 경우 외에는, 종전 변론기일까지의 변론의 결과를 다시 진술할 필요가 없다. 어느 날의 변론이라도 같은 소송자료로서의 효력을 갖는 것이며, 이를 "변론의 일체성"(einheitliche mündliche Verhandlung)이라고 한다.

8-4-1-2 원격영상재판

전자통신기술의 발달을 배경으로, 코비드-19 팬데믹 하에서 원격영상재판의 필요성이 더욱 증대하자, 2021.8.17.자 개정으로 §287-2가 입법되었다. 이에 의하면 —재판장 · 수명법관 · 수탁판사가 변론준비기일 · 심문기일을 여는 경우뿐만 아니라— 법원이 일반 변론기일을 여는 경우에도, 교통의 불편 또는 그 밖의 사정으로 당사자가 법정에 직접 출석하기 어렵다고 인정하는 때에는 당사자의 신청을 받거나 동의를 얻어 비디오 등 중계장치에 의한 중계시설을 통하거나 인터넷 화상장치를 이용하여 변론기일을 열 수 있다(§287-2②). 위 개정 후 영상재판의 이용건수가 급격히 증가하여, 현재 당사자의 변론뿐만 아니라 증인신문 등에서도 활발히 이용되고 있으며, 민사사건의 전체 변론기일 중 약 10%가 영상재판이다.

8-4-2 변론의 분리 · 제한 · 병합

8-4-2-1 변론의 분리

당사자가 복수인 경우(공동소송) 또는 소송물이 복수인 경우(청구의 병합)에 있어서, 법원은 일부 청구에 대해서만 변론을 실시할 수도 있는데(§141), 이를 변론의 분리라고 한다. 실무상 피고가 여럿인데, 가령 일부 피고에게는 소장이 송달되고 다른 피고에게는 안 되었을 때, 또는 일부 피고는 답변서를 제출하여 다투고 다른 피고는 답변서 제출없이 다투지 않을 때 등에서 종종 이용된다.

그러나 필수적공동소송, 독립당사자참가소송, 예비적 · 선택적 공동소송, 예비적 · 선택적 병합청구에서는 변론의 분리가 허용되지 않는다. 그리고 변론이 분리되더라도 소송계속 발생시에 이미 생긴 관할에는 영향이 없다(§33).

8-4-2-2 변론의 제한

소송물에 따라 변론을 가르는 것은 변론의 분리이지만, 법원이 쟁점을 잘라내어 일부 쟁점에 대해서만 변론을 실시하는 것을 변론의 제한이라고 한다(§141). 가령 소송요건에 대한 심리에 집중하기 위하여 우선 대리권 흠결에 대해서만 변론하라고 한다든지, 손해배상청구소송에서 우선 배상의무의 발생 여부에 대해서만 변론하라고 한다든지 하는 것이다.

8-4-2-3 변론의 병합

변론의 병합은 변론의 분리의 반대개념이다. 다른 당사자 간의 사건을 병합하는 경우도 있고, 원·피고가 동일한 다른 사건을 병합하는 경우도 있으며, 어느 경우이든, 원래 각각의 사건번호를 가지고 있던 사건들을 합치는 것이므로, 사건번호가 여러 개가 된다. 이는 법원이 병합하는 것이므로, 당사자에 의한 객관적·주관적 병합신청과 구별된다.

같은 종류의 절차에서 심판할 수 있는 것이어야 병합할 수 있으므로, 가령 행정사건과 민사사건을 병합할 수는 없다. 민사본안 사건과 그 가압류·가처분 사건은 절차의 종류가 다르므로 병합할 수 없다. 원·피고가 공통된 경우에는, 절차의 종류가 동일해야 한다는 점 외에는 법원이 별개 사건을 병합심리하는 데에 별달리 문제될 요건이 없지만, 다른 당사자의 사건 간에 변론을 병합하려면 공동소송의 요건(§65)을 갖추어야 한다.

변론 병합 후에는 같은 기일에 변론과 증거조사를 하게 된다. 그런데 병합 전에 각 사건에서 행한 증거조사의 결과가 병합 후에 당연히 공통의 증거자료가 되는지에 관해서는 논의가 있다. 통설은, ⓐ 동일 원·피고 간의 사건을 병합한 경우에는 —변론갱신만 거치면— 바로 그렇게 된다고 보고, ⓑ 다른 당사자 간의 사건을 병합하여 공동소송이 되면 당사자가 이를 원용하여야만 증거자료가 된다고 본다.

관련 있는 여러 사건을 변론병합으로 처리하지 않고, 형식상으로는 별개 사건으로 둔 채, 사실상 같은 기일에 함께 호명하여 사건을 진행하는 경우가 실무상 자주 있다. 이를 변론의 병행 또는 병행심리라고 부른다. 병행심리되는 사건들은 기일의 지정·통지, 서면의 제출, 조서의 작성 등이 —동일한 내용이더라도— 별개로 행해져야 한다.

8-4-3 변론의 재개

법원은 심리가 성숙하여 판결을 할 만한 상태가 되었다고 보면 변론을 종결한다. 그런데 변론종결 후 법원이 사건을 검토해 본 결과, 심리가 부족한 부분이 발견되는 경우가 있다. 그리고 변론종결 후에 당사자가 새로운 쟁점이나 증거를 들어서 변론을 다시 열어달라고 신청하는 경우도 많다. 이 경우 법원은 변론을 다시 열도록 명할 수 있고(§142), 이를 '변론재개'라고 부른다. 이는 법원의 재량이므로, 당사자의 재개신청은 직권발동을 촉구하는 의미뿐이며, —재개신청인이 주장·증명을 제출할 기회를 제대로 갖지 못하였고 그 주장·증명의 대상이 판결의 결과를 좌우할 수 있는 관건적 요증사실에 해당하는 경우가 아니라면— 재개신청에 법원이 응하지 않았다는 점 자체는 상고이유가 될 수 없다. 대법원도 수차례 "항변을 제출할 수 있는 기회가 충분히 있었음에도 이를 하지 않다가 변론종결 후 그 항변 및 입증을 위하여 변론재개 신청을 한 경우에 법원이 그 변론재개신청을 받아들이지 아니하였다 하여 이를 심리미진(審理未盡)의 위법사유에 해당한다고 할 수는 없다."고 했다(대판 87.12.8, 86다카1230; 18.7.26, 2016두45783 등 다수).

다만 구체적인 사정에 따라서는, 가령 당사자가 책임 없는 사정으로 주장·증명의 기회를 제대로 갖지 못한 채 변론이 종결되었고 그 주장·증명의 대상이 판결결과를 좌우할 수 있는 경우 등에서는, 변론 재개 없이 패소판결을 하는 것이 절차적 정의에 반하는 예외적인 경우가 있을 수 있고, 이때는 법원이 변론을 재개할 의무가 있다(대판 19.11.28, 2017다244115; 21.3.25, 2020다277641).

변론재개결정을 할 때에는, 재판장은 그 결정과 동시에 변론기일을 지정하고 당사자에게 변론재개사유를 알려야 한다(규§43).

8-4-4 변론조서

8-4-4-1 조서의 의의 및 종류

'법원사무관등'(그 의미에 관해서는 3-2-4-1를 참조)이 기일의 진행내용 및 경과를 기록한 서면을 “조서(調書; Protokoll)”라고 한다. 조서는 그 진행된 기일의 목적에 따라서, 변론조서, 증인신문조서, 검증조서, 화해조서, 인낙조서 등 여러 가지가 있다.

8-4-4-2 조서의 기재사항

(1) 조서에 기재되어야 하는 형식적 기재사항은 다음과 같다(§153). 1. 사건의 표시 2. 법관과 법원사무관등의 성명 3. 출석한 검사의 성명 4. 출석한 당사자·대리인·통역인과 출석하지 아니한 당사자의 성명 5. 변론의 날짜와 장소 6. 변론의 공개여부와 공개하지 아니한 경우에는 그 이유.

법원사무관등이 위 각 사항을 적은 다음에 재판장과 법원사무관등이 각각 그 서면에 기명날인 또는 서명한다. 재판장의 기명날인·서명은 그 기재내용을 인증한다는 취지이다. 다만, 재판장이 기명날인 또는 서명할 수 없는 사유가 있는 때에는 합의부원이 그 사유를 적은 뒤에 기명날인 또는 서명하며, 법관 모두가 기명날인 또는 서명할 수 없는 사유가 있는 때에는 법원사무관등이 그 사유를 적는다. 2017.10.31.자 개정으로써 과거의 각 “기명날인”이 “기명날인 또는 서명”으로 변경되었다.

(2) 조서에 기재될 실질적 기재사항은 “변론의 요지”이다(§154). 그 변론의 요지를 적을 때에는, ⓐ 화해, 청구의 포기·인낙, 소의 취하와 자백, ⓑ 증인·감정인의 선서와 진술, ⓒ 검증의 결과, ⓓ 재판장이 적도록 명한 사항과 당사자의 청구에 따라 적는 것을 허락한 사항, ⓔ 서면으로 작성되지 아니한 재판, ⓕ 재판의 선고에 관하여 분명히 적어야 한다.

(3) 그런데 위 기재사항들은 대법원규칙이 정하는 바에 따라 생략할 수 있다. 다만, ㉠ 당사자의 이의가 있으면 그러하지 아니하며, ㉡ 변론방식에 관한 규정의 준수, 화해, 청구의 포기·인낙, 소의 취하와 자백의 사항은 생략할 수 없는 기재사항이다(§155).

8-4-4-3 조서의 작성방법

(1) 조서의 작성권자는 —재판장이 아니라— 법원사무관등이다. 법원사무관등은 변론기일에 참여하여 기일마다 조서를 작성함이 원칙이다(§152①). 그러나

2002년 개정법은 인력의 효율적 활용을 위하여, 법원사무관등이 기일에 참석하지 않아도 되는 예외를 두었다. ⓐ 변론기일·변론준비기일은 그 변론을 녹음하거나 속기하는 경우 그 밖에 이에 준하는 특별한 사정이 있는 경우에는 법원사무관등을 참여시키지 않고 변론기일을 열 수 있다(§152①단서). ⓑ 변론기일·변론준비기일 외의 기일, 즉 화해기일·조정기일·증거조사기일·심문기일 등은 재판장이 필요하다고 인정하는 경우 법원사무관등을 참여시키지 아니하고 기일을 열 수 있다(§152②). 위 ⓐ,ⓑ의 경우에는, 법원사무관등은 그 기일이 끝난 뒤에 재판장의 설명에 따라 조서를 작성하고, 그렇게 작성했다는 점을 덧붙여 적어야 한다.

(2) 변론조서는 소송기록의 여러 문건들 중에서 특히 그 기재내용이 중요하므로, 소송기록 중에 잘 분간되도록 하기 위하여 연두색의 색지(色紙)를 쓴다. 변론기일에 이루어진 증거신청 및 증거채부 등은 여러 변론조서에 흩어져 있으면 일괄해서 파악하기 어려우므로, 법원의 사건기록에서는 이를 모아서 기록표지 바로 뒤에 '증거목록'을 편철하고 거기에 증거조사에 관한 내용들을 합하여 기재한다. 그리고 변론조서에서는 "증거관계 별지와 같음"[13]이라고 기재하여 증거목록 기재와의 관련을 표시한다. 즉 변론조서와 증거목록은 (사건기록상 떨어진 곳에 편철되지만) 유기적으로 결합하여 증거조사에 관한 진행내용을 기록한다.

조서에는 서면, 사진, 그 밖에 법원이 적당하다고 인정한 것을 인용하고 소송기록에 붙여 이를 조서의 일부로 삼을 수 있다(§156). 변론조서에는 서면이나 사진이 첨부되는 일이 거의 없지만, 가령 현장검증조서 등에는 대부분 사진이 첨부된다.

(3) 조서에 적힌 사항에 대하여 관계인이 이의를 제기한 때에는, ⓐ 그 이의가 맞다면 조서기재를 정정하고 정정부분에 법원사무관등과 재판장이 모두 기명날인 또는 서명할 일이고, ⓑ 그 이의가 이유없는 것이라면 그런 이의가 있었다는 취지를 조서에 적어두면 된다(§164).

8-4-4-4 조서의 증명력

조서가 작성되어 있는 이상, 변론의 방식에 관한 규정이 지켜졌다는 것은 조

13) 만약 그 기일에 원·피고가 서증을 각각 제출했고, 원고가 신청한 증인에 관하여 무언가가 행해졌다면, 이 부분에 "(원고 서증·증인등, 피고 서증)"이라고 추가 기재한다.

서로써만 증명할 수 있다(§158). 즉 변론의 일시 · 장소, 공개되었는지 여부, 어느 법관이 참석했는지, 각 당사자 및 대리인이 출석했는지 여부, 선고조서이면 판결의 선고일자가 며칠인지 등 외형적인 사실들은 모두 조서로써만 증명할 수 있다는 말이다. 조서에 그 사실의 기재가 있으면 그 사실은 있는 것으로 인정되고, 조서에 그 기재가 없으면 그 사실은 없는 사실이 된다. 판결에 기재된 선고일자와 선고조서의 선고일자가 다르면, 조서 기재일자에 판결이 선고된 것이다(대판 72.2.29, 71다2770).

법원사무관등이 공적 임무로 작성한 것이고 재판장이 인증하며, 이해관계인에게 열람 및 이의의 기회가 주어지는 것이므로, 그 정확성이 보장된다고 보고, 이와 같이 강력한 법정증명력을 부여한 것이다(대판 01.4.13, 2001다6367). 변론의 방식에 관한 한, 자유심증주의를 떠나서 법정증거주의를 채택하였음을 의미한다.

반면에 변론의 방식에 관한 것이 아니라, 변론의 내용, 예컨대 자백, 증인의 진술내용 등 §154의 실질적 기재사항에 관해서는 법정증명력이 인정되지 않으며, 다른 증거로 번복할 수 있다. 가령 조서에 'A,B청구에 관하여 소취하'라고 기재되어 있으나 오기임이 명백하면(가령 B청구에 대하여 그 후 공방을 했다면), B청구에 대한 소취하의 효력이 부인될 수 있다(대판 53.3.12, 4285민상102).

8-4-4-5 조서와 사건기록의 공개

(1) 당사자 · 이해관계인에 대한 공개

소송기록의 대부분을 구성하는 것은, ⓐ 원 · 피고가 제출한 소장 · 답변서 · 준비서면 등 주장서면, ⓑ 서증, ⓒ 변론조서, 검증조서 등 각 기일에 변론의 요지를 법원사무관등이 작성한 것, ⓓ 증인신문조서 등이다. ⓐ와 ⓑ는 양당사자가 각 제출시에 부본 내지 사본을 교환하므로, 당사자들이 모두 가지고 있는 것이고, ⓒ,ⓓ는 법원이 작성한 것이므로 열람의 필요성이 있다. 그러므로 당사자가 열람 및 등사신청을 해서 이를 확보할 수 있도록 제도가 마련되어 있다.

즉 당사자를 비롯한 소송관계인은 조서의 열람 · 낭독 청구권을 가지며(§157). 조서 외의 소송기록에 관해서도 당사자나 "이해관계를 소명한 제3자"는 대법원 규칙이 정하는 바에 따라, 소송기록의 열람 · 복사, 재판서 · 조서의 정본 · 등본 · 초본의 교부 또는 소송에 관한 사항의 증명서의 교부를 법원사무관등에게 신청할 수 있다(§162①). 재판이 확정된 소송기록뿐만 아니라 진행중인 소송기록에 관해서도 그러하다.

(2) 일반 제3자에 대한 공개

재판권은 국가주권의 주요한 한 부분이며, 이는 원래 국민의 것이다. 재판공개 원칙은, 법관에게 위임되어 있는 재판권을 원래의 권한자인 국민의 통제 하에 놓기 위한 개념이다. 헌법상의 재판공개 원칙이란, 재판이 진행되는 법정을 열어 놓는 것만을 의미하지 않고, 소송기록의 공개까지 포함하고 있는 개념이다. 그러나 이러한 재판공개는 다른 헌법상의 대원칙인 프라이버시 보호와 충돌하는 것이고, 따라서 일반인에게 재판기록을 어디까지 공개할 것인지는 미묘하고 어려운 문제이다.

한국의 민사소송법은 1960년 제정시부터 40여 년간 당사자와 이해관계인 아닌 제3자에게는 소송기록열람 및 판결열람을 허용하지 않았다. 그러나 2007년의 개정으로써 이해관계인이 아니더라도 "권리구제 · 학술연구 또는 공익적 목적"이 있는 제3자에게 '소송기록'(판결 포함)의 열람권을 부여하였으며(§162②), 2011년에는 위와 같은 목적이 없는 제3자에게도 '확정판결'의 열람권을 부여하는 개정이 이루어졌다(§163-2). 2020년에는 §163-2를 개정하여 '미확정판결'의 열람권도 부여하고 키워드 검색기능 제공을 규정하였다(2023.1.1. 이후 선고되는 판결에 적용).

현재의 공개상황을 정리하자면, 재판이 확정된 '소송기록'에 관해서는 —어느 사건의 당사자나 이해관계인뿐만 아니라— 누구든지 권리구제 · 학술연구 또는 공익적 목적으로 법원사무관등에게 그 열람을 신청할 수 있되, 다만 변론이 비공개된 사건 또는 §163에 따라서 소송기록 열람제한이 결정된 소송기록에 대하여는 그러하지 아니하다(§162②). 그리고 이 열람 신청에 당해 소송관계인이 동의하지 않으면, 법원은 제3자에게 소송기록을 열람하게 하여서는 아니 된다(§162③).

'판결서'에 대해서는 좀 더 넓은 열람을 허용한다. 즉 누구든지 판결서[14]를 —변론공개를 금지한 사건의 판결서의 열람 · 복사가 제한되는 경우를 제외하고— 인터넷, 그 밖의 전산정보처리시스템을 통한 전자적 방법 등으로 열람 및 복사할 수 있다(§163-2①). 다만 이러한 판결 공개를 통하여 프라이버시 침해가 발생

14) 다만 여기에서, 소액사건판결서, 심리불속행 상고기각 판결서, 그리고 상고이유서 부제출시의 상고기각판결서는 제외한다.

하지 않도록, 법원은 이른바 '비실명화(非實名化) 작업'을 하고 있고(§163-2③), 그럼에도 불구하고 발생할 수 있는 프라이버시 침해 이슈에 대비하여, 법원사무관 등은 그 개인정보 보호조치 및 열람·복사와 관련해서는 고의·중과실이 없는 이상 민·형사상 책임을 지지 않도록 되어 있다(§163-2④).

(3) 비밀보호를 위한 열람 제한

이해관계인에 대해서든 일반 제3자에 대해서든, 소송기록 중에는 그들에게 공개하지 않아야 할 비밀이 있을 수 있다. 따라서 §163는 소송기록 중에 사생활에 관한 중대한 비밀 또는 영업비밀이 적혀 있음을 당사자가 소명하여 신청한 때에는, 법원이 소송기록 중 비밀이 적혀 있는 부분의 열람·복사, 재판서·조서 중 비밀이 적혀 있는 부분의 정본·등본·초본의 교부를 신청할 수 있는 자를 당사자로 한정하는 결정을 할 수 있도록 정하였다. 여기서 영업비밀이란, 부정경쟁방지법 §2 ii의 영업비밀이다(§163①ii).

판결서 등 소송기록에 대한 공개의 요구와 소송당사자의 비밀보호 요구는 최근 더욱 첨예화되었고, 그 갈등해결의 적정한 기준에 대한 추가연구가 필요하다고 하겠다.

8-5 변론기일에의 불출석

8-5-1 출석과 불출석

(1) 구술주의는 당사자가 변론기일에 출석함으로써만 운용될 수 있다. 당사자의 출석의 필요 때문에, 민사소송법은 당사자의 불출석에 대하여 소취하간주(§268), 진술간주(§148), 자백간주(§150)의 불이익을 가한다("출석을 강제하기 위한 3간주").

(2) 구술변론이 필수적인 것은 판결절차이므로, 임의적 변론의 절차, 가령 보전절차에서는 이런 제도가 적용되지 않는다. 판결절차 중 통상의 변론기일에 이 제도가 적용됨은 당연한데, 그 외의 기일에의 적용 여부는 따로 검토해야 한다. 증거조사기일은 여기의 변론기일에 포함된다(대판 66.1.31, 65다2296). 변론준비기일도 여기의 변론기일에 포함된다(§286가 §§148,150,268를 준용). 그러나 선고기일은 이에 포함되지 않는다. 왜냐하면, 판결은 당사자가 출석하지 않아도 선고할

수 있기(§207②) 때문이다.

(3) 당사자가 소송무능력자일 때에는 법정대리인이 출석해야 출석인 것이지, 당사자만 출석하면 불출석이 된다. 소송대리인이 선임된 경우는, 본인과 대리인 모두 결석해야 비로소 결석이 된다. 기일이 열리는 날에, 법원이 특정사건을 호명한 때로부터 그 사건 변론을 마친다고 말할 때까지의 사이에 그 호명에 응답해야 출석한 것이 된다. 비록 출석하였더라도 진술금지 재판(§144)이나 퇴정명령을 받으면 불출석이 된다. 또한 출석했더라도 아무런 변론을 하지 않으면, 불출석과 마찬가지의 효과를 받는다.

(4) 적법한 기일통지를 받고도 불출석한 경우에만 불출석 효과를 부여할 수 있고, 통지가 부적법했으면 불출석 효과를 부여할 수 없다. 공시송달로 기일통지를 받은 당사자의 불출석에 대해서는 자백간주 효과를 줄 수 없음을 §150③이 명시하고 있으나, 공시송달 기일통지로써 소취하간주, 진술간주의 효과를 줄 수 있는지에 대해서는 규정이 없다. 학설에는 반대견해도 있으나, 공시송달로 기일을 통지한 경우에도 소취하간주가 적용된다는 것이 판례이고(대판 87.2.24, 86누509 등 다수) —소취하간주 요건으로서의 불출석은 주로 원고에게 적용되는 것이므로 — 판례가 옳다.[15)16)]

(5) 출석 여부의 증명은 오로지 조서의 기재에 의해서만 가능하다(§158). 소송대리인 불출석만 기재되어 있고, 본인 불출석이 기재되어 있지 않으면, 불출석 효과를 줄 수 없다(대판 82.6.8, 81다817). 만약 소송복대리인이 있으면, "본인, 대리인 및 복대리인 불출석"이라고 변론조서에 기재되어야만 비로소 그 당사자에게 불출석 효과를 부여할 수 있다(대판 67.12.18, 67다2202).

8-5-2 쌍방 당사자의 불출석 : 취하간주

양당사자가 변론기일에 출석하지 아니하거나 출석하였다 하더라도 변론하지

15) 한편 대판 97.7.11, 96므1380은 요건불비의 공시송달에 의한 기일통지의 경우에는 소취하간주의 효과가 생기지 않는다고 했다. (다만 판사의 공시송달명령에 의하여 공시송달을 한 이상 공시송달의 요건을 구비하지 않은 흠결이 있다 하더라도 공시송달의 효력에는 영향이 없다는 것이 판례이므로(대결-전 84.3.15, 84마20), 이것과의 관계에서는 의문이 있을 수 있다).

16) 한편 공시송달에서 진술간주를 할 수 있느냐는, 공시송달로써 송달받은 당사자가 답변서·준비서면 등을 제출하는 일이 없으므로, 실무상 문제되지 않는다.

아니한 때에는 재판장은 다시 변론기일을 정하여야 하고, 그 새 변론기일 또는 그 뒤에 열린 변론기일에 양당사자가 불출석 또는 무변론이면(즉 기일합계 2회 쌍방불출석이면) —1월 이내에 기일지정신청을 하지 않는 한— 소를 취하한 것으로 본다(§268). 이를 "소취하간주"라고 부르는데, 실무상으로는 "쌍불취하"라고도 한다.

8-5-2-1 요건

(1) 일단 먼저, 기일에 양당사자가 함께 불출석하거나, 출석했더라도 변론을 하지 않아야 한다. 1회 기일이든 몇 회째 기일이든 상관없다. 실무상, 쌍방 불출석보다는 '원고 불출석 + 피고 출석 & 무변론'이 많다. '원고 출석 & 무변론 + 피고 불출석'은 —소제기자가 원고인 이상— 발생하기 어렵다. 통상의 변론기일뿐만 아니라, 증거조사기일에서도 불출석 요건이 만들어진다(선고기일은 제외). 쌍방 불출석 내지 무변론이 발생하면, 재판장은 속행기일을 정하여 통지하여야 한다(§268①).[17] 조서에는, 불출석자에 대해서는 불출석으로 적고, 출석 & 무변론인 자에 대해서는 가령 피고이면 "피고, 변론하지 아니하다"로 적는다. 그 기일을 "연기"한 것으로 기재하면 틀린 기재이지만(7-2-1-4), 연기조서로 잘못 작성하였다고 하더라도 이미 성립한 쌍방불출석이라는 요건에는 아무 영향이 없다(대판 82.6.22, 81다791).

(2) 두 번째 요건으로서, 위와 같이 지정된 새 기일 또는 그 뒤의 어느 기일에 다시 불출석 또는 출석·무변론함으로써 합계 2회의 기일에 불출석하여야 한다(§268②). 이러한 기일에 법원이 '변론종결'을 할 수 있느냐는 학설상 다투어지고 있으나, 실무에서는 법원이 (굳이 판결을 작성하는 수고를 할 이유가 없으므로) 판결선고를 위한 변론종결을 하는 일은 없다. 그리고 법원은 새 기일의 지정도 없이 그 기일을 종료시킨다. 이로써 일단 소취하간주의 요건은 충족된다.

(3) 그런데 만약 양당사자 중 누구라도 그로부터 1월 내에 기일지정신청을 하거나 법원이 직권으로 기일을 지정하면(대판 02.7.26, 2001다60491), 소송이 속행된다. 1월 내에 쌍방의 신청이 없으면 그로써 소취하간주는 확정된다. 위와 같이 다시 속행된 기일 또는 그 후의 기일에 쌍방불출석이 있으면, 즉 합계 3회의 쌍

---

17) 이러한 기일에 법원이 변론을 종결할 수 있느냐에 대해서는 학설이 나뉜다.

방불출석이 있으면, 소취하간주가 확정된다. 3회째의 쌍방불출석 기일 역시 연속적일 필요가 없다.

(4) 주의할 점은, 같은 심급의 동종의 기일에 위와 같은 2회 또는 3회의 불출석 요건이 충족되어야 한다. 제1심에서 1회, 제2심에서 1회 불출석을 해서는 본조의 요건이 충족되지 않는다. 파기환송전 제2심에서 1회, 파기환송후 제2심에서 또 1회이면 요건이 충족되는가? 판례는 아니라고 한다(대판 63.6.20, 63다166). 변론준비기일에서 1회, 변론기일에서 1회 불출석하면 요건이 충족되는가? 판례는 역시 아니라고 한다(대판 06.10.27, 2004다69581).

8-5-2-2 효과

(1) '2회 쌍방불출석 + 1월의 도과'가 있든지 혹은 '2회 불출석 + 기일지정신청 + 1회 불출석'이 있으면 소를 취하한 것으로 간주한다(§268②③). 요컨대 소취하간주가 확정되는 방식은 2가지이다. 소취하 간주의 효과는 소취하의 효과와 같으므로, 소송계속의 효과가 소급적으로 소멸한다. §268가 재판청구권 침해라는 위헌소원은 헌법재판소가 배척했다(헌결 12.11.29, 2012헌바180).

(2) 상소심에서는 소취하가 아닌 상소취하가 간주된다(§268④). 따라서 원판결이 그대로 확정된다.

8-5-2-3 특별절차에서의 불출석 취하간주

한편 배당이의의 소에서는 첫 변론기일에만 불출석해도 소취하로 간주되는데(민집§158), 여기의 기일에 변론준비기일은 포함되지 않으므로, 배당이의 소송에서 원고가 변론준비기일에 출석한 적이 있더라도 첫 변론기일에 불출석하면 소를 취하한 것으로 간주된다(대판 07.10.25, 2007다34876).

증권관련집단소송에서는 §268가 적용되지 않아서, 2회, 3회의 불출석이 있어도 소취하로 간주되지 않는다(증집§35④). 공시최고절차에서는 신청인의 불출석 또는 기일변경신청에 따라 정해진 새 기일에 신청인이 불출석하면 취하간주 효과가 발생한다(§484).

8-5-3 일방 당사자의 불출석 1 : 진술간주

8-5-3-1 의의 및 요건

당사자 일방만 출석하고 상대방이 변론기일에 불출석(출석하고도 무변론인 때를 포함)한 경우에, 법원은 불출석자가 제출한 서면에 적혀 있는 사항을 진술한 것으로 보고 출석한 상대방에게 변론을 명할 수 있다(§148①). 법원은 이러한 일방 불출석의 경우에 변론을 연기할 수도 있지만, 만약 변론을 진행한다면 법원은 불출석자가 제출한 서면을 반드시 진술간주하고 진행해야 한다(대판 08.5.8, 2008다2890). 당사자의 결석에 따라 소송이 지연되는 일을 막으려는 제도이다.

여기의 변론기일은 제1회 기일이든 그 후의 기일이든 상관없다. 항소심 기일에도 본조가 적용된다. 대부분의 원고 일방 불출석 사건에서 피고는 변론진행 없이 쌍불취하 요건을 충족해 가기를 바라므로, 그 경우에는 본조가 적용될 일이 없고, 피고 일방 불출석 사건에서 주로 본조가 적용된다.

8-5-3-2 효과

(1) 본조의 적용에 의하여, 서면에 적혀 있는 사항을 불출석자가 진술한 것처럼 본다. 그런데 서면에 사실주장과 증거신청의 양쪽이 있는 경우에, 사실주장이 진술간주되는 것은 당연하지만, 증거신청도 진술간주되는가? 판례는 서증이 첨부된 소장·준비서면이 진술간주되더라도 그 서증의 제출은 아직 없는 것이고 변론기일에 출석하여 현실적으로 서증을 제출해야 비로소 제출된다고 한다(대판 91.11.8, 91다15775).

(2) 원고 주장의 청구원인사실을 인정하는 내용의 답변서를 피고가 제출하고 이 서면이 본조에 의하여 진술간주되면, §150의 자백간주가 성립하는 것이 아니라 "재판상 자백"이 성립한다.

(3) 2002년 개정 전에는, 원고 청구원인사실을 인정하는 답변서를 써 낸 피고가 불출석하여 본조로써 진술간주가 되는 경우에 대하여, 구 판례가 이때는 재판상 자백이 성립할 뿐이고 청구인낙의 효과까지는 발생하지 않는다고 해석하고 있었다. 그러나 2002년 개정으로 §148②③이 신설되어, 진술간주되는 원·피고의 서면의 내용에 따라 —그리고 그 서면이 공증사무소의 인증을 받은 때에는— 청

구의 포기 · 인낙이 성립된 것으로 보거나, 혹은 재판상 화해가 성립된 것으로 보게 되었다. 그러나 §148②③이 '공증사무소의 인증'을 요구하고 있어서 실무상 적용례는 드물다.

(4) 원고가 관할권 없는 법원에 소를 제기하였더라도 피고가 이의 없이 본안에 관하여 변론하면, 이로써 변론관할이 생기는데(§30), 본조에 따라 답변서가 진술간주되면 이는 본안에 관하여 변론한 것이 되는가? 그렇지 않다고 보는 것이 판례 · 다수설이다(상세는 3-9-2 참조).

8-5-4 일방 당사자의 불출석 2 : 자백간주

일방 당사자가 상대방의 주장사실을 명백히 다투지 않으면 그 사실을 자백한 것으로 본다(§150①). 그리고 당사자가 변론기일에 출석하지 아니하는 경우에는, 위 규정을 준용하여 역시 자백한 것으로 본다. 다만, 공시송달의 방법으로 기일통지서를 송달받은 당사자가 아니어야 한다(§150③). 즉 일방 당사자만 불출석하면, 상대방 주장에 대하여 —그 주장에 대하여 일방 당사자가 이미 다투고 있지 않은 경우에는— 그가 자백한 것으로 간주하는 효과가 발생한다.

자백간주 판결은 2심에서도 할 수 있다. 즉 1심에서 피고의 공시송달로 진행되어 원고청구 기각판결이 선고된 후, 2심에서 피고가 공시송달 아닌 적법한 방법으로 송달받고도 다투지 않으면, §150를 적용하여 원고승소 판결을 선고할 수 있다(대판 18.7.12, 2015다36167).

본조는 원 · 피고 양쪽에 적용되는 것이지만, 실무상 주로 피고가 답변서도 제출하지 아니하고 아무런 대응을 하지 않을 때에 적용된다. 2002년 개정전에는 '의제자백'이라고 불렀고, 그 개정전에는 무변론판결(현§257) 제도가 없었으므로, 무대응 피고에게 본조를 적용하여 원고의 청구원인사실을 자백한 것으로 보고 판결을 작성하였다. 개정후에는 무변론판결 때문에 본조의 적용 사례는 현저히 줄었다.

8-5-5 실무상 적용례

위에서 설명한 불출석 사례들을 정리해 보자(한편, 만약 피고가 소장부본 송달일로부터 30일 내에 답변서를 제출하지 않으면 변론기일을 열지 않은 채로 원고승소의 무변론판결을 내릴 수 있음(§257)은 2-4-3-2에서 본 바와 같다).

(1) 피고에게 소장과 기일통지서가 적법하게 송달되고, 제1회 변론기일에 원·피고가 모두 불출석한 경우 → 피고의 답변서가 제출되었든 아니든 간에, 쌍불취하간주 쪽으로 진행하기 위해 답변서의 진술간주를 하지 않고, 쌍방불출석으로 처리하는 것이 실무이다. 그러나, 만약 법원이 '원고 소장 진술간주' 및 (답변서가 제출된 경우) '피고 답변서 진술간주'를 하더라도 이것이 위법하지는 않다.

(2) 피고에게 소장과 기일통지서가 적법하게 송달되고, 제1회 변론기일에 원고가 불출석한 경우 → 피고가 비록 출석했지만, 피고에게 변론을 하게 하지 않는 것이 실무이다. 답변서가 미리 제출되었더라도 같다. 위 (1)에서처럼, 쌍불취하간주 쪽으로 진행하기 위해서이다.

(3) 피고에게 소장과 기일통지서가 적법하게 송달되고, 피고가 청구기각을 구하는 답변서를 제출한 후에, 제1회 변론기일에 피고가 불출석한 경우 → 피고의 답변서를 진술간주하고, 원고에게 입증을 명한다.

(4) 피고에게 소장과 기일통지서가 공시송달로 송달되고, 피고가 제1회 변론기일에 불출석한 경우(답변서 제출없음은 당연) → 원고에게 입증을 명한다.

(5) 피고에게 소장과 기일통지서가 공시송달 아닌 방법으로 적법하게 송달되고, 피고가 원고의 청구를 인정하는 내용의 답변서를 제출하였다면, 대개는 무변론판결(§257)으로 처리될 것이지만, 만약 위 경우에 법원이 기일소환을 하고 피고가 불출석하였다면, 법원은 원고에게 소장을 진술시키고 피고의 답변서는 진술간주한 후 판결을 선고할 수 있을 터이다.

제9장

증거법 총론

9-1 증명 및 증거의 기본이념과 개념

9-1-1 증거의 의의 등

9-1-1-1 증거의 역할 및 필요성

민사소송은 실체법상의 권리·법률관계에 대한 공적 판단을 목표로 진행되는 절차인데, 그 판단은 법원이 인정한 사실에 법규를 적용함으로써 이루어진다. 이 과정에서, 당사자 간에 다툼 없는 사실 즉 자백된 사실은 그대로 판단의 기초로 될 수 있지만, 다툼 있는 사실은 —그것이 현저한 사실이 아닌 한— 원칙적으로 증거에 기한 사실인정을 해야만 판단의 기초가 될 수 있다("증거재판주의"). 이와 같이 사실주장의 근거가 되는 자료, 바꾸어 말하면 법원의 사실인정의 기초가 되는 자료가 '증거'(證據; Beweis)이다. 사실인정을 증거에 의해서 해야 하는 이유는, 소송상 판단과정의 공정성과 객관성을 담보하기 위함이다. 만약 법관이 우연히 지득한 사실에 기하여 재판을 하는 것이 허용된다면, 그 판단과정을 상급심 및 제3자가 추적하여 판단의 정당성을 검증할 수가 없고, 따라서 적정한 재판은 담보되지 않는다. 이에, 쌍방 당사자의 참여 하에 공개주의 및 직접주의 등의 심리원칙에 따라 증거조사를 행하고 그 결과를 기초로 하여 사실인정을 하는 것이, 근대 재판제도의 대원칙이 되어 있다. 이러한 증거조사에 있어서 지침이 되는 기준이 증명책임의 분배이다.

실제 소송에서는 법리보다는 사실관계가 다투어지는 일이 훨씬 많다. 대부분의 사건은 어떤 사실이 재판과정에서 인정되는가에 따라서 사건의 승패가 갈린다. 따라서 실무상 사실관계의 확정 즉 사실인정은 아주 중요한 문제이다.

9-1-1-2 증거의 개념

증거라는 말은 다의적이다. 경우에 따라, ⓐ 증거방법(Beweismittel; 사람이 감지할 수 있는, 증거조사의 대상이 되는 수단)이라는 의미로 쓰일 때가 있고, ⓑ 증거조사(Beweisaufnahme)의 의미로 쓰이기도 하고, ⓒ 증거자료(Beweismaterial) 내지 증거결과(Beweiserfolg)의 의미로 쓰이기도 한다. 증거자료 또는 증거결과라 함은, 증거방법을 조사한 결과로 획득한 정보 및 내용을 가리키는 말로서, 예컨대 증인의 증언, 당사자의 진술, 감정인의 감정의견, 문서의 기재내용, 검증의 결과가 그것이다. '증거'라는 말의 사용례를 볼 때, "어떤 증거를 신청할 계획인가요?"라는 말에서는 ⓐ의 의미이고, 재판기일을 앞두고 "이번 기일의 증거는 증인신문이네"라고 말하면 ⓑ의 의미이며, "증거에 기한 사실인정"이라고 할 때에는 ⓒ의 의미이다.

현행법상 증거조사의 종류로 증인신문 · 감정 · 서증 · 검증 · 당사자신문의 5종이 있고, 이에 더하여 2002년 개정시 추가된 "그 밖의 증거"(§374)가 있다.[1] 위 5종에 대응하는 증거방법으로는 증인 · 감정인 · 문서 · 검증물 · 당사자의 5종이 있다(§303이하).[2] 그 중에 사람이 증거방법인 것(증인 · 감정인 · 당사자)을 인증(人

---

1) 아래 10-8에서 보듯이, "그 밖의 증거"(§374)는 새로 등장하는 첨단기록매체들을 증거로서 규율하기 위한 것인데, 감정 · 서증 · 검증에 준하는 방법으로 조사하게 되어 있으므로, 결국 증거조사 방법은 기존의 5종이다.

2) 영미법계의 증거절차는, 증거조사의 종류를, 독일·일본·한국처럼 증인신문 · 감정 · 서증 · 검증 · 당사자신문 등으로 분류하지 않는다. 영미법에서는 —증거조사의 종류가 중요한 것이 아니라— 당사자 일방의 증거제시에 대하여 타방에게 그 증거를 탄핵할 기회를 부여함에 기하여 그 증거를 사실인정자료로 사용할 수 있느냐 여부, 즉 당해 증거에 증거능력(admissibility)이 있도록 하기 위하여 (반대신문 등) "상대방에게 증거탄핵의 기회가 제공되느냐"에 증거법의 초점이 맞추어져 있다.

證)이라 하고, 물건이 증거방법인 것(문서 · 검증물)을 물증(物證)이라 한다.

9-1-2 증명에 관련한 여러 개념

9-1-2-1 증거능력과 증명력

(1) 어떤 증거가 적법한 증거자료가 될 수 있는 법률상의 자격을 '증거능력'이라고 한다. 사실인정은 증거능력 있는 증거에 의하여 해야 한다(대판 18.4.12, 2016다223357). 배심제가 실시되어 배심에게 제시할 증거와 제시하지 않을 증거를 구별해야 하는 나라, 또는 자백배제 · 전문법칙 등이 중시되는 형사절차에서는 증거능력 개념이 아주 중요하지만, 민사절차에서는 증거의 가치판단이 법관에게 맡겨져 있고("자유심증주의"), 또한 —아래의 예외를 제외하면— 원칙적으로 모든 증거가 증거능력을 가지므로, 증거능력 개념의 중요성이 상대적으로 떨어진다.

이와 달리, 증거자료가 요건사실 인정에서 담당하는 역할의 정도, 즉 얼마나 강하게 요건사실을 뒷받침하는 힘이 있느냐를 '증명력'(=증거력=증거가치; Beweiskraft)이라고 한다. 자유심증주의 하에서는 증명력의 판단이 원칙적으로 법관의 자유로운 판단에 맡겨져 있다.

(2) 법령상 증거능력이 제한되는 경우가 있다. 우선 법정대리인은 증인이 될 능력이 없고, 통신비밀보호법에 위반한 녹음도 재판에서 증거로 사용할 수 없다. 이러한 법령상의 증거능력 제한, 그리고 약정상의 증거능력 제한에 관해서는 9-2-2-4에서 검토하고, 또한 증거의 수집과정이 불법적이어서 증거능력이 다투어지는 경우 즉 '위법수집증거의 증거능력' 문제에 관해서는 9-2-2-3에서 검토한다.

9-1-2-2 증명과 소명

법관의 심증(心證)의 정도가 어느 레벨에 도달하면 사실인정을 해도 되는지의 기준을 증명도(證明度)라고 한다. '증명'(volle Beweis)이란, 법관의 심증의 정도가 '고도의 개연성(蓋然性)'이라는 증명도를 넘은 상태를 의미한다. 민사소송의 요건사실은 '증명'되어야 함이 원칙이다.[3] 그 증명도를 넘어서지 않은 상태에

---

3) 2002년 개정 전에는 민사소송법에서 증명(證明)과 입증(立證)이 둘 다 쓰이고 있었다. §§54,81,98(대리권 증명), §115(담보사유 소멸증명), §147(조서의 증명력), §228(법률관

서는 법관이 사실인정을 해서는 안 된다.

민사소송에서 사실의 증명은 —한 점의 의혹도 없어야 하는 수학적 증명이 아니며— 특별한 사정이 없는 한 경험칙에 비추어 모든 증거를 종합 검토하여 어떠한 사실이 있었다는 점을 시인할 수 있는 '고도의 개연성'을 가리키는 것이다(대판 10.10.28, 2008다6755). 그 판정은 통상인이라면 의심을 품지 않을 정도일 것을 요구하는 것이지, 자연과학적·수학적 확실성을 요구하는 것이 아니므로,[4] 이러한 소송상 증명을 "역사적(歷史的) 증명"이라고 부른다. 민사소송에서의 증명기준인 '고도의 개연성'은 형사소송에서의 기준인 '합리적 의심이 없는 정도'(형소§307)보다는 약간 낮은 기준이라고 여겨진다.[5]

증명과 대비되는 개념으로서 소명(疏明; Glaubhaftmachung)이 있다. 이는, 증명에 비하여 낮은 수준의 개연성을 가리킨다. 즉 사실인정 기준이 증명에 비하여 완화된 경우를 소명이라 하는데, "그만하면 맞는 듯하다"는 정도를 가리킨다. 민사소송에서의 사실인정은 증명에 의하는 것이 원칙이므로, 법률에 소명에 의하라고 특별한 규정이 있는 경우에만 소명만으로 사실인정을 할 수 있다. 제척·기피의 이유(§44), 보조참가의 이유(§73), 공시송달 사유(§194), 소송비용(§110), 소송구조사유(§128), 소송기록 열람사유(§162) 등 파생절차 및 신속처리절차에서 주로 정해져 있고, 또한 민사집행법상 청구이의의 소 및 집행문부여에 대한 이의의 소

계 증명), §261(증명을 요하지 않는 사실), §126(입증촉구), §281-2(입증사항) 등이다. 그런데 위 개정과정에서 '입증'이 일본식 용어라는 주장이 있어서 개정법에서는 '입증'이 모두 '증명'으로 대체되었다. 그러나 입증과 증명은 ⓐ 조선왕조실록 등 한국의 고문헌에 둘 다 등장하고, ⓑ 법률문장 맥락상의 그 둘은 —현대 한국의 개념어 대부분이 그러하듯이— 모두 서양문물 계수과정에서 일본이 확립한 단어이므로, 둘 간에 한국고유어 해당 여부에서 차이가 있는 것이 아니며, 위 개정은 근거 없는 단어말살이다. 두 단어 모두 '어떤 사항에 대해서 증거를 들어서 밝히는 행위'를 가리키는 것이되, 입증은 행위에 중점을 둔 표현이고, 증명은 그 결과에 중점을 둔 표현이라고 이해하는 것이 옳다.

4) "자연과학이나 수학의 증명과 같은 정확성"이라는 표현이 판례·문헌에서 흔히 사용되지만, 여기서 말하는 자연과학이란, 물리학처럼 100%의 확실성을 추구하는 분야를 가리킬 뿐이며, 생물학·의학처럼 거의 항상 불확실성이 존재하고 통계 및 확률에 의존할 수밖에 없는 분야를 가리키는 것이 아니다.

5) 미국법에서는 형사소송에서 유죄판결을 위해서는 'beyond reasonable doubt'를 요구하고, 민사소송에서는 'preponderance of evidence'를 기본으로 요구한다. 그러나 민사소송에서 요증사실에 따라서는 'clear and convincing evidence', 또는 'substantial evidence' 등을 요구하기도 하므로, 결국 민사소송에서 요구하는 증명의 수준은 사안의 종류별로 다르다.

의 잠정처분사유(민집§46①), 재산명시절차상 각종 사유(민집§70), 경매절차상의 여러 사실(민집§177), 보전절차상의 요건사실 등(민집§§279,289,301,309)에 관하여 소명에 의하라고 정해져 있다.

소명은 증명도가 낮아지는 점 외에, 증거방법에도 제한이 있어서, 이는 즉시 조사할 수 있는 증거에 의하여야 한다(§299①). 가령 소지한 문서, 재정(在廷)증인 등은 이에 해당할 것이지만, 증거조사에 시간이 오래 걸리는 감정·검증은 이에 해당할 수 없다. 또한 즉시 조사할 수 있는 증거가 없을 수도 있으므로, 원래의 법률상의 증거방법 외에 "보증금 공탁" 또는 "선서"에 의하여 소명에 갈음할 수 있도록 정하였다(§299②). 그렇게 공탁된 보증금은 거짓진술의 경우 법원이 몰취하고(§300), 위와 같이 선서한 당사자의 진술이 거짓임이 밝혀지면 과태료에 처하며(§301), 그 몰취 및 과태료 결정에 대해서는 즉시항고를 할 수 있다(§302). 그러나 이러한 대체적 증거방법은 실무상 잘 이용되지 않는다.

9-1-2-3 엄격증명과 자유증명

(1) 엄격증명(＝엄격한 증명; Strengbeweis)이란, 민사소송법에 정해진 절차(§§288~374)에 기하여 행해지는 증명을 말한다. 이에 대하여 자유증명(＝자유로운 증명; Freibeweis)이란, 이러한 법정 절차에 의하지 않고 행해지는 증명을 가리킨다.[6] 다만 자유증명이라고 해도 증명도에 관해서는 통상의 증명과 같다.

원래 증거조사에 관한 민사소송법의 각 규정은, 공정한 사실인정을 하기 위하여 증거자료의 신빙성을 획득하는 절차 및 증거조사의 실시에 참여할 권리 등을 정한 것이다. 본안의 판단을 위한 증명에 있어서는, 이러한 절차 및 권리의 보장이 반드시 필요하므로 엄격증명에 의해야 한다. 그러나 소송절차상 확인할 사항에 관해서도 예외 없이 엄격증명에 의해서 인정해야 한다고 하면 신속·유연한 절차진행이 방해될 우려가 있다. 그래서 일부 사항에 대해서는 법률이 정한 절차, 즉 증거신청방법·증거조사방법·공개주의·직접주의·구술주의 등의 규제에서

6) 대부분의 민사소송법 문헌은 '엄격한 증명', '자유로운 증명'이라고 쓰고 있으나, —이렇게 풀어쓴다고 해서 그 의미를 바로 알 수 있는 것은 아니고 어차피 내용이 정의되어야 하는 전문용어인 이상— 종전처럼 관형어를 이용하여 풀어쓰는 것보다는 단순히 엄격증명, 자유증명이라고 부르는 것이 낫다고 생각된다. 원어인 독일어(Strengbeweis, Freibeweis)도 한 단어로 확립된 복합명사이다.

벗어나는 증명을 허용할 필요가 있지 않은가 하는 사고방식이 지지를 얻었고, 자유증명은 법률에는 등장하지 않지만 통설·판례가 인정하는 개념이 되었다.[7)]

(2) 자유증명 개념의 인정에는 견해들이 합치하지만, 무엇이 자유증명의 대상이 되는지에 관해서는 이견이 있다. 대체로 직권탐지의 대상이 되는 사항과 직권조사사항은 자유증명의 대상이 된다고 보지만, 구체적으로 들어가면 견해가 나뉜다. 판례는 섭외사건에서 적용할 외국법의 내용은 자유증명 대상이라고 했고(대판 92.7.28, 91다41897; 11.1.13, 2008다88337), 난민신청자가 제출한 외국공문서를 자유증명의 대상으로 긍정하면서도, 당해 사건에서는 그 문서의 형식·내용·취득경위 등에 비추어 외국의 공문서로 인정할 수 없다고 했다(대판 16.3.10, 2013두14269). 그 외에도 관습법의 내용, 전문적 경험법칙, 비송사건의 요건사실 등은 자유증명 대상으로 볼 수 있다.[8)] 소송요건 중 직권조사사항에 대해서는 자유증명 대상으로 보는 것이 다수설이나, 반대설도 있다.

(3) 엄격증명의 경우에는 판결문에서 "성립에 다툼이 없는 갑제2호증의 기재에 의하면 …"과 같은 방식으로 적법한 증거조사를 거쳤음을 표현한다.[9)] 반면에 자유증명의 경우에는, 가령 법원이 소장에 첨부된 피고의 주민등록등본을 검토하여 관할권이 없다고 판단하여 이송결정서를 작성하는 경우라면 —관할 유무는 직권조사사항이므로— 그 주민등록등본을 서증으로 조사하는 절차를 밟지 않은 채로 관할없음의 근거로 삼을 수 있고, 이때 결정문에는 "기록에 편철된 피고 주민등록등본의 기재에 의하면 …"과 같은 방식으로 표현한다.

9-1-2-4 증거의 종류

(1) 직접증거와 간접증거

주요사실을 직접 증명하기 위한 증거가 직접증거(unmittelbare Beweis)이고,

---

7) 원래 자유증명 개념은 독일의 형사소송법에서 발생한 것인데 민사소송법에서 이를 도입하였다. 형사소송법에서는 실체상 중요한 사실(materiell erhebliche Tatsachen)에 대해서는 엄격증명을, 소송절차상으로만 중요한 사실(nur prozessual erhebliche Tatsachen에 대해서는 자유증명을 하는 것으로 설명되었었다. 2004년에는 사법현대화법(Justizmodernisierungsgesetz)을 통해 ZPO §284가 개정됨으로써 자유증명을 뒷받침하는 조문이 만들어졌다.
8) 관습법, 외국법, 경험법칙 등이 직권탐지의 대상이라는 점에 관해서는 6-3-3-1을 참조.
9) 다만 근래에는 판결문 간이화를 위하여 "성립에 다툼이 없는" 등의 문구를 생략하는 일이 대부분이다.

간접사실 및 보조사실을 증명하기 위한 증거가 간접증거(mittelbare Beweis)이다. 간접증거를 증빙(證憑; Indizienbeweis)이라고도 한다. 계약에 기한 청구가 소송물이면 그 계약내용을 담은 계약서가, 어떤 사고에 따른 청구가 소송물이면 그 사고현장의 목격증인이나 CCTV영상이 직접증거이다. 그러나 직접증거가 없는 경우도 많고, 있더라도 제출이 곤란한 경우도 많으며, 이런 경우에는 주요사실을 추단시키는 간접사실의 증거가 증거조사의 대상이 된다. 그뿐만 아니라, 유력한 직접증거가 있는 경우라도, 주요사실을 추인시키는 적절한 간접사실이 있으면, 간접증거는 직접증거를 보강하는 역할을 한다.

간접증거 A,B,C에 의하여 각각 인정되는 간접사실 H,I,J에 의하여 요건사실 Z가 증명될 수도 있으며, 또한 간접증거 P에 의하여 보조사실(=증거의 증명력에 관한 사실) Q가 증명되고, Q에 의하여 A가 보강되어, 다시 A에 의하여 H를 거쳐 Z가 증명될 수도 있다.

(2) 본증과 반증, 반대사실의 증거

자기에게 증명책임이 있는 사실을 증명하기 위하여 당사자가 제출하는 증거를 본증(本證; Hauptbeweis)이라 하고, (자신에게 증명책임이 없고) 상대방에게 증명책임 있는 사실의 증명을 깨뜨리기 위하여 제출하는 증거를 반증(反證; Gegenbeweis)이라고 한다.[10] 가령 토지매수인 A가 매도인 B를 상대로 이전등기를 구하면서 B가 서명(sign)한 매매계약서(어느 날 서울 역삼동 중개사무소에서 작성된 것)를 증거로 제시함에 대하여, B는 "A를 모르고 그 계약일에 A를 만난 적도 없다"고 진술하면서 그날 자신이 대전에 있었다는 증거를 제시하는 경우에, 위 매매계약서는 본증이고 B의 증거는 반증이다. 본증은 주요사실(위 사례에서는 매매계약)을 고도의 개연성 있게 증명해야 하는 것이지만, 반증은 같은 주요사실에 대하여 의문을 품게 하면 된다.[11]

반증과 '반대사실의 증거'는 구별해야 한다. '반대사실의 증거'는 법률상의 추정이 있을 때 이를 깨뜨리기 위하여 그 추정을 다투는 자가 제출하는 증거이다. 이는 반증이 아니라 본증이므로, 추정사실에 의문을 품게 하는 정도로는 부

10) 한편 방증(傍證)이란 간접증거, 즉 어느 사실을 간접적으로 뒷받침해 주는 증거이다.

11) 단 B가, 매매계약에 대해서는 법원으로 하여금 의문을 품게 하면 족하지만, 그 수단인 자신의 대전방문사실은 고도의 개연성 있게 증명해야 한다.

족하고 추정사실과 반대되는 사실에 대하여 고도의 개연성을 법원이 믿을 정도로 강한 입증을 해야 한다. 사실상의 추정에 대해서는 반증으로써 깨뜨릴 수 있고, 법률상의 추정에 대해서는 반대사실의 증거로써만 깨뜨릴 수 있다고 설명된다.

9-2 사실인정의 방법

9-2-1 사실인정의 자료

법원은, 판결의 기초가 되는 사실을 인정함에 있어서, 증거조사의 결과 및 변론 전체의 취지를 자료로 삼을 수 있음과 동시에, 이들만을 자료로 해서 판단을 해야 한다(§202). 법관이 소송절차 밖에서 입수한 다른 자료를 이용하는 것은, 판단과정의 객관성이 담보되지 않도록 만드는 일이 되고, 급기야는 당사자의 절차보장을 부당하게 침해하는 것이 된다. "절차외 지득(知得)사실의 이용금지"는 변론주의 적용영역에서뿐만 아니라 직권탐지주의 적용영역에서도 타당하다. §202의 '증거조사의 결과'란, 당사자가 신청한 증거방법에 대하여 법원과 당사자가 법률상 정해진 증거조사를 행한 결과 획득된 증거자료를 가리킨다.

9-1-2-1에서 본 바와 같은 예외적 증거능력 제한을 제외하면, 당사자는 전문증거(傳聞證據)를 포함하여 어떤 증거방법이든 증거조사의 대상으로 신청할 수 있고, 법원은 당사자가 신청한 증거라도 불필요하다고 판단하면 조사하지 않을 수 있다. §202의 '변론 전체의 취지'란, 증거조사의 결과를 제외한, 구술변론에 드러난 일체의 자료를 말한다. 증거조사의 결과 및 변론전체의 취지 등 법관의 심증형성의 근거가 되는 일체의 자료 및 상황을 '증거원인'이라고 부르기도 한다.

한편 디지털 혁명 이래 전산정보의 중요성은 날로 커졌고, 최근에는 포렌식 기술(forensic technology)에 의한 증거조사도 많이 행해진다.

9-2-2 자유심증주의

9-2-2-1 의의

(1) 의의

자유심증주의(自由心證主義; freie Beweiswürdigung)란, 재판에서의 사실의

인정에 있어서, 증거방법의 채부(採否) 및 조사한 증거의 증명력의 평가를 원칙적으로 법관의 자유로운 심증에 맡긴다는 사고방식이다. 즉 '증거방법의 자유선택'과 '증명력의 자유평가'의 2가지를 핵심으로 한다. 법관은, 증거방법에도 제한을 받지 않고, 또한 각각의 증거자료가 각 사실을 어떤 강도로 입증하는지에 관하여 자유롭게 평가할 수 있음이 원칙이다. 통상적으로는 간접증거보다는 직접증거로써 주요사실이 더 잘 증명된다고 보고, 서증과 인증 중에서는 서증에 더 가치를 두겠지만, 특정 사건에서 법관이 그와 거꾸로 평가하더라도 무방하다. 그리고 의사를 감정인으로 한 신체감정절차를 거쳤더라도 그 감정결과를 믿어야 하는 것은 아니고 감정결과와 다르게 판단할 수 있다(대판 02.6.28, 2001다27777).

(2) 법정증거주의와의 비교

이에 대하여, 일정한 증거법칙을 정해 두고 이에 따라서 사실인정을 행하라는 사고방식을 "법정(法定)증거주의"라고 부른다. 법정증거주의는 법관의 독선적인 사실인정의 폐해를 방지하기 위하여 중세 유럽에서 이용되었고, 현재의 프랑스법에도 일부 남아 있다.[12] 가령 증거방법의 채부에 관한 법정증거법칙의 예를 들면, "부동산매매계약의 존재의 증거방법은 문서에 한한다." 같은 것이고, 증명력 평가에 관한 법정증거법칙의 예로는, "3인 이상의 증인의 증언이 일치한 경우에는 이를 진실로 인정해야 한다." 등이 있다.

법정증거주의는, 법관의 소양이 불충분한 때에는 나름대로 타당하고 균질한 사실인정을 가능하게 하였지만, 사회가 복잡해지고 법관의 자질이 향상된 사회에서는 그다지 적절하지 않다. 그래서 현대의 각 국가는 자유심증주의를 취하고 있다. 한국 민사소송법 §202는 "법원은 변론 전체의 취지와 증거조사의 결과를 참작하여 자유로운 심증으로 사회정의와 형평의 이념에 입각하여 논리와 경험의 법칙에 따라 사실주장이 진실한지 아닌지를 판단한다."라고 함으로써 자유심증주의를 표현하고 있다.

(3) 논리법칙 및 경험법칙

법관이 자유심증에 따라 사실인정을 할 수 있다고 해도 그 사실인정은 논리법칙와 경험칙에 맞지 않으면 안 된다. 판례는, 매매계약을 합의해제하면서 이미

12) 예컨대, 프랑스 민법 §1359 및 해당 데크레(Décret)에 의하면, 1,500유로를 넘는 내용의 법률행위에 대해서는 사서증서 또는 공정증서에만 증명력이 인정된다.

지급된 계약금·중도금의 반환 및 손해배상금에 관하여는 아무런 약정도 하지 아니한 채 매매계약을 해제하기만 하는 것은 경험칙에 비추어 이례(異例)에 속하는 일이므로 계약의 합의해제는 없었다고 판단함이 타당하다고 했다(대판 07.11.29, 2006다2490).

그러나 이와 반대로, 제출된 증거 하에서 주장되는 각각의 사태설명 중에서 법관이 어느 하나의 사실을 인정하였다면 그것이 논리법칙과 경험법칙에 어긋나지 않는 이상 이는 자유심증주의의 범위 내에 있다. 법원은 법률행위 해석에 있어서도 논리법칙과 경험법칙에 어긋나지 않는 범위 내에서 자유로운 심증으로 판단할 수 있다(대판 06.4.13, 2005다34643).

아래에서는 §202가 자유심증의 자료로 들고 있는 '변론 전체의 취지' 및 '증거조사의 결과'에 관하여 구체적으로 본 다음에, 자유심증주의의 한계에 관하여 본다.

9-2-2-2 자유심증의 자료 1 : 변론 전체의 취지

'변론 전체의 취지'란, 증거조사의 결과 외의 것으로서 변론에서 나타난 일체의 소송자료 및 상황을 가리킨다. 예컨대 당사자 또는 대리인의 주장내용 및 태도, 주장·입증의 시기, 공동당사자의 자백 및 태도 등을 모두 포함한다. 다만 진술되지 않은 준비서면은 포함되지 않고, 변론종결 후에 제출된 자료도 이에 포함되지 않는다(대판 13.8.22, 2012다94728). 형사소송에서는 엄격한 증거재판주의(형소 §307)가 적용되므로 증거자료만이 판단의 자료가 되지만, 민사소송에서는 증거자료 외에 변론전체의 취지도 판단의 자료가 된다.

문제는, —다른 증거 없이— 변론전체의 취지만으로 주요사실을 인정할 수 있는가이다. 긍정설(독일·일본의 통설)은 자유심증주의를 관철하려는 입장이다. 특히 상대방의 입증방해(9-2-2-5)가 드러났지만 주요사실에 대한 다른 증거가 없는 경우를 들면서, 이런 경우에는 변론전체의 취지만으로 사실인정을 해야 한다고 한다. 그러나 변론전체의 취지는 모호한 것이어서 사건기록에 객관적으로 남는 것이 아닌 점, 따라서 원심의 판단의 과정을 상급심이 심사할 수 없게 된다는 점, 그리고 법원이 안일한 사실인정을 할 수 있게 된다는 점(속칭 '원님재판'이 되어버림) 등을 고려하면 변론전체의 취지만으로는 주요사실을 인정할 수 없다고 보는 것이 타당하다(다수설[13]). 판례도 주요사실은 변론전체의 취지만으로 인정할 수 없다고 한다(대판 83.9.13, 83다카971). 다만 서증의 진정성립에 관해서는 변론전체의 취지만으로 이를 인정한 판결례와(대판 82.3.23, 80다1857; 88.6.14, 88누3567; 90.4.27, 90누1373) 부정한 판결례가(대판 96.3.8, 95다48667) 공존하고 있다. 한편 자백의 취소요건으로서의 착오는 변론전체의 취지에 의하여 인정할 수 있다(대판 04.6.11, 2004다13533).

9-2-2-3 자유심증의 자료 2 : 증거조사의 결과

(1) 증거방법의 무제한

증거조사의 결과에 관하여, 법관은 —자유심증주의에 따라서— 어느 증거방법이든지 법률상 제한 없이 증거원인으로 사용할 수 있다. 가령 부동산의 차임상당액이 얼마인지를 반드시 감정을 통해서만 인정해야 하는 것은 아니며(대판 87.2.10, 85다카1391; 증인으로도 가능), 형사소송에서와 달리 전문증거(傳聞證據)도 증거능력을 가진다(대판 67.3.21, 67다67; 79.5.22, 73다467).[14] 이 맥락에서, 위법수집증거도 증거로 쓸 수 있는지, 그리고 상대방 당사자가 제출한 증거를 곧바로 이쪽 당사자 주장사실의 판단자료로 삼을 수 있는지에 대한 검토가 필요해진다. 명시적으로, 그 위반행위로써 획득한 녹음을 재판의 증거로 사용할 수 없다고 정한 법률조문도 있지만(가령 통신비밀보호법 §14②), 그런 규정이 없는 경우가 문제이다.

(2) 위법수집증거의 증거능력

이와 같이 증거의 수집과정이 불법적이어서 증거능력이 다투어지는 경우가 '위법수집증거의 증거능력' 문제이다. 실무상 예컨대 이혼소송에서 상대방의 일기장·문자메시지 등을 무단으로 열람·복사·촬영하여 제출하는 일이 많으며, 초소형 녹음기·카메라 등 첨단기술의 발달에 따라 이런 위법수집 문제는 증가하고 있다. 형사절차상의 위법수집증거에 관해서는 형사소송법 §308-2가 증거능력 배제를 선언하고 있고, 또한 대판-전 07.11.15, 2007도3061 역시 위법수집증거의 증거능력을 원칙적으로 부정하였지만, 민사절차상의 위법수집증거의 증거능력에 대해서는 법률상 규정도 없고 견해가 많이 나뉘어서 긍정설, 부정설 및

---

13) 이시윤 551; 김홍엽 725; 정동윤 586 등. 한편 호문혁 555은 긍정설이다.

14) 실제 민사소송 증인이 "누구로부터 들어서 안다"라고 증언하는 경우는 부지기수이다. 이에 대한 대응책으로, 규§95②iv는 전문증언을 구하는 신문을 재판장이 제한할 수 있다고 정하였다.

여러 절충설이 있다.

위법하게 수집된 모든 증거에 대하여도 증거능력을 인정한다는 긍정설은 — 불법적 증거수집을 고취할 것이므로— 취하기 곤란하다. 그리고 증거수집과정이 위법하면 항상 증거능력을 부정한다는 부정설은, 실체적 진실발견의 길을 봉쇄해 버릴 수도 있다는 현실적 문제점 및 위법수집을 촉발한 상대방에게 이익을 줄 수 있다는 점[15)]을 고려하면 역시 민사소송에서는 채택하기 곤란하다. 결국 어떤 기준의 절충설을 취할 것이냐가 문제인데, 형사법상 범죄행위에 의하여 수집된 경우에는 증거능력을 부정하고 나머지의 경우에는 증거능력을 인정하는 것이 타당하다고 생각된다. 예컨대, 타인의 주거에 들어가서 촬영하거나 증거물을 절취한 경우에는 그 결과물에 증거능력이 없겠고, 길거리에서 상대방의 자유보행 상태를 촬영하여 노동능력상실에 기한 손해배상소송에 제출하는 것[16)] 또는 상대방과의 대화를 녹음하여 이를 제출한 것[17)]에는 증거능력이 있다고 봄이 타당하다.

판례는 민사소송상의 증거능력 전반에 관하여 확실한 입장을 밝히지는 않았지만, 다만 대화의 일방이 상대방과의 대화를 몰래 녹음하여 제출한 녹음테이프·녹취록에 대해서는 증거능력을 인정하고 있고(대판 81.4.14, 80다2314; 09.9.10, 2009다37138 등), 그 외에 민사소송에 있어서 한국 판례가 위법수집증거의 증거능력을 정면으로 쟁점으로 삼아 기준을 정해준 경우는 찾아보기 어렵다.[18)] 한편 독일의 판례도, 위법수집증거의 증거능력을 일률적으로 긍정·부정하지는 않고, 관련 법익의 비교교량을 통해 결론을 내리고 있다.[19)]

---

15) 가령 상대방의 서증 부(不)제출은 §344의 문서제출의무 위반이 되지만, 그 때문에 그 문서를 허락없이 복사한 당사자가 제출한 서증의 증거능력이 부정당하게 되면, 결국 상대방이 이익을 얻는다.

16) 다만 대법원은 보험사가 이런 촬영을 하면, 초상권 및 프라이버시 침해를 구성하여 민 §750의 불법행위가 될 수 있다고 한다(대판 06.10.13, 2004다16280). 이 경우 촬영물의 증거능력에는 문제가 없다는 하급심 확정판결이 있다(대구고판 17.4.12, 2016나22753).

17) 통신비밀보호법상 처벌받는 행위는 "제3자 간의 대화"의 녹음이며, 자신이 참여한 대화의 녹음은 처벌받지 않는다. 그리고 상대방의 동의 없이 대화를 녹음했더라도 그 녹음행위가 음성권 침해의 불법행위는 아니다. 그러나 상대방을 기망·협박하여 녹음했거나 방송·배포를 한 경우 등에는, 프라이버시 침해 등의 민사상 불법행위가 될 수 있다(대판 25.10.16, 2025다204730).

18) 다만, 위 통신비밀보호법 §14②, §4에 기하여, 제3자가 행한 녹음의 증거능력을 부정한 판결로 대판 24.4.16, 2023므16593 참조.

19) BGH NJW 1982, 277; BGH NJW 1982, 1397; BAG NJW 1983, 1691 etc.

(3) 증거공통의 원칙

증거공통이란, 법원이 증거결과를 평가함에 있어서 증거제출당사자를 위해서뿐만 아니라 다른 당사자를 위해서도 ―그 다른 당사자가 그 증거를 원용(援用 =그 증거가 자신의 주장을 뒷받침하는 것임을 주장)하지 않더라도― 판단자료로 삼을 수 있는지의 문제이다. 가령 원고가 제출한 증거들 중에 오히려 피고 주장에 부합하는 증거가 있는데 피고가 이를 명시적으로 원용하지 않고 있을 때에 법원이 그 증거를 피고 주장사실의 인정근거로 사용할 수 있는가이다. 이런 경우에, 실무상으로는 피고로 하여금 원용을 하도록 유도하여 처리하는 경우가 많기는 하지만, 이론적으로 논의하여 정리해 둘 필요가 있다. 증거공통의 원칙은 원·피고 간에도 문제되고, 공동소송인 간에도 문제된다(14-2-4-2).

판례와 다수설은 증거공통의 원칙을 인정하여, 원용 없이도 상대방 당사자의 주장의 근거자료로 삼을 수 있다고 한다(대판 74.10.8, 73다1879; 04.5.14, 2003다57697; 14.3.13, 2013다213823). 다만 법원이 그렇게 할 수 있다는 것이지 그렇게 해야 하는 것은 아니어서, 상대방 제출증거를 당사자 일방이 원용하지 않은 이상, 법원이 그 증거를 판단하지 않아도 증거공통 원칙에 저촉되지 않으며, 증거판단 누락이 없다고 한다(대판 82.12.28, 82누461; 83.5.24, 80다1030).

9-2-2-4 자유심증주의의 한계

(1) 총설

앞에서 본 바와 같이, 주요사실을 변론전체의 취지만으로 인정할 수 없다는 점, 위법수집증거의 증거능력은 제한될 수 있다는 점은 이미 자유심증주의에 대한 제한으로 작용한다. 그 외에도 자유심증주의에는 한계가 있다. ⓐ 우선 법률규정상 자유심증주의에 대한 제한이 있는 경우가 있다. 그 외에도 ⓑ 이미 확정된 관련사건판결에서 인정되어 있는 사실에 법원이 어느 정도 구속되는지, ⓒ 증거에 관한 당사자 간 약정에 법원이 구속되는지, ⓓ 법원이 어느 정도로 처분문서(處分文書)의 내용에 구속되는지, ⓔ 상대방 당사자의 입증방해가 있는 경우에 어떻게 처리해야 하는지 등도 모두 자유심증주의의 한계의 문제이다. 여기서는 ⓐ,ⓑ,ⓒ에 관하여 검토하고, ⓓ 처분문서의 증명력에 관해서는 10-3-4-2에서,

ⓔ 입증방해에 관해서는 9-2-2-5에서 살펴본다.

(2) 증거능력 · 증명력의 법률상 제한

먼저 ⓐ 법정대리인은 당사자신문의 대상이지 증인이 될 능력이 없고(§372),[20] ⓑ 기피신청 및 그 결정을 받은 감정인은 증거능력을 상실한다(§336).[21] ⓒ 또한 통신비밀보호법 §4는 그 법률에 위반하여 녹음한 타인 간의 대화 등 불법감청에 의하여 획득한 전기통신의 내용은 재판에서 증거로 사용할 수 없다고 정하고 있다.

특정 사항의 입증은 특정한 증거로써만 하도록, 즉 증거방법을 제한하는 규정들도 있다. 가령 대리권의 존재는 서면으로 증명해야 한다는 것(§58①), 변론의 방식에 관해서는 변론조서로써만 증명할 수 있다는 것(§158) 등이 그것이다. 공문서 · 사문서의 형식적 증명력에 관한 추정규정(§356,§358)도 증거능력 관련 법률규정이다.

(3) 확정판결서의 증명력

예컨대 교통사고에 기하여 형사재판과 민사재판이 각각 진행되거나, 하나의 일에 관하여 별개의 민사청구가 각각 소제기되거나 해서, 하나의 사실관계에 근거를 둔 복수의 소송이 진행되고 그 중 먼저 확정된 판결이 있을 때, 그 이유에서 인정된 사실에 의하여 후소의 법원이 구속되는가?

자유심증주의에 의하면, 원칙적으로는 구속력이 없을 터이다. 그러나 판례는 "확정된 다른 민사판결에서 인정된 사실은 특별한 사정이 없는 한 유력한 증거가 되므로 합리적인 이유설시 없이는 이를 배척할 수 없다."고 함으로써(대판 95.6.29, 94다47292; 98.2.24, 97다49053 등), 강한 증명력을 부여하고 있다. 확정된 형사판결에서 인정된 사실에 대해서도 마찬가지이다(대판 90.12.7, 90다카21886).[22] 재판제도의 신뢰도라든지, 모순되는 판결이 양산될 경우의 문제점을 생각해 보면, 판례의 태도는

---

20) 다만 이 위법은 절차이의권의 대상일 뿐이어서, 비법인사단 대표자를 —당사자신문으로가 아니라— 증인으로 신문했더라도 즉시 이의하지 않으면 증거능력 하자는 치유된다(대판 77.10.11, 77다1316).

21) 그 외에, 기관 아닌 개인 감정인이 선서하지 않은 채로 제출한 감정결과에는 증거능력이 없다는 판결례가 있으나(대판 82.8.24, 82다카317), 이 경우에도 그러한 감정인이 작성한 감정결과를 기재한 서면이 당사자에 의하여 서증으로 제출되면 증거가 될 수 있으며(대판 06.5.25, 2005다77848), 실무상으로도 위 82다카317 판결이 존중되고 있지는 않다.

22) 대판 21.10.14, 2021다243430은 형사판결뿐만 아니라 약식명령에서 인정된 사실에 대해서도 그러하다고 한다.

수긍된다. 물론 확정판결 외의 다른 증거가 충분히 수집되면, 그 다른 증거들을 종합하여 확정판결에서 인정된 사실과 다른 사실을 인정하는 것 또한 당연히 허용되며(대판 12.11.29, 2012다44471; 16.12.1, 2015다228799), 그런 사례도 가끔 있다.

(4) 증거계약

소송상의 사실의 확정에 관한 당사자의 합의를 포괄하여 증거계약이라고 하는데, 이에 법원이 구속되는가? 증거계약에 해당하는 것으로서, 첫째로, 어떤 사실을 다투지 않기로 하는 약정("자백계약")이 있다. 민사소송에서 변론주의가 지배하는 이상, 이런 자백계약도 유효하다고 인정된다.

둘째, 증명책임을 누가 질 것인지에 관한 약정("증명책임계약")도 일반적으로 유효하며, 판례도 같은 취지이다(대판 97.10.28, 97다33089).

셋째, 당사자 간 약정으로 ⓐ 특정 증거의 증거능력을 제한하는, 즉 그것을 증거로 사용하지 않기로 하는 합의를 하거나 ⓑ 특정 사실에는 특정 증거만 사용하기로 하는 합의를 할 수도 있다("증거제한계약"). 두 가지 증거제한계약이 다 유효하다는 견해, 둘 중 ⓐ만 유효하다는 견해 등이 있으나, 법원이 §292에 기하여 보충적 직권증거조사를 할 수 있으므로(당사자 약정이 §292를 배제하지는 못한다) 그러한 직권증거조사가 있게 되면, 위 증거제한계약은 그 한도에서 효력을 잃는다고 봄이 타당하다.

넷째, 증명력을 제한하는 약정("증명력계약"), 가령 특정 증인의 증언을 진실한 것으로 하기로 약정하는 등의 합의는, 법관의 자유로운 증거력 평가에 대한 제약이므로 무효라고 보아야 할 것이다(통설).

9-2-2-5 입증방해

(1) 문제의 소재

자유심증의 범위와 관련하여, 입증방해의 문제가 있다. 일방 당사자가 상대방의 입증을 방해(Beweisvereitelung)하는 경우가 있는데, 그 때문에 상대방이 자신이 증명책임을 지는 사실에 대한 입증을 하지 못하면 그는 패소해야 하는가의 문제이다. 실무상 입증방해는 자주 있다. 증인의 출석 및 진술을 방해하는 일, 의료기록의 변조·훼손, 녹음·녹화의 변조·훼손, 하드디스크 등 전자기록의 훼손, DNA 검사 불응 등이 그것이다.

(2) 관련 조문

우선 이와 관련된 민사소송법 조문을 보면, 당사자가 법원의 문서제출명령에 불응한 때에는 문서의 기재에 대한 상대방의 주장을 진실한 것으로 인정할 수 있고(§349), 또한 당사자가 상대방의 사용을 방해할 목적으로 제출의무가 있는 문서를 훼손하여 버리거나 이를 사용할 수 없게 한 때에는, 법원은 그 문서의 기재에 대한 상대방의 주장을 진실한 것으로 인정할 수 있다(§350). 필적감정 등에서 대조(對照)에 필요한 필적·인영이 있는 문서를 제출하는 일에는 문서제출명령 관련규정, 즉 위 §349, §350가 준용된다. 또한 당사자신문에서도, 당사자가 정당한 사유 없이 출석하지 아니하거나 선서 또는 진술을 거부한 때에는 법원은 신문사항에 관한 상대방의 주장을 진실한 것으로 인정할 수 있다(§369). 그러나 진실이라고 인정할 수 있는 "문서의 기재(또는 당사자신문사항)에 대한 상대방의 주장"이 과연 무엇인지는 명확하지 않다(10-3-6-5 참조).

(3) 법률규정이 없는 경우

위 법률규정의 규율을 받지 않는 입증방해는 더욱 문제이다. 주요사실에 대한 고의방해, 가령 상대방이 신청한 핵심 증인을 매수하여 출석하지 못하게 한 경우라면(형법상의 증거인멸죄·증인은닉죄는 "타인의 형사사건 또는 징계사건에 관한" 증거를 인멸·은닉·위조·변조 또는 증인을 은닉·도피하게 한 경우이므로 여기에는 적용되지 않는다), 상대방이 그 증인으로써 증명하려 한 주장사실을 그대로 인정해도 좋겠지만, 과실로 인한 입증방해 또는 간접사실에 대한 입증방해를 위 사례와 동급으로 취급하기는 어렵다. 판례는, §1가 신의성실 원칙을 규정하고 있더라도, 소송당사자에게 상대방의 증명활동에 협력하여야 할 의무가 부여되어 있다고 할 수는 없으므로, 증거자료에의 접근이 훨씬 용이한 일방 당사자가 상대방의 증명활동에 협력하지 않는다고 하여 상대방의 입증을 방해하는 것이라고 단정할 수 없다고 했다(대판 96.4.23, 95다23835).

(4) 학설 및 소결

입증방해사실이 인정되는 경우에, 방해자에 대한 제재를 어떻게 할 것인가에 관해서는 자유심증설과 증명책임전환설이 있다. 자유심증설은, 방해행위가 변론에서 밝혀지면 이는 변론전체의 취지에 포함되므로, 법원이 자유심증에 따라 상대방의 주장사실을 인정하면 된다는 견해이다. 증명책임전환설[23]은 방해자에게 증명책임을 부담하도록 전환하는 견해이다. 방해의 고의 여부, 악성의 정도, 방해의 정도, 당해 증거의 가치 등 여러 요소에 따라서 방해자에게 가해야 할 제재의 정도는 사안별로 다양할 수밖에 없으므로 일률적으로 증명책임을 전환시키는 견해는 타당한 결론을 가져오지 못할 수 있다. 자유심증설을 지지한다. 한국 판례도, 의사의 진료기록 변조행위에 대하여 "법원으로서는 이를 하나의 자료로 하여 자유로운 심증에 따라 의사 측에게 불리한 평가를 할 수 있다"고 하여 자유심증설을 따랐다(대판 95.3.10, 94다39567; 10.5.27, 2007다25971; 14.11.27, 2012다11389).[24]

9-2-3 사정을 종합한 손해액의 인정

9-2-3-1 §202-2의 취지

손해배상책임의 발생에 대한 입증은 이루어졌으나 손해배상액에 관한 증명이 곤란하여 더 이상 진행이 안 되는 경우가 실무상 종종 발생한다. 우선 법원은 석명권을 행사하고 증명을 촉구하여 손해액을 밝혀야 하지만(대판 97.12.26, 97다42892), 배상액의 증명책임은 원고에게 있으므로, 만약 더 이상 입증이 안 되면 원고청구를 기각해야 할 터인데, 이는 구체적 정의에 반할 수 있다.

그래서 대판 04.6.24, 2002다6951 등 기존 판례와 독일·일본의 관련조문을 참고하여 2016년에 §202-2를 신설하여, "손해가 발생한 사실은 인정되나 구체적인 손해의 액수를 증명하는 것이 사안의 성질상 매우 어려운 경우에 법원은 변론 전체의 취지와 증거조사의 결과에 의하여 인정되는 모든 사정을 종합하여 상당하다고 인정되는 금액을 손해배상 액수로 정할 수 있다."라고 정했다. 이 규정은 채무불이행·불법행위로 인한 손해배상뿐만 아니라 특별법에 따른 손해배상에도 적용되는 일반적 성격의 것이다(대판 20.3.26, 2018다301336).

---

23) 독일 판례는 상대방의 불협조, 방해 등 행위수준에 따라서 입증당사자의 증명책임을 경감시키기도 하고, 증명책임을 상대방에게 전환시키기도 하였다. BGH NJW 2008, 982; BGH NJW 2006, 434; BGHZ 99, 391 etc.

24) 미국은 공판전 증거조사(discovery) 절차와 관련하여, 소지증거 부(不)제출 및 입증방해에 관한 다양한 논의와 판례가 나와 있다. 한국에서도 향후의 큰 연구과제이다.

9-2-3-2 학설

§202-2의 의미에 관해서는 증명도경감설과 재량평가설이 나뉜다. 증명도경감설은, 손해액 인정은 —손해발생 인정과 마찬가지로— 어디까지나 사실증명의 문제라는 이해를 바탕으로, 본조(本條)는 사실인정을 위하여 일반적으로 요구되는 증명도를 손해액 인정에 있어서 아래로 끌어내린 것이라고 본다. 이에 대하여 재량평가설은, 손해액 인정은 원래 사실인정 문제라기보다는 법적 평가의 성격을 가진 것이라는 이해를 바탕으로, 본조는 당사자 간 공평의 견지에서 그 평가상의 재량을 확인 내지 부여한 것으로 이해한다. 양자를 비교하면, 재량평가설 쪽이 본조의 적용범위를 넓게 보고, 손해액 인정에서의 유연성도 높은 것이다.

증명도경감설의 입장에 서면, 본조가 적용되는 경우라도, 증명도 경감 외에는 통상의 증명과 다를 바 없으므로 일응의 심증에 이르기 위한 어느 정도의 증거는 필요하다. 판결문 작성에서도, 통상의 경우와 같은 정도의 손해액 인정과정을 기재해야 한다. 이에 반하여 재량평가설에 의하면, 증거가 거의 없는 경우에도 손해액의 산정이 가능하다. 그러나 재량평가라고 해도 법관의 자의(恣意)를 허용하는 것은 아니므로, 증거자료, 변론전체의 취지, 경험칙, 논리적 정합성, 공평의 견지, 일반상식 등에 비추어 상당하고 합리적인 인정이어야만 한다. 또한 재량평가설에 의하는 경우에도, 가능한 한 판결문에 인정근거를 기재해야 한다. 두 해석 중에서는, 입법취지를 고려하면 재량평가설을 취함이 타당하다.

9-2-3-3 판례 등

대법원은 04.6.24, 2002다6951과 07.11.29, 2006다3561 등에서 이미 본조와 유사한 취지의 판시를 해 왔고, 본조 시행 후에는 여러 판결에서 모든 사정을 종합하여 §202-2를 적용하여 손해액을 정할 수 있다고 하였다(대판 17.9.26, 2014다27425; 21.6.30, 2017다249219 등). 재량평가설의 입장에 선 것이라고 해석된다. 또한 1996년부터 유사조문을 입법한 일본의 실무 역시 재량평가설을 취하고 있다고 해석된다.

9-3 증명의 대상

가장 중요한 증명대상은 주장된 '사실'이다. 반면에 '법규'는 법관이 당연히 알아야 하는 것(jura novit curia; the court knows the law)이지만, 특별한 경우에는 법규도 증명의 대상이 된다. 그리고 경험법칙도 때로는 증명의 대상이 된다.

9-3-1 사실

여기서 말하는 사실이란, 주요사실에만 한정되지 않는다. 사건에 따라서는 간접사실이 가장 중요한 증명대상이 되기도 한다. 또한 증거의 신빙성 등을 밝히기 위하여, 보조사실을 증명해야 하는 경우도 있다. 증거에 의한 인정이 필요한 사실을 '요증사실(要證事實)'이라고 한다.

외계의 사실뿐만 아니라 고의 · 과실 · 선의 · 악의 등의 내심의 사실도 증명대상이며, 과거의 사실, 현재의 사실 등 모든 주장된 사실이 증명의 대상이다. 그러나 사실에 대한 법적 평가 내지 법적 추론은 증명대상이 아니다. 계약내용의 해석은 —사실인정으로 보아야 할 때도 있을 것이나— 대체로 법적 평가로 보아야 한다.

다툼 없는 사실과 공지(公知)의 사실, 법원에 현저한 사실은 요증사실이 아니다. 이들을 제외한 것으로서 재판결과에 영향을 미칠 사실은 모두 요증사실이지만, 이들은 단지 증명의 대상이 된다는 것을 넘어서, 만약 증거로써 뒷받침되지 않으면 판결의 기초로 삼을 수 없다("증거재판주의").

9-3-2 경험칙

(1) 경험칙이란, 경험으로부터 귀납적으로 얻어지는 사물의 성상(性狀)이나 인과관계(因果關係)에 관한 사실판단의 법칙이다(대판 92.7.24, 92다10135). 즉 경험칙은 사실이 아니고 법이다. 경험칙이 증명의 대상이 되는가에 관해서는 논란이 있다. 최근에는 ⓐ '일반상식에 속하는 단순한 경험칙'[가령 금전대여는 채무자보다 채권자가 잘 기억한다, 외과의사보다 내과의사가 더 오래 일할 수 있다, 일용노동자의 가동연한은 65세이다(대판-전 19.2.21, 2018다248909) 등]과 ⓑ '전문적인 경

험칙'(가령 전문분야의 통계수치에서 도출되는 사실)을 나누어서 논한다. ⓐ에 관해서는 증명 없이 이용해도 재판의 객관성이 해쳐지지 않고 오히려 법관은 이러한 일반상식을 갖추고 있어야 한다고 여겨지므로, 이는 증거 없이 인정할 수 있다고 보고 있다. 그렇다면 무엇이 일반상식에 들어가느냐가 문제인데, 공지의 사실에 준하는 정도의 일반성이 있어야 하겠다.

이와 달리, ⓑ의 전문적인 경험칙은 증명을 요한다고 해석된다. 만약 법관이 개인적인 연구 및 사적 경험에서 그 경험칙을 알고 있더라도, 이를 증명 없이 적용하면 그 논리과정을 나중에 추적할 수 없으므로 객관성이 담보되지 않는다. 따라서 이런 전문적인 경험칙은 모두 증명의 대상이다. 그런데 현재의 디지털 사회에서는 각종 정보검색이 아주 쉬워졌으므로, 법관이 그 사건 관련 검색을 행하여 전문적인 경험칙에 속하는 지식을 획득하는 일이 가능하며, 이런 전문적인 경험칙을 —증명 없는 채로— 재판에 적용하여도 되는지의 문제가 발생한다. 이렇게 획득한 전문적인 경험칙도 법관은 석명을 통하여 법정의 논의대상으로 내놓는 것이 바람직하겠지만, 그 전문적인 경험칙이 일반적인 인터넷 검색으로 쉽게 획득할 수 있는 것이라면 그런 석명 없이 재판에 적용했다고 하더라도 반드시 위법하다고 볼 것은 아니다.

(2) 경험칙의 인정을 잘못하면 이는 사실문제인가 법률문제인가가 논의된다. 가령 프로농구 선수의 일실수입 산정 사건에서 법원이 별다른 증거 없이 그 직업의 가동연한이 40세라고 인정하면 이는 상고이유인가 아닌가? 학설은 나뉘지만, 경험칙은 일종의 법이므로 경험칙 적용상의 잘못은 법률문제라고 보아야 한다. 판례도 그러하다(대판 90.3.27, 89다카18464; 12.4.26, 2010다8709). 그런데 문제는, 법률문제만 상고이유가 되어야 함에도 불구하고 하급심의 사실인정 문제를 '채증법칙 위반'이라는 경험칙 문제로 둔갑시켜서 상고이유로 삼아온 수십 년간의 상고심의 관행이다. 최근에 많이 개선되기는 하였으나, 채증법칙 위반 주장을 상고이유로 받아준 대법원에 문제가 있다. 본래의 경험칙 위반은 법률문제가 되겠지만, 사실인정 문제가 채증법칙 위반이라는 이름의 상고이유로 둔갑하는 것에는 제한을 가해야 한다.

9-3-3 법규

법규의 존부(存否) 또는 내용은 법원이 파악해야 하므로, 이는 증명의 대상이 아님이 원칙이다. 그러나 외국법, 지방자치단체의 법령, 관습법, 실효된 구법 등은 법관이 반드시 안다고 할 수 없으므로 증명의 대상이 될 수 있다. 하지만 증명대상이 된다고 하더라도, 증명책임에 의존하여 판단할 것은 아니며, 이러한 법규는 직권탐지대상이다(6-3-3-1 참조). 한편 법규의 증명은, 반드시 전문가의 감정 등에 의할 필요는 없고, 자유증명으로 족하다(대판 92.7.28, 91다41897).

외국법은 직권탐지의 대상이지만, 직권탐지에는 한계가 있으므로, 법원이 결국 그 내용을 파악하지 못하는 일도 생긴다. 이런 경우에 대하여, ⓐ 국내법 적용설, ⓑ 그 외국법과 가장 유사한 법률을 적용하라는 유사법 적용설, ⓒ 민법 §1에 의해 조리에 따라 판단해야 한다는 조리설 등이 있다. 판례로는 조리설처럼 판시한 것(대판 91.2.22, 90다카19470; 00.6.9, 98다35037)이 있는가 하면, 국내법 적용설과 조리설을 섞어서 함께 판시한 것(대판 01.12.24, 2001다30469)이 있다. 독일 판례는 국내법 적용설이다.[25)]

9-4 불요증사실

9-4-1 총설

§288는 증명을 필요로 하지 않는 사실 즉 불요증사실(不要證事實)로서 '당사자가 자백한 사실'과 '현저한 사실'을 들고 있다. 당사자가 자백한 사실은, 소송절차상의 사적 자치의 이념 때문에 법원의 사실인정권한이 배제됨으로써 불요증사실이 되는 것이고, 현저한 사실은 그 객관성 때문에 증명을 요하지 않는 것이다.

9-4-2 재판상 자백

9-4-2-1 의의

당사자가 자기에게 불리한 사실을 인정하는 진술을 자백(自白; Geständnis)

25) BGHZ 69, 387; BGH NJW 1982, 1215.

이라 하며, 그 중에서 변론기일·변론준비기일에 소송행위로서 행한 자백을 '재판상 자백'이라고 한다.

9-4-2-2 요건

(1) 변론기일에서의 진술이어야

재판상 자백이 되기 위해서는 변론기일이나 변론준비기일에서 진술되어야만 한다. 법정에서 구술로 직접 진술한 경우 외에도, 답변서·준비서면에서 그 자백 내용이 기재된 다음 그 서면이 변론기일·변론준비기일에 진술간주(§148)되면 재판상 자백이 된다(대판 15.2.12, 2014다229870). 재판 외에서 자기에게 불리한 사실을 확인하는 내용의 서면을 상대방에게 교부하더라도 자백이 되지는 않는다. 그러나 그 서면이 유력한 증거가 되는 것은 불가피하다(대판 98.3.27, 97다56655). 다른 소송사건의 변론에서 자기에게 불리한 진술을 하여도 역시 재판외의 자백일 뿐이다(대판 96.11.15, 96다31116). 통상공동소송(14-2)에서 공동피고의 자백도 여기에서의 재판상 자백은 아니다.

자백에는 조건을 붙일 수 없으므로, 가령 "원고가 A사실을 인정한다면, 피고인 나도 B사실을 인정하겠다"는 자백이 아니다. 자백은 소송자료(=주장자료 + 증거자료) 중에서 주장자료에 속한다. 당사자본인신문에서 상대방 주장사실과 일치되는 진술을 하더라도, 이는 증거자료의 일부일 뿐이며, 따라서 재판상 자백은 아니다(대판 78.9.12, 78다879).

(2) 사실에 대한 진술이어야

'사실'에 대한 진술이어야 자백이 된다. 법률상의 진술 즉 평가나 법적 판단, 그리고 의견의 진술은 자백이 아니다. 따라서 당해 계약에 적용할 준거법이 어느 것인지에 대한 진술은 자백이 아니다(대판 16.3.24, 2013다81514). 그런데, 이와 같이 소송상 —상대방의 "사실상 주장"을 인정하는 "사실자백"이 아니라— 상대방의 "법률상 주장"을 인정하는 진술이 있을 경우에 이를 어떻게 취급해야 하는가? 이런 진술에 법원과 당사자가 구속되는가? 이를 '권리자백'이라고 하는데, 이에 대해서는 아래 9-4-2-4에서 따로 본다.[26)]

---

26) 표현에 법률이 사용된다고 해서 사실진술이 아니라고 볼 수는 없다. 가령 원고가 "본건 토지가 1975.12.31. 법률 제2848호 토지구획정리사업법부칙 제2항 해당 토지인 사실은

변론주의 및 주장책임의 논의(6-3-2)에서와 마찬가지로, 재판상 자백에 있어서도 그 대상이 되는 사실은 주요사실에만 한정된다는 것이 통설·판례(대판 92.11.24, 92다21135; 00.1.28, 99다35737)이다. 즉 간접사실·보조사실에 대해서는 재판상 자백이 성립하지 않는다. 판례가 소멸시효 기산점을 주요사실로 보면서, 취득시효 기산점은 간접사실이어서 당사자 주장일자와 다른 날을 기산점으로 판단할 수 있다고 보고 있음은 앞의 6-3-2-2에서 본 바와 같다. 그리고 '문서의 진정성립'에 관한 자백은 보조사실에 관한 자백이지만, 그 취소에 관해서는 주요사실 자백의 취소와 같게 취급한다는 것이 판례이다(10-3-3-2; 대판 01.4.24, 2001다5654; 일본판례는 반대). 또한 신체상해에 따른 손해배상 사건에서 노동능력상실비율 및 후유장애등급은 각각 자백의 대상이다(대판 82.5.25, 80다2884; 06.4.27, 2005다5485).

그런데 실제 소송에서는 간접사실이 승패를 좌우하는 일도 종종 있고, 중요한 간접사실에 대한 자백은 사실상 구속력 있는 것처럼 취급되기도 하므로, 기존의 통설·판례에 반대하여 간접사실이 자백대상에 포함된다는 견해도 있다. 그러나 모든 간접사실 자백이 구속력을 가진다고 보게 되면 하나의 주요사실에 관한 반대방향의 간접사실들에 구속력이 생길 수도 있어서 원활한 소송진행을 방해하고 오히려 법원의 타당한 결론을 침해하는 일이 생기며, 반대로 중요한 간접사실만 구속력을 가진다고 보게 되면 그 범위가 막연해져 버린다. 따라서 이 견해를 취하기는 곤란하다.

간접사실 자백의 구속력이 문제되는 현실적인 상황이란, 당사자가 주요사실에 대한 인부(認否)에서는 부인한다고 답하면서 그에 대한 중요한 간접사실에 대한 인부에서는 자백을 하는 경우일 것이다(주요사실도 자백하였다면 아무 문제가 안 된다). 이런 경우란, 실제로는 당사자가 사실관계를 착각하고 있는 경우 혹은 법원과 당사자 간에 경험칙(그 간접사실에서 그 직접사실이 도출되는지의 경험칙)을 서로 다르게 이해하고 있는 경우일 터이다. 따라서 이런 때에는 기본적으로 법원이 석명권을 적절히 행사하여, 간접사실을 자백하는 취지가 무엇인지를 묻거나 그 경험칙의 내용을 묻거나 하여 대응할 일이다. 그렇게 하지 않으면 석명의무 위반이 된다고 보아야 한다. 당사자의 간접사실에 대한 진술이 전후

다툼이 없다."라고 했다면, 이는 위 토지가 공용하천임을 전제로 하는 사실상의 진술을 포함한 것이므로 자백이 성립한다(대판 84.5.29, 84다122).

에 달라지는 경우에는 ―통설·판례에 따를 경우 자백의 구속력은 없으므로― 금반언 원칙을 적용하든지 해서 해결할 일이다.

(3) 상대방의 주장과 일치해야

자백이 성립하기 위해서는 당사자 쌍방의 주장이 일치해야 한다. 따라서 당사자 일방의 주장과 상대방의 주장이 다 이루어진 시점에 자백이 성립한다. 시간적 순서를 보면, 주장·입증책임 있는 당사자의 주장이 먼저 행해지든지 나중에 행해지든지 무관하다. 통상 책임있는 쪽의 주장이 있은 후에 다른 당사자 주장이 행해지지만, 때로는 그 타방이 먼저 자진하여 불리한 진술을 하기도 한다. 이를 '선행자백'(先行自白)이라 부른다.

일방이 선행자백을 한 경우에 상대방이 이를 원용하기 전에는 아직 재판상 자백이 아니므로, 일방은 그 진술을 자유롭게 취소하거나 혹은 이와 모순된 진술을 함으로써 제거할 수 있다(대판 16.6.9, 2014다64752). 즉 선행자백은 그 자백당사자에 대한 구속력이 없다.

(4) 자기에게 불리한 사실이어야

자백하는 사람에게 불이익한 진술이어야 한다는 점도 재판상 자백의 한 요건이다. 어떤 진술이 불이익한 진술인가에 관해서는, 상대방이 증명책임을 지는 사실은 이쪽 당사자에게 불리한 사실이라는 입장(증명책임설[27]: 이시윤 483)과, 증명책임은 문제삼지 않고 패소로 연결될 가능성 있는 사실은 불리한 사실이라는 입장(패소가능성설: 호문혁 538; 송상현 533; 정동윤 572)이 있다. 패소가능성설이 자백성립대상의 범위를 더 넓게 보는 입장이다.

가령 대여금 청구소송의 피고가 대여금을 변제했는지가 쟁점일 경우를 보자. 피고의 변제사실을 원고가 인정하면 ―두 학설 중 어느 쪽에 의하더라도― 이는 재판상 자백에 해당한다. 그런데 피고의 변제가 없었음을 피고가 인정하는 진술을 한 경우에, 증명책임설에 의하면 재판상 자백이 아니므로 그 진술을 번복하는 데에 자백취소의 요건(§288단서; 9-4-2-3) 즉 반진실(反眞實)과 착오의 요건을 갖출 필요가 없다. 그러나 패소가능성설에 의하면, (비록 변제의 증명책임이 피고에게 있으므로 피고의 진술은 원고의 증명책임 사실에 대한 것이 아니지만, 이는 피고 패소로 연결될 수 있는 사실이므로) 이는 재판상 자백에 해당하고 따라

27) 독일의 통설이다. Rosenberg §113 Rn.6; Stein §288 Rn.13 etc.

서 그 진술을 번복하려면 반진실(反眞實) 및 착오라는 요건을 갖추어야만 하게 된다.

대판 93.9.14, 92다24899은, "원고들이 소유권확인을 구하고 있는 사건에서 원고들의 피상속인 명의로 소유권이전등기가 마쳐진 것이라는 점은 원래 원고들이 입증책임을 부담할 사항이지만 위 소유권이전등기를 마치지 않았다는 사실을 원고들 스스로 자인한 바 있고 이를 피고가 원용한 이상 이 점에 관하여는 자백이 성립한 결과가 되었다."고 하여 패소가능성설을 취하였다.

9-4-2-3 효과

(1) 증명불필요(證明不必要)의 효과

근대 이후 재판의 공정성과 객관성을 확보하기 위하여 증거재판주의가 원칙으로 확립되었지만, 당사자 간에 주장사실이 일치할 때에는, 민사소송이 사적 분쟁을 대상으로 하는 이상 굳이 비용과 시간을 들여서 법원이 증거조사를 행할 필요가 없다. 그래서 §288는 당사자가 재판상 자백한 사실에 대해서는 증명이 필요없다고 정하였다. 이러한 증명불필요 효과는 자백간주(§150)의 경우에도 발생한다.

증명불필요 효과는, 아래에서 볼 자백의 다른 효과와 차이나는 면이 있다. 즉 통설 · 판례는 주요사실만 자백의 대상이 된다고 하지만, 이렇게 주요사실만 대상이 되는 자백의 효과는 판단구속 · 심리배제의 효과(법원구속력) 및 취소제한의 효과(당사자구속력)일 뿐이다. 증명불필요 효과는 —기존의 통설 · 판례 하에서도— 간접사실 및 보조사실에도 해당한다고 해석된다.

(2) 판단구속(判斷拘束)의 효과 (법원의 사실인정권의 배제)

자백이 성립하면 단지 증거에 의한 증명이 불필요할 뿐만 아니라, 법원은 자백된 사실과 다른 사실인정을 할 수가 없게 된다. 이를 판단구속의 효과라고 부를 수 있다. 이 효과는 법원의 사실인정권에 대한 제약으로 작용하므로, 법원에 대한 구속이다. 이 효과는 자백간주에서도 생긴다.

자백에 이 효과를 부여하는 이유는 변론주의에 있다. 사적 자치 차원에서 당사자 쌍방의 견해가 일치한 사실을 존중해야 하므로, 법원이 이에 구속되는 것이다. 따라서 직권탐지주의가 적용되는 경우에는, 당사자가 자백한 사실에 대해서도 판단구속의 효과가 생기지 않는다.

한편 서증의 진정성립에 관한 자백은 보조사실에 관한 것이기는 하지만 그 자백은 주요사실에 대한 자백과 같은 효력을 가지며, 법원은 그 자백에 구속된다(대판 91.1.11, 90다8244).

(3) 심리배제(審理排除)의 효과

자백에 판단구속의 효과가 생기므로, 자백된 사실에 대해서 증거조사 등의 심리를 계속하는 것은 사법자원의 낭비이며 당사자에게 불필요한 부담을 초래하는 것이다. 따라서 자백이 성립한 시점 이후에는 법원이 이를 심리해서는 안 되며, 이를 심리배제 효과라고 부를 수 있다. 이것 역시 법원에 대한 구속이다.

증명불필요 효과와 심리배제 효과의 구별이 뚜렷해지는 사례는, 공지(公知)의 사실에 관해서이다. 공지의 사실은 증명이 불필요하다고 정해져 있지만, 그것이 공지의 사실임을 다투는 당사자 쪽에서는 공지의 사실이 아님에 관한 반대증명을 할 수 있다.

(4) 취소제한(取消制限)의 효과 (당사자의 자백취소의 제한)

자백이 성립되게 한 당사자의 사실주장이 사후에 임의로 쉽게 취소되면 소송절차상 상대방과 법원의 신뢰가 타격을 받으며, 절차가 불안정해진다. 따라서 §288 단서는 자백의 취소에 대하여 제한을 가하고 있다. 판단구속·심리배제의 효과가 법원에 대한 구속임에 반하여, 취소제한의 효과는 당사자에 대한 구속이다. 자백간주(§150)의 경우에는 —취소의 대상이 될 진술이 존재하지 않으므로— 취소제한이라는 구속력이 없다.

자백의 취소는, 사실문제를 다루지 않는 상고심에서는 허용되지 않으며(대판 98.1.23, 97다38305), 다음의 경우에 허용된다. ⓐ 상대방의 동의가 있을 경우(대판 90.11.27, 90다카20548), ⓑ 자백이 상대방 또는 제3자의 범죄행위에 의하여 성립한 경우, ⓒ 자백이 진실에 반하고 착오에 기한 경우(§288단서)가 그것이다. 현실적으로 ⓐ,ⓑ는 거의 없고, ⓒ가 가끔 있을 수 있는데, ⓒ의 경우에 취소하려는 자가 반진실(反眞實) 및 착오라는 두 요건을 증명해야 한다. 판례는 반진실의 증명만으로 바로 착오가 추정되지는 않는다고 하면서도(대판 10.2.11, 2009다84288), 반진실이 증명된 경우에는 변론전체의 취지만으로도 착오임을 인정할 수 있다고 한다(대판 04.6.11, 2004다13533). 이러한 자백의 취소를 반드시 명시적으로만 해야 하는 것은 아니어서, 자백한 당사자가 종전의 자백과 배치되는 주장을 함으로써 묵시적으로도 할 수 있고, 이에 대하여 상대방이 이의를 제기하지 아니하면 종전 자백은 취소되고 새로운 자백이 성립된다(대판 90.11.27, 90다카20548).[28]

앞에서 보았듯이, 서증의 진정성립에 관한 자백은 보조사실에 관한 것이기는 하지만 이 자백은 주요사실 자백과 같이 취급되므로, 그 자백의 취소에 관해서도 —다른 간접사실 · 보조사실에 관한 자백의 취소의 경우와는 달리— 주요사실에 관한 자백의 취소와 마찬가지로 엄격히 취급하여야 한다는 것이 판례이다(대판 88.12.20, 88다카3083; 91.1.11, 90다8244). 한편 자백성립 후, 청구의 교환적 변경으로 구청구 하에서의 주장사실이 취소된 경우에는 자백이 자동으로 실효된다(대판 97.4.22, 95다10204).

9-4-2-4 권리자백

소송상 상대방의 '법률상 주장'을 인정하는 진술이 있을 경우, 이 진술을 '권리자백'이라고 부른다. 원래 '사실'에 대한 진술이어야 재판상 자백이 될 수 있으므로, '법률상 주장'에 대한 진술인 권리자백은 원칙적으로 소송법상 자백이 될 수 없다. 그러나 가령 소유권에 기한 방해배제청구소송에 있어서, 피고가 소송물인 방해배제청구권의 선결적 권리관계인 원고의 '소유권'을 인정하는 진술을 한 경우, 혹은 불법행위에 기한 손해배상청구소송에 있어서 피고가 '당해 사고에서의 자신의 과실'[29]을 인정한다는 진술을 한 경우에, 각각 원고로 하여금 소유권 및 과실에 관한 입증을 계속하도록 하고, 또한 피고가 위 진술을 —§288의 자백취소의 엄격한 요건을 적용받지 않은 채로— 임의로 취소할 수 있도록 해야 하는지는 의문이다. 이 때문에 "권리자백은 구속력을 가지지 않는다."는 원칙을 수정하는 여러 견해들, 즉 권리자백에 구속력이 있다는 여러 긍정설과 각종 절충설 등이 나와 있다.

---

28) 그 사안을 보면, 원고가 피고로부터 변제받은 금액이 3억9200만원이라고 자백하고 피고가 이를 원용한 다음에, 원고가 변제액이 3억4700만원이라고 금액을 바꾸어 진술하고 피고가 변론기일에 그 수정금액을 인정한 사안이다.

29) '과실'을 민법 §750 불법행위 배상청구권의 요건사실 자체라고 보는 견해에서는 이는 —법적 평가개념의 진술이 아니라— 사실의 진술이어서 재판상 자백이 된다고 볼 수도 있다. 그러나 이런 포괄적 일반개념을 그 자체로는 요건사실로 보지 않는 견해도 많다(요건사실의 개념에 관해 6-3-2-2 참조).

이 문제를 검토함에 있어서는, 문제될 수 있는 여러 법적 주장의 내용을 분석해 보아야 한다. 법률상 주장들을 구체적으로 나누어 보면 ⓐ '법률의 존부와 내용'에 관한 주장, ⓑ 당해 사실관계가 어느 법규의 요건을 충족한다는 등 '법규의 해석·적용' 내지 법적 평가에 관한 주장, ⓒ 소송물의 전제인 권리관계('선결적 권리관계')에 관한 주장, ⓓ 요건사실을 구성하는 '법적평가개념'(과실, 인과관계 등)에 관한 구체적 주장 등이 있다.

이들 중에서 ⓐ "법규의 존부와 내용" 및 ⓑ "법규의 해석·적용"에 관한 상대방의 주장에 대하여 이를 인정하는 진술은 전형적인 권리자백이고, 여기에는 특별한 법적 효과가 없다. 법규의 조사 및 해석·적용은 원래 법원 고유의 직책이기 때문이다. 예컨대 법률상 유효한 유언이 아닌 것을 유언이라고 시인하는 진술은 ⓑ에 해당하는 것이고, 그렇게 시인하더라도 그것이 유언이 될 수는 없으며 그 진술은 민사소송법상의 자백이 될 수가 없다(대판 01.9.14, 2000다66430). 법정변제충당의 순서를 정함에 있어서 —순서의 기준이 되는 이행기나 변제이익에 관한 사항 등은 구체적 사실로서 자백의 대상이 될 수 있으나— 법정변제충당의 순서 자체(이는 민 §477, §479가 정하고 있음)는 자백의 대상이 될 수 없다(대판 98.7.10, 98다6763). 그리고 법률상 혼인외의 자가 아닌데 혼인 외의 자라고 원고가 시인하는 진술을 한 경우에 법원이 이와 다른 판단을 할 수 있다고 한 판례(대판 81.6.9, 79다62); 피고가 계약상 자신의 책임구간에 대한 진술을 한 것은 계약의 해석에 관한 진술로서 소송법상의 자백이 아니라는 판례(대판 07.8.23, 2005다65449); 당해 등록상표가 상표법상의 유효한 상표인지 및 기존의 현저인식상표와 유사상표인지 여부에 관한 진술은 자백이 아니라는 판례(대판 06.6.2, 2004다70789); 이행불능 진술은 자백이 아니어서 철회할 수 있다는 판례(대판 90.12.11, 90다7104)는 모두 위 ⓑ에 해당하는 사례들이다.[30)]

그러나 앞에서 예로 든, 선결적 권리관계인 원고의 '소유권'을 인정하는 진술(ⓒ) 또는 불법행위 배상청구소송에서 '구체적 과실'을 인정하는 진술(ⓓ)을 두고서는, 자백의 구속력을 쉽게 부정할 수 없다. 판례도 피고가 원고 주장의 소

30) 위 판례들을 과실·정당사유 등과 함께 묶어서 '법적 평가'로 보는 기존 설명들이 있으나, 법규의 해석·적용에 대한 권리자백과 법적평가개념에 대한 권리자백은, 서로 구별할 수 있을뿐더러 법원에 대한 구속력이 다르다고 평가해야 하므로 구별해야만 한다.

유권을 인정하는 진술은 재판상 자백이라고 했다(대판 89.5.9, 87다카749).

학설을 보면, ⓒ의 선결적 법률관계에 관하여는, 자백의 구속력을 인정하자는 견해, 여기서 당사자구속력은 인정하고 법원구속력은 부정하자는 견해 등이 있다. ⓓ의 과실·인과관계·정당사유 등의 법적평가개념에 관한 대부분의 학설상 견해는 —대체로 ⓑ와 뒤섞어서 논의하는데— 자백의 구속력을 전부 부정하는 것이다.

실제 사건에서 ⓑ와 ⓓ를 구별하는 일은 종종 쉽지 않다(구체성에 따라 차이가 날 것인데, 가령 “선량한 풍속위반이 있다”, “현저히 불공정한 법률행위이다” 등의 추상적 진술은 ⓑ에 해당할 것이다). 그러나 일반인들이 통상 사용하는 상식화된 법률개념이나 법적평가개념을 사용한 진술, 가령 “A가 甲토지를 소유하고 있다”든지 “당해 교통사고에서 나에게 과실이 있다”라는 말은, 이를 법적 평가라고 보기보다는 사실의 진술로 해석함이 타당할 것이다. 즉 결론적으로, 일응 권리 및 법률에 관한 진술처럼 보이는 당사자의 진술이 있더라도, 막연히 모두 뭉뚱그려 자백의 구속력을 부정할 것이 아니라, 그것이 위 ⓐ,ⓑ에 해당하는 진술인지 아니면 ⓒ,ⓓ에 해당하는 진술인지를 가려야 하며, ⓒ,ⓓ의 진술이고 그것이 실제로는 사실진술을 요약하여 표현한 것이라고 해석되면, 재판상 자백으로 인정할 수 있다고 본다.

9-4-3 자백간주

9-4-3-1 의의

증명이 불필요한 경우 중에는 당사자가 자백한 경우뿐만 아니라 ‘재판상 자백이 성립한 것과 동일하게 취급되는 경우’가 포함된다. 여기에는 §150①, §150③, §257의 3가지가 있다. 변론주의 하에서는, 당사자가 다툴 의사가 없다는 태도를 보이는 경우에는 굳이 증거조사를 할 필요가 없기 때문에 이러한 규정이 마련되어 있다. 따라서 자백간주는 변론주의가 지배하는 절차에서만 적용되며, 가령 경매개시결정에 대한 이의의 재판절차에서는 자백간주 규정이 준용되지 않는다(대결 15.9.14, 2015마813).

9-4-3-2 세 가지 성립경위

(1) 상대방 주장사실을 명백히 다투지 않은 때(§150①)

당사자가 변론기일·변론준비기일에 출석하였으나 상대방 주장사실을 명백히 다투지 않으면, 그 주장사실에 대해서 자백한 것으로 법원이 간주할 수 있다. 그러나 다만, 변론 전체의 취지로 보아 그 사실에 대하여 다툰 것으로 인정되는 경우에는 그러하지 아니하다. 상대방의 주장 전체가 아니라 개별 사실에 대하여 본조(本條)가 적용된다. 실무에서는 본조의 적용을 염려하여 준비서면 말미에, 가령 원고가 "원고의 종전 주장에 반하는 피고의 주장사실은 모두 부인합니다." 라는 기재를 하기도 한다.

(2) 당사자가 변론기일에 출석하지 않은 때(§150③)

당사자 불출석의 경우에 상대방 주장사실을 자백한 것으로 볼 수 있다(8-5-4). 이 조항이 적용되려면, ⓐ 당사자가 공시송달에 의하지 않은 방법으로 기일통지를 받았어야 하고(§150③단서), 또한 ⓑ 불출석 당사자가 상대방의 주장사실을 다투는 답변서 기타 준비서면을 제출하지 않았어야 한다. 만약 제출했다면 그 서면이 진술간주(§148①)되기 때문에 자백간주가 성립하지 않는다. 그런데 일단 이 자백간주로서의 효과가 발생하고 나면, 그 이후 기일에 대한 소환장이 송달불능으로 되어 공시송달하게 되었다고 하더라도 이미 발생한 자백간주의 효과가 상실되지는 않는다(대판 88.2.23, 87다카961).

또한 수차례 기일에 출석하여 다투던 당사자가 한 번 기일에 불출석했다고 이 조항을 적용하지는 않는 것이 실무이다. 이 조항은, 무변론판결(§257) 제도가 없던 2002년 이전에는 첫 기일부터 불출석하는 피고에 대하여 —원고 주장사실 전부를 자백한 것으로 간주하여— 종종 적용되었으나, 2002년 법개정으로 무변론판결이 도입된 이후에는 적용사례가 드물다.

(3) 답변서를 제출하지 않은 때(§257)

피고가 답변서를 제출하지 않으면 청구원인사실이 자백된 것으로 보고 법원은 변론 없이 판결할 수 있다. 다만, 직권조사사항이 있는 경우, 또는 판결선고시까지 피고가 원고의 청구를 다투는 취지의 답변서를 제출한 경우에는 무변론판결을 하지 못한다(§257①). 한편 피고가 청구원인사실을 모두 자백하는 취지의 답변서를 제출하고 따로 항변을 하지 아니하면 역시 무변론판결을 할 수 있지만

(§257②), 이런 일은 실제로 거의 없다.

9-4-3-3 효과

자백간주가 성립되면, 법원에 대한 구속력이 생기므로, 법원은 그 사실을 판결의 기초로 삼아야만 하며, 증거에 기하여 그 사실을 인정하면 안 된다.

그러나 자백간주에 의해서는, 당사자에 대한 구속력은 생기지 않는다. 따라서 제1심에서 자백간주에 기한 판결이 선고되었더라도 제2심 변론종결시까지 이를 다투기만 하면 자백간주의 효과는 배제된다(대판 87.12.8, 87다368).

9-4-4 현저한 사실

현저한 사실도 불요증사실이다(§288). 이는 일반인 모두에게 알려진 공지(公知)의 사실과 법원에 뚜렷이 알려진 사실의 2가지로 나뉜다.

9-4-4-1 공지의 사실

통상의 지식과 경험을 가진 일반인이 대부분 인식하고 있는 사실을 가리킨다. 객관적인 자연과학적 사실이나 역사적으로 유명한 사건이 포함된다. 예컨대 춘분·추분에는 낮밤의 길이가 같다는 사실, 한국이 북반구에 있다는 사실, 일본의 2차대전 패전이 1945년이라는 사실 등이다. 판례에 나타난 사례를 보면, 8.15 해방전 대부분의 한국인이 창씨개명을 했다는 사실(대판 71.3.9, 71다226), 1962.6.16. 이후에는 화폐단위로 '원'을 사용했다는 사실(대판 91.6.28, 91다9954)을 공지의 사실로 보았다. 반대로, 단기사채이율이 월 3%라는 사실은 공지의 사실이 아니라고 했다(대판 84.12.11, 84누439).

9-4-4-2 법원에 현저한 사실

법원에 현저한 사실이란, 법관이 직무상의 경험을 통하여 알고 있는 사실을 가리킨다. 가령 소장부본 송달일(이를 기준으로 지연손해금이 기산되거나 이율이 달라지므로 요건사실이다)은 기록상 법관이 바로 알 수 있으므로 원고가 따로 입증하지 않아도 되는, 법원에 현저한 사실이다. 같은 법원이 행한 관련 가압류·가처분사건의 가압류결정일자 등은 이에 해당하는 것으로 취급된다.

당사자에 관한 파산선고일 · 회생절차개시일 등도 법원에 현저한 사실로 볼 수 있다. 인신상해(人身傷害) 손해배상 사건에서 법원이 일상적으로 참고하는 직종별 임금실태보고서 및 한국직업사전의 기재내용을 판례는 현저한 사실이라고 한다(대판-전 96.7.18, 94다20051). 통계청이 작성하는 생명표의 연령별 기대여명도 현저한 사실이다(대판 99.12.7, 99다41886). 역시 인신상해 손해배상 사건에서 늘 이용되는, 당해년도의 농촌일용노임 · 정부노임단가 등도 법원에 현저한 사실로 보는 것이 타당할 터이다(매 사건마다 복사해서 증거로 제출하게 하는 실무는 개선되어야 한다).

그러나 법원에서 처리된 사건이라고 해서, 다른 사건에서 인정한 사실, 다른 사건의 기록에서 알 수 있는 사실을 법원에 현저한 사실로 볼 수는 없다. 가령 법원 내부에서 관련사건 판결을 검색해 볼 수 있지만, 이를 당사자가 증거로 제출하지 않고 심리도 되지 않았다면 거기서 인정된 사실을 법원이 이쪽 판결에서 사실인정할 수는 없다(대판 19.8.9, 2019다222140).

9-5 증명책임

9-5-1 증명책임의 개념과 기능

9-5-1-1 증명책임의 개념

소송물인 법률관계에 관하여 법원이 판단을 하기 위해서는, 실체법규의 요건인 사실의 존부가 확정되어야 한다. 그러나 당사자와 법원이 최선의 노력을 다하더라도 어떤 사실의 존부에 관하여 결국 법원이 심증을 형성하지 못하는 경우가 있다. 즉 심증이 일정한 증명도를 넘어서야만 증명이 이루어진 것이 되므로, 특정 사실의 존재 · 부존재 중 어느 쪽의 심증도 증명도를 넘지 않는 사태가 생길 수 있다("眞僞不明"=non liquet; not clear). 증명책임(Beweislast)이란, 어떤 사실의 존부가 확정되지 않을 때에, 그 사실을 요건으로 하는 법규의 적용을 할 수 없게 즉 그 법률효과가 발생할 수 없게 됨에 따른 당사자 일방의 위험 내지 불이익을 가리킨다. 바꾸어 말하면, —원 · 피고 중 누가 입증해야 하는가라는 행위책임이 아니라— 사실확정이 안 되었을 때의 불이익을 누가 떠안느냐의 결과책임이 증명책임이다. 결과책임으로서의 성격을 강조하기 위하여 '객관적 증명책임'

이라는 말이 사용되기도 한다.

가령 대여금청구소송에서 대여사실의 증명책임은 원고에게 있는 것이므로, 대여사실 자체가 불명(不明)이면 그 자체로 원고가 청구기각의 불이익을 받게 되고, 만약 대여사실이 인정되는데 피고의 변제사실이 불명이면 변제사실의 증명책임은 피고에게 있으므로 피고가 패소의 불이익을 받게 된다.

증명책임은 진위불명의 경우에 누가 불이익을 받느냐의 문제이고, 이처럼 누구에게 불이익이 귀속되느냐의 이슈는 변론주의 하에서뿐만 아니라, 직권조사사항에서 그리고 직권탐지주의 하에서도 문제된다. 반면에 주장책임은 요건사실의 주장을 하지 않았을 때의 불이익 귀속의 문제이므로 변론주의 하의 문제이다.

9-5-1-2 증명책임의 기능

증명책임은 어떤 사실에 관한 심리를 다하여도 진위불명으로 끝난 경우에, 결과적으로 당사자 일방이 부담하게 되는 '불이익'을 가리키므로, 심리를 종결한 후의 판결단계에서 기능하는 것이다.

증명책임은 실체법규의 요건사실이 최종적으로 진위불명인 경우에 문제되므로, 증명책임의 대상이 되는 사실은, 요건사실에 해당하는 구체적인 사실 즉 주요사실이다. 간접사실 및 보조사실에 관해서는 (아래에서 보는) '증명의 필요'는 문제되지만, 증명책임은 문제되지 않는다. 가령 어떤 간접사실이 진위불명이라도 그 자체에서 결론을 내리는 것이 아니라, 그 간접사실로부터 추정되는 주요사실의 증명책임을 가지고서 결론을 내리는 것이기 때문이다. 또한 9-3에서 보았듯이, 경험칙 및 법규 중에 증명의 대상이 되는 것이 있지만, 여기에서도 '증명의 필요'가 문제될지언정 증명책임의 문제는 없다. 이상에서 알 수 있듯이, 어떤 사항이 증거에 의한 증명의 대상이 되는가라는 질문과, 증명이 결과적으로 실패했을 경우에 증명책임이 발생하는가라는 질문은, 전혀 다른 문제이다.

증명책임은, 실체법의 구조를 기준으로 당사자 쌍방에게 분배된다. 따라서 특정소송에서 특정사실에 관하여 증명책임을 지는 자가 누구인지는 ―소송이 진행된다고 해서 실체법의 구조가 변하지는 않으므로― 소송의 개시부터 종료까지 변하지 않는다. 또한 특정사실에 관하여 당사자 일방만이 증명책임을 부담하는 것이지, 상대방이 그 반대사실에 관하여 동시에 증명책임을 부담하는 일은 있을 수 없다. 이처럼 증명책임은 객관적으로 귀속되는 것이어서, 어떤 분쟁이 소송으로 진행될 때에 증명책임의 소재는 사전에 예측할 수 있다. 또한 소송이 종결에 이르기 전에도, 진위불명 상태의 요건사실이 있을 때에 당사자들은 증명책임에 따라 패소가능성을 예측할 수 있으므로, 증명책임은 당사자의 소송활동에 지표로서의 역할을 담당한다. 이는 증명책임의 파생적인 기능이지만, 진위불명의 경우의 불이익 귀속이라는 본래적 기능 못지않게 현실에서는 중요성이 높다.

실제 소송에서 진위불명 사태는 자주 발생하므로, 증명책임이 원·피고 중 누구에게 귀속되는가는 소송의 승패에 종종 결정적 영향을 미친다. 그리고 그 증명책임의 귀속에 따라, 어떤 사실이 청구원인사실인지 항변사실인지, 혹은 단순한 부인인지 항변인지, 입증의 내용이 본증이어야 하는지 반증이면 족한지, 재판상 자백이 성립하는지(증명책임설 입장; 9-4-2-2(4)) 등이 정해진다.

9-5-1-3 증명의 필요와 주관적 증명책임

증명책임의 본질이 결과책임이라는 것은 앞에서 보았다. 그런데 패소를 면하기 위하여 입증을 해야 하는 당사자 쪽은 행위책임도 부담하게 되는 것이며, 이러한 행위책임을 '주관적 증명책임', '주관적 입증책임' 또는 '증거제출책임'(Beweisführungslast)이라고 부른다. 때로는 '증명의 필요'라는 말로 표현하기도 한다. 이 증거제출책임은 유동적이다. 가령 원고가 증명책임을 지는 청구원인사실에 대하여 유력한 증거가 제출되고 나면 (객관적 증명책임은 바뀌는 일이 없으므로 여전히 원고에게 증명책임이 귀속되지만) 피고로서는 패소를 면하기 위하여 원고제출 증거에 대항하는 증거를 제출할 필요가 생긴다. 피고로서는 그 사실의 부존재를 증명할 필요까지는 없고, 그 사실을 진위불명으로 만들면 족하다. 그러나 이 단계에서는 피고가 사실상 입증행위를 해야 할 부담을 안고 있는 것이고, 따라서 증명의 필요 및 증거제출책임이 피고에게 있는 것이다.

9-5-2 증명책임의 분배

9-5-2-1 원칙 : 법률요건분류설

이상에서 보았듯이 증명책임이 원·피고 중 누구에게 귀속되는지가 종종 소송의 승패에 결정적이므로, 증명책임을 어떤 기준으로 원·피고에게 분배할지가 증명책임론의 핵심 문제이다. 이에 관하여 통설·판례는, 원·피고는 각자 자기에게 유리한 법률효과의 요건이 되는 사실에 대한 증명책임을 부담한다고 본다. 이를 '법률요건분류설'이라 한다. 즉 이 견해는, 한 당사자에게 어떤 법규가 유리한가 여부에 따라 증명책임을 분배한다. 그리고 특정 당사자에게 특정 실체법규가 유리한지 여부는, 실체법규의 표현형식에 따라 —즉 법조문이 어떻게 적혔느냐에 따라— 정해진다.[31]

9-5-2-2 법률요건분류설에 기한 분배

(1) 실체법규의 분류

실체법규는 —그 법률효과의 기능에 의하여— 권리근거규정, 권리장애규정, 권리소멸규정, 권리저지규정으로 분류할 수 있다(8-1-5-1 참조). 어떤 권리를 주장하는 자에게는 권리근거규정이 자기에게 유리한 규정이고, 그 상대방에게는 권리장애규정·권리소멸규정·권리저지규정이 자기에게 유리한 규정이다. 구체적으로 보면, 실정법규의 조문에 있어서 본문과 단서, 제1항과 제2항, 문장내용 등의 기재방식을 기준으로 한다. 예컨대 본문 및 제1항은, 원칙을 정하고 있으므로 권리근거규정이고, 단서와 제2항은 예외를 정하고 있으므로 권리장애규정·권리소멸규정·권리저지규정이 된다.

따라서 어떤 권리를 주장하는 자는 권리근거규정의 법률요건인 '권리근거사실'의 증명책임을 부담하고, 그 상대방은 권리장애규정·권리소멸규정·권리저지규정의 법률요건인 '권리장애사실', '권리소멸사실', '권리저지사실'의 증명책임을 부담한다(대판 97.3.25, 96다42130). 예컨대 매매대금청구소송에서는, 매매의 합의가 대금청구권의 발생의 근거가 되는 권리근거사실이므로, 이에 관하여는 원고가 증명책임을 부담하게 된다. 주장의 측면에서 보면, 이는 "청구원인"이다. 이에 대하여 그 매매가 공서양속위반(민§103)으로 무효의 매매라는 점은 권리장애사실, 사기(민§110)에 의한 매매여서 취소하였다는 것은 권리소멸사실, 동시이행항변권(민§536)을 행사한다는 것은 권리저지사실이고, 각각 피고가 증명책임을 부담

31) 특정 실체법규가 유리한지 여부를 어떻게 정하느냐에 관하여 법률요건분류설을 다시 분류해 들어가면, 실체법규들 간의 논리적 관계를 따져서 이를 정해야 한다는 견해도 있고, 실체법규의 표현형식에 따라 정한다는 견해(규범설)도 있다. 통설·판례는 후자를 취하고 있다.

한다. 이들은 주장의 측면에서 보면 "항변"이다(8-1-4-3 참조). 또다시, 권리장애규정 · 권리소멸규정 · 권리저지규정에 대하여 장애 또는 소멸사유가 있을 수도 있다. 가령 피고의 소멸시효(=권리소멸사실)의 항변에 대하여 원고가 시효중단행위가 있었다고 주장하는 경우에 이 점에 대해서는 다시 원고가 증명책임을 진다. 이는 주장의 측면에서는 "재항변"이다.

(2) 권리장애규정 · 권리소멸규정 · 권리저지규정의 각 요건사실

ⓐ 권리장애사실 : 권리근거규정에 기한 권리의 발생을 애초부터 방해하는 권리장애규정의 요건사실을 말한다. 예컨대 원고의 권리의 근거인 계약이 무효인 사유를 가리키며, 이에 해당하는 것으로는, 의사무능력, 비진의 의사표시, 통정허위표시(대판 14.9.4, 2014다207092), 강행법규 위반, 공서양속 위반, 불공정 법률행위(대판 91.5.28, 90다19770), 원시적 이행불능 등이 있다.

ⓑ 권리소멸사실 : 권리근거규정에 기하여 일단 발생한 권리를 소멸시키는 권리소멸규정의 요건사실이다. 변제 · 대물변제 · 공탁 · 면제 등 채권소멸원인사실(대판 95.7.25, 95다14664; 13.2.15, 2012다81913), 소멸시효완성, 제척기간 도과(대판 09.3.26, 2007다63102),[32] 의사표시 하자에 기한 취소권의 행사, 해제권 · 해지권 · 상계권의 행사(대판 10.1.28, 2009다73011; 15.4.23, 2011다19102), 해제조건의 성취 등이 있다.

ⓒ 권리저지사실 : 권리근거규정에 기하여 발생한 권리를 소멸시키지는 않고 다만 그 행사를 일시적으로 저지시키는 권리저지규정의 요건사실이다. 예컨대, 동시이행항변권, 유치권, 건물매수청구권, 보증인의 최고 · 검색의 항변권을 행사하거나, 기한유예약정 등 이행기 미도래 주장, 민법 §213 단서에 기한 반환거부, 정지조건부 법률행위(대판 93.9.28, 93다20832)라는 주장 등을 하는 경우이다.

9-5-2-3 법률요건분류설에 대한 비판 및 수정

이와 같이 법률요건분류설은, 법률요건을 정한 실체법규를 몇 종류로 분류하고 각각이 어느 당사자에게 유리하게 작동하는가에 의하여 증명책임 분배를 결정하려는 견해이다. 이러한 기존의 통설 · 판례에 대하여 비판하는 견해들이 나

---

32) 이처럼 제척기간 도과의 증명책임은 이를 주장하는 당사자에게 있지만, 그에게 주장책임이 있는 것은 아니다. 판례는 매매예약완결권의 제척기간(대판 00.10.13, 99다18725) 및 해상운송인에 대한 채권의 제척기간(대판 19.6.13, 2019다205947)이 직권조사사항이라고 한다.

타났다.

비판견해들은, 입법자가 실체법규 제정시에 증명책임의 소재를 염두에 두고 표현형식을 그렇게 심각하게 고려하지 않는 경우가 많고, 실제로도 법률요건분류설의 기준에 따른 증명책임의 분배가 정의·형평에 맞지 않는 경우가 있음을 지적한다. 특히 공해소송·의료과오소송·제조물책임소송 등 현대형 소송에서는 증거가 구조적으로 치우쳐 있으므로("편재; 偏在") 종래의 법률요건분류설에 의하여 증명책임을 분배하면 정의롭지 않은 결과를 가져옴을 지적한다.

이에 따라, 증명책임 분배에 있어서는 당사자 간의 공평을 염두에 두고, 문제된 사실이 어느 당사자에게 더 가까운지, 그리고 증명의 난이도에 따라 정해야 한다는 견해(증거거리설), 문제된 사실이 원·피고 중 누구의 지배영역에 있는지에 따라 분배하여야 한다는 견해(위험영역설) 등이 제기되었다. 전자를 이익형량설이라고 부르기도 하고, 전자·후자를 통틀어서 이익형량설이라고 부르기도 한다.

위와 같은 비판견해의 지적에는 분명히 옳은 면이 있다. 그러나 다른 한편, 이 견해들이 제시하는 새로운 기준은 어느 것도 명확하지 못하다. 이 견해들에 따르면 사건의 세세한 종류별로 모두 입증책임을 새로 정해야 하므로, 종전에 법률요건분류설의 비교적 명확한 지침에 따라 운용되던 실무에 지장을 낳을 수 있으며, 또한 당사자의 예측가능성을 저하시키는 문제가 있다. 따라서 법률요건분류설은 함부로 버릴 수 없으며, 그래서 이것이 여전히 통설·판례인 것이다. 다만 위 비판견해들을 고려하여 입법에 의한 증명책임 전환(예컨대 제조물책임법상의 증명책임전환. 아래 9-5-3-2 참조), 그리고 해석에 의한 일부 특정유형에서의 증명책임 완화를 이루어낼 필요는 있다.

9-5-3 증명책임의 전환 1 : 특별법에 의한 전환

9-5-3-1 총론

증명책임의 전환이란, 어떤 사실에 대한 증명책임이 일반적으로 원·피고 중 어느 한쪽에 귀속되는 것에 대한 예외를 두어서, 다른 쪽 당사자에게 증명책임이 귀속되게 하는 것을 가리킨다. 여기서 보는, 특별법에 의한 증명책임 전환이 가장 전형적인 것이지만, 아래 9-5-4에서 보는 법률상의 추정, 그리고 9-5-3-5에서 볼 잠정진실 및 법정 의사해석 등에 의해서도 증명책임의 귀속이 다른 당사자 쪽으로 넘어간다.

9-5-3-2 특별법에 의한 증명책임 전환

실체법상 일반적으로 정해진 증명책임의 소재를 특별법에 의하여 즉 입법으로써 바꾸는 경우가 있다. 특정한 유형의 상황에서는 통상의 증명책임분배에 따르도록 하는 것이 불공평하다고 판단하여, 그 판단을 입법으로 반영한 것이다. 실정법 조문에 의하여, 전환된 새로운 법률요건이 표현되므로, 증명책임 귀속에 관한 법률요건분류설은 그대로 타당하다.

예컨대, 불법행위 손해배상청구에서 민법의 일반규정(§750)에 의하면, '가해자의 과실에 해당하는 사실'은 권리근거사실이고, 그 증명책임은 손해배상을 청구하는 원고가 부담한다. 그러나 불법행위 중의 특별한 경우로서 자동차사고에 의한 손해배상청구에 있어서는, 특별법인 자동차손해배상보장법 제3조 단서가 '가해자의 과실의 부존재에 해당하는 사실'을 권리장애사실로 정하고 있으므로, 과실 여부에 관한 사실의 증명책임을 피고가 지는 것이 된다. 이는 피해자의 구제를 위하여 정책적으로 증명책임을 전환하는 입법을 한 것이다.

또한 제조물책임법의 §4①은 —민법 §750가 요건사실에 대한 증명책임 전부를 피해자(원고)에게 부과한 것에 대한 예외로서— 손해배상을 구하는 원고가 일단 '제조물의 결함' 및 '그로 인한 손해'를 입증하고 나면, 그 배상청구에 대하여 피고 제조업자측에서 ① 해당 제조물을 공급하지 않았다는 사실, ② 제조업자가 해당 제조물을 공급한 당시의 과학·기술 수준으로는 결함의 존재를 발견할 수 없었다는 사실, ③ 제조물의 결함이 제조업자가 해당 제조물을 공급한 당시의 법령에서 정하는 기준을 준수함으로써 발생하였다는 사실, ④ 원재료나 부품의 경우에는 그 원재료나 부품을 사용한 제조물 제조업자의 설계 또는 제작에 관한 지시로 인하여 결함이 발생하였다는 사실 중 어느 하나를 증명한 경우에 비로소 면책되도록 정하였다. 그리고 자본시장법 §125①은, 원고가 증권신고서·투자설명서의 중요사항에 관한 거짓의 기재·표시가 있는 점과 원고측 손해를 증명하고 나면, 피고가 과실 없음 등을 증명하여야 비로소 배상책임을 지지 않는다고 정하였다. 금융소비자보호법 §44② 역시, 금융상품판매업자 측이 고의·과실이 없음을 증명하여야 면책된다고 정하고 있다.

그 외에 민법 §759(동물점유자가 과실없음을 입증)도 —민법 §750에 대한 관계에서— 증명책임의 전환규정이다. 그리고 환경오염피해구제법 §9는, 오염관련시설이 환경오염피해 발생원인을 제공했다는 개연성이 있는 때에는 그 시설로 인하여 피해가 발생한 것으로 추정함으로써 '인과관계'에 관한 증명책임을 사업자에게로 전환시켰다.

9-5-4 증명책임의 전환 2 : 법률상의 추정

9-5-4-1 추정의 의의 및 종류

추정(推定; Vermutung)의 본래 의미는 A사실(전제사실)로부터 미루어 판단할 때 B사실(추정사실)을 인정한다는 것이다. 민사소송법에서의 추정에는 '사실상의 추정'과 '법률상의 추정'이 있다.

먼저 사실상의 추정이란, 경험칙을 적용하여 어떤 사실로부터 다른 사실을 추인해 내는 작용을 가리킨다. 예컨대, 자동차의 스키드마크로부터 사고당시 속도를 추정한다든지, 납세영수증의 소지 사실에서 그 소지인의 세액부담사실을 추정한다든지 하는 것이다. 이는 경험칙의 적용 자체를 가리키므로, 그 추정을 번복시키기 위해서는, 추정사실이 진실인가에 의심을 품게 하는 반증만으로 번복된다.

법률상의 추정은, 그런 추정이 법조문으로 정식화(定式化)된 때, 즉 경험법칙이 법규화되어 추정규정으로 만들어져 있을 때 그 법규를 적용하여 행하는 추정을 가리킨다. 법률상의 추정에는 '사실추정'과 '권리추정'이 있다. 그런데 법률상의 추정 규정을 법조문화할 때에는 경험칙만으로 그렇게 하는 것이 아니라 정책적인 판단을 부가하여 그렇게 할 때도 많음을 주의해야 한다.

다른 한편 법조문상으로는 '추정'이라는 말이 사용되고 있지만, 본래의 의미의 추정과는 관계가 없고, 의사해석을 이렇게 한다고 정하였거나 증거법칙을 서술한 규정도 있다(9-5-4-5 참조).

9-5-4-2 법률상의 사실추정

법률상의 사실추정은, "(F라는 법률효과의 요건은 A사실인데) (그 A와 별개인) B사실이 있으면 A사실의 존재가 추정된다"라는 형식으로 규정된다. B사실이 '전제사실'이고 A사실이 '추정사실'이다. 요건사실인 A사실의 증명이 곤란한 경우에, 증명이 쉬운 B사실의 증명만으로 족하다고 함으로써, 증명책임을 지는 자의 입증부담을 완화하려는 취지로 조문화된다. 즉 법률상의 사실추정은, 증명대상을 변경함으로써 당사자 간의 입증부담의 공평을 꾀하려는 것이다. 이런 법률상의 사실추정이 정해져도, 요건사실인 A사실의 증명책임을 상대방이 부담하게 되는 것은 아니고 어디까지나 증명책임은 권리주장자에게 남아 있다. 이런 각도에서 보면 증명책임의 전환이 아니겠지만, B사실이 증명되면 상대방은 추정을 뒤집기 위하여 "A사실의 부존재"를 증명할 필요가 생기므로,[33] 현실적 효과의 면에서는 증명책임의 전환이라고 볼 수 있다.[34]

예컨대 민법 §198에 의하여 전후 양시(兩時)에 점유한 사실이 있는 때에는 그 사이의 계속점유가 추정된다. 즉 권리주장자가 앞뒤 두 시점의 점유를 증명하고 나면, 상대방은 전제사실인 전후양시의 점유에 대하여 반증을 하든지, 또는 추정사실인 계속점유의 부존재를 증명해야만 한다. 또한 민법 §844는 혼인 중에 임신한 자녀는 남편의 자녀로 추정한다. 남편의 자녀라고 주장하는 자는 '혼인 중의 임신사실'만 증명하면 되고, 반대로 남편의 자녀가 아니라고 주장하는 자는 '혼인 중의 임신사실'을 반증하든지 또는 "남편의 자녀가 아닌 사실"을 DNA검사 등으로 증명(본증)해야 한다. 그 외에도 민법 §30(동시사망 추정; 대판 98.8.21, 98다8974), 상법 §23④(타인등기상호를 동일지역·동종영업에서 사용하면 부정목적 추정), §47②(상인의 행위는 영업을 위한 것으로 추정) 등이 법률상의 사실추정 규정이다.

9-5-4-3 법률상의 권리추정

법률상의 권리추정은, "(F의 요건인 A사실과는 별개인) B사실이 있으면 F라는 법률효과가 추정된다."라는 형식으로 규정된다. B사실이 '전제사실'이고, F는 '추정권리'이다. 요건사실인 A사실 자체의 증명이 곤란한 경우에, 증명이 쉬운 B

33) 즉 상대방은 —전제사실인 B사실이 증명되고 나면— A사실의 존재에 대한 '반증'이 아니라 A사실의 부존재에 대한 '본증'을 해야 한다.

34) 물론 상대방이 전제사실(B사실)의 증명을 흔드는 반증을 하면, 추정 자체가 이루어지지 않게 할 수 있다.

사실의 증명만으로 족하다고 함으로써 증명책임을 부담하는 자의 입증부담을 완화하는 것이다. B사실로부터 A사실을 추정하는 것이 아니라 법률효과 F를 직접 추정한다는 점에서 법률상의 사실추정과 다르다. 법률상의 권리추정도 법률상의 사실추정처럼 증명대상을 변경함으로써 당사자 간의 입증부담의 공평을 꾀하려는 것이지만, —사실로부터 사실을 추정하는 것이 아니라— 원래의 요건사실보다 증명이 쉬운 다른 요건사실을 마련해 주어 당사자에게 요건사실의 선택을 인정하는 것이다.

법률상의 권리추정을 정한 규정의 예로는 민법 §200가 있다. 점유할 적법한 권리에 대해서는 본래는 그 각 권리의 발생원인사실(A사실)로써 증명해야 하는 것이지만, §200가 "점유자가 점유물에 대하여 행사하는 권리는 적법하게 보유한 것으로 추정한다."라고 정함으로써 '법률상의 권리추정'이 마련되었다. 이 추정의 결과로, 증명이 쉬운 "점유"라는 사실(B사실)이 증명되면 "점유할 적법한 권리" (법률효과F)를 직접 인정할 수 있게 된다. 권리주장자가 점유사실을 증명하고 나면, 추정을 다투는 상대방은 ⓐ 전제사실인 점유사실에 대한 반증을 하든지, 또는 ⓑ 추정권리인 점유권 그 자체를 부정해야 한다. 점유권 자체를 부정하려면, 그 권리의 발생원인(A사실)의 부존재 또는 그 소멸원인의 존재에 관한 사실을 본증으로 증명해야 한다.

법률상의 권리추정의 다른 예를 보면, 민법 §215①(건물공유자간 공용부분 공유추정), §239(경계표는 상린자의 공유로 추정), §262②(공유자지분 균등추정), §830(부부의 귀속불명재산은 공유추정) 등이 있다.

9-5-4-4 등기의 추정력

(1) 의의

등기부상 명의자는 그 등기부상의 권리를 가진 것으로 추정되며 —이는 법률상 명문으로 규정된 바 없지만— 법률상 추정(권리추정)으로 해석하는 것이 판례·다수설이다(대판 92.10.27, 92다30047).[35] 그 추정력은 등기된 물권에도 미치고, 그 등기원인에도 미치며, 또한 적법한 절차에 따라 등기가 경료되었다는 점에도

35) 일본의 판례·다수설은 사실상 추정으로 해석한다. 독일민법은 추정규정(§891)을 가지고 있으므로 법률상 추정이다.

미친다고 보는 것이 판례이다. 따라서 현재의 등기부상 소유자의 소유권을 부정하기 위해서는 본증으로 소유권의 부존재를 증명해야 한다.[36)]

(2) 적용결과

예컨대, A→B로 등기부상 소유명의가 이전된 경우에 B는 적법한 등기원인에 의하여 소유권을 취득한 것으로 추정되므로, A-B 간 소송에서 B가 그 이전등기원인을 증명해야 하는 것이 아니라, A가 그 등기원인의 부존재를 증명해야 한다(대판 13.1.10, 2010다75044; 25.8.14, 2023다316363). 그리고 등기부상 소유명의를 A로부터 넘겨받은 B가, 실은 자기가 A로부터 매수한 것이 아니라 A의 대리인인 C로부터 매수하였다고 주장하더라도, A-B 간 소송에서 B가 C의 대리권 존재를 증명해야 하는 것이 아니라, A가 C의 대리권 부존재를 증명해야 한다(대판 93.10.12, 93다18914).

뿐만 아니라, 등기명의자가 등기부에 기재된 것과 다른 원인으로 등기 명의를 취득하였다고 주장하고 있지만 그 주장 사실이 인정되지 않는 경우에도, 등기가 원인 없이 마쳐진 것이라고 주장하는 쪽에서 무효사유를 주장·증명하여야 한다(대판 23.7.13, 2023다223591). 즉 등기부상 소유명의를 A로부터 넘겨받은 B가, 자신은 A로부터 매수한 것이 아니고, A에 대한 명의신탁자 C로부터 토지를 매수한 D로부터 다시 매수하여 이전등기를 받았다고 주장하더라도, B의 소유권이 법률상 추정되므로 그 소유권을 부정하려는 자가 소유권 부존재를 증명해야 한다(대판 00.3.10, 99다65462).

(3) 추정 복멸방법

등기의 추정력을 뒤집는 방법은, 일반 등기와 몇몇 특별조치법 등기[37)]에서 서로 다르고, 일반 등기에서도 소유권보존등기와 소유권이전등기에서 다르다.

---

36) 그러나 본등기 아닌 가등기에 관하여 보면, 소유권이전등기청구권의 보전을 위한 가등기가 있다 하여 소유권이전등기를 청구할 어떤 법률관계가 있다고 추정되지 않는다. 즉 가등기에는 추정력이 없다(대판 79.5.22, 79다239; 18.11.29, 2018다200730).

37) 한국전쟁 중의 등기부멸실 및 장기 미등기부동산 등의 처리를 위하여 수차례에 걸쳐 등기에 관한 특별조치법이 한시법(限時法)으로 제정·시행되었다. 일반농지의소유권이전등기등에관한특별조치법(1964), 분배농지소유권이전등기에관한특별조치법(1965), 임야소유권이전등기등에관한특별조치법(1969), 부동산소유권이전등기등에관한특별조치법(1978, 1993, 2006, 2020), 수복지역내소유자미복구토지의복구등록과보존등기등에관한특별조치법(1983)이 그것이다.

일반 등기 중에서도 확정판결에 의한 등기의 추정력을 번복하기 위해서는, 더 명백한 증거가 필요하다(대판 02.9.24, 2002다26252). 한편 중복등기에서는 선후 어느 등기부가 무효인지의 문제가 있다. 우선 중복등기를 보면, 양자의 보존등기명의자가 같으면 뒤에 마쳐진 등기가 언제나 무효이고, 양자의 보존등기명의자가 다르면 원칙적으로 —보존등기의 선후에 따라— 후등기기록이 무효이되 다만 선등기기록이 원인무효임이 밝혀진 경우에는 선등기기록이 무효이다(대판-전 90.11.27, 87다카2961).

일반 등기인 소유권이전등기의 추정력을 복멸하는 대표적인 방법은 등기원인의 무효 · 부존재 · 소멸을 증명하는 것이다. 또한 전 소유자의 사망 후에 마쳐진 등기임이 밝혀지면 추정력이 깨어진다(대판 08.4.10, 2007다82028). 그러나 전소유자가 사망 전에 그 등기원인행위를 했음이 인정되면 추정력이 유지된다(대판 97.11.28, 95다51991). 전 소유자가 허무인(虛無人)임이 밝혀지면 등기추정력이 깨어진다(대판 85.11.12, 84다카2494). 일반 등기인 소유권보존등기의 추정력은 보존등기명의자가 원시취득자가 아님이 증명되면 깨어진다. 즉 토지의 사정명의자와 보존등기명의자가 다름이 밝혀지거나(대판 05.5.26, 2002다43417) 건물의 원시취득자와 보존등기명의자가 다름이 밝혀지면(대판 96.7.30, 95다30734), 추정이 깨어진다.

위의 특별조치법 등기에 대해서는, 일반등기보다 더 강력한 추정력을 인정하는 것이 판례이다. 즉 특별조치법에 의한 토지의 소유권보존등기는 그 사정명의자가 따로 있더라도 추정력이 인정되고 그 추정을 깨뜨리기 위해서는 등기절차상 소요되는 보증서 · 확인서가 허위 · 위조임을 증명하는 등으로 부적법 등기임이 증명되어야만 한다(대판-전 87.10.13, 86다카2928). 그리고 사망자로부터의 이전등기에도 추정력이 인정된다(대판 89.5.23, 88다카9302). 그러나 보존등기 명의자로부터의 이전등기가 특별조치법에 따라 행해진 경우에, 그 보존등기 명의자가 사정명의인으로부터 승계취득하였음이 증명되지 못하면 그 보존등기가 원인무효이므로, 위 이전등기의 추정력은 번복된다(대판 18.1.25, 2017다260117).

9-5-4-5 추정이라는 용어를 사용한 기타 법률규정

아래의 것들은 법률조문상 '추정'이라는 용어가 사용되고 있지만, 앞에서 설명한 법률상의 추정과는 개념상 구별해야 하는 것들이다.

(1) 잠정진실 (暫定眞實)

법률상의 추정과 유사하지만 약간 다른 것으로 잠정진실이 있다. 일견 법률상의 사실추정처럼 보이지만, 이는 전제사실이 없는 추정이다. "점유자는 소유의 의사로 선의, 평온 및 공연하게 점유한 것으로 추정한다."의 민법 §197①이 그 예이다.

만약 이 규정이 법률상 추정이라면 전제사실이 '점유'이고 추정사실이 '소유의사 · 선의 · 평온 · 공연'일 터이다. 그러나 예컨대 취득시효에서 점유는 요건사실이고, 소유의사 · 선의 · 평온 · 공연도 요건사실이므로, 이 규정은 어떤 요건사실로부터 다른 요건사실을 추정하는 것이 되어버린다. 이는 전제사실은 요건사실과는 별개의 사실이라야 한다는 법률상의 추정의 본질에 반하고, 그래서 법률상 추정이라고는 말할 수 없다. 왜냐하면 요건사실 A가 요건사실 B를 추정한다는 것은, 요건사실 A의 증명책임을 지는 자는 요건사실 B의 증명책임을 지지 않는다고 하는 것이고, 결국 요건사실 B에 관하여는 (전제사실 없이) 증명책임 자체가 상대방에게 넘어가 있는 것을 의미하기 때문이다. 따라서, 위 조항은 법률상 추정을 정한 것은 아니고 증명책임의 전환을 정한 규정이다. 이런 규정을 잠정진실이라고 부른다. 즉 이는 증명책임을 전환시키는 규정이다. 그러므로 민법 §197에 관한 사안에서 판례가 "자주점유의 추정이 깨어진다"고 표현하는 것은(대판-전 97.8.21, 95다28625; 대판 20.5.14, 2018다228127 등), 정확히 말하자면 자주점유 아님이 증명되었다는 말이다. 하지만, 요건사실에서 요건사실을 추정할 수는 없다는 이론적인 설명을 제외하면, 잠정진실은 결과적으로 법률상의 사실추정과 차이가 없다.

(2) 법정 의사해석 (法定意思解釋)

일정한 의사표시에 대하여 그 의사의 해석을 법률로 정한다는 취지에서 '추정'이라는 말을 사용한 규정이다. 예컨대 민법 §153①은 기한은 채무자의 이익을 위한 것으로 추정하고, 그 외의 다른 의사해석을 배제하고 있다. 여기서의 추정은, 추정사실이 실체법규의 요건사실은 아니므로 법률상의 추정과는 다르다. 이 추정을 뒤집기 위해서는 채무자의 이익을 위한 합의의 부존재를 증명하는 것만으로는 부족하고, 이 의사해석규정의 효과를 배제하는 합의 즉 채권자의 이익을 위한다는 특약의 존재를 적극적으로 증명해야 한다. 이것 외에도, 민법 §579("채권의 매도인이 채무자의 자력을 담보한 때에는 매매계약당시의 자력을 담보한 것으로 추정한다") 및 §585("매매의 당사자 일방에 대한 의무이행의 기한이 있는 때에는 상대방의 의무이행에 대하여도 동일한 기한이 있는 것으로 추정한다") 역시 법정 의사해석 조항이다.

(3) 법정 증거법칙 (法定證據法則)

§356(공문서의 진정의 추정) 및 §358(사문서의 진정의 추정)가 이에 해당한다. 실체법의 요건사실과는 관계없는 추정이며, 소송상 증거법칙을 법률로 정해 둔 것이다.[38]

9-5-5 입증부담의 경감

9-5-5-1 총설

어떤 법률효과를 주장하는 당사자에게 그 요건사실을 모두 입증하라고 하는 일이 불공평·부정의하다고 여겨지는 경우에 —증명책임이 누구에게 귀속되는지는 변경하지 않은 채로— 그 당사자의 입증부담을 덜어주려는 몇 가지 시도가 있다. ⓐ 어떤 법률효과를 직접 증명하는 사실은 B사실인데, 간접사실 A가 존재하면 B사실을 인정할 수 있다는 강한 경험칙이 있는 경우에는 A의 증명만으로 B사실이 일응 증명되었다고 봄으로써 당사자의 입증목적을 달성하게 하자는 견해, ⓑ 통상의 '고도의 개연성'을 요구하지 말고 '상당한 정도의 개연성'만으로 증명이 이루어진 것으로 보자는 견해, ⓒ 역학적 증명만으로 인과관계가 증명되었다고 보자는 견해 등이다. 증거의 치우침 등을 고려하여 당사자들 간의 입증부담의 공평을 꾀하려는 것이다.[39] 하나씩 본다.

9-5-5-2 표현증명

(1) 의의

어떤 경험칙이 고도의 개연성을 갖는 것이어서 A사실이 있으면 그 결과 B

---

38) 그러나 호문혁 600 등, 이를 법정 증거법칙이 아니라 법률상 추정으로 보는 견해도 있다(10-3-3-3 참조).

39) 표현증명, 간접반증 등을 묶어서 '증명책임의 완화'의 문제로 논하는 문헌도 있으나, 증명책임은 진위불명시에 누구에게 불이익이 귀속되는가의 문제라서 그 책임은 있거나 없거나이지 "완화되어 존재"할 수는 없는 법이다. 따라서 '입증부담'의 완화라고 해야 하는 것이며, '증명책임'의 완화라는 제목은 부적절하다.

사실을 인정하는 것이 충분히 타당할 경우에, A사실의 증명만으로 B사실이 일응 증명된 것으로 보는 것을 표현증명(表見證明; 一應의 증명; Anscheinbeweis; prima-facie-Beweis)[40]이라고 한다. 법률효과의 주장자가 간접사실을 증명하는 것만으로 주요사실이 증명된 것으로 보는 것이며, 독일의 판례·학설에서 형성된 개념이고, 영미 증거법에서도 이 개념은 자주 활용된다. 사실상의 추정의 한 유형이라고 볼 수 있고, 증명책임의 전환을 인정하지 않으면서 입증곤란을 구제하려는 이론적 시도이다.

(2) 사례 및 한계

표현증명 개념은, 주로 불법행위 손해배상소송에서 과실 또는 인과관계의 요건을 인정하기 위하여 사용되며, 과실·인과관계 등의 불확정개념이 법률상 요건으로 규정되어 있는 경우 과실·인과관계자체가 주요사실이라고 보는 전통적인 견해에 입각해 있다. 이 이론을 적용하면, 가령 과실에 해당하는 구체적 사실이 충분히 입증되지 않아도 일정한 경험칙을 적용함으로써 요건사실인 과실을 인정한다. 예컨대 개복수술을 받은 환자의 뱃속에 거즈가 남아 있어서 환자가 손해배상을 청구한 경우에 —수술 중 어떤 구체적 경위로 거즈가 그 자리에 남게 되었는지에 관한 입증이 없더라도— 이 개념을 사용하여 의사의 과실을 인정할 수 있다. 또한 건물신축 직후에 지붕이 내려앉았다면 —구체적으로 어떤 흠 때문에 무너졌는지에 대한 입증이 없더라도— 건축업자의 과실로 지붕붕괴의 손해가 발생한 것이라고 인정할 수 있다. 이로써 피해자의 주장·입증의 부담은 현저히 완화된다. 위의 2가지는 전형적인 표현증명의 사례이지만, 더 나아가서 어떤 사안에서 표현증명이 사용되는 것이 옳은지, 기존 판결례 중에 어느 것에 이 개념이 사용된 것인지에 관해서는 견해들이 일치하지 않는다.

(3) 간접반증 (間接反證)

표현증명 법리가 적용되어 불이익(=B사실, 가령 과실·인과관계의 존재 인정)을 받는 당사자가 그 B사실을 인정받지 않으려면 B사실에 대한 반증을 하여야 하지만, 실제로 그 반증은 쉽지 않다. 그는, 직접적인 반증 대신에 B사실(과실·인과관계)을 '간접적으로' 부정할 수 있는 별개 사실 C를 주장·입증하여, 즉 추정의 전제사실인 A사실을 그대로 둔 채로 이와 양립되는 C사실을 주장·입증

40) 일본에서는 이를 '일응의 추정'이라고도 하나, 이는 독일어의 정확한 번역은 아니다.

하여 일응의 추정을 번복시킬 수 있으며, 이를 '간접반증'이라고 한다. 가령 신축 건물 지붕붕괴의 예에서, 건축업자가 —자신의 설계나 시공에 잘못이 없다는 점에 관한 입증을 하는 대신에— 당시 (다른 기존 건물지붕도 다수 무너지게 한) 강한 지진이 있었음을 입증하는 것을 가리킨다. 환자 뱃속에 있는 거즈의 사례에서는, 가령 그 전의 다른 의사가 개복수술시에 사용한 거즈임을 입증하는 것이 간접반증의 예가 된다. 이런 간접반증은 이를 행하는 당사자가 추정사실(B)에 대해서는 반증을 행하는 것이지만, 자신이 내세우는 다른 간접사실(C사실)에 대해서는 본증을 하는 것이다.

9-5-5-3 개연성(蓋然性) 이론

표현증명이 이루어졌다고 볼 수 있는 강력한 경험칙이 존재하지 않는 경우에는, 고의·과실·인과관계의 증명이 무척 어려워지며, 실무상 이런 일은 종종 나타난다. 특히 공해소송·의료과오소송·제조물책임소송 등에서 이런 문제가 자주 나타나는데, 표현증명을 적용할 수 없지만 사안의 성격상 원고청구를 기각함이 매우 부당해 보이는 경우에, 고의·과실·인과관계의 증명에 있어서 '고도(高度)의 개연성'을 요구하지 말고 '상당(相當)한 정도의 개연성'을 밝히면 증명이 이루어진 것으로 보자는 견해가 이른바 개연성 이론이다. 공해소송인 대판 74.12.10, 72다1774 및 대판 12.1.12, 2009다84608은 상당한 개연성이 있으면 인과관계를 인정할 수 있다고 하였다.[41] 개연성 이론을 적용할 수 있는 범위가 어디까지인지 분명하지는 않다.

9-5-5-4 인과관계의 역학적 증명

원래 역학(疫學)이란, 어떤 지역이나 집단 안에서 일어나는 질병의 발생원인이나 분포·변동·소멸 등의 상황과 그에 미치는 각종 요인 등을 통계적 방법으로 연구하는 학문을 가리킨다. 공해소송이나 약해(藥害)소송에서 '인과관계'를 역학적으로 증명하는 것을 인정해 주자는 견해가 있다. 역학적·통계적으로 상관관계 내지 인과관계가 파악되더라도, 엄밀히 말하면 그 요인의 존재 내지 증가와

41) 한편 판례는 일실수입 산정을 위한 소득금액의 증명에 있어서도 '상당한 개연성'에 의한 입증을 하면 된다고 한다(대판 87.3.10, 86다카331; 16.6.28, 2015다23024).

그 질병 사이에 그 수치만큼의 관계가 인정된다는 것일 뿐이지, '당해 원고'의 질병의 인과관계가 입증되는 것은 아니지만, 그런 역학적·통계적 인과관계로써 법적 인과관계의 존재를 인정해 주자는 견해이다.[42)]

대법원은 베트남전 참전병사의 고엽제 제조사를 상대로 한 배상청구사건의 판결(대판 13.7.12, 2006다17553)에서, "특정 위험인자와 비특이성 질환 사이에 역학적 상관관계가 인정되는 경우, 어느 개인이 위험인자(고엽제)에 노출된 사실과 비특이성 질환(본건에서는 당뇨병 등)에 걸린 사실의 증명만으로 양자 사이의 인과관계를 인정할 만한 개연성이 증명되었다고 볼 수 없다."고 하면서 "이 경우에는 그 위험인자에 노출된 집단과 일반 집단을 대조하여 역학조사를 한 결과, 전자의 집단에서 그 비특이성 질환에 걸린 비율이 일반 집단에서 그에 걸린 비율을 상당히 초과한다는 점을 증명하고, 그 집단에 속한 개인이 위험인자에 노출된 시기와 노출 정도, 발병시기, 그 위험인자에 노출되기 전의 건강상태, 생활습관, 질병 상태의 변화, 가족력 등을 추가로 증명하는 등으로 그 위험인자에 의하여 그 비특이성 질환이 유발되었을 개연성이 있다는 점을 증명하여야 한다."고 판시했다. 즉 역학적 인과관계를 법적 인과관계 입증에 이용할 수도 있음을 인정하면서도, 당해 사건에서는 그런 수준의 역학적 인과관계의 증명이 이루어지지 않았다고 판단했다.

또한 서울시민이 국가, 서울시 및 여러 자동차회사들을 상대로, 자동차배출가스 때문에 천식이 발병·악화되었다고 주장하면서 손해배상을 청구한 사건에서 대법원은, 제출된 역학연구결과만으로는 원고의 천식에 대한 인과관계를 인정하기 어렵다고 보았다(대판 14.9.4, 2011다7437).

9-5-5-5 특수소송에서의 증명책임

이미 언급되었지만, 전통적인 증명도를 완화하여 당사자에게 입증부담을 경감시켜 주려는 시도는 주로 공해소송·의료과오소송·제조물책임소송 등의 특수소송에서 나타난다. 이들 소송에서는 과실·인과관계 등의 입증에서 고도의 자연과학적 지식이 요구될뿐더러, 증거가 가해자측에 치우쳐 있으므로 피해자로서는

---

42) 역학적 인과관계에 관한 상세한 내용은, 전원열, "과학증거의 조사에 있어서 법원의 역할", 법조 765, 7 참조.

증거를 확보하기가 무척 어렵다. 이들 소송에서 표현증명·개연성 등의 이론이 어떻게 판례상 드러나고 인정되었는지에 관하여 각 소송종류별로 아래에서 본다.

(1) 공해소송

앞에서 본 72다1774 및 2009다84608 판결이 공해소송에서 개연성 이론을 적용하였다. 그리고 대판 84.6.12, 81다558에 관해서는, 다수설은 이것이 일응의 증명(표현증명) 이론을 받아들인 판결이라고 보고 있다.[43] 이 사건에서 대법원은 "① 피고공장에서 김의 생육에 악영향을 줄 수 있는 폐수가 배출되고 ② 그 폐수 중 일부가 이 사건 김양식장에 도달하였으며 ③ 김에 피해가 있었다는 사실이 각 모순없이 증명된 이상, 피고공장의 폐수배출과 양식 김에 병해가 발생함으로 말미암은 손해간의 인과관계가 일응 증명되었다"고 보았다. 만약 표현증명 이론을 적용하지 않는다면, 폐수의 도달이 증명되더라도 그 도달폐수의 양이 김에 피해를 줄 만큼 충분하다는 점이 증명되지 않으면 인과관계가 부정될 터인데, 위와 같이 인과관계를 인정한 점을 보면 위 판결은 표현증명 이론을 적용한 것이라고 볼 수 있다.

그 외에도 대판 97.6.27, 95다2692은 황토 및 폐수의 배출과 원고 양식어장의 피해 사이에, 대판 04.11.26, 2003다2123은 여천공단과 원고의 재첩 양식장 사이에, 대판 09.10.29, 2009다42666은 군사시설 영내의 유류저장과 원고 토지의 오염 사이에, 대판 12.1.12, 2009다84608은 매립지 침출수처리장과 원고의 어장 사이에 각 "표현증명 이론을 적용하여" 인과관계를 인정하였다.[44] 반면에, 앞에서 보았듯이, 공해소송에서 원고의 인과관계를 역학적으로 증명하려는 시도는 지금까지 실패하고 있다(위 고엽제 소송 및 자동차배출가스 소송).

---

43) 반대로 소수설(호문혁 574)은, 81다558이 간접사실 전부를 입증해야 인과관계를 인정한다는 것이므로, 일응의 증명 이론이 적용된 사례는 아니라고 본다.

44) 위 2003다2123 및 2009다84608 판결은 '간접반증'이라는 용어도 사용하고 있다. 또한 대판 19.11.28, 2016다233538은 '표현증명'이나 '간접반증'이라는 용어를 사용하지 않으면서도, 고속도로 인접 과수원의 도로인접 1,2열에 식재된 과수나무에 피해가 발생한 사안에서, 가해자의 유해물질 배출사실, 그 유해의 정도가 사회통념상 수인한도를 넘는 사실, 그것이 피해물건에 도달한 사실, 손해발생 사실을 피해자가 증명하면, 가해행위와 피해자의 손해발생 사이의 인과관계를 인정할 수 있다고 했다. 대판 20.6.25, 2019다292026도 환경오염 사건에서 —표현증명·간접반증이라는 용어를 사용하지는 않았지만— 유사한 판시를 하고 있다.

(2) 의료과오소송

독일민법 §630h⑤는 중과실 의료사고에 있어서 과실과 손해 간의 인과관계를 추정하고 있고, 독일 판례는 일반 의료과오소송에서 증명책임을 전환시키고 있지만, 한국 판례는 거기까지는 나아가지 않고 '일응의 증명'(표현증명) 이론으로써 입증의 부담만을 완화시키고 있다. 일찍이 대판 77.8.23, 77다686이 과학적 인과관계를 요구하지 않는다고 하면서 의료과오소송에서의 인과관계를 인정하였다. 그 후로도 일응의 증명 개념을 적용함으로써, 원고의 과실 및 인과관계 입증의 부담을 완화한 여러 의료과오소송 판결례들이 있다.[45] 가령 환자 측이 의료행위 당시 통상의 의료인에게 요구되는 주의의무의 위반행위(=진료상 과실)의 존재를 증명하고, 그 과실이 환자 측 손해를 발생시킬 개연성이 있다는 점을 증명한 경우에는, 진료상 과실과 손해 사이의 인과관계를 추정한다(대판 23.8.31, 2022다219427).

그러나 의료과오소송에서 일응의 증명을 적용한다고 하더라도, 의사에게 무과실의 증명책임을 지우는 것은 허용되지 않는다(대판 04.10.28, 2002다45185; 대판 20.11.26, 2020다244511). 가령 의료기록에 가필 흔적이 있더라도, 이로써 의사가 자신의 무과실을 증명할 책임을 부담하게 되지는 않으며, 다만 이는 의사의 수술과정상의 과오를 추정할 근거의 하나가 된다(대판 95.3.10, 94다39567). 그리고 '설명의무'에 관해서는, 이를 이행하였음을 의사가 증명해야 한다(대판 15.2.12, 2012다6851).

(3) 유해물질 관련 산재 소송

산업재해로 인한 손해배상·보상을 청구하는 소송에서 —과거의 노동능력상실에 따른 배상청구와는 달리— 근래에는 제조공정상 사용되는 특수화학물질에 노출된 근로자가 백혈병·뇌종양·폐암 등의 중병에 걸린 경우 그 인과관계가 다투어지는 일이 증가하였고, 이런 경우에 그 인과관계 입증을 어떻게 완화해 줄 것인가가 쟁점이 된다.

대판 17.8.29, 2015두3867는 LCD공장의 근로자가 제기한 요양불승인처분취소 소송에서, "산업재해의 발생원인에 관한 직접적인 증거가 없더라도 근로자의

---

45) 대판 89.7.11, 88다카26246; 대판 95.4.14, 94다29218; 대판 95.2.10, 93다52402; 대판 98.2.27, 97다38442; 대판 00.7.7, 99다66328; 대판 06.10.27, 2004다2342; 대판 12.1.27, 2009다82275; 대판 12.5.9, 2010다57787; 대판 15.2.12, 2012다6851 등.

취업 당시 건강상태, 질병의 원인, 작업장에 발병원인이 될 만한 물질이 있었는지 여부, 발병원인물질이 있는 작업장에서 근무한 기간 등의 여러 사정을 고려하여 경험칙과 사회통념에 따라 합리적인 추론을 통하여 인과관계를 인정할 수 있다."고 판시하였고, 또한 대판 17.11.14, 2016두1066은, 반도체 조립라인의 검사공정에서 6년여 간 근로자로 근무하다가 퇴사한 A가 뇌종양 진단을 받은 후 사망한 사안에서, A의 근무기간, 제조공정에 사용된 발암물질, 역학조사의 한계, A에게 뇌종양과 관련된 유전적 소인·병력·가족력이 없는 점 등에 비추어 상당인과관계를 긍정할 여지가 크다고 하여, 각각 인과관계를 부정한 원심을 파기하였다.

(4) 제조물책임소송

2002.7.1.부터 시행된 제조물책임법은, 제조물의 결함으로 인한 손해의 배상청구에 있어서, 제조업자에게 동법 §4①이 정한 4가지 '면책사유'의 증명책임을 지웠다(9-5-3 참조). 동법 제정 이전에 이미 대판 00.2.25, 98다15934은 —민법 §750에 터잡은, TV 폭발사고 배상청구에 대하여— "소비자측에서 그 사고가 제조업자의 배타적 지배하에 있는 영역에서 발생한 것임을 입증하고, 그러한 사고가 어떤 자의 과실 없이는 통상 발생하지 않는다고 하는 사정을 증명하면, 제조업자 측에서 그 사고가 제품의 결함이 아닌 다른 원인으로 말미암아 발생한 것임을 입증하지 못하는 이상," 제품 결함의 존재 및 인과관계를 추정하고 입증책임을 완화하는 것이 옳다고 판시한 바 있다.

법률제정 후에는, 혈우병 환자가 HIV에 감염된 후 자신이 공급받은 혈액제제의 제약회사를 상대로 한 배상청구(대판 11.9.29, 2008다16776), 장미재배농가가 유기질비료 제조업자를 상대로 한 배상청구(대판 06.3.10, 2005다31361), 베트남전 참전병사의 염소성여드름 등 질병에 따른 고엽제 제조사를 상대로 한 배상청구(대판 13.7.12, 2006다17553), C형 간염바이러스에 감염된 사람이 자신이 투여받은 혈액제제의 제약사를 상대로 한 배상청구(대판 17.11.9, 2013다26708) 등에서 법률에 따라 제조업자에게 면책사유의 증명책임을 지운 다음, 각 제조업자의 배상책임을 인정하였다. 그러나 천식환자의 자동차 제조사를 상대로 한 배상청구는 기각하였다(대판 14.9.4, 2011다7437).

9-5-6 증명책임과 주장책임의 관계

(1) 변론주의 하에서는 당사자는 주요사실을 주장하지 않으면 유리한 법률효과를 인정받지 못할 위험을 부담한다. 이를 '주장책임'이라 한다(6-3-2-1). 즉 주장책임은, 주장을 하지 않은 경우에 그 불이익을 누구에게 귀속시킬 것인지의 문제이며, 어느 쪽으로부터라도 그 사실주장이 있기만 하면 문제가 되지 않는다.

(2) 증명책임은 변론주의 하에서뿐만 아니라 직권탐지주의 하에서도 문제되는 반면에, 주장책임은 요건사실의 주장을 하지 않았을 때의 불이익 귀속의 문제이므로 변론주의 하의 문제임은 9-5-1-1에서 보았다.

(3) 주장책임의 분배는 원칙적으로 증명책임의 분배와 일치한다. 따라서 권리근거사실을 원고가 주장하고, 권리장애사실 · 권리소멸사실 · 권리저지사실을 피고가 주장해야 한다. 다만 예외적으로, 소극적 확인의 소(=부존재확인의 소)(대판 16.3.10, 2013다99409), 확정된 지급명령에 대한 청구이의의 소(대판 10.6.24, 2010다12852), 배당이의의 소(대판 07.7.12, 2005다39617)에서는 원고가 (주장책임을 수행하여) 채무발생원인사실을 부정하는 주장을 하면, 채권자인 피고가 권리발생의 요건사실에 관하여 증명책임을 부담한다.

제 10 장

증거조사

10-1 증거조사절차 일반

10-1-1 총설

10-1-1-1 집중증거조사

(1) 앞에서 본 증거법 이론 하에서 당사자의 증거신청 및 법원의 증거조사가 이루어진다. 더 구체적으로 보면, ⓐ 당사자의 증거신청(10-1-2), ⓑ 법원의 채부결정(10-1-3), ⓒ 증거조사 실시(10-1-4), ⓓ 증거결과에 의한 법원의 심증형성의 순서로 진행된다. 변론의 여러 원칙들 중에서, 증거조사에서 더욱 유념해야 하는 것은 집중심리주의, 직접주의, 공개주의이다. 여기서는 집중증거조사에 관하여 추가로 본다.

(2) 변론준비절차 또는 변론기일에서 쟁점 및 증거의 정리가 마쳐지면, 법원과 당사자 간에 증명해야 할 사실이 무엇인지 확인되게 되고, 그 사실을 대상으로 서증조사를 거친 다음에 인증(人證)의 조사가 이루어지는 것이 통상의 흐름이다. 즉 증인신문 및 당사자신문은 가능한 한, 쟁점이 정리되고 기타 증거들을 조사한 후에 집중적으로 해야 한다(§293, 규§75). 따라서 여러 증인 및 당사자를 신

문할 필요가 있을 때에는, 모든 증인 및 당사자 신문을 1회의 기일에 또는 근접한 2~3회의 기일에 완료하는 것이 좋다. 이를 '집중증거조사'라고 한다.

2002년 개정 전에는 §293가 없었으며, 실무상으로도 쟁점 및 증거가 정리되지 않은 채로 증거조사가 행해지고, 신문기일도 여러 번으로 나뉘는 일이 많았다. 그래서 법원과 당사자가 종전 기일에 진행된 내용들을 생생하게 기억하지 못하고 변론조서에 의존하여 심리를 진행해 간다는 비판을 받았다. §293는 이를 개선하려는 입법이며, 이에 맞추어 규칙 §75①은, 증인신문·당사자신문은 부득이한 사정이 없는 한 일괄하여 신청하여야 한다고 정하였다.

10-1-1-2 당사자의 증거수집과 법원의 증거조사

한국의 증거법은 —당사자가 이미 증거를 소지하고 있음을 전제로 하여— 법원의 증거조사를 위주로 규정들을 마련하고 있고, 소제기 후 당사자의 증거수집을 그다지 염두에 두고 있지 않다. 그래서 증거수집을 위해서 먼저 형사고소를 하는 이른바 '민사절차의 형사화'라는 문제가 야기되기도 하며, 상대방 소지 증거를 제대로 현출시키지 못한 채 패소판결을 받는 당사자로부터는 판결이 정당하지 못하다는 비난이 나오기도 한다.

이 문제는 개선되어야 한다. 이를 위해서 미국식 증거수집절차인 디스커버리(discovery)의 도입이 논의되기도 하지만, 소송의 구조와 법원의 역할 등에서 한국과 차이가 큰 미국법의 제도를 곧바로 도입하는 데에는 난점이 있다.[1)]

10-1-1-3 증거조사결과의 문서화

구술주의가 중요하다고 하더라도, 그리고 증거조사가 집중적으로 행해지더라도, 증거조사결과가 그 사실심 법관의 머릿속에만 남아 있으면 안 된다. 서증은 그 자체로 사건기록을 구성하고 감정결과도 서면으로 보고되어 기록에 편철되지만, 나머지 증거에 관해서도 이를 사건기록화하는 방안을 마련해야 한다. 따라서 증인신문 및 당사자신문은 기일조서로 작성해야 한다. 증거조사를 변론기일·변론준비기일에 행한 경우에는 그 증거조사의 절차 및 결과를 그 각 조서에

1) 한국에 디스커버리를 도입하기 위한 전제조건을 논한 글로서, 전원열, 민사소송절차상 디스커버리 도입에 관한 검토, 인권과 정의 501, 110 참조.

남겨야 하며, 별도로 증거조사기일을 잡아서 증거조사를 행한 경우에는 증거조사기일조서에 그 절차 및 결과를 기재해야 한다(§160). 검증의 경우에도 검증조서를 작성하여 사건기록에 남겨야 한다.

그런데 증인신문·당사자신문은 굳이 종이로 남기지 않을 수도 있다. 즉, 법원은 필요하다고 인정하는 경우에는 변론의 전부 또는 일부를 녹음하거나 속기자로 하여금 받아 적도록 명할 수 있으며, 당사자가 녹음 또는 속기를 신청하면 특별한 사유가 없는 한 이를 명하여야 하고, 그 녹음테이프와 속기록을 조서의 일부로 삼는다(§159①②). 조문에는 '녹음테이프'라고만 되어 있으나, 자기식 테이프뿐만 아니라 각종 디지털 저장매체가 모두 포함된다고 해석해야 한다. 현재 실무상 대부분의 증인신문조서는 디지털 녹음으로 대체되어 행해지고 있다. 다만 이와 같이 녹음테이프·속기록으로 조서의 기재를 대신한 경우에, 소송이 완결되기 전까지 당사자가 신청하거나 그 밖에 대법원규칙이 정하는 때에는 녹음테이프나 속기록의 요지를 정리하여 조서를 작성하여야 한다(§159③).

10-1-2 증거신청

10-1-2-1 의의

(1) 의의

증거신청이란, 법원에 대하여 특정한 증거방법을 조사해 달라고 요구하는 당사자의 신청이다. 변론주의 하에서는 직권증거조사를 하지 않음이 원칙이므로, 증거조사는 기본적으로 당사자가 신청하는 증거에 대하여 행해진다.

(2) 예외

다만 이 당사자신청 원칙에는 몇몇 예외가 있어서, 당사자에 의한 신청 없이도 증거조사가 행해질 수 있는 경우들이 있다. 예컨대 당사자신문은 법원이 직권으로 할 수 있고(§367), 조사촉탁(=사실조회; §294)도 법원이 직권으로 할 수 있다. 그리고 필요하다고 인정하면 감정의 촉탁도 법원이 직권으로 할 수 있다(§341). 그 외에도 공문서의 진정 여부가 의심스러우면 이를 법원이 직권으로 공공기관에 조회할 수 있으며(§356②), 증거보전결정도 직권으로 할 수 있다(§379). 보다 근본적으로 현행법은 §292를 두어서, 법원이 당사자 신청 증거만으로는 심증을 얻을 수 없거나 그 밖에 필요하다고 인정한 때에는 직권으로 증거조사를 할 수 있다고 정하였다.

10-1-2-2 방법과 시기

(1) 방법

증거신청은, 서면으로 할 수도 있고 말로 할 수도 있다(§161①). 신청시에는 ⓐ '증명할 사실'(=증명사항; 입증사항; §289①)과 ⓑ '증거방법'을 표시할 뿐만 아니라, ⓒ 그 증거방법과 증명할 사실 간의 관계를 구체적으로 밝혀야 한다(규§74). ⓒ를 "증명취지(입증취지)"라고 줄여 부르는 경우가 많다. 서증신청에 대하여는, 재판장이 그 서증의 내용을 이해하기 어렵거나 서증의 수가 방대한 경우 또는 서증의 입증취지가 불명확한 경우에는 당사자에게 서증과 증명할 사실의 관계를 구체적으로 밝힌 설명서("증거설명서")를 제출할 것을 명할 수 있다(규§106①). 또한 변론준비절차를 진행하는 경우에는 재판장은 법원사무관등으로 하여금 그 이름으로 증거신청서 등의 제출을 촉구하게 할 수 있다(규§70-3).

(2) 모색적 증명

당사자가 ⓐ의 증명사항 또는 ⓒ의 증명취지를 분명히 하지 않은 채로, ⓑ의 구체적 증거방법이 아니라 증거방법의 종류만 제시하여 증거신청을 하는 경우가 있다. 대개 스스로도 증명사항·증명취지·증거방법을 정확히 알지 못한 채로, 증거조사 과정을 통해서 자기에게 유리한 자료들을 획득할 수 있지 않을까 하는 막연한 생각으로 신청하는 것이다. 이를 '모색적 증명'(Ausforschungsbeweis)이라고 한다. 남용적인 증거신청 및 프라이버시·영업비밀 침해를 막아야 하므로, 원칙적으로 이런 모색적 증명은 금지된다. 그러나 증거가 구조적으로 한쪽에 치우쳐 있고 미국식의 디스커버리(discovery) 제도도 없는 현실에서, 다수의 소액피해자 사건 등에서는 —예외적으로— 어느 정도 불가피한 신청으로 볼 수 있는 경우도 있다.

(3) 시기

증거신청은 변론종결시까지 할 수 있는데, 변론기일 및 변론준비기일에 할 뿐만 아니라, "변론기일 전에도" 할 수 있다(§289②). 여기서의 변론기일은 1회 변론기일뿐만 아니라 그 후의 변론기일들을 포함하므로, 결국 변론기일 사이의 아무 날에나 할 수 있다는 말이다. 이렇게 허용된 이유는, 기일 외에서의 증거신청이 허용되지 않으면, 증거조사의 준비만을 위한 기일을 열어야 하는 셈이 되어 비효율과 절차지연을 낳기 때문이다.

간단히 증거신청·증거조사를 할 수 있는 서증은 소장제출시 이미 제출해야 한다. 즉 부동산에 관한 사건에서는 부동산등기부 등본을, 친족·상속관계 사건에서는 가족관계등록부 관련 증명서를, 어음·수표사건에서는 어음·수표의 사본을 소장에 붙여야 하며, 그 외에도 소장에는 주요 서증의 사본을 붙여야 한다(규§63②). 증거조사는 가능한 한 하나의 기일에 모아서 집중적으로 한다는 것이 현행법상 절차진행의 목표이므로, 쟁점정리 및 절차협의를 마치면 가급적 그 다음 변론기일까지 모든 증거신청이 완료되도록 해야 하며(사건관리방식에 관한 예규 §12-가), 참여사무관등은 전형적으로 증거신청이 필요하다고 판단됨에도 불구하고(예 : 인신(人身)사고로 인한 손해배상사건에서의 신체감정, 관련 형사기록이 있는 사건에서의 문서송부촉탁 등) 당사자가 필요한 증거신청을 하지 않은 때에는, 입증촉구서를 송부하거나 전화·팩시밀리로 증거신청을 촉구해야 한다(동 예규§12-나).

(4) 상대방의 방어권 보장

증거신청이 있으면 상대방 당사자에게 그에 대한 의견을 진술할 기회를 주어야 한다(§274①v,§283①). 상대방의 방어권 보장을 위해서이다. 그러면 상대방은 쟁점과 무관한 증거라든가, 증거가치가 없다든가, 위조된 증거라는 등의 증거항변을 할 수 있다.

10-1-2-3 증거신청의 철회

증거신청은 증거조사의 개시가 있기 전까지는 언제나 철회할 수 있다. 그러나 증거조사가 개시되면 —상대방에게 그 증거결과가 유리하게 작용할 수도 있으므로— 상대방의 동의가 있어야만 철회할 수 있다. 증거조사가 종료된 후에는, 이미 증거신청의 목적이 달성되었으므로 철회를 할 수 없다.

10-1-3 증거의 채부 결정

10-1-3-1 증거결정의 기준

먼저, 부적법한 증거신청은 법원이 이를 채택할 필요가 없다. 즉 증명사항·증명취지가 없거나 불분명한 경우, 관련사건의 판결선고일자를 증명하겠다고

—이는 조서로써만 증명할 수 있는데도(§158)— 증인신청을 하는 경우, 시기(時機)에 늦은 증거신청인 경우 등은 부적법한 증거신청이므로 법원이 각하할 수 있고, 또한 증거조사를 과연 할 수 있을지, 언제 할 수 있을지 알 수 없는 경우에도 그 증거를 조사하지 않을 수 있다(§291).

증거신청이 부적법하지 않더라도, 법원은 신청증거의 채택 여부에 있어서 재량을 가진다. 즉 법원은, 당사자가 신청한 증거를 필요하지 않다고 인정한 때에는 조사하지 않을 수 있다(§290). 가령 증명사항이 결론과 무관한 경우, 증거방법과 증명사항과의 관계가 불분명한 경우, 또는 불요증사실(9-4)을 증명하려는 경우 등에 대해서는 당사자의 증거신청을 법원이 채택하지 않을 수 있다. 증거채부는 법원의 재량이므로, 증거신청을 각하함에 있어서 법원은 각하이유를 명시하지 않아도 된다. 또한 법원은, 증거조사의 범위·순서·시기에 관해서도 재량을 가진다.

10-1-3-2 유일한 증거

그러나 당사자의 신청증거가 그가 주장하는 주요사실에 대한 유일한 증거인 때에는 법원이 채부(採否)의 재량을 가지지 않으며, 증거조사를 해야 한다(§290단서). 유일한 증거인데도 이를 조사하지 않은 채로 '증명이 없다'라고 법원이 판단할 수는 없기 때문이다.

'주요사실'에 대한 유일한 증거라야 이 법리가 적용된다. 즉 간접사실·보조사실에 대한 증거는 이에 해당하지 않는다. 그러나 문서의 진정성립 여부는 —그 자체는 주요사실이 아니라 보조사실이지만— 주요사실과 마찬가지로 취급되므로(9-4-2-3 참조), 가령 채무변제의 입증을 위해 제출한 유일한 서증의 진정성립이 문제되자 피고가 이를 증명하겠다고 증인을 신청한 경우 그 증인은 채택해야 하고, 그 증인이 1회 불출석임을 이유로 증거결정을 취소하면 위법하다(대판 62.5.10, 4294민상1510). 사건의 결론에 이르기 위한 주요사실은 여럿 있을 터인데, 유일한 증거인지는 개개 주요사실별로 따지는 것이므로, 당해 사건의 다른 주요사실에 대해서는 증거를 채택했더라도 본조에 해당할 수 있다. '주요사실'에 대한 유일한 증거라는 것은 —그 주요사실에 대한 증명책임을 지는 당사자가— 이를 본증으로서 증명할 증거를 가리키는 것이므로, 반증은 본조(本條)에 해당하지 않는다

(대판 98.6.12, 97다38510). 그리고 유일한 증거이면 증거조사를 하라는 것이지, 그 내용을 믿으라는 것은 아니다(대판 66.6.28, 66다697).

유일한 증거이더라도 부적법한 증거신청인 경우에는 채택할 일이 아니다. 재정(裁定)기간을 도과한 증거신청, 시기(時機)에 늦은 증거신청, 비용을 납부하지 않은 증거신청 등이 이에 해당한다. 또한 비록 유일한 증거방법이더라도, 그 증인이 부정기간(不定期間)의 장해로 계속 출석할 수 없다면, 조사하지 않아도 위법이 아니다(대판 73.12.11, 73다711; §291 참조). 그리고 유일한 증인의 신청을 채택한 후, 그 증인이 수차례 불출석하고 수차례의 구인시도도 실패하였다면 그 증거조사를 하지 않음은 위법이 아니다(대판 71.7.27, 71다1195).

10-1-3-3 증거의 채부결정의 방식

증거신청에 대하여 법원은 이를 채택하는 '채택결정'을 할 수도 있고, 이를 배척하는 '각하결정'을 할 수도 있다.[2] 그러나 당사자의 증거신청에 대하여 즉각 위 둘 중의 하나의 결정을 해야 하는 것은 아니며, 명시적으로 할 필요도 없다(대판 92.9.25, 92누5096). 가령 증거신청에 대하여 증거조사의 일시·장소를 고지하면 묵시적인 채택결정을 한 셈이 된다. 즉각 결정을 하지 않고 보류하고 있다가 변론종결을 하면, 묵시적으로 각하결정을 한 셈이 되지만, 이는 바람직한 재판진행 방식은 아니다. 증거채부 결정은 소송지휘에 속하는 결정이므로, 그 후 언제나 취소·변경할 수 있다(§222). 채택했던 증인이 출석할 수 없음이 밝혀지더라도 그 증인채택을 명시적으로 취소해야 하는 것도 아니다.

한편 법원이 증거조사결정을 한 때에는, 당사자에게 필요한 비용의 예납을 명해야 한다(규§77①). 가령 증인신청을 한 당사자에게는 증인의 여비 및 일당을 예납하라고 명한다.

10-1-3-4 보충적 직권증거조사

변론주의 하에서는 당사자의 증거신청이 증거조사의 출발점이지만, 그렇다고 해서 법원이 실체적 진실발견을 무시할 수는 없다. 특히 당사자본인소송에서

---

2) '증거결정'이라는 말은, 광의(채택결정 + 각하결정)로도, 협의(채택결정만 의미)로도 쓰인다.

는 필요한 증거신청을 제대로 하지 못하는 경우가 많다. 변론주의의 약점을 보완하기 위해서는, 일정한 직권증거조사가 필요하다.

이에 민사소송법이 정한 몇 가지의 예외적 직권증거조사가 있음은 10-1-2-1에서 보았다.[3] 그 외에도 현행법은, 포괄적으로 보충적 직권증거조사 규정을 두었다. 즉 §292는, 법원이 당사자 신청 증거만으로는 심증을 얻을 수 없거나 그 밖에 필요하다고 인정한 때에는 직권으로 증거조사를 할 수 있다고 정하였다. 이는, 심리의 최종단계에 이르렀지만 심증형성이 안 될 때에 비로소 적용되는 조항이다. 또한 이는 재량조항이므로, 심증이 형성되지 않은 법원이 —본조에 따른 직권증거조사를 하지 않고— 변론을 종결하고 증명책임에 따른 결론을 내려도 전혀 위법이 아니다. 다만, 법원으로서는 배상의무가 있음을 인정하면서도 손해액 증명이 없다고 청구를 기각하여서는 안 되며, 이때에는 법원이 적극적으로 석명권을 행사하여 입증을 촉구하여야 하고, 경우에 따라서는 직권으로라도 손해액을 심리·판단하여야 한다는 것이 판례이다(대판 11.7.14, 2010다103451).[4] 여기서, 모든 사정을 종합하여 상당하다고 인정되는 금액을 손해액으로 인정할 수 있다는 §202-2가 적용될 수 있다(9-2-3 참조).

다만 소액사건(소심§10①) 및 증권관련집단소송(증집§30)에서는 —위와 같은 보충성 요건이 필요하지 않고— 법원이 필요하다고 인정할 때에는 곧바로 직권으로 증거조사를 할 수 있다.

10-1-3-5 증거결정에 대한 불복

증거결정(협의) 및 증거각하결정은 소송지휘에 속하는 결정이므로, 이에 대하여 불만이 있더라도 독립하여 불복할 수 없고, 판결에 대하여 상소를 제기하여 판결의 당부를 다투는 수밖에 없다.[5] 절차적 위법이 있다는 이유로 절차이의권(§151)을 행사할 수는 있지만, 이를 행사하더라도 법원이 받아들이지 않으면 독립

3) 즉 당사자신문(§367), 사실조회(§294), 감정촉탁(§341), 공문서의 진정성립 조회(§356②), 증거보전결정(§379).

4) 직권증거조사의 경우의 비용예납에 관해서는 규칙 §19, §20를 참조.

5) 다만 문서제출신청에 대한 허부결정(§348), 감정인기피신청 기각결정(§337③), 불출석증인에 대한 제재결정(§311⑧), 증언거부에 대한 재판(§317②)에 대해서는 별도로 불복규정이 있다.

된 불복절차는 없다.

한편 합의사건의 변론준비절차를 재판장·수명법관 등이 진행하는 중에 내린 증거결정에 대하여는 당사자가 이의신청을 할 수 있고, 그에 대해서는 법원이 결정으로 재판해야 한다(§281②). 이 합의부 결정에 대한 독립적인 불복은 역시 불가능하다.

10-1-4 증거조사의 실시

10-1-4-1 증거조사의 종류 및 시간적·장소적 원칙

현행법이 정하고 있는 증거조사로는, 증인신문·감정·서증·검증·당사자신문의 기존 5종에, 2002년 개정시 추가된 "그 밖의 증거"(기타증거; §374)를 합하면 6종이 있다(제3장 제2~7절). 기타증거는 주로 전자적 정보저장물을 가리키며, 그 조사는 감정·서증·검증에 준하여 하게 되어 있다. 위 각 증거들의 개별적 증거조사방법은 아래 10-2 ~ 10-8에서 차례로 검토한다.

이들의 증거조사가 '집중적으로' 행해져야 함은 10-1-1-1에서 보았다. 당사자는 이러한 증거조사에 대한 참여권을 가지고 있다. 그러나 참여권이라 함은, 참여의 기회를 보장해야 한다는 것이지, 반드시 당사자 쌍방이 출석해야만 증거조사를 할 수 있다는 말은 아니다(§295). 또한 증거조사는 직접주의 및 공개주의의 요청을 강하게 받으므로, 증거조사는 기일에서 그리고 법원의 법정에서 행하는 것이 시간적·장소적 원칙이다. 그러나 이 원칙에 대해서는 예외들이 있다.

10-1-4-2 시간적·장소적 예외

(1) 기일전 증거조사

변론기일에서의 심리의 집중을 위해서는 기일 전에 미리 증거조사를 하는 것이 효율적이므로, 2002년 개정법은 변론준비절차에서 '변론준비를 위하여 필요한 경우에는' 증거결정(§281①)뿐만 아니라 증거조사도 할 수 있도록 했다(§281③,§289). 다만 증인신문·당사자신문은 ⓐ 증인이 정당한 사유로 수소법원에 출석하지 못하는 때, ⓑ 증인이 수소법원에 출석하려면 지나치게 많은 비용 또는 시간을 필요로 하는 때, ⓒ 그 밖의 상당한 이유가 있는 경우로서 당사자가 이의를 제기하지 아니하는 때에만 예외적으로 할 수 있다(§281③).

(2) 법원 밖에서의 증거조사

수소법원은 필요한 때에는 법원 밖에서 증거조사를 할 수 있다(§297). 가령 현장검증, 중병으로 법원에 출석할 수 없는 증인에 대한 증인신문, 당사자가 서류를 복사할 수 없는 경우의 서증조사 등이 그 예이다. 이때에는 변론기일 아닌 증거조사기일이 독립하여 열리게 된다. 변론기일이 아니므로 당사자가 새로운 주장을 할 수 없고, 공개도 필요 없다(대판 71.6.30, 71다1027). 법원밖 증거조사는 수명법관·수탁판사에게 촉탁할 수 있다(§297).

법원밖 증거조사 중 다른 것은 법원이 "필요하다고 인정할 때"에 법원밖에서 할 수 있지만, 수명법관·수탁판사에게 맡겨서 '증인신문'을 하려면 위 ⓐ,ⓑ, ⓒ의 사유가 있는 때라야 한다(§313).

(3) 외국에서의 증거조사

증인이 외국에 거주하는 경우 등 외국에서 증거조사를 할 필요가 있는 때가 있다. 그런데 증거조사 등 재판절차의 진행은 한 나라의 주권행사의 일부이므로, 이를 임의로 외국에서 할 수는 없다. 사법공조조약(司法共助條約) 또는 증거조사에 관한 국제협약이 체결되어 있는 국가 간에서 그 조약·협약에 따라 증거조사를 해야 한다.[6)]

법은 외국에서의 증거조사에 관하여, "ⓐ 그 나라에 주재하는 대한민국 대사·공사·영사 또는 ⓑ 그 나라의 관할 공공기관에 촉탁한다"고 정하여 촉탁의 대상을 두 가지로 정하고 있다(§296①). 이 두 가지 중에서, 그 외국의 관할 공공기관에 촉탁하는 방식 즉 "간접실시방식"이 원칙이다. 한국은 헤이그 증거조사협약에 가입하였고, 국제민사사법공조법 §5②에 의하면 "증인신문을 받을 자가 대한민국 국민으로서 영사관계에관한비엔나협약에 가입한 외국에 거주하는 경우"에는 예외적으로 직접실시방식 즉 그 외국에 주재하는 한국의 대사·공사·영사에게 촉탁하는 방식을 취할 수 있다. 자세한 내용은 2-4-2-9를 참조.

그리고 외국에서 시행한 증거조사는 그 나라의 법률에 어긋나더라도 한국의 민사소송법에 어긋나지 않으면 효력을 가진다(§296②).

(4) 원용(援用) 필요성

법원 밖에서 증거조사를 하였거나 외국에서 증거조사를 한 경우에 그 결과

---

6) 국제민사사법공조에 관하여는, 석광현, 국제민사소송법, 박영사, 2012, 217 이하 참조.

를 당사자가 변론에서 원용하여야만 그 증거조사결과가 소송자료가 될 수 있는가? 직접주의·구술주의를 엄격히 적용하여, 증거조사결과를 당사자 스스로가 변론에 상정해야만 한다는 견해도 있으나(호문혁 612), 법률이 위와 같은 시간적·장소적 예외를 허용하고 있는 이상 이는 법률 스스로 직접주의의 예외를 정해 둔 것이므로, 법원이 증거조사결과를 변론에서 제시하여 당사자에게 의견진술 기회를 주면 되는 것이고, 당사자 스스로 원용을 할 필요는 없다고 본다(다수설: 이시윤 503; 김홍엽 666 등).

10-2 증인신문

10-2-1 의의

증인이란, 과거에 자신이 경험한 사실을 소송에서 진술하는 제3자이다. 증인의 진술이 증언이다. 증언으로부터 증거자료를 획득하는 증거조사를 증인신문(證人訊問; Zeugenbeweis)이라고 한다. 증인은 스스로 경험한 사실을 보고하는 자이므로, 의견을 말하는 자가 아니다.

조사대상에 대하여 특별한 학식·경험을 가지고 있는 사람이 증인으로서 전문적 진술을 하는 경우가 있고, 이를 '감정증인'이라고 한다. 감정증인은 증인일 뿐이지 감정인이 아니므로 그 조사절차는 —감정절차에 의하는 것이 아니라— 증인신문[7]절차에 의한다(§340; 10-4-1-3 참조).

증인은 소송에서 전통적으로 가장 중요한 증거방법 중 하나이고 또한 현행법이 자유심증주의를 취하고 있지만, 실무상 증인의 증거가치는 무척 낮게 취급된다. 한국에서 더욱 그러한데, 이는 인간의 기억의 한계, 부정확한 관찰 등에 이유를 두는 것이지만, 사회 전체의 거짓말 수준이 반영된 결과이기도 하다.

---

7) 신문(訊問)과 심문(審問)은 자주 혼동된다. 신문은 사실을 밝히기 위하여, 피질문자가 알고 있는 사실에 대하여 캐어물어서 문답 형식으로 조사하는 것이고, 주로 검사·경찰·소송대리인(예외적으로 법원도 포함)의 질문행위에 대하여 사용한다(예: 피의자신문, 피고인신문, 증인신문). 심문은 —사전적 의미로는 '자세히 따져물음'이지만— 소송법상으로는 '법원'이 절차대상자에게 말할 기회를 주는 것을 가리킨다[예: 법원의 변론시의 심문(§134), 소송승계인 심문(§82), 제3자 문서제출명령시의 심문(§347), 공시최고에서의 심문(§478), 영장심사·구속적부심에서의 피의자심문(형소§201-2,§214-2) 등].

10-2-2 증인능력

제3자라야 증인이 될 수 있고 당사자, 법정대리인 및 당사자인 법인·비법인 사단의 대표자는 증인이 될 수 없다(§§367,372,64). 이들은 당사자신문의 대상이 될 뿐이다. 제3자 소송담당에 있어서는 그 소송담당자가 당사자적격자로서 당사자가 되는 것이므로, 이들은 증인능력이 없고, 오히려 본래의 이익귀속 주체(채권자대위소송에서 채무자, 파산절차에서 파산채무자, 회생절차에서 회생채무자 등)는 증인이 될 수 있다. 소송대리인, 보조참가인, 소송고지에서의 피고지자 등은 증인이 될 수 있다.

공동소송인은 공동이해관계가 있는 사항에 대해서는 증인이 될 수 없지만, 쟁점사항과 무관한 공동소송인이라면 증인이 될 수 있으며, 대개 변론을 분리한 후에 증인신문을 실시한다.

당사자나 법정대리인을 잘못하여 증인으로 신문하였더라도, 상대방이 절차이의권(§151)을 즉시 행사하지 않으면 그 흠이 치유되어 위법이 아니게 된다(대판 92.10.27, 92다32463).

10-2-3 증인의 의무

10-2-3-1 총설

한국의 재판권에 복종하는 사람이면 누구라도 증인으로서 신문에 응할 공법상 의무가 있다(§303). 올바른 사법권이 행사되도록 하기 위한 국민적 협력의무이다. 그런데 대통령부터 하급 공무원에 이르기까지, 공무원 또는 공무원이었던 자를 증인으로 하여 직무상 비밀에 관한 사항을 신문할 때에는 법원이 당해 공무원 및 소속 국가기관의 동의를 받아야 한다(§304~§306). 다만 그 소속 국가기관은 국가의 중대한 이익을 해치는 경우를 제외하고는 동의를 거부하지 못한다(§307). 증인의 의무를 세분하면 출석의무, 진술의무, 선서의무로 나눌 수 있다.

10-2-3-2 출석의무

(1) 출석의무 : 출석요구를 받은 증인은 지정된 일시·장소에 출석해야 한다.

출석요구서를 받은 증인이 출석할 수 없는 경우에는, 바로 그 사유를 밝혀 법원에 신고해야 한다(규§83). 이런 신고를 하지 않으면, 정당한 사유 없는 불출석으로 인정될 수 있다(규§81①).

(2) 불출석 증인에 대한 제재 : 증인이 정당한 사유 없이 출석하지 않으면, 법원은 결정으로 증인에게 이로 인한 소송비용을 부담하도록 명하고 500만원 이하의 과태료에 처한다(§311①). 그리고 증인이 위 과태료 재판을 받고도 정당한 사유 없이 다시 출석하지 아니한 때에는 법원은 결정으로 증인을 7일 이내의 감치(監置)에 처한다(§311②). 감치는 2002년 개정법에서 신설되었다. 조문의 문언상으로는 재량이 없는 듯이 보이기도 하지만, 비용부담 · 과태료 · 감치 결정을 할지 여부는 법원의 재량에 속한다. 소송비용부담결정과 과태료부과결정은 양자를 함께 할 수도 있고 하나만 할 수도 있으며, 과태료는 불출석할 때마다 거듭해서 부과할 수 있다.

감치란, 불출석자를 경찰서유치장 · 교도소 · 구치소에 유치하는 것을 말하며(§311④), 이는 신체자유를 박탈하는 중대한 결정이므로, 법원은 감치재판기일에 증인을 소환하여 불출석의 정당한 사유가 있는지 여부를 심리하여야 하고(§311③), 감치의 재판을 받은 증인이 감치의 집행중에 증언을 한 때에는 법원은 바로 감치결정을 취소하고 그 증인을 석방해야 한다(§311⑦). 법원의 소송비용부담결정 · 과태료부과결정 · 감치결정에 대하여는 즉시항고를 할 수 있다(§311⑧). 감치 외에도, 더 나아가서 법원은 정당사유 없이 불출석한 증인을 구인하도록 명할 수 있다(§312). 그러나 실무상 감치나 구인은 드물다.

10-2-3-3 선서의무

(1) 선서(宣誓; Eid)

소환된 증인은 증언에 앞서서 먼저 선서를 해야 함이 원칙인데, 특별한 사유가 있으면 신문 후에 선서를 할 수도 있다(§319). 재판장은 선서에 앞서 증인에게 선서의 취지를 밝히고, 위증의 벌에 대하여 경고하여야 하며(§320), 대개 증인이 일어서서 선서서를 낭독함으로써 한다. 선서서에는 "양심에 따라 숨기거나 보태지 아니하고 사실 그대로 말하며, 만일 거짓말을 하면 위증의 벌을 받기로 맹세합니다."라고 적혀 있다(§321). 그리고 증인에게 선서서에 기명날인 또는 서명을 하게 한다. 그러나 ① 16세 미만자와 ② 선서의 취지를 이해하지 못하는 사람은 선서의무가 없다(§322). 선서를 시키지 않고 증인을 신문한 때에는 그 사유를 조서에 적어야 하며(§325), 선서하지 않은 증인은 허위진술을 하더라도 형법상의 위증죄가 성립하지 않는다(형§152①).

(2) 선서거부

원칙적으로 모든 증인은 선서할 의무가 있으므로, 증인이 선서를 거부하면 증언거부시의 제재규정을 준용하여 소송비용부담결정 및 과태료부과결정의 제재를 받는다(§326). 그러나 예외적으로, 위 ①,②의 사람은 선서의무가 없고, 또한 ③ ⓐ 증인 자신, ⓑ 증인의 친족이거나 친족이었던 사람, ⓒ 증인의 후견인·피후견인인 사람이 현저한 이해관계를 가지는 사항에 관하여 증인신문을 받을 때에는, 증인이 '선서거부권'을 가진다(§324). 한편 증언거부권을 가졌는데도 증언을 거부하지 않은 사람을 신문할 때에는 선서를 시키지 않을 수 있다(§323).

10-2-3-4 진술의무

(1) 진술의무와 증언거부

증인은 신문에 대하여 진술할 의무가 있다. 그러나 예외적으로 증인에게 '증언거부권'이 있는 때가 있다. 즉 ① 증인은 자신의 증언이, ⓐ 증인 자신, ⓑ 증인의 친족이거나 친족이었던 사람, ⓒ 증인의 후견인·피후견인 중의 하나가 공소제기되거나 유죄판결을 받을 염려가 있는 사항 또는 자기나 그들에게 치욕이 될 사항에 관한 것인 때에는 증언을 거부할 수 있다(§314). 뿐만 아니라, ② 변호사·변리사·공증인·공인회계사·세무사·의료인·약사, 그 밖에 법령에 따라 비밀준수의무가 있는 직책 또는 종교의 직책에 있거나 이러한 직책에 있었던 사람이 직무상 비밀에 속하는 사항에 대하여 신문을 받을 때, ③ 증인이 기술 또는 직업의 비밀에 속하는 사항에 대하여 신문을 받을 때에 해당하면, 그는 증언을 거부할 수 있다(§315).

(2) 증언거부에 대한 재판

증언을 거부하는 이유는 증인이 소명하여야 하며(§316), 수소법원은 당사자를 심문하여 증언거부가 옳은지를 재판한다(§317①). 법원의 그 재판에 대하여 당사자 또는 증인은 즉시항고를 할 수 있다(§317②). 그리고 증언의 거부에 정당한 이유가 없다고 한 재판이 확정된 뒤에 증인이 증언을 거부한 때에는 —불출석에 대한 제재 규정이 준용되어— 소송비용부담결정 및 과태료부과결정의 제재를 받을 수 있다(§318).

10-2-4 신문절차

10-2-4-1 신청

증인신문은 당사자의 주장과 증거를 정리한 뒤에 집중적으로 해야 하므로, 당사자가 증인신청을 함에 있어서도, 필요한 증인들을 일괄하여 신청해야 한다(규§75①). 당사자는 증인을 지정하여 신청해야 하고(§308), 증인신청시에는 증인의 이름·주소·연락처·직업, 증인과 당사자의 관계, 증인이 사건에 관여하거나 내용을 알게 된 경위, 증인신문에 필요한 시간 및 증인의 출석을 확보하기 위한 협력방안을 밝혀야 한다(규§75②).

10-2-4-2 출석요구 및 선서

법원 역시 증인채택을 일괄하여 결정함이 바람직하다. 채택된 증인에 대하여, 법원은 출석요구서를 송달한다.[8] 출석요구서에는 당사자, 신문사항 요지, 불출석시의 제재를 적어야 하며(§309), 이는 출석할 날보다 2일 전에 송달되어야 한다(규§81②). 증인신문을 신청한 당사자는 법원이 정한 기한까지 상대방의 수에 3(합의부에서는 4)을 더한 통수의 증인신문사항을 적은 서면을 제출하여야 하며(규§80①), 법원사무관등은 그 서면 1통을 증인신문기일 전에 상대방에게 송달하여야 한다(규§80②). 소환된 증인은 —앞에서 보았듯이— 선서를 해야 하고, 그러고 나면 증인을 신청한 당사자부터 증인에 대한 질문을 시작한다.

형사소송법이 재판장의 증언거부권 고지의무를 정하고 있는 것과 달리, 민사소송법은 그 의무를 정하고 있지 않으므로 —더구나 민사소송법은 선서거부권

8) 실무상 증인을 신청한 당사자가 그 증인을 다음 기일에 대동(帶同)하겠다고 하여, 법원이 따로 출석요구서를 보내지 않는 경우가 있고 이런 증인을 '대동증인'이라고 부른다. 심지어는 사전 증인신청도 없는 채로 당사자가 변론기일에서, 법정에 출석한 제3자를 증인으로 신청하고 즉석에서 증인신문을 하는 경우도 있고 이를 '재정(在廷)증인'이라고 부른다. 두 가지 모두 증인의 중립성에 유의해야 하고, 특히 후자의 경우에는 법원이 증인채택 전에 상대방 당사자의 의견을 들어야 할 터이다.

및 선서면제 제도를 두고 있어서 위증죄 위험에서 벗어날 수 있는 추가장치가 있으므로— 법원에게는 증언거부권 고지의무가 없으며, 그 고지 없이 행해진 증인의 진술이 허위진술이면 위증죄가 성립한다(대판 11.7.28, 2009도14928).

10-2-5 신문의 방식

10-2-5-1 구술신문

증인은 구술(口述)로 진술함이 원칙이고, 서류를 보면서 진술해서는 안 되지만, 복잡한 숫자나 내용은 —재판장의 허가를 얻으면— 서류를 보면서 진술할 수 있다(§331). 또한 재판장은 필요하다고 인정한 때에는 증인에게 문자를 손수 쓰게 하거나 그 밖의 필요한 행위를 하게 할 수 있다(§330). 그리고 당사자는 재판장의 허가를 받아 문서 · 도면 · 사진 · 모형 · 장치 등을 이용하여 신문할 수 있다(규§96).

증인신문은 직접주의 원칙에 따라 법원(재판부 전원)이 행하는 것이 원칙이지만, ⓐ 증인이 정당한 사유로 수소법원에 출석하지 못하는 때, ⓑ 증인이 수소법원에 출석하려면 지나치게 많은 비용 또는 시간을 필요로 하는 때, ⓒ 그 밖의 상당한 이유가 있는 경우로서 당사자가 이의를 제기하지 아니하는 때에는 수명법관 · 수탁판사로 하여금 증인신문을 하게 할 수 있다(§313). 수명법관 · 수탁판사가 증인신문을 하는 때에는 그는 법원과 재판장의 직무를 행하는 것이다(§332).

10-2-5-2 격리신문

증인은 따로따로 신문하여야 하므로(§328①; '격리신문 원칙'), 한 기일에 둘 이상의 증인을 신문할 경우에는, 아직 신문하지 않은 증인이 법정에 있으면 —머무르게 할 필요가 인정되지 않는 한— 그를 퇴정시키고 증인신문을 한다(§328②). 이는 증인이 다른 증인의 진술을 듣고 그 영향을 받아서 자신의 진술을 왜곡할 폐단을 막기 위한 것이다.

다른 증인이 법정에 있는 경우가 아니더라도, 어느 증인이 법정 안에 있는 특정인 앞에서는 —가령 보복의 두려움 등으로— 충분히 진술하기 어려운 현저한 사유가 있는 때에는 재판장은 그 증인이 진술하는 동안 그 사람을 법정에서 나가도록 명할 수 있다(규§98). 여기서의 특정인에는, 당사자 · 법정대리인도 포함되고, 일반 방청인도 해당할 수 있다.

재판장은 필요하다고 인정한 때에는 —증인을 격리시키는 것이 아니라 오히려— 여러 증인을 동시에 재정시키고 서로 질문하고 답변하게 할 수 있다(§329). 이를 '대질신문(對質訊問)'이라고 한다. 증인 간 진술의 차이점을 명확히 부각시키거나, 서로간의 반응을 보아서 허위진술을 하는 쪽을 가려내기 위하여 행해진다.

10-2-5-3 교호신문의 원칙과 재판장의 보충

증인은 그를 신청한 당사자가 먼저 신문하고(주신문; 主訊問), 그 다음에 상대방 당사자가 신문한다(반대신문; 反對訊問)(§327①).이와 같이 양 당사자가 한쪽 신문이 끝나면 다른 쪽 신문을 하는 것을 교호신문(交互訊問)이라고 한다. 재판장은 주신문·반대신문이 끝난 뒤에 신문할 수 있음이 원칙이지만("보충신문"), 필요하면 어느 때나 신문할 수도 있고("개입신문"), 또한 재판장이 알맞다고 인정하는 때에는 신문의 순서를 바꿀 수도 있다(§327②~④).[9]

주신문은 주요사실·간접사실·보조사실을 증명할 진술을 받아내기 위한 것이고, 반대신문은 —반대신문을 하는 당사자의 주장사실을 증인을 통해 입증받는 것이 아니라— 그 증인의 신빙성을 깎아내리려는 것이 목적이다("신빙성의 탄핵"). 따라서 주신문은 증명사항 및 그 관련사항에 관하여 하는 것이고 —허위증언 유도의 위험 때문에— 유도신문이 금지되며(규§91①②), 반대신문은 주신문사항과 그 관련사항에 관하여 하는 것이고 —증인의 모순진술 등을 까발리는 것이 목적이므로— 필요하면 유도신문을 할 수 있다(규§92①②).

반대신문이 끝난 후에 증인신청 당사자는 다시 주신문을 할 수 있고 이를 '재(再)주신문'이라고 한다. 재주신문 뒤에는 다시 재반대신문이 있을 수 있고, 또 재재주신문, 재재반대신문이 있을 수도 있다. 민사소송규칙은, 재주신문까지 진행된 다음에는, 재반대신문 및 그 이상의 신문을 하려면 재판장의 허가를 받은 때에만 신문할 수 있도록 정했다(규§89②).

그런데 증인신청 당사자 쪽의 신문은 모두 원칙적으로 증명사항의 입증을 위한 것이고, 반대 당사자 쪽의 신문은 주신문 답변의 신빙성을 탄핵하기 위한 것이므로, —주신문·반대신문에서와 마찬가지로— 재주신문에서는 유도신문이

---

9) 신문순서를 바꿀 수 있음은 2002년 개정시에 도입되었는데, 영미식의 교호신문 원칙과는 맞지 않는 것이며, 대륙법식의 재판장 주도 증인신문을 확대하는 조치로 보인다.

금지되고 재반대신문에서는 유도신문이 허용된다.

주신문사항은 10-2-4-2에서 본 것처럼 미리 법원과 상대방 당사자에게 교부해야 한다. 그러나 반대신문사항은 증인의 신빙성을 깨기 위한 것이므로 증인신문 현장에서 제출되며, 증인의 답변내용에 따라 즉석에서 구상할 경우도 많으므로, 반대당사자 측의 순발력이 요구된다. 반대신문은 증언에 증거가치를 부여하기 위한 필수적 절차로서, 반대신문권이 보장되지 않은 (즉 증인신문기일이 통지되지 않거나 주신문사항이 미리 제공되지 않은) 증인신문은 위법하다(단 절차이의권 상실로 치유 가능). 반대신문의 기회에 주신문에 나타나지 아니한 새로운 사항에 관하여 신문하고자 하는 때에는 —이는 본래 반대신문의 기능이 아니므로— 재판장의 허가를 받아야 한다(규§92④).

10-2-5-4 주신문을 대체하는 증인진술서

앞에서 보았듯이 구술신문이 원칙이지만, 실제로 주신문에 대한 답변은 이미 증인신청 당사자와 증인 간에 공유되어 있거나 모두가 예상한 답변이 나오는 예가 많으므로, 법정에서의 주신문 진행은 시간낭비인 경우가 종종 있다. 그래서 규칙 §79①은 "법원은 효율적인 증인신문을 위하여 필요하다고 인정하는 때에는 증인을 신청한 당사자에게 증인진술서를 제출하게 할 수 있다."고 정하였다. 이것은 서증이다. 이 증인진술서에는 증언할 내용을 그 시간 순서에 따라 적고 증인이 서명날인하여야 하며, 이것은 증인신문 전에 미리 상대방에게 송달되어야 한다(규§79②~④).

그리고 증인신문기일에 증인이 그 증인진술서의 내용을 확인하는 진술을 주신문에서 하면, 상대방 당사자는 그 내용의 주신문이 행해진 것으로 보고, 곧바로 반대신문을 개시함으로써 효율적인 재판진행이 이루어질 수 있다. 규칙이 이를 제도화한 이후 많이 이용되고 있지만, 모든 주신문 답변을 진술서로 대체하기보다는 경위사실·정황사실은 대체하되 핵심진술 몇 개는 법정에서 묻는 것이 바람직하고, 또한 실제로 그렇게 많이 한다. 구술주의·직접주의가 훼손되지 않는 한계선이 어디까지인지에 관하여 관심을 가질 필요가 있다.

한편 증인이 법정에서 증인진술서의 실질적 진정성립을 인정하는 진술, 즉 그 기재내용이 사실대로라는 취지의 진술만을 하였는데, 검찰이 이에 대해 그 증인진술서에 기재된 내용이 허위라고 하여 위증죄로 기소한 사건에서, 대법원은 증인이 증인진술서상의 구체적인 내용을 기억하여 반복 진술한 것으로 보아 위증죄로 처벌할 수는 없다고 보았다(대판 10.5.13, 2007도1397).

10-2-5-5 비디오 등 중계장치에 의한 신문

증인에 대한 증거조사의 편리·효율을 도모하기 위하여 2016.3.29.자로 정보통신기술을 이용한 원격 영상신문절차를 법에 넣었다. 즉 ⓐ 증인이 멀리 떨어진 곳 또는 교통이 불편한 곳에 살고 있거나 그 밖의 사정으로 말미암아 법정에 직접 출석하기 어려운 경우, 그리고 ⓑ 증인이 나이, 심신상태, 당사자나 법정대리인과의 관계, 신문사항의 내용, 그 밖의 사정으로 말미암아 법정에서 당사자 등과 대면하여 진술하면 심리적인 부담으로 정신의 평온을 현저하게 잃을 우려가 있는 경우에는, 법원은 당사자의 의견을 들어 비디오 등 중계장치에 의한 중계시설을 통하여 신문할 수 있다(§327-2①). 그리고 이렇게 행해진 증인신문은 증인이 법정에 출석하여 이루어진 증인신문으로 본다(§327-2②).

그런데 Covid-19 팬데믹 때문에 2021.8.17.자로 §287-2가 신설되어, 필요한 때에는 비디오 등 중계장치에 의한 중계시설을 통하거나 인터넷 화상장치를 이용하여 변론기일을 열 수 있다고 정해졌다(§287-2②; 8-4-1-2). 증인신문기일도 변론기일의 일부이므로, 위 신설로써 §327-2는 사실상 무의미해졌다.

10-2-6 증언에 갈음하는 서면

10-2-6-1 의의

10-2-5-4에서 본 규칙 §79의 증인진술서는 서증이며 그 증인이 출석하여 반대신문을 받을 것을 예정하고 있지만, 이와 달리 아예 증인출석을 하지 않을 것을 예정한 증인의 진술서면이 법률로 제도화되어 있다. 즉 법원은 '증인'과 '증명할 사항의 내용' 등을 고려하여 상당하다고 인정하는 때에는 출석·증언에 갈음하여 증언할 사항을 적은 서면을 제출하게 할 수 있다(§310①). 1990년에 이 제도를 신설할 때에는 공정증서에 의하도록 했으나, 2002년 개정시에 공정증서로 만들 필요도 없는 것으로 바꾸었다.

예컨대 피고가 형식적 답변서만 제출하고는 아무런 출석도 변론준비도 하지 않는 경우, 공시송달 사건의 경우, 진단서의 진정성립을 상대방이 다투고 인정하지 않아서 그 진정성립 확인만을 위하여 의사를 증인으로 출석시켜야 할 경우 등에 이 제도를 활용할 수 있다. 즉 반대신문권을 부여하더라도 별 의미가 없는 경우라야 이를 이용하기에 적합하다.

10-2-6-2 증인진술서와의 비교

규칙 §79의 증인진술서와 본조의 증언에 갈음하는 서면(=서면증언)을 비교해 보면, 우선 전자는 서증이고 후자는 증언이다. 전자는 당사자가 제출하는 것이지만, 후자는 증인 자신이 제출하는 것이다. 전자에는 증인출석이 뒤따르지만, 후자에는 서면제출과 법원의 현출로써 종료한다(당사자의 원용도 불필요).

10-2-6-3 서면증언의 내용

증인조사를 서면증언으로 대체하기로 법원이 결정하면, 법원은 증인신청 당사자에게 증인신문사항을 제출하게 하고, 상대방의 반대신문권을 보장하기 위하여 상대방에게도 증인답변을 바라는 사항을 적어내게 할 수 있다(규§84①). 법원은 증인에게 증언에 갈음하여 서면증언을 제출하라고 명하면서, 이와 함께 ⓐ 증인에 대한 신문사항 또는 신문사항요지, ⓑ 법원이 출석요구를 하는 때에는 법정에 출석·증언하여야 한다는 취지, ⓒ 제출할 기한을 정한 때에는 그 취지를 증인에게 고지하여야 한다(규§84②). 증인은 증언할 사항을 적은 서면에 서명날인하여야 한다(규§84③).

법원에 서면증언이 도착하면 이를 당사자에게 알리고 의견진술 기회를 부여해야 한다. 법원은 상대방의 이의가 있거나 필요하다고 인정하는 때에는 위 증인으로 하여금 출석·증언하게 할 수 있다(§310②).

10-3 서증

10-3-1 의의

서증(書證; Urkundenbeweis)이란, 문서에 기재된 작성자의 의사 및 인식의 내용을 사실인정의 자료로 삼는 증거조사이다. 즉 서증에 있어서 증거방법은 '문서'이고, 증거자료는 '기재내용'이다. 동일한 문서를 증거방법으로 하는 증거조사라도, 문서의 작성시기를 밝히기 위하여 지질(紙質)의 상태를 조사하는 경우, 그리고 위조문서 여부를 밝히기 위하여 필적 및 잉크의 성분을 조사하는 경우 등은, 기재내용을 조사하는 것이 아니므로, 서증이 아니라 검증·감정에 해당하게 된다. 서증에서는, 기본적으로 문서 작성시에 작성자의 의사 및 인식이 확실히 고정되게 되고 (반면에 인증에서는 시간경과에 의한 망각과 기억의 변형이 있을 수 있다) 또한 서증의 조사는 시간을 별로 쓰지 않고 쉽게 행할 수 있다. 그래서 서증은 민사소송상 사실의 규명에서 극히 중요한 기능을 하는 증거조사 방법이며, 소송의 결론에 큰 영향을 끼치는 때가 많다.

서증의 증거방법인 '문서'란, 문자 또는 기호에 의하여 작성자의 의사·인식·판단·감정 등을 표현한 유형물(有形物)을 가리킨다. 문자뿐만 아니라 기호 등으로 사상을 표현해도 문서에 해당하므로, 암호·점자·속기로 기록한 것도 문서이다. 유형물은 종이에 한하지 않고, 목판, 천, 금속, 가죽 등도 포함한다.

2002년 개정 전에는 사진·도면·경계표 등을 준(準)문서라고 하여 문서에 준하여 취급하는 한편(구법§335), 녹음테이프·전자문서 등에 관해서는 규정이 없어서 이를 어떻게 취급할 것인지에 관하여 논란이 있었으며, 통설은 전자매체에 대하여 그 정보의 내용부분은 문서로, 영상·음성 부분은 검증물로 처리하는 것이 타당하다고 보고 있었다. 개정법에서는 이런 것들에 대하여 일일이 법률로 규정하는 것이 부적절하다고 보고, 이들 모두에 대한 규율은 대법원규칙으로 따로 정하도록 했다(§374; 10-8-1).

10-3-2 문서의 종류

10-3-2-1 공문서와 사문서

공문서(公文書; öffentliche Urkunden)란, 공무원이 직무상의 권한에 기하여 작성한 문서를 말한다. 공문서 외의 문서가 사문서(私文書; Privaturkunden)이다. 공무원이 작성한 문서라도 직무권한 내의 사항에 관하여 작성한 것이 아니면 공문서가 아니다. 공문서와 사문서의 가장 큰 차이점은, 공문서는 진정성립이 추정되고(§356) 사문서는 제출자가 그 진정성립을 증명해야 한다(§357)는 데에 있다.

사문서에 공무원이 직무상 일정한 사항을 기입해 넣는 경우가 있고, 이를 공사병존문서(公私竝存文書)라고 한다. 예컨대 부동산 매도증서에 등기공무원이 '등기필'을 기입한 등기필권리증, 우편송부자가 작성한 내용에 추가하여 우체국 직원이 내용증명우편임을 기재해 넣은 문서, 임대차계약서상에 공무원이 확정일자를 기입해 넣은 경우는 모두 공사병존문서이다. 이런 문서에서 공문서 부분의 진정성립이 인정된다고 해서, 나머지 사문서 부분의 진정성립이 추정되지는 않는다(대판 72.1.31, 71다2504; 18.4.12, 2017다292244). 다만 공증인이 인증한 사서증서는, 공사병존문서의 일종이라고 볼 수 있지만 —공증인법상의 작성경위에 비추어— 그 진정성립이 추정된다(대판 92.7.28, 91다35816; 대결 09.1.16, 2008스119).

10-3-2-2 처분문서와 보고문서

처분문서(處分文書)란, 증명대상이 되는 법률적 행위가 그 문서 자체에 의하여 행해진 경우의 문서를 가리킨다. 예컨대 매매계약서 · 임대차계약서 · 차용증서 · 각서 · 합의서 · 유언서 등의 각종 사법상의 의사표시가 담긴 법률행위 문서, 해제통지서 · 영수증(대판 84.2.14, 80다2280) · 납세고지서 등 관념 · 의사의 통지서, 어음 · 수표 등 유가증권, 각종 행정처분 문서가 이에 해당한다. 회사와 노동조합 간에 체결된 단체협약도 처분문서이다(대판 11.10.13, 2009다102452). 처분문서에 대해서는 높은 증거가치가 부여된다(10-3-4-2).

보고문서(報告文書)란 처분문서 외의 것으로서, 작성자가 경험사실 · 판단 · 느낌 등을 기재한 문서를 말한다(대판 10.5.13, 2010다6222). 등기부 · 가족관계등록부 · 상업장부 · 진단서 · 편지 · 일기 등이 보고문서이다. 소송상 작성된 조서도 보고문서이다. 판결서는 판결이 있었음을 증명하는 데에서는 처분문서이지만, 판결의 내용 즉 판단사실을 증거로 이용하려는 경우에는 보고문서일 뿐이다(대판-전 80.9.9, 79다1281). 피의자신문조서에 기재된 채무면제의 내용을 채무면제사실의 증거로 사용하려는 경우에 이는 보고문서이다(대판 98.10.13, 98다17046).

10-3-3 문서의 형식적 증명력 (진정성립)

10-3-3-1 의의

민사소송에서는 원칙적으로 모든 증거가 증거능력을 가진다는 점은 9-1-2-1에서 보았다. 예컨대, 소제기 후에 작성된 사문서라도 증거능력을 가지며(대판

92.4.14, 91다24755), 문서의 사본도 —사본의 자격으로서— 증거능력을 가진다(대판 66.9.20, 66다636). 그러나 증거능력이 있다고 해도 증명력은 개별적으로 따로 판단되어야 하며, 실질적 증명력을 판단하기 위해서는 먼저 그 문서가 형식적 증명력을 가져야 한다. 즉 비록 일반적으로 서증이 증거능력을 가진다고 하더라도, 형식적 증명력의 단계를 통과하지 못하면 증거로서 쓸 수 없게 되므로, 법원은 서증의 형식적 증명력이 인정된 다음에 비로소 실질적 증명력을 판단해야 한다(대판 15.11.26, 2014다45317).

문서의 형식적 증명력이란, 그 문서가 "작성명의인의" 의사·인식을 표현하고 있음을 의미한다. 다른 말로 문서의 '성립의 진정' 또는 '진정성립'(眞正成立)이라고 하며, 이는 어떤 문서가 그 작성명의인에 의하여 작성된 것이고 타인에 의해 위조되지 않았음을 가리키는 말이다. 문서의 기재내용이 객관적으로 진실함(즉 내용의 진정)을 말하는 것은 아니다. 작성명의인의 의사에 의하여 이루어진 것이면 되므로, 반드시 자필일 필요는 없고 그의 승낙 하에 타인이 작성한 것이더라도 진정성립을 인정할 수 있다. 명의인의 날인이 있어야 할 필요도 없다(대판 94.10.14, 94다11590).

10-3-3-2 성립의 인부

당사자 일방이 서증을 제출하면, 법원은 각 서증에 번호를 부여한 후, 형식적 증명력 조사를 위하여 상대방에게 그 진정성립을 인정하는지를 물어본다. 이를 '성립의 인부(認否)' 절차라고 한다.

상대방의 가능한 반응은 —주장사실에 대한 답변과 마찬가지로— ⓐ 성립인정, ⓑ 침묵, ⓒ 부인(否認), ⓓ 부지(不知)의 네 가지이다. 문서의 인부는 최대한 성실하게 해야 하고, 자기 이름으로 된 문서에 대해서 (혹은 충분히 진정성립 여부를 알 수 있는 관계에 있는 타인 문서에 대해서) 만연히 부지 또는 부인이라고 답해서는 안 된다. 문서의 진정성립을 별다른 근거도 없이 다투면, 즉 고의·중과실로 진실에 어긋나게 문서의 진정을 다툰 때에는 법원은 결정으로 200만원 이하의 과태료에 처한다(§363).

제출문서에 대해 상대방이 성립인정으로 답하면 —주요사실에 대한 답변에서처럼— '재판상 자백의 법리'가 적용된다는 것이 판례이다. 즉 문서의 성립에 관한 자백은 —비록 보조사실에 관한 자백이기는 하나— 그 취소를 주요사실의 자백취소와 동일하게 처리하여, 문서의 진정성립을 일단 인정한 당사자는 자유롭게 이를 철회할 수 없다(대판 01.4.24, 2001다5654).

그리고 자신이 작성명의인으로 된 문서에 대해서는 성립인정 또는 부인 중에서 하나를 선택해서 답해야 하지, 부지라고 할 수는 없다. 그런 문서에 대해 만약 '부지'라고 답하면, 법원은 그 인영(印影) 또는 서명(署名)의 인정여부까지 구체적으로 물어서 당해 서증에 관한 보조사실을 주장할 기회까지를 부여하는 것이 사실심법원의 책무이다.[10](대판 90.6.26, 88다카31095).

상대방이 부인 또는 부지라고 인부한 문서에 대해서는, 서증제출 당사자가 그 진정성립을 증명해야 하며, 그 증명의 방법으로는 대체로 ⓐ 증언, ⓑ 감정, ⓒ 추정, ⓓ 변론전체의 취지의 4가지가 있다.[11] 상대방 자신이 작성한 문서가 아니면 논리적으로는 부인·부지로 답변할 수 있는 것이지만, 함부로 '부인' 답변을 하고 나면, 서증제출자로서는 그 진정성립을 하나하나 증명하여야 하고, 이 때문에 그다지 중요하지도 않은 증인신문 등이 계속되어 절차지연을 초래할 수 있다. 따라서 규칙 §116는 문서의 진정성립을 부인하는 때에는 그 이유를 구체적으로 밝혀야 한다고 정했다(이른바 '이유부(理由附) 부인'을 하라는 것임).

과거에는 서증 하나하나에 대해 상대방의 의사를 확인하여 각 서증에 대한 인부를 성립인정,[12] 부인, 부지 중의 하나로 변론조서(서증목록)에 기재하도록 했으나, 비핵심 서증에 대한 인부 및 그에 따른 진정성립 입증에 시간·에너지가 무의미하게 소모된다는 이유로, 2005년부터는 상대방이 적극적으로 진정성립을 다투지 않는 때에는 서증목록의 '인부요지'란을 공란으로 두거나 '의견없음'이라고 기재하고 있다.[13] 물론 다툼 있는 법률행위에 관한 처분문서 등 주요 서증들

---

10) 아래 10-3-3-3 (2)에서 보듯이, 가령 인영(印影)을 인정하면 2단계 추정을 거쳐 진정성립이 인정되므로 진정성립을 배척할 증명책임은 문서명의자에게 귀속되고, 인영 자체가 부인되면 (이는 위조되었다는 답변이므로) 인영 등 진정성립을 증명할 책임이 서증제출자에게 귀속된다.

11) 가령 부동산매매계약서가 부인되면 담당 부동산중개사의 증언으로, 차용증서가 부인되면 차주의 필적의 감정으로 각 진정성립을 인정시킬 수 있을 터이다. 추정에 관해서는 10-3-3-3에서 본다. 변론전체의 취지로 사문서의 진정성립을 인정할 수도 있지만(대판 10.2.25, 2007다85980) 항상 그렇지는 않다.

12) '성립인정'으로 인부하는 때에는, 실무상 "입증취지 부인" 또는 "이익으로 원용"을 종종 덧붙인다.

(이를 '필요적 인부문서'라고 부른다[14])에 대해서는 상대방의 인부 답변을 정확히 기재해야 한다.

서증제출 당사자의 상대방이 작성명의자인 처분문서 등, 서증 중에는 소송의 결론에 큰 영향을 끼치는 것이 많고, 그만큼 '부인'으로 인부될 우려가 크므로, 이런 서증의 진정성립 여부를 쉽게 증명하도록 하기 위해, 진정성립의 추정(推定)에 관한 증거법칙이 법률규정과 판례상 상세하게 마련되어 있다. 아래에서 본다.

10-3-3-3 진정성립의 추정

(1) 공문서

문서의 작성방식과 취지에 의하여 공무원이 직무상 작성한 것으로 인정한 때에는 이를 '진정한 공문서'로 추정한다(§356①). 즉 공문서는 그 진정성립이 추정된다. 위조 가능성이 낮기 때문이다. 그 추정은 '법률상의 요건사실 추정'은 아니고(9-5-4-5 참조), 증거법칙의 기재에 추정이라는 단어를 사용한 것이다. 그렇다면 일종의 사실상의 추정으로 보아야 하므로, 그 추정을 깨뜨리려는 상대방은 반대사실의 증명이 아니라 의심을 생기게 하는 반증을 하면 된다(통설). 공문서의 성립의 진정 여부가 의심스러운 때에는 법원은 직권으로 해당 공공기관에 조회할 수 있으며, 외국의 공문서도 공문서로서 진정성립이 추정된다(§356②③).

(2) 사문서

사문서는 제출당사자가 진정성립을 증명해야 한다(§357). 다만 사문서는 작성자(본인 또는 대리인)의 서명이나 날인 또는 무인(拇印; 지문도장)이 있는 때에는 진정한 것으로 추정한다(§358). 여기서의 날인(捺印)이란 인장(印章=도장)을 누르는(捺) 행위를 가리키는 말이다. 이 추정도 공문서에서처럼 —법률상의 추정이 아니라— 사실상의 추정으로 보는 것이 옳다(반대견해 있음).

실무상 일방이 제출한 서증의 작성명의자인 상대방이 —그 날인행위를 하였음은 인정하지 않으면서— 그 문서상의 인영(印影; 도장자국)은 차마 부정하지 못하고 인정하는 경우가 많다. 또한 인영의 대조에 의하여 인영부분을 인정

13) 민사 등 증거목록에 관한 예규(재민 2004-6) §13.
14) 사건관리방식에 관한 예규(재일 2001-2) §13.

할 수 있는 경우도 종종 있다. 이에 오래 전부터 법원은 "문서상 작성명의인의 인영이 인정되면, 그 날인행위가 그 명의자의 의사에 기한 것임을 추정한다"는 판례법리를 확립하였다(대판 88.4.12, 87다카576; 08.1.10, 2006다41204). 이 판례법리에 따라 "인영 인정→날인행위 추정"이 이루어지고,[15] 또한 §358에 따라 "날인→진정성립 추정"이 이루어져서, 결국 문서의 진정성립이 인정된다. 이를 사문서 진정성립에 있어서의 "2단계 추정"이라고 부르며, 이는 실무상 극히 중요한 기능을 한다.[16]

증거로 제출된 어떤 사문서에 인영이 찍혀 있고 그 인영이 작성명의자의 것임이 인정되면, 위의 2단계 추정에 의하여 그 문서의 진정성립이 인정되는 것이다.[17] 이러한 추정은 그 사문서가 완성된 상태에서 날인되었다는 점도 추정하는 것이며, 이를 깨뜨리려면 미완성 상태에서 날인이 행해졌고 그 후 추가기재가 있었음을, 이를 주장하는 측에서 증명해야 한다. 그러나 만약 백지 상태의 날인이었음이 입증되고 나면, 이제는 반대로 제출자 측에서, 그 추가기재내용이 작성명의인으로부터 위임받은 정당한 권원에 의하여 추가된 것이라는 사실까지 입증해야 한다는 것이 판례이다(대판 88.4.12, 87다카576; 03.4.11, 2001다11406; 13.8.22, 2011다100923).[18]

제출자의 상대방이, ⓐ 인영은 인정하지만 그 인장이 도용되었다든지, ⓑ 자신이 날인하기는 했으나 당시 강박에 의해 찍은 것[19]이라고 주장하는 경우가 있다("증거항변"). 이때에는 도용 및 강박의 사실에 대한 증명책임은 그 사실의 주

---

15) 이 1단계 추정을 사실상 추정으로 보는 데에 통설·판례가 일치한다. 물론, 이 추정이 깨지는 사례도 가끔 있다. 예컨대, 특히 서증으로 제출된 처분문서의 작성자가 업무·친족관계 등에 의하여 문서명의자의 위임을 받아 그의 인장을 사용하기도 했었던 사실이 밝혀진 경우라면, 인영이 인정되더라도 그 문서의 날인이 문서명의자의 의사에 기한 것이라는 추정을 함에 있어서는 신중해야 한다(대판 14.9.26, 2014다29667).

16) 당사자가 서증에 대해 온전한 진정성립을 인정하지 않고 그 보조사실에 대해서만 진술하는 경우에는, 법원은 그 진술내용에 따라, 서증목록의 인부요지 란에 '인영부분 인정', '날인사실 인정' 등을 적는다.

17) 위 §358의 추정은, 문서상의 작성명의인의 인영이 타인의 날인행위로써 이루어진 것임이 밝혀진 경우에는 깨어진다(대판 09.9.24, 2009다37831).

18) 그런데 판례는 일반 백지문서와 백지어음을 다르게 취급한다. 즉, 백지어음 발행에 있어서는 —원칙적으로 백지보충권을 어음수취인·소지인에게 부여하려는 것이 발행인의 의사라고 보아서— 백지보충권을 주지 않았음에 대한 증명책임이 발행인에게 있다고 보고 있다(대판 84.5.22, 83다카1585; 01.4.24, 2001다6718).

19) 이 강박 주장은, 강박을 이유로 한 의사표시의 취소(민§110)의 주장과 중복될 경우가 많다.

장자에게 있으므로, 그가 증명하지 못하면 문서의 진정성립이 추정된다. 날인이 없고 서명(署名)만 있는 경우에도, 제출상대방인 작성명의자가 그것이 자필 아니라고 다투지 않으면 그 문서의 진정성립이 추정된다(대판 08.2.14, 2007다17222).

사문서의 진정성립은 앞에서 본 2단계 추정이나 아래의 필적·인영 대조로써 인정하는 것 외에도, 변론전체의 취지에 의해서도 인정할 수 있다(대판 93.4.13, 92다12070; 10.2.25, 2007다85980). 그러나 승패를 좌우하는 처분문서의 성립인정에 있어서는 신중해야 할 것이다.

(3) 필적 또는 인영의 대조

서명 및 날인이 맞는지를, 필적 또는 인영의 대조로써 증명할 수 있다(§359). 그 대조를 감정인에게 맡길 수도 있고, 법원의 직접 검증으로써 그 대조를 하여 위조 여부를 판단할 수도 있다.

법원은 대조에 필요한 필적이나 인영이 있는 문서, 기타 물건을 제출하라고 명할 수 있고, 제3자가 정당한 사유 없이 그 제출명령에 따르지 않으면 법원이 과태료 결정을 내릴 수 있다(§360). 그리고 대조하는 데에 적당한 필적이 없는 때에는 법원은 상대방에게 그 문자를 손수 쓰도록 명할 수 있고, 상대방이 정당한 이유 없이 그 명령에 따르지 아니하면 법원은 문서의 진정여부에 관한 확인신청자의 주장을 진실한 것으로 인정할 수 있다(§361). 이렇게 필적·인영의 대조를 하였으면, 대조하는 데에 제공된 서류는 그 원본·등본 또는 초본을 조서에 붙여야 한다(§362).

10-3-4 문서의 실질적 증명력 (증거가치)

10-3-4-1 총설

실질적 증명력이란, 요증사실을 증명하기에 얼마나 유용한가라는 증거가치를 가리키는 말이다. 형식적 증명력이 인정되고 나면, 법원이 그 실질적 증명력을 어떻게 판단하느냐에 따라, 당해 쟁점의 결론이 좌우된다. 공문서는 그 진정성립이 추정될 뿐만 아니라, —기재 내용과 배치되는 사실이나 문서가 작성된 근거·경위에 비추어 기재가 비정상적으로 이루어졌거나 내용의 신빙성을 의심할 만한 특별한 사정을 증명할 만한 다른 증거자료가 없는 상황이라면— 기재내용대로 증명력을 가지는 것이 원칙이다(대판 02.2.22, 2001다78768; 15.7.9, 2013두3658). 즉 실질적 증명력에서도 공문서는 우대를 받는다.

자유심증주의가 실질적 증명력의 판단을 지배하고 있지만, 처분문서의 실질적 증명력에 관해서는 대법원이 오래 전부터 특별한 취급을 해 왔다.

10-3-4-2 처분문서에서

처분문서는 그 문서로써 일정한 처분행위를 한 것이므로, 진정성립이 인정되는 이상 그런 처분행위를 실제로 하였음이 인정되는 것이 (즉 실질적 증명력이 인정되는 것이) 통례일 것이다. 그러므로 처분문서는 —그 문서에 표시된 의사표시의 존재와 내용을 부정할 만한 분명하고도 수긍할 수 있는 특별한 사정이 없는 한— 그 기재내용대로 법률행위의 존재와 내용을 인정해야 한다(대판-전 70.12.24, 70다1630; 대판 88.12.13, 87다카3147). 예컨대 A회사가 C회사로부터 B회사 주식을 양도받을 때에, C가 "B에게 일체의 행정법규 위반사실이 없고 행정기관으로부터 조사받는 것이 없음을 보증하고, 보증 위반이 있으면 손해를 배상하겠다."고 주식양수도계약서를 작성했다면, —A 스스로가 이미 B와 담합행위를 하였더라도— 양수도 실행일 이후 B에게 담합 과징금이 부과된 경우에 C는 A에게 손해배상을 해야 한다는 것이 판례이다(대판 15.10.15, 2012다64253).

물론 처분문서에서는 기재내용대로 인정을 해야 한다는 것도 일종의 사실상의 추정일 뿐이므로 —예외적이기는 하지만— 반증이 이루어지면, 법원은 그 기재내용대로의 사실인정을 하지 않게 된다(위 70다1630 등). 가령 갑 처분문서의 기재내용과 다른 약정이 을 처분문서에 의하여 인정되는 경우에는, 갑 문서의 기재내용과 다른 사실을 인정할 수 있다(대판 13.1.16, 2011다102776). 하나의 법률관계에 관한 계약서가 여럿이면, 원칙적으로 나중에 작성된 계약서에서 정한 대로 계약내용이 변경되었다고 해석하는 것이 합리적이다(대판 20.12.30, 2017다17603). 다만 일반 증거배척과는 달리, 법원이 처분문서를 배척할 때에는 판결문에 합리적인 이유설시를 해야 한다(대판 00.1.21, 97다1013).

그리고 처분문서라고 해도, 그 기재내용이 부동문자(不動文字)로 인쇄되어 있다면 인쇄된 예문(例文)에 지나지 아니하여 그 기재를 합의의 내용이라고 볼 수 없는 경우도 있으므로, 이런 경우에는 처분문서라 하여 곧바로 당사자의 합의의 내용이라고 단정할 수는 없다(대판 97.11.28, 97다36231).

10-3-4-3 보고문서에서

보고문서는 형식적 증명력이 인정되더라도, 그 기재내용의 증거가치는 작성자의 관계·신분·직업, 작성시기, 표현방법 등 여러 가지 사정에 비추어 법관의 자유심증으로 판정한다. 이 법리는 공문서인 보고문서에도 일단 적용되지만, 공문서가 일반적으로는 사문서보다 실질적 증명력이 높다고 취급된다(위 10-3-4-1). 그러나 공문서라도 실질적 증명력이 없을 경우도 물론 있으며, 예컨대 가족관계등록부에 기재된 사항은 "일응 진실에 부합하는 것이라는 추정을 받으나, 그 기재에 반하는 증거가 있거나, 그 기재가 진실이 아니라고 볼만한 특별한 사정이 있는 때에는 그 추정을 번복할 수 있다"(대판 94.6.10, 94다1883).

등기부 기재에 법률상의 추정을 인정함은 별개의 법리이다. 그리고 확정된 민·형사판결에서 확정된 사실[20]은 유력한 증거자료가 되므로, 합리적인 이유설시 없이 이를 배척할 수 없다는 것이 판례이다(대판 95.6.29, 94다47292; 9-2-2-4 참조).

10-3-5 서증조사방법 1 : 직접제출

10-3-5-1 총설

서증을 증거조사하려면, 당사자가 문서를 특정하여 법원에 신청을 해야 한다. 서증의 신청은 아래의 4가지 방법으로 한다.

ⓐ 신청 당사자가 가지고 있는 문서 : 직접 제출한다(§343전단).

ⓑ 상대방·제3자가 가지고 있는 것으로서 제출의무 있는 문서 : 그에 대한 문서제출명령을 신청한다(§343후단).

ⓒ 소지자에게 제출의무 없는 문서 : 그에 대한 문서송부촉탁을 신청한다(§352).

ⓓ 문서송부촉탁이 곤란한 경우 : 문서소재장소에서의 서증조사를 신청한다(§297,§354).

10-3-5-2 직접제출의 방법·절차

(1) 서증을 제출하려는 자가 그 문서를 소지하고 있는 때에는, 문서의 제목·작성자·작성일을 밝혀서 법원에 직접 제출한다(§343; 규§105①). 문서의 일부를 증

20) 그 기재내용을 증거로 삼으면 판결서는 보고문서일 뿐이라는 점은 10-3-2-2 참조.

거로 하는 때에도 문서의 전부를 제출하여야 하며, 다만 그 사본은 재판장의 허가를 받아 증거로 원용할 부분의 초본만을 제출할 수 있다(규§105④). 변론기일에서 현실로 제출하여야 서증제출이 이루어진 것이 되므로, 준비서면에 첨부해서 제출했던 서증도 변론기일에서 "서증을 제출한다"는 의사를 밝혀야 비로소 제출되는 것이며, 그 준비서면이 진술간주되는 것만으로 서증이 함께 제출되는 것이 되지는 않는다(대판 91.11.8, 91다15775).

(2) 서증 제출시에는 원본, 정본 또는 인증등본으로 제출해야 하며('원본제출의 원칙')(§355①), 상대방의 수에 1을 더한 수의 사본을 함께 제출하여야 한다(규§105②). 송달 및 사건기록에의 편철을 위해서이다. 법원은 필요하다고 인정하는 때에는 원본을 제출하도록 명할 수 있다(§355②). 물론, 상대방이 원본의 존재나 성립을 인정하고 사본으로써 원본에 갈음하는 것에 대하여 이의가 없는 경우에는 사본을 원본에 갈음하여 제출할 수 있다(대판 92.4.28, 91다45608). 실무상 서증의 복사본만 제출하는 경우가 대부분인데, 이는 원본을 제출자가 소지하고 있음을 전제로, 원본을 서증제출 진술시에 법원에 제시하고 이를 반환받아 가는 절차를 생략한 것일 뿐이고 —상대방이 원본의 존재를 인정함을 전제한 것이므로— 만약 상대방이 제출자의 원본소지 사실을 다투면 제출자는 당연히 원본을 제시해야 한다.

원래부터 원본 없이 사본만 소지하고 있고 그 사본의 소지로써 증명할 사항이 있는 경우에는, "어느 문서의 사본"이라고 밝혀서 서증으로 제출할 수 있고, 이때에는 그 사본이 독립한 서증이 된다(위 91다45608).

(3) 법원은 각 서증에 번호를 부여한다. 원고가 낸 서증은 건별로 차례대로 갑(甲)제1호증, 갑제2호증, …의 순서로, 피고의 서증은 을(乙)제1호증, 을제2호증, …의 순서로 번호를 붙인다. 문서 전부를 하나로 보기에 부적절하면(가령 어음의 앞뒷면에 대한 상대방의 인부가 달라질 경우), 예컨대 갑제1호증의 1(어음 앞면), 갑제1호증의 2(어음 뒷면) 등으로 '가지번호'를 붙인다. 또 한쪽편 내에서 당사자별로 서증번호를 갈라야 할 필요가 있을 때(가령 피고가 여럿인데 서로 이해관계가 다를 때)에는 을가제1호증, 을나제1호증 등으로 번호를 붙인다(이것도 가지번호라고 부른다). 독립당사자참가인이 제출하는 서증은 병(丙)호증이 된다. 보조참가인의 서증에는 별도의 머릿기호가 부여되지 않고, 그 피참가인의 서

증번호 순서에 맞추어 번호를 붙이지만, 가지번호(예: 을나~)를 붙이도록 할 수도 있다.

(4) 재판장은 서증의 내용을 이해하기 어렵거나 서증의 수가 방대한 경우 또는 서증의 입증취지가 불명확한 경우에는 당사자에게 서증과 증명할 사실의 관계를 구체적으로 밝힌 설명서를 제출할 것을 명할 수 있다(규§106). 이를 '증거설명서'라 한다.

(5) 당사자가 서증을 신청하였으나, ⓐ 서증과 증명할 사실 사이에 관련성이 인정되지 않을 때, ⓑ 이미 제출된 증거와 같거나 비슷한 취지의 문서일 때, ⓒ 번역문을 붙이지 않은 때, ⓓ 위의 증거설명서 제출명령에 따르지 않은 때, ⓔ 문서의 작성자·작성일이 불분명하여 이를 밝히라고 한 재판장의 명령에 따르지 않은 때에는 법원은 그 서증을 채택하지 않거나 채택결정을 취소할 수 있다(규§109).

10-3-6 서증조사방법 2 : 문서제출명령

상대방·제3자가 가지고 있는 문서로서 그에게 제출의무가 있는 문서에 대해서는, 문서제출명령을 신청함으로써 서증으로 현출시킨다(§343후단). 2002년 개정법은, 증거의 편재(偏在)에 따른 문제를 시정하기 위해, 문서제출명령 제도를 확대·강화했다.[21]

10-3-6-1 §344①의 3가지 문서제출의무

아래의 3가지 종류의 문서에 대해서는 §344①이 소지자에게 제출의무를 부여하고 있다.

(1) 인용문서(§344①i) : 당사자가 소송에서 인용(引用)한 문서를 가지고 있는 때에는 제출의무가 있다. 여기서 인용이란, 당사자가 주장의 근거로 혹은 주장을 명백히 하기 위해서 언급한 것을 의미한다. 자신만 인용한 채로 증거제출을 하지

---

21) 이하에서 볼 §344①과 §344②은, 둘 간의 관계를 해석하기 어렵다. (증인의무처럼) 원칙적으로 모든 시민에게 문서제출의무가 있다고 보고 있으므로, 원칙(②)을 앞에 정한 후에 예외를 나열해야 할 터인데, 특수 문서제출의무인 ①을 앞에 두고 일반적 문서제출의무인 ②를 (예외까지 포함하여) 뒤에 둠으로써 ①과 ②의 관계가 모호해진 것이다. 2002년 개정시에 ②을 추가하는 방식으로 입법했기 때문인데, §344 전체를 새로 개정할 필요가 있다.

않으면, 상대방은 이를 이용할 수 없어서 불공평해지기 때문이다. 당사자가 소송에서 문서를 '증거'로서 인용한 경우뿐만 아니라, 자기주장을 명백히 하기 위하여 적극적으로 문서의 존재와 내용을 언급하여 자기주장의 근거나 보조 자료로 삼은 문서도 여기의 인용문서에 포함된다(대결 17.12.28, 2015무423).

(2) 인도·열람 문서(§344①ii) : 신청자가 문서소지자에게 넘겨달라는 청구권 또는 열람요구 청구권을 가지고 있을 때이다. 가령 변제자의 채권증서 반환청구권(민§475), 대위변제시의 채권증서 반환청구권(민§484), 위임인의 수임인에 대한 취득물인도청구권(민§684), 주주·회사채권자의 정관·총회의사록 등에 관한 열람등사청구권(상§396) 등이 법률상 정해진 그 청구권의 예이다. 물론 계약상의 인도·열람요구 청구권이 있는 경우도 이에 포함된다.

(3) 이익문서와 법률관계문서(§344①iii) : 문서가 신청자의 이익을 위하여 작성된 때("이익문서"), 또는 신청자와 문서를 가지고 있는 사람 사이의 법률관계에 관하여 작성된 것인 때("법률관계문서")에는, 문서소지자에게 문서제출의무가 있다. 예컨대 영수증·유언서 등은 이익문서에 해당하고, 계약서·청약서 등은 법률관계문서에 해당한다. 위 '이익'에는 간접적 이익도 포함된다. 신청자와 소지자 사이의 법률관계에 관하여 작성되었다고 하는 것에 —그 둘 간의 법률관계에 관한 최종적 문서가 포함됨은 당연하나— 그 법률관계 '생성과정'에서 작성된 문서가 포함되는지는 다투어진다. 기업활동이나 정부활동에서 생성되는 방대한 문서들을 두고서, 최종 법률관계 문서 외에는 소송에서 이용될 수 없게 한다면, 증거의 구조적 편재라는 문제를 해결할 방법이 없으므로, 그 법률관계에 "관하여" 그 "생성과정"에서 작성된 문서가 여기 제3호에 포함된다고 해석함이 타당하다.[22)]

그러나 이익문서·법률관계문서라고 하더라도, ⓐ 공무상 비밀이 기재된 문서, ⓑ 문서소지자 자신이나 친족·후견인에게 형사처벌 염려가 있거나 치욕이 될 사항이 기재된 문서, ⓒ 사인의 직무상 비밀이 기재된 문서에 해당하면, 문서제출의무가 없다(§344①iii단서).

22) 同旨: 이시윤 533; 호문혁 625; 김홍엽 700. 반대: 정동윤 665.

10-3-6-2 §344②의 일반적 문서제출의무

2002년 개정 전의 법은 §344①의 3가지 제출의무 조항만 두고 있었다. 개정법은 문서제출의무를 ―증인의무가 모든 시민의 일반적 의무인 것과 상응하여― 일반적 의무로 확대하였다.[23] 즉 위 10-3-6-1의 3가지 경우(인용문서, 인도·열람문서, 이익문서와 법률관계문서) 외에도, 일반적으로 문서를 가지고 있는 사람은 그 제출을 거부하지 못한다고 정하되, 다만 아래의 3가지 경우에만 문서제출을 거부할 수 있도록 하였다(§344②).[24]

(1) 공무원의 직무관련문서 : 공무원 또는 공무원이었던 사람이 그 직무와 관련하여 보관하거나 가지고 있는 문서의 소지자는 그 제출을 거부할 수 있다(§344②괄호). 그런데 대결 17.12.28, 2015무423은, 어떤 문서가 §344①i의 인용문서에 해당하면, 그것이 여기의 공무원 직무관련문서라고 하더라도 특별한 사정이 없는 한 소지자는 문서 제출의무를 면할 수 없다고 한다.

2002년 개정작업시의 애초 취지를 고려하면, 본 괄호에 의한 예외인정의 범위는 너무 넓다. 판례는 여기서의 공무원의 직무관련문서를 증거로 이용하려면, '공공기관의 정보공개에 관한 법률'에서 정한 절차와 방법에 의하여 공개되도록 해야 한다고 하나(대결 10.1.19, 2008마546), 행정청에 대한 정보공개청구, 그리고 거부시의 행정소송을 거치는 우회적 방법으로만 소송자료로 이용할 수 있다는 것은 지나치므로, 입법적 개선이 필요하다.

(2) 증언거부사유 있는 문서 : 문서소지자 자신이나 친족·후견인에게 형사처벌 염려가 있거나 치욕이 될 사항이 기재된 문서(§344①iii나) 및 사인의 직무상·직업상 비밀이 기재된 문서(§344①iii다)가 그것이다. 둘 중 하나라도 해당하면, 소지자가 제출거부를 할 수 있다(§344②i). 여기에서 '직업의 비밀'은 그 사항이 공개되면 해당 직업에 심각한 영향을 미치고 이후 그 직업의 수행이 어려운 경우를 가리키는데, 어느 정보가 이러한 직업의 비밀에 해당하는 경우에도 문서 소지자는

---

23) 통신비밀보호법에는 전기통신사업자가 가입자의 통화내역을 법원의 문서제출명령에 따라 제출할 수 있다는 명문 규정이 없지만, 법원은 그 사업자에게 통화내역자료의 제출을 명하는 문서제출명령을 내릴 수 있다(대판-전 23.7.17, 2018스34).

24) 그런데 대결 16.7.1, 2014마2239은, 자기이용문서 등 문서제출 거부사유가 인정되지 아니하는 경우에도, 법원은 민사소송법 §290에 따라 제출명령신청 대상이 된 문서가 서증으로서 필요하지 않다고 인정할 때에는 제출명령신청을 받아들이지 않을 수 있다고 했다.

위 비밀이 보호가치 있는 비밀일 경우에만 문서의 제출을 거부할 수 있다(대결 15.12.21, 2015마4174).

(3) 자기이용문서 : 가령 일기·편지 등 "오로지 문서를 가진 사람이 이용하기 위한 문서"는 제출거부할 수 있다(§344②ii). 여기서의 자기이용문서에 해당하려면, 그것이 오로지 문서를 가진 사람이 이용할 목적으로 작성되고 외부자에게 개시(開示)하는 것이 예정되어 있지 않고, 개시할 경우 문서를 가진 사람에게 심각한 불이익이 생길 염려가 있는 경우라야 한다. 이와 달리, 설령 주관적으로 내부 이용을 주목적으로 해서 작성된 문서일지라도, 신청자가 열람 등을 요구할 수 있는 사법상 권리를 가지는 문서와 동일한 정보 또는 직접적 기초·근거가 되는 정보가 문서의 기재 내용에 포함되어 있는 경우, 객관적으로 외부에서의 이용이 작성 목적에 전혀 포함되어 있지 않다고는 볼 수 없는 경우, 문서 자체를 외부에 개시하는 것은 예정되어 있지 않더라도 문서에 기재된 '정보'의 외부 개시가 예정되어 있거나 정보가 공익성을 가지는 경우 등에는 내부문서라는 이유로 자기이용문서라고 쉽게 단정할 것은 아니다(대결 16.7.1, 2014마2239).[25]

10-3-6-3 문서제출의 신청

문서제출신청에는 문서의 표시와 취지, 소지자, 증명할 사실, 문서를 제출하여야 하는 의무의 원인을 각각 밝혀서 서면으로 이를 제출해야 한다(§345, 규§110①).[26] 동영상 파일은 문서가 아니므로 문서제출신청의 대상이 될 수 없다(대결 10.7.14, 2009마2105).

그런데 문서제출신청자로서는, 상대방의 소지문서를 구체적으로 알지 못해

---

25) 이 대법원 결정은, ⓐ 피신청인 B회사의 관계회사인 C회사(합병대상)의 급여·상여금의 지급 관련 자료, ⓑ B회사 및 C회사의 판매비·관리비의 구체적 항목 명세, 각종 경비 및 고정비의 분류기준·항목명세, 임직원에 대한 성과금 지급 규모, 급여·인건비 근거 자료, 채널별 광고단가, 각종 매출액, 플랫폼별 시장매출규모, 매년 판권 구매·상각 내역 등에 관한 문서들, ⓒ C회사의 이사들이 합병비율의 적정성 판단의 근거로 삼은 회계법인의 검토보고서·제안서와 그 검토를 위하여 회계법인에 제공한 서류, ⓓ 그 합병 추진 및 실행과 관련하여 C회사가 다른 합병회사와 교신한 공문 등은 오로지 내부자의 이용에 제공할 목적으로 작성된 내부문서라고 단정할 수 없고, 위 ⓐ 등이 개인정보보호법상 개인정보에 해당하더라도 이를 이유로 문서제출을 거부할 수 없다고 보았다.

26) 이처럼 문서제출명령은 당사자의 신청에 의하는 것이 원칙이지만, '상업장부'에 대해서는 법원이 직권으로도 그 제출을 명할 수 있다는 상법상 특칙이 있다(상§32).

서, 막상 위의 각 사항을 빠짐없이 적기 어려운 때가 많다. 그래서 §346는, 위 신청을 위하여 필요하다고 인정하는 경우에는, 법원은 신청대상이 되는 문서의 취지나 그 문서로 증명할 사실을 개괄적으로 표시한 당사자의 신청에 따라, 상대방 당사자에게 신청내용과 관련하여 가지고 있는 문서 또는 신청내용과 관련하여 서증으로 제출할 문서에 관하여 그 표시와 취지 등을 적어 내도록 명할 수 있다고 정했다. 상대방은 이 신청에 관하여 의견이 있는 때에는 의견을 적은 서면을 법원에 제출할 수 있다(규§110②③).

10-3-6-4 문서제출신청에 대한 심리와 재판

(1) 법원의 심리

당사자 일방으로부터 문서제출신청이 있으면, 법원은 제출의무 여부 및 소지 여부를 심리하여 결정을 내린다(§347). 그런데 그 결정 전에 상대방에게 의견진술 기회를 부여해야 하며, 그 기회부여 없이 문서제출신청 바로 다음날 내린 문서제출명령은 위법하다(대결 09.4.28, 2009무12). 법원은 변론(준비)절차에서 위 신청을 심리할 수도 있고, 그 심리를 위한 별도의 심문기일을 열 수도 있다. 제출신청이 된 문서가 제3자 소지의 문서라면, 제출명령을 내리기 전에 제3자 또는 그가 지정하는 자를 심문하여야 한다(§347③).

(2) 결정 및 불복

제출의무 및 소지사실이 모두 인정되면, 법원이 문서제출명령을 내리는데, 문서제출의 신청이 문서의 일부에 대하여만 이유 있다고 인정한 때에는 그 부분만의 제출을 명하여야 한다(§347②). 그런데 실무에서는, 당사자 일방이 법정에서, 타방에게 어떤 문서가 있고 그것이 증거로 필요하다는 진술을 하는 경우에, 법원이 타방에게 소지사실을 질문하고 그가 시인하면, 그 타방의 서증으로 임의제출할 것을 요청하는 것이 일반적이다. 그래서 서증이 제출되고 나면, 애초의 문서제출신청은 없었던 것으로 처리하고 있다. 만약 타방이 소지사실을 부인하면, 그 소지사실에 대한 증명책임은 신청인에게 있다(대결 05.7.11, 2005마259). 신청인의 지배영역 밖에 있는 문서소지사실을 증명하는 일이므로, 증명도를 완화해서 해석함이 바람직하다. 문서제출의 신청에 관한 결정(인용결정, 기각결정, 각하결정)에 대하여는 즉시항고를 할 수 있다(§348).

(3) 인 카메라(in-camera) 절차

문서에 프라이버시와 영업비밀 사항이 기재되었다는 이유로 문서제출의무의 존부가 다투어질 경우, 그런 사항의 존재 여부에 대한 심리에 문서제출신청인을 참가시키면 사실상 문서제출을 명하는 셈이 되어버린다. 그래서 그 심리를 —법정(court)이 아닌— 판사실(camera)에서 법관과 문서소지자만이 참여한 채로 진행하는 절차를 인 카메라 절차라고 한다. 미국의 해당 절차를 §347④으로 도입하였다. 즉 법원은 문서제출의무 여부를 판단하기 위하여 필요하다고 인정하는 때에는 문서소지자에게 그 문서를 제시하도록 명할 수 있고, 이 경우 법원은 그 문서를 다른 사람이 보도록 하여서는 안 된다(§347④). 이때 필요하다면, 법원은 인 카메라 절차에서 제시받은 문서를 일시적으로 맡아 둘 수 있다(규§111).

(4) 서증으로 제출

문서제출명령에 의하여 법원에 제출된 문서는 그로써 바로 증거로 삼을 수 있는 것이 아니고, 당사자가 서증으로 제출해야 비로소 증거로 삼을 수 있다. 법원은 필요하다고 인정하는 때에는 제출되거나 보내 온 문서를 맡아 둘 수 있다(§353). 서증 제출 여부는 당사자가 결정한다.

10-3-6-5 문서 부제출 · 훼손에 대한 제재

(1) 당사자의 부제출 · 훼손

당사자가 법원의 문서제출명령에 따르지 아니한 때에는, 법원은 문서의 기재에 대한 상대방의 주장을 진실한 것으로 인정할 수 있다(§349). 당사자가 상대방의 사용을 방해할 목적으로 제출의무가 있는 문서를 훼손하여 버리거나 이를 사용할 수 없게 한 때에도, 법원은 그 문서의 기재에 대한 상대방의 주장을 진실한 것으로 인정할 수 있다(§350). 여기의 입증방해행위는 재판의 전후를 불문한다. '상대방의 주장을 진실한 것으로 인정'한다는 것 외에 과태료 부과의 제재는 없다.

그러나 '문서의 기재에 대한 상대방의 주장'을 인정한다는 것은, 문서의 성질 · 내용 · 진정성립 등에 관한 상대방 당사자의 주장이 옳다고 인정한다는 말일 뿐이고, 이것만으로 상대방의 주장하는 사실이 직접 증명되었다고 인정하라는 취지는 아니며, 원고가 문서제출명령을 위반하였더라도 법원은 자유심증에 의하여 피고 주장을 배척하고 원고 주장사실을 인정할 수 있다는 것이 판례이다(대판 08.2.28, 2005다60369). 이런 견해를 '자유심증설'이라고 한다. 반면에 일방 당사자의 문서 부제출·훼손시에 상대방이 증명하고자 하는 사실 자체를 인정할 수 있다는 견해를 '법정증거설'이라고 한다.[27] 실제 사건에서는, 당사자가 어떤 정황에서 어떤 주장을 하고 있고, 어떤 문서가 부제출된 것인지에 따라 그야말로 다양한 심증이 형성될 수밖에 없으므로, 법관에게 판단의 재량을 주는 것이 옳다. 다만, 현재 실무상의 문서제출명령의 기능부전 상태를 극복하려면, 법관들이 적극적으로 '문서의 기재에 대한 상대방의 주장'을 인정하고 이를 기반으로 '상대방의 주장하는 사실 자체'까지 증명되었다고 인정할 필요가 있다.[28]

그런데 문서 일부가 "상대방의 사용을 방해할 목적" 없이 훼손된 경우라면 어떠한가? 이 경우 훼손부분에 잔존부분과 상반되는 내용의 기재가 있을 가능성이 인정되어 문서 전체의 취지가 문서를 제출한 당사자의 주장에 부합한다는 확신을 할 수 없게 된다면, 이로 인한 불이익은 훼손문서 제출자에게 돌아가야 한다는 것이 판례이다(대판 15.11.17, 2014다81542).

(2) 제3자의 부제출·훼손

제3자가 문서제출명령을 받고 불응한 경우에는, —제3자의 행위에 따른 불이익을 신청자의 타방 당사자에게 지울 수는 없으므로— '문서의 기재에 대한 상대방의 주장'을 인정할 수는 없다. 그래서 법은 그 제3자에게 500만원 이하의 과태료에 처하는 것으로만 정했다(§351).

10-3-7 서증조사방법 3 : 문서송부촉탁

문서송부촉탁이란, 당사자의 신청에 따라 법원이 공공기관, 기타 단체·개

---

27) 법정증거설이 상대방이 증명하고자 하는 사실 자체를 "인정해야 한다"가 아니라, "인정할 수 있다"고 하는 이상, 자유심증설과 큰 차이가 나지 않는다. 한편, 행정소송·공해소송 그리고 국가를 피고로 한 손해배상소송 등 대상문서가 상대방 지배영역하에 있음이 분명한 경우에 제한하여 그처럼 요증사실이 직접 증명되었다고 보자는 견해도 있고, 이를 절충설이라고 부른다.

28) 일본은 과거에 문서부제출의 효과에 관하여 (한국의 §349와 거의 같은) §316을 두고 있었으나, 1996년 현행 민소법 제정시에 §224③에 "당해 문서의 기재에 관하여 구체적인 주장을 하는 것 및 당해 문서에 의해서 증명할 사실을 다른 증거에 의해서 증명하는 것이 현저히 곤란한 경우에는, 법원은 '그 사실에 관한 상대방의 주장'을 진실로 인정할 수 있다"를 추가하여, 직접 주장사실을 인정할 근거를 마련하였다.

인에게 그 업무상 보관중인 문서를 법원으로 송부해 달라고 촉탁하는 것을 말한다(§352). 문서보관자인 제3자에게 문서제출의무가 없는 경우에도 이용할 수 있는 제도이며, 국가기관이나 조직을 갖춘 법인이 보관하는 문서를 서증으로 사용하려고 할 때 많이 이용한다. 문서제출의무가 있는 경우에도 굳이 문서제출명령을 발할 것까지 없이 이 송부촉탁으로 족한 경우가 많다. 실무상 특히 검찰청(수사기록) · 병원(의료기록) 그리고 다른 법원(소송기록)에 대한 촉탁이 많이 이용된다.

반드시 문서의 원본의 송부를 촉탁할 필요는 없고, 인증등본의 송부로도 족한 경우에는 '인증등본 송부촉탁'으로써 충분하며, 실무상 대개 이 방식으로 행해진다. 법원 · 검찰청, 그 밖의 공공기관이 보관하고 있는 기록의 '불특정한 일부'에 대하여도 문서송부촉탁을 신청할 수 있다(規§113).

촉탁을 받은 자는 정당한 사유가 없는 한 이에 협력해야 하고(§352-2①), 그가 그 문서를 보관하고 있지 않거나 그 밖에 송부촉탁에 따를 수 없는 사정이 있는 때에는 법원에 그 사유를 통지해야 한다(§352-2②). 촉탁결과 송부된 문서 중에서 필요한 것은 당사자가 추려서 서증으로 제출해야 하며, 그렇게 촉탁회신되었다는 점 자체로 진정성립이 확보되는 것은 아니므로, 사문서에 대해서는 진정성립이 인정되도록 서증제출 당사자가 조치해야 한다.

10-3-8 서증조사방법 4 : 법원밖 서증조사

제3자가 가지고 있는 문서로서, 문서제출명령이나 문서송부촉탁의 방법으로는 서증으로 신청할 수 없거나 곤란한 사정이 있을 경우가 있다. 가령 기소중지중인 수사사건기록 등 문서소지자가 대외적으로 복사해 줄 수 없다고 하는 경우이다. 이런 경우에 법원이 그 문서가 있는 장소로 찾아가서, 서증신청에 따른 조사를 하는 방법이 있고(規§112①), 이것이 '법원밖 서증조사'이다. 법원밖 증거조사(§297) 중의 일부이다. 이 경우에 사건기록의 '검증'의 방법으로 증거조사를 하면 잘못된 것이다. 증거조사의 대상인 문서를 가지고 있는 사람은 정당한 사유가 없는 한 이에 협력하여야 한다(§352-2①). 수명법관 · 수탁판사에게도 이 증거조사를 하게 할 수 있다(§354).

이 방법으로 서증조사를 하면, 일단은 법원의 문서 열람으로 증거조사가 종료되지만, 그 열람문서 중 증거로 남길 필요가 있는 문서는 —상대방에게 방어기회도 주어야 하므로— 신청인이 그 사본을 법원에 제출하여 소송기록에 편철되게 해야 한다(규§112②).[29]

10-4 감정

10-4-1 총설

10-4-1-1 의의

(1) 감정(鑑定; Sachverständigenbeweis)이란, 법관의 판단능력을 보완하기 위하여, 학식·경험을 가진 제3자에게 그 전문지식 또는 전문지식을 구체적 사실에 적용하여 얻은 판단을 보고하게 하는 증거조사이다(§333이하). 감정에 있어서 증거방법은 '감정인'이다. 변론주의에 따라 당사자 신청에 의하여 행하는 것이 원칙이며, 법률에 대해서든 사실에 대해서든 감정을 신청할 수 있다. 법률은 판사가 알아야 하는 것이지만, 외국법이나 특수상거래 분야의 관습법 등은 전문가에게 보고하게 할 필요가 있기 때문이다. 사실의 확정에 있어서도, 가령 부동산의 시가, 토지점유면적, 건축물의 하자, 기성고(旣成高), 교통사고의 원인, 노동능력 상실의 정도, 향후 치료비, 필적의 동일성, DNA 연관성 등의 사실인정에서 감정이 필요한 때가 많다.

(2) 감정 외에, 법관이 전문지식을 획득하는 방법으로 몇 가지가 있다. 우선 §164-2의 전문심리위원에 관해서는 3-2-4-5에서 보았다. 그리고 §294가 정한 조사의 촉탁 즉 "사실조회"가 있다(10-7-1). 또한 법원조직법 §54-3이 "조사관" 제도를 두어, 대법원 및 각급 법원에서, 특허청 등 다른 국가기관의 공무원을 조사관으로 파견받아 법관의 명을 받아서 자료조사업무를 담당하도록 하고 있다.

10-4-1-2 사감정

§333 이하의 정식의 감정이 아니라, 당사자가 임의로 학식·경험 있는 제3자에게 전문지식 및 그에 따른 판단을 의뢰하고 그 보고서를 '서증'으로서 법원에

---

29) 법원밖 서증조사에 관한 자세한 절차는 대법원 재판예규인 '법원밖에서의 서증조사에 관한 업무처리요령(재민 2004-5)'을 참조.

제출하는 일이 많다. 이를 실무에서 흔히 "사감정(私鑑定)"이라고 부른다.

정식 감정절차에서 요구되는 법원의 감정인지정, 결격사유, 기피, 감정인신문, 선서, 허위감정에 대한 처벌 등 절차적정성 보장을 위한 제도들이 적용되지 않았으므로, 증거능력이 없다는 극단적인 견해도 있을 수 있지만, 통설·판례는 이를 서증으로 취급하고 있다(대판 06.5.25, 2005다77848). 하지만 이러한 사감정에 대하여 대법원은, "당사자가 서증으로 제출한 감정의견[의 증거가치]를 … 쉽게 채용하여서는 안 되고, 특히 소송 중이어서 법원에 대한 감정신청을 통한 감정이 가능함에도 일방이 임의로 의뢰하여 작성한 경우라면 더욱더 신중을 기하여야 한다."고 했다(대판 10.5.13, 2010다6222).

10-4-1-3 증인신문과의 비교 및 감정증인

감정인은 증인과 같이 인증(人證)의 하나이지만, 증인이 자기가 경험한 구체적 사실을 보고하는 자인 데 대하여, 감정인은 의견 또는 판단을 보고하는 자라는 차이가 있다. 또 이로부터, 증인은 특정한 사람이라야만 하지만, 감정인은 같은 정도의 학식을 가진 사람이면 충분하므로 대체가능하다. 그리고 증인은 당사자가 지정하여 신청하지만, 감정인은 법원이 지정한다. 자연인만 증인이 될 수 있으나, 감정인이 될 수 있는 자로는 자연인이든 법인이든 무방하다. 증인에 대해서는 소송비용부담·과태료부과 외에도 감치·구인의 제재가 있지만, 감정인에 대해서는 소송비용부담·과태료부과만 가능하고 감치·구인은 없다.

그런데 조사대상에 대하여 특별한 학식·경험을 가지고 있는 사람이 증인으로서 전문적 진술을 하는 경우가 있고, 이를 '감정증인'이라고 한다. 가령 자동차 구조전문가가 사고후 차량손상상태를 보고 사고당시의 충돌각도·속도 등을 추정하여 진술하는 경우, 또는 부상자를 치료한 의사가 당시의 부상 상황에 관하여 전문의학지식에 기하여 진술하는 경우 등이다. 이 경우에도 그는 자신의 '의견'을 말하는 것이 아니라, 자신의 전문지식에 기초하여 추론한 '사실'을 보고하는 것이라고 보아야 하며, 따라서 감정증인은 증인이지 감정인이 아니라는 것이 종전 민사소송학계의 전통적 설명이다.[30] 따라서 그 조사절차는 ―감정절차에 의

30) 그러나 과연 감정증인의 진술이 사실진술인지는 의문이다. 그는 자신의 '평가'의 결과를 진술하는 것이며, 평가는 곧 의견이다. 영미법계 소송에서 전문가증인(expert witness)은

하는 것이 아니라— 증인신문절차에 의한다(§340).

10-4-2 감정인

(1) 지정

감정인은, 학식 · 경험을 가진 제3자 중에서 수소법원 · 수명법관 · 수탁판사가 지정한다(§335). 당사자가 감정신청서에 감정인 이름을 적더라도 이는 추천일 뿐이고, 지정권한은 법원에게 있지만,[31] 특수분야에 관해서는 법원이 당사자에게 그 분야 감정인 후보들의 추천을 요청하는 경우도 있다. 감정인에게는 중립성 및 공정성이 요구되므로, 증언거부권 · 선서거부권이 있는 사람 및 선서무능력자는 감정인이 될 수 없다(§334②).

(2) 감정의무

증언의무가 일반적 시민의 의무이듯이, 특정한 학식 · 경험이 있는 자는 원칙적으로 모두 감정의무가 있다(§334). 감정의무에는 출석의무, 선서의무, 감정의견 보고의무가 포함된다. 그러나 감정인 출석에 대한 강제는 실무상 잘 행해지지 않는다. 선서한 감정인이 허위감정을 한 때에는 형법 §154의 허위감정죄로 처벌된다. 그리고 감정인은 감정을 다른 사람에게 위임하여서는 안 된다(§335-2②).

10-4-3 감정의 절차

10-4-3-1 신청 등

(1) 신청 및 감정사항

감정의 절차는 증인신문절차에 준하며(§333), 당사자의 신청에 의하는 것이 원칙이다. 신청시에는 감정신청서와 함께 감정을 구하는 사항("감정사항")을 적은 서면을 제출하여야 한다(규§101①). 신청시에 감정료를 예납해야 한다. 법원은 감정신청서 및 감정사항을 상대방에게 송달하여야 하고, 상대방은 그에 대한 의견을 적은 서면을 법원에 제출할 수 있다(규§101②③). 위 각 서면에 기초하여 법원이 감정사항을 최종적으로 정하는데, 감정사항 결정을 위해서 감정인 의견을

자신의 평가 및 의견을 진술한다.

31) 측량감정 등 전형적인 감정에 관해서는 '감정인 명단'이 법원에 마련되어 있다. 그 명단 등재 등에 관한 상세한 내용은 '감정인등 선정과 감정료 산정기준 등에 관한 예규(재일 2008-1)'를 참조.

들을 수도 있다(규§101④).

법원이 감정인을 지정함에 따라 법원으로부터 감정인 지정결정서를 송부받은 감정인은, 감정사항이 자신의 전문분야에 속하지 아니하는 경우 또는 그에 속하더라도 다른 감정인과 함께 감정을 하여야 하는 경우에는 곧바로 법원에 감정인의 지정 취소 또는 추가 지정을 요구하여야 한다(§335-2①).

(2) 자료제공

감정에 필요한 전제사실은 법원이 확정하여 감정인에게 알려주면 좋겠지만, 그럴 수 없는 경우가 많으므로, 법원은 직접 또는 당사자를 시켜서 감정에 필요한 서증 등 참고자료를 감정인에게 보낼 수 있다(규§101-2①②).

10-4-3-2 기피

지정된 감정인이 성실하게 감정할 수 없는 사정이 있는 경우에는 당사자가 그를 기피할 수 있다. 다만 감정인이 감정사항에 관한 진술을 하기 전부터 기피할 이유가 있다는 것을 당사자가 알고 있었던 때에는, 그 진술이 이루어진 뒤에는 당사자가 그를 기피하지 못한다(§336). 기피사유는 소명해야 하며, 기피신청을 인용한 결정에 대하여는 불복할 수 없고, 기각한 결정에 대하여는 즉시항고를 할 수 있다(§337).

10-4-3-3 감정인신문과 선서

(1) 정식의 감정절차에서는, 법원이 감정사항을 최종결정한 후에 감정인을 출석시켜서 선서를 시킨 후 감정사항을 알리고 감정을 명해야 한다. 이를 감정인신문이라고 한다. 감정인이 —감정사항을 검토한 후— 자신의 전문지식에 따른 의견을 법원에 제시하고 나면(§339①), 그것으로 족한 경우도 있지만, 법원이 감정인을 출석시켜 보충진술을 하게 할 때도 있다. 이 역시 감정인신문이다. 반드시 감정인을 '법정'에 출석시켜서 감정인신문을 해야 하는 것은 아니며, 심문실·판사실에서 감정인신문을 하는 경우도 많고, 감정인 소재지로 법원이 출장하여 신문할 수도 있다.

(2) 출석한 감정인에 대한 동일성 확인, 허위감정죄의 경고, 선서 등에 관해서는 증인신문 규정이 준용된다(§333). 감정인의 선서 내용은, "양심에 따라 성실

히 감정하고, 만일 거짓이 있으면 거짓감정의 벌을 받기로 맹세합니다."이다(§338). 선서하지 않은 감정인에 의한 감정결과는 증거능력이 없다. 그런데 법원이 착오로 감정인으로부터 선서를 받는 것을 누락함으로 말미암아 그 감정인에 의한 감정 결과가 증거능력이 없게 된 경우에는 —사감정을 서증으로 증거조사하는 것을 허용함을 고려하여— 그 감정결과 기재서면이 당사자에 의하여 서증으로 제출되면, 법원이 이를 서증으로서 사실인정의 자료로 삼을 수 있다(대판 06.5.25, 2005다77848).

(3) 감정인신문의 방식에 관해서는 2016년에 §339-2와 §339-3이 신설되어 상세히 정하게 되었다. 감정인은 재판장이 신문하는 것이 원칙이며, 합의부원이나 당사자는 재판장에게 알리고 신문할 수 있다(§339-2). 감정인이 법정에 직접 출석하기 어려운 특별한 사정이 있거나 감정인이 외국에 거주하는 경우에는, 비디오 등 중계장치에 의한 중계시설을 통하여 신문하거나 인터넷 화상장치를 이용하여 신문할 수 있다(§339-3). 한편, 감정인은 감정을 위하여 필요한 경우에는 법원의 허가를 받아 남의 토지, 주거, 관리중인 가옥, 건조물, 항공기, 선박, 차량, 그 밖의 시설물 안에 들어갈 수 있다(§342).

(4) 감정인이 자신의 전문지식이나 그 전문지식에 따른 판단을 법원에 제시할 때에는 서면이나 말로써 이를 진술할 수 있지만(§339①), 대부분은 서면("감정서" 또는 "감정보고서")으로 제출한다. 그리고 감정보고서에 대하여 법원은 당사자에게 서면이나 말로써 의견을 진술할 기회를 주어야 한다(§339③: 2016년에 본항 신설).

10-4-3-4 감정촉탁

원래 감정인이 될 수 있는 자는 개인이다. 그러나 감정촉탁은 —개인에 대해서가 아니라— "공공기관·학교, 그 밖에 상당한 설비가 있는 단체 또는 외국의 공공기관"에 대하여 하는 것이다(§341①). 법원이 필요할 때 직권으로 하며, 재판장 이름으로 감정촉탁서를 작성하여 송부한다. 정식의 감정(즉 감정인에게 선서를 하게 한 후 법원이 감정을 명하는 방식)을 할 것인지 감정촉탁을 할 것인지는 법원이 정한다. 감정과 감정촉탁 사이의 가장 큰 차이는 선서에 관한 규정을 적용하지 않아서, 선서의무가 없다는 점이다(§341①단서). 선서의무가 면제된 채로 제출받는 감정서를 증거로 사용하는 제도이므로, 감정촉탁의 대상기관은 공정성·진실성이 보장되는 기관이어야 하며, 따라서 위와 같이 한정되어 있다.

원래는 감정촉탁을 받은 기관의 이름으로 감정서를 법원에 제출해야 하지만, 실무상으로는 그 감정기관 내부에서 지정된 사람(예컨대 감정촉탁을 받은 대학병원의 병원장이 소속의사 1인을 감정인으로 지정했을 때 그 의사)이 자기 이름으로 감정서를 보내오는 경우가 많다. 제출된 감정서에 불명료한 사항이 있는 등 필요한 때에는, 법원은 위 대상기관이 지정한 사람으로 하여금 감정서를 설명하게 할 수 있다(§341②). 감정서 설명시에는 당사자를 참여시켜야 하고, 그 설명요지를 조서에 기재해야 한다(규§103). 중립기관일수록 담당 전문가가 법원출석을 꺼리는 경향이 있으므로, 이 사람에게 비디오 중계장치 또는 인터넷 화상장치를 이용한 설명을 하게 할 수 있다(§341③: 2016년 본항 신설).

10-4-4 감정결과의 채부

증거자료가 되는 것은 "감정결과"이지 감정서 자체가 아니다. 당사자가 "감정결과를 원용한다"라는 진술을 하지 않더라도, 감정결과가 법원에 현출된 이상 증거자료로 삼을 수 있다(대판 94.8.26, 94누2718).

감정결과로써 주장사실을 인정할지 여부는 법관의 자유심증에 의한다(대판 19.5.30, 2015다8902). 그러나 감정인의 감정 결과는 감정방법 등이 경험칙에 반하거나 합리성이 없는 등의 현저한 잘못이 없는 한 존중하여야 한다(대판 12.11.29, 2010다93790; 19.3.14, 2018다255648).[32] 감정결과가 도착한 후, 실무상 재감정이 신청되는 경우도 많은데, 그 채부는 법원의 직권사항이다. 동일사실에 관하여 상반되는 여러 개의 감정평가가 있는 경우에 —그 감정방법 등이 경험칙에 반하거나 합리성이 없는 등의 잘못이 없는 한— 법원이 각 감정평가 중 어느 하나를 채용하더라도 이를 위법하다고 할 수 없다(대판 14.12.11, 2012두1570; 25.8.14, 2023다294180).

전문적인 사실이 다투어지는 경우에 감정결과에 따라 재판의 결론이 좌우되는 경우가 있지만, 어디까지나 감정인은 증거자료를 제출하는 사람일 뿐이고 최종적 사실인정과 재판의 결론은 판사의 몫이다.

---

32) 가령 차용증에 무인(拇印)이 있고, 무인감정 결과("피고의 무인 아님")와 그 차용증 성립에 관한 증인의 증언("피고가 무인함")이 서로 다를 경우, 법원이 무인감정 결과를 배척하려면 감정 자체에 있어서의 배척사유가 있어야 하고, 증언 기타 다른 사정만으로 차용증의 진정성립을 인정할 수는 없다(대판 99.4.9, 98다57198).

10-5 검증

10-5-1 의의

검증(檢證; Augenschein)이란, 법관이 자신의 시각·청각 등 오감(五感)을 이용하여 사물의 모습·성질·현상 등에 대하여 획득한 인식을 증거자료로 삼는 증거조사이다(§364). 다른 증거조사와의 큰 차이점은, 법관이 타인의 인식·판단을 개재(介在)시킴 없이 직접 증거방법으로부터 자신의 인식을 획득한다는 점이다.[33] 검증대상이 되는 것을 '검증물'이라 한다. 검증물은 토지(토지경계확정 사건), 건물(건축하자 사건), 사고현장·사고차량(사고로 인한 손해배상 사건), 상표(상표권침해 사건) 등 유체물인 경우가 많지만, 오감의 작용으로 인식을 획득할 수 있기만 하면 되므로, 무체물이라도 상관없다(가령 소음·배기 등 공해사건).

검증의 대상은, 동시에 다른 증거조사의 대상이 되기도 한다. 예컨대, 문서의 기재내용에 대한 증거조사는 서증이지만, 같은 문서라도 그 모양과 필적을 대상으로 삼으면 검증이다. 또 당사자를 증거방법으로 하는 증거조사라도, 그의 인식을 대상으로 하는 경우는 당사자신문이지만, 신체의 상태를 대상으로 삼은 경우에는 검증이 된다.

10-5-2 검증협력의무

검증 신청시에, 신청당사자가 검증물을 소지한 경우에는 이를 법원에 제출해야 한다. 그가 소지하지 않고 상대방 당사자나 제3자가 검증물을 소지한 경우에는 문서제출명령의 규정들이 준용되고 있으므로(§366①), 신청당사자가 검증물에 대해 제출명령을 신청해야 한다.

이처럼 상대방 또는 제3자가 검증물 소지자로서 부담하는 의무를 '검증협력의무'라고 한다. 이에는 검증물 제출의무와 검증수인(受忍)의무가 모두 포함된다.[34] 제3자가 검증협력의무를 부담하는 경우에, 이는 ―증인의무·문서제출의

33) 증인신문, 당사자신문, 감정에 있어서 증인·당사자·감정인의 인식·판단이 개재할 뿐만 아니라, 서증에서도 문서작성자의 인식·판단이 개재한다.

34) 검증수인의무라는 용어를 광의로 써서, 검증물 소지자로서 부담하는 의무 전반을 표현하는 말로 사용하는 책도 있으나, 수인(受忍)이라는 단어가 제출을 포함한다고 보기는

무와 마찬가지로— 시민 모두가 부담하는 일반의무라고 보아야 한다.

검증협력의무 위반에 대해서는, 문서제출의무 위반과 마찬가지의 제재가 정해져 있다. 즉 당사자가 검증물을 제출하지 않거나 검증물을 훼손한 때에는, 법원은 검증물의 모습·성질·현상에 대한 상대방의 주장을 진실한 것으로 인정할 수 있다(§§366①,349,350). 제3자가 정당한 사유 없이 검증물 제출명령에 따르지 않으면 법원은 200만원 이하의 과태료 결정을 하며, 이 결정에 대하여는 즉시항고를 할 수 있다(§366②). 검증을 위하여 필요한 경우에는 법원은 남의 토지, 주거, 관리중인 가옥, 건조물, 항공기·선박·차량, 그 밖의 시설물 안에 들어갈 수 있다(§366③).

10-5-3 절차

검증도 당사자의 신청에 의하여 개시됨이 원칙이며, 신청당사자는 검증의 목적을 표시하여 신청하여야 한다(§364). 신청이 있으면, 법원은 검증의 채부를 결정한다. 법정에 현출시킬 수 있는 검증물이면 법정에서 하는 것이 원칙이다("법정검증"). 그 외의 경우에는 검증물이 현존하는 장소에 법관이 가서 한다("현장검증"). 법정검증의 경우에는 검증목적물에 번호를 붙여야 하며, 검갑제○호증, 검을제○호증으로 표시한다. 현장검증의 신청시에는 여비 등 비용의 예납이 필요하다. 어느 쪽이든 간에, 법관은 스스로 직접 검사하고 관찰을 해야 한다. 검증기일에 행한 증거조사의 시행경과 및 결과는 검증조서에 기재하여야 한다. 현장검증시에는 검증조서에 사진을 첨부한다.

법관이 검증에서 요증사실을 정확히 파악하기 위해서는 전문지식이 필요하거나 증언이 전제될 필요가 있는 경우에는, 검증신청시에 감정 또는 증인신문을 동시에 신청할 수도 있고, 그런 신청이 없더라도 수명법관 또는 수탁판사는 검증에 필요하다고 인정할 때에는 감정을 명하거나 증인을 신문할 수 있다(§365).

어렵다. 이 용어는 이동가능성 없는 물건의 검증에 한정하여 쓰는 것이 타당하고, 의무 전반을 표현하는 말로는 '검증협력의무'가 옳다.

10-6 당사자신문

10-6-1 의의

(1) 당사자신문(Parteivernehmung)이란, 법정에서 당사자에 대하여 구술로 답변진술을 받는 방법으로 행하는 증거조사이다(§367). 원래 당사자는 소송절차의 주체이지 객체가 아니다. 그러나 사실주장과 증거자료가 서로 구분되는 소송구조 하에서, 예외적으로 당사자의 진술을 증거자료로 쓸 필요가 있는 경우가 있으므로, 당사자본인을 증거방법으로 하여, 마치 증인처럼 진술하게 하는 것이다. 당사자신문에서 당사자가 한 진술은 소송자료(협의; 6-3-1)가 아니라 증거자료이다. 따라서 당사자신문 중의 진술에 상대방의 주장사실과 일치하는 부분이 있어도 이는 재판상 자백이 될 수 없다(대판 78.9.12, 78다879).

(2) 법정대리인 또는 법인·비법인사단의 대표자에 대해서도 당사자신문의 방법으로 증거조사를 한다(§372). 물론 법정대리인이 있는 경우에도, 당사자본인에 대하여 당사자신문을 하는 것도 가능하다(§372단서).

10-6-2 보충성 여부

2002년 개정전에는, 다른 증거조사에 의하여 법원이 심증을 얻지 못한 때에만 당사자신문을 할 수 있다고 정하고 있었다. 그리고 당시의 판례는 여기서 더 나아가서, 당사자신문은 —위와 같이 증거조사 순서에서만 보충성을 가지는 것이 아니라— 증명력에서도 보충성을 가진다고 보아서, 다른 증거 없이 당사자신문결과만으로는 원고주장사실을 인정할 수 없다고 했다.

2002년 개정으로써 위 보충성 조항을 폐지하였고, 이제는 증거조사 순서에서의 보충성만 폐지된 것이 아니라, 증명력에서의 보충성도 없다고 해석해야 한다. 즉 위의 구 판례는 더 이상 효력이 없으므로, 법원은 당사자신문만으로 주장사실을 인정할 수 있다. 그러나 실무에서는 여전히 당사자신문의 증거가치를 낮게 보므로, 일반 민사소송에서 당사자신문이 가지는 증명력은 크지 않다. 한편 원래 그 소송성격상 증거부족현상이 두드러지는 —그리고 당사자들만이 내부사정을 알고 있는— 가사소송에서는 1990년 가사소송법 제정시부터 보충성을 폐지하고 있었다.

10-6-3 절차

(1) 당사자신문에는 증인신문절차규정이 대부분 준용된다(§373). 직권으로 또는 당사자의 신청에 따라 행하며, 법원은 효과적인 당사자신문을 위해 필요한 때에는 당사자신문에 앞서서 '당사자진술서'를 작성·제출하게 할 수 있다(규§119-2).

(2) 신문에 앞서서 반드시 선서를 하게 해야 한다(§367: 2002년 개정으로 필수로 됨). 선서한 당사자가 거짓 진술을 한 때에는 법원은 결정으로 500만원 이하의 과태료에 처하며(§370①), 그 결정에 대해서는 즉시항고를 할 수 있다(§370②). 당사자가 정당한 사유 없이 출석하지 않거나 선서·진술을 거부한 때에는 법원은 신문사항에 관한 상대방의 주장을 진실한 것으로 인정할 수 있다(§369).[35] 증인의 선서거부권·증언거부권 관련 규정들이 당사자신문에는 준용되지 않는다.

(3) 당사자신문은 증인신문과 마찬가지로 구술의 문답으로 진행한다. 당사자를 신문한 때에는 선서의 유무와 진술 내용을 조서에 적어야 한다(§371). 그리고 재판장은 필요하다고 인정한 때에는 당사자 사이의 대질 또는 당사자와 증인의 대질을 명할 수 있다(§368).

(4) 법정대리인 또는 법인·비법인사단의 대표자는 당사자신문의 방식으로 증거조사해야 하지 증인신문을 해서는 안 됨에도 불구하고, 그를 증인으로 신문한 경우에, 이 위법은 절차이의권(§151)의 대상일 뿐이어서, 즉시 이의하지 않으면 증거능력 하자는 치유된다(대판 77.10.11, 77다1316).

---

35) 여기서 "상대방의 주장을 진실한 것으로 인정"한다는 말은, "신문사항에 관한 상대방의 주장", 즉 신문사항에 포함된 내용에 관한 것이므로, 법원이 이를 적용함에 있어서는 상대방 당사자의 요건사실에 관한 주장사실을 진실한 것으로 인정할 것이라고 설시할 것이 아니라, 당사자 본인신문사항 가운데 어느 항을 진실한 것으로 인정한 연후에 그에 의하면 상대방 당사자의 요건사실에 관한 주장사실을 인정할 수 있다고 판시해야 한다(대판 90.4.13, 89다카1084).

10-7 사실조회

10-7-1 의의

사실조회(事實照會)란 공공기관 · 학교, 그 밖의 단체 · 개인 또는 외국의 공공기관에게 그 업무에 속하는 사항에 관하여 필요한 조사 또는 보관중인 문서의 등본 · 사본의 송부를 촉탁함으로써 증거를 수집하는 절차를 가리킨다. 민사소송법에는 증거총칙 중에 '조사의 촉탁'(§294)으로 규정되어 있으나, 실무상으로는 증인신문 · 감정 · 서증 등과 마찬가지로 독립한 하나의 증거방법으로 이해되고 있고, 이를 '사실조회'라고 부른다.

2002년 개정 전에는 개인은 대상자가 아니었고, 문서의 등본 · 사본의 요청 근거가 없었는데, 개정법은 ⓐ 단체뿐만 아니라 전문분야에 관한 지식 · 정보를 가지고 있는 개인에게도 사실조회를 할 수 있다고 정했고, ⓑ 그 방법의 하나로 대상자가 보관중인 문서의 등본 · 사본의 송부 요청을 촉탁할 수 있음을 명시하였다.

감정절차에서는 공정성을 확보하기 위하여 선서 · 반대신문보장 등의 규정이 있다. 그런데, 보고자의 주관이 섞였을 우려가 적은 증거자료, 즉 원래 객관성 높은 증거자료에 대해서는 감정에서와 같은 엄격한 절차권 보장이 필요하지 않으므로 이런 사실조회 제도가 마련되어 있다. 따라서 사실조회는 객관성 있는 자료에 대하여 해야 하는 것이지, 주관적 의견을 물을 때에는 사실조회에 의할 것이 아니다. 또한 사실조회는 촉탁 상대방이 용이하게 회신할 수 있는 사실에 대해서 조회하는 것이므로, 조사할 내용이 촉탁상대방의 전문적인 의견을 구하는 것일 때에는 이에 의할 것이 아니라 감정촉탁의 방법으로 함이 타당하다.[36)]

10-7-2 절차

사실조회는 법원이 직권으로 할 수 있는 것이지만, 당사자가 사실조회신청서를 제출하는 경우가 많다. 이를 실시하기로 하는 증거결정을 한 때에는, 재판장 명의로 '사실조회서'를 작성하여 발송한다. 법원이 사실조회의 촉탁을 하는

---

36) 사실조사 촉탁시 비용지급에 관한 예규 §2.

때에는 필요한 범위 내에서 개인정보보호법상의 민감정보 · 고유식별정보 · 주민등록번호 기타 개인정보가 포함된 자료의 송부를 요구할 수 있다(규§76-2).

사실조회의 회보가 도착하면, 양 당사자에게 도착사실을 고지하고, 변론기일에서 당사자에게 의견진술의 기회를 주어야 한다. 사실조회 회보서의 기재내용을 증거자료로 삼기 위해서는 이처럼 법원이 이를 변론에 현출시켜야 하는 것이지만(대판 82.8.24, 81누270), 이로써 족하고 당사자에 의한 원용 또는 당사자에 의한 서증제출이 반드시 필요하지는 않다. 그러나 회보서에 사실조회기관 외의 자가 작성한 문서가 편철되어 있는 경우에 이를 증거로 하려면, 별도로 이를 당사자가 서증으로 제출해야 한다. 그리고 사실조회회보가 공문서인 경우에는 —별도의 신빙성 있는 반대자료가 없는 한— 그 기재와 어긋나는 사실 인정을 해서는 안 된다(대판 90.11.23, 90다카21022).

10-7-3 특별법상의 제출명령

조사 · 송부촉탁과 관련하여, 금융거래정보 · 과세정보의 제출명령에 대해서는 그 근거에 유의해야 한다. 금융거래정보를 획득하기 위하여 법원이 금융기관에게 제출명령을 보낼 수 있는 근거조문은 금융실명거래 및 비밀보장에 관한 법률("금융실명법") §4①i에 마련되어 있고, 과세정보의 제출명령의 근거조문은 국세기본법 §81-13①iii 및 지방세기본법 §86①iii에 마련되어 있다. 이 조항들에 기하여, 민사소송법의 사실조회 · 문서송부촉탁 · 문서제출명령을 이용하여 증거자료를 제출받는다. 실무상 자주 이용된다.

또한 종래 법원에서 통신내역을 전기통신사업자에게 사실조회로 요청하였으나 거부된 사례들이 있어서, 개정된 통신비밀보호법 §13-2는 법원이 재판상 필요한 경우에는 —민사소송법상의 사실조회에 의하여— 전기통신사업자에게 통신사실확인자료 제공을 요청할 수 있도록 정하고 있다.

10-8 기타 증거

10-8-1 들어가며

§374는 "그 밖의 증거"라는 표제 하에서, 도면 · 사진 · 녹음테이프 · 비디오테

이프·컴퓨터용 자기디스크, 그 밖에 정보를 담기 위하여 만들어진 물건으로서 문서가 아닌 증거의 조사에 관한 사항은 감정·서증·검증의 규정에 준하여 처리하되 대법원규칙으로 정한다고 하고 있다. 즉 §374는 문자·음성·영상을 담은 디지털 자료를 그 자체로는 '문서'로 보지 않는다.[37)]

이 조문은 과학기술의 발전에 따라 새로 등장한 첨단기록매체들을 규율하기 위한 것이다. 그 종류가 다양하고 신종이 지속적으로 출현하므로, 민사소송법에 그 증거조사방법에 관한 상세한 규정을 두기보다는 §374로 연결조항만 두고, 세세한 내용은 대법원규칙으로 정한다는 것이다. 이에 따른 규칙 §122는, 도면·사진, 그 밖에 정보를 담기 위하여 만들어진 물건으로서 문서가 아닌 증거의 조사에 관하여는 특별한 규정이 없으면 감정·서증·검증의 규정을 준용한다고 정하고 있다. 그러므로 인쇄·인화된 도면·사진은 검증의 방법으로 증거조사함이 원칙일 것이다.

그런데 이러한 민사소송법의 입장과 달리, 2010년부터 시행된 '민사소송 등에서의 전자문서 이용 등에 관한 법률'(약칭: 민소전자문서법)은 —문자로 구성된 전통적인 문서 외에도— 음성정보·영상정보를 포함하여 전자적 형태로 작성·저장되는 정보를 모두 '전자문서'라고 칭한다(동법§2i). 이에 의하면 문자정보 외에 음성정보·영상정보 역시 서증에 유사한 것으로 볼 수 있게 되었고, 법원의 전자소송 실무에서도 그렇게 처리하고 있다.[38)] 이로써 민사소송법 조문과 모순이 생겼다. 아래에서 구체적으로 본다.

10-8-2 민사소송법의 규율

§374를 구체화함에 있어서, 규칙은 문자정보에 대한 증거조사와 음성·영상자료에 대한 증거조사로 2구분하여 규율하고 있다.

---

37) 문서의 원래 정의는, '문자 또는 기호'에 의하여 작성자의 의사·인식·판단·감정 등을 표현한 것을 가리키므로, 도면·사진은 문서에는 포함되지 않는다. 그래서 도면·사진을 과거에는 준문서(準文書)라고 부르기도 했다.

38) 민사소송법은 증거방법인 '문서'와 주장서면을 가리키는 '서류·서면'을 대체로 구분하여 사용하고 있음(§§89,140,280 등)에 반하여, 민소전자문서법은 이를 모두 문서라고 지칭한다.

10-8-2-1 문자정보(규§120)

컴퓨터용 자기디스크·광디스크, 그 밖에 이와 비슷한 정보저장매체(이하 합해서 "자기디스크등")에 기록된 문자정보를 증거자료로 하는 경우에는, 원래의 증거조사방법은 법원이 이를 화면에 띄우든지 해서 검증하는 방식일 터이다. 그러나 규칙 §120①은 —검증방식 외에— 이를 출력(print)한 문서를 제출할 수 있다고 정했다. 그러나 출력물을 제출하더라도 이는 서증조사가 아니라 디스크 자체를 조사하는 것으로 간주되며, 이에 따르면 문자정보가 담긴 전자증거는 검증의 방식으로 처리되는 셈이다.

진정성 및 정확성을 확인할 수단을 확보할 수 있어야 하므로, 자기디스크등에 기억된 문자정보를 증거로 하는 경우에 증거조사를 신청한 당사자는 법원이 명하거나 상대방이 요구한 때에는 자기디스크등에 입력한 사람과 입력한 일시, 출력한 사람과 출력한 일시를 밝혀야 한다(규§120②).

10-8-2-2 음성정보 · 영상정보(규§121)

녹음·녹화테이프, 컴퓨터용 자기디스크·광디스크, 그 밖에 이와 비슷한 방법으로 음성이나 영상을 녹음·녹화하여 재생할 수 있는 매체는 거기에 수록된 음성정보·영상정보를 재생하여야만 법원이 그 내용을 인식할 수 있다. 따라서 위 음성·영상을 담은 위 매체의 증거조사는 그 매체를 재생하여 '검증'하는 방법으로 한다(규§121②). 그 증거조사를 신청하는 당사자는, 음성이나 영상이 녹음·녹화된 사람, 녹음·녹화한 사람 및 녹음·녹화한 일시·장소를 밝혀야 한다(규§121①). 그리고 위 매체에 대한 증거조사를 신청한 당사자는, 법원이 명하거나 상대방이 요구한 때에는 녹음테이프등의 녹취서, 그 밖에 그 내용을 설명하는 서면을 제출하여야 한다(규§121③).

요컨대, 전자적·자기적 매체가 문자정보를 담고 있든 음성정보·영상정보를 담고 있든 간에, §374를 적용하게 되면 이는 서증조사가 아니라 검증으로 처리된다.

10-8-3 민소전자문서법의 규율

민소전자문서법은 전자적 형태로 작성·저장되는 모든 정보를 '전자문서'라고 칭하면서(§2i), 민사소송법 절차에 민소전자문서법이 적용된다고 정하였다(§3i). 한편 같은 법 §13①i는 문자, 그 밖의 기호, 도면 · 사진 등에 관한 정보에 대한 증거조사는 그 전자문서를 모니터 · 스크린을 이용하여 열람하는 방법으로 한다고 정하고, §13①ii는 음성정보 · 영상정보에 대한 증거조사는 그 전자문서를 청취하거나 시청하는 방법으로 한다고 정하고 있다. 그리고 전자문서에 대한 증거조사에 관하여는 그 성질에 반하지 아니하는 범위에서 민사소송법 중 감정 · 서증 · 검증의 규정을 준용하고 있다(동법 §13②).

그런데 위 §2i 및 §3i에 따르면, 민사소송법 제2편 제3장 제4절[서증]이 규율하는 '문서'가 전자문서까지도 포함한다고 해석할 수도 있게 되었으며, 이렇게 되면 전자문서는 —문자정보를 담고 있든 음성정보 · 영상정보를 담고 있든 간에— 모두 서증으로써 증거조사한다고 볼 수도 있다.

요컨대 전자문서에 관하여, 민사소송법에서는 —전자정보 자체가 아니라— 전자매체를 증거방법으로 삼아 검증으로써 조사함을 원칙으로 정한 반면에, 민소전자문서법에서는 전자정보 자체를 증거방법으로 삼아서 서증에 준하여 처리한다는 해석이 가능하다. 이로써 해석상 · 실무상의 혼란이 발생하고 있으며, 당사자 중 일방만이 전자소송에 동의한 경우에 더욱 그러하다.

10-8-4 실무상 운용 및 개선방향

그런데 실제 소송에서는 위의 증거조사 방법에 의하지 않는 경우도 흔하다. 즉 (법원이 보기 편하도록) 대화가 녹음된 녹음파일 · 녹음테이프는 녹취록 형태로, 문자 · 숫자 정보가 기록된 디스크 등은 그 출력문서 형태로, 도면 · 사진은 그 자체로 각각 서증으로 —서증번호를 붙여서— 제출하는 경우가 많다.

이와 같이 §374의 '그 밖의 증거'가 서증 형태로 바뀌어 제출되었는데 그 진정성립이 다투어지는 경우라면, 서증의 진정성립은 어떻게 확인받을 수 있을까? 법원이 녹음테이프의 검증을 통하여 진술대로 녹취되었는지 확인함이 원칙이라는 것이 판례이다(대판 99.5.25, 99다1789).[39]

---

39) 다만 이 판례사안에서는 그 녹취문이 오히려 상대방에게 유리한 내용으로 되어 있다면 그 녹취 자체는 정확하게 이루어진 것으로 보이므로 녹음테이프 검증 없이 녹취문의 진정성립을 인정할 수 있다고 보았다.

주지하듯이 현대의 증거자료는 대부분이 전자적으로 작성된다고 해도 과언이 아니므로, 전자문서에 관한 통일적이고 구체적인 입법이 요망된다.[40][41]

10-9 증거보전

10-9-1 의의

증거보전이란, 본안소송절차 내에서 증거조사를 할 때까지 기다리면 그 조사가 곤란해질 사정이 있는 경우에, 본안소송절차와는 별도로 미리 증거조사를 하여 그 결과를 확보해 두는 절차를 말한다(§375). 판결절차의 부수절차이다. 예컨대 증인의 사망·해외이주의 임박, 검증물의 현상변경·멸실의 우려 등이 있는 경우에 행한다.

증거보전제도의 본래 기능은 이와 같이 증거를 보전(保全)하는 것이지만, 미국법의 공판전 증거개시제도(pretrial discovery)가 없는 한국 소송절차에서는 이 제도를 확대운영할 필요가 있다. 즉 '보전의 필요성' 요건을 너그럽게 해석함으로써, 증거의 구조적 편재 문제에 대한 해결책으로 기능하도록 만들 수 있을 터이다.

10-9-2 요건

증거보전을 신청하려면, "미리 증거조사를 하지 아니하면 그 증거를 사용하기 곤란할 사정", 즉 보전의 필요성이 있어야 한다(§375). 증거의 사용곤란에는 —그 증거방법의 사용이 물리적으로 곤란해지는 경우뿐만 아니라— 그 증거조사의 비용이 현저히 증가하는 경우도 포함된다. 이러한 사정이 있음은 신청인이 소명해야 한다(§377②).

증권관련집단소송에서는 —이러한 보전의 필요성 요건이 필요 없고— 단지

---

40) 전자소송만을 규율하는 특별법을 제정할 것이 아니라 민사소송법 자체를 개정함이 바람직하다. 미국·독일·일본 모두 이렇게 입법하였거나 입법 중이다.

41) 참고로 독일은 민사소송법을 개정하여, 2026.1.1.부터 모든 법원이, 민사소송 사건기록을 전자적으로만 보관한다(ZPO §298a). 또한 전자문서의 증명력에 관한 조항들이 신설되어, 기존의 문서의 증명력 관련 조항이 전자적 문서에도 적용된다. 즉 적격 전자서명(qualifizierte elektronische Signatur)이 있는 전자문서는 물리적 서명이 있는 종이문서와 동등한 증거가치를 가진다(ZPO §371a, §416).

법원이 필요하다고 인정하기만 하면 당사자의 신청에 의하여 증거조사를 할 수 있다(증집§33).

10-9-3 신청 및 절차

(1) 증거보전은 당사자의 신청에 의해 개시되는데, 그 신청은 서면으로 해야 한다(규§124①). 예외적으로 소송계속 중에는 법원이 직권으로 증거보전을 결정할 수도 있다(§379). 신청시에는 상대방, 증명사항, 보전할 증거방법, 증거보전사유를 명시해야 하고(§377), 증거보전사유에 관한 소명자료를 붙여야 한다(규§124②).

(2) 증거보전신청은 소제기 전에도 후에도 할 수 있다. 그 신청은 소제기 후에는 그 증거를 사용할 심급의 법원에 하여야 하고, 소제기 전에는 신문을 받을 사람이나 문서를 가진 사람의 거소 또는 검증물 소재지를 관할하는 지방법원에 해야 한다(§376①). 급박한 경우에는 소제기 후에라도, 위의 소제기전 신청시의 관할 지방법원에 그 신청을 할 수 있다(§376②).

(3) 증거보전신청은 심지어 ―아직 피고를 특정하지 못하여― 상대방을 지정할 수 없는 경우에도 할 수 있는데, 이 경우 법원은 상대방이 될 사람을 위하여 특별대리인을 선임할 수 있다(§378). 신청을 받은 법원은 증거조사기일을 정하여 신청인 및 상대방에게 통지해야 하는데, 긴급한 경우에는 그 통지를 생략할 수도 있다(§381).

10-9-4 증거보전신청에 대한 재판

(1) 법원이 증거보전결정을 하면, 곧바로 증거조사를 하게 된다. 법원의 증거보전 결정에 대하여는 불복할 수 없으나(§380), 증거보전의 기각결정에 대해서는 통상항고를 할 수 있다(§439).

(2) 증거보전에 관한 기록은 ―증거조사를 마친 후 2주 안에― 본안소송의 기록이 있는 법원에 보내야 한다(§382, 규§125). 증거보전에 관한 비용은 소송비용의 일부로 한다(§383).

(3) 증거보전절차에서 신문한 증인을 당사자가 변론에서 다시 신문하고자 신청한 때에는 법원은 그 증인을 신문하여야 한다(§384). 직접주의를 구현하기 위한 규정이다.

제11장

판결

11-1 재판의 의의와 종류

11-1-1 소송의 종료

소의 제기에 의하여 소송계속이 발생하고, 당사자 쌍방의 주장·입증이 마쳐져서, 사건에 대한 판단이 가능해지면, 법원은 판결을 선고한다. 판결에 대하여 어느 쪽 당사자도 불복하지 않거나 불복할 수 없으면 그 판결은 확정되고, 소송은 종료한다.

이와 같이 소송은, 판결의 확정에 의하여 종료함이 원칙이다. 이는 원래 소라는 것이 법원에 대하여 특정내용의 판결을 해 달라는 요구임에 대응하는 것이다. 그러나 소송절차가 —사적 자치 원리에 따라— 판결에 의하지 아니하고 종료되는 경우도 종종 있다. 원고가 소를 취하하는 경우도 있고 당사자 일방이 청구를 포기·인낙하는 경우도 있으며, 쌍방이 화해·조정으로 소송을 종결시키기도 한다. 판결 외의 사유에 의한 소송종료는 제12장에서 본다. 본장에서는 먼저, 판결과 비교되는 재판기관의 판단인 결정·명령을 검토한 다음, 판결의 의의·종류·효력 등을 차례로 살펴보기로 한다.

11-1-2 재판의 의의

재판은 최광의(最廣義)의 일상용어로는 법원에서 행해지는 모든 판단과 그에 이르는 절차를 통틀어 가리키기도 하지만, 소송법상 재판(裁判; Entscheidung)이라고 할 때에는 재판기관이 자신의 판단을 법에 정한 형식에 따라 표시하는 소송행위를 가리킨다. 재판은 법관이 한다고 헌법 §27가 정하고 있으므로, 재판기관이란 법관 또는 법관의 합의체인 법원이다. 요컨대 법원·법관의 판단표시행위가 재판이다.

가사비송 사건에서는 법원의 종국적 판단을 '심판'이라고 부르고 있으나(가소 §39), 이것 역시 재판에 속한다. 기일에 당사자의 변론을 듣는 행위, 증인에 대한 질문 등은 판단을 표시하는 행위가 아니므로 재판이 아니다. 그리고 법원사무관·집행관은 사법부에 속해 있지만 이들의 판단은 재판이 아니다. 법원사무관의 공시송달처분·집행문부여 등의 조치는 대개 '처분'이라고 부른다(§194⑤, §223). 사법보좌관은 법률상 법원의 업무로 정해진 것 중의 일부(가령 §110)를 법관 대신 행한다는 개념의 제도이지만, 사법보좌관규칙은 사법보좌관의 판단행위를 '처분'으로 부르고 있다(동 규칙§3 등).

11-1-3 재판의 종류 : 판결, 결정, 명령

재판을 그 성격상 분류해 보면 판결(Urteil), 결정(Beschluss), 명령(Verfügung)의 3종이 있다. 이들 3종은 재판의 주체, 심리의 방식, 재판의 방식·역할·효력, 그 불복방법 등에서 차이가 있다. 그 중 가장 중요한 것은 판결이므로, 법률은 판결을 중심으로 규정하고, 결정·명령에는 —성질에 어긋나지 아니하는 한— 판결에 관한 규정을 준용하도록 정하였다(§224). 그런데 재판의 명칭이, 그 법률적 성격에 맞지 않게 —내용상 무엇을 명(命)한다는 점에만 착안하여— 붙여진 경우들이 있다. 예컨대 문서제출명령·검증물제출명령, 소송비용 담보제공명령, 채권의 압류명령·추심명령·전부명령, 지급명령, 가압류·가처분명령[1]은 그 명칭

---

1) 민사집행법 §280 등 여러 조문이 '가압류명령'이라는 용어를 사용하고 있지만(가처분절차는 가압류절차를 준용함; §301), 다른 한편 §283는 가압류결정이라는 용어를 쓰고 있고, 실무상 법원의 가압류결정서의 표제는 '결정'이라고 적는다.

에도 불구하고, 위 3종의 재판 중에서 결정에 속한다.[2)] 이하에서 판결 · 결정 · 명령 사이의 차이를 자세히 검토한다.

(1) 재판의 주체 : 판결과 결정은 (합의부이든 단독판사이든 간에) 법원의 자격으로 행하는 재판인 데 반하여, 명령은 법관 1인이 —법원의 자격으로가 아니라— 재판장 · 수명법관 · 수탁판사의 자격으로 하는 재판이다.

(2) 대상(對象) : 판결은 결정 · 명령에 비하여 더 신중한 절차보장을 전제로 하는 재판형식이므로, 중요사항에 대하여 즉 소송물에 대하여 내리는 판단이다. 반면에 결정 · 명령이 대상으로 삼는 것은, 각종의 소송지휘사항 등 본안에 대한 부수적 의미를 가지는 사항 및 민사보전 · 민사집행 등 협의의 소송절차 외의 절차에서의 사항들이다.

(3) 심리방식 : 판결은 원칙적으로 필수적 변론에 의하며, 결정 · 명령은 —간이 · 신속을 요하므로— 임의적 변론에 의한다. 즉 결정 · 명령에서 변론을 거칠 것인지 여부는 법원 · 법관에게 맡겨져 있다(§134①단서).

(4) 재판의 방식 : 판결은 판결서를 작성하여 이를 가지고 선고[3)]를 함으로써 고지한다(§205. 다만 예외적으로 상고심의 심리불속행 판결 및 상고이유서 부제출에 의한 상고기각 판결은 선고 없이 판결정본의 송달로써 고지한다). 반면에 결정 · 명령은 상당한(=적절한) 방법으로 고지하면 효력을 가진다(§221①). 즉 결정 · 명령은 결정서 · 명령서 작성이 필수적이지 않으며, 그런 결정 · 명령을 고지하였음을 조서에 기재함으로써 서면을 대신할 수 있다(§154v).

판결서에서는 이유기재를 생략할 수 없음이 원칙이고 법관의 서명날인이 필요하나(§208①), 결정 · 명령에서는 이유기재를 생략할 수 있고 기명날인으로 족하다(§224①).

(5) 자기 재판에 기속(羈束)되는지 여부 : 판결을 선고한 법원은 자기 판결에 기속되므로 이를 변경할 수 없으나, 결정 · 명령에서는 기속되지 않으므로 재판기관

2) 반면에 소장각하명령, 석명준비명령, 대질명령 등 소송진행상 '재판장'의 중간적 · 부수적 명령은 '명령'에 속한다.

3) 원칙적으로 '선고'란, 법정에서 재판의 내용을 구두로 알리는 행위를 의미하며 판결에 관하여 사용하는 용어이다. 하지만 판결선고 외에 선고라는 용어를 법률상 사용하는 경우도 있는데, 집행절차상 매각허가결정 · 매각불허가결정의 선고(민집§126)와, 채무자회생법상 파산의 선고(동법§305), 회생계획 인가·불인가 결정의 선고(§245) 등이다.

스스로가 취소·변경을 할 수 있다는 것이 전통적인 설명이다.[4] §222 및 §446[5]에 근거를 둔 해석이다. 그러나 대판-전 14.10.8, 2014마667은 "일단 성립한 결정은 취소 또는 변경을 허용하는 별도의 규정이 있는 등의 특별한 사정이 없는 한 결정법원이라도 이를 취소·변경할 수 없다."고 판시했다. 이 판결은, 결정·명령의 효력발생 이전에 '성립'이라는 단계를 개념화하여, 결정·명령은 그 원본이 법원사무관등에게 교부되었을 때 성립한다고 판시한 다음, 결정·명령이 일단 성립하고 나면 그것이 소송의 지휘에 관한 것(§222)이거나 항고가 있는 경우(§446)가 아닌 한, 법원(법관) 스스로가 이를 취소·변경할 수 없다고 보았다.

(6) 불복방법 : 판결에 대해서는 항소·상고로 불복한다. 결정·명령에 대해서는 동일심급에서의 이의(異議; 15-4-1-1) 및 항고·재항고(15-4-1-2)로 불복한다. 그런데 위 2014마667에 의하면, 동일심급에서의 이의는 소송의 지휘에 관한 결정·명령(§222)이거나 법률상 허용규정이 있을 때(§227,§468; 민집§§16,63,121,265,283 등)에만 할 수 있는 것이 된다.

	판결	결정	명령
주체	법원	법원	재판장·수명법관·수탁판사
재판대상	소·상소에 대한 종국적·중간적 판단	절차에 관한 부수적 사항 및 강제집행·비송사건의 판단	결정과 같음
성립절차	• 신중을 위해 필수적 변론 • 판결서를 작성하여 선고	• 간이·신속을 위해 임의적 변론 • 적당한 방법으로 고지 • 결정서에는 이유생략 가능, 기명날인으로 족함	결정과 같음
기속력	자신의 판단에 기속됨	기속력 없음 = 취소·변경 가능 (단, 2014마667은 결정·명령 성립 후에는 원칙적 불가라고 함)	결정과 같음
불복신청	항소 & 상고	항고 & 재항고; 동일심급 내의 이의	결정과 같음

4) 이시윤 629; 호문혁 654; 김홍엽 817 등. 결정법원 스스로의 취소변경절차를 '재도(再度)의 고안(考案)'이라고 한다(15-4-3-3 참조).

5) §222 : 소송의 지휘에 관한 결정과 명령은 언제든지 취소할 수 있다.
§446 : 원심법원이 항고에 정당한 이유가 있다고 인정하는 때에는 그 재판을 경정하여야 한다.

11-2 판결의 종류

11-2-1 종국판결

11-2-1-1 종국판결의 의의

판결에는 종국판결(終局判決; Endurteil)(§198)과 중간판결(中間判決; Zwischenurteil)(§201)이 있다. 종국판결이란, 그 심급의 절차를 종결시키는 효과를 가진 판결을 말한다. 종국판결에는 다시 아래에서 보는 바와 같이 여러 종류가 있다. 통상 '판결'이라고 할 때에는 종국판결을 가리킨다.

이에 대하여, 중간판결(11-2-2)이란, 그 심급의 절차를 종결시키는 효과를 가지지 않는 판결이다. 심리 중에 문제된 당사자 간의 다툼을 해결하는 것으로서, 종국판결을 준비하는 목적을 가진다.

11-2-1-2 전부판결과 일부판결

(1) 의의

전부판결(Vollurteil)이란, 동일소송절차에서 심판되는 청구의 전부에 대해서 내리는 종국판결을 말하고, 일부판결(Teilurteil)이란, 동일소송절차에서 심판되는 청구 중의 일부에 대해서만 선고되는 종국판결이다. 법원이 사건의 심리를 마치면 전부판결을 하는 것이 원칙이다(§198).

1개의 소송절차상 청구병합·반소·변론병합 등이 있어서 수개의 청구가 병합심리된 때 또는 청구가 가분적인 때에 —이들의 경우에도 전부판결이 원칙이지만— 일부판결(§200)이 가능해진다. 일부판결은 복잡한 사건을 심리할 때, 판결하기에 성숙한 부분만이라도 먼저 해결해 주려는 제도이다. 일부판결을 하고 남겨진 나머지 부분의 판결을 잔부판결(殘部判決)이라 하는데, 일부판결과 잔부판결은 각각 별개의 종국판결이다.

전부판결은 하나의 판결이므로, 전부판결 중 일부 청구에 대하여 한 상소는 나머지 청구에 대해서도 효력을 미쳐서, 판결전체의 확정을 차단하는 효과 및 상급심으로 이심(移審)하는 효과를 발생시킨다. 다만 상소하지 않은 청구부분은 상소심의 심판범위에는 속하지 않는다.

(2) 일부판결이 허용되는 경우

법은 ① 소송의 일부에 대한 심리를 마친 경우(§200①), 그리고 ② 변론을 병합한 여러 개의 소송 가운데 한 개의 심리를 마친 경우 및 ③ 본소나 반소의 심리를 마친 경우(§200②)에 일부판결을 할 수 있다고 정하고 있다. ①에는 다시, 청구가 주관적·객관적으로 병합된 경우와 가분적 청구 중 액수가 확정된 부분(가령 1억원 대여금 청구 중 피고가 자인하는 3천만원 부분)에 대해 심리가 마쳐진 경우가 포함된다.

소송의 일부에 대한 심리가 마쳐졌더라도 일부판결을 할지는 법원의 재량에 속한다(§200). 하지만, 일부판결과 잔부판결 사이에 내용상 모순의 우려가 있을 때에는 일부판결이 허용되지 않는다. 예컨대 ⓐ 선택적 병합(대판 98.7.24, 96다99) 및 예비적 병합(대판 17.6.29, 2017다218307), ⓑ 본소와 반소가 동일목적의 형성청구인 경우(가령 같은 이혼을 구하는 본소·반소청구), ⓒ 소송물이 동일한 법률관계인 경우(가령 같은 부동산에 대하여 원고의 소유권확인 본소청구와 피고의 소유권확인 반소청구), ⓓ 필수적 공동소송, 독립당사자참가(대판 91.3.22, 90다19329), 공동소송참가, 예비적·선택적 공동소송(대판 14.3.27, 2009다104960), ⓔ 법률상 병합이 요구되는 경우(상§§188,240,380; 중집§14; 소단규§15; 개단규§14) 등이 그러하다.

그런데 문제는 위 ⓐ~ⓔ 외에, 단순병합이라도 ⓕ 가령 소유권확인청구와 소유권에 기한 방해배제청구처럼 하나의 청구가 다른 청구의 선결관계에 있는 경우, ⓖ 소유권에 기한 토지인도청구와 소유권침해로 인한 손해배상청구처럼 각 청구가 기본적 법률관계를 공통으로 하고 있는 경우, ⓗ 그 외에 각 청구 사이에 공통사실이 쟁점인 경우에 과연 일부판결이 각각 허용되는지이다. ⓕ,ⓖ,ⓗ를 두고 각각 긍정하는 견해와 부정하는 견해가 있다. 그러나 ⓕ~ⓗ의 경우에 잔부판결을 할 때 선행 일부판결과 모순되지 않도록 사실상 주의해야 함은 별론으로 하고, 일부판결이 법률상 허용되지 않는다고 볼 이유는 없다(同旨: 김홍엽 823).

일부판결은 사건의 정리에 도움을 주고 당사자의 권리구제의 신속에 기여할 수도 있다. 하지만 이는 독립한 상소의 대상이 되므로, 자칫하면 사건의 일부는 상소심에, 나머지 부분은 원심에 계속되게 되어, 오히려 소송불경제와 판단의 중복·혼란·모순을 초래할 수 있고, 따라서 실무상 거의 행해지지 않는다.

(3) 재판의 누락과 추가판결

일부판결은 법원이 의도적으로 청구의 일부에 대하여 판결을 하지 않고 두는 것이지만, 이와 달리 청구의 일부에 대한 판결을 법원이 실수로 빠뜨리는 경우가 있고, 이를 '재판의 누락'(§212)이라고 한다. 가령 청구의 일부에 대해서만 판단한다든지(대판 97.10.10, 97다22843),[6] 혹은 이혼판결을 하면서 직권으로 정해야 할 미성년자 자녀에 대한 친권자·양육자 지정을 빠뜨린 경우(대판 15.6.23, 2013므2397) 등이다. 이는 소송물 자체에 대한 판단이 누락된 것이므로, 단순한 공격방어방법의 일부에 대한 '판단의 누락'(§451①ix; 재심사유; 15-5-3-10)과 다르다.

문제는 재판의 누락(≒판결누락; §212)인지 판단누락(§451①ix)인지를 판단하는 기준이다. 판례는 판결누락 여부는 판결의 '주문'에 의하여, 즉 판결주문을 청구취지와 대비하여 판단한다는 입장이다(대판 02.5.14, 2001다73572; 03.5.30, 2003다13604). 즉 ⓐ 판결의 주문과 이유에 기재가 다 없으면 당연히 판결누락이고, ⓑ 주문에는 기재가 있지만 이유에 기재가 없는 경우에는 판결누락이 아니라 판단누락일 뿐이며(대판 68.5.28, 68다508; 02.5.14, 2001다73572), ⓒ 주문에는 기재가 없지만 이유에는 기재가 있으면 판결누락이 된다고 한다(대판 81.12.22, 80후25; 대결 84.4.25, 84마118; 대판 04.8.30, 2004다24083). 가령 판결이유에 청구가 이유 없다고 설시되어 있더라도 주문에 그에 따른 설시(즉 "○○청구를 기각한다")가 없으면 재판의 누락이다(대판 09.5.28, 2007다354). 다만 ⓒ의 사례 중에, 만약 판결이유 중에 기재가 있고, 판결주문 중에는 빠져 있으나 판결주문 중에 그 판단이 전후맥락상 포함되었다고 볼 수 있으면, 재판의 누락이 아니라, 판결의 경정사유가 되는 경우도 있을 수 있다.[7] 실무상으로는, —별개의 소송물이 아니라— 단일청구의 일부 또는 지연손해금 등 부대청구의 일부를 기각하면서 주문에 "나머지 청구를 기각한다"는 기재를 빠뜨린 경우는, 굳이 판결누락으로 보지 않고 판결경정의 대상으로 처리함이 통례이다.

재판의 누락이 있으면, 그 부분에 대해서는 아직 소송계속이 남아 있으므로, 법원은 그에 대하여 '추가판결'을 해야 하며(§212), 이 부분은 (추가판결이 선고되

---

6) 이 사건은 법원이, 원고가 실제로 청구감축한다고 진술한 것보다 더 많은 부분을 감축한 것으로 보아 판결을 선고한 경우이다.

7) 이시윤 634; 정동윤 792; BGH NJW 64, 1858.

기 전까지는) 상소의 대상이 될 수 없다. 즉 누락된 판결 부분에 대한 상소는 대상이 부존재하므로 부적법하고, 만약 상소했다면 각하를 면할 수 없다(대판 05.5.27, 2004다43824; 17.12.5, 2017다237339). 그런데 일부판결이 허용되지 않는 소송, 예컨대 예비적·선택적 병합, 필수적 공동소송, 독립당사자참가소송 등에서는, 재판의 누락이 있을 수 없고 따라서 뭔가 빠뜨린 것이 있다면 —주문에서 빠졌더라도— 이는 판단의 누락일 수밖에 없으며, 따라서 상소(§424①vi) 또는 재심(§451①ix)으로 다투어야 한다(통설).

종국판결 중 소송비용 재판을 누락한 때에는, 신청 또는 직권에 의하여 결정으로 추가재판을 할 것이지만(§212②,§114), 종국판결에 대하여 적법한 항소가 있는 때에는 위 추가결정은 효력을 잃고, 항소심이 판결시에 소송총비용에 대한 재판을 함께 한다(§212③).

11-2-1-3 본안판결과 소송판결

본안판결(Sachurteil)이란, 소로써 요구된 원고의 청구의 당부(當否)에 관하여 판단하는 판결을 가리킨다. 청구에 이유가 있다고 하는 청구인용판결과 이유가 없다고 하는 청구기각판결의 둘로 나뉜다(물론 둘이 합해진, 청구의 일부인용판결도 있다).

소송판결(Prozessurteil)이란, 소가 소송요건을 갖추지 못해서 또는 상소가 상소요건을 갖추지 못해서 부적법하다는 이유로 소·상소를 각하하는 판결을 가리킨다. 본안판결을 거부한다는 취지이다. 소송종료선언(11-3-2)도 소송판결이다.

본안판결과 소송판결 사이에는, 기판력 범위 등 효력상의 차이가 있는 점 외에도, 소송판결이 상급심에서 취소되면 본안에 관한 심급의 이익을 보장하기 위하여 환송함이 원칙인 점(§418) 등 취급상의 차이도 있다.

11-2-1-4 이행판결·확인판결·형성판결

본안판결 중에 청구인용판결은 —소로써 요구된 내용에 따라— 이행판결, 확인판결, 형성판결로 나누어진다. 반면에 청구기각판결은, 원고가 주장하는 법률관계의 부존재를 확인하는 것이므로, 모두 확인판결이다.

이행판결(Leistungsurteil)은, 이행의 소에서 청구를 인용함으로써 피고에게 원고에게 일정한 급부를 명하는 판결이다. 이행판결이 확정되면, 기판력뿐만 아니라 집행력이 생긴다. 확인판결(Feststellungsurteil)에는 확인의 소에서의 인용판결과, 소의 종류를 불문한 청구기각판결이 포함된다. 확인판결이 확정되면 기판력만 생긴다. 형성판결(Gestaltungsurteil)은 형성의 소에서 원고가 구하는 법률관계를 만들어주는 판결이다. 형성판결이 확정되면, 기판력뿐만 아니라 형성력이 생긴다.

11-2-2 중간판결

11-2-2-1 중간판결의 의의

중간판결(Zwischenurteil)은, 심리 중의 쟁점에 대하여 종국판결에 앞서서 미리 판단함으로써 그 후에는 그 쟁점에 관하여 더 이상 변론하지 않도록 하여, 종국판결을 준비하는 판결이다. 중간판결은 종국판결과의 관계에서는 수단적인 역할을 한다. 중간판결을 할지 여부는, 소송지휘의 문제이므로 법원의 재량이다. 그러나 실무상 중간판결은 드물다. 중간판결을 하는 경우에, 판결서 작성, 선고 등에 관해서는 종국판결의 경우와 같은 절차에 의한다.

상소심의 파기환송판결에 대하여 —오래 전에는 이를 중간판결이라고 본 견해도 있었으나— 이제는 (내용상으로는 중간판결적 성격이 있지만) 당해 심급에서의 소송절차를 끝내는 것이므로, 이를 종국판결로 보는 데에 이견이 없다(대판-전 95.2.14, 93재다27).

11-2-2-2 중간판결의 대상이 되는 사항

아래의 3가지에 대하여 필요하면 중간판결을 할 수 있다(§201). 한편 재심의 소에서는, 재심의 소가 적법하고 재심사유가 인정되는 경우에는, 그 점을 밝히는 중간판결을 한 후에, 종국판결을 선고할 수 있다는 특칙이 있다(§454).

(1) 독립된 공격 · 방어방법 : 이는 다른 공격방어방법과 무관하게 분리 · 독립하여 심리할 수 있는 공격방어방법을 의미하며, 그 하나로 독립하여 소송상 청구를 유지 또는 배척하기에 충분한 것을 말한다. 가령 소유권확인소송에서 원고가 소유권취득원인으로서 매매, 증여, 시효취득을 주장하는 경우에 이들은 각각 독립한 공격방법이다. 대여금청구소송에서 피고가 채무소멸원인으로 변제, 소멸시

효를 주장하는 경우에도, 이는 각각 독립한 방어방법이다.

(2) 그 밖의 중간의 다툼 : 이는 독립한 공격방어방법에 속하지 않는 소송상의 사항에 관한 다툼으로서, 이를 해결하지 않으면 청구 그 자체에 대한 판단에 들어갈 수 없는 것을 말한다(소송상의 선결문제). 예컨대 소송요건의 존부, 상소의 적법 여부, 소취하의 유·무효, 추후보완상소의 적법 여부 등이다.

(3) 청구의 원인 : 청구의 원인과 액수에 대하여 다툼이 있고 그 원인이 존재한다고 볼 때, 이를 긍정하는 판결을 먼저 하는 것을 가리킨다. 가령 불법행위 손해배상 사건에서 손해액에 대한 본격심리를 시작하기 전에 손해배상의무의 발생에 관하여 중간판결로 정리해 두는 경우가 그 예이다. 여기서 말하는 '청구의 원인'은 소장의 청구원인과는 구별되는 것이다. 실무상 손해배상 사건의 심리에서, 배상의무의 존부에 대한 주장·증거와 배상액에 대한 주장·증거가 뒤섞여 제출되는 경우가 종종 있으므로, 이 중간판결을 잘 활용하면 소송경제에 도움이 될 수 있으나, 한국에서는 중간판결이 거의 이용되지 않고 있다.

11-2-2-3 중간판결의 효력

중간판결을 선고한 법원은 이에 스스로 구속되므로, 종국판결 선고시에 중간판결의 판단을 전제로 해야만 한다. 중간판결 후에 보니 그 판결이 틀렸더라도 어쩔 수 없다(대판 11.9.29, 2010다65818). 그런데 중간판결은 종국판결을 준비하는 기능을 할 뿐이므로, 여기에 기판력·집행력·형성력이 없음은 당연하다.

당사자로서도, 중간판결 전에 제출할 수 있었던 공격방어방법을 그 후에 제출하지 못한다는 실권효의 제재를 받는다. 즉 동일심급에서는 다시 다툴 수 없다. 그러나 중간판결의 변론종결 후에 새로 생긴 사실에 기하여 새로운 공격방어방법을 제출할 수는 있다.

중간판결에 대하여 독립하여 상소할 수는 없고, 종국판결에 대한 상소가 제기되면 종국판결과 함께 상급심의 판단을 받는다.

11-2-3 종국판결의 부수적 재판 1 : 소송비용부담재판

판결의 주문에서는, 먼저 본안에 대한 판단을 적은 다음에, 소송비용 부담의 재판과 가집행선고를 차례로 하게 된다. 이 2가지 부수적 재판을 아래에서 차례로 검토한다.

11-2-3-1 총설

(1) 원칙

법원이 사건을 완결하는 재판을 할 때에는 반드시 직권으로 그 심급의 소송비용 전부의 부담에 관한 재판을 하여야 한다(§104). 원·피고 중에 누가 어떤 비율로 소송비용을 부담할지를 정하는 재판이며, 이를 하지 않으면 재판의 누락(§212)이다. 예컨대 "소송비용 중 1/4은 원고가, 나머지는 피고가 각 부담한다." 등의 판결주문을 선고한다.

판결선고시에 구체적인 소송비용액까지도 정하면 좋겠지만, 이는 매우 번거로운 일일 뿐만 아니라 판결선고 후에도 판결서 송달비용 등 추가비용이 발생하므로, 판결선고시 주문에서 액수까지 확정하는 것은 곤란하다. 따라서 판결주문에서는 원·피고 간 소송비용 부담의 비율만 정하고, 액수는 나중에 별도신청에 의하여 소송비용액 확정결정(§110) 절차를 통해 정한다.

(2) 소송비용(Prozesskosten)

여기서 소송비용이란, 당사자가 소송을 수행하기 위하여 지출한 비용 중에서 법령에 정한 범위에 속하는 비용을 가리킨다. 각 심급의 소송절차에서의 비용을 말하며, 강제집행비용 또는 가압류·가처분 비용은 여기에 들어가지 않는다. 소송비용의 범위·액수·예납에 관한 법원(法源)은 민사소송비용법, 민사소송등인지법, 민사소송규칙, 변호사보수의 소송비용산입에 관한 규칙 등이다. 소송비용은, ⓐ 당사자가 법원에 납부하는 재판비용(인지액, 송달료, 증인·감정인 여비 등)과 ⓑ 당사자가 직접 지출하는 당사자비용(소장 등 소송서류의 작성비용, 당사자·대리인의 여비·일당, 변호사비용)으로 나누어진다. 비용을 필요로 하는 소송행위에 대하여는 법원은 당사자에게 그 비용을 미리 내게 할 수 있다(§116).

소송비용 중 가장 큰 몫은 대개 변호사비용이다. 1981년에 변호사보수의 소송비용산입제도가 도입되었으나(§109), '변호사보수의 소송비용산입에 관한 규칙'(대법원규칙)에 의하여 청구할 수 있는 금액은, 실제 지출액과는 차이나는 경우가 많다.

11-2-3-2 소송비용부담의 재판

법원은 각 심급의 최종적 종국판결에서 그 심급의 소송비용 전부에 대하여 재판함이 원칙이되, 다만 사정에 따라 일부판결이나 중간판결에서 소송비용재판(Prozesskostenentscheidung)을 할 수 있다(§104). 당사자에게는 그 신청권이 없고, 신청하더라도 법원의 직권발동을 촉구하는 의미일 뿐이다. 상소심이 상소기각·상소각하의 판결을 할 때에는 —그 원심까지의 소송비용부담재판은 이미 존재하므로— 당해 심급에서의 소송비용에 대해서만 재판하면 된다. 상소심이 하급심의 본안재판을 바꾸는 경우에는, 소송의 총비용에 대하여 재판해야 한다. 환송·이송을 받은 경우에도 소송의 총비용에 대하여 재판해야 한다(§105).

소송비용부담 재판을 빠뜨리면, 이는 재판의 누락이다. 따라서 종국판결에서 소송비용부담 재판을 누락한 때에는, 신청 또는 직권에 의하여 결정으로 추가재판을 해야 한다(§212②,§114). 다만 종국판결에 대하여 적법한 항소가 있는 때에는 위 추가결정은 효력을 잃고, 항소심이 판결시에 소송총비용에 대한 재판을 함께 한다(§212③).

소송비용부담 재판에 대해서는 독립하여 항소하지 못한다(§391,§425). 따라서 본안재판과 함께 불복해야 하는데, 판례는 본안의 상소가 이유 없으면 그 불복신청은 부적법하다고 보고 있다(대판 05.3.24, 2004다71522).[8]

11-2-3-3 부담의 기준

(1) 패소자부담 원칙

소송비용은 패소한 당사자가 부담함이 원칙이다(§98).[9] 소취하로 종결되었으면 취하한 원고가 부담함이 원칙이다(대결 20.7.17, 2020카확522). 원·피고가 서로 일부승소·일부패소한 경우에는, 소송비용을 분담하는데, 분담의 방법은 대개 부대(附帶)청구를 제외한 청구액과 인용액의 비율에 따라 나누는 것을 원칙으로 한

---

8) 그러나 승소·패소의 액수에 따라 기계적으로 소송비용부담비율이 정해지는 것이 아니라, 아래에서 보듯이 §99, §100와 같은 요건 하에서는 본안의 승소·패소와 다르게 소송비용부담이 정해질 수 있으므로, —비록 불복은 본안재판과 함께 하더라도— 본안의 상소가 이유 없다는 것만으로 자동으로 소송비용액 불복신청이 부적법하게 된다고 보는 것은 타당하지 않다.

9) 독일·영국·일본 등 패소자부담주의를 취한 국가가 많으나, 특이하게도 미국은 각자부담이 원칙이다.

다. 가령 원고가 대여금청구를 하면서 1200만원의 원금과 그 이자·지연손해금을 청구하였는데, 인용된 원금이 400만원이라면 소송비용은 원고 2/3, 피고 1/3의 비율로 부담시키는 것이 일반적이다. 그러나 엄밀한 수학적 배분이 아니고 소송의 전 과정을 참작하여 법원이 적절히 정하면 되며, 가령 일부패소의 경우에 한쪽 당사자에게 소송비용 전부를 부담하게 할 수도 있다(§101). 한편 원·피고간에 부담비율을 정하지 않고 "(자기가 지출한 비용을) 각자 부담한다."고 정하는 수도 있는데, 대개 화해·조정에서 이렇게 정하는 경우가 많다(§106). "각자 부담"이 불합리한 결과를 낳는 경우, 가령 쌍방상소사건에서 각자의 불복범위에 현저한 차이가 있어, 쌍방 상소 기각과 함께 상소비용을 각자 부담으로 하게 되면 불복범위가 훨씬 적은 상소인에게 부당하게 불리해지는 경우에는, 법원이 달리 정함이 바람직하다(대판 19.4.3, 2018다271657).

(2) 예외

패소자부담 원칙에 대한 예외는 다음 3가지이다. ⓐ 승소자가 그 권리를 늘리거나 지키는 데 불필요한 행위로 말미암은 소송비용(§99전단)(예컨대 피고가 이행거절 등으로 제소를 유발하지 않았는데도 원고가 불필요한 제소를 한 때), ⓑ 패소자가 그 권리를 늘리거나 지키는 데 필요한 행위로 말미암은 소송비용(§99후단)(예컨대 제소 후 피고가 변제하여 원고가 패소한 경우), ⓒ 승소자의 소송지연으로 인한 비용(§100). 법원은 승소자에게 이런 비용의 전부 또는 일부를 부담하게 할 수 있다.

(3) 공동소송 등의 경우

패소자가 공동소송인인 경우에는 소송비용을 균등하게 부담시키는 것이 원칙이다. 다만, 법원은 사정에 따라 공동소송인에게 소송비용을 연대하여 부담하게 하거나 다른 방법으로 부담하게 할 수 있다(§102). 이는 참가소송의 소송비용 부담에 준용된다(§103). 연대부담의 예를 들자면, 가령 고유필수적 공동소송이거나, 본안의 채무가 연대채무라면 법원이 소송비용 부담을 연대로 명할 수 있을 것이다.[10]

---

10) 공동소송인들이 서로 다른 변호사를 선임한 경우 상대방이 소송비용을 부담하는 방법에 관해서는, 대결 13.7.26, 2013마643을 참조. 변론병합으로 인한 공동소송에서의 소송비용부담 방법에 관해서는 대결 14.6.12, 2014마145을 참조.

만약 재판주문에서 공동소송인별로 소송비용의 부담비율을 정하거나 연대부담을 명하지 아니하고, 단순히 '소송비용은 공동소송인들이 부담한다.'라고 정하였다면, 공동소송인들은 상대방에 대하여 균등하게 소송비용을 부담하고, 공동소송인들 상호간에 내부적으로 비용분담 문제가 생기더라도 그것은 그들 사이의 합의와 실체법에 의하여 해결되어야 한다(대결 17.11.21, 2016마1854).

(4) 제3자에게 부담시킬 수 있는 경우

법정대리인 · 소송대리인 · 법원사무관등 · 집행관이 고의 · 중과실로 쓸데없는 비용을 지급하게 한 경우에는 수소법원은 직권 또는 당사자의 신청에 따라 그에게 비용을 갚도록 명할 수 있다(§107①). 무권대리의 경우에 무권대리인이 수권을 증명하지 못하거나 추인을 받지 못한 때(§107②), 그리고 소가 각하된 때(§108)에도 그러하다.

11-2-3-4 소송비용액 확정절차

(1) 의의

앞에서 본 소송비용부담의 판결주문이 선고되고 나서 그 판결이 확정되거나 집행력을 갖게 되면, 이에 따라 구체적인 액수를 확정하여 강제집행이 가능하도록 하는 절차가 소송비용액 확정절차(Kostenfestsetzungsverfahren)이다(§110). 이는 비송절차이므로 처분권주의가 적용되지 않는다.

소송이 판결이 아니라 화해로 종료한 경우에도 —만약 각자부담으로 정해지지 않았다면— 법원은 당사자의 신청에 따라 결정으로 그 액수를 정하여야 한다(§113). 화해 외의 다른 사유 즉 소취하 등으로 종료했거나, 참가 또는 이에 대한 이의신청이 취하된 경우에도 마찬가지이다(§114).

(2) 절차

이 확정결정의 신청은 제1심 수소법원에 해야 하며(§110①), 이는 전속관할이다(대결 08.6.23, 2007마634). 본안소송의 대리권은 그에 부수되는 사후절차인 소송비용액 확정절차에도 미친다(대결 23.11.2, 2023마5298). 이를 신청하는 당사자는 비용계산서 등을 제출해야 하고(§110②), 법원은 소송비용액을 결정하기 전에 상대방에게 비용계산서의 등본을 교부하고, 이에 대한 진술을 할 것 등을 최고해야 한다(§111). 그리고 법원은 법원사무관등에게 소송비용액을 계산하게 한다(§115). 법원이 소송비용을 결정하는 경우에 당사자들이 부담할 비용은 대등한 금액에서 상계된 것으로 본다(§112). 소송비용액 확정절차의 목적은 부담액수를 확정하는 데에 있을 뿐이며, 소송비용부담의무의 존부를 심리하여 정하는 데에 있지 않다(대결 09.3.2, 2008마1778).

소송비용액 확정을 구하는 소송비용 상환청구권의 소멸시효의 기산점은 소송비용부담재판의 확정시이며, 그 시효기간은 5년이다(대결 21.7.29, 2019마6152; 국가재정법 §96).

(3) 재판 및 불복

소송비용액 확정결정(Kostenfestsetzungsbeschluss)은 과거 법관의 업무였으나, 2005년 법원조직법 개정으로 사법보좌관이 소송비용액 확정절차상의 법원의 업무를 맡게 되었다. 소송비용액 확정결정을 받으면 이는 집행권원(1-6-3-2)이 된다. 이 확정결정은 —비록 결정이지만— 실체적 금전지급의무를 종국적으로 결정하는 것이므로 기판력을 가진다.

소송비용액 확정결정에 대해서는 즉시항고로 불복할 수 있으나(§110③), 즉시항고에 앞서서 (본래의 위 확정결정 권한자인) 제1심 수소법원에게 먼저, 사법보좌관의 처분에 대한 이의신청을 제출해야 한다(사법보좌관규칙§4①).

11-2-3-5 소송비용의 담보

(1) 소송비용 담보제도의 의의

ⓐ 원고가 대한민국에 주소·사무소·영업소를 두지 아니한 때, 또는 ⓑ 소송기록상 청구가 이유 없음이 명백한 때에는, 법원은 원고에게 소송비용의 담보(Prozesskostensicherheit)의 제공을 명해야 한다(§117). 원고가 패소하여 소송비용을 부담하게 되는 경우에 피고가 손해를 입지 않도록, 피고의 소송비용상환청구권의 용이한 실현을 미리 확보해 두려는 제도이다. 피고의 신청에 따라 함이 원칙이나, 직권으로도 할 수 있다(§117①②).

(2) 신청 및 제공결정 등

담보제공을 명하는 재판은 '피고'가 신청할 수 있다. 그런데 피고가 본안에 관하여 변론하거나 변론준비기일에서 진술한 경우에는 담보제공을 신청하지 못한다(§118; 대결 18.6.1, 2018마5162). 담보제공을 신청한 피고는 원고의 담보제공시까지 소송에 응하지 아니할 수 있다(§119).

담보제공을 명하는 재판은 결정으로 하는데, 그 결정에서는 담보액과 담보제공기간을 정해야 하며, 담보액은 피고가 각 심급에서 지출할 비용의 총액을 표준으로 하여 정한다(§120). 담보제공결정에 대하여는 즉시항고를 할 수 있다(§121). 담보의 제공은 금전·유가증권을 공탁하거나, 지급보증위탁계약서를 제출하는 방법으로 하며(§122), 피고는 그 담보물에 대하여 질권자와 동일한 권리를 가진다(§123). 만약 담보제공기간 내에 원고가 이를 제공하지 않으면 법원은 변론없이 판결로 소를 각하할 수 있다(§124). 공탁한 담보물은 법원의 결정 또는 당사자 간 특약에 의하여 변경할 수 있다(§126).

(3) 담보취소결정

원고가 제공한 담보를 소송종료 후에 되찾으려면 법원으로부터 담보취소결정을 받아야 한다. 원고가 ⓐ 담보사유가 소멸되었음을 증명하든지 혹은 ⓑ 담보권리자의 동의를 받았음을 증명하면서 취소신청을 하면, 법원은 담보취소결정을 한다(§125①②). 소송이 완결된 뒤에 원고가 위 신청을 하면, 법원은 피고에게 일정한 기간 이내에 그 권리를 행사하도록 최고하고, 담보권리자가 그 행사를 하지 아니하는 때에는 담보취소에 대하여 동의한 것으로 본다(§125③).

(4) 다른 절차에 준용

위의 담보제공방법 및 취소절차는 다른 법률에 따른 소제기에 관한 담보제공(상§§176,237,377,380)에 준용된다(§127). 뿐만 아니라 이 규정들은, 가집행선고시의 담보에 준용되고(§214), 강제집행의 정지·취소 및 가압류·가처분을 위한 담보 등 민사집행법상의 담보에 준용된다(민집§19③). 실무상 위 담보제공방법 및 취소절차 규정은 —여기의 소송비용 담보제공에서보다— 이와 같은 준용규정에 따른 절차에서 더 활발히 이용된다.

11-2-4 종국판결의 부수적 재판 2 : 가집행선고

11-2-4-1 의의

미확정 종국판결에 미리 집행력을 주는 형성적 재판을 '가(假)집행 선고'라고 한다. 원래 판결은 확정되어야만 집행력이 생기지만,[11] 판결확정 전에 미리

11) 영미법계에서는 1심 판결로써 곧바로 집행력이 생기지만, 독일법계에서는 판결이 확정

강제집행을 할 수 있도록 함으로써 승소자의 신속한 권리실현을 도모하려는 것이다. 피고에 대해서는, 강제집행 지연만을 노려서 즉 판결의 확정을 미루기 위하여 남상소하는 것을 억제하는 기능을 한다. 또한 피고로서는 가집행선고당하는 것을 막기 위하여 1심에서 모든 소송자료를 제출하게 되므로, 심리가 1심에 집중되도록 하는 효과가 있다. 실무상 가집행선고부(附) 판결은 중요한 집행권원 중의 하나이다.

11-2-4-2 요건

(1) 종국판결일 것

결정·명령(가압류·가처분 등)은 효력이 발생하면 즉시 집행력이 발생하므로(민집§56i), 이에 대해서는 별도로 가집행선고를 하지 않는다. 그리고 가집행선고는 원칙적으로 종국판결만 대상으로 하므로 중간판결에서는 가집행선고를 할 수 없다. 종국판결이라도 청구기각·소각하의 판결에서 가집행선고를 할 수 없음은 물론이다. 그리고 상고기각·상고각하 판결은 —선고와 동시에 확정되므로— 가집행선고가 허용되지 않는다.[12)]

(2) 재산권의 청구에 관한 판결일 것

가집행선고는 원칙적으로 '재산권의 청구'에 관한 판결에서만 허용된다(§213①). 강제집행 후 상소심에서 그 판결이 취소·변경되더라도 원상회복이 비교적 용이하기 때문이다. 따라서 이혼 등 비재산권 청구에 대해서는 가집행선고를 할 수 없다. 그런데 판례는, 재산권의 청구 중에서도 가집행선고가 허용되는 범위를 좁혀서, ⓐ 확인판결·형성판결에서는 가집행선고를 허용하지 않고(대판 66.1.25, 65다2374), ⓑ 이행판결 중에서도 의사(意思)의 진술을 명하는 판결(소유권이전 등 등기절차의 이행을 구하는 판결은 모두 이에 속한다)에서는 가집행선고를 허용하지 않는다. 판례는 그 이유로서, 확인판결·형성판결에는 집행력이 없고, 더구

되어야 비로소 집행력이 생기는 것이 원칙이다.

12) 시간적으로 이행기 미도래인 장래이행의 판결에서는 가집행선고를 할 수 없음이 당연하다. 하지만 장래이행의 판결 중에서도 그 조건성취시 곧바로 이행기가 도래하는 선이행판결·대상청구판결에서는 가집행선고를 하는 것이 실무이다. 한편 동시이행판결은 장래이행의 소가 아닐 뿐더러, 역시 조건성취시 곧바로 이행기가 도래하므로, 가집행선고를 할 수 있다.

나 공유물분할 · 행정처분취소 등의 형성판결은 확정이 되어야 그 형성의 효과가 발생하며, 또한 의사진술을 명하는 판결도 확정되어야만 집행력이 생기기 때문이라고 설명한다. 확립된 실무이다.[13)]

따라서 사해행위취소청구(민§406) 중 취소를 구하는 부분은 형성의 소이므로 가집행선고가 불가하며, 원상회복을 구하는 부분은 —그것이 등기말소이면 위 ⓑ에 따라 이미 가집행선고가 불가할뿐더러— 사해행위취소의 효과발생을 전제로 하는 것이어서 그 이행기 도래가 판결확정 이후이므로 확정 전에는 집행할 수 없고, 따라서 원물반환에서도 가액배상에서도 가집행선고가 허용되지 않는다. 한편 재판상 이혼청구와 병합하여 함께 제기한 재산분할청구도 —이는 이혼확정을 전제로 한 청구이므로— 가집행선고가 허용되지 않는다(대판 98.11.13, 98므1193).

다만 형성판결 중에 가집행선고를 하도록 법률상 특별히 정한 예가 있다. 예컨대 청구이의의 소, 집행문부여에 대한 이의의 소, 제3자이의의 소에 있어서 각각 잠정처분의 명령 또는 취소 · 변경 · 인가를 하는 판결을 할 때에는 필수적으로 가집행선고를 해야 한다(민집§47②,§48③).

(3) 가집행을 붙이지 않을 상당한 이유가 없을 것

위와 같은 재산권 판결에 대해서는 상당한 이유가 없는 한 가집행할 수 있음을 선고해야 한다(§213①). 여기서 상당한 이유란, 패소한 피고에게 회복할 수 없는 손해의 위험이 있는 경우를 의미한다(예: 건물철거).

11-2-4-3 절차

(1) 직권선고

가집행선고는 법원이 직권으로 한다. 그러므로 당사자의 신청에 대해 판결에서 허부판단을 하지 않아도 재판의 누락은 아니다. 다만 상소법원이 원심판결 중 불복신청 없는 부분에 대하여 가집행선고를 하게 되는 경우가 있는데(§406①,§435), 이는 예외적으로 당사자의 신청이 있는 경우에만 가능하다.

---

13) 그런데 학설은 —ⓑ에서는 가집행선고를 불허하는 쪽이 통설이지만— ⓐ에 관해서는 확인판결 · 형성판결에서도 넓은 의미의 집행력을 인정할 수 있고 따라서 가집행을 선고할 수 있다는 견해가 오히려 많다(이시윤 715; 김홍엽 941 등).

(2) 담보제공 여부

가집행선고시에 담보를 제공시킬 것인지는 법원의 재량에 속한다. 다만, 어음금·수표금 청구에 관한 판결에는 담보를 제공시키지 않고 가집행의 선고를 해야 한다(§213①). 가집행선고시에 담보제공을 명하는 경우란, 대개 상소심에서 판결이 변경될 가능성이 있다고 볼 때이겠지만, 실무상 이런 때에는 법원이 차라리 가집행선고를 안 붙이는 —혹은 인용금액 중 일부에 대해서만 붙이는— 쪽을 선택하므로, 담보부 가집행선고의 실제 예는 드물다.

(3) 가집행면제

법원은 직권으로 또는 당사자의 신청에 따라 채권전액을 담보로 제공하고 가집행을 면제받을 수 있다는 것을 선고할 수 있다(§213②). 실무상 잘 활용되지 않는다.

(4) 주문에 기재

가집행선고 및 가집행면제선고는 판결주문에 적어야 한다(§213③). 주문의 마지막 항으로 적는다. 청구인용판결의 '일부'에 한해서 붙일 수도 있는데(가령 "제1항 인용금액 중 1억원에 한하여 가집행할 수 있다."), 이 방식은 손해배상사건에서 종종 활용된다.

11-2-4-4 효력 및 집행정지

(1) 가집행선고 있는 판결은 선고에 의하여 즉시 집행력이 발생한다. 따라서 바로 집행권원이 된다(민집§56ii). 이에 기하여 집행의 보전(保全)만 하는 것이 아니라, 마치 확정판결에 의한 본집행과 마찬가지로 종국적 만족에 이르게 된다.

그러나 이는 확정적 집행이 아니라, 상급심에서 가집행선고부(附) 본안판결이 취소되면 효력이 없어지는 해제조건부 집행이다(대판 15.2.26, 2012다79866). 따라서 가령 제1심의 금전지급 판결 및 가집행선고에 따라 피고가 그 금전을 지급했더라도, 제2심 법원이 그 지급사실을 고려하여 원고청구의 기각을 할 수는 없다. 또한 확정판결과는 달리, 가집행선고 있는 판결을 집행권원으로 해서는, 재산명시신청(민집§61①), 채무불이행자명부 등재신청(민집§70①i), 재산조회신청(민집§74)을 할 수 없다.

(2) 가집행선고만 따로 떼어 상소를 할 수는 없고(§391,§425), 본안판결과 함께

불복해야 한다. 그리고 본안에 대한 상소가 이유 있는 경우에만 가집행선고의 재판에 불복이유가 있다 할 것이므로, ―가집행선고의 재판에 비록 잘못이 있다 하더라도― 본안에 대한 상소가 이유 없는 때에는 가집행선고의 재판을 시정하는 판단을 할 수 없다(대판 10.4.8, 2007다80497).

(3) 집행정지 : 상소했다고 가집행이 정지되지는 않으므로, 가집행을 막으려면 별도로 정지신청을 해서 강제집행정지결정(§501)을 받아야 한다. 실무상 이 집행정지신청은 흔하며, 담보부(擔保附) 정지결정이 종종 내려진다. 특히 제2심 판결의 집행정지결정을 내릴 때에는 판결인용금액 전액의 담보제공을 명하는 것이 실무관행이다.

11-2-4-5 가집행선고의 실효와 원상회복

(1) 실효

가집행선고부 판결에 대한 상소가 있어서 상소심에서 가집행선고가 바뀌거나 그 본안판결이 (원고승소에서 패소로) 바뀌었을 때에는, 가집행선고는 그 한도에서 효력을 잃는다(§215①). 그 바꾸는 판결이 선고되면 ―확정을 기다리지 않고 바로 그 선고와 동시에― 그 범위에서 가집행선고의 효력이 상실된다. 바뀐 뒤에는 더 이상 가집행을 할 수 없고, 이미 개시된 집행에 대해서도 ―그 바뀐 판결의 정본을 집행기관에 제출하여― 집행의 정지·취소를 시킬 수 있다(민집 §49,§50).

다만 이러한 가집행선고의 효력상실은 장래효만을 가지는 것이므로, 그 전에 이미 집행이 끝났으면 그에는 영향이 없다. 따라서 가집행에 의한 경매절차에서 피고의 부동산이 제3자에게 이미 매각허가결정이 나고 매각대금이 납부되었다면 ―그 경매가 반사회적 법률행위의 수단으로 이용된 경우가 아닌 한― 그 매수인의 소유권취득에는 영향이 없다(대판 93.4.23, 93다3165).

(2) 원상회복 및 손해배상

가집행선고부 판결이 상소심에서 바뀐 때에는, 법원은 원고에게 ⓐ 가집행에 따라 피고로부터 지급받은 물건("가(假)지급물")을 반환할 것과, ⓑ 가집행으로 말미암은 피고의 손해 또는 피고가 가집행면제를 받기 위하여 입은 손해를 배상할 것을 명하여야 한다(§215②). 다만 가집행선고만 바뀌고 본안판결이 바뀌지 않은 경우에는 그러하지 않다(§215③). 이는 가집행이 없었던 것과 같은 상태로 만들어 주려는 공평의 관념에서 정해진, 일종의 무과실책임이고 법정채무이다(통설; 대판 15.2.26, 2012다79866).

ⓐ의 원상회복의 법적 성격은 부당이득 반환이다(대판 11.8.25, 2011다25145). 여기서 가지급물이란 가집행의 결과로 피고가 원고에게 지급한 물건만을 가리키므로, 금전채무 가집행에 따른 경매절차에서 매각된 물건은 이에 포함되지 않는다. 그리고 피고가 가집행선고부 제1심판결에 기한 판결인용금액을 변제공탁한 후 항소심에서 제1심 판결의 채무액이 일부 취소되는 경우에, 그 차액은 —그 공탁은 항소심에서 가집행선고나 본안판결이 취소되는 것을 해제조건으로 하는 것이고, 위 차액에 대해서는 공탁금 회수로써 되찾을 수 있으므로— 가집행선고의 실효에 따른 반환대상이 되는 가지급물인 것은 아니다(대판 11.9.29, 2011다17847). 그리고 ⓑ의 손해배상은 (무과실책임이지만) 일종의 불법행위책임이므로, 민법상 과실상계·소멸시효의 규정이 유추적용된다.

(3) 가지급물 반환신청

피고가 위의 원상회복 및 손해배상을 청구하는 방식으로는, 두 가지가 있다. 하나는 별도의 소를 제기하는 것이지만, 이 방식은 잘 이용되지 않는다. 다른 하나는, 그 소송의 상소심절차에서 피고가 본안판결의 변경을 구하면서 이와 함께 가지급물의 원상회복 등의 청구를 하는 것이다(§215②). 별소를 제기하는 비용·시간을 절약하게 해 주려는 제도이며, 이를 '가지급물 반환신청'이라고 한다.

이는 후발적 병합소송의 일종이고, 본안판결의 취소·변경을 조건으로 하는 부진정 예비적 반소이며, 따라서 소송에 준하여 변론이 필요하다(대판 11.8.25, 2011다25145). 다만 이는 상소심에서의 반소이지만 원고의 동의를 요하지 않으므로, 특수반소이다. 가지급물 반환신청은 (항소심에서 가집행선고가 붙은 이행판결에 대하여) 상고심에서도 할 수 있으나, 다만 이는 사실관계에 다툼이 없어서 사실심리가 필요하지 않은 경우에 한하여 허용된다(대판 00.2.25, 98다36474).

11-3 판결의 성립 등

11-3-1 판결의 성립절차

판결을 한다는 것은 ① 판결내용의 확정→② 그 내용을 기재한 판결서의 작성→③ 판결의 선고 순으로 진행된다. 이렇게 선고된 판결은 ④ 당사자에게 송달된다. 차례로 본다.

11-3-1-1 판결내용의 확정

법원은 소송이 재판하기에 성숙한 때에는 변론을 종결하고 판결의 내용을 확정한다. 성숙했는지 아닌지는 주로, 법관의 심증형성 정도 및 당사자에 대한 절차보장의 정도를 고려하여 판단되어야 한다. 만약 쟁점 및 증거가 정리되어 있는 경우라면, 예정된 증거조사를 마친 때가 사건이 재판하기에 성숙한 때가 될 터이다.

직접주의의 요청 때문에, 판결의 내용을 확정하는 사람은 기본이 되는 변론에 관여한 법관이어야 한다(§204). "기본이 되는 변론에 관여"한다는 것은 이상적으로는 변론과정의 대부분에 참여하는 것을 의미하겠지만, 법관의 인사이동 등 현실을 고려할 때, 최종 변론기일에 참석하면 이에 해당한다고 해석되고 있다. 즉 변론종결기일에 참석했는지 여부가 기준이다. 따라서 변론종결 후 판결내용이 확정되지 않는 동안에 법관이 바뀌면, 변론을 재개하여 당사자에게 종전 변론결과를 진술시킨 후에 다시 변론을 종결하고 판결을 해야 한다. 반대로, 변론종결 후 판결내용이 확정된 후에 법관이 바뀌면(전근·퇴직·사망 등), 비록 종전 법관이 판결원본에 서명날인할 수 없더라도 판결성립에 영향이 없다. 합의재판부에서 판결내용이 확정된 후에 법관 1~2명이 바뀌면, 남은 법관이 판결서를 작성하면 되지만(부재법관의 서명날인 불능 사유를 남은 법관이 기재한다), 단독재판부에서 법관이 바뀌면 "그 확정된 판결내용대로" 판결서를 작성할 수 없게 된다. 따라서 합의재판부 법관전원 또는 단독재판부 법관이 바뀐 경우에는, 변론을 재개할 수밖에 없다. 합의재판부의 판결내용 확정을 위한 '합의'에 관해서는 3-2-3-3을 참조.

11-3-1-2 판결서의 의의

판결내용 확정 후 그에 따라 법원이 작성한 서면을 판결서(判決書)라고 한다. 법원이 최초로 작성하고 서명날인한 판결서가 판결원본이다. 판결의 선고는 판결원본을 가지고서 한다(§206).

이렇듯 판결의 서면화를 요구하는 이유는, 우선, 판결내용을 관련자마다 제각각 달리 이해하는 것을 방지하기 위함이다. 그리고 서면을 이용하면, 판결내용 전부를 구술로만 전달하는 경우에 비하여 훨씬 효율적이기 때문이다. 또 서면의 작성작업을 통하여, 법관은 자신의 판단내용을 객관적으로 검토하는 기회를 가지게 된다. 반면에 판결을 법정에서 구술로 선고하도록 정한 이유는, 판결이유의 전달기능을 고려해서가 아니라, 판결의 성립이라는 절차상의 매듭을 명확히 하기 위해서이다.

당사자로서는, 판결서의 기재를 통해 그 판결의 내용·이유·효력을 상세하게 알게 되어, 상소할지 여부 등을 정할 수 있게 된다. 또한 판결서는, 상소제기시에는 상급법원에게, 강제집행시에는 집행법원·집행관에게 판결내용을 알려준다. 더 나아가서는 법률가 및 일반국민에게 정보를 제공하는 기능도 가진다.

11-3-1-3 판결서의 기재사항

판결서에는 법률이 요구하는 필수적 기재사항과 사무처리편의상 적는 임의적 기재사항이 있다. 판결서 첫머리의 '판결'이라는 표제, 사건표시(가령 '2023나2802 대여금'), 그리고 판결선고일자는 각각 임의적 기재사항이지만 실무상 빠짐없이 적는다. 이하에서는 §208①이 정한 필수적 기재사항을 차례로 살펴본다(책 말미의 [부록3] 판결의 예 참조).

(1) 당사자와 법정대리인 : 특정을 위하여 그 성명과 주소를 기재한다. 이들과 달리, 소송대리인의 기재는 필수적 기재사항이 아니지만, 송달의 필요상 기재한다.

(2) 주문(主文) : 주문에는 소의 적법여부에 대한 판단(소송판결시), 본안의 내용에 대한 판단(본안판결시), 소송비용, 가집행선고 여부가 각각 기재된다. 소송판결을 할 때에는 "이 사건 소를 각하한다."라고 하고, 본안판결 중 청구기각판결을 할 때에는 "원고의 (어떠어떠한) 청구를 기각한다."라고 한다. 본안판결

중 청구인용판결을 할 때에는 형식이 다양해진다(이행판결 · 확인판결 · 형성판결의 각 주문형식은 2-2-1-3 이하를 참조).

판결주문은 명확해야 하고, 그 주문 자체로 내용이 특정될 수 있어야 한다("판결주문의 자족성(自足性)"). 그 내용이 모호하면, 기판력의 객관적 범위가 불분명해지고, 집행을 할 수 없게 되기 때문이다. 주문만으로 모든 법률관계를 명확히 할 수 없더라도, 적어도 그 판결이유와 대조하면 어느 범위에서 청구를 인용 · 배척했는지가 명확히 드러날 수 있어야 한다(대판 12.12.13, 2011다89910).

판결주문이 주문으로서의 명확성을 갖추지 못하면 이 판결은 상소로써 취소할 수 있다고 보아야 한다. 불명확한 채로 확정된 경우에는, 판결이 무효이며 따라서 재심이 허용되지 않는다는 견해와, 재심이 허용된다는 견해가 있다(상세는 11-9-3-3을 참조).

(3) 청구의 취지 및 상소의 취지 : 제1심 판결에서는 청구의 취지만 적고, 상소심 판결에서는 상소의 취지도 적는다. 만약 원고전부승소 판결이면 청구의 취지를 "주문과 같다"라고만 적으면 된다.

(4) 이유 : 이유에서는, 주문이 정당하다는 것을 인정할 수 있을 정도로 당사자의 주장, 그 밖의 공격 · 방어방법에 관한 판단을 표시한다(§208②). 청구원인 · 항변 · 재항변에 대한 판단을 논리적 순서에 따라 기재한다. "주문이 정당함을 인정할 수 있을 정도로" 기재하면 되므로, 당사자의 모든 주장이나 공격방어방법에 대하여 판단할 필요는 없다(대판 08.7.10, 2006재다218). 그리고 경험칙상 인정되는 사실에 대해서 그 인정근거까지 밝힐 필요는 없고, 또한 주장사실을 인정하기에 부족한 증거들을 일일이 적시하여 배척하는 대신 일괄하여 간략하게 배척하여도 된다(대판 04.3.26, 2003다60549). 판결이유는 당사자 · 상소법원 등에게 그 판결의 주문에 이르게 된 경위를 설명하는 것이므로, 가능한 한 알기 쉽게 써야 한다.

법률적용에 관해서는 —해석상 다툼이 있을 때 외에는— 법률적용 결과만 기재하면 되고 그러한 해석의 근거나 적용법조를 명시하지 않아도 된다. 그러나 특별법의 조문은 실무상 종종 적는다.

한편 이유를 밝히지 않거나 이유에 모순이 있으면 상고이유가 되고(§424①vi), 더 나아가서 판결에 영향을 미칠 중요한 사항에 관하여 판단을 누락한 때에는 재심사유가 된다(§451①ix).

(5) 변론종결일 : 이 날짜는 기판력의 시적 범위의 기준이 되므로 필수적 기재사항이다. 무변론판결의 경우에는 —변론종결일이 없으므로— 선고일을 기재한다.

(6) 법원 : 이 법원은 소송법상의 재판부(협의의 법원)를 가리키는 것이 아니라, 그 소속 법원(광의)을 가리킨다. 그런데 실무상 —단독재판부는 소속 법원명만 첫머리에 적지만— 합의재판부의 경우에는 몇 부인지도 적는 것이 관행이다.

11-3-1-4 판결이유의 생략 · 간이화

판결이유의 작성에 들이는 노력을 경감하기 위하여, 이유기재의 생략 · 간이화에 관한 특칙들이 있다.

(1) 항소심판결에 이유를 기재할 때에는 제1심 판결을 인용할 수 있다(§420).

(2) 소액사건(소심§11-2③), 배상명령(소촉§31②), 결정 · 명령(§224①), 심리불속행판결 및 상고이유서부제출로 인한 상고기각판결(상고심법§5①), 라류 가사비송사건의 심판서(가소§39③)에서는 이유기재를 생략할 수 있다.

(3) 제1심판결 중 무변론판결 · 자백간주판결 · 공시송달판결에서는 청구를 특정함에 필요한 사항 및 상계항변판단에 관한 사항만을 간략하게 표시하면 된다(§208③).

(4) 가압류 · 가처분결정에 대한 이의 · 취소신청의 결정에서는 이유의 요지만 기재하면 된다(민집§286③,§288③).

11-3-1-5 판결의 선고

판결은 선고로써 대외적으로 성립하고 효력이 발생한다(§205). 예외적으로, 심리불속행판결 및 상고이유서부제출로 인한 상고기각판결은 선고가 불필요하고, 상고인에게 판결정본이 송달되면 그때 효력이 발생한다(상고심법§5②).

판결은 소제기일부터 5월 이내에 선고해야 하고(§199), 변론이 종결된 날부터 2주 이내에 선고하여야 하며, 복잡한 사건이나 그 밖의 특별한 사정이 있는 때에도 변론이 종결된 날부터 4주를 넘겨서는 아니 된다(§207①). 그러나 법원은 위 각 기간을 모두 훈시규정으로 보고 있다.

판결의 선고는 공개법정에서 재판장이 판결원본에 따라 주문을 낭독함으로써 하며, 필요한 때에는 이유를 간략히 설명할 수 있다(§206). 즉 일반 사건에서는 이유설명 여부가 법원의 재량이다. 그러나 소액사건에서는 —판결서의 이유기재를 생략할 수 있는 대신에— 이유의 요지 설명이 필수적이다(소심§11-2②).

11-3-1-6 판결의 송달

재판장은 판결을 선고한 뒤에 그 판결원본을 바로 법원사무관등에게 교부해야 한다(§209). 법원사무관등은 판결원본을 받은 날부터 2주 이내에 판결정본을 만들어 이를 당사자에게 송달해야 한다(§210). 이 기간도 훈시규정이다. 판결정본을 송달할 때에는 당사자에게 상소기간과 상소장을 제출할 법원을 고지해야 한다(규§55-2).

11-3-2 소송종료선언

11-3-2-1 의의

소송이 종료했는지 아닌지에 관하여 다툼이 생기는 경우에, 소송이 이미 종료했음을 선언하는 판결이 '소송종료선언'이다. 법률에는 없지만 실무상의 필요에 따라 개발되었고, 그리하여 민사소송규칙 §67에서 명문화된 종국판결이다. 예컨대 "이 사건 소송은 2024.3.3. 소취하 간주로 종료되었다."는 판결주문을 선고한다.

11-3-2-2 소송종료선언의 사유

당사자가 소취하나 취하간주에 의한 소송종료의 효과를 다투어 기일지정신청을 한 경우(규§67), 그리고 법원이 소송종료를 간과하고 심리를 진행하였다가 나중에 이를 발견한 경우의 두 가지로 나누어 볼 수 있다.

(1) 이유 없는 기일지정신청

당사자로부터 이러한 기일지정신청이 있으면 —재판장 단독으로 신청기각명령 등의 재판을 하는 것이 아니라— 반드시 법원이 변론을 열어 심리를 해야 한다(규§67②). 심리결과 신청이 이유 없으면 종국판결로 소송종료선언을 해야 한다(규§67③). 신청이 이유 있으면 변론을 속행하고, 나중에 판결에서 그 판단을 표시해야 하는데(규§67③), 다만 예외적으로 종국판결 선고 후 상소기록을 보내기 전에 이루어진 소의 취하에 관하여 기일지정신청이 있는 경우에 대해서는 '소취하무효선언' 등 별도의 규정이 있다(규§67④⑤).

청구의 포기·인낙이나 화해·조정으로 소송이 종료된 후에 그 무효를 다투어 기일지정신청을 할 수 있는가? 청구의 포기·인낙이나 화해·조정의 하자는 재심사유가 있을 때에 준재심의 소로써만 다툴 수 있는 것이므로, 원칙적으로 기일지정신청으로써 그 무효를 다툴 수는 없다. 그러나 당사자가 기일지정신청을 해 왔고, 청구포기·인낙·화해·조정의 조서에 당연무효사유가 존재하지 않으면, 법원이 소송종료선언을 해야 한다(대판 01.3.9, 2000다58668).

소송계속 중 당사자 일방의 지위를 상대방이 상속 등으로 승계한 때, 또는 이혼소송 등 일신전속적 법률관계를 대상으로 하는 소송의 계속 중에 일방이 사망한 때에는 당사자대립구조가 소멸하며, 이에 따라 소송은 종료한다. 이런 경우에 당사자 간에 종료 여부에 대한 다툼이 있어서 기일신청을 하면, 역시 소송종료선언을 해야 한다(대판 92.5.26, 90므1135).

(2) 법원의 종료 간과

소송이 종료했는데도 법원이 이를 간과하고 심리를 진행하여 심판을 한 경우에 내리는 소송종료선언이 있다(대판 11.4.28, 2010다103048). 실무상 특히, 당사자나 청구가 병합된 사건에서 일부 당사자나 일부 청구에 대한 소송종료가 있음에도, 하급심 법원이 이를 간과하고 판결을 선고하였음이 상고심에서 발견되는 경우가 종종 있다. 이때 상고심은 그 부분 판결을 파기하고 소송종료를 선언하게 된다(위 2010다103048). 이때 소송종료 여부는 법원이 직권으로 조사해야 한다(대판 13.2.28, 2012다98225).

11-3-2-3 효과

소송종료선언의 판결은 사건이 종결되었음을 확인하는 성격을 가진 종국판결이다. 본안판결이 아니라 소송판결에 해당하며, 이에 대해서는 상소를 할 수 있다.

소송종료선언 중 당사자대립구조의 소멸을 사유로 한 때에는 한쪽 당사자만 남게 되므로 소송비용 부담자를 정하지 않지만, 다른 사유로 인한 소송종료선언에서는 소송비용 부담의 재판을 해야 한다. 가령 원래의 소취하 또는 소취하간주가 유효했던 것이어서 소송종료선언을 하는 경우라면, 그 취하시점까지 발생한 소송비용에 대해서는 그 부담과 수액을 정하는 별도의 '결정'을 법원이 할 수도 있지만(§114), 취하시점 후에 발생한 소송비용에 대해서는 반드시 소송종료선언과 함께 비용부담의 재판을 해야 한다.

11-4 판결의 효력 일반론

11-4-1 총설

판결이 선고로써 유효하게 성립하고 나면 효력이 발생하므로(§205), 선고 후에는 판결법원 자신도 그 판결을 취소·변경할 수 없게 되어 판결법원에 대한 기속력이 생긴다. 그 다음으로 판결이 확정되고 나면, 당사자에 대한 관계에서 형식적 확정력이 생길 뿐만 아니라, 판결의 내용에 따른 효력인 기판력·집행력·형성력 등이 생긴다.

이 중에서 기판력은 소송법상 특히 중요한 문제이므로, 기판력의 의의·성질·근거·작용, 그 시적·객관적·주관적 범위의 문제는 11-5 이하에서 상세히 보기로 하고, 여기서는 기속력과 형식적 확정력 그리고 집행력·형성력에 대하여 검토한다.

11-4-2 기속력

11-4-2-1 의의

판결이 선고로써 유효하게 성립하고 나면, 그 후에는 판결법원 자신도 그 판결에 구속되어 스스로 판결을 취소·변경할 수 없게 된다. 선고 후 오판임을 깨닫더라도, 그리고 당사자의 양해를 얻더라도, 이미 선고한 판결의 내용을 바꿀 수는 없다. 이를 판결의 법원에 대한 기속력(羈束力=자기구속력; Bindungswirkung[14]) 이라고 한다. 이 효력은 선고와 동시에 생긴다.

그런데 기속·구속이라는 용어를 —판결법원 자신에 대한 구속력을 넘어

14) 정확히 말하면, 위의 효력을 독일에서는 negative Bindungswirkung이라고 하고, 당해 소송사건에서 선행한 결정·중간판결에 구속되는 효력을 positive Bindungswirkung이라고 한다.

서— 다른 법원에 대한 구속력의 의미로 사용하기도 한다. ① 상고법원은 법률심이므로 원심판결의 사실판단에 기속되고(§432), ② 상급법원의 사실판단 및 법률판단은 하급심을 기속하며(§436②; 법조§8), ③ 이송결정은 이송받은 법원을 구속하고(§38), ④ 헌법재판소의 위헌결정은 법원과 그 밖의 국가기관·지방자치단체를 기속한다(헌재§47①).

11-4-2-2 기속력의 배제

기속력이 법률로써 배제되는 경우가 있다. 결정·명령은 주로 소송절차의 파생적·부수적 사항에 관한 재판이므로 항고시에 원심법원이 '재도의 고안'(15-4-3-3 참조)에 의하여 취소·변경할 수 있다(§446).

또한 판결법원 스스로 판결을 고칠 수 있음이 제도화되어 있는데, 그것이 아래에서 보는 판결의 경정이다.

11-4-2-3 판결의 경정

(1) 의의

판결의 경정(更正; Berichtigung des Urteils)이란, 판결에 잘못된 계산이나 기재, 그 밖에 이와 비슷한 잘못이 있음이 분명한 때에 법원이 이를 고치는 제도를 말한다(§211). 이는, 일단 선고된 판결에 대하여 내용을 실질적으로 변경하지 않는 범위 내에서 정정·보충을 허용함으로써, 강제집행이나 호적의 정정 또는 등기의 기재 등 이른바 광의(廣義)의 집행에 지장이 없도록 하자는 데 취지가 있다(대결 12.2.10, 2011마2177). 이러한 때에 상소나 재심으로써만 바로잡을 수 있게 하는 것은, 무익한 사회적 비용을 초래하기 때문이다.

판결의 경정은, 청구의 포기·인낙조서, 화해·조정조서에 유추적용됨은 물론이고(위 2011마2177; 대결 01.12.4, 2001그112), 결정·명령에도 준용된다(§224①).

(2) 요건

판결에 잘못된 계산(誤算)이나 기재(誤記), 그 밖에 이와 비슷한 잘못이 있어야 하고, 또한 그것이 분명한 때라야 한다. 그 오류가 법원 때문이든 당사자 때문이든 가리지 않는다(대결 00.5.24, 98마1839). 반면에 '표현'의 오류가 아닌, 판단내용의 잘못이나 판단누락은 경정사유가 아니다.

분명한 잘못인지 여부는, 판결서의 기재 자체에서 드러나기도 하겠지만, 소송기록 전체와 대비하여 판단하면 된다. 판례는, 판결선고 후에 제출된 자료도 —다른 당사자에게 별다른 불이익이 없거나 이를 다툴 수 있는 기회가 있었던 경우라면— 소송경제상 이를 참작하여 그 오류의 명백 여부를 판단할 수 있다고 한다(위 2012그249).

판례상 허용된 경정사유로는, ⓐ 당사자표시에 주민등록상 주소의 누락(대결 00.5.30, 2000그37), ⓑ 토지면적의 잘못 표시(대판 85.7.15, 85그66), ⓒ 별지목록 누락(대판 89.10.13, 88다카19415), ⓓ 채권자대위소송에서 채무자의 주소 등 채무자특정방법이 누락된 경우(대결 95.6.19, 95그26), ⓔ 채권의 압류·추심명령에서 제3채무자 이름 중 한 글자 누락(대판 17.1.12, 2016다38658), ⓕ 중간이자 공제계산상의 착오(대판 70.1.27, 67다774; 07.7.26, 2007다30317), ⓖ 집행을 위해서 첨부도면을 대한지적공사의 측량성과도로 교체할 필요가 있을 때(대결 06.2.14, 2004마918), ⓗ 이전등기원인을 "며칠자 매매예약에 인한 소유권이전등기청구권의 보전을 위한 가등기에 기한 본등기"에서 "며칠자 매매"로 바꾸는 것(대판 70.3.31, 70다104), ⓘ "항소심에서 변경된 원고의 청구를 기각한다"고 할 것을 "원고의 항소를 기각한다"로 잘못 적은 때(대판 99.10.22, 98다21953), ⓙ 항소인인 피고가 소송탈퇴하여 당사자가 피고인수참가인으로 변경되었음에도 "피고의 항소를 기각한다"고 판결한 경우[15](대판 00.5.12, 98다49142), ⓚ 토지소유권 이전등기 청구소송의 변론종결 전에 토지가 분할되었는데도 그것이 변론에 제출되지 않은 채 청구가 인용되어, 판결상의 토지표시를 분할된 표시로 경정해 달라는 경우(대결 20.3.16, 2020그507) 등이 있다.

그러나 판결상 피고의 등기부상 주소를 기재하지 않은 것은 —등기소에 대해 동일인임을 소명하면 등기가 가능하므로— 판결경정사유는 아니라고 한다(대결 92.5.27, 92그6).

(3) 절차

판결경정사유는 상고이유로 되지는 않으므로, 오기·오류가 있을 때에는 상고를 해서는 안 되고, 경정신청을 해야 한다. 경정은 직권 또는 당사자의 신청에 의하여 언제라도 할 수 있고, 원칙적으로 해당 판결을 선고한 법원이 한다. 다만

15) 이 경우에는, (가령 1심판결이 이행판결이면) 인수참가인에게 원고에 대한 이행을 명하는 판결을 해야 한다.

상소심으로 사건이 넘어가 있으면, 판결원본을 가지고 있는 상급법원도 경정을 할 수 있다. 그러나 하급심에서 확정된 판결부분에 대해서는, 판결을 한 원심법원만 경정할 수 있다(대결 92.1.29, 91마748).

당사자의 신청에 따라 판결의 경정을 하는 경우에는, 우선 신청당사자가 판결에 위와 같은 잘못이 있음이 분명하다는 점을 소명하여야 한다(대결 18.11.21, 2018그636). 경정은 결정으로 해야 하지만, 판결로써 했더라도 위법은 아니다(대판 65.7.20, 65다888). 경정결정은 판결의 원본과 정본에 덧붙여 적어야 한다. 다만, 정본이 이미 송달되어 거기에 부기할 수 없을 때에는 결정의 정본을 작성하여 당사자에게 송달한다(§211②).

경정결정에 대하여는 즉시항고를 할 수 있다. 다만, 판결에 대하여 적법한 항소가 있는 때에는 —항소심의 판단을 받으면 되므로— 항고가 허용되지 않는다(§211③). 반면에 경정신청기각결정에 대해서는 불복할 수 없다는 것이 통설·판례이다(대결 95.7.12, 95마531). 따라서 기각결정에 대해서는 헌법위반을 이유로 한 특별항고(§449)만 허용된다.

(4) 효력

경정결정이 확정되면 이는 원판결과 일체가 되므로, 판결선고시에 (결정이면 그 효력발생시에) 소급하여 효력이 발생한다(대판 98.2.13, 95다15667). 그러나 채권가압류결정 자체만으로는 오기 등 오류가 있음을 알 수 없어서, 제3채무자의 입장에서는 그 경정결정이 당초의 채권가압류결정의 동일성에 실질적으로 변경을 가하는 것이라고 인정되는 경우에는, 경정결정이 제3채무자에게 송달된 때에 비로소 경정의 효력이 발생한다(대판 99.12.10, 99다42346).

그러나 판결에 대한 상소기간은 —경정과 무관하게— 판결송달일부터 진행한다. 다만 경정 때문에 비로소 상소이유가 발생한 경우는 어떠한가? 경정신청당사자의 상대방 입장에서 볼 때, 오기 등 오류가 있었음이 명백하지 않은 판결경정의 경우에 문제된다. 이런 경우 상소기간 경과 후의 추후보완상소를 불허한 판결례(대판 97.1.24, 95므1413)가 있으나, 학설은 이런 경우에는 추후보완상소를 할 수 있다고 보는 것이 다수설이다(이시윤 646; 김홍엽 838 등).

11-4-3 형식적 확정력

11-4-3-1 판결의 확정

판결이 선고되었더라도 그에 대한 상소가 이루어질 수 있으면 그 판결은 취소가능성이 있는 것이다. 이에 반하여, 통상의 불복방법에 의해서는 판결이 취소될 여지가 없게 되면, '판결이 확정되었다'라고 한다. 여기서 통상의 불복방법이라 함은 일반적인 상소(=항소 + 상고)를 말하는 것이고, 추후보완상소나 재심을 제외한 것이다.

이하에서 볼, 기판력 등 판결의 주요 효력들은 대부분 판결의 확정을 조건으로 해서 발생한다. 따라서 판결이 과연 확정되었는지는 소송법상 중요한 의미를 가진다.

11-4-3-2 형식적 확정력의 의의

판결이 통상의 불복방법에 의해서는 취소될 여지가 없게 되어 판결이 확정된 상태를 판결의 효력 관점에서 표현할 때, 그 판결에 '형식적 확정력'(formelle Rechtskraft)이 생겼다고 말한다. 즉 위와 같은 상태의 판결이 가지는 변경불가능성이 판결의 형식적 확정력이다. 추후보완상소 또는 재심에 의해서 나중에 효력이 배제될 수 있다는 점은, 형식적 확정력의 발생에 영향이 없다.

11-4-3-3 판결의 확정시기

(1) 시기별 검토

ⓐ 판결선고시 : 통상의 불복방법이 존재하지 않는 판결은 그 판결의 선고시에 확정된다. 예컨대 상고기각판결은 그 선고시에 확정된다. 양 당사자가 판결선고 전에 불상소합의를 한 경우에도 그러하다(다만, '불항소 + 비약상고(15-1-4-6)'의 합의를 한 경우에는 1심 판결이 선고될 때 확정되지 않는다).

ⓑ 상소기간 만료시 : 기간 내에 상소를 하지 않고 도과시킨 때, 상소를 제기했다가 취하한 때(대판 16.1.14, 2015므3455),[16] 상소제기 후 상소각하판결·상소장

16) 상소취하를 상소기간 도과 후에 하는 경우에도 —처음부터 상소가 없는 것이 되므로— 소급하여 상소기간 만료시가 판결확정시점이 되고, 상소기간 만료 전에 상소취하를 하

각하명령이 있는 때에는 각각 그 상소기간 만료시에 판결이 확정된다.

ⓒ 상소권 포기시 : 상소권자 모두가 상소권을 포기(15-1-4-5)하면 그 시점에 판결이 확정된다(대결 06.5.2, 2005마933). 만약 쌍방이 상소권자인데 일방이 상소포기하면 아직 판결확정은 없고, 타방도 포기한 시점에 또는 그 타방의 상소기간 도과시에 판결이 확정된다.

ⓓ 당해 판결의 상소가 있은 후에 상소기각판결이 내려진 때 : 그 원판결은 미확정으로 있다가 상소기각판결이 내려지고 확정되면, 그에 따라 확정된다.

ⓔ 판결송달시 : 심리불속행으로 인한 상고기각판결 및 상고이유서 부제출로 인한 상고기각판결은 ―판결선고가 없으므로― 상고인에게 판결정본이 송달됨으로써 확정된다(상고심법§5②).

(2) 일부불복의 경우

가령 ⓐ 원고가 대여금 1천만원을 청구하여 1심에서 6백만원만 승소하고, 패소한 4백만원 부분을 항소한 경우, 또는 ⓑ 소유권이전등기와 동산인도를 청구하여 이전등기만 1심에서 승소한 원고가, 패소한 동산인도부분을 항소한 경우에, 피고가 항소·부대항소를 하지 않았다면, 원고의 승소부분은 언제 확정되는가의 문제이다. '상소불가분 원칙'(15-1-5-3) 때문에 ―비록 실질적 분쟁은 원고패소부분에만 남아 있지만― 판결 전부의 형식적 확정력이 차단되고 원고 승소부분도 상소심에 이심되므로, 그 부분의 확정시점이 언제인가에 대한 논의가 이루어지는 것이다.

크게 보아서, 상소심 변론종결시설(상고심에서는 상고이유서제출기간 만료시를 변론종결시로 본다)과 상소심 판결선고시설로 나눌 수 있고, 판례는 상소심 판결선고시설을 취하고 있다(대판 08.3.14, 2006다2940; 07.1.11, 2005다67971 등).[17] 즉 판례에 의하면, 위 ⓐ,ⓑ 사례에서는 항소심 판결선고시가 각 승소부분의 확정시이다.

는 경우에도 ―상소기간 내에 다시 상소제기가 가능하므로― 상소기간 만료시가 판결확정시점이 된다.

17) 1개 청구 중의 일부불복인지, 청구병합 중의 일부청구 불복인지에 따라 검토사항이 달라지고, 또한 항소심 불복부분인지 상고심 불복부분인지에 따라서도 논의가 달라질 수 있어서, 항소심판결선고시는 배제하고 상고심판결선고시설을 취하는 견해도 있다. 상세한 것은, 한위수, "청구가 단순병합된 ~ 확정시기", 민사재판의 제문제(하), 268 참조.

11-4-3-4 판결의 확정증명

강제집행 등을 위하여, 당사자에게는 판결의 확정을 증명할 필요가 생긴다. 원고 · 피고가 판결확정증명서를 신청하면 제1심 법원의 법원사무관등이 기록에 따라 내어 준다(§499①). 소송기록이 상급심에 있는 때에는 상급법원의 법원사무관등이 그 확정부분에 대하여만 증명서를 내어 준다(§499②).

11-4-3-5 형식적 확정력이 낳는 효력

판결이 형식적으로 확정되면, 그 확정에 의하여, 판결내용에 따른 본래적 효력으로서 기판력 · 집행력 · 형성력이 생긴다. 또한 부수적 효력으로서 참가적 효력, 법률요건적 효력 등이 생긴다. 그 외에, 사실상의 증명효 등을 별도로 설명하기도 한다.

11-4-4 판결의 기타 효력

11-4-4-1 집행력

(1) 의의

판결에 의하여 일정한 법률관계가 확인 · 형성되거나 일정한 급부가 명해지더라도, 그 판결주문상의 선언은 아직 관념적인 것일 뿐이고, 이를 실현하기 위해서는 뭔가의 조치가 실제로 행해져야 한다. 이와 같이 판결내용의 실현을 위하여 필요한 조치를 할 수 있게 하는 효력을 '집행력'(Vollstreckbarkeit)이라고 한다.

좁은 의미의 집행력은, 이행판결에 의하여 명해진 이행의무를 강제집행절차로써 실현하는 효력을 가리킨다. 협의(狹義)의 집행력의 기초가 되는 문서가 '집행권원'(1-6-3-2)이다. 확인판결 · 형성판결에는 협의의 집행력이 인정되지 않는다.

광의의 집행력은, 강제집행 외의 방법으로 판결내용을 실현하는 효력을 널리 포함한다. 광의의 집행력은 확인판결 · 형성판결에서도 생긴다. 예컨대 소유권확인의 확정판결에 의하여 소유권보존등기를 신청할 수 있는 것, 청구이의의 소의 인용판결에 기하여 강제집행의 정지를 구할 수 있는 것 등은 광의의 집행력에 터잡은 것이다.

(2) 집행력을 갖는 재판

협의의 집행력은, 판결 중에서는 이행판결에서만 생기며, 그 중에서도 확정된 종국판결 및 가집행선고부 종국판결이라야 집행력이 생긴다. 강제집행의 기초가 되는, 집행력을 가진 증서를 '집행권원'이라 하며(민집§24), 2002년 민사집행법 개정 전에는 '채무명의'라고 불렀다.

집행권원에는, 위와 같은 판결 외에도, 형사판결에 덧붙여 행하는 배상명령(소촉§34), 확정판결과 같은 효력을 가지는 인낙조서 · 화해조서 · 조정조서, 확정된 지급명령 · 화해권고결정 · 이행권고결정 · 조정갈음결정, 검사의 집행명령, 집행증서, 항고로써만 불복을 신청할 수 있는 결정 · 명령 등이 있다(민집§56).

(3) 집행력의 범위와 기판력의 범위

집행력의 시적 · 객관적 · 주관적 범위는 원칙적으로 기판력의 그것에 준한다는 것이 통설 · 판례이다(민집§25①도 참조). 그런데 이와 달리, 기판력의 주관적 범위를 집행력의 주관적 범위보다 넓게 보려는 학설도 있다(정동윤 878).

11-4-4-2 형성력

판결에서 일정한 법률관계의 형성이 선언되는 경우에, 그에 따른 법률관계의 변경을 낳는 효력을 형성력(Gestaltungswirkung)이라고 한다. 형성력은, 확정된 형성판결에 인정되는 효력이다. 가령, 이혼판결의 확정으로써 이혼의 효과가 생기고, 주주총회결의 취소판결에 의하여 총회결의의 효력이 상실되는 것은 형성력에 의한 것이다.

형성력의 구체적 내용은, 개별 형성의 소의 근거가 되는 실체법 규정에 의해 정해진다. 형성력의 주관적 범위도 마찬가지이다. 따라서 실체법이 법률관계의 절대적 변경을 정한 경우에는(대부분의 형성의 소가 그렇다), 제3자에 대해서도 그 효과가 미치게 된다. 반면에 실체법상 법률관계 변경이 상대적이라고 정해진 경우에는(예: 사해행위취소), 당사자 간에서만 형성의 효과가 생긴다.

11-4-4-3 법률요건적 효력

판결의 선고 · 확정 등이 어떤 법규정이 정하는 요건이 될 때가 있다. 가령 판결이 확정되면 그 소구(訴求)채권에 대한 소멸시효가 다시 진행하고(민§178②), 소멸시효기간은 10년이 된다(민§165①). 또한 상소심에서 원심의 본안판결을 바꾸는 판결을 선고하면, 원심이 한 가집행선고는 효력을 상실한다(§215①). 이러한 경우가 판결이 법률요건적 효력(Tatbestandswirkung)을 가지는 경우이다.

11-5 기판력 총설

11-5-1 기판력의 의의

일단 판결이 확정되면, 통상의 불복방법으로는 그 판결이 번복될 수 없게 될 뿐만 아니라(형식적 확정력), 새로운 소를 제기하는 방법으로 그 판단내용을 다투는 것도 허용되지 않게 된다. 이와 같이 확정판결은 —당해 사건을 매듭짓는 역할을 하며— 그 판결내용을 향후의 당사자 간 관계를 규율하는 기준으로서 적용시키는 효력을 가진다. 확정판결이 갖는 이러한 구속력을 기판력(旣判力) 또는 실체적(실질적) 확정력(materielle Rechtskraft)이라고 부른다.[18)]

11-7에서 상세히 보겠지만, 기판력의 대상이 되는 것은 원칙적으로 '소송물'에 대한 판단, 즉 판결주문에서의 판단이다. 따라서 판결에 기판력이 생기면, 동일 소송물 또는 관련 소송물에 관한 후소(後訴)에서, 법원은 당해 권리관계의 존부(存否)에 관하여 전소판결과 다른 판단을 할 수 없게 되고, 당사자 역시 그 점에 관하여 전소판결에 반하는 주장을 할 수 없게 된다. 그리고 이는, 후소법원의 관점에서 볼 때 전소판결의 판단이 옳은지 여부와는 무관하다. 따라서 후소법원으로서는, 가령 전소판결의 판단이 틀렸다고 판단하더라도, 여전히 전소판결의 기판력에 구속되게 된다. 이처럼 기판력의 기능은, 확정판결의 판단내용이 정당한지에 관한 다툼 그 자체를 봉쇄하는 데에 있다.

11-5-2 기판력의 본질

11-5-2-1 실체법설 vs. 소송법설

기판력의 본질을 어떻게 설명할지에 관해서는, 예부터 기판력 본질론으로서 논의되어 왔고, 크게 나누면 실체법설과 소송법설이 대립한다. 실체법설(materielle Theorie)은, 확정판결에 대하여 이는 실체법상의 법률요건의 일종이고 —당사자 간의 화해계약과 마찬가지로— 실체법상의 권리관계를 판결내용대

18) 독일의 materielle Rechtskraft을 旣判力이라고 표현한 것은 일본에서이다. 미국에서는 res judicata라는 용어를 쓰지만, 기판력과 의미·내용이 일치하지는 않는다.

로 형성·변경하는 효과를 가지고 있으며, 그 결과로 후소법원은 전소판결에 반하는 판단을 할 수 없게 된다고 설명한다. 반면에, 소송법설(prozessuale Theorie)은, 기판력이 실체법상의 권리관계를 변경하는 것은 아니고, 소송법상 후소법원을 구속하는 힘이라고 설명한다.

실체법설은, 기판력이 원칙적으로 제3자에게 미치지 않는 점과, 실체법상 권리관계를 판단하지 않는 '소송판결'에도 기판력이 생긴다는 점을 설명해 내지 못하는 난점이 있으므로, 현재는 아무도 이를 취하지 않는다. 소송법설이 독일·일본·한국의 통설이며, 판례이다(대판 20.5.14, 2019다261381).

11-5-2-2 모순금지설 vs. 반복금지설

기판력이 후소에 대해 어떤 식으로 작용하는지를 두고 소송법설이 다시 갈라져서, 모순금지설과 반복금지설이 있다. 독일의 모순금지설(Abweichungsverbot)은, 후소법원의 소송물이 전소와 같다면, 후소법원은 전소의 판단과 모순된 판단을 해서는 안 되며, 다만 —권리보호이익은 기판력과 별도로 따져보아야 하므로— 후소는 권리보호이익이 없어서 부적법 각하된다고 본다(원고가 전소판결에서 승소했든 패소했든 후소는 모두 각하된다).[19] 즉 독일의 모순금지설은 —패소원고가 다시 소제기했을 때 후소법원이 전소판결과 모순없는 청구기각판결을 해야 한다는 견해가 아니라— 후소에 대한 기판력의 본질적 의미를 설명하는 이론이다.

그런데 한국의 소수설[20]과 판례(대판 89.6.27, 87다카2478; 09.12.24, 2009다64215)가 취하는 모순금지설의 내용은 좀 다르다. 이에 의하면, 가령 종전 원고가 다시 같은 내용의 제소를 하는 경우, 전소가 승소판결이면 승소판결을, 전소가 패소판결이면 패소판결(=청구기각판결)을 선고해야 하지만, 승소원고의 경우에는 권리보호의 이익에 흠결이 있으므로 소각하를 해야 한다고 한다.[21]

반복금지설(Wiederholungsverbot)은, 기판력을 일사부재리(一事不再理; ne bis in idem) 원칙을 실현하는 것이라고 보아 —법원뿐만 아니라 당사자에게도— 소송의 반복 자체를 금지한다. 따라서 기판력의 존재는 그 자체가 소극적 소송요

19) Blomeyer, Zivilprozeßrecht, 2.Aufl., 1985, §88 Ⅲ 2.
20) 김홍엽 846; 송상현 430. 다만 한국에서도 호문혁 812은 독일식의 모순금지설을 취한다.
21) 이러한 한국의 모순금지설 내용은 일본의 판례가 취하는 모순금지설과 같은 것이다.

건이 되므로, 전소판결이 승소이든 패소이든, 후소는 곧바로 부적법으로 각하해야 한다고 본다. 한국의 다수설이고 독일의 판례·다수설이다.[22)]

11-5-2-3 소결

일본 판례를 따른 한국 대법원의 모순금지설은, 승소원고가 다시 소제기하면 소각하판결을, 패소원고가 다시 소제기하면 청구기각판결을 해야 한다고 함으로써 일관성 있는 답변을 주지 못한다. 그 모순금지설에 의하면, 패소원고·승소피고가 동시에 각각 소제기했을 때에도 전자에서는 본안판결, 후자에서는 소송판결을 해야 한다는 (즉 전자에서는 소익이 있고 후자에서는 소익이 없다는) 기이한 결론에 이르게 된다. 반복금지설은 내용이 간명하다는 장점이 있다. 반복금지설은, 전소와 후소의 소송물이 다른 때에도 기판력이 후소에 일정한 작용을 하는 경우에 이는 절차의 반복이 아님에도 기판력이 작용한다는 점을 명쾌히 설명하지 못한다는 비판을 받지만, 그 '반복'의 의미를 동일 소송물의 소제기에만 국한하지 않고 선결관계·모순관계의 소제기 반복으로 넓게 해석하면, 위 비판을 벗어날 수 있다고 본다. 반복금지설을 따른다.

11-5-3 기판력의 근거

기판력은 만약 전소판결의 판단이 틀렸더라도 이를 다투지 못하게 한다는 강력한 구속력을 의미하는데, 왜 이런 구속력이 인정되는지, 즉 그 근거에 관해서는, 분쟁해결 필요성과 절차보장이라는 아래의 2가지 각도에서 설명할 수 있다. 우선, 민사소송제도가 목표로 하는 권리보호·분쟁해결의 실효성을 확보하기 위해서는, 일단 확정판결로 끝난 사건에 관해서는, 이제는 더 이상 문제삼지 않도록 해야 한다. 당사자가 제한없이 동일사건에 관한 소송을 거듭할 수 있게 된다면, 분쟁이 결코 끝나지 않기 때문이다. 그러므로, 민사소송제도를 설계하는 이상, 기판력과 같은 효력은 인정하지 않을 수 없다.

그런데 이처럼 제도적 필요성이 있다고 해도, 다른 한편으로 그로써 실제로

---

22) 이시윤 651; 강현중 703; 정동윤 821 등. 독일에서는 Rosenberg, Bötticher, Jonas 등이 반복금지설을 지지하고, 판례도 반복금지설이다(BGH NJW 1995, 2993; BGH NJW-RR 2006, 714).

불이익을 받는 당사자와의 관계에서는, 그 불이익을 정당화할 수 있는 이유를 설명해 내지 못하면 기판력의 근거가 충분히 설명되었다고 할 수 없다. 만약 어느 사회의 소송제도에서 ⓐ 판결에 이르는 절차가, 올바른 사실인정에 기한 정당한 법의 해석적용을 실현하기에 충분하다고 볼 수 있는 수준의 절차이고, ⓑ 기판력의 구속을 받는 당사자들이 소송상 그 절차에의 관여를 보장받고 있다면, 그 판결에 기판력을 인정하는 것은 수긍될 터이다.[23] 요컨대 기판력은, 분쟁의 종국적 해결을 위해서는 그것이 필수적인 장치라는 점, 그리고 절차보장으로써 그 장치가 정당화된다는 점에 근거를 두고 있다.

11-5-4 기판력의 작용

11-5-4-1 기판력의 작동방식

기판력은 전수에서 확정된 권리관계가 후소에서 다시 문제될 때에 작동하는데, 구체적으로는 아래와 같이 나누어 볼 수 있다.

(1) 소송물이 동일할 때

전소에서 승소했든 패소했든 간에, 같은 소송물에 대하여 다시 소제기하면 기판력에 저촉된다. 그러나 기판력 있는 판결이 있더라도, ⓐ 시효중단을 위해 필요한 경우(대판-전 18.7.19, 2018다22008; 5-3-2-4), ⓑ 판결내용이 불특정이어서 집행을 할 수 없는 경우(대판 98.5.15, 97다57658), ⓒ 전소판결에서 소송물인 권리관계의 존부에 대하여 실질적인 판단이 없는 경우에는 동일 소송물에 대해서도 재소가 허용된다.

ⓒ에 해당하는 판결례로, 1필지 토지 전부의 소유권이전등기를 구한 전소에서, 토지 일부의 매수사실은 인정되나 특정할 수 없다는 이유로 전부패소판결을 받아 확정된 후, 후소에서 매수부분을 특정하여 소유권이전등기를 구하였고, 법원이 "전소에서는 그 매수 여부에 대하여 실질적으로 판단이 되었다고 할 수 없으므로 전소는 매수부분에 관한 한 기판력이 생기지 아니한다."고 보아 후소를 허용한 것이 있다(대판 92.11.24, 91다28283).

(2) 선결관계일 때

전소·후소의 소송물이 동일하지 않더라도, 전소의 기판력 있는 법률관계가

23) 三木浩一 425.

후소의 선결관계로 되는 때에는, 후소법원은 전소의 기판력 때문에 그와 모순되는 판단을 할 수 없다. 전소의 '판결주문'에서 판단된 법률관계가 후소의 선결관계일 때의 문제이므로, 전소의 '판결이유'에서 판단된 법률관계는 후소를 제약하지 않는다. 바꾸어 말해서, 전소의 주문에 포함된 소송물 판단이 후소에서 선결문제가 되었을 때에는, 후소법원은 그 한도에서는 전소와 다른 내용의 판단을 해서는 안 되고, 당사자는 다른 주장을 해서는 안 된다. 다만 이 경우에는 전소의 판단에 구속되는 것일 뿐, 후소 자체에 대해 각하판결을 할 것은 아니다.

예컨대, ⓐ 원고의 소유권확인청구에 대한 전소판결이 —승소이든 패소이든— 확정된 후, 원고가 같은 피고를 상대로 소유권에 기한 인도청구 등 물권적 청구권을 행사한 경우에, 후소법원은 이와 다른 판단을 할 수 없다(대판 94.12.27, 94다4684; 00.6.9, 98다18155). ⓑ 배당이의의 소에서 실체적 배당수령권이 없다고 하여 패소판결을 받은 원고가, 그 판결의 확정 후 다시 상대방에 대하여 위 판결에서 확정된 배당액에 대하여 부당이득반환 청구소송을 제기한 경우, 후소법원은 원고의 배당수령권의 존부에 관하여 전소판결과 다른 판단을 할 수 없다(대판 00.1.21, 99다3501). ⓒ 원·피고 사이의 전소에서 원고 채권의 존부에 대한 판결이 확정되었다면, 그 판결의 기판력은 원고 채권의 존부를 선결문제로 하는 원·피고 간의 배당이의의 소(후소)에 미친다(대판 12.7.12, 2010다42259). ⓓ 매도인 A가 매수인 B를 상대로 대금지급청구를 해서 패소한 후에, B가 A를 상대로 목적물인도청구를 한 경우에, A가 자신이 대금지급청구권을 가지고 있음을 전제로 하여 동시이행항변을 하면 기판력에 저촉된다. ⓔ 원금청구가 패소확정된 후에 전소 변론종결일 전의 날짜를 기산일로 한 이자 및 지연손해금 청구를 하면, 전소 변론종결일 후의 청구부분은 전소 패소판결의 기판력을 받지만, 전소 변론종결일 이전 부분은 —사실상 패소가능성이 높음은 별론으로 하고— 기판력에 저촉되지 않는다(대판 76.12.14, 76다1488). ⓕ 임대인(토지주택공사)을 대위하여 소제기한 임차보증금 대출은행과 임차인 간의 확정판결에 기하여 임차인에 대한 건물인도 집행이 완료된 후에 다시 건물을 점유한 임차인에 대해서는 임대인이 후소로써 소유권에 기한 방해제거(민§214)를 구할 수 있으며, 임차인이 후소에서 "위 임대차에 계약해제사유가 없으니 위 강제집행은 권리남용에 해당하여 허용될 수 없다"고 다투는 것은 기판력에 저촉된다(대판 24.1.4, 2022다291313).

(3) 모순관계일 때

양소의 소송물이 동일하지 않더라도, 후소의 소송물이 전소에서 확정된 법률관계와 모순되는 것이라면, 전소 확정판결의 기판력은 후소에 미친다. 역시 전소의 '판결주문'에서 판단된 법률관계와 후소의 소송물 간에 모순이 있을 때의 문제이므로, 전소의 '판결이유'에서 판단된 법률관계는 후소를 제약하지 않는다(대판 09.3.12, 2008다36022).

예컨대, ⓐ 소유권이전등기를 명하는 전소 확정판결이 있은 후에, 그에 따라 마쳐진 소유권이전등기가 원인무효라고 주장하면서, 전소 피고가 후소 원고가 되어 그 말소등기절차의 이행을 구하면, 이는 기판력에 저촉된다(대판 87.3.24, 86다카1958). ⓑ 제3자가 명의수탁자를 상대로 한 승소확정판결(전소)에 따라 소유권이전등기를 마친 후에, 다른 소유권이전등기청구권자가 명의수탁자를 대위하여 위 제3자 명의의 소유권이전등기가 원인무효임을 주장하면서 그 등기의 말소를 구할 수는 없다(대판 14.3.27, 2013다91146). ⓒ 원고의 소유권확인판결이 확정된 후에, 동일물에 대하여 전소피고가 원고가 되어 소유권확인청구를 하면 기판력에 저촉된다. ⓓ 제소전화해(12-3-5)에 기하여 마쳐진 소유권이전등기가 원인무효라고 주장하며 말소등기절차의 이행을 청구하면, 이는 기판력에 저촉된다(대판 02.12.6, 2002다44014).

그러나, ⓔ 가등기에 기한 소유권이전등기절차의 이행을 명한 전소 판결의 기판력은 소송물인 소유권이전등기청구권의 존부에만 생기고 그 등기청구권의 원인이 되는 채권계약의 존부나 판결이유 중에 설시되었을 뿐인 가등기의 효력 유무에 관한 판단에는 미치지 아니하므로, 후소로써 —만일 위 가등기에 기한 본등기의 말소를 청구하면 이는 전소판결의 기판력에 저촉되지만— 위 가등기만의 말소를 청구하는 것은, 전소에서 판단의 전제가 되었을 뿐이고 그로써 아직 확정되지는 아니한 법률관계를 다투는 것에 불과하여 전소 판결의 기판력에 저촉되지 않는다(대판 95.3.24, 93다52488).[24] ⓕ 매매계약의 무효 · 해제를 원인으로 한 매매

---

24) 이 판결은, 기판력은 판결주문에만 생기는 것이 원칙이므로(11-7-1) 가등기의 유·무효에는 기판력이 생기지 않는다는 취지일 뿐이다. 전소판결에서 판결이유 중에 가등기가 유효하다고 했으므로, 본안심리에 들어가서는 사실상 가등기권자의 승소가능성이 높을 것이다. 만에 하나 상대방이 승소하더라도, 그 가등기말소판결을 가지고서는 —이미 본등기가 경료되었다면— 가등기말소 집행을 할 수 없다.

대금반환청구(전소)에 대한 인낙조서의 기판력은 그 반환청구권의 존부에 관하여만 발생할 뿐, 그 전제가 되는 선결적 법률관계인 매매계약의 무효·해제에까지 발생하는 것은 아니므로, 전소원고가 후소로써 매매계약 유효를 이유로 소유권이전등기를 청구하는 경우에, 전소 인낙조서의 기판력이 후소에 미치지 않는다(대판 05.12.23, 2004다55698).

11-5-4-2 기판력의 작용의 모습

(1) 기판력의 상대성 원칙

기판력은 원래 당해 소송의 구체적 당사자 사이에만 생긴다. 제3자는, 전소에서 자기의 이익이나 주장을 소송절차상 반영시킬 기회가 없었기 때문에, 그 결과에 대해 책임을 부담하지 않는 것이다.

(2) 기판력의 소극적 작용

기판력 있는 판단을 다투는 당사자의 후소에서의 주장을 허용하지 않음(不可爭)을 가리킨다. 소송물이 동일한 경우에 뚜렷이 드러나며, 이를 강조하는 입장이 반복금지설이다.

(3) 기판력의 적극적 작용

기판력 있는 판단에 구속되어 이를 전제로 후소법원이 판단을 해야 함(不可反)을 가리킨다. 전소가 후소의 선결관계가 될 때 이 기능이 발휘되며, 이를 강조하는 입장이 모순금지설이다.

11-5-4-3 직권조사사항

한국의 모순금지설에서는 전소 원고승소의 경우에만 "전소 확정판결 부존재"가 소송요건이 되고 전소 원고패소의 경우에는 이것이 소송요건이 아니다. 반면에 반복금지설에서는 —어느 경우이든— 이것이 소송요건이 된다.

소송요건이든 아니든 간에, 전소 확정판결은 직권조사사항이라고 보아야 한다. 즉 법원은 당사자의 주장이 없더라도 직권으로 조사하여 판단해야 한다(대판 89.10.10, 89누1308; 11.5.13, 2009다94384). 당사자 간에 기판력 자체를 배제하는 합의를 하면 무효이지만, 기판력 있는 판결로써 확정된 권리관계를 실체적으로 변경하는 새로운 합의를 하는 것은 무방하다.

전소판결의 기판력과 모순되는 판결이 내려지더라도, 이는 무효는 아니고, 상소로써 다툴 수 있으며, 그것이 확정되면 재심으로 취소할 수 있다(§451①x).

11-5-5 기판력 있는 재판

11-5-5-1 확정된 종국판결

종국판결이 확정되면 기판력이 발생한다. 청구인용판결이든 청구기각판결이든 불문하며, 이행판결 · 확인판결 · 형성판결 모두에 기판력이 생긴다. 종국판결이라도 무효인 판결에는, 가령 제소시에 이미 사망한 사람을 당사자로 한 판결에는 기판력이 생기지 않는다.

소송판결은 —그 본안의 청구에 대해서는 기판력이 생기지 않지만— 소송요건의 흠으로 소가 부적법하다는 판단에는 기판력이 발생한다. 당사자가 그 흠을 보완하여 재소하면, 전소의 기판력과는 무관하게 되어, 여기에 기판력이 미치지 않는다.

이러한 '확정된 종국판결'이 기판력을 낳는 본래의 것이다. 그런데 이것 외에도 기판력을 가진다고 인정되는 것들이 있으므로, 이하에서 본다.

11-5-5-2 결정 · 명령

결정 · 명령이라도 실체적 권리관계를 종국적으로 판단하는 내용이면 기판력이 생긴다. 예컨대 소송비용액확정결정(§110,§114), 간접강제를 위한 배상금지급결정(민집§261), 재판상화해와 동일한 효력이 있는 확정된 화해권고결정(§231) · 조정갈음결정(민집§34)이 이에 해당한다. 그러나 소송지휘에 관한 결정 · 명령(§222)이나 비송사건 결정에는 기판력이 없다.

가압류 · 가처분 결정이 내려지더라도, 여기에 피보전권리의 존부를 확인하는 의미의 기판력이 없음은 당연하다. 다만 후행하는 가압류 · 가처분 절차에서 동일사항에 대하여 달리 판단할 수 있는지 여부(즉 이런 한정적 의미의 기판력이 있는지)는 논의되고 있는데, 2005년 개정 민사집행법 전의 가처분결정 이의신청(판결절차)에 대한 판례(대판 77.12.27, 77다1698; 대결 08.10.27, 2007마944)의 취지에 비추어 보면, 이러한 한정적 의미의 기판력도 인정하지 않음이 타당하다(同旨: 김홍엽 861, 반대: 이시윤 658).

11-5-5-3 확정판결과 같은 효력이 있는 것

판결 아닌 것에 대하여 "확정판결과 동일한 효력이 있다"는 표현을 사용한 법문은 여러 곳에 등장한다. 우선 §220가 화해조서, 청구의 포기·인낙조서의 효력에 관하여 그렇게 정하고 있고, 민사조정법 §29는 조정에 관하여, 중재법 §35는 중재판정에 관하여 그렇게 정하였다. 그 외에도 중재절차 또는 중재유사절차를 정한 다른 법률들에도 이 표현은 종종 등장하며,[25] 채무자회생법은 회생채권자표·회생담보권자표·파산채권자표·개인회생채권자표에의 각 기재, 각종 조사확정재판에 대하여 "확정판결과 동일한 효력이 있다"는 표현을 무려 13곳에서 사용하고 있다.

이들은 모두 기판력을 가지는가? 기존의 문헌들은 ―위 조문표현에만 의존하여― 위의 각 조서·조정·중재·채권자표·조사확정재판 등에 대하여 기판력이 있다고 설명하고 있었다. 그런데, 판례는 화해조서, 청구의 포기·인낙조서에 대해서는 기판력을 인정하지만(12-3-3-2; 12-4-2), 채무자회생법상의 채권자표에 관해서는 "이는 기판력이 아닌, 절차 내부에서의 불가쟁의 효력"이라고 판시하고 있다(대판 91.12.10, 91다4096; 06.7.6, 2004다17436; 13.9.12, 2013다29035 등). 또한 최근에는 ―비록 간이절차이지만― 법원의 판단을 거친 개인회생채권 조사확정재판에 대해서도, 이는 기판력을 갖지 않는다고 판단했다(대판 17.6.19, 2017다204131).

11-5-5-4 외국법원의 확정재판

(1) 총설

외국법원의 확정재판이라도 이것이 한국법상 승인요건을 갖추고 있으면 ―아직 승인판결을 받지 않았더라도― 기판력을 가지게 된다(대판 25.6.12, 2024다315527).[26] 그 기판력은, 당해 재판이 당해 외국에서 가지는 기판력이다. 다만 집행력은 한국 법원으로부터 집행판결을 받아야 생긴다. 외국재판의 승인에 관한 §217는 2014.5.20.자로 개정되었고, 이때 §217-2도 신설되었다.[27]

---

25) 가령, 언론중재 및 피해구제 등에 관한 법률 §25, 의료사고 피해구제 및 의료분쟁 조정 등에 관한 법률 §44, 환경분쟁조정법 §45-4, 중소기업기술 보호 지원에 관한 법률 §26.

26) 외국재판의 승인·집행의 문제는 국제문제이므로 국가간 통일적 규율이 바람직하고, 상설 국제기구인 헤이그국제사법회의(Hague Conference on Private International Law)가 이에 관한 통일적 규범을 도출하려는 노력을 해 왔다. 그 성과로 2019.7.2.에 "민·상사 외국판결의 승인 및 집행에 관한 협약"("헤이그 재판협약")이 채택되었다.

개정 전 §217는 '외국법원의 확정판결'만 승인대상으로 하고 있었으나, 통설은 결정이라도 종국성·상소가능성 등이 있으면 이에 포함될 수 있다고 해석하고 있었고, 개정법이 이를 명문화하였다. 승인대상인 외국재판이, 쌍방의 참여가 보장된 절차를 거친 재판이어야 하는지에 관하여는, 이미 논의가 있었고 판례는 그래야 한다고 한다.[28] 그런데 개정법이 "확정판결과 이와 동일한 효력이 인정되는 재판"이라는 표현을 추가하였고, 따라서 청구의 포기·인낙조서, 화해·조정조서가 §217의 승인대상에 포함되는지가 이제는 논의되고 있다.

외국재판이 승인되기 위해서는 아래 ⓐ~ⓓ의 4가지 요건을 모두 갖추어야 한다. 승인요건을 갖추어 승인이 된 경우에는, 동일 사건이 국내법원에 제소되면 이는 기판력에 저촉되는 것이 된다.

(2) 외국재판의 승인요건[29]

ⓐ 국제재판관할권(§217①i) : 승인을 위해서는 해당 재판을 한 외국의 법원이 국제재판관할권을 가지고 있어야 한다. 이에 관해서는 3-1-3-3에서 상세히 보았으므로, 그곳을 참조.

ⓑ 송달(§217①ii) : 패소한 피고가 소장 또는 이에 준하는 서면 및 기일통지서·명령을 적법한 방식에 따라 방어에 필요한 시간여유를 두고 송달받았거나 송달수령 없이 소송에 응하였어야 한다. 공시송달은 여기의 적법한 송달에서 제외되지만, 보충송달은 적법한 송달에 해당한다(대판-전 21.12.23, 2017다257746). 대법원은, 외국 법원이 외교상의 경로를 거치지 아니하고 한국인을 상대로 하여 자국영사에 의한 직접 실시방식으로 송달을 한 경우는 이 송달요건을 충족하지 못한다고 보았다(대판 92.7.14, 92다2585). 그러나, 위 소장 등 서면이 일단 적법하게 송달되고 나면, 그 후의 소환 등 절차가 우편송달·공시송달에 의하더라도 이는 상관없다고 하였다(대판 03.9.26, 2003다29555).

---

27) §217가 승인의 요건을 정할 뿐 —중재판정에 대하여 승인결정 제도(중재§37①)가 있음과 달리— 외국재판에 대해 '승인'의 판결을 받는 절차는 없다. 곧바로 집행판결(민집§26)을 받거나, 한국 법원의 판결 중에 외국재판을 승인하는 내용의 판시를 받을 뿐이다.

28) 대판 10.4.29, 2009다68910은, 미국 캘리포니아 주법원이 그 민사소송법에 의해 발령한 'judgment by confession'(이는, 피고의 채무승인진술서를 기초로 원고가 신청을 하면, 법관의 관여 없이 법원서기가 그 신청내용을 판결로 등록해 주는 제도임)에 대하여, 이는 "대립적 당사자에 대한 상호간의 심문이 보장된 절차에서 종국적으로 한 재판"이 아니므로, 민사집행법 §26①에 정한 '외국법원의 판결'에 해당하지 않는다고 하였다.

29) 상세한 내용은, 석광현, 국제민사소송법, 박영사, 2012, 346 이하 참조.

ⓒ 공서양속(§217①iii) : 외국재판의 승인이 한국의 선량한 풍속이나 그 밖의 사회질서에 어긋나지 않아야 한다. 어긋나는지 여부는, 그 승인이 한국의 국내법질서가 보호하려는 기본적인 도덕적 신념 및 사회질서에 미치는 영향을 그 외국판결이 다룬 사안과 대한민국과의 관련성의 정도에 비추어 판단함으로써 정한다(대판 12.5.24, 2009다22549). 1차적으로는 외국재판의 '내용'이 선량풍속·사회질서에 어긋나는지가 문제되겠지만, 반드시 내용뿐만 아니라 그 외국판결의 '성립절차'가 선량풍속·사회질서에 어긋나는 경우도 승인을 거부할 사유에 포함된다(대판 04.10.28, 2002다74213).

2014년 신설된 §217-2는 '손해배상'의 확정판결에 대하여 특칙을 두었다. 이에 의하면, 법원은 손해배상에 관한 확정재판등이 대한민국의 법률 및 국제조약의 기본질서에 현저히 반하는 결과를 초래할 경우에는 해당 확정재판등의 전부 또는 일부를 승인할 수 없으며, 법원은 위 요건을 심리할 때에는 외국법원이 인정한 손해배상의 범위에 변호사보수 등 소송비용이 포함되는지와 그 범위를 고려해야 한다. 이는 악의적 불법행위에서 때때로 —손해전보의 범위를 초과하는 배상인— 징벌적 배상(punitive damage)을 명하는 영미법계의 판결에 대한 승인에서 그 범위를 적정하게 제한하기 위하여 마련된 규정이라는 것이 대법원의 설명이다(대판 15.10.15, 2015다1284).

그런데 한국의 손해배상 제도는 손해전보만을 원칙으로 하는 애초의 입장에서 벗어나서, 2011년 '하도급거래 공정화에 관한 법률'에서 손해의 3배 배상이 도입된 이래, 공정거래·개인정보·근로관계·지식재산권·소비자보호 등의 관련 법률에서 실제 손해의 3~5배를 한도로 하는 징벌적 손해배상 규정[30]이 여럿 도입되었다.[31] 이에 대판 22.3.11, 2018다231550은 "손해전보 범위를 초과하는 손해배상을 명하는 외국재판이 손해배상의 원인으로 삼은 행위가 적어도 우리나라에서 손해전보의 범위를 초과하는 손해배상을 허용하는 개별 법률의 규율영역에 속하는 경우에는, 그 외국재판을 승인하는 것이 손해배상 관련 법률의 기본질서에 현저히 위배되어 허용될 수 없는 정도라고 보기 어렵다."고 판시하여, §217-2

30) 미국에서는 커먼로상의 징벌적 배상과 성문법상의 배액 배상을 대체로 구별해서 논의한다. 그러나 한국에서 외국재판 승인을 논할 때의 '징벌적 배상'이라는 말은 위 둘을 모두 포함하는 경우가 많다.

31) 2024년 3월 현재, 이런 손해배상 규정을 둔 법률이 20개를 넘는다.

의 적용범위를 제한하기에 이르렀다.

ⓓ 상호보증(§217①iv) : 상호보증이란, 외국이 한국의 확정판결의 효력을 인정하는 조건과 한국이 외국의 확정판결의 효력을 인정하는 조건을 비교할 때, 대등하거나 혹은 앞의 요건이 뒤의 요건보다 관대한 경우를 가리킨다. 기존의 판례가 이미 이 상호보증 요건을 완화하여 해석하고 있었고(대판 09.6.25, 2009다22952), 이에 따라 2014년 개정시에 "상호보증이 있거나 … 승인요건이 현저히 균형을 상실하지 아니하고 중요한 점에서 실질적으로 차이가 없을 것"이라는 완화된 표현이 입법되었다. 그리고 그 외국과는 조약이 체결되어 있을 필요도 없고, 외국에서 구체적으로 우리나라의 같은 종류의 판결을 승인한 사례가 없더라도 실제로 승인할 것이라고 기대할 수 있는 정도이면 충분하다는 것이 판례이다(대판 16.1.28, 2015다207747).

(3) 승인요건의 직권조사 및 집행

법원은 외국재판의 승인요건이 충족되었는지에 관하여 직권으로 조사하여야 한다(§217②). 2014년의 법개정시에 이를 신설함으로써, 종래의 통설을 반영하였다. 앞에서 본 4가지 요건은 —외국재판의 승인요건일 뿐만 아니라— 그 집행요건이기도 하다(민집§27).

실제로 집행을 하려면, 한국 법원에서 집행판결을 받아야 한다(민집§26). 실무에서는, 이행판결 외에도 확인판결·형성판결도 넓은 의미의 집행력을 가지려면 집행판결을 요한다고 본다. 예컨대 외국법원의 혼인취소, 혼인무효 등의 판결을 받은 때에는, 국내법원의 집행판결을 받아야만 가족관계등록부상 신고를 할 수 있다(다만 이혼판결에 대해서는 집행판결을 면제하고 있다).[32]

11-6 기판력의 시적 범위

11-6-1 의의

기판력의 대상이 되는 것은, 판결에서 소송물의 존부에 대한 판단이지만(다만 소송판결에 대해서는 11-5-5-1 참조), 소송물이 되는 실체법상의 권리관계는 시간의 경

---

32) "외국법원의 이혼판결에 의한 가족관계등록사무 처리지침"(가족관계등록예규) 및 "외국법원의 혼인무효 또는 취소판결에 기한 호적신고절차"(가족관계등록선례) 등 참조.

과에 따라 발생 · 변경 · 소멸이라는 변화를 겪는다. 가령 소송물인 청구권이 이행으로 소멸되기도 하고, 소송물인 소유권이 양도되기도 한다. 그러므로 기판력으로써 확정하는 것이 과연 어느 시점의 권리관계인지가 문제되며, 이것이 기판력의 시적(時的)범위 또는 기준시(표준시)의 문제이다.

일반적으로 기판력의 기준시는, 사실심의 변론종결시이다. 바꾸어 말해서, 기판력에 의하여 확정되는 권리관계는 사실심 변론종결시의 그것이다. 그렇게 정한 이유는, 당사자가 판결의 기초가 되는 공격방어방법을 사실심 변론종결시까지만 제출할 수 있기 때문이다. 물론 판결절차는 현재의 분쟁해결을 목표로 하는 것이므로 가능한 한 최신의 권리관계를 확정함이 바람직하지만, 법원이 판결의 기초로서 고려할 수 있는 사실은 당사자가 그 절차상 주장 · 입증할 수 있는 사실, 즉 사실심 변론종결시까지 발생한 사실이므로, 이 시점을 기판력 기준시로 삼는 것이다. 이런 입장은, 사실심 변론종결시까지 발생한 사실에 대해서는 당사자에게 주장 · 입증의 기회가 주어졌다는 의미에서, 절차보장의 관점에서도 정당화할 수 있다.

그러므로 예컨대 이행소송의 청구인용판결에 의하여 확정되는 것은, 사실심 변론종결시의 이행청구권의 존재일 뿐이고, 그 청구권이 그 이전 시점부터 존재했었는지 및 그 후에도 계속 존재하는지는 기판력에 의하여 확정되지 않는다.[33] 또한 마찬가지로, 이행소송의 청구기각 판결의 경우에도, 기판력에 의하여 확정되는 것은 사실심 변론종결시의 이행청구권 부존재일 뿐이고, 그 청구권이 그 이전 시점에 존재했었는지 여부, 그 이후에 발생했는지 여부 등은 확정되지 않는다.

11-6-2 표준시 전에 존재한 사유

11-6-2-1 원칙 — 차단효

사실심 변론종결시가 기판력의 기준시로 되어 있으므로, 전소판결의 기판력이 작용하는 후소에서 당사자는, 그 기준시 전에 이미 존재하고 있던 사실을

33) 그래서 가령 원고가 대여금청구소송에서 승소확정판결을 받았더라도, 그 사실심 변론종결 후에 변제하였음을 피고가 주장하는 것은 기판력에 저촉되지 않으며, 피고는 그 변제를 이유로 '청구이의의 소'(11-6-3-1)를 제기할 수 있다.

주장함으로써, 기판력으로 이미 확정된 기준시의 권리관계를 다툴 수는 없게 된다. 전소의 사실심 변론종결시까지 존재했으나 당사자들이 제출하지 않았던 공격방어방법을 후소에 와서 제출할 수는 없다는 말이다.[34] 가령 1억원의 대여금채권을 가진 원고가 소를 제기했는데, 피고가 소송계속 중인 2024.3.3.에 이를 변제했으나 최종 변론기일인 2024.3.20.까지 그 변제사실을 소송상 주장·입증하지 않았고 그에 따른 원고승소판결이 확정되었다면, 피고는 더 이상 후소에서 위 변제사실을 주장하지 못한다. 만약에 변론종결 전의 사정을 후소에서 주장할 수 있게 해 주면, 확정판결의 효력은 결코 유지될 수 없으며, 법적 안정성은 유지될 수 없다.

만약 이와 같이 당사자들이 제출하지 않았던 공격방어방법이 후소에서 주장되면, 법원은 이를 배제해야 한다. 즉 그런 주장은 차단된다. 이러한 기판력의 작용을 차단효(遮斷效＝실권효; Präklusion durch Rechtskraft)라고 부른다.

차단되는 것은 공격방어방법이고, 청구(＝소송물의 주장)가 아니다. 따라서 표준시 전에 존재했던 사유를 후소에서 주장하더라도, 그것이 —공격방어방법이 아니라— 별개의 청구이면 차단효의 대상이 되지 않는다. 청구와 공격방어방법의 구별은 소송물 이론에 따라 달라진다.

11-6-2-2 판례

(1) 먼저 부동산에 관한 이행의 소에 대하여 본다. 판례는 실체법설에 기하여 소송물을 구별하므로, 청구원인 α에 기한 전소의 소유권이전등기청구와 청구원인 β에 기한 후소의 소유권이전등기청구는 별개의 소송물이다. 마찬가지로, 소유권보존등기 말소청구의 전소에서 패소확정판결을 받은 원고가 후소에서 전소 변론종결 전 취득시효 완성을 이유로 소유권이전등기를 청구하면, 이는 기판력에 저촉되지 않는다(대판 95.12.8, 94다39628). 또 판례는, 토지의 소유권이전등기가 원인무효라는 이유로 그 등기의 말소를 명하는 원고승소판결이 확정되었다고 하더라도 그 확정판결의 기판력은 그 소송물이었던 말소등기청구권의 존부에만 생

34) 원래 기판력을 낳는 판결이란 대립적 변론을 거쳐서 내려지는 판결을 가리키므로, 그 기판력 기준시가 위와 같이 사실심 변론종결시로 설명되고 있으나, 절차의 신속·효율을 위하여 변론 없이 판결을 선고할 수 있도록 정한 경우(무변론판결; §257)에는, 기판력 표준시가 '판결선고시'로 된다(§218②; 민집§44②).

기는 것이므로, 전소에서 패소한 피고도 전소 변론종결 전에 그 토지를 별도의 매매계약으로써 매수하였음을 원인으로 하는 소유권이전등기청구를 전소원고를 상대로 제기할 수 있다고 한다(대판 95.6.13, 93다43491). 또한 토지점유자인 A가 경료한 보존등기에 대하여 B가 그 등기말소를 청구하고 승소확정판결을 받음에 따라 A의 보존등기가 말소되고 B 명의의 보존등기가 새로 마쳐졌는데, 후소에서 A가 B를 상대로 전소의 변론종결 전에 완성된 취득시효를 이유로 이전등기를 청구하는 것도 기판력에 저촉되지 않는다고 한다(대판 97.11.14, 97다32239).[35]

그러나 토지거래허가구역 내의 토지에 관하여 A가 B를 상대로 소유권이전등기를 구하였으나 토지거래허가 부존재를 이유로 청구기각판결이 선고·확정된 후에, A가 전소 변론종결 전에 위 토지가 토지거래허가구역에서 해제되었음을 간과했다고 하여 다시 B를 상대로 이전등기를 구하는 것은 기판력에 반한다(대판 14.3.27, 2011다79968).

한편 특정 토지에 대한 소유권에 기한 인도청구는 그 인도청구권이 소송물이다. 따라서 A가 소유권에 기하여 B를 상대로 토지인도청구를 했으나(민§213) 토지소유권이 국가에 귀속되었다는 이유로 패소확정판결을 받은 후에, 다시 A가 전소 변론종결 전에 농지개혁특별조치법에 의하여 소유권이 자신에게 이미 환원되었다는 주장을 하여 동일한 토지인도청구를 하는 것은 —소송물은 동일하고 소송물의 기초인 소유권 발생원인에 관한 공격방법이 다를 뿐이므로— 전소의 기판력에 위배된다(대판 76.11.23, 76다1338).

(2) 그러나 확인의 소에서는 다르다.[36] 원고가 청구한 토지소유권확인의 소에서의 소송물은, 원고의 소유권을 근거지우는 개별 원인이 아니라 원고의 소유권 자체이다. 그러므로 A가 B를 상대로 토지의 소유권확인의 소를 제기하여 승소확정판결을 받은 후에 B가 후소에서 전소의 변론종결 전에 완성된 취득시효를 주장하면, 이는 기판력에 위배된다(대판 61.12.14, 4293민상837; 87.3.10, 84다카2132). 앞의 5-2-4에서 보았듯이 확인의 소에서의 소송물에 대해서는 판례와 학설의 입장이 여러 갈래로 나뉘어 있는데, 위 판결들을 보면, 대법원이 —확인의 소에 있

---

35) 대판 94.11.11, 94다30430도 같은 취지.

36) 많은 교과서들은 이 부분에서, 이행의 소와 확인의 소를 구별하지 않고 뒤섞어서 설명한다.

어서는— 권리발생원인사실이 아니라 법률관계 그 자체를 소송물로 보고 있음을 알 수 있다. 이행의 소에서는 개개 청구권별로 소송물이 다르다고 보더라도 확인의 소에서는 결론적 법률관계 자체를 소송물로 보는 것이 타당하므로,[37] 이 판례의 입장에 찬동한다.[38]

(3) 전소 변론종결 전의 한정승인(민§1028) 사실은 나중에 청구이의의 사유로 다시 다툴 수 있다는 것이 판례이다(대판 06.10.13, 2006다23138). 상속인인 피고가 한정승인 사실을 주장하지 않으면 책임의 범위가 현실적인 심판대상으로 등장하지 아니하여 주문에서는 물론 이유에서도 판단되지 않기 때문이라고 한다. 그러나 변론종결 전 사유라도 원래 주장하지 않으면 주문·이유에서 판단되지 않는 것이고, 그렇지만 그에 대해서도 기판력이 적용되는 것이므로, 위 판시 이유는 타당하지 않다. 이행의 소에서 피고의 한정승인 주장이 인정되면 법원으로서는 이행판결 주문에서 상속재산의 한도에서만 집행할 수 있음을 표시해야 하며,[39] 이렇게 주문에서 책임한정 기재가 있으면 —이것이 책임한도의 문제이지 소송물 자체는 아니지만— 여기에는 기판력에 준하는 효력이 인정되어야 한다. 따라서 피고가 한정승인 항변을 할 수 있었으나 하지 않은 경우에도 기판력에 준하는 차단효가 인정되는 것이 타당하다.[40]

---

37) 소송물에 관하여 소송법설 중 이분지설을 취하는 Rosenberg도 소유권확인소송에서는 소유권 자체를 소송물로 본다(Rosenberg, §91 Rn.6).

38) 그런데 다른 입장을 취한 대법원 판결례도 있다. 대판 95.12.8, 94다35039은, A가 B를 상대로, B의 소유권보존등기의 말소등기 및 A의 소유권확인을 구하는 소를 제기하여 승소확정판결을 받고, 이에 기하여 B의 보존등기를 말소하고 A 앞으로 보존등기를 마쳤는데, B가 그 후 위 확정판결 전에 토지의 일부에 대한 취득시효 기간이 완성되었음을 이유로 A에게 소유권이전등기를 구하는 경우에, 전후의 양 소는 그 청구취지와 청구원인이 각기 상이하여 서로 모순·저촉되지 않으므로, 기판력이 후소에 미치지 않는다고 했다(대판 97.11.14, 97다32239도 같은 취지). 그러나 전소가 말소등기청구뿐이었다면 위 97다32239처럼 기판력에 저촉되지 않겠지만, 위 판결들은 A의 소유권확인청구를 병합한 것이었으므로, B의 후소는 기판력에 저촉된다고 보아야 한다.

39) 예컨대 "피고는 원고에게 000원을 소외 망 홍길동으로부터 상속받은 재산의 한도에서 지급하라"고 기재한다.

40) 위 2006다23138 판결은 대판 12.5.9, 2012다3197과도 조화스럽지 않다. 이 2012다3197 판결은, 피상속인에 대한 채권에 관하여 채권자와 상속인 사이의 전소에서 상속인의 한정승인이 인정되어 상속재산의 한도에서 지급을 명하는 판결이 확정된 경우에는, —위 2006다23138 판결이 변론종결전의 한정승인 여부가 기판력 사항이 아니라고 한 것과 달리— 채권자는 새로운 소로써, 전소 변론종결시 이전에 존재한 법정단순승인 등 한정승인과 양립할 수 없는 사실을 주장하며 같은 채권에 대하여 책임범위에 관한 유보 없는

한편, 상속포기는, ―책임제한만 문제되는 한정승인과 달리― 상속채무의 존재 자체가 문제되어 그에 대한 판결주문에 당연히 기판력이 생기므로, 전소의 변론종결 전까지 상속포기 사실을 주장하지 않았다면, 그 판결확정 후에 상속포기를 이유로 청구이의의 소를 제기할 수는 없음이 당연하다(대판 09.5.28, 2008다79876).

(4) 해고무효확인의 원고승소판결에서 복직시까지의 임금 지급을 함께 명하는 경우가 흔히 있다. 이는 '정년범위 내에서 복직시까지'로 해석해야 하므로, 그 판결확정 후 복직 전에 정년이 도래하면 정년 후 기간의 임금에 대한 전소판결의 집행력은 소멸한다(대판 93.3.23, 92다51341). 그런데 그런 판결의 사실심 변론종결 전에 원고의 정년이 도과했음에도 불구하고 ―해고사유만 주된 쟁점으로 다투어진 끝에― 정년퇴직이 주장되지 않은 경우에, 사용자 측이 전소판결 확정 후에 청구이의의 소를 제기하면, 변론종결 이후의 임금지급 부분은 단지 장래의 권리관계를 예측한 것에 불과하므로, 그 이후 부분의 집행배제는 기판력에 저촉되지 않는다는 것이 판례이다(대판 98.5.26, 98다9908).

(5) 그러나 전소 변론종결 전의 사유가 문제되는 경우이더라도, 권리남용으로써 전소판결을 받은 것이어서 그 판결의 집행을 법질서가 용인할 수 없는 경우에는, 그 사유를 청구이의(후소)의 사유로 삼을 수 있다. 가령 전소 변론종결 이전에 부진정연대채무자 중의 1인으로부터 따로 금원을 수령하고 더 이상 배상청구하지 않는다고 합의함으로써 전소 피고에 대한 손해배상채무가 소멸한 사실을 스스로 알고 있으면서도 이를 모르는 피고에게 이미 소멸한 채권의 주장을 유지하여 전소 확정판결을 받았다면, 전소 피고는 후소에서 그 채무소멸사유로써 청구이의의 소를 제기할 수 있다(대판 84.7.24, 84다카572).

11-6-2-3 차단효에 관한 실체법설과 일분지설

앞에서 언급했듯이, 기판력의 범위는 소송물 이론(5-2-2)과 직결된다. 바로 앞에서 보았듯이, 대법원이 취하는 실체법설은, 실체적 청구원인사실이 다르면 소송물이 다르다고 본다.

그러나 실체법설과 달리, 신소송물론(소송법설) 중 일분지설은 표준시까지 발생한 모든 관련사실의 주장이 차단된다고 봄으로써, 차단효의 범위가 너무 넓

판결을 구할 수는 없다고 보았다.

어지는 문제가 발생한다.

11-6-2-4 당사자의 귀책사유 여부

전소의 사실심 변론종결시까지 주장하지 않았다는 점만으로 차단효는 바로 발생하는 것이고, 그 주장 없음이 당사자가 그 공격방어방법을 알지 못하였기 때문인지, 나아가서 그와 같이 알지 못한 데에 과실 등 귀책사유가 있는지 여부는 묻지 않는다는 것이 판례(대판 80.5.13, 80다473; 14.3.27, 2011다49981)이고 통설이다.

이에 대하여, 차단효는 당사자가 고의·과실로 제출하지 못한 주장에 대해서만 미치고 귀책사유 없이 제출하지 못한 주장 또는 제출의 기대가능성이 없었던 주장에 대해서는 차단효가 미치지 않는다는 견해도 있다. 그러나 확정판결에 확실한 법적 안성성을 부여하려는 기판력 제도의 취지, 그리고 그 보완방법으로서 재심제도를 마련한 취지에 비추어 보면, 공격방어방법을 당사자가 알았는지 여부 및 모른 데에 귀책사유가 있는지 여부는 고려하지 않음이 원칙적으로 타당하다.

11-6-3 표준시 후에 발생한 사유

11-6-3-1 원칙 — 청구이의의 소

변론종결 전에 발생한 사유를 후소에서 주장하는 것과 달리, 변론종결 후에 새로 발생한 사실을 주장하는 것은, 전소판결의 기판력에 모순되지 않으므로 차단되지 않는다. 따라서 예컨대, 대여금반환청구소송에서 원고승소 확정판결 후에, 그 변론종결 후에 행해진 변제에 의하여 소송물인 대여금반환청구권이 소멸되었다고 주장하는 것은 기판력에 의하여 방해받지 않는다. 또한 소유권에 기한 토지인도청구소송에서 청구기각 확정판결 후에, 기준시 후에 원고가 새로 토지소유권을 취득한 점을 주장하여 다시 소를 제기하는 것도 가능하다.

전소가 이행판결이어서 전소원고가 이를 가지고 강제집행을 하려는 경우에, 전소 변론종결 후에 그 이행청구권의 소멸사유가 생겼다면 피고로 하여금 그 소멸사유를 가지고서 전소판결의 집행력을 배제시킬 수 있게 해 줄 필요가 있다. 이러한 제도로서 마련된 것이 '청구이의(請求異議)의 소'이다. 바꾸어 말해서, 판결의 집행력 배제를 위한 청구이의의 소에 있어서 이의사유는, 변론종결 후에 생긴 것에 한정된다(민집 §44②).

11-6-3-2 새로운 사실관계 vs. 법률 · 판례의 변경

하지만, 변론종결 후의 사유란 '새로운 사실관계'를 가리키는 것이지, 기존의 사실관계에 대한 새로운 증거자료를 말하는 것이 아니며, 법률 · 판례의 변경을 말하는 것이 아니다. 예컨대, 이미 주장했던 사실관계에 대해 새로 명백한 증거가 나타났다고 해서 청구이의 사유가 되지는 않는다. 그리고 점유부동산이 귀속재산임을 전제로 점유취득시효를 주장하여 이전등기청구를 하였으나 귀속재산 점유는 그 성질상 타주점유라는 이유로 원고 패소판결이 선고 · 확정된 후, 헌법재판소에 의하여 국유재산(잡종재산[41])에 대한 시효취득 금지를 정한 국유재산법 규정이 위헌이라는 결정이 내려졌고, 이에 원고가 다시, 귀속재산의 국유전환일자를 점유개시일로 한 취득시효를 이유로 소를 제기하면, 이는 기판력에 저촉된다(대판 95.1.24, 94다28017). '소송촉진등에 관한 특례법'상 지연손해금 이율이 15%에서 12%로 변경된 것은, 변론종결 후의 새로운 사실관계가 아니어서, 기존 확정판결의 지연손해금을 낮출 수는 없다(대판 19.8.29, 2019다215272).

기존의 사실관계에 대한 새로운 법적 평가가 표준시 후의 사유가 되지 못함은 아래 판결에서도 알 수 있다. 아파트 보존등기를 마친 A건설회사가 그 수분양자 B를 상대로 소유권에 기한 인도청구를 했다가, B가 처분권한 있는 C로부터 매수했음을 이유로 A가 패소확정된 후, C가 그 매매계약이 대리권 없는 자를 통해 체결되었음을 이유로 B에게 계약무효확인의 소를 제기하고 승소확정되자, 이에 다시 A가 B 상대로 소유권에 기한 인도청구를 한 사안에서, 대법원은 A의 후소청구가 전소판결의 기판력에 저촉된다고 했다(대판 16.8.30, 2016다222149).

또 판례는, 판결의 기초가 된 '행정처분'이 변론종결 후에 변경된 경우도, 표준시 후 발생한 사유로 볼 수 없다고 한다. 즉 귀속재산 매도에 따른 이전등기가 마쳐지고 나서 국가가 원고로서 그 매각처분을 취소하고 이전등기말소를 청구하여 원고승소판결이 확정된 다음에, 위 매수인이 제기한 행정소송에서 위 취소처분을 취소한 판결이 확정된 경우에 매수인(전소피고)이 —§451①viii의 재심을

41) 현행 국유재산법상으로는 '일반재산'에 해당한다. 동법 §6, §7를 참조.

구함은 별론으로 하고— 위 귀속재산에 대해 다시 이전등기를 구하는 것은 전소 판결의 기판력에 저촉된다고 했다(대판-전 81.11.10, 80다870). 그러나 다른 한편으로, 군인이 국가배상법에 의한 손해배상 소송을 제기했으나 다른 법령에 의한 보상을 받을 수 있다는 이유로 패소판결이 선고·확정된 후, 그 다른 법령상의 보상을 받기 위한 신체검사에서 등외(等外) 판정을 받아 보훈수혜 대상자가 될 수 없음이 판명된 경우, 이는 전소확정판결의 전제와 다른 사실이 객관적으로 판명되게 된 것이어서 새로운 사유에 해당한다고 했다(대판 98.7.10, 98다7001). 이 판결은 —위 80다870과 달리— 원고가 재심으로 구제받을 수 없다는 점도 고려된 것으로 보인다.

11-6-3-3 기타 판례

(1) 예견할 수 없었던 후유증

인신사고 손해배상 소송이 종결·확정된 후에, 피해자에게 새로 후유증이 생겨 새로 손해배상청구소송이 제기된 경우에, 종전 판결의 기판력이 후소에 미치는지의 문제가 있다. 전소의 변론종결 전에는 "예측할 수 없었던" 후유증이라야 변론종결 후의 사유로 인정될 수 있다. 판례는, 전소의 변론종결 당시 그 손해의 발생을 예견할 수 없었고, 그 부분 청구를 포기하였다고 볼 수 없는 등의 사정이 있다면, 이는 전소의 소송물과는 별개의 소송물이어서 기판력에 저촉되지 않는다고 한다(대판 07.4.13, 2006다78640).

(2) 새로운 조건성취 사실

정지조건부 금전지급약정에 기한 원고청구를 조건미성취를 이유로 기각하는 판결이 확정된 후에, 조건이 성취되자 원고가 다시 같은 소를 제기하는 것은 기판력에 저촉되지 않는다(대판 02.5.10, 2000다50909).

피담보채무의 변제로 피고의 양도담보권이 소멸하였음을 이유로 원고가 소유권이전등기를 구하였으나 피담보채무의 잔존을 이유로 청구기각판결이 선고·확정된 후에, 다시 원고가 잔존채무의 장래 변제를 조건으로 소유권이전등기를 청구하는 것은 전소판결의 기판력에 저촉되지 않는다(대판 14.1.23, 2013다64793).

(3) 새 상속재산분할협의

전소에서 원고가 단독상속인이라고 주장하여 소유권확인을 구하였으나 공동상속인에 해당한다는 이유로 상속지분에 해당하는 부분에 한해 원고의 청구를 인용하는 판결이 선고·확정된 다음에, 원고가 나머지 상속지분도 상속받기로 하는 상속재산분할협의를 하고 이에 기해 소유권확인을 구하면, 거기에는 전소의 기판력이 미치지 않는다(대판 11.6.30, 2011다24340).

11-6-4 표준시 뒤의 형성권 행사

11-6-4-1 문제 및 학설

A가 B를 피고로 매매대금 1천만원의 승소확정판결을 받은 후에, B가 그 변론종결 전부터 이미 가지고 있던 대여금 채권으로 상계를 하면, 이는 표준시 전에 발생한 사유라서 기판력으로 차단되는가 아닌가? 위 사례에서, 위 매매에서의 착오를 이유로 전소 변론종결 후에 B가 계약을 취소(민§109)하면, 이 취소를 이유로 한 청구이의의 소는 가능한가 아닌가? 이처럼 상계권을 비롯하여 취소권·해제권·매수청구권·백지보충권 등 여러 형성권이 전소 변론종결 전에 이미 발생했으나, 그 권리행사는 변론종결 후에 있은 경우에 대하여, 그 권리행사 주장이 기판력으로써 차단되는지 여부가 논의된다.

견해는 여럿으로 나뉘는데, ⓐ 어떤 형성권이든 이를 변론종결 후에 행사하면 표준시 후의 사유로 보는 견해(비실권설),[42] ⓑ 상계권을 포함하여 어떤 형성권이든 그것이 변론종결 전에 발생했다면, 그 후에 행사되더라도 차단효에 따라 실권된다는 견해(실권설),[43] ⓒ 취소권·해제권 등 통상의 형성권은 변론종결 전에 행사하지 않으면 실권되지만 상계권은 예외로서, 변론종결 전에 상계적상이 생겼더라도 변론종결 후에 행사한 이상, 이는 표준시 후의 사유라는 견해(상계권 비실권설),[44] ⓓ 상계권만 예외이기는 하지만, 상계권 있음을 알면서도 변론종결 전에 이를 행사하지 않은 경우, 즉 잘못이 있는 경우에는 실권이 되고, 몰랐을 경우에는 실권되지 않는다는 견해(제한적 상계실권설)[45]가 있다.

---

42) 호문혁 843. 독일의 다수설이다(Rosenberg §156 Rn.4; MünchKomm §322 Rn.165; Stein §322 Rn.241). 만약 차단된다고 해석한다면, 이는 실체법이 정한 형성권 행사기간을 소송법이 단축하는 결과를 낳기 때문에 부당하다고 한다.

43) 독일의 판례이다(BGHZ 34, 274).

44) 정동윤 839; 송상현 461.

45) 이시윤 668.

11-6-4-2 분석

원래 형성권이라는 것은, 그에 기한 법률관계의 설정을 발생시키려면, 그 형성권이 '행사'되어야만 한다. 즉 그 사유가 기판력 표준시 전의 것이냐 후의 것이냐만 순수하게 논한다면, 행사사실이 표준시 후의 것임은 분명하다. 다시 말해서, 오로지 '형성권의 효력발생시점'을 기준으로만 판단하면, 형성권 행사는 기판력으로 차단되는 것이 아니며, 따라서 실권설(ⓑ)은 옳지 않다. 그러나 기판력의 표준시를 정하는 이유 중의 하나는, "주장할 수 있는 것은 현재의 소송에서 모두 주장해야 한다"라는 관념이 배경에 있기 때문이다. 만약 전소 변론종결 전에 이미 발생했던 취소권·해제권 등을 행사하지 않은 피고가 전소판결 확정 후에 이를 행사하는 것을 전면적으로 허용한다면, 이는 확정판결의 법적 안정성을 크게 해치게 된다. 이 점을 주목한다면, 형성권이 전소 변론종결 전에 발생한 경우에 그 형성권 행사는 기판력으로 차단된다고 볼 수 있게 되며, 전면적 비차단을 주장하는 비실권설(ⓐ)은 옳지 않다.

한편 ⓒ,ⓓ는 상계권만 예외로 본다고 하고 있으나, "왜 상계권만 예외인지"의 이유를 더 생각해 보아야 한다. 상계권을 따로 취급함이 타당해 보이는 이유는, 상계는 상계권자 자신의 채권을 소멸시키는 자기희생적 권리행사라서 이를 전소에서 당연히 행사할 것으로 기대할 수 없다는 점, 상계권은 전소의 쟁점이 된 법률관계에 내재한 하자가 아니라 상계권자가 별도로 가지는 권리라는 점, 따라서 만약 상계권자가 상계권을 행사하지 않고 자동채권의 이행을 구하는 소를 별도로 제기한다면 이를 허용해야 하므로, 그가 상계권 행사로써 청구이의 사유를 삼는다면 이를 막을 이유가 없다는 점에 있다.

이렇게 분석해 보면, 모든 형성권 행사가 차단효에 따라 실권된다 아니다 혹은 상계권만 예외이다로 결론을 내릴 것이 아니라, 형성권 행사 중에서 그것이 전소에서 당연히 행사될 것으로 기대할 수 있는 것인지 여부, 그리고 전소의 쟁점이 된 법률관계에 내재한 하자에 따른 형성권인지 아니면 별도의 권리인지 여부에 따라 결론을 내려야 함을 알 수 있다("ⓔ형성권별 판단설").

그것이 전소에서 당연히 행사되었어야 하는지 아닌지는, 그 형성권의 근거 법률의 취지를 감안하고, 형성권의 효과 및 당사자 간의 이해관계를 파악해서 결정해야 한다. 바꾸어 말해서, 형성권 중에서 그 행사가 전소에서 가능했고 기대되었다고 평가되는 경우에는, 기판력에 의한 차단을 인정해도 기판력 표준시를 전소 변론종결시로 정한 취지에 반하지 않는다. 이런 결론에 대해서는, 획일적 판단이 중시되는 기판력 이론에 부합하지 않는다는 비판이 있을 수 있지만, 개별 사건별로 취급을 달리하는 것이 아니라, 형성권의 각 종류별로 취급을 달리하는 정도로는 획일적 판단을 크게 깨뜨린다고 보기 어려울 것이다.

우선, 전소의 쟁점인 법률관계를 구성하는 의사표시의 취소권(민§109,§110)에 관해서는 차단을 긍정함이 타당하다. 이런 취소권 행사는, 의사표시 무효(민§107,§108)의 주장이 표준시 후에는 기판력으로써 차단되는 점과 비교해 보더라도 그러하고, 이는 전소의 쟁점이 된 법률관계 자체에 내재하는 하자이기 때문에도 그러하다. 또한 전소의 법률관계를 구성하는 계약의 해제권도 —계약 자체의 하자에 기한 것이므로— 표준시 후에는 행사할 수 없다고 보아야 한다(三木浩一 438).

반면에, 앞에서 본 이유로 상계권은 기판력으로 차단되지 않는다. 또한 지상권자·토지임차인의 건물매수청구권은 —전소의 소송물인 토지소유자의 권리 자체에 관한 것이 아닌 별개의 것이고— 지상권자·토지임차인으로서도 건물소유권의 상실이라는 불이익을 감수하여야 하는 형성권이라는 점을 고려하면, 기판력으로써 차단되지 않는다고 봄이 타당하다.

11-6-4-3 판례

판례는 상계권에 대해서뿐만 아니라, 명의신탁해지권, 지상권자·임차인의 건물매수청구권에도 기판력이 미치지 않는다고 했고, 반면에 변론종결 후의 계약해제 또는 어음의 백지보충권 행사는 기판력으로써 차단된다고 한다. 그러므로 판례는 "ⓔ형성권별 판단설"을 취하고 있다고 보아야 한다.

즉 서면에 의하지 아니한 증여에서의 해제권은 이를 전소 변론종결 전에 행사하지 않으면 그 후에는 이로써 전소판결의 효력을 부인할 수 없고(대판 79.8.14, 79다1105), 해제사유가 전소의 변론종결 전에 존재하였다면 그 변론종결 후에 해제의 의사표시를 하였다고 하여도 이는 기판력에 저촉된다(대판 81.7.7, 80다2751). 그리고 백지어음 소지인이, 전소의 사실심 변론종결일까지 백지보충권을 행사하여 어음금의 지급을 청구할 수 있었음에도 이를 하지 않아서 패소판결을 받고 그 판결확정 후에 백지보충권을 행사하여 다시 동일한 어음금을 청구하면, 그 백지보충권 행사의 주장은 전소판결의 기판력에 의하여 차단된다(대판 08.11.27, 2008다59230).

다른 한편, 원래 A가 취득한 대지를 B에게 명의신탁하였는데 아무런 원인 없이 A 앞으로 이전등기가 경료되었고, 그 이전등기를 말소하기로 A-B 간에 제소전화해를 한 경우에, 그 화해조서의 기판력은 그 후에 A가 명의신탁을 해지하고 이를 원인으로 B에게 소유권이전등기절차의 이행을 소구하는 경우에 미치지 않는다(대판 78.3.28, 77다2311). 그리고 채무자가 확정판결의 변론종결 전에 상대방에 대하여 상계적상에 있는 채권을 가지고 있었으나 상계의 의사표시는 그 변론종결 후에 한 경우, 이는 적법한 청구이의 사유가 된다(대판 98.11.24, 98다25344; 05.11.10, 2005다41443). 또한 임대인이 제기한 토지인도 및 건물철거 청구소송에서 임차인이 건물매수청구권을 행사하지 아니한 채 패소 확정된 후, 임차인은 별소(別訴)로써 건물매수청구권을 행사할 수 있다(대판 95.12.26, 95다42195). 즉 형성권인 건물매수청구권의 요건이 전소 변론종결 전에 이미 갖추어져 있었더라도, 후소에서 이 권리를 행사할 수 있다.

11-6-5 정기금판결에 대한 변경의 소(§252)

11-6-5-1 의의

매월 또는 매년의 정기금 지급을 명하는 판결이 확정된 후에, 그 액수산정의 기초가 된 사정이 현저하게 바뀐 경우에 장차 지급할 정기금 액수를 증액·감액해 달라는 소를 제기할 수 있는 제도가 2002년 개정시에 마련되었다(§252). 가령 월 토지차임 100만원의 지급을 명하는 판결이 확정된 후에 토지가격 및 차임의 시세가 크게 상승한 경우, 또는 중상으로 월 500만원의 향후치료비 지급판결이 확정된 후에 시일이 흘러 상태가 호전되어 월 50만원씩의 물리치료비만 소요되면 족하게 된 경우 등이 그 예이다.

§252의 입법 전에 이미, 장래의 토지인도시까지의 차임 상당의 부당이득반환 판결이 확정된 후에 인근토지 차임의 현저한 상승이 발생한 사안에서 전소 원고의 증액청구를 인정한 사례가 있었고(대판-전 93.12.21, 92다46226), 이것이 입법으로 연결되었으며, 독일 민사소송법 §323를 모델로 하였다.

11-6-5-2 성질

이 변경의 소의 법적 성질은, 확정판결의 변경을 목적으로 하는 것이므로 소송법상의 형성의 소이다. 판결의 내용 자체를 변경하려는 소이므로, 단순히 집행력의 변경을 목적으로 하는 소가 아니다. 그런데 과거의 이행판결의 청구권 일부를 감축하는 변경의 소는 소송법상 형성의 소로서의 성격만 가지겠지만, 과거의 이행판결의 청구권 내용을 증액시키는 변경의 소는, —소송법상 형성의 소임과 동시에— 그 청구취지에 따라 이행의 소가 된다.

본조(本條)의 변경의 소의 소송물은, 전소 소송물과 동일하다. 즉 이 변경의 소는, 전소의 정기금지급 청구권을 소송물로 하는 것이며, 다만 실체적 정의의 관점에서 전소 확정판결의 기판력을 그 증액·감액의 범위에서 배제하는 것이다.

11-6-5-3 요건

(1) 정기금 판결을 받은 당사자 또는 그 기판력을 받는 제3자가 제기해야 한다. 따라서 토지소유자 A가 무단점유자를 상대로 제기한 부당이득반환청구소송의 변론종결 후에 A로부터 토지소유권을 양수한 B가 위 소송에서 확정된 정기금 판결에 대하여 변경의 소를 제기하는 것은 —B에게는 기판력이 미치지 않으므로(11-8-2-4)— 부적법하다(대판 16.6.28, 2014다31721).

(2) 정기금 지급을 명한 판결을 대상으로 한다. 일본 민소법 §117①은 정기금배상판결만 대상으로 하고 있지만, §252에는 그런 제한이 없다. 인신(人身)사고 등 이미 발생한 손해뿐만 아니라, 향후의 차임상당 부당이득금 등 장래 발생할 손해도 포함한다.

이혼에 따르는 부양비·양육비 재판은 —가사소송이 아니라 가사비송 사건이므로— 그 사정변경이 있으면 비송사건절차법 §19(가소§34)에 따라 심판을 변경할 일이지, 본조의 대상이 되지 않는다. 한편 장래손해에 대하여 중간이자 공제 후 선고된 일시금배상판결이 본조의 대상이 되는지에 관하여, 법원이 정기금청구에 대해 일시금배상을 명할 수 있음을 볼 때 양자 간 가변성이 있다는 이유로 이를 긍정하는 견해가 있으나(이시윤 671), 이는 법률규정에 정면으로 반하는 것인 점, 당사자로서는 일시금 방식의 판결에 상소로써 다툴 수 있다는 점을 고려하면, 부정함이 타당하다(同旨: 김홍엽 885).

(3) 정기금 지급판결이 확정되어야 한다. 가집행선고가 있을 뿐인 미확정판결에서는 허용되지 않는다. 확정판결과 같은 효력이 있는 인낙조서·화해조서·조정조서·화해권고결정·조정갈음결정에 대해서도 본조의 변경의 소가 유추적용된다.

(4) 판결확정 뒤에 정기금 액수산정의 기초가 된 사정이 현저하게 바뀌어야 한다. 판결확정 전의 사정을 들어서, 그 확정판결의 결론이 위법·부당하다는 이유로 본조의 변경의 소를 제기할 수는 없다(대판 16.3.10, 2015다243996). 판결확정 후의 사정변경으로써 당사자 사이의 형평을 침해할 특별한 사정이 생겼어야 한다. 문언상 '판결확정'이라고 되어 있지만, 정확히 말하면 그 확정판결의 변론종결 뒤에 사정변경이 있는 경우를 가리킨다. 여기의 사정에는, 후유장애의 정도 등 주관적 사정과 금전가치의 급격한 변동 등 객관적 사정이 모두 포함된다. 금전가치의 변동 폭이 상당히 커야만 현저한 변동에 해당한다. 판례 역시, 토지차임 상당의 정기금 지급판결에서 점유토지의 공시지가가 약 2.2배, ㎡당 연차임이 약 2.9배 상승한 경우는 본조의 변경의 소를 제기할 수 없다고 했다(대판 09.12.24, 2009다64215).

11-6-5-4 절차 및 효과

이 소는 제1심 판결법원의 전속관할이다(§252①). 정기금판결의 강제집행이 끝난 후에 감액을 구하는 소는 소의 이익이 없다. 감액을 구하는 변경의 소를 제기하더라도 강제집행이 바로 정지되지는 않으며, 별도로 집행정지 신청을 해야 한다(§501).

이 변경의 소로써 증액·감액을 구할 수 있는 대상시기는 —기초사정이 현저하게 변경된 때부터가 아니라— 이 소를 제기한 날부터이다(대판 09.12.24, 2009다64215). 법원이 청구를 인용하는 경우에는 전소 판결을 증액 또는 감액하는 변경판결을 선고하면 된다.

11-7 기판력의 객관적 범위

11-7-1 판결주문의 판단

11-7-1-1 원칙

기판력이, 판결에 기재된 법원의 판단 전부에서 생기지는 않는다. §216①은, 기판력이 "주문에 포함된 것에 한하여" 생긴다고 정했다. 본안판결의 경우에 "주문에 포함된 것"이란, 소송물인 권리의무관계의 존부에 관한 판단을 의미하고, 소송판결이면 해당 소송요건의 부존재 판단을 가리킨다(대판 03.4.8, 2002다70181). 이에 반하여 판결이유 중의 판단, 바꾸어 말해서 소송물인 권리의무의 존부의 전제가 되는 선결적 법률관계 및 공격방어방법에 관한 판단에 관해서는, 원칙적으로 기판력이 생기지 않는다(대판 00.2.25, 99다55472). 따라서 예컨대 소유권에 기한 토지인도청구소송에 있어서 청구인용판결의 기판력은, 원고가 피고에 대하여 당해 토지인도청구권을 가지는 것을 확정함에 그치고, 원고가 그 토지의 소유권을 가지는지에 관해서까지 확정하는 것은 아니다. 또한 대여금청구소송에서 무권대리를 이유로 청구가 기각되었다면, 그 판결의 기판력은 원고의 피고에 대한 대여금청구권의 부존재를 확정함에 그치는 것이지, 대리인에게 대리권이 없었음을 확정하는 것은 아니다.

11-7-1-2 기판력 범위를 한정하는 이유

이와 같이 판결이유 중의 판단에는 기판력이 생기지 않는다고 하는 이유는 다음과 같다. 우선, 판결이유 중의 판단에 기판력을 생기지 않게 함으로써, 탄력적이고 신속한 심리가 가능해진다. 만약 판결이유 중의 판단에 관해서도 구속력이 생기는 것으로 정한다면, 어떤 이유로 청구의 당부를 결정하는지가 중요한 문제가 되므로, 법원으로서는, 실체법의 논리적 순서에 따라서 하나하나 심리·판단을 할 수밖에 없다. 예컨대 대여금청구소송에서 피고가 주위적으로 소비대차계약의 성립을 다투고 예비적으로 소멸시효를 주장하는 경우, 법원은 계약의 성부에 관해서 우선 정확히 심리·판단한 다음, 계약의 성립이 인정되는 경우에 한하여 소멸시효의 성립여부에 관한 심리·판단에 나아가야 하게 된다. 반면에 판결이유에는 구속력이 생기지 않는다고 정하면, 어떤 이유로 결론을 내더라도 판결효력의 면에서는 차이가 생기지 않으므로, 소멸시효의 성립이 만약 분명하다면 법원은 계약 성립여부에 관하여 심리할 필요 없이 청구를 기각할 수 있게 된다. 당사자로서도 특정 공격방어방법마다 하나하나 과도하게 얽매이는 일 없이 유연하게 쟁점을 주장·증명할 수 있게 된다.

또한 상소의 면에서도, 만약 판결이유 판단에 구속력을 인정한다고 하면, 결론에서(=판결주문에서) 승소한 당사자에 대해서도, 그 이유가 불리하다면 상소의 이익을 인정해야 하는 문제가 생긴다. 뿐만 아니라 소송물은 소장의 기재로써 소송절차 개시시부터 명확하게 특정되어야 하는 것이어서, 이를 기판력의 범위의 기준으로 삼으면, 당사자로 하여금 명확하고 안정된 기준을 제공하게 되며, 절차보장도 할 수 있게 된다.[46] 그리고 당사자가 판결이유 중의 판단에 관하여, 가령 소유권에 기한 토지인도청구소송에서 '소유권의 존재'처럼 소송물의 전제가 되는 권리의무관계에 관하여 기판력을 부여받고 싶으면, 그 당사자는 중간확인의 소(§264)를 이용함으로써 목적을 달성할 수 있다.

11-7-1-3 동일소송물의 범위

이처럼 기판력은 소송물 판단에 대하여 생기는데, 소송물이 같은지 여부의 결론은 소송물 이론(5-2-2)에 따라 달라질 수 있다. 이하에서는 판례가 취하는 실체법설의 입장에서 서술한다.[47]

(1) 청구취지가 다르면 원칙적으로 소송물이 다르다.[48] 청구취지가 다르지만 동일소송물이라고 보는 사례는 아주 예외적인데, ⓐ 말소등기청구와 이를 대신하는, 진정명의회복을 위한 이전등기청구 사이(대판-전 01.9.20, 99다37894), ⓑ 부당이득반환청구(이행의 소)와 파산절차개시에 따른 파산채권확정청구(확인의 소) 사이(대판 13.2.28, 2011다31706)가 그런 예외이다(5-2-3-1 참조).[49] 이를 제외하고는, 같은

46) 三木浩一 440.

47) 주의할 점은, 기판력의 객관적 범위가 소송물인 데 반해, 기판력의 시적범위에 따라 차단효가 생기는 사항은 —소송물에 한정되는 것이 아니라— 공격방어방법을 포함한다는 점이다.

48) 갑 토지 중 특정부분에 대한 소유권이전등기청구에 대하여 기각판결이 확정된 후, 원고가 동일매매계약에 기하여 갑 토지의 일정 지분에 대한 소유권이전등기를 구하면, 이는 소송물이 같은 경우인가? 대법원은 다르다고 보았다(대판-전 95.4.25, 94다17956).

동산·부동산·채권을 대상으로 한 청구라도 청구취지가 다르면 소송물이 다르다.

(2) 청구취지가 같더라도 청구원인을 이루는 사실관계가 전혀 별개의 것이면, 가령 A-B 간에 중고차 매매대금 500만원을 청구하는 소와, 오토바이 매매대금 500만원을 청구하는 소 사이에는, 서로 소송물이 다름이 당연하다. 사실관계가 서로 관련된 것이더라도 청구원인사실에 차이가 있으면, 가령 매매대금 1천만원을 청구하는 소와 그 매매시에 매수인이 발행해 준 어음에 기해 어음금 청구를 하는 소의 관계에서는, 판례·다수설은 소송물이 서로 다르다고 본다.

(3) 청구취지 및 청구원인을 이루는 사실관계가 동일하고 다만 실체법상의 권리만이 다른 경우에도 소송물이 달라진다고 보는 것이 판례·다수설이다. 가령 기차사고로 다친 승객이 철도공사를 상대로 1억원의 손해배상청구를 민법 §750의 불법행위에 기하여 청구하는 것과, 운송계약 위반을 이유로 민법 §390의 배상청구를 하는 것과는 서로 소송물이 다르다. 토지의 차임 상당의 불법행위 손해배상 청구와 부당이득반환 청구도 서로 소송물이 다르다(대판 91.3.27, 91다650).

(4) 사해행위취소를 본다. 채권자 A가 수익자 C를 상대로 승소확정판결을 받았더라도 —재산이나 가액의 회복이 마쳐지지 않은 이상— 다른 채권자 D의 동일한 사해행위 취소 주장이 기판력에 저촉되지 않으며 D가 승소판결을 받을 수 있다는 것이 판례이다(2-5-3-3). 가액배상판결이라면 법원은, 원상회복되어야 하는 공동담보가액 내에서 각 채권자의 피보전채권액 전액의 반환을 명하여야 하며, C는 '공동담보가액－A가 받아간 가액배상액'을 D의 피보전채권 범위 내에서 D에게 지급해야 한다(대판 22.8.11, 2018다202774).

한편 채무자 B와 수익자 C 간의 기판력이 채권자 A에게 미치는지라는 특수한 문제가 있다. 원래 확정판결로써 소유권이전등기가 경료되면, 그 말소등기청구(후소)는 당연히 기판력에 반한다. 그런데 수익자 C가 통모한 B를 상대로 취득시효완성을 이유로 소유권이전등기를 청구함에 기하여 그 내용의 화해권고결정(12-3-4)이 확정되었고, C 앞으로 이전등기가 마쳐진 다음, B에 대한 채권자인 A가, B-C 간에 허위양도합의가 있었고 이는 사해행위에 해당한다고 주장하면서

---

49) 부당이득반환 외에도, 민법상의 이행청구권을 행사하는 이행의 소와 파산절차·회생절차상의 채권확정을 위한 소는 서로 소송물이 같다고 보아야 한다. '파산채권확정청구의 소'는 구 파산법 하의 제도이고, 현재 채무자회생법 하에서는 '조사확정재판에 대한 이의의 소'이다.

C를 상대로 채권자취소권을 행사하여 위 이전등기의 말소를 구한 사안에서, 대법원은, 이 말소등기청구가 화해권고결정의 기판력에 반하지 않는다고 판단하였다(대판 17.04.07, 2016다204783). 사해행위취소 판결에는 채권자-수익자 간의 상대적 효력만 있으므로, 그것이 채무자-수익자 간의 확정판결의 효력에 반하는 것은 아니라는 것이다. 이 결론은, 한국 채권자취소권 제도의 이른바 상대적 효력설과, 그 행사후 등기복귀라는 처리방식 사이의 모순 때문에 불가피한 것으로 보인다.[50] 근본적으로 채권자취소권 제도가 개혁되어야 한다.

11-7-1-4 일부청구

가령 A가 B에게 1천만원을 대여하고 4백만원만 청구하여 판결을 받은 후에, 나머지 6백만원 부분에 대해 다시 소제기할 수 있는가? 이에 관해서는 5-2-3-5에서 이미 보았다. 채권액의 일부만을 소구하더라도 채권 전체가 소송물이므로, 후소에서 잔부청구를 하는 것은 기판력에 의하여 차단된다는 견해(일부청구 부정설), 명시적 일부청구이든 묵시적 일부청구이든 불문하고 청구된 그 일부만 전소의 소송물이므로 잔부청구의 후소는 기판력에 걸리지 않는다는 견해(일부청구 긍정설)가 있지만, 현재 판례·다수설은, '명시적' 일부청구인 경우에 한하여 잔부청구에 전소판결의 기판력이 미치지 않는다고 보고 있다(절충설; 대판 93.6.25, 92다33008; 16.7.27, 2013다96165). 원고의 권리행사의 자유와 상대방의 신뢰 보호라는 두 이념의 조화를 추구하는 절충설에 찬성한다.

11-7-2 판결이유에서의 판단

11-7-2-1 총설

§216①이 기판력은 주문에 포함된 것에 한한다고 했으므로, 판결이유 중에 포함된 사실인정, 선결적 법률관계, 항변, 법규의 해석·적용 등에는 기판력이 생기

---

50) 사해행위취소 판결의 결과가 채권자-수익자 간에만 표현된다면, 상대적 효력설과 갈등을 빚지 않겠지만, 그 결과로서 "등기의 말소"라는 대세적·절대적 조치가 행해지는 것은 필연적으로 상대적 효력설과 갈등을 낳는다. 한국의 사해행위취소 제도는 근본적으로 잘못된 것이다. 사해행위취소의 연원인 서구 각국(독일·프랑스·미국 등)은 모두 사해행위취소 후 등기를 복귀시키지 않은 채로, 취소채권자가 집행할 수 있도록 하고 있다. 상세한 내용은, 전원열, "채권자취소권의 효력론 비판 및 개선방안", 저스티스 163, 205 이하 참조.

지 않음이 원칙이다(다만 §216②이 상계항변에 대해서는 기판력을 인정하는데, 이는 11-7-2-4 참조). 차례로 본다.

11-7-2-2 사실 및 선결적 법률관계

판결이유 중에서 판단의 근거로 삼은 사실에 대해서는, 그리고 그 사실인정을 위한 증거의 가치판단에 대해서는 기판력이 생기지 않는다. 판결이유 중의 판단에는 기판력을 인정하지 않아야 탄력적이고 신속한 심리가 가능해질 뿐만 아니라(11-7-1-2), 원래 소송은 권리관계를 판단하는 절차이지 사실을 확인해 주는 절차가 아니기 때문이다. 선결적 법률관계에 대해서도 —소송의 목적은 '소송물'인 법률관계의 존부확정이므로— 기판력이 생기지 않는다. 만약 선결적 법률관계에 대해서 기판력을 얻고 싶으면, 중간확인의 소(§264)를 제기해야 한다.

가령 계약에 기한 이행청구에 대하여 그 계약의 무효·취소를 이유로 한 기각판결이 확정되더라도, 그 무효·취소의 사유에 대해서는 기판력이 생기지 않으며, 따라서 후소에서 그 무효·취소는 다시 다투어질 수 있다. 손해배상 판결의 이유에서 판단된 고의·과실, 인과관계에 대해서도 기판력이 생기지 않는다. 그리고 임대차보증금 반환을 명하는 전소판결이 확정되면 —그 임대차보증금 자체의 액수는 기판력 때문에 후소에서 다툴 수 없지만— 그 보증금 반환청구권 행사의 전제가 되는, 위 보증금으로 담보되는 연체차임의 액수에 대해서는 (비록 그것이 전소의 변론종결일 전의 연체차임이더라도) 전소의 기판력이 작용하지 않으므로 청구이의의 소로써 다툴 수 있다(대판 01.2.9, 2000다61398). 또한 제1소송의 대여금 지급판결 후에 제1소송의 피고가 원고로서 제기한 제2소송(청구이의)에서 제1소송 변론종결 후 2억2천만원 지급으로써 변제가 이루어졌다고 하여 승소판결이 선고된 다음, 제1소송의 피고가 다시 제기한 제3소송(손해배상)에서 위 2억2천만원 지급은 별도의 매매계약의 존속을 조건으로 하는 지급이었음을 이유로 변제의 효력을 부정하는 판결을 선고해도, 이는 제2판결의 기판력에 저촉되지 않는다(대판 08.10.23, 2008다48742).

이전등기의 말소등기청구를 명하는 확정판결에 있어서 그 말소사유는 선결적 법률관계일 뿐이라고 보는 것이 확립된 판례이다. 따라서 말소등기원인인 소유권의 존부 판단에는 기판력이 없다(대판 98.11.27, 97다22904). 따라서 A가 B를 상대로 소유권이전등기 말소를 청구했다가 청구기각의 확정판결을 받았다고 하더라도, 그 기판력은 소송물인 말소등기청구권에만 생기므로, A는 B를 상대로 다시 소유권확인의 소를 제기할 수 있다(대판 02.9.24, 2002다11847).

11-7-2-3 기판력 확장이론

(1) 논의 필요성

이처럼 기판력은 소송물인 권리의무관계의 존부에 대한 판단에만 생기고, 판결이유 중의 판단에 대해서는 생기지 않음이 원칙이다. 기판력이 작용하는 상황이 ⓐ 전소와 후소의 소송물이 동일할 때, ⓑ 전소의 소송물이 후소 소송물의 선결문제일 때, ⓒ 전소와 후소의 소송물이 모순관계일 때의 3가지 경우에 한정되는 것(11-5-4-1)도 이 때문이다.

이와 같이 기판력의 작용범위를 소송물에 한정하면, 당사자 및 법원에게 명확한 기준을 제공하고 예측가능성을 보장한다는 장점이 있다. 하지만 반면에, 이 원칙을 엄격하게 관철하면 전소에서 패소한 당사자가 위 ⓐ,ⓑ,ⓒ의 어느 것에도 해당하지 않는 소송물을 설정하여 후소를 제기함으로써, 실질적으로는 전소의 기판력을 잠탈하여 분쟁을 거듭하는 경우도 생길 수 있다. 가령, 전소에서 매수인의 목적물인도청구에 대해 매도인(피고)이 매매계약의 무효를 주장하여 기각판결을 받은 다음에, 매도인이 원고로서 매매대금청구의 후소를 제기하여 매매계약이 유효하다고 주장하는 것은 —종래의 기판력 이론상으로는— 기판력에 저촉되지 않는다.

이런 일이 생기면, 실무상 대부분의 경우에 후소법원은 전소판결을 고려하여 청구기각을 하겠지만, 아예 이론상으로 전소판결의 "매매계약 무효" 판단에 기판력에 준하는 어떤 구속력을 부여함으로써, 위와 같은 후소원고의 주장을 차단할 수 없을까가 논의되고 있다.

(2) 외국에서의 논의

영미법은 광의의 기판력(res judicata)의 개념을 "청구차단효(請求遮斷效; claim preclusion)"와 "쟁점차단효(爭點遮斷效; issue preclusion)"의 두 가지로 나누어 설명하는데, 전자는 한국의 기판력에 가까운 것이고, 후자는 금반언을 비롯하여 판결이유의 구속력을 포함하는 것이다. 그러나 영미법의 판결구속력 이론은 독일법계의 이론과 구조상 차이가 커서 한국의 해석론으로 곧바로 들여오기 어렵다. 독일에서도 일찍이 전소판결과 실질적 연관성(Zusammenhang) 있는 쟁점에 대해서는 기판력이 확장되어야 한다는 주장이 나왔으나, 독일 민소법의 명문규정에 반하고 범위가 불명확하여 당사자에게 예측가능성을 주지 못한다는 등의 이유로 이는 여전히 소수설에 그친다.[51)]

기판력 확장의 필요성에 따른 논의가 일본에서는 이른바 "쟁점효 이론"으로 학설상 주장되고 있다.[52)] 구체적으로 보면, ⓐ 전소 및 후소의 주요한 쟁점에 관하여, ⓑ 당사자가 전소에서 (자백한 것이 아니라) 실제로 다투었고, ⓒ 법원이 실질적 판단을 표시한 경우에는, ⓓ 전소와 후소의 계쟁이익이 거의 동등한 이상 '쟁점효'(爭點效)가 생기고, ⓔ 당사자가 이를 원용하면, 후소법원은 전소판결의 판단에 구속된다는 것이다. 다만 ⓕ 전소의 쟁점판단에 관하여 승복하지 않는 당사자가 결론적으로 승소판결을 받았기 때문에 —상소의 이익이 없어서— 그 쟁점을 상소에서 다툴 수 없었던 경우에는 구속력은 생기지 않는다고 한다. 그러나 일본 판례도 쟁점효 이론을 받아들이지는 않았다.

(3) 소결

위와 같은 배경 하에서 한국에서도 쟁점효가 주장되기도 한다. 그러나 위와 같은 기판력 확장이론들은 받아들이기 어렵다고 본다. 왜냐하면, 우선 §216①이 기판력은 "주문에 포함된 것"에 한한다고 명시하고 있는 점, 그래서 이론상 판결이유 중의 판단에는 기판력이 생기지 않는다는 원칙과 부합하지 않는 점, 판결이유 중에 기판력을 생성시키고 싶은 쟁점에 대해서는 중간확인의 소(§264)라는 제도가 마련되어 있는 점, 독일의 '실질적 연관성'이든 일본의 '쟁점의 주요성' 및 '계쟁이익의 동등성'이든 위 요건들이 명확하지 않은 점, 이에 따라 당사자 및 법원에게 예측가능성을 주지 못하는 점 등을 고려하면, 위 확장이론을 도입함으로써 얻을 수 있는 이득이 별로 없다. 또한 쟁점효를 인정하게 되면, 나중에 쟁점효가 있다고 판단될 가능성이 있는 판결이유 중의 여러 사항에 대하여 심리 및 판결작성에 그만큼 공을 들여야 하기 때문에 법원이 자유심증주의에 따라 자유롭게 심리를 할 수 없게 되며, 오판의 가능성도 그만큼 높아진다.

---

51) Rosenberg §155 Rn.12~13.

52) 新堂幸司 718; 伊藤眞 567.

뿐만 아니라, —보다 근본적으로— 기판력의 객관적 범위는 그 자체로 독립적인 이론이 아니다. 이는 소송물론과 결합되어, 중복제소 문제, 시효중단의 범위, 재판의 누락 문제, 보조참가의 이익 여부, 상소의 이익 여부, 불이익변경금지 원칙, 상고이유 및 재심사유 등에서 서로 촘촘하게 얽혀 있는 문제이다. 전소의 '쟁점'에도 구속력이 있다고 하게 되면, 위 각 논의들 전부가 새로 이루어져야 한다.

그리고 현행 판례·통설이 기판력의 범위를 좁게 본다고 해도 실무상 그다지 문제가 발생하지 않고 있다. 전소에서 충분히 다투어진 쟁점에 관해서 후소법원은 전소판결을 존중하는 것이 실무이고, 아예 처음부터 후소에서의 주장을 차단할 필요가 만약 있다면 신의칙(§1)을 적용할 수도 있다. 특히 후소법원의 신의칙 적용이 정당화되는 경우를 보자면, 금반언 내지 모순행위금지의 원칙이 적용되는 경우, 그리고 권리실효의 원칙이 적용되는 경우를 들 수 있을 것이다. 대법원도 쟁점효 이론을 받아들이지 않으며(대판 88.12.13, 86다카2289; 01.7.24, 2001다23669), 이는 타당하다.

11-7-2-4 항변 — 상계항변

(1) 일반적 항변에는 기판력 불발생

판결이유에서 판단된 항변에 대해서는 기판력이 생기지 않는다. 가령 대여금청구소송에서 원고가 받은 패소확정판결은, 그 대여금채권의 부존재에만 기판력이 생기는 것이지, 그 채권의 소멸원인으로 피고가 주장했던 변제, 시효소멸사실 등에 기판력이 생기는 것이 아니다. 피고가 반대채권에 기한 동시이행항변을 하여 상환이행판결이 내려졌더라도, —그 반대채권이 조건으로 붙어 있다는 점에는 기판력이 생겨서 그 후에 원고가 무조건의 이행의무 주장을 할 수는 없지만— 그 반대채권의 존속여부 및 액수에는 기판력이 생기지 않는다(대판 96.7.12, 96다19017).

(2) 상계항변에는 기판력 발생

그러나 상계항변은 예외이다. 피고가 상계항변을 제출하면, 그 자동채권의 존부에 대하여 판결이유에서만 판단이 되지만, 그 상계로써 대항한 액수의 한도 내에서는 기판력을 가진다(§216②). 이렇게 보지 않으면, 행사된 자동채권의 존부에 대해서, 나중에 다시 다투면서 부당이득반환청구 등을 통해 전소 판결을 무의미하게 만들 수 있기 때문이다.

물론 상계항변에 기판력이 생기는 것은 자동채권의 존부에 관하여 실질적 판단이 행해진 때에 한하고, 상계항변이 실기한 공격방어방법으로 각하되거나(§149), 상계금지 때문에(민§496등), 자동채권의 성질상(가령 항변권 붙은 채권이라서), 혹은 상계적상 부존재 때문에 배척된 경우에는, 기판력이 생기지 않는다(대판 75.10.21, 75다48; 18.8.30, 2016다46338). 그리고 "상계하자고 대항한 액수에 한하여" 기판력이 생기므로, 가령 7천만원의 원고청구에 피고가 1억원의 자동채권으로 상계항변을 했다면 자동채권에 대한 판단의 기판력은 7천만원에 한하며, 그 초과부분에는 기판력이 생기지 않는다.[53)]

(3) 재항변으로 상계를 주장하면 기판력이 생기는지

상계항변에 기판력이 생기는 경우란, 소송물을 수동채권으로 하여 채무자의 상계가 '항변'으로 제출된 경우이다. 전소 확정판결 후에 전소피고가 원고가 되어 청구이의의 소를 제기하면서 상계를 주장하는 경우는, 실질적으로 위와 동일하므로, 이때에도 상계주장에 대한 판단에 기판력이 생긴다. 그러나 피고가 항변으로 제출한 채권에 대하여 원고가 '재항변'으로 상계주장을 하는 경우에는, 그 상계 판단에 기판력이 생기지 않는다. 가령 토지매도인 A가 매수인 B를 상대로 매매계약을 해제하고 토지인도를 구함에 대하여 B가 해제에 따른 중도금 반환채권으로써 동시이행항변을 하였고, A가 다시 그간의 토지점유사용에 따른 점용료 채권으로써 상계재항변을 한 경우에, 그 상계에 대한 판단에는 기판력이 생기지 않는다(대판 05.7.22, 2004다17207). 만약 그렇게 보지 않으면, 위 동시이행항변이 상계재항변에 의해 배척되는 경우에, 그 동시이행항변에서 행사된 채권에 대하여 기판력이 생기게 되고, 이는 판결주문에 포함된 것에 한하여 기판력을 가진다는 원칙에 반하기 때문이다.

(4) 상계항변에 다시 상계재항변을 할 수 있는지

피고의 소송상 상계항변에 대하여 원고가 다시 피고의 자동채권을 소멸시키

---

53) 마치 자동채권 중 상계되는 금액만큼을 '명시적 일부청구'로서 소제기한 경우와 마찬가지 결과가 된다. 즉 소로 제기한다면 원래 단일 소송물이 될 자동채권이지만, 그 일부 금액만 상계항변의 대상이 됨으로써, 그 부분의 기판력과 나머지 부분의 기판력이 분리되어 취급된다.

기 위하여 소송상 상계의 재항변을 할 수 있는가? 피고의 상계항변이 이유 있다고 법원이 판단하는 경우에는 원고의 청구채권인 수동채권과 피고의 자동채권이 상계적상 당시에 대등액에서 소멸한 것으로 보게 될 것이므로, 상계재항변으로써 상계할 대상인 피고의 자동채권이 그 범위에서 존재하지 않게 되고, 따라서 상계재항변에 관하여 판단할 필요가 없게 된다. 원고가 소송물인 청구채권 외에 피고에 대하여 다른 채권을 가지고 있어서 이를 행사하려는 것이라면, —상계재항변이 아니라— 소의 추가적 변경에 의하여 그 채권을 당해 소송에서 청구하거나 별소를 제기할 수 있다. 그렇다면 원고의 상계재항변은 일반적으로 이를 허용할 이익이 없으므로, 이는 허용되지 않는다(대판 14.6.12, 2013다95964).

(5) 상계항변 판단의 기판력 범위 및 판결작성시의 유의점

ⓐ 상계항변이 배척되면, 즉 자동채권이 부존재한다고 판단이 내려지면, "자동채권의 부존재"에 기판력이 생긴다. ⓑ 상계항변이 채택되면, 그 기판력 범위에 관하여 ㉠ 수동채권·자동채권이 함께 존재했다가 상계로써 이들이 소멸했다는 점에 기판력이 생긴다고 볼 것인지, ㉡ 위와 같은 사정에 대해서가 아니라, 현재의 법률관계로서 자동채권이 소멸되었다는 결론부분에만 기판력이 생긴다고 볼 것인지의 논의가 있으나, 전자로 보는 것이 다수설이며, 큰 논의의 실익은 없다.

그런데 이와 같이 기판력이 발생한다는 점 때문에, 복수의 자동채권이 상계로 주장되면 판결에서는 어느 자동채권에 대해서 기판력이 생기는지 밝혀야 하며, 상계로 소멸될 자동채권에 관하여 특정하지 않고 상계항변을 인용한 판결은 위법하다(대판 14.12.11, 2011다77290). 그리고 자동채권의 액수가 수동채권을 초과함이 명백한 경우에도, 상계로써 소멸되는 양 채권의 금액을 일일이 계산하지는 않더라도 적어도 상계적상 시점, 수동채권의 지연손해금 기산일·이율 등을 특정해 줌으로써 상계의 기판력이 생기는 범위를 판결이유 자체로 당사자가 분명하게 알 수 있을 정도까지는 밝혀 줘야 한다(대판 13.11.14, 2013다46023).

(6) 기타

피고의 항변이 여럿이어서 판결이유에서 각각 판단할 경우, 상계항변은 다른 항변이 모두 이유 없을 때에 마지막으로 판단한다. 상계항변은 자동채권 소멸이라는 희생을 낳는 자기희생적 항변이므로, 피고의 이익을 고려해야 하기 때문

이다. 따라서 판결이유에서는, 권리장애항변, 권리소멸항변, 기한유예 항변 등보다 뒤에 판단하는데, 다만 동시이행항변은 상환이행의 주장일 뿐이므로 이것보다는 먼저 판단한다. 이처럼 소송상 상계항변은 특별한 사정이 없는 한 원칙적으로 예비적 항변의 성격을 가진다.[54] 이러한 예비적 항변의 성격 때문에, 피고로서는 상계항변을 원고의 동의 없이도 철회할 수 있으며(대판 11.7.14, 2011다23323), 선행소송의 제1심에서 상계항변을 하여 본안판단을 받은 후 그 항소심에서 상계항변을 철회한 경우라도, 자동채권에 기한 후소를 별도로 제기할 수 있다(대판 22.2.17, 2021다275741). 그리고 원고의 청구에 대한 방어로서 피고의 예비적 상계항변이 있었으나, 조정이 성립되어 수동채권의 존재에 관한 법원의 실질적인 판단이 이루어지지 않았다면, 상계항변의 사법상 효과는 발생하지 않은 것이라는 판결례가 있다(대판 13.3.28, 2011다3329).

한편 상계항변의 자동채권으로써 별소를 제기하여도 이는 중복소송에 해당하지 않는다(2-5-3-4 참조). 제1심 법원이 상계항변을 받아들여 원고청구를 기각하였는데, 항소심이 다른 항변에 의해 원고청구가 배척된다고 보는 경우의 판결방식 및 불이익변경금지 문제에 관해서는 15-2-6-4를 참조.

11-7-2-5 법률판단

판결주문의 근거로 삼은 추상적 법률판단이 판결이유 중에 기재되었더라도, 여기에는 기판력이 생기지 않는다. 이 점은, 후소에서 다른 소송물을 대상으로 하면서도 전소와 동일한 법률문제가 다투어지는 경우에, 중요한 의미를 가질 수 있다. 후소법원의 판사가 전소법원의 판사와 동일인이더라도, 후소법원은 전소판결에서의 법률판단과 다르게 판단할 수 있다.

---

54) 예비적 항변의 성격을 가지므로, 1심에서 상계항변이 받아들여져 원고청구기각 판결이 내려졌더라도, —이를 곧바로 시효이익 포기로 해석할 수 없고— 2심에서 소멸시효항변을 해도 된다(대판 13.2.28, 2011다21556).

11-8 기판력의 주관적 범위

11-8-1 기판력의 상대성 원칙

11-8-1-1 당사자에게만 미침

기판력은 그 구속을 받는 사람에게, 전소 확정판결을 후소에서 다툴 수 없다는 불이익을 주는 것인데, 그런 불이익을 정당화하기 위해서는 그 사람이 전소의 판단내용을 다툴 기회를 충분히 보장받았어야 한다. 따라서 그러한 지위를 전소에서 보장받았던 사람, 즉 전소의 당사자는 기판력에 의한 구속을 받지만(§218), 그 외의 사람은 그런 지위를 보장받지 않았던 이상 기판력에 의한 불이익한 구속을 받지 않음이 원칙이다.

예컨대 A가 B를 피고로 갑 토지에 관한 A의 소유권확인의 소를 제기하고 청구인용판결이 확정된 경우에, B는 A에 대하여 그 토지소유권을 다툴 수 없게 되지만, 전소의 당사자가 아닌 이웃사람 C는 위 판결의 기판력에 구속받지 않고 A의 토지소유권을 다툴 수 있다.

거꾸로, 기판력에 의하여 획득한 유리한 지위를 주장할 수 있는 것도 전소의 당사자였던 사람에 한정됨이 원칙이다. 전소의 패소당사자로서는 어디까지나 상대방 당사자와의 소송에서 절차보장을 받았을 뿐이므로, 그 외의 사람과의 관계에서까지 기판력에 의한 구속을 받을 이유는 없기 때문이다. 예컨대 위 사례에서 A의 승소판결이 확정되면, A의 토지소유권의 존재가 기판력에 의해 확정되므로 B는 A에 대하여 토지소유권을 다툴 수 없게 된다. 그러나 B가 C에 대하여 B의 갑 토지소유권 확인의 소를 제기하는 경우에는, C는 A의 승소판결의 기판력을 원용할 수 없다. 이와 같이, 확정판결의 기판력은, 전소의 양 당사자 사이에서만 구속력을 가짐이 원칙이고, 이를 "판결의 상대효" 또는 "기판력의 상대성 원칙"이라고 부른다.

이처럼 기판력은 당사자에게만 생기는 것이므로, 당해 소송의 법정대리인, 소송대리인, 보조참가인, 공동소송인에게도 미치지 않는다. 그리고 종중·교회 등 단체가 받은 판결의 기판력이 그 구성원에게 미치지 않으며(대판 10.12.23, 2010다58889), 반대방향으로도 마찬가지이다. 그리고 피해자와 피보험자 간 판결의 기판력은 피해자와 보험회사 간 소송에 미치지 않는다(대판 01.9.14, 99다42797). 원고가 '○○○협회 경기도북지부'를 피고로 삼아 승소확정판결을 받았다면 —그 후 위 지부가 ○○○협회의 산하기관일 뿐 독립된 비법인사단이 아님이 판명되었더라도— ○○○협회의 예금채권에 대해 강제집행을 할 수는 없다(대판 18.9.13, 2018다231031).

11-8-1-2 관련문제 — 법인격부인론

법인 제도를 남용하는 경우에, 그 법인격을 부인하여 개인에게 책임을 물린다는 이른바 '법인격 부인론'(法人格否認論; 4-2-2-5)을 기판력에 적용하여, 회사가 받은 판결의 효력을 그 배후자인 개인에게 확장하려는 논의가 있다.

개인의 거래와 법인의 거래가 구분이 되지 않고, 재산 및 회계업무가 혼용되며, 이사회·주주총회도 열린 바가 없이 법인격이 껍데기만 남은 경우에, 거래상대방인 법인에 대하여 책임을 물을 수 있을 뿐만 아니라 그 배후의 개인에 대하여(대판 01.1.19, 97다21604) 또는 그가 지배하는 다른 껍데기 회사에 대하여(대판 06.7.13, 2004다36130) 책임을 물을 수 있다는 것이 판례이다. 그러나 이는 실체법적 권리관계에 법인격 부인론을 적용하는 것일 뿐이고, 어느 법인에 대해 받은 판결로써 그 배후의 개인 또는 그가 지배하는 다른 법인의 재산에 곧바로 강제집행을 할 수 있는지는 별개의 문제이며, 이 점에 대해서는 부정하는 것이 판례이다(대판 95.5.12, 93다44531).

즉 법인격 부인대상인 법인에 대하여 확정판결을 받았다고 하더라도, 그 기판력·집행력을 배후의 개인 또는 다른 법인에게 확장하기 위해서는, 법인격부인 이론을 적용할 사안인지 아닌지에 대한 별도의 정식 소송절차를 거친 판단이 있어야 하는 것이지, 위 확정판결의 집행단계에서 집행기관으로 하여금 그런 판단을 하게 할 수는 없다. 따라서 대법원의 결론에 찬성한다.

11-8-1-3 제3자에 대한 확장

위와 같이 기판력은 당사자에게만 생기는 것이지만, 경우에 따라서는 기판력이 당사자 외의 제3자에게도 인정되지 않으면 승소당사자에 대한 보호가 불충분해진다든지, 관련 분쟁에서 모순된 판단이 이루어져 사회생활상 용인할 수 없는 혼란이 생겨서, 확정판결의 기능이 충분히 달성될 수 없는 경우가 있다. 또한 제3자에게 기판력이 미친다고 보더라도 절차보장을 대체할 만한 정당화근거가 충분히 있는 경우도 있다. 그래서 일정한 경우에는 당사자 외의 제3자에 관해서도 기판력이 미친다고 법률상 명문으로 규정되어 있다(§218①~③).

이처럼 당사자와 같이 볼 제3자로는, "변론종결 후의 승계인", "제3자 소송담당에 있어서 권리귀속주체", "청구의 목적물의 소지자", 그리고 "소송탈퇴자"가 있다. 아래에서는 이들에 대하여 차례로 검토한 다음, 마지막으로 기판력의 "일반 제3자에게의 확장" 문제를 본다.

11-8-1-4 승계집행문

판결당사자 본인에 대한 강제집행은 그 판결에 대해 통상의 집행문(執行文; Vollstreckungsklausel: 민집§29)을 법원사무관등으로부터 부여받으면 대체로 실시할 수 있지만(1-6-3-4), ―포괄승계인이든 위와 같이 기판력이 제3자에게 확장되는 경우이든 간에― 타인을 집행당사자로 삼아서 집행을 하려면, 그를 집행당사자로 표시한 승계집행문(민집§31)을 받아야 한다. 기판력이 미치지 않는 사람을 상대로 집행하겠다고 하여 승계집행문을 신청할 수는 없다(대판 02.10.11, 2002다43851).

11-8-2 변론종결 후의 승계인

11-8-2-1 의의 및 확장근거

확정판결의 기판력은 변론종결 뒤의 승계인에게도 미친다(§218①).[55] 변론종결 후에 소송물인 실체법상 권리·의무를 포괄승계한 경우에는 이런 확장이 당연한 것이지만, 특정승계한 경우에도 기판력을 승계한다. 그런데 특정승계인의 경우에는, ―모든 특정승계인에 대하여 기판력이 확장되는 것은 아니고― 기판력확장의 근거, 확장을 받는 승계인의 범위, 기판력확장의 내용 등에 관하여 논의할 점이 많다. 아래에서 구체적으로 본다.

---

55) 소송물인 권리의무관계를 변론종결 전에 승계하면 소송승계를 하게 되고, 변론종결 후에 승계하면 기판력을 승계하게 된다. 변론종결 전의 소송승계로는, 포괄승계이면 그 지위를 그대로 이어받아 당사자가 변경될 것이고("당연승계"), 특정승계이면 승계참가·인수참가로써 당사자를 변경할 것이다(승계의 범위에 관해서는 14-7-4-2 참조).

변론종결후 승계인에 대하여 기판력이 미친다고 정한 이유는, 이렇게 하지 않으면 판결 후의 권리관계 승계가 있는 경우에 패소자가 그 판결을 무력화시킬 수 있기 때문이다. 예컨대, A의 B에 대한 토지소유권확인의 소에서 A의 승소판결이 확정되더라도, B가 변론종결후에 그 토지의 소유권을 A로부터 양도받은 C에 대하여 A가 소유자였던 사실을 다시 다툴 수 있다고 한다면, 사실상 A는 그 토지를 처분하기 어려워진다. 거꾸로 위 소송에서 청구기각판결이 확정되어, A의 토지소유권의 부존재에 기판력이 생겼음에도 불구하고 승계인 C가 B에 대하여 다시 자신이 A로부터 토지소유권을 승계했다면서 소를 제기하여 자신의 소유권을 주장할 수 있다고 하면, 승소한 B의 지위가 침해당한다.[56] 위 사례에서 C는 비록 전소에서 당사자로서의 절차보장을 받은 자는 아니지만, 실체법상 전소유자가 한 처분의 결과를 승계해야 하는 지위에 있는 것이므로("실체법상의 의존관계"), 전주(前主)가 받은 확정판결에 의한 불이익을 감수해야 한다.

이와 같이 변론종결후의 승계인에 대한 기판력 확장은, 전소의 승소당사자의 지위 안정이라는 요청과, 승계인에 대한 절차보장 요청의 대립을 입법적으로 조정한 것이라고 할 수 있다. 바꾸어 말해서, 어느 범위의 승계인까지 기판력을 미치게 할 것인지는 —논리적 정답이 있는 문제라기보다는— 다분히 정책적인 것이다. 입법적으로는 현행 한국법이 정한 기준 외의 다른 기준을 선택할 수도 있다.[57]

11-8-2-2 승계의 대상

(1) 소송물 자체의 승계

바로 앞의 사례, 즉 소유권확인판결이 내려진 소유권을 C가 A로부터 양수한 것은, 소송물인 실체법상의 권리의무 자체를 승계한 사례이다. 이처럼 소송물 자

---

56) 그런데 전소가 소유권확인소송이 아니라 소유권에 기한 인도청구소송인 경우에는, 전소의 원고로부터 토지를 양수한 사람을 변론종결후 승계인으로 보지 않는 판결례가 있다(대판 84.9.25, 84다카148; 99.10.22, 98다6855). 그 비판에 대해서는, 아래 11-8-2-4 (3)을 참조.

57) 같은 시간적 범위의 승계인들 내에서 기판력확장범위를 신축(伸縮)하는 입법을 할 수도 있고, 기판력이 미치는 승계인의 시간적 범위를 신축할 수도 있다. 가령 독일 민소법은, 변론종결 전의 승계인이라도, 소송계속이 발생한 후의 승계인에 대해서는, 원칙적으로 기판력을 미치는 것으로 정하고 있으며(당사자항정주의; 當事者恒定主義), 따라서 한국법보다 승소당사자의 보호를 더 중시하고 있다.

체를 승계한 사례를 더 들면, 이행판결을 받은 채권의 양수인, 이행판결을 받은 채무의 면책적 인수인[58] 등이 있다.

(2) 분쟁주체 지위의 승계

그런데 나아가서, 소송물인 권리의무 자체가 아니라 분쟁주체인 지위를 이전받은 사람도 여기서의 승계인에 해당하는지가 논의된다. 예컨대 ⓐ 원고 A의 피고 B에 대한 소유권확인소송[59]의 변론종결 후에 목적물을 'B'로부터 양수한 C, ⓑ A의 B에 대한 건물철거·토지인도 청구소송의 변론종결 후에 B로부터 건물을 양수 또는 임차한 C는 소송물인 권리의무 자체를 승계한 자는 아니다. 하지만 이 사례들에서 C에 대한 기판력확장을 부정하면, A가 승소판결을 획득해도 그 결과를 B측이 쉽게 잠탈할 수 있게 된다.

이에 다수설은, 소송물인 권리의무 자체의 승계인 외에, 이러한 C에 대해서도 승계인으로서 기판력이 확장된다고 하며, 이런 입장을 "적격승계설"이라고 부르기도 한다(이시윤 686; 김홍엽 905). 소송물 자체가 아니라 소송물에 관한 당사자적격을 승계하는 경우도 변론종결후 승계인에 포함한다는 취지이다. 그러나 여기서 '적격'이라는 용어를 사용함이 적절한지 의문이므로,[60] "분쟁의 주체인 지위를 승계" 또는 "당사자가 되기에 적절한 실체법상 지위를 승계"한 사람은 변론종결후 승계인에 포함된다고 말하는 것이 적절할 터이다.

정리하자면, 소유권확인소송의 피고로부터 소유권을 양수한 자, 소유권에 기한 인도청구소송의 피고로부터 점유를 이전받아 취득한 자,[61] 그리고 소유권에

---

58) 채무의 면책적 인수는 소송물 자체의 승계에 해당하지만, 중첩적 인수는 이에 해당하지 않는다. 후자의 경우에는, 원래 채무자에 대해서도 기존판결을 여전히 집행할 수 있으므로 기존판결이 무력화될 우려가 없기 때문이다. 면책적 인수인에 대해서는 승계집행문을 부여받으면 곧바로 집행할 수 있으므로 그에 대해 소를 제기할 이익이 없는 반면에(대판 16.9.28, 2016다13482), 중첩적 인수인에 대한 강제집행을 위해서는 새로 집행권원을 획득해야 한다.

59) 이 소송의 소송물은, A의 소유권이다.

60) 원래 당사자론에서 말하는 당사자적격이란, 하나의 특정 소송에서 주장되는 소송물의 내용에 따라 정해지는 것인데, 동일한 소송이 아닌 후소에서 당사자적격 자체의 승계를 생각할 수 없기 때문이다. 즉 당사자론에서 말하는 당사자적격과 여기서 말하는 당사자적격은 일치하는 개념이 아니다(박재완 427; 三木浩一 459 참조). 일본판례는 주로 "분쟁의 주체인 지위의 승계"라는 말을 사용한다(最高裁判 1966.3.22., 民集20-3, 484 등).

61) 반면에 점유를 탈취하여 취득한 자는 변론종결후 승계인에 해당하지 않는다(대판 15.1.29, 2012다111630). 전소 당사자로부터 실체법상의 지위를 승계한 것이 아니고, 실체법상 의존관계가 인정되지 않기 때문이다.

기한 인도청구소송에서 승소한 원고로부터 소유권을 양수한 자 등은 그 소송물에 관하여 당사자가 될 실체법상의 지위를 승계한 자이고, 실체법상의 전주(前主)에게 의존하는 지위에 있다고 할 수 있으므로, 기판력 확장을 받는다.

11-8-2-3 승계의 시기

승계의 시기는 사실심 변론종결 뒤라야 한다(무변론판결의 경우에는 판결선고시가 기준이다). 만약 변론종결 전에 권리의무를 승계했다면 소송승계 등의 절차에 따라 당사자를 변경해야 하는 것이지, 기판력 확장을 적용할 수는 없다. 가령 소유자 A의 B에 대한 소유권이전등기 말소소송의 변론종결 전에 B가 C에게 그 부동산을 양도하고 이전등기했으면, A가 승소하더라도 C를 상대로 기판력을 주장할 수 없다. 변론종결 후에 위 양도 및 이전등기가 행해졌으면, A는 C를 상대로 말소등기를 집행할 수 있다. 만약 B-C 간 원인행위는 변론종결 전이고 등기는 그 후라면, 등기를 기준으로 하여 변론종결 후의 승계로 본다. 채권양수인이 변론종결후 승계인에 해당하는지 여부 역시, 채권양도 합의시가 아니라 대항요건 취득시를 기준으로 판단한다(대판 20.9.3, 2020다210747).

그런데 등기말소청구소송에서, 변론종결 전에 가등기를 마치고 변론종결 후에 본등기를 마친 사람은 변론종결 후의 승계인에 해당하지 않는다(대판 70.7.28, 69다2227). 반면에, 토지소유권에 기한 건물철거청구 확정판결의 변론종결 전에 건물에 가등기를 하고 그 변론종결 후에 본등기를 마친 경우에는, 그 사람에게는 위 확정판결의 기판력이 미치므로 철거집행을 할 수 있다(대판 92.10.27, 92다10883). 전자의 69다2227 판결은 원고의 소유권 자체가 가등기의 순위보전적 효력으로부터 영향을 받는 사안이고, 후자의 건물철거 판결에서는 피고 측의 건물의 처분권자 지위가 언제 실제로 넘어갔는지가 중요하기 때문이다.

11-8-2-4 승계의 범위

(1) 총설

변론종결후의 승계가 있으면 그 승계인에게 기판력이 확장된다는 것은, 피승계인이 원고이든 피고이든, 승소자이든 패소자이든 불문한다. 승계인이 승계시점에 전소판결을 알았는지 아닌지도 묻지 않는다. 입법론으로는, 전소판결의 존재에 대해 선의·무과실인 승계인에게는 기판력 확장을 부정할 수도 있겠지만, 현행법은 그런 예외를 두지 않는다. 이상과 같은 기준 하에서, 좀 더 구체적으로, 승계가 원고쪽인 경우와 피고쪽인 경우를 나누어 판례를 검토한다.

(2) 피고측 분쟁주체지위 승계

ⓐ 소송물이 물권적 청구권인 경우에 한하여, 피고측 승계인에게 판결의 효력이 미친다는 것이 판례이다. 예컨대 건물인도소송에서 소송물인 청구가 물권적 청구여서 대세적인 효력을 가진 경우에는, 그 판결의 기판력·집행력이 변론종결 후에 그 피고로부터 건물점유를 승계한 자에게도 미치는 반면에, 전소 청구가 채권적 청구인 경우에는 전소 피고로부터 건물점유를 승계한 자에게 기판력·집행력이 미치지 않는다.[62]

물권적 청구인 사례를 보면, ㉠ 소유권에 기한 방해배제로서 원인무효인 소유권이전등기의 말소를 명하는 판결·화해가 확정된 경우에 그 변론종결 후에 피고로부터 소유권이전등기를 경료받은 사람,[63] ㉡ 근저당권설정등기가 원인무효임을 이유로 그 말소를 명하는 판결이 확정된 경우에, 변론종결 후에 그 근저당권에 기한 경매절차에서 부동산을 경락받은 사람(대판 94.12.27, 93다34183), ㉢ 토지소유권에 기한 건물철거·토지인도 소송에서 원고가 패소확정판결을 받은 경우 그 변론종결 후에 피고로부터 건물을 양수한 사람(대판 91.3.27, 91다650), ㉣ 토지소유권에 기한 건물철거소송에서 원고가 승소확정판결을 받은 경우 그 변론종결 후에 피고로부터 건물을 양수한 사람(대판 92.10.27, 92다10883) 등은 변론종결후 승계인이어서 기판력이 미친다.

반면에 전소 청구가 채권적 청구인 경우를 보면, ㉤ 채권적 청구권에 기한 건물인도소송의 변론종결 후에 피고로부터 점유를 승계한 사람(대판 91.1.15, 90다9964), ㉥ 채권적 이전등기청구권에 기하여 소유권이전등기를 명하는 확정판결의 변론종결 후에 피고로부터 그 목적물을 매수하여 등기를 한 제3자(대판 03.5.13, 2002다64148; 12.5.10, 2010다2558), ㉦ 전소에서 원고가 조정참가인으로부터 향후 건축

---

62) 그런데, 이와 같이 승계된 소송물인 권리가 물권적인 것인지 채권적인 것인지에 따라 그 효과를 구분하는 견해는, 승계한 권리를 실체법상 제3자에 대하여 주장할 수 있는지 여부의 문제와, 기판력이 누구에게 미치는가의 문제를 혼동한 것이라고 보는 입장이 일본에서는 오히려 보편적이다(三木浩一 460 등).

63) 日最高裁判 1979.1.30., 判時918, 67.

허가명의를 이전받고 토지사용의 채권적 청구권을 취득하기로 하는 내용의 조정조서가 성립된 다음, 그 조정참가인으로부터 지상권을 설정받은 사람이 전소원고를 상대로 건물철거 · 대지인도를 구하는 후소를 제기한 경우의 후소원고(대판 08.2.15, 2005다47205) 등은 모두 변론종결 후의 승계인에 해당하지 않고, 따라서 기판력이 미치지 않는다.

한편 주택임대차보호법상 보호되는 보증금반환청구권은 단순한 채권적 청구권이라고 볼 수 없다. 따라서 ⓞ 그 보증금반환 청구소송에서 패소한 임대인으로부터 임대부동산을 양수하여 임대인 지위를 승계한 자는 변론종결 후의 승계인에 해당한다(대판 22.3.17, 2021다210720).

ⓑ 원고의 청구권이 비록 물권적 청구권이더라도 패소피고의 승계인이 고유한 실체법상 방어방법을 가지고 있는 경우에는 그에게 기판력이 미치지 않는다. 예컨대 동산인도판결의 변론종결후 패소피고의 승계인이 선의취득자인 경우, 통정허위표시를 원인으로 한 등기말소청구소송의 변론종결후 패소피고의 승계인이 선의인 경우 등이다. 이 승계인들은 기판력을 받지 않지만, 이 문제의 처리방법에 관하여 형식설과 실질설이 대립한다. 원래, 원고가 피고측 변론종결후 승계인에 대하여 집행을 하려는 때에는 집행문부여기관에게 신청하여 승계집행문(민집§31)을 받아야 한다. 형식설은, 승계집행문 부여기관은 형식적 사항만 심사하고 실체적 사항으로는 승계여부만 심사할 수 있으므로, 변론종결후 승계인이라고 인정되면 일단 승계집행문을 부여해야 하고, 이에 대하여 승계인이 청구이의의 소 또는 집행문부여에 대한 이의의 소로 다투어야 한다는 입장이다. 실질설은, 승계집행문 부여기관이 승계인의 고유의 방어방법에 대해서도 심사할 수 있으므로, 승계인이 고유의 방어방법(위의 선의취득 · 선의)을 갖추었다고 인정되면 원고의 승계집행문 부여신청을 거절해야 하고, 이에 대해 원고가 승계집행문 부여의 소를 제기해야 한다는 입장이다. 형식설이 다수설이며, 집행기관에게 승계인의 선의(善意) 여부 등을 심판하라고 요구함은 적절하지 않으므로 형식설이 타당하다.[64]

---

64) 판례는 아직 없지만, 실무에서는 대체로 형식설에 따라 처리하되 민사집행법상의 채무자심문절차를 활용하라고 권고되고 있다(법원행정처, 법원실무제요, 민사집행Ⅰ, 2014, 193).

(3) 원고측 분쟁주체지위 승계

원고측 분쟁주체지위를 승계한 자에 관해서는, 전소의 소송물이 물권적 청구권인지만을 기준으로 대법원이 기판력 적용 여부를 판정하지는 않는다. ① 먼저 전소 소송물이 물권적 청구권임에도 불구하고 대법원이 원고측 승계인에게 기판력이 미치지 않는다고 한 사례를 보면, ⓐ A가 미등기토지에 대해 소유권을 주장하며 인도청구를 했다가 패소한 후 토지의 보존등기를 하였고, B가 A로부터 이전등기를 받은 다음에 전소피고에 대하여 토지인도청구를 한 사건과(대판 84.9.25, 84다카148), ⓑ P가 소유권에 기한 건물인도청구를 했다가 패소한 후 Q가 P로부터 그 건물을 양수하고 이전등기받은 다음에 전소피고를 상대로 건물명도청구를 한 사건에서(대판 99.10.22, 98다6855), 각 후소원고(B,Q)는 변론종결후 승계인이 아니라고 했으며, ⓒ 전소원고가 자기 소유 토지상의 가등기권리자를 상대루 소유권에 기한 가등기말소청구를 했다가 패소확정판결을 받은 후에 전소원고로부터 근저당권을 설정받은 후소원고가 다시 가등기권리자를 상대로 가등기말소를 구한 경우에, 후소원고에게 전소의 기판력이 미치지 않는다고 했다(대판 20.5.14, 2019다261381).[65)]

② 다음으로 기판력이 미친다고 한 사례를 보면, ⓓ A가 A→T의 소유권이전등기에 관해 T를 피고로 소유권에 기한 말소등기 승소확정판결을 받고 등기를 회복한 다음 A→B의 소유권이전등기가 마쳐진 경우에, T가 B를 피고로 '진정명의회복을 위한 소유권이전등기'를 청구하면 이는 동일 소송물에 대한 변론종결 후 승계인에 대한 청구라고 하였다(대판 03.3.28, 2000다24856; 5-2-3-3 참조). ⓔ 또한 종국판결후의 소취하에 대한 재소금지(再訴禁止; 12-2-2-2)와 관련하여, 토지소유자 A가 건물철거·토지인도의 승소판결을 받은 후에 소취하하였는데 피고가 다시 토지소유권을 침해한 경우에, A로부터 토지를 양수한 C에게는 —원칙적으로 재소금지가 적용됨을 전제로— 새로운 권리보호의 이익이 있으므로 피고를 상대

65) 한편, 판결례 중에는, 취득시효완성을 이유로 한 승소판결로써 이전등기를 받은 전소 원고로부터 다시 소유권이전등기를 경료받은 승계인은 —취득시효에 기한 소유권이전등기청구가 '채권적 청구권'이라서— 전소판결의 기판력을 받지 않으므로 전소에서 사위판결로 패소한 피고는 위 승계인에 대하여 (재심청구가 아니라) 별소를 제기해야 한다고 판시한 것이 있다(대판 97.5.28, 96다41649). 그러나 원고측 분쟁지위승계에 관한 다른 사안들에서 어차피 대법원은 물권적·채권적 청구권 여부에 따라서 결론을 내고 있지 않음을 유의해야 한다.

로 다시 소제기할 수 있다고 했는데(대판 81.7.14, 81다64. 대판 98.3.13, 95다48599도 같은 취지), 재소금지가 적용된다는 것은 C에게 기판력이 미침을 전제로 한 것이다. ⓕ A,B,C의 공유부동산에 관해 A가 B,C를 피고로 대금분할을 구하여 제기한 공유물분할소송의 변론종결 후에, A가 D에게 가등기를 설정해 주었고, 위 소송의 확정판결에 따라 A가 신청한 경매절차가 마쳐진 사안에서, D는 변론종결후 승계인이므로 경락인에게 대항할 수 없다고 했다(대판 21.3.11, 2020다253836).

위 두 그룹의 판결례들 중에서 ①의 것들은 의문이다. 토지소유권에 기한 토지인도청구소송의 확정판결 후 피고로부터 토지점유자 지위를 양수한 사람이 변론종결후 승계인에 해당한다는 점(대판 91.3.27, 91다650; 92.10.27, 92다10883)과 대비하여 볼 때, 본조(本條)의 해석에서 고려해야 할 이념(=전소의 승소당사자의 지위 안정 vs. 승계인에 대한 절차보장)의 평가에서 그것과 차이나는 점이 그다지 없으므로, 소유권에 기한 인도청구소송의 '원고'로부터 소유권을 양수하거나 권리를 설정받은 사람에 대해서도 기판력은 확장되는 것이 옳다.[66]

굳이 ① 그룹 판결례들을 선해하여 보자면, 이들은 모두 전소원고가 패소확정판결을 받은 사안들인데, 전소원고의 '소유권등기를 신뢰'하여 이전적·설정적 승계인이 된 새로운 물권자에게는 최대한 절차보장을 해 주어야 한다는 입장에 선 것으로 볼 수도 있겠다.

11-8-2-5 추정승계인

(1) 의의

변론종결 전에 승계가 있었음에도 이를 상대방 당사자에게 알리지 않아서 그 상대방의 승소판결을 무력화시키는 일이 있을 수 있다. 그래서 §218②은, 당사자가 변론을 종결할 때까지 승계사실을 진술하지 아니한 때에는 변론을 종결한 뒤에 승계한 것으로 추정한다고 정했다. 이런 경우의 승계인을 '추정승계인'

66) 84다카148의 전소 원고는 미등기상태에서, 98다6855의 전소 원고는 등기를 마친 상태에서 각 소제기했다가 패소확정판결을 받은 다음에 (그리고 84다카148에서는 보존등기를 한 다음에) 후소 원고에게 목적물을 양도했다. 후소 원고들이 등기부상 명의자라는 점이 후소에서의 '기판력 적용 없다'는 판단의 고려요소 중 하나였던 것으로 짐작되나, 이것만으로는 —다른 분쟁주체지위 승계 사안들과 비교하여— 전소에서 승소한 피고의 지위를 무너뜨릴 수 없다고 보인다. 일본에서도, 이런 사안에서 후소 원고는 전소판결의 기판력을 받는다고 본다. 三木浩一 459 등.

이라고 한다. 추정일 뿐 간주가 아니므로, 변론종결전의 승계임을 증명하여 기판력을 배제할 수 있다. 등기절차이행을 명하는 소에서는 변론종결전의 승계임이 등기부의 기재로써 곧바로 증명되므로 본조의 효과가 없고(대판 05.11.10, 2005다34667), 가령 건물인도청구에서 피고가 변론종결 전에 제3자에게 점유를 승계하고서도 원고에게 알리지 않은 경우에 본조의 의미가 있다. 그러나 실무상으로는, 원고가 점유이전금지 등 가처분을 받아두는 것이 보편적이다. 무변론판결의 경우에는 판결선고시까지 승계사실 진술이 없으면 선고후 승계로 추정한다(§218②).

(2) 승계의 진술

이를 진술할 자가 누구인지에 관하여 승계인설과 피승계인설이 나뉜다. 그러나 이 문제는 —소송절차 외의 사람(訴外人)은 소송당사자에게 어떤 사실을 소송절차상 알릴 수가 없는 것이므로— 여기서의 "진술"이 소송절차 밖에서의 사실통지를 포함하는지를 먼저 논의하고 나서, 검토해야 한다. 본조에서는 상대방이 승계사실을 알도록 하느냐가 중요한 것이므로, 위 "진술"이 소송절차 외의 사실통지를 배제한다고 볼 이유는 없으며, 그렇다면 "당사자"라는 표현에 큰 의미를 부여할 일은 아니다. 그렇다면 그 진술, 즉 승계사실의 통지는 승계인이 하든 피승계인이 하든 무관하다고 보아야 한다. 그 둘 사이에서 누가 불이익을 볼 것인지의 문제가 아니라, 소송상대방이 불이익을 볼 것인지 아닌지의 문제이기 때문이다.

11-8-3 제3자 소송담당에서의 권리귀속주체

11-8-3-1 의의

§218③은 "다른 사람을 위하여 원고나 피고가 된 사람에 대한 확정판결은 그 다른 사람에 대하여도 효력이 미친다"고 정하고 있다. 이는 제3자의 소송담당(4-7-3)이 있었던 경우에, 담당자가 소송당사자로서 받은 판결의 효력이 본래의 권리귀속주체(피담당자)에게도 미친다고 정한 것이다. 즉 파산재단 관련 소송에서 파산관재인(채회§359)이 받은 판결은 파산자에게, 회생채무자의 재산 관련 소송에서 관리인(채회§78)이 받은 판결은 회생채무자에게, 상속재산관리인·유언집행자가 받은 판결은 상속인에게, 해난구조료청구 소송에서 선장(상§894)이 받은 판결은 선주에게 각각 효력이 미친다.

11-8-3-2 확장근거

이런 제3자 소송담당에서, 만약 피담당자에게 기판력이 미치지 않는다고 한다면, 상대방 당사자가 소송담당자에 대하여 승소하더라도 피담당자에 의한 다툼이 반복될 수 있다. 그리고 소송담당자로서는 법률규정에 의하여(법정소송담당) 혹은 피담당자의 수권(授權)에 의하여(임의적 소송담당) 피담당자 대신 소송수행을 할 권능을 인정받은 것이므로, 그 소송담당자에 대하여 절차보장이 주어진 이상 피담당자에 대한 기판력의 구속도 정당화된다.

그러나 모든 제3자 소송담당의 경우에 항상 본인에게 기판력이 미친다고 볼 것인지에 대해서는 (특히 일본에서) 논의가 많고, 이를 부정하는 견해도 많다. 파산관재인과 파산자처럼 양쪽의 이익이 거의 일치하는 '이익흡수형'과 대위채권자·추심채권자와 채무자처럼 양쪽의 이익이 대립하는 '이익대립형'을 구분해서 보아야 한다는 논의도 있다.

11-8-3-3 채권자대위

(1) 피대위권리에 대한 판단의 효력이 채무자에게 미치는지 여부

피담당자에게 기판력을 확장함에 있어서, 가장 논의가 많은 것이 채권자대위이다. 우선 채권자대위가 소송담당인지에 관하여 논의가 있는데, 부정설(독자적 권리행사설)[67]도 있지만, 통설·판례는 이를 긍정한다(소송담당설).[68] 부정설에서는 채권자대위소송이 있더라도 —이 소송은 제3자 소송담당이 아니므로— 기판력 확장을 논할 필요가 없어진다. 반면에 통설·판례의 긍정설에 의하면 원칙적으로 피담당자에게 기판력이 미칠 것이지만, 구체적 상황별로 견해가 나뉜다. 긍정설(소송담당설)을 전제로 하여, 아래와 같이 3가지로 나누어 살펴본다.

① 대위소송이 선행소송이고 본인소송이 후행소송인 경우

소송담당설을 취하면 대위소송의 확정판결(피대위권리에 대한 판단)의 기판력이 본인소송에 미치는 것이지만(§218③), 그 해석에 관해 다시 견해가 나뉘어서, ⓐ 언제나 기판력이 미친다는 견해, ⓑ 채무자가 대위소송을 어떤 경위로든 알게

---

67) 채권자대위는 소송담당이 아니고 채권자 자신의 독자적인 실체법적 권리를 행사하는 것이라는 견해이다(호문혁 271).

68) 다만 채권자대위판결의 기판력이 채무자에게 미친다 하더라도, 그 판결의 집행력은 원·피고 간에만 생긴다(대결 79.8.10, 79마232).

된 때에 한하여 그에게 기판력이 미친다는 견해(김홍엽 916; 정동윤 872 등 다수설), ⓒ 원칙적으로 기판력이 미치지 않고 채무자가 대위소송에 참가하는 등 채권자의 소송수행을 현실적으로 협조·견제할 수 있는 경우에 한하여 기판력이 미친다는 견해(이시윤 692)가 있다. ⓑ가 판례(대판-전 75.5.13, 74다1664)이다. 한편, 채권자대위소송의 존재를 채무자 B가 알게 되면 그는 피대위채권을 처분하지 못하지만(민§405②), —대위채권자 A가 제3채무자에게 직접이행을 청구하여 금전을 수령했더라도 A의 채권이 변제·상계 등으로 소멸하기 전이라면— 채무자의 다른 채권자 D는 피대위채권을 압류·가압류할 수 있다. 하지만 이런 경우에 D가 위 피대위채권에 대해 전부명령을 받을 수 있다고 하면 선행 대위소송을 무력화시키고 동등한 지위의 대위채권자에게 배당에 참여할 기회조차 박탈하게 되므로, 그런 전부명령은 원칙적으로 무효이다(민집§229⑤의 유추적용; 대판 16.8.29, 2015다236547).

② 본인소송이 선행소송이고 대위소송이 후행소송인 경우

채권자대위가 소송담당이라고 보더라도, 이 상황에 대해서는 §218③이 정하지 않고 있다. 후행소송의 원고인 채권자에 대해서 ⓐ 기판력이 미친다는 견해와, ⓑ 기판력이 아닌 반사적 효력이 미친다는 견해로 나뉜다. 이 상황에서는 채무자 본인의 인식 여부가 고려요소가 아닌데, 그 이유는 선행소송이 채무자 본인이 제기한 것이기 때문이다. 판례는 기판력이 미침을 긍정하면서도, 채무자 본인이 이미 권리를 행사한 이상 채권자는 채권자대위소송을 제기할 '원고적격'을 상실하므로 법원은 —기판력을 이유로 해서가 아니라— 원고적격 흠결을 이유로 소를 각하해야 한다고 한다(대판 92.11.10, 92다30016; 93.3.26, 92다32876).[69]

③ 선행소송·후행소송이 모두 대위소송인 경우

이 경우에 대해서도, 소송담당설은 대체로 "채무자가 선행 대위소송을 안 경우에 한하여" 후행소송에 기판력이 미친다고 보고 있는데, 그 효력의 내용에 관해서는 다시 견해가 갈려서, 기판력이 미친다는 견해와 반사적 효력만 미친다는 견해가 있다. 판례는, 채무자가 선행 대위소송을 안 경우에 한하여 후소에 기판력이 미친다고 보고 있다(대판 94.8.12, 93다52808; 08.7.24, 2008다25510).[70]

---

69) 채무자(비법인사단)가 제기한 선행소송이 —소제기에 관한 총회결의가 없어서 부적법하여— 각하확정판결을 받은 경우에는, 채무자가 스스로 제3채무자에 대한 권리를 행사한 것으로 볼 수 없으므로, 채권자가 제기하는 대위소송이 전소 때문에 부적법해지지는 않는다(대판 18.10.25, 2018다210539).

(2) 피보전채권에 대한 판단의 기판력

① 채권자-채무자 간 소송이 선행하고 대위소송이 후행할 때

채권자 A와 채무자 B 간의 선행소송에서 A의 채권이 불인정되어 청구기각 판결이 내려지거나 인정되어 청구인용 판결이 내려졌는데, 그 후 A가 제3채무자 C를 상대로 대위소송을 제기한 경우를 보자. 선행판결이 사실상 C에게 유리·불리한 증거로 작용하는 것은 별론으로 하고, 기판력 이론상으로는 A-B간 선행판결의 기판력이 (선행판결의 당사자가 아닌) A-C 사이에는 미치지 않는다.

그러나 대법원은, A의 B에 대한 채권이 선행소송에서 확정되고 나면 후행 대위소송에서 C가 피보전채권의 부존재를 다툴 수 없다고 한다(대판 95.2.10, 94다39369; 95.12.26, 95다18741; 00.6.9, 98다18155 등). 왜 기판력이 미치는지에 대한 설명도 없으며, 정당화하기 어려운 판결들이다. 다만 최근의 대판 19.1.31, 2017다228618은 ―위 다수 판결례를 깨뜨리지 않은 채로― 선행판결이 있더라도 A의 B에 대한 청구권이 강행법규 위반으로 무효라면, 재심을 거치지 않고도 C가 피보전채권의 부존재를 주장할 수 있다고 판시하였다.

② 대위소송이 선행하고 채권자-채무자 간 소송이 후행할 때

선행 대위소송에서 소송판결, 즉 소각하판결이 내려진 경우를 보자. 소각하판결에서 기판력이 발생하는 사항은 해당 소송요건의 부존재 판단인데(11-7-1-1), 그 부존재 판단의 기판력이 선행 대위소송의 당사자가 아니었던 A-B 사이에는 미칠 수 없다. 따라서 대법원은, A가 대여금 채권에 기하여 B를 대위하여 C에게 말소등기를 구하는 채권자대위소송에서 피보전채권 부존재를 이유로 소각하 판결이 있은 뒤, A가 B를 상대로 대여금을 청구한 사건에서, 대법원은 전소판결의 기판력이 후소에 미치지 않는다고 하였다(대판 14.1.23, 2011다108095).

③ 대위소송이 선행한 후 제3채무자가 원고가 되어 소를 제기한 때

B로부터의 토지매수인이라고 주장하는 A가 B의 취득시효 완성을 원인으로

---

70) 2-5-3-3에서 본 바와 같이, 중복제소인지 여부에 대해서는 ―기판력이 미치는지 여부에서와는― 판례가 다르게 본다. A가 대위채권자, B가 채무자, C가 제3채무자일 때, 본문의 ①,③처럼 A의 대위소송이 선행하면 ―기판력은 B가 대위소송을 안 경우에 한하여 미치지만― 중복제소에서는 B의 지득 여부 및 또다른 대위채권자의 지득 여부를 묻지 않는다(대판 92.5.22, 91다41187; 95.4.14, 94다29256 등). 한편 ②처럼 B의 본인소송이 선행할 경우에, ―선행판결이 확정된 때에는 기판력이 아니라 적격상실을 이유로 후소를 각하하지만― 선행소송이 계속중이면, 중복제소로 보아 각하한다.

한 소유권이전등기를 C(등기명의자)에게 구하는 채권자대위소송에서, 피보전채권 부존재를 이유로 소각하 판결이 내려진 경우를 보자. 그 후 C가 A를 상대로 제기한 토지인도소송에서 A가 다시 자신의 피보전채권을 주장하는 것은 기판력에 저촉된다는 것이 판례이다(대판 01.1.16, 2000다41349). A-C는 선행소송의 당사자였으므로, 그 기판력이 (객관적 범위 내인 이상) 후행소송에서 작용함은 당연하다.

11-8-3-4 추심금 청구

(1) 추심금 판결의 효력이 집행채무자에게 미치는지 여부

금전채권자가 집행채권자로서 채무자의 제3채무자에 대한 금전채권을 집행대상으로 삼아서 현금화하는 방법 중의 하나로 추심명령 제도가 있고(1-6-3-6), 판례·통설은 압류·추심명령을 받은 집행채권자를 '법정 소송담당자' 중의 하나로 보고 있음은(4-7-3-1) 앞에서 본 바와 같다.

집행채권자가 제3채무자를 피고로 삼아 추심금 청구의 소를 제기하여 얻은 판결의 효력이 집행채무자에게 미치는가에 관해서는, ㉠ 긍정설, ㉡ 추심소송 제기사실을 채무자가 알았을 경우에 효력이 미친다는 설, ㉢ 채무자에게 고지한(민집§238) 때에 한하여 미친다는 설, ㉣ 승소판결의 효력은 미치고 패소판결은 아니라는 설 등이 있다.[71] §218③의 해석, 모순판결을 방지할 필요성, 그리고 추심명령이 집행채무자에게 송달된다는 점을 고려하면, 채무자가 알았든 몰랐든 간에 추심금 판결의 효력은 집행채무자에게 미친다고 봄이 타당하다(㉠).

(2) 채무자 수행 소송의 판결의 효력이 집행채권자에게 미치는지 여부

압류·추심명령이 내려지더라도 집행채무자는 제3채무자를 상대로 소를 제기하여 판결을 받을 수 있다(대판-전 25.10.23, 2021다252977). 이 2021다252977 판결은. 집행채권자가 추심명령을 획득하면 집행채무자의 원고적격이 상실된다는 과거의 판례(대판 00.4.11, 99다23888 등)를 변경한 것이다(4-7-2-2). 이와 같이 집행채무자가 소제기하여 받는 판결의 효력은 집행채권자에게도 미치는 것이며, 이 점은 집행채권자가 집행채무자의 소송의 변론종결 전에 압류·추심명령을 획득하는지 그 후에 획득하는지와는 무관하다(위 2021다252977).

---

71) ㉠은 주석민소Ⅲ 502 등, ㉡은 김일룡 148, ㉢ 이백규, 압류된~추심명령, 민사판례연구 24권, ㉣은 三ヶ月章 등 일본의 몇 학자의 견해이다.

(3) 추심채권자 간에 판결의 효력이 미치는지 여부

집행채권자 A가 집행채무자 D의 제3채무자 Y에 대한 채권에 관하여 획득한 압류·추심명령에 기하여 추심금청구의 소를 제기하여 판결을 받은 경우에, 그 판결의 효력은, 다른 집행채권자 B가 D의 Y에 대한 채권에 관해 획득한 압류·추심명령에 기한 추심금 청구의 후소에 미치는가? 위 (1)과 (2)를 결합해 보면, A의 판결의 기판력은 (D를 통하여) B에게도 미친다고 보아야 한다. 이 역시, B가 자신의 추심명령을 A의 소송의 변론종결 전에 획득하는지 그 후에 획득하는지와는 무관하다(위 2021다252977).[72]

11-8-4 청구의 목적물을 소지한 사람

당사자를 위하여 청구의 목적물을 소지한 사람에게도 기판력이 미친다(§218①). 여기의 '당사자'에는 본래의 소송당사자 외에도, 소송담당에서의 권리귀속주체(피담당자) 그리고 변론종결후 승계인이 포함된다. 그리고 '청구의 목적물'이란 특정물인도청구권이 소송물인 경우의 당해 특정물을 의미하며, 그 '청구'가 물권적 청구권이든 채권적 청구권이든 묻지 않는다.

또한 당사자를 위하여 소지한다는 말은 목적물 자체에 관하여 자기 고유의 이익이 없는 것을 의미하고, 그 예로는 수치인·창고업자·관리인이 있다. 그 소지를 개시한 시기가 변론종결 전이든 후이든 묻지 않는다. 반면에, 임차인·질권자처럼 자기 고유의 이익을 위하여 목적물을 소지하는 사람은 여기의 소지자에 포함되지 않고, 또한 거꾸로 피용자, 법정대리인, 법인의 기관 등 당사자를 위한 소지기관 내지 점유보조자에 불과하여 독자의 소지를 가지지 않는 사람은 —기

---

72) 그런데 대판 20.10.29, 2016다35390은, A의 Y에 대한 전소가 "A가 청구금액 중 일부를 지급받고 나머지는 포기한다"는 내용의 화해권고결정으로 확정된 사안에서, 그 화해권고결정의 기판력은 B가 제기한 추심금청구의 후소에 미치지 않는다고 판단했던 바가 있다. 이 판결은, 그 후에 2021다252977 판결이 선고된 이상, 더 이상 유효하지 않다고 보아야 한다. 2021다252977 판결의 선고 전후를 불문하고, 만약 전소의 변론종결 '후'에 B가 추심명령을 획득한 경우라면, B는 D로부터 분쟁주체지위를 승계하는 자와 유사하므로, A의 판결의 기판력이 B에게 미친다고 보는 견해가 대다수였다. 그러나 B가 추심명령을 전소의 변론종결 '전'에 획득한 위 2016다35390 사건에서 대법원이, B에게 기판력이 미치지 않는다고 판시했던 것이었는데, 위 2021다252977 판결에 의하여 —B의 추심명령 획득시점이 A의 전소판결의 변론종결 전인지 후인지와 무관하게— B에게 기판력이 미치게 되었다.

판력 확장을 논할 필요조차 없이 본인을 집행채무자로 삼은 채로 집행을 할 수 있으므로— 여기의 소지자에 포함되지 않는다(대판 01.4.27, 2001다13983). 따라서 이 소지자의 실제 사례는 드물다.

이런 기판력 확장의 실익은, 본래 당사자(특정물인도청구의 피고)가 패소한 경우에 —제3의 소지자에 의한 청구이의의 주장을 봉쇄함으로써— 권리자로 하여금 소지자에 대한 강제집행을 신속히 행할 수 있도록 해 주는 데에 있다.

11-8-5 소송탈퇴자

제3자가 독립당사자참가(§79), 승계참가(§81), 소송인수(§82)를 한 경우에, 종전의 당사자는 그 소송에서 탈퇴할 수 있는데, 그 후 제3자와 상대방 사이의 판결의 기판력은 탈퇴자에게 미친다(§80,§82)(14-5-2-10 및 14-7-4-5 참조).

11-8-6 일반 제3자에게의 확장

통상의 소송에서는 절차보장을 받은 당사자, 또는 그와 같다고 볼 수 있는 특수관계의 제3자(앞에서 본 변론종결 후의 승계인, 제3자 소송담당에서의 권리귀속주체, 청구목적물의 소지자, 소송탈퇴자)에게만 기판력이 인정되면 족하고, 또 그래야 한다. 그러나 회사법관계 · 도산관계 · 신분관계 · 공법관계 등에서는 법률관계의 혼란을 피하기 위하여 예외적으로 그 외의 제3자에게도 판결의 효력을 확장시켜야 하는 경우가 있다.

11-8-6-1 한정적 확장

일정한 이해관계를 가진 제3자에게 확장되는 경우이다. 예컨대 회생채권 · 회생담보권 확정소송의 판결은 회생채권자 · 회생담보권자 · 주주 · 지분권자 전원에 대하여 효력이 있다(채회§176). 파산채권확정소송의 판결도 파산채권자 전원에 대하여 효력이 있고(채회§468), 개인회생채권 확정소송의 판결도 개인회생채권자 전원에 대하여 효력이 있다(채회§607).

추심의 소에 대한 판결은 그 소에 참가명령을 받은 채권자에 대하여 효력이 미친다(민집§249).[73] 또한 증권관련집단소송의 판결은 제외신고(opt-out)를 하지

73) 참가명령이 없었던 경우의 기판력 범위에 관해서는 11-8-3-4 참조.

않은 사람 전부에게 미치고(증집§37; 14-10-2-2), 소비자단체소송 · 개인정보단체소송에서는 원고청구 기각판결이 확정되면, 다른 단체는 단체소송을 제기할 수 없음이 원칙이다(소기§75; 개보§56; 14-10-3-3).

11-8-6-2 일반적 확장 (대세효)

가사소송 · 행정소송 · 회사관계소송에서는 확정판결의 효력이 일반 제3자에게까지 미친다. 이를 대세효(對世效)라고 한다.

(1) 가사소송

가류 · 나류 가사소송(1-3-4-1)의 확정된 청구인용판결은 제3자 일반에 대하여 효력이 있다(가소§21①). 가류 · 나류는 기본적 신분관계에 관한 것이므로, 이를 누구에 대해서라도 획일적으로 정할 필요가 있기 때문이다.

이처럼 청구'인용'판결에만 대세효가 생기므로, 가사소송법 §21①만 보면 마치 청구를 배척하는(소각하 또는 청구기각) 확정판결에는 대세효가 없는 듯이 보인다. 그런데 같은 조의 제2항은 "제1항의 청구를 배척한 판결이 확정된 경우에는 다른 제소권자는 사실심의 변론종결 전에 참가하지 못한 데 대하여 정당한 사유가 있지 아니하면 다시 소를 제기할 수 없다."라고 정하고 있어서 그 해석이 문제된다. 그 의미에 관하여, ⓐ 소송불참가에 정당한 사유가 있는 경우를 제외하고는 다른 제소권자에게도 기판력이 미친다는 견해(제한적 기판력확장설: 이시윤 695)와, ⓑ 이는 기판력이 아니라 정당한 사유가 없는 경우에 제3자의 소제기권을 제한하는 특별한 효력이라는 견해(특수효력설: 김홍엽 924)가 나뉜다. 살피건대, §21의 표제가 "기판력의 주관적 범위에 관한 특칙"인 점, 기판력과 별도로 (내용도 불명확한) 특수효력을 따로 인정할 필요가 낮은 점을 고려하면, 제한적 기판력확장설이 타당하다.

(2) 행정소송

행정소송에서 행정처분의 취소 · 무효등확인소송 등 항고소송의 청구인용확정판결에는 대세효가 있다(행소§29①,§38①②). 다만, 청구기각의 확정판결은 ―그 처분의 다른 관련자로 하여금 다툴 기회를 허여하기 위하여― 그 효력이 당사자에게만 한정된다.

(3) 회사관계소송

피고를 회사로 하는 회사관계소송(주주총회결의 취소·무효확인·부존재확인 등)에서 청구인용 확정판결의 기판력은 원칙적으로 제3자에게 미치지만, 청구기각 확정판결의 기판력은 당사자에게만 미친다(상§§190, 328,376,380,381,430,446). 그런데 '이사회'의 결의에 하자가 있는 경우에 대해서는 상법이 아무런 규정을 두고 있지 않은데, 그 결의에 무효사유가 있어서 이사회결의 무효확인의 소가 제기되고 승소확정판결이 내려진 경우에, 그 기판력이 확장되는지가 논의된다. 주주총회결의 무효확인소송 등과는 달리 상법 §190가 준용될 근거가 없으므로 대세적 효력은 없다고 보아야 한다(대판 88.4.25, 87누399; 00.1.28, 98다26187 등).

11-8-6-3 기판력 일반확장에 따른 절차보장

위와 같이 기판력을 제3자에게 확장할 때에는 절차보장에 더욱 배려해야 할 필요가 있다. 따라서 법률은 심리 등에 있어서 몇 가지 특칙을 두고 있다.

예컨대 ⓐ 처분권주의·변론주의를 일부 제약하여 직권탐지주의 등 직권적 요소를 가미하기도 하고(가소§12단서,§17; 행소§26; 증집§30), ⓑ 충실·공정하게 소송수행을 하리라고 기대할 수 있는 자에게만 제소권자를 한정하기도 하며(상§376; 증집§11; 소기§70 등), ⓒ 제3자에게 공고·고지로써 소송계속을 알려서 소송참가의 기회를 주고(상§187,§404②; 증집§18)), ⓓ 유리한 판결만 효력을 확장시키고 불리한 판결은 기판력확장에서 제외하기도 한다(상§190; 가소§21①). 그리고 ⓔ 일정한 경우에 제3자는 사해(詐害)판결을 이유로 재심의 소를 제기할 수도 있다(행소§31; 상§406; 15-5-2-2).

11-8-7 기판력의 범위와 중복제소

기판력의 범위와 중복제소의 범위는 대체로 일치한다. 소송계속 중에, 기판력을 받는 제3자가 제기한 별소는 중복제소로 처리될 것이고, 판결확정 후의 그 제3자의 소제기는 일단 판례상의 기판력의 모순금지설에 따라 처리될 터이다. 그러나 기판력의 범위와 중복제소의 범위가 반드시 일치하는 것은 아니다. 소송계속 중에 위 제3자가 별소를 제기하면 이를 중복제소의 문제로 보지 않고 당사자적격의 문제로 보아 처리하는 경우도 많다.

(1) 우선 기판력이 미치더라도 이른바 '대세효(對世效)'가 미치는 관계, 즉 가사소송 · 회사관계소송 · 행정소송 등에서 기판력이 일반 제3자에게 확장되는 경우(11-8-6-2)에, 위 소송의 계속중에 일반 제3자 중의 누군가가 소를 제기하면, 이는 중복제소가 아니라 소송수행권 없는 자가 제소한 것 즉 원고적격의 흠결 문제로 처리된다. 반면에 대세효가 미치지만 원래 소제기권을 가진 사람이 제소하면 (가령 주주 A가 주주총회결의취소의 소(상§376)를 제기하고 이와 별도로 주주 B가 같은 결의취소의 소를 제기하는 경우 또는 배우자가 중혼취소청구(민§818)를 제기함과 별도로 방계혈족이 같은 청구를 제기하는 경우 등) 이는 중복제소라고 보아야 한다. 그러나 위 주주총회결의취소의 소를 포함하여 회사관계소송에서는 이를 부적법 각하하지 않고 병합심리하도록 특별규정을 두고 있다.[74)]

(2) 기판력이 '당사자와 같이 보아야 할 제3자'에게 확장되는 경우 즉 변론종결 후의 승계인(11-8-2) 또는 제3자 소송담당에서의 권리귀속주체(11-8-3)여서 기판력을 받는 경우에(특히 병행형), 그 제3자가 별소를 제기하면 이는 중복제소 문제이다. 그러나 제3자 소송담당(4-7-3-1) 중에서도 '갈음형'의 경우는, 실무상 중복제소라고 하여 처리되지는 않는다. 가령 파산재단 관련 소송에서 파산관재인(채회§359), 회생채무자의 재산 관련 소송에서 관리인(채회§78)이 소를 제기했는데, 본래의 권리주체가 별소를 제기하면 —여기서는 중복제소 이슈 이전에 소제기권을 상실한 자의 제소가 문제라고 보아서— 원고적격 없다는 이유로 각하된다.

(3) 채권자대위소송, 추심금청구소송 등에 있어서 중복제소에 관한 더 자세한 논의는 2-5-3-3을 참조.

11-8-8 반사적 효력

11-8-8-1 의의 및 필요성

위에서 본, 법률규정에 의한 기판력의 확장이 인정되는 경우 외에, 판결이 당사자에게 실체법상 의존하는 지위에 있는 제3자와의 관계에서 반사적으로 유리 · 불리하게 효과를 미치는 경우가 있다. 이를 "반사적 효력"(반사효; Reflexwirkung)

---

74) 상법 §188는 회사설립무효 · 취소의 소가 만약 여러 원고들에 의해 각각 따로 소제기되면 —중복제소로 부적법 각하하는 것이 아니라— 이를 병합심리하도록 정하고 있고, 회사합병무효의 소에서도 §188를 준용하고(§240), 주주총회결의 취소 · 무효 · 부존재확인의 소에서도 §188를 준용한다(§376,§380).

이라고 한다. 11-4-4-3에서 본 '법률요건적 효력'의 일종이다.

예컨대, 주채무와 보증채무 사이에는 실체법상 부종성이 인정되고(민§430), 주채무가 소멸하면 보증채무도 소멸한다는 관계가 존재한다. 따라서 반사효에 의하면, 채권자와 주채무자 간에 주채무 부존재 판결이 확정된 경우에는, 그 소송의 당사자 아닌 보증인도 채권자에 대하여 판결의 효과를 원용하여 주채무 부존재를 주장할 수 있게 되는 것이다. 다른 예를 들면, 합명회사와 그 채권자 간의 소송에서 회사채무의 존부에 관하여 회사가 승소판결을 받은 경우에, 사원은 이를 원용하여 그 채무의 이행을 거절할 수 있다(상§214①).

만약 반사효를 인정한다면, 실체법상 관련되는 분쟁에서 결론이 제각각으로 나뉘는 사태를 방지하고, 관계인 간에 실체법상 정합성 있는 처리를 도모할 수 있다. 반사효를 인정하지 않는다면 주채무자에게 패소한 채권자가 후에 보증인에 대하여 제기한 보증채무 이행청구소송에서 승소할 수도 있게 되고, 그렇게 되면 이행을 한 보증인이 주채무자에게 구상청구를 하는 사태가 발생하게 되는데, 반사효를 인정한다면 이런 사태를 막을 수 있다는 것이다.

11-8-8-2 기판력과의 비교

① 기판력은 당사자 주장이 없어도 법원이 고려해야 하는 직권조사사항이지만, 반사적 효력은 그로써 이익을 받는 제3자가 원용해야 비로소 법원이 고려하게 된다. ② 기판력을 받는 사람은 공동소송적 보조참가를 할 수 있지만, 반사적 효력을 받는 사람은 단순한 보조참가만 할 수 있다. ③ 기판력은 판결주문에 발생하지만, 반사적 효력은 판결이유 중의 판단에도 미칠 수 있다. ④ 기판력이 확장되면 집행력도 따라서 확장되지만, 반사적 효력은 집행력과 무관하다.

11-8-8-3 인정 여부

위에서 본 필요성이 있고, 구성요건적 효력을 정한 실체법 조문이 몇몇 있지만, 반사적 효력을 일반적으로 인정할지에 관해서는 학설상 견해가 분분하다. 우선 반사적 효력의 개념 및 범위가 불명확하기 때문이다. 또한 앞에서 예로 든 보증인의 주채무자 승소판결 원용이나, 합명회사 사원의 회사 승소판결 원용은 각각의 실체법 조문을 그냥 적용하면 되는 것이지, 이를 두고서 소송법상 반사적 효력이라는 개념을 따로 만들어 설명할 필요는 없다고 보기도 한다. 대법원도 이 개념을 인정하지 않는다.[75]

11-9 판결의 하자

11-9-1 총설

개별소송행위에 하자(瑕疵; 흠)가 있으면 원칙적으로 무효인 것과 달리, 판결은 하자가 있더라도 통상적으로는 무효가 아니고 단순히 위법할 뿐이다. 즉 하자 있는 판결도 일단은 유효하고, 다만 위법하므로 상소나 재심에 의하여 취소될 수 있으며, 따라서 판결의 하자는 상소사유 또는 재심사유일 뿐이다.

그러나 그 하자가 심각하면 판결이 무효가 될 수도 있다(광의의 판결무효). 하자가 심각한 경우를 세분하면, 판결이 아예 부존재하는 경우와, 비록 존재하지만 무효인 경우(협의의 판결무효)로 나뉜다. 아래에서는 판결의 부존재 및 무효와 함께, 판결의 편취(사위판결; 詐僞判決)에 관하여 검토한다.

11-9-2 판결의 부존재

판결이 성립했다고(=판결이 존재한다고) 말할 수 있으려면, 적어도 법관이 직무상 판결의 외관을 갖춘 문서를 작성하고 이를 선고해야 한다. 그 정도를 충족하지 못한 것은 아예 판결이 아니다("비판결; 非判決"). 가령 법관 아닌, 일반인·검사·경찰관·법원사무관·집행관 등이 판결 비슷한 것을 작성했더라도 이는 판결이 아니다. 법관이 작성했더라도 초고 상태의 것은 판결이 아직 아니다.

비판결은 아무런 효력이 없다. 원칙적으로 상소의 대상이 되지 않는다. 그런데 가령 초고상태의 판결을 착오로 송달한 경우에, 마치 판결이 존재하는 듯한 외관을 제거하기 위한 상소는 허용해야 할 것이다(同旨: 이시윤 701). 논리적으로는 비판결인 이상 상소는 있을 수 없는 것이지만, 마치 판결 같은 외관이 존재하므로 —가령 소취하로 소송이 종료했음이 명백하더라도 기일지정신청을 해 오면 소송종료선언을 해 주듯이— 상소로써 해결해 줄 필요가 있기 때문이다.

75) 일본판례도 부정한다(最高裁判 1978.3.23., 判時886,35). 다만 대판 86.8.19, 83다카2022을 참조. 독일에서는 반사적 효력(Reflexwirkung)을 법률요건적 효력(Tatbestandswirkung)과 거의 동의어로 사용한다.

11-9-3 판결의 무효

11-9-3-1 의의

판결로서 일단 성립은 하였고 소송을 종료시키는 효과를 낳는 것이지만, 내용상의 하자 때문에 기판력·집행력·형성력 같은 확정판결의 내용상의 효력이 —전부 또는 일부— 발생하지 않는 경우가 있고, 이런 경우를 "판결의 무효"(당연무효)라고 부른다. 비판결(非判決)은, 판결이 아예 성립하지 않아서 그 존재가 법적으로 인정되지 않고, 판결로서의 효력이 일체 인정되지 않는 것임에 반하여, 판결의 무효의 경우에는, 판결은 일단 성립하였고 확정되면 적어도 소송종료효는 생긴다는 차이가 있다.

그러나 과연 어떤 경우가 비판결과 판결의 무효(당연무효)에 각각 해당하는지, 양자를 어떻게 구분하는지에 관해서, 민사소송법은 아무런 정함이 없이 해석에 맡기고 있다. 이들 문제는 판결의 본질을 무엇으로 파악하는가, 기판력 및 재심제도와의 관계를 어떻게 보는가와 관련되어 있다.

11-9-3-2 사례

무효인 판결의 예로는, ⓐ 존재하지 않는 당사자에 대한 판결(대판 00.10.27, 2000다33775; 4-3-3-3 참조) ⓑ 재판권이 미치지 않는 자에 대한 판결(3-1-3-2), ⓒ 판결에 대세효가 인정되는 경우에 당사자적격을 흠결한 자에 대하여 이루어진 판결,[76] ⓓ 판결주문이 불명확하고 경정으로써 바로잡을 수도 없어서 기판력의 범위를 정할 수 없는 판결,[77] ⓔ 이미 이혼한 당사자에게 선고하는 이혼판결 등 불가능한 사항을 명하는 판결(대판 82.10.12, 81므53), ⓕ 살 1파운드를 잘라내라는 것처럼,

---

76) 단순히 "당사자적격이 없는 자가 받은 판결" 전부가 무효의 판결이라고 설명한 교과서도 있으나, 단순한 당사자적격 흠결은 이를 간과했다고 당연무효라고 할 수는 없다. 가령 재단법인(사찰)의 주지 지위확인소송에서 피고적격은 재단에만 있고 주지 개인에게는 없다고 하지만(대판 11.2.10, 2006다65774), 그렇다고 개인 상대로 받은 판결이 당연무효는 아니다. 또한 대판 07.7.12, 2005다10470은, 선정당사자 자격요건(14-9-2)을 갖추지 못한 사람이 피고 선정당사자로 선정되어 내려진 판결에는 재심사유가 없는 것이라고 판단함으로써, 그 판결이 유효임을 전제로 하였다.

77) 반면에, 별지 부동산목록을 누락한 판결은 판결경정의 대상이지 무효는 아니다(대판 70.4.28, 70다322).

판결주문이 명하는 내용이 공서양속에 반하는 경우 등이 있다.

11-9-3-3 취급

무효인 판결에 대해서는, ㉠ 상소와 재심이 모두 허용된다는 견해(정동윤 888), ㉡ 상소와 재심이 모두 허용되지 않는다는 견해(김홍엽 932), ㉢ 재심은 허용되지 않지만 상소는 허용된다는 견해(이시윤 702; 박재완 440)로 학설이 나뉜다.

판례를 보면, 먼저 당연무효 판결에 대한 '재심'의 소가 부적법하다고 하므로(대판 94.12.9, 94다16564),[78] 위 ㉠의 입장이 아님은 분명하다. '상소' 허용 여부에 관해서 대법원은, (i) 원고승소 원심판결에 대해 피고가 상고하면서 원고가 소제기 전에 이미 사망했음을 주장·증명한 경우에, 대법원은 사망한 자를 상대로 한 상고는 부적법하여 허용될 수 없다고 판시했고(대판 94.1.11, 93누9606), (ii) 소제기 전에 이미 사망한 피고를 상대로 한 원고의 상고 역시 모두 부적법하다고 상고각하하였다(대판 00.10.27, 2000다33775; 02.8.23, 2001다69122). 이 '상고각하' 판결들을 보면, 대법원이 무효판결에 대해 상소불허 입장을 취했다고 볼 수도 있다. 그러나 (iii) 대판 94.6.28, 94다17048은, 소제기 전에 원고가 사망하여 판결이 무효인 사안이었는데, 대법원은 —상고를 각하한 것이 아니라— 제1,2심판결을 각 파기 및 취소하고 소를 각하하였다. 이는 무효인 판결이 상소의 대상임을 전제한 판결이라고 해석될 수 있다.

각 견해를 검토해 보면, 먼저 ㉠은, 단순 하자 있는 판결과 하자가 심각하여 무효인 판결을 구별하지 않는 견해인데, 당연무효인 판결은 —굳이 재심을 거칠 필요 없이— 후소에서 바로 그 효력을 부정할 수 있다고 해야 하므로 ㉠을 취하기는 어렵다. 다음으로, 무효판결에 대해서는 상소의 필요성이 없다고 보는 ㉡도 취하기 어렵다. 왜냐하면 무효인 판결은 —비판결과 달리— 일단 판결로서 효력이 있는 것이고 확정되면 소송종료의 효과를 낳으므로, 일반적으로 당사자는 무효판결에 대한 상소를 제기하여 그 취소를 구할 수 있다고 보아야 하기 때문이다. 특히 위 ⓑ~ⓕ의 사례에 대해 내려지는 판결에 대하여 그 흠결을 지적하는 상소를 허용하지 않아야 한다고 해석하기는 어렵다. 그리고 당연무효 판결은, 재

---

78) 이 판결 중 소송중단 간과판결이 취소대상이라는 판시부분은 대판-전 95.5.23, 94다28444로 변경되었다. 당연무효 판결에 대한 재심의 소는 부적법하다는 판시부분만 의미가 있다.

심에 의하지 않고 바로 그 판결의 효력을 부정할 수 있으므로, 재심대상이 되지 않는다고 보아야 한다. 결론적으로 위 ㉢에 찬성한다.

11-9-4 판결의 편취

11-9-4-1 의의 및 사례

법원을 기망하여 부당한 내용의 판결을 받는 경우를 판결의 편취라고 하고, 그렇게 편취된 판결을 '사위판결'(詐僞判決)이라 한다. 예컨대 ⓐ 피고 주소를 알면서도 소재불명이라고 법원을 속이고 공시송달명령을 받아서 승소판결을 받는 경우, ⓑ 피고 주소를 허위로 적고 그 허위주소에서 원고측 사람이 송달을 받아 답변서가 제출되지 않게 함으로써 무변론 승소판결을 받는 경우, ⓒ 피고 주소지에서 (원고측의) 다른 사람이 송달을 받고 법정에 그 다른 사람이 출석하여 전부 또는 거의 다투지 않음으로써 원고가 승소판결을 받는 경우, ⓓ 소취하 합의를 해서 피고를 불출석하게 한 후 소취하를 하지 않고 승소판결을 받는 경우, ⓔ 원고가 소장에 피고 대표자로 권한없는 허위의 대표자를 기재하여 승소판결을 받는 경우(참칭대표자소송) 등이 있다. 위의 ⓐ,ⓑ,ⓒ를 대체로 성명도용소송(4-2-3)이라 한다.

사위판결 관련해서 검토할 점은 ㉠ 사위판결이 당연무효인지, ㉡ 상소 · 재심 등 소송절차상 어떤 구제책을 부여할 것인지, ㉢ 사위판결에 대해 청구이의의 소를 제기할 수 있는지, ㉣ 피고가 원고에 대해 부당이득반환청구나 불법행위 손해배상청구를 할 수 있는가이다. 위 ㉡,㉢은 소송법상 구제책이고, ㉣은 실체법상 구제책이다. 차례로 본다.

11-9-4-2 사위판결의 효력 및 상소 · 재심

(1) 사위판결의 효력

이에 대해서는 ① '당연무효설'과, ② 당연무효는 아니고 재심의 대상이라는 견해(재심설), ③ 피고가 그런 판결의 존재 · 내용을 알기까지는 아직 판결송달도 안 된 것이어서 항소기간도 도과하지 않았으므로 항소대상일 뿐이라는 견해(항소설)가 각각 가능하다.

판결은 일단 성립하면 —앞에서 본 몇몇 예외적 당연무효사유를 제외하면—

유효하다고 보아야 하는 것이고, 그러지 않으면 소송제도의 안정성이 무너진다. 또한 대표적 사위판결 유형인 위 ⓐ,ⓑ에 관하여 §451① 제11호의 재심사유[79]는 그 판결이 당연무효가 아님을 전제하고 있다. 따라서 당연무효설을 취할 것은 아니다. 또한 항소설처럼, 계속 판결미송달이라고 해석하여 미완결의 법률상태를 무한정 방치하는 것도 문제이다. 따라서 재심으로 (또는 가능한 경우라면, 판결이 송달되었음을 전제로 상소추후보완으로) 해결해야 한다는 재심설이 타당하다. 이것이 통설이고 원칙적 판례이다. 다만 유형에 따라 판례가 달리 보는 점이 있는데 이는 아래에서 본다.

(2) 유형별 검토

판례는 ⓒ의 타인출석 성명도용소송에 대해 §451① 제3호의 사유(대리권 흠결)를 이유로 재심을 청구해야 한다고 본다(대판 64.3.31, 63다656). ⓓ의 경우, 즉 소취하 합의 후 피고불출석을 틈타서 승소판결을 받는 경우도 재심대상이다(통설).

ⓐ,ⓑ가 실무상 많다. ⓐ의 공시송달에 의한 판결편취에 대해서는 §451① 제11호(=주소에 관한 거짓진술)를 재심사유로 삼아야 한다는 것이 판례·통설이다(대판 85.7.9, 85므12; 92.5.26, 92다4079). 그런데 ⓐ에 대하여 판례는 —재심 외에도— 그 판결정본 송달이 유효함을 전제로 추후보완상소(7-2-2-3)를 제기하는 것을 허용한다(대판 00.9.5, 2000므87; 11.12.22, 2011다73540). 여기에서 추후보완기간의 기산일인 '사유가 없어진 날'이라 함은, 당사자나 소송대리인이 단순히 판결이 있었던 사실을 안 때가 아니고, 나아가 그 판결이 공시송달의 방법으로 송달된 사실을 안 때를 의미한다(대판 94.12.13, 94다24299; 08.2.28, 2007다41560). 그리고 확정판결에 대하여 추완항소 제기가 있다고 하더라도 —추완항소에 의하여 불복항소의 대상이 된 판결이 취소될 때까지는— 그 확정판결의 집행력이 자동으로 저지되지도 않고, 이미 그 확정판결에 기하여 경료된 소유권이전등기가 원인무효의 등기가 되지도 않는다(대판 78.9.12, 76다2400).

재심사유에 관하여는, —제11호 외에도— 제5호(범죄행위로 인한 자백·소송방해)의 재심사유에도 해당하여 제5호와 제11호의 두 사유가 병존한다고 인정되는 경우도 있다(대판 97.5.28, 96다41649). 그런데 §451①의 각 재심사유에는 판결확

79) 제11호: "당사자가 상대방의 주소 또는 거소를 알고 있었음에도 있는 곳을 잘 모른다고 하거나 주소나 거소를 거짓으로 하여 소를 제기한 때".

정 후 5년의 제척기간이 정해져 있고(§456), 다만 재심사유 중 §451① 제3호(대리권 흠결) 및 §451① 제10호(확정판결과 모순)의 2개 사유에 대해서만 그 제척기간이 적용되지 않으므로(§457), ⓐ의 사위판결에 대해서는 5년의 단기 제척기간이 적용된다는 문제(대판 92.5.26, 92다4079)가 있다. §451① 제11호의 입법취지를 고려하면, 입법적으로는 이런 제척기간 차별이 없어져야 한다.

ⓑ의 무변론판결(2002년 개정 전에는 '의제자백' 판결의 편취였다)에 대해서는 판례가, 판결정본 송달을 무효로 보아서 —아직 항소기간이 개시되지 않았다고 보고— 피고가 언제든지 항소를 제기할 수 있다고 하며(대판 70.7.24, 70다1015; 대판-전 78.5.9, 75다634), 만약 그 무변론판결에 기한 소유권이전등기가 마쳐졌다면, 이는 실체적 권리관계에 부합하지 않는 것이므로 별소로써 위 등기의 말소등기를 곧바로 구할 수도 있다고 한다(대판 81.3.24, 80다2220). 반면에 다수설은 재심설을 취하고, 재심기간의 제한이 있다고 보고 있다.

ⓔ의 참칭대표자소송에 대해서는 판례가 —무권대리인에 의하여 대리된 것과 같게 보아서— §451① 제3호(대리권 흠결)를 사유로 한 재심청구를 인정한다(대판 99.2.26, 98다47290).

11-9-4-3 사위판결과 청구이의의 소

원래 청구이의의 소를 제기하여 판결의 집행력을 배제하는 것은, 청구이의 사유가 변론종결 후에 생긴 경우에 한하는데, 판결의 편취행위는 모두 변론종결 전에 이루어지는 것이므로 사위판결에 대한 청구이의의 소는 허용되지 않음이 원칙이다. 하지만, 판례는 일정한 요건 하에서는, 사위판결에 기한 '집행' 자체가 권리남용에 해당할 수 있다고 하면서, 이런 경우에는 —집행행위가 변론종결 후에 있으므로— 청구이의의 소의 제기가 가능하다고 한다(대판 84.7.24, 84다카572). 학설도 대체로 판례를 지지하고 있다.

그러나 위와 같이 청구이의를 허용할 정도로 사위판결 집행이 '권리남용'에 해당하는 경우가 쉽게 인정되지는 않는다. 대판 97.9.12, 96다4862; 대판 01.11.13, 99다32899 등은 권리남용으로 보고 청구이의의 소를 인용하였으나, 최근의 대판 08.11.13, 2008다51588; 대판 14.5.29, 2013다82043; 대판 17.9.21, 2017다232105; 대판 18.3.27, 2015다70822 등은 모두 —권리남용에까지 이르지 않는다고 하면서— 이러한 청구이의의 소를 기각하였다.

11-9-4-4 부당이득 또는 불법행위 등

(1) 학설

사위판결에 의한 강제집행 등으로 손해가 생긴 경우에 —재심으로써 판결을 취소함이 없이— 직접 부당이득반환청구나 손해배상청구가 가능한지의 문제가 있다. 실체법적 구제책을 곧바로 적용할 수 있는지의 문제이다. 이는 기판력의 법적 안정성 요구와 개별 사건에서의 구체적 타당성 요구를 어느 선에서 조화시킬지의 문제이다. 학설은, ㉠ 기판력 제거를 위하여 사위판결을 재심으로써 취소한 다음에 부당이득반환청구 등을 해야 한다는 견해(재심필요설: 이시윤 705; 김홍엽 938 등 다수설), ㉡ 확정판결의 효력을 인정하는 것이 명백히 정의에 반하는 경우 또는 절차적 기본권이 침해된 경우에는 곧바로 부당이득반환청구 등을 할 수 있다는 견해(재심불요설: 정동윤 891; 강현중 698)로 나뉜다.

재심이 불필요하다는 견해는, 그 사위판결을 당연무효로 본다는 것인데, 앞에서 사위판결의 효력을 당연무효로 볼 수 없다는 점은 이미 살펴보았다. §451 ①xi의 재심사유를 보면 더욱 그러하다. 또한 '명백히 정의에 반하는' 및 '절차적 기본권이 침해된'이라는 기준은 아주 불명확하다. 따라서 재심필요설이 옳다. 다만 재심필요설도 권리남용·신의칙 법리의 예외적인 적용을 부정할 수는 없으므로, 재심불요설이 그 사례를 좁게 본다면 양 학설의 실질적인 차이는 크지 않다.

(2) 판례

판례는, 부당이득반환청구에 대해서는 분명히 재심필요설을 취하며(대판 95.6.29, 94다41430; 00.5.16, 2000다11850; 09.11.12, 2009다56665), 다만 자백간주(의제자백)에 의한 판결편취(앞의 ⓑ)에 대해서는 이것이 미확정판결이어서 재심대상이 되지 않는 것이므로(대판-전 78.5.9, 75다634), 그 사위판결에 기하여 이루어진 등기에 대해서는 직접 그 말소등기를 청구할 수 있다고 한다(대판 95.5.9, 94다41010).

불법행위 배상청구에 대해서는, 판례가 재심필요설을 취하면서도 '권리남용' 법리에 기한 직접구제의 길을 터 놓고 있다. 즉 대법원은 —확정판결이 존재하는 이상 일단 재심으로써 그 판결의 취소를 구하는 것이 원칙적인 방법임을 전제하면서도— 경우에 따라서는 불법행위 손해배상을 바로 청구할 수 있음을 인정한다(대판 95.12.5, 95다21808; 92.12.11, 92다18627). 청구이의의 소를 허용하는 경우처럼, 사위판결의 집행이 권리남용에 해당하는 경우에는 불법행위 손해배상도 인정할 수 있다는 취지이다(대판 01.11.13, 99다32899). 그러나 그것이 가능하다고 해도 쉽게 인정하는 것은 아니고, 확정판결에 기판력을 인정한 취지나 재심제도에 비추어 볼 때 불법행위의 성립을 쉽게 인정하여서는 아니된다고 한다(위 95다21808; 대판 07.5.31, 2006다85662 등). 대판 07.5.31, 2006다85662은 불법행위 손해배상청구를 인용했으나, 위의 95다21808 및 92다18627의 두 판결은, 결론적으로 불법행위 성립을 부정하였다. 판례를 '제한적 재심불요설'로 해석하는 견해도 있으나 —권리남용 법리를 통한 예외는 원래 당연한 것이므로— 재심필요설로 해석함이 타당하다.

(3) 기타 (채권자취소권)

사위판결의 원고가 그 판결금채권에 기하여 채권자취소권을 행사하는 것에 대하여 상대방이 —재심으로써 기판력을 배제하는 절차를 거치지 아니한 채로— 이를 권리남용이라 하여 막을 수 있음을 방론(傍論)으로 판시한 판결례도 있으나(대판 14.2.21, 2013다75717), 결론에서는 그러한 권리남용에 해당함을 부정하였다.

제 12 장

판결 외의 소송종료사유

12-1 총설

12-1-1 개요

소송절차는 법원의 판결에 의하지 않더라도 종료할 수 있다. 우선 소의 취하, 청구의 포기·인낙, 소송상화해처럼 당사자의 소송행위로써 종료하는 경우가 있고, 다음으로, 소송관계의 전제인 2당사자대립구조가 소멸하는 경우, 즉 당사자능력 상실 및 수계할 자의 부존재에 따라, 혹은 양당사자의 합병에 따라 소송절차가 종료하는 경우가 있다.

2당사자대립구조가 소멸하는 경우에 관해서는 그다지 설명할 점이 없다(당사자능력 상실 및 소송의 수계에 관해서는 4-3-4 & 7-4-2-3; 소송종료선언에 관해서는 11-3-2). 그러므로 이하에서는, 당사자의 행위에 의한 소송종료사유가 소송법상 어떤 의의를 가지는지를 간단히 본 다음에, 소의 취하, 소송상화해, 청구의 포기·인낙의 순서로 상세히 검토한다.

12-1-2 당사자의 행위에 의한 소송종료의 의미

일단 제기한 소에 관하여, 법원의 판단을 배제하고 당사자의 의사로써 이를 종료시킬 수 있는 것은, 민사소송에서 사적자치 원칙이 적용되기 때문이다. 앞에서 소송물에 관한 처분권주의를 보았지만, 소송의 종료에 처분권주의가 적용된 것이 소의 취하, 청구의 포기·인낙, 소송상화해이다.

그런데 사적자치 원칙이 제한되는 법률관계, 예컨대 가족관계에서는 처분권주의도 제한되므로, 청구의 포기·인낙, 화해가 부정되는 일이 있다(가소§12: 가류·나류 청구인낙 불가; 12-3-2-2). 그리고 소송물에 관한 처분권주의에서와는 달리, 이미 소송계속이 발생하고 수소법원 및 각 당사자의 소송행위가 이미 이루어져 있는 상태이므로, 경우에 따라서는 당사자 임의로 소송종료를 하지 못하게 하거나(가령 소취하에서 동의 요건), 혹은 소송상화해에 확정판결과 동일한 효력을 부여함으로써 자의적 소송종료를 방지한다. 즉 이러한 규정들은, 소송종료상의 처분권주의를 입법자가 제한한 것이다.

12-2 소의 취하

12-2-1 총설

12-2-1-1 의의

소의 취하(Klagerücknahme)란, 원고가 소를 철회하는 소송행위이다(§266). 소는 원고가 소송물에 관하여 법원의 심리·판결을 구하는 신청이고, 소의 취하란 그런 신청을 거두어들이는 원고의 법원에 대한 소송행위이다. 취하된 소의 소송계속은 소급적으로 —소제기시에 소급하여— 소멸한다(§267).

소취하는, 실무에서는, 소송계속 후에 피고가 임의로 이행을 했거나 하기로 약속한 경우, 또는 소제기 후 원고가 소제기가 잘못된 것임을 깨달은 경우에 주로 행해진다. 이유가 무엇인지는 소취하의 유효요건이 되지 않는다.

12-2-1-2 청구포기 및 상소취하와의 비교

(1) 소취하와 청구의 포기는, 원고의 소송상 의사표시이고 소송종료원인이라

는 점에서는 같다. 그러나 ① 청구포기는 청구에 이유가 없음을 인정하는 의사표시임에 반하여, 소취하는 청구의 이유 유무와는 관계가 없고 법원의 판단을 구하지 않는다는 의사표시라는 점에서 다르다. ② 이 때문에 청구포기에서는 피고의 동의가 불필요하지만, 소취하에서는 (피고가 응소한 뒤에는) 피고의 동의가 필요하다. ③ 소취하는 소송계속을 소급적으로 소멸시키는 것이어서 그 결과 아무 것도 남지 않게 되지만, 청구포기에서는 포기조서가 작성되며 거기에 확정판결과 같은 효력이 생긴다. ④ 소취하 후에 ―종국판결 후의 소취하가 아닌 한― 다시 소를 제기할 수 있지만, 청구포기를 하고 나면 기판력에 반하게 된다. ⑤ 소취하는 임의로 처분할 수 없는 소송물에 대해서도 할 수 있으나, 청구포기는 임의로 처분할 수 있는 소송물에 대해서만 할 수 있다.

청구의 감축이 소의 일부취하인지 청구의 일부포기인지는, 원고의 의사에 따라야 하지만, 불분명한 경우에는 원고에게 불리하지 않도록 소의 일부취하로 해석해야 한다(대판 93.9.14, 93누9460).

(2) 한편 소취하와 상소의 취하(§393)는 다르다. 상소취하는 '상소'만을 취하하는 것이어서, 상소의 대상이 된 판결을 확정시키고, 따라서 상소취하가 있으면 그 소송의 최종결과는 '판결'이다(15-2-7 참조).

12-2-1-3 종류

소취하에는 하나의 소송사건의 청구의 전부를 취하하는 전부취하와 그 일부만 취하하는 일부취하가 있다. 후자는 청구금액을 감액한다든지, 병합한 복수의 청구 중 일부만 취하하는 것이다. 공동소송에서, 공동원고 중의 1인의 소취하, 공동피고 중의 1인에 대한 소취하도 소의 일부취하이다. 공동소송에서의 일부취하는, 만약 그것이 고유필수적 공동소송이면 허용되지 않는다.

12-2-1-4 소취하합의

소송 외에서 원고가 피고와의 사이에 소를 취하하기로 약정하는 것을 소취하합의(=소취하계약)라고 한다. 실무상 흔하다. 소송 진행 중에 당사자 간에 '소송외의 화해'를 하는 경우 중 아주 높은 비율로 소취하합의가 이루어진다. 소취하합의를 했는데도 원고가 소를 취하하지 않는 경우, 피고가 이를 항변하면 소의 이익이 없다는 이유로 소가 각하된다(대판 82.3.9, 81다1312).

소취하합의는 소송상합의 중의 하나인데, 그 법적 성격에 관해서는 크게 사법계약설과 소송계약설로 나뉜다. 상세한 내용은 8-1-1-5를 참조.

12-2-2 요건

12-2-2-1 취하의 대상

모든 소송물이 소취하의 대상이다. 직권탐지주의의 적용을 받는 소송물에 대해서도 소취하를 할 수 있다. 가령 행정소송이나 가류·나류 가사소송에서도 소취하가 허용된다. 소송요건 흠결로 부적법한 소라도, 이를 취하할 수 있다.

다만 주주의 소제기신청에 따라 회사가 제기하는 이사책임추궁소송(상§403①⑥), 주주대표소송(상§403③⑥), 그리고 증권관련집단소송(증집§35)에서는 법원의 허가가 있어야 소취하를 할 수 있다.

12-2-2-2 시기

소취하는 소제기 후 판결이 확정되기 전까지는 언제라도 할 수 있다(§266①). 상소심에서도 소취하가 허용되지만, 재소(再訴)금지의 제재가 따른다(§267②). 심급 사이의 기간, 즉 판결송달 후 상소제기 전에도 소취하를 할 수 있다.

상소심에서 피고의 동의를 얻어 원고가 취하서를 제출했을 때에, 소취하인지 상소취하인지 불명확할 수 있는데, 일단 법원이 석명해야 하지만, 만약 석명하지 않고 넘어가서 나중에 문제가 된 때에는 원고에게 불이익이 적은 소취하로 해석해 줄 일이다. 이때 소취하에 재소금지 효과가 주어지기는 하지만, 패소판결이 확정되는 것보다는 낫기 때문이다.

12-2-2-3 방식

원칙적으로 소송이 계속된 법원에 소취하서를 제출해야 하지만(§266③본문), 변론기일·변론준비기일에서 말로써 할 수도 있다(§266③단서). 소장부본이 이미 송달되었다면, 소취하서를 피고에게 송달해야 한다(§266④). 말로써 취하한 경우에는, 만약 그 기일에 상대방이 결석했다면, 취하 진술을 기재한 조서의 등본을 그 상대방에게 송달해야 한다(§266⑤). 그리고 소취하서를 제출하고 나면 —상대방에 대한 송달 전후를 묻지 않고— 원고가 임의로 소취하서를 철회할 수 없다(대판 97.6.27, 97다6124).

소의 일부취하가 있는 경우, 법원은 소취하 동의 여부를 기다려서 심판범위를 확정한 다음에 재판을 해야 하며, 동의여부 미결정 상태에서 종전의 전체 청구에 대해 판결을 해서는 안 된다(대판 05.7.14, 2005다19477).

12-2-2-4 피고의 동의

(1) 동의가 요구되는 경우

원고가 소를 취하함에 있어서, 피고가 본안에 관하여 준비서면을 제출하거나 변론준비기일에서 진술하거나 변론을 한 뒤에는 피고의 동의를 받아야 소취하가 유효해진다(§266②). 피고가 응소하여 본안판결을 받겠다는 태도를 이미 보인 이상, 소송을 유지하는 데에 피고의 이익이 생겼기 때문이다.

피고가 단지 본안전항변(8-1-4-2)으로 소각하판결을 구한 상황이면, 아직 "본안에 관하여" 응소한 것이 아니므로, 피고 동의 없이 소취하를 할 수 있다. 피고가 주위적으로 소각하판결을, 예비적으로 청구기각판결을 구하고 있는 경우에는 —본안에 관한 응소는 아직 예비적인 것이므로— 역시 원고는 피고의 동의 없이 소취하할 수 있다(대판 68.4.23, 68다217). 본소가 취하된 후에 반소를 취하할 때에는 원고의 동의가 필요 없다(§271).

(2) 동의의 방식

소취하에 대한 동의는 서면 또는 말로 한다. 명시적 동의가 없는 때라도, 소취하의 서면("소취하서")이 송달된 날부터 2주 이내에 상대방이 이의를 제기하지 아니한 경우에는 소취하에 동의한 것으로 본다(§266⑥). 소취하를 변론기일·변론준비기일에서 말로 한 경우에, 위 2주 기간의 기산일은, 상대방이 기일에 출석했으면 그 소취하일부터이고, 상대방이 불출석했으면 기일의 조서등본이 송달된 날부터이다.

소취하 동의는 소송행위이므로, 소송능력이 있어야 이를 할 수 있다. 소송대리인은 동의할 때에 —소송대리인이 소취하할 때와 달리— 특별수권을 받지 않아도 된다(대판 84.3.13, 82므40). 소취하 동의에는 조건을 붙일 수 없다.

(3) 동의의 효과

동의에 의하여, 소취하는 확정적으로 효과가 생긴다. 고유필수적 공동소송(14-3-2)은 공동피고 전원의 동의가 있어야 비로소 효과가 생기며, 독립당사자참가(14-5-2)의 취하는 원·피고 쌍방이 동의해야 효과가 생긴다. 독립당사자참가 후에 원고가 소를 취하하려면, 피고뿐만 아니라 참가인의 동의도 필요하다(대결 72.11.30, 72마787).

12-2-2-5 소송행위로서 유효할 것

소취하 행위는 소송행위이므로, 소송행위로서의 유효요건을 갖추어야 한다. 그리고 대리인이 소취하를 유효하게 하려면, 특별한 권한을 수여받아야 한다. 즉 —친권자를 제외하고— 미성년후견인 등 법정대리인이, 그리고 임의대리인이 소취하를 하려면 특별한 권한을 받아야 한다(§56②,§90②). 고유필수적 공동소송에서는 전원이 공동으로 소취하를 해야만 유효하다. 한편 소취하에는 정지조건이든 해제조건이든 조건을 붙여서는 안 된다.

취하는 소송행위이므로, 민법상의 법률행위에 관한 규정이 바로 적용되지는 않는다. 즉 소송행위에서는 소송절차의 명확성·안정성 요청 때문에 민법상의 법률행위에서보다 표시주의가 더 중시되므로(대판 83.4.12, 80다3251), 착오 또는 사기·강박이 있더라도 취하를 민법 §109, §110에 기하여 취소할 수가 없다는 것이 판례이다(대판 97.6.27, 97다6124; 97.10.10, 96다35484; 04.7.9, 2003다46758). 그러나 소취하가 '형사상 처벌'을 받을 다른 사람의 행위로 말미암아 이루어진 때에는 그 소취하가 무효라는 것이 다수설이며, 판례의 주류도 같은 입장이다(대판 85.9.24, 82다카312).[1] 이러한 소취하 무효를 인정하는 데에, 유죄의 확정판결이 반드시 필요하다고 볼 필요는 없다(확정판결불요설; 다수설).

소취하에서 표시주의가 중시된 다른 사례를 보면, 원고 소송대리인으로부터

1) 82다카312는 타인의 강요와 폭행에 의하여 이루어진 소취하가 무효라고 보았다. 그리고 항소취하에 관하여도, 그 취하가 형사상 처벌을 받을 다른 사람의 행위로 말미암아 이루어진 때에는 §451①v에 준하는 재심사유로 인정할 수 있고, 그런 경우에는 취하의 무효·취소를 곧바로 주장할 수 있다는 판례가 있다(대판 12.6.14, 2010다86112). 그러나 반면에, 가처분신청취소가 사기·강박 등 형사상 처벌을 받을 타인의 행위로 인한 것이라 하더라도, 이는 유효하다고 한 판결례도 있다(대판 84.5.29, 82다카963).

소송대리인 사임신고서 제출을 지시받은 사무원이 착오로 소를 취하한 경우에도, 그 소취하를 무효라고 볼 수는 없다는 것이 판례이다(대판 97.10.24, 95다11740).

12-2-3 소송계속의 소급적 소멸

(1) 소가 취하되고 나면, ① 소송계속이 소멸하고, ② 일정한 경우에는 같은 소를 다시 제기하지 못한다는 효과가 발생한다. 먼저 '소송계속의 소멸'에 관해 검토한 후에 12-2-4에서 '재소금지'에 관하여 본다.

(2) 취하된 부분에 대하여는 소가 처음부터 계속(係屬)되지 않은 것으로 본다(§267①). 따라서 소취하가 있으면, 그 취하된 소에 관해서는 아무 것도 남지 않는다. 소송계속을 전제로 이미 행해진 당사자의 소송행위(보조참가·소송이송신청·법관기피신청 등)도 당연히 실효된다. 이미 행해진 증거조사도 실효된다. 취하 전에 선고된 판결도 실효된다.

반면에 청구의 포기·인낙, 화해에서는 —판결은 아니지만 판결과 같은 효력을 가지는— 포기조서·인낙조서·화해조서가 남는다. 이 점이 소취하와 청구의 포기·인낙, 화해 사이의 주요한 차이점이다.

그러나 취하된 소의 절차에서 —소취하에 앞서서— 이미 반소, 중간확인의 소, 독립당사자참가가 행해졌다면, 이는 본소의 취하에 불구하고 남는다. 소송계속에 바탕을 둔 관련재판적(3-4-4)도 유지되므로 —가령 반소의 토지관할이 본소의 관할의 관련재판적으로서 생긴 경우에— 본소가 취하되어도 수소법원이 반소를 심리·판단할 수 있다.

(3) 소제기의 실체법적 효과는, 소취하에 의하여 어떻게 되는가, 즉 실효하는가 유지되는가? 소제기에 따른 시효중단의 효력이 소취하로써 소급적으로 소멸됨은 민법 §170①이 정하고 있다. 문제는, 취소권·해제권·해지권·상계권 등 형성권을 가지고 있는 소송당사자가 그 형성권을 행사한 후에 소가 취하되는 경우에, 그 형성권 행사의 효과가 그대로 존속하는지에 있다. 이에 관해서는 8-1-3-4(소송상의 형성권 행사)에서 살펴보았으므로 그곳을 참조.

12-2-4 재소금지

12-2-4-1 의의

소취하는 소송계속(2-5-2-1)을 소급적으로 소멸시키므로, 종국판결 선고 후에 소를 취하하면 그 판결이 실효되고 만다. 따라서 판결에 들인 법원의 노력이 헛수고가 된다. 즉 원고는 1심 판결을 받아본 후에 그것이 자기에게 불리하면 소취하를 통해서 판결을 마음대로 실효시킬 수 있게 된다. 이렇게 법원의 판결이 농락되는 일이 없도록 하기 위해, 법은 —이런 경우 소취하 자체를 금지하지는 않고— 본안에 관하여 종국판결이 있은 뒤에 소를 취하한 사람은 같은 소를 다시 제기하지 못하도록 정하였다(§267②). 즉 이처럼 재소(再訴)를 금지하는 것은, 소취하권 남용에 대한 제재이다.

12-2-4-2 요건 1 : 같은 소

"같은 소"를 다시 제기하지 못하는 것인데, 같은 소의 범위는 기판력이 미치는 범위와 동일하게 보는 것이 출발점이다. 그러나 재소금지 제도의 취지는 취하 남용에 의한 판결의 농락을 방지하려는 데에 있고, 이는 기판력을 둔 취지인 재판제도의 법적 안정성 요구와 똑같지는 않으므로, 재소금지의 범위와 기판력이 미치는 범위 사이에는 차이가 생길 수밖에 없다. 그래서 판례는, 후소가 전소의 기판력 범위 내에 있더라도, '권리보호이익'이 다르거나 '소제기를 필요로 하는 정당한 사정'이 있으면 재소를 허용한다.

(1) 기판력의 범위 내에서는 재소금지되는 것이 원칙

기판력이 미치려면 ⓐ 동일한 당사자 사이의 재소이어야 하고, ⓑ 동일한 소송물이거나 전소와 선결관계·모순관계의 소송물이어야 한다(11-5-4-1 참조).

ⓐ 재소를 제기할 수 없는 동일인이란, 우선 전소의 원고를 가리킨다. 전소의 보조참가인이나 피고는 관련 소를 제기할 수 있다. 선정당사자가 소를 취하했으면, 재소금지의 효력은 선정자에게 미친다. 채권자대위소송을 하던 채권자가 소를 취하한 경우, 채무자가 그 소송을 알았다면 재소금지 효력이 채무자에게도 미친다(대판 81.1.27, 79다1618; 96.9.20, 93다20177).

원고의 승계인 중 포괄승계인은 당연히 재소를 금지당하지만, 특정승계인 중에서 누구에게 재소금지 효력이 미치는지에 대해서는 검토를 해야 한다. 먼저, 기판력이 미치는 범위 밖의 특정승계인(11-8-2-1)에게는 재소금지가 적용되지 않을 것이고, 기판력이 미치는 범위 내에 있는, 원고의 '변론종결후의 승계인' 중에서 재소금지효과를 받는 자와 안 받는 자를 가려야 한다. 판례는, 오래 전부터 아래 (2)와 같이 요건을 추가함으로써 변론종결후 승계인 중에서 재소금지되는 자를 가려냈다(대판 81.7.14, 81다64). 학설로는, ㉠ 특정승계인에게는 재소금지 효력이 전혀 미치지 않는다고 보는 견해(송상현 482), 그리고 ㉡ 전소의 취하사실을 알면서 승계하였다는 등의 특별한 사정이 있는 특정승계인만 재소금지 효과를 받는다는 견해(이시윤 597) 등이 있다.

ⓑ 다음으로 소송물에 관하여 보면, 전소와 후소의 소송물이 같아야 "같은 소"이며, 공격방어방법은 달라도 된다. 중복소송(2-5-3)인 전소·후소가 각 제기된 다음, 후소가 1심판결 선고 후에 취하되었다면, 전소가 각하되어야 함은 당연하다(대판 67.7.18, 67다1042). 판례는 소송물이론에서 실체법설을 취하므로, 소유권에 기한 건물인도청구와 약정에 기한 건물인도청구는 동일하지 않고, 따라서 재소금지에 걸리지 않는다(대판 91.1.15, 90다카25970). 병원을 운영하는 A가 보건복지부장관으로부터 받은 업무정지처분에 대하여 취소의 소를 제기하여 패소한 후, 항소심 계속 중에 장관이 위 처분을 과징금부과처분으로 직권변경하자, A가 위 소를 취하하면서 과징금부과처분의 취소의 소를 제기한 경우는, 전소·후소의 소송물이 다르므로, 재소금지 원칙에 위반되지 않는다(대판 23.3.16, 2022두58599).

소송물 자체가 동일하지 않더라도 선결적 법률관계여서 기판력을 받는 범위의 청구, 가령 해고무효확인을 구했다가 패소판결을 받은 후 소취하하고 후소로 그 해고 후의 임금지급을 청구하는 사례에 대해서는, ㉠ 기판력 범위와 재소금지 범위를 같이 볼 필요가 없으므로 여기에 재소금지를 적용해서는 안 된다는 견해(이시윤 598; 호문혁 885)도 있으나, ㉡ 이런 후소는 기판력이 미치는 범위 내에 있으므로 일단은 재소금지 범위에 들어간다는 견해가 판례·다수설이다(대판 89.10.10, 88다카18023; 김홍엽 776; 정동윤 747; 강현중 636).

(2) 권리보호이익의 차이 (소제기를 필요로 하는 정당한 사정)

앞에서 언급했듯이 판례는, 일단 변론종결후의 승계인에게 본조가 적용된다고 판시하면서도, 그들 중에서 재소금지를 적용받는 자와 아닌 자를 가려내기 위해 추가요건을 적용한다. 종래에는 후소의 "권리보호의 이익이 전소와 같아야" 비로소 본조의 '같은 소'라고 할 수 있다고 판시하면서 그 외의 경우에는 재소가 가능하다고 했으나(대판 81.7.14, 81다64; 97.12.23, 97다45341), ―위 "권리보호이익"은, 소의 이익에서 설명하는 권리보호이익과 같은 의미가 아니므로― 위 표현에는 문제가 있다. 가령 이행의 소에서는 원고가 권리자라고 주장하기만 하면 소의 이익으로서의 권리보호이익은 원래 인정되는 것이다(5-3-3-2). 이러한 표현의 부적절함 때문인지 1990년대 말 이후에는, "소제기를 필요로 하는 정당한 사정이 있으면" 재소를 제기할 수 있다는 표현으로 종종 대체된다(대판 98.3.13, 95다48599; 09.6.25, 2009다22037 등). 재소금지는 위와 같이 범위를 좁히는 점에서 중복제소금지와 구별된다.

변론종결후 승계인에 포함되지만 재소금지가 적용되지 않는 구체적 사례를 본다. ① 토지소유자 A가 건물철거·토지인도의 1심판결을 받은 후에 소취하하였는데, 피고가 다시 토지소유권을 침해하면, A로부터 토지를 양수한 B에게는 새로운 권리보호의 이익이 있으므로 피고를 상대로 다시 소제기할 수 있다고 한다(대판 81.7.14, 81다64). ② 토지거래허가 전에 소유권이전등기청구를 제기하여 승소하였다가 취하하였는데 그 후 허가를 받아서 다시 이전등기청구를 하는 것도, 권리보호의 이익이 달라서 무방하다(대판 97.12.23, 97다45341). ③ 종국판결 후 소를 취하하였다가 피고가 그 소 취하의 전제조건인 약정을 위반하여 약정이 실효됨에 따라 다시 동일한 소를 제기하는 것은 권리보호의 이익이 다르므로 재소금지의 원칙에 위배되지 않는다(대판 93.8.24, 93다22074; 00.12.22, 2000다46399). ④ A가 B에 대한 채권을 집행채권으로 삼아 제3채무자 Q에 대한 압류추심명령에 기하여 Q를 피고로 한 추심의 소를 제기하였다가 항소심에서 소를 취하한 후에, B에 대한 다른 채권자 C가 새로 압류추심명령을 받고 Q를 상대로 추심의 소를 제기한 사안에서, C에게는 새로운 권리보호이익이 있다고 한다(대판 21.5.7, 2018다259213).

한편 제3자 소송담당에서, 본인 앞으로의 판결이 이미 있다면 소송담당자 역시 재소가 금지되는 당사자에 포함됨이 원칙이다. 그런데 판례는, 집합건물의 구분소유자가 공유부분 점유사용자를 상대로 부당이득반환을 청구하여 1심 패소 후 항소심에서 소를 취하했는데, 집합건물 관리단이 다시 동일 청구를 하는 것은, 구분소유자들의 공동이익을 위한 것으로서 구분소유자 개인의 소송과 목적이 다르므로, 재소금지되지 않는다고 한다(대판 22.6.30, 2021다239301).

그런데 판례가 '권리보호이익' 또는 '소제기를 필요로 하는 정당한 사정'이라는 용어를 사용하면서 재소를 허용한 위 사례들은 —위 집합건물 사례를 제외하면— 대부분 승소원고 측이 재소한 경우임을 주목할 필요가 있다. 원래 재소금지 원칙은, 패소원고가 소취하를 남용하는 것을 방지하려는 제도이다. 따라서 승소원고 측의 재소는 —재소 필요성이 인정된다면— 아주 엄격히 제한할 이유는 없는 것이다.

12-2-4-3 요건 2 : 본안에 대한 종국판결 선고 후의 취하

종국판결 선고 후의 소취하에 대한 것이므로, 종국판결 전에 소를 취하했으면 당연히 재소가 가능하다. 그리고 본안판결 후의 소취하에 대한 것이므로, 소송판결이 있은 뒤의 취하 및 당연무효판결 후의 취하에는 적용되지 않는다. 즉 사망자를 피고로 한 1심판결에 대하여 피고의 상속인이 항소하여 항소심에서 원고가 피고의 동의를 얻어 소를 취하한 경우에 원고는 재소금지를 적용받지 않으며(대판 68.1.23, 67다2494), 항소심판결이 1심판결을 취소하고 그 소가 1심 당시 취하되어 이미 종료된 것이라는 소송종료선언을 한 경우에는 동일한 소를 제기할 수 있다(대판 68.11.5, 68다1773).

청구의 교환적 변경(§262)은 "구청구의 취하 + 신청구의 제기"로 해석되므로, 항소심에서 청구를 교환적으로 변경하면 '1심 종국판결 후의 구청구 취하'가 된다. 따라서 그 후 청구를 다시 변경하여 본래의 구청구를 되살리면, 본조의 재소금지에 해당하여 부적법해진다는 것이 판례·통설이다(대판 67.10.10, 67다1548; 87.11.10, 87다카1405; 이시윤 599 등).[2] 실무상 원고가 청구권 특정에서 오락가락하다가 재소금지에 걸릴 우려가 있으므로, 특히 항소심에서 원고가 청구변경을 할 때에는 주의해야 하며, 법원도 그것이 교환적인지 추가적인지를 반드시 석명해야 한다.

같은 취지에서 판례는, 구청구를 취하한다는 명백한 표시 없이 청구의 변경을 했고 변경 후의 신청구가 부적법하여 법원의 판단을 받을 수 없는 경우에는,

2) 채권자취소소송 진행 중에 채무자에 대한 회생절차개시결정이 있어서 관리인이 기존의 원고인 종전 채권자를 수계하여 청구취지를 부인권 행사로 변경하여 진행하다가, 회생절차가 폐지되는 경우, 종전 채권자가 소송절차를 수계하여 다시 청구취지를 채권자취소로 변경해야 하지만, 이 변경들은 채무자회생법상 당연한 조치이므로, 재소금지에 위반되지 않는다(대판 22.10.27, 2022다241998).

구청구가 취하되는 교환적 변경으로 볼 수 없다고 보았다(대판 75.5.13, 73다1449).

12-2-4-4 효과

재소금지 원칙은 공익적 성격을 가지므로, 법원의 직권조사사항이며, 따라서 재소임이 발견되면 피고가 다투지 않더라도 소를 각하해야 한다. 재소금지는 소송법상 효과일 뿐이고 실체법상의 권리관계에는 영향이 없다. 따라서 재소금지를 적용받는 권리관계라도 실체법상 권리가 소멸되는 것은 아니고,[3] 그것은 자연채무가 된다. 따라서 원고는 임의변제를 수령할 수 있고, 상계에서 자동채권으로 삼을 수 있으며, 또한 —실체법상 권리가 소멸되지 않아서 상대방이 여전히 그 의무를 부담하고 있으므로— 의무소멸을 이유로 하는 부당이득반환청구는 할 수 없다(대판 69.4.22, 68다1722).

임의로 처분할 수 없는 법률관계이어서 청구의 포기를 할 수 없는 소송(예: 가류 · 나류 가사소송)에 대해서는 재소금지가 적용되지 않는다. 만약 재소가 금지된다면, 청구포기를 할 수 없는 소송에 대해 포기를 인정하는 것과 같아지기 때문이다.

12-2-5 소의 취하간주

소취하행위가 없더라도 소가 취하된 것으로 보는 경우가 몇 가지 있다.

(1) 기일불출석 : 기일에 양 당사자가 2회 불출석(또는 출석 + 무변론)하고 1월 내에 기일지정신청을 하지 않거나 지정된 새 기일에 다시 결석한 때에는 소가 취하된 것으로 간주한다(§268). 배당이의의 소(민집§158), 공시최고(§484)에서의 불출석 취하간주에 관해서는 8-5-2-3을 참조.

(2) 피고의 경정 : 피고경정신청이 허가되면, 종전 피고에 대한 소는 취하된 것으로 본다(§261④).

(3) 가사소송에서 : 가류 · 나류 가사소송에서 원고가 사망 기타의 사유(소송

---

3) 피고 앞으로의 소유권이전등기가 무효라고 주장하며 원고의 소유권에 기한 말소등기청구를 하여 제1, 2심의 승소판결을 받은 원고가 상고심 계속 중 소취하한 다음에, 후소로써 동일 피고를 상대로 부동산가액 상당 손해배상을 구한 경우에는 (재소금지 위반은 아니지만) 실체법상 소유권의 소멸이 없어서 손해의 발생이 없다(대판 23.1.12, 2022다266874).

능력상실은 제외)로 소송절차를 계속하여 진행할 수 없게 되어서 승계가 필요해졌는데 6개월 내에 다른 제소권자로부터 승계신청이 없으면 소가 취하된 것으로 본다(가소§16).

(4) 증권관련집단소송에서 : 대표당사자의 사망·사임·소송수행금지결정에 따라 소송절차가 중단되거나, 원고측 소송대리인 전원의 사망·사임·해임에 따라 소송절차가 중단되었는데, 중단 후 1년 이내에 적법한 수계권자로부터 수계신청이 없으면 소가 취하된 것으로 본다(증집§24,§26).

(5) 화재·사변 등 법원재난의 경우 : 재난으로 소송기록이 멸실되었는데, 6개월 내에 원고가 소장을 다시 제출하지 않으면 그 소는 취하된 것으로 본다(법원재난에 기인한 민형사사건 임시조치법 §3).

12-2-6 소취하 효력을 다투는 절차

소의 취하 또는 취하간주로 이미 소송이 종료했는지를 당사자 간에 다투는 경우에는 그 소송절차 내에서 해결해야 하는 것이지, 별도로 소취하의 무효확인청구의 소를 제기할 수는 없다. 종료를 주장하면 법원에 소송종료선언을 해 달라고 신청할 일이고, 소취하의 무효 및 소송의 진행을 주장하면 법원에 기일지정신청을 할 일이다(규§67①).

이러한 기일지정신청이 있으면 법원은 변론을 열어 신청사유에 관하여 심리해야 하고, 심리결과 신청이 이유 없으면 판결로 소송의 종료를 선언하여야 하며, 신청이 이유 있으면 소송절차를 계속하여 진행하면 된다(규§67②③). 소송종료선언에 관해서는 11-3-2 참조.

드문 일이지만, 종국판결선고 후 상소기록을 상급심에 보내기 전에 소가 취하되고 그 소취하의 효력을 다투며 기일지정신청이 있는 경우에, 이를 어느 법원이 어떻게 처리할지에 관해서는 규칙 §67④이 상세히 정하고 있다.

12-3 재판상화해

12-3-1 재판상화해의 의의와 성질

12-3-1-1 의의와 종류

화해(和解; Vergleich)란 당사자가 일정한 법률관계에 관하여 서로 양보하여 합의로써 서로간의 다툼을 마치는 것을 가리킨다. 화해의 종류를 우선 크게 나누면 재판외(裁判外)의 화해(이는 민§731이 정하고 있다)와, 법관 앞에서 행해지는 재판상(裁判上)의 화해가 있다.[4] 후자를 세분하면, 소제기 후에 소송절차 내에서 행해지는 '소송상의 화해'(=소제기 후의 화해)와 소송계속을 전제하지 않는 '제소전(提訴前) 화해'로 나뉜다. 이하에서는, 재판상의 화해, 소송상의 화해 등을 —각각 단일용어로서— '재판상화해', '소송상화해'로 붙여 쓴다.

원래 소송상화해(Prozessvergleich)는 판결절차 계속 중에 그 기일에서 하는 화해를 가리키지만, 광의(廣義)의 소송상화해는 그뿐만 아니라 결정절차 개시 후 그 기일에서 하는 화해를 포함한다. 실무상으로도 보전절차나 집행절차의 심리기일에서 본안소송의 소송물에 대한 소송상화해를 하기도 한다.

사적 법률분쟁의 해결방법으로 외국에서도 '재판외의 해결방법'(ADR; 1-2)이 강조되고 있으며, 2002년의 개정 독일 민사소송법 §278는 —판결을 위한 변론에 앞서서 원칙적으로— 화해변론을 먼저 행하도록 정했다(화해전치주의). 소송상화해이든 제소전화해이든 그 법적 성질은 동일하므로, 이하에서는 소송절차의 종결사유인 소송상화해를 중심으로 검토를 한 다음, 제소전화해에 관해서는 차이점 위주로 간략히 본다.

12-3-1-2 법적 성질

재판상화해는 애당초 당사자 간의 상호양보의 합의로서의 성격을 가지며,

4) 소송계속 중 재판외화해를 하면서, 피고의 화해금액 변제시에 원고가 소를 취하하기로 하는 조건부 소취하의 합의를 함께 하는 경우가 실무상 흔한데, 이 경우에는 조건성취사실이 인정되지 않는 한 소송을 유지할 법률상의 이익이 있으며(대판 13.7.12, 2013다19571), 다만 위 재판외화해사실 및 조건성취사실이 모두 주장·증명되면 법원은 권리보호이익 흠결을 이유로 소각하를 해야 한다.

따라서 이는 사법행위(私法行爲; 민법상의 법률행위)라는 면이 있다. 그러나 이는 법원에서 행해지는 것이고 확정판결과 같은 효력을 낳으며, 대부분 소송종료라는 소송법적 효과를 낳으므로, 이런 점을 보면 이는 소송행위이다. 이에 재판상화해의 법적 성질을 어떻게 볼 것인가에 관해서는 많은 논의가 있었다. 특히 화해에 법률행위의 무효사유가 있거나 착오 · 사기 · 강박으로 재판상화해가 성립된 경우를 두고서 ―그 법적 성질을 어떻게 보느냐에 따라 이 경우의 결론이 달라질 수 있으므로― 문제가 발생한다.

(1) 사법행위설 : 비록 법관 앞에서 행해지기는 하지만, 재판상화해의 본질은 민법상의 화해계약이라는 견해이다. 이 견해에 의하면, 재판상화해에 사회질서 · 선량풍속 위반 등 무효사유나 착오 · 사기 · 강박 등 취소사유가 있으면, 당사자는 곧바로 그 재판상화해의 효력을 다툴 수 있다고 한다. 1950년대의 구 판결례 중에 이런 입장을 취한 것이 있다(대판 59.9.24, 4291민상318).

(2) 소송행위설 : 비록 민법상 '화해'와 이름을 같이 쓰지만, 재판상화해는 그 요건과 효과가 소송법에 의해 규율되는 순수한 소송행위라고 보는 견해이다. 이에 의하면, 민법상 화해계약과는 전혀 다르고, 민법상의 의사표시 관련 규정들이 적용되지 않으므로, 무효사유나 착오 · 사기 · 강박 등 취소사유가 있더라도 재판상화해의 효력을 부정할 수는 없다. 그 효력을 부정하는 방법은, 오로지 준재심(§461)에 의하여 취소하는 방법뿐이다.

1961년 민사소송법 개정시에 준재심(15-5-5) 대상으로 화해조서가 추가됨에 따라, 준재심 외의 수단으로 재판상화해를 번복하는 방법이 없어진 이래, 소송행위설이 판례이다(대판-전 62.2.15, 4294민상914; 대판 62.5.31, 4293민재6; 79.5.15, 78다1094 등).

(3) 병존설 : 위 (1),(2)의 양극의 문제점을 해소하려는 시도가 (3),(4)이다. 재판상화해가 본질상 민법상의 상호양보계약을 깔고 있음을 전제하면서, 또한 이것이 소송법에 의한 요건 · 효과의 통제를 받는다는 점을 인정하는 견해들이다. 병존설은, 재판상화해는 사법행위와 소송행위의 두 행위가 겹쳐서 외관상 하나로 보일 뿐이고, 그 두 행위는 각각 실체법과 소송법에서 독립적으로 규율된다고 본다. 이 견해에 의하면, 재판상화해를 가령 강박을 이유로 취소하면, 그 사법상 화해계약은 취소되지만 소송행위인 화해는 그대로 남으므로, 소송법적으로(=준재심으로) 재판상화해를 취소하지 않은 채로 직접 재판상화해의 효력을 부정할

수 없다고 한다. 의사표시 하자의 처리에 있어서 결론적으로 소송행위설과 같아진다.

(4) 양성설(兩性說; Doppelnatur)[5] : 재판상화해는 사법상의 화해계약과 소송행위가 경합되어 있는(=두 성격을 모두 가진) 하나의 행위라는 견해이다. 이에 따를 경우, 재판상화해가 유효하려면 소송법상으로는 물론이고 사법상으로도 하자가 없어야 함이 원칙이다. 다수설이다.[6]

(5) 검토 : 재판상화해의 요건과 효과에 소송법이 작용한다는 점을 부인할 수 없으므로, 사법행위설은 취하기 어렵다. 재판상화해는 조서에 기재되어야 완결된다는 점도 사법행위설과 맞지 않는다. 한편, 재판상화해의 실질이 —법원의 강제가 아닌— 당사자 간의 상호양보의 합의인 이상, 소송행위설도 재판상화해의 성격에 대한 올바른 해석이 아니다. 소송종결만 의도하고 그 기초에 있는 실체적 권리의 다툼은 해결 없이 놓아두겠다는 화해는 존재하지 않는다는 점을 보더라도 소송행위설은 맞지 않는다.

병존설은, 재판상화해가 단일행위임을 외면한다는 점에서 기교적이다. 결론적으로, 재판상화해의 성격 자체만 논의한다면 양성설이 옳다고 생각된다. 그러나 원래 양성설은 재판상화해에 절대적 효력을 인정하지 않는 외국의 소송법제하에서 논의된 견해인데, 한국 민사소송법은 화해조서를 번복하려면 반드시 준재심에만 의하라고 정하고 있어서(§461), 법률규정 자체가 재판상화해의 법적 성질을 소송행위설로 유도하고 있다. 즉 재판상화해의 성질론은, 아래에서 볼 재판상화해의 효력론과 조화될 수 있느냐는 문제를 품고 있다. 아래 12-3-3-2에서 보듯이, 한국에서 양성설을 취하는 분들이 가지고 있는 재판상화해의 효력에 대한 견해는 다양하다.

---

5) 독일과 일본에서는 양성설이 통설이다. 그러나 독일 민소법상 재판상화해는 기판력(실체적 확정력)을 가지지 않아서 재심·준재심으로만 번복할 수 있는 것이 아니고, 가령 의사표시 하자에 의해서도 효력을 잃는다. 그리고 일본에는, 화해조서에 관하여 독일에 없는 "확정판결과 동일한 효력"이라는 조문표현이 있지만 —한국처럼 준재심으로써만 번복할 수 있다는 조항은 없으며— 그 효력의 의미에 관해 제한적기판력설(민법상 의사표시 무효·취소의 사유가 있으면 화해의 효력을 부정할 수 있다는 견해)이 판례·통설이다.

6) 이시윤 613; 호문혁 898; 강현중 651; 정동윤 765.

12-3-2 소송상화해의 요건

12-3-2-1 소송상화해의 당사자

화해를 하는 당사자에게 당사자능력·소송능력 등이 있어야 한다. 친권자 외의 법정대리인이나 임의대리인이 화해를 하려면 특별수권을 받아야 한다(§56②, §90②). 파산관재인이 재판상 화해를 함에 있어 감사위원의 동의나 채권자집회의 결의 없이 했다면 이는 수권의 흠결이 있는 것이고 재심사유가 된다(대판 90.11.13, 88다카26987). 필수적 공동소송에서 화해는, 공동소송인 전원이 일치하여 해야 한다(§67①).[7] 독립당사자참가소송에서 —참가인을 빼놓고— 원·피고 간에만 화해를 할 수는 없다. 의사무능력자를 위해 선임된 특별대리인이 화해를 하는 경우, 법원은 그 행위가 본인의 이익을 명백히 침해한다고 인정할 때에는 14일 이내에 결정으로 이를 허가하지 아니할 수 있다(§62-2).

소송당사자 아닌 보조참가인, 나아가서 화해 전까지 소송절차에 전혀 등장하지 않았던 제3자도 화해당사자가 될 수 있다. 소송당사자는 아니지만 실제로 당해 소송물과 이해관계를 가지는 사람이 참여하는 이런 소송상화해는, 실무상 종종 있는 일인데, 그 제3자에게 화해절차참가신청서를 제출하도록 하고 있다. 그런 신청서가 제출되면 소송상화해의 당사자가 된다고 볼 것이며, 만약 그런 신청서 없이 화해당사자로 참가하더라도 그 소송상화해는 유효하고 그 성격은 제소전화해의 일종이라고 볼 터이다.

12-3-2-2 소송상화해의 대상

소송상화해는 주로 기존 소송물에 대하여 행해지지만, 합의에 이르기 위하여 소송물 외의 권리관계가 포함되는 일도 실무상 종종 있다.[8]

(1) 사적이익에 관한 권리관계이고 당사자에게 처분권 있는 사항일 것

재판상화해의 대상이 되려면, 사적이익에 관한 권리관계여야 하고, 당사자가

---

7) 그런데 예비적·선택적 공동소송에 관한 §70①이 §67를 준용하면서, 다만 청구의 포기·인낙, 화해 및 소의 취하의 경우에는 공동소송인들 간에 일치하여 할 필요가 없는 듯이 규정했고, 그 해석상 논란이 있다(14-4-4-2 참조).

8) 또한 화해를 성사시키기 위하여 —법률적 의미는 없지만— 선언적 기재가 화해조항에 포함되는 일도 실무상 가끔 있다.

자유롭게 처분할 수 있어야 한다. 당사자가 임의로 처분할 수 없는 법률관계에 대하여는 재판상화해가 성립했다고 해도 효력이 없다. 가령 재심의 소에서 '재심대상판결을 취소한다'는 화해조항이 만들어져 조서화되었더라도, 이는 법원의 형성재판을 대상으로 한 것으로서 당사자가 자유롭게 처분할 수 있는 권리가 아니므로 그 조항은 당연무효이다(대판 12.9.13, 2010다97846). 마찬가지로 청구이의의 소에서 '(○○집행권원에 기한) 강제집행을 불허한다'와 같이 집행권원의 집행력의 배제를 내용으로 하는 화해·조정을 할 수는 없고(대판 23.11.9, 2023다256577), 굳이 그런 화해를 하려면 화해조항이 '피고는 ○○집행권원에 기한 강제집행을 하지 않는다'라는 부집행합의의 모습이어야 한다(대결 22.6.7, 2022그534).

가사소송법 §12는 "가류 및 나류 가사소송사건에 관하여는 민사소송법 … 제220조[9] 중 청구의 인낙에 관한 규정 … 은 적용하지 아니한다."라고 정함으로써, §220 중에서 —청구인낙만 효력이 없다고 하고— 화해 및 청구포기를 제외하고 있어서, 과연 대세적 법률관계 확정이 요구되는 가류·나류 가사소송절차에서의 소송상화해가 유효한지에 관하여 논의가 있다. 가류·나류에 대해서는 소송상화해를 할 수 없다는 견해가 다수설이다. 가류·나류 중에서도 당사자의 처분권이 있는 사항은 화해대상이 된다고 하면서 가령 재판상이혼·재판상파양에서 화해가 인정된다는 견해도 있으나(김홍엽 796), 실무상 재판상이혼을 화해로써 하는 것은 —재판상이혼 그 자체는 합의대상이 아니고— 그에 부수하는 위자료·재산분할·자녀면접교섭을 합의하는 것임에 불과한 점, 협의이혼·협의파양을 할 수 있음과 재판절차상 화해를 할 수 있음은 별개의 문제인 점을 고려하면, 이는 옳지 않다. 따라서 원칙적으로는, 가류·나류 가사소송에서는 소송상화해를 할 수 없다고 함이 옳다. 판례도 같다(대판 87.1.20, 85므70; 07.7.26, 2006므2757 등).

행정소송(항고소송)에 대해서도, 당사자가 자유롭게 처분할 수 없는 사항이 그 소송물이므로, 화해가 허용되지 않는다. 그러나 실무에서는 행정소송(항고소송)에서 사실상의 화해가 이루어지기도 하는데, —처분취소 자체에 대해서는 화해를 할 수 없는 것이므로— 원고가 소를 취하하는 대신 피고 행정청이 합의내용에 따른 재처분을 하는 형식을 취한다.

---

9) §220: 화해, 청구의 포기·인낙을 변론조서·변론준비기일조서에 적은 때에는 그 조서는 확정판결과 같은 효력을 가진다.

주주총회결의의 하자를 다투는 소송 등 회사관계소송의 청구'인용'판결의 효력은 제3자에게 미치므로('대세효'), 화해가 허용되지 않는다는 것이 통설·판례이다(대판 04.9.24, 2004다28047). 다만 원고가 청구를 포기하는 내용의 화해는 —소송비용만 각자 부담하더라도 화해가 성립할 수 있으므로 그 방식으로— 이루어질 수 있다. 다만 주주대표소송(상§403⑥), 그리고 증권관련집단소송(증집§35)에서 재판상화해를 할 때에는 법원의 허가를 받아야 한다.

소비자단체소송·개인정보단체소송에서 청구기각판결은 대세효가 있으므로(소기§75, 개보§56), 원고의 청구를 포기하는 내용의 화해는 허용되지 않으며, 다만 원고의 청구를 인용하는 내용의 화해는 허용된다고 본다.

(2) 공서양속 및 강행법규 위반이 아니어야 하는지

화해조항의 내용 자체가 현행법상 허용되는 것이어야 한다. 가령 원고의 1억원 지급청구에 대한 화해를 하면서 채무액을 1천만원으로 감액하는 대신 피고의 살 1kg을 떼어준다는 화해는 무효이다.

다만 이것과 구별해야 하는 것으로, 화해조항 자체가 아니라, 화해에 이르는 과정에서 또는 청구원인에서 실체법상·소송법상 무효·취소사유가 없어야 하는지의 문제가 있다. 그런 사유가 없어야 한다는 견해도 있으나(이시윤 616), 이는 §461(준재심)와 부합하지 않으며, 그런 사유가 있더라도 소송상화해를 직접 무효로 만들 수는 없다. 판례 역시 통정허위표시(대판 92.10.27, 92다19033), 민법 §607, §608(대판 91.4.12, 90다9872), 배임행위 적극가담의 반사회적 행위(대판 02.12.6, 2002다44014)에 기한 각 재판상화해의 무효주장을 배척하였다. 재판상화해의 내용이 강행법규, 예컨대 농지개혁법(대판 62.5.10, 4294민상1522), 사립학교법(대판 75.11.11, 74다634), 부동산실명법(대판 87.10.13, 86다카2275)에 위배되어 무효라는 주장도 각각 배척되었으며, 소송법적 흠결이 주장된 경우, 즉 중복제소금지 원칙에 위배되어 무효라는 주장(대판 95.12.5, 94다59028)도 배척되었다.

(3) 소송요건의 흠과는 무관함

소장송달이 무효이거나 관할위반인 경우 등, 소송요건에 흠이 있는 소송물에 대한 화해도 —제소전화해가 인정됨에 비추어— 허용된다. 이 점에서 청구의 포기·인낙과 다르다.

(4) 판례

상가건물 임대차계약시에 "기간만료시 인도"를 내용으로 하는 제소전화해를 해 두었는데 임차인이 기간만료에 즈음하여 계약갱신을 요구한 사안에서, 대법원은 '계약갱신요구권'은 화해 당시 분쟁의 대상으로 삼지 않은 사항이어서 화해의 효력이 미치지 않는다고 판단했다(대판 22.1.27, 2019다299058).

12-3-2-3 상호 양보

민법상의 화해(민§731)는 '상호양보'를 요건으로 정하고 있으나 소송상화해에 대해서는 민사소송법이 그 요건을 따로 정하지 않아서, 소송상화해에서 일방만 양보하는 내용의 화해가 혹시 가능한지가 논의된다. 그러나, 원래 화해는 양보를 전제한 개념이라는 점 및 청구의 포기·인낙과 구별할 필요를 고려해 보면, (비록 적더라도) 쌍방의 양보가 있어야 한다(통설).

실무상으로도 쌍방의 양보를 요구하고 있지만, 그 양보가 반드시 본래의 소송물 자체에 관한 양보일 필요는 없다고 보고 있다. 즉 소송물 외의 다른 권리관계 또는 절차상 부수적 사항에 관한 양보만 있어도, 또는 기한의 유예만 있어도 화해의 요건은 충족된다. 가령 원고가 청구를 전부 포기하고 소송비용을 쌍방이 각자 부담하기로만 정해도 피고측의 양보가 있는 것이라고 보아서 유효한 재판상화해가 성립한다.

12-3-2-4 조건부 소송상화해의 가부

소송상화해의 내용이 되는 이행의무의 발생에 조건을 붙일 수 있다. 가령 피고가 언제까지 1억원을 지급하지 않으면 어느 토지를 원고에게 양도한다는 화해는 가능하다. 문제는, 소송상화해의 성립 또는 효력발생 자체에 조건을 붙일 수 있느냐이다. 가령 어떤 일이 있으면 당해 소송상화해의 효력이 발생한다고(정지조건) 또는 소송상화해가 실효된다고(해제조건) 정할 수 있느냐이다. 소송상화해의 법적 성질에 관하여 사법행위설을 취하면 당연히 가능하다고 하겠지만, 소송행위설을 엄격히 관철하면 이는 허용되지 않을 터이다.

판례는, 소송행위설을 취하면서도, 1990년대 이전의 몇몇 판결에서, 특정조건(가령 제3자의 이의제기)이 성취되면 화해의 효력을 실효시키기로 하는 약정

("실효조건부 화해")이 가능하고 그 실효조건 성취로써 화해의 효력은 당연히 소멸된다고 했다(대판 65.3.2, 64다1514; 93.6.29, 92다56056; 96.11.15, 94다35343 등). 이에 따를 경우, 실효조건이 성취되면, 화해로 생겼던 확정판결과 같은 효력은 없어지게 되고, 구소송이 다시 부활한다고 보아야 할 것이다.[10] 위 판결들에 대해서는 비판이 많다(이시윤 621 등). 굳이 민사소송법이 준재심(§461)에 의해서만 재판상화해를 번복할 수 있도록 정함으로써 법적 안정성을 강조했는데, 그리고 이에 따라 판례가 무제한기판력설을 취했는데, 그럼에도 실효조건부 화해를 허용하는 것은 앞뒤가 맞지 않는 일이다. 조건이 성취되면, 이미 종결된 구소송이 부활하여 소송절차가 속행될 수밖에 없는데, 과연 이런 해석을 위 판결례들이 인식하였는지 의문이다. 화해제도를 탄력적으로 운영할 필요가 있다고 하더라도, 위 판결례들은 선을 넘었다고 보인다.

12-3-2-5 소송상화해의 시기 및 방식

소송상화해는 소송계속 중 어느 때나 할 수 있다. 상소심에서도 가능하다. 법원은 소송의 정도와 관계없이 화해를 권고하거나, 수명법관 또는 수탁판사로 하여금 권고하게 할 수 있다(§145①). 화해기일에는 양쪽이 출석하여 말로써 협의할 필요가 있으며, 변론기일 · 변론준비기일에 하든, 따로 화해기일을 잡아서 하든 무방하다. 그리고 소송대리인이 선임된 사건에서는, 화해를 위하여 당사자 본인이나 그 법정대리인의 출석을 명할 수 있다(§145②).

2002년 개정법은 '서면화해제도'를 도입했다. 즉 당사자 불출석에 따라 진술간주되는 답변서 · 준비서면에 화해의 의사표시가 적혀 있고 공증사무소의 인증을 받은 경우에는, 상대방 당사자가 변론기일에 출석하여 그 화해의 의사표시를 받아들인 때에는 화해가 성립된 것으로 본다(§148③). 실무상 잘 이용되지 않는다.

12-3-3 소송상화해의 효력

12-3-3-1 조서작성 및 소송종료효

쌍방의 화해진술이 있고 유효한 것이면, 법원은 법원사무관 등으로 하여금 그 내용을 조서에 기재하게 한다(§154). 규칙 §31는, 이 경우 변론조서에는 화해

10) 화해조항상의 권리의무만 효력을 잃고 화해의 절차종결효는 유지된다고 보기는 어렵다.

가 있었다는 기재만 하고, 따로 화해조서를 만들도록 정하였다. 조서정본은 1주 내에 당사자에게 송달해야 한다(규§56).

이렇게 화해조서가 작성되면, 그 조서는 확정판결과 같은 효력을 가진다(§220). 따라서 우선, 그 소송을 확정적으로 종료시키는 효과가 있다. 상급심에서 화해가 성립하면, 하급심 판결은 당연히 실효된다.

12-3-3-2 기판력

화해조서에 기판력을 인정할지에 관하여, 무제한기판력설과 제한적 기판력설이 나뉜다. 무제한기판력설은 화해조서의 기판력이 확정판결의 기판력과 동일하다는 견해이고, 제한적 기판력설은 소송상화해에 실체법상 하자가 없는 경우에만 기판력이 생긴다는 견해이다. 어느 설을 취할지는 소송상화해의 법적 성질을 어떻게 파악하느냐와 어느 정도 연결되어 있다. 사법행위설은 기판력부정설(전혀 기판력이 없다는 견해)을 따라가고 싶겠지만, 이 입장은 현행법 조문(§220, §461)과 맞지 않는다. 소송행위설은 대체로 무제한기판력설을 따른다. 판례는 무제한기판력설이다.[11] 그런데 여러 학자가 재판상화해의 법적 성질에 관해 양성설을 취하고 있지만, —그리고 양성설에서는 기판력을 제한하는 이론이 더 자연스럽게 연결되지만— 그들이 기판력 여부에 관해서는 같은 입장을 취하지 않고 나뉜다.[12]

그 이유는, 다른 나라에 없는 §461 때문이다. 일본은 1926년 민사소송법 개정시에 모법인 독일 민사소송법에 없는 "확정판결과 동일한 효력"이라는 표현을 넣었고,[13] 한국은 이를 받아들인 데 더해서, 1961년 개정시에 준재심으로써만 화해조서의 효력을 번복할 수 있다는 §461를 추가하였다. 이와 같이 화해조서의 효력이 강화됨으로써, 그 기판력을 부정하거나 제한하는 해석이 사실상 봉쇄되었다고 봄이 타당하다. 따라서 이론적으로 볼 때, 소송상화해의 성질을 양성설로 봄이 옳다고 하더라도, 기판력에 관해서는 무제한기판력설을 취할 수밖에 없다고 본다(同旨: 호문혁).

11) 대판-전 62.2.15, 4294민상914; 대판 00.3.10, 99다67703; 대판 02.12.6, 2002다44014 등.

12) 이시윤 619 및 강현중 658은 제한적 기판력설, 호문혁 908은 무제한기판력설, 정동윤 771은 기판력부정설이다.

13) 일본에서는 이 조문표현만 가지고서도, 일본의 통설인 제한적 기판력설이 문언에 반하는 배리(背理)라는 논의가 많다.

입법적으로 보면, 무제한기판력설은 법적 안정성을 강조한 나머지 당사자의 권리구제를 크게 약화시키는 입장이므로, §220, §461를 개정하여 재판상화해의 기판력을 제한함이 옳다.

12-3-3-3 집행력과 형성력

화해조서가 일정한 이행의무를 내용으로 하는 경우에는 집행력을 갖는다. 따라서 이런 화해조서는 집행권원이 된다(민집§56v). 집행력이 미치는 주관적 범위는 집행력 있는 판결에 준하여 해석해야 하므로, 가령 화해성립 후에 그 다투어진 법률관계상의 지위를 승계한 사람은 변론종결후의 승계인(11-8-2)에 해당한다. 화해조서의 집행력을 배제하는 방법도, 집행력 있는 판결에 대한 방법에 따른다.

화해조서가 일정한 법률관계의 발생·변경·소멸을 내용으로 하는 경우에는 그 범위에서 형성력이 생긴다(대판 08.2.1, 2005다42880). 그런데 판례는, 부동산 공유물분할의 소에 있어서, 소송상화해 내지 조정이 성립하는 경우에 확정판결과 같은 형성력을 인정하지 않고 있다. 즉 공유물분할의 확정판결은 그로써 곧바로 판결내용대로의 새로운 법률관계를 형성(민§187)[14]함에 반하여, 공유물분할의 조정이 성립한 때에는 등기를 마쳐야 그 협의내용대로의 법률관계가 형성(민§186)된다고 한다(대판-전 13.11.21, 2011두1917). 타당한 판결이다.

12-3-3-4 소송상화해의 효력을 다투는 방법

(1) 실재하지 않는 사람이 화해당사자인 경우 등 화해조서에 확정판결의 당연무효 사유가 있으면, 그 화해조서는 무효이다. 기일지정신청 등의 방법으로 당연무효임을 주장할 수 있다. 또한 화해조서 기재에 명백한 오류가 있으면 판결에 준하여 경정(§211)이 허용된다.

(2) 당연무효 사유가 없는 한, 화해조서는 §451①의 재심사유가 있을 때에 한하여 준재심의 소로써 다툴 수 있을 뿐이다(§461).[15] 그런데 §451①의 재심사유

14) 참고: 공유물분할 중 현물분할에서는 판결확정시에 소유권이전의 법률관계가 형성되지만, 대금분할에서는 판결확정시 경매신청권·매각대금교부청구권만 형성되며, 이 경우 소유권은 경매절차상 매각대금이 완납된 때 이전된다(대판 21.3.11, 2020다253836).

15) 대판-전 62.2.15, 4294민상914; 대판 00.3.10, 99다67703; 02.12.6, 2002다44014.

들은 대부분 판결에 관한 것들이어서, 실제로 소송상화해에 적용될 수 있는 사항들은 몇 개 되지 않는다.

(3) 화해조서의 내용대로 일방이 이행하지 않더라도, 상대방이 이를 이유로 화해를 해제하고 화해조서의 실효를 주장할 수는 없다(대판-전 62.2.15, 4294민상914 등; 대결 90.3.17, 90그3). 한편 A,B 사이에 제1화해가 성립한 후에, 다시 그들 사이에 제2화해가 성립했는데 제2화해가 앞의 것과 모순·저촉되는 경우에, 제1화해에 이미 기판력이 발생한 이상, 제2화해로써 제1화해가 실효된다든지 제1화해조서의 집행으로 이미 마쳐진 B 명의의 소유권이전등기가 무효로 되지는 않는다(대판 94.7.29, 92다25137; 95.12.5, 94다59028). 제1화해조서에 대한 준재심의 소로써 해결할 일이다.

12-3-4 화해권고결정

12-3-4-1 의의

당사자가 화해에 이르지 않더라도 법원의 주도로 화해를 성사시킬 방안의 하나로 화해권고결정 제도가 마련되어 있다. 수소법원·수명법관·수탁판사는 계속중인 사건에 대하여 직권으로 당사자의 이익, 그 밖의 모든 사정을 참작하여 청구의 취지에 어긋나지 아니하는 범위 안에서 '화해권고결정'을 할 수 있다(§225 ①). 변론준비절차에서도 이 규정이 준용되므로(§286), 변론준비절차를 진행하는 재판장 등이 화해권고결정을 할 수 있다. 변론종결 후 판결선고 전까지도, 별도의 기일지정 없이 화해권고결정을 할 수 있다. 보전절차에서도 본안에 관한 화해권고결정을 할 수 있는데(대결 22.9.29, 2022마5873), 그 성격은 제소전화해이다.

소송상화해에서와 마찬가지로 이 화해권고결정에서도, 필요할 때에는 소송물 아닌 권리관계를 화해대상에 넣을 수 있다. 한편 판례는 "당사자적격이 없음을 확인한다"를 화해권고결정 조항에 넣을 수 있다고 하나(대판 19.7.25, 2019다212945), 이는 직권조사사항인 소송요건이어서 당사자들의 처분대상이 아니므로 화해의 대상이 아니라고 보아야 한다.

12-3-4-2 절차

(1) 당사자에게 결정서를 송달

법원사무관등은 위 결정내용을 적은 조서 또는 결정서의 정본을 당사자에게 송달해야 한다(§225②). 송달을 함에 있어서는 우편송달·공시송달의 방법으로는 할 수 없다(§225②단서).

(2) 당사자의 이의신청

당사자는 그 조서 또는 결정서의 정본을 송달받은 날부터 2주 이내에 이의를 신청할 수 있다(§226①). 화해권고결정이 당사자와 소송대리인에게 모두 송달되었다면 둘 중 먼저 도달한 날부터 2주가 기산된다(대판 24.7.25, 2024다236211). 이의신청서를 화해권고결정을 내린 법원에 제출하는 방법으로 신청한다(§227). 위 기간은 불변기간인데(§226②), 소송행위 추후보완은 가능하다. 그리고 이의신청 후에 화해 쪽으로 번심하는 수도 있으므로, 이의신청을 한 당사자는 그 심급의 판결이 선고될 때까지 상대방의 동의를 얻어 이의신청을 취하할 수 있다(§228). 한편 이의신청권은 그 신청전까지 포기할 수 있는데, 그 포기는 서면으로 해야 한다(§229).

수소법원·수명법관·수탁판사는 이의신청이 법령상의 방식에 어긋나거나 신청권이 소멸된 뒤의 것임이 명백한 경우에는 그 흠을 보정할 수 없으면 결정으로 이를 각하해야 하며, 그 각하결정에 대해서는 즉시항고를 할 수 있다(§230). 만약 이의신청이 적법한 때에는 소송은 화해권고결정 이전의 상태로 돌아가며, 이 경우 그 전에 행한 소송행위는 그대로 효력을 가진다(§232).

12-3-4-3 화해권고결정의 효력

화해권고결정에 대하여 정해진 기간 내에 이의신청이 없으면 그 화해권고결정은 확정되어 재판상화해와 같은 효력을 가진다(§231). 화해권고결정의 기판력은 그 '확정시'를 기준으로 하여 발생한다(대판 12.5.10, 2010다2558).

즉 화해권고결정은 확정판결과 같이 기판력·집행력·형성력이 생기므로, 당사자 및 법원은 이에 저촉되는 주장·판단을 할 수 없고, 이는 집행권원이 된다(민집§56v).

12-3-5 제소전화해

12-3-5-1 의의 및 역할

제소전(提訴前)화해란, 소제기 전에 지방법원 단독판사 앞에서 화해신청을 하여 민사분쟁을 해결하는 절차이다(§385이하). 제소전화해는 소송계속이 없이 화해를 한다는 점에서만 소송상화해와 다르고, 그 외의 성질·효력 등에 있어서 소송상화해와 똑같다. 제소전화해를 하겠다고 법원에 찾아오는 당사자에게 화해조서를 만들어 주는 것이므로, 실무상 법원의 역할은 이미 성립된 계약에 대한 공증적 역할이다.[16)]

과거에는 사채거래에서 대주(貸主)가 차주(借主)의 변제기 도과시 차주의 부동산을 양도받기로 하고 그 내용의 제소전화해를 하기로 약정하면서, 차주의 제소전화해 대리인 선임권까지 위임받은 다음에, 위 내용을 제소전화해조서로 작성하여 집행권원화하고, 실제로 변제기 도과시 부동산소유권을 넘겨받음으로써 차주에게 큰 피해가 발생하는 일이 많았다. 제소전화해가 가지는 무제한기판력을 이용하여 민법 §607, §608조를 회피하는 수단으로 사용한 것이다.

이에 대응하여 현재 제소전화해를 담당하는 법원은, 대여금의 담보로 제공되는 것으로 보이는 소유권이전등기 및 부동산인도의 화해조항이 있으면, 이를 석명하여 그 조항에 "담보를 위하여"라는 문구를 삽입하고 있다. 이렇게 하면, 그 화해조항의 집행에 '가등기담보 등에 관한 법률'이 적용되므로, 청산절차 없이 행해진 소유권이전등기를 무효로 만듦으로써 차주를 어느 정도 보호하게 된다. 궁극적으로는, 제소전화해 제도를 유지할 필요가 있는지, 그 효력을 무제한기판력으로 보는 입법이 옳은지를 검토해야 한다.

12-3-5-2 대상

제소전화해는 당사자가 임의로 처분할 수 있는 권리관계에 관한 민사상 다

---

16) 소송절차를 거치지 않은 채로 공증인을 통해 집행권원을 만들 수 있는 영역이, 과거에는 "일정한 금액의 지급이나 대체물 또는 유가증권의 일정한 수량의 급여를 목적으로 하는 청구"(민집§56iv)뿐이었다는 점 때문에도, 제소전화해의 역할범위가 넓었다. 그러나 2013년 공증인법 개정으로 건물·토지·특정동산의 인도청구에 대해서도 공증인이 집행증서를 작성할 수 있게 되었다(동법§56-3).

툼을 대상으로 한다. §385①은 '민사상 다툼'에 관해 신청한다고 정하고 있는데, 여기에 장래에 분쟁발생가능성이 있는 경우도 포함한다는 견해도 있으나, 본조(本條)가 '청구의 원인'과 '다투는 사정'을 밝히라고 정하고 있는 이상, 현실의 분쟁이 있는 경우에 한하여 허용된다고 봄이 타당하다(현실분쟁설). 실무는 넓게 인정하고 있는 편이다.

12-3-5-3 절차

(1) 신청인은 상대방의 보통재판적이 있는 곳의 지방법원에 제소전화해를 신청할 수 있다(§385①). 신청시 인지액은 소장인지액의 1/5이다(민인 §7①). 이 화해신청에는 그 성질에 어긋나지 아니하는 이상 소에 관한 규정을 준용하므로(§385④), 신청서 제출시에 분쟁의 목적인 권리관계에 관하여 시효중단 · 기간준수의 효력이 생긴다.

(2) 앞에서 본 사채거래에서의 폐해를 방지하기 위하여, 당사자는 제소전화해를 위하여 대리인을 선임하는 권리를 상대방에게 위임할 수 없다는 규정이 1990.1.13. 개정시에 들어갔다(§385②). 또한 법원은 필요한 경우 대리권의 유무를 조사하기 위하여 당사자본인 또는 법정대리인의 출석을 명할 수 있도록 정해졌다(§385③). 제소전화해 신청인이 위와 같이 금지된 피신청인의 위임을 받아서 화해를 한 경우는, 일종의 무권대리로 볼 수 있으므로, 대리권의 흠결시 적용하는 재심사유(§451①iii; 15-5-3-4)에 기하여 준재심을 제기할 수 있다(§461).

(3) 제소전화해가 성립되면 법원사무관등은 조서에 당사자, 법정대리인, 청구의 취지와 원인, 화해조항, 날짜와 법원을 표시하고 판사와 법원사무관등이 기명날인 또는 서명한다(§386). 화해가 성립되지 않은 때에는 법원사무관등은 그 사유를 조서에 적어야 하며, 신청인 또는 상대방이 불출석한 때에는 법원은 화해가 성립되지 않은 것으로 볼 수 있다(§387). 그리고 이런 불성립의 경우에는, 조서등본 송달일로부터 2주 내에 당사자가 소제기신청을 할 수 있고, 그 기간은 불변기간이다(§388①③④). 적법한 소제기신청이 있으면 화해신청을 한 때에 소가 제기된 것으로 본다(§388②). 화해비용은, 화해성립시에는 특별한 합의가 없으면 당사자들이 각자 부담하고, 화해불성립시에는 신청인이 부담한다(§389).

12-3-5-4 효력

제소전화해조서의 효력은 소송상화해와 같다. 즉 확정판결과 같은 효력을 가지고(§220), 판례는 이를 무제한기판력설로 보고 있다.

12-4 청구의 포기·인낙

12-4-1 의의

(1) 청구의 포기(抛棄; Klageverzicht)란, 원고가 소송계속 후 기일에서 그 청구에 관하여 이유가 없음을 인정하고 소송을 종료시키는 소송행위이다. 청구의 인낙(認諾; Anerkenntnis)은, 피고가 소송계속 후 기일에서 원고의 청구에 관하여 이유가 있음을 인정하고 소송을 종료시키는 소송행위이다. 둘 다 법원에 대한 일방당사자의 일방적 의사표시이다.

예컨대 원고가 피고에게 어떤 매매대금 5억원의 지급을 청구하는 소를 제기하고 그 소송계속이 발생한 후에, 원고가 자신에게 그 청구권이 없음을 인정하고 더 이상 그 청구를 하지 않겠다고 하는 소송행위가 청구포기이고, 피고가 5억원 채무를 전액 인정하고 소송을 종료시키려는 소송행위가 청구인낙이다. 둘 다, 당사자 일방의 의사표시로써 판결에 의하지 않고 소송을 종료시키는 것이고, 처분권주의가 소송종료단계에서 표현된 것이다. 상대방당사자의 동의는 불필요하다.

(2) 실무상 청구의 일부포기는 종종 있지만, 전부포기는 아주 드물다. 피고가 원고청구를 인정할 때에도 대개는 무변론판결로 처리되므로, 청구의 인낙도 실무상 아주 드물다.

(3) 청구의 포기·인낙은 소송상의 청구, 즉 소송물을 대상으로 하는 것이다. 따라서 그 청구에 대한 판단의 전제가 되는 개개 사실의 주장에 대한 자백과 다르고, 개개의 선결적 권리관계에 대한 권리자백과도 다르다. 자백·권리자백이 있으면 법원은 판결문을 작성해야 하지만, 청구의 포기·인낙이 있으면 포기조서·인낙조서를 작성할 뿐이다. 청구가 법률상 주장 자체로 이유 없을 때에는 원고의 주장사실 전부에 대한 피고의 자백이 있더라도 법원은 청구기각 판결을 해야 하지만, 청구인낙의 경우에는 원고청구 자체를 피고가 인정하는 것이므로 법원이 이에 따라야 한다. 즉 자백은 법원의 사실판단권만을 배제하는 것이고,

청구인낙은 법원의 법률판단권까지 배제한다. 소취하와 청구포기의 비교에 관해서는 12-2-1-2 참조.

(4) 가분적 청구에 대하여 일부인낙이나 일부포기는 허용된다. 그러나 조건부 포기나 조건부 인낙은 허용되지 않는다.

12-4-2 법적 성질

청구의 포기·인낙의 법적 성질에 관해서도 —재판상화해에서 본 바와 유사하게— 사법행위설, 소송행위설, 양행위병존설, 양성설이 나뉜다. 재판상화해의 법적 성질론에서와는 달리, 청구의 포기·인낙에 관해서는 소송행위설이 통설이다. 따라서 청구의 인낙은 실체법상 채권·채무의 발생 또는 소멸의 효력을 갖지 않는다(대판 22.3.31, 2020다271919).[17] 실체법상의 권리의무를 처분하는 행위라기보다는 소송상 청구를 인정 또는 부정하는 행위라는 점, 준재심(§461; 15-5-5)으로써만 번복할 수 있다는 점을 고려하면 통설이 타당하다. 이러한 법적 성질 논의가 의미있는 곳은 —재판상화해에서 보았듯이— 그 포기·인낙행위에 민법상의 의사표시 무효·취소 사유가 있을 경우에, 청구의 포기·인낙의 효력을 어떻게 볼 것이냐에서이다.

12-4-3 요건

12-4-3-1 당사자에 관한 요건

청구의 포기·인낙을 하려면, 당사자는 소송행위의 유효요건인 당사자능력·소송능력을 갖추어야 한다. 법정대리인·임의대리인이 청구의 포기·인낙을 하려면 특별수권을 받아야 한다(§56②,§90②). 그 외에 독립당사자참가, 공동소송, 특별대리인 등에 있어서 청구의 포기·인낙을 하는 당사자에 관한 요건은 소송상화해 당사자의 요건(12-3-2-1)을 참조.

---

17) 독일에서도 —소송상화해에서와 달리— 청구의 포기·인낙에 대해서는 소송행위설이 통설이며, 일본에서도 이것이 다수설이다. Rosenberg §133 Rn.65; Jauernig §47 Rn.2; 伊藤眞 490; 三木浩一 501 등.

12-4-3-2 대상에 관한 요건

(1) 당사자에게 처분권 있는 소송물일 것

청구의 포기·인낙의 대상은 당사자가 자유롭게 처분할 수 있는 소송물이어야 한다. 따라서 가류·나류 가사소송, 행정소송(항고소송), 선거소송 등에서는 청구의 포기·인낙이 허용되는지 여부가 문제된다.

가사소송법 §12는 "가류 및 나류 가사소송사건에 관하여는 민사소송법 … 제220조 중 청구의 인낙에 관한 규정..은 적용하지 아니한다."라고 정하였다. 따라서 대세적 법률관계 확정이 요구되는 가류·나류 가사소송에서 인낙을 하게 되면, 인낙조서가 작성되더라도 이는 무효이다. 그런데 위 §12가 '청구의 포기'를 제외하고 있어서, 과연 가류·나류 가사소송절차에서 청구포기를 할 수 있는지가 논의된다. 가사소송법 §21①이 가류·나류 사건의 '인용'확정판결에 무제한으로 대세효가 있음을 정하고 있고, §12조가 의식적으로 '청구의 포기'를 제외하고 있으므로, 이 사건에서 청구의 포기는 유효하게 할 수 있다는 견해가 있다(호문혁 919). 그러나 가사소송법 §21②에 의하면, 청구배척판결에도 —다른 제소권자가 소송참가를 하지 못한 데 대하여 정당한 사유가 있는 경우만을 제외하고— 원칙적으로 대세효가 있는 점, 가류·나류 가사소송에서는 일반적으로 당사자의 자유로운 의사에 의한 분쟁해결이 허용되지 않는 점 등을 고려하면, 가류·나류 사건에서는 청구의 포기도 할 수 없다고 봄이 타당하다.[18] 판례도 같은 취지로 보인다(대판 99.10.8, 98므1698).

행정소송(항고소송)에서도 그 소송물을 당사자가 임의로 처분할 수 없다고 할 것이므로, 청구의 포기·인낙은 허용되지 않는다고 봄이 타당하다(다수설). 한편, 회사를 피고로 하는 회사관계소송에서는 그 청구인용확정판결에 대세효가 있다고 정하고 있으므로(상§190,§376②) 청구인낙이 허용되지 않음은 당연하다. 판례도 같다(대판 93.5.27, 92누14908) 그런데 회사관계소송에서 청구포기가 인정되는지에 관해서는 견해가 나뉘며, 이를 인정함이 다수설이다.

(2) 공서양속 및 강행법규 위반이 아니어야 하는지

---

18) 다만 나류 중 이혼소송·파양소송에서는 청구포기가 허용된다고 보는 견해도 있다(이시윤 606; 김홍엽 786; 정동윤 756). 이런 견해의 문제점에 대해서는 재판상화해의 가부에 관한 12-3-2-2를 참조.

소송물인 청구 자체가 선량한 풍속 기타 사회질서에 반하거나 강행법규에 반하는 경우에, 그 청구를 포기·인낙하는 것은 허용되지 않는다(12-3-2-2 참고). 이와 달리, 청구 자체가 아니라, 청구의 원인이 공서양속에 반하거나 강행법규에 반하는 경우에 (즉 가령 도박에 기한 금전청구처럼, 만약 판결까지 간다면 법원으로부터 그 이유로 패소할 내용의 청구인 경우에) 그 청구의 인낙이 허용되는지는 별개의 문제이다. 이를 허용하면 국가가 불법에 협력하는 것이라는 이유로 반대하는 견해가 있지만,[19] 청구인낙 제도의 취지가 법원의 법률판단권 배제에 있는 점, 법원이 인낙의 효력을 인정해도 제3자의 지위에 영향을 줄 염려는 없는 점 등을 고려하면, 이런 청구도 인낙의 대상이 된다(同旨: 김홍엽 788). 판례도 같은 입장이다(대판 69.3.25, 68다2024).

(3) 소송요건의 흠 여부

소송요건의 흠이 있는 경우에 청구의 포기·인낙이 허용되는지의 문제가 있다 청구의 포기·인낙에는 본안소송의 확정판결을 대체하는 의미가 있으므로, 소송요건이 구비되지 않으면 청구의 포기·인낙을 할 수 없고, 법원은 소를 각하함이 타당하다. 이 점에서 소의 취하 및 소송상화해와 다르다.

12-4-3-3 시기와 방식

청구의 포기·인낙은 소송계속 중이면 언제라도 할 수 있다. 따라서 1심에서뿐만 아니라 항소심·상고심에서도 허용된다. 종국판결선고 후라도, 만약 당사자가 청구의 포기·인낙을 하겠다는 의사를 밝히면, 그 포기·인낙을 위한 기일지정신청을 허용함이 타당하다. 절차종결에서도 처분권주의를 존중해야 하기 때문이다.

청구의 포기·인낙행위는 당해 소송의 기일에 출석하여 말로 함이 원칙이다. 변론기일·변론준비기일·증거조사기일·화해기일을 불문한다. 상대방이 법정에 출석하지 않아도 할 수 있다. 상대방이 거절하여도 무효가 아니라고 본다. 2002년 개정법은 서면에 의한 포기·인낙제도를 도입하였다(§148②; 12-3-2-5).

---

19) 정동윤 757; 호문혁 920; 강현중 644 등.

12-4-4 효과

12-4-4-1 조서작성 및 소송종료효

청구의 포기·인낙의 진술이 있으면, 법원은 우선 그것이 요건을 갖춘 것인지를 검토하여, 무효라고 판단되면 심리를 속행하고, 요건을 갖추었다고 판단되면 조서를 작성해야 한다. 그 기일조서에 진술내용을 적더라도 유효한 포기·인낙조서가 될 수 있지만, 규칙은 그 기일조서에는 청구의 포기·인낙이 있었다는 점만 기재하고, 청구의 포기·인낙조서를 별도로 작성하도록 정했다(규§31). 청구의 포기·인낙이 있으면 1주 내에 그 조서의 정본을 당사자에게 송달해야 한다(규§56).

이와 같이 조서가 성립되면 포기조서는 청구기각의 확정판결과 같은 효력을 낳고, 인낙조서는 청구인용의 확정판결과 같은 효력을 낳는다. 각각 그로써 당해 소송을 종료시키는 효과가 생긴다.

12-4-4-2 기판력·집행력·형성력

포기조서·인낙조서는 확정판결과 같은 효력을 가지므로, 판결의 당연무효와 같은 사유가 없는 이상, 기판력이 생긴다(통설, 판례). 그리고 인낙조서가 이행청구에 관한 것이면 집행력이 생기고, 형성청구에 관한 것이면 형성력이 생긴다.

12-4-4-3 하자를 다투는 방법

조서작성 전이면, 청구의 포기·인낙을 한 당사자가 —자백의 철회에 준하여— 상대방의 동의를 얻거나 착오를 이유로 철회할 수 있다고 본다(다수설). 그러나 조서작성 후에는 철회는 불가능하고, 하자를 다투는 방법은 준재심(15-5-5)뿐이다. 즉 재심사유가 있어야 포기조서·인낙조서를 번복할 수 있으며, 실체법상 무효취소사유가 있다고 해서 곧바로 포기조서·인낙조서의 효력을 다툴 수는 없다.

제13장

여러 청구의 결합

13-1 총설

13-1-1 청구 또는 당사자가 복수인 경우

앞에서는 주로, 1인 원고가 1인 피고를 상대로 1개의 청구를 하는 소송을 전제하였다. 그러나 하나의 소송절차에서 여러 당사자나 청구가 심리와 판결의 대상이 되는 경우가 종종 있다. 원고나 피고가 여럿인 경우도 있고, 1인 원고의 1인 피고에 대한 소송절차에서도 청구가 여럿인 경우가 있다. 당사자가 여럿인 경우(Mehrheit der Parteien)는 제14장에서 다루기로 하고, 제13장에서는 청구가 여럿인 경우(Mehrheit der Klagen)를 검토한다.

13-1-2 청구가 복수인 소송의 필요성 및 종류

가령 원고가 피고에게 자동차매매대금 2천만원 지급청구와 대여금 1천만원의 변제청구를 하려고 할 때, 각 청구를 한 소송절차 내로 묶을 수 없다면, 원고는 각 청구(소송물)별로 따로 소를 제기해야 한다. 각 청구가 따로 심리·판결되면, 개개 소송의 심리 및 판결은 단순하고 더 빨리 끝날 수 있겠지만, 분쟁 전체를 보면, 이들을 하나의 소송절차에서 한꺼번에 처리하는 쪽이 각 당사자 및 법원에게 부담의 합계를 줄여 준다.

청구가 복수(複數)인 소송을 분류해 보면, 우선 원시적 복수청구와 후발적 복수청구로 나눌 수 있다. 원시적 복수청구는 소제기시부터 여러 청구를 하나의 소송절차에 묶어서 제기하는 것이며, 이를 '청구의 (객관적) 병합'(§253)이라고 한다. 후발적 복수청구는 이미 계속중인 소송에 새 청구를 덧붙이는 것인데, 청구의 변경(§262), 중간확인의 소(§264), 반소(§269)가 이에 속한다. 차례로 본다.

13-2 청구의 객관적 병합

13-2-1 의의 및 종류

동일한 원고가 동일한 피고에 대해 하나의 소에서 복수의 청구를 하는 것을 '청구의 병합' 또는 '청구의 객관적 병합'(objektive Klagenhäufung)이라고 한다. §253는 '소의 객관적 병합'이라는 표제 하에 "여러 개의 청구는 같은 종류의 소송절차에 따르는 경우에만 하나의 소로 제기할 수 있다."고 정하고 있다.

청구(2-1-1; ≒소송물)의 복수는 공격방법의 복수와 구별해야 한다. 청구의 복수는 하나의 소송절차 내에서 청구가 여럿인 경우를 가리키는 데 반해, 공격방법의 복수는 1개의 청구를 뒷받침하는 공격방법이 여럿인 경우를 가리킨다. 가령 지급했던 매매대금의 반환(=부당이득반환)을 구하면서, 법률상 원인없음의 근거로 통정허위표시 무효(민§108) 및 폭리행위 무효(민§104)를 주장하면 이는 공격방법의 복수일 뿐이다. 다른 무효·취소사유들을 주장하면, 역시 공격방법의 추가주장일 뿐이다. 그 외에도 공격방법이 복수인 예를 들면, 소유권확인의 소에서 권리발생원인을 매매·취득시효·상속으로 각각 주장하는 경우,[1] 대리로 체결된 계약에 기한 청구를 하면서 대리권수여·무권대리추인을 각각 주장하는 경우, 임대차종료를 원인으로 건물인도청구를 하면서 종료원인으로 차임연체에 따른 계약해지 및 계약기간만료를 각각 주장하는 경우 등이다.

---

1) 대판 87.3.10, 84다카2132에 의하면, 판례는 소유권확인의 소에서 소유권취득원인이 되는 매매·시효취득을 공격방법으로 본다고 말할 수 있다. 그러나 이와 좀 다른 취지의 판결례에 관해서는 5-2-4 참조.

원고가 병합청구들에 대하여 법원에 어떤 심판방식을 요구하는지에 따라서, 청구의 객관적 병합을 단순병합, 예비적 병합, 선택적 병합의 3형태로 나눌 수 있다. 이 3종류는, 소제기시부터 원시적으로 생긴 청구의 객관적 병합에서뿐만 아니라, 후발적으로 청구변경에 의하여 생긴 객관적 병합에 있어서도 마찬가지로 있게 된다.

13-2-2 병합요건

청구의 객관적 병합이 있으려면, 아래의 요건을 갖추어야 한다.

13-2-2-1 소송절차의 공통

(1) "같은 종류의 소송절차"에 의하여 심판될 수 있어야 하므로(§253), 민사사건에 직권주의가 적용되는 행정사건·가사사건을 병합하는 것은 원치적으로 안 된다. 예컨대 부부간의 이혼청구(가사사건)와 명의신탁해지를 원인으로 한 소유권이전등기청구(민사사건)는 병합할 수 없다(대판 06.1.13, 2004므1378). 그리고 민사본안사건과 가압류·가처분사건(대판 03.8.22, 2001다23225), 민사사건과 비송사건 간에도 병합이 허용되지 않고, 민사사건과 강제집행신청사건 사이에도 병합이 허용되지 않는다.

그러나 소송경제를 위하여 몇 가지 예외가 정해졌다. 예컨대 행정소송에서, 관련된 민사상의 손해배상·부당이득반환·원상회복 청구소송을 병합하는 것은 예외적으로 허용된다(행소§10). 가사소송과 가사비송 간에도, 청구원인이 동일하거나 선결관계에 있으면, 병합할 수 있다(가소§14). 정정보도청구소송과 그 인용을 조건으로 한 간접강제 신청(민집§261①)도 병합이 허용된다(언론중재§26). 또한 일반 부작위청구소송에서도 —채무자가 이를 단기간 내에 위반할 개연성이 있다면— 간접강제 신청을 병합할 수 있다는 것이 판례이다(대판-전 21.7.22, 2020다248124).

(2) 형성의 소는 그 판결이 확정됨으로써 비로소 권리변동의 효력이 발생하게 되므로, 형성의 소와 이에 의하여 형성되는 법률관계를 전제로 하는 이행소송을 병합하여 제기할 수 없다는 것이 판례이다(대판 69.12.29, 68다2425; 04.1.27, 2003다6200 등; 5-3-3-3(5) 참조). 이런 맥락에서, 재심사건에 통상의 민사사건을 병합할 수 있는지에 관해 —다수설은 이를 긍정하지만— 판례는 부정한다(대판 97.5.28, 96

다41649; 09.9.10, 2009다41977; 15-5-4-2). 판례의 취지는, 재심은 소송법상 형성의 소로서 확정되어야 종전 판결이 취소되는 것이어서, 종전판결 취소를 전제로 한 손해배상 등 일반민사사건은 심리의 단계가 재심판결의 다음이므로, 병합이 부적절하다는 것이다. 제권판결에 대한 불복의 소(형성의 소)에 통상의 민사사건 병합을 허용할지에 관하여는, 허용하는 것(대판 89.6.13, 88다카7962)과 불허하는 것(대판 13.9.13, 2012다36661)이 나뉜다.

다만 채권자취소소송은, 조문(민§406) 자체가 사해행위의 취소(형성의 소)와 원상회복(이행의 소)을 병합하여 제기하는 것을 허용하고 있으므로 그 예외이다(대판 04.1.27, 2003다6200).

13-2-2-2 관할의 공통

수소법원에 병합청구 각각에 대한 관할권이 모두 있어야 한다. 관련재판적 제도(§25①; 3-4-4) 때문에, 하나의 청구에 대해서만 관할권이 있어도 나머지에 대하여 관할권이 인정되므로, 이 요건의 충족에는 어려움이 크지 않다. 다만 병합청구 중에, 다른 법원의 전속관할에 속하는 청구가 들어 있으면, 이 요건이 충족되지 않는다.

13-2-2-3 청구 사이의 관련성

(1) 단순병합에서는 이 관련성이 없어도 되지만, 선택적 병합이나 예비적 병합에서는 이 관련성이 있어야 한다.

(2) 단순병합에 있어서도, 원시적 청구병합에서는 관련성이 필요 없지만, 후발적 청구병합 즉 청구의 변경에 의해 병합을 만드는 경우에는 '청구의 기초의 동일성'이 요구되므로 관련성이 필요하다.

13-2-3 병합의 형태

13-2-3-1 단순병합

단순병합(kumulative Klagenhäufung)은, 여러 청구 각각에 대하여 법원이 모두 심판해 달라고 원고가 요구하는 병합형태이다. 병렬적 병합이라고도 한다. 이는 수개의 청구가 서로 독립적일 때의 병합방식이며, 실무상 빈번하다. 가령 대여금반환청구와 매매대금청구의 병합, 임대차계약종료에 기한 건물인도청구와 연체차임청구의 병합, 대여금반환청구와 그 이자청구와 채무불이행에 기한 손해(지연손해금)의 배상청구의 병합 등이 있다. 판례는 인신(人身)사고 손해에 대해 손해3분설을 취하므로, 피해자가 적극적 손해(치료비 등), 소극적 손해(일실수익), 정신적 손해(위자료)를 함께 구하면 단순병합이다. 행정소송에서도 관련되는 민사소송을 병합할 수 있다고 정하고 있는데(행소§10), 이것 역시 단순병합이다.

물건의 인도청구와, 그 강제집행목적을 달성할 수 없는 경우를 대비하여 그 가액에 상당하는 금전을 구하는 청구(이른바 '대상(代償)청구')의 병합도, 현재의 이행청구와 장래의 이행청구의 단순병합이지, 예비적 병합이 아니라는 것이 판례이다(대판 11.8.18, 2011다30666). 두 청구가 동시에 인용될 수 있기 때문임을 이유로 든다.[2)]

13-2-3-2 선택적 병합

원고가 여러 개의 청구를 동시에 하지만, 달성하려는 소송목적이 하나이므로, 그 청구들 중에서 하나만 인용되면 다른 청구에 대한 심판이 불필요한 병합형태를 선택적 병합(alternative Klagenhäufung)이라고 한다. 즉 선택적 병합에서는 모든 청구가 다른 청구의 인용판결을 해제조건으로 하여 신청된다. 선택적 청구는 ―아래 예비적 청구와 함께― 소송행위에 조건을 붙일 수 없다는 원칙의 예외이다. 이 병합형태를 한국·일본은 허용하고 있지만, 독일은 이를 청구취지가 특정되지 않아서 부적법하다고 한다.[3)]

선택적 병합의 예로는, ⓐ 하나의 사실관계에서 불법행위에 기한 손해배상청구(민§750)와 계약불이행에 기한 손해배상청구(§390)를 병합하는 경우, ⓑ 임대차종료 후 피고의 점유사용에 따른 차임 상당의 불법행위손해배상(민§750)과 부당이득반환(민§741)을 병합청구하는 경우, ⓒ 이혼소송을 하면서 이혼사유로 피고의

---

2) 그러나 제1항의 '물건인도청구'가 기각되면 제2항의 '집행불능시의 금전청구'를 판단할 필요가 논리적으로 없어진다는 점에서 예비적 병합의 성격을 가지므로, 통상의 단순병합과는 차이가 있다.

3) 한국·일본에서는 소송물에 관한 실체법설(5-2-2-2) 하에서 청구권경합관계의 두 청구권을 병합하는 사례가 선택적 병합의 대다수를 차지하지만, 이런 사례가 이분지설 하의 독일에서는 ―병합으로 처리할 필요 없이― 단일 청구로 처리되고 있다는 차이를 유의.

부정행위(민§840i)와 혼인을 계속하기 어려운 중대사유(민§840vi)를 각각 주장하는 경우 등이 있다.

선택적 병합에서 각 청구는 논리적으로 양립할 수 있어야 한다(대판 82.7.13, 81다카1120). 청구권경합의 경우에 가능한 병합형태이며, 법조경합의 경우에는 선택적 병합청구를 할 수 없다. 또한 가령 피고에게 토지의 인도 아니면 이전등기를 해달라는 청구는 —달성하려는 소송목적이 하나가 아니므로— 선택적 병합이 될 수 없고, 따라서 법원은 이를 단순병합으로 보고 석명해야 한다. 법원이 하나의 청구를 인용하는 판결을 하는 경우에는, 다른 청구는 없는 것처럼 취급하게 된다. 즉 법원은 하나의 청구를 인용하는 판결을 하거나, 전부의 청구를 기각·각하하는 판결을 해야 한다.

13-2-3-3 예비적 병합

(1) 예비적 병합(Eventualhäufung)은 여러 청구에 순위를 정하여, 제1차 청구(주위적 청구)가 인용됨을 해제조건으로 하여 제2차 청구(예비적 청구)에 관하여 심리 및 판결을 구하는 병합형태이다. 이러한 원고의 순위매김에 법원이 구속된다. 예컨대 매매계약에 기하여 목적물을 인도한 매도인이, 주위적으로 매매계약의 유효를 전제로 매매대금을 청구하면서, 피고(매수인)의 매매계약무효 주장이 법원에서 인정될 경우에 대비하여 예비적으로 목적물의 반환을 청구하는 경우이다. 순위를 매긴 청구가 3개 이상 있어도 무방하다. 예비적 청구라도 그 소송계속은 애초부터 —주위적 청구의 심리시에 이미— 존재한다. 즉 이 병합은, 주위적 청구의 기각을 정지조건으로 하여 예비적 청구의 심리·판결을 구하는 것이 아니라, 주위적 청구의 인용을 해제조건으로 해서 예비적 청구의 심판을 구하는 것이다.

한국·일본에서는 예비적 병합을 논리적으로 양립하지 않는 복수의 청구에 관하여 허용되는 병합형태라고 보고 있다. 이 병합이 허용되려면, 주위적 청구가 인용되어서 예비적 청구에 대한 판결이 내려지지 않게 되더라도 원고가 그 후 피고에게 예비적 청구의 청구권을 별도로 행사할 가능성이 없는 경우라야 한다. 또한 논리적으로 전혀 관련 없는 청구를 예비적으로 병합하여 청구하는 것은 부적법하다(대판 09.5.28, 2007다354).

(2) 이상이 본래의 예비적 병합(="진정 예비적 병합")이다. 그런데, 논리적으로 '양립가능'하고 선택적 관계에 있는 여러 청구에 대하여 원고가 순위를 매긴 병합("부진정 예비적 병합")이 있다. 이는 앞에서 본 선택적 병합 사례에서 순위를 추가한 청구이다. 그 허용 여부에 대해서는 견해가 나뉘지만, 실무상으로는 진정 예비적 병합보다 훨씬 많으며, 판례도 가능하다고 한다(대판 02.2.8, 2001다17633; 07.6.29, 2005다48888; 20.10.15, 2018다229625 등).[4] 그러나 만약 '논리적 양립 불가능'을 예비적 병합의 개념징표로 보는 기존 설명을 탈피하여 '논리적 밀접성' 내지 '청구목적의 관련성'을 그 개념징표로 본다면,[5] 실무상 대다수인 위 사례들을 굳이 '부진정' 예비적 병합으로 보지 않고, 단일한 예비적 병합 개념을 세울 수 있을 터이다.[6]

13-2-4 병합청구의 심리와 판결

13-2-4-1 병합요건의 조사

13-2-2에서 본 병합요건은, 일반적 소송요건 외에 요구되는 추가적 소송요건으로서 법원의 직권조사사항이다. 병합요건에 흠이 있으면 변론을 분리하여 별도의 소로 심판해야 함이 원칙인데, 다만 병합청구 중의 하나가 다른 법원의 전속관할에 속하면 결정으로 이송해야 한다(§34①). 병합요건이 갖추어졌음이 인정되면 청구별로 소송요건을 조사해야 하며, 그 흠이 있으면 소를 각하해야 한다.

기존의 통설에 의하면, 청구들이 서로 독립적이면 단순병합을, 택일적이면 선택적 병합을, 배타적이면 예비적 병합을 해야 한다. 이런 관계에 맞지 않게, 잘못 신청한 병합청구를 법원은 어떻게 처리할 것인가? 판례는, 병합의 형태가

---

4) 대판 21.5.7, 2020다292411은, 원고가 재산상 손해배상을 구하다가 동액의 정신적 손해배상 청구를 추가적·예비적으로 덧붙인 사안에 대하여 이러한 부진정 예비적 병합도 허용된다고 했다. 위 병합의 본래 성격을 (재산손해와 정신손해가 별개 소송물인 점을 중시하여) 단순병합으로 볼 것인지 (동액 청구인 점을 중시하여) 선택적 병합으로 볼 것인지는 논란이 있다. 그 후의 대판 23.3.16, 2022다279658 역시, 단순병합관계를 주위적·예비적 청구로 소제기한 사안을 (단순병합이 아니라) 예비적 병합으로 취급하였다.

5) 대판 21.5.7, 2020다292411의 '논리적 관계가 밀접'이라는 표현을 참조.

6) 독일에서는 '논리적 양립 불가능'을 예비적 병합의 요건으로 보지 않는다. 참고로 독일에서도 부진정 예비적 병합(unechte Eventualhäufung)이라는 용어가 있으나, 이는 —한국·일본과 달리— 주위적 청구의 기각·각하를 해제조건으로 예비적 청구에 대해 심판을 바라는 소송형태이다.

선택적 병합인지 예비적 병합인지는 '당사자의 의사'가 아닌 '병합청구의 성질'을 기준으로 판단해야 한다고 하며(대판 18.2.28, 2013다26425), 단순병합과 선택적·예비적 병합 간에는 서로 독립적인 청구이냐 아니면 동일한 목적의 청구이냐에 따라 '병합청구의 성질'이 나뉘고, 선택적 병합과 예비적 병합 간에는 '논리적 양립 가능성' 유무가 '병합청구의 성질'을 좌우한다고 한다. 그리고 판례는 본래의 병합의 성질에 맞지 않게 청구된 때에는 대체로 요건흠결로 처리하고 있다. 가령 ⓐ 예비적 병합으로 해야 할 것을 선택적 병합 또는 단순병합으로 한 경우(대판 99.8.20, 97누6889), ⓑ 단순병합으로 해야 할 것을 선택적 또는 예비적 병합으로 한 경우(대판 08.12.11, 2005다51495)는 허용되지 않는다. ⓒ 선택적 병합으로 해야 할 것을 단순병합으로 한 경우에도 이는 허용되지 않으므로, 우선 소송지휘권 행사를 통해 정리해야 할 것이고, 만약 청구변경으로 그런 병합을 신청하면 이를 불허해야 한다. 만약 법원의 소송지휘에 원고가 응하지 않는다면, 법원으로서는 하나의 청구를 인용할 경우에 나머지 청구를 소의 이익 흠결을 이유로 각하해야 할 터이다. 다만 위와 같은 불허의 예외가, 선택적 병합으로 해야 할 것을 예비적 병합으로 한 경우인데, 이를 부진정 예비적 병합으로서 실무상 대체로 허용하고 있음은 앞에서 보았다.[7)]

13-2-4-2 소가의 산정

소가에 관하여 보면, 단순병합에서는 병합된 각 청구의 소가를 합산해야 하지만, 선택적·예비적 병합에서는 원고의 승소시의 만족이 중복되는 관계에 있으므로 소가흡수의 법리가 적용된다(3-5-4-2 참조).

13-2-4-3 변론과 판결

병합요건·일반소송요건이 모두 구비되면, 변론·증거조사·판결을 공통으로 행함이 원칙이지만 소송지휘로써 차례를 정할 수는 있다. 그리고 단순병합에서

---

7) 위 2013다26425 판결은, 부진정 예비적 병합의 사안에 대한 것이었는데, 이를 선택적 병합으로 보아야 한다고 판시하면서도 이 점을 파기사유로 삼지도 않았고(애초에 상고이유가 아니었음), 부진정 예비적 병합의 유효성을 인정한 선례를 폐기하는 것도 아니었으며, 이 판결 후에도 대법원은 위 13-2-3-3 (2)에서 보듯이 부진정 예비적 병합의 유효성을 인정하고 있다.

는 필요하면 변론의 분리나 일부판결을 할 수 있으나, 선택적 · 예비적 병합에서는 변론의 분리나 일부판결을 할 수 없다(대판 18.6.15, 2016다229478).

① 단순병합의 판결은 각 청구별로 판단해 주어야 한다. ② 선택적 병합에서는, 법원이 하나의 청구를 인용하는 판결을 하면, 다른 청구는 없는 것처럼 취급하게 된다. 즉 법원은 하나의 청구를 인용하고 나머지는 판단하지 않는 판결을 하거나, 또는 전부 기각 내지 각하하는 판결을 하게 된다. ③ 예비적 병합의 판결에서는, 먼저 주위적 청구에 대해 판단을 해야 하므로, ㉠ 주위적 청구 인용 + 예비적 청구 미판단, ㉡ 주위적 청구 기각 · 각하 + 예비적 청구 인용, ㉢ 주위적 청구 기각 · 각하 + 예비적 청구 기각 · 각하라는 셋 중의 하나가 된다. 따라서 예비적 청구에 대해서만 분리해서 인낙을 할 수는 없다(대판 95.7.25, 94다62017). 한편 주위적 청구를 인용하는 1심 판결을 선고할 때에는 예비적 청구에 대한 판단을 하지 않게 되지만, 그 판결의 확정 후에 원고가 별도로 구 예비적 청구를 독립적으로 구하는 소를 제기하면, 소송상 금반언 내지 신의칙에 의하여 소각하 또는 청구기각 판결이 내려져야 한다.

단순병합해야 할 수개의 청구를 선택적으로 병합청구함은 허용되지 않는데, 법원이 그 중 일부에 대해서만 판단하고 피고만 항소한 경우에는, 1심에서 판단된 청구만 항소심으로 이심되고 나머지 청구는 여전히 1심에 남아 있게 된다(대판 08.12.11, 2006다5550).

선택적 · 예비적 병합에서 청구를 최종적으로 기각하면서 미판단 청구를 남긴 경우에 대해, 상소심에서 구제해야 한다는 견해(상소설)와 법원이 추가판결을 해야 한다는 견해(추가판결설)로 나뉜다. 위 미판단을 상소설은 판단누락으로 보고, 추가판결설은 재판누락으로 본다. 판례(대판-전 00.11.16, 98다22253) 및 통설은 상소설이다. 비록 따로 명시된 청구를 판단하지 않은 것이기는 하지만, ⓐ 선택적 · 예비적 병합은 원래 일부판결을 할 수 없는 관계이고, ⓑ 그 청구의 기초가 된 사실관계가 애초부터 결합되어 함께 심리된 관계에 있으므로, ⓒ 미판단된 청구도 상소심으로 이심(移審)되어 있다고 보아야 하고, 따라서 상소심설에 찬성한다. 나아가서 판례는, 주위적 청구만 기각하고 예비적 청구에 대한 판단을 누락한 판결이 불상소로 확정되고, 그 후 예비적 청구에 기하여 다시 소를 제기한 경우에 대해, 소의 이익이 없어 부적법하다고 했다(대판 02.9.4, 98다17145).

13-2-4-4 상소심

청구병합이 상소심에서 어떻게 처리되는지에 관하여, 이하에서 항소심을 중심으로 설명한다(15-2-4-3 참조). 상고심에서도 거의 같다.

(1) 단순병합

단순병합의 전부판결에 관하여, 그 일부청구에 대해 상소를 하면, 모든 청구에 대해 이심(移審) 및 확정차단(確定遮斷)의 효력이 생기지만("상소불가분의 원칙"; 15-1-5-3), 상소심이 판단할 수 있는 대상은 당사자가 불복한 청구뿐이다. 즉 심판대상의 범위와 이심·확정차단의 범위는 다르다.

(2) 선택적 병합

선택적 병합청구 중 하나를 받아들여 청구를 인용한 판결에 대해서는, 피고만 항소의 이익(15-1-4-7)을 가지며 항소할 수 있다. 피고의 항소가 있으면, 판단되지 않은 나머지 선택적 청구도 항소심으로 이심되고 항소심의 심판대상이 된다(대판 10.5.27, 2009다12580).

1심에서 원고의 모든 선택적 병합청구가 기각되어 원고가 항소한 경우, 모든 청구가 이심되지만 원고가 불복하는 청구만 항소심의 심판대상이 된다. 항소심법원이 어느 하나의 청구에 관한 항소가 이유 있다고 인정할 때에는 원고가 불복하는 청구들에 대한 1심판결 전부를 취소해야 한다(대판 18.6.15, 2016다229478)(15-2-5-3 참조). 상고심에서도 마찬가지이다(대판 23.4.27, 2021다262905). 또한 —아래 (3)에서도 보겠지만— 원고가 부진정 예비적 병합형태로 소를 제기했더라도 그 병합청구의 성질이 선택적 병합이라면, 역시 원심판결 전부를 상급심 법원이 파기해야 한다(대판 22.3.31, 2017다247145; 대판 25.5.15, 2023다306014).

1심의 원고승소판결에 대해 피고가 항소한 후 원고가 선택적 청구를 추가한 경우에, 제2심 법원은 둘 중 어느 청구라도 임의로 먼저 심판할 수 있으나, 만약 위 추가청구를 인용하려면 —비록 결론은 1심 판결과 같지만— 1심판결을 취소한 후에 새로 청구인용주문을 내야 한다(대판 92.9.14, 92다7023; 93.10.26, 93다6669).

(3) 예비적 병합

예비적 병합청구 중 주위적 청구를 인용한 판결에 대해서는, 피고만 항소할 수 있다. 피고의 항소가 있으면, 판단되지 않은 나머지 예비적 청구도 항소심으로 이심되고 항소심의 심판대상이 된다(대판-전 00.11.16, 98다22253).

주위적 청구를 기각하고 예비적 청구를 인용한 제1심 판결에 대해서는, 원·피고 각각 항소의 이익을 가진다. 이때 피고만 항소하면 양 청구가 이심되지만 예비적 청구만 항소심의 심판대상이 된다(대판 95.2.10, 94다31624; 01.12.24, 2001다62213; 07.1.11, 2005다67971). 그런데 부진정 예비적 병합(13-2-3-3)에서 1심 법원이 주위적 청구를 기각하고 예비적 청구를 인용했고 피고만 항소한 경우에 대해서는, 대법원이 진정 예비적 병합에 관한 위 판결들과 달리—"항소심이 두 청구 모두를 심판대상으로 삼아야" 한다고 했다(대판 14.5.29, 2013다96868).[8] 논리적으로 양립가능한 두 청구가 예비적으로 병합된 즉 부진정 예비적 병합 사건에서, 항소심이 하나의 청구에 대해 일부인용판결을 한 후에 대법원이 피고의 상고를 받아들여 파기를 할 경우, 원심판결 중 피고 패소 부분 외에 '나머지 청구 중 피고 패소 부분에 대응하는 부분'까지 함께 파기하여야 한다는 것이 현재의 판례이다(대판 25.9.4, 2025다212812; 25.9.25, 2025다213846).

한편 주위적 청구를 기각하고 예비적 청구를 인용한 제1심 판결에 대해, 원고가 항소하면 주위적·예비적 청구 모두 항소심의 심판대상이 된다(15-2-4-3). 문제는 피고의 항소 없이 원고만 항소하였고, 항소심이 심리 결과 예비적 청구도 이유 없다고 본 경우인데, 이때 항소심 법원은 예비적 청구에 대한 1심판결부분을 취소할 수 없지만, 이는 심판대상의 문제 때문이 아니라 불이익변경금지 원칙(15-2-6) 때문이다.

주위적 청구 및 예비적 청구가 모두 기각되면, 원고만 항소할 수 있음은 당연하고, 이때 모든 청구는 항소심으로 이심되며 다만 원고가 불복한 부분만 심판대상이 된다.

---

8) 부진정 예비적 병합에 대한 대법원의 논리가 일관되지 않고 있다. 즉 이를 항상 예비적 병합으로서(즉 진정 예비적 병합과 마찬가지로) 취급해 주는 것도 아니고, 반대로 항상 그 성격을 가려 선택적 병합으로 취급하는 것도 아니다. 가령 대판 20.10.15, 2018다229625 판결; 21.5.7, 2020다292411 판결 등은 진정 예비적 병합처럼 취급했고, 대판 14.5.29, 2013다96868; 22.5.12, 2020다278873 판결 등은 본래의 성격에 따라 선택적 병합으로 취급했다. 위 2013다96868 판결 이후 예비적 병합 사건의 항소심 실무는, 병합형태를 당사자의 의사가 아닌 병합청구의 성질을 기준으로 결정하기 위하여, 청구의 성질을 심리·판단하고 있으나, 여전히 혼란이 있다. 부진정 예비적 병합을 아예 부적법하다고 취급할 것이 아니라면(그런 부적법 취급은 부당하다), 2013다96868 판결을 폐기함이 타당하다.

(4) 틀린 병합관계에 대한 판단의 경우

판례는, A,B청구가 단순병합 관계인데도 원고가 선택적 병합청구를 하거나 예비적 병합청구를 했고, 이에 대해 법원이 A청구에 대해서만 일부인용판결을 하고 "나머지 청구를 기각"하였으며 피고만 항소한 경우에 대하여, A청구는 물론 B청구가 이심되기는 하지만 항소심 법원의 심판범위는 A청구에만[9] 한정된다고 보았다(선택적 사례-대판 08.12.11, 2005다51471; 예비적 사례-대판 15.12.10, 2015다207679).

반면에, 위와 같은 사안에서, 법원이 A청구에 대해서만 일부인용판결을 하고 —위와 같은 관계를 간과하여— "나머지 선택적 청구에 대한 심리·판단을 모두 생략"했고, 이 판결에 대해 피고만 항소한 경우에 대하여는, A청구만 항소심으로 이심될 뿐 B청구는 여전히 1심에 남아 있다고 했다(대판 08.12.11, 2005다51495).

13-3 청구의 변경

13-3-1 의의

청구의 변경(Klageänderung)이란, 소송계속 중에 원고가 피고와의 관계에서 별도의 청구를 심판대상으로 해 달라고 신청하는 것이다(§262). 소송절차상 한편으로는 원고에게 절차형성의 자유를 줄 필요가 있지만, 다른 한편으로는 소송계속 중에 청구가 변경되면 피고의 방어권 행사에 장애가 생긴다. 따라서 양자 간의 균형이 요구되므로, 법은 "청구의 기초가 바뀌지 아니하는 한도 안에서" 청구의 변경을 할 수 있다고 정했다. 이로써 소의 3요소(당사자, 법원, 소송물) 중에서 소의 내용인 소송물(청구)이 바뀐다. 동일당사자 간에서 소송물만 변경되는 것이다. 원래 청구는 소제기시에 원고가 제출하는 소장상의 청구취지 및 청구원인에 의해 특정되는 것이므로, 청구의 변경이란 청구취지 또는 청구원인의 변경이다.

청구의 변경은, 원고가 그때까지의 청구보다 더 적절한 또는 새로운 청구를 할 필요가 생긴 경우에, 종전의 심리결과(소송자료)를 살려서 신청구에 대한 심리·판결에 활용할 수 있게 하는 편이, 권리실현의 실효성·신속성 및 소송경제의 관점에서 더 낫다고 보기 때문에 마련되어 있다. 가령 토지임대인이 기간만료 후 피고(임차인)의 계속된 점유사용을 이유로 차임 상당 부당이득의 반환을 청

9) 정확히 말하면, 피고가 불복한 부분, 즉 A청구 중 피고패소부분.

구하는 소를 제기하여 소송계속 중인데, ⓐ 당해 토지의 반환을 추가로 청구한다든지("추가적 변경"), ⓑ 차임상당액의 청구원인을 불법행위 손해배상청구로 변경한다든지("교환적 변경") 하는 것이다.

소송물이 변경되어야 청구의 변경이며, 공격방법만이 추가·교환됨에 그치는 경우에는 청구의 변경이 아니므로, 이때는 청구변경 요건을 충족할 필요가 없다. 청구의 변경이냐 공격방법의 변경이냐를 판단함에 있어서 소송물이론(5-2-2)이 작용한다. 가령 위 ⓑ의 변경에 대하여 판례(실체법설)는 청구변경으로 보지만, 소송법설에서는 단지 공격방법의 변경으로만 본다(공격방법 변경사례에 관해서는 13-2-1 참조).

13-3-2 변경의 형태

13-3-2-1 추가적 변경과 교환적 변경

(1) 추가적 변경

추가적 변경이란, 구청구를 유지하면서 신청구를 추가하는 것이다. 위 ⓐ처럼 금전청구에 토지인도청구를 추가하는 것이 그 예이고, 이런 추가적 변경이 있으면 후발적으로 '청구의 병합'이 발생하므로, 추가적 변경을 하기 위해서는 앞에서 본 청구병합의 요건을 충족해야 한다.

ⓐ처럼 다른 내용의 청구취지 추가가 있으면 신청구의 추가임이 명백하지만, 같은 내용을 '확장'하는 것이면, 이것이 과연 청구의 변경에 해당하는지를 검토해야 한다. 청구취지의 확장[10]은 우선, 질적 확장과 양적 확장으로 나눌 수 있다. 가령 잔금지급과 상환으로 이전등기를 구하다가 무조건의 이전등기청구로 변경하는 경우가 질적 확장이고, 일부청구로 5천만원을 구하다가 전부청구로 2억원을 구하는 경우가 양적 확장이다. 위의 질적 확장과 양적 확장은, '소송물'을 변경하는 경우가 아니다.[11] 그렇다면 소송물의 변경이라야만 본조의 청구변경이

---

10) '청구의 확장'은 다의적으로 사용된다. 우선 협의로는 청구취지의 양적 확장, 즉 하나의 실체법상 권리 하에서 그 청구금액을 증액하는 경우만 가리킨다. 광의로는 질적 확장을 포함하며, 최광의로는 기존 청구에 더하여 별개의 소송물을 추가하는 경우까지도 모두 포함한다. 대체로 광의로 사용되는 경우가 많다.

11) 다만 명시적 일부청구에서 전부청구로 확장하는 것은 소송물에 변동이 생긴다고 봄이 판례이다(11-7-1-4).

라고 보는 엄격한 입장에서는 청구의 확장은 본조의 청구변경이 아니라고 할 터이지만, 오히려 청구변경이라고 보는 것이 통설이다. 청구의 확장이 있으면 피고의 방어권 행사에 차이가 생길 수 있는 점, 독일과 달리 청구변경과 청구확장을 엄밀히 구분할 필요가 없는 점,[12] 청구확장에도 아래 13-3-3에서 볼 청구변경의 요건을 적용시킬 필요가 있는 점 등을 고려하면, 청구확장이 청구의 변경에 포함된다는 통설에 찬성한다.

한편 청구원인에 추가가 있는 경우에는, 그것이 청구(소송물)의 추가인지 아니면 공격방법의 추가인지를 가려낼 필요가 있다(아래 13-3-2-2 참조).

(2) 교환적 변경

교환적 변경은 구청구 대신 신청구를 심판해 달라는 것이다. 소송물을 아예 다른 것으로 바꾸는 것으로서, 가령 토지인도청구를 토지소유권확인청구로 바꾸는 경우이다. 교환적 변경의 성질에 관하여 —독자적인 변경형태라는 견해(독자유형설: 호문혁 951)도 있으나— 통설·판례는 독자적인 것이 아니라 구청구 취하와 신청구 추가가 결합된 소송행위라고 본다(결합설: 대판 75.5.13, 73다1449; 17.2.21, 2016다45595 등). 독자유형설은 구청구가 어떻게 되는지에 대한 설명이 충분하지 않다는 점 등을 고려할 때, 통설을 지지한다.

두 학설의 차이는 ⓐ 구청구 취하라고 보면 피고가 본안에 응소한 후에는 피고의 동의를 얻어야 하므로, 청구의 교환적 변경에 피고의 동의가 필요하다고 볼지 여부, ⓑ 항소심에서의 소취하에는 재소금지효과가 생기는데, 항소심에서의 청구의 교환적 변경 후에 구청구로 다시 변경할 수 있는지 여부, ⓒ 항소심 판결 주문상의 차이 등이다. ⓐ에 관하여 통설·판례(대판 08.5.29, 2008두2606)는, 피고의 동의가 필요하다고 한다.[13] 다만 이 동의를 누락한 채로, 교환적으로 변경된 청구에 대한 심리가 이미 진행되었다면, 피고는 절차이의권(§151)을 상실한다고 볼 것이다(대판 11.2.24, 2009다33655). ⓑ,ⓒ의 문제에 관해서도 판례는 결합설로 일관하

12) 독일에서는 청구의 변경에 상대방 동의 또는 법원 승인을 요하여 그 허용범위를 좁히면서(ZPO§263), 청구의 확장(Erweiterung)은 청구의 변경에 해당하지 않는다고 정했으므로(ZPO§264), 청구변경과 청구확장은 서로 엄밀히 구별되는 개념이다. 하지만, 한국 민사소송법의 청구변경에는 위와 같은 엄격한 요건이 없으므로, 양자를 엄밀히 구분할 필요는 없다.

13) 오래전의 것으로 교환적 변경에 피고 동의가 불필요하다고 판시한 대판 62.1.31, 4294민상310 판결이 있으나, 이는 사실상 폐기되었다고 보아야 할 듯하다.

여, 구청구의 취하가 있는 것으로 본다(상세는 13-3-5-3 참조).

판례의 결합설에 의할 때, 항소심에서의 청구의 교환적 변경에는 구청구에 대한 재소금지효가 수반되므로, 실무상 함부로 항소심에서 이를 하지 않도록 유의해야 한다.

13-3-2-2 변경의 방법

청구의 변경은, 청구취지 변경으로써 하거나 청구원인 변경으로써 한다.

(1) 청구취지의 변경

청구취지 변경에는, ⓐ 내용을 다른 쪽으로 바꾸는 경우(가령 동일건물에 대한 인도청구→이전등기청구), ⓑ 같은 내용의 청구를 확장하는 경우 ⓒ 같은 내용의 청구를 축소하는 경우가 있다.

ⓐ는 원칙적으로 청구변경에 해당한다. ⓑ의 청구확장은 다시 질적 확장과 양적 확장으로 나뉘는데, 둘 다 청구변경에 해당한다고 통설은 보고 있다(13-3-2-1 (1) 참조). ⓒ의 청구감축[14]은 —그것이 질적 감축이든 양적 감축이든— 청구의 변경으로 보지 않는다. 청구의 감축은, 소의 취하 아니면 청구의 포기로 해석해야 하는데, 둘 중에 불분명하면 소의 일부취하로 보아야 한다는 것이 통설·판례이다(대판 93.9.14, 93누9460).[15]

(2) 청구원인의 변경

청구취지를 그대로 둔 채로 청구원인만 변경하는 것은 청구의 변경인가? 청구원인에는 사실관계 주장과 실체법적 권리주장이 기재된다. 청구원인인 실체법상의 권리주장을 변경하는 경우에 대해, 앞에서 보았듯이 소송물 이론 중 실체법설(판례)은 원칙적으로 이를 청구의 변경으로 보되, 다만 아래에서 보는, 단순한 공격방법의 변경의 경우만을 제외한다. 소송법설 중 일분지설은, 청구원인의 변경은 단지 공격방법의 변경이라고만 한다. 소송법설 중 이분지설은 청구원인 중

---

14) '청구의 감축' 역시 다의적으로 사용된다. 우선 협의로는 청구취지의 양적 감축, 즉 하나의 실체법상 권리 하에서 그 청구금액을 감액하는 경우만 가리킨다. 광의로는 질적 감축(가령 무조건의 이전등기를 구하다가 잔금지급과 상환조건의 이전등기청구로 변경하는 경우)을 포함하며, 최광의로는 기존의 복수 청구(소송물)에서 어떤 청구를 빼는 경우도 포함한다.

15) 다만 호문혁 947는, 질적 감축에 대하여, 청구의 어느 부분을 취하한 것인지 불분명함을 지적하면서, 그냥 청구의 변경으로 봄이 간명하다고 한다(독자유형설).

사실관계의 동일 여부를 소송물 판단 자료로 삼으므로, 청구원인 중 —실체법상 권리주장의 변경과 더불어— 주장되는 사실관계의 변경이 있으면 청구변경에 해당하게 된다.

실무상 실체법상 권리주장의 변경에 따라 소송물이 바뀌는 것인지, 아니면 공격방법만 바뀐다고 볼 것인지 여부는, 소송물에 관한 설명(5-2-3이하)에서 본 판결례들의 결론에 따라 처리된다. 가령 판례는, 동일한 금전청구를 하면서 어음금 청구에서 원인채권 청구로 바꾸는 것, 이혼청구를 하면서 그 사유를 부정행위에서 혼인을 계속하기 어려운 중대사유로 바꾸는 것 등은 청구의 변경이라고 한다. 반면에 말소등기청구를 하는 원고가 청구원인 즉 그 말소의 원인을 바꾸어 주장하는 것은 본조의 청구변경이 아니라고 한다. 소유권확인소송에서 소유권취득 원인을 바꾸어 주장하는 것도 청구의 변경이 아니다. 그리고 사해행위취소에서 취소채권자가 자신의 피보전채권을 추가·교환하는 것도 공격방법의 변경일 뿐이라고 하며, 채무자·수익자 간의 그 취소대상 행위를 증여라고 주장하였다가 변제라고 주장하는 것도 청구변경이 아니다(5-2-3이하 참조).

13-3-3 요건

13-3-3-1 청구기초가 바뀌지 않을 것

청구기초의 동일성이 유지되어야 청구의 변경을 할 수 있다. 청구기초가 같다는 말의 의미에 관해서는, ⓐ 사실적인 분쟁이익이 공통되는 것을 가리킨다는 견해(이익설), ⓑ 권리발생원인인 사실관계 내지 신·구 청구 간의 사실자료가 공통되는 것을 가리킨다는 견해(사실설), ⓒ 분쟁이익 및 사실자료 양자가 공통되는 것을 가리킨다는 견해(병용설)가 있으나, 실제 사건의 결론에서 그다지 차이를 보이지는 않는다. 판례는 이익설을 취한다고 해석되고 있고(대판 97.4.25, 96다32133), 실무상 이 요건을 엄격히 적용하지는 않는다. 가령 매매계약의 유효를 전제한 청구에서 그 실효를 전제한 청구로 변경해도(대판 72.6.27, 72다546), 와인유통업체가 피고(동업자)의 와인 미반환을 이유로 영업손실액 청구를 하다가 그 미반환에 의한 와인 손상에 따른 손해배상청구로 변경해도(대판 12.3.29, 2010다28338) 청구기초는 같다고 보았다.

판례가 청구기초가 달라졌다고 본 예외적 사례를 보면, 약속어음금 청구에서 전화가입명의 변경청구로의 변경(대판 64.9.22, 64다480), 행정소송에서 취소·변경을 구하는 대상인 행정처분을 다른 것으로 변경한 경우(대판 63.2.21, 62누231) 등이다.

청구기초가 같아야 한다는 요건의 성격에 관해서는 사익적 요건설과 공익적 요건설이 있고, 전자가 통설이다. 판례도, 이는 피고의 방어권 보장을 위한 사익적 요건일 뿐이라고 보아서, 청구기초의 변경에 대하여 피고가 바로 이의를 제기하지 않으면 절차이의권(§151)을 잃는다고 보았다(대판 11.2.24, 2009다33655).

13-3-3-2 소송절차를 현저히 지연시키지 않을 것

이를 청구기초 동일성과 별개의 요건으로 법률이 정한 이유는, 설사 동일성이 있는 변경이더라도 절차지연을 초래할 경우에는 별소(別訴)에 의함이 옳다고 보기 때문이다. 판례는 이 요건 역시 너그럽게 보아서, 신청구의 심리를 위하여 종전의 소송자료를 대부분 이용할 수 있는 경우는 소송절차를 현저히 지연시키는 경우가 아니라고 판시하면서(대판 98.4.24, 97다44416), 대부분의 사안에서 이 요건은 충족된다고 판단하고 있다. 대법원이 예외적으로 이 요건에 저촉된다고 판단한 사례를 보면, 2회의 상고심 파기환송 후 항소심의 변론종결에 이르러 청구변경신청을 한 경우이다(대판 64.12.29, 64다1025). 이 요건은 공익적 요건이므로, 피고의 동의 여부는 고려할 일이 아니고, 또한 직권조사사항이라는 것이 통설이다.

13-3-3-3 사실심에 계속되고 변론종결 전일 것

청구의 변경은 소장부본 송달시부터 사실심 변론종결시 사이에 할 수 있다. 따라서 상고심에서는 할 수 없지만, 항소심에서는 이를 할 수 있으며, 실무상으로도 항소심에서 거의 제한 없이 청구의 변경이 행해지고 있다. 이러한 항소심에서의 무제한적 청구변경은 이론적·현실적으로 문제가 있으므로 적절히 통제할 필요가 있으며,[16] —입법적으로 개선되기 전이라도— 우선 현저한 지연이 없어야 한다는 요건을 통해서 통제할 수 있을 터이다.

---

16) 영미의 항소심은 법률심이므로 청구변경이 불가하다. 독일에서는 청구변경의 요건이 엄격할뿐더러, 이 엄격성 외에, 항소심에서 새로운 사실주장이나 증거의 제출이 원칙적으로 불허된다는 점 때문에도 항소심에서의 청구변경이 더욱 어렵다.

13-3-3-4 청구병합의 일반요건을 갖출 것

소송물을 추가하는 추가적 변경은 물론이고, 교환적 변경도 신소를 추가하는 것으로 보므로(결합설), 청구의 변경에서는 청구병합의 요건을 갖추어야 한다. 즉 신·구 청구가 같은 절차에서 심판될 수 있어야 하고, 관할의 공통도 필요하다.

13-3-4 절차

(1) 서면 여부

§262②은 '청구취지'의 변경은 서면에 의해야 한다고 규정하고 있다. 그러나 이를 엄격하게 적용하지는 않고, 서면에 의하지 아니한 청구취지변경에 대하여 상대방이 지체 없이 이의하지 않으면 절차이의권(§151)이 상실된다는 것이 판례이다(대판 93.3.23, 92다51204). 한편 '청구원인'의 변경에 관해서는, 서면필요 견해, 서면불요 견해, 소송물을 변경시키는 청구원인변경이면 서면이 필요하다는 견해 등으로 나뉜다.

실무상 대개 '청구취지변경신청서' 또는 '청구취지 및 청구원인 변경서'라는 제목의 서면을 제출하지만, 제목이 단지 '준비서면'이라도 본조의 청구취지 변경을 신청하는 서면이 될 수 있다(대판 09.5.28, 2008다86232).

(2) 송달 등

청구변경신청서가 제출되면 —신청구의 소장에 해당하므로— 상대방에게 송달해야 한다(§262③). 신청구의 소송계속이 생기는 시점은, 그 송달시점이다. 이와 달리 청구변경에 의한 시효중단·기간준수의 효과가 생기는 시점은 청구변경신청서를 법원에 제출한 때이다.

13-3-5 청구변경 후의 심판

13-3-5-1 심리 및 불허결정

청구의 변경이 있는지 여부 및 그것이 적법한지 여부는 법원의 직권조사사항이다. 법원이 청구의 취지 또는 원인의 변경이 옳지 않다고 인정한 때에는, 즉 청구변경이 부적법하다고 판단한 경우에는, 직권으로 또는 상대방의 신청에 따라 변경을 허가하지 아니하는 결정을 해야 한다(§263). 이 불허결정은 중간적 재판이므로, 독립하여 항고할 수 없고, 종국판결에 대한 상소로써만 다툴 수 있다(대판 92.9.25, 92누5096). 만약 항소심이 1심의 불허가결정이 부당하다고 판단하는 경우에는, 1심의 그 결정을 취소하고 청구의 변경을 허용하여, 변경된 청구에 대하여 심판하면 된다.

1심 단독판사 사건에서 청구취지가 확장되어 그 소가의 합계액이 합의부 사건이 된 경우에는 —변론관할·합의관할이 생기지 않는 이상— 합의부로 이송하여야 한다(3-10-2).

청구의 변경이 적법하다고 인정할 때에는, 법원이 이를 허가하는 결정을 따로 할 필요가 없고, 변경된 청구에 대한 심리를 그냥 진행하면 된다. 추가적 변경이면 신·구 청구 모두 심판대상이고, 교환적 변경이면 신청구가 심판대상이다.

13-3-5-2 청구변경의 간과

청구변경이 있었는데도, 법원이 간과하는 경우가 있다. 추가적 변경을 간과하여 구청구에 대해서만 판결을 선고하고 신청구를 판단하지 않았으면, 그 변경 결과 어떤 청구병합이 생겼는지에 따라 처리해야 한다. 즉 단순병합이면 재판누락이 있는 것이므로 원심법원이 추가판결을 해야 하고, 선택적·예비적 병합이면 상소로써 구제받을 수 있다(대판 89.9.12, 88다카16270).

교환적 변경을 간과하여 구청구에 대해서 판결을 선고하고 신청구를 판단하지 않은 경우에, 구청구에 대한 판결은 —이미 소취하로써 소송계속이 소멸된 청구에 대하여 한 것이므로— 무효의 판결이다(만약 상소되어 있으면 상소심이 소송종료선언을 할 필요가 있을 수도 있다). 따라서 원심법원이 신청구에 대한 추가판결을 해야 한다.

13-3-5-3 항소심에서의 청구변경

(1) 가능 여부

항소심은 속심이고(15-2-1-2), 청구의 변경에 관한 §262가 항소심에도 준용되므로(§408), 항소심에서도 청구의 변경이 가능하다. 변경된 청구에 대하여 항소심은 —1심판결의 당부를 판단하는 것이 아니라— 최초로 판단하는 것이다.

(2) 전부승소한 원고의 경우

1심에서 전부승소한 원고는 청구의 변경만을 위한 항소를 할 수 없음이 원칙이다. 다만 묵시적 일부청구를 하여 1심에서 전부승소한 원고의 경우에는 —나머지 청구부분에도 기판력이 미치므로— 청구를 확장하기 위한 항소가 허용된다(대판 97.10.24, 96다12276). 그리고 인신사고의 손해배상사건에서, 원고가 재산상 손해에서 전부승소하고 위자료 청구에서 일부패소하여 위자료부분에 항소한 후에, 항소심에서 재산상 손해에 대한 청구확장을 할 수 있는지에 관하여 —손해3분설을 완화하여— 이러한 청구확장이 가능하다고 했다(대판 94.6.28, 94다3063). 한편 원고의 전부승소 판결에 대하여 피고가 항소했으면, 원고는 항소심에서 청구확장을 위한 부대항소(15-2-3)를 할 수 있다.

(3) 청구확장에 따른 사물관할 변경 여부

1심 단독판사의 판결의 항소심을 지방법원 항소부가 심리하는 중에, 합의부 사물관할에 해당하는 소가로 청구취지가 확장되더라도, —심급관할은 전속관할이므로— 지방법원 항소부가 그 2심을 그대로 심판한다.

(4) 2번의 교환적 변경

항소심에서 원고가 A청구를 B청구로 교환적 청구변경을 한 다음에, 다시 A청구로 변경할 수 있는지가 문제된다. 통설·판례의 결합설에 의하면 교환적 청구변경은 '구소취하 + 신소제기'이고, 1심판결 선고 후의 소취하에는 재소금지 효과가 있으므로, 원고의 이러한 청구변경은 부적법하다(대판 87.6.9, 86다카2600).

(5) 판결주문

항소심에서 청구의 추가적 변경이 있으면 —본래 청구에 대하여 항소기각·항소인용 판결(15-2-5-3)을 선고하는 것과 별개로— 그 추가적 청구에 대해 따로 판단한다. 항소심에서 청구의 교환적 변경이 있을 때에는, 결합설에 의하면 구청구는 취하되는 것이어서,[17] 항소심 판결주문에서 "제1심 판결을 취소"하는 것은 이미 취하된 청구에 대한 판결을 취소하는 것이므로 이는 잘못이다(대판 80.11.11, 80다1182). 항소심에서 청구감축이 있으면, 그 부분 청구가 감축되었음을 판결주문에서 표시해 준다. 같은 소송물에서 청구의 확장(협의; 13-3-2-1)이 있으면 항소

---

17) 다만 대법원은, 이렇게 구소취하의 효과가 생기더라도 그 실체법적 권리를 당연히 상실하는 것은 아니라고 한다(대판 94.12.13, 94다15486).

기각 또는 원판결취소의 형식이 아니라 원판결을 '변경'하는 방식으로 판결주문을 낸다.[18] 선택적 병합청구를 한 원고가 1심에서 승소했는데, 그 선택적 청구 중 1심에서 심판되지 않은 청구를 항소심이 받아들이는 경우에는, 항소심 결론이 1심판결 주문과 같더라도 1심판결을 취소한 다음 새로 청구인용 주문을 내야 한다(대판 06.4.27, 2006다7587).

13-4 중간확인의 소

13-4-1 의의 및 필요성

(1) 중간확인의 소(§264)(Zwischenfeststellungsklage)란, 소송계속 중에 당사자가 그 소송상 청구에 대한 판단의 전제로서 쟁점이 된 법률관계를 소송물로 하여, 그 존재 또는 부존재의 확인의 판결을 구하는 소이다. 예컨대 토지소유권에 기하여 소유권이전등기 말소소송을 하는 중에 원고가 중간확인의 소로서 그 토지의 소유권확인을 구하는 소를 제기하는 경우, 또는 이자지급청구소송 중에 원고가 원본인 대여금채권의 확인의 소를 제기하는 경우이다.

중간확인의 소는 원고뿐만 아니라 피고도 제기할 수 있다. 원고가 제기하는 경우는 소의 추가적 변경의 한 유형이고, 피고가 제기하는 경우는 반소의 한 유형이다. 가령 위의 토지소송의 예에서 피고는, 당해 토지의 소유권확인을 구하는 중간확인의 반소를 제기할 수 있다.

중간확인의 소가 제기되면 선결적 법률관계가 소송물이 되므로, 그 판단에 기판력이 발생하여, 본래 청구에 대한 판결이 이에 구속된다.

(2) 기존의 소송과 별도로 그 소송의 선결적 법률관계에 대한 확인의 소를 제기할 수 있는지에 관하여, 통설은 이를 긍정한다(물론 변론을 병합함이 바람직함은 논외로 한다). 이 확인의 소는 —기존 소송과 변론병합이 되더라도— 본조의 중간확인의 소가 아니라 통상의 확인의 소일 뿐이다. 또한 기존의 소송절차 내에서, 그 선결적 법률관계에 대하여 통상적인 확인의 소를 원고가 청구의 추가

18) 제1심 변론종결 후에 소촉법상 법정이율이 연 15%→12%로 개정되었고, 항소심에서 청구확장으로 추가인용하는 부분이 있다면, 항소심은 제1심 인용금액에 대해서는 15%를, 추가인용금액에 대해서는 12%를 각각 적용해야 한다(대판 25.3.27, 2021다245528).

적 변경으로 혹은 피고가 반소로 제기할 수도 있을 것이다. 그렇다면, 이러한 확인의 소와 본조의 중간확인의 소는 어떤 관계에 있는가?

이 문제는 입법연혁 하에서 이해해야 한다. 원래 독일 민사소송법은 청구의 변경에 상대방 동의 또는 법원 승인을 요하여 그 허용범위를 좁혔으므로(ZPO §263), 그런 청구의 변경의 요건을 충족하지 않아도 되는 중간확인의 소(ZPO§256 ②) 제도를 별도로 마련해 두는 의미가 있었다. 그런데 청구변경의 엄격한 요건이 일본과 한국에서 완화되면서, 중간확인의 소가 별 의미를 갖지 못하게 된 것이다. 실무상으로도 잘 이용되지 않는다. 입법적으로는 —청구의 변경을 현재처럼 유지한다면— 중간확인의 소를 별도로 유지할 실익은 없다고 본다.

13-4-2 요건

13-4-2-1 쟁점이 된 선결적 법률관계의 확인

중간확인의 소의 대상이 되려면 —원래 확인의 소의 대상이 그러하듯이— 법률관계여야 하며, 그 법률관계는 기존의 청구에서 쟁점이 된 것이어야 하고(계쟁성) 기존의 청구에 대하여 선결적 관계에 있어야 한다(선결성). 그 권리관계가 현재의 권리관계여야 함은 물론이다.

만약 본소청구가 취하·각하될 것인 경우, 또는 본소청구의 판단에 확인의 대상인 법률관계 판단이 불필요한 경우에는 선결성이 있는 것인가? 가령 본소에 적법요건 흠결이 있어 각하되거나, 혹은 가령 이자청구소송에서 원고가 중간확인으로서 원본채권 확인을 구했는데 이자약정이 없다는 이유로 본소청구가 기각되는 경우에, 이 중간확인의 소는 어떻게 판단되는가? 이론상으로 선결관계에 있기만 하면 된다는 견해(이론설)도 있지만, 통설은 선결관계가 현실적으로 존재해야 한다고 본다(현실설). 판례도 재심사유 불인정으로 재심청구를 기각하는 경우라면, 그 재심절차상 제기된 중간확인의 소는 각하해야 한다고 했다(대판 08.11.27, 2007다69834).

13-4-2-2 사실심 변론종결 전

상고심에서는 이를 제기할 수 없고, 항소심에서는 가능하다. 항소심에서는 심급의 이익을 해하므로 상대방 동의가 필요하다는 견해도 있을 수 있으나, 필요 없다는 것이 통설이며 옳다.

13-4-2-3 다른 법원의 전속관할에 속하지 않을 것

중간확인의 소는 다른 법원의 관할에 전속되지 않아야 하며(§264②), 만약 다른 전속관할에 속하고 그것이 독립한 소가 될 수 있으면 그 전속관할법원으로 이송해야 한다.

수소법원이 본소 청구에 대하여 관할권을 가지는 이상, 중간확인의 소에 대해서도 토지관할에 관해서는 당연히 관할권을 가진다. 본소 청구가 단독사건이었는데 합의부사건인 중간확인의 소가 제기되면, —변론관할이 성립하지 않는 한— 사건 전부를 합의부에 이송해야 한다.

13-4-2-4 본소와 같은 종류의 절차

본래의 청구가 민사사건인데 친자관계확인 등 가사사건이 선결관계일 때에는 중간확인의 소를 제기할 수 없다. 한편 민사소송에서 행정처분의 무효 여부가 선결적 쟁점일 때에, 만약 하자가 중대·명백하여 행정처분이 무효인 경우에는 그 민사소송 담당법원이 무효를 판단하여 이를 전제로 민사사건의 결론을 내릴 수 있다. 이에 비추어 민사소송에서 선결관계에 있는 행정처분의 무효확인을 구하는 중간확인의 소를 제기할 수 있다는 견해도 있다. 하지만, ① 행정처분에 대한 무효확인소송은 항고소송이고, ② 그 무효확인판결에는 대세효가 있으며, ③ 그 무효확인소송의 피고는 —민사소송의 피고가 될 수 없는— 행정청이어야 하는 점 등을 종합하면, 민사소송에서 행정처분무효확인을 구하는 중간확인의 소는 제기할 수 없다고 봄이 타당하다.

13-4-3 절차 및 심판

(1) 중간확인의 소 역시 소의 제기이므로 서면으로 해야 하며(§264②), 그 서면은 바로 상대방에게 송달해야 한다(§264③). 서면의 제출로써 시효중단·기간준수의 효력이 생기고(§265), 서면이 송달되면 소송계속도 생긴다.

(2) 중간확인의 소에 대한 심판은, 청구의 추가적 변경 또는 반소에 준하여 행한다. 우선 병합요건을 심리하며, 그것이 흠결된 경우에는 —독립한 소로 취급

할 수 없는 이상— 중간확인의 소를 각하해야 한다. 통상적인 추가적 변경에서 병합요건이 갖추어지지 않은 경우에는 청구의 변경을 불허하는 결정을 내리는 것과 대비된다. 병합요건이 갖추어진 후에는, 본소 청구와 중간확인의 소를 분리하여 일부판결을 하는 것은 —이론상으로는 가능하겠지만— 적절하지 않다.

13-5 반소

13-5-1 의의

(1) 반소(反訴; Widerklage)란, 소송계속 중에 피고가, 같은 소송절차에서 심판해 달라고 원고에 대하여 제기하는 소이다(§269). 가령 토지매도인이 매수인 상대로 잔대금청구소송을 하는 중에, 피고가 ⓐ 매매계약의 무효를 전제로 기(旣)지급대금 반환을 반소로 제기할 수도 있고, ⓑ 그 유효를 전제로 이전등기청구를 반소로 제기할 수도 있다. 이는 피고가 제기하는 소송중의 소이고, 이로써 청구의 추가적 병합이 발생한다. 반소에서 피고는 '반소원고'가 되고, 원고는 '반소피고'가 된다. 원·피고 사이에서 관련된 분쟁을 같은 절차 내에서 심판하는 것이 소송경제에 부합하고 재판끼리의 모순을 방지할 수 있기 때문에 제도가 마련되었다.

(2) 반소는 단순한 방어방법이 아니고 독립한 소이다. 위 피고는 ⓐ에서 계약무효를 주장하는 것만으로, 혹은 ⓑ에서 동시이행항변을 하는 것만으로 방어를 할 수 있지만, 더 나아가서 그에 기하여 소로서의 청구를 해야 반소가 된다. 본소청구 기각 이상의 적극적 내용을 주장해야 반소가 될 수 있으므로, 가령 원고의 소유권존재확인청구에 대해 피고가 원고 소유권부존재확인을 구하는 반소는 불가하다. 그러나 피고가 자신의 소유권존재확인을 구하는 반소는 가능하다. 실무상 반소가 제기되면 —본소절차에서 함께 심판하기는 하지만— 사건번호를 별도로 부여한다.

(3) 반소는 피고가 원고를 상대로 하는 소이며, 보조참가인은 반소를 제기할 수 없고, 보조참가인을 상대로 한 반소도 불가하다. 독립당사자참가에서, 원고 및 피고는 참가인에 대한 관계에서 피고의 지위에 서게 되므로, 원고 및 피고는 참가인을 상대로 반소를 제기할 수 있다(대판 69.5.13, 68다656). 피고가 제3자를 끌어들여 반소피고로 삼는 형태의 반소는 원칙적으로 허용되지 않지만, 다만 피고

가 제기하려는 반소가 필수적 공동소송이고 필수적 공동소송인 추가의 요건(§68)을 갖추는 경우에는 예외적으로 허용될 수 있다(대판 15.5.29, 2014다235042).[19]

피고가 본소와 관련된 청구를 가지고 있더라도, 이를 반소로 제기할지 별소로 제기할지는 피고의 선택에 달려 있다. 만약 별소로 제기된다면, 실무상으로는 이부(移部), 이송, 변론병합을 적절히 이용하여 하나의 소송절차로 집중시킬 필요는 있을 것이지만, 별소로 처리한다고 해서 중복소송이 되지는 않는다.[20]

13-5-2 형태

13-5-2-1 단순반소와 예비적 반소

단순반소는 본소의 인용·기각에 관계없이 반소청구에 대한 심판을 구하는 경우의 반소이다. 이것이 일반적이다. 반면에, 본소청구의 인용 또는 기각·각하를 조건으로 하여 반소청구에 대하여 심판을 구하는 경우를 예비적 반소라고 한다. 이것도 허용된다.

예컨대 토지매수인의 매도인을 피고로 한 소유권이전등기청구에서, 피고가 본소청구가 인용될 것을 조건으로 하여 매매대금지급을 구하는 반소를 제기하면, 원고청구 기각시 반소는 심판대상이 아니게 된다. 예비적 반소라도 반소제기시부터 소송계속이 생기므로, 정확히 말하면 위 조건부란 "원고의 본소청구의 기각·각하를 해제조건으로 하여" 청구되는 것이다. 반대로 본소청구의 인용을 해제조건으로 한 예비적 반소의 예로는, 제1심의 가집행선고에 따른 가지급물을 2심 판결에서 원고가 패소하면 반환해 달라는 피고의 '가지급물반환신청'(§215②)이 있다(대판 96.5.10, 96다5001).

---

19) 미국법에서는 —한국법에 있는 피고의 원고에 대한 반소(counterclaim) 외에도— 원·피고가 자기쪽 공동당사자(coparty)를 상대로 반소를 제기하는 제도도 있고, 이를 cross-claim(횡소; 橫訴)라고 한다(Federal Rules of Civil Procedure §13ⓖ). 그리고 제3자를 당사자로 끌어들이는 제도로서, impleader(제3자의 訴訟引入)와 interpleader(경합권리자 확정소송)가 있다(FRCP §14). 독일에서도 판례가, 피고가 반소제기시 원고 외의 제3자를 추가하는 것과, 제3자가 피고와 함께 반소원고가 되는 것을 허용하고 있다(BGHZ 40, 185).

20) 미국법에서는 강제반소가 있다(compulsory counterclaim; FRCP §13ⓐ). 본소의 대상이 된 거래 및 사건에서 발생하는 피고의 청구권을 행사할 때에는 본소절차 안에서 하라는 것이다.

13-5-2-2 재반소

반소에 대한 원고의 재반소를 허용할 것인가? 관련성 있는 분쟁들을 한꺼번에 해결하려는 것이 반소제도의 취지라는 이유로, 재반소가 반소 요건을 갖추면 허용된다는 것이 통설이다.

원고가 이혼청구에 병합하여 재산분할청구를 제기한 후 피고가 반소로서 이혼청구를 한 경우(재산분할청구는 없었음), 원고가 반대의 의사를 표시하였다는 등의 특별한 사정이 없는 한, 원고의 재산분할청구 중에는 본소의 이혼청구가 받아들여지지 않고 피고의 반소청구에 의하여 이혼이 명하여지는 경우에도 재산을 분할해 달라는 취지의 청구가 포함된 것으로 판례는 보고 있다. 이때 원고의 재산분할청구는 피고의 반소청구에 대한 재반소로서의 실질을 가지며, 따라서 법원은 원고의 재산분할청구에 대한 심판을 해야 한다(대판 01.6.15, 2001므626).

13-5-3 요건

13-5-3-1 본소의 청구 또는 방어방법과 서로 관련이 있을 것

반소청구는 본소의 청구 또는 방어방법과 관련이 있어야 한다(§269①). 이 요건은 청구의 변경에서 청구기초의 동일성 요건에 대응하는 것이지만, —본소청구가 아닌— 피고의 방어방법과만 관련되어도 되므로 더 넓은 요건이다.

(1) 본소청구와 상호관련

본소청구와 반소청구가 소송물 또는 분쟁대상, 분쟁발생원인에 있어서 사실상 또는 법률상 공통되면 이러한 관련이 있는 것이다. 예컨대 ⓐ 두 청구가 동일한 법률관계를 목표로 하는 경우(원고의 이혼의 소제기에 피고가 반소로 이혼청구), ⓑ 청구원인이 같은 경우(원고의 매매원인 이전등기청구에 대해 피고가 매매대금 청구), ⓒ 분쟁대상물이 같은 경우(원고의 건물소유권에 기한 인도청구에 대하여 피고가 건물임차권확인청구), ⓓ 분쟁발생원인이 같은 경우(차량충돌 교통사고에 기해 원·피고가 서로 손해배상 청구) 등이다.

반소청구는 본소청구와 관련이 있어야 할 뿐만 아니라 본소청구 기각 이상의 적극적 내용을 주장해야 반소가 될 수 있음은 앞에서 보았다.

(2) 본소에 대한 방어방법과 상호관련

반소청구가 본소청구에 대한 항변사유와 대상·발생원인에 있어서 사실상 또는 법률상 공통되면 이러한 관련이 있는 것이다. 예컨대 ⓐ 원고의 대여금청구에 대하여 피고가 상계항변을 하면서 상계후 초과채권의 이행을 구하는 반소, ⓑ 원고의 건물인도청구에 대해 건물점유자로서 상인인 피고가 유치권 항변을 하면서 피담보채무의 지급을 구하는 반소 ⓒ 원고의 건물인도청구에 대해 피고가 원고가 행한 건물 단수단전에 따른 손해의 배상을 구하는 반소(대판 67.3.28, 67다116) 등이다.

이 관련성이 인정되기 위해서는, 방어방법이 반소제기 당시에 현실적으로 제출되어 있어야 한다. 즉 실기한 것이라서 각하된 방어방법과 관련있다고 해서 반소를 제기할 수는 없다. 또한 법률상 허용되는 항변이라야 하므로, 가령 상계금지채권(민§496~§498)으로 상계항변을 하면서 그 채권에 바탕을 둔 반소청구를 할 수는 없다(통설).

민법 §208②은 점유소권(민§204~§206)에 기한 본소청구에 대해서는 본권에 관한 이유로 재판하지 못한다고 정했다. 즉 점유피침탈자가 점유회복청구를 할 때 침탈자(피고)가 본권(소유권)을 가졌더라도 본권에 기한 항변을 하지 못한다. 여기서, 점유소권의 본소청구에 대하여 본권에 기한 반소를 제기할 수 있느냐가 문제되며, 반소를 허용하는 옛 판결례가 있다(대판 57.11.14, 4290민상454). 그러나 이렇게 본권에 기한 반소를 허용하면, 민법 §208②이 곧바로 무의미해진다는 문제점이 있다.

(3) 요건의 성격

이 요건은 사익적 요건이므로 직권조사사항이 아니다. 이 요건흠결을 가지고 즉시 이의하지 않으면 절차이의권(§151)이 상실된다(대판 68.11.26, 68다1886).

13-5-3-2 본소절차를 현저히 지연시키지 않을 것

본소절차의 지연책으로 반소권이 남용되는 것을 방지하기 위하여, 1990년 개정시에 추가된 요건이다. 이 요건은 공익적 요건으로서, 절차이의권 상실의 대상이 되지 않는다.

13-5-3-3 본소가 사실심에 계속되고 변론종결 전일 것

(1) 항소심 변론종결시까지 반소를 제기할 수 있고(§269①), 상고심에서는 반

소제기를 할 수 없다. 항소심에서는, ⓐ 상대방의 심급의 이익을 해할 우려가 없는 경우 또는 ⓑ 상대방의 동의를 받은 경우에 한하여 반소를 제기할 수 있다(§412①). 만약 상대방이 이의를 제기하지 아니하고 반소의 본안에 관하여 변론을 한 때에는 반소제기에 동의한 것으로 본다(§412②). 청구변경을 할 때에는 항소심에서도 이런 요건을 요구하지 않는 것(다만 청구변경이 구소의 취하에 해당하면 별론임)과 대비된다.

2002년 개정 전에는 ⓑ만 요건이었는데, 판례·통설은 상대방 동의가 없더라도 ⓐ에 해당하면 항소심에서의 반소를 허용해야 한다고 했고, 개정법률이 이를 조문화하였다. 상대방의 심급의 이익을 해할 우려가 없는 예로는, 중간확인의 반소, 본소와 청구원인을 같이 하는 반소, 1심에서 이미 충분히 심리된 쟁점에 관한 반소(대판 13.1.10, 2010다75044) 등이라고 설명된다.

(2) '본소의 소송계속'은 반소의 제기요건일 뿐 반소의 존속요건이 아니다. 따라서 반소제기 후에 본소가 각하·취하되어 소멸되어도 ―예비적 반소가 아닌 한― 반소에는 영향이 없다. 다만 본소가 '취하'된 후에는, 피고는 원고의 응소 후라도 그의 동의 없이 반소를 취하할 수 있다(§271). 본소청구의 포기가 있은 때에도 마찬가지일 터이다. 그런데 본소가 '각하'된 경우에 §271가 유추적용되는지에 관하여, 판례는 아니라고 ―즉 원고의 동의가 있어야 반소취하가 가능하다고― 한다(대판 84.7.10, 84다카298). §271는 본소로써 반소제기를 유발한 원고가 본소취하 후 반소유지를 강요해서는 안 된다는 취지이므로, 원고 의사와 무관하게 각하되어 본소가 종료된 경우에는 원고의 동의권이 유지된다는 이유이다.

13-5-3-4 본소와 같은 종류의 소송절차에 의할 것

반소는 본소의 소송절차를 이용하여 제기하는 것이므로, 청구의 병합요건을 갖추어야 하고, 따라서 반소청구는 본소와 같은 종류의 소송절차에 따르는 경우여야 한다.

13-5-3-5 반소가 다른 법원의 전속관할에 속하지 않을 것

반소가 다른 법원의 전속관할에 속하면, 그곳에 별소를 제기해야 하지, 본소에 붙여서 반소로 제기할 수는 없다. 단독사건의 본소에 합의부사건이 반소로 제기되면, 본소·반소 모두 합의부로 이송하는 것이 원칙이지만, —사물관할은 전속관할이 아니므로— 변론관할(§30)이 생기면 그렇지 않다(§269②). 지방법원 항소부가 단독사건 항소심을 담당하는 중에 그 반소로 합의사건이 제기되면, 본조의 이송규정이 배제되어 이송하지 않아도 된다는 것이 판례이다(대판 11.7.14, 2011그65)(심급관할이 직무관할·전속관할임을 참조).

13-5-4 절차와 심판

13-5-4-1 반소의 제기

반소는 본소에 관한 규정을 따른다(§270). 그 의미는, 반소가 방어방법이 아니라 독립한 소이므로, 소의 제기와 같이 취급하라는 것이다. 따라서 반소를 제기하려면 —소장처럼— 반소장을 제출해야 하고, 소장의 필요적 기재사항(§249)에 준하여 반소청구의 취지와 원인을 기재해야 한다. 피고는 반소원고로, 원고는 반소피고로 기재한다.

13-5-4-2 반소요건 및 일반소송요건의 조사

반소가 제기되면 법원은 반소요건의 충족 여부를 조사해야 한다. 반소요건에 흠이 있는 경우, 반소를 각하해야 한다는 견해(각하설)와 그것이 독립한 소로서 요건을 갖춘 것이면 본소와 분리하여 심판해야 한다는 견해(분리심판설)로 나뉜다. 다수설은 분리심판설이나, 판례는 각하설이다(대판 65.12.7, 65다2034).

반소제기가 반소요건을 갖춘 경우에도, 그것이 일반소송요건을 갖추고 있는지는 별도로 조사해야 한다. 일반 소송요건에 흠이 있으면, 달리 보정이 이루어지지 않는 한 부적법하므로 판결로 소를 각하해야 함은 물론이다. 한편 손해배상채무의 부존재확인을 구하는 본소에 대하여 그 채무의 이행을 구하는 반소가 제기된 경우, 본소청구에 있어서 확인의 이익이 소멸하지는 않는다(대판 10.7.15, 2010다2428).

13-5-4-3 본안심판

본소와 반소는 단순병합 관계에 있으므로 이론상 변론의 분리나 일부판결이 가능하며, 법은 본소나 반소의 심리를 마친 경우에는 그 부분에 대한 종국판결을 할 수 있다고 정하고 있다(§200②). 그러나 이렇게 일부판결을 선고하는 것은 바람직하지 않다. 본소·반소에 대하여는 병합심리를 함이 원칙이고, 1개의 전부판결을 내는 것이 좋다. 1개의 전부판결을 할 때에도 본소와 반소에 대해서는 각각 판결주문을 별도로 내야 한다.

본소 및 단순반소에 대한 1심 판결에 대하여 그 본소나 반소 중 어느 하나에 불복하는 항소가 제기되면, —비록 항소심의 심판대상은 불복된 청구뿐이지만— 본소 및 반소 전체의 확정이 차단되고 이심(移審)된다(대판 08.6.26, 2008다24791). 그런데 일반적으로 본소의 소송계속이 반소의 존속요건이 아니지만, 피고가 본소에 대한 추완항소를 하면서 항소심에서 비로소 반소를 제기한 경우에는 항소가 부적법 각하되면 반소도 소멸하는 것이어서 반소에 대해 따로 판단할 필요가 없다(대판 03.6.13, 2003다16962).

본소청구 배척을 해제조건으로 한 (즉 본소인용시 비로소 심판해 달라는) 예비적 반소가 제기된 사안에서, 1심이 본소청구를 배척하면서 피고의 예비적 반소에 대하여 (하지 않아야 할) 각하판결을 내린 후, 원고만 항소하고 항소심이 그 항소를 받아들여 본소청구를 인용하는 경우에 관하여, 대법원은, 위 1심의 각하판결은 심판대상 아닌 것에 대한 것으로서 효력이 없으므로, 피고가 그 각하판결에 대해 항소를 안 했더라도 위 예비적 반소는 항소심의 심판대상이 된다고 보았다(대판 06.6.29, 2006다19061).

또한 A가 매매로 소유권을 취득하였다면서 B에게 방해제거청구를 하고, B는 그 매매가 사해행위라고 하여 그 취소 및 A 앞으로의 소유권이전등기의 말소를 구하는 반소를 제기한 경우에, —채권자취소권 행사시에 법률행위의 취소 및 취소를 전제로 한 원상회복을 동시에 청구할 수 있듯이— 반소의 사해행위취소가 확정되지 않았더라도 그 취소를 전제로 하여 본소청구를 판단할 수 있다(대판 19.3.14, 2018다277785).

제 14 장

당사자가 여럿인 경우

14-1 다수당사자소송의 의의 및 종류

이 장에서는 하나의 소송절차에 3인 이상이 당사자 또는 보조참가인으로서 관여하는 소송형태를 다루며, 흔히 이를 다수당사자소송이라고 부른다. 다수당사자소송(Mehrheit der Parteien)을 크게 테마별로 나누면, ① 공동소송, ② 소송참가, ③ 당사자변경, ④ 선정당사자가 있다.

①의 공동소송은 원고 또는 피고가 복수인 경우를 가리키고, 여기에는 통상공동소송과 필수적 공동소송, 그리고 예비적·선택적 공동소송이 있다. ②의 소송참가는 원·피고 외의 제3자가 소송절차에 개입하는 것으로서, 독립당사자참가, 공동소송참가, 보조참가가 포함된다. ③의 당사자변경은 당사자의 교체와 추가를 모두 가리키는데, 법률이 실체법적 권리·의무의 승계에 따라 당사자변경을 인정하는 경우(소송승계)를 제외하면, 원칙적으로 임의적 당사자변경은 인정되지 않는다. ④ 선정당사자는 공동소송인들이 그들 대신 소송수행을 하도록 선정한 사람을 가리키며, 공동소송을 전제로 하는 제도이다. 이하에서는 이 주제들을 차례로 살펴본 후 마지막으로, 현대의 대량소비시대에 나타난 공동소송의 특수

형태인 집단소송 내지 대규모소송에 대해 보기로 한다.

14-2 통상공동소송

14-2-1 총설

14-2-1-1 공동소송의 의의 및 유형

공동소송이란, 하나의 소송에 여러 원고 또는 여러 피고가 관여하는 소송형태이다. 소송대리인은 여럿 있더라도 공동소송이 되지는 않는다. 공동소송은 여러 당사자 간의 관련분쟁을 하나의 절차 내에서 심판함으로써, 당사자와 법원의 시간·노력·비용을 절감하고 분쟁의 통일적 해결을 꾀하려는 것이다.

이런 공동소송은, 통상공동소송, 고유필수적 공동소송, 유사필수적 공동소송으로 분류된다. 이들 공동소송형태가 소송개시시부터 성립하는 경우도 있지만, 처음에는 단일소송이었다가 소송계속 후에 후발적으로 공동소송이 되는 경우도 있다. 통상공동소송은 이를 쪼개어 개별소송으로 제기하더라도 소가 부적법해지지는 않으며, 따라서 통상공동소송의 판결내용이 반드시 하나로 통일되어야만 하는 것은 아니다. 반면에 고유필수적 공동소송은, 공동소송으로 하지 않으면 소가 부적법해지므로, 적법해지려면 당연히 공동소송으로만 처리되어야 하고, 판결내용도 당사자들 간에 합일확정(合一確定)되어야 한다. 한편 유사필수적 공동소송은, 반드시 공동소송형태로만 해야 하는 것은 아니지만, 판결내용상 합일확정의 필요가 있는 소송형태이다.

14-2-1-2 공동소송의 일반요건

여러 사람이 공동으로 소송을 수행하려면, 아래와 같은 객관적 요건과 주관적 요건을 모두 갖추어야 한다. 이들 요건은 처음부터 공동소송형태로 즉 주관적 병합(subjektive Klagenhäufung) 형태로 시작되는 소송에서 요구될 뿐만 아니라, 후발적 공동소송에서도 요구된다.

(1) 주관적 요건(§65)

공동소송은, 소송의 목적인 권리·의무가 공동소송인이 될 여러 사람 사이에서 하나의 절차로 심판받기에 적합한 관계라야 한다. 만약 무관계한 사람을 공동소송으로 묶을 수 있다고 하면, 그 소송절차가 오히려 너무 번잡해지고 그 시간·비용이 개별 소송에 드는 시간·비용의 총량보다 커질 수 있기 때문이다.

그래서 §65는 공동소송이 되려면, ⓐ 소송목적인 권리·의무가 여러 사람에게 공통되거나, ⓑ 그 권리·의무의 사실상·법률상 발생원인이 '같거나', ⓒ 그 권리·의무가 '동종(同種)'이고 사실상·법률상 동종의 원인으로 발생한 경우라야 한다고 정했다. ⓐ의 예로는 연대채권자들·연대채무자들이 제기하거나 제기당하는 소송, 합유자·공유자들의 소송이 있고, ⓑ의 예로는 동일한 사고 피해자들의 손해배상청구, 건물하자에 따른 배상청구에서 설계자 및 시공자를 함께 피고로 삼는 소송이 있으며, ⓒ의 예로는 동일건물 임대인이 여러 임차인들을 상대로 제기하는 소송, 아파트 구분소유자들이 '개별적' 하자 때문에 시공회사를 상대로 제기하는 손해배상소송이 있다.[1)]

ⓒ에서는 비록 공동소송이 가능하기는 하지만, —권리·의무 및 그 발생원인이 동일한 것이 아니라 동종일 뿐인 경우이므로— 이는 ⓐ,ⓑ 유형의 공동소송과 그 취급상 차이가 있다. 우선 ⓒ 유형에서는 —관련재판적(§25②) 요건을 충족하지 못하므로— 관련재판적 제도를 이용할 수 없다. 또 ⓒ에서 곧바로 선정당사자 요건이 충족되지도 않는다(14-9-2 참조). 그리고 ⓐ,ⓑ 유형에 대해서는 공동소송인 독립의 원칙이 수정되어 증거공통의 원칙이 적용되지만(14-2-4-2), ⓒ 유형에 대해서는 그렇지 않다고 해석된다.

(2) 객관적 요건

공동소송은 그 자체로 청구병합이 있게 되는 것이므로, 청구병합의 요건을 갖추어야 한다. 즉 공동소송에서의 각 청구는 같은 종류의 소송절차에서 심판될 수 있어야 하고 관할도 공통되어야 한다.

14-2-1-3 추가적 공동소송의 허부

(1) 의의

소송계속 중에 제3자가 —참가인으로서 개입하는 것이 아니라— 원·피고 중 한쪽에 당사자로서 추가되어 공동소송으로 되는 것을 '추가적 공동소송' 내지

---

1) 그러나 한국의 실무는, 공동소송 허부에 있어서 §65가 정한 3종류의 요건에 명백히 포섭되지 않는 경우에까지도 —일정한 관련이 있는 청구이기만 하면— 공동소송을 허용하는 때가 많다.

'소의 주관적 추가적 병합'이라고 한다.

(2) 임의적 추가적 공동소송의 허용여부

현행법상 명문으로 추가적 공동소송이 인정되는 경우는, 아래에서 볼 필수적 공동소송인의 추가(§68), 예비적·선택적 공동소송인의 추가(§70), 참가승계(§81), 인수승계(§82), 그리고 공동소송참가(§83)가 있다. 이렇게 법률상 허용된 추가적 공동소송 외에, 원고나 피고가 소송당사자를 소송계속 중에 임의로 추가하는 것을 허용할지가 논의되고 있다.

학설 중에는 이를 허용함이 소송경제적이고 1회적 분쟁해결에 도움이 된다고 보는 견해도 있으나(이시윤 792), 현행법상 이런 견해는 법률해석의 범위를 벗어난 주장이다(호문혁 1001). 만약 현행법상의 제도로써는 결합시키지 못하지만 사실상 결론을 통일해야 하는 제3자와의 분쟁이 있으면, 실무상으로는 '별소제기 + 변론병합'을 통해서 해결하고 있으며, 이런 필요가 있는 경우가 흔하지도 않으므로, 굳이 입법론을 해석론으로 끌어들일 이유는 없다.

판례도 일관하여, 필수적 공동소송이 아닌 사건에 있어서 소송 도중에 당사자를 추가하는 것은 허용되지 않는다고 판시하고 있다(대판 93.9.28, 93다32095; 09.5.28, 2007후1510).

14-2-2 통상공동소송의 의의

통상공동소송(einfache Streitgenossenschaft)이란, 반드시 공동소송형태로 할 필요가 없고 결론에서 합일확정의 필요도 없는 공동소송을 가리킨다. 여러 사람이 함께 원고가 되어 혹은 여러 사람을 피고로 삼아서 청구를 병합심리에 부치는 것이고, 심리의 효율화 및 통일적 해결을 꾀하는 것이 목적이다.

다만 원래 반드시 공동으로 해야 하는 것이 아니므로, 각 당사자의 소송수행의 자유는 가능한 한 존중된다. 따라서 공동소송형태가 유지된다고 해도, 항상 논리적으로 모순없는 판결이 내려지는 것까지 보장되지는 않는다. 따라서 가령 피고가 A,B,C 3인일 때 A는 전부승소, B는 전부패소, C는 일부승소가 될 수도 있다. 원고나 피고가 여럿인 소송 중 아래에서 볼 필수적 공동소송(14-3) 및 예비적·선택적 공동소송(14-4)을 제외한 모든 경우가 통상공동소송에 속한다.

14-2-3 공동소송인 독립의 원칙

14-2-3-1 개념

통상공동소송은 병합하여 심리되지만, 공동소송인 중 1인의 소송행위, 공동소송인 중 1인에 대한 상대방의 소송행위 및 공동소송인 1인에 관하여 생긴 사항은, 다른 공동소송인에게 영향을 미치지 않는다(§66). 이를 '공동소송인 독립의 원칙'(Unabhängigkeit der Streitgenossen)이라고 한다. 통상공동소송은 원래 반드시 공동으로 해야 하는 것이 아니므로 당사자의 소송수행의 자유를 가능한 한 존중해 줄 필요가 있고, 이에 따라 정해진 것이 위 원칙이다. 바꾸어 말해서, 이는 본래 개별소송을 제기할 수 있는 사안이고, 만약 그랬다면 다른 공동소송인의 견제를 받는 일 없이 자유롭게 소송수행을 할 수 있었을 것이므로, 공동소송에서도 가능한 한 마찬가지로 취급하려는 것이다.

14-2-3-2 내용

(1) 심리개시에서의 개별성

가령, A와 B가 원고로서 C에 대하여, 같은 사고에 기하여 불법행위 손해배상청구의 소를 제기했다고 하자. 소송요건 존부는 A,B 각각에 대하여 개별적으로 심사하여 처리해야 한다. 각자에게 소송계속이 발생하는 시점도 서로 다르다.

(2) 소송자료의 불통일

공동소송인은 각자 답변서·준비서면을 제출할 수 있고, 그 제출의 효력은 그 행위를 행한 사람에게만 생긴다. 공격방어방법을 각각 따로 제출할 수 있다. 위 예에서, A가 C의 과실의 존재를 주장해도 B가 같은 주장을 한 것으로는 되지 않는다. A는 B가 다투고 있더라도 C의 주장에 대해 자백을 할 수 있고, 그 구속력은 A에게만 생긴다. 또한 C가 A에게 어떤 주장을 하더라도, 당연히 B에 대하여 같은 주장을 한 것으로 되지는 않는다. 공동소송인 중 1인의 또는 그에 대한 소송행위가 다른 공동소송인에게 영향을 미치지 않는다는 것은, 그 소송행위가 그들에게 유리하든 불리하든 묻지 않는다.

(3) 소송진행의 불통일 및 상호독립

A에 관하여 사망 등 중단사유가 생겼다고 해서, B에 관한 소송절차까지 중

단되지는 않는다. 기일·기간의 해태가 있어도 다른 공동소송인에게 효과가 미치지 않는다. 따라서 A가 불출석하면, 자백간주·소취하간주의 불이익은 A에게만 돌아간다(대판 81.12.8, 80다2963). 뿐만 아니라, 각 공동소송인은 자신의 소송에서만 당사자이므로, 다른 공동소송인의 대리인·보조참가인이 될 수 있고 그에게 소송고지를 할 수도 있다. 또한 자기의 주장사실과 무관한 사항에 대해서는 다른 공동소송인에 대해 증인이 될 수도 있다.

(4) 소송종결의 개별성

위 예에서, A는 —B의 의사와 무관하게— 소를 취하하거나 청구를 포기할 수 있고, C와 소송상화해를 할 수도 있다. 공동소송인 1인에 대해서만 판결할 수도 있다(일부판결). 재판의 내용이 반드시 통일되지 않고 A,B 간에 모순되고 제각각일 수도 있다.[2] A만 상소한 경우 및 C가 A에 대해서만 상소한 경우에는, 그 확정차단효와 이심효는 A의 C에 대한 청구에 관해서만 생긴다.

(5) 실무상의 처리

이상과 같이 독립성이 있다고 해도, 하나의 소송절차에서 심리되는 이상, 각 공동소송인에 대해 기일을 같이 지정하고 변론준비·변론·증거조사·판결을 같이 하는 것이 원칙이다.

14-2-4 독립원칙의 수정

14-2-4-1 수정의 필요성

위 독립원칙에 따라 판결결과가 공동소송인들 간에 모순될 수 있음은 이미 보았다. 그러나 재판결과의 모순이 바람직한 것은 아니며, 이런 모순은 사법불신의 원인이 될 수 있으므로, 가능하다면 같은 결론을 내림이 바람직하다. 이런 필요성에 따라, 독립원칙을 기계적으로 적용하지 않고 부분적으로 수정하려는 법리가 증거공통의 원칙과 주장공통의 원칙이다. 판례는 전자는 취하고, 후자는 취하지 않는다.

---

2) 가령 보존등기명의자인 P가 Q에게 이전등기를 하고 다시 Q→R로 이전등기가 된 후, 진정한 소유자가 P,Q,R을 상대로 각 등기의 말소를 구한 경우에, 원고의 P,Q에 대한 청구의 인용 및 R에 대한 청구의 기각의 판결을 법원이 선고하는 것은 —R에 대한 패소 때문에 그 선행등기의 말소실행이 결과적으로 불가능하게 되더라도— 변론주의 원칙 하의 통상공동소송에서는 부득이한 일이다(대판 08.6.12, 2007다36445).

14-2-4-2 증거공통의 원칙

통상공동소송에서는 1인의 공동소송인이 제출한 증거는 "다른 공동소송인의 원용이 없어도" 그를 위한 사실인정자료로 삼을 수 있다는 법리이다. 통설이 이를 인정한다. 만약 공동소송인 중 상대방 주장에 자백을 한 사람이 있으면, 자백의 구속력이 우선함은 물론이다. 한편 공동소송인들 간에 이해관계가 상반되는 경우에는 이 원칙이 적용되지 않는다는 견해(이시윤 767; 강현중 843)가 있으나, 이해관계가 맞서서 소송까지 하고 있는 원·피고 사이에 이 원칙이 적용되는 이상(9-2-2-3), 공동소송인 간에 적용되지 않는다고 볼 이유는 없다(박재완 650).

이 원칙은 원래 "원·피고 사이"의 원칙으로서 먼저 논의된 것이다. 자유심증주의 하에서 원·피고 중 한쪽이 제출한 증거를 법원이 —상대방 원용 없이— 이용할 수 있음을 통설·판례가 인정해 왔던 것이고(9-2-2-3 참조), 이를 공동소송인 간에도 적용하는 것이다. 가령 A가 B에게 1억원을 대여하고 C가 이를 보증하였다고 주장하면서 B,C를 상대로 제기한 소에서, B는 차용사실은 인정하나 이미 변제했다고 다투었고, C는 "보증사실이 없고 만약 있더라도 이미 위 차용금은 변제되었다"고 주장하고 아무 증거를 제출하지 않았으며, B가 신청한 증인 W는 3천만원이 변제되었다고 증언하였다고 하자. 법원이 C의 보증사실을 차용증상의 기재로써 인정한다고 할 때, 변제에 관해서는 증거공통원칙이 적용되므로, 법원은 W의 증언에 기하여 —증인신청을 한 B에 대해서만 변제사실을 인정하는 것이 아니라— C에 대해서도 3천만원 변제사실을 인정하고, 결론적으로 7천만원의 지급만을 명하여야 한다.

14-2-4-3 주장공통의 원칙

주장공통의 원칙 역시, 원래는 원·피고 사이에 논의된 원칙이다. 즉 변론주의 하에서, 주장책임의 대상이 되는 사실을 반드시 주장책임을 지는 당사자가 진술해야 하는 것은 아니고 어느 당사자이든 변론에서 주장하기만 하면 된다는 것이다(대판 96.9.24, 96다25548; 6-3-2-1 참조).

이 원칙을 공동소송인 사이에 적용할 수 있는가? 가령 공동소송인 중 B가 다른 공동소송인 C에게도 유리한 주장을 한 경우에, C가 원용하지 않아도 그 주장을 한 것으로 인정할 수 있는가? 다수설[3] 및 판례(대판 91.11.8, 91다15829; 94.5.10,

93다47196)는 이를 부정한다. 이에 대하여, 공동소송인 1인의 주장에 대하여 다른 공동소송인이 이와 저촉되는 행위를 적극적으로 한 바 없고 또한 그에게 이익이 된다면, 주장공통 원칙이 적용된다는 견해도 있다.[4] 그러나 통상공동소송인 간에 다른 결과가 나오는 것은, 사적자치 즉 변론주의 하에서의 민사소송법은 당연히 예정하고 있는 것이라는 점, 또한 어디까지나 원칙은 공동소송인 독립에 있다는 점을 고려하면 —비록 자유심증주의 때문에 증거공통의 원칙을 허용한다고 하더라도— 주장공통의 원칙을 채택함은 부적절하다고 본다.

결론적으로 판례입장을 정리해 보면, 원·피고 사이에서는 주장공통과 증거공통의 원칙을 모두 인정하고, 공동소송인 사이에서는 두 원칙 중 증거공통의 원칙만 인정하고 있다.

따라서 위 14-2-4-2의 사례에서, 가령 C가 "원고의 주장을 모두 부인한다"는 답변서만 제출한 채로 출석도 하지 않고 아무런 입증도 하지 않았다면, —C로부터의 변제 주장은 없으므로— 법원은 B에게는 7천만원 변제를, C에게는 1억원의 변제를 판결로써 명해야 한다.

14-3 필수적 공동소송

14-3-1 의의

필수적 공동소송(notwendige Streitgenossenschaft)이란, 공동소송인 전원에 대하여 결론을 반드시 합일적(合一的)으로만 확정해야 하는 공동소송이다. 2002년 개정 전에는 필요적 공동소송이라고 했다. 여기서의 합일확정의 필요란, 공동소송인 간에 소송자료와 절차진행을 통일함에 의하여 판결의 내용을 통일함이 요구된다는 것을 의미한다.

필수적 공동소송에는 공동소송인 독립의 원칙이 적용되지 않는다. 이는, 처음부터 관련자 전원이 원고 혹은 피고가 되어 함께 소송수행을 해야 하는지, 즉 소송의 공동수행이 강제되는지 여부에 따라 고유필수적 공동소송과 유사필수적 공동소송으로 나뉜다.

---

3) 호문혁 987; 김홍엽 1024; 정동윤 1072; 송상현 637 등.

4) 이시윤 768. 독일에는, Rosenberg §48 Rn.28 등 이런 견해가 많다.

14-3-2 고유필수적 공동소송

14-3-2-1 의의

원고쪽 또는 피고쪽이 복수이고, 그 복수의 공동소송인 사이에 본안판결의 결과가 같아야 하며, 공동소송인들 중 누락자가 있으면 당사자적격이 인정되지 않는 소송을 고유필수적 공동소송이라고 한다. 즉 이는 합일확정의 필요도 있고 소송공동수행의 필요도 있는 공동소송이다.

고유필수적 공동소송은 '실체법상'의 관리처분권이 여러 사람에게 공동귀속되는 때에 인정되는 것이므로, "실체법상 이유에 의한(materiellrechtlich) 필수적 공동소송"이라고 부르기도 한다. 이 근거로 거론되는 실체법 규정들은, 공동소유 관련, 조합 관련, 다수당사자채권 관련, 형성권의 공동귀속 관련 규정들이다. 하나씩 본다.

14-3-2-2 공동소유 및 조합 관련

민법의 공동소유 규정(§262~§278) 및 조합 규정(§704)은 고유필수적 공동소송의 근거조문이다.

(1) 총유

비법인사단의 소유형태가 총유이다. 비법인사단은 총유재산에 관한 소송을 할 때, 단체 자체의 명의로 할 수도 있고(당사자능력 인정; 4-3-2-2), 그 구성원 전원이 함께 당사자로 나서서 소송을 할 수도 있다(민§276). 후자의 경우에 필수적 공동소송이 된다. 총유물의 경우에는, 만약 단체명의로 제소하는 것이 아니라면, ―공유나 합유의 §265, §272처럼 보존행위를 구성원 각자가 할 수 있다는 조항이 없으므로― 비록 보존행위라도 구성원 전원이 당사자가 되어 필수적 공동소송으로 해야 한다(대판-전 05.9.15, 2004다44971).

(2) 합유

합유재산에 관한 소송은 고유필수적 공동소송이다(대판 94.10.25, 93다54064). 합유는 계약으로 성립할 수도 있고, 합유관계라고 법률상 정해질 수도 있다. 조합재산은 합유이고(민§704), 수탁자가 여럿인 경우 신탁재산은 수탁자들의 합유이며(신탁§50①), 공동광업권도 합유로 해석된다(대판 95.5.23, 94다23500). 공동명의의 허가권·면허권도 마찬가지이다(대판 93.7.13, 93다12060). 소유권등기명의가 여럿의 합유로 되어 있는 경우에, 그 부동산의 명의신탁해지로 인한 소유권이전등기이행청구소송은 고유필수적 공동소송이다(대판 83.10.25, 83다카850).

파산관재인이 여럿인 때에는 공동으로 직무를 행하는데, 이때 파산재산의 관리처분권이 이들에게 합유적으로 귀속되어 있는 것으로 해석되며, 따라서 그 소송은 고유필수적 공동소송이다(대판 08.4.24, 2006다14363). 회생채무자의 관리인이 복수인 때에도 같다. 선정당사자가 복수로 선정되었을 때 선정당사자 간의 관계도 소송수행권을 합유하는 관계로 보아서 필수적 공동소송이다.[5] 수인의 유언집행자에게 유증의무 이행을 구하는 소 역시 유언집행자 전원을 피고로 하는 고유필수적 공동소송이다(대판 11.6.24, 2009다8345).

그러나 합유물에 관한 것이라도, 합유물의 보존행위에 관한 소송(가령 합유물에 관해 제3자에게 경료된 원인무효의 소유권이전등기의 말소를 구하는 소송)은 합유자 중 1인이 혼자 제기할 수 있으며, 조합인 공동수급체가 경쟁입찰에서 탈락한 후 그 공동수급체의 구성원 중 1인이 낙찰자선정무효확인의 소를 제기하는 것은 보존행위이므로, 이는 고유필수적 공동소송이 아니다(대판 13.11.28, 2011다80449).

(3) 공유

공유 관련 소송은 대부분 필수적 공동소송이 아니라고 보는 것이 판례이다. 그 이유로는, 그 소제기가 보존행위라고 하거나, 공유자들에게 관리처분권이 공동귀속하는 것이 아니라고 하거나, 또는 다수당사자채권관계에 해당함을 든다.

① 공유자측이 소제기한 경우 : 공유물의 점유를 빼앗겼거나 방해당한 경우에 각 공유자는 보존행위로서 공유물의 인도청구 또는 방해제거청구를 할 수 있다(대판 69.3.4, 69다21).[6] 공유부동산에 관하여 제3자 명의로 원인무효의 소유권이

---

5) 가령 A~F 6인의 원고가 A,B의 2인을 선정당사자로 선정했다면 A와 B가 필수적 공동소송관계라는 말이다. A~F로부터 선정된 선정당사자 A,B와 G,H,I로부터 선정된 선정당사자 G 사이는 통상공동관계이다(14-9-3 참조).

6) 한편 공유토지를 과반수 지분권자가 점유하면 다른 공유자는 —공유물분할청구는 할 수 있겠지만— 그 점유자에게 토지인도청구를 할 수는 없다. 과반수에 미치지 못하는 지분권자가 공유토지 전부를 점유하더라도 원고 측이 과반수 지분권자가 되지 못하면, 점유자에게 공유물의 인도를 청구할 수 없다(대판-전 20.5.21, 2018다287522). 따라서 A,B가 1/2씩 공유한 토지를 A가 혹은 A로부터 점유사용을 허락받은 제3자가 점유하고 있다면,

전등기가 마쳐진 경우, 공유자의 1인은 그 등기 전부의 말소를 구할 수 있으며(대판 09.2.26, 2006다72802), 진정명의회복을 원인으로 한 소유권이전등기청구권과 무효등기의 말소청구권은 실질적으로 목적이 동일하고 둘 다 소유권에 기한 방해배제청구권으로서 그 법적 근거와 성질이 동일하므로, 공유자 1인은 공유부동산에 경료된 원인무효의 등기에 관하여 '각 공유자에게 해당 지분별로 진정명의 회복을 원인으로 한 소유권이전등기를 이행할 것'을 단독으로 청구할 수 있다(대판 05.9.29, 2003다40651).

또한 점유자 상대로 각 공유자는 불법점유를 이유로 한 손해배상을 혼자서 청구할 수 있지만, 이때에는 자기 지분한도에서 그러하다. 아파트 공유부분 하자 관련한 손해배상청구도 각자의 지분 한도에서 단독으로 제기할 수 있다(대판 12.9.13, 2009다23160). 수인이 부동산을 공동매수하면 자기 지분만큼 매도인 상대로 이전등기를 청구할 수 있다.[7] 은행에 대해 공동명의예금의 채권을 가지는 자들은, 만약 동업자금이면 조합체로서 준합유하는 관계이고, 동업자금이 아니면 준공유하는 것이다(대판 94.4.26, 93다31825; 08.10.9, 2005다72430). 그리고 공동명의 가등기로 보전된 부동산본등기청구권을 위한 매매계약완결권을 각 공유자가 각자 지분별로 독립적으로 가진다면, 1인이 단독으로 자기 지분에 관한 본등기절차이행 청구를 할 수 있다(대판-전 12.2.16, 2010다82530).[8]

그러나 판례는, 이주자택지청약권을 공동상속하여 공유하는 자들이 그 청약권을 행사하여 제기하는 소는 필수적 공동소송이라고 보았다(대판 03.12.26, 2003다11738). 또 판례는, 공동상속인이 다른 공동상속인을 상대로 어떤 재산이 상속재산임의 확인을 구하는 소 역시 고유필수적 공동소송이어서, 원고들 일부의 소 취하 또는 피고들 일부에 대한 소 취하는 효력이 생기지 않는다고 했다(대판 07.8.24, 2006다40980). 이 결론이 공동상속재산은 공유라는 점(판례 · 다수설)과 수미일관하는 해석인지에는 의문이 생긴다. 그러나 공동상속재산은 그 소유관계를 순수한 공유로 보기에 난점이 있음을 고려할 필요도 있다(상속법 참조).

B는 그에 대하여 토지 인도를 청구할 수 없다.

7) 다만 수인을 조합원으로 하는 동업체가 매수인이 된 경우에는 그 소유권이전등기청구권은 동업자들이 준합유하는 것이므로, 고유필수적 공동소송이다(대판 79.8.31, 79다13).

8) 이 판결은, 공동명의가등기를 마친 경우, 그 수인의 공동명의 채권자는 언제나 공동으로만 매매계약완결권을 행사할 수 있다는 종전 판례를 변경한 것이다.

② 공유자 상대로 소제기한 경우 : 공유자를 피고로 할 경우에도 개별적으로 소제기할 수 있음이 원칙이다. 가령 제3자가 공유자를 상대로 한 소유권확인청구 및 공유부동산 매도인들을 상대로 하는 지분이전등기청구는 각 공유자를 상대로 제기할 수 있다. 공유토지를 시효취득한 원고는 각 공유자를 상대로 소유권이전등기절차청구소송을 할 수 있다(대판 94.12.27, 93다32880). 공동건축주 상대로 명의변경을 청구할 때도 건축주 중 1인을 상대로 소제기할 수 있다(대판 15.9.10, 2012다23863). 토지소유자가 토지의 공동점유자를 상대로 토지인도를 구하는 소송 또는 그 지상의 공유건물의 철거를 건물공유자에게 구하는 소송도 —각 피고의 지분한도 내에서— 1인만 상대로 제기할 수도 있다(대판 93.2.23, 92다49218. 다만 그것만으로 집행불능임은 별개의 문제이다). 토지소유자는 공동점유자 중 1인을 상대로 토지차임 상당의 부당이득반환청구를 할 수 있으며, 이때 부당이득반환채무는 성질상 불가분채무이므로 원고는 전액을 청구할 수 있다고 한다(대판 81.8.20, 80다2587; 01.12.11, 2000다13948).

또한 소송계속 중 피상속인(피고)이 사망한 경우 공동상속재산은 상속인들의 '공유'이므로, 공동상속인 전원이 반드시 공동으로 수계하여야 하는 것은 아니라는 것이 판례이다(대판 93.2.12, 92다29801).

14-3-2-3 다수당사자채권 관련

겉보기와 달리, 민법상 수인의 채권자 및 채무자 관련 규정(§408이하)은 필수적 공동소송의 논의와 관련이 없다. 수인의 채권자·채무자들 사이에 합일확정이나 소송공동수행이 강제되지 않는다. 분할채권에서는 물론이고, 가령 불가분채권의 경우에도 수인의 채권자가 동시에 공동원고가 되어 소를 제기할 필요가 없고, 또한 연대채무자들을 상대로 소제기할 때에도 모두 함께 피고로 삼을 필요는 없다.

14-3-2-4 형성권 행사의 경우

수인에게 귀속된 형성권을 소로써 행사할 경우, 이는 수인이 함께 제기해야 하는 필수적 공동소송이다. 수인을 상대로 형성권을 행사하는 경우도, 그로써 형성되는 법률관계가 각각 달라지면 안 되므로, 필수적 공동소송으로 해석된다. 예컨대 경계가 다투어지는 양 토지 중에 공유토지가 있으면, —경계확정은 공유물의 처분·변경에 관한 것이라고 보아— 그 공유자가 또는 공유자를 상대로 제기하는 경계확정의 소는 고유필수적 공동소송이라고 봄이 판례이다(대판 01.6.26, 2000다24207). 한편 공유물분할청구는 공유자 모두가 가지는 분할권을 전제한 소송이므로, 분할을 구하는 공유자가 나머지 공유자 전원을 피고로 삼아서 제기해야 하는 고유필수적 공동소송이다(대판 03.12.12, 2003다44615). 제3자가 혼인무효·취소의 소를 제기할 때에는 부부를 모두 피고로 삼아야 한다(가소§24②).[9][10]

주주가 청산인해임의 소(상§539)를 제기할 때에는 회사와 청산인 양자 모두를 피고로 삼아야 한다(대결 76.2.11, 75마533). 주주가 이사해임의 소(상§385)를 제기할 때에도 회사와 이사 모두를 피고로 삼아야 할 것이다. 판례에 의하면, 구분소유자들이 제기하는 집합건물관리인 해임의 소도 —집합건물법상 형성의 소이므로— 관리단 및 관리인 양자를 피고로 삼아야 하는 고유필수적 공동소송이다(대판 11.6.24, 2011다1323). 그리고 개인회생채권자의 신청에 의한 개인회생채권조사확정재판에 대하여 다른 개인회생채권자가 불복하여 이의의 소를 제기하는 경우, 이는 채무자와 그 재판을 신청한 개인회생채권자 모두를 피고로 해야 하는 고유필수적 공동소송이다(대판 09.4.9, 2008다91586).

14-3-3 유사필수적 공동소송

14-3-3-1 의의

소송공동수행이 원래 요구되지는 않지만, 일단 공동원고 또는 공동피고가 된 사람들 사이에서는, 소송결과가 합일확정되어야 하는 공동소송을 유사필수적 공동소송이라고 한다.

여기서 합일확정이 요청되는 이유는, 그 공동소송인들 간에 서로 판결효가 확장하여 미치는 관계이어서, 만약 합일확정이 되지 않는다면 판결의 효력이 서로 모순저촉하게 되기 때문이다. 즉 판결효끼리의 모순저촉을 피하기 위하여 판결내용이 통일되어야 하는 것이고, 따라서 "소송법상 이유에 의한(prozessrechtlich) 필수적 공동소송"이라고도 부른다.

---

9) 혼인취소의 소는 당연히 형성의 소이지만, 혼인무효확인의 소의 성격에 관해서는 확인소송설과 형성소송설이 나뉜다.

10) 다른 가족법상의 소를 보더라도, 제3자가 부(父)와 자를 상대로 친자관계부존재확인의 소를 제기할 때에도 부·자 모두를 피고로 삼아야 한다(가소 §28,§24②).

14-3-3-2 성립범위

(1) 판결효력의 확장 때문에 그 기판력·형성력이 미치는 경우에, 그리고 그 소를 제기할 소송수행권(당사자적격)이 있는 사람들 간에 유사필수적 공동소송이 성립한다. 그 예로는 수인이 함께 제기하는 회사설립무효·취소의 소(상§184), 회사합병무효의 소(상§236), 주주총회결의 취소·무효·부존재확인의 소(상§376,§380),[11] 그리고 역시 '여럿'이 제기하는 혼인무효·취소의 소(민§817,§818), '수인의 이의자'가 제기하는 파산채권확정의 소(채회§462) 등이다.[12]

판결효력이 확장되는 경우 중에서 위의 회사관계소송·가사소송·도산관계소송은 판결의 효력이 일반 제3자에게 확장되는 경우 이른바 대세효(對世效)가 있는 경우이며, 그 원고적격자 수인이 함께 소를 제기하면 유사필수적 공동소송에 해당한다.[13] 반면에 판결효력의 확장이라고 해도 제3자 소송담당(4-7-3)에서 본래의 권리귀속주체에게 기판력이 미치는 경우에는 유사필수적 공동소송이 성립하지 않는다. 제3자 소송담당 중 갈음형의 경우에는 가령 파산관재인이 선임된 이상 본래의 권리귀속주체인 파산자는 이미 당사자적격을 상실한 상태이므로 소를 제기할 수 없고,[14] 제3자 소송담당 중 병행형의 경우에는 본래의 권리귀속주체와 소송수행권자가 선택적으로 소제기권을 가지는 것이어서, 한쪽이 먼저 소제기하면 다른 쪽은 소제기할 수 없는 관계에 서기 때문이다.

(2) 기판력 아닌 반사적 효력(11-8-8)만 미치는 경우에도 유사필수적 공동소송으로 볼 것인가의 논의가 있고, 일부 지지견해(이시윤 776)가 있으나, 판례는 반사적 효력 자체를 인정하지 않고 있다. 위 견해가, 반사적 효력의 사례로서 유사필수적 공동소송으로 인정된 것이라고 주장하는 판결례(대판 91.12.27, 91다23486)는,

---

11) 상법 §188는 회사설립무효·취소의 소가 만약 여러 원고들에 의해 각각 따로 소제기되면 이를 병합심리하도록 정하고 있고, 회사합병무효의 소에서도 §188를 준용하고(§240), 주주총회결의 취소·무효·부존재확인의 소에서도 §188를 준용한다(§376,§380).
대판-전 21.7.22, 2020다284977은, 회사관계소송을 다수인이 공동으로 제기한 경우가 유사필수적 공동소송임을 재확인했다(합일확정의 필요가 없는 통상공동소송이라는 별개의견이 있었다).

12) 판결의 대세효가 미칠 뿐만 아니라, 정확히 말하면, 소송수행권(당사자적격) 있는 자들이 함께 소제기해야 유사필수적 공동소송에 해당한다. 가령 주주와 함께, 주주 아닌 일반인이 주총결의취소의 소를 제기하려 한다면, ―그 일반인에게도 판결의 대세효가 미치지만― 그에게는 당사자적격이 없으므로 그는 유사필수적 공동소송의 원고가 될 수 없다.

13) 다만 도산관계소송에서는 '일정 범위 내의' 제3자에게의 확장이다(11-8-6-1).

14) 만약 소제기하면 당사자적격 흠결을 이유로 소각하된다.

대법원이 기판력이 미친다고 보는, 수인의 채권자에 의한 채권자대위소송이다.

14-3-4 필수적 공동소송의 심판

14-3-4-1 상호종속관계

통상공동소송에서 공동소송인 독립의 원칙이 지배하는 것과 반대로, 필수적 공동소송(=고유필수적 + 유사필수적)의 공동소송인 간에는 상호종속관계(Abhängigkeit)가 있다. 즉 필수적 공동소송에서는 합일확정의 판결을 내려야 하므로, 이를 위하여 소송자료 및 소송진행이 통일되어야 한다.

그러나 필수적 공동소송이더라도 판결의 통일을 위해서 소송자료 및 소송진행이 통일될 뿐이므로, 공동소송인들이 소송행위를 언제나 공동으로 해야 하는 것은 아니고 각자 개별적으로 소송행위를 할 수 있으며, 예컨대 소송대리인도 개별적으로 선임할 수 있다.

14-3-4-2 소송요건의 조사

(1) 공동소송인별 조사

필수적 공동소송에서도 소송관계가 하나 있는 것이 아니라 여럿 있으므로, 소송요건은 공동소송인별로 독립하여 조사해야 한다. 고유필수적 공동소송에서는, 공동소송인들 중 1인에게 소송요건 흠결이 있으면 전체 소송이 부적법해진다. 예컨대 공유물분할청구소송에서 이미 사망한 공유자를 상대로 하거나(대판 12.6.14, 2010다105310), 같은 소송에서 변론종결 전에 공유지분 일부가 소외(訴外)의 제3자에게 이전된 경우(대판 14.1.29, 2013다78556)에는 당사자적격이 흠결된 것이므로 소 전체가 부적법하다.

유사필수적 공동소송에서도 소송요건을 공동소송인별로 따로 조사해야 하지만, 고유필수적 공동소송과 달리, 여기에서는 공동소송인들 중 1인에게 소송요건 흠결이 있더라도 전체 소송이 부적법해지지는 않으며, —보정 없을 때— 당해 공동소송인 부분만 부적법으로 각하하면 된다.

(2) 관할

전속관할이 존재하지 않는 이상, 필수적 공동소송인 1인에게 관할이 있는 법원은 공동소송인 전원에 대한 관할권을 가진다.

(3) 누락당사자의 보충

고유필수적 공동소송인 중 1인이 누락되어 있으면, 가령 A,B,C,D의 공유토지에 관한 공유물분할청구소송을 A가 제기하면서 B,C만 피고에 넣은 경우, D를 추가하는 방법은 2가지가 있다. ⓐ 필수적 공동소송인의 추가 조항(§68)에 기하여 기존소송에 피고추가신청을 할 수도 있고, ⓑ D를 상대로 공유물분할청구소송을 따로 제기하고 이 소송을 기존의 소송에 변론병합(§141)해 달라고 신청해도 된다. 그리고 —애초부터 필수적 공동소송인 일부를 누락한 경우와 달리— 만약 B,C,D를 상대로 소제기했는데 D가 E에게 지분이전을 했다면, 변론종결시까지 E가 참가승계 · 인수승계(§81,§82)로써 피고가 되어야 한다(14-8-3-2 참조). 고유필수적 공동소송에서 누락당사자가 보충되지 않으면 소를 각하한다.

14-3-4-3 소송자료의 통일

필수적 공동소송에서 공동소송인 중 1인의 소송행위는 모두의 이익을 위하여서만 효력을 가지고, 그 1인에 대한 상대방의 소송행위는 공동소송인 모두에게 효력이 미친다(§67①,②).

(1) 공동소송인 중 1인의 소송행위

"모두의 이익을 위하여서만 효력을 가진다"는 말은, 공동소송인 중 1인의 소송행위 중 유리한 것은 전원에게 효력이 생기고, 불리한 것은 —전원이 이를 하지 않는 한— 효력이 생기지 않는다는 말이다.

1인이 상대방 주장사실을 부인 · 항변하면 —이는 유리한 것이므로— 전원이 그렇게 한 것처럼 되고, 1인만 기일에 출석하면 불출석 공동소송인에게 기일불출석의 효과(자백간주 · 취하간주)가 생기지 않는다. 불변기간을 1인만 지켜도 전원에게 기간준수의 효과가 생기고, 1인만 답변서를 제출해도 부제출한 다른 공동소송인에게 무변론판결을 선고할 수 없다.

1인이 하는 불리한 소송행위의 예로는, 자백, 청구의 포기 · 인낙, 화해 등이 있다. 이런 소송행위는 고유필수적 공동소송이든 유사필수적 공동소송이든 간에 공동소송인 전원이 해야만 유효해진다. 공동원고의 소취하는 —비록 원고측에 불리한 것이지만— 좀 다르다. 고유필수적 공동소송에서는 일부당사자의 소취하가 허용되지 않으므로 1인의 소취하가 무효이지만(가령 공동상속인 간의 상속재산확인

청구소송: 대판 07.8.24, 2006다40980), 유사필수적 공동소송에서는 각자 자신의 소를 취하할 수 있다. 또한 이 때문에 유사필수적 공동소송에서는, (고유필수적 공동소송인 중 1인에게만은 적용되지 않는) 쌍방불출석에 의한 소취하간주가, 불출석한 공동원고에게 적용된다는 것이 통설이다. 즉 그 불출석 공동원고에게는 §67①이 적용되지 않는다.

(2) 공동소송인 중 1인에 대한 소송행위

상대방이 공동소송인 중 일부에 대하여 한 소송행위는, 그것이 다른 공동소송인에게 유리하든 불리하든, 공동소송인 전체에게 유효하다. 상대방을 보호하기 위한 조항이다. 예컨대, 만약 이 조항이 없다면 ―준비서면에 적지 않은 사실은 상대당사자 불출석시 변론기일에서 주장하지 못하므로(§276)― 공동소송인 중 일부의 불출석시에 그 불출석자에 대한 관계에서는 상대방이 미기재사실을 주장할 수 없다. 이 조항이 있기 때문에 공동소송인의 상대방은 변론의 지장을 빋지 않는다.

14-3-4-4 소송진행의 통일

필수적 공동소송에서는 공동소송인 간에 소송진행이 통일되어야 하므로, 변론·증거조사는 같은 기일에 함께 해야 하고 판결선고도 함께 해야 한다. 따라서 변론의 분리나 일부판결은 할 수 없다.

그리고 필수적 공동소송에서 공동소송인 1인에게 소송절차를 중단·중지하여야 할 이유가 있는 경우 그 중단·중지는 모두에게 효력이 미쳐서(§67③), 소송절차가 정지된다.

14-3-4-5 판결 및 상소에서의 통일

판결의 결론이 단일해야 한다. 고유필수적 공동소송에서 일부 공동소송인에게 소송요건 흠결이 있으면 전체 소를 각하해야 한다. 다만 유사필수적 공동소송에서는 일부 공동소송인에 관하여 소가 각하될 수도 있다. 일부 공동소송인에 대한 판결이 누락되었으면 ―선고된 판결을 일부판결로 볼 수는 없으므로― 이는 상소로써 구제받아야 한다(11-2-1-2).

판결정본을 송달받는 날짜는 각자 다르므로, 상소기간이 함께 진행되지는 않는다(상소기간 개별진행설; 다수설). 따라서 상소기간 도과일자는 제각각이지만, 자신의 상소기간이 만료된 공동소송인에 대해서도 그 판결이 확정되지는 않는다. 판결은 공동소송인 전원의 상소기간이 도과해야 비로소 확정된다. 1인이라도 기간 내에 상소하면, 판결확정은 모든 공동소송인에 대하여 차단되고 사건 전부가 상소심으로 이심(移審)된다. 공동소송인 중 1인에 대하여 상대방이 제기한 상소도 모든 공동소송인에 대하여 유효하다.

문제는 상소를 제기하지 않은 공동소송인이 상소심에서 어떤 지위에 있는가인데, ⓐ 상소인설, ⓑ 실제의 상소인에게 소송수행권을 넘겨준 선정자라는 설(선정자설), ⓒ 합일확정 요청 때문에 그냥 상소심에 가 있을 뿐이므로 단순한 상소심당사자라는 설이 있고(단순 상소심당사자설), ⓒ가 통설 · 판례이다(대판 95.1.12, 94다33002). 즉 단순한 상소심당사자이므로, 상소장에 인지첩부의무가 없고, 상소취하권이 없으며, 피상소인이 아니므로 부대상소도 할 수 없고, 상소비용을 부담하지 않으며, 상소심 판결상 —상소인 · 피상소인과 달리— 그냥 원고 · 피고라는 지위기재만 한다.[15)]

14-3-5 이론상 합일확정소송

법률상, 즉 실체법상 · 소송법상 합일확정이 요구되는 것은 아니지만, 합일확정을 함이 바람직한 사례들을 두고서 이를 '이론상 합일확정소송'이라고 부르면서 여기에 필수적 공동소송의 심판방식을 유추적용하자는 논의가 있다. 수인에 대해 제기한 소유권확인청구, 동일한 사고의 여러 피해자가 제기한 손해배상청구, 건물공유부분의 하자에 관한 구분소유자들의 손해배상청구 등을 예로 든다.

그러나 변론주의 원칙에 대한 침해가 된다는 점을 고려하면, 이런 주장에는 동조하기 어렵다. 판례 · 통설도 이를 인정하지 않는다. 단순한 공동소송일 뿐이다.

15) 예컨대 항소심 판결서에서 —실제 항소를 한 피고의 기재는 "피고, 항소인"임에 비하여— 항소를 안 한 피고(필수적 공동피고)는 단순히 "피고"로 기재한다.

14-4 예비적 · 선택적 공동소송

14-4-1 의의

14-4-1-1 예비적 공동소송

공동소송 중에 각자의 청구가 또는 각자에 대한 청구가 서로 양립할 수 없고 그 청구들 사이에 순위가 매겨진 공동소송을 '예비적 공동소송' 또는 '소의 주관적 예비적 병합'이라고 한다. 가령 매도인 A가, B를 대리한 C와 매매계약을 체결한 후 대금을 청구하려 하니, B가 자신은 C에게 대리권을 수여한 바가 없다고 주장한다고 가정하자. A가 B를 상대로 대금지급청구소송을 하면서, 대리권 부존재로 판명될 경우를 대비하여 C도 하나의 소송절차에 같이 피고로 삼되, 다만 C에 대한 청구는 B에 대한 청구가 인용되지 않으면 판단해 달라고 하는 것이 예비적 공동소송이다.

예비적 피고에 대한 청구에 관한 판단은 순서상으로는 주위적 피고에 대한 판단 다음에 하는 것이지만, 예비적 피고에 대한 소송도 소장송달시부터 계속되는 것이므로, 정확히 말하면, 예비적 공동소송은 "주위적 청구가 인용될 것을 해제조건으로 하여" 예비적 피고에게의 청구에 대한 심판을 구하는 소송형태이다 (대판 08.3.27, 2005다49430).

2002년 개정 전에는 이런 소송형태는 인정되지 않았고, 판례도 이를 불허하였으며, 따라서 위 사례의 경우에 가능했던 처리방안은, A가 B에 대한 소와 별도로 C에 대한 소를 제기한 후 함께 심판해 달라고 변론의 병합 또는 병행심리(8-4-2-3)를 신청하는 것이었다. 2002년 개정시에 이런 소송형태를 인정하는 조문이 §70로 들어갔다. 현행법상 원고 쪽이 예비적 공동소송일 수도 있고, 피고 쪽이 그럴 수도 있다. 개정 전에 부정설의 가장 큰 논거는 '예비적 피고의 지위 불안정'이었고, 이에 대한 대처방안으로서, §70②은 —원래 이념적 모습의 예비적 공동소송에서는 주위적 피고에 대한 원고청구 인용시에 예비적 피고에 대한 판단이 필요없지만— 예비적 피고에 대해서도 판결을 하도록 정했고, 또한 그 심판방법에 관해 필수적 공동소송 규정(§67~§69)을 준용하도록 정했다.

아래에서 보듯이, 예비적 공동소송에 관해서는 결론이 나지 않은 여러 이슈들이 있어서, 입법적으로는 비판이 많다. 비록 적법성을 인정하는 나라(영국)도 있으나 대부분의 법제에서는 이를 허용하지 않는다.[16)]

14-4-1-2 선택적 공동소송

'선택적 공동소송' 또는 '소의 주관적 선택적 병합'이란, 여러 당사자의 청구나 여러 당사자에 대한 청구에 대하여 법원이 선택하여 그 중 하나를 인용해 달라는 공동소송이다. 양립할 수 없는 청구들 중의 하나를 인용해 달라는 것이다. 앞의 예에서 A는 B와 C를 —예비적 공동소송 형태 외에도— 선택적 공동소송의 형태로도 묶을 수 있다. 이 역시 판례·학설에서 부정되고 있다가 2002년 개정시에 예비적 공동소송과 함께 입법되었다. 공동소송인의 지위를 불안정하게 하고 투망식 소제기를 조장할 수 있다고 하여 역시 입법적으로는 많은 비판을 받고 있다.

14-4-2 소송의 모습

(1) 피고의 결합 vs 원고의 결합

예비적·선택적 공동소송은 피고가 여럿인 경우(§70①본문후단)뿐만 아니라 원고가 여럿인 경우(§70①본문전단)도 있다. 실제사례는 피고의 결합인 경우가 훨씬 많지만, 원고의 결합인 경우도 있고 대법원 판결례에도 등장한다(대판 08.4.10, 2007다36308; 12.9.13, 2009다23160).

(2) 예비적 vs 선택적

공동소송인들 사이의 관계는, 앞에서 보았듯이 예비적일 수도 있고 선택적일 수도 있다.

(3) 주위적 피고에 대한 청구 중 일부와의 결합

§70①의 '공동소송인 가운데 일부에 대한 청구'를 반드시 '공동소송인 가운데 일부에 대한 모든 청구'라고 해석할 근거는 없으므로, 주위적 피고에 대한 (객관적) 주위적·예비적 청구 중 주위적 청구 부분이 받아들여지지 않을 경우

16) 호문혁 1003도 참조. 한편 일본도 도입을 검토했으나, 문제가 많다고 보고, 이런 사안에서는 원고가 동시심판의 신청을 할 수 있다고만 정했다. 그 신청이 있으면 법원은 두 소송을 분리하지 않고 심리·판단해야 한다(日민소§41). 伊藤眞 666 참조.

그와 법률상 양립할 수 없는 관계에 있는 예비적 피고에 대한 청구를 받아들여 달라는 취지로 주위적 피고에 대한 주위적·예비적 청구와 예비적 피고에 대한 청구를 결합하여 소를 제기하는 것도 가능하다(대판 09.3.26, 2006다47677; 14.3.27, 2009다104960; 15.6.11, 2014다232913). 이때, 심판대상으로 남는, 주위적 피고에 대한 예비적 청구와 예비적 피고에 대한 청구는 통상공동소송 관계에 있다.

(4) 원시적 결합 vs 후발적 결합

또한 §70가 §68(필수적 공동소송인의 추가)도 준용하고 있으므로, —애초부터 예비적·선택적 공동소송을 하는 것뿐만 아니라— 나중에 소송계속 중에 제3자를 예비적 당사자나 선택적 당사자로 추가하는 후발적 형태도 가능하다(위 2014다232913).

14-4-3 허용요건

14-4-3-1 법률상 양립불가능

주위적 피고에 대한 청구와 예비적·선택적 피고에 대한 청구가 "법률상 양립불가능한" 경우라야 한다(§70①). 객관적 선택적 병합이 원래 양립가능한 청구를 대상으로 하며, 또 객관적 예비적 병합에 있어서 '양립가능한' 청구에 대하여 단지 순위만 매긴 병합(부진정 예비적 병합)을 판례가 인정해 주고 있고 실무상 흔한 것과는 달리(13-2-3-3), 예비적·선택적 공동소송에서는 부진정 예비적 병합이 허용되지 않는다(대판 12.9.27, 2011다76747). 원고쪽이 예비적·선택적 관계라도 "법률상 양립불가능" 요건이 역시 요구된다.

여기서 "법률상 양립불가능"이란 과연 무엇일까? 우선, 예컨대 피고 B,C가 공동불법행위자로서 부진정연대채무관계에 있다면, 법률상 원고 A의 B에 대한 청구와 C에 대한 청구가 각각 인용될 수 있으므로 —다만 한쪽에서 A가 만족을 얻으면 다른 쪽에 대해 강제집행으로 나아갈 수 없을 뿐— 이는 법률상 양립불가능 관계가 아니라는 데 대하여 견해가 일치한다. 그러나 이런 유형을 제외해도, "법률상 양립불가능"의 범위가 명백하지는 않다. 아래와 같이 몇 그룹으로 나눠 검토한다.

(1) 하나의 사실에 대한 법률적 평가를 달리하여, 그 법률적 평가 때문에, 만약 원고 A의 피고 B에 대한 청구가 인용되면, C에 대한 청구가 기각되어야 하는

관계인 경우 : 예컨대 ⓐ 14-4-1-1에서 본, 매매계약의 본인 B와 대리인 C를 각 주위적·예비적 피고로 하는 경우, ⓑ 토지매수인이 주위적 피고 B에게 소유권 이전등기청구를 하고 예비적 피고 C에게 그 이전등기의무 이행불능시의 손해배상청구를 하는 경우(대판 11.9.29, 2009다7076), 그리고 ⓒ 부동산 이중양도에서 제1양수인이 제2양수인(주위적 피고)에게 이전등기말소를 구하고, 그 청구기각을 대비하여 양도인(예비적 피고)에게 그의 이전등기의무 이행불능을 이유로 한 손해배상을 구하는 경우(대판 08.3.27, 2005다49430).

(2) 택일적 사실인정 때문에 한쪽 청구에 대한 판단이유가 다른 쪽 청구에 대한 판단이유에 영향을 주어, 양 판단과정이 결합되어 있는 경우 : 예컨대 ⓐ 폭행현장에서 가해자는 1인인데, 그가 B인지 C인지 불분명하며, 피해자 A가 B,C를 주위적·예비적으로 묶어 손해배상청구를 하는 경우, ⓑ 그리고 은행의 퇴직자가 은행의 소속부서장(리스크관리본부장)과 은행 양쪽을 묶어 청구하는 경우처럼 퇴직금지급의무자가 불분명한 경우(대판 08.4.10, 2007다86860), ⓒ 그리고 신용카드회원이 주위적으로는, 카드회사 C가 자동차판매회사 B에게 차량대금을 지급했음을 전제로 B에게 차량미인도로 인한 채무불이행책임을 묻고, 예비적으로는 차량대금 미지급을 전제로 C를 상대로 카드할부금 지급채무부존재확인을 구하는 경우(대판 08.7.10, 2006다57872).

(3) 소송법상 양립불가능한 경우 : 가령 당사자적격이 피고들 중 하나에게만 인정되는 경우이다. 판례는, 확인의 소에서는 원고의 확인의 이익과 대립하는 이익을 가지는 자만이 피고적격자라고 하면서, 아파트 입주자대표회의의 구성원인 동대표의 선출결의 무효확인소송에서는 피선출자 개인이 아닌 입주자대표회의가 피고적격을 가진다고 하고 있는데(대판 08.9.25, 2006다86597), 예컨대 동대표 지위부존재확인소송에서 개인과 입주자대표회의를 주관적·예비적 피고로 묶는 경우가 여기서의 소송법상 양립불가능한 경우이다(대결 07.6.26, 2007마515).

위 (1)이 법률상 양립불가능 요건을 충족한다는 데에는 견해가 일치한다. 반면에 (2),(3)이 이 요건을 충족하는 경우인지에 관해서는 학설이 다양하게 갈린다.[17] 그러나 판례는 위의 경우에 모두 "법률상 양립불가능" 요건이 충족되었다

17) 각 학설이 위 (1),(2),(3)과 같이 분류해서 설명하는 것도 아니고, 양립가능 경우와 양립불가능 경우를 나누는 설명방식도 구구하다. 위 (1),(2),(3)의 분류는 대결 07.6.26, 2007

고 보았다. 개별사안이 위의 분류 중 어디에 들어가는지가 항상 분명한 것은 아니며, 분류 자체를 위의 3분류와 전혀 다르게 할 수도 있다는 점, 이왕 제도가 마련된 이상 분쟁의 1회적 해결을 꾀할 필요가 있다는 점 등을 고려하면, 판례의 입장을 지지한다.[18)]

14-4-3-2 청구내용의 동일성은 불필요

주위적 피고에 대한 청구와 예비적·선택적 피고에 대한 청구가 양립불가능 관계이기만 하면, 청구내용이 동일하지 않아도 상관없음은 물론이다. 앞의 여러 판결례들에서 이미 드러나 있다. 예컨대 주위적 소유권이전등기청구와 예비적 손해배상청구(위 2009다7076), 주위적 이전등기말소청구와 예비적 손해배상청구(위 2005다49430), 그리고 주위적으로 차량미인도로 인한 채무불이행책임을 묻고, 예비적으로는 카드할부금 지급채무부존재확인을 구하는 것(위 2006나57872) 등이다.

14-4-3-3 기타 공동소송요건

공동소송의 일종이므로, 공동소송의 요건을 갖추어야 한다. 그런데 —객관적인 선택적·예비적 병합을 항소심 변론종결시까지 할 수 있는 것과는 달리— 주관적인 예비적·선택적 공동소송은 1심 변론종결시까지만 신청할 수 있다(§70,§68). 예비적·선택적 청구라고 하더라도, 주관적 병합에서 당사자 지위의 불안정이 객관적 병합보다 훨씬 크다는 점을 고려하면,[19)] 현행법의 입장에 동조한다.

심리결과 청구들이 양립가능하다면, 예비적·선택적 공동소송으로서의 병합요건에 문제가 있는 것이며, 그렇더라도 소송요건의 흠은 아니므로 공동소송 자체를 각하할 것이 아니라 통상공동소송으로 심판해야 한다. 소송지휘권을 행사하여 통상공동소송으로 보정시킨 후에 심판하여야 할 터이다.

마515에 기초하였다.

18) 이 "법률상 양립불가능" 요건에 관해서는 논란이 많다. 호문혁 1007 참조.

19) 엄밀하게 말하면, 객관적 병합에서는 예비적·선택적 청구를 하더라도 '당사자 지위'에는 불안정이 없고, 다툼의 대상의 확정에서 불안정이 있을 뿐이다.

14-4-4 심판의 방법

14-4-4-1 개요

§70①은 예비적·선택적 공동소송에 관하여 —필수적 공동소송 관련조문인— §67~§69를 준용한다. 이로써 소송자료를 통일하고 소송진행을 통일하여 타당한 결론에 이르겠다는 것이지만, 아래에서 보듯이 해석상 난점이 많다. 근본적인 이유는, 필수적 공동소송에서는 대체로 한쪽 당사자들 간에 이해관계 및 승패가 공통되는 데 반해, 예비적·선택적 공동소송에서는 공동소송인들 간에 이해관계가 대립하고 있어서, 필수적 공동소송에 관한 §67~§69가 예비적·선택적 공동소송에 적용되는 데에 어려움이 생기기 때문이다.

14-4-4-2 소송자료의 통일

(1) §70① 본문

§70① 본문이 §67를 준용하므로 일단, 공동소송인 1인의 행위는 모두의 이익을 위해서만 유효하다는 §67①, 그 1인에 대한 소송행위는 공동소송인 모두에게 유효하다는 §67②, 그리고 소송절차 정지에 관한 §67③이 모두 준용되는 듯이 보인다. 따라서 두 공동피고 중 1인이 원고 주장을 다투면 다른 사람도 다툰 것이 되고, 1인이라도 출석하면 다른 피고가 자백간주나 쌍불취하간주의 불이익을 입지 않으며, 1인이 불변기간을 지키면 다른 피고도 기간해태의 불이익을 입지 않는다.

그러나 과연 주위적 피고가 자백하고 예비적 피고가 그러지 않고 있을 때 —필수적 공동소송에서의 해석대로— 이는 원고에 대한 관계에서 효력 없는 자백인가? 그 자백이 있더라도 원고 청구를 기각함이 타당한가? 한편 예비적 피고만 자백하면 이는 주위적 피고에 대한 청구가 기각될 때에만 유효한가? 1인의 자백은 무효라는 전면적 준용설이 조문에 충실한 해석이지만, 위와 같은 의문들 때문에 —문리해석(文理解釋)을 넘어서— §67③만 준용되고 ①,②은 준용되지 않는다는 불준용설, 그리고 자백의 경우에는 다르게 보자는 제한적 준용설이 주장되고 있다. 일단은 조문에 따라 전면적 준용설을 취해야 한다고 생각된다.

(2) §70① 단서

청구의 포기·인낙, 화해, 소취하의 경우에는 필수적 공동소송 관련 조문들을 준용하지 않는다. 예비적·선택적 공동소송이 필수적 공동소송과 다른 면이 있음을 고려하여, 예비적·선택적 공동소송의 각 공동소송인에게 소송물 처분의 자유를 허용하겠다는 것이다. 그래서 B를 주위적 피고로, C를 예비적 피고로 한 소송에서 제1심 법원이 B에 대한 원고청구를 인용하면서 C에 대해서는 (착오로) 판결을 하지 않았는데, B가 항소한 후 원고가 B에 대한 소를 취하한 경우에, C에 대한 청구는 여전히 제2심의 심판대상이 된다(대판 18.2.13, 2015다242429).

그런데, 가령 예비적 피고 C가 청구인낙을 한 경우를 생각해 보자. §70① 단서에 의하면, 원고 A의 주위적 피고 B에 대한 청구의 심리는 속행되므로, 만약 B에 대하여 A가 승소판결을 받는다면, A가 B,C 모두에게 승소한 결과가 되는데, 이것이 둘 중 누가 채무자인지를 가리려는 이 제도 도입의 취지와 맞는지 의문이 발생한다. 반면에 C가 인낙했다는 점만으로 B에 대한 청구를 곧바로 기각할 근거는 없으며, 또 그렇게 하면 B에 대하여 우선 판단받겠다는 A의 의사가 무시된다. 이에 관하여, 예비적 피고의 청구인낙은 무효라는 견해(호문혁 1013)[20]도 있으나, 이 역시 문리해석을 넘어서는 것으로 보인다. 일단은 조문에 따라 예비적 피고의 청구인낙도 가능하다고 보아야 할 것이고, 이때 주위적 피고에 대한 심리는 계속 진행된다(이시윤 789; 김홍엽 1064; 박재완 673).

14-4-4-3 소송진행의 통일

§70①은 §67③을 준용하여, 소송의 진행상의 통일을 꾀한다. 공동소송인 1인에게 발생한 소송의 중단·정지사유는 모두에게 효력을 미치므로, 예비적·선택적 공동소송에서는 변론준비·변론·증거조사·판결선고를 같은 기일에 해야 하고, 변론의 분리나 일부판결은 할 수 없다.

그런데 §70① 단서가 청구의 포기·인낙, 화해, 소취하의 경우에 필수적 공동

20) 이 외에도, ⓐ 예비적 피고의 인낙을 인정하지만 이때에는 주위적 피고에 대한 청구를 곧바로 기각해야 한다는 견해, ⓑ 예비적 피고의 인낙 후에도 심리를 진행해야 하고, 심리결과 만약 주위적 피고에 대한 청구가 기각되면 그때 예비적 피고의 인낙이 유효해지고 주위적 피고에 대한 청구가 인용되면 인낙이 무효로 되어 예비적 피고에 대한 청구를 기각해야 된다는 견해 등이 있다.

소송 관련 조문들을 준용하지 않으므로, 일부 공동소송인이 이런 소송행위를 하면 그 공동소송인에 대해서는 소송종결 효과가 생겨야 하겠지만, 이는 소송진행을 통일한다는 §67③의 준용과 충돌한다. 예비적 피고가 인낙한 경우의 처리에 관하여 견해가 대립함은 바로 앞에서 보았다. 재판상화해의 경우에도 —화해는 내용상 일부 양보를 포함하므로— 같은 논의가 가능할 터이다. 그런데 여기서 판례는 '조정갈음결정'(1-2-2-2)에 대하여, 일부 공동소송인이 이의신청을 하지 않은 경우에 그에 대한 관계에서는 그 결정이 확정될 수 있음이 원칙이지만, 그 결정에서 분리확정을 불허하고 있거나 혹은 분리확정을 허용하면 형평에 반하고 또한 소송진행 통일을 목적으로 하는 §70① 본문의 입법취지에 반하는 결과가 초래되는 경우에는 분리확정이 허용되지 않는다고 했다(대판 08.7.10, 2006다57872).[21] 그리고 화해권고결정에 대해 일부 공동소송인이 이의신청을 하지 않은 경우에도 같은 판시를 했다(대판 15.3.20, 2014다75202; 22.4.14, 2020다224975). 분리확정을 허용하면 예비적·선택적 공동소송의 입법취지에 반하는 결과가 초래됨이 일반적이므로, 위 판시는 실제로는 분리확정을 허용하지 않겠다는 말이다.

14-4-4-4 판결의 통일

§70②이 예비적·선택적 공동소송에서는 모든 공동소송인에 관한 청구에 대하여 판결을 해야 한다고 정하고 있으므로, 공동소송인별로 분리하여 일부판결을 할 수는 없다(대판 18.12.27, 2016다202763). 또한 주위적 피고에 대한 원고청구를 인용하더라도, 예비적 피고에 대한 청구의 판결을 생략할 수 없고, 그 청구를 기각한다는 판결을 해야 한다. 선택적 피고에 대해서는 청구인용되는 피고 외의 나머지 피고에 대해서는 청구기각판결을 빠뜨림 없이 해야 한다. 이는, 객관적인 예비적 병합에서 주위적 청구만 인용되면 또는 선택적 병합에서 하나의 청구만 인용되면 다른 청구에 대하여 판단할 필요가 없는 것과 대비된다.

착오로 일부판결을 하더라도 —이를 일부판결로 해석해 줄 수 없으므로— 판단누락이 있는 것으로 보아, 상소를 통해 해결해야 한다. 판결에서 누락된 공동소송인은 상소를 제기할 이익을 가진다(대판 08.3.27, 2005다49430). 반면에 주위적

21) 이 판시문구를 보면, 분리확정의 원칙보다는 예외에 해당하는 경우가 대부분일 것으로 보인다.

피고에 대한 청구기각, 예비적 피고에 대한 청구인용의 1심 판결에 대하여, 주위적 피고는 항소의 이익을 가지지 않는다(대판 11.2.24, 2009다43355).

14-4-4-5 상소

예비적·선택적 공동소송인 중 1인이 상소를 제기하면, 전원에 대하여 판결의 확정이 차단되고 이심되며(대판 18.2.13, 2015다242429; 15-1-5-3 '상소불가분 원칙' 참조), 전체가 심판의 대상이 된다. 이는, 객관적인 주위적·예비적 청구병합에서 예비적 청구가 인용되고 피고가 항소한 경우에, 주위적 청구가 심판대상이 되지 않는 것과 대비된다.

예비적·선택적 공동소송의 상소에 있어서는, 불이익변경금지 원칙이 작용하지 않는다. 가령 원고 A가 주위적 피고 B에게 패소, 예비적 피고 C에게 승소하고 C만 항소한 경우, A-B 간의 청구부분도 심판의 대상이 되며, A의 B에 대한 청구는 —A의 불복이 없었음에도 불구하고— A에게 유리하게 A승소로 변경될 수 있다(이시윤 789; 박재완 674). 더 자세한 내용은 15-2-6-3의 불이익변경금지 원칙을 참조.

실제로 예비적·선택적 공동소송이 아닌데 이 형식으로 소제기된 경우에 관해 본다. 예컨대 원고가 토지의 직접점유자인 A를 주위적 피고로, 간접점유자인 B를 예비적 피고로 하여 부동산 점유사용에 따른 각 부당이득반환을 구하는 소를 제기하고, 제1심 판결이 A에 대한 청구를 기각하고 B에 대한 청구를 인용했으며, 이 판결에 대해 원고만이 A에 대해서만 항소했다면, —A,B의 각 부당이득반환의무는 서로 부진정연대채무의 관계에 있을 뿐 논리적 양립불가 관계가 아니어서 이 청구는 통상공동소송에 해당하므로— 이심되어 확정차단되는 것은 A에 대한 청구뿐이고, B에 대한 청구는 항소심의 심판대상이 되지 않는다(대판 12.9.27, 2011다76747).

14-5 당사자참가

14-5-1 소송참가의 의의 및 종류

소송참가란, 제3자가 자신의 이익을 지킬 목적으로 기존의 소송에 관여할 수 있도록 한 제도이다. 이 제3자를 참가인이라고 한다. 소송참가에는, 참가인이 당사자로서 참가하는 형태와 당사자 아닌 조력자로서 참가하는 형태가 있다.

참가인이 당사자로서 참가하는 형태를 '당사자참가'라고 하며, 여기서 참가인은 자기 고유의 청구를 하고 소송수행을 한다. 당사자참가는 다시, 독립당사자참가와 공동소송참가로 분류되고, 독립당사자참가는 다시 권리주장참가와 사해방지참가로 나뉜다.

참가인이 당사자가 아닌 조력자로서 참가하는 형태를 '보조참가'라고 한다. 여기서 참가인은, 자기 고유의 청구를 하지 않고, 기존당사자 일방을 승소시키는 것을 목적으로 하여 타인 간의 소송에서 소송을 수행한다. 이하 14-5-2에서 독립당사자참가를, 14-5-3에서 공동소송참가를, 14-6에서 보조참가를 차례로 검토한다.

14-5-2 독립당사자참가

14-5-2-1 의의 및 구조

(1) 독립당사자참가란, 제3자가 기존소송의 당사자 쌍방 또는 일방에 대하여 청구를 하고, 그 청구와 기존당사자 간의 청구를 병합심판에 부치는 참가형태이다(§79). 3자간 분쟁을 일거에 해결한다는 취지인데, 독일에는 없고 한국·일본에만 있는 제도이다. 2002년 개정 전에는 조문상 '당사자 쌍방에 대하여' 청구하는 독립당사자참가("쌍면참가")만 있어서, 판례는 당사자 일방에 대해서만 청구하는 것을 부정하였으나, 2002년 개정으로 일방에 대해서만 청구하는 참가("편면참가")도 가능해졌다. 독립당사자참가는 —같은 당사자참가이기는 하지만— '독립'한 지위에서 참가하는 것이어서, 원고 또는 피고와 연합하는 참가형태인 공동소송참가(§83)와 구별된다.

다시 세분하면, '소송목적의 전부나 일부가 자기의 권리라고 주장'하면서 참가하는 "권리주장참가"(§79①전단)와 '소송결과에 따라 권리가 침해된다고 주장'하면서 참가하는 "사해방지참가"(§79①후단)로 나뉜다. 양쪽 모두에 §67 및 §72가 준용되어 합일확정이 요구된다.

(2) 독립당사자참가의 소송구조에 관하여 오래 전부터 —2002년 개정 전 참가인이 쌍면참가를 해야 함을 전제로— 하나의 소송에서 3인의 당사자가 서로

대립·견제하여 3면관계를 가진다는 3면소송설과, 원고·피고 사이, 참가인·원고 사이, 참가인·피고 사이의 각 1개씩의 소송 3개가 병합되어 있다는 3개소송병합설이 대립했고, 판례는 전자를 따랐다(대판 91.12.24, 91다21145 등). 그러나 편면참가가 가능해진 현행법 하에서는, 쌍면참가이면 3개소송병합이고 편면참가이면 2개소송병합이라고 보는 것이 오히려 간명하다고 생각된다.

왜냐하면, ⓐ 독립당사자참가소송이 '하나의' 3면적 소송관계라는 말은 그 내용이 불분명한 점, ⓑ 참가신청이 취하·각하되면 원·피고 간의 소송만 남고 또한 기존 원·피고 중 1인이 탈퇴하면 잔존당사자와 참가인 사이의 소송만 남아서 결국 2인간 소송으로 전환하는데 그 근거를 3면소송설이 잘 설명하지 못한다는 점, ⓒ 종전에 3면소송설이 병합설에 대하여 한 비판의 요점은 필수적 공동소송의 §67를 준용하는 근거를 설명할 수 없다는 것인데, 독립당사자참가는 단순히 3개 소송이 병합된 것이 아니라 '동일한 법률관계'에 관한 3개 소송이 병합되어 통일적 재판의 필요성이 생긴 것이어서 §67가 준용될 필요가 있는 것이므로, 위의 비판은 타당하지 않다는 점 때문이다. 즉 병합설이 타당하다(同旨: 호문혁 1063).

14-5-2-2 요건 1 : 다른 사람 사이에 소송이 계속중일 것

타인 간의 본안소송절차가 계속중이어야 한다. 강제집행절차, 제소전화해절차에서는 독립당사자참가가 허용되지 않는다고 봄이 통설이다. 행정소송에서는 행정청만을 피고로 삼아야 하는데, 독립당사자참가는 기존 원고를 피고로 삼게 되므로 행정소송에서의 독립당사자참가가 허용되지 않는다는 것이 과거 판례였으나(대판 70.8.31, 70누70), 이제는 편면참가가 가능하므로, 행정소송에서도 독립당사자참가가 가능할 수도 있을 것이다.

1심뿐만 아니라 항소심에서도 참가가 허용된다. 상고심에서 독립당사자참가가 가능한지에 대하여, 판례는 부정한다(대판 94.2.22, 93다43682). 독립당사자참가는 신소제기에 해당하므로 상고심에서는 할 수 없다고 봄이 타당하다. 사해판결이 확정되는 것을 막기 위하여 상고심에서도 허용해야 한다는 견해(이시윤 836)도 있으나, 만약 확정을 막을 필요가 있다면 사해판결의 패소자 측에 보조참가를 해서 상고할 수 있으며, 그렇지 않은 경우로서 참가인이 원고청구와 양립불가능한 독자적인 청구를 가지는 경우를 상정하기는 어렵다.

14-5-2-3 요건 2-1 : 권리주장참가

(1) 권리주장참가란, 제3자가 소송목적의 전부 또는 일부가 자기의 권리임을 주장하여 참가하는 참가형태이다. 예컨대 ⓐ A의 B에 대한 토지소유권확인소송에 대해 C가 토지소유자는 자신이라고 주장하여, A,B에 대하여 각각 소유권확인청구를 하면서 참가하는 경우가 권리주장참가의 전형적 경우이다.[22] 그 외에도 ⓑ A가 B를 상대로 취득시효완성을 이유로 한 소유권이전등기를 구하는데 C가 자신이 간접점유자로서 시효취득했다면서 A에게 토지인도청구, B에게 이전등기를 구하는 경우(대판 96.6.28, 94다50595), ⓒ P의 B에 대한 채권을 전부받았다는 A가 B에게 전부금청구를 함에 대하여, C가 그 피전부채권의 원래 귀속자는 Q이고 자신이 Q로부터의 양수인이라고 주장하여, A에게는 권리의 확인을, B에게는 채권변제를 구하는 경우(대판 91.12.24, 91다21145) 등이다.

(2) 권리주장참가에서 참가인이 주장하는 권리는 본소 원고의 권리와 양립불가능한 것이어야 하는데, 양립불가능한지의 판단은 참가인의 '주장 자체'로써 판단한다는 것이 통설·판례이다(대판 01.9.28, 99다35331; 14.11.13, 2009다71312). 즉 주장 자체로써 양립불가능하면 일단 참가요건은 충족되는 것이며, 본안심리 결과 참가인이 주장한 권리가 인정되지 않더라도 참가신청이 부적법해지는 것은 아니다(대판 07.6.15, 2006다80322).

(3) 양립불가능 판단을 함에 있어서는 참가인이 주장하는 권리가 물권적인지 채권적인지에 따라 나누어 볼 필요가 있다. 우선 참가인의 주장권리가 물권적이면 양립불가능성이 쉽게 인정된다. 위 ⓐ,ⓒ[23]가 그 예이다.

참가인의 주장권리가 채권적이면 그 주장내용을 더 따져보아야 한다. 위 ⓑ는 —비록 점유시효취득자의 등기청구권은 채권적이라고 해석되고 있지만— 소유권을 완성시키는 특수한 청구권이므로 양립불가능성이 인정된다. 부동산이중양도의 경우는 ⓓ 단순이중매매 즉 제2매수인이 원고로서 매도인 상대로 이전등

---

22) 위와 같고 다만 B에게 등기말소 및 소유권확인청구를 한 사안이 대판 98.7.10, 98다5708이다.

23) 채권의 양도는 준물권행위이다.

기청구하는 중에 제1매수인이 참가인으로서 역시 이전등기를 구하는 경우와, ⓔ 참가인인 제1매수인이 제2매매계약의 무효·취소를 주장하는 경우로 나누어 보아야 한다. 판례는 ⓓ의 사례에서도(대결 05.10.17, 2005마814), ⓔ의 사례에서도(대판 81.7.28, 80다2532) 양립가능한 청구라고 보고 있으나, —주장 자체로 양립불가능하면 족하므로— ⓔ사례는 양립불가능 요건이 충족된다고 봄이 타당하다(다수설[24]). 그 외에 ⓕ 원고의 피고에 대한 매매원인 이전등기 청구 중에, 참가인이 원고가 아닌 자신이 진정한 매수인이라면서 이전등기를 구하는 경우는 양립불가능성이 인정된다(대판 88.3.8, 86다148).[25]

14-5-2-4 요건 2-2 : 사해방지참가

사해방지참가란, 제3자가 소송결과에 따라 자신의 권리가 침해됨을 주장하여 타인 간의 소송에 참가하는 참가형태이다. 예를 들면, A가 B에게 제기한 도지소유권이전등기 말소청구소송에서 B가 A의 주장을 다투지 않는 경우에, B의 채권자로서 그 토지를 압류한 C가, 토지소유권이 B에게 있음의 확인을 구하여 참가를 신청하는 사례가 이에 해당한다. 실무상 자주 등장하지는 않는다.

"소송결과에 따라 권리가 침해되는" 경우가 어떤 것인지에 관하여, 본소판결의 기판력 내지 반사적 효력이 미치는 경우라고 보는 견해(판결효설), 더 넓게 참가인에게 이해관계가 있어서 사실상 권리침해를 받는 경우를 포함한다는 견해(이해관계설), 위 양설의 중간에 있는 것으로서, 원·피고가 소송을 통해 참가인을 해할 의사 즉 사해의사(詐害意思)를 갖고 있다고 객관적으로 판정할 수 있는 경우에 참가를 허용하는 제도라는 견해(사해의사설)가 있다. 사해의사설이 통설이다.

판례는 객관적으로 판정되는 '사해의사' 외에도 '권리침해의 우려'를 추가로

24) 이시윤 838; 송상현 681 등.

25) 한편 대판 14.11.13, 2009다71312은 원고가 피고(골프장)에게 회원지위확인청구를 함에 대하여, 참가인이 자신이 회원이라고 주장하며 원고를 상대로 '원고의 회원권 부존재 확인'을, 피고에게 참가인의 회원권확인 및 명의개서절차의 이행을 구한 사안이다. 대법원은 참가인의 원고에 대한 청구에 대해, "참가인이 승소판결을 받는다고 하더라도 … 자기의 권리 또는 법률적 지위에 현존하는 불안·위험을 해소시키기 위한 유효적절한 수단이 될 수 없어서 확인의 이익이 없다"고 하여, 이 부분을 각하하였다. 그러나 (위 각하에도 불구하고) 참가인의 참가신청은 편면적 참가로서 유지되었다.

요구한다(대판 03.6.13, 2002다694; 17.4.26, 2014다221777 등). 하지만, —권리주장참가에서와 달리— '양립불가능' 요건은 요구하지 않는다(대판 90.4.27, 88다카25274; 96.3.8, 95다22795; 90.7.13, 89다카20719).[26)]

14-5-2-5 요건 3 : 참가의 취지

(1) 쌍면참가

참가인이 원·피고 양쪽에 대해 각각 자신의 청구를 하는 경우이다. 원·피고에 대해 같은 청구취지를 적을 수도 있고(가령 쌍방에 대해 소유권확인청구를 하는 경우), 다르게 청구취지를 적을 수도 있다(가령 원고에게는 확인청구, 피고에게는 이행청구).

(2) 편면참가

참가인이 적는 청구취지("참가취지")상 원·피고 한쪽에 대해서만 청구가 있는 경우이다. 2002년 개정 전에는 판례에서 부정되었던 참가형태이다. 한쪽에 대해서만 독립한 청구가 있고 다른 쪽에 대해서는 단지 청구기각을 구하는 경우, 양쪽에 대해 청구취지 기재가 있으나 그 중 한쪽에 대해서는 상대방이 다투지 않아 소의 이익이 없는 경우도 모두 편면참가에 해당한다. 신법 하에서는 편면참가라도 적법하지만, 그렇더라도 —사해방지참가가 아닌 이상— 원고의 피고에 대한 기존 청구와 참가인의 청구는 양립할 수 없는 관계라야 한다.

14-5-2-6 요건 4 : 청구병합요건 및 소송요건을 갖출 것

독립당사자참가는, 기존의 본안소송에 참가인의 청구를 병합해 달라고 신청하는 것이므로, 기존 소송과 동종 절차에서 심판할 수 있는 것이어야 하고, 다른 전속관할에 속하는 것이어서는 안 된다. 또한 이는 신소제기이므로 일반소송요건을 갖추어야 한다.

---

26) 한편 대판 14.6.12, 2012다47548은, 원고의 피고에 대한 이전등기청구의 청구원인인 대물변제약정이 참가인에 대한 사해행위(민§406)라면서, 참가인이 채권자취소권을 행사하여 참가한 사례이다. 대법원은, 사해행위취소의 상대적 효력 때문에 참가인 청구부분의 판결의 효력이 원고와 피고 사이에 미치지 않아서, 사해방지의 목적을 달성할 수 없다는 이유로 사해방지참가신청이 부적법하다고 보았다.

14-5-2-7 신청절차

(1) 독립당사자참가신청은 실질적인 신소제기이므로, 서면에 의해야 한다. 보조참가의 참가신청 관련 조문이 준용되므로(§79②,§72), 참가신청서에는 참가취지와 이유를 명시하여야 한다.

참가신청인은 참가취지·이유 외에 —신소제기이므로— 청구취지와 청구원인을 밝혀 적어야 하며, 소장에 준하는 인지를 붙여야 한다(민인§6). 당사자가 항소하지 않고 있을 때에, 참가인이 항소제기와 동시에 참가신청을 할 수 있다(§79②,§72③). 독립당사자참가를 하면서, 동시에 기존 당사자에게 보조참가를 하는 것은 —참가인에 대한 관계에서 기존 원·피고는 모두 피고에 상당하므로— 원고가 피고에게 보조참가할 수 없는 것과 마찬가지로 부적법하다(대판 94.12.27, 92다22473. 이시윤 843은 반대).

(2) 참가신청은 실질적인 소제기이므로 종전 당사자가 참가에 '이의'할 수 없다. 보조참가에 대한 종전 당사자의 이의 관련 조문(§73)이 준용되지도 않는다. 참가인에 대한 관계에서 피고의 지위에 서게 되는 종전 원·피고는 참가인을 상대로 반소를 제기할 수 있다.

(3) 독립당사자참가가 있은 후에 다른 제3자가 다시 독립당사자참가를 할 수 있는가? 오래 전의 대판 63.10.22, 62다29은 4자 이상의 다면소송 성립을 인정하지 않았으나, 이는 쌍면참가만 허용되던 구법 하에서 제2참가인의 제1참가인에 대한 청구가 없었던 경우이므로 부적법함이 당연했다. 신법 하에서 제2차, 제3차의 독립당사자참가를 허용할지에 대해서는 견해가 갈린다.

14-5-2-8 심판

(1) 요건의 조사

참가신청에 대해서는 먼저 참가요건을 조사해야 한다. 참가요건에 흠이 있으면 참가신청을 부적법 각하한다는 것이 판례이지만(대판 93.3.12, 92다48789), 다수설이 이에 반대한다.[27] 이 참가신청은 실질적인 신소제기이므로, 별소가 제기된 것으로 취급함이 타당하다. 별소로서 심리하고, 만약 필요하면 종전 소송에 병합심리하는 것이 소송경제에 부합할 것이다.[28] 참가신청에 대해 부적법 각하판결

---

27) 이시윤 844; 송상현 689 등.

이 내려지고 상소기간이 도과하면 그 판결부분은 분리확정된다.

참가인이 그 참가가 권리주장참가인지 사해방지참가인지를 명백히 밝히고 있지 않다면, 법원은 석명권을 행사하여 어느 쪽인지를 명백히 한 다음에 참가의 적법 여부를 심리해야 한다(대판 94.11.25, 94다12517). 그리고 이때 참가인이 원고와 피고가 사해소송을 수행하고 있다는 등의 특별한 주장을 한 바 없다면 그 참가는 —사해방지참가가 아닌— 권리주장참가를 한 것으로 보아야 한다(대판 92.5.26, 91다4669).

참가신청은 실질적으로 신소제기이자 청구를 병합해 달라는 신청이므로 청구병합요건 및 소송요건도 조사해야 한다.

(2) 합일확정을 위한 절차진행

독립당사자참가는 같은 권리관계를 둘러싼 3자간의 분쟁을 일거에 해결하려는 절차이므로, 본안심리 및 판결이 모순 없이 합일확정되어야 하고, 이를 위하여 법은 필수적 공동소송에 관한 §67를 준용한다.

ⓐ 소송자료의 통일 : "공동소송인 중 1인의 소송행위는 모두의 이익을 위해서만 유효하고, 그 1인에 대한 상대방의 소송행위는 공동소송인 모두에게 유효하다"(§67①②)는 말이 독립당사자참가에서 어떤 의미를 가지는가? 일반적으로는 다음과 같이 본다. 원고·피고·참가인 3자 중 1인이 한 자기에게 유리한 소송행위는 (그것이 불리하게 작용하는 상대방 외의) 다른 1인에 대하여도 효력이 있다. 예컨대 참가인의 주장사실에 대해 원고만 다투고 피고가 자백하는 경우, 피고는 다툰 것과 같이 된다(대판 09.1.30, 2007다9030). 화해권고결정에 대해 참가인이 이의하면 그 효력은 원·피고에게도 미친다(대판 05.5.26, 2004다25901). 또한 3인 중 2인 간의 청구의 포기·인낙, 화해, 자백, 상소취하는 효력이 없다(인낙에 대해 대판 64.6.30, 63다734). 요컨대 3자 중 각각의 1인 외의 다른 2인을 마치 공동소송인인 듯이 취급하는 것이다.

다만 본소만 취하하거나, 참가신청만 취하하는 것은 가능하다. 본안에 대한 응소가 있은 후에는, 취하자 외의 2인의 동의가 있어야 할 것이다.[29]

---

28) 三木浩一 588; 일본 판례도 이런 입장이다(最高裁判 94.9.27. 判時1513-111).

29) 참가인이 편면참가를 했다가 취하하는 경우에는, 그 상대방 1인만 동의하면 된다는 견해도 있다. 쌍면참가 후 원·피고 중 일방에 대해서만 참가인이 신청취하하는 경우에도 마찬가지 논의가 있다.

ⓑ 소송진행의 통일 : "공동소송인 1인에 대한 소송절차 정지는 모두에게 효력이 미친다"는 §67③이 준용되므로, 독립당사자참가에서 3인 중 1인에게 소송정지사유가 발생하면 결국 전체 소송절차가 정지된다.

(3) 판결

참가요건은 갖추어졌으나 소송요건이 흠결된 참가신청에 대해서는 —마치 참가신청을 각하하는 듯한 표현을 한 판결들도 있지만— 소각하 판결을 한다.

독립당사자참가 소송에서는 3자간의 모순 없는 결론이 나오도록 합일확정의 판결을 선고해야 한다. 이 설명이 기존의 통설·판례이지만, 그 합일확정의 의미가 분명하지는 않다. 가령 주장 자체로는 모순관계가 있어서 참가요건을 갖추었지만(14-5-2-3) 심리결과 모순이 없다고 판명된 경우에는, 판결에서 합일확정시킬 사항이 없을 수 있다.[30)]

독립당사자참가에서는 모순 없는 결론을 위하여 반드시 1개의 전부판결이 선고되어야 한다. 착오로 일부만 판결했으면 —이를 일부판결로 해석할 수는 없으므로— 추가판결을 해서는 안 되고, 판단누락으로 보아 상소로써 해결해야 한다(대판 95.12.8, 95다44191).

14-5-2-9 상소시의 문제

(1) 본안판결이 내려지는 경우를 보면, 크게 보아 ⓐ 원고 승소 + 피고·참가인 패소, ⓑ 참가인 승소 + 원·피고 패소, ⓒ 피고 승소 + 원고·참가인 패소 중 하나의 형태가 된다. 각 형태에서 패소측의 1인이 상소하면, 패소측의 다른 1인에게 상소의 효력이 미치는가? 통설·판례는 —분리확정설 또는 제한적 이심설[31)]이 아니라— 이심설을 취하여, 다른 1인에게도 상소의 효력이 미쳐서 상급심으로 이심(移審)되고 확정차단의 효력이 생긴다고 본다(대판 91.3.22, 90다19329; 14.11.13, 2009다71312). 분리확정설은 독립당사자참가제도의 취지 즉 모순 없는 합일확정의 추구를 무시하는 것이고, 제한적 이심설은 기준이 불분명하다. 이심설이 타당하다.

---

30) 같은 취지에서, 호문혁 1074은, 독립당사자참가에서의 합일확정이란 —필수적공동소송에서와는 달라서— "한꺼번에 재판해야 함"을 의미할 뿐이라고 한다.

31) 제한적 이심설은, 패소하고도 상소하지 않은 당사자의 청구부분이 그대로 확정되면 상소인에게 불이익이 될 염려가 있는 때에 한하여 제한적으로 이심된다는 견해이다.

(2) 이와 같이 이심되면, 실제로 상소제기한 당사자의 상소취지상의 불복범위가 상소심의 심판대상이 된다(대판 14.11.13, 2009다71312). 그런데, 그것이 심판대상이 되는 이상, 3자간 결론의 합일확정을 위해서는, 상소제기 없는 당사자의 판결부분이 그에게 유리하게 변경되어야 하는 일이 생길 수 있고, 따라서 불이익변경금지 원칙이 배제된다(대판 07.10.26, 2006다86573; 22.7.28, 2020다231928). 다만 이처럼 불이익변경금지 원칙이 배제되는 것은 참가인의 참가신청이 적법하고 또한 합일확정이 필요한 경우에 한하는 것이므로, 원고승소판결에 대해 참가인만 항소한 사건에서, 2심이 참가신청의 부적법을 이유로 항소를 기각하면서, 1심판결 중 피고의 항소가 없는 본소 부분을 취소하고 원고청구를 기각한 것은 위법이다(대판 07.12.14, 2007다37776).

(3) 패소하고도 상소하지 않은 자는 상소심에서 어떤 지위를 가지는가? 상소인설, 피상소인설, 단순한 상소심당사자설로 나뉘고, 마지막의 것이 통설·판례이다(대판 81.12.8, 80다577). 즉 그는 상소인도 아니고 피상소인도 아니며, 단지 합일확정 요청 때문에 그냥 상소심에 가 있는 당사자일 뿐이라는 견해이다. 이런 당사자의 권리·의무·지위표시 등에 관해서는 14-3-4-5를 참조.

14-5-2-10 독립당사자참가소송의 해소

아래의 사유가 있으면, 독립당사자참가소송은 구조가 허물어져 단일소송 내지 공동소송으로 환원됨으로써 해소된다.

(1) 본소의 취하·각하

참가 후에도 원고는 본소를 취하할 수 있다. 본소가 부적법하면 법원이 각하할 수 있음도 물론이다. 참가신청 후에는 참가인에게도 본소 유지의 이익이 있게 되므로 본소 취하에는 참가인의 동의도 필요하다는 것이 판례이다(대결 72.11.30, 72마787). 이렇게 해서 본소가 취하·각하되면, 참가인의 종전 원·피고를 상대로 제기한 소송이 남는다는 견해(잔존설)와 이를 포함해서 전체 소송이 종료한다는 견해(종료설)가 대립한다. 잔존설이 다수설(이시윤 849; 호문혁 1082 등)이고 판례이다(대판 07.2.8, 2006다62188).

(2) 참가의 취하·각하

소취하에 준하여 참가인은 참가신청을 취하할 수 있다. 기존의 원·피고 중

1인이라도 참가인 청구의 본안에 대하여 응소한 경우에는 양쪽의 동의를 받아야 참가인이 취하할 수 있다. 참가신청 취하 후에는, 본소만이 남는다.

(3) 소송탈퇴

§80는, 독립당사자참가가 있으면 종전의 원·피고는 상대방의 승낙을 받아 소송에서 탈퇴할 수 있다고 정했다. 가령 점유자 B가 진정한 소유자가 A인지 C인지 몰라서 물건의 인도를 거부함에 따라 A가 인도청구소송을 먼저 제기했고 C가 그 소송에 독립당사자참가를 한 경우에, B는 더 이상 소송에 남아있을 필요가 없게 된다. A와 C 중의 승소자에게 인도해 주면 그만이기 때문이다. 이런 B를 위한 제도이다.

§80는 "자기의 권리를 주장하기 위하여 참가한 사람이 있는 경우"라고 하지만, 다수설은 권리주장참가 및 사해방지참가 양쪽에서 모두 탈퇴가 가능하다고 본다(통설). 탈퇴는 상대방 당사자의 승낙을 얻어야 한다. 참가인의 승낙도 필요한지에 대해서 견해가 대립하지만, 이를 부정함이 통설이다. 탈퇴로써 참가인의 이익이 해쳐질 우려가 없기 때문이다.

여기서 탈퇴는 참가인과 자신의 상대방 사이의 소송결과에 전면적으로 승복하겠다는 것이므로, 참가인과 탈퇴자의 상대방 사이에 내려지는 판결의 효력은 탈퇴자에게도 미친다(§80단서). 그 효력이 어떤 것인지에 관해 참가적 효력설 등도 있으나, 기판력 및 집행력이 전면적으로 미친다는 견해가 타당하다(통설).

14-5-3 공동소송참가

14-5-3-1 의의

공동소송참가란, 소송의 목적이 당사자 일방 및 제3자에 관하여 합일확정되어야 하는 경우에, 그 제3자가 원고 또는 피고의 공동소송인으로서 참가하는 것을 가리킨다(§83). 예컨대 주주 A가 회사 B에 대하여 제기한 주주총회결의부존재확인소송에 있어서 다른 주주 C가 A의 공동소송인으로서 참가하는 경우이다. 합일확정되어야 하는 경우이므로 애초에 소를 함께 제기했다면 필수적 공동소송에 해당할 터이고, 또한 공동소송참가인이 없이도 이미 소송이 성립하였으니 고유필수적 공동소송이 아닌 경우이다. 즉 '유사필수적 공동소송'의 경우에 일부 공동소송인이 빠져 있다가 나중에 들어가는 때를 위하여 만들어진 제도가 공동소송참가이다.

유사한 제도로 '공동소송적 보조참가'가 있는데, 참가인이 판결의 효력을 받는다는 점에서는 공동소송참가와 공동소송적 보조참가가 공통되지만, 공동소송참가는 —기판력을 받는 경우 중에서도— 당사자적격을 가지는 자만 할 수 있는 데 반하여, 공동소송적 보조참가는 당사자적격이 없는 자도 할 수 있다는 차이가 있다(추가비교는 14-6-5-2 참조).

14-5-3-2 요건 1 : 소송계속 중

타인 간의 소송이 계속 중이라야 하고, 1심뿐만 아니라 2심에서도 인정된다(대판 62.6.7, 62다144). 2심에서 원고측에 공동소송참가가 이루어진 후 피참가소송이 소송요건 흠결로 소각하되더라도 참가인의 청구는 적법하게 유지된다(대판 02.3.15, 2000다9086). 상고심에서 이를 할 수 있는지에 관해서는 견해가 갈리지만, 부정함이 타당하다.[32]

14-5-3-3 요건 2 : 합일확정되어야 할 경우

공동소송참가는, 소송목적이 원·피고 중 1인과 참가인에게 합일적으로 확정되어야 할 경우에 할 수 있다(§83①). 유사필수적 공동소송이 그 전형적인 경우이다. 즉 기판력이 미치는 범위 내에 있고 소송수행권을 가지는 제3자가 공동소송참가를 신청할 수 있다. 위에서 든 주주 C의 참가가 그 예이다. 유사필수적 공동소송처럼 판결효가 제3자에게 확장하는 경우가 아니라면 공동소송참가가 성립될 수 없으므로, 판결의 대세효가 없는 이사회결의 무효확인의 소에서는 공동소송참가를 할 수 없다(대판 01.7.13, 2001다13013).

그런데 더 나아가서 고유필수적 공동소송에서 당사자 누락이 있을 때, —누락된 당사자를 추가하는 원래의 방법은 §68의 '필수적 공동소송인의 추가' 제도이지만 이에 더하여— 본조의 공동소송참가를 이용할 수 있는지가 논의되고 있다. §68를 1심 변론종결시까지만 이용할 수 있으므로 본조를 상급심에서는 이용할 필요가 있는 점 등을 들어서 긍정하는 견해가 다수설이다. 판례는 없다.

---

32) 판례도 부정설이라고 기재한 책이 많으나, 이에 대한 판례는 찾을 수 없다.

14-5-3-4 요건 3 : 당사자적격

(1) 기판력을 받는 자 중에 당사자적격을 가지는 자라야 함

공동소송참가를 하려는 자는 스스로 소를 제기할 수 있어야 하고 따라서 당사자적격을 갖추고 있어야 한다. 판결의 효력을 받는 자이지만 당사자적격이 없다면, 공동소송적 보조참가(§78)를 해야 한다.

판결의 효력을 받는 자를 나누어 보면, ① 당사자와 같이 볼 사람이어서, 즉 제3자 소송담당에서의 권리귀속주체이거나(11-8-3) 청구의 목적물을 소지한 사람(11-8-4)이어서 기판력을 받는 경우도 있고, ② 대세효 때문에 기판력을 받는 제3자도 있다. ②의 제3자 중에서 당사자적격을 가지는 사람은 유사필수적 공동소송을 할 수 있는 사람이며, 일단 이들의 참가형태는 공동소송참가가 된다. 따라서 회사설립무효·취소의 소(상§184), 회사합병무효의 소(상§236), 주주총회결의 취소·무효·부존재확인의 소(상§376,§380)가 각 그 소제기권자 일부에 의해서 제기된 후에 다른 소제기권자가 참가하면 그것은 본조의 공동소송참가이다. 가족법상의 소송, 가령 혼인무효·취소의 소(민§817,§818)가 일부 소제기권자에 의해 제기된 후 다른 소제기권자가 참가하면, 마찬가지이다.

앞에서 보았듯이, 공동소송참가는 유사필수적 공동소송(14-3-3)을 전제로 한 제도로서, 유사필수적 공동관계에서 이미 소송계속중인 소가 있으면 그 공동관계에 있는 자는 (중복제소 때문에) 별소를 제기하지 못하고, 또한 그는 §68(필수적 공동소송인의 추가)에 기하여 소송에 들어올 수도 없으므로[33] 그가 소송에 참여하려 할 때에 이용하도록 한 제도이다. 유사필수적 공동관계에 있는 자들은 각각의 소송수행권이 대체관계에 있는 것이 아니다. 이들의 소송수행권은 병존하며 동시에 공동원고가 될 수 있다. 반대로, 유사필수적 공동소송관계에 있는 사람이 아니면 —비록 기판력을 받는 사람이더라도— 공동소송적 보조참가를 이용하면 되는 것이고, 굳이 공동소송참가를 허용할 필요가 없다.

(2) 제3자 소송담당 중 법정 소송담당

당사자와 같이 보아 기판력이 적용되는 사람 중에서 제3자 소송담당을 본다. 먼저, 제3자 소송담당 중 증권관련집단소송 등의 재정소송담당(4-7-3-2) 그리고

33) §68가 고유필수적 공동소송에만 적용되고 유사필수적 공동소송에는 적용되지 않는다는 것이 판례(대판 09.5.28, 2007후1510) 및 다수설이다(14-8-3-2).

선정당사자 등의 임의적 소송담당(4-7-3-3)에서는, 법원허가 또는 스스로의 행위에 의하여 원래의 권리주체의 소송수행권이 배제되어 있으므로, 이들은 공동소송참가를 할 수 없다.

제3자 소송담당 중 법정 소송담당자(4-7-3)가 공동소송참가를 할 수 있는지는 곰곰이 검토해 보아야 한다. 법정 소송담당은 다시 갈음형, 병행형, 직무상당사자형으로 나뉘는데, 그 중 갈음형[34]에 관하여 보면, 본래의 권리주체는 이미 당사자적격을 상실하여 소제기를 할 수 없게 되어 있고 유사필수적 공동소송의 대상자가 아니므로, 이들이 참가를 하고 싶으면 공동소송적 보조참가(14-6-5)를 해야 한다.

(3) 법정 소송담당 중 병행형[35]

병행형 중에 특히 논의가 많은 것이 채권자대위소송(민§404), 집행채권자의 추심금소송, 그리고 주주대표소송(상§403)이다. 이들에 관하여 공동소송참가가 가능한지 여부도, 본래의 권리주체와 제3의 소송담당자의 각 소송수행권이 서로 배타적인 관계에 있는 것인지에 따라 결론이 내려진다고 보아야 한다.

① 채권자대위소송 : 채권자 A가 채무자 T를 대위하여 B를 상대로 소를 제기하고 나면, (이를 아는) T는 기판력을 받을 뿐만 아니라, 이미 소제기가 이루어진 탓에 당사자적격을 상실하였다고 볼 것이므로, T는 위 소송에 공동소송적 보조참가를 해야 한다. 그러나 T에 대한 다른 채권자 C가 동일 소송물에 대해 역시 채권자대위소송을 제기하는 경우는 어떠한가? 앞에서 보았듯이 현재 판례상 A와 T의 소송수행권은 선택적 관계에 있어서, 한쪽이 소제기하고 나면 다른 쪽의 소송수행권이 소멸되는 관계라고 보아야 하지만, A와 C의 관계는 A-T의 관계와는 좀 다르다. A와 T가 공동원고가 되어서 B 상대로 소를 제기할 수는 없지만, A와 C가 공동원고가 되어서 B 상대로 소를 제기할 수는 있기 때문이다. 그렇다면 A-C의 관계는 회사관계소송을 각각 제기할 수 있는 주주들 사이, 혼인

---

34) 제3자 소송담당 중 갈음형에 속하는 경우는 파산재단 관련 소송에서 파산관재인, 회생채무자의 재산 관련 소송에서 관리인, 상속인이 존재불명한 경우의 상속재산관리인, 유증목적물 관련 소송에서 유언집행자 등이다(4-7-3-1).

35) 병행형에 속하는 경우는 채권자대위소송을 하는 채권자, 채권의 압류·추심명령을 받은 집행채권자, 공유자전원을 위하여 보존행위를 하는 공유자, 채권질의 질권자, 회사대표소송의 주주 등이다(4-7-3-1).

무효·취소의 소를 제기할 수 있는 배우자·혈족들 사이의 관계에 가깝고 이는 유사필수적 공동관계이므로, 결국 C의 참가는 ―보조참가가 아니라― 공동소송참가로 보아야 한다. 판례도 공동소송참가로 보았다(대판 15.7.23, 2013다30301).

② 과거에는 채권의 압류·추심명령을 받은 집행채권자를 갈음형으로 보고 있었으나, 판례변경으로(대판-전 25.10.23, 2021다252977) 현재의 대법원은 이를 병형형이라고 보고 있다. 이에 따라, 압류·추심명령으로써 집행채권자 A에게 제3채무자 Y에 대한 소송수행권이 발생하더라도, 원래 채권자 C(=집행채무자)는 애초의 소송수행권을 그대로 유지하며, 다만 A, C 중 어느 한쪽이 먼저 소제기하고 나면 다른 쪽의 제소가 중복제소에 해당하게 된다. 그러면 한쪽의 소제기 후에 다른 쪽은 공동소송참가를 할 수 있는가?

한쪽의 소제기 후에는 다른 쪽의 원고적격이 더 이상 유지되지 않는다고 보아서 그 다른 쪽은 (공동소송참가는 불가하고) 공동소송적 보조참가만 할 수 있다는 견해도 가능하겠지만, 현재 대법원은 ―A, C가 공동원고가 되어서 Y를 상대로 소제기하는 것도 가능하다고 하면서― A, C 중 한쪽의 소송에 대하여 다른 쪽이 공동소송참가도 할 수 있다고 한다(위 2021다252977).

C에 대한 다른 집행력있는 정본을 가진 채권자 B가 A의 소송에 참가하는 경우는 어떠한가? B가 만약 위 피압류채권에 대한 추심명령을 받는다면 그에게도 추심금 청구의 당사자적격이 생기며, 따라서 그는 공동소송참가를 할 수 있다. 민사집행법 §249②은 이러한 공동소송참가를 명문으로 정하고 있다.

③ 주주대표소송 : 주주가 이사의 책임을 추궁하는 대표소송을 제기한 후에, 소제기자격을 갖춘 다른 주주가 참가하면, 이는 공동소송참가로 보아야 한다. 원래 공동원고가 될 수 있었기 때문이다. 그런데 주주대표소송에 회사가 참가(상 §404①)하는 경우를 보자(물론 대표소송 요건으로서 회사의 소제기 거절·해태가 필요하므로, 이미 거절한 소송에 회사가 참가함이 흔하지는 않겠지만, 경영진 교체 등의 이유로 참가가 있을 수 있다). 대법원은 이를 공동소송참가라고 했다(대판 02.3.15, 2000다9086). 이에 대해 반대하는 견해도 있지만, 대표소송으로 다투는 이익의 실질적 주체가 회사이므로 회사의 이익을 보호할 필요가 있다는 점, 회사의 참가 후에 원고 주주의 소가 취하·각하되더라도 소송을 유지할 필요가 있다는 점 등을 고려하면, 주주대표소송이 제기되더라도 회사의 소송수행권이

상실되지 않는다고 봄이, 즉 회사의 참가는 공동소송참가로 봄이 타당하다.

2020.12.29.부터 시행된 개정 상법의 다중대표소송제에 따라 모회사 주주가 자회사의 이사를 피고로 삼아서 제기한 소송이 계속 중인데, 모회사가 단순대표소송을 별소로 제기하면 —두 대표소송의 소송물이 같으므로— 이는 중복제소이다. 모회사 주주의 기존 소송에 모회사가 참가신청을 하면, 이는 공동소송참가이다.[36] 모회사가 단순대표소송을 제기한 후에 모회사의 주주가 이중대표소송을 제기한 경우에도 공동소송참가이다.

14-5-3-5 절차 및 심판

원고측 공동소송참가는 실질적으로 신소제기에 해당하고, 피고측 공동소송참가는 청구기각 판결을 구하는 것이므로, 각각 소장 및 답변서에 준하여 서면으로 해야 한다. 또 §83②은 보조참가의 신청방법(§72)을 준용하므로, 참가의 취지와 이유도 적어야 한다. 공동소송적 보조참가와 달리, 원고측 공동소송참가에는 소장에 준하는 인지를 붙여야 한다(민인§6).

공동소송참가신청이 있으면, 법원은 직권으로 참가요건을 심사하고, 흠이 있으면 각하한다. 참가가 적법하다고 인정되면, 참가인과 피참가인은 필수적 공동소송의 관계에 놓인다.

14-6 보조참가

14-6-1 의의

타인 간의 소송계속 중 그 소송결과에 관하여 법률상의 이해관계를 가지는 제3자가 기존 당사자 일방을 돕기 위하여 소송에 참가하는 것을 보조참가(Nebenintervention)라고 한다(§71). 이 제3자를 보조참가인, 보조받는 당사자를 피참가인이라고 한다. 예컨대 채권자가 보증인을 피고로 하여 소제기한 경우, 주채무자는 보증인을 승소시키면 보증인으로부터 구상당하는 것을 면할 수 있으므

---

36) 모회사 주주가 자회사 이사를 피고로 삼은 이중대표소송에 자회사가 참가하는 경우에, 이것이 어떤 참가인지에 관해서는 —이는 위 2000다9086과 같은 구조이므로— 별도로 설명하지 않는다.

로 법률상의 이해관계를 가지며, 따라서 주채무자는 보증인을 보조하여 소송수행하기 위하여 보조참가를 할 수 있다.

보조참가인은, 자신의 고유한 청구를 하는 것은 아니고, 판결의 명의인(名義人)도 되지 않는다. 보조참가의 취지는, 당사자 일방을 승소시킴으로써 자신의 법적 이익을 보호할 기회를 부여받는다는 것이다. 따라서 일정한 요건이 충족되는 한, 보조참가는 당사자의 의사에 반해서도 할 수 있고, 또한 보조참가인은 자신의 이름과 비용으로 소송수행을 할 수 있다.

14-6-2 요건

14-6-2-1 타인 간의 소송계속 중

보조참가는 타인 간의 소송에서 허용되므로, 원고나 피고가 상대방 당사자를 위해서는 보조참가할 수 없다. 그러나 자기 쪽의 공동소송인이나 그 공동소송인의 상대방을 위해 보조참가하는 것은 가능하다. 보조참가는 원·피고 중 한쪽에 참가하는 것이므로 쌍면참가는 금지된다.

보조참가는 원래 판결절차에서 하는 것인데, 결정절차에서도 보조참가가 허용되는가? 판례는 "대립하는 당사자구조를 가지지 못한 결정절차에 있어서는 보조참가를 할 수 없다."고 했는데(대결 94.1.20, 93마1701), 결정절차라도 대립당사자구조를 취하는 것도 있으므로, 결정절차에서 일률적으로 보조참가의 유추적용 가능성을 부정하기보다는, 실질적으로 대립당사자구조를 가지는 결정절차에서는 허용된다고 해석해도 좋을 터이다(同旨: 이시윤 816). 그 외에 독촉절차 등 판결절차로 전환될 수 있는 절차에서의 보조참가가 가능하다는 점에는 이견이 없다.

제1, 2심이 소송계속 중이면 보조참가할 수 있음은 물론이고, 상고심에서도 보조참가가 허용된다는 것이 통설이다. 다만 상고심에서 참가하면 —참가인은 참가할 때의 소송의 진행정도에 따라 피참가인이 할 수 없는 소송행위를 할 수는 없으므로(§76①단서)— 사실주장 및 증거제출이 허용되지 않는다. 판결확정 후에 보조참가신청을 하면서 동시에 재심의 소를 제기하는 것도 가능하다(§72③).

14-6-2-2 소송결과에 대한 이해관계 (참가이유)

(1) 우선 '소송결과'에 대한 이해관계가 있어야 하는데(§71), 피참가인의 승

소·패소에 따라 참가인의 법률상 지위가 유리해지거나 불리해지면 이에 해당한다. 좀더 구체적으로 나누어 보면, ⓐ 판결의 효력 즉 기판력이 참가인에게 미칠 때, ⓑ 판결주문의 판단, 즉 소송물인 권리관계의 존부 판단에 의해 참가인의 법률상 지위가 영향을 받을 때, ⓒ 판결이유에서 판단되는 중요쟁점에 의해 참가인의 법률상 지위가 영향을 받을 때를 생각해 볼 수 있다.

ⓐ는 소송결과에 대한 이해관계가 있는 경우임이 분명하고, 이에 해당하면 공동소송적 보조참가가 된다(14-6-5-2 참조). ⓑ의 경우 보조참가의 이유가 인정됨은 통설이 긍정한다. 그러나 ⓒ의 경우에 참가이유를 인정할지에 대해서는 견해가 나뉘는데, 이를 부정하는 견해 즉 보조참가가 안 된다는 쪽이 다수설(소송물 한정설)이고, 그 참가이유를 긍정하는 견해(소송물 비한정설)가 소수설이다.

예컨대 보증인을 피고로 하는 소제기에 있어서, 주채무자는 보증인을 승소시키면 보증인으로부터의 구상을 면제받으므로, 이는 보증인의 승소판결 '주문'에 의해 주채무자가 영향받는 것이어서 법률상의 이해관계를 가지는 경우이다. 반면에, A,B가 함께 택시를 타고 가다가 교통사고를 당했고, A가 손해배상의 소를 제기하여 택시기사의 운전과실을 주장하고 있을 때 B에게는 참가이유가 없다고 다수설은 설명한다. A의 승소시 판결에 기재될 피고의 고의·과실은 판결이유에서 판단되는 사항일 뿐이고, 판결주문상의 A의 승소·패소가 B에게 필연적인 영향을 주지는 않는다는 것이다.

판례도 원칙적으로는 소송물 한정설을 취한다. ㉠ A의 토지가 경매되어, 배당표상 가압류채권자인 B가 3순위로 되고 A자신이 4순위로 잉여금 배당을 받게 되자, 다른 채권자 C가 A의 위 배당금 채권에 대해 압류추심명령을 받았고, 그 후 B가 배당금확정을 위해 수행한 본안소송에 C가 보조참가신청을 한 사안에서, 이 소송의 결과에 따라 C의 추심금액이 달라지므로 참가이유가 있다고 했다(대결 14.5.29, 2014마4009). ㉡ 미등기 건물의 조건부 매수인은, 그 건물의 원시취득자인 매도인이 현 건축주명의자를 상대로 제기한 건축주명의변경청구사건의 결과에 법률상 이해관계가 있다(대판 07.4.26, 2005다19156). ㉢ 교통사고상 B와 C의 각 과실이 문제된 사안에서, 피해자 A가 B를 피고로 삼은 소송에 C가 A를 위하여 보조참가를 할 수 있다고 한다(대판 99.7.9, 99다12796). 위 ㉠,㉡은 ⓑ의 사안이고 그 판시가 소송물 한정설의 입장이라고 해석되지만, ㉢이 그러한지는 불분명하다. ㉢

의 판결에 대한 학설을 보면, 위 ⓑ에 포함된다고 보는 견해도 있고, 원래는 ⓒ에 포함되는 것인데 대법원이 '참가이유' 요건을 확대한 것이라고 보는 견해도 있다.

(2) 다음으로 '이해관계'가 있어야 하는데, 사실적 · 경제적 · 감정적 이해관계는 이에 해당하지 않으며 법률적 이해관계라야 한다(대결 14.5.29, 2014마4009). 법률적 이해관계이기만 하면, 재산법적 이해관계뿐만 아니라, 가족법상 · 공법상의 이해관계도 포함한다. 회사가 패소하면 회사 자산이 감소하여 주주인 참가인이 받을 배당액이 감소한다고 하더라도, 이는 법률상의 이해관계가 아니므로, 회사의 민사소송에 주주가 참가할 수는 없다. 법률관계가 무효일 경우에는 그에 기하여 이해관계가 있다고 주장할 수는 없으므로, 예컨대 무효인 어업권 명의신탁에 따른 수탁자가 제기한 손실보상금청구소송에 신탁자가 참가할 수는 없다(대판 00.9.8, 99다26924).

14-6-2-3 소송절차를 현저히 지연시키지 않을 것

2002년 개정시에 추가된 요건이다(§71단서). 참가이유가 인정되더라도, 가령 수십 명이 보조참가신청을 한다든지 해서 보조참가가 재판지연책으로 쓰일 경우를 방지하려는 것이다. 항소심 변론의 종결에 즈음하여 뒤늦게 보조참가신청을 하더라도 같이 볼 수 있다. 이는 공익적 요건으로서 직권조사사항이다.

14-6-3 절차

14-6-3-1 신청

보조참가신청은 소의 제기가 아니므로, 구술로도 가능하다. 보조참가의 신청은 참가의 취지와 이유를 밝혀, 참가하고자 하는 소송이 계속된 법원에 제기해야 한다(§72①). 참가취지에서는 참가하려는 소송 및 원 · 피고 중 누구의 승소를 보조하기 위해 참가한다는 점을 밝히고, 참가이유에서는 왜 소송결과에 대해 이해관계를 가지는지를 밝혀야 한다. 신청서는 양쪽 당사자에게 송달해야 한다(§72②).

14-6-3-2 허부결정

신청방식의 적법 여부 및 참가이유의 유무에 대해서는 당사자의 이의가 있는 때에 비로소 조사함이 원칙이다(§73①). 당사자가 참가에 대하여 이의신청 없이 변론한 때에는, 이의신청권을 상실한다(§74). 이의가 있으면, 참가인은 참가의 이유를 소명해야 하며, 법원은 참가를 허가할지 여부를 결정해야 한다(§73①). 그런데 2002년 개정법은 법원이 직권으로 참가이유를 소명하도록 명할 수도 있다고 정했다(§73②).[37] 참가의 허부 결정에 대해서는 즉시항고를 할 수 있다(§73③).

당사자의 이의신청이 있더라도 본소송 절차가 정지하지 않으며, 참가인은 참가불허결정이 확정될 때까지 소송행위를 할 수 있다(§75①). 그리고 당사자가 참가인의 소송행위를 원용한 경우에는 그 후 참가불허결정이 확정되어도 그 소송행위는 효력을 가진다(§75②).

14-6-3-3 참가신청의 취하

참가인은 언제나 참가신청을 취하할 수 있다. 그러나 이미 보조참가에 기하여 실시된 증거조사에 의하여 법원이 얻은 증거자료는 유효하다(대판 71.3.31, 71다309). 그리고 신청취하를 하더라도 이미 발생한 참가적 효력을 면하지 못한다.

14-6-4 효력

14-6-4-1 참가인의 소송상 지위

보조참가인은 한편으로 독립적이면서 다른 한편으로는 종속적이다.

(1) 독립성 : 보조참가인은 당사자가 아닌 제3자이고, 당사자의 대리인도 아니다. 따라서 증인이나 감정인이 될 수 있다. 참가인에게 사망 등 중단사유가 생겨도 본소송 절차가 중단되지 않는다. 독립한 제3자이므로, 기일통지와 소송서류(판결정본 제외)의 송달은 따로 해야 한다. 참가인에게 기일통지를 하지 않은 채로 연 기일은 적법한 기일이 아니다(대판 07.2.22, 2006다75641).

(2) 종속성 : 참가인은 보조자일 뿐이다. 자신의 독자적 청구가 없고, —소송비용 재판을 제외하면— 자신의 이름으로 판결을 받지 않는다. 피참가인의 승소를 위한 행위만 할 수 있고, 피참가인에게 불리한 행위를 할 수 없으며, 아래에서 보듯이 피참가인의 행위와 어긋나는 행위를 하지 못한다. 참가인은 피참가인

37) 실제 참가이유가 없이, 변호사대리 원칙을 잠탈하기 위한 수단으로 보조참가신청을 하고, 피참가인의 상대방 당사자가 이의를 하지 않을 때를 대처하기 위한 개정이다.

을 위하여 행위하는 것이므로, 참가인이 출석하면 —피참가인이 결석해도— 피참가인에게 기일불출석 효과를 부여할 수 없다.

(3) 참가인이 할 수 있는 소송행위 : 참가인은 소송에 관하여 공격 · 방어 · 이의 · 상소, 그 밖의 모든 소송행위를 할 수 있다(§76①본문). 따라서 상대방의 주장사실을 다툴 수 있고, 증거신청을 할 수 있으며, 피참가인이 하지 않는 상소의 제기를 할 수 있다. 그러나 아래의 행위는 허용되지 않는다.

(4) 참가인이 할 수 없는 소송행위 : ⓐ 우선 참가인은 피참가인에게 불이익한 행위를 할 수 없다. 따라서 소취하, 청구의 포기 · 인낙, 화해 · 조정, 상소의 포기 · 취하를 참가인이 임의로 할 수는 없다. ⓑ 참가인은 참가당시의 소송진행정도에 따라 피참가인이 할 수 없는 행위를 할 수는 없다(§76①단서). 예컨대, 시기(時機)에 늦은 공격방어방법의 제출, 상고심에서 새로운 사실주장을 할 수 없고, 참가인은 피참가인의 상소기간 도과 후에는 상소할 수 없다(대판 07.9.6, 2007나41966). ⓒ 참가인은 피참가인의 소송행위에 어긋나는 소송행위를 할 수 없다(§76②). 예컨대 피참가인의 상소포기 후에 참가인이 상소를 제기할 수는 없다. 그러나 피참가인의 명백한 의사표시가 없어서 어긋나는 것인지 아닌지 분명하지 않은 소송행위는, 참가인이 이를 할 수 있다. 예컨대 피참가인이 다투지 않고 있는 사실, 즉 §150(자백간주)가 적용될 수 있는 사실이라도 이를 참가인이 다툴 수 있고(대판 07.11.29, 2007다53310), 피참가인이 상소하지 않고 있을 때에 상소할 수 있다. 만약 참가인의 이러한 소송행위 후에, 피참가인이 그와 어긋나는 행위를 하면, 참가인의 행위는 무효가 된다. 따라서 참가인이 제기한 항소를 피참가인이 포기 · 취하할 수 있다(대판 10.10.14, 2010다38168).[38] ⓓ 참가인은 피참가인을 주도하고 지배하는 자가 아니므로, 소의 변경이나 반소의 제기를 할 수는 없다(대판 89.4.25, 86다카2329; 다수설).

---

38) 그런데, 만약 공동소송적 보조참가인 및 통상의 보조참가인이 각각 있는 경우에는, 보조참가인이 제기한 재심의 소를 피참가인이 취하할 수 없다. 공동소송적 보조참가인 때문이다(대판 15.10.29, 2014다13044).

14-6-4-2 판결의 참가인에 대한 효력

(1) 참가적 효력의 의의 및 성질

판결의 효력, 즉 기판력 및 집행력·형성력은 보조참가인에게는 —당사자가 아니므로— 미치지 않아야 할 터인데, §77는 보조참가인에게 "재판의 효력이 미친다"고 정하고 있다. 그 의미에 관하여 기판력설을 취하는 견해도 있지만, 참가적 효력설이 통설·판례이다. ㉠ 기판력이라면 재심사유가 없는 한 배제할 수 없는 것인데 §77가 참가인에 대한 효력의 배제사유를 따로 정하고 있는 점, ㉡ §77의 배제사유가 참가인-피참가인 사이의 사유로만 한정되어 있고 공익적 사유가 없는 점, ㉢ 민사집행법 §25① 단서가 참가인에 대한 집행력을 명시적으로 배제한 점 등을 고려하면, §77의 "효력"이 기판력이라는 견해는 채택할 수 없다. 참가적 효력설은 이 효력을, "피참가인이 패소하고 나서 뒤에 피참가인이 참가인 상대로 소송을 하는 경우, 그 소송에서 피참가인에 대하여 참가인이 원래의 소송의 내용이 부당하다고 주장할 수 없는 구속력"이라고 설명한다.

참가적 효력은 전소 확정판결의 기초가 된 사실상·법률상의 판단으로서 보조참가인이 주장할 수 있었던 사항에 한하여 미치는 것인데, 전소가 화해권고결정으로 종료된 경우에는 —판결에서와 같은 법원의 사실상·법률상의 판단이 이루어지지 않았으므로— 참가적 효력이 인정되지 않는다(대판 15.5.28, 2012다78184).

(2) 참가적 효력의 범위

가령, A가 소유권에 기한 반환청구소송을 B 상대로 제기하고, 그 물건을 B에게 매도했던 C가 B에게 보조참가하여, A의 소유권을 함께 다툰다고 하자. 여기서 A가 승소하면, B는 C에 대하여 담보책임(민§570이하)을 추궁하는 소송을 제기할 가능성이 있지만, 이 후속소송에서 C가 자신이 그 물건의 소유자라고 주장하는 것이 기판력에 의하여 방해받지는 않는다. 왜냐하면 C가 전소의 판결명의인이 아닐 뿐더러, 소유권 귀속은 전소판결의 이유 중의 판단에 불과하기 때문이다. 그렇다면, 후소법원이 C의 주장을 받아들일 수도 있는 것인가? 전소 절차에 참가한 C에게도 B의 패소에 대한 책임의 일부가 있음을 생각하면, 후소에서 C가 승소하는 결론은 형평에 맞다고 할 수 없다. 그래서 인정되는 것이 바로 참가적 효력이다.

이 효력에 따라, 전소의 패소원인이 된 판단에 관하여 후소법원 및 보조참가인이 다투지 못하게 된다. 즉 앞의 예에서 C는, A가 소유자라는 전소의 판단에 반하는 주장을 —이는 비록 이유 중의 판단이지만— 후소에서 B에 대하여 할 수 없다. 이 참가적 효력은 어디까지나 형평상의 효력이므로, 기판력과 달리 전소의 판결이유에까지 효력이 생겨도 무방한 것이다.

요컨대, 참가적 효력은 피참가인과 참가인 사이에만 생기고, 피참가인의 상대방과 참가인 사이에는 생기지 않는다(인적 범위). 그리고 참가적 효력은 판결주문에 대해서뿐만 아니라 판결이유 중의 사실상·법률상의 판단에도 미친다(물적 범위).[39]

(3) 기판력과의 비교

ⓐ 기판력은 —소송제도를 유지하기 위한 공권적 제도이므로— 직권조사사항이지만, 참가적 효력은 —형평상의 효력이므로— 당사자의 원용이 없으면 고려되지 않는 항변사항이다. ⓑ 기판력은 원칙적으로 원고–피고 간의 효력이지만, 참가적 효력은 참가인–피참가인 간의 효력이다(인적 범위). ⓒ 기판력은 판결의 주문 즉 결론부분에서만 생기는 효력이지만, 참가적 효력은 판결이유 중의 판단인 사실인정·법률판단에서도 생기는 효력이다(물적 범위). ⓓ 기판력은 원·피고 간의 주관적 사정을 고려하지 않고 일정하게 생기는 효력이지만, 참가적 효력은 아래 (4)에서 보듯이 패소에 대해 피참가인 단독책임으로 돌릴 사정이 있을 때에는 배제될 수 있는 효력이다.

(4) 참가적 효력의 배제

참가적 효력은 아래 중 하나에 해당하면 효력이 배제될 수 있다(§77). ⓐ 참가 당시의 소송정도로 보아서 참가인이 필요한 소송행위를 할 수 없었던 경우, ⓑ 피참가인의 행위와 어긋나게 되어 참가인의 소송행위가 효력을 잃은 경우, ⓒ 피참가인이 참가인의 소송행위를 방해한 경우, ⓓ 참가인이 할 수 없는 소송행위를 피참가인이 고의나 과실로 하지 아니한 경우가 그것이다. 그리고 위 ⓐ~ⓓ의 사정이 없었다면 전소송의 판결결과가 피참가인의 패소가 아니라 승소로 달라졌을 것임을 참가인이 주장·증명해야 한다(통설).

---

39) 판결이유 중의 모든 판단에 관하여 참가적 효력이 생기는 것은 아니다. 14-6-6-4의 85다카2091을 참조.

14-6-5 공동소송적 보조참가

14-6-5-1 의의

보조참가인 중에 기판력을 받는 자가 있다. 이런 경우에도 참가인이 피참가인에 대하여 종속적일 뿐이라고 하게 되면, 그 참가인은 절차권을 충분히 행사하지 못하는 채로 자기의 이익 내지 권리를 빼앗길 우려가 있다. 이처럼 기판력을 받는 보조참가인에게는, 필수적 공동소송인에 준하는 소송절차상의 권리를 줄 필요가 있다는 해석론이 오래 전부터 등장하여 널리 인정되었고 판례도 일찍부터 이를 수용하였으며(대판 52.8.19, 4285행상4; 62.5.17, 4294행상172 등), 2002년 개정시에 §78로 명문화되었다.

14-6-5-2 공동소송적 보조참가가 성립하는 경우

(1) 보조참가인 중에 기판력을 받는 자는 공동소송적 보조참가를 한다고 하는데, 기판력을 받는 경우에는 공동소송참가라는 제도가 있다. 그러면 공동소송참가를 하는 경우와 공동소송적 보조참가를 하는 경우는 어떻게 구분되는가? 공동소송참가는 기판력을 받는 자 중에서도 소송수행권(당사자적격)을 가지는 자가 제기하는 것이고, 공동소송적 보조참가는, 기판력을 받는 자가 참가하면 모두 이에 해당할 수 있다. 즉 공동소송참가를 할 수 있는 자의 범위는 공동소송적 보조참가를 신청할 수 있는 자의 범위보다 좁으며, 공동소송참가를 할 수 있는 자가 공동소송적 보조참가 신청을 하는 것은 적법하다.

가령 소수주주의 요건(발행주식의 1/1백, 상장회사이면 1/1만)을 못갖춘 주주가 주주대표소송에 참가할 때에는 공동소송참가신청은 할 수 없고 보조참가만 신청할 수 있다. 혼자서도 주주대표소송을 제기할 요건을 갖춘 주주가 —즉 당사자적격을 갖춘 자가— 선행소송에 참가할 때에는, 공동소송참가를 할 수도 있고 보조참가를 할 수도 있다. 이 선택은 스스로 하는 것이다. 위 각 경우에 보조참가신청을 하면, 이는 자동적으로 공동소송적 보조참가에 해당하게 된다.

즉 타인 간의 소송에 '보조참가'를 했을 때 그것이 통상적인 보조참가인지 공동소송적 보조참가인지는 —스스로의 선택에 따라 정해지는 것이 아니라— 그에게 기판력이 미치는지 여부에 따라서 객관적으로 결정된다(대판 13.3.28, 2011두

13729).

(2) 정리하자면, 보조참가인은 아래와 같이 3그룹으로 분류할 수 있다.

ⓐ 기판력을 받지 않는 자가 보조참가를 신청하면, 이는 공동소송적 보조참가가 될 수 없다.

ⓑ 위에서 보았듯이, 공동소송참가를 할 수 있는 자, 즉 애초에 소를 함께 제기했더라면 유사필수적 공동소송에 해당했을 자가 '보조참가'를 신청하면, 이는 공동소송적 보조참가에 해당하게 된다. 판례에 의하면, 압류·추심명령을 받은 집행채권자와 그 집행채무자는 제3채무자에 대한 소송에서 서로 간에 ⓑ에 해당한다(대판-전 25.10.23, 2021다252977).

ⓒ 공동소송참가를 할 수 없는 자이더라도, 기판력을 받는 자가 보조참가를 신청하면 이 역시 공동소송적 보조참가에 해당하게 된다. 예컨대 제3자 소송담당(4-7-3-1) 중 갈음형에 속하는 경우, 즉 파산재단 관련 소송에서 파산관재인, 회생채무자의 재산 관련 소송에서 관리인, 상속인이 존재불명한 경우의 상속재산관리인, 유증목적물 관련 소송에서 유언집행자 등이 소를 제기하고 나서 본래의 권리의무귀속주체가 보조참가를 하면, 이는 공동소송적 보조참가이다. 제3자 소송담당 중 병행형에 속하는 경우는 좀 더 검토를 필요로 하는데, 그에 관해 자세한 내용은 14-5-3-4를 참조.

14-6-5-3 공동소송적 보조참가인의 지위

공동소송적 보조참가인에 대해서는 필수적 공동소송인에 관한 §67와 §69를 준용한다(§78). 필수적 공동소송 중에서 유사필수적 공동소송에 해당한다(대판 13.3.28, 2011두13729). 따라서 통상적인 보조참가인에 비하여 다음과 같이 강한 소송수행상의 권한이 부여된다.

(1) 보조참가인의 종속성에 관한 §76②이 적용되지 않으므로, 참가인은 유리한 소송행위이면 피참가인의 행위와 어긋나는 행위를 할 수 있다. 이 유리한 행위는 피참가인에게도 효력을 가진다(§67①의 준용). 따라서 참가인이 상소를 제기한 경우에 피참가인이 상소권포기나 상소취하를 해도 상소의 효력은 지속된다(대판 17.10.12, 2015두36836). 재심의 소에서도 마찬가지로서, 재심의 소에 공동소송적 보조참가인이 참가한 후에는 피참가인이 그 참가인의 동의 없이 재심의 소를 취

하할 수는 없다(대판 15.10.29, 2014다13044). 자백, 청구의 포기·인낙, 화해·조정도 피참가인이 혼자서 할 수 없으며, 거꾸로 이를 참가인 혼자서도 할 수 없다.

(2) 그러나 1심에서의 통상의 소의 취하는, 피참가인이 공동소송적 보조참가인의 동의 없이도 할 수 있다(위 2011두13729). 그리고 참가할 때의 소송의 진행 정도에 따라 피참가인이 할 수 없는 행위를 참가인이 할 수는 없다(위 2014다13044).

(3) 참가인에게 소송절차 중단·중지 사유가 발생하면 소송절차는 정지된다(§67③의 준용).

(4) 참가인의 상소기간은 피참가인과 별도로, 참가인에 대한 판결송달시부터 따로 계산된다. 상고이유서 제출기간도 별도로 계산되므로, 참가인이 자기 제출기간 내에 상고이유서를 제출했으면, 피참가인의 제출기간이 이미 도과했더라도 위 제출은 적법하다(대판 12.11.29, 2011두30069).

14-6-6 소송고지

14-6-6-1 의의

소송고지(訴訟告知; Streitverkündung)란, 당사자 일방이 법률상의 방식에 따라서 소송계속사실을 제3자에게 알리고 참가를 촉구하는 행위이다(§84). 소송계속을 알리는 자를 고지자, 알림을 받는 자를 피고지자라고 한다.

소송고지는, 첫째로, 소송계속을 제3자에게 알려서 그의 참가기회를 실질화한다는 의의를 가진다. 소송법상 여러 참가형태가 마련되어 있지만, 이런 참가는 제3자가 타인 간의 소송계속을 알지 않으면 이용될 수 없다. 따라서 법은 소송고지 제도를 마련하여, 제3자가 자신과 관련 있는 타인 간의 소송계속을 알 수 있는 기회를 확대하려 한다. 둘째로, 소송고지는 고지자의 이익 역시 보호한다. 소송고지에 의하여 ―피고지자가 실제로 참가하든 말든― 고지자와 피고지자 사이에 참가적 효력이 발생하게 되므로, 고지자는 이 효력에 기하여 피고자자와의 후속소송을 유리하게 진행할 수 있게 된다. 이와 같이 소송고지는, 피고지자에게 이익이 되는 면과 불이익이 되는 면의 양쪽을 가지고 있다. 실무상으로는 둘째 목적으로 주로 이용된다.

14-6-6-2 요건

(1) 시기

소송계속 중에만 할 수 있다. 상소심 계속 중에도 할 수 있다. 반면에, 제소전화해절차, 조정절차, 중재절차, 가처분·가압류절차 중에는 할 수 없다.

(2) 고지자

고지를 할 수 있는 자는 계속 중인 소송의 원고·피고·참가승계인·인수승계인·독립당사자참가인·공동소송참가인·보조참가인을 모두 포함하며, 이들로부터 고지받은 피고지자도 다시 고지를 할 수 있다(§84②).

소송고지를 할지 여부는 고지자의 재량이나, 예외적으로 고지의무가 정해진 경우가 있다. 추심의 소(민집§238), 주주대표소송(상§404②), 비송사건에서 재판상의 대위(비송§49) 등이 있다.

(3) 피고지자

피고지자가 될 수 있는 자는, 그 소송에 참가할 수 있는 제3자이다. 보조참가를 할 수 있는 경우가 물론 중심이 되겠지만, 독립당사자참가·공동소송참가를 할 수 있는 자, 소송승계를 할 수 있는 자도 모두 피고지자에 포함된다.

14-6-6-3 방식

소송고지를 하려는 당사자는, 그 이유와 소송의 진행정도를 적은 서면을 법원에 제출하여야 하고(§85①), 법원은 그 서면을 피고지자 및 그 소송상대방에게 송달하여야 한다(§85②). 이 소송고지서를 제출받은 법원은, 그것이 방식에 맞는지를 조사하여 필요하면 보정을 명할 수 있고, 보정하지 않으면 각하할 수 있을 터이다.

14-6-6-4 효과

(1) 소송법상 효과

피고지자가 참가할지 말지는 그의 자유이다. 피고지자가 참가신청을 하면, 고지자는 참가에 대하여 이의할 수 없고 상대방은 이의할 수 있다. 참가를 하는 경우 —각각의 참가요건을 충족한다면— 어떤 방식의 참가를 할지도 참가인의 선택에 달려 있다. 당사자참가를 하면 기판력을 받고, 보조참가를 하면 참가적 효력을 받는다.

그러나 피고지자가 소송고지서를 적법하게 송달받고도 참가하지 않으면, 역시 참가적 효력을 받는다.[40] 즉 피고지자가 참가하지 아니한 경우라도 참가적 효력을 적용할 때에는 그가 참가할 수 있었을 때에 참가한 것으로 본다(§86). 즉 늦게 참가한 경우에도 본래 참가가능했던 시점에 참가한 것으로 본다.

참가적 효력 때문에 후소에서 주장할 수 없는 것은, 피고지자가 참가했더라면 상대방에 대하여 고지자와 공동이익으로 주장할 수 있었던 사항에 한정되고, 고지자와 피고지자 사이의 이해대립사항에 대해서는 참가적 효력이 생기지 않는다. 즉 도로 송수관로 공사의 주체인 A가 그 공사인부들의 과실로 사망한 C의 유족들이 제기한 손해배상소송에서 받은 패소판결 중에, A가 B에게 해당 공사를 도급하였다는 기재가 있더라도, A로부터 소송고지를 받은 B를 상대로 A가 구상금 청구를 한 후소에서 B가 자신은 수급인이 아니라고 다투는 것은 —공사수급 여부는 A,B 간에 이해가 대립되는 사항이므로— 가능하다(대판 86.2.25, 85다카2091).

(2) 실체법상 효과

소송고지에 채무의 이행청구의사가 담겨 있으면, 시효중단과 관련하여 '최고(催告)'로서의 효력이 있다(통설; 대판 15.5.14, 2014다16494). 그런데 최고의 시효중단효는 6월 내에 재판상 청구 등 강한 시효중단조치를 하지 않으면 소멸하는데(민 §174), 소송고지 후 고지자의 승패를 가르는 판결이 6월 후에 선고되면 그 때는 이미 소송고지가 무의미해지고 만다는 문제가 있다. 그래서 대법원은 당해 소송이 계속중인 동안은 고지자가 최고에 의하여 권리를 행사하고 있는 상태가 지속되는 것으로 보아서, 위 6월의 기간은 그 소송이 종료된 때로부터 기산된다고 보고 있다(대판 09.7.9, 2009다14340). 입법적으로는 소송고지를 독자적인 시효중단사유로 정할 필요가 있다.[41]

40) 한편 채권자대위소송에서 채무자가 소송고지를 받으면, 그는 이 소송의 계속사실을 알게 되므로, 그 판결의 기판력을 받는다(대판-전 75.5.13, 74다1664).

41) ZPO §204①vi를 참조. 독일의 2002년 개정민법은 시효장애의 중심을 시효정지로 옮겼고, 소송고지의 송달도 시효정지사유로 정했다.

14-7 소송승계

14-7-1 당사자변경의 개요

당사자변경이라 함은 —아주 넓은 의미에서는 소송참가 중 당사자참가까지 포함하기도 하지만— 일반적으로는 애초의 원고나 피고가 다른 사람으로 교체되거나 다른 사람이 그에 추가되는 것을 가리키는 개념이다. 원·피고의 실체법적 권리·의무가 승계됨에 따라 소송상 당사자가 변경되는 경우도 있고, 실체법적 권리·의무의 승계가 없는 경우도 있다. 전자를 '소송승계'라고 하고, 후자를 '임의적 당사자변경'이라고 한다.

임의적 당사자변경은 법이 원칙적으로 허용하지 않으며, 다만 예외적으로 일정한 경우에 한정하여 인정해 주는데, '피고의 경정', '필수적 공동소송인의 추가' 및 '예비적·선택적 공동소송인의 추가'가 그 예외이다. 이에 대해서는 14-8에서 본다. 민사소송법이 당사자변경의 주된 대상으로 규율하는 것은 '소송승계'이다. 이하에서 본다.

14-7-2 소송승계의 의의 및 종류

14-7-2-1 의의

소송계속의 발생부터 소송종료까지는 시간이 걸린다. 따라서 소송계속 중에 당사자가 사망하거나, 다툼의 대상이 된 물건(=계쟁물; 係爭物)이 양도되거나 하는 일이 있다. 이러한 경우에 상속인 및 계쟁물의 양수인을 당사자로 하는 소송을 새로 개시하도록 정한다면, 이는 비효율적이고 소송경제에 반할 뿐만 아니라, 패소할 가능성이 높은 경우에는 패소를 피하기 위하여 계쟁물을 양도하는 행동을 조장할 우려가 있다. 여기서, 원·피고의 상속인 및 계쟁물의 양수인 등이 종전 소송수행의 결과를 인계받도록 하기 위한 제도로서 마련되어 있는 것이 소송승계이다. 즉 소송승계란, 소송계속 중에 원·피고의 실체법적 권리·의무가 승계되는 경우에 이에 수반하는 당사자변경이다. 요컨대, 변론종결 전의 승계인은 소송을 승계하고, 변론종결 후의 승계인(11-8-2)은 기판력을 승계한다.

소송승계를 받으면, 신당사자는 피승계인(前主)의 소송상 지위를 그대로 승계하므로, 종전의 변론·증거조사·재판 및 종전의 소제기에 의해 생긴 시효중단·기간준수의 효과가 신당사자에게 미친다. 구당사자가 했던 자백에 반하는 주장, 실기한 공격방어방법의 제출 등 구당사자가 할 수 없는 행위는 신당사자도 할 수 없다.

14-7-2-2 종류

소송승계에는 당연승계, 참가승계, 인수승계의 3종이 있다. 당연승계는, 상속 및 합병 등으로 당사자 지위가 포괄적으로 제3자에게 승계된 경우(포괄승계)에 생기는 소송승계이다. 승계인은 특별한 절차를 요하지 않고 곧바로 당사자의 지위를 취득하므로 당연승계라고 부른다.

이에 대하여 참가승계와 인수승계는, 계쟁물의 양도 및 채무인수 등, 당사자의 특정한 권리의무관계가 제3자에게 승계되는 경우(특정승계)에 이용되는 소송승계수단이다. 참가승계는 승계인 측에서 적극적으로 종전의 소송의 결과를 인계받으려 할 때 이용되는 절차이고, 인수승계는, 상대방 당사자 측에서 승계인에게 종전의 소송결과를 인계시키기 위한 절차이다. 어느 쪽이든 승계인은 당연히 당사자의 지위를 취득하는 것이 아니라, 법정의 절차를 거쳐야만 지위를 취득한다는 점에서 당연승계와 구별된다.

14-7-3 당연승계

14-7-3-1 의의 및 원인

당연승계란, 실체법상의 포괄승계원인이 있는 때, 즉 상속이나 합병이 있을 때에 법률상 당연히 소송당사자가 교체되는 것을 가리킨다. 법은 상속·합병시에 대하여 소송절차의 중단·중지 및 소송절차의 수계(속행)에 관한 여러 규정을 두고 있지만(§233이하), 이들은 절차진행이라는 관점에서, 소송승계 제도는 당사자라는 관점에서 사태를 파악하므로 서로 차이가 있다. 예컨대 중단원인은 있지만 소송승계는 없는 경우도 있고(예: 소송능력 상실), 중단원인은 없지만 소송승계는 있는 경우도 있다(예: 사망시 소송대리인이 있는 경우).[42]

하지만 §233 이하의 소송중단 규정들 중 다수는 당연승계를 전제하고 있다. 당연승계 원인을 보면 다음과 같다. ① 당사자의 사망(§233), ② 당사자인 법인의

---

42) 사망자를 당사자로 한 소송에 대한 사망시기별 처리에 관해서는 4-3-4 참조.

합병에 의한 소멸(§234), ③ 당사자인 수탁자의 임무종료(§236), ④ 일정한 자격에 기하여 당사자가 된 사람의 자격상실(§237①), ⑤ 선정당사자 소송에서 선정당사자의 사망 또는 그 자격상실(§237②), ⑥ 당사자에 대한 도산절차의 개시·종료, 즉 파산의 선고 또는 해지(§239,§240), 회생절차개시결정 및 회생절차종료(채회 §59).[43)]

14-7-3-2 소송상 취급

(1) 당연승계 원인이 발생하면 소송이 즉시 승계인에게 넘어가지만, 그가 곧바로 소송수행을 하도록 준비되어 있지는 않다. 그래서 법은 일단 소송절차가 중단된다고 정하고 수계절차를 밟아서 속행하도록 정했다. 다만 소송대리인이 있는 경우에는 소송절차가 중단되지 않는다는 점은 앞에서 보았다(7-4-2-2). 수계신청은 승계인 자신이 할 수도 있고, 상대방이 할 수도 있으며(§241), 수계신청이 있으면 법원은 이를 직권으로 조사하여 이유가 없다고 인정한 때에는 결정으로 기각해야 한다(§243). 기각결정에 대해서는 통상항고를 할 수 있다(§439). 수계신청이 적법하면 —수계허가결정을 할 수도 있고— 별도의 결정 없이 승계인으로 하여금 소송수행을 하게 해도 된다(대판 84.6.12, 83다카1409). 수계를 하지 않은 경우에는, 그 소송은 중단상태로 사망 당시의 심급법원에 그대로 남는다. 일부 상속인이 수계하고 다른 상속인이 수계하지 않은 경우에는, —소송목적이 공동상속인들 전원에게 합일확정되어야 하는 경우가 아닌 이상— 그 비수계상속인에 대해서만 사망 당시의 심급법원에 소송이 그대로 남는 것이 된다.

(2) 참칭수계인이 수계신청을 한 경우 등 수계신청이 부적법한데도 법원이 이를 간과한 경우에 어떻게 처리할지의 문제가 있다. 우선 종국판결 전에 그 부적법함이 밝혀진다면, —소각하설, 신청각하설 등도 있으나— 수계허가결정을 취소하고 수계신청을 기각해야 한다(대판 81.3.10, 80다1895).[44)] 다음으로, 수계신청 부적법을 간과한 채로 종국판결이 선고되고 상소심에서 그 부적법함이 밝혀진 경우에는, 상소법원은 그 원심판결을 취소·파기하고, 수계허가결정을 취소하고 수계신청을 기각한 다음, 원심법원으로 환송해야 한다(대판 02.10.25, 2000다21802).

---

43) 각 사유별 설명은 7-4-2-1 참조.

44) 이 판결이 "수계신청을 각하해야" 한다고 판시했음을 이유로 신청각하설을 주장하는 견해도 있으나, §243에서 명문으로 "기각"이라고 한 이상, 위 판시는 오기라고 보아야 한다. 참고로 일본 민사소송법 §128①은 '각하'하도록 하고 있다.

14-7-4 특정승계

14-7-4-1 의의

소송계속 중의 실체법상 권리·의무의 특정승계에 수반하는 소송법상 당사자의 변경을 특정승계라고 한다. 그 대표적인 사유가 '소송물의 양도'이다. 소송물 양도가 있으면, 당사자를 승계인으로 바꾸어야 한다(§81,§82).

소송물 양도를 어떻게 처리할지에 대한 입법례는 다양하다. 로마법 등 과거 법제 중에는 일단 소송대상이 된 권리 자체 또는 그 권리의 대상물에 대해서는 양도를 금지하는 입장(양도금지주의)도 있었지만, 이는 거래자유에 대한 지나친 제한이므로 현재 이를 채택하는 입법례는 없다. 각국의 입법례는 당사자항정주의(當事者恒定主義)와 소송승계주의(訴訟承繼主義)로 갈린다. 당사자항정주의는 독일 민소법이 채택한 것으로, 소송물 양도가 있어도 당사자변경 없이 종전 당사자가 그대로 승계인을 위해 소송수행권을 가지고 그 판결의 효력을 승계인에게 미치게 하는 제도이다. 한국·일본은 소송승계주의를 취했는데, 이에 의하면, 소송물 양도가 있는 경우 소송당사자를 승계인으로 바꾸어야 하며, 바꾸지 않고 종전 당사자가 판결을 받으면 그 판결의 효력이 승계인에게 미치지 않는다.[45] 만약 소송물 양도가 밝혀졌는데도 소송승계를 하지 않으면, 원고가 이미 권리자가 아니거나 피고가 이미 의무자가 아니게 되었으므로, 법원은 청구기각판결을 한다.

소송승계주의 하에서는 소송계속 중 피고가 원고 몰래 소송물을 양도해 버리면, 원고가 승소판결을 받더라도 무의미해져 버리는 문제가 있으므로, 이를 보완하기 위한 제도로 가처분과 추정승계인 제도가 마련되어 있다. 즉 원고가 가령 이전등기청구를 하면서 처분금지가처분을 받아두거나, 건물인도청구를 하면서 점유이전금지가처분을 받아 두면 피고가 소유권을 양도하거나 점유를 이전해도 원고가 보호받을 수 있게 된다. 또 변론종결 전의 승계사실을 당사자가 진술하지 않으면, 그 승계는 변론종결 후에 있는 것으로 추정하여 그에게 판결의 효력을 미치게 하였다("추정승계인"; 11-8-2-5).

---

45) 참고로 미국 연방민사소송규칙은 양 주의를 병용하고 있다(FRCP§25ⓒ). 즉 승계신청을 할 수 있되, 승계 전까지는 종전 당사자가 소송수행권을 갖는 것으로 본다.

14-7-4-2 승계원인

승계원인인 소송물의 양도라 함은, 소송계속 중의 실체법적 권리 · 의무의 전부 또는 일부의 특정승계를 말한다. 사인 간의 법률행위(매매 등)에 의한 경우가 많겠지만, 이에 한하지 않고, 법률의 규정(대위에 의한 이전), 행정처분, 집행처분(매각허가결정 또는 전부명령)도 이에 해당한다.

본조에서의 승계인의 범위는 변론종결 후 승계에 따른 기판력이 미치는 범위와 같게 보아야 하므로, §218의 '변론종결후 승계인'과 범위가 같다(동일설[46]; 대판 71.7.6, 71다726; 대결 83.3.22, 80마283).

(1) 소송물인 권리 · 의무 자체가 승계된 경우 : 가령 소유권확인청구소송에서 원고의 소유권이 제3자에게 양도된 경우, 대여금청구소송에서 대여금채권이 제3자에게 양도된 경우, 채무이행소송에서 피고로부터 채무가 제3자에게 면책적으로 인수된 경우 등이 그 예이다.

(2) 계쟁물에 대한 당사자적격이 승계된 경우 : 변론종결후 승계인(11-8-2-2)에서 설명한 '적격승계설'에 기할 때, 소송물 자체가 아니더라도 계쟁물에 관하여 분쟁의 주체인 지위를 승계한 사람이 이에 해당한다.

---

46) 변론종결후 승계인(분쟁주체지위 승계인)을 옛 용어로 적격승계라고 하므로, 동일설을 적격승계설이라고 부르기도 한다. 이시윤 867; 김홍엽 1170 등(다수설이자 판례). 이와 반대로, §218의 변론종결후 승계인의 범위보다 더 넓게 보아야 한다는 견해(비동일설)도 있다(정동윤 1168 등). 비동일설의 설명을 보면, 양자의 범위는 그 두 가지 문제의 발생단계가 다르므로 서로 다를 수 있다는 서술, 변론종결후 승계인에 관하여 적격승계설을 취하면서도 이는 소송승계에서의 분쟁주체지위승계설과 내용이 다르다고 보는 서술 등 다양한 설명이 있다. 또한 비동일설에서는, 절차보장 가능성이 낮은 변론종결후 승계인에 대해서는 기판력 확장을 엄격히 보아야 하지만, 변론종결 전에는 이른바 추가적 승계 등에서도 소송승계를 인정하여 관련자들의 소송참여기회를 넓히는 것이 좋다고 주장하며 이를 비동일설의 논거로 내세운다. 가령 원고가 채권적 청구권에 기하여 이전등기청구를 함에 있어서, 피고로부터 소유명의를 이전받은 제3자도 소송승계인으로 보자는 것이다.

그러나 §81, §82의 소송승계는 §218의 변론종결후 승계인과 —변론종결 전후를 기준으로— 서로 짝을 이루는 제도이므로, 양자의 범위를 다르게 보는 것은 타당하지 않다. 즉 양자의 범위 문제란, 기판력이 미치는 범위가 변론종결전 및 변론종결후에 각각 적용되는 문제이므로, 소송승계에서의 승계인의 범위와 변론종결후 승계인의 범위가 같아야 함은 대전제라고 보아야 한다. 또한 본래 분쟁주체지위승계설은 —판례 · 다수설인 적격승계설과 다른 입장이 아니라— 적격승계설이라는 명칭이 부적절하다고 해서 다르게 부르는 이름일 뿐이다. 그리고 판례는 확실하게 동일설을 취하고 있다(대결 83.3.22, 80마283).

이와 같은 분쟁주체지위 승계자 중에서 소송승계가 가능한 경우는 —변론종결후 승계인에 대한 설명(11-8-2-4)에서 본 바와 같이— 소송물이 물권적 청구권인 때이다. 소송물이 물권적 청구권인 사례를 보자면, 물권에 기한 건물인도소송에서 피고로부터 건물점유를 승계한 제3자, 소유권에 기한 방해배제로서 구하는 등기말소소송에서 피고로부터 소유권이전등기를 받은 사람, 토지소유권에 기한 건물철거소송에서 피고로부터 건물을 양수한 사람 등이 있다. 즉 이들에 대해서는 소송승계원인이 발생한다. 반면에 소송물이 채권적 청구권인 경우를 보면, 채권적 청구권에 기한 건물인도소송에서 피고로부터 건물점유를 승계한 사람, 채권적 이전등기청구권에 기한 소유권이전등기소송에서 피고로부터 등기명의를 이전받은 사람 등이 있는데, 이들에 대해서는 소송승계원인이 발생한 것이 아니므로, 승계대상자가 아니다. 자세한 내용은 변론종결후 승계인(11-8-2-2 & 11-8-2-4)을 참조.

14-7-4-3 승계방식 1 : 참가승계

(1) 개요

소송물 양도시 승계절차에는 참가승계(=승계참가)와 인수승계(=승계인수)가 있다. 참가승계는 승계인이 자발적으로 소송에 들어오는 방식이고, 인수승계는 기존 당사자가 승계인을 강제로 소송에 끌어들이는 방식이다. 비록 승계원인이 발생했더라도 참가승계·인수승계를 선택할지 별소제기를 선택할지는 당사자 및 승계인의 자유이다.

(2) 참가승계의 의의 및 요건

소송계속 중에 제3자가 소송목적인 권리·의무의 전부나 일부를 승계하였다고 주장하며 소송에 스스로 참가하는 방식이다(§81). '소송계속 중'의 승계에 적용되는 것이므로, 소제기 전에 이미 소송물인 권리가 양도된 경우에는 참가승계신청이 부적법하다(대판 83.9.27, 83다카1027). 가령 토지소유자 A가 건물소유자인 B를 상대로 건물철거소송을 하는 중에 A로부터 토지를 양수한 C가 승계신청을 하는 것이 참가승계이다. 조문상 의무의 승계인이 참가승계 신청을 하는 것도 가능하도록 정해졌지만, 참가승계는 실질적으로 권리의 승계인을 염두에 둔 제도이다.

권리승계인의 참가신청은 소제기에 해당하고, 그 참가요건은 소송요건에 해당하므로, 요건구비 여부는 직권조사사항이며, 참가요건에 흠이 있으면 판결로 각하해야 하는 것이지 재판장 명령으로 참가신청을 불허할 수는 없다(대결 07.8.23, 2006마1171). 참가요건에 맞는 승계인에 해당하는지 여부는 주장 자체로 판단할 일이고, 본안에 관한 심리 결과 승계사실이 인정되지 않는 때에는 청구기각 판결을 해야 한다.

(3) 신청방법 및 판단

참가승계신청은 사실심 변론종결시까지만 가능하므로, 상고심에서는 이를 할 수 없다(대판 02.12.10, 2002다48399). 참가승계는 독립당사자참가의 방식에 따르므로(§81,§79), 원칙적으로 서면에 의하여 참가취지 및 참가이유를 명시해야 한다. 신청방식을 독립당사자참가에 따른다는 것이지, 독립당사자참가와는 별개의 제도이며, 참가승계가 있고 기존 당사자가 탈퇴하지 않으면 필수적 공동소송이 된다(대판-전 19.10.23, 2012다46170). 다만 예외적으로 피참가인이 승계사실을 다투면 독립당사자참가와 소송형태가 같아질 수도 있다(대판 75.11.25, 75다1257).

승계참가신청의 참가요건에 흠이 있으면 판결로써 각하해야 한다(위 2006마1171). 그러나 승계적격의 흠이 명백하지 않은 이상, 승계인 해당 여부는 승계참가인의 청구의 당부와 관련하여 판단해야 하며, 따라서 그 심리 결과 승계사실이 인정되지 않으면 —승계신청 각하가 아니라— 승계참가인의 청구를 기각하는 판결을 해야 한다(대판 14.10.27, 2013다67105). 그리고 1심 법원이 승계참가인의 참가신청과 피참가인의 소송 탈퇴가 적법함을 전제로 승계참가인과 상대방 사이의 소송에 대해서만 판결을 하였는데 항소심에서 승계참가인의 참가신청이 부적법하다고 밝혀진 경우에는, —피참가인과 상대방 사이의 소송은 여전히 1심에 계속되어 있으므로— 항소심은 1심판결을 취소하고 참가신청을 각하할 일이지, 피참가인의 청구에 대해 심리·판단해서는 안 된다(대판 12.4.26, 2011다85789).

(4) 효과

참가승계신청을 하면, 당초의 소제기시에 소급하여 시효중단·기간준수의 효과가 생긴다(§81). 조문은 "처음 계속된 때"에 소급한다고 표현하고 있지만, 이는 잘못 적은 것이고 소제기시가 맞다는 것이 통설·판례이다(대판 03.2.26, 2000다42786).

14-7-4-4 승계방식 2 : 인수승계

(1) 인수승계의 의의

소송계속 중에 제3자가 소송목적인 권리·의무의 전부나 일부를 승계한 때에 기존의 원·피고가 그 제3자를 기존 소송에 끌어들이는 방식이다(§82). 가령 토지소유자 A가 건물소유자인 B를 상대로 건물철거소송을 하는 중에 C가 B로부터 건물을 양수한 경우에, A는 C를 새 피고로 삼겠다는 신청을 하게 된다. 조문상 권리의 승계인에 대하여 기존 원·피고가 인수승계 신청을 하는 것도 가능하도록 정해졌지만, 인수승계는 실질적으로 의무의 승계인을 염두에 둔 제도이다.

(2) 요건

인수승계신청 역시 사실심 변론종결시까지만 가능하므로, 상고심에서는 이를 할 수 없다. 인수승계로는 우선, 채무의 면책적 인수와 같이, 피고 쪽의 의무를 제3자가 교환적으로 인수하는 경우가 있다(이른바 "교환적 인수"). 실무상 실제로 등장하는 경우는 주로 "추가적 인수"인데, 그 개별 사안에서 인수승계가 허용되는지 여부는, 그 승계인이 '변론종결후 승계인으로서 기판력이 미치는 자'에 해당하느냐에 따라 판단할 일이다. 가령 채권적 청구권에 기한 이전등기청구소송 중에 피고로부터 이전등기를 받은 제3자에 대하여는 인수승계가 허용되지 않는다(대결 83.3.22, 80마283). 분쟁의 1회적 해결을 위하여, 가령 건물철거 및 토지인도청구 소송계속 중에 피고가 그 건물에 입주시킨 제3자에 대하여 퇴거청구를 하려는 사례에서 인수승계신청을 허용해야 한다는 견해도 있으나, 인수승계 제도가 §218의 변론종결후 승계인 제도와 서로 짝을 이룬다는 점을 고려하면,[47] —위 사례는 별소제기·변론병합으로 대처하면 되고— 인수승계제도 자체의 범위 확대가 타당한지는 의문이다. 한편 기존 소송물과 전혀 별개인 청구를 하기 위한 인수승계는 허용되지 않으므로, 건물철거를 구하던 원고가 건물소유권을 양수한 제3자에게 말소등기의무의 이행을 구하여 인수승계 신청을 하는 것은 불가하다(대결 71.7.6, 71다726).

(3) 신청방법 및 판단

인수승계신청은 서면이나 구술로 할 수 있다. 피승계인의 상대방만이 인수승계신청을 할 수 있는 것은 아니고, 피승계인도 인수승계신청을 할 수 있다. 즉

---

47) 14-7-4-2의 "동일설"에 대한 각주 참조.

원고A의 피고B에 대한 소송계속 중에 B→C로 의무가 승계되었다면, A나 B가 인수승계신청을 할 수 있다. 이 신청에 대해서는 허부를 불문하고 결정을 해야 한다(§82②). 즉 신청이 이유 있으면 인용결정을, 이유 없으면 기각결정을 한다.

신청의 당부를 신청인의 주장만으로 판단하는 것은 참가승계에서와 같다. 주장 자체로는 승계인에 해당하여 신청인용결정이 내려졌으나, 그 후 심리결과 승계사실이 인정되지 않는 경우에는 인수승계인에 관하여 청구기각의 본안판결을 내려야 한다(통설; 대판 05.10.27, 2003다66691).

(4) 효과

인수한 승계인은 피승계인의 소송상 지위를 —유리하든 불리하든— 그대로 물려받는다. 애초의 소제기에 의한 시효중단·기간준수의 효과도 승계인에게 미친다(§82③).

14-7-4-5 피승계인의 지위 및 소송탈퇴

적법한 참가승계나 인수승계가 있으면 기존 당사자는 —당사자적격이 없어지므로— 소송에서 탈퇴할 수 있다. 다만 기존 상대방의 승낙이 필요하다(§82③,§80). 판결은 탈퇴한 당사자에게도 미친다(§82③,§80).

권리·의무 중 일부만 승계되거나 승계의 효력이 다투어지는 때에는 탈퇴는 생기지 않는다. 피승계인의 소송탈퇴에 상대방이 승낙하지 않는 경우에도 탈퇴는 없다. 승계의 효력이 다투어지거나, 혹은 피승계인이 승계에 대해 다투지 않으면서도 소송탈퇴·소취하 등을 하지 않는 등의 이유로 피승계인이 소송에 남아 있다면, 피승계인과 승계인 간에는 필수적 공동소송에 관한 §67가 적용된다(대판-전 19.10.23, 2012다46170: 통상공동소송이라고 했던 판례를 변경).

14-8 임의적 당사자변경

14-8-1 의의

실체법적 권리·의무의 승계가 없는데도 행하는 당사자변경을 '임의적 당사자의 변경'(gewillkürte Parteiänderung)이라고 한다. 임의적 당사자변경의 허부에 관하여는 아래와 같이 논란이 있다.

14-8-2 인정 여부

민사소송법은 원래 임의적 당사자변경을 일체 허용하지 않고 있었으나, 1990년 개정시 피고경정(§260)과 필수적 공동소송인의 추가(§68)를 도입하였고, 2002년 개정시 예비적·선택적 공동소송인의 추가(§70)를 도입하였다. 판례는, 이러한 명문의 규정이 없는 한 임의적 당사자변경은 인정할 수 없다고 한다(대판 94.10.11, 94다19792).

현재 다수설은, 법인을 피고로 삼아야 함에도 착오로 대표자 개인을 피고로 삼은 경우 등에서 임의적 당사자변경이 인정되면 간단히 처리할 수 있는데 그것이 인정되지 않으면 별소를 제기하는 등 소송불경제를 초래한다는 이유를 들어, 임의적 당사자변경을 허용해야 한다고 한다. 그러나 당사자변경을 자유롭게 허용하면 ⓐ 소송절차의 진행에 혼란을 초래할 수 있는 점, ⓑ 상대방의 방어권 행사에 지장을 줄 우려가 있는 점, ⓒ 임의적 당사자변경을 어떤 범위에서 어떤 기준으로 허용할지도 불분명한 점, ⓓ 현행법상 3가지 유형에서 임의적 당사자변경이 허용되고 있고 또한 판례법상 인정되는 당사자표시정정도 있어서, 실무상 임의적 당사자변경을 일반적으로 인정해야 할 필요성이 뚜렷하지 않은 점 등을 고려하면, 판례와 같이 허용하지 않음이 타당하다(同旨: 헌재 03.12.18, 2001헌마163; 김홍엽 1155).

14-8-3 민사소송법이 인정하는 경우

14-8-3-1 피고의 경정

(1) 요건

원고가 피고를 잘못 지정한 것이 분명한 경우에는 제1심 법원은 변론을 종결할 때까지 원고의 신청에 따라 결정으로 피고를 경정하도록 허가할 수 있다(§260①).

ⓐ 피고를 잘못 지정한 것이 분명한 경우라야 한다. 피고의 동일성을 변경하는 것이어서, 피고 동일성 유지를 전제로 표시를 바꾸는 당사자표시정정과 다르다. 판례는, 청구취지·청구원인의 기재내용 자체로 보아 원고가 법률적 평가를

그르치는 등의 이유로 피고의 지정이 잘못된 것이 명백하거나 법인격의 유무에 관하여 착오를 일으킨 것이 명백한 경우 등을 말하고, 나중에 증거조사 결과 드러난 사실관계에 비추어 피고의 지정이 잘못된 경우에는 이 요건을 충족하지 못한다고 보았다(대결 97.10.17, 97마1632). ⓑ 소송물의 변경이 있어서는 안 된다(통설). ⓒ 피고가 본안에 관하여 준비서면을 제출하거나, 변론준비기일에서 진술하거나 변론을 한 뒤에는 그의 동의를 받아야 한다(§260①단서). 피고경정신청서가 구피고에게 송달된 날부터 2주 이내에 그가 이의를 제기하지 아니하면 위 동의를 한 것으로 본다(§260④). ⓓ 1심 변론종결전까지 신청해야 한다.

(2) 신청 및 허부결정

피고경정신청은 '신소제기 + 구소취하'이므로 서면으로 신청해야 한다(§260②). 그 신청서는 피고에게 송달해야 하는데, 다만 피고에게 소장부본을 아직 송달하지 않은 경우에는 그렇지 않다(§260③). 경정신청에 대하여 법원은 결정으로 허가 여부의 재판을 하여야 하고, 그 결정은 피고에게 송달해야 한다(§261①). 다만 신피고에 대해서는, 경정허가를 한 때에 한하여 그 허가결정의 정본과 소장부본을 송달해야 한다(§261②). 경정불허가결정에 대해서는 불복할 수 있지만, 경정허가결정에 대해서는 원칙적으로 불복할 수 없으며, 다만 피고응소 후라서 피고동의가 있어야 하는데 그 동의가 없이 허가결정이 되었음을 이유로 해서만 불복할 수 있다(§261③).

(3) 효과

경정허가결정이 있으면 종전 피고에 대한 소는 취하된 것으로 본다(§261④). 피고경정도 신피고에 대해서는 소제기이므로, 이에 따른 시효중단·기간준수의 효과는 경정신청서 제출시에 발생한다(§265). 판례상의 당사자표시정정은 표시착오를 이유로 하는, 즉 당사자동일성 유지를 전제로 하는 것이기는 하지만, 실제로 같은 사례에서 당사자표시정정과 본조의 피고경정이 모두 적용될 수도 있는데, 이때 당사자표시정정에 의하면 시효중단·기간준수의 효과가 애초의 소제기시로 인정되므로 원고에게 더 유리하다. 입법론상으로는, 이왕 피고경정 제도를 도입하는 마당이라면 —그리고 요건을 현재처럼 엄격히 운용한다면— 시효중단·기간준수의 효과를 구소제기 시점으로 정하는 것이 옳다. 참고로, 행정소송법 §14④은 피고경정시에 소제기효과가 구소제기시로 소급한다고 정하고 있다.[48]

종전 피고의 소송수행결과는 신피고에 의한 원용이 없는 한 그에게 효력이 없다. 그러나 신피고가 사실상 구소송절차에 관여하여 왔고 구피고의 소송수행이 신당사자의 소송수행과 동일시될 때에는, 원용 없이도 구소송의 수행결과가 신피고에게 미친다는 견해가 다수설이다.

14-8-3-2 필수적 공동소송인의 추가

(1) 요건

필수적 공동소송인 가운데 일부가 누락된 경우에는 제1심 변론종결시까지 원고의 신청에 따라 결정으로 원고 또는 피고를 추가하도록 허가할 수 있다(§68).

ⓐ 고유필수적 공동소송인 가운데 일부가 누락된 경우라야 한다. 유사필수적 공동소송에서는 일부 당사자가 누락되어도 당사자적격에 흠이 생기지 않으므로, 본조가 적용되지 않는다(통설; 대판 09.5.28, 2007후1510). ⓑ 추가되는 신당사자가 종전 당사자와 공동소송인이 되므로, 공동소송 요건을 갖추어야 한다. ⓒ 원고 쪽에도 피고 쪽에도 각각 추가할 수 있으나, 원고 쪽에 추가하는 경우에는 추가될 신원고의 동의가 있어야 한다(§68①단서). 신원고에게 절차보장을 해 주기 위한 요건이다.

판례에 의하면, 본조는 애초부터 당사자를 빠뜨린 경우에 적용하는 것이고, 예컨대 공유물분할청구소송에서 애초에는 누락이 없다가 소송계속 중 일부 공유자의 지분양도로 인하여 당사자 누락이 생긴 경우에는, 참가승계나 인수승계에 의하여 해결되어야 한다고 한다(대판 14.1.29, 2013다78556)(14-3-4-2 참조).

(2) 신청 및 허부결정

공동소송인 추가는 신당사자에 대한 관계에서는 신소제기이므로, 이 추가신청은 서면으로 해야 한다. 이에 대해 법원은 허부결정을 한다. 허가결정을 한 때에는 허가결정 정본을 당사자 모두에게 송달해야 하며, 추가될 당사자에게는 소장부본도 송달해야 한다(§68②). 불허가결정 즉 신청기각결정에 대해서는 즉시항고를 할 수 있지만(§68⑥), 허가결정에 대해서는 원칙적으로 불복할 수 없으며, 다만 원고쪽 추가의 경우 신원고 동의가 있어야 하는데 그 동의가 없이 허가결정이 되었음을 이유로 해서만 즉시항고를 할 수 있다(§68④). 즉시항고는 집행정지

---

48) 가사소송법 §15②도 참조.

의 효력을 가지지 아니한다(§68⑤).

(3) 효과

공동소송인이 추가된 경우에는 처음의 소가 제기된 때에 추가된 당사자와의 사이에 소가 제기된 것으로 보므로(§68③), 시효중단 · 기간준수의 효과는 애초의 제소시로 소급한다(피고경정과 다름). 필수적 공동소송인의 추가이므로, 종전 공동소송인의 소송수행 결과는 유리한 소송행위의 범위 한도에서 신당사자에게도 효력이 미친다(§67① 참조).

14-8-3-3 예비적 · 선택적 공동소송인의 추가

2002년 개정법이 예비적 · 선택적 공동소송을 신설하면서, 바로 앞에서 본 필수적 공동소송인의 추가 조항(§68)도 예비적 · 선택적 공동소송에 준용하였다(§70①). 따라서 소송계속 중에 기존 당사자와 예비적 · 선택적 공동소송인 관계에 있는 사람을 추가할 수 있다. 소송진행 중에 밝혀진 상황을 반영할 수 있도록 하겠다는 것이 입법취지이다.

14-9 선정당사자

14-9-1 의의

선정당사자란, 공동의 이해관계(=공동의 이익)를 가지는 여러 사람이, 자기들 중에서 모두를 위하여 당사자가 될 사람을 선정하고 그에게 소송수행을 맡길 수 있도록 한 제도이다(§53). 이 경우 선정한 쪽을 선정자, 선정되어 당사자가 되는 쪽을 선정당사자라고 부른다. 선정자의 선정행위에 기하여, 선정당사자가 선정자를 위한 소송담당자로서 소송수행을 하는 것이므로, 임의적 소송담당(4-7-3-3)의 일종이다. 선정당사자 제도를 이용하느냐 마느냐는 공동의 이해관계를 가진 여럿의 자유이다.

공동의 이해관계를 가지는 다수인이 그대로 공동소송인으로 소송수행을 하게 되면 절차진행이 복잡해지고 부담이 커지므로, 당사자를 소수로 줄임으로써 소송절차를 단순화시킬 수 있도록 한 것이다. 영국의 대표소송 제도가 일본을 통해 도입된 것으로서, 실무상 종종 이용된다.

14-9-2 요건

(1) 공동소송을 할 다수인이 있을 것

원고쪽이 여럿이든 피고쪽이 여럿이든 상관없으며, 이들이 공동소송인이 될 관계에 있어야 한다. 2사람 이상이면 여기의 여럿에 해당한다. 비법인사단은 이미 그 자체로 당사자능력을 가져서 1인이므로, 비법인사단을 이미 구성한 사람들이 선정당사자 제도를 이용할 수는 없다. 조합관계에 있는 사람들은 —조합에 당사자능력이 인정되지 않아서 조합원들 모두가 공동소송인이 되어야 하는 불편이 있으므로— 이 제도를 이용할 이익이 있다.

(2) 공동의 이해관계가 있을 것

어떤 경우에 공동의 이해관계를 인정할 수 있을지에 관해서는, 우선 ⓐ 소송목적이 합일확정되어야 하는 공동소송을 할 수 있는 관계(§67)이면 이에 해당한다. 그리고 ⓑ 서로간에 공동소송인이 될 관계에 있고 소송목적인 권리·의무가 공통되는 경우(§65제1문)이면 이에 해당한다. 그 다음으로 ⓒ 소송목적인 권리·의무가 —공통되는 것이 아니라— 동종인 경우(§65제2문)에는 그것만으로는 부족하고 주요한 공격방어방법을 공통으로 하는 관계여야 비로소 선정당사자를 이용할 수 있다는 것이 판례이다(대판 97.7.25, 97다362; 07.7.12, 2005다10470). 예컨대 동일 주택의 여러 임차인들의 임차보증금 반환청구소송에서, 쟁점이 과연 피고가 계약당사자인 임대인인지로서 공통된다면, 위 ⓒ에 해당하여 공동의 이해관계가 있다고 했다(대판 99.8.24, 99다15474).

소송목적인 권리·의무가 '동종'일 뿐인 경우에는, 공통된 공격방어방법이 없으면, 선정당사자가 선정자를 하나하나 제대로 대표하지 못하는 상황이 생기고, 따라서 선정자들에게 피해가 갈 수도 있으며, 주장과 증거의 제출을 모아서 한다는 제도의 취지도 달성하기 어려워지므로, 판례의 기준은 타당하다.

(3) 공동의 이해관계 있는 사람 중에서 선정할 것

이 요건을 요구하지 않으면, 제3자를 선정함으로써 변호사대리 원칙을 잠탈할 수 있기 때문이다. 공동의 이익을 가진 자들 중에 선정당사자를 뽑고 나면, 선정자 명단에 선정당사자로 뽑힌 사람도 포함시키느냐는 기재상의 문제가 있는데, 판례는 이를 긍정한다(대판 11.9.8, 2011다17090).

14-9-3 선정방법

(1) 선정행위의 성격 및 방법

선정을 하는 행위는, 선정자가 선정당사자에게 소송수행권을 수여하는 단독 소송행위이다. 소송행위이므로 소송능력이 있어야 선정을 할 수 있고, 선정에 조건을 붙여서는 안 된다. 따라서 권한에 제한을 주는 선정, 가령 화해를 할 수 없다든지 하는 선정은 불가하다. 선정사실은 서면으로 증명해야 하므로(§58), 선정서를 작성하여 제출해야 한다.

선정은 각 선정자가 개별적으로 하는 것이지, 전체 공동소송인이 다수결로 정해서는 안 된다. 가령 A~J의 10인의 원고들 중 A~F 6인은 A를 선정당사자로, G~I 3인은 G를 선정당사자로 뽑자고 각각 주장하고, J는 뽑지 말자고 주장하면, —그래서 A,G를 각각 선출한다면— 결국 A,G,J의 3인이 원고로서 소송수행을 하는 것이지, 다수결로 A가 선정되어 A만이 원고가 되는 것이 아니다. A,G,J 간의 관계는 —원래 A~J가 필수적 공동소송 관계가 아닌 한— 통상공동소송 관계이다. 한편, 선정당사자를 1인으로 정할 필요는 없으므로, 위의 예에서 A~F가 A,B 2인을 선정당사자로 선정해도 된다.

(2) 심급을 한정한 선정의 가부(可否)

조건을 붙인 선정이 불가함에 비추어, 다만 심급을 한정한 선정도 불가한지의 문제가 있다. 심급대리 원칙을 적용받는 소송대리인 선임과 달리, 선정당사자 선정은 소송종료시까지 소송수행권을 수여하는 행위로 해석됨이 원칙이다. 하지만, 당사자 선정을 취소·변경할 수 있음에 비추어, 판례는 심급을 한정한 선정도 가능하다고 한다. 별도의 명시적 약정이 없다면, 심급한정이 없는 선정으로 해석된다(대판 03.11.14, 2003다34038).

(3) 선정의 시기

선정은 소송계속 전에도 할 수 있고 소송계속 후에도 할 수 있다. 소송계속 후 선정을 하면, 선정자는 소송에서 당연히 탈퇴하게 된다(§53②).

14-9-4 선정의 효과

14-9-4-1 선정당사자의 지위

선정당사자는 대리인이 아니라 당사자본인이다. 따라서 소송대리권의 범위제한(§90)을 받지 않으므로, 특별수권 없이도 소취하, 화해, 청구의 포기·인낙, 상소제기 등을 할 수 있다(대판 15.10.15, 2015다31513). 선정자들이 선정당사자의 권한을 제한하는 내부적 약정을 하더라도, 그 제한으로써 법원이나 상대방에게 대항할 수 없다. 따라서 선정당사자의 소취하가 개별 선정자의 동의를 받지 않고 한 것이더라도 유효하다(대판 12.3.15, 2011다105966). 그러나 선정당사자가 수권 없이 소송대리인인 변호사와 맺은 보수약정은 —소송위임에 필수적으로 수반되어야 하는 것은 아니라고 보아서— 선정자들에 대한 관계에서는 효력이 없다는 것이 판례이다(대판 10.5.13, 2009다105246).

같은 선정자단에서 수인의 선정당사자가 선정되면, 그 선정당사자들은 소송수행권을 합유하는 관계에 있다. 즉 그들 간에는 필수적 공동소송이 된다(14-3-2-2). 서로 다른 선정자단에서 선정된 각 선정당사자들 간의 관계는 통상공동소송이다.

14-9-4-2 선정자의 지위

소송계속 전에 선정이 있으면 선정자는 애초부터 당사자가 아닌 사람이지만, 소송계속 중에 선정이 있으면 선정자는 당사자였다가 소송에서 탈퇴하는 것이 된다(§53). 선정당사자를 선정한 후의 선정자의 소송상의 지위에 관하여 견해가 대립하고 있다. 당사자적격(소송수행권)이 유지된다고 보는 견해(적격유지설; 이시윤 797 등)는, 선정자가 선정당사자의 —소송수행권을 유지하면서— 소송수행에 대한 경정권(§94; 4-6-4-5)을 행사하여 선정당사자의 독주를 견제할 수 있어야 한다고 한다. 그러나 선정당사자 제도는 선정자의 소송수행권을 선정당사자에게 넘겨주도록 만든 제도이고, 그 선정으로써 선정자는 더 이상 당사자가 아니다. 당사자가 아닌 선정자가, 대리인이 아닌 선정당사자를 상대로 §94의 경정권을 행사한다는 해석은 받아들이기 어렵다. 적격상실설이 타당하다(同旨: 김홍엽 1078; 박재완 721). 판례도, 선정자는 소송수행권을 상실한다고 했다(대결 13.1.18, 2010그133).

다만 판례는, 법원이 선정당사자에게 변론을 금지하고 변호사선임명령을 한 경우에는, —§144③을 유추적용하여— 실질적으로 변호사선임권한을 가진 선정자에게 이를 통지해야 하며, 그 통지를 안 한 채로 변호사 미선임을 이유로 소각하를 할 수는 없다고 했다(대결 00.10.18, 2000마2999).

14-9-4-3 판결의 효력 및 기재방법

선정당사자가 받은 판결의 효력은 선정자에게도 미치므로(§218③), 그 판결에 기하여 선정자가 혹은 선정자를 상대로 강제집행을 할 수 있지만, 이를 위하여 승계집행문을 받아야 한다(민집§28,§31).

판결서의 당사자란에는 선정당사자만을 기재하고, 선정자들은 판결문 말미에 첨부하는 선정자목록에 기재한다. 이행판결의 경우, 판결주문에 선정당사자만 표시하는 방법과 선정자를 표시하는 방법이 모두 가능하다고 해석되는데, 집행의 필요상 각 선정자가 수령하거나 부담해야 할 급부의 내용을 개별적으로 명시하는 것이 실무이다. 즉 당사자란에는 선정자가 기재되지 않지만, 주문에는 가령 "피고는 선정자 ○○○에게 ~을 지급하라"고 표시한다.

소송비용확정결정이 선정당사자 상대로 이루어졌다면, 비용상환권리자는 선정당사자 상대로만 집행을 해야지, 선정자를 상대로 집행문부여신청을 해서는 안 된다는 것이 판례이다(대결 13.1.18, 2010그133).

14-9-4-4 선정당사자의 자격상실

선정당사자의 자격은 그의 사망, 선정취소에 의하여 상실된다. 또 선정당사자는 공동의 이해관계를 가진 사람들 중에서 선정되어야 하므로, 선정당사자 본인 청구부분의 소취하나 판결확정으로 공동의 이해관계가 소멸되면, 선정당사자의 자격은 상실된다(대판 15.10.15, 2015다31513). 선정자는 언제나 선정을 취소할 수 있다. 선정당사자 변경시에는 법정대리권 소멸통지규정(§63)이 준용되므로, 선정당사자자격의 상실을 상대방에게 통지해야 하고 통지하기 전에는 자격상실을 주장하지 못한다. 다만 법원에 선정당사자 변경사실이 알려진 뒤에는 종전 선정당사자는 소취하, 화해, 청구의 포기·인낙, 소송탈퇴를 하지 못한다(§63①②, §56②).

선정당사자가 여럿인 경우에, 그 중 1인의 자격이 상실되더라도 소송절차는 중단되지 않으며, 다른 선정당사자가 소송을 속행한다(§54). 선정당사자 전원이 자격을 상실하면, 소송절차는 중단되며, 선정자 모두 또는 새로 선정된 선정당사자가 소송절차를 수계하여야 한다(§237②).

14-9-4-5 선정당사자 자격이 없을 때의 효과

선정당사자 자격은 당사자적격의 문제이므로 직권조사사항이다. 선정행위에 흠이 있으면 법원은 보정명령을 해야 한다. 만일 보정이 지연됨으로써 손해가 생길 염려가 있는 경우에는 법원은 보정 전의 선정당사자로 하여금 일시적으로 소송행위를 하게 할 수 있다(§61,§59).

선정행위에 흠이 있으면 원칙적으로 선정행위가 무효이다. 선정이 무효여서 선정당사자 자격이 없는 사람이 행한 소송행위를, 나중에 적법하게 선정된 선정당사자가 추인하면, 그 소송행위는 애초 행해진 시점에 소급하여 유효해진다(§61,§60). 그리고 공동의 이해관계가 없는 자가 선정당사자로 선정되었으나 법원이 그 흠을 간과하여 그를 당사자로 한 판결이 확정되거나 인낙조서가 작성된 경우에도, 그 사정은 재심사유에는 해당하지 않는다(대판 07.7.12, 2005다10470).

14-10 대규모소송

14-10-1 대규모소송 일반

14-10-1-1 서설

현대사회의 특징 중 하나는 대량생산·대량소비이다. 이로 인하여 집단적 민사분쟁이 생기는 일이 많아졌다. 가습기 살균제 같은 제조물책임사건, 공해물질 배출사건, 통신사의 개인정보유출사건, 특수 금융상품에 따르는 금융소비자분쟁, 신축아파트 입주민들의 건축하자분쟁 등에서는 다수 원고가 특정 피고를 상대로 소송을 제기하려 한다. 그러나 이런 사건에서는 종종, 예상·기대하는 배상액의 크기가 개별 소제기시의 소송비용을 초과하여 소제기를 단념하기 쉬울 뿐더러, 만약 소제기를 하더라도, 소송에 드는 시간·비용·노력에 있어서 막강한 피고(대기업·국가기관)와 맞서 싸우기 어렵다. 그러나 이런 분쟁이 낳는 사회갈등의 총량은 매우 크기 때문에, 어떻게든 이런 분쟁을 합리적으로 해결할 제도를 마련해 줄 필요가 있다.

이런 유형의 분쟁의 해결에, 현행 민사소송법은 그다지 효율적이지 못하다. 기존의 전통적 수단으로는 선정당사자(§53) 제도가 마련되어 있고, 공동소송이나 소송참가 제도도 있지만, 어느 것도 앞에서 든 현대적 분쟁에서는 충분한 기능을 하지 못한다. 이에 이러한 대량·다수의 피해사건들을 위한 제도를 선진 각국은 수십 년 전부터 운용해 왔다.

14-10-1-2 외국 입법례

대량·다수 피해자들을 위한 절차에서는, 처분권주의·변론주의를 적절히 제한할 필요, 법관의 소송지휘를 강화할 필요, 증명책임을 완화할 필요, 판결의 대세효를 인정할 필요 등이 있다. 대규모소송의 처리제도는 미국이 선도하고 있으며, 이것이 각국으로 퍼져나가고 있지만, 그 활용도는 국가마다 차이가 크다.

(1) 미국

대량·다수의 피해사건에 관하여 이미 200여 년 전부터 대표당사자소송(class action)의 초기 형태가 만들어졌다. 손해원인 또는 쟁점을 공통으로 하는 다수·소액의 피해자가 있을 때, 그 클래스(class)에 속하는 피해자 중에 대표자가 나서서 구성원 전체(all member)를 위하여 손해배상청구의 소를 제기하는 방식이다. 대표당사자소송은 20세기 중반 판례상 활발히 인정되어, 1966년에는 미국의 연방민사소송규칙(FRCP) §23에서 입법되었다. 이 소송방식에서는, 특정일까지 개별 구성원이 제외신청(除外申請; opt-out)을 한 경우를 제외하면, 판결은 원고 승소이든 패소이든 구성원 전체에게 효력이 미치고, 정확한 피해자의 범위 및 확인이 이루어지지 않은 채로 소송이 진행되고 판결이 선고되며, 누구누구가 실제 피해자(원고)인지가 많은 사건에서 판결 선고·확정 후의 배상액 분배과정에서 비로소 검토된다.[49] 대표당사자소송은 1980년대에 가장 활발했고, 1990년대부터 비판이 많이 나오기 시작했으며, 1995년 법률(Private Securities Litigation Reform Act; PSLRA) 및 2005년 법률(Class Action Fairness Act of 2005)에서 소송요건이 엄격해진 등의 이유로 현재는 그 제기건수가 과거보다는 줄었

49) 미국 class action의 실제 모습, 법원의 막대한 재량, 한국과의 차이, 한국의 입법논의상황에 대한 비판 등에 관하여, 전원열, 집단소송의 소송허가요건 및 금전배상에 관한 연구, 저스티스 184, 147 참조.

다.[50] 최근에는 여러 연방지방법원에 다수 사건이 제기되었을 때 적용가능한 '광역소송'(multidistrict litigation)의 건수가 늘어나고 있다.[51]

(2) 독일

독일은 오래 전부터 부정경쟁방지법(UWG) 등의 법률에서, 소비자단체·환경보호단체가 원고가 되어 약관사용중지·공해유발행위중지 등 —금전배상청구가 아닌— 금지청구의 소를 제기하는 제도를 마련하였고, 이를 단체소송(Verbandsklage)이라고 불렀다. 그 후 미국식의 금전배상 방식의 필요성이 제기되었고, 2005년에 자본시장 영역에 한하여 자본투자자표본소송법(Kapitalanleger- Musterverfahrensgesetz)이 도입되었으며, 2018년에는 폭스바겐 배기가스 사건에서 종전 단체소송 제도의 무력함이 부각된 후, 다수 피해자가 발생한 영역 전반에 관하여 표본확인소송법(Gesetz zur Einführung einer Musterfeststellungsklage)이 시행되었다. 표본확인소송이란 —자본투자자표본소송법과 마찬가지로— 일단 다수 피해자의 소제기가 있은 후에 소비자단체가 표본절차를 신청하면, 기존 소송절차를 중지시킨 다음, 법원이 표본원고를 정하여 기업(피고)을 상대로 청구권의 성립요건 등에 관한 확인판결을 내리며, 그 판결의 효력이 개별 소비자와 기업에게 미치고, 이에 기하여 개별 소비자가 금전배상 등 이행청구를 하는 2단계 제도이다. 표본확인소송만으로는 이행판결 등의 집행권원이 확보되지 못하므로, 그 활용도가 그다지 높지 않았다.

그런데 유럽연합(EU)이 2020년에 소비자보호를 위하여 소비자단체소송지침 등을 입법하면서 EU 각국에게 2023년부터 이를 시행하라고 명하자, 독일도 기존의 금지청구소송 외에 구제청구(Abhilfe)[52]소송을 도입하는 입법을 하지 않을 수 없게 되었고, 이에 따라 연방의회의 입법절차를 거쳐 2023.10.13.에 '단체소송지침 이행법률'이 시행되었으며, 이로써 기존의 표본확인소송 관련 조항은 삭제되었다. 이 이행법률은 과거의 표본확인소송의 절차에 더하여, 구제청구(Abhilfe)를 도입하면서 분배절차가 추가되었고, 원고적격단체의 범위를 넓혔다.[53]

---

50) 줄었다고 해도, (주법원 사건을 제외하더라도) 연방법원 사건만 매년 수백건이 넘는다.
51) 28 USC §1407에 조문화되어 있다. 일반소송 및 대표당사자소송 모두 광역소송절차의 적용대상이 된다.
52) 금전손해배상, 대금반환, 수리, 교체, 대금감액 등을 내용으로 한다.
53) 다만 기존 표본확인소송에서의 원고의 opt-in, 관할, 심급 등은 그대로 유지하고 있다.

(3) 기타 국가

미국의 대표당사자소송(class action)과 유사한 제도가 영미법계 국가들에서는 일찍 마련되었다. 영국은, 종래의 representative claim이 큰 역할을 하지 못하자, 2000년 Civil Procedure Rules를 개정하여 group litigation을 도입하였다. 집단소송명부(group register)에 등재된 사건들에 대하여 법원이 명령으로 쟁점을 확정하고 관할법원을 지정한다. 캐나다에서는, 1992년의 온타리오법을 효시로, 미국과 유사한 class proceeding이 주별로 도입되다가, 2002년에는 Federal Court Rules가 수정되어 연방절차에도 도입되었다.

프랑스, 오스트리아, 스위스 등 대륙법계 국가에서는 독일식의 단체소송(Verbandsklage)과 비슷한 형태의 소송이 일찍부터 도입되어 있었으나, 앞에서 보았듯이 유럽연합(EU)이 2020년에 소비자보호를 위하여 소비자단체소송지침 등을 입법하면서 각각 그에 따른 입법을 하였다.

일본은 2013년에 '소비자의 재산적 피해의 집단적 회복을 위한 민사재판절차의 특례에 관한 법률'을 입법하여, 독일의 표본확인소송과 유사한 2단계 절차를 마련하였으나, 그다지 활발히 이용되지 않고 있다.

14-10-1-3 향후의 과제

대량생산·대량소비 시대의 다수 피해자들을 위한 적절한 분쟁해결절차를 마련하는 것은 현대 국가의 임무이다. 현재 한국의 상황을 보면, 아래에서 볼 몇 가지 특수소송제도가 마련되기는 하였지만, 아직까지 잘 이용되지 못하고 있을뿐더러, 규율대상을 어떻게 파악할지, 용어의 개념을 어떻게 파악할지부터 의견이 분산되어 있다. 우선 집단소송·단체소송·복잡소송·대규모소송 등의 여러 용어들이 존재하는데, 사용자마다 각각의 용어에 다른 의미를 부여하고 있다. 집단소송제도를 도입해야 한다고 주장되는 각 다수피해사건들의 내용을 들여다보면, 과연 이들이 하나의 절차로 모두 규율될 수 있는 사건들인지 의문이 들기도 한다.

이런 대규모소송(complex litigation)은 한편으로는, 부정적 외부효과(external costs)를 그 해악을 유발하는 주체에게 내부화(internalize)시킴으로써 자원의 효율적 배분에 기여하지만, 다른 한편으로는 —남용되면— 기업활동에 위협을 가하고, 정치영역에서 해결되어야 할 문제를 사법(司法)의 영역으로 끌고 오는 것이 될 수도 있다. 그리고 —원고 총원이 애초부터 확인되는 아래의 증권관련집단소송과 달리— 미국의 일반적 대표당사자소송은 소제기시부터 판결선고시 및 금전분배시까지도 원고 총원의 숫자조차 모른 채로 진행되는 것이며, 불법행위법의 기능 중 방지기능에 초점을 맞춘 제도로서 법원의 큰 재량 하에서 작동하고 있는 제도임을 잊어서는 안 된다. 대량분쟁의 해결방안을 입법하려 할 때에는, 한편으로는 남용의 위험이 없도록 하면서도, 다른 한편으로는 배상 및 행위금지를 효율적이고 신속하게 획득할 수 있도록 제도를 마련하고 정비해야 한다.

14-10-2 증권관련집단소송

14-10-2-1 의의 및 적용규정

증권관련집단소송이란, 증권의 매매 또는 그 밖의 거래과정에서 다수인에게 피해가 발생한 경우 그 중의 1인 또는 수인이 대표당사자가 되어 증권관련집단소송법에 따라 수행하는 손해배상청구소송을 말한다(동법§2i). 예컨대 허위공시·분식회계·부실감사·주가조작 등의 불법행위로 자본시장에서 다수 소액투자자들에게 피해가 발생한 경우에, 이 소송을 제기하게 함으로써, 피해자가 별도의 제외신고(除外申告; opt-out)를 하지 않는 한 판결의 효력이 피해자 전체에게 미치도록 정한 집단구제제도이다. 미국의 대표당사자소송(class action) 제도를 참고하였다.

증권관련집단소송은 중요쟁점을 공통으로 하는 다수의 피해자 구성원이 있고, 이 형태의 소송이 구성원의 이익보호에 적절한 수단이며, 대표당사자가 당사자적격을 갖춘 경우에 허용된다(§12). 이 소송에 대해서는, 증권관련집단소송법 및 증권관련집단소송규칙이 적용되고, 이 법률 및 규칙에 특칙이 없으면 민사소송법과 민사소송규칙이 적용된다(증집§6, 증집규§2).

증권관련집단소송법은 2005.1.1.부터 시행되었으나 2024년 3월 현재까지 소제기된 건수는 10여 건이고 그나마 법원에서 소송허가결정을 받은 것은 6건에 불과하다. 도입당시의 남용 우려와는 달리, 오히려 너무 이용되지 못해서 자본시장의 투명화에 기여하지 못하고 있다.

14-10-2-2 절차상의 특례

증권관련집단소송의 절차에 대해서 법은 일반민사소송과 다른 다음과 같은 특례를 두고 있다.

(1) 관할 : 이 소송은 피고의 보통재판적 소재지를 관할하는 지방법원 본원 합의부의 전속관할이다(증집§4).

(2) 처분권주의의 제한 : 이 소송에서 소제기, 소취하, 소송상화해, 청구포기, 상소취하, 상소권포기 등을 하기 위해서는 법원의 허가를 받아야 한다(증집§§15①,35①,38①).

(3) 변호사강제주의 : 원·피고 모두 변호사를 소송대리인으로 선임해야 한다(증집§5①).

(4) 직권증거조사 : 법원은 필요하다고 인정할 때에는, 직권으로 증거조사를 할 수 있고(증집§30), 직권으로 문서제출명령이나 문서송부촉탁을 할 수 있다(증집§32①).

(5) 증거보전사유의 확대 : 법원은, 미리 증거조사를 하지 아니하면 그 증거를 사용하기 곤란한 사정이 있지 아니한 경우에도, 필요하다고 인정할 때에는 증거조사를 할 수 있다(증집§33).

(6) 손해배상액 산정 : 법원은, 자본시장법 규정에 따르거나 증거조사를 통하여도 정확한 손해액을 산정하기 곤란한 경우에는, 여러 사정을 고려하여 표본적·평균적·통계적 방법 또는 그 밖의 합리적인 방법으로 손해액을 정할 수 있다(증집§34②).

(7) 기판력의 확장 : 이 소송의 확정판결은, 제외신고를 하지 않은 구성원에게 그 효력이 미친다(증집§37).

14-10-3 소비자단체소송 등

14-10-3-1 소비자단체소송의 의의와 원고적격

(1) 의의

소비자단체소송이란, 사업자(=물품을 제조·수입·판매하거나 용역을 제공하는 자)가 소비자기본법상의 소비자 권익관련 기준(=위해방지기준 + 표시기준 + 광고기준 + 부당행위금지기준 + 개인정보보호기준)을 위반하여 소비자의 생명·

신체·재산에 대한 권익을 침해하고 그 침해가 계속되는 경우, 소비자단체가 법원에 그 권익침해행위의 금지·중지를 구하여 제기하는 소송(소기§70)을 가리킨다. 2006년에 입법되어 2008.1.1.부터 시행된 제도이다. 이는 행위의 금지·중지를 구하는 소송이라는 점에서, 그리고 소를 제기할 수 있는 원고가 한정되어 있다는 점에서 증권관련집단소송과 다르며, 앞(14-10-1-2)에서 본 집단적 분쟁의 처리방안 중에서, 독일식 단체소송(Verbandsklage)을 도입한 것이다.

소비자기본법 §70~76에 근거조문이 마련되었고, 더 구체적인 절차에 관해서는 대법원규칙으로 소비자단체소송규칙이 적용된다. 위 법률 및 규칙에 특칙이 없는 경우에는 민사소송법 및 민사소송규칙이 적용된다(소기§76, 소단규§2).

(2) 원고적격

소비자단체소송을 제기할 수 있는 단체는 법 §70가 한정적으로 열거하고 있다. 아래에 해당하는 단체가 소장과 함께 소송허가신청서를 법원에 제출하여 소송허가를 얻어야 비로소, 원고로서의 자격을 획득한다(§73,§74).

ⓐ 공정거래위원회에 등록한 소비자단체로서, ㉠ 정관에 따라 상시적으로 소비자의 권익증진을 주된 목적으로 하고, ㉡ 단체의 정회원수가 1천명 이상이고, ㉢ 공정거래위원회 등록 후 3년이 경과했다는 요건을 모두 갖춘 단체. ⓑ 한국소비자원. ⓒ 대한상공회의소, 중소기업협동조합중앙회 및 전국 단위의 경제단체로서 대통령령이 정하는 단체. ⓓ 비영리민간단체로서, 동일한 침해를 입은 50인 이상의 소비자로부터 단체소송의 제기를 요청받고, 정관에 소비자의 권익증진을 단체의 목적으로 명시한 후 최근 3년 이상 이를 위한 활동실적이 있으며, 상시 구성원수가 5천명 이상이고, 중앙행정기관에 등록되어 있다는 요건을 모두 갖춘 단체.

14-10-3-2 개인정보단체소송의 의의와 원고적격

(1) 의의

소비자단체소송과 유사한 단체소송으로서 2011년 제정되어 2011.9.30.부터 시행된 개인정보보호법 §51~§57에 근거를 두고 있다. 즉 개인정보단체소송이란, 개인정보처리자(=업무를 목적으로 개인정보파일을 운용하기 위하여 개인정보를 처리하는 공공기관·법인·단체·개인)가 개인정보보호법상의 집단분쟁조정을 거부하거나 그 결과를 수락하지 않은 경우에, 일정한 요건을 갖춘 소비자단체가 법원에 권리침해행위의 금지·중지를 구하여 제기하는 소송이다(개보§51).

세부절차에 관해서는 대법원규칙으로 개인정보단체소송규칙이 적용된다. 위 법률 및 규칙에 특칙이 없는 경우에는 민사소송법 및 민사소송규칙이 적용된다(개보§57①; 개단규§2).

(2) 원고적격

개인정보보호법 §51가 원고가 될 단체를 정하고 있는데, 공정거래위원회에 등록한 소비자단체 또는 비영리민간단체 중에서 일정한 요건을 갖춘 단체가, 법원으로부터 소송허가를 받으면(개보§54,§55) 원고가 되도록 정하였다.

14-10-3-3 단체소송절차상의 특례

소비자단체소송과 개인정보단체소송에 있어서는 관할, 처분권주의, 변호사강제 여부, 기판력 등에 관하여, 일반 민사소송에서와 다른 특례를 정했다.

(1) 관할 : 이들 단체소송의 관할은, 피고의 보통재판적 소재지를 관할하는 지방법원 본원 합의부의 전속관할이다(소기§71, 개보§52).

(2) 처분권주의의 제한 : 소제기는 법원의 허가를 얻어야만 가능하다(소기§73, 개보§54,§55).

(3) 편면적 변호사강제주의 : 원고는 변호사를 소송대리인으로 선임해야 한다(소기§72, 개보§53).

(4) 기판력의 확장 : 원고의 청구를 인용하는 판결이 확정되면, 피고였던 사업자 내지 개인정보처리자는 특정 행위를 더 이상 할 수 없게 되므로, 관련 소비자 내지 개인정보주체에게 그 판결의 실질적 효력이 미친다. 한편 원고의 청구를 기각하는 판결이 확정된 경우에는 ―사업자·개인정보처리자가 동일사안으로 계속 제소당하도록 해서는 안 되므로― 동일한 사안에 관하여는 다른 단체는 단체소송을 제기할 수 없다. 다만, ⓐ 판결이 확정된 후 그 사안과 관련하여 국가·지방자치단체 또는 그 설립기관에 의하여 새로운 증거가 나타난 경우, 또는 ⓑ 기각판결이 원고의 고의로 인한 것임이 밝혀진 경우에는 그러하지 아니하다(소기§75, 개보§56).

위와 같은 기각판결의 대세적 효력을 고려하면, 위 단체소송에서는 원고의 청구포기는 —청구기각의 확정판결과 같은 효력이 있는 것이므로— 허용할 수 없다.

제 15 장

불복절차

15-1 상소 일반론

15-1-1 상소의 의의

상소(上訴)는 재판에 대한 불복신청의 일종이다. 불복신청(不服申請)이란, 재판의 취소 또는 변경을 요구하는 소송행위를 가리키고, 이는 다시 재판의 확정 전에 하는 통상의 불복신청과 재판의 확정 후에 하는 —즉 일반적으로는 허용될 수 없는— 불복신청으로 나뉜다. 후자의 대표적인 예가 재심(再審; §451)이다.

통상의 불복신청에는 상소와 이의(異議)가 포함된다. 상소는 상급법원에 대하여 심판해 달라는 불복신청이고, 이의는 그 재판을 한 법원에 대하여, 또는 그 재판을 한 법관이 속한 법원에 대하여, 즉 같은 심급법원에 대하여 심판을 해 달라는 불복신청이다. 이의의 예를 들면, 화해권고결정 · 지급명령 · 조정갈음결정에 대한 이의(§226,§468; 민조§34), 재판장 · 수명법관의 재판에 대한 이의(§138,§441), 집행에 관한 이의(민집§16), 가압류 · 가처분에 대한 이의(민집§283,§301)가 있다. 이의신청에는 기간 제한이 없는 경우가 많다.

요컨대 상소란, 재판의 확정 전에 당사자가 상급법원에 대하여 그 재판의 취소 · 변경을 구하는 불복신청이다.

15-1-2 상소의 종류

15-1-2-1 항소 · 상고 · 항고

상소(上訴; Rechtsmittel)는 판결에 대한 것과 결정 또는 명령에 대한 것으로 분류된다. 판결에 대한 상소에는 항소와 상고가 있다. 항소(抗訴; Berufung)는 지방법원 · 행정법원 · 가정법원 · 회생법원이 제1심 법원으로서 한 종국판결에 대한 불복신청이다. 상고(上告; Revision)는 지방법원 항소부 또는 고등법원이 제2심 법원으로서 한 종국판결에 대한 불복신청이다. 예외적으로 1심 판결에 대해서도 '상고'가 있을 수 있는데, 비약상고(§422②; 15-1-4-6)가 그것이다.

결정 · 명령에 대한 불복신청이 항고(抗告; Beschwerde)이다. 항고법원의 결정에 대하여 다시 항고하는 것을 재항고라고 한다. 항고에 대해서는 항소의, 재항고에 대해서는 상고의 규정이 원칙적으로 준용된다(§443).

15-1-2-2 틀린 형식의 재판에 대한 불복방법

판결로 해야 할 재판을 법원이 결정의 형식으로 하거나, 결정으로 해야 할 재판을 판결로 한 경우에, —이것만으로는 그 재판을 무효로 볼 수는 없으니— 당사자가 상소하려면 어떤 불복방법을 선택해야 하는지의 문제가 있다. 현재의 틀린 재판형식에 따라 불복방법을 취하여야 한다는 견해(주관설), 원래의 올바른 재판형식에 따라 불복방법을 취하여야 한다는 견해(객관설), 당사자가 어느 쪽을 선택하든지 무방하다는 견해(선택설)가 있을 수 있다.

민사소송법은 "결정이나 명령으로 재판할 수 없는 사항에 대하여 결정 또는 명령을 한 때에는 항고할 수 있다."고 정하였다(§440). 이는 객관설을 배제하는 조문이다. 이는, 당사자에게 법관보다 더 정확한 법률지식을 요구할 수는 없으므로, 현재의 틀린 재판형식에 따른 불복방법을 취하면 그대로 받아주라는 취지이다. 그렇다면, 거꾸로 결정으로 해야 할 재판을 판결로 한 경우에도, 항소 · 상고를 하면 역시 받아주어야 할 터이다. 한편, 올바른 재판형식에 맞춘 불복방법을 당사자가 선택한 경우에 이를 배제해서도 안 될 것이고, 결국 선택설이 타당하다(통설). 다만 선택설에서도, 원래 불복할 수 없는 재판이라면, 형식 여하를 불문하고 불복이 허용되지 않는다고 보아야 한다.

15-1-3 상소제도의 입법례 및 상소의 제한

15-1-3-1 상소제도의 필요성

법관의 판단에도 오류가 있을 수 있으므로, 당사자가 판결에 대해 다투어서 그 오류를 바로잡을 기회가 있어야 한다. 법원 쪽을 보면, 상급심에서 재판의 당부를 심사받게 되어 있어야 하급심 재판이 신중해진다. 한편 오류라고 볼 수는 없지만, 같은 법령에 대하여 복수의 해석이 가능하면 유사한 사건의 결론이 재판부마다 다르게 나올 수도 있으므로, 이런 경우에는 그 나라 안에서의 법령해석을 하나로 통일해 주어야 한다. 오류의 시정 및 법령해석의 통일이라는, 위의 2가지 필요 때문에 상소제도가 마련되어 있다.

15-1-3-2 입법례

상소제도를 마련하더라도, 상소심의 설계는 다양할 수 있다. 상급심이 원재판의 법률판단이 올바른지만 검토하도록 정할 수도 있고, 사실인정 및 법률판단의 당부를 모두 검토하도록 정할 수도 있다. 후자의 경우에도 다시, 새로운 소송자료 제출 및 증거신청을 허용할 수도 있고, 그런 새로운 제출 및 신청 없이 검토하도록 정할 수도 있다.

영미법계와 대륙법계는 사뭇 다른 상소제도를 만들고 운영하여 왔다. 대륙법계는 —단독사건 특히 소액사건을 포함한 "작은" 사건들에서는 종종 1심제 또는 2심제 운영을 하지만— 표준절차로는 대부분 3심제를 채택했다. 제1심 재판에 대해 제2심이 '사실의 인정'과 '법률의 적용'의 양면에서 다시 심판을 하고, 제2심 재판에 대한 제3심에서는 '법률의 적용'만 심판하는 제도이다. 다만 근래에는 2심에서의 사실인정 재검토에 대해서는 여러 가지 제한을 두는 추세이다.[1)]

1) 독일은 2001년 개정 민사소송법(2001.1.1. 시행)에서 항소심절차를 크게 바꾸었다. 허가항소제(Zulassungsberufung)와 항소수리제(Annahmeberufung)를 도입하여 항소심으로의 접근제한을 꾀함으로써, 항소심을 1심판결의 오류를 시정하는 심급으로 변혁하였다. 이유없는 항소에 대해서는 항소수리를 거부할 수 있게 하였고, 항소심의 심판범위도 제한하여 —애초 개정작업시 의도했던 사실심리 폐지까지는 이르지 못했지만— 항소심은 1심의 사실인정에 구속되는 것을 원칙으로 하고, 다만 그 사실인정의 정당성·완전성에 구체적 의심의 실마리가 발견되어야 비로소 1심 사실인정에 대한 재심사를 하도록 바뀌었다. Rosenberg §137 Rn.44ff.

그러나 영미법계는 제1심 재판에 대한 상소로서 1번의 법률심만을 하는 것이, 즉 3심제가 아니라 2심제가 상소제도의 기본개념이다. 상소심에서는 사실인정 문제는 건드릴 수 없고 1심판결의 법률판단에 대해서만 검토를 한다. 따라서 항소와 상고가 애초부터 용어상 구분되어 있지 않다(모두 'appeal'임). 외형상으로는 현재 3심제로 보이는 경우가 많지만, 거기서 제2심 법원은, 최종심인 법률심 법원의 업무부담 경감을 위해서, 최종심에 앞서서 1심의 '법률적용'을 심판해서 사건을 걸러준다는 개념으로 설치되어 있다. 따라서 제2심도 법률문제만 심사하고 사실문제는 심사하지 않으며, 새로운 소송자료 제출도 금지됨이 원칙이다.[2)]

한국과 일본의 항소심은 대륙법계에 속하며, 2심이 —사실인정 문제를 심리할 뿐만 아니라— 1심의 소송자료에 더하여 소송자료의 전면적 추가제출을 허용하는 입장을 취하고 있는데, 이는 대륙법계 중에서도 예외적이다.

15-1-3-3 상소제한의 필요성 및 현황

(1) 개요

상소제도는 위와 같이 필요한 것이지만, 상소가 많으면 절차가 길어져서 소송경제가 저해되며, 사법자원이 낭비될 수 있다. 재판확정이 느려지면, 그 사건의 결론이 타당하더라도 재판의 효용은 떨어질 수밖에 없다. 그래서 세계 각국은 상소, 특히 상고에 대하여 어떤 형태로든 제한을 가하고 있다. 상소사건의 통제는 소가(訴價)에 따른 사건통제와 허가(許可)를 통한 사건통제로 나뉜다.

(2) 소가(訴價)에 따른 사건통제

외국에서 소가를 기준으로 상소사건 수를 통제하는 모습을 본다(이하 수치는 2025년 12월 기준). 먼저 미국은, 소액사건(small claims)에 대한 규율을 연방 차원에서는 하지 않고 있고, 주별 내지 카운티별로 각각 다르게 규율하고 있다. 대체로 소액의 기준선을 2,500~25,000달러 내에서 정하고 있는데, 대부분은 10,000달러

---

2) 미국 건국 초기의 연방 및 대부분의 주들은 2심제로 운영되었다. 인구 및 사건이 증가하자, 상소사건을 미리 걸러내어 최종심이 심리할 사건의 숫자를 줄이기 위하여, 최종심 판사들 중 1~2인만이 지역별로 '순회'하면서 재판을 하게 된 것이 제2심인 순회법원(circuit court)의 탄생경위이다(현재는 최종심 판사가 제2심을 담당하는 일은 없다). 제2심 법원을 설치한 주의 숫자는 1970년경 30개로 늘어났고, 2024년 현재는 42개이다.

이하를 소액사건으로 취급하고 있고, 소액사건에 대해서는 아예 상소할 수 없도록 정한 곳이 많다. 독일은 —구법원(區法院; Amtsgericht)에서 처리하는, ZPO 제2편 2장이 정한 절차가 적용되는 소규모 사건뿐만 아니라— 통상사건에서도 항소로써 다투는 금액(Wert des Beschwerdegegenstandes)이 6백 유로를 넘지 않으면 원칙적으로 항소를 할 수 없고, 1심판결 인용액이 6백 유로 이하이면 "사건이 근본적인 중요성을 가지고 있거나 법형성 또는 판례통일성 확보를 위하여 필요한 때에만" 항소허가를 받을 수 있다고 정했다(ZPO§511). 프랑스는 1만 유로 이하 사건을 사법법원(tribunal judicaire)에서 소액사건으로 처리하고 있고, 5천 유로 이하의 사건은 상소할 수 없다(COJ, Arts. R221-4, R231-4). 일본에서는 소액소송사건(60만엔 이하)의 판결에 대해서는 당해 간이재판소에 이의를 할 수 있을 뿐 원칙적으로 항소를 할 수 없다고 정했다(民訴§378,§380).

(3) 허가(許可)를 통한 사건통제

허가는 소액사건의 항소 통제에서도 등장하지만, 특히 상고에 대해서는 대부분의 나라가 허가를 받아야만 이를 할 수 있다고 정하고 있다. 미국 연방대법원에 상고를 하려면 연방대법원으로부터 소송기록 송부명령(writ of certiorari)을 받아야만 하는데, 그 허가 여부는 연방대법원의 재량이며, 연간 약 7~8천건의 신청 중에서 1~2%에 대해서만 허가가 주어진다.[3] 2009년 설립된 영국의 대법원도 상고허가를 내어준 사건만 심리하며, 연간 50~90건의 판결을 선고한다. 독일은 2002년 민사소송개혁법으로 상고허가제(Zulassungsrevision)를 채택하여, 항소심 판결에서 상고허가를 하였거나 항소심법원의 상고불허가에 대한 불복신청에 대해 상고법원이 상고허가를 한 사건만 상고사건으로 삼고 있다(ZPO§543). 프랑스의 파기원(cour de cassation)은, 상고사건을 일단 접수하되 2001년부터는 우선 사건심사부가 모든 사건을 검토하여 불수리결정을 내려 사건을 거르고 있다. 일본은 1996년 민소법 개정시에 상고수리제(上告受理制)라는 이름의 상고허가제를 도입하여(民訴§318), 최고재판소에서는 —연간 2천건 미만의 법률상 상고이유 있는 사건(§312)을 제외하면— 연간 2500건의 상고수리신청사건 중 약 5%만을 수리해 주고 있다.

---

3) 물론 그 허가 여부 판단을 위하여, 상고허가신청에 대한 매주 합계 150건 이상의 로클럭 검토보고서를 연방대법관들이 나누어 검토한다.

(4) 소결

위에서 본 각국의 상소제한과는 달리, 한국에는 제도적 상소제한이 적다. 소액사건조차도(다만 소액사건의 금액기준이 너무 높다) 상고이유를 통제할 뿐 항소·상고 자체를 통제하지는 않고 있고, 상고심은 상고허가제를 정면으로 도입하지는 않고 있다. 그러나 사건현황을 보면 오히려 한국이 세계적으로 재판에 대한 불복신청 비율이 높은 나라이다. 대법원은 연간 3~4만건을 심판하여 전 세계 상고심 법원 중 단연 최대의 사건 수를 가지고 있고, 서울고등법원은 상소심 단일 법원으로서 이만한 규모의 법원을 찾기 어려울 정도이다. 제한된 인력과 시간을 가지고 이렇게 많은 사건 수를 처리하면 아무래도 부실재판의 문제가 생길 수밖에 없고, 앞에서 본 상소제도의 필요성에 따른 상급심의 기능이, 특히 법령해석의 통일 기능이 저하된다.

소송제도 유지에 투입되는 사회적 비용을 생각하면 남항소(濫抗訴)·남상고를 모두 제한해야 하지만, 특히 상고는 더욱 제한될 필요가 있다. 한 국가 내에서 법령의 최종적 유권해석 기능을 행사하는 최고법원에서는 사건 수가 통제되어야만, 상고심에 요구되는 법령해석의 통일 기능을 제대로 수행할 수 있고, 충분한 검토를 거치고 이론적 논거를 갖춘 최종결론을 내릴 수 있다. 국가 시스템을 유지하려면, 한 국가의 최고법원은 하나일 수밖에 없고, 하나의 최고법원이 감당할 수 있는 업무량은 한정될 수밖에 없기 때문이다. 미국 연방대법원은 종종, 하급심의 명백한 오류조차도 무시하며, —재판받을 권리는 헌법상 권리이더라도— 상소할 권리는 헌법상 권리가 아니라고 판시했다.[4] 독일 연방헌법재판소가, 상소가 헌법상 보장되는 것은 아니고, 헌법상의 권리보호체계는 법적 안정성과 법적 평화를 위해서 상소제한에 따른 '잘못된 법률적용의 위험을 감수'하고 있는 것이라고 판시한(BVerfG NJW 2003, 1924) 점도 참조해야 한다.[5]

---

4) Pennzoil Co. v. Texaco, Inc., 481 U.S. 32 (1987); Cobbledick v. U.S., 309 U.S. 325 (1940), etc.

5) 독일의 민형사 사건 연방대법원(Bundesgerichtshof)의 법관 숫자가 150명을 넘는 점을 들어서(그리고 다른 영역의 대법원인 연방행정법원·연방재정법원·연방사회법원·연방노동법원의 법관이 별도로 있음도 들어서), 한국도 대법관 숫자를 늘려서 사건적체를 해결하면 된다는 주장도 있다. 그러나 '법령해석의 통일'을 위해서는 공동토의가 가능한, 한정된 인원으로 구성되는 최종적 판단체가 있어야 한다. 판결에 대한 헌법소원이 가능한 독일에서는, 16명으로 구성된 연방헌법재판소(Bundesverfassungsgericht)가 —다른

한국이 주로 참고하는 선진국의 입법례 대부분이 상고허가제를 채택하고 있듯이, 상고허가제가 상고제한의 올바른 방법이다. 한때 한국도 1980년대에 상고허가제를 채택하였으나 1990년 민사소송법 개정시에 폐지되었고, 현재는 —일종의 변형된 상고허가제라고도 할 수 있는— '심리불속행' 제도(상고심법§4. 상세한 것은 15-3-3-4)에 의하여 상고심을 통제하고 있다. 제대로 심리할 수 없음이 명백한 수만 건의 상고사건을 두고서 대법원에 대해 심리하라고 요구하는 상황을 벗어나서, 정상적인 상고허가제를 마련함이 타당하다.

15-1-4 상소의 요건

15-1-4-1 의의

상소에 특유한 적법요건을 상소요건이라고 한다. 각 상소에 공통되는 상소요건은, ⓐ 상소제기행위가 유효한 소송행위이고 정해진 방식을 따랐을 것, ⓑ 상소기간을 도과하지 않았을 것, ⓒ 상소의 대상이 된 재판이 성질상 불복신청의 대상이 될 수 있는 재판이고, 그 재판에 맞는 상소의 신청이 있을 것, ⓓ 불상소의 합의 및 상소권의 포기가 없을 것, ⓔ 상소를 제기하는 자가 상소의 이익을 가질 것이다.

이상의 상소요건은 원칙적으로 상소심 심리종결시에 갖추어져 있어야 하고, 만약 심리 중에 요건불충족이 밝혀지면, 상소심리가 종결되고 부적법 각하된다. 다만, ⓐ의 요건은 상소제기시에 갖추어져 있으면 족하므로, 가령 상소제기 후에 상소인이 소송능력을 상실하더라도 상소자체가 부적법 각하되지는 않는다. 이상의 각 상소요건은 소송요건과 마찬가지로 직권조사사항이다. 위 ⓐ~ⓔ를 이하에서 차례로 본다.

15-1-4-2 상소의 방식의 준수

상소제기의 방식이 맞아야 한다. 소와 마찬가지로 서면주의가 적용되므로, 상소는 상소장을 제출함으로써 한다(§§397①,425,§445).

상소장은 원심법원에 제출해야 한다("원심법원 제출주의")(§§397①,425,445). 원심법원에 제출된 시점이 상소기간 준수 여부의 기준시가 된다. 판결송달시에 상

연방대법원 판결에 대한 심판을 함으로써— 그 역할을 하고 있다.

소장을 제출할 법원을 고지하므로(규§55-2) 상소장을 잘못해서 상소법원에 제출하는 일은 거의 생기지 않지만, 만약 그런 일이 생겨 상소법원이 상소장을 원심법원으로 보내면, 상소기간준수 여부는 —애초의 상소법원 접수시가 아니라— 나중에 원심법원이 넘겨받아 접수한 때가 기준이 된다(대결 92.4.15, 92마146).

상소장에 반드시 적어야 하는 필수적 기재사항은, ⓐ 당사자와 법정대리인, ⓑ 원심재판의 표시, ⓒ 원심재판에 대한 상소의 취지이다(§§397②,425,443). 여기서 말하는 '상소의 취지'란, 범위를 불문하고 원심재판의 취소를 구한다는 단순한 취지를 말한다. 따라서 불복신청의 범위 및 상소이유는 상소장에 기재하지 않아도 되며,[6] 불복범위를 상소장에 적지 않았더라도 상소장각하명령의 대상이 되지 않는다(대판 78.3.28, 77다1809; 대결 11.10.27, 2011마1595).

상소이유서도 제출해야 한다. 과거에는 상고이유서만 제출이 강제되었으나(§427) 법률개정으로 2025.3.1.부터 항소이유서도 제출이 강제되었다(§402-2).

15-1-4-3 상소기간의 준수

상소 중 통상항고에만 기간제한이 없고, 그 외의 상소 즉 항소·상고·즉시항고·특별항고에는 모두 상소기간의 제한이 있다. 항소·상고는 판결서가 송달된 날부터 2주 내에, 즉시항고·특별항고는 재판의 고지가 있은 날부터 1주 내에 제기해야 하고, 이 기간이 지나면 상소권이 소멸한다. 당사자 1인의 소송대리인이 수인인 때에는 최초로 송달받은 소송대리인을 기준으로 기간을 계산한다(대결 11.9.29, 2011마1335).

판결정본 송달이 유효해야 위 기간계산이 시작되므로, 송달이 무효이면 아예 기간진행이 시작되지 않아서 상소기간이 만료되지 않는다. 또 위 기간은 불변기간으로서, 소송행위의 추완(7-2-2-3)이 가능하다.

판결의 항소·상고는, 판결서 송달 전이라도 판결선고 후에는 이를 할 수 있다(§396단서,§425). 그렇다면 결정·명령의 고지 이전에 항고의 제기가 가능한가? 화해권고결정에 관한 §226 단서("정본 송달 전에 이의를 신청할 수 있다") 같은

6) 그런데 실무상 항소장에서 "항소취지", 상고장에서 "상고취지"를 적을 때에는, —위 §397②에서의 의미처럼 원심재판의 취소를 구한다는 취지만 적는 것이 아니라— 불복신청의 범위를 정확히 기재해 넣고 있다.

명문규정이 있는 경우를 제외하고는, 대법원은 과거에 일반적으로는 결정·명령의 고지 전에 항고제기를 할 수 없다고 보고 있다가, 2014년에 판례를 변경하였다. 즉 결정·명령의 '성립'이라는 개념을 사용하여, 결정·명령의 원본이 법원사무관등에게 교부되어 성립했으면, 결정·명령이 당사자에게 고지되어 효력이 발생하기 전이라도 그에 대한 항고를 할 수 있다고 한다(대결-전 14.10.8, 2014마667).

15-1-4-4 상소의 대상적격

상소의 대상이 되는 것은 종국재판이다.

(1) 중간판결 및 중간적 결정(가령 증거신청 채부결정)은 상소의 대상이 아니다(§392). 이들 중간적 재판이 옳은지 여부는, 따로 정해진 것이 없는 이상 원칙적으로 —이들에 대한 불복신청이 없더라도— 종국판결에 대한 상소심에서 종국판결과 함께 심사를 받게 되므로, 이들에 대해서는 별도로 상소할 수 없다. 한편, 중간재판 중에서 법률이 원래 불복신청의 대상이 되지 않는다고 따로 정한 재판에 대해서는 상소할 수 없을 뿐만 아니라, 이 재판은 상소법원을 구속한다. 예컨대 관할법원을 지정하는 결정(§28②), 법관의 제척 또는 기피를 이유가 있다고 한 결정(§47①)이 그것이다.

또 중간적 재판이라도 항고할 수 있다고 따로 정해진 경우, 가령 이송결정 및 이송신청기각결정(§39),[7] 법관의 제척·기피를 이유가 없다고 한 결정(§47②), 문서제출의 신청에 관한 결정(§348) 등에 대해서는, 즉시항고를 할 수 있다.

(2) 한편, 종국판결 중에서도 본안재판 중의 '소송비용에 관한 재판' 및 '가집행선고'는 본안재판에 대한 상소와 함께 하지 않으면 허용되지 않는다(§§391, 425,443). 이들은 부수적 재판으로서, 소송비용재판의 당부를 가리려면 다시 본안재판에 들어가서 적정 여부를 따져야 하고, 가집행선고의 당부판단은 본안의 상소를 하지 않을 때에는 어차피 필요없기 때문이다.

(3) 판결로서 존재하지 않는 것, 이른바 비판결(非判決; 11-9-2)은 상소의 대상이 아니지만, 무효인 판결은 —판결로서의 외관을 제거하기 위하여— 원칙적으로 상소의 대상이 된다고 보아야 한다. 무효의 판결도 일단 판결로서 성립하였

7) 다만 —편의이송신청이 아닌— 관할위반 이송신청에 대한 기각결정에 대해서는 즉시항고를 할 수 없다는 것이 판례이다(대결-전 93.12.6, 93마524).

고, 확정되면 적어도 소송종료효는 생긴다고 보아야 하기 때문이다(11-9-3 참조).

(4) 누락된 재판사항에 대해서 상소를 할 수 있는가? 재판누락에 대한 처리는 두 가지로 나뉜다. ⓐ 원칙적으로 재판의 누락이 있으면, 그 부분에 대해서는 원심법원에 아직 소송계속이 남아 있으므로, 원심법원은 그에 대하여 '추가판결'을 해야 하며(§212), 이 부분은 (추가판결이 선고되기 전까지는) 상소의 대상이 될 수 없다(대판 96.2.9, 94다50274). 즉 누락된 판결 부분에 대한 상소는 대상이 부존재하므로 부적법하고, 만약 상소했다면 각하를 면할 수 없다. ⓑ 그러나 일부판결이 허용되지 않는 소송, 예컨대 예비적·선택적 병합, 필수적 공동소송, 독립당사자참가소송 등에서는, 재판의 누락이 있을 수 없고 따라서 뭔가 빠뜨린 사항이 있다면 이는 판단의 누락일 수밖에 없으며, 따라서 상소(§424①vi) 또는 재심(§451①ix)으로 다투어야 한다(통설). 재판누락에 관한 상세한 설명 및 판단누락과의 비교에 관해서는 11-2-1-2를 참조.

15-1-4-5 상소권의 포기

(1) 의의 및 성질

상소권 포기란, 상소권을 가진 당사자가 스스로 이를 행사하지 않는다는 의사를 법원에 대하여 표시하는 소송행위이다(§§394,425,443). 단독행위이고, 이 상소포기에는 상대방의 동의가 필요하지 않다. 상소포기로써 상소권이 소멸하고, 그 후에 제기한 상소는 부적법하게 되므로, 그에 대해서는 법원이 직권으로 상소장을 각하하거나 상소를 각하해야 하며, 만약 아직 원심법원에 소송기록이 남아 있으면 원심재판장이 상소장각하명령을 해야 한다(대결 06.5.2, 2005마933). 반대로, 상소제기 후에 상소포기를 하면, 상소포기가 상소취하의 효력도 가지므로(§395③) 따로 각하할 필요가 없다.

필수적 공동소송과 예비적·선택적 공동소송에서는 공동소송인 중 1인의 또는 1인에 대한 상소포기는 효력이 없다. 독립당사자참가에서도 셋 당사자 중 한 쪽의 상소포기는 효력이 없다. 증권관련집단소송에서는 상소의 포기에 법원의 허가를 요한다(증집§38).

(2) 방식 및 시기

상소포기는 상소 전에도, 상소 후에도 할 수 있으며, ―원심법원이든 상소심

법원이든— 소송기록이 있는 법원에 해야 한다. 이는 서면으로 해야 하고, 상대방에게 송달해야 한다(§395①②). 상소기간 도과 후에는 상소권포기를 논할 필요가 없고, 만약 상소포기가 있으면 상소취하로 해석된다. 상소권자가 모두 상소권을 포기하면 그 시점에 판결이 확정된다(위 2005마933).

그런데 종국판결 선고 전에 미리 상소권포기를 할 수 있는가? 판결의 내용을 아직 알 수 없는 상황에서 당사자 일방만의 상소권을 소멸시키는 것은 불공평하고, 법원에 대한 의사표시가 이루어짐으로써 판결의 내용에도 영향을 줄 수 있기 때문에, 이는 무효라고 보아야 한다(통설). 원·피고가 만약 1심판결이 선고되면 그것으로써 분쟁을 종료시키겠다고 의도한다면, 당사자 쌍방이 항소하지 않는다는 취지로 합의하는 불상소합의를 해야 한다.

(3) 상소권포기계약

판결선고 전에 소송 외에서 당사자 간에 상소권포기계약을 맺을 수 있다. 이는 —아래에서 볼 '불상소 합의'와 달리— 당사자 사이에 체결되는 사법행위인 소송계약의 일종이다. 이 포기계약이 있음에도 불구하고 상소가 제기되면, 상대방은 상소권포기의 합의가 있었다고 항변할 수 있고, 상소심법원은 상소를 각하한다. 이 계약은 사법계약이므로, 의사표시의 흠이 있을 때에는 민법 규정을 적용하여 그 무효·취소를 주장할 수 있다(8-1-1-5 참조).

15-1-4-6 불상소의 합의

(1) 의의 및 비교개념

'불상소의 합의'는 상소를 하지 않기로 미리 약속하는 소송법상 계약이다. 이 합의를 1심에서 하면 항소·상고를 모두 하지 않는다는 합의이고, 2심에서 하면 상고를 하지 않는다는 합의이다. 소송을 당해 심급의 판결로써 끝내겠다는 합의이다.

이와 달리, 1심판결 후에 —상고할 권리는 유보한 채로— 항소만 하지 않기로 하는 합의가 있고, 이를 '불항소의 합의'라고 한다(§390①단서). 2심을 건너뛰고 상고심에게로 바로 불복하는 상소를 '비약상고'라고 부르므로, 불항소의 합의를 비약상고의 합의라고도 한다. 비약상고의 합의는, 사건의 사실관계에 대하여 당사자 간에 다툼이 없고 법률문제에 대하여 신속하게 최종심의 판단을 받아보려는 경우에 효용이 있는데(§433), 실무상 자주 이용되지는 않는다. §390① 단서는 불항소 합의만 정하고 있지만, 이 조문은 불상소 합의의 유효성을 당연히 전제하고 있다고 해석된다.

(2) 요건

§390②이 불항소 합의에 관해 관할합의에 관한 규정(§29②)을 준용한다고 정했으므로 불항소 합의는 서면으로 해야 하고, 이에 비추어 통상의 불상소 합의 역시 서면으로 해야 한다고 해석된다. 앞에서 보았듯이 일방만 불상소하는 합의는 공평에 어긋나므로 효력이 없으며(대판 87.6.23, 86다카2728), 다만 판결선고 후에 했다면 경우에 따라 상소권포기로 해석될 수는 있다. 민법상 법률행위에서보다 표시를 더욱 중시해야 하므로, 표현내용이 불분명하면 불상소 합의를 인정해서는 안 된다(대판 07.11.29, 2007다52317; 15.5.28, 2014다24327). 당사자가 임의로 처분할 수 있는 권리관계를 대상으로 해야 하므로, 직권탐지주의에 따르는 소송에서는 불상소 합의를 할 수 없다.

불항소 합의 혹은 항소포기를 했더라도 그 의사를 표시하는 서면이 법원에 제출되기 전에 그 약정을 해제하기로 다시 합의하고 항소를 제기하였다면 그 항소는 적법하다(위 86다카2728).

(3) 효과

적법한 불상소의 합의가 판결선고 전에 있으면, 판결이 선고와 동시에 확정되고 소송은 완결된다. 이 합의가 판결선고 후에 있으면, 그 합의와 동시에 판결이 확정된다. 불상소 합의는 —앞에서 본 상소권포기계약과 달리— 항변사항이 아니라 직권조사사항으로 보는 견해가 다수설 · 판례이다(대판 80.1.29, 79다2066).

15-1-4-7 상소의 이익

(1) 의의 및 학설

상소는 상대방에게 부담을 과하는 것이고, 사회적으로도 사법자원(司法資源)을 추가로 이용하는 것이므로, 불필요한 상소는 배제되어야 한다. 그래서 상소를 제기할 정당한 이익을 가진 자에 의한 상소만이 적법한 상소가 된다. 이런 이익을 '상소의 이익'이라고 하며, 항소에서는 항소의 이익, 상고에서는 상고의 이익이라 한다.

통설 및 판례(대판 02.6.14, 99다61378)는, 자기가 신청했던 대로 판결을 얻은 당사자에게는 상소의 이익이 인정되지 않는다고 한다("형식적 불복설"). 신청했던 대로의 판결인지 여부는, 신청과 판결주문을 대비하여 판단한다. 즉 신청이 판결주문보다 크면 상소의 이익이 인정되고, 그렇지 않으면 인정되지 않는다. 원고의 신청은 청구취지 기재로써 정해지고, 피고의 신청은 소각하 · 청구기각 등을 구한다는 진술로써 정해진다.[8] 형식적 불복설에 의하면, 전부패소한 당사자 또는 일부패소한 당사자에게는 상소의 이익이 인정되지만, 전부승소한 당사자가 판결이유 중의 판단과는 다른 이유에 의한 승소판결을 구하여, 또는 전부승소한 원고가 청구를 확장하겠다고 해서, 또는 전부승소한 피고가 반소를 제기하겠다고 해서 상소를 제기하면, 모두 상소의 이익이 인정되지 않는다. 반면에 전부승소한 원·피고에게도 상급심에서 원재판보다 더 유리한 판결을 받을 가능성이 있으면 상소를 허용해야 한다는 실질적 불복설과 원고 쪽은 형식적 불복설에, 피고 쪽은 실질적 불복설에 따라 판단해야 한다는 절충설도 있으나, 실질적 불복설은 명확성이 떨어지고 절충설은 그렇게 기준을 달리할 이유를 합리적으로 설명하기 어려우므로, 형식적 불복설이 타당하다. 다만 형식적 불복설에서도 아래 (2)에서 보는 몇 가지 예외는 불가피하게 인정해야 한다.

(2) 개별적 고찰

ⓐ 일방의 전부승소시 : 전부승소한 당사자에게는 원칙적으로 상소의 이익이 없다. 그러나, 후소청구를 제기하면 기판력을 적용받게 되는 경우에는 전부승소라도 상소의 이익이 인정되어야 한다. 그 예를 보면, ㉠ 묵시적 일부청구에서는 잔부청구에 기판력이 미치므로(5-2-3-5 참조) 전부승소자에게도 청구확장을 위한 항소를 인정해야 하며,[9] ㉡ 청구이의의 소에서도, 나중에 동일 집행권원을 다른 사유로 다투지 못하므로(민집§44③), (집행력의 일부배제만 청구했던) 전부승소자에게 항소를 허용해야 한다.

전부승소한 당사자가 판결이유에 불만이 있는 경우, 예컨대 손해배상소송에

8) 무변론판결의 패소피고는 명시적으로 내놓은 신청이 없지만, 이 경우에도 —청구기각을 구하는 신청이 있음을 전제하여— 상소의 이익을 인정해야 한다.

9) 대판 94.6.28, 94다3063은, 재산상 손해에 관하여 전부 승소하고 위자료에 관하여 일부 패소한 원고가 항소한 뒤 항소심에서 재산상 손해부분에 관하여 청구를 확장할 수 있다고 했다. 손해3분설에 기하여 본다면, 1심에서 전부승소한 소송물에서 묵시적 청구를 했던 것으로 해석하는 셈이다.

서 원고가 전부승소했지만, 피고의 고의 행위라는 원고의 주위적 주장과 달리, 판결이유 중에 피고의 과실만 인정된 경우에, 원고에게는 상소의 이익이 없다.

ⓑ 소각하 : 청구기각을 받은 원고와 마찬가지로 소각하 판결을 받은 원고에게도 상소이익이 있다. 소각하 판결은 마치 피고의 전부승소처럼 보일 수도 있지만, 만약 피고가 청구기각판결을 구했었다면 이는 피고에게 불리한 판결이므로, 피고도 이에 상소할 수 있다.

ⓒ 일부인용 · 일부기각시 : 일부인용에는 양적 일부인용(가령 일부금액만 인용)과 질적 일부인용(가령 동시이행조건을 붙인 인용)이 있다. 둘 다 원 · 피고 모두에게 상소의 이익이 있다. 그리고 예비적 · 선택적 공동소송에서 주위적 피고에 대해 청구기각, 예비적 피고에 대해 청구인용의 판결이 났다면, 원고 및 예비적 피고에게 각각 상소의 이익이 있다.

ⓓ 예비적 상계 : 예비적 상계항변에 의하여 전부기각판결을 얻은 피고는, 형식적 불복설에 따라 주문만 비교하면 원고청구 전부기각이므로 상소의 이익을 가지지 않지만, 이 경우 피고에게 상소의 이익이 인정된다. 판결 중의 상계판단에는 기판력이 인정되므로, 피고는 예비적 상계 외의 이유에 의한 청구기각판결을 얻을 이익을 가지기 때문이다.

15-1-5 상소의 효력

15-1-5-1 확정차단의 효력

재판은 상소기간 내에는 확정되지 않으며, 그 기간 내에 적법하게 제기된 상소는 상소대상이 된 재판의 확정을 차단한다(§498). 이 효과를 "확정차단효"(Suspensiveffekt)라고 하고, 이에 의하여 판결확정에 기하여 생기는 판결의 효력이 발생하지 않게 된다. 이는 항소 · 상고 · 즉시항고에 주어지는 효력이며, 통상항고에서는 확정차단의 효력이 없다. 통상항고가 제기된 결정 · 명령에 대해 집행을 정지시키려면 별도의 집행정지결정을 받아야 한다(§448).

확정이 차단된다는 말은 —가집행선고가 없는 이상— 원심판결 중 상소심 심판대상이 아닌 부분에도 집행력이 발생하지 않는다는 의미이다. 거꾸로 말하면, 판결에 대한 항소 · 상고가 있는 경우라도, 판결에 가집행선고가 붙은 경우에는 판결의 집행력 발생이 저지되지 않으며, 이때 집행을 정지시키기 위해서는 역시 집행정지 재판을 따로 받아야 한다.

15-1-5-2 이심의 효력

상소가 적법하게 제기되면, 상소대상이 된 사건에 대한 원심의 소송계속을 소멸시키고 상소법원에서의 소송계속을 발생시킨다. 이 효과를 "이심효"(移審效; Devolutiveffekt)라고 한다. 상소가 제기되면 원심법원은 소송기록을 상소장제출일부터 2주 내에 상급법원에 보내야 한다(§400,§425). 만약 판결송달 전에 상소제기되면 위 2주의 기산일은 판결송달일부터이다(규§127①).

이심되어 있다는 말은, 상급심에서 —개별요건을 충족한다면— 상소인이 불복범위를 그 이심범위 내에서는 확장할 수 있고, 상대방도 부대상소를 제기하여 그 부분을 심판대상으로 삼을 수 있다는 의미이다.

15-1-5-3 상소불가분의 원칙

(1) 의의 및 근거

예컨대 1억원 대여금 반환청구소송에서, 1심법원이 6천만원의 청구를 인용하고 원고만 항소를 제기한 경우에 —원고가 나머지 4천만원 전부에 대해 항소했든 그 중 1천만원에 대해서만 항소했든 간에— 1심판결 전체의 확정이 차단되고 이심된다. 원고는 항소하지 않고 피고만 항소했더라도 마찬가지이다. 어느 경우든 1억원에 대한 판결 전체가 이심되며, 항소인이 불복하지 않은 부분도 확정되지 않는다. 이렇게 불복신청의 범위에 불구하고, 원재판 전체에 관하여 확정차단효와 이심효가 생기는 것을 상소불가분 원칙이라고 한다.

법률상 명문규정은 없지만, 상소장에 불복범위를 명시하지 않아도 되는 점(§397,§425), 원심판결 중 불복이 없는 부분에 대해서도 상소법원이 가집행선고를 할 수 있는 점(§406,§435)에 비추어 보면, 법률은 상소불가분의 원칙을 전제하고 있다고 해석된다. 상소불가분 원칙이 인정되는 이유는, 당사자 쌍방에게 부대항소나 항소취지 확장을 할 수 있는 여지를 주는 것이 더 합리적이기 때문이다.

(2) 내용

ⓐ 상소불가분 원칙에 따라, —단일청구이든 객관적 병합청구이든— 원심판결 전체에 대해 확정차단효 및 이심효가 생긴다. 그러나 심판대상은 당사자의 불

복신청 범위에 한정되므로, 상소의 효력이 미치는 범위와 상소심의 심판범위는 달라질 수 있다(대판 95.5.26, 94다1487). 상소불가분 원칙은, 항소 단계에서도 적용되고 상고 단계에서도 적용된다.

그러나 이 원칙은, 판결이 일단 선고되고 그에 대한 상소가 있으면 상급심으로 전체가 이심된다는 원칙이므로, 만약 판결선고가 없으면 —즉 재판의 누락(11-2-1-2)이 있으면— 선고된 판결부분만 상소로써 상급심에 올라가므로, 상소불가분 원칙이 적용되지 않는다. 가령 단순병합 관계에 있는 여러 청구를 원고가 선택적 병합으로 청구한 데 대해, 1심법원이 하나의 청구에 대해서만 인용판결을 하고 피고가 항소한 경우에, 나머지 청구들은 아직 1심에 남아 있는 것이다(대판 08.12.11, 2005다51495).

ⓑ 가분적 단일청구에 있어서도, 청구의 일부만을 확정시키려는 당사자의 행위가 있으면, 그 부분에 한하여 확정이 되며, 상소불가분 원칙이 적용되지 않는다. 가령, 청구의 일부에 대하여 불상소의 합의나 항소권 포기가 있는 경우가 그러하다.

ⓒ 청구의 객관적 병합의 경우 : 원심판결이 여러 개의 소송물을 대상으로 한 것이더라도, 원심판결 전체에 상소불가분 원칙이 적용된다. 예컨대 원고가 S청구와 T청구를 병합하여 청구하여 전부패소하고, S청구에 대해서만 항소한 경우, 전체에 관하여 확정차단효 및 이심효가 생기므로(대판 66.6.28, 66다711), 원고는 항소심에서 T청구에 대해서도 항소취지를 확장할 수 있다. 또한 1심이 S청구만 원고승소의 판결을 하여 원고가 T청구에 관해 항소했다면, 피고는 항소심에서 S청구의 기각을 구하는 부대항소를 제기할 수 있다. 한편 본소·반소가 있고 반소에만 항소가 이루어졌더라도 —단순병합과 마찬가지로— 본소청구에 대해서도 상소불가분 원칙이 적용된다(대판 08.6.26, 2008다24791).

ⓓ 공동소송의 경우 : 통상공동소송에서는 공동소송인 독립의 원칙에 따라, 상소불가분 원칙이 적용되지 않는다(대판 12.9.27, 2011다76747). 예컨대 A가 B,C를 상대로 통상공동소송을 제기하여 전부승소하고 B만 항소하는 경우, 공동소송인 독립의 원칙에 따라 A-B 사이의 부분만 따로 나뉘어 확정차단되고 이심된다.

그러나 필수적 공동소송 및 예비적·선택적 공동소송, 독립당사자참가소송, 공동참가소송에서는 합일확정의 요청 때문에 상소불가분 원칙이 적용된다

(14-3-4-5 & 14-4-4-5). 그렇다면, 원래 통상공동소송으로 해야 할 것을 예비적·선택적 공동소송으로 제기하면 어떻게 되는가? 이 경우에는 공동소송인 간에 상소불가분 원칙이 적용되지 않는다는 것이 판례이다(대판 12.9.27, 2011다76747).

(3) 상소불가분 원칙의 한계

하나의 판결에 대한 상소로 사건이 상급법원에 올라가더라도 —이론상으로는 그 사건에 대한 불복절차가 모두 끝날 때까지 전체가 미확정상태로 유지된다고 볼 수도 있겠지만 이렇게 보는 견해는 없고— 항소심 판결 및 상고심의 파기판결에 따라서 분리확정되는 부분이 생긴다고 보는 견해가 일반적이다. 가령 원고의 P,Q,R 병합청구에 대하여 1심판결이 전부 청구기각을 하고 원고가 P,Q 청구에 대해서만 항소하였고(P,Q,R 전부가 2심으로 이심된다), 2심판결이 그 둘에 대해 다시 청구기각을 하여 원고가 P에 대해서 상고한 경우를 보자. 이때 항소되지 않은 R부분은, 일단 2심으로 이심되지만 항소심판결 선고와 동시에 분리확정된다는 것이 확립된 판례이다.[10] 이 사례에서 대법원이 P청구에 대해 상고기각을 하면, 미확정상태로 3심으로 이심되어 있던 P와 Q청구는 상고기각 판결 시점에 모두 확정된다.

한편 대법원의 환송판결은 청구에 대하여 가분적으로 할 수 있다. 다투어지지 않는 부분은 신속히 확정해 줄 필요가 있기 때문이다. 따라서 위 사례에서 만약 대법원이 P청구에 대해 파기환송을 하면 Q청구는 그 시점에서 분리확정된다. 이런 단순병합뿐만 아니라 주위적·예비적 병합에서도 그렇다. 예컨대 항소심판결이 원고의 주위적 청구 S를 기각하고 예비적 청구 T를 일부 인용한 데 대하여 피고만 상고하였는데 상고가 이유 있는 경우, 대법원은 T청구 중 피고패소부분만 파기해야 하고, 이때 파기환송의 대상이 되지 않는 S청구는 파기환송판결 선고시 바로 확정된다. 즉 환송후 원심에 계속되는 청구는 T청구이고, 그 심판범위는 T청구 중 피고의 환송전 패소부분이다(대판 07.1.11, 2005다67971).

10) 대판 01.4.27, 99다30312; 06.4.27, 2006두2091; 08.6.26, 2008다24791; 11.7.28, 2009다35842; 14.12.24, 2012다116864 등.

15-2 항소

15-2-1 항소의 의의 및 구조

15-2-1-1 의의

항소(抗訴; Berufung)는, 제1심 종국판결에 대한 두 번째 심급법원에의 불복신청을 가리킨다(§390①). 항소를 제기한 사람을 항소인, 그 상대방을 피항소인이라고 한다. 1심 단독사건의 항소심은 지방법원 항소부가, 1심 합의사건의 항소심은 고등법원이 담당함이 원칙이지만, 1심 단독사건 중 속칭 고액사건(소가 2억원 초과~5억원 이하)의 항소심은 고등법원이 담당한다(3-5-3).

항소에서는 법률문제뿐만 아니라 사실인정문제도 불복이유로 삼을 수 있고, 이 점에서 법령위반만 불복이유로 삼아야 하는 상고와 다르다. 그래서 항소심의 목적은 오판으로부터의 구제가 주된 것이다.

15-2-1-2 항소심의 구조

항소심을 영미식의 법률심이 아니라 사실심리를 하는 심급으로 설계함을 전제할 때, 항소심의 심판방식을 어떻게 만들지에 관하여는, ⓐ 항소심의 심판대상을 —제1심 판결이 아니라— 청구가 타당한지 자체로 보면서, 제1심에서 수집된 소송자료를 이용하지 않고, 처음부터 다시 소송자료를 수집하게 하는 제도(복심제; 覆審制)를 정할 수도 있고, ⓑ 항소심의 심판대상을 제1심 판결의 당부로 보되, 제1심의 소송자료에 '추가하여' 항소심에서 제출된 소송자료도 역시 심사하는 제도(속심제; 續審制)를 정할 수도 있으며, ⓒ 항소심의 심판대상을 제1심 판결의 당부로 보면서, 제1심에서 제출된 소송자료에만 한정하여 심리하는 제도(사후심제; 事後審制)를 정할 수도 있다. ⓐ는 앞의 상소제한 필요성에서 보았듯이 소송경제에 반하고 1심 소송절차를 무기력하게 만들 수 있는 것이어서, —역사 속의 의미가 있을 뿐이고— 현재 이를 채택한 입법례는 없다. 각국의 입법례는 ⓑ의 속심제와 ⓒ의 사후심제 중 하나를 취하고 있다. 한국은 속심제를 취한다. 사후심제의 항소심은 1심판결을 유지할 수 없다고 판단하는 경우, 결론을 내리기에 충분한 자료를 확보하지 못하고 있을 수 있으므로 1심판결을 파기하고 사건을 1심으로 돌려보내는 것이 원칙이다. 그러나 속심제에서는, 청구의 당부를 판단하기에 족한 소송자료를 항소심 스스로 수집할 수 있으므로, 원판결을 취소하는 경우에는, 항소심 스스로 청구의 당부에 대한 판단을 하는 것('자판';自判)이 원칙이다.

15-1-3에서 보았듯이 각국의 구체적인 항소제도 설계모습은 다양하지만, 주요국들 중에서 한국·일본처럼 항소심을 순수한 속심으로 구성하는 곳, 즉 항소심에서 소송자료 추가제출을 전면적으로 허용하고 또 당해 재판의 사실인정을 전면적으로 재검토하도록 정해 두는 곳은 이제 거의 없다. 사회전체적인 자원의 배분과 효율성을 생각한다면, 항소심에서도 소송자료제출이나 법원의 심리범위에서 일정한 제한을 둘 필요성이 있다(15-1-3-3 참조).

15-2-2 항소의 제기

15-2-2-1 항소의 당사자

1심 판결의 당사자가 항소심의 당사자가 된다. 1심 당사자 중에서 항소를 한 사람이 항소인이 되고, 상대방이 피항소인이 된다. 부대항소가 제기되면, 항소인은 부대피항소인을 겸하고 피항소인은 부대항소인을 겸하게 된다.

당사자가 사망했으나 소송대리인이 있어서 1심소송이 그 판결송달시에 이르러 비로소 중단된 경우에, 상속인은 수계신청과 동시에 항소를 제기할 수 있다(§243). 1심의 당사자가 아니었으나 당사자참가를 할 수 있는 제3자는, 참가와 동시에 항소를 제기할 수 있다. 보조참가인은 피참가인이 항소권을 포기하지 않는 한 스스로 항소할 수 있지만, 그렇게 하더라도 항소인이 되는 것은 아니며 항소심에서도 보조참가인일 뿐이다.

15-2-2-2 항소장의 제출 및 기재사항

항소의 제기는, 1심판결정본 송달일로부터 2주 내에 그 1심법원에 항소장을 제출함으로써 한다(§396,§397). 항소장의 필수적 기재사항은 ⓐ 당사자와 법정대리인, ⓑ 제1심 판결의 표시와 ⓒ 그 판결에 대한 항소의 취지이다. 여기서 말하는 항소취지는 1심판결에 불복한다는 취지 자체를 가리키는 것이므로, 그런 취지가 기재되면 족하고, 항소장에 불복범위를 정확히 적지 않아도 적법하다(대결 11.10.27,

2011마1595). 하지만 실무상으로는, 인지첩부 등을 위하여 항소심 소가를 계산할 필요도 있고, 또한 항소 개시시부터 정확한 심판대상을 법원 및 상대방에에 알려야 하므로 '항소취지' 항목에 정확한 불복범위를 기재하고 있다. 청구전부인용판결에 대해 피고가 항소할 때의 항소취지는 "원판결을 취소한다. 원고의 청구를 기각한다. 소송비용은 1,2심 모두 원고가 부담한다."가 표준적 기재이며, 청구전부기각판결에 대해 원고가 항소할 때의 항소취지는 "원판결을 취소한다. 피고는 원고에게 ~하라. 소송비용은 1,2심 모두 피고가 부담한다."가 표준적인 기재이다.

항소장에는 준비서면에 관한 규정을 준용하므로, 당사자 또는 대리인이 기명날인 또는 서명해야 한다(§398,§274①). 그러나 판례는, 항소장에 항소인의 기명날인 등이 누락되었더라도 기재에 의하여 항소인이 누구인지 알 수 있고, 그것이 항소인 의사에 기하여 제출된 것으로 인정되면 유효라고 한다(대판 11.5.13, 2010다84956).

15-2-2-3 재판장의 항소장심사

소장을 재판장이 먼저 심사했던 것처럼(§254), 항소장도 재판장이 우선 심사한다. 먼저 원심재판장이 심사하고(§399), 항소기록이 항소심으로 넘어간 이후에는 항소심재판장이 다시 심사한다(§402).

심사할 사항은 주로 필수적 기재사항을 적었는지, 항소기간이 도과했는지, 인지(印紙)를 첩부했는지, 송달료를 납부했는지(대결 95.10.5, 94마2452) 등이다. 흠이 있으면 우선 원심재판장이 또는 그의 지시를 받은 법원사무관등이 상당한 기간을 정하여 보정을 명하고, 그 기간 내에 항소인이 흠을 보정하지 않으면 명령으로 항소장을 각하한다(§399①②). 항소기간도과의 경우에는 보정명령 없이 바로 항소장각하를 한다(§399②). 인지보정이 없어서 각하명령을 내리고 나면, 그 각하명령 고지 전에 인지보정이 행해지더라도 각하명령을 취소할 수 없다(대결 13.7.31, 2013마670). 항소권 포기가 분명히 있었는데도 항소장을 제출하면 이 각하명령 대상이 된다(대결 06.5.2, 2005마933).

원심재판장의 항소장각하명령에 대해서는 즉시항고할 수 있다(§399③). 항고법원은 —대법원이라는 반대견해도 있으나— 제2심 법원이라는 것이 판례이다(대결 95.5.15, 94마1059). 원심재판장이 자신의 항소장각하명령을 재도의 고안(15-4-3-3; §446)에 따라 경정한 결정에 대해서도 즉시항고할 수 있다(대결 23.7.14, 2023그

585).

항소장각하명령의 적법 여부는 명령의 효력발생시(＝고지시≒송달시)가 아니라 성립시(＝전자문서라면 전자서명시)를 기준으로 하므로, 인지 미보정을 이유로 한 항소장각하명령 후 그 송달 전에 인지를 보정하더라도 그 명령은 적법하다(대결-전 25.7.24, 2021마6542).

원심재판장의 심사에서 항소장의 흠결이 간과되면, 소송기록이 항소심법원으로 송부된다(§400). 항소심법원은 항소장부본을 피항소인에게 송달한다(§401). 항소심재판장은 앞에서 본 흠결사항을 다시 심사한다(§402). 이 단계에서는, '항소장부본 송달불능'이 보정명령 사유로 추가되고, 여기에 항소인이 불응하면 역시 항소장각하명령 대상이 된다.[11] 다만 판례는, 항소심재판장의 피항소인 주소보정명령에 항소인이 불응하더라도, 항소심 법원은 '소송기록에서 나타난 다른 주소'가 있으면 그리로 송달해 보아야 하고, 그러지 않고 바로 항소장각하명령을 내리면 위법하다고 한다(대결 11.11.11, 2011마1760). 항소장 각하명령은 항소장 송달 전까지만 가능하며, 독립당사자참가소송의 제1심 판결에 대해 일방이 항소하고 피항소인 중 1명에게 항소장이 송달되어 당사자들 간 항소심 소송관계가 일부라도 성립했다면, 항소장 각하명령은 불가하다(대결 20.1.30, 2019마5599). 항소심재판장의 각하명령에 대해서도 즉시항고할 수 있다(§402③).

15-2-2-4 항소제기의 효력

15-1-5에서 본 상소 일반의 효력과 마찬가지로, 항소의 제기에 의하여, 1심 판결의 확정이 차단되고, 사건이 항소심으로 이심되어 계속된다.

15-2-2-5 항소이유서의 제출

법률개정으로 2025.3.1.부터 항소이유서 제출이 강제되었다. 제1심 법원으로부터 항소기록을 송부받은 항소법원의 법원사무관등은 그 수령사실을 바로 당사자에게 통지해야 하는데(§400③), 항소인이 항소장에 항소이유를 적지 않았다면,

11) 대결-전 21.4.22, 2017마6438은, '항소장부본 송달불능'을 이유로 한 재판장의 항소장각하명령은 §402의 문언해석에 부합한다고 보았다. [여기서 반대의견은, '항소장부본 송달불능'은 이미 계속된 소송에서 소송서류가 송달불능된 것에 불과하므로, 항소장각하명령을 ―소송계속 전에 내려지는― 소장각하명령과 다르게 보아야 한다는 견해이다.]

그는 위 통지를 받은 날부터 40일 이내에 항소이유서를 항소법원에 제출해야 하며, 항소법원은 신청에 따라 그 제출기간을 1회에 한하여 1개월 연장할 수 있다(§402-2①②).

항소인이 위 기간 내에 항소이유서를 제출하지 않으면 항소법원은 결정으로 항소를 각하해야 한다(§402-3①). 다만, 직권조사할 사유가 있거나 항소장에 항소이유가 기재되어 있으면 그렇지 않으며, 항소인은 위 결정에 대해 즉시항고를 할 수 있다(§402-3②③).

15-2-3 부대항소

15-2-3-1 의의 및 인정이유

(1) 의의

피항소인은, 자신의 항소권이 항소기간도과 또는 항소권포기에 의하여 소멸한 후에도, 항소심의 변론종결시까지 원판결에 대하여 불복을 신청할 수 있다. 이런 불복신청을 부대항소(附帶抗訴; §403)라고 한다.

가령, 1억원 청구소송에서 "피고는 원고에게 6천만원을 지급하라. 나머지 청구를 기각한다."라는 판결이 내려지고, 원고만 항소를 제기했다고 하자. 항소로써 1심 판결 전체의 확정이 차단되고 이심되지만(상소불가분 원칙), 6천만원 인용부분은 불이익변경금지원칙(15-2-6) 때문에 항소심에서 취소·변경의 대상이 되지 않는다. 항소심의 심판대상은 청구기각된 4천만원 부분뿐이다. 그런데 만약 항소심에서 피고가 부대항소를 제기하면, 위 6천만원 인용부분이 다시 심판대상이 되어서, 법원이 이를 취소·변경할 수 있게 된다. 이렇듯 부대항소는, 대상판결의 확정이 차단되고 이심효가 생겨 있음을 전제로 하는 것이며, 부대항소로써 비로소 확정차단효·이심효가 생기는 것은 아니다.

(2) 인정이유

부대항소 제도를 인정하는 이유로는, 첫째 당사자 간의 공평의 확보를 들 수 있다. 항소인은 청구의 범위 내에서 불복신청 범위를 확장할 수 있는데도(왜냐하면 불복신청 범위는 항소심 변론종결시까지 특정되면 족하기 때문), 피항소인은 아무런 불복신청을 할 수 없다고 하면, 공평에 반한다. 둘째, 소송경제를 들 수 있다. 만약 부대항소가 허용되지 않는다면, 상대방이 항소하는 경우에만 항소하려고 생각하는 당사자가, 자신의 항소기간 경과 후에 상대방으로부터 항소를 제기당하여 방어만 하게 될 우려 때문에 불가피하게 미리 항소를 제기해 둔다고 하는 불경제가 생길 수 있다. 또한 관련된 청구를 한번에 처리하는 것이 경제적이기도 하다.

15-2-3-2 성질

부대항소의 성질에 관해서는, ⓐ 일종의 독립한 항소이고 따라서 제기하려면 항소의 이익을 가져야 하며, 1심에서 전부승소한 당사자는 청구확장·반소제기를 위한 부대항소를 제기할 수는 없다는 견해(항소설)가 있지만, ⓑ 통설·판례는, 부대항소는 특수한 구제방법으로서 독립한 항소가 아니므로 항소의 이익이 없어도 되고, 1심에서 전부승소한 당사자라도 청구확장·반소제기를 위한 부대항소를 제기할 수 있다고 보는 견해(비항소설)를 취한다(대판 80.7.22, 80다982; 95.6.30, 94다58261; 03.9.26, 2001다68914; 08.7.24, 2008다18376).

앞에서 본 부대항소의 인정이유를 생각해 보면, 부대항소는 종속성을 가진다고 봄이 옳다. 법도 종속성을 인정하고 있다(§404). 종속성이 있다는 의미는, 항소가 취하되면 부대항소는 —독립하여 항소의 요건을 갖추지 않은 이상— 효력을 잃는다는 말이다. 결론적으로, 부대항소는 항소의 이익을 필요로 하지 않으며, 피항소인은 부대항소로써, 항소인이 불복하지 않은 부분뿐만 아니라 제1심 판결사항이 아니었던 것까지도 심판범위에 포함시킬 수 있다.

15-2-3-3 요건

항소가 적법하게 제기되어, 사건이 항소심에 계속되어 있어야 하며, 항소심의 변론종결 전이어야 한다. 피항소인은 항소권 포기 또는 항소기간 도과로 자신의 항소권이 소멸되었더라도 부대항소를 제기할 수 있다(§403).

주된 항소의 피항소인이 항소인을 상대로 제기해야 한다(§403). 일부패소한 피항소인이 제기하는 것이 전형적인 부대항소이겠지만, 제1심에서 전부승소한 원고가 항소심 계속 중 청구취지를 확장·변경하거나, 전부승소한 피고가 반소를 제기하는 경우도 부대항소에 해당한다(위 94다58261; 2001다68914; 2008다18376 등).[12)]

---

12) 과거 1960년대 판결 중에는, 피항소인의 청구변경은 부대항소와 무관하다고 본 것이 있

통상공동소송의 경우에는, 공동소송인 독립의 원칙 때문에, 분리확정된 다른 공동소송인은 또는 그에 대해서는 부대항소를 제기할 수 없다. 가령 원고 P가 A,B,C를 공동피고로 한 소송의 1심에서 패소하고 A만 피항소인으로 삼아 항소했으면, 부대항소를 제기할 수 있는 자는 A뿐이고, B,C는 부대항소를 제기할 수 없다. 또 만약 P가 승소하여 A만이 항소를 하고 B,C는 항소하지 않았으면, P는 A를 상대로만 부대항소를 제기할 수 있고 B,C 상대로는 부대항소를 제기할 수 없다.

15-2-3-4 방식

부대항소의 방식은 항소에 관한 규정에 의한다(§405). 따라서 서면제출로써 함이 원칙이다. 부대항소장에는 항소장에 준하는 인지를 첩부해야 한다(민인규 §26). 항소제기에 준하므로 부대항소장을 제1심 법원에 제출할 수도 있지만, 부대항소는 항소제기 후 심리가 상당히 진행된 다음에 제기되는 경우가 자주 있기 때문에, 이때에는 부대항소장이 항소법원에 제출된다. 실무상 항소심에서의 부대항소는 너그럽게 운용되며, 흔하다.

전부승소한 원고가 청구를 확장하는 방식으로, 또는 전부승소 피고가 반소를 제기[13]하는 방식으로 부대항소를 할 때에는 '부대항소장'이라는 서면을 반드시 제출해야 하는지의 문제가 있다. 판례·통설은 위와 같이 전부승소한 당사자가 청구확장·반소제기를 하는 것을 허용함과 아울러, 이때 '부대항소장'이라는 이름의 서면을 제출하지 않아도 된다고 보고 있다(위 2001다68914; 08.7.24, 2008다18376). 즉 부대항소라는 취지를 밝히지 않은 채 '청구취지확장신청서', '반소장'이라는 이름의 서면만을 제출하는 일이 종종 있으며, 이는 그 성질상 부대항소로 의제된다(대판 95.6.30, 94다58261; 위 2008다18376). 기간 도과 후의 제출이라서 부적법한 항소장 역시 부대항소로 취급된다(대판 22.10.14, 2022다252387). 이러한 청구취지

으나(대판 63.1.24, 62다801; 69.10.28, 68다158), 그 후의 위에서 본 일련의 판결들로 인하여 사실상 판례변경이 이루어졌다고 보아야 한다.

13) 항소심에서의 반소제기에 관하여는 법이 특칙을 두고 있다. 즉 반소는 상대방의 심급의 이익을 해할 우려가 없는 경우 또는 상대방의 동의를 받은 경우에 한하여 제기할 수 있으며, 상대방이 이의를 제기하지 아니하고 반소의 본안에 관하여 변론을 한 때에는 반소제기에 동의한 것으로 본다(§412①②).

확장 및 반소에 대해서 항소심 법원은, 제1심으로서 판단하게 된다.[14][15]

요컨대, 전부승소한 원고가 청구취지확장을 위한 '항소'를 하는 것은 —항소의 이익이 없어— 불가하지만, 피고의 항소 후에 그 '부대항소'로서 원고가 청구취지확장을 하는 것은 가능하다. 한편 부대항소도 취하할 수 있는데, 그 취하에는 상대방의 동의를 요하지 않는다.

15-2-3-5 효력

(1) 항소만 있고 부대항소가 없는 경우에는, 불이익변경금지원칙(15-2-6) 때문에, 1심판결 중 항소인의 불복부분만 심판대상이 된다. 그러나 부대항소가 있으면, —위 15-2-3-1의 사례에서 보듯이— 부대항소의 불복에 따라 1심판결 중 항소인 승소부분도 항소심의 취소대상이 된다.

(2) 부대항소의 종속성 때문에, 부대항소는 항소가 취하되거나 부적법하여 각하된 때에는 그 효력을 잃는다(§404). 따라서 15-2-3-1의 사례에서, 만약 피고의 부대항소 후에 1심판결 인용금액인 6천만원조차 2심판결에서 지키기가 힘겨워졌다고 원고가 생각하게 되었다면, 그는 항소를 취하함으로써 피고의 부대항소를 실효시키고 1심판결을 지켜낼 수 있다. 다만 부대항소인이 자신의 항소기간 이내에 한 부대항소는, 이를 독립된 항소로 보기 때문에(§404단서), 항소가 취하·각하되더라도 살아남는다("독립부대항소").

15-2-4 항소심의 심리

15-2-4-1 삼단계 심리

항소심 법원은, ⓐ 항소장이 적식(適式)인지 기간을 지켰는지, ⓑ 요건상 적

14) "제1심으로서 판단(재판)한다"는 말은, (15-2-4-3; 15-2-5-3; 15-3-4-3에서도 나오는데) 관련증거를 제출받고 그 판결주문을 작성함에 있어서 마치 1심법원처럼 한다는 말에 불과하며, 그 다음 심급은 당연히 상고심이다.

15) 이와 같이 부대항소로써 청구의 추가적 변경을 하는 경우와 달리, 항소심에서의 청구의 교환적 변경에 있어서는 부대항소 관련 문제가 전혀 없다는 것이 판례이다(대판 95.1.24, 93다25875). 즉 원고승소 1심판결에 대해 피고만 항소한 후, 항소심에서 원고가 청구의 교환적 변경을 한 다음에 피고가 항소취하를 한 사안에서, 교환적 변경으로써 구청구에 대한 1심판결은 실효되고 항소심은 신청구에 대하여 사실상 1심으로 심판하는 것이므로 피고의 항소취하는 그 대상이 없어서 무효라고 판시했다.

법한지를 차례로 심사한 후에 마지막으로 ⓒ 항소의 불복이 이유 있는지를 심리한다. ⓐ의 심사는 재판장의 항소장심사권(15-2-2-3) 설명에서 보았다. ⓑ의 적법요건은 직권조사사항이고, 일단 보정명령을 내린 후에, 흠이 보정되지 않으면 변론을 종결하고 판결로써 항소를 각하하거나 소를 각하한다. 항소요건(15-1-4-1) 흠결이면 항소각하판결을, 소송요건(5-1-3) 흠결이면 소각하판결을 내린다. 만약 항소요건에 흠이 있고 그 흠이 보정될 수 없는 것이면 '변론 없이' 판결로 항소를 각하할 수 있다(§413). 그런데 당사자는 항소심에서 —전속관할 위반을 제외하고는— 제1심 법원의 관할위반을 주장하지 못한다(§411). 항소가 적법요건을 갖추고 있으면, 그 다음 단계로 불복내용의 당부를 즉 항소가 이유 있는지를 심리한다.

15-2-4-2 항소심의 심리방법

(1) 개요

항소심절차에는 특별한 규정이 없으면 1심절차에 관한 규정이 준용되며(§408), 제1심의 소송행위 및 제1심의 변론준비절차는 항소심에서도 그 효력을 가진다(§409,§410). 한국 민사소송법은 이처럼 제2심을 사실심 및 속심제로 채택하였으므로, 항소심은 제1심의 소송자료(=주장자료 + 증거자료)와 제2심의 소송자료를 합하여, 새롭게 사실인정과 법률판단을 한다(대판 96.4.9, 95다14572). 2008년 개정에 의해, 항소심 심리도 변론준비절차 중심에서 변론기일 중심으로 변경되었으므로, 바로 제1회 변론기일을 여는 것이 원칙이다. 필요하면 변론준비절차에 부쳐서, 항소이유에서의 쟁점을 정리한 후에 변론에 들어갈 수도 있다.

(2) 변론의 갱신

1심의 소송자료에다가 항소심에서 제출되는 소송자료를 추가하여 심리함에 있어서는, 먼저 1심의 소송자료를 항소심에 상정하는 절차가 필요한데, —1심 진행 중에 법관의 교체가 있을 때(6-1-4)와 같은 용어를 사용하여— 이를 '변론의 갱신'이라고 한다. 즉 항소심 변론을 시작할 때, 당사자는 제1심 변론의 결과를 진술하여야 한다(§407②). 이 진술은 당사자가 사실상·법률상 주장, 정리된 쟁점 및 증거조사 결과의 요지 등을 진술하거나, 법원이 당사자에게 해당사항을 확인하는 방식으로 할 수 있다(규§127-2). 1심의 변론결과를 상정한다는 의사표시를 명시적으로 하지 않더라도, 당사자가 출석하여 소송관계를 표명하고 증거조사결과에 대하여 변론을 하였다면 묵시적으로 위의 변론갱신을 한 것으로 본다(대판 87.12.22, 87다카1458).

(3) 소송자료 제출의 제한

항소심에서 당사자는 종전의 주장을 보충·정정하고 —속심제이므로— 1심에서 제출하지 않았던 새로운 공격방어방법을 제출할 수 있지만, 다음과 같은 제약을 받는다. ⓐ 규칙§126-2는, 제1심 판결 중 다툴 부분과 증거방법이 무엇인지를 항소심 최초 준비서면에 기재하도록 정하였으므로, 여기서 새로운 공격방어방법을 제시하지 않았으면 나중에는 실기한 공격방어방법(6-4-1-3)으로서 각하될 수 있다(§149). 실무에서는 이 조항을 엄격히 적용하지 않는다. ⓑ 1심에서는 법관의 과반수가 변경되면 이미 신문했던 증인의 재신문을 당사자가 신청할 수 있지만(§204③), 항소심 법원은 1심의 증인에 대한 재신문신청을 채택하지 않아도 된다.

비록 한국의 항소심이 속심제라고 하더라도, 항소심에 제출되는 증거방법은 —1심에 비해— 실제 사건으로부터 시간적·공간적으로 더 멀어진 것이라는 점, 사법자원의 효율적 이용을 위해서는 사실심리를 1심에 집중할 필요가 있는 점 등을 고려하면, 항소심에서의 증거조사는 보충적으로만 하는 것이 합당하다.

15-2-4-3 항소심 심판의 범위

(1) 개요

항소심은 항소로써 불복된 부분만 심리·판결한다. 즉 항소심이 1심판결을 취소·변경할 수 있는 범위는 불복의 한도 안에서이며(§415), 이심(移審)의 범위와 심판의 범위는 같지 않다. 예컨대 15-2-3-1의 사례에서 항소심 법원은 —부대항소가 제기되지 않는 한— 청구기각되어 항소제기된 4천만원 부분만 심판한다. 만약 위 사례에서 —피고는 항소·부대항소를 하지 않았고— 항소심이 심판대상 4천만원 중 3천만원을 인용했다면, 이는 1심판결 중 원고패소부분에 한정된 판단이고 1심판결 중 원고승소부분에 대해서는 항소심의 판결이 없으므로, 아무런 불복을 하지 않았던 피고는 1심판결 중 원고승소부분에 관하여 상고를 제기할 수는 없다(대판 15.10.29, 2013다45037). 또한 가령 A,B의 두 청구를 모두 기각한 1심판결 중 A 청구에 대해 원고가 항소했다면, 항소심은 B 청구에 대해 판단할 수 없다(대판 94.12.23, 94다44644). 만약 항소심이 심판범위가 아닌 부분을 판결하면, 이는 무효이다.

다만 항소심은 심판범위가 아닌 부분에 대해서도 당사자의 신청에 기하여 가집행선고를 할 수는 있다(§406). 애초의 항소의 범위가 아닌 부분이, 항소심의 소송계속 중에 항소심의 심판대상이 되는 경우는, 부대항소(15-2-3)나 청구변경이 있을 때이다. 객관적 청구병합 및 주관적 공동소송에서 항소심의 심판범위는 경우를 나누어 검토해야 한다.

(2) 청구병합 및 공동소송에서

ⓐ 청구의 단순병합 : 청구의 객관적 단순병합에서는, 항소에 의해 전부에 대해 이심 및 확정차단의 효력이 생기지만, 심판의 범위는 불복범위에 국한되므로, 그 이심범위와 심판범위가 같지 않다는 점은 앞에서 보았다.

ⓑ 선택적 병합 : 선택적 병합청구 중 하나만 받아들여서 청구를 인용한 1심판결에 대해서 피고가 항소하면, 판단되지 않은 나머지 선택적 청구도 항소심으로 이심되고 모두 항소심의 심판대상이 된다(대판 10.5.27, 2009다12580). 항소심은 1심판결이 정당한 경우 항소를 기각한다. 판단 안 된 다른 청구가 이유있을 때에는, 1심판결을 취소하고 그 청구를 인용하면 되고, 그 외 나머지 청구들은 판단하지 않는다. 모든 청구가 이유 없으면, 항소심은 1심판결을 취소하고 모든 청구를 기각한다. 항소심이 1심에서 인용된 청구를 먼저 판단해야 하는 것은 아니다(대판 06.4.27, 2006다7587).

제1심에서 원고의 모든 선택적 병합청구가 기각되었고 원고가 항소한 경우, 모든 청구가 이심되지만 원고가 불복하는 청구만 항소심의 심판대상이 된다. 원고가 모든 청구에 관해 불복했고 항소심 법원이 어느 하나의 청구에 관한 항소가 이유 있다고 인정할 때에는 원고가 불복한 청구들에 대한 1심판결 전부를 취소해야 한다(대판 18.6.15, 2016다229478).

ⓒ 예비적 병합 : 예비적 병합청구 중 주위적 청구를 인용한 판결에 대해서는, 피고만 항소할 수 있고, 피고의 항소가 있으면, 판단되지 않은 나머지 예비적 청구도 항소심으로 이심되고 항소심의 심판대상이 된다(대판-전 00.11.16, 98다22253). 항소심도 주위적 청구가 이유 있다고 판단한다면, 항소를 기각한다. 항소심이 주위적 청구는 이유 없으나 예비적 청구가 이유 있다고 판단하는 경우에는, 1심판

결을 취소하여 주위적 청구를 기각하고, 예비적 청구를 인용한다. 양 청구 모두 이유 없다고 판단하는 경우에는, 1심판결을 취소한 후에 양 청구를 기각한다.

주위적 청구를 기각하고 예비적 청구를 인용한 1심판결에 대해서는, 원·피고 각각 항소의 이익을 가지는데, ㉠ 이때 피고만 항소하면 양 청구가 이심되지만 예비적 청구만 항소심의 심판대상이 된다. 항소심은 예비적 청구가 이유 있으면 항소를 기각하고, 예비적 청구가 이유 없으면, 1심판결 중 예비적 청구 부분을 취소하고 예비적 청구를 기각한다. 이때 주위적 청구는 심판대상이 아니므로, 항소심이 주위적 청구가 이유 있다는 (따라서 예비적 청구는 이유 없다는) 결론에 이르더라도 주위적 청구에 대해서 판단할 수는 없으며, 심판대상인 예비적 청구에 대해서만 판단해야 하므로, 1심판결 중 예비적 청구 부분을 취소하고 예비적 청구를 기각해야 한다(대판 95.2.10, 94다31624; 01.12.24, 2001다62213; 07.1.11, 2005다67971).[16] 주위적 청구를 기각하면서 예비적 청구를 일부 인용한 항소심판결에 대하여 피고만이 상고한 경우, 예비적 청구 중 피고패소부분만 상고심의 심판대상이 되므로, 피고의 상고에 이유가 있어서 그 피고패소부분을 파기환송하면, 이 상고심 판결시에 주위적 청구에 대한 항소심판결은 분리확정된다(대판 01.12.24, 2001다62213). ㉡ 주위적 청구를 기각하고 예비적 청구를 인용한 1심판결에 대해 원고가 항소하면, 주위적·예비적 청구 둘 다 항소심의 심판대상이 된다. 만약 주위적 청구를 인용하는 경우에는, 그와 양립불가한 예비적 청구는 기각해야 하기 때문이다.[17] 그런데 예비적 청구를 인용한 1심판결에 대하여 피고의 항소 없이 원고만 항소하면, 항소심이 심리 결과 주위적·예비적 청구 모두 이유 없다고 보는 경우에도 항소심 법원이 예비적 청구에 대한 1심판결부분을 취소할 수 없는데, 이는 심판대상이 아니어서가 아니라 불이익변경금지 원칙(15-2-6) 때문이다.

ⓓ 통상공동소송 : 통상공동소송에서는, 공동소송인 독립의 원칙 때문에, 항소되지 않은 공동소송인의 또는 그에 대한 청구는 이심되지도 않고 확정차단되

---

16) 이 설명은 진정 예비적 병합청구에 대한 것이다. 부진정 예비적 병합청구의 항소심 심판범위에 관하여 대판 14.5.29, 2013다96868은, 항소심이 두 청구 모두를 심판대상으로 삼아야 한다고 했다(13-2-4-4 참조).

17) 다만, "1심 판결을 취소한다."라는 항소심 판결주문에 의하여 제1심의 예비적 청구에 대한 판단은 취소되는 것이고, 주위적 청구를 인용하는 판결은 예비적 청구에 대한 판단을 별도로 하지 않는 것이므로, 항소심 판결주문은 '1심판결취소 + 주위적청구 인용'으로 표현된다.

지도 않으며, 따라서 심판대상이 되지 않음은 물론이다.

ⓔ 합일확정 공동소송 : 필수적 공동소송, 독립당사자참가, 공동소송참가, 예비적·선택적 공동소송 등 합일확정이 요구되는 공동소송에서는, 제1심판결 중 불복 없는 당사자에 대한 본안판결 부분도 —이심될뿐더러— 항소심의 심판대상이 된다.

(3) 항소심에서의 청구변경 및 당사자변경

항소심에서, 피고의 경정 및 필수적 공동소송인의 추가는 허용되지 않으며, 반소의 제기에는 원고의 동의를 필요로 한다(§412). 원고가 반소제기에 이의를 제기하지 아니하고 반소의 본안에 관하여 변론을 한 때에는 반소제기에 동의한 것으로 보기는 하지만(§412②), 판례는 원고가 반소'기각'의 답변을 한 것만으로는 위의 '반소의 본안에 관하여 변론을 한 때'에 해당하지 않는다고 했다(대판 91.3.27, 91다1783).

그러나 청구의 변경(13-3-1)이나 소의 일부취하, 그리고 중간확인의 소는 항소심에서 허용된다. 즉 청구의 교환적·추가적 변경(선택적·예비적 병합의 추가를 포함)에 따라, 심판대상이 변경되는 일이 종종 있다. 청구의 교환적 변경이 있으면 구청구 취하에 따라 제1심 판결은 실효되고, 신청구에 대해 항소심은 제1심으로서 심판한다. 추가적 변경으로서의 요건을 충족한다면, 그 변경에 따라 항소심이 신청구를 제1심으로서 심판한다. 전부승소한 원고가 항소심에서 추가청구를 하면 이는 부대항소라는 점은 앞에서 보았다.

15-2-5 항소심의 판결

15-2-5-1 총설

(1) 항소장의 방식위배, 항소기간 도과, 그리고 항소장 송달불능의 경우에 재판장이 항소장각하명령(§399,§402)을 내릴 수 있음은 앞에서 보았다. 항소사건이 이 단계를 통과하여 항소심 재판부의 심판을 받게 되는 경우에, 우선 항소요건이 충족되지 않으면 항소각하 판결을 받는다.

(2) 이 단계 역시 넘어서 본안에 대한 판단을 받게 될 때, 그 본안판결에는 —부대항소나 청구변경이 없는 한— 항소기각판결과 항소인용판결의 2종류가 있다. 항소심의 결론을 1심판결과 대조하여, 일치하면 항소기각판결을, 불일

치하면 항소인용판결을 한다. 아래에서 이 둘에 대하여 상세히 검토한다.

15-2-5-2 항소기각판결

항소가 이유없으면, 항소법원은 항소기각의 판결을 선고한다. 항소가 이유 없는 경우란, ⓐ 1심판결이 정당하거나, ⓑ 1심판결의 이유가 정당하지 않지만 다른 이유에 따라 그 판결이 정당하다고 인정되는 때이다(§414). 즉 1심판결의 '결론'이 옳으면 항소기각이다. 판결의 기판력이 판결이유 중의 판단에 대해서는 생기지 않는다는 점에 상응하는 조문이다.

다만 예비적 상계의 항변에 의해 1심에서 승소했던 피고가 항소한 때에, 항소심이 심리해 보니, 상계 없이 다른 주위적 항변으로써 원고청구를 기각할 수 있다면, 1심판결을 취소하고 다시 청구기각을 하는 판결을 선고해야 한다(§415단서). 가령 원고의 대여금청구에 대해 피고가 예비적 상계항변을 하고 이 항변이 받아들여져 1심판결이 원고청구기각으로 내려졌는데, 항소심 심리 결과 대여사실이 인정되지 않거나 변제항변이 인정된다면, 항소심은 원고청구기각이라는 결론이 같다고 해서 항소기각판결을 해서는 안 된다는 말이다. 왜냐하면 상계항변에 대한 판단에는 기판력이 생기기 때문에, 1심판결을 취소해 주지 않으면 피고는 나중에 따로 자동채권을 행사할 수 없게 되기 때문이다(§216②). 항소심에서의 상계항변에 관해서는 15-2-6-4도 참조.

항소기각판결의 주문은 "이 사건 항소를 기각한다."이다. 항소를 기각하고 1심재판을 건드리지 않았으므로, 본안청구의 당부에 대해서는 따로 주문에서 말하지 않는다.

15-2-5-3 항소인용판결

(1) 1심판결의 취소

심리결과 1심판결이 부당하면, 항소법원은 —당사자의 불복범위 내에서— 원판결을 취소해야 한다. 1심판결이 부당하다는 것은, 1심의 본안판단이 결론상 틀린 경우(§416)뿐만 아니라, 1심판결의 절차가 법률에 어긋날 때(§417)를 포함한다. §417가 말하는 '판결의 절차'란, —1심의 소송절차를 총칭하는 것이 아니라— 판결의 성립과정, 즉 재판부합의절차, 판결서 작성절차, 판결선고절차(§§204,205,

206,208 등)를 가리킨다(통설). 판결의 성립절차에 위법이 있는 경우, 이는 판결불성립에 해당하므로 원래 취소대상이 아니지 않느냐는 의문이 생길 수 있으므로, §417는 그런 판결이 취소대상임을 명시한 것이다.

항소심이 이렇게 1심판결을 취소할 때에는, 소 자체에 대한 응답을 해야 하는데, 그 응답방식으로는 자판, 환송, 이송의 3가지가 있다.

(2) 자판(自判)

항소법원이 스스로 소에 대한 종국적 재판을 하는 것을 말한다. 한국의 항소심은 사실심이고 더구나 속심이므로, ―법률심인 상고심에서는 '환송'이 원칙인 것과 반대로― 자판이 원칙이다. 위의 1심판결 취소주문과 자판주문이 결합된 기본형 몇 가지를 예시하면 다음과 같다.

ⓐ 1심이 원고전부승소이고 피고가 항소하여 항소 전부인용된 경우 : "제1심 판결을 취소한다. 원고의 청구를 기각한다."

ⓑ 1심이 원고전부패소이고 원고가 항소하여 항소 전부인용된 경우 : "제1심 판결을 취소한다. 피고는 원고에게 ~ 하라."[18)]

ⓒ 1심이 원고일부승소이고 피고가 항소하여 항소 전부인용된 경우 : "제1심 판결 중 피고 패소부분을 취소한다. 위 취소부분에 대한 원고의 청구를 기각한다."

ⓓ 1심이 원고일부승소이고 원고가 항소하여 항소 전부인용된 경우 : "제1심 판결 중 원고 패소부분을 취소한다. 피고는 원고에게 ~ 하라(추가이행부분만 표시)."

(3) 환송(還送)

위에서 보았듯이 항소심에서는 1심판결을 취소하더라도 자판이 원칙이다. 그러나 1심판결이 소각하판결이면 ―1심에서 아무런 본안심리를 하지 않은 상태이므로― §418는 항소법원이 사건을 1심법원에 환송해야 한다고 정했다("필수적 환송"). 다만 1심에서 본안에 관한 심리가 진행되어 본안판결을 할 수 있을 정도로 심리가 된 경우, 또는 당사자의 동의가 있는 경우에는 항소법원은 스스로 본안판결을 할 수 있다(§418단서). 실무에서는, 1심 소각하판결을 취소하는 경우에도

---

18) 참고로, 1심의 청구기각에 대해 원고가 항소하면서 예비적 청구를 추가하고, 항소심이 그 예비적 청구의 일부만을 인용할 때에는 ―예비적 청구에 대한 판단은 1심으로서의 판단이고 주위적 청구에 관해서는 원심과 동일한 결론을 내는 것이므로― "원고의 항소를 기각"해야 한다(대판 17.3.30, 2016다253297)

대부분 위 §418 단서에 해당한다고 보아서, 항소심에서 자판을 하고 있고, 대법원도 이런 실무를 긍정한다(대판 13.8.23, 2013다28971). 한편 항소심의 환송판결은 종국판결이므로 이에 대한 불복은 당연히 상고이다(대판-전 81.9.8, 80다3271).

(4) 이송(移送)

항소심이 관할위반을 이유로 제1심 판결을 취소한 때에는, 항소심 법원은 판결로 사건을 관할법원에 이송하여야 한다(§419). 여기서 말하는 관할위반은 전속관할위반이다. 임의관할 위반은 항소심에서 주장할 수 없다(§411).

15-2-5-4 판결서 작성 및 소송기록 송부

(1) 앞에서 보았듯이 항소기각판결은 간단하지만, 항소인용(認容)판결은 주문의 모습이 복잡하다. 항소심이 항소인용을 할 때에는 —위 15-2-5-3 (2)에서 본 것처럼— 1심판결을 "취소"하는 방식이 기본이지만, 1심판결을 "변경"하는 방식으로 항소심판결주문을 적기도 한다.[19]

항소심 법원이 판결이유를 적을 때에는, 항소심 업무경감을 위하여 1심판결의 이유를 인용(引用)할 수 있도록 정했다(§420본문). 다만, 1심판결이 무변론판결·자백간주판결·공시송달판결이어서 §208③에 따라 간략히 작성된 경우에는 인용할 수 없다(§420단서). 또한 항소심에서 공시송달 판결을 하는 경우에는, —1심 공시송달 판결에서는 청구·기판력을 특정하기 위한 간략한 표시만 해도 된다는 §208③iii가 항소심에 준용되지 않으므로— 그런 간략한 표시만을 해서는 안 된다(대판 21.2.4, 2020다259506).

(2) 항소심 판결선고 후 상고가 있으면, 항소심재판장의 상고장심사를 거쳐, 소송기록을 상고심에 보낸다(§425,§400). 항소심 판결선고 및 판결서송달 후 상고가 제기되지 않고 상고기간이 끝난 때에는 법원사무관등은 소송기록을 제1심 법원에 보낸다(§421). 확정사건기록은 1심법원에서 보관하기 때문이다.

---

19) 구체적으로 들어가면 항소심 판결주문 작성은 종종 어려워진다. 항소심에서의 청구변경이 있을 때의 항소심 판결주문에 관해서는 13-3-5-3 참조. 더 자세한 각종 항소심 판결주문에 관해서는, 서울고등법원 편, <민사 항소심 판결 작성실무> (사법연구지원재단)을 참조.

15-2-6 불이익변경금지 원칙

15-2-6-1 의의

항소심이 항소를 받아들여 1심판결을 취소·변경할 때에는 "불복신청의 한도에서만" 이를 할 수 있다(§415). 항소심 법원은, 불복신청의 범위를 넘어서 항소인에게 유리하게 1심판결의 취소·변경을 해서는 안 되고, 또 상대방의 항소·부대항소가 없는 한 항소인에게 불리하게 1심판결의 취소·변경을 해서도 안 된다는 말이다(대판 83.12.27, 83다카1503). 전자를 '이익변경금지', 후자를 '불이익변경금지'(Verbot der Verböserung[20])라고 한다. 전자·후자를 합하여 '불이익변경금지 원칙'이라고 부르는 때도 많다.

가령 원고의 대여금 1억원 지급청구에 대해 1심판결이 6천만원을 인용하여 '원고만이' 나머지 4천만원 중 1천만원에 대해서만 항소한 경우에, ⓐ 항소심 심리결과 대여금이 총 9천만원으로 밝혀지더라도 항소심 판결의 추가인용금액은 1천만원에 그쳐야 하고(이익변경금지), ⓑ 항소심 심리결과 대여금이 총 5천만원뿐임이 밝혀지더라도 원고의 항소를 기각함에 그쳐야지, 1심판결의 원고승소부분 일부를 취소하여 원고의 총승소금액을 6천만원 아래로 깎아서는 안 된다(불이익변경금지). ⓑ의 경우에 항소심은 '항소 기각'의 판결을 선고할 수밖에 없다.

위에서 든 단일소송물 내에서만 이익변경금지·불이익변경금지 원칙이 작용하는 것이 아니라, 여러 소송물이 병합된 항소심 심판에서도 이 원칙은 작용한다. 가령 원고가 A,B,C의 3청구 중에서 A청구만 승소하는 1심판결을 받고 원고만이 B청구 패소부분에 대해서만 항소한 경우에도, 항소심은 A청구를 기각해도 안 되고, C청구를 인용해도 안 된다.[21] 또한 제1심이 주위적 A청구를 기각하고 예비적 B청구를 인용한 데 대하여, 피고의 항소 없이 원고만 항소하였고, 항소심이 심리 결과 A,B 청구 둘 다 이유 없다고 본 경우에, 항소심 법원은 B청구에 대

20) Verbot der "reformatio in peius"라고도 한다.

21) 대법원은, 피고만 항소한 인신사고 손해배상 사건에서 손해3분설에 기하여, 일실이익 청구와 위자료 청구는 별개의 소송물이므로 2심 판결이 일실이익 청구부분을 감액하고 위자료 청구를 증액한 것은 위법하다고 했다(손해3분설; 대판 80.7.8, 80다1192). 다만 손해3분설을 완화하는 듯한 대판 94.6.28, 94다3063(15-1-4-7)도 참조.

한 1심판결부분을 취소할 수 없다(13-2-4-4).

15-2-6-2 불이익 여부 판단기준

(1) 주문을 기준으로 판단

불이익변경금지 원칙을 적용함에 있어서, 이익인지 불이익인지의 판단은 판결의 결론 즉 주문을 기준으로 한다(대판 04.7.9, 2003므2251). 기판력이 판결주문에서만 생기고 판결이유에서는 생기지 않기 때문이다. 따라서 이유는 항소인에게 더 불리하게 변경되더라도 이 원칙에 위배되지 않는다.

그러나 피고의 상계항변은 예외이다. 상계항변에 대한 판단은 비록 판결이유 중에만 기재되지만, 이와 관련된 판단이 항소심에서 달라지면, 불이익변경금지 원칙이 적용된다. 구체적 설명은 15-2-6-4를 참조.

(2) 소각하판결에 대해 원고만 항소한 경우

이때 항소심 심리결과 소는 적법하지만 본안에서 청구기각되어야 한다고 판단되는 경우에 항소심 법원이 어떻게 판결해야 하는지에 관하여, ⓐ 청구기각으로 판결주문을 내면 원고에게 더 불리해지므로 항소를 그대로 기각해야 한다는 견해(항소기각설), ⓑ 잘못된 1심판결을 그대로 확정시킬 수는 없고 청구기각이 소각하보다 불리하다고 할 수도 없으므로 항소심은 1심판결을 취소하고 청구기각을 해야 한다는 견해(청구기각설), ⓒ 1심의 소각하판결을 취소하는 경우이므로 §418에 따라 —§418 단서 적용은 배제하고— 항소심은 환송판결만 하고, 환송후 1심이 청구기각을 해야 한다는 견해(환송설)이 있다.

위 논쟁에는 소각하판결과 청구기각판결 사이에 유불리 차이가 있다고 보는지의 시각차가 깔려 있는데, 판례는 둘 중에 청구기각판결이 원고에게 불리한 것이라는 전제 하에 일관하여 항소기각설을 따른다(대판 96.10.11, 96다3852; 02.12.10, 2000다24894 등).

15-2-6-3 불이익변경금지 원칙의 예외

(1) 직권주의 적용절차

불이익변경금지 원칙은 —처분권주의에 근거를 둔 원칙이므로— 직권탐지주의가 적용되는 절차나 직권조사사항에서는 적용되지 않는다. 따라서 A,B 두 청구 모두 확인의 이익이 없는데도 1심 판결이 A청구 인용, B청구 기각을 하고 원고만 B에 관하여 항소한 경우에, —소의 이익은 직권조사사항이므로— 항소심은 A청구 부분을 각하할 수 있다(대판 95.7.25, 95다14817). 처분권주의가 지배하는 일반 민사소송 중에도 법원이 직권으로 하는 소송비용부담 재판이나 가집행선고에 대해서는 적용되지 않는다.

(2) 형식적 형성의 소

경계확정소송·공유물분할청구소송 등 성질상 비송사건이어서 법원이 재량으로 결론을 낼 수 있는 형식적 형성의 소에서는 불이익변경금지 원칙이 적용되지 않는다. 가령 경계확정소송에서 1인만 항소한 경우에, 항소심 법원이 1심판결의 경계선이 부당하다고 본다면 그 항소인에게 불리하게 경계선을 새로 정해도 무방하다.

(3) 합일확정이 요구되는 공동소송

우선 예비적·선택적 공동소송에서 불이익변경금지 원칙이 배제된다(14-4-4-5). 가령 원고 A가 주위적 피고 B에게 패소, 예비적 피고 C에게 승소하고 C만 항소한 경우,[22] A-B 간의 청구부분도 심판의 대상이 되며, A의 B에 대한 청구는 —A의 불복이 없었음에도 불구하고— A에게 유리하게 A승소로 변경될 수 있다는 것이 다수견해이다.[23]

또한 독립당사자참가소송에서 패소 후 상소·부대상소를 하지 않은 당사자의 판결부분에 대해서도 이 원칙이 배제되어, 합일확정을 위해 필요하다면 더 유리하게 변경될 수 있다. 가령 원고 A, 피고 B, 참가인 C가 각각 자신이 토지소유권자라고 다투는 소송에서, A의 소유라고 하여 B,C가 패소한 1심판결에 대하여 B만 항소했는데, 항소심이 C의 소유라고 판단하면 항소하지도 않은 C에게 유리하게 C의 소유라는 판결이 선고될 수 있다.

---

22) 이때 주위적 피고 B에게는 상소의 이익이 없다(대판 11.2.24, 2009다43355).

23) 이시윤 789; 박재완 674. 하지만 이 사례에 대하여, —현행법 해석론으로 이런 결론에 이를 수밖에 없다고 하더라도— '결론의 합일확정 필요성'만으로 소송법상 기본원칙 중의 하나인 불이익변경금지원칙을 곧바로 깰 수 있는 것인지, C의 항소에 기하여 A의 B에 대한 1심판결을 변경하는 것은 C에게 타인간의 판결을 바꾸라고 요구할 권능을 인정하는 셈이 되는데, 과연 이런 권능을 인정할 수 있는 것인지 등 여러 의문이 제기되고 있다(호문혁 1016).

15-2-6-4 상계항변과 불이익변경금지

(1) 1심판결의 주문과 항소심의 결론이 동일하더라도, 1심판결이 예비적 상계항변을 받아들여 그 결론에 이른 데 반하여, 항소심은 심리 결과 청구원인사실 자체를 불인정하거나 다른 항변을 인정하여 그 결론에 이른다면, 항소심은 원고 청구기각이라는 결론이 같다고 해서 단순히 항소기각판결을 해서는 안 되며, 항소심은 1심판결을 취소하고 다시 청구기각을 하는 판결을 선고해야 한다는 점은 앞(15-2-5-2)에서 보았다.

(2) 뿐만 아니라, 상계항변이 있으면, 불이익변경금지 원칙의 적용상황도 달라진다. 가령 대여금청구사건에서 피고의 예비적 상계항변을 받아들여 1심이 청구기각판결을 하고 '원고만' 항소하였고, 항소심 심리결과 대여사실 자체가 인정되지 않거나 피고의 변제항변이 인정되는 경우에, —기판력 없는 다른 판결이유 중 판단이었다면 원고청구기각의 이유를 항소심이 대여사실 불인정 또는 변제사실 인정으로 바꾸어 적어야 하겠지만— 상계항변에는 기판력이 있으므로 그 판결이유를 항소심이 변경하는 것은 불이익변경금지 원칙에 저촉된다.

항소심에 와서 상계항변이 추가되는 경우에도 —상계항변 판단에 적용되는 기판력 때문에— 불이익변경금지에 해당하는 경우인지에 관한 항소심의 판단이 달라진다. 가령, 1억원 대여금청구사건에서 피고가 전부변제를 주장했으나 3천만원만 변제한 것으로 인정하는 1심판결이 선고되고, 이에 피고만 항소한 후 자동채권 1억원에 기한 상계항변을 추가로 주장한 경우에, 항소심 심리결과 변제는 전혀 인정되지 않고 상계항변은 이유 있다고 하자. 다른 항변의 추가·교체는 —판결이유에서의 그 판단에는 기판력이 없으므로— 항소심이 판결이유에서 자유롭게 기재할 수 있는 것이지만, 상계항변은 자기희생적 주장이어서 1심판결 중 3천만원 변제항변 인정 부분을 상계항변 인정으로 변경하는 것은 불이익변경금지에 저촉된다. 따라서 이때 항소심은 3천만원은 1심판결과 같이 변제항변을 받아들여서, 그리고 나머지 7천만원 부분은 상계항변을 받아들여서 원고청구를 기각해야 한다.

15-2-7 항소의 취하

15-2-7-1 의의

항소심에서도 판결 외의 소송종료사유가 있으며, 항소취하, 소취하, 청구의 포기·인낙, 화해가 가능하다. 나머지는 1심 소송절차에서 설명한 바와 같으므로, 여기에서는 항소의 취하에 관하여 본다.

항소는 항소심의 종국판결이 있기 전에 취하할 수 있다(§393①). 항소의 취하는 항소의 제기를 무르는, 즉 없는 것으로 하는 소송행위를 가리키고, 이것이 행해지면 항소는 처음부터 항소심에 계속되지 않았던 것으로 간주된다. 이는 항소권 포기(§394)와는 다르므로, 만약 항소기간 경과 전이면 항소취하 후에 다시 항소제기를 할 수 있다.

가령 1억원의 청구 중 6천만원만 인용판결을 받은 원고가 4천만원 패소부분에 대하여 항소한 후에 항소를 취하하면 —항소제기가 없어지므로— 1심판결이 확정되고 6천만원의 집행권원이 남는다. 그런데 만약 소취하를 하면, 6천만원을 인용한 1심판결이 실효되고, 재소금지 원칙 때문에 다시 소제기를 하지 못함을 주의해야 한다. 소취하·항소취하는 모두 소송행위이므로 민법상의 의사표시 규정이 적용되지 않아서, —항소취하를 하려 했는데— 착오로 소취하를 했기 때문에 취소한다는 주장은 받아들여지지 않는다.

15-2-7-2 항소취하의 요건 및 방식 등

(1) 요건 및 방식

항소취하는 항소제기 후 항소심 종국판결선고 전까지 할 수 있다(§393①). 일단 종국판결이 있었더라도 상고심에서 파기환송된 경우에는 그 종국판결은 효력을 잃으므로 새로운 종국판결이 있기까지는 항소인은 —이미 피항소인의 부대항소가 제기되어 있더라도— 항소를 취하할 수 있고, 항소를 취하하면 부대항소도 효력을 잃는다(대판 95.3.10, 94다51543). 항소취하의 방식에 관해서는, 소취하에 관한 §266③④⑤이 준용된다. 다만 상대방 동의에 관한 §266②이 준용되지 않으므로, 상대방 동의 없이 항소취하를 할 수 있다. 항소취하는 항소법원에 제출함이 원칙이지만, 만약 아직 기록송부 전이라서 소송기록이 1심에 있으면 1심법원에 항소취하를 해야 한다(규§126).

(2) 일부취하

상소불가분 원칙 때문에 항소의 일부취하는 허용되지 않는다. 다만 실무상 '항소일부취하서'가 제출되면, 항소취지감축 즉 불복범위의 감축으로 취급해 주는 경우가 많다(대판 17.1.12, 2016다241249). 항소인은 항소심 변론종결시까지 다시 불복범위를 확장할 수 있다(위 2016다241249). 한편 통상공동소송에서는 공동소송인독립의 원칙 때문에, 공동소송인 1인의 또는 1인에 대한 항소를 취하할 수 있다. 필수적 공동소송에서는 그렇지 않다.

(3) 항소취하간주

2회에 걸쳐 항소심 변론기일에 쌍방이 불출석한 후 1월 내에 기일지정신청이 없거나 그 후의 기일에 불출석하면 ―소취하가 아니라― 항소취하가 있는 것으로 간주된다(§268④).

(4) 항소취하합의

당사자 간에 항소를 취하하기로 하는 합의를 할 수도 있다. 이러한 항소취하의 합의(항소취하계약)는 ―소취하계약에서와 마찬가지로― 사법(私法)계약으로 볼 것이다. 즉 피항소인이 항소취하계약을 주장·입증하면 항소법원은 항소의 이익이 없다는 이유로 항소를 각하해야 한다(대판 18.5.30, 2017다21411; 8-1-1-5 참조).

15-2-7-3 항소취하의 효과

항소의 취하로써 항소는 소급적으로 효력을 잃게 되고, 항소심절차는 종료한다. 1심판결을 소급적으로 소멸시키는 소취하와 달리, 항소취하는 1심판결에 영향을 미치지 않으며, 1심판결은 항소기간 만료시에 소급하여 확정된다. 항소취하할 것을 실수로 소취하하지 않도록 조심해야 한다.

피항소인이 한 청구확장·반소제기가 부대항소여서 항소취하가 있으면 모두 실효하는 것과 달리, 항소인이 한 청구확장·반소제기는 부대항소가 아니어서 항소취하가 있더라도 영향을 받지 않는다. 그리고 피고의 항소로 인한 항소심에서 원고에 의한 소의 교환적 변경이 적법하게 이루어졌다면 제1심판결은 소의 교환적 변경에 의한 소취하로 실효되고, 항소심의 심판대상은 새로운 소송으로 바뀌고 항소심이 사실상 제1심으로 재판하는 것이 되므로, 그 뒤에 피고가 항소를 취하한다 하더라도 항소취하는 그 대상이 없어 아무런 효력을 발생할 수 없다(대판 95.1.24, 93다25875; 08.5.29, 2008두2606).

15-3 상고

15-3-1 상고의 의의와 특징

15-3-1-1 상고의 의의

(1) 상고(上告; Revision)란, 항소심의 종국판결에 대한 불복신청이다(§422). 항소심을 고등법원 및 지방법원 합의부가 담당하고 있으므로, 이들이 2심으로서 내린 판결이 상고의 대상이다. 종국판결을 대상으로 하므로, 결정은 상고의 대상이 아니다. 항소심 판결 중 환송판결·이송판결도 종국판결이므로 상고의 대상이 된다.

(2) 예외적으로 고등법원이 1심인 경우 및 비약상고의 합의가 있는 경우에는 1심판결에 대한 상고가 인정된다(§422②). 비약상고에 관해서는 15-1-4-6을 참조. 고등법원이 1심을 담당하는 경우로는, 지방자치단체의 장 및 지방의회의원의 선거소송·당선소송(공직선거법§222,§223), 시·군·구청장 및 지방의회의원에 대한 주민소환투표소송(주민소환에 관한 법률§24), 시·군·구의 주민투표소송(주민투표법§25)이 있고, 또한 공정거래위원회의 처분에 대한 불복소송(독점규제 및 공정거래에 관한 법률§55: 서울고등법원이 담당) 및 중앙해양안전심판원의 재결에 대한 소송(해양사고의 조사 및 심판에 관한 법률§74: 대전고등법원이 담당)이 있다.[24]

(3) 대법원이 단심으로 재판하는 경우도 있다. 대통령 및 국회의원의 선거소송·당선소송(공직선거법§222,§223), 시·도지사에 대한 주민소환투표소송(주민소환법§24), 특별시·광역시·도의 주민투표소송(주민투표법§25)은 대법원이 단심제로 재판한다. 지방자치단체의 관할구역분쟁에 관한 소송(지방자치법§4⑧), 지방의회 재의결무효확인소송(동법 §172③), 법관징계처분취소청구소송(법관징계법§27)도 대법원의 단심이다.

24) 참고로, 형사절차상 고등법원이 1심인 사건으로는 범죄인 인도사건, 보안관찰법상 처분에 대한 불복소송, 특별검사의 직무범위 이탈에 대한 이의신청사건(이상 서울고등법원이 담당) 및 재정신청사건이 있다.

15-3-1-2 상고제도의 목적

상소제도의 필요성(15-1-3-1)으로 거론되는 두 가지, 즉 재판오류의 시정(=당사자의 권리구제)과 법령해석의 통일 중에서 상고심에서는 특히 후자가 중요하다. 미국의 연방대법원 및 프랑스의 파기원(破棄院; Cour de Cassation)은 오래 전부터 법령해석통일을 주임무로 해 왔고, 독일은 두 가지를 함께 추구해 왔으나, 2002년 개정법에서 상고통제를 강화함으로써 법령해석의 통일기능에 중점을 두는 쪽으로 방향을 틀었다. 한국의 상고제도 역시 개선이 절박하게 필요한 상황이다. 상고제한의 필요성과 주요 외국의 상황에 관해서는 15-1-3-3 참조.

15-3-1-3 상고심의 특징

상고는 판결에 대한 상소로서 항소와 공통점이 많고, 상고심 절차에는 특별한 규정이 없는 한 항소심절차규정이 준용된다(§425). 그러나 상고는 항소와의 차이점도 여럿 있다.

우선 상고심은 법률심이다. 그래서 상고심에서는 새로운 사실관계를 조사할 수 없고, 원심의 사실관계를 전제로 재판을 한다.[25] 즉 원심판결이 적법하게 확정한 사실은 상고법원을 기속한다(§432). 따라서 당사자가 상고심에서 새로운 사실을 주장하거나 새로운 증거를 제출할 수 없고, 사실심 변론종결 후에 발생한 사실에 관해서도 그러하다. 그 결과, 증거의 취사(取捨)와 사실의 인정은 사실심의 전권(全權)에 속하게 되며, 이것이 자유심증주의의 한계를 벗어나지 않는 한 적법한 상고이유로 삼을 수 없다(대판 06.5.25, 2005다77848). 상고심에서는 새로운 청구나 소의 변경도 허용되지 않는다.

15-3-2 상고이유

15-3-2-1 개요

상고는 법률심이므로 원심판결에 법령위반이 있는 경우에 할 수 있고, 상고이유로는 이러한 법령위반 주장을 내세워야 한다. 법은 §423에서 '일반적 상고이

25) 이런 의미에서 상고심을 사후심'적(的)'이라고 말할 수는 있겠지만, 원래 복심·속심·사후심은 상급법원이 '사실을 심리하는 경우에' 소송자료 제출방식을 분류하는 개념이라서, 상고심을 사후심이라고 말하는 것은 적절하지 않다. 예컨대 대판-전 19.3.21, 2017도16593-1이 상고심 구조에 관하여 '사후심'이라고 표현한 것은 부적절하다.

유'를 정하고 있고, §424에서 '절대적 상고이유'를 정하고 있다. §424에 열거된 절대적 상고이유들은 그 사유가 있으면 그 자체로(=판결에 영향을 미쳤든 안 미쳤든) 상고이유가 되는 것이고, §423의 법령위반은 "판결에 영향을 미친" 경우라야 상고이유가 된다. 하나씩 본다.

15-3-2-2 일반적 상고이유

(1) 개요

원심판결에 법령위반이 있어야 상고이유가 되고 사실인정의 오류는 상고이유가 되지 않는 것이지만, 모든 법령위반이 다 상고이유가 되지는 않는다. 일반적으로는, 상고는 판결에 영향을 미친 헌법·법률·명령·규칙의 위반이 있다는 것을 이유로 드는 때에만 할 수 있다(§423).

(2) 법령

광의의 법령 중에, 헌법·법률·명령·규칙의 위반이 있는 경우라야 한다. 명령이란 행정권에 의해 정해진 법규로서, 대통령령·총리령·부령을 포함한다. 규칙은 입법부·사법부 또는 독립성 있는 행정부서가 정한 법규이고, 가령 국회규칙·대법원규칙·헌법재판소규칙·감사원규칙 등이 있다. 상고이유가 되는 법령위반에서의 법령이라고 함은 성문법·관습법 및 외국과의 조약을 포함하고, 당해 사건의 준거법이 된 외국법도 포함한다. '경험법칙'은 판단의 대전제가 되는 것으로서 법규에 준하기 때문에 상고이유에서 말하는 법령에 해당한다는 것이 판례이다.

(3) 법령의 '위반'

ⓐ 위반의 의미 : 법령을 위반한다는 것은, ㉠ 법령 자체의 해석을 잘못하는 경우와, ㉡ 구체적인 사실관계가 그 법규의 구성요건에 해당하는지의 판단(즉 법령적용)을 잘못하는 경우로 구분된다. 그런데 ㉡의 법령적용의 잘못은, 사실인정을 잘못한 것과 구별하기 어려운 때가 많다. 가령 원·피고가 임대아파트의 분양전환계약을 하면서 그 가격을 "인근 아파트 분양가에 준하기"로 합의한 데 대하여, 2심 법원이 이는 모호한 기준이고 참고용으로 제시된 것일 뿐이라고 보았는데, 이에 대해 피고가 상고하면서 분양가격은 위 기준에 의할 수밖에 없다고 다툰다면(대판 95.9.26, 95다18222), 이는 사실인정을 다투는 주장인가, 법률요건으로서의 의사표시의 해석을 다투는 주장인가?

ⓑ 사실문제와 법률문제 : 일반적으로는, 구체적 사실의 존부는 사실문제이고, 사실에 대한 평가적 판단은 법률문제라고 설명한다. 한편 증거가치의 평가는 사실문제라고 한다. 계약서 등의 해석에 있어서, 어떠한 의사표시의 존부·내용의 인정은 사실문제이나 그 의사표시의 해석 및 그에 기하여 어떤 법률효과가 나오는지는 법률문제라고 한다(대판 11.1.13, 2010다69940). 그런데 위와 같은 추상적 설명을 넘어서, 막상 구체적 소송사건들을 검토해 보면 잘 구별되지 않는 때도 많다. 한편 대법원은 오랫동안, 하급심의 사실인정이 틀렸다고 보는 경우에, 원심이 채택증거로부터 사실을 인정하는 과정에서 논리칙·경험법칙을 위반하였고 이는 법령위반에 해당한다는 이유로 원심판결을 파기함으로써, 사실상 하급심의 사실인정에 개입하여 왔다. 이를 "채증(採證)법칙 위반"의 상고이유라고 한다.

이 구별과 관련하여 대법원은 다음과 같이 판시한다. 의사표시에 관하여, "당사자에 의하여 무엇이 표시되었는가 하는 점과 그것으로써 의도하는 목적을 확정하는 것은 사실인정의 문제이고, 인정된 사실을 토대로 그것이 가지는 법률적 의미를 탐구 확정하는 것은 이른바 의사표시의 해석으로서, 이는 사실인정과는 구별되는 법률적 판단의 영역에 속한다. 그리고 어떤 목적을 위하여 한 당사자의 일련의 행위가 법률적으로 다듬어지지 아니한 탓으로 그것이 가지는 법률적 의미가 명확하지 아니한 경우에는 그것을 법률적인 관점에서 음미, 평가하여 그 법률적 의미가 무엇인가를 밝히는 것 역시 의사표시의 해석에 속한다."(대판-전 01.3.15, 99다48948; 대판 14.11.27, 2014다32007).

한편 법원이나 행정부서의 자유재량에 속하는 사항은 —형평의 원칙에 어긋나지 않는 한— 법률문제가 아니라고 본다. 예컨대 과실상계·책임제한에 관한 사실인정이나 비율결정은 사실심의 전권사항이라고 보고 있다(대판 14.11.27, 2011다68357).[26)]

(4) 판결주문에 영향

"판결에 영향을 미쳐야" 상고이유가 된다. 판결에 영향을 미쳤다는 말은, 법

26) 한편 대법원은 과거부터 '심리미진(審理未盡)'을 상고이유의 하나로 삼아서 이를 이유로 원심판결을 파기하곤 했다. 이는 법령의 해석·적용 이전의 문제로서, 사실인정에 필요한 심리를 마친 후에 변론종결을 해야 한다는 절차법규의 위배가 있다는 것이다. 대법원의 사실인정에의 과도한 개입의 수단으로 이용된 면이 있으나, 최근에는 이를 이유로 하는 파기가 크게 줄었다.

령위반으로 '인하여' 판결의 주문이 달라졌음을 가리킨다. 예컨대, 가정적(假定的) 판단으로 부가한 법률해석은 —그 해석이 틀린 것이더라도— 판결결과에 영향을 미친 위법이 아니다(대판 84.3.13, 81누317).

15-3-2-3 절대적 상고이유

§424에 열거된 절차상의 잘못은 중대한 위법이므로, 이들 사유가 존재하면, 그 사유가 판결의 결론에 영향을 주었든 안 주었든 간에 상고이유가 된다. 이 사유의 존재가 인정되면, 원심판결이 결과적으로 정당하더라도 파기를 면할 수 없다. 아래의 제1~6호의 사유가 절대적 상고이유이다.

(1) 법률에 따라 판결법원을 구성하지 아니한 때(1호) : 가령 합의부 구성원에 판사자격 없는 1인이 포함되어 있는 경우이다. 또 변론기일 진행 중에 합의부원 1인이 잠시 자리를 비웠다가 돌아온 경우도 여기에 해당한다는 독일 판례가 있다(BAG NJW 58, 924).

(2) 법률에 따라 판결에 관여할 수 없는 판사가 판결에 관여한 때(2호) : 여기의 판결관여란 판결의 합의 및 원본작성에의 관여를 가리키며, 단지 선고에만 관여하는 것은 여기서의 관여가 아니다(6-1-4 참조). 기본인 변론에 참여하지 않은 법관(§204; 대판 70.2.24, 69다2102) 또는 법관변경 후 변론갱신절차를 밟지 않은 법관이 판결에 관여한 경우, 전심관여 등 제척사유(3-12-2) 있는 법관이 판결에 관여한 경우가 이에 해당한다.

(3) 전속관할에 관한 규정에 어긋난 때(3호) : 전속관할에 관해서는 3-3-2-2를 참조.

(4) 법정대리권·소송대리권 또는 대리인의 소송행위에 대한 특별한 권한의 수여에 흠이 있는 때(4호) : 대리인이 있지만 그에게 대리권이 없거나 특별수권이 없는 때뿐만 아니라, 무능력자 등 대리인이 필요한데도 대리인이 없었던 경우를 포함한다. 법인의 대표권한이 흠결된 경우도 이에 해당한다. 적법한 추인이 이루어지고 나면, 이 제4호를 상고이유로 삼을 수 없다(§424②).

이 제4호는 이른바 당사자권을 보장하기 위한 규정으로서, 실무상 종종 적용 내지 유추적용되는 중요한 상고이유이다. 예컨대 적법한 회사대표자 아닌 사람에게 소송서류가 송달되게 함으로써 적법한 대표자가 출석하여 공격방어방법을 제출할 기회를 박탈당한 경우에는 이 제4호가 유추적용된다(대판 14.3.27, 2013다39551). 성명도용자에 의한 소송수행도 본호에 해당한다(대판 64.11.17, 64다328). 당사자사망 또는 회생절차개시결정에 따른 소송절차중단을 간과하고 판결선고가 이루어진 경우도 본호의 상고사유에 해당한다(대판-전 95.5.23, 94다28444; 대판 16.12.27, 2016다35123).

(5) 변론을 공개하는 규정에 어긋난 때(5호) : 변론공개에 관해서는 6-1-2를 참조.

(6) 판결의 이유를 밝히지 아니하거나 이유에 모순이 있는 때(6호) : ⓐ 판결에 이유를 전혀 기재하지 않거나 그와 같은 정도인 경우, ⓑ 이유의 일부를 빠뜨리는 경우, ⓒ 이유의 일부가 명확하지 아니하여 법원이 어떻게 사실을 인정하고 법규를 해석·적용하여 주문에 이르렀는지가 불명확한 경우를 모두 포함한다(대판 05.1.28, 2004다38624; 11.7.14, 2011다23323). 본호의 전단, 즉 이유를 밝히지 않은 경우를 '이유불비(理由不備)'라 하고, 후단 즉 이유에 모순이 있는 때를 '이유모순(理由矛盾)'이라고 부른다.

이유불비 중에서 가장 자주 주장되는 상고이유가 '판단누락'이다. 구법에서는 '판단유탈'이라고 했다. 법원은 잘 인정해 주지 않는다. 대법원은 —판결이유에는 주문이 정당하다는 것을 인정할 수 있을 정도로 판단을 표시하면 되고 당사자의 모든 주장·공격방어방법에 관하여 판단할 필요가 없다는 §208를 근거로— 당사자의 주장사항에 대한 구체적·직접적인 판단이 표시되어 있지 않더라도 판결 이유의 취지에 비추어 그 주장을 인용하거나 배척하였음을 알 수 있는 정도라면 판단누락이라고 할 수 없다고 하며, 더 나아가서 설령 실제로 판단을 하지 아니하였다고 하더라도 그 주장이 배척될 경우임이 분명한 때에는 판결 결과에 영향이 없어 판단누락이 없다는 입장이다(대판 18.6.15, 2017다248803 등).[27] 실무상 갖가지 간접적 주장 내지 사소한 주장에 대한 판단을 판결문상 일일이 적시할 수 없다는 점을 수긍하지만, 현재의 엄격한 기준을 재검토해 볼 필요도 있다.

---

27) 대법원이 판단누락임을 인정해 준 드문 사례 중 하나가, 항소심은 비록 공시송달 판결이더라도 (1심판결에만 적용되는) §208③iii에 따른 간략표시만 해서는 안 되는데도, 항소심 판결이 마치 1심 공시송달 판결처럼 이유를 간략히 표시한 경우이다(대판 21.2.4, 2020다259506).

15-3-2-4 재심사유가 상고이유인지

§451① 단서는, ―재심사유들을 당사자가 상소사유로 이미 주장했으면 재심을 제기할 수 없다고 함으로써― §451①에 열거된 재심사유는 상소이유로도 된다는 점을 전제하고 있다. 재심사유인 §451①의 제1,2,3호는 절대적 상고이유인 §424의 제1,2,4호와 동일하다. 나머지 재심사유도 곧바로 상고이유가 된다고 해석된다. 또한 §451① 단서는, 상소절차에 대하여 재심절차가 보충성을 가진다는 점을 밝히고 있다. 즉 항소심판결에 §451① 중의 사유가 있을 때, 이를 상고이유로 삼아서 상고법원의 판단을 이미 받아보았거나, 혹은 패소자가 그 사유를 알면서도 상고이유로 삼지 않았던 경우에는 재심을 제기할 수 없다.

문제는, 재심사유가 상고이유가 되기 위해서 "판결에 영향을 미칠 것"이 요구되는지 여부이다. 위에서 본 §451①의 제1,2,3호는 이미 절대적 상고이유이므로 '판결에 영향을 미침'이라는 요건이 불필요함이 분명하고, §451①의 제9호인 "판결에 영향을 미칠 중요한 사항에 관하여 판단을 누락한 때"는 그 사유 자체에서 판결영향 요건을 요구하고 있으므로 위 논의가 불필요하다. 결국 문제는, §451① 중 제4~8호, 제10,11호가 절대적 상고이유인지 일반적 상고이유인지인데, 이에 관해서는 견해가 대립하고 있다는 점만 지적해 둔다.

§451① 제9호의 '판단누락'은 §424의 '이유불비'에 포함된다고, 즉 이유불비 중 일부가 판단누락이라고 보는 것이 다수설이다. 판단누락은, 판결주문에서 누락이 있는 경우인 '판결누락'(11-2-1-2)과는 다르다. 제9호가 이미 명시하고 있듯이, 판결에서 어떤 주장에 대한 판단이 누락되었더라도 그 주장이 배척될 경우임이 분명한 때에는 판결 결과에 영향이 없어 상고이유로서의 판단누락은 없다는 것이 확립된 판례이다(대판 18.6.15, 2017다248803).

15-3-2-5 소액사건의 상고이유

소액사건에서는 상고이유를 특히 더 제한한다. 자세한 내용은 16-1-4를 참조.

15-3-3 상고심의 절차

15-3-3-1 상고의 제기

상고심에서는 항소심 규정이 준용되므로, 당사자·기간·제기방식 등은 항소에서와 같다. 따라서 상고장은 원심판결 송달일로부터 2주 내에 원심법원에 제출해야 하고, 상고장에 대해 원심재판장과 상고심재판장이 각각 심사하고[28] 상고장각하명령을 내릴 수 있다(§§425,399,402). 첩부해야 하는 인지액은 소장제출시의 2배이다. 상고의 제기로써 이심효와 확정차단효가 발생한다.

원심재판장의 상고장심사를 거치고 나면, 소송기록은 상고심으로 송부된다(§425,§400). 대법원은 기록을 접수하면, 당사자에게 상고기록접수통지서를 보낸다(§426).

15-3-3-2 상고이유서의 제출

상고기록접수통지를 받은 상고인은 그날부터 20일 내에[29] 상고이유서를 제출해야 한다(§427). 상고심에서 상고이유서 제출은 필수적이며, 제출기간을 어기면 대법원은 변론 없이 판결로 상고를 기각한다(§429). 이 20일은 ―불변기간이 아니라는 이유로― 소송행위 추완이 불가하다는 것이 판례이나(대결 81.1.28, 81사2), 다수설은 추완을 유추적용하자는 입장이다.

직권조사사항을 제외하면(대판 98.6.26, 97다42823), 상고이유서에 적힌 상고이유만 심리의 대상이 된다. 실무상 상고이유서 제출 후에 '상고이유보충서'라는 이름으로 서면을 제출하는 일이 잦은데, 이 서면이 이미 제출된 상고이유서를 석명·보충하는 것 외의 내용을 담고 있더라도 이는 판단대상이 되지 않는다는 것이 일관된 판례이다.

15-3-3-3 상고심의 본안심리

(1) 답변서 제출 및 심리방법

상고이유서를 제출받은 대법원은 그 부본을 상대방에게 송달한다. 상대방은 10일 이내에 답변서를 제출할 수 있다(§428). 이 답변서는 ―소장에 대한 답변서

---

28) 원심 소송대리인이 상고제기 수권을 받았다면 그에게 인지보정을 명할 수 있지만, 그렇더라도 실제로 본인이 상고장을 작성·제출한 경우에는 원심재판장은 보정명령을 본인에게 보내야 하며, 보정명령을 그 대리인에게 송달하면 부적법하다(대결 24.1.11, 2023마7122).

29) 외국에 비하여 짧은 편이다. 독일은 원심판결송달일부터 2개월, 일본은 상고기록접수통지일부터 50일, 미국은 원심판결 등록 후 90일 내에 상고이유서를 제출하도록 정하고 있다.

와 달리— 불제출하거나 기간을 넘겨 제출하여도, 이로써 상고이유에 대하여 자백하였다고 간주되지 않는다.

상고심에는 필요적 변론의 원칙이 적용되지 않으므로 서면심리가 원칙이다(§430①). 예외적으로 1년에 몇 차례, 사회적 이목이 쏠린 사건에 관하여 대법원의 대법정에서 구술변론이 열리는 수가 있다. 항소심과 달리 상고심에서는, 상고이유에 국한하여 심리가 이루어진다(§431). 법률심이므로, 직권조사사항 등 예외를 제외하고는 사실인정을 하지 않는다는 점은 앞에서 보았다(§432,§434).

(2) 전원합의체 심리와 소부의 심리

법령해석의 통일을 주요 존재목적으로 하는 대법원은, 이상적(理想的)으로는 모든 사건을 대법관 전원이 함께 심리하여 하나의 결론을 내어주는 것이 좋다. 그러나 현실적으로 수많은 사건들의 처리를 위하여 거의 대부분의 사건은 소부(小部; 헌§102①)가 심리한다. 현재 대법원은 대법관 4인씩 3개부로 나뉘어 있고, 그 안에서도 사건별 주심대법관이 지정된다.

즉 대법원 재판은 원래 전원합의체를 이념형으로 하는 것이지만, 효율을 위하여 1차적으로 각 소부에서 심리하여 4인 대법관의 의견이 일치하는 경우에(전원합의체에서 심리하더라도 다수의견이 될 것을 추정하여) 판결을 선고하며, 4인의 의견이 일치하지 않으면 전원합의체로 회부한다(법조§7①).

(3) 심판대상

상고심 법원은 상고의 적법 여부와, 본안에 관한 불복내용(상고이유)을 심판한다. 상고의 적법여부의 심사는 상고요건의 심사를 가리키는데, 상고요건이 충족되어 있지 않으면 상고각하의 판결을 선고한다.

직권조사사항인 소송요건에 관해서는 상고심 법원 역시 이를 직권으로 조사하여 판단해야 하며 확정판결의 존재는 그런 소송요건이므로, —당사자는 확정판결의 존재를 사실심에서 주장하지 않았더라도 상고심에서 새로 주장·입증할 수 있고— 확정판결의 존부는 상고심의 심판대상이 된다(대판 06.10.13, 2004두10227).

(4) 참고인 제도

2002년 개정시, 상고법원은 소송관계를 분명하게 하기 위하여 필요한 경우에는 특정한 사항에 관하여 변론을 열어 참고인의 진술을 들을 수 있다고 정했고(§430②), 2015년 규칙 개정시에, 국가기관과 지방자치단체는 공익과 관련된 사항에 관하여 대법원에 재판에 관한 의견서를 제출할 수 있고, 대법원은 국가기관·지방자치단체·공공단체에게 의견서를 제출하게 할 수 있다고 정했다(규§134-2). 미국에서 법원이 amicus curiae 제도[30]를 통해 관련기관들의 의견을 듣는 절차를 한국이 도입한 것이다.

(5) 부대상고

부대항소처럼, 피상고인은 상고에 붙어서 원심판결을 자기에게 유리하게 변경해 달라는 부대상고를 제기할 수 있다. 다만 상고심은 법률심이므로, 청구의 변경이나 반소는 허용되지 않으며, 따라서 —부대항소에서와는 달리— 전부승소자는 부대상고를 할 여지가 없다(대판 15.10.29, 2014다75349). 판례는, 상고인의 상고이유서제출기간 내에만 부대상고를 제기할 수 있다고 본다(대판 15.4.9, 2011다101148).

15-3-3-4 심리불속행 제도

(1) 의의 및 적용범위

앞에서 보았듯이 상고사건 수의 통제는 국가의 사법제도 운영상 불가피한데, 한국에서는 약 9년간 시행되었던 상고허가제가 변호사업계 등의 반감 때문에 1990년에 폐지되자, 그 변형인 '심리불속행 제도'가 1994년에 '상고심절차에 관한 특례법'(이하 '상고심법')을 통해 도입되어 지금까지 시행되고 있다. 간단히 말하면, 상고심법 §4①에 열거한 '심리속행사유'(審理續行事由)가 있으면 대법원이 심리를 진행하여 판결을 선고하되, 그 사유가 없으면(=심리불속행 사건이면) 본안심리를 하지 않고 상고기각판결을 송부하는 제도이다.

이 심리불속행 제도는 민사소송뿐만 아니라, 가사소송·행정소송·특허소송의 상고사건에 모두 적용되며(상고심법§2), 본안소송뿐만 아니라 재항고·특별항고에도 적용된다(§7). 다만 소액사건의 상고사건에서는 —대부분의 소액상고사건은 소액사건심판법상의 상고이유를 충족하지 못하여 대법원이 소액상고사건에 들이는 시간·노력이 이미 절감되므로— 적용이 없다. 대법원판결을 재심대상으로 한 재심사건에는 적용되지 않으나, 하급심판결을 대상으로 한 재심사건의 상고사건에는 적용된다.

30) '법정조언자(法廷助言者) 제도'로 번역된다. 원뜻은 '법정의 친구'이다.

(2) 심리속행사유

심리불속행 기각판결을 받지 않기 위해서는 심리속행사유가 있어야 한다.

ⓐ 가압류 · 가처분 · 재항고 · 특별항고 외의 통상사건에서 : 그 심리속행사유는 상고심법 §4① 제1~6호로 정해져 있다. 먼저 제1~4호를 보면, 헌법위반 또는 헌법의 부당해석(1호), 명령 · 규칙 · 처분의 법률위반 여부에 대한 부당판단(2호), 법률 · 명령 · 규칙 · 처분의 해석에서의 판례위반(3호), 법률 · 명령 · 규칙 · 처분의 해석에 관하여 판례가 없거나 판례변경필요가 있을 때(4호)로서, 실무상 제1~4호에 해당하는 사건은 드물다.

가장 중요하고 자주 제기되는 심리속행사유는 제5호로서 "중대한 법령위반에 관한 사항이 있는 경우"이다. 제1~4호는 제5호의 예시라고 할 수도 있다. 법해석 통일이나 법형성에 직결되는 중요한 법률문제가 있으면 "중대한"에 해당한다고 볼 것이고, 처분문서의 증거판단의 누락 등의 채증법칙의 중요한 위반도 이에 해당한다고 볼 것이다. 그러나 §423의 일반적 상고이유를 더 좁히려는 것이 상고심법의 입법취지이므로, 이 "중대한"을 단순히 "판결에 영향을 미친"으로만 해석해서는 안 된다. 다음으로 제6호는 §424①의 절대적 상고이유 제1~5호의 사유가 있는 경우도 심리속행사유로 들고 있다. 그러나 실무상 제6호에 해당하는 사건은 드물다.

상고이유가 위 제1~6호에 해당하더라도, ㉠ 그 주장 자체로 보아 이유가 없거나, ㉡ 원심판결과 관계가 없거나 원심판결에 영향을 미치지 아니하는 때에는, 심리불속행 기각판결을 내려야 한다(§4③).

ⓑ 가압류 · 가처분 · 재항고 · 특별항고 사건에서 : 이들 사건에서는 통상사건보다 상고이유를 더욱 통제하여, 위의 6가지 중 제1~3호의 사유만 심리속행사유로 인정한다. 제5호의 중대한 법령위반은, —비록 그 사유가 인정되더라도— 여기서 심리속행사유가 아니다(§4②,§7).

(3) 심리불속행판결의 특례

위의 심리속행사유에 해당하면 대법원은 통상의 상고심 절차에 따라 사건의 심리를 진행한다(상고심법§6②). 반대로 위의 심리속행사유에 해당하지 않으면, 대법원은 '심리불속행'의 상고기각 판결을 한다. 이 심리불속행 판결의 경우에는, 판결이유를 기재하지 않아도 되고(§5①), 이름은 —결정이 아닌— '판결'이지만 법정에서 선고를 하지 않아도 된다. 즉 상고인에게의 판결서 송달로써 고지(告知)를 갈음한다(§5②). 이 판결의 성립시점은 재판부가 법원사무관등에게 판결원본을 송부한 때라고 보아야 하고, 그 효력발생시기는 상고인에게 송달된 때이다(§5②). 즉 선고절차가 없으므로 엄격하게는 판결이라고 할 수 없고, 또한 이름은 '기각' 판결이지만 실질적으로는 상고각하이다.

심리불속행 처리는 소부에서 심판할 때에만 할 수 있고, 상고기록이 대법원에 접수된 날로부터 4개월이 넘으면 할 수 없다(상고심법§6). 즉 4개월이 경과하면, 마치 심리속행결정이 난 것과 같다.

15-3-4 상고심의 판결

15-3-4-1 상고심 종료사유의 개관

상고심 역시 소취하, 상고취하, 청구의 포기·인낙, 화해로 인하여 종료할 수 있다. 이런 종료사유의 요건·효과는 항소심에서 검토한 바와 대체로 같다. 상고장에 대해 원심재판장과 상고심재판장이 각각 상고장각하명령을 내릴 수 있음도 앞에서(15-3-3-1) 보았다.

그러나 주된 상고심 종료사유는 대법원의 판결이다. 사건이 상고요건을 충족하지 않으면 대법원은 상고각하의 판결을 선고한다(§425,§413). 상고요건을 충족하여 본안에 대한 판단을 받게 될 경우에, 그 본안판결에는 상고기각판결과 상고인용판결의 2종류가 있다. 아래에서 본다.

15-3-4-2 상고기각판결

상고이유가 정당하지 않으면, 대법원이 상고기각판결을 한다. 일반적 상고이유가 정당하다고 인정받으려면 법령위반이 판결의 결과, 즉 주문에 영향을 미쳐야 하므로, 원심판결의 이유가 틀렸으나 결론이 정당한 경우는 ―항소심에서 그럴 경우 항소기각을 하듯이― 상고기각판결을 선고한다. 상고기각판결의 주문은 "이 사건 상고를 기각한다."이다.

상고이유서 제출이 기간 내에 없는 경우에도 상고기각판결을 한다(§429). A,B 청구가 병합된 상고사건에서 A에 대해서는 상고이유서 제출이 있고 B에 대해서는 상고이유서상 아무 언급이 없으면, B 부분은 그 부제출을 이유로 한 상고기각판결이 선고되어야 한다. 이름은 '기각'이지만 실질은 '각하'의 소송판결이다.

15-3-4-3 상고인용판결 1 : 파기환송 또는 이송

(1) 개요

상고법원은 상고가 이유있다고 인정할 때에는 원심판결을 파기해야 한다. 직권조사사항에 관하여 조사한 결과 원심판결이 부당한 때에도 그러하다. 대법원이 원심판결을 파기할 때에는, 그 파기와 동시에 사건을 ⓐ 환송, ⓑ 이송, 또는 ⓒ 자판(自判)해야 한다. 이 셋 중에서는, 상고심에서는 환송이 원칙이다. 왜냐하면 —이송은 아래에서 보듯이 환송할 수 없는 경우에만 행하는 예외적 조치이고— 원심판결 파기시에는 새로 사실심리를 한 후에 판결을 선고해야 할 경우가 많고 대법원은 사실심리를 하지 않으므로 대체로 자판은 부적절하다고 보기 때문이다.

(2) 환송 · 이송과 환송후의 심리

파기의 경우에는 원심법원에 환송함이 원칙이지만, ㉠ 전속관할 위반이 있을 때, ㉡ 원심법원이 제척 등의 이유로 환송심을 구성할 수 없는 때(§436③)에는 동등한 다른 법원으로 이송해야 한다(§436①; 대판 21.2.4, 2019다277133). 상고심에서 환송 · 이송 판결이 내려지면 법원사무관등은 2주 이내에 소송기록을 환송 · 이송받을 법원에 보내야 한다(§438). 사건을 환송받거나 이송받은 법원은 다시 변론을 거쳐 재판해야 하는데, 이 재판에는 애초의 원심판결에 관여했던 판사가 관여할 수 없으며(§436③), 파기후 환송심은 상고법원이 파기의 이유로 삼은 사실상 및 법률상 판단에 기속된다(§436②).

환송후의 항소심의 변론은 환송전 항소심의 속행으로 간주되는데, 판례가 이 개념을 소송대리에 적용하여, 환송전 원심의 소송대리권이 환송후 항소심에서 부활한다고 해석하고 있음은 앞에서 보았다(4-6-4-4 참조). 그러나 환송후 항소심에서는 재판부가 새로 구성되므로(§436③) 변론갱신절차를 거쳐야만 한다. 그 후의 환송후 항소심 절차는 통상의 항소심 절차와 같다.

환송후 항소심이 상고법원이 파기이유로 삼은 사실상 · 법률상 판단에 기속되기는 하지만, 새로운 공격방어방법 제출 등 다른 쟁점 때문에 환송후 항소심의 결론이 환송전 원심판결보다 상고인에게 더 불리하게 바뀔 수도 있다.

(3) 환송후의 심판대상

하나의 판결에 대한 상고로 사건이 대법원에 올라가고, 상고불가분 원칙에 따라 그 소송물들이 이심되었더라도, 파기환송 후에 그 사건 전체가 환송후 항소심의 심판대상이 되지는 않는다. ㉠ 우선, 15-1-5-3에서 보았던 것처럼, 상고로 불복신청이 이루어지지 않았던 청구부분은 상고심 판결과 함께 확정되므로 환송후 항소심으로 이심되지 않으며, ㉡ 상고된 청구 중에서 파기자판된 부분도 환송후 항소심으로 이심되지 않는다. ㉢ 상고된 청구 중에서도 상고이유가 없다고 상고기각된 부분은 환송후 항소심의 심판대상이 되지 않는다(대판 13.2.28, 2011다31706; 14.6.12, 2014다11376).

또한 환송후 소의 교환적 변경이 이루어지면, 1심 판결은 소취하로 실효되고 항소심 심판대상은 신청구로 바뀌게 되어서, 환송후 항소심은 신청구에 대하여 사실상 1심으로 재판하게 된다(대판 13.2.28, 2011다31706).

(4) 환송판결의 기속력(羈束力)

환송·이송을 받은 법원은 상고법원이 파기의 이유로 삼은 사실상·법률상 판단에 기속된다(§436②). 이런 기속력을 인정하지 않으면, 상고법원과의 사이에 끊임없는 핑퐁이 생길 수도 있기 때문이다. 기속력의 법적 성질에 관해서는 기판력설, 중간판결설, 특수효력설로 나뉘고, 심급제도 유지를 위해 하급심을 구속하는 특수한 효력이라고 해석하는 특수효력설이 통설·판례이다.

기속력은 —기판력과 달리 판결이유 중의 판단에서도 생기지만— 당해사건에서만 생긴다. 기속력을 받는 주관적 범위를 보자면, 환송후 항소심 및 그 하급심, 그리고 만약 재상고시에는 대법원(소부)도 기속한다. 그러나 이 기속력은, 법령의 해석적용에 관한 의견을 스스로 변경할 권한을 가지고 있는 대법원 전원합의체에는 미치지 않는다(대판-전 01.3.15, 98두15597).

기속력 있는 사실상·법률상 판단은, 대법원이 파기의 이유로 삼은 것에 한정되므로, 파기이유로 삼지 않은 사실상·법률상 판단에는 기속력이 없다. 원래 대법원은 항소심의 사실판단을 전제로 하여 재판하는 것인데, 대법원이 파기이유로 삼은 사실상 판단이란 무엇을 가리키는 것인가? 이는, 상고법원이 절차상의 직권조사사항에 관하여 한 사실상의 판단을 말하고 본안에 관한 사실판단을 말하는 것이 아니다(대판 00.4.25, 2000다6858; 08.2.28, 2005다11954). 그리고 환송후 항소심은, 본안에 관하여 새로운 증거나 보강된 증거에 의하여 본안의 쟁점에 관하여 새로운 사실을 인정할 수 있다(대판 12.1.12, 2010다87757). 그리하여 상고심의 기속력 있는 판단의 기초가 된 사실관계에 변동이 생긴 때에는, 환송판결의 기속력이 작동하지 않는다(대판 92.9.14, 92다4192; 11.12.22, 2009다75949).

기속력 있는 법률상 판단에는 ㉠ 상고법원이 명시적으로 설시한 법률상 판단뿐만 아니라, ㉡ 명시적으로 설시하지 아니하였더라도 파기이유로 한 부분과 논리적·필연적 관계가 있어서 상고법원이 파기이유의 전제로서 당연히 판단하였다고 볼 수 있는 법률상 판단도 포함된다(대판 12.3.29, 2011다106136).[31] 그러나 부수적인 지적사항에는 기속력이 없다(대판 97.4.25, 97다904). 하지만, 환송판결 선고 후 헌법재판소가 환송판결의 기속적 판단의 기초가 된 법률 조항을 위헌으로 선언하면, 그 범위에서 환송판결의 기속력이 미치지 않음은 당연하다(대판 20.11.26, 2019다2049).

한편 기속력을 적용받는다는 것과 원심판결의 결론을 바꾼다는 것은 별개의 문제이므로, 파기환송이 되어 기속력이 적용되더라도, 환송후 항소심은 파기이유로 된 잘못된 견해만 피하면 —당사자가 새로 주장·입증한 바에 따른 다른 가능한 견해에 의하여— 환송전의 판결과 같은 결론에 이를 수도 있다(대판 01.6.15, 99두5566).

15-3-4-4 상고인용판결 2 : 파기자판

상고법원이 원판결을 파기함에 있어서, 만약 ⓐ 확정된 사실에 대하여 법령적용이 어긋난다고 하여 판결을 파기하는 경우이고, 사건이 그 사실을 바탕으로 재판하기 충분한 때이거나, ⓑ 사건이 법원의 권한에 속하지 아니한다 하여 판결을 파기하는 때에는, 상고법원은 사건에 대하여 자판을, 즉 스스로 종국판결을 하여야 한다(§437). 여기서 '확정된 사실'이라 함은, 본안판단을 위한 사실뿐만 아

31) A가 B에 대한 명의신탁해지에 따른 권리를 피보전권리로 하여, B로부터 등기를 넘겨받은 C에게 채권자대위로써 말소등기를 청구할 수 있다고 본 환송전 원심판결에 대하여, C는 A에게 피보전권리가 없다는 주장을 포함하여 여러 가지 상고이유를 주장했고, 대법원이 C 앞으로의 등기는 이른바 특별조치법 등기(9-5-4-4)로서 등기추정력이 깨지지 않았다고 해서 파기환송판결을 하였다면, 이 상고심판결은 A가 피보전권리를 가짐을 전제로 판단을 한 것이므로, 환송후 항소심이 피보전권리를 부정할 수는 없다는 것이 2011다106136 판결의 요지이다.

니라, 소송요건판단을 위한 사실을 포함한다.

실무상 상고법원의 자판은 드물다. 대법원은 소각하를 할 경우 또는 1심판결을 취소하고 1심법원에 환송해야 하는 경우 등에서만 예외적으로 파기자판을 하고 있다. 그러나 2심까지 법원의 심리결과로 드러난 것 외에 추가로 입증될 사실관계가 없어 보이는데도, 기계적으로 파기환송을 하는 것은 문제이다. 주요 외국에 비하면 자판의 비율이 현저히 낮다. 대법원이 원심판결을 파기하는 경우에 있어서, 지금까지보다는 파기자판의 비율을 늘일 필요가 있다.

파기자판을 할 때에는, 대법원은 항소심의 입장에서 재판해야 하므로, 제1심판결에 대한 상소에 대한 응답의 형태로 재판을 해야 한다(대판 12.3.15, 2011다95779).

15-4 항고

15-4-1 일반론

15-4-1-1 항고의 의의

항고(抗告; Beschwerde)는, 판결 외의 재판인 결정·명령에 대한 상소를 가리킨다(§439). 항고는, 모든 결정에 대해 허용되는 것이 아니라, 성질상 불복할 수 있는 경우이고 또한 법률이 별도로 인정한 경우에만 허용된다. 항고에 대한 법원의 응답 역시, 간이·신속을 추구하는 결정절차를 통해 내려진다. 민사본안절차에서는 부수적 결정에 대한 불복신청이 항고이지만, 강제집행절차·보전절차·도산절차에서는 독립적 결정에 대한 불복신청절차로서 항고가 이용된다.

항고는 상급법원에 대한 불복신청이라는 점에서 이의와 구별된다. 이의(異議)는, 그 재판을 한 법원 또는 법관이 속한 법원에 대하여 미확정 재판의 취소나 변경을 구하는 불복신청이다. 가령 화해권고결정에 대한 이의(§226), 가압류·가처분에 대한 이의(민집§283,§301), 수명법관·수탁판사의 재판에 대한 이의(§441①), 지급명령에 대한 이의(§468), 증거결정에 대한 이의(§281), 증언갈음서면 제출결정에 대한 이의(§310) 등은 모두 동일 심급에의 불복이다.[32)]

32) 결정·명령 아닌 법원의 여러 조치에 대한 불복에서도 '이의'라는 용어를 사용한다. 가령 §§138, 151, 155, 159, 164 등이다. 상대방의 소송행위에 대해서도 '이의'를 사용한다(가령 §§73,266,412).

15-4-1-2 항고의 종류

크게 나누면 일반항고와 특별항고로 나뉜다.

(1) 일반항고

특별항고가 아닌 항고가 일반항고이다. 일반항고는 다시, 통상항고(通常抗告)와 즉시항고(卽時抗告; sofortige Beschwerde)로 나누어진다. 통상항고는 항고제기기간에 제한이 없는 항고로서, 항고의 이익이 있으면 언제라도 제기할 수 있는 것이며, 집행정지의 효력은 없다. 반면에 즉시항고는 1주일의 불변기간 내에 제기되어야 하고(§444), 그 제기에 의하여 집행정지의 효력이 원칙적으로 생긴다(§447). 항고가 가능한 경우이더라도 일반적으로는 통상항고로 보아야 하고, 즉시항고는 법률상 "즉시항고할 수 있다."는 문구가 있는 경우에만 예외적으로 인정된다.

일반항고를 심급별로 구분하면 최초의 항고와 재항고로 나뉜다. 판결절차에서의 항소와 상고에 대응하는 것이다. 재항고는 항고법원·고등법원·항소법원의 결정·명령에 대한 항고이다(§442). 즉 ㉠ 최초의 항고에 대한 항고법원의 결정, ㉡ 고등법원·항소법원이 최초로 내린 결정·명령에 대한 항고가 재항고이다. 따라서 항소법원인 지방법원 합의부의 법원사무관등이 내린 처분에 대한 이의신청을 기각한 법원의 결정에 대하여 제기된 항고는 재항고이므로 —고등법원이 아니라— 대법원이 심판해야 한다(대결 04.4.28, 2004스19). 최초의 항고에는 항소의 규정이 준용되고, 재항고에는 상고의 규정이 준용된다(§443).

(2) 특별항고

원래는 불복신청을 할 수 없는 결정·명령에 대해서 특별히 항고를 허용하는 경우가 있는데(§449), 이때의 항고를 특별항고라고 한다. 대법원이 처리한다. 일반항고는 일반적 불복수단에 속하지만, 특별항고는 일반적 불복수단이 없거나 그런 불복수단을 모두 거친 경우에 인정되는 비상구제수단이다. 15-4-5에서 자세히 본다.

15-4-2 일반항고의 대상

결정·명령 중에서, 성질상 불복할 수 있는 것이고 법률의 명문상 또는 법률해석상 항고가 인정되는 경우의 결정·명령에 대해서만 일반항고를 할 수 있다.

15-4-2-1 항고로써 불복할 수 있는 결정 · 명령

(1) 소송절차에 관한 신청을 기각한 결정 · 명령(§439)

"소송절차에 관한 신청"이란 —본안의 신청과 대비되는 것으로— 절차의 개시 및 진행에 관한 신청을 말한다. 가령 공시송달신청(§194), 기일지정신청(§165), 피고경정신청(§260), 소송수계신청(§234), 소송인수신청(§82), 증거보전신청(§375) 등을 가리킨다. §439는 "기각한"이라고만 했으나 기각결정 외에도 각하결정도 포함된다(통설). 전부기각뿐만 아니라, 양적 · 질적 일부기각도 포함된다. 반면에 신청을 인용한 결정 · 명령은 —이는 신청인이 불복할 리는 없고 상대방의 불복가능성이 있겠지만— 항고대상이 되지 않는다. 상대방은 '이의신청'으로써 불복해야 한다.[33] 한편 "즉시항고할 수 있다"는 명문규정이 없는 이상, 통상항고로 해석된다.

그리고 당사자에게 신청권이 없어서, 당사자의 신청행위는 법원의 직권발동을 촉구하는 의미로 해석되는 경우에는, 결정 · 명령에 대해 항고를 할 수 없다. 예컨대 관할위반 이송신청 기각결정(대결-전 93.12.6, 93마524)이 그런 경우이다.

(2) 개별조문에서 항고를 허용한 결정 · 명령

법률이 개별조문에서 따로 항고를 허용할 때에는 대부분 즉시항고를 허용한다고 정하고 있다. 개별법률에 흩어져 있지만, 집행절차상 및 보전절차상의 몇 가지를 들어보면 다음과 같다.

ⓐ 집행절차상 즉시항고 허용조문을 보면, 예컨대 재산명시신청 기각결정(민집§62⑧), 채무불이행자명부 등재결정(민집§71), 재산조회거부에 대한 과태료결정(민집§75③), 매각허부결정(민집§129), 압류명령 · 추심명령 · 전부명령(민집§229⑥) 등이다.

ⓑ 보전절차상 가압류 · 가처분 이의신청과 가압류 · 가처분 취소신청에 대해 —과거에 판결로 재판하던 것을 2005년 개정으로써 변경하여— 결정으로 재판하므로, 이런 결정에 대해 즉시항고를 하도록 정해져 있다(민집§§286⑦,287⑤,288③,301,307②).

33) 가령 1심법원이 어떤 중지를 명하는 가처분결정을 내리면, 이에 대해 상대방(피신청인)은 동일법원에 이의신청을 제기해야 하고, 그 이의신청이 기각되면 비로소 항고를 할 수 있다.

15-4-2-2 항고할 수 없는 결정 · 명령

(1) 우선 법률규정상 불복할 수 없다고 명문으로 정해진 재판이 있다. 예컨대 제척 · 기피결정(§47,§337③), 관할지정결정(§28②), 지급명령신청 각하결정(§465) 등이다. 또한 §392는, 중간적 결정은 독립한 불복대상이 아니라고 정했다. 가령 증거신청 채부결정, 실기한 공격방어방법의 각하결정이 이에 해당한다. 이들 중간적 결정 · 명령이 옳은지 여부는, 종국판결에 대한 상소심에서 종국판결과 함께 심사를 받게 되므로, 이들에 대해서는 별도로 항고할 수 없음이 원칙이다.

(2) 해석상 불복할 수 없는 결정 · 명령이 있다. 예컨대, 판결경정신청 기각결정(대결 95.7.12, 95마531), 화해조서경정신청 기각결정(대결 86.11.7, 86마895), 개인회생절차상의 면책취소신청 기각결정(대결 16.4.18, 2015마2115), 부재자 재산관리인 선임결정(대결 80.10.15, 78스13), 청구이의의 소 제기시의 잠정처분신청에 따른 강제집행정지결정(대결 04.2.3, 2003그86) 등이다. 그리고 관할위반 이송신청에 대한 신청기각결정도 —당사자에게 그 이송신청권이 없으므로— 그에 대해 항고할 수 없다는 것이 판례이다(대결-전 93.12.6, 93마524). 또한 통설 · 판례는 대법원의 모든 결정 · 명령에 대해서 불복할 수 없다고 보고 있다.

(3) 항고 외의 다른 불복신청방법이 마련되어 있는 결정 · 명령에 대해서는 항고할 수 없다. 예컨대 화해권고결정 · 이행권고결정 · 조정갈음결정 · 지급명령, 그리고 가압류 · 가처분결정[34] 등에는 이의절차가 마련되어 있으며, 이들 결정에 대해서는 항고할 수 없다.

(4) 수명법관 · 수탁판사의 재판에 대해서도, 직접 상급법원에 항고할 수 없도록 정했다. 즉 수명법관 · 수탁판사의 재판에 대해서 불복하려면 —만약 그 재판을 수소법원이 했다면 항고할 수 있는 것일 때에 한하여— 수소법원에 '이의'를 하도록 했다(§441①). 이를 '준항고'(準抗告)라고 부른다.

15-4-3 최초의 항고의 절차

15-4-3-1 총설

(1) 통상항고이든 즉시항고이든, 최초의 항고에는 항소심에 관한 규정이 준

34) 가압류 · 가처분 신청을 인용한 결정에 대해서는 이의신청이 가능할 뿐이다. 가압류 · 가처분 신청을 기각 · 각하한 결정에 대해서는 즉시항고가 가능하다.

용된다(§443①).

(2) 항고는 편면적 절차이고, 판결절차 같은 엄격한 쌍방대립구조(adversary system)가 아니다. 따라서 —종종 항고인과 이해관계가 대립되는 상대방이 있기는 하지만— 항고장에 피항고인을 표시하거나 항고장을 상대방에게 송달해야 하는 것은 아니다. 원심의 결정·명령에 의해 불이익을 받는 당사자 또는 제3자가 항고를 제기할 수 있다.

15-4-3-2 항고의 제기

(1) 방법과 기간

항고는 항고장을 원심법원에 제출함으로써 한다(§445). 통상항고에는 제기기간 제한이 없고, 즉시항고는 결정·명령의 고지일로부터 1주간의 불변기간 내에 해야 한다(§444). 결정·명령의 원본이 법원사무관에게 교부되면 —아직 송달로써 고지되지 않았더라도, 즉 아직 1주간이 기산되지 않더라도— 항고가 가능하다(대결-전 14.10.8, 2014마667).

(2) 항고이유서

항소심 규정이 준용되므로, 항고이유서를 제출해야 한다(15-2-2-5). 한편 민사집행법은 집행절차상의 항고에 관하여, 항고장 제출일로부터 10일 내에 항고이유서를 제출하도록 정하였다(민집§15③).

15-4-3-3 항고제기의 효력

(1) 이심효와 집행정지효

항고가 제기되면 사건이 항고심으로 이심된다. 즉시항고는 집행정지효를 낳지만(§447), 통상항고는 집행정지효를 가지지 않으므로, 통상항고를 하면서 집행을 정지하려면 별도로 집행정지처분을 받아야 한다. 집행정지처분은 항고법원에서 할 수도 있고 원심법원에서 할 수도 있다(§448).

(2) 재도(再度)의 고안(考案)

결정·명령에는 판결과 같은 기속력이 없다. 따라서 일단 유효하게 성립한 결정·명령에 대하여, 원심법원이 반성 차원에서 다시 생각해 보고 그 결정·명령의 당부를 심판할 수 있음이 원칙이다. 이와 같이, 항고가 제기된 후 원심법원이 그 항고가 정당하고 자신의 종전 판단이 잘못되었다고 결론내려서 스스로 경정(更正)하는 제도가 마련되어 있고(§446), 이 제도를 —다시 한 번 생각해 본다는 의미에서— '재도의 고안'이라고 부른다. 불복대상이 아닌 결정·명령(이는 특별항고의 대상이 될 뿐이다)에 대해서는 재도의 고안을 할 수 없다.

그런데 대판-전 14.10.8, 2014마667은 "일단 성립한 결정은 취소 또는 변경을 허용하는 별도의 규정이 있는 등의 특별한 사정이 없는 한 결정법원이라도 이를 취소·변경할 수 없다."고 판시했다. 이 판결은, 결정·명령의 효력발생 이전에 '성립'이라는 단계를 개념화하여, 결정·명령은 그 원본이 법원사무관등에게 교부되었을 때 성립한다고 판시한 다음, 결정·명령이 일단 성립하고 나면 그것이 소송의 지휘에 관한 것(§222)이거나 항고가 있는 경우(§446)가 아닌 한, 법원(법관) 스스로가 이를 취소·변경할 수 없다고 보았다. 이 판결에 의하면, 동일심급에서의 이의는 소송의 지휘에 관한 결정·명령(§222)이거나 법률상 허용규정이 있을 때(§227,§468; 민집§§16,63,121,265,283 등)에만 할 수 있는 것이 된다(11-1-3 참조).

적법한 항고가 있을 때에만 재도의 고안을 할 수 있느냐, 아니면 항고가 부적법하더라도 이를 할 수 있느냐가 논의된다. 결정·명령에는 어차피 기속력이 없으므로, 항고의 내용이 이유 있으면 항고의 적법·부적법을 따지지 말고 재도의 고안으로 처리하도록 해 주어야 한다는 소수설도 있으나, 적법한 항고에 대해서만 허용된다는 것이 통설 및 판례이다(대결 67.3.22, 67마141). 재도의 고안에 따른 경정이 행해지면, 그 항고절차는 종료된다.

15-4-3-4 항고심의 심판

항고심 절차는 항소심 규정을 준용하므로(§443①), 항고심의 심판범위는 항고인의 불복신청 한도 내이다. 항고심의 결정·명령이 내려지기 전까지는 항고인이 불복신청 범위를 변경할 수 있다. 속심이므로, 제한적으로는 새로운 주장과 입증이 가능하다. 항고절차에서도 보조참가를 할 수 있고, 부대항고를 할 수 있으며, 항고취하를 할 수도 있다.

항고절차에서 변론은 필수적이지 않으므로, 변론을 열지 여부는 법원의 재량이다. 변론을 열지 않고 심문기일을 열 수도 있으며(§134②), 서면심리를 할 수도 있다.

항고심의 재판은 —항고장각하명령 단계를 넘어가면— 원심의 결정·명령에 맞추어 결정·명령의 형식으로 한다. 항고심 결정의 형식은 항고각하, 항고기각, 항고인용(=원재판취소) 중의 하나이다. 다만 실무는, 항고각하와 항고기각 사이에서 엄밀한 구분을 하는 것으로는 보이지 않는다. 항소심 판결에서와 마찬가지로, 항고심도 항고인용의 경우, 환송이 아니라 자판(自判)이 원칙이다.

15-4-4 재항고

15-4-4-1 의의 및 대상

(1) 의의

항고법원의 결정 및 고등법원·항소법원의 결정·명령에 대한 불복방법이 재항고(再抗告)이다. 이는 법률심인 대법원에의 항고로서, "재판에 영향을 미친 헌법·법률·명령·규칙의 위반"을 이유로 드는 때에만 재항고를 할 수 있다(§442). 상고절차를 준용하므로, §424의 절대적 상고이유도 재항고이유가 된다고 본다.

(2) 대상

ⓐ 최초의 항고에 대한 항고법원의 결정, ⓑ 고등법원의 결정·명령, ⓒ 항소법원의 결정·명령이 재항고의 대상이다(§442). 이 모두를 굳이 대법원에로 불복할 수 있도록 정한 것이 입법상 적절한지는 의문이다. ⓐ의 항고법원은 고등법원일 수도 있고, 지방법원 항소부일 수도 있다. 항고법원의 결정이 항고각하 또는 항고기각이면 곧바로 재항고의 대상이 되지만, 항고법원의 결정이 항고인용이면 —항고인은 재항고할 일이 없을 터이므로— 그 항고인용결정이 상대방 내지 제3자의 불복에 적합한 경우에 한하여 재항고가 허용된다.

15-4-4-2 절차

(1) 재항고는 상고 규정을 준용하므로(§443②), 재항고의 제기, 재항고이유서 등은 상고절차에 따라야 하고,[35] 따라서 재항고이유서 제출이 필수적이다. 재항고에는 상고심법(15-3-3-4)도 준용된다. 재항고이유는 상고에서의 일반적 상고이

---

35) 즉 재항고장에도 원심법원제출주의(15-1-4-2)가 적용되므로, 재항고장을 다른 법원에 제출하여 그것이 원심법원에 송부되는 동안 재항고기간이 도과했다면, 그 재항고는 부적법하다(대결 84.4.28, 84마251).

유와 절대적 상고이유에 비추어 판단해야 한다. 법률심이므로 새로운 증거를 제출할 수는 없다.

(2) 재항고가 즉시항고인지 통상항고인지의 구별에 관하여 본다. ⓐ 고등법원·항소법원의 1차 결정에 대한 재항고의 성격은, 그 항고의 근거에 따라서 이를 구별한다. ⓑ 항고법원의 항고심결정에 대한 재항고의 성격은 그 항고심 결정의 성질과 내용에 의한다. 즉 최초의 항고가 즉시항고이고 그에 대해 항고심이 내린 각하결정·기각결정이 불복대상이면, 이 재항고는 즉시항고이다(대결 04.5.17, 2004마246; 07.7.2, 2006마409). 항고심결정이 1심결정을 변경한 경우에는, 그 내용이 즉시항고에 의하여 불복할 것이면 즉시항고, 통상항고에 의하여 불복할 것이면 통상항고로 된다.

15-4-4-3 상고심법의 준용 및 결정의 종류

상고심법상 심리불속행 제도가 재항고사건에 준용될뿐더러(상고심법§7), 동법상 가압류·가처분에 관한 판결에 대한 상고이유 추가제한 조항이 재항고사건에 준용되므로(§7,§4②), 재항고의 심리속행사유는 크게 제한된다. 헌법위반 또는 헌법의 부당해석(§4①1호), 명령·규칙·처분의 법률위반 여부에 대한 부당판단(2호), 법률·명령·규칙·처분의 해석에서의 판례위반(3호)만 심리속행사유가 된다.

재항고결정 역시 —상고심판결에 준하여— 재항고각하·재항고기각·재항고인용으로 나눌 수 있다. 재항고인용, 즉 원심결정의 취소는 다시 환송·이송·자판 중의 한 결론과 결합되어야 하는데, 환송이 원칙이다.

15-4-5 특별항고

15-4-5-1 의의

특별항고(特別抗告)는, 원래는 불복할 수 없는 결정·명령에 대하여, 거기에 심각한 부정의(不正義)가 있을 때(주로 헌법위반이 있을 때) 아주 예외적으로 이를 시정할 수 있도록 마련해 둔 불복방법이다(§449). 대상이 1심의 결정이든 2심의 결정이든 간에, 대법원에 제기한다. 재판의 확정 후의 비상불복방법이고, 일반적인 상소의 개념범위에 속하지 않는다. 따라서 —마치 판결절차에서의 재심처럼— 특별항고에는 재판확정을 차단하는 효력이 없다. 참고로, 독일에서 특별항고는 대법원이 아니라 헌법재판소에 신청하는 항고이다.

§449는 특별항고를, 불복할 수 없는 결정·명령에 대하여 ⓐ 재판에 영향을 미친 헌법위반이 있거나, ⓑ 재판의 전제가 된 명령·규칙·처분의 헌법·법률의 위반여부에 대한 판단이 부당하다는 것을 이유로 하는 때에만, 대법원에 제기하는 것으로 정했다.

15-4-5-2 대상

㉠ 법률상 명문으로 불복할 수 없다고 정해진 결정·명령 및 ㉡ 해석상 불복이 인정되지 않는 결정·명령이(15-4-2-2 참조) 특별항고의 대상이다. 대법원의 결정·명령은 개념적으로는 위 ㉡에 속한다고 할 수 있지만, 여기에 특별항고를 허용하면 신청이 무한반복될 수 있으므로, 특별항고가 허용되지 않는다.

관할위반 이송신청(이 신청은 당사자에게 신청권이 없어서, 직권발동을 촉구하는 의미만 가진다. 3-11-2-3 참조)을 기각하는 결정은 해석상 불복할 수 없는 결정이라는 것이 확고한 판례이다(대결-전 93.12.6, 93마524 등). 그런데 이 기각결정에 대해, 판례는 항고는 물론 특별항고도 허용되지 않는다고 하는데(대결 85.4.30, 84그24; 96.1.12, 95그59), 왜 그런지 의문이다.

15-4-5-3 특별항고이유

통상의 불복방법은 이미 없지만 심각한 부정의(不正義)(krasses Unrecht)가 있을 때에 극히 예외적으로 허용하는 불복방법이므로, 특별항고의 이유는 제한될 수밖에 없다. §449는 ⓐ 재판에 영향을 미친 헌법위반이 있거나, ⓑ 재판의 전제가 된 명령·규칙·처분의 헌법·법률의 위반여부에 대한 판단이 부당하다는 것을 이유로 하는 때를 들었다. 재판에 영향을 미친 헌법위반에 해당하려면, "결정·명령의 절차에 있어서 헌법 §27 등에서 규정하고 있는 적법한 절차에 따라 공정한 재판을 받을 권리가 침해된" 정도에 해당해야 한다(대결 13.6.10, 2013그52). 결정·명령이 법률을 위반하거나 대법원판례에 반하더라도 이는 특별항고의 이유가 되지 못한다(대결 08.1.24, 2007그18; 14.5.26, 2014그502). 실무상 특별항고는 대개 인용(認容)가능성이 거의 없다고 인식되고 있다.

15-4-5-4 절차

특별항고는 결정 · 명령의 고지일로부터 1주 내에 제기해야 하고(§449②), 이는 불변기간이다(§449③). 특별항고의 절차는 상고에 관한 규정을 준용한다(§450). 특별항고는 그 자체로 집행정지효를 가지지 못하지만, 특별항고절차에는 §448(항고에서의 집행정지명령)가 준용되므로(§450), 대법원이 집행정지를 명할 수는 있다.

특별항고에서는 재도의 고안(§446; 15-4-3-3)이 허용되지 않는다(대결 01.2.28, 2001그4). 한편 불복신청을 특별항고로서밖에 제기할 수 없는데도 일반항고로 제기한 경우에, 그 항고장을 접수한 법원은 이를 특별항고로 선해(善解)하여 대법원으로 기록송부를 하라는 것이 판례이다(대결 16.6.21, 2016마5082).

15-4-6 민사집행법상의 항고

민사집행법의 규율대상을 크게 2분하면 강제집행절차와 보전절차이고, 이들은 모두 그 절차에 관하여 민사소송법을 준용한다(민집§23). 그런데 민사집행법은 즉시항고에 관하여 §15에서 특칙을 두고 있다.

(1) 통상항고의 불허 : 즉시항고만 —물론 허용된다는 특별규정이 있을 때에 한하여— 가능하고, 통상항고는 인정되지 않는다.

(2) 집행정지효 없음 : 민사소송법의 즉시항고에는 집행정지효가 있지만, 민사집행법상의 즉시항고에는 집행정지효가 없다. 그래서 민사집행법 §15⑥은 즉시항고시에 신청할 수 있는 집행정지의 잠정처분에 관하여 규정하고 있다.

(3) 재항고에 대한 민사집행법의 우선적용 : 집행절차상의 재항고에 대하여 —이 절차는 민사소송법상 상고 규정도 준용하고 민사집행법도 적용되므로— 어느 쪽이 우선하느냐는 논의가 있었다. 민사소송법에 의하면, 재항고이유서를 재항고기록접수통지 수령일부터 20일 내에 재항고법원에 제출해야 하지만, 민사집행법에 의하면 재항고이유서를 재항고장 제출일부터 10일 내에 원심법원에 제출하게 된다. 이에 대해 판례가 민사집행법 적용이 우선이라고 밝혔고(대결 04.9.13, 2004마505), 이에 따라 민사집행규칙 §14-2가 개정되어 들어갔다. 즉 재항고이유서의 제출처와 제출기간은 민사집행법 §15에 따라, 10일 내에 원심법원에 제출해야 한다.

15-5 재심절차

15-5-1 재심 일반론

15-5-1-1 재심의 의의 및 성격

(1) 의의

사회 내에서 권리의무관계가 안정되려면, 확정판결이 존중되어야 한다. 확정판결에는 손을 댈 수 없다고 인식되어야, 확정판결에서 정해진 권리관계를 기초로, 사회구성원들의 거래가 이루어져 나간다. 기판력의 의의도 여기에 있다. 그러나 확정판결의 기초가 된 소송절차 및 소송자료에 묵과할 수 없는 중대한 흠이 있는 경우에는, 확정판결에 손을 댈 수밖에 없다. 이런 경우에 확정판결을 고쳐서 정의를 회복해 주지 않으면, 오히려 재판제도에 대한 신뢰가 무너져서 사회가 불안정하게 된다. 이런 경우에 확정판결이 가진 기판력을 없애기 위한 제도가 '재심(再審)'(Wiederaufnahme des Verfahrens)이다. 재심은, 일정한 기간 내에 법률이 특별히 정한 '재심사유'(§451①)를 가지고서 정식의 소송절차를 거쳐서 기존의 확정판결을 취소시키는 소이다.

(2) 성격

재심은 확정판결을 취소하여 기판력·집행력을 제거하는 소이므로, 소송법적 법률관계의 변경을 구하는 것이고, 따라서 '소송법상 형성의 소'이다.

재심은 확정판결에 대한 불복신청이므로, 확정차단의 효과는 없다. 또 상급법원에의 불복신청이 아니므로, 이심의 효과도 없다. 이런 의미에서 재심은, 상소와는 다른, 특별한 불복신청이며, 4심제를 마련해 준 것이 아니다. 재심을 제기한다고 해서 확정판결의 집행이 정지되지는 않으므로, 집행을 정지하려면 별도로 §500의 집행정지결정을 받아 집행법원에 제출해야 한다.

15-5-1-2 재심의 소송물

재심의 소의 소송물은 '확정판결의 취소요구 + 구 소송의 소송물'의 2가지로 구성된다는 것이 이원설(=소송법상 형성소송설)이고, 확정판결의 취소요구는 독립된 소송물이 아니라 재심판을 구하는 전제조건에 불과하고 재심의 소의 소송물은 구 소송의 소송물과 같다고 보는 견해가 일원설(=본안소송설)이다.

통설 · 판례는 이원설이다.

또한 한국의 판례는, 재심사유별로 소송물이 각각 별개가 된다고 한다(대판 82.12.28, 82무2; 93.9.28, 92다33930). 그러므로 재심기간 준수 여부도 각 재심사유의 주장시점별로 따져야 한다(위 92다33930). 이와 반대로, 소송물에 관한 일분지설(≒신소송물론; 5-2-2-2)을 따르는 학자는 여러 재심사유가 주장되는 재심사건이라도 소송물이 하나라고 한다(이시윤 970).

재심사유(15-5-3)를 검토해 보건대, ―가령 제척사유 있는 법관의 관여, 소송대리권 흠결, 서증의 위조 등― 각각 서로 전혀 다른 사실관계를 기초로 하는 사유들이므로, 그 중 하나의 사유를 주장하고 나면 다른 사유 전체에 기판력이 미쳐서 더 이상 재심을 청구할 수 없다고 보는 것은 부당하다. 즉 재심사유별로 소송물이 다르다는 판례가 타당하다.

15-5-2 재심의 소의 적법요건

15-5-2-1 총설

재심의 소가 적법하려면 우선, 재심의 소를 제기할 수 있는 당사자가, 확정된 종국판결을 대상으로, 재심사유를 주장하여 소를 제기해야 한다. 그리고 그 소제기는 재심기간 내에, 재심의 이익을 가진 자가 해야 하며, 이미 상소에서 주장한 사유이거나 알고도 주장하지 않았다면 재심의 소를 제기할 수 없다. 이상의 요건이 결여되면, 재심의 소는 부적법하여 각하된다. 하나씩 본다.

15-5-2-2 당사자적격

(1) 종전 원 · 피고

재심의 대상인 확정판결의 당사자는 당연히 재심소송의 당사자적격을 가진다. 확정판결의 기판력을 제거함으로써 이익을 얻을 사람이 재심원고, 상대방이 재심피고가 된다.

(2) 기판력을 받는 제3자

그뿐만 아니라 변론종결 후의 승계인 및 제3자 소송담당에 있어서 권리귀속주체도 기판력을 받는 자로서 재심소송의 당사자가 될 수 있다(대판 87.12.8, 87재다24). 가령 선정당사자가 받은 기존 확정판결의 기판력을 선정자가 제거하고자 할 때에는, 선정자가 재심원고가 되어 그 확정판결에서의 상대방 당사자를 재심피고로 삼아 소를 제기할 수 있다.

그런데 이러한 특정 제3자뿐만 아니라, 도산사건에서 가령 회생채권확정소송의 판결이 회생채권자 · 회생담보권자 · 주주 · 지분권자 전원에 대하여 효력이 있다든지, 가사소송 · 행정소송 · 회사관계소송에서 확정판결의 효력이 일반 제3자에게까지 미친다든지 등으로 넓은 범위의 제3자에게 기판력이 미치는 경우에 그들이 재심당사자적격을 가지는지는 문제이다. 종전 설명들은 대체로, 이러한 제3자는 독립당사자참가 방식으로 재심의 소를 제기하고 본소당사자를 공동피고로 하여야 한다고 한다(이시윤 971; 송상현 788). 그러나 이런 기판력의 일반 제3자에게의 확장사례에서 기판력을 받는 제3자는, (원래 소제기적격을 가졌던 제3자 및 아래 (5)의 특별규정의 경우를 제외하면) 통상적으로는 재심당사자적격을 갖지 않는다고 보아야 한다. 왜냐하면, 이들은 원판결의 소송물에 관하여 당사자적격이 없어서 —그 소송물의 본안절차에서 보조참가를 할 수 있는 자일 뿐이고— 그 소송물의 본안에 관하여 결론을 좌우할 수 있는 사람이라고 보기는 어렵기 때문이다.[36)][37)]

(3) 채권자대위

채무자와 제3채무자 사이의 판결이 확정된 후, 채무자의 채권자가 채권자대위권을 행사하여 재심의 소를 제기할 수 있는지에 관하여, 판례는 이를 부정한다(대판 12.12.27, 2012다75239). 채권자대위권은 소송법상 권리에 대하여서도 행사할 수 있는 것이지만, 채무자와 제3채무자 사이의 소송이 계속된 이후의 소송수행과 관련해서는 그 권리의 행사를 채무자의 의사에 맡기는 것이 타당하기 때문이라고 한다.

---

36) 三木浩一 656. 일본의 판례 역시, 검사를 상대로 한 사후인지청구소송에서 확정된 청구인용판결에 대하여, 그 판결의 대세효를 받고 또한 그 판결에 의해 상속권을 침해당한 제3자가 재심의 소를 제기한 사안에서, 재심원고가 당해 사후인지소송에서 당사자적격을 가지지 않는다는 이유로, 그의 재심원고적격을 법원이 부정하였다(最高裁判 1989.11.10).

37) 독립당사자참가를 하면서 종전의 원 · 피고에게 각각 어떤 청구취지를 주장해야 할지를 생각해 보더라도, 독립당사자참가가 가능한지 의문이다. 즉 소송물을 일원설로 파악하든 이원설로 파악하든, 당사자적격이 없는 이런 재심원고는 본안소송물을 파악하기 곤란하다.

(4) 필수적 공동소송에서

필수적 공동소송의 확정판결에 대해 공동소송인 중 1인이 재심의 소를 제기하면, 나머지 공동소송인들도 재심소송의 당사자가 된다. 그 공동소송인을 상대로 재심의 소를 제기하려면, 그 모두를 재심피고로 삼아야 한다.

(5) 가사소송 · 회사소송 · 행정소송에서 제3자가 재심당사자가 되는 예외적인 경우

가사소송에서 재심상대방이 될 자가 사망한 경우 —가령 이혼판결의 일방이 사망한 후에 그 판결에 대한 재심의 소를 제기할 경우에— 검사를 상대로 재심의 소를 제기할 수 있고(가소§24③; 대판 92.5.26, 90므1135), 주주대표소송으로써 회사의 권리가 침해되는 경우에 회사 · 주주가 재심당사자가 될 수 있으며(상§406), 처분취소판결로써 침해를 받은 제3자도 일정 요건 하에서 재심원고가 될 수 있다(행소§31). 상법 · 행정소송법상의 위 2가지 재심을 "사해재심"(詐害再審)이라고 한다.

15-5-2-3 대상적격

재심의 소의 대상은 확정된 종국판결이다.

(1) 종국판결 : 중간판결은 재심의 대상이 아니며, 중간판결에 재심사유가 있으면 그 중간판결을 전제로 한 종국판결을 재심의 대상으로 삼아야 한다.[38] 확정된 종국판결이기만 하면, 전부판결이든 일부판결이든, 본안판결이든 소각하판결이든, 재심판결이든(대판 15.12.23, 2013다17124) 상관없다. 환송판결은 비록 사건의 심급을 끝내는 종국판결이기는 하지만, 실질적으로는 종국적 실체판단을 하는 것이 아니어서 중간판결의 특성도 갖는 판결이기 때문에 재심대상이 되지 않는다는 것이 판례이다(대판-전 95.2.14, 93재다27). 환송판결의 경우 적용될 수 있는 재심사유가 줄어들기는 하겠지만, 환송판결이라도 —가령 합의부 판사 중 1인이 자격없는 사람이라든지 해서— 재심사유가 있을 수도 있으므로, 논리적으로 타

38) 형사재항고사건의 재심절차에서 내려진 대결-전 19.3.21, 2015모2229의 다수의견은, 1948년 여순사건 당시 내란죄 등으로 사형이 집행된 사람들의 유족의 재심청구에 대하여, —재판이 실제로 있었는지, 피고인들이 사형판결 집행으로 사망한 것이 사실인지 알 수 없고, 공소사실조차도 알 수 없으므로 재심이 불가능하다는 반대의견도 있으나— 판결서는 판결을 확인하는 문서일 뿐이므로 판결서가 작성되지 않았거나 작성된 다음 멸실되어 존재하지 않더라도 판결이 선고되었다면 판결은 성립하여 존재한다고 보아야 하고, 사형집행이 되었다면 유죄판결이 있었다고 보아야 하며, 따라서 재심의 대상이 될 수 있다고 판단했다. 이는 과거사 바로잡기의 일환으로 내려진 특수한 판결이라고 보아야 하고, 통상적인 사건에서 내려질 수 있는 결론은 아니다.

당한 판결은 아니다(同旨: 호문혁 1126).

(2) 확정 : 확정되어야 재심의 대상이 되며, 미확정판결에 대해 재심을 제기한 후에 그 판결이 확정되는 경우에, 대상적격이 없다는 하자는 치유되지 않는다는 것이 판례이다(대판 16.12.27, 2016다35123). 외형적으로는 판결선고 및 판결정본 송달이 있고 송달일로부터 2주가 경과한 사건이라도, 실제로는 그 송달이 무효이거나 소송절차 중단에 의해 상소기간이 진행되지 않는 사건이 있을 수 있다. 가령 당사자가 변론종결 전에 사망하고 대리인이 없으면 그 판결송달이 무효이고, 당사자가 변론종결 전에 사망하고 소송대리인이 있으면 —상소제기의 특별수권이 없는 한— 소송절차가 중단되어 각각 판결이 확정되지 않는다(4-3-4-3 참조). 이런 경우는 재심대상 판결이 아니다.

상급심에서 취소(=파기)된 판결은 '확정된 판결'이 아니므로 재심의 대상이 될 수 없고, 당연무효의 판결 역시 재심이 대상이 아니다.

(3) 심급별 판결이 있을 때 : 가령 하나의 사건에서 1심판결에 대한 항소기각의 2심판결과 상고기각의 대법원 판결이 있을 때, 이 3개 판결은 모두 확정판결이고 종국판결이다. 만약 재심사유가 있으면 각각 재심의 대상이 될 수 있겠지만, 이런 경우에 대해서는 §451③이 제한을 두어, 항소심에서 본안판결을 하였을 때에는 제1심 판결에 대하여 재심의 소를 제기하지 못한다고 정했다. 항소심이 제1심을 파기하는 본안판결을 했으면 제1심 판결이 재심대상이 아님은 당연하지만, 항소심이 항소를 기각하는 판결을 했더라도 —한국의 항소심은 속심으로서 위 2심판결은 사건을 전면적으로 재심판한 것이므로— 2심판결을 재심의 대상으로 삼아야지 1심판결을 대상으로 삼아서는 안 된다는 것이다.

상고기각 판결과 그 하급심 판결 간의 관계는 그렇지 않다. 상고심은 법률심이어서 원심의 사실인정이 원칙적으로 심판의 대상이 되지 않으므로, 상고기각 판결이 내려진 경우에도 그 상고심 판결과 원심판결은 각각 재심의 대상이 될 수 있다.

(4) 기타 : 확정판결이 아니지만 이와 같은 효력을 가진 청구의 포기·인낙조서, 화해조서·조정조서, 조정갈음결정·화해권고결정은 —재심의 대상이 아니고— 준재심의 대상이 된다(§461; 15-5-5). 집행력만 인정되고 기판력은 부정되는 지급명령(16-2-6) 및 이행권고결정(16-1-3-4)은 재심·준재심의 대상이 아니며, 청

구이의의 소에서 지급명령·이행권고결정의 성립이전의 사유를 주장하여 다툴 수 있다(민집§58③; 소심§5-8③). 한편 중재판정은, 별도로 마련된 중재판정취소의 소(중재§36)에 의할 일이고, 재심의 대상이 되지 않는다.

15-5-2-4 재심사유의 주장

재심의 소를 제기하려면 §451① 각호에 정해진 재심사유가 있어야만 하고, 이를 특정하여 주장해야 한다. 재심의 소를 제기하면서 제시한 불복사유가 위 각호의 사유 중 하나가 아니면, 재심의 소는 각하된다(대판 96.10.25, 96다31307). 이와 달리, 주장된 불복사유가 재심사유 중의 하나에 해당하지만 증명이 되지 않는 경우에는, 재심청구가 기각된다.

15-5-2-5 재심기간

재심의 소는 재심사유를 안 날로부터 30일 내에, 그리고 판결확정일로부터 5년 내라야 제기할 수 있다(§456). 그런데 재심사유 중 3호 중의 대리권의 흠, 그리고 10호의 기판력 저촉의 경우에는 이러한 기간제한이 없다(§457). 재심기간 도과여부는, 주장된 각 재심사유별로 따로 판단하지만, 판결확정 후 5년은 재심사유별로 달라질 수 없으므로, 위 30일 기준만이 사유별로 달라질 수 있는 것이 된다.

(1) 안 날로부터 30일 : 판결확정 전에 이미 재심사유를 알게 된 경우에는, 안 날로부터가 아니라 판결확정일로부터 기산하여 30일이다(대판 91.11.12, 91다29057). 재심사유가 있음을 알게 된 날은 재심사유마다 다르다. 판결법원 구성의 위법(1호), 판단누락(9호)은 당사자가 이를 판결정본 송달시에 알게 된다고 보는 것이 판례이다(위 91다29057; 대판 15.10.29, 2014다13044). 법인·비법인사단의 대표자가 권한 없이 소송행위를 함으로써 제3호에 해당하는 경우에는, 그 대표자가 판결 송달받은 때를 그 법인·비법인사단이 안 때로 볼 수는 없으므로, 다른 임원이 이를 안 때가 기산점이 된다(대판 16.10.13, 2014다12348).[39] 제4~7호의 형사상 가벌적 행위를 재심사유로 할 때의 재심기간은, 유죄판결이 확정되었을 때에는 그 판

---

39) 판례는, 재심제기기간 제한이 없는 "대리권의 흠"(§457)이란 —제3호 사유 전체가 아니라— '대리권·대표권 자체가 없는 경우'만을 가리키고, '대리인·대표자의 특별수권에 흠결이 있는 경우'에는 재심기간 제한이 있다고 보고 있다(대판 68.4.30, 67다2117). 그래서 2014다12348 사안에서는 "안 날로부터 30일"이 적용된다.

결확정을 알았을 때부터(대판 96.5.31, 95다33993), 증거부족 외의 이유로 유죄판결을 할 수 없을 때에는 이를 알았을 때부터(대판 75.12.23, 74다1398) 진행한다. 이 30일 기간은 불변기간이므로(§456②) 소송행위의 추완이 가능하다.

(2) 판결확정 후 5년 : 재심사유를 모르고 5년이 경과해도 더 이상 재심의 소를 제기할 수 없다(§456③). 다만 재심사유가 판결확정 후에 비로소 발생한 것이면, 5년 기간은 그 사유발생일부터 계산한다(§456④). 이 5년은 제척기간이다. 이 기간은 불변기간이 아니므로 소송행위의 추완을 할 수 없다.

15-5-2-6 재심의 이익

볼복의 이익이라는 점에서 공통적이므로, 재심의 이익은 상소의 이익에 준한다. 따라서 전부승소한 당사자는 재심의 소를 제기할 이익이 없다(대판 93.4.27, 92다24608).

15-5-2-7 보충성 요건

재심원고가 재심사유로 주장한 사유가, 이미 당사자가 상소에 의하여 주장했던 사유이거나, 또는 당사자가 이를 알고도 주장하지 아니한 때에는 재심의 소를 제기하지 못한다(§451①단서). 재심사유는 상소의 이유로도 되기 때문에(15-3-2-4) 이러한 규정이 의미있는 것이며, 이러한 제한을 '재심의 보충성'이라고 부른다. 보충성이 결여된 경우에는 재심의 소를 각하한다(대판 91.11.12, 91다29057).

여기서 "알고도 주장하지 아니한 때"의 의미에 관하여 판례는, ⓐ 재심사유가 있음을 알았음에도 불구하고 상소를 제기하고도 상소심에서 그 사유를 주장하지 아니한 경우뿐만 아니라, ⓑ 상소를 제기하지 않아 판결이 그대로 확정된 경우까지도 포함한다고 해석한다(대판 91.11.12, 91다29057). 다만, 추완기간 내에 추완상소를 제기하지 않은 경우는 위 ⓑ에 포함되지 않는다. 왜냐하면 추완상소와 재심의 소는 독립된 별개의 제도여서 그 중에서 재심을 선택할 수 있다고 보아야 하기 때문이다(대판 11.12.22, 2011다73540).

제4~7호의 가벌행위에 기한 재심에 있어서는, ―그러한 가벌행위가 있음을 상소로 주장했거나 주장할 수 있었을 뿐만 아니라― 그에 대한 유죄확정판결의 존재를 (또는 증거부족 외의 이유로 유죄판결을 할 수 없음을) 상소로 주장했거나 주장할 수 있었을 것까지도 인정되어야 보충성 원칙이 적용된다(대판 06.10.12, 2005다72508).

15-5-3 재심사유

15-5-3-1 총설

(1) 재심사유란, 확정판결에 대한 재심리를 개시하기 위한 사유를 말하며, §451①에 11개가 열거되어 있다. 이 11개는 예시적인 것이 아니라 한정적인 것이다(대판 18.3.27, 2015다70822).

(2) 제4~7호는 형사상 처벌받을 행위('가벌행위')에 기초한 재심사유이다. 이 4개의 재심사유에 있어서는, 그 사유가 존재해야 할 뿐만 아니라, 그에 대한 유죄판결이나 과태료부과재판이 확정된 때 또는 증거부족 외의 이유로 유죄의 확정판결이나 과태료부과의 확정재판을 할 수 없을 때에만 재심의 소를 제기할 수 있다(§451②).[40] "증거부족 외의 이유로 유죄의 확정판결이나 과태료부과의 확정재판을 할 수 없을 때"란, 사망·공소시효 등 다른 사유로 인한 불기소결정, 공소기각의 판결·결정, 면소판결이 내려지는 때를 말한다. 판례는, 기소유예처분이 내려진 경우는 이에 포함되나 피의자소재불명으로 인한 기소중지처분이 내려진 경우는 이에 포함되지 않는다고 한다(대판 89.10.24, 88다카29658). 제4~7호의 가벌행위를 주장하더라도 §451②의 유죄확정판결 등이 없으면, 재심의 소를 부적법 각하한다(대판 89.10.24, 88다카29658).[41]

(3) 한편 특별법상 재심이 가능하다고 정해진 경우가 있다. ⓐ 위헌여부제청신청 기각결정에 대해 헌법소원을 냈으나 본안절차가 그대로 진행되어 판결이

40) 여기서 "과태료부과"는 당사자·법정대리인의 거짓진술에 따른 과태료(§370,§372)를 염두에 둔 문구이겠지만, 과태료(過怠料)는 —과료(科料)와 달리— 형벌이 아니라 행정적 제재일 뿐이라는 점을 고려하면, 이는 입법적으로 의문이다. 과료 부과대상행위가 제5호의 행위에 해당하지 않는다는 점(15-5-3-6)도 참조.

41) 제4~7호의 사유와 §451②의 위 요건 사이의 관계에 대하여, 양자가 합해져서 비로소 재심사유를 구성한다는 견해(합체설)와, 전자의 사유만으로 재심사유에는 일단 해당하고 §451②의 요건은 그 재심에서의 적법요건이라는 견해(적법요건설)가 나뉜다. 양자의 차이에 관하여, §451②이 충족되지 않을 경우, 합체설에서는 재심청구기각, 적법요건설에서는 소각하라고 설명되고 있으나, 합체설에 의하더라도, §451②의 요건이 주장되지 않으면 재심사유 주장 자체에 흠결이 있게 되어 소각하를 해야 할 터이다. 대판 89.10.24, 88다카29658은 §451②의 요건이 결여된 경우에 소를 부적법 각하해야 한다고 했으나, 이것만으로는 적법요건설인지 합체설인지 알 수 없다. 큰 의미 없는 학설 대립이다.

확정된 후에 헌법소원절차상 위헌판단이 나온 경우(헌재§75⑦)), ⓑ 주주대표소송에서 원·피고가 공모하여 회사의 권리를 사해(詐害)하는 판결을 하게 한 때(상§406), ⓒ 처분취소판결로써 피해를 입은 제3자가 귀책사유 없이 그 행정소송에 참가하지 못했던 경우(행소§31) 등이다(15-5-2-2(5) 참조).

15-5-3-2 제1호 : 판결법원 구성의 위법

"법률에 따라 판결법원을 구성하지 아니한 때"이다. §424 제1호의 절대적 상고이유와 같다. 예컨대, 합의부 구성원에 판사자격 없는 1인이 포함되어 있는 경우, 또는 대법원이 판례변경을 하면서 전원합의체에서 하지 않고 소부(小部)에서 한 경우(대판-전 00.5.18, 95재다199)는 제1호의 재심사유에 해당한다.

15-5-3-3 제2호 : 재판에 관여할 수 없는 법관의 관여

"법률상 그 재판에 관여할 수 없는 법관이 관여한 때"이다. §424 제2호의 절대적 상고이유와 같다. 여기서 관여란, 판결의 합의 및 원본작성에의 관여를 가리키며, 단지 선고에만 관여하는 것은 여기서의 관여가 아니다(더 자세한 내용은 15-3-2-3의 (2)를 참조).

15-5-3-4 제3호 : 대리권·대표권의 흠

"법정대리권·소송대리권 또는 대리인이 소송행위를 하는 데에 필요한 권한의 수여에 흠이 있는 때"이다. §424 제4호의 절대적 상고이유와 같으며, 실무상 중요한 재심사유이다. 대리인이 있지만 그에게 대리권이 없거나 특별수권이 없는 때뿐만 아니라, 무능력자 등 대리인이 필요한데도 대리인이 없었던 경우를 포함한다. 뿐만 아니라, 당사자가 절차적 권리 내지 소송에 관여할 기회를 보장받지 못한 여러 경우에 널리 제3호가 적용된다. 다만 적법한 추인이 이루어지고 나면, 이 제3호를 재심사유로 삼을 수 없다(3호단서).

절차보장이 되지 않은 경우의 예를 보자면, ⓐ 법인·비법인사단의 대표권한이 흠결된 경우(대판 80.12.9, 80다584; 99.10.22, 98다46600), ⓑ 이해상충인데도 특별대리인 선임 없이 소송수행된 경우(대판 65.9.7, 65사19), ⓒ 판결의 편취 중 성명도용소송(대판 64.3.31, 63다656) 및 참칭대표자소송(대판 99.2.26, 98다47290) 등이 있다. 또한

ⓓ 소송계속 중 당사자 사망에 의한 소송중단을 간과하고 변론종결 및 판결선고가 이루어진 경우(대판-전 95.5.23, 94다28444; 13.4.11, 2012재두497 등), ⓔ 당사자 일방에 회생개시결정이 있었는데 이를 간과하고 소송수계신청이 이루어지지 않은 상태에서 판결이 내려진 경우(대판 12.3.29, 2011두28776), ⓕ 우편집배원의 배달착오로 상고인이 소송기록접수통지서를 송달받지 못하여 상고이유서의 기간 내 부제출로 상고기각판결을 받은 경우(대판 98.12.11, 97재다445)가 모두 제3호에 해당한다고 한다.

판결의 편취에 관하여 판례가, 법정에 피고 아닌 다른 사람이 출석하여 전부 또는 거의 다투지 않게 해서 승소판결을 받는 경우는 위와 같이 제3호의 재심사유로써 구제받도록 하면서, 공시송달에 의한 판결편취에 대해서는 제11호의 재심사유에 의하여 구제받아야 한다고 하고,[42] 또 자백간주에 의한 무변론판결을 편취한 경우에 대해서는 상소에 의하여 구제되어야 한다고 하였다는 점은 이미 앞에서 보았다(11-9-4-2 참조).

15-5-3-5 제4호 : 법관의 직무상 범죄

"재판에 관여한 법관이 그 사건에 관하여 직무에 관한 죄를 범한 때"이다. 가령 법관이 자신의 담당사건에 관하여 수뢰죄나 공문서위조죄를 범한 경우이다.

15-5-3-6 제5호 : 타인의 가벌행위로 인한 자백 및 공격방어방법 제출방해

"형사상 처벌을 받을 다른 사람의 행위로 말미암아 자백을 하였거나 판결에 영향을 미칠 공격 또는 방어방법의 제출에 방해를 받은 때"이다. 여기서 '형사상 처벌받을 행위'란, 형법 및 특별형법상의 범죄행위를 말하고, 경범죄처벌법 위반이나 질서벌 대상인 행위는 포함하지 않는다(통설). '다른 사람'에 상대방 당사자나 일반 제3자가 해당함은 물론이고, 재심청구 당사자의 대리인·대표자도 포함된다(대판 12.6.14, 2010다86112).

타인의 범죄행위'로 말미암아' 자백 내지 방해받음이 있어야 하는데, 이는 직접적인 인과관계를 뜻하지 간접적인 인과관계를 말하지는 않는다(대판 93.11.9, 93다39553). 판례는, 공시송달로써 판결편취를 한 경우에 대하여, 본호와 제11호

---

42) 제5호의 재심사유에 해당하여 제5호와 제11호 사유가 병존한다고 인정되는 경우도 있다(대판 97.5.28, 96다41649).

재심사유가 병존한다고 본다(대판 97.5.28, 96다41649).

'자백'에는 소송법상의 자백 외의 행위도 해당한다고 판례는 확대해석한다. 즉 1심에서 패소하여 항소한 회사의 대표가 상대방으로부터 금품을 받기로 하고 항소를 취하하는 경우도 여기의 자백에 준한다(위 2010다86112). '공격방어방법'에는, 부인·항변 등 주장뿐만 아니라 증거방법도 포함된다. 따라서 승패에 중대한 영향이 있는 문서의 탈취나 손괴는 물론이고 반환거부도 본호에 해당할 수 있다(대판 85.1.29, 84다카1430).

15-5-3-7 제6호 : 문서의 위조·변조

"판결의 증거가 된 문서, 그 밖의 물건이 위조되거나 변조된 것인 때"이다. 대상판결에서 그 문서가 증거로 채택되어 사실인정의 자료가 되고 판결문에 증거로 기재된 경우라야 한다(대판 81.11.24, 81다카327). 그리고 그 위조문서 등이 없었더라면 판결주문이 달라질 수도 있을 것이라는 일응의 개연성이 있어야 한다(대판 97.7.25, 97다15470).

문서는 공문서이든 사문서이든 불문하고, 위조·변조 외에도 공정증서불실기재, 허위공문서작성은 포함되지만, 사문서의 무형위조[43]는 포함하지 않는다(대판 82.9.28, 81다557; 06.5.26, 2004다54862). 또한 제6호 사유는 판결상 사실인정의 근거가 되었어야 비로소 재심사유가 될 수 있으므로, —제7호와 같이— 사실심 판결에 대한 재심사유이지 상고심 판결에 대한 재심사유는 아니다.

15-5-3-8 제7호 : 증인 등의 허위진술

"증인·감정인·통역인의 거짓진술 또는 당사자신문에 따른 당사자나 법정대리인의 거짓진술이 판결의 증거가 된 때"이다. '증인·감정인·통역인의 거짓진술'은 형법상 위증죄·허위감정죄·허위통역죄에 해당하며, '당사자·법정대리인의 거짓진술'은 §370, §372의 과태료 대상이 된다.

제6호와 마찬가지로, 거짓진술이 확정판결의 증거로 채택되어야 하고 판결

---

43) 광의의 위조에는 유형위조(有形僞造)와 무형위조(無形僞造)가 포함되지만, 일반적으로 위조라고 할 때에는 유형위조만을 가리킨다(형법 §231의 해석 참조). 유형위조란 권한 없이 타인 명의의 문서를 작성하는 것을 말하고, 무형위조란 권한 있는 자가 진실에 반하는 내용의 문서를 작성하는 것을 말한다.

결과에 영향을 미쳐야 하며, 또한 그 허위진술이 없었더라면 판결주문이 달라질 수도 있을 것이라는 개연성이 있어야 한다(대판 95.8.25, 94다27373). 따라서 제7호도 사실심판결에서만 재심사유가 된다. 또한 거짓진술은 바로 그 대상판결의 소송절차에서 행해진 것이어야지 다른 관련사건에서 행해진 것이어서는 안 된다(대판 97.3.28, 97다3729).

15-5-3-9 제8호 : 판결의 기초가 된 다른 재판 · 행정처분이 변경된 때

"판결의 기초가 된 민사나 형사의 판결, 그 밖의 재판 또는 행정처분이 다른 재판이나 행정처분에 따라 바뀐 때"이다. '판결의 기초가 되었다'는 것은 재심대상판결을 한 법원이 재심사유인 재판·행정처분에 법률적으로 구속된 경우는 물론이고, 그 재판·행정처분이 대상판결에서 사실인정의 자료가 되었고 그 재판·행정처분의 변경이 대상판결의 사실인정에 영향을 미칠 가능성이 있는 경우도 포함한다(대판 96.5.31, 94다20570; 15.12.23, 2013다17124). 그런데 그것이 나중에 변경되면, 가령 재심대상판결의 사실인정에 기초가 된 형사판결이 항소심에서 무죄로 확정되면(대판 93.6.8, 92다27003), 제8호의 재심사유가 발생하는 것이다.

'재판'에는 민사·형사판결 및 가사심판은 물론이고 가압류·가처분결정, 비송재판도 포함하고, 제권판결(대판 91.11.12, 91다25727), 화의인가결정(대판 04.9.24, 2003다27887)도 포함한다. '행정처분'의 변경은 행정청이 했든 법원판결로 했든 무방하다. 법령(대판 83.6.14, 83사6)이나 판례(대판 87.12.8, 87다카2088)의 변경은 재심사유가 되지 않는다.

본호의 사유와 비슷한 것, 즉 전제된 법률이 변경됨에 따라 재심을 청구할 수 있는 경우가 헌법재판소법에 별도로 규정되어 있다. 재판에 적용된 법률에 대하여 위헌여부제청신청을 하였으나 법원에서 기각결정을 받은 당사자가 헌법소원을 낸 후에도 본안소송절차가 그대로 진행되어 판결이 확정되었고, 그 후에 헌법소원절차상 그 법률에 대해 위헌결정이 나온 경우에는, 재심을 청구할 수 있다(헌재§75⑦).

15-5-3-10 제9호 : 판단누락

"판결에 영향을 미칠 중요한 사항에 관하여 판단을 누락한 때"이다. 실무상 많이 주장되는 재심사유이나, 법원은 잘 인정해 주지 않는다. 구법에서는 '판단유탈'이라고 했다. 본호의 판단누락은, 판결주문에서 누락이 있는 경우인 '판결누락' 내지 '재판누락'과는 다르다(11-2-1-2 참조). 이는 당사자가 공격방어방법으로서 주장했으나 법원이 판결이유에서 판단을 표시하지 않은 경우를 가리킨다. 직권조사사항도 당사자가 조사를 촉구했다면 본호에 해당할 수 있다(대결 04.9.13, 2004마660).

하급심의 판단누락은 상소로써 구제받을 수 있고, 재심은 상소에 대해 보충적인 제도이므로, 대개 하급심 판결의 판단누락은 재심의 사유가 되지 못한다. 그래서 본호는 주로 대법원 확정판결에 대한 재심사유로서 주장된다.

판례는, 판결을 전체적으로 보아서 판단이 있다고 볼 수 있으면 판단누락이 아니라고 일관하여 판결함으로써(대판 11.12.8, 2011재두100 등), 실무상 본호의 성립범위를 좁히고 있다. 또한 판단이 누락되었더라도 판결결과에 영향이 없으면 본호의 판단누락이 아님은 문언상 당연한데, 판례는 '판결결과에의 영향'이라는 요건을 적극 활용하여 본호의 적용범위를 더욱 좁힌다.

판례가 본호의 재심사유에 해당한다고 인정해 준 사례로는, 상고이유서가 제출되었음에도 —제출기간 계산 오류로 대법원이 착오하여— 상고이유서 부제출이라고 해서 상고를 기각했던 경우(대판 98.3.13, 98재다53), 재항고이유서에 당사자가 사건번호를 잘못 적은 탓에 그것이 기록에 편철되지 않고 있어서 대법원이 재항고이유서 부제출을 이유로 재항고를 기각했던 경우(대결 00.1.7, 99재마4) 등이 있다.

15-5-3-11 第10호 : 기판력 저촉

"재심을 제기할 판결이 전에 선고한 확정판결에 어긋나는 때"이다. 이는 판례위반을 가리키는 재심사유가 아니라, 기판력 저촉을 해소하려는 것이므로, 재심대상판결의 당사자가 여기서의 확정판결의 기판력을 받는 관계이어야 한다. 본호에는 재심기간의 제한이 없다(§457).

여기서 '전에 선고한'은 '전에 확정된'으로 고쳐 이해해야 한다. 가령 재심대상판결보다 뒤에 선고된 판결이라도 이것이 먼저 확정되고, 재심대상판결이 그 확정판결에 어긋나면, 본호가 적용된다. 쟁점이 같은 경우가 아니라 기판력이 미치는 경우라야 하므로, 원칙적으로 당사자가 같거나 혹은 기판력을 받는 제3자라야 한다(대판-전 11.7.21, 2011재다199). 또한 소송물이 같거나 혹은 전소의 기판력 있는 판결이 후소의 선결관계여야 한다.

확정판결뿐만 아니라, 그와 같은 효력을 가진 청구의 포기·인낙조서, 화해조서·조정조서 등의 내용과 저촉되는 경우에도 본호에 해당한다.

15-5-3-12 제11호 : 주소에 관한 거짓진술로 소를 제기한 때

"당사자가 상대방의 주소 또는 거소를 알고 있었음에도 있는 곳을 잘 모른다고 하거나 주소나 거소를 거짓으로 하여 소를 제기한 때"이다. 본호는 판결편취, 그 중에서도 공시송달에 의한 판결편취에 적용되는 재심사유이다. 본호를 문언해석하면 자백간주 판결편취에도 적용된다고 볼 수 있지만, 판례는 자백간주 판결편취에는 상소가 구제방법이지 재심은 아니라고 한다(대판-전 78.5.9, 75다634). 이 판례에 대해서는 찬반 견해가 나뉘지만, —공시송달이라는, 비록 형식적으로라도 적법한 송달이 이루어진 확정판결과 달리— 아예 당사자에게의 송달 자체가 없었던 자백간주 판결편취에서는 판결이 확정된 바가 없다고 보는 판례의 태도를 지지한다.

제11호와 제3호의 관계에 대해서 서로 무관하다고 보는 통설·판례에 의하면, 제11호에 기한 재심청구에는 —제3호에서와 달리— 재심기간의 제한이 있다(대판 92.5.26, 92다4079). 그런데 제11호가 제3호의 특칙이라고 보는 소수설(박재완 584)에 의하면 제11호에 기한 재심청구에도 재심기간의 제한이 없게 된다.

15-5-4 재심의 절차

15-5-4-1 관할법원

재심의 소는 재심대상인 판결을 선고한 법원의 전속관할에 속한다(§453①). 즉 취소대상 확정판결이 1심판결이면 그 1심법원에, 대법원 판결이면 대법원에 재심의 소를 제기해야 한다. 15-5-2-3에서 보았듯이, 하나의 사건에서 심급별로 여러 확정판결이 있을 수 있으므로, 그 중 어느 판결에 재심사유가 있다고 볼지, 또 어느 판결을 재심대상으로 삼을지는 주의해서 판단해야 한다.

(1) 재심사유를 문서의 위조·변조(제6호)나 증인·감정인·통역인의 허위진술

(제7호)로 잡을 때에는, 이는 사실인정에 관한 사유이므로 상고심판결을 재심대상으로 삼을 수 없고, 따라서 이 재심의 소는 대법원 관할사건이 될 수 없다. 만약 당사자가 잘못하여 대법원에 이런 재심의 소를 제기하면, 비록 재심소장 청구취지에 재심대상판결이 상고심판결로 적혀 있더라도, 대법원은 항소법원에 이를 이송해 주어야 한다(대판 84.4.16, 84사4 등). 즉 재심기간 준수 여부는 —2심판결에 대한 상고장이 1심법원 또는 대법원에 제출된 경우(3-11-2-1)와 달리— 최초 법원 접수시를 기준으로 판단된다.

(2) 항소심에서 본안판결을 하였을 때에는 제1심 판결에 대하여 재심의 소를 제기하지 못한다(§451③; 15-5-2-3). 따라서 1심판결에 대해 항소심이 항소기각의 본안판결을 하면, 항소심판결만 재심대상이 되고, 따라서 1,2심 법원 중에서는 2심법원만 관할권을 갖는다. 만약 당사자가 잘못하여 1심법원에 재심의 소를 제기하면, —비록 재심소장 청구취지에 재심대상판결이 1심판결로 적혀 있더라도— 1심법원은 이를 항소법원에 이송해야 한다(대판-전 84.2.28, 83다카1981). 즉 이 경우에도 1심법원에 재심소장이 접수된 때가 재심기간준수 여부의 기준시이다.

(3) 항소심에서 본안판결이 아니라 각하판결을 하면, 1,2심 각각의 확정판결이 있게 되므로 —재심사유가 있는 경우에는— 각각 재심의 소를 제기할 수 있다.

(4) 그런데 한 사건에 관하여 수개의 재심대상 확정판결이 있을 때에, 재심원고가 그 판결들에 대해 동시에 재심의 소를 제기하려면 상급심법원에 하급심판결에 대한 재심청구까지 병합하여 제기해야 한다(§453②). 1,2심 판결을 모두 재심대상으로 하면서 1심법원에 재심의 소를 제기하면, 혹은 2심에 2심판결에 대한 재심의 소를 이미 제기한 상태에서 다시 1심법원에 1심판결에 대한 재심의 소를 제기하면, 1심법원은 사건을 2심법원에 이송해야 한다.

다만 항소심판결과 상고심판결에 각각 독립된 재심사유가 있는 때에는 그렇지 않다(§453②단서). 즉 이때에는 2심법원이 대법원에 이송을 할 것이 아니라, 2심법원과 대법원이 각각 재심의 소를 심판한다.

15-5-4-2 준용절차 및 소제기

(1) 준용할 절차

재심소송절차에는 재심대상인 확정판결과 같은 심급의 소송절차에 관한 규정이 준용된다(§455). 즉 1심판결에 대한 재심에서는 1심의, 항소심판결에 대한 재심에서는 항소심의, 상고심판결에 대한 재심에서는 상고심의 각 절차가 준용된다. 따라서 재판장의 재심소장심사, 소취하, 이송, 청구(재심사유)의 변경(§459②)이 가능하고, 만약 재심피고측이 재심사유를 가지고 있다면 부대재심(附帶再審)도 이론상 할 수 있다.

(2) 소제기

재심의 소의 제기에도 서면주의가 적용된다(§248). 재심소장에 필수적으로 기재할 사항은, ⓐ 당사자와 법정대리인, ⓑ 재심할 판결의 표시와 그 판결에 대하여 재심을 청구하는 취지, ⓒ 재심의 이유이다(§458). 재심소장에는 재심대상판결의 사본을 붙여야 한다(규§139). 재심사유는 재심의 소제기 후에 변경할 수 있다(§459②).

재심소장 제출에 의하여 그 재심사유에 대한 기간준수의 효력이 생긴다(§265). 그런데 소송 중에 새로운 재심사유를 추가하는 경우에, 그 사유에 관한 기간준수 여부를 애초의 소제기시로 보아 판단해야 한다는 견해도 있지만, 재심사유별로 소송물을 달리 보는 판례에 따르는 입장이라면, 재심사유 추가시점을 기준으로 해야 할 터이다.

(3) 청구병합 및 청구변경

재심청구에 통상의 민사청구를 병합할 수 있는가에 관하여, 다수설이 이를 수긍하지만, 판례는 반대한다(대판 71.3.31, 71다8; 97.5.28, 96다41649). 예컨대, 패소했던 피고가 재심대상 확정판결의 취소와 본소청구의 기각을 구하면서, 이에 병합하여 그 확정판결에 기하여 마쳐진 원고 앞으로의 소유권이전등기의 말소를 구할 수는 없다는 것이다. 또 재심청구를 통상의 민사청구로 청구변경할 수 있는가에 관하여, 일부 학설(이시윤 987)은 이를 수긍하지만, 판례는 —통상의 소와는 성질을 달리한다는 이유로— 이것 역시 반대한다(대판 59.9.24, 4291민상318).

15-5-4-3 심리의 단계 및 중간판결

(1) 심리의 단계

재심절차는 확정판결의 취소를 구하는 단계와 본안의 청구를 다시 심판해 달라는 단계의 두 단계로 구성된다. 그리고 첫 단계에서의 법원의 심리는, 재심의 소의 적법요건 구비의 심리와 재심사유 유무의 심리로 다시 나누어진다. 논리적인 이러한 구분에도 불구하고 실무상으로는 단계별 구분심리가 이루어지지 않는 경향이 있었는데, 2002년 개정법은 이렇게 구분심리를 할 수 있음을 명문으로 인정하였다. 즉 재심법원은 재심의 소가 적법한지 여부와 재심사유가 있는지 여부에 관한 심리 및 재판을 본안에 관한 심리 및 재판과 분리하여 먼저 시행할 수 있다(§454①). 그리고 개정법은, 이러한 구분심리 결과 법원이 재심사유가 있다고 인정한 때에는 그 취지의 중간판결을 한 뒤 본안에 관하여 심리·재판할 수 있도록 했다(§454②). 만약 재심사유가 인정되지 않는다면, 본안심리에 들어가지 말고, 재심각하·재심기각의 판결로 끝내라는 취지이다. 이 조문이 없더라도 법원의 소송지휘권 및 기존의 중간판결 제도로써 같은 결과를 낼 수 있겠지만, 이런 방향의 소송진행을 권장하겠다는 취지이다.

(2) 심리의 내용 및 방식

적법여부의 심사는 일반적 소송요건의 심사와 재심의 적법요건 심사로 이루어진다. 이는 직권조사사항이다. 위 2가지 요건심사에서 부적법함이 밝혀지면 소를 각하한다. 재심의 소가 적법하면, 그 다음 단계로 재심사유의 존부를 심리한다. 증명책임은 재심원고에게 있다. 재심사유가 인정되지 않으면 재심청구를 기각한다. 재심절차에서 재심청구 인용을 전제로 한 중간확인의 소가 제기되어 있는데, 심리결과 재심사유가 인정되지 않아서 재심청구를 기각하는 경우에는, 중간확인의 소에 관하여 법원은 판결주문에서 소각하를 해야 한다(대판 08.11.27, 2007다69834).

유의할 점은, "확정판결의 취소"는 당사자의 처분의 자유에 맡겨져 있는 것이 아니라는 점이다. 즉 주장된 재심사유의 존재 여부는 직권탐지의 대상이라고 통설·판례는 보고 있다. 따라서 —재심의 소의 취하는 인정되지만— 청구의 포기·인낙을 할 수 없고, 재판상화해도 할 수 없으며, 자백의 대상이 되지 않는다(대판 92.7.24, 91다45691).

재심사유가 인정되고 나면, 마지막 단계로 본안청구의 당부를 심리해야 한다. 재심의 소에도 변론주의 및 처분권주의가 적용되므로, 본안의 변론과 재판은 재심청구이유의 범위 안에서 하여야 한다(§459①).

15-5-4-4 본안의 재심판 결과

재심법원의 본안심리결과 대상판결이 부당하면, 불복범위 내에서 대상판결을 취소하고 이에 갈음하는 판결을 한다. 재심판결은 원판결을 취소하는 형성판결이다. 재심에도 ―부대재심이 없는 한― 불이익변경금지 원칙이 적용된다(대판 03.7.22, 2001다76298). 반면에 재심사유가 있더라도 재심대상판결이 정당하면, 재심청구를 기각하는 판결을 한다(§460).

재심대상판결이 원래의 변론종결시를 기준으로 하면 부당한 판결이지만, 그 후에 발생한 사유 때문에 결론적으로 정당한 경우에, 재심대상판결을 취소할 것인지에 관하여 견해가 나뉜다. 재심대상판결을 취소해야 한다는 견해도 있으나, 판례·통설은 §460에 따라 재심청구를 기각하되 다만 기판력의 표준시가 재심판결의 변론종결시로 옮겨진다고 보고 있다(대판 93.2.12, 92다25151).

15-5-4-5 재심판결에서의 각하와 기각

앞에서 보았듯이, 재심절차는 확정판결의 취소를 구하는 단계와 본안의 청구를 다시 심판해 달라는 단계의 두 단계로 구성된다. 첫 단계에서의 법원의 심리는, 재심의 소의 적법요건 구비의 심리와 재심사유 유무의 심리로 다시 나누어진다. 단계별 판단에 따라 재심판결의 주문이 어떻게 되는지를 정리해 보면 다음과 같다.

법원의 심리결과 ⓐ 재심의 적법요건이 구비되어 있지 않아서 재심의 소가 부적법하면 ―가령 주장된 불복사유가 §451①의 11개에 해당하지 않으면― '재심의 소를 각하'하는 판결을 선고한다. ⓑ 재심의 소가 적법하지만 재심사유가 인정되지 않으면, 즉 §451①의 11개 사유 중 하나를 주장했지만 심리결과 그 사유의 존재가 인정되지 않으면, '재심청구를 기각'한다. ⓒ 재심의 소가 적법하고 또한 재심사유가 인정되면 재심대상판결을 취소하고 원래의 소송물을 다시 심판할 터인데, 그 결론이 원래의 판결과 같으면, 판결주문에서 ―재심대상판결을 취소한 후 원래의 판결을 다시 선고하는 것이 아니라― 그냥 '재심청구를 기각'하는 판결을 선고하며(§460), ⓓ 그 결론이 원래의 판결과 다르면 비로소 '재심대상판결을 취소하고 본안에 대한 새로운 판결'을 선고한다.

15-5-4-6 재심판결에 대한 불복

재심판결이 어느 심급의 판결인가에 따라서, 다시 항소나 상고가 인정된다. 즉 항소심판결이 재심대상판결이어서 항소심에서 재심판결을 선고했으면, 이에 대하여 상고를 할 수 있다. 재심판결에 대해 다시 재심의 소를 제기하는 것도 가능하다.

15-5-5 준재심

15-5-5-1 의의

법은, ⓐ 확정판결과 같은 효력을 가지는 조서와, ⓑ 즉시항고로 불복할 수 있는 결정·명령이 확정되고, 그에 재심사유가 있을 때에는 재심의 소에 준하여 재심을 제기할 수 있다고 정했다(§461). 이를 '준재심(準再審)'이라고 한다. 1960년 민소법 제정시에는 ⓑ에 대한 준재심만 정해져 있었으나, 1961년 1차 개정에서 §220의 조서, 즉 인낙조서·포기조서·화해조서를 준재심의 대상으로 추가하였다. 그 취지는, 이들 ⓐ의 조서에 대하여 사법상의 무효·취소를 주장할 수 없도록 한다는 것이다(12-3-1-2 참조). 입법론상 의문이 있다(12-3-3-2 참조).

15-5-5-2 준재심의 소 (조서에 대한 준재심)

(1) 준재심의 소의 대상에는 §220의 조서, 즉 청구의 포기·인낙조서와 화해조서(=소송상화해조서 + 제소전화해조서)가 모두 포함된다. 그리고 화해조서와 동일한 효력을 가지는 조정조서, 확정된 화해권고결정, 조정갈음결정도 여기에 포함된다(대판 05.6.24, 2003다55936). 즉 조서에 기판력이 인정되면, 그 조서는 준재심의 대상이 된다.

(2) 조서에 대한 준재심의 제기절차에는 확정판결에 대한 재심의 소의 소송절차가 준용되므로(§461), 재심법원, 재심소장, 재심의 심판범위 등에 관한 규정이 준용된다. 즉 준재심의 제기는 소의 방식으로, 그 재판은 판결의 방식으로 한다.

(3) 그러나 재심사유 전부가 준재심에 준용된다고 해석되지는 않는다. 왜냐하면, §451①의 재심사유들은 판결에서 생길 수 있는 흠을 예상하여 규정한 것인데, 조서의 성립절차가 확정판결의 그것과 달라서 재심사유 전부가 조서에 적용될 수는 없기 때문이다. 다수설이 준재심의 소에도 준용된다고 보는 재심사유

는, 재판에 관여할 수 없는 법관의 관여(2호), 대리권·대표권의 흠(3호), 법관의 직무상 범죄(4호), 타인의 가벌행위로 인한 자백 및 공격방어방법 제출방해(5호), 기판력 저촉(10호) 등이다.

(4) 재심법원이 심리한 결과, 재심사유가 있더라도 재심대상판결이 정당하면, 재심청구를 기각해야 한다는 규정(§460)은 준재심의 소에 준용되지 않는다는 것이 통설·판례이다(대판 98.10.9, 96다44051). 대상이 확정판결이면 그것을 남겨둔다는 것이 위 규정의 의미이지만, 준재심에서는 준재심대상 조서에 그 재심사유의 흠이 있는데도 그대로 둘 수는 없고, 그 조서로써 종료되었던 소송이 다시 부활한다고 봄이 합당하기 때문이다. 준재심법원은 다시 부활한 소송에서 판결을 내려 주어야 한다. 다만 제소전화해조서의 경우에는 그 조서를 취소하는 것만으로 법원의 조치가 끝난다.

15-5-5-3 준재심의 신청 (결정 · 명령에 대한 준재심)

(1) 준재심의 신청의 대상은, '즉시항고로 불복할 수 있는 결정·명령'이다. 소장각하명령, 상소장각하명령, 소송비용에 관한 결정(§§110,113,114), 과태료 결정(§363,§370), 매각허가결정(민집§128), 추심명령·전부명령(민집§229⑥)이 그 예이다. 한편, 재항고이유서가 기간 내에 제출되었음을 대법원이 간과하고 재항고를 기각하는 결정을 내린 경우에 —그 재항고기각결정은 즉시항고로 불복을 신청할 수 있는 것이 아님에도 불구하고— 그 결정이 준재심 신청의 대상이라고 보았다(대결 00.1.7, 99재마4). 한편 결정·명령에 §451①의 재심사유가 있고 그 결정·명령을 전제로 한 소송절차가 있으면, 그 결정·명령에 대해 가령 특별항고가 가능한 경우이더라도, 준재심을 제기할 수 있다(§461,§452).

(2) 준재심 신청절차에도 재심의 소송절차 규정이 준용된다. 재심사유, 재심법원, 재심기간, 재심소장, 재심심판범위 등이 준용될 터이다. 다만 준재심신청은 소가 아니라 신청의 방식으로 해야 하고, 판결이 아니라 결정으로 재판한다.

제 16 장

간이절차

16-1 소액사건심판절차

16-1-1 총설

16-1-1-1 간이절차의 필요성

민사소송사건의 소가는 수십만원부터 수천억원 이상까지 다양하고, 복잡성도 천차만별인데, 이런 민사소송사건 전부를, 동일한 엄격성을 가진 절차에서 똑같이 다루는 것은 부적절하다. 큰 소가의 사건은 더 신중하게 재판해야 하지만, 소가가 낮으면 신속처리가 더 중요해진다.

현행법은 쉽고 빨리 끝나는 간이한 절차로서 소액사건심판절차와 독촉절차(16-2)를 마련해 두고 있다. 전자는 소액사건심판법이 정한 절차이고, 후자는 민사소송법 §462 이하에 정해진 절차이다. 두 절차 모두 '금전 그 밖의 대체물이나 유가증권의 일정한 수량의 지급'의 채권을 대상으로 한다.

16-1-1-2 소액사건의 개념

소액사건심판법이 적용되는 소액사건의 범위는, 동법 §2①의 위임에 따라 대법원규칙인 소액사건심판규칙(이하 '소액규') §1-2가 정한다. 2017년의 위 규칙

개정 이래, 소가가 3천만원 이하의 '금전 기타 대체물이나 유가증권의 일정한 수량의 지급'을 목적으로 한 1심 민사사건이 소액사건이다. 따라서 소가가 낮더라도 등기청구사건이나 특정물인도청구사건은 소액사건이 아니다. 실무상 대체물·유가증권의 지급을 구하는 소액사건은 거의 없고, 금전지급청구가 소액사건의 거의 전부이다. 청구의 변경으로 합산소가가 3천만원을 넘어가면 소액사건이 아니게 되고(§1-2 i), 또한 원래 소액사건에 해당하지 않는 사건에 소액사건을 병합심리하면 역시 소액사건이 아니게 된다(§1-2 ii). 그러나 각각 소액사건인 것을 법원이 병합심리하여 소가가 3천만원을 넘으면 이는 여전히 소액사건이다(대판 92.7.24, 91다43176).

16-1-1-3 적용법률

1973년에 소액사건심판법이 제정되었는데, 소액사건도 민사사건이므로 기본적으로 민사소송법 및 민사소송규칙이 적용되며, 소액사건심판법에는 신속진행을 위한 특칙들이 들어 있다. 소액사건심판규칙이 세부적인 규율을 한다. 이들은 1심절차에만 적용되는 법규이다(§1).

소액사건심판법이 몇 차례 개정되었지만, 가장 큰 제도변화는 2001년 개정법에서 들어간 이행권고제도(16-1-3)이다.

16-1-2 제1심 절차

16-1-2-1 관할 및 소제기

소액사건은 지방법원·지원의 관할구역 내에서는 지법단독판사가 관할하며, 시·군법원 관할구역 내의 사건은 시·군법원 판사의 전속적 사물관할에 속한다. 청구변경이나 반소 등으로 소액사건이 아니게 되면, 시·군법원은 사물관할권이 없게 되므로 지방법원·지원으로 이송해야 한다. 또한 원래 3천만원을 넘는 채권액을 쪼개어 이 법의 적용을 받으려는 행위는 허용되지 않는다(§5-2).

소액사건의 소는 ―소장 서면주의의 예외로서― 구술로 제기할 수도 있다(§4).

16-1-2-2 심리절차에 관한 특례

(1) 소송대리

일반 단독사건에서는 당사자와 일정 관계에 있는 사람이 법원의 허가를 받으면 변호사가 아니라도 소송대리를 할 수 있지만(§88), 소액사건에서는, 당사자의 배우자·직계혈족·형제자매는 "법원의 허가 없이" 소송대리인이 될 수 있다(§8①). 이러한 소송대리인은 당사자와의 신분관계 및 수권관계를 서면으로 증명하여야 한다(§8②).

(2) 송달 및 기일에서의 신속처리

신속한 진행을 위해서, 소장부본은 제출 후 지체없이 송달해야 하고(§6), 변론기일 지정도 신속히 해야 한다(§7). 그리고 법원은 되도록 1회의 변론기일로 심리를 종결해야 한다(§7②). 또 변론기일 전이라도, 판사는 당사자로 하여금 증거신청을 하게 하는 등 필요한 소지를 취할 수 있다(§7③).

(3) 공휴일·야간 개정

판사는 필요한 경우 근무시간외 또는 공휴일에도 개정할 수 있다(§7-2).

(4) 변론갱신 및 조서기재의 생략

판사의 경질이 있는 경우라도 변론의 갱신 없이 판결할 수 있다(§9②). 그리고 조서는 당사자의 이의가 있는 경우를 제외하고 판사의 허가가 있는 때에는 이에 기재할 사항을 생략할 수 있다(§11). 대신 녹음을 한다.

(5) 증거조사상의 특칙

통상 민사사건에서는 직권증거조사는 보충적으로만 하는 것이지만, 소액사건에서는 필요하면 직권으로 증거조사를 할 수 있다(§10①). 통상 민사사건에서 증인신문 방식은 교호신문제(10-2-4-2)가 원칙이지만, 본인소송 위주인 소액사건에서는 교호신문이 잘 진행되지 않으므로, 증인은 판사가 신문하는 것을 원칙으로 했다(§10②). 당사자가 보충신문을 한다. 그리고 통상 민사사건에서는 증인·감정인은 법정에 출석함이 원칙이지만, 소액사건에서는 판사가 상당하다고 인정한 때에는 증인·감정인의 신문에 갈음하여 서면을 제출하게 할 수 있다(§10③).

16-1-2-3 판결에서의 특례

(1) 무변론 기각판결

소장·준비서면 기타 소송기록에 의하여 청구가 이유없음이 명백한 때에는, 법원은 변론 없이 청구를 기각할 수 있다(§9①).

(2) 즉시 선고

통상의 소송절차에서는 판결의 선고를 변론종결일로부터 2주 내에 해야 한다고 정하고 있지만(§207), 소액사건에서는 변론종결 후 즉시 판결선고를 할 수 있다(§11-2①).

(3) 구술설명

판결이유의 요지는 말로 설명해야 한다(§11-2②).

(4) 판결이유 생략

판결문에 이유를 기재하지 않을 수 있다. 실제로도 대부분 생략한다. 최근 소액사건 범위의 확대에 따라 판결이유 기재요구가 커지자, 2023.3.28. §11-2③을 개정하여 단서를 덧붙였다. 즉 ⓐ 판결이유에 의하여 기판력의 객관적 범위가 달라지는 경우, ⓑ 일부기각 사건에서 계산의 근거를 명확하게 제시할 필요가 있는 경우, ⓒ 소송의 쟁점이 복잡하고 다툼이 상당한 사건 등 당사자에 대한 설명이 필요한 경우에 해당하면, 판단 요지를 판결서의 이유에 기재하도록 '노력하여야' 한다고 정했다.

16-1-3 이행권고제도

16-1-3-1 의의

실무상 소액사건의 소제기에 대해서는, 많은 경우 피고가 다투지 않아서 제1회 변론기일에서 원고 전부승소 판결이 선고된다. 그런데 이런 사건에서도 모두 '기일출석'을 당사자에게 요구하고 법원이 '판결의 선고'라는 정식절차를 밟는 일은 사법자원의 낭비일 수 있으므로, 2001년 소액사건심판법 개정시에 소송의 전치(前置)절차로서 '이행권고제도'가 도입되었다.

소액사건의 소제기가 있으면, 변론기일에 넣기 전에 법원이 피고에게 청구취지대로의 의무이행을 권고하는 '결정'을 보내고, 피고가 2주 내에 이의신청을 하지 않으면 이행권고결정이 확정되어, 원고가 이로써 강제집행을 할 수 있게 한다는 것이 절차의 개요이다. 사법보좌관의 소관사항이다.

16-1-3-2 이행권고결정의 발령

소액사건의 소가 제기된 경우에 법원(사법보좌관)은, —독촉절차 · 조정절차에서 소송절차로 이행된 때, 청구취지 · 청구원인이 불명한 때, 그 밖에 이행권고를 하기에 적절하지 아니하다고 인정하는 때의 3가지 경우를 제외하고는— 소장부본을 첨부하여 피고에게 청구취지대로 이행할 것을 권고하는 내용의 결정을 할 수 있다(§5-3①). 이행권고결정에는 청구취지 · 청구원인 · 이행조항을 기재하고, 또한 피고가 이의신청을 할 수 있음과 이행권고결정의 효력이 어떠한지를 부기하여야 한다(§5-3②). 법원사무관등은 이행권고결정서 등본을 피고에게 송달해야 하는데, 공시송달이나 발송송달의 방법으로는 송달할 수 없다(§5-3③).

16-1-3-3 피고의 이의신청

피고는 이행권고결정서 등본을 송달받은 날부터 2주의 불변기간 내에 —혹은 그 등본송달 전에— 서면으로 이의신청을 할 수 있다(§5-4①②). 피고가 그 기간 내에 이의신청을 하면, 법원은 소송을 진행해야 하므로 지체 없이 변론기일을 지정하여야 한다(§5-4③). 부득이한 사유로 2주 기간 내에 이의신청을 못한 경우에는 이의신청의 추후보완을 할 수 있다(§5-6). 이의신청을 한 피고는 제1심 판결이 선고되기 전까지 이의신청을 취하할 수 있다(§5-4④).

16-1-3-4 이행권고결정의 효력

ⓐ 피고가 이의기간 내에 이의신청을 하지 않은 때, ⓑ 이의신청에 대한 각하결정이 확정된 때, ⓒ 이의신청이 취하된 때에는, 이행권고결정이 확정되고, 확정판결과 같은 효력을 갖는다(§5-7①). 그런데 소액사건심판법 §5-8③이, 이행권고결정에 대해 청구이의의 소를 제기할 때에는 민사집행법 §44②의 제한, 즉 이행권고결정 성립 후에 생긴 사유만 청구이의의 이유로 삼을 수 있다는 제한을 받지 않는다고 정했으므로, 그 전의 사유라도 청구이의의 이유로 삼을 수 있다. 따라서 조문상 비록 '확정판결과 동일한 효력'이라고 표현되어 있으나, 이행권고결정에는 —기판력이 없고— 집행력만 있다고 해석되고 있으며, 확정된 이행권

고결정은 준재심의 대상이 될 수 없다(대판 09.5.14, 2006다34190).

피고가 이의신청을 하면, 법원은 변론기일을 여는 등 소송을 진행하지만, ―이의신청이 취하될 수도 있으므로― 이행권고결정이 바로 실효하는 것은 아니고 1심판결이 선고되면 그 때 이행권고결정이 실효된다(§5-7③). 한편 확정된 이행권고결정에 기하여 강제집행을 할 때에는, 집행에 조건이 붙었거나 승계집행문이 필요한 경우를 제외하고는 집행문을 부여받을 필요가 없도록 정해졌다(§5~§8).

16-1-4 상고절차상의 특례

소액사건의 항소절차에는 별다른 특칙이 없으나, 상고·재항고의 경우에는 특칙이 있다. 법 §3는 소액사건에 대하여 상고나 재항고를 할 수 있는 사유를, ⓐ 법률·명령·규칙·처분의 헌법위반여부와 명령·규칙·처분의 법률위반여부에 대한 판단이 부당한 때, ⓑ 대법원의 판례에 상반되는 판단을 한 때의 2가지로만 제한하였다.

ⓐ의 의미는, 하위법규가 상위법규에 위반되는데도 이를 합헌·합법이라고 잘못 판단한 경우를 가리킨다. ⓑ는 판례위반을 의미하는데, 이는 당해 사건에 적용될 법령의 의미에 관하여 기존 대법원 판결의 정의적(定義的) 해석과 달리 판단한 경우를 말하며(대판 17.2.15, 2016다262802), 원심이 가정적(假定的)으로 부가한 판단이 종전 대법원 판례에 반하는 것은 이에 해당하지 않는다(대판 90.12.11, 90다5283). 일반 민사사건에서와는 달리, 통상의 법령위반(§423,§424)은 소액사건에서 상고이유가 되지 못한다. 유의할 점은, 위 ⓐ,ⓑ의 경우에 그 사유가 판결에 영향을 미친 경우에 한하여 적법한 상고이유가 된다는 점이다(대판 09.6.11, 2009다11556). 즉 일반적 상고이유에서 요구되는 요건이 여기에서도 적용된다.

한편 ⓑ와 관련하여, 이를 확장해석하는 판례가 나와 있다. 즉 이미 존재하는 대법원 판례에 위반한 경우뿐만 아니라 기존 판례가 없더라도, 현재 하급심에 계속 중인 다수의 소액사건에서 서로 엇갈린 결론이 내려지는 특별한 사정이 있는 경우에는, 법령해석의 통일이라는 대법원의 본질적 기능을 수행하는 차원에서 실체법 해석적용에 있어서의 잘못에 관하여 직권으로 판단할 수 있다고 했다(대판 04.8.20, 2003다1878; 18.9.13, 2017다16778; 25.5.29, 2023다240466).

16-2 독촉절차

16-2-1 의의

독촉절차(Mahnverfahren)란, 금전 그 밖에 대체물이나 유가증권의 일정 수량의 지급을 목적으로 하는 청구에 대하여, 정식의 소송절차를 거치지 않고 법원이 채권자의 신청에 따라 집행권원을 얻게 해 주는 절차이다(§462). 이 절차에서 법원이 내어주는 집행권원을 '지급명령'(支給命令)이라고 한다. 지급명령은 채무자 심문 없이 발령하고, 채무자는 이에 대해 이의신청을 할 수 있다. 이의신청이 있으면 통상소송으로 옮겨간다. 독촉절차에서 신청인을 채권자, 피신청인을 채무자라고 부른다. 현재 독촉절차는 사법보좌관의 소관사항이며(법조§54②), 2006년 이래 독촉절차가 전자소송화되어 모두 전산적으로 처리되고 있다(민소전자문서법 참조).

16-2-2 지급명령의 신청

16-2-2-1 요건

(1) 청구내용

금전 그 밖에 대체물이나 유가증권의 일정 수량의 지급을 목적으로 하는 청구이어야 한다(§462). 실무상 독촉절차의 거의 전부가 금전지급청구이다. 청구금액의 많고적음은 상관 없다. 청구원인에도 제한이 없다. 독촉절차에는 '소송촉진 등에 관한 특례법'이 적용되므로(동법§2), 지연손해금률은 지급명령송달 다음날부터 연 12%이다(동법§3①).

상환이행청구는 가능하다고 해석되고 있으나, 조건부 청구나 기한부 청구, 예비적 청구는 허용되지 않는다(통설).

(2) 송달

대한민국에서 공시송달 외의 방법으로 지급명령을 송달할 수 있는 경우에 한하여 독촉절차를 이용할 수 있다(§462단서). 다만 금융기관이 업무상 취득한 대여금·구상금·보증금·양수금 채권에 대하여 지급명령을 신청하는 경우에는, 공시송달로만 지급명령 송달을 할 수 있더라도 이 절차에 의할 수 있도록 정했다(소촉§20-2①). 이 경우에는 청구원인의 소명이 필요하다(소촉§20-2②).

16-2-2-2 관할

단독판사가 처리한다. 토지관할을 보면, 채무자의 보통재판적, 근무지(§7), 거소지 · 의무이행지(§8), 어음 · 수표의 지급지(§9), 사무소 · 영업소 소재지(§12), 불법행위지(§18)의 관할법원에 지급명령을 신청할 수 있고, 이 토지관할은 전속관할이다(§463). 시 · 군법원이 설치된 지역에서는 시 · 군법원이 관할한다(법조§33,§34).

16-2-2-3 신청방식

지급명령의 신청에는 그 성질에 어긋나지 않는 한 소에 관한 규정을 준용하므로(§464), 신청은 원칙적으로 서면에 의해야 하며, 신청서에는 청구취지 · 청구원인을 기재한다. 청구원인에 관한 소명자료는 필요 없다. 첨부할 인지액이 통상의 민사소송의 1/10이다. 지급명령신청시에 시효중단의 효력이 발생한다(민§172).

16-2-3 지급명령신청에 대한 심판

16-2-3-1 심리방식

지급명령신청이 있으면, 그 신청서 등본을 상대방에게 송달하지 않는다. 간이절차이므로 채무자 심문도 없다(§467). 법원은 아래와 같이, 신청을 각하하거나 지급명령을 발령하는 재판을 한다.

16-2-3-2 각하결정

ⓐ 금전 등 대체물의 지급청구가 아닌 급부를 청구한 경우, ⓑ 관할위반의 경우, ⓒ 신청서 기재 자체로 청구가 이유 없는 경우에는 신청을 각하한다(§465①). 또한 ⓓ 청구의 일부에 대하여 지급명령을 할 수 없을 때에는 그 일부에 대해서 위 각하결정을 한다. 각하결정에 대해서는 불복할 수 없다(§465②).

16-2-3-3 지급명령의 발령, 이송, 확정

각하사유가 없으면 —청구가 이유 있는지는 심리하지 않은 채로— 바로 지급명령을 발하고, 당사자 양쪽에 직권으로 송달한다(§469). 지급명령에는 당사자, 법정대리인, 청구의 취지와 원인을 적고, 채무자가 지급명령이 송달된 날부터 2주 이내에 이의신청을 할 수 있다는 것을 덧붙여 적어야 한다(§468). 실무상 '이의

신청 안내서'를 보낸다.

지급명령이 송달되지 않으면, 법원이 채권자에게 주소보정명령을 보낸다. 채권자는 채무자의 주소를 보정하든지, 혹은 곧바로 소제기신청을 할 수 있다(§466①). 법원은 지급명령을 공시송달에 의하지 아니하고는 송달할 수 없거나 외국으로 송달하여야 할 때에는 —직권에 의한 결정으로— 사건을 소송절차에 부칠 수 있으며, 이 결정에 대해서는 불복할 수 없다(§466②③).

16-2-4 이의신청

(1) 개요 : 간이절차로서 일단 먼저 지급명령을 발하도록 정한 이상, 채무자에게도 이에 상응하는 절차보장을 해 주어야 하므로, 채무자에게 이의신청권을 인정했다. 따라서 채무자가 지급명령을 송달받은 날부터 2주 이내에 이의신청을 한 때에는 지급명령은 그 범위 안에서 효력을 잃는다(§470①). 이 2주는 불변기간이다.

이의신청이 적법하면, 위와 같이 지급명령이 실효하므로, 채권자가 지급명령을 신청한 때에 소가 제기된 것으로 보고, 법원은 사건을 소송절차로 이행시킨다(§472). 이의신청이 부적법하면 —가령 이의신청이 기간을 도과한 신청이면— 법원은 이의신청을 결정으로 각하해야 한다(§471①).

(2) 각하결정에 대한 불복 : 판사가 부적법 각하결정을 하면, 이에 대해서는 즉시항고로 불복할 수 있다(§471②). 그런데 사법보좌관이 부적법 각하결정을 하면, 즉시항고에 앞서서 '사법보좌관의 처분에 대한 이의신청'을 할 수 있다(법조§54③). 판사가 그 이의신청에서 신청이 이유 없다고 인정하면, 그 이의신청사건을 항고법원으로 보낸다.

(3) 이의신청의 취하 : 이의신청각하결정 전 또는 소송절차 이행 전까지는 채무자가 이의신청을 취하할 수 있다(다수설).

16-2-5 소송으로의 이행

ⓐ 채무자의 이의신청(§472②), ⓑ 채권자의 소제기신청(§472①,§466①), ⓒ 법원의 소송절차회부결정(§472①,§466②)이 있으면, 소송절차로 이행(移行)되고 애초의 지급명령신청시에 소가 제기된 것으로 본다. 이제 통상의 소송절차이므로 감축

되었던 인지액 9/10 부분을 추가첩부해야 하고, 법원은 이 보정을 명해야 한다(§473①).

보정명령에 대해 채권자는 그 대신에 조정으로 넘겨달라는 신청을 할 수도 있다(민조§5-2,§5-3). 채권자가 보정기간 내에 인지보정을 하지 않으면 지급명령신청서를 각하하는 결정을 한다(§473②). 인지가 보정되면, 법원사무관등은 바로 소송기록을 관할법원에 보내는데, 소가에 따라 합의부와 단독재판부로 보낸다(§473③). 지급명령신청서 및 이의신청서에 적힌 내용은, 소송이행 후에 변론기일에서 주장되어야만 비로소 소송자료가 된다(대판 70.12.22, 70다2297).

16-2-6 확정된 지급명령의 효력

지급명령에 대하여 이의신청이 없거나, 이의신청을 취하하거나, 이의신청의 각하결정이 확정된 때에는 지급명령은 확정판결과 같은 효력이 있다(§474). 여기서 확정판결과 같은 효력이라는 말은, 집행력을 가지고 그 소멸시효기간이 10년이라는 것을 의미할 뿐이고, 기판력을 의미하지는 않는다. 왜냐하면, 민사집행법 §58③이, 지급명령에 대해 청구이의의 소를 제기할 때에는 동법 §44②을 적용하지 않는다고, 즉 지급명령 성립 전에 생긴 사유도 청구이의의 이유로 삼을 수 있다고 정했기 때문이다. 따라서 조문상 비록 '확정판결과 동일한 효력'이라고 표현되어 있으나, 지급명령에는 기판력이 없다(대판 09.7.9, 2006다73966).

지급명령에 기하여 강제집행을 할 때에는, 집행에 조건이 붙었거나 승계집행문이 필요한 경우를 제외하고는 집행문을 부여받을 필요가 없다(민집§58①).

[부록 1] 소장의 예

소　　장

원고　　홍길동

서울 관악구 관악로 123

소송대리인 변호사 전승소

서울 서초구 서초동 234 법리빌딩 303호

전화 02-598-3838, 이메일 seungso@happy.com

피고　　전우치

안양시 동안구 관악대로 401번길 123

대여금청구의 소

청구취지

1. 피고는 원고에게 금2억원 및 이에 대한 2023.3.6.부터 이 사건 소장부본 송달일까지는 연 6%의, 그 다음날부터 다 갚는 날까지는 연 12%의 각 비율에 의한 금원을 지급하라.
2. 소송비용은 피고가 부담한다.
3. 제1항은 가집행할 수 있다.

라는 판결을 구합니다.

청구원인

원고는 2022.1.5. 피고에게 금2억원을 이자 연 6%, 변제기 2023.1.5.로 정하여 대여하였습니다. 그런데 피고는 2023.3.5.까지의 이자와 지연손해금만을 지급한 후 원리금 일체를 변제하지 않고 있습니다.

따라서 피고는 원고에게 대여금 2억원 및 이에 대한 청구취지 기재의 지연손해금을 지급할 의무가 있습니다.

입증방법

1. 갑 제1호증 (차용증서)

첨부서류

1. 위 입증방법 1통
1. 소장부본 1통
1. 소송위임장 1통
1. 납부서 1통

2024. 2. 2.

원고 소송대리인 변호사 전승소

서울중앙지방법원 귀중

[부록 2] 답변서의 예

답 변 서

사건 2024가단5678 대여금
원고 홍길동
피고 전우치

답변취지

1. 원고의 청구를 기각한다.
2. 소송비용은 원고가 부담한다.

라는 판결을 구합니다.

답변원인

피고가 2022.1.5.에 원고로부터 금2억원을 빌린 것은 맞습니다. 그러나 피고는 2023.4.12.에 원금과 지연손해금 전부를 변제하였습니다.

따라서 원고의 이 사건 청구는 이유 없으므로 이를 기각하여 주시기 바랍니다.

입증방법

1. 을 제1호증 (영수증)

첨부서류

1. 위 입증방법 1통

2024. 3. 4.

피고 전우치

서울중앙지방법원 귀중

[부록 3] 판결의 예

서울중앙지방법원
판 결

사건 2024가단5678 대여금
원고 홍길동
서울 관악구 관악로 123
소송대리인 변호사 전승소
피고 전우치
안양시 동안구 관악대로 401번길 123
변론종결 2024. 7. 12.
판결선고 2024. 7. 26.

주 문

1. 피고는 원고에게 금2억원 및 이에 대한 2023.3.6.부터 2024.2.16.까지는 연 6%의, 그 다음날부터 다 갚는 날까지는 연 12%의 각 비율에 의한 금원을 지급하라.
2. 소송비용은 피고가 부담한다.
3. 제1항은 가집행할 수 있다.

청구취지

주문과 같다.

이 유

원고가 2022.1.5. 피고에게 금2억원을 이자 연 6%, 변제기 2023.1.5.로 정하여 대여한 사실은 피고가 이를 다투지 아니하며, 피고가 2023.3.5.까지의 이자와 지연손해금을 지급한 사실은 원고가 이를 다투지 아니한다.

피고는, 2023.4.12.에 위 차용금의 원금과 지연손해금 전부를 변제하였다고 항변하나, 을제1호증의 기재만으로는 그 영수증에 기재된 금액이 본건 차용금의 변제였다고 보기에 부족하고, 달리 피고의 변제주장을 인정할 근거가 없다.

따라서 피고는 원고에게 위 차용금 2억원 및 이에 대하여 위 지연손해금 최종 변제일의 다음날인 2023.3.6.부터 이 사건 소장부본 송달일임이 기록상 명백한 2024.2.16.까지는 약정이율인 연 6%의, 그 다음날부터 다 갚는 날까지는 소송촉진 등에 관한 특례법 소정의 연 12%의 각 비율에 의한 지연손해금을 지급할 의무가 있으므로, 이를 구하는 원고의 이 사건 청구는 이유 있어 이를 인용하기로 하여 주문과 같이 판결한다.

판사 김 명 판 ____________________

[부록 4] 화해조서의 예

서울중앙지방법원
화해조서

사건 2024가단5678 대여금
원고 홍길동
서울 관악구 관악로 123
소송대리인 변호사 전승소
피고 전우치
안양시 동안구 관악대로 401번길 123
판사 김명판 기일: 2024. 7. 14.
법원사무관 이성실 장소: 제303호 법정

원고 및 원고 소송대리인 전승소 각 출석
피고 출석

원고와 피고는 다음과 같이 화해하였다.

화해조항

1. 피고는 원고에게 금1억2천만원을 2024.8.14.까지 지급하되, 만약 위 날짜를 넘기면 위 금원에 2024.8.15.부터 다 갚는 날까지 연 12%의 비율에 의한 금원을 가산하여 지급한다.
2. 원고의 나머지 청구는 포기한다.
3. 소송비용은 각자가 부담한다.

청구의 표시

1. 청구취지 : 피고는 원고에게 금2억원 및 이에 대한 2023.3.6.부터 이 사건 소장부본 송달일까지는 연 6%의, 그 다음날부터 다 갚는 날까지는 연 12%의 각 비율에 의한 금원을 지급하라.
2. 청구원인 : 원고는 2022.1.5. 피고에게 금2억원을 이자 연 6%, 변제기 2023.1.5.로 정하여 대여하였으나, 피고는 2023.3.5.까지의 이자와 지연손해금만을 지급한 후 원리금 일체를 변제하지 않고 있습니다. 따라서 피고는 원고에게 대여금 2억원 및 이에 대한 청구취지 기재의 지연손해금을 지급할 의무가 있습니다.

법원사무관 이성실
판 사 김명판

조문색인

판례색인

사항색인

ㄹ

ㅁ

ㅇ

저자약력

서울대학교 법과대학을 졸업하고 하버드 법학대학원에서 석사, 서울대에서 박사 학위를 받았다.
서울민사지방법원을 시작으로 각급 법원에서 판사, 부장판사, 재판연구관을 역임하고,
김·장 법률사무소 변호사 등을 거쳐 현재 서울대학교 법학전문대학원 교수로 있다.

제 5 판
민사소송법 강의

초판발행 2020년 2월 15일
제 5 판발행 2026년 1월 10일

지은이 전원열
펴낸이 안종만 · 안상준

편　집 김선민
기획/마케팅 조성호
표지디자인 이영경
제　작 고철민 · 김원표

펴낸곳 (주) 박영사
서울특별시 금천구 가산디지털2로 53, 210호(가산동, 한라시그마밸리)
등록 1959. 3. 11. 제300-1959-1호(倫)
전　화 02)733-6771
f a x 02)736-4818
e-mail pys@pybook.co.kr
homepage www.pybook.co.kr
ISBN 979-11-303-9927-0 93360

정 가 49,000원